Grimberg

Neues Kommunales Haushaltsrecht LSA

Neues Kommunales Haushaltsrecht LSA

von

Michael Grimberg

KSV Medien

Die Herstellung bei KSV Medien erfolgt weitgehend digital
und in dem Bewusstsein, eine möglichst ressourcenschonende
Produktion zu gewährleisten.

Bibliografische Information der Deutschen Nationalbibliothek
Die Deutsche Nationalbibliothek verzeichnet diese Publikation in der Deutschen Nationalbibliografie; detaillierte bibliografische Daten sind im Internet über http://dnb.dnb.de abrufbar.

8., vollständig überarbeitete Auflage 2024

Satz: SEUME Publishing Services GmbH, Erfurt
Druck: CPI books

ISBN 978-3-8293-1915-7

Inhaltsverzeichnis

Vorwort ... XXI

Zum Verfasser ... XXIII

Abkürzungsverzeichnis ... XXIV

Literaturverzeichnis ... XXVII

1. Einführung ... 1
1.1 Öffentliche Finanzwirtschaft ... 1
1.1.1 Begriff ... 1
1.1.2 Innere Abgrenzung der öffentlichen Finanzwirtschaft ... 1
1.2 Träger der öffentlichen Finanzwirtschaft ... 3
1.3 Finanzhoheit ... 4
1.3.1 Begriff und Bedeutung ... 4
1.3.2 Finanzhoheit der Gemeinden ... 4
1.4 Abgrenzung der öffentlichen Finanzwirtschaft zur Privatwirtschaft ... 5
1.5 Aufgaben und Ziele der öffentlichen Finanzwirtschaft ... 6
1.5.1 Allgemein ... 6
1.5.2 Finanzpolitische Funktion ... 7
1.5.3 Politische Funktion ... 7
1.5.4 Wirtschaftspolitische Funktion ... 7
1.5.5 Betriebswirtschaftliche Funktion ... 8

2. Kommunales Haushaltsrecht ... 9
2.1 Haushaltswirtschaft ... 9
2.2 Verfassungsrechtliche Grundlagen und Haushaltsautonomie ... 10
2.3 Geschichtlicher Überblick ... 11
2.3.1 Bisherige Entwicklung ... 11
2.3.2 Fortentwicklung des kommunalen Haushaltsrechts ... 15
2.4 Öffentliches Haushaltsrecht im System und im Vergleich ... 18
2.4.1 Vergleich der einzelnen Ebenen ... 18
2.4.2 Stellung im System der Volkswirtschaft ... 18
2.4.3 Verhältnis zur Betriebswirtschaft ... 19
2.5 Staatliche Überwachung der gemeindlichen Haushaltswirtschaft ... 20

3. Grundzüge der kaufmännischen (doppelten) Buchführung ... 22
3.1 Inhalt und Abgrenzung zu anderen Rechnungssystemen ... 22
3.2 Die kommunale Bilanz ... 27
3.2.1 Inventur als Datenermittlung für die Bilanz ... 27
3.2.2 Inhalt und Aufbau der kommunalen Bilanz ... 28

3.2.3 Bilanzveränderungen (Bestandsbuchungen) ... 29
3.3 Die Erfolgsrechnung (Gewinn- und Verlustrechnung) ... 35
3.4 Übungen ... 43

4. Ablauf, Organisation und Personal im kommunalen Finanzmanagement ... 60
4.1 Stationen der Haushaltswirtschaft und Haushaltskreislauf ... 60
4.2 Ausführung des Haushaltsplans ... 60
4.3 Personal im Neuen kommunalen Haushaltsrecht ... 66
4.3.1 Der Finanzdezernent ... 66
4.3.2 Kassenpersonal ... 67
4.3.3 Sonstige Mitarbeiter einschl. Beschäftigte im Neuen Kommunalen Haushaltsrecht ... 68
4.3.4 Rechnungsprüfungspersonal ... 68
4.4 Übungen ... 69

5. Der Haushaltsplan ... 72
5.1 Begriff ... 72
5.2 Abgrenzung zu anderen Plänen und Rechnungen ... 73
5.2.1 Haushaltssatzung und Haushaltsplan ... 73
5.2.2 Mittelfristige Planung und Haushaltsplan ... 74
5.2.3 Wirtschaftsplan und Haushaltsplan ... 75
5.2.4 Jahresabschluss und Haushaltsplan ... 76
5.3 Bedeutung des Haushaltsplans ... 76
5.3.1 Allgemeines ... 76
5.3.2 Finanzwirtschaftliche Funktion ... 77
5.3.3 Administrative Lenkungsfunktion ... 78
5.3.4 Wirtschafts- und sozialpolitische Programmfunktion ... 78
5.4 Wirkung des Haushaltsplanes ... 79
5.4.1 Allgemeine Wirkung ... 79
5.4.2 Wirkung bezüglich der Aufwendungen und Auszahlungen ... 79
5.4.3 Wirkung bezüglich der Verpflichtungsermächtigungen ... 80
5.4.4 Wirkung bezüglich der Erträge und Einzahlungen ... 80
5.4.5 Bindung im Innenverhältnis ... 81
5.5 Übungen ... 81

6. Gliederung des Haushalts nach Produktbereichen ... 84
6.1 Notwendigkeit einer Haushaltsgliederung ... 84
6.2 Anforderungen an die Gliederung eines Haushaltsplans ... 85
6.2.1 Die Anforderungen der Bürger und der politischen Gremien ... 85
6.2.2 Die Anforderungen der Aufsichtsbehörden ... 86
6.2.3 Die Anforderungen der Finanzstatistik ... 86
6.2.4 Die Anforderungen der Verwaltung ... 87

6.3 Anknüpfungspunkte für eine Gliederung: Verwaltungsaufbau oder Aufgabenbereiche ... 88
6.4 Gliederungsvorschriften für den Haushalt im Neuen Kommunalen Haushaltsrecht ... 89
6.4.1 Der Sonderproduktbereich „Allgemeine Finanzwirtschaft“ ... 90
6.4.2 Gestaltungsfreiheit bei der Gliederung des Haushalts ... 91
6.5 Praktische Umsetzung der Gliederung mit kaufmännischer Standardsoftware ... 92
6.6 Übung ... 94

7. Die Elemente des Haushaltsplans ... 95
7.1 Ergebnisplan ... 96
7.2 Finanzplan ... 99
7.3 Übung ... 103
7.4 Teilpläne ... 107
7.4.1 Teilergebnisplan ... 109
7.4.2 Teilfinanzplan ... 111
7.4.3 Planung einzelner Investitionsmaßnahmen ... 113
7.4.4 Teilergebnis- und Teilfinanzplan im Sonderproduktbereich 61 „Allgemeine Finanzwirtschaft“ ... 115
7.4.5 Ziele ... 117
7.4.6 Kennzahlen und Indikatoren ... 120
7.4.7 Auszug aus dem Stellenplan ... 121
7.5 Übung ... 122
7.6 Stellenplan ... 125

8. Die Anlagen zum Haushaltsplan ... 127
8.1 Einführung ... 127
8.2 Vorbericht ... 127
8.3 Übersicht über die aus Verpflichtungsermächtigungen voraussichtlich fällig werdenden Auszahlungen ... 129
8.4 Übersicht über den voraussichtlichen Stand der Verbindlichkeiten/Rücklagen ... 129
8.5 Übersicht über Zuwendungen an Fraktionen ... 130
8.6 Haushalts- oder Wirtschaftspläne und neueste Jahresabschlüsse der Sondervermögen, für die Sonderrechnungen geführt werden ... 130
8.7 Wirtschaftspläne und Jahresabschlüsse für Unternehmen und Einrichtungen mit eigener Rechtspersönlichkeit von nicht untergeordneter Bedeutung ... 131
8.8 Übersicht über Budgets ... 131
8.9 Haushaltskonsolidierungskonzept ... 132
8.10 Weitere Anlagen ... 133
8.11 Übung ... 133

9. Grundsätze im Neuen Kommunalen Haushaltsrecht ... 135
9.1 Überblick und Einteilung ... 135
9.2 Allgemeine Haushaltsgrundsätze ... 136
9.2.1 Sicherung der Aufgabenerfüllung, Verbot der Überschuldung, Liquiditätssicherung und Beachtung des gesamtwirtschaftlichen Gleichgewichts ... 136
9.2.1.1 Stetige Aufgabenerfüllung ... 136
9.2.1.2 Sicherung der Liquidität und der Finanzierung der Investitionen ... 137
9.2.1.3 Verbot der Überschuldung ... 138
9.2.1.4 Beachtung des gesamtwirtschaftlichen Gleichgewichts ... 138
9.2.1.5 Übung ... 140
9.2.2 Wirtschaftlichkeit und Sparsamkeit ... 141
9.2.2.1 Grundsatz ... 141
9.2.2.2 Übung ... 144
9.2.3 Haushaltsausgleich ... 145
9.2.4 Grundsätze zur Finanzierung der kommunalen Produkte ... 145
9.2.4.1 Deckungsmittel der Haushaltswirtschaft ... 145
9.2.4.2 Verpflichtung zur Erhebung von Abgaben ... 146
9.2.4.3 Rangfolge der Deckungsmittel ... 147
9.2.4.4 Übung ... 150
9.2.5 Vorherigkeit ... 152
9.2.5.1 Grundsatz ... 152
9.2.5.2 Ausnahme: Vorläufige Haushaltsführung ... 152
9.2.5.3 Übungen ... 158
9.2.6 Öffentlichkeit ... 160
9.2.6.1 Grundsatz ... 160
9.2.6.2 Möglichkeiten der Beteiligung der Öffentlichkeit ... 161
9.2.6.3 Übung ... 162
9.3 Veranschlagungsgrundsätze ... 163
9.3.1 Allgemeines ... 163
9.3.2 Vollständigkeit und Einheit ... 164
9.3.2.1 Allgemeines ... 164
9.3.2.2 Vollständigkeit ... 165
9.3.2.3 Ausnahmen zur Vollständigkeit ... 169
9.3.2.4 Einheit ... 172
9.3.2.5 Ausnahmen zur Einheit ... 172
9.3.2.6 Übungen ... 173
9.3.3 Periodengerechte Zuordnung der Finanzvorfälle ... 177
9.3.3.1 Einführung ... 177
9.3.3.2 Periodengerechte Zuordnung der Erträge und Aufwendungen im Ergebnisplan ... 177
9.3.3.3 Periodengerechte Zuordnung der Einzahlungen und Auszahlungen im Finanzplan ... 181
9.3.3.4 Übungen ... 183

9.3.4 Grundsätze der Verständlichkeit (Haushaltsklarheit), der Steuerungsrelevanz sowie der Richtigkeit und Willkürfreiheit (Haushaltswahrheit) ... 187
9.3.4.1 Informationen zur Verständlichkeit (Haushaltsklarheit) und Steuerungsrelevanz der kommunalen Haushalte ... 187
9.3.4.2 Richtigkeit und Willkürfreiheit (Haushaltswahrheit) ... 189
9.3.4.3 Übung ... 190
9.3.5 Bruttoprinzip (Saldierungsverbot) ... 191
9.3.5.1 Grundsatz ... 191
9.3.5.2 Ausnahmen vom Bruttoprinzip ... 192
9.3.5.3 Besonderheiten ... 193
9.3.5.4 Übungen ... 195
9.3.6 Einzelveranschlagung ... 199
9.3.6.1 Grundsatz ... 199
9.3.6.2 Ausnahmen ... 202
9.3.6.3 Übungen ... 203
9.4 Grundsätze ordnungsmäßiger Buchführung (GoB-K) ... 205
9.4.1 Allgemeines ... 205
9.4.2 Ziele ordnungsmäßiger Buchführung (allgemeine Grundsätze ordnungsmäßiger Buchführung) ... 206
9.4.2.1 Dokumentation ... 206
9.4.2.2 Rechenschaft ... 207
9.4.2.3 Kapitalerhaltung und intergenerative Gerechtigkeit ... 207
9.4.3 Spezielle Grundsätze ordnungsmäßiger Buchführung ... 209
9.4.3.1 Vollständigkeit ... 209
9.4.3.2 Verständlichkeit, Richtigkeit und Willkürfreiheit ... 209
9.4.3.3 Öffentlichkeit ... 210
9.4.3.4 Aktualität ... 210
9.4.3.5 Relevanz ... 211
9.4.3.6 Stetigkeit ... 211
9.4.3.7 Recht- und Ordnungsmäßigkeit ... 212
9.4.3.8 Übungen ... 212

10. Die kommunale Bilanz (Ansatz, Ausweis und Bewertung in den einzelnen Posten) ... 214
10.1 Inventur, Inventar ... 214
10.1.1 Begriff und Inhalt ... 214
10.1.2 Festwertbildung ... 216
10.1.3 Gruppenbewertung ... 218
10.1.4 Inventurverfahren ... 218
10.1.5 Übungen ... 220
10.2 Allgemeine Grundlagen der Bewertung im kommunalen Haushaltsrecht ... 223
10.2.1 Anschaffungs- und Herstellungskosten ... 223

10.2.1.1 Anschaffungskosten ... 223
10.2.1.2 Herstellungskosten ... 228
10.2.1.3 Übungen ... 231
10.2.2 Verhältnis zu anderen Bewertungszwecken ... 233
10.2.2.1 Steuerrecht ... 234
10.2.2.2 Gebührenrecht ... 235
10.2.2.3 Kosten- und Leistungsrechnung ... 235
10.2.3 Abgrenzung von Herstellungskosten und Erhaltungsaufwand ... 236
10.2.3.1 Erweiterung eines Vermögensgegenstandes ... 237
10.2.3.2 Über den ursprünglichen Zustand hinausgehende Wertverbesserung ... 237
10.2.3.3 Zusammentreffen von Herstellungskosten und Erhaltungsaufwendungen ... 240
10.2.3.4 Übungen ... 242
10.2.4 Bilanzierungsgrundsätze ... 246
10.2.4.1 Bilanzidentität ... 246
10.2.4.2 Einzelbewertung ... 246
10.2.4.3 Vorsichtsprinzip ... 246
10.2.4.4 Periodisierungsprinzip ... 248
10.2.4.5 Stetigkeit der Bewertungsmethode ... 248
10.2.4.6 Vollständigkeit ... 249
10.2.4.7 Saldierungsverbot ... 249
10.3 Die Posten der kommunalen Bilanz ... 249
10.3.1 Aufwendungen für die Erweiterung des Geschäftsbetriebs ... 251
10.3.2 Anlagevermögen ... 252
10.3.2.1 Begriffe, allgemeine Grundlagen ... 252
10.3.2.1.1 Vermögensgegenstand ... 252
10.3.2.1.2 Wirtschaftliches Eigentum ... 253
10.3.2.1.3 Selbstständige Verwertbarkeit ... 254
10.3.2.1.4 Leasing ... 254
10.3.2.1.5 Anlagevermögen ... 255
10.3.2.1.6 Abgrenzung zum Umlaufvermögen ... 256
10.3.2.1.7 Erhaltene Schenkungen von Anlagevermögen ... 256
10.3.2.2 Immaterielles Anlagevermögen ... 256
10.3.2.3 Sachanlagevermögen ... 257
10.3.2.3.1 Begriff des Sachanlagevermögens ... 257
10.3.2.3.2 Abgrenzung unbewegliches und bewegliches Sachanlagevermögen ... 259
10.3.2.3.3 Unbewegliches Sachanlagevermögen ... 260
10.3.2.3.3.1 Unbebaute Grundstücke und grundstückgleiche Rechte ... 262
10.3.2.3.3.2 Bebaute Grundstücke und grundstückgleiche Rechte ... 264
10.3.2.3.3.3 Infrastrukturvermögen ... 265
10.3.2.3.3.4 Bauten auf fremden Grund und Boden ... 266
10.3.2.3.4 Bewegliches Sachanlagevermögen, weitere Posten des Sachanlagevermögens ... 267
10.3.2.3.5 Geleistete Anzahlungen, Anlagen im Bau ... 269

10.3.2.4 Finanzanlagen 271
10.3.2.4.1 Anteile an verbundenen Unternehmen 272
10.3.2.4.2 Sondervermögen 273
10.3.2.4.3 Beteiligungen 273
10.3.2.4.4 Ausleihungen 274
10.3.2.4.5 Wertpapiere des Anlagevermögens 275
10.3.2.4.6 Übungen 275
10.3.3 Umlaufvermögen 276
10.3.3.1 Vorräte 277
10.3.3.2 Forderungen und sonstige Vermögensgegenstände 279
10.3.3.2.1 Öffentlich-rechtliche Forderungen 279
10.3.3.2.2 Privatrechtliche Forderungen 279
10.3.3.2.3 Sonstige Vermögensgegenstände 280
10.3.3.3 Liquide Mittel 280
10.3.4 Rechnungsabgrenzungsposten (aktiv) 280
10.3.5 Eigenkapital 282
10.3.5.1 Rücklagen 282
10.3.5.2 Sonderrücklagen 282
10.3.5.3 Fehlbetragsvortrag 284
10.3.5.4 Jahresergebnis (Jahresüberschuss/Jahresfehlbetrag) 284
10.3.6 Sonderposten 285
10.3.6.1 Funktion und inhaltliche Grundlagen 285
10.3.6.2 Sonderpostenbildung für pauschalierte Zuwendungen 287
10.3.6.3 Ansatz von investitionsbezogenen Zuwendungen und von Beiträgen 288
10.3.6.4 Sonderposten für Gebührenausgleich 291
10.3.6.5 Sonstige Sonderposten 292
10.3.6.6 Übungen 293
10.3.7 Rückstellungen 295
10.3.7.1 Voraussetzungen der Rückstellungsbilanzierung 295
10.3.7.2 Pensionsrückstellungen 297
10.3.7.3 Rückstellungen für die Rekultivierung und Nachsorge von Abfalldeponien und Sanierung von Altlasten 300
10.3.7.4 Instandhaltungsrückstellungen 300
10.3.7.5 Sonstige Rückstellungen 303
10.3.7.6 Übungen 303
10.3.8 Verbindlichkeiten 304
10.3.8.1 Anleihen 305
10.3.8.2 Verbindlichkeiten aus Krediten für Investitionen und Investitionsfördermaßnahmen 306
10.3.8.3 Verbindlichkeiten aus Krediten zur Sicherung der Zahlungsfähigkeit 306
10.3.8.4 Verbindlichkeiten aus Vorgängen, die Kreditaufnahmen wirtschaftlich gleichkommen 307

10.3.8.5 Verbindlichkeiten aus Lieferungen und Leistungen ... 308
10.3.8.6 Verbindlichkeiten aus Transferleistungen ... 308
10.3.8.7 Sonstige Verbindlichkeiten ... 308
10.3.9 Rechnungsabgrenzungsposten (passiv) ... 308
10.3.10 Übungen zum Bilanzausweis ... 309

11. Grundzüge der Eröffnungsbilanz ... 312
11.1 Rahmenvorschriften für die Eröffnungsbilanzierung ... 312
11.2 Allgemeiner Bewertungsmaßstab und Vereinfachungsverfahren ... 314
11.3 Vorgehensweise bei der Eröffnungsbilanzierung für Aktivposten ... 317
11.3.1 Immaterielles Vermögen ... 318
11.3.2 Grundstücksbewertung ... 319
11.3.2.1 Unbebaute Grundstücke ... 319
11.3.2.2 Bebaute kommunalnutzungsorientierte Grundstücke ... 321
11.3.2.3 Bebaute nicht kommunalnutzungsorientierte Grundstücke ... 324
11.3.2.4 Grundstücksgleiche Rechte ... 324
11.3.2.5 Infrastrukturvermögen ... 324
11.3.2.6 Bewertungsübersicht Grund und Boden nach einzelnen Vermögensarten ... 327
11.3.2.7 Bauten auf fremden Grund und Boden ... 328
11.3.2.8 Kulturdenkmäler ... 328
11.3.3 Bewertung der beweglichen Vermögensarten ... 328
11.3.3.1 Kunstgegenstände ... 328
11.3.3.2 Maschinen und technische Anlagen, Fahrzeuge, Betriebsvorrichtungen ... 329
11.3.3.3 Betriebs- und Geschäftsausstattung ... 329
11.3.4 Geleistete Anzahlungen, Anlagen im Bau ... 330
11.3.5 Finanzanlagevermögen ... 330
11.3.6 Umlaufvermögen ... 332
11.3.7 Aktive Rechnungsabgrenzung ... 333
11.3.8 Nicht durch Eigenkapital gedeckter Fehlbetrag ... 333
11.4 Vorgehensweise bei der Eröffnungsbilanzierung für Passiva ... 333
11.4.1 Eigenkapital ... 333
11.4.2 Sonderposten ... 334
11.4.3 Rückstellungen ... 334
11.4.4 Verbindlichkeiten ... 336
11.4.5 Passive Rechnungsabgrenzung ... 337
11.5 Verfahrensvorschriften für die Eröffnungsbilanz ... 337
11.5.1 Prüfung ... 337
11.5.2 Feststellung ... 338
11.5.3 Beschluss ... 338
11.5.4 Aufbewahrung ... 338
11.6 Übung ... 339

12. Die Ergebnisrechnung – Grundlagen und Einzelpositionen 340
12.1 Übersicht über die Erfolgs- und Finanzrechnungskonten (Kontenklassen 4, 5, 6 und 7) 340
12.2 Die Konten der Ergebnisrechnung (Kontenklassen 4 und 5) 342
12.2.1 Steuern und ähnliche Abgaben (Kontenbereich 40) 342
12.2.2 Zuwendungen und allgemeine Umlagen (Kontenbereich 41) 345
12.2.3 Sonstige Transfererträge (Kontenbereich 42) 351
12.2.4 Öffentlich-rechtliche Leistungsentgelte (Kontenbereich 43) 351
12.2.5 Privatrechtliche Leistungsentgelte, Kostenerstattungen und Kostenumlagen (Kontenbereich 44) 352
12.2.6 Sonstige ordentliche Erträge (Kontenbereich 45) 353
12.2.7 Finanzerträge (Kontenbereich 46) 354
12.2.8 Aktivierte Eigenleistungen und Bestandsveränderungen (Kontenbereich 47) 354
12.2.9 Erträge aus internen Leistungsbeziehungen (Kontenbereich 48) 355
12.2.10 Außerordentliche Erträge (Kontenbereich 49) 356
12.2.11 Personalaufwendungen (Kontenbereich 50) 357
12.2.12 Versorgungsaufwendungen (Kontenbereich 51) 358
12.2.13 Aufwendungen für Sach- und Dienstleistungen (Kontenbereich 52) 359
12.2.14 Transferaufwendungen (Kontenbereich 53) 361
12.2.15 Sonstige ordentliche Aufwendungen (Kontenbereich 54) 363
12.2.16 Zinsen und sonstige Finanzaufwendungen (Kontenbereich 55) 363
12.2.17 Bilanzielle Abschreibungen (Kontenbereich 57) 363
12.2.18 Aufwendungen aus internen Leistungsbeziehungen (Kontenbereich 58) 367
12.2.19 Außerordentliche Aufwendungen (Kontenbereich 59) 367
12.3 Übungen 367

13. Die Finanzrechnung – Grundlagen und Einzelpositionen 376
13.1 Die Ermittlung der Finanzrechnung 376
13.2 Übung 384
13.3 Originäre Bebuchung der Finanzrechnung in den Kontenklassen 6 und 7 386
13.4 Zusammenfassung: Systematische Behandlung der Abweichungen von Finanz- und Ergebnisrechnung bei originärer Buchung der Finanzrechnung 388
13.5 Einzahlungen aus Investitionstätigkeit (Kontenbereich 68) 389
13.6 Einzahlungen aus Finanzierungstätigkeit (Kontenbereich 69) 390
13.7 Versorgungsauszahlungen (Kontenbereich 71) 392
13.8 Auszahlungen aus Investitionstätigkeit (Kontenbereich 78) 393
13.9 Auszahlungen aus Finanzierungstätigkeit (Kontenbereich 79) 395
13.10 Die Erfüllung der finanzstatistischen Anforderungen mit Hilfe der Konten der Finanzrechnung 396
13.11 Übungen 397

14. Die Bewirtschaftungsgrundsätze ... 402
14.1 Allgemeines ... 402
14.2 Bewirtschaftungsformen ... 402
14.2.1 Gesamtdeckung ... 402
14.2.2 Budgetierung ... 405
14.3 Bewirtschaftungsregeln ... 408
14.3.1 Unechte Deckungsfähigkeit ... 408
14.3.2 Echte Deckungsfähigkeit ... 411
14.3.3 Übertragbarkeit von Haushaltsermächtigungen ... 415
14.3.3.1 Allgemeines ... 415
14.3.3.2 Die einzelnen Ermächtigungsübertragungsarten ... 418
14.3.3.3 Auswirkungen auf den Jahresabschluss ... 421
14.4 Übungen ... 421

15. Die Verpflichtungsermächtigungen ... 425
15.1 Begriff und Verfahren ... 425
15.2 Umfang und zeitliche Beschränkung der Verpflichtungsermächtigungen ... 427
15.3 Veranschlagung der Verpflichtungsermächtigungen ... 428
15.4 Übungen ... 429

16. Fremdfinanzierung des kommunalen Haushalts und Haftungsverhältnisse: Kredite, kreditähnliche Verbindlichkeiten und Bürgschaften ... 434
16.1 Begriffsbestimmungen ... 434
16.1.1 Fremdkapital ... 434
16.1.2 Schulden ... 435
16.1.3 Verbindlichkeiten ... 435
16.1.4 Kredite ... 436
16.1.4.1 Kredite für Investitionen ... 438
16.1.4.2 Anleihen ... 439
16.1.4.3 Kredite zur Sicherung der Zahlungsfähigkeit ... 440
16.1.5 Kreditähnliche Verbindlichkeiten ... 441
16.1.6 Innere Darlehen ... 441
16.1.7 Haftungsverhältnisse ... 442
16.1.8 Zusammenfassende Darstellung der Begriffe der Fremdfinanzierung ... 442
16.2 Fremdfinanzierung durch Kredite ... 443
16.2.1 Kriterien der Einteilung von Krediten ... 443
16.2.1.1 Rechtliche Ausgestaltung der Kredite ... 444
16.2.1.2 Laufzeit der Kredite ... 445
16.2.1.3 Tilgung der Kredite ... 445
16.2.1.4 Kreditgeber ... 446

16.2.2 Voraussetzungen der Kreditaufnahme ... 447
16.2.2.1 Allgemeines ... 447
16.2.2.2 Beachtung des Subsidiaritätsprinzips ... 448
16.2.2.3 Vorliegen einer Kreditermächtigung in der Haushaltssatzung ... 448
16.2.2.4 Einhaltung des Verbots der bilanziellen Überschuldung ... 450
16.2.2.5 Bewahrung der dauernden Leistungsfähigkeit ... 450
16.2.2.6 Beachtung gemeindewirtschaftlicher Belange ... 452
16.2.2.7 Beachtung gesamtwirtschaftlicher Belange ... 453
16.2.2.8 Gesamtbetragsgenehmigung der Kreditaufnahme ... 454
16.2.2.9 Zuständigkeit für die tatsächliche Kreditaufnahme ... 454
16.2.2.10 Auswahl der Kreditangebote unter Berücksichtigung der Wirtschaftlichkeit ... 454
16.2.2.11 Eventuelle Einzelgenehmigung ... 455
16.2.2.12 Einhaltung der Formvorschriften bei der Kreditaufnahme ... 455
16.2.3 Ausgestaltung von Krediten (Kreditbedingungen) ... 455
16.2.3.1 Allgemeines ... 455
16.2.3.2 Zinssatz ... 456
16.2.3.3 Auszahlung ... 457
16.2.3.4 Laufzeit und Tilgung ... 457
16.2.3.5 Kündigungsrechte ... 458
16.2.3.6 Abtretung der Forderung ... 458
16.2.3.7 Sicherheiten ... 458
16.2.4 Abwicklung der Kreditaufnahme im Haushalt ... 459
16.2.4.1 Veranschlagung der Kredite und der daraus resultierenden Aufwendungen und Auszahlungen ... 459
16.2.4.2 Umschuldung ... 461
16.2.4.3 Dauer der Kreditermächtigung ... 462
16.2.5 Übungen ... 462
16.3 Kreditähnliche Verbindlichkeiten ... 471
16.3.1 Bedeutung kreditähnlicher Geschäfte ... 471
16.3.2 Voraussetzungen zum Eingehen von kreditähnlichen Geschäften und Genehmigungspflicht ... 471
16.3.3 Ausgestaltung kreditähnlicher Geschäfte ... 472
16.3.4 Verbindung zum Haushaltsplan ... 472
16.3.5 Übung ... 473
16.4 Haftungsverhältnisse, Sicherheitsleistungen, Bürgschaften und Gewährverträge ... 474
16.4.1 Sicherheitsleistungen ... 474
16.4.2 Bürgschaften und Gewährverträge ... 475
16.4.2.1 Allgemeines ... 475
16.4.2.2 Voraussetzungen ... 475
16.4.2.3 Ausgestaltung von Bürgschaften, Gewährverträgen und anderen Haftungsverhältnissen ... 476
16.4.2.4 Verbindung zum Haushalt ... 478

16.4.2.5 Übung ... 479

17. Der Haushaltsausgleich ... 481
17.1 Bedeutung und Zielsetzung ... 481
17.2 Ausgleich des Ergebnisplans und der Ergebnisrechnung (Haushaltsausgleich i. e. S.) ... 483
17.3 Verbot der bilanziellen Überschuldung ... 484
17.4 Haushaltsjahresübergreifender Ausgleich ... 485
17.5 Rechtsfolgen unausgeglichener Haushalte ... 486
17.5.1 Inanspruchnahme der Rücklagen ... 486
17.5.2 Eintreten oder Drohen einer Überschuldung ... 487
17.6 Exkurs: Sicherstellung der Zahlungsfähigkeit ... 487

18. Die Haushaltssatzung ... 489
18.1 Rechtsnatur und Bedeutung der Haushaltssatzung ... 489
18.1.1 Gemeindliches Satzungsrecht ... 489
18.1.2 Haushaltssatzung als besondere Satzung ... 489
18.2 Inhalt der Haushaltssatzung ... 491
18.2.1 Rechtliche Grundlagen ... 491
18.2.2 Pflichtinhalte der Haushaltssatzung (§ 100 Abs. 2 KVG) ... 491
18.2.2.1 Festsetzung des Haushaltsplans ... 491
18.2.2.2 Festsetzung der Kreditermächtigung für Investitionen und Investitionsfördermaßnahmen ... 493
18.2.2.3 Festsetzung des Gesamtbetrags der Verpflichtungsermächtigungen ... 493
18.2.2.4 Festsetzung des Höchstbetrags der Liquiditätskredite ... 494
18.2.2.5 Festsetzung der Realsteuerhebesätze ... 495
18.2.3 Freiwillige Inhalte der Haushaltssatzung ... 496
18.3 Zustandekommen der Haushaltssatzung ... 497
18.3.1 Überblick ... 497
18.3.2 Vorverfahren ... 498
18.3.3 Aufstellung des Entwurfs der Haushaltssatzung ... 498
18.3.4 Beteiligung der Fachausschüsse ... 499
18.3.5 Beteiligung des Finanz- und Hauptausschusses ... 499
18.3.6 Beschlussfassung durch den Rat ... 499
18.3.7 Vorlage bei der Aufsichtsbehörde ... 500
18.3.8 Bekanntmachung der Haushaltssatzung ... 500
18.4 Genehmigung der Haushaltssatzung durch die Aufsichtsbehörde ... 501
18.4.1 Grundsatz ... 501
18.4.2 Genehmigung des Gesamtbetrags der Kredite ... 503
18.4.3 Genehmigung des Gesamtbetrags der Verpflichtungsermächtigungen ... 504
18.4.4 Genehmigung des Höchstbetrags der Liquiditätskredite ... 505
18.5 Übungen ... 505

19. Die Ausführung des Haushalts 508
19.1 Erhebung von Einzahlungen 508
19.1.1 Rechtzeitige Einziehung der Einzahlungen 508
19.1.2 Kleinbeträge 508
19.1.3 Rundungen 510
19.1.4 Übung 511
19.2 Zuweisung von Haushaltsmitteln und Verpflichtungsermächtigungen sowie deren Bewirtschaftung und Überwachung 513
19.2.1 Zuweisung von Haushaltsmitteln und Verpflichtungsermächtigungen 513
19.2.2 Bewirtschaftung der Haushaltsmittel und Verpflichtungsermächtigungen 514
19.2.2.1 Grundsätze für den Gesamthaushalt 514
19.2.2.2 Besondere Grundsätze für Investitionen 516
19.2.3 Überwachung der Haushaltsermächtigungen 517
19.2.4 Übungen 518
19.3 Haushaltswirtschaftliche Sperre und Berichtspflichten gegenüber dem Rat 526
19.3.1 Haushaltswirtschaftliche Sperre 526
19.3.2 Berichtspflichten gegenüber dem Rat 527
19.4 Stundung, Niederschlagung und Erlass 529
19.4.1 Generelle Begriffsabgrenzungen 529
19.4.2 Rechtsgrundlagen 529
19.4.3 Stundung 530
19.4.3.1 Voraussetzungen 530
19.4.3.2 Verzinsung der gestundeten Forderungen 531
19.4.3.3 Bewilligungsverfahren 531
19.4.3.4 Exkurs: Aussetzung der Vollziehung 532
19.4.4 Niederschlagung 533
19.4.4.1 Voraussetzungen für eine Niederschlagung (Einzelwertberichtigung) 533
19.4.4.2 Arten der Niederschlagung (Einzelwertberichtigung) 534
19.4.4.3 Praktisches Verfahren bei einer Niederschlagung (Einzelwertberichtigung) 534
19.4.4.4 Pauschalwertberichtigung 535
19.4.5 Erlass 536
19.4.5.1 Voraussetzungen 536
19.4.5.2 Praktisches Verfahren 536
19.4.6 Beispiel einer Dienstanweisung 537
19.4.7 Übungen 542
19.5 Auftragsvergaben 545
19.5.1 Verfahren und Voraussetzungen 545
19.5.2 Übungen 550
19.6 Bewegliche Haushaltsführung 552
19.6.1 Einführung 552

19.6.2 Begriff der über- und außerplanmäßigen Aufwendungen und Auszahlungen ... 553
19.6.3 Verhältnis zur Nachtragssatzung und zu anderen Bereitstellungsmöglichkeiten für Mehraufwendungen und Mehrauszahlungen ... 556
19.6.4 Bewilligung von über- und außerplanmäßigen Aufwendungen und Auszahlungen ... 558
19.6.4.1 Ermittlung der Höhe der benötigten zusätzlichen Ermächtigung ... 558
19.6.4.2 Voraussetzungen für die Bewilligung ... 559
19.6.4.3 Entscheidungsgremien ... 565
19.6.4.4 Praktisches Beantragungs- und Bewilligungsverfahren ... 566
19.6.5 Deckung von überplanmäßigen Auszahlungen im folgenden Haushaltsjahr (Haushaltsvorgriff) ... 567
19.6.6 Exkurs: Praxisgerechtes Gesamtprüfungsverfahren für die Bereitstellung von Mehraufwendungen und Mehrauszahlungen ... 572
19.6.7 Über- und außerplanmäßige Verpflichtungsermächtigungen ... 573
19.6.8 Übungen ... 575

20. Vermögenswirtschaft und Anlagenbuchhaltung ... 586
20.1 Struktur des kommunalen Vermögens ... 586
20.2 Sondervermögen, Treuhandvermögen und rechtlich selbstständige örtliche Stiftungen ... 588
20.2.1 Inhaltliche Abgrenzung ... 588
20.2.2 Kommunalgliedervermögen ... 588
20.2.3 Vermögen der rechtlich unselbstständigen örtlichen Stiftungen ... 589
20.2.4 Eigenbetriebe ... 590
20.2.5 Rechtlich unselbstständige Versorgungs- und Versicherungseinrichtungen ... 590
20.2.6 Treuhandvermögen und rechtlich selbstständige örtliche Stiftungen ... 591
20.2.7 Zusammenfassung ... 591
20.3 Erwerb und Veräußerung von Vermögen ... 593
20.3.1 Abbildung im Rechnungswesen ... 593
20.3.2 Erwerb von Vermögen ... 593
20.3.3 Veräußerung von Vermögen ... 594
20.3.4 Übungen ... 598
20.4 Bewirtschaftung von Vermögen ... 601
20.4.1 Grundsätze der Vermögensbewirtschaftung ... 601
20.4.2 Anlagenbuchhaltung ... 602
20.4.3 Geschäftsvorfälle in einer Anlagenbuchhaltung ... 605
20.4.4 Übungen ... 607
20.5 Kapitalanlagen und Liquiditätsmanagement ... 609
20.6 Wirtschaftliche Betätigung der Gemeinden ... 612
20.6.1 Allgemeines ... 612
20.6.2 Formen der wirtschaftlichen Betätigung ... 613
20.6.3 Voraussetzungen einer wirtschaftlichen Betätigung ... 614

20.6.4 Sonstige Regelungen über wirtschaftliche Betätigungen 616
20.6.5 Übungen 616

21. Nachtragshaushaltssatzung und Nachtragshaushaltsplan 619
21.1 Notwendigkeit der Nachtragshaushaltssatzung 619
21.2 Pflicht zum Erlass einer Nachtragshaushaltssatzung 619
21.2.1 Überblick 619
21.2.2 Änderung eines Paragrafen der Haushaltssatzung 620
21.2.3 Pflichten nach § 103 Abs. 2 KVG 621
21.2.4 Änderung von Haushaltsvermerken und Budgets 626
21.2.5 Änderung von Zielen und Kennzahlen 627
21.2.6 Erhöhung des Ansatzes für Verfügungsmittel 627
21.3 Inhalt des Nachtragshaushaltsplans 627
21.4 Zustandekommen der Nachtragshaushaltssatzung 631
21.5 Übungen 632

22. Der Jahresabschluss 639
22.1 Gestaltung des Jahresabschlusses 639
22.2 Die einzelnen Elemente des Jahresabschlusses 641
22.2.1 Ergebnisrechnung 641
22.2.2 Teilergebnisrechnungen 645
22.2.3 Finanzrechnung 645
22.2.4 Teilfinanzrechnungen 645
22.2.5 Vermögensrechnung (Bilanz) 646
22.2.6 Anhang 647
22.2.7 Anlagenübersicht 648
22.2.8 Forderungsübersicht 648
22.2.9 Verbindlichkeitenübersicht 649
22.2.10 Rechenschaftsbericht 650
22.3 Aufstellung, Prüfung und Entlastung beim Jahresabschluss 650
22.4 Übertragung von Ermächtigungen 653

Stichwortverzeichnis 655

Vorwort

Die kommunale Finanzwirtschaft hat sich eines kameralen Haushalts- und Rechnungswesens bedient, das Ende der 1960er Jahre in den alten Bundesländern konzipiert und von den neuen Bundesländern übernommen wurde. Dieses System genügte den Anforderungen großer Dienstleister, wie sie nun einmal Gemeinden und Gemeindeverbände sind, nicht mehr. Daher ist auch in Sachsen-Anhalt ein Neues Kommunales Haushalts- und Rechnungswesen für die Kommunen in Kraft getreten, das auf der Basis eines kaufmännischen Rechnungswesens die Anforderungen einer effektiven Finanzsteuerung erfüllt.

Mit dem im Jahr 2014 in Kraft getretenen Kommunalverfassungsgesetz des Landes Sachsen-Anhalt wurden die Gemeindeordnung, die Landkreisordnung und das Verbandsgemeindegesetz des Landes aus Gründen der vereinfachten Handhabung in der Praxis und der Vorschriftenreduzierung zu einem einheitlichen Gesetz zusammengefasst. Das vorliegende Fachbuch berücksichtigt die bis Ende des Jahres 2023 in Kraft getretenen novellierten Rechtsnormen dieses Gesetzes. Bei den Produkt- und Kontenrahmenplänen zum neuen kommunalen Haushaltsrecht wurde der überarbeitete Stand vom 1.1.2024 zugrunde gelegt.

Insofern liegt ein Werk vor, das das gesamte neue Haushaltsrecht und Rechnungswesen abdeckt. Dabei beschränken sich die Darstellungen nicht auf die Buchungssystematik, sondern dokumentieren ausgehend von der Eröffnungsbilanz die komplette Haushaltsplanung, Haushaltsausführung und Rechnungslegung. Der besondere Praxisbezug wird durch die Vielzahl von Schaubildern und Beispielen sowie zu jedem Kapitel enthaltenen praktischen Übungen mit Musterlösungen erreicht. Insofern ist das Fachbuch vor allem für Studierende an den Hochschulen und Studieninstituten geeignet.

Gleichwohl richtet sich das Buch auch an die Praktiker in den Kommunalverwaltungen, die sich in das „Neue Kommunale Haushalts- und Rechnungswesen" einarbeiten und dieses konkret umsetzen müssen. Durch die kritischen Würdigungen der haushaltsrechtlichen Regelungen, insbesondere in Bezug auf ihre praktische Anwendung, wird eine Weiterentwicklung der Materie unterstützt, was konkrete Verbesserungsvorschläge belegen. Nicht nur aus diesem Grunde kann das Buch auch für das Fachpersonal als Unterstützung seiner täglichen Arbeit in Form eines kommentarähnlichen Nachschlagewerkes dienen.

Telgte, im Mai 2024
Der Verfasser

Hinweise: Der Verordnungsgeber hat einen Kontenrahmen vorgesehen, der zum Teil die Nummerierung der Kontengruppen bis zu einzelnen Unterkonten verbindlich vorschreibt. Der Kontenrahmenplan sieht zudem für Kontengruppen und Konten statistische und haushaltsrechtliche Kontierungsvorschläge vor, die in Klammern gesetzt sind. Diese Kontierungsvorschläge sind unverbindlich, werden aber vom Verordnungsgeber zur Anwendung empfohlen. Die Vergabe der Nummern für die einzelnen unverbindlichen Kontengruppen und Konten obliegt den Kommunen. In diesem Buch werden grundsätzlich auch die unverbindlichen Kontierungsvorschläge übernommen. In Einzelfällen werden zur Veranschaulichung von Sachverhalten auch Kontierungen vorgenommen, für die weder statistische noch haushaltsrechtliche Kontierungsvorschläge bestehen.

Bei den Funktionsbezeichnungen wird im Buchtext die männliche Form (z. B. „Bürgermeister“) verwendet. Dies stellt keine Diskriminierung der weiblichen Funktionsträger dar, sondern soll lediglich der einfacheren Lesbarkeit dienen.

Zum Verfasser

Dr. Michael Grimberg lehrte bis zu seiner Pensionierung an der Hochschule Harz, Rechtsnachfolgerin der Fachhochschule für öffentliche Verwaltung Sachsen-Anhalt, am Fachbereich Verwaltungswissenschaften schwerpunktmäßig in den Fächern „Öffentliche Finanzwirtschaft“ und „Betriebswirtschaftslehre“.

Abkürzungsverzeichnis

a. a. O.	am angegebenen Ort
AbF	Abzinsungsfaktor
Abs.	Absatz
a. F.	alte Fassung
AG	Aktiengesellschaft
AktG	Aktiengesetz
Anl.	Anlagen
Anm.	Anmerkung
AnstG	Anstaltsgesetz
AO	Abgabenordnung
ARA	Aktive Rechnungsabgrenzungsposten
Art.	Artikel
Aufl.	Auflage
BauGB	Baugesetzbuch
BBesG	Bundesbesoldungsgesetz
BewertRL	Richtlinie zur Bewertung des kommunalen Vermögens und der kommunalen Verbindlichkeiten (Bewertungsrichtlinie)
BFH	Bundesfinanzhof
BGA	Betriebs- und Geschäftsausstattung
BGB	Bürgerliches Gesetzbuch
BGBl.	Bundesgesetzblatt
BHO	Bundeshaushaltsordnung
BStBl.	Bundessteuerblatt
Buchst.	Buchstabe
BVerwG	Bundesverwaltungsgericht
CF	Cash Flow
DDR	Deutsch Demokratische Republik
DGO	Deutsche Gemeindeordnung
DIN	Deutsche Industrienorm bzw. „Das ist Norm“
d. J.	des Jahres
DV	Datenverarbeitung
DVO	Durchführungsverordnung
EFoG	Entlastungsfondsgesetz
EigBG	Eigenbetriebsgesetz
Entsch.	Entscheidung
ErgRe	Ergebnisrechnung
Erl.	Erläuterung
EStG	Einkommensteuergesetz
EStR	Einkommensteuerrichtlinien
FAG	Finanzausgleichsgesetz
ff.	fortfolgende

GmbH	Gesellschaft mit beschränkter Haftung
GemFinRefG	Gemeindefinanzreformgesetz
GemHVO	Gemeindehaushaltsverordnung
GemKVO	Gemeindekassenverordnung
GewStG	Gewerbesteuergesetz
GO	Gemeindeordnung
GoB	Grundsätze ordnungsmäßiger Buchführung
GG	Grundgesetz
GrStG	Grundsteuergesetz
GV	Gemeindeverband/Gemeindeverbände
GVBl.	Gesetz- und Verordnungsblatt
GWG	geringwertiges Wirtschaftsgut
HGB	Handelsgesetzbuch
HGrG	Haushaltsgrundsätzegesetz
i. d. F.	in der Fassung
i. d. R.	in der Regel
IDW	Hauptfachausschuss des Instituts der Wirtschaftsprüfer
i. H. v.	in Höhe von
IM	Innenminister/Innenministerium
IMK	Konferenz der Innenminister und Innensenatoren
inkl.	inklusive
InventRL	Durchführungsbestimmungen für das Inventarwesen der Kommunen in Sachsen-Anhalt (Inventurrichtlinie)
i. S. d.	im Sinne des
i. S. v.	im Sinne von
IT	Informationstechnik
i. V. m.	in Verbindung mit
KAG	Kommunalabgabengesetz
KGSt	Kommunale Gemeinschaftsstelle für Verwaltungsvereinfachung
KLR	Kosten- und Leistungsrechnung
KomHKSVO	Verordnung über die Erhebung kommunaler Haushaltseckdaten im Rahmen des Haushalts-Kennzahlensystems
KomHVO	Kommunalhaushaltsverordnung
KomKBVO	Kommunalkassen- und Buchführungsverordnung
KVG	Kommunalverfassungsgesetz
KWahlG	Kommunalwahlgesetz
LHO	Landeshaushaltsordnung
LKO	Landkreisordnung
LSA	Land Sachsen-Anhalt
LT	Landtag
LV	Landesverfassung
MeldeG	Meldegesetz
MI	Ministerium des Innern

MBl.	Ministerialblatt
NKF	Neues Kommunales Finanzmanagement
NKFG	Gesetz über ein Neues Kommunales Finanzmanagement für Gemeinden im Land Nordwestfalen
NKHR	Neues Kommunales Haushalts- und Rechnungswesen
NKHRG	Gesetz über ein Neues Kommunales Haushalts- und Rechnungswesen für die Kommunen im Land Sachsen-Anhalt
NRW	Nordrhein-Westfalen
NSM	Neues Steuerungsmodell
öffentl.	öffentlich
OVG	Oberverwaltungsgericht
PB	Produktbereich
PG	Produktgruppe
PRA	Passive Rechnungsabgrenzungsposten
PwC	PriceWaterhouseCoopers
RdErl.	Runderlass
Rdnr.	Randnummer
RGBl.	Reichsgesetzblatt
RVO	Reichsversicherungsordnung
S.	Seite
Sopo	Sonderposten
Sp.	Spalte
StAnpG	Steueranpassungsgesetz
StWG	Gesetz zur Förderung der Stabilität und des Wachstums der Wirtschaft
UARG	Unterausschusses zur Reform des Gemeindehaushaltsrechts
Urt.	Urteil
USt.	Umsatzsteuer
VG	Verwaltungsgericht
VO	Verordnung
VV	Verwaltungsvorschriften
VwGO	Verwaltungsgerichtsordnung
VwVfG	Verwaltungsverfahrensgesetz
WertR	Wertermittlungsrichtlinien des Bundesministeriums für Verkehr, Bau- und Wohnungswesen
WertV	Verordnung über Grundsätze für die Ermittlung der Verkehrswerte von Grundstücken (Wertermittlungsverordnung)
Ziff.	Ziffer

Literaturverzeichnis

Adler/Düring/Schmaltz, Rechnungslegung und Prüfung der Unternehmen, 6. Aufl., Stuttgart 1994
Baetge/Kirsch/Thiele, Bilanzen, 15. Aufl., Düsseldorf 2019
Baßeler/Heinrich/Koch, Grundlagen und Probleme der Volkswirtschaft, 19. Aufl., Köln 2010
Bernhardt/Erkes/Klümper/Schünemann/Schwingeler/Theisen, Reform des kommunalen Haushaltsrechts Nordrhein-Westfalen, Gelsenkirchen 1991
Bernhardt/Schünemann/Schwingeler, Kommunales Anordnungs-, Kassen-, Rechnungslegungs- und Prüfungsrecht NRW, 7. Aufl., Witten 1999
Bernhardt/Schünemann/Schwingeler/Theisen, Effektivität und Akzeptanz der neuen Steuerungsmodelle in der kommunalen Haushaltswirtschaft, Gelsenkirchen 2001
Bittig/Fudalla/zur Mühlen, Doppisches kommunales Rechnungswesen: Finanzrechnung und Finanzplan, in: der gemeindehaushalt 2002, S. 29 ff.
Bolsenkötter/Detemple/Marettek, Die Eröffnungsbilanz der Gebietskörperschaft, Frankfurt a. M. 2002
Brixner/Harms/Noe, Verwaltungs-Kontenrahmen, München 2003
Corsten/Corsten, Betriebswirtschaftslehre, 2. Aufl., München 2019
Fritze/Mutschler/Stockel-Veltmann, Kommunales Finanzmanagement NRW, 8. Aufl., Witten 2020
Fudalla/Tölle/Wöste/zur Mühlen, Bilanzierung und Jahresabschluss in der Kommunalverwaltung, 4. Aufl., Berlin 2017
Fudalla/zur Mühlen, Doppelte Buchführung in der Kommunalverwaltung, 4. Aufl., Berlin 2011
Grimberg, Die Behandlung der kameralen Altfehlbeträge bei Überleitung in das Neue Kommunale Haushalts- und Rechnungswesen, in: apf 2013, S. 134
Grimberg, Erfahrungen bei der Einführung des Neuen Kommunalen Haushalts- und Rechnungswesens, in: apf 2012, S. 364
Grimberg, in: Grimberg/Gundlach/Jochheim/Miller/Schneider, Kommunalverfassungsrecht Sachsen-Anhalt, Kommentar, Loseblattsammlung, Wiesbaden 2022
Grimberg, in: Habbel/Stember, Einführung der Doppik und Erfahrungen, Forschungsbeiträge zum Public Management, Wissenstransfer zwischen Hochschule und Kommunen, Münster 2013
Grimberg, Kommunale Jahresabschlussanalyse, in: apf 2012, S. 138
Grimberg, Kommunalhaushaltsrecht Sachsen-Anhalt, Kommentar, 2. Aufl., Wiesbaden 2018
Grimberg, Rückstellungen im Neuen Kommunalen Haushaltsrecht, in: apf 2014, S. 97
Grimberg/Bernhardt/Schünemann/Schwingeler, Kommunales Haushaltsrecht Sachsen-Anhalt, 3. Aufl., Witten 2002
Grimberg/Gundlach/Jochheim/Miller/Schneider, Kommunalverfassungsgesetz des Landes Sachsen-Anhalt, Kommentar, Loseblattsammlung, Wiesbaden 2023

Grimberg/Schneidewind, Grundlagen des Rechnungswesens in der öffentlichen Verwaltung, 3. Aufl., Ostbevern 2017

Grimberg/Wiener, Der neue Haushaltsplan im NKHR – Produkte versus Organisation oder doch gemeinsam? Der Weg von Dessau-Roßlau, in: apf 2010, S. 105

Grottel u. a., Beck'scher Bilanzkommentar, 12. Aufl., München 2020

Häfner, Doppelte Buchführung für Kommunen nach dem NKF, 4. Aufl., Freiburg 2009

Heubeck/Rürup, Finanzierung der Altersversorgung des öffentlichen Dienstes: Probleme und Optionen, Bd. 20, Frankfurt a. M. 2000

Hofmann/Bätge/Wiesner, Kommunalrecht in Nordrhein-Westfalen, 20. Aufl., Wiesbaden 2023

IM-Konferenz, Eckpunkte für ein kommunales Haushaltsrecht zu einem doppischen Haushalts- und Rechnungssystem, in: der gemeindehaushalt 2001, S. 55

IM-Konferenz, Eckpunkte für die Reform des kameralistischen Haushalts- und Rechnungssystems der Kommunen, in: der gemeindehaushalt 2001, S. 112

IM NRW (Hrsg.), Neues Kommunales Finanzmanagement: Abschlussbericht des Modellprojekts „Doppischer Kommunalhaushalt in Nordrhein-Westfalen“ 1999–2003, Freiburg 2003

IM NRW (Hrsg.), Neues Kommunales Finanzmanagement in Nordrhein-Westfalen, Handreichung für Kommunen, 4. Aufl., Düsseldorf 2010

Jung, Allgemeine Betriebswirtschaftslehre, 12. Aufl., München 2010

Klomfaß, Zur Sinnhaftigkeit der Bildung von Urlaubsrückstellungen, in: der gemeindehaushalt 2018, S. 187

Klümper/Möllers/Zimmermann, Kommunale Kosten- und Wirtschaftlichkeitsrechnung, 20. Aufl., Witten 2019

Mutschler, Kommunales Finanz- und Abgabenrecht NRW, 14. Aufl., Witten 2018

Mutschler/Schlösser, Praktische Fälle aus dem Externen Rechnungswesen und Kommunalen Finanzmanagement, 6. Aufl., Witten 2019

Mutschler/Stockel-Veltmann, Externes Rechnungswesen, 5. Aufl., Witten 2019

Lüder, Internationale Standards für das öffentliche Rechnungswesen – Entwicklungsstand u. Anwendungsperspektiven, in: Eibelshäuser, Finanzpolitik und Finanzkontrolle- Partner für Veränderung, Baden-Baden 2002

Odenthal/Beckermann, Einführung in die öffentliche Betriebswirtschaftslehre, 10. Aufl., Witten 2019

Ohne Verf., Gablers Wirtschaftslexikon, 19. Aufl., Wiesbaden 2019

Rohde/Lustig/Wöhler, Allgemeines Verwaltungsrecht mit Verwaltungsvollstreckung und verwaltungsgerichtlichem Rechtsschutz, 16. Aufl., Witten 2020

Schmolke/Deitermann/Rückwart, Industrielles Rechnungswesen IKR, 49. Aufl., Darmstadt 2020

Schrader, Die Kapitalflussrechnung als Abbildung der Finanzlage, Frankfurt 1999

Seidel, Die Balanced Scorecard als Instrument kommunaler strategischer Steuerung, Diplomarbeit an der Fakultät für Raumplanung der Universität Dortmund, 2002

Sprenger-Menzel, Volkswirtschaftslehre und Wirtschaftspolitik, 8. Aufl., Witten 2020

Statistisches Bundesamt, Eckpunkte der Finanzstatistik für die Reform des kommunalen Haushaltsrechts, Wiesbaden 2000

Zimmermann/Jöhnk, Die Balanced Scorecard – ein Instrument zur Steuerung öffentlich-rechtlicher Kreditinstitute, in: Budäus/Küpper/Streitferdt (Hrsg.), Neues Öffentliches Rechnungswesen, Wiesbaden 2000, S. 631 ff.

1. Einführung

1.1 Öffentliche Finanzwirtschaft

1.1.1 Begriff

„Öffentliche Finanzwirtschaft“ ist die Tätigkeit der gesamten „Öffentlichen Hand“, durch welche diese die erforderlichen finanzwirtschaftlichen Maßnahmen trifft bzw. notwendigen Mittel aufbringt, verwaltet und verwendet, die zur Erfüllung ihrer Aufgaben notwendig sind.

Die öffentliche Finanzwirtschaft hat demnach zunächst die Aufgabe, die zur Erfüllung der öffentlichen Aufgaben erforderlichen Ressourcen bereit zu stellen und diese entsprechend zu finanzieren (Bedarfsdeckungsprinzip). Der Begriff der „öffentlichen Aufgaben“ hat aber insbesondere in den letzten Jahrzehnten eine erhebliche Wandlung bzw. Ausweitung erfahren. Die Übertragung neuer und die Erweiterung bestehender Aufgaben erfordern zwangsläufig einen höheren Finanzbedarf. Da dieser Finanzbedarf dem Volkseinkommen entnommen werden muss, ergeben sich hierdurch enge Verflechtungen der öffentlichen Finanzwirtschaft mit der Privatwirtschaft. Dies wiederum führt dazu, dass der öffentlichen Finanzwirtschaft im verstärktem Maße Aufgaben der Steuerung und Beeinflussung der Gesamtwirtschaft zufallen. Art. 109 Abs. 2 GG bestimmt, dass Bund und Länder (auch die Gemeinden als Bestandteile der Länder) bei ihrer Haushaltswirtschaft den Erfordernissen des gesamtwirtschaftlichen Gleichgewichts Rechnung zu tragen haben. Die öffentliche Finanzwirtschaft hat sich somit in das Gesamtsystem der Volkswirtschaft einzuordnen.[1]

1.1.2 Innere Abgrenzung der öffentlichen Finanzwirtschaft

„Die öffentliche Finanzwirtschaft“ als Teil der Volkswirtschaft gliedert sich in die Bereiche

- Einnahmebeschaffung[2],
- Finanzmanagement (Haushaltswirtschaft),
- wirtschaftliche Betätigung und
- Prüfungswesen.

Die **Einnahmebeschaffung** umfasst die Bereiche

- Abgaben (Steuern, Gebühren, Beiträge),

---

1 *Mutschler*, Kommunales Finanz- und Abgabenrecht NRW, 13. Aufl., Witten 2015, S. 2 f.

2 Vereinfacht wird in der Einführungsphase dieses Buches der Begriff „Einnahmen“ verwendet. Die im Neuen Kommunalen Haushalts- und Rechnungswesen notwendige Konkretisierung nach Erträgen und Einzahlungen bleibt den weiteren Kapiteln vorbehalten. Zur Begriffsdefinition siehe Kap. 3.

- übrige öffentliche Einnahmen (z. B. Buß- und Zwangsgelder, Zuwendungen, Umlagen) und
- privatrechtliche Einnahmen (z. B. Mieten, Zinsen, Verkaufserlöse).

Das **Finanzmanagement** (die Haushaltswirtschaft) umfasst die Bereiche
- Planung des Jahreshaushalts,
- mittelfristige Planung,
- Steuerung des kommunalen Wirtschaftsablaufs,
- Ausführung des Haushaltes mit Buchführung und Zahlbarmachung,
- Rechnungslegung.

Die **wirtschaftliche Betätigung** der öffentlichen Hand umfasst die Bereiche
- öffentlich-rechtliche Betriebsführung (Eigenbetriebe, rechtlich selbständige Anstalten des öffentlichen Rechts),
- privatrechtliche Betriebsführung (AG, GmbH usw.).

Dem **Prüfungswesen** obliegt es, die öffentliche Verwaltung bei ihrer Aufgabenerfüllung in rechtlicher und zweckmäßiger Hinsicht zu überwachen. Es greift also in alle Bereiche der öffentlichen Finanzwirtschaft ein. Eine Kurzübersicht ergibt bezüglich der Bereiche der öffentlichen Finanzwirtschaft folgendes Bild:

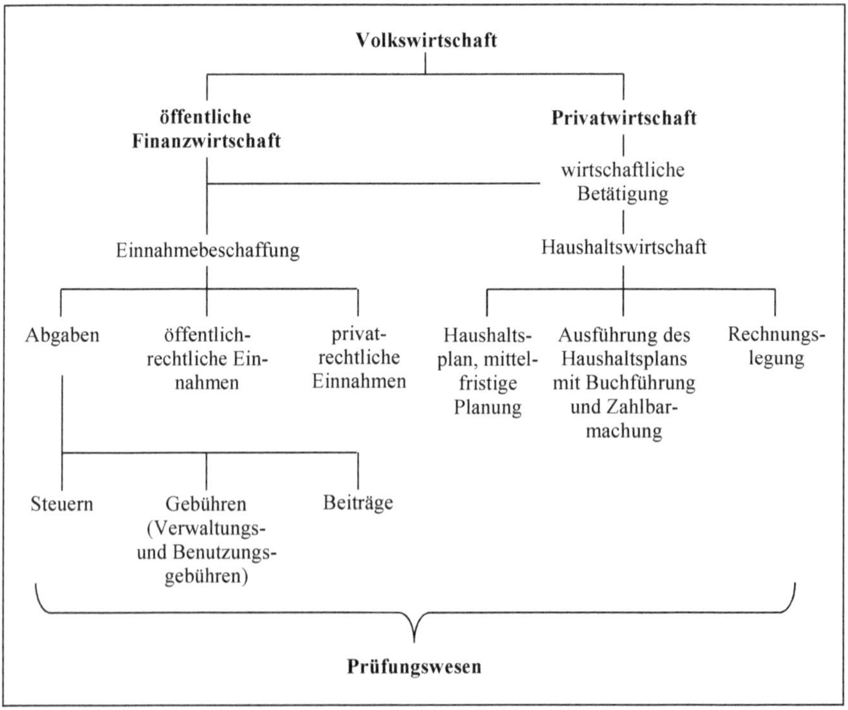

1.2 Träger der öffentlichen Finanzwirtschaft

Die öffentliche Hand benötigt zur Erfüllung ihrer Aufgaben die Bereitstellung der dafür notwendigen Ressourcen. Dies bedeutet, dass zwangsläufig alle juristischen Personen des öffentlichen Rechts, die mit der Erledigung öffentlicher Aufgaben betraut sind, Ausgaben[3] tätigen und diese gleichzeitig finanzieren (Einnahmebeschaffung).

Im Ergebnis sind also Träger der öffentlichen Finanzwirtschaft alle juristischen Personen des öffentlichen Rechts.

In Anlehnung an das „Allgemeine Verwaltungsrecht"[4] sind die Träger der öffentlichen Finanzwirtschaft im Einzelnen:

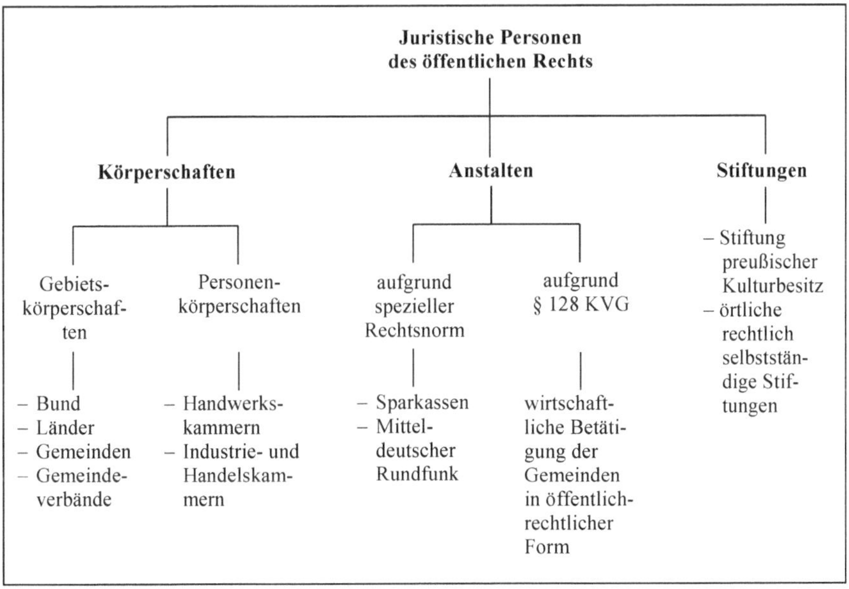

Von ihrer politischen und finanzwirtschaftlichen Bedeutung her sind die Träger – unabhängig vom Haushaltsvolumen – in folgender Reihenfolge zu nennen:

- der Bund,
- die Länder,
- die Gemeinden/Gemeindeverbände und
- die sonstigen Körperschaften, Anstalten und Stiftungen des öffentlichen Rechts

3 Vereinfacht wird in der Einführungsphase dieses Buches der Begriff „Ausgaben" verwendet. Die im Neuen Kommunalen Haushalts- und Rechnungswesen notwendige Konkretisierung in Aufwendungen und Auszahlungen bleibt den weiteren Kapiteln vorbehalten. Zur Begriffsdefinition siehe Kap. 3.

4 Für alle: *Rohde/Lustig/Wöhler*, Allgemeines Verwaltungsrecht mit Verwaltungsvollstreckung und verwaltungsgerichtlichem Rechtsschutz, 15. Aufl., Witten 2020, S. 10 ff.

Letztlich kann man zu den Trägern der öffentlichen Finanzwirtschaft im weiteren Sinne auch die Unternehmungen und Institutionen des privaten Rechts hinzurechnen, die von der öffentlichen Hand betrieben und „kontrolliert“ werden.

1.3 Finanzhoheit

1.3.1 Begriff und Bedeutung

Finanzhoheit ist das Recht, die Finanzwirtschaft eigenverantwortlich und unbeeinflusst von Dritten zu regeln. Finanzhoheit ist somit die selbstständige Mittelverwaltung, also die eigenverantwortliche Einnahmen- und Ausgabenverwaltung.

Der Bund und die Länder haben dieses Recht originär. Grundgesetz und die Länderverfassungen sichern dieses ausdrücklich zu. So bestimmt z. B. Art. 109 Abs. 1 GG, dass Bund und Länder in ihrer Haushaltswirtschaft – als Teilgebiet der öffentlichen Finanzwirtschaft – selbstständig und voneinander unabhängig sind. Aber bereits die Vorschriften des Art. 109 Abs. 3 GG[5] sowie beispielsweise auch die nationalen[6] und multinationalen[7] Regelungen auf dem Sektor der Einnahmebeschaffung (Steuern, Zölle usw.) lassen erkennen, dass die Finanzhoheit des Bundes und der Länder sowie verstärkt die der dann folgenden Ebenen (Gemeinden usw.) eingeschränkt ist.

1.3.2 Finanzhoheit der Gemeinden

Die Finanzhoheit der Gemeinden ist nicht originär, sondern abgeleitet. Der Staat (der Bund und das Land Sachsen-Anhalt) gewährt die Finanzhoheit.

In Art. 28 Abs. 2 GG ist den Gemeinden die sog. „Selbstverwaltungsgarantie“ verfassungsrechtlich zugesichert. Ein unverzichtbarer Bestandteil der Selbstverwaltung ist die Finanzhoheit. Des Weiteren gibt Art. 2 Abs. 3 LV LSA eine Bestandsgarantie der Institution „Gemeinde“. In Verbindung mit Art. 87 LV LSA kann auch aus der Landesverfassung LSA eine Selbstverwaltungsgarantie und damit die Finanzhoheit hergeleitet werden.

---

5 Siehe dazu die Regelungen des Haushaltsgrundsätzegesetzes vom 19.8.1969 (BGBl. I S. 1273) in der derzeit geltenden Fassung.

6 Art. 104a ff. GG enthalten die Bestimmungen über die Finanzausstattung von Bund, Ländern und Gemeinden sowie die Gesetzgebungs- und Ertragskompetenzen im Bereich der Steuern; siehe dazu die ausführliche Darstellung bei *Mutschler*, Kommunales Finanz- und Abgabenrecht NRW, 14. Aufl., Witten 2018, S. 32 ff.

7 Ein guter Überblick über die einzelnen Steuerarten und internationalen Verflechtungen im Steuer- und Abgabenrecht ist auf der Homepage des Bundesfinanzministeriums (u. a. unter „Was Steuern sind und warum wir sie zahlen“) abzurufen.

Eine nähere Ausgestaltung bezüglich des Inhalts und Umfangs der Finanzhoheit enthält das Kommunalverfassungsgesetz (§§ 1–4, 98 ff.). Die Finanzhoheit beschränkt sich aber nicht nur auf die Haushaltswirtschaft, sondern umfasst notwendigerweise auch die Einnahmebeschaffung. So gibt z. B. Art. 106 Abs. 6 GG den Gemeinden die Garantie zur Erhebung von Grund- und Gewerbesteuern (Realsteuergarantie). Im Zusammenhang mit dem Steuerrecht, Finanz- und sonstigen Abgabenrecht wird auf diesen Teil der Finanzhoheit noch näher einzugehen sein.[8]

Insgesamt ist festzustellen, dass die Gemeinden grundsätzlich Finanzhoheit besitzen, diese aber in den einzelnen Teilbereichen unterschiedlich stark ausgeprägt ist.

1.4 Abgrenzung der öffentlichen Finanzwirtschaft zur Privatwirtschaft

Einleitend muss darauf hingewiesen werden, dass diese Darstellung keine detaillierte und umfassende Abgrenzung im Sinne der Volkswirtschaftslehre sein kann. Eine solche soll dieser wissenschaftlichen Disziplin vorbehalten bleiben. An dieser Stelle sollen jedoch die wesentlichen Abgrenzungsmerkmale aufgezeigt werden. Dabei wird das Verständnis für die hier vorgenommene Abgrenzung deutlicher, wenn man die Zielsetzungen und Ergebnisse der öffentlichen Verwaltung allgemein herausstellt:

- **Die öffentliche Verwaltung liefert vor allem immaterielle Güter (Dienstleistungen) für die Bedürfnisse ihrer Bürger** (z. B. Rechtsschutz, Bildung, innere und äußere Sicherheit).
  Hier ist aber nicht zu verkennen, dass im Dienstleistungsbereich auch materielle Güter produziert werden (z. B. Ver- und Entsorgung durch die Gemeinden bzw. deren Betriebe in den Bereichen Strom, Gas, Wasser, Entwässerung, Abfallbeseitigung, Straßenreinigung usw.)

Und:

- **Ihre Leistungen sind im Wesentlichen nicht unmittelbar messbar.**
  Der Nutzen für erhöhte Aufwendungen, z. B. für die innere Sicherheit, kann nicht unmittelbar nach betriebswirtschaftlichen Gesichtspunkten gemessen werden. Das bedeutet jedoch nicht, dass nicht auch im öffentlichen Bereich nach ökonomischen Gesichtspunkten gehandelt werden muss.

8 Eine ausführliche Darstellung der Gesamtmaterie enthält *Mutschler*, Kommunales Finanz- und Abgabenrecht NRW, 14. Aufl., Witten 2018.

Doch nun zu den wesentlichen Unterscheidungen:

Öffentliche Finanzwirtschaft	Privatwirtschaft
Bedarfsdeckung Dem öffentlichen Finanzwesen ist eine gewisse Aufgabenstellung vorgegeben, für die eine entsprechende Bereitstellung von Ressourcen erforderlich ist. Der Ressourcenbedarf soll gedeckt werden, wobei kein Gewinnstreben vorliegt. Nur die Mittel werden bestimmt, das Ziel liegt fest.	**Gewinnmaximierung** Der Kaufmann beabsichtigt, einen größtmöglichen Gewinn zu erzielen. Er beginnt mit seiner Tätigkeit nur, wenn er sich daraus einen Gewinn erhofft. Ziel und Mittel werden in seinen Überlegungen gegenübergestellt.
Bindung an den Plan Die Haushaltswirtschaft des öffentlichen Gemeinwesens wird durch den Haushaltsplan bzw. das Budget bestimmt, welches durch die/das vom „Parlament" beschlossene Haushaltssatzung/-gesetz normiert ist.	**Anpassung an die Marktlage** Der Kaufmann stellt zwar Pläne auf, jedoch kann er jederzeit von ihnen abweichen. Dies ist schon dadurch bedingt, dass eine ständige Anpassung an die Marktlage erfolgen muss.
Zwangseinnahmen Die wesentlichen Einnahmen beruhen auf Zwang, wobei die Steuern den größten Teil ausmachen. Die Erhebung von Zwangseinnahmen ist Ausfluss der Finanzhoheit.	**Eigenmittel** Der Kaufmann kann nur auf Eigenmittel zurückgreifen; die zu erwirtschaften sind. Fremdmittel (z. B. Kredite) sind letzten Endes auch Eigenmittel, weil sie zurückgezahlt werden müssen.
Gesamtwirtschaftliches Gleichgewicht Die öffentliche Hand hat im Rahmen ihrer Finanzwirtschaft dem gesamtwirtschaftlichen Gleichgewicht Rechnung zu tragen. Sie hat sich konjunkturgerecht zu verhalten. Die öffentliche Finanzwirtschaft verfügt über rd. 50 % des Sozialproduktes (siehe auch Kap. 1.5.4).	**Egoistische Ziele** Stabilitätsbewusstes Handeln wird der Privatwirtschaft von den Politikern zwar immer nahegelegt, jedoch fehlt jeglicher Zwang. Da der Kaufmann auf Gewinn bedacht ist, führt seine konsequente Marktausnutzung zu einem gewissen wirtschaftlichen Egoismus.
Minimalprinzip Mit dem geringsten Mitteleinsatz den gewünschten Erfolg erzielen.	**Maximalprinzip** Mit gegebenen Mitteln den größten Erfolg erzielen.

Bei aller „Abgrenzung" darf nicht übersehen werden, dass natürlich vielfältige Verbindungen zwischen beiden Bereichen bestehen und auch notwendig sind. Insofern sind die vorstehenden „Abgrenzungen" nur grundsätzlicher Natur.

1.5 Aufgaben und Ziele der öffentlichen Finanzwirtschaft

1.5.1 Allgemein

Die öffentliche Finanzwirtschaft hat – wie in Kap. 1.1.1 dargelegt – die Aufgabenerfüllung zu sichern. Hieraus ergeben sich die nachfolgend dargestellten Aufgaben und Ziele (Funktionen), die von der öffentlichen Finanzwirtschaft erfüllt werden müssen. An dieser Stelle kann und soll jedoch nur Grundsätzliches angesprochen werden. Erschöpfend wird dieses Thema in der Volkswirtschaft und Betriebswirtschaft zu behandeln sein.

1.5.2 Finanzpolitische Funktion

Das öffentliche Gemeinwesen (Staat/Gemeinden) kann die ihm übertragenen Aufgaben und Verpflichtungen nur erfüllen, wenn es in die Lage versetzt wird, die öffentlichen Bedürfnisse befriedigen zu können. Der Haushaltsplan konkretisiert nun die zu erfüllenden Aufgaben in finanzieller Hinsicht, während gleichzeitig die zur Deckung des Finanzbedarfs erforderlichen Mittel aufgeführt werden. Gleichzeitig werden Ziele und Kennziffern zu den einzelnen kommunalen Tätigkeitsfeldern ausgewiesen.

Die beiden Seiten des Haushalts (Mittelherkunft und Mittelverwendung) müssen aber miteinander in Einklang gebracht werden, d. h. der Haushaltsausgleich für die jeweilige Periode muss herbeigeführt werden. Der Haushaltsplan erfüllt insofern eine finanzpolitische Funktion, die auch als finanzwirtschaftliche Ordnungsfunktion gekennzeichnet werden kann. Hierzu gehört insbesondere das Prinzip des Haushaltsausgleichs, dass die Solidität der öffentlichen Finanzwirtschaft zu sichern hilft. Gleichzeitig wird intergenerative Gerechtigkeit erzeugt, da bei einem ausgeglichenen Haushalt jede Nutzerperiode den von ihr verursachten Aufwand erwirtschaftet.

1.5.3 Politische Funktion

Der Etat kann als der „ziffernmäßige Ausdruck des politischen Programms" gelten. Die überwiegende Mehrzahl der öffentlichen Aufgaben ist nämlich mit dem Verbrauch von Haushaltsmitteln verbunden. Der Haushaltsplan ist auch das Ergebnis politischer Auseinandersetzungen, letztlich ein Kompromiss der verschiedenen politischen Kräfte.

Durch die parlamentarische Zustimmung wird dem Parlament bzw. Rat die Möglichkeit geboten, regelmäßig lenkend, begrenzend und kontrollierend die Tätigkeit der Verwaltung zu beeinflussen. Insofern stellt der Haushaltsplan einen wesentlichen Generalkontrakt zwischen Politik und Verwaltung dar. Die Möglichkeiten der Einflussnahme sind dennoch begrenzt, weil der überwiegende Teil der Haushaltsmittel durch gesetzliche und andere rechtliche sowie durch politische Verpflichtungen festgelegt ist (z. B. Personalkosten, Sachaufwand, Investitionsfolgekosten). Die Beeinflussung durch Parlament bzw. Rat richtet sich daher insbesondere auf die freie Manövriermasse des Haushalts, die oft nur einen geringen Teil des Gesamtvolumens beträgt, und auf die Gestaltung der Einnahmeseite.

Wie sehr die „öffentliche Finanzwirtschaft" in den Blickpunkt des politischen Interesses rückt, wird immer dann deutlich, wenn der „Etat" des Bundes, Landes oder einer Gemeinde im „Parlament" behandelt wird oder wenn z. B. steuerpolitische Maßnahmen diskutiert werden.

1.5.4 Wirtschaftspolitische Funktion

Die wirtschaftspolitische Aufgabenstellung ist eine weitere Funktion der öffentlichen Finanzwirtschaft.

Der Faktor „öffentliche Finanzwirtschaft“ hat einen entscheidenden Einfluss auf die Aktivitäten in der Volkswirtschaft. Etwa 50 % des Bruttosozialprodukts werden heute durch die „öffentliche Hand“ in Deutschland beeinflusst. Somit kommt der öffentlichen Finanzwirtschaft zunehmend eine volkswirtschaftliche Ordnungsfunktion zu. Die nachstehende Übersicht aufgrund der Daten des Bundesministeriums der Finanzen (Datenportalseite) belegt dies deutlich:

Entwicklung der Staatsquote in Deutschland in % des Bruttoinlandsprodukts (BIP)							
1991	46,5	*1999*	48,2	*2007*	43,4	*2015*	44,1
1992	47,3	*2000*	47,8	*2008*	44,2	*2016*	44,4
1993	48,2	*2001*	47,4	*2009*	48,2	*2017*	44,2
1994	48,3	*2002*	47,9	*2010*	48,1	*2018*	44,3
1995	55,1	*2003*	48,3	*2011*	45,2	*2019*	45,0
1996	49,4	*2004*	46,8	*2012*	44,9	*2020*	50,4
1997	48,6	*2005*	46,8	*2013*	44,9	*2021*	51,3
1998	48,1	*2006*	45,2	*2014*	44,3	*2022*	49,8

1.5.5 Betriebswirtschaftliche Funktion

Insbesondere im kommunalen Bereich wird der betriebswirtschaftlichen Funktion der öffentlichen Finanzwirtschaft besondere Beachtung geschenkt.

Die Betriebswirtschaftslehre befasst sich mit den wirtschaftlichen Problemen der Betriebe, wobei ihre Erkenntnisse die praktische Konsequenz haben sollen, die Betriebe wirtschaftlicher zu gestalten. Wenn nun in § 98 Abs. 2 KVG die Forderung aufgestellt wird, dass nicht nur sparsam, sondern auch wirtschaftlich und effizient zu verwalten ist, so ergab sich früher unter dem Aspekt der reinen Hoheitsverwaltung die Frage, ob überall in der öffentlichen Verwaltung die betriebswirtschaftlichen Erkenntnisse zugrunde zu legen sind oder ob diese einer öffentlichen Verwaltung wesensfremd sind.

Unstreitig liegt dieses in solchen öffentlichen Bereichen vor, in denen Entgelte für die von diesen Bereichen erbrachten Leistungen erhoben werden. Diese müssen nach betriebswirtschaftlichen Gesichtspunkten arbeiten. Neben den Eigenbetrieben gehören hierzu auch die öffentlichen Einrichtungen der Daseinsvorsorge. Beispiele hierfür sind: Abfallbeseitigung, Entwässerung, Straßenreinigung, Märkte, Schwimmbäder, Sportanlagen, Volkshochschulen, Musikschulen und Bibliotheken.

Auch für die restlichen Bereiche der „öffentlichen Finanzwirtschaft“ sind betriebswirtschaftliche Grundsätze verstärkt zu berücksichtigen. So müssen Finanzmanagemententscheidungen nicht nur unter haushaltsrechtlichen, sondern auch unter betriebswirtschaftlichen Überlegungen (z. B. Kostenermittlungen) getroffen werden. Insofern ist es selbstverständlich, dass auch in kommunalen Sozial- oder Ordnungsämtern betriebswirtschaftliches Denken verstärkt Eingang findet.

2. Kommunales Haushaltsrecht

2.1 Haushaltswirtschaft

Unter „Haushaltswirtschaft" versteht man die Bewirtschaftung der Haushaltsmittel öffentlicher Körperschaften. Da das Haushaltsrecht i. d. R. auf der Verwaltungsbuchführung (Kameralistik) beruht, handelt es sich bei diesen Haushaltsmitteln um veranschlagte Einnahmen und Ausgaben. Das neue Haushaltsrecht der Gemeinden und Gemeindeverbände in Sachsen-Anhalt, auf das sich dieses Lehrbuch bezieht, basiert dagegen auf dem Rechnungsstoff der doppelten kaufmännischen Buchführung (Doppik). Die veranschlagten Haushaltsmittel orientieren sich daher vor allem an den Rechengrößen der Doppik, nämlich an Aufwendungen und Erträgen. Darüber hinaus werden Mittel für den Bereich der Investitionen im neuen Haushaltsrecht auf der Grundlage von Einzahlungen und Auszahlungen bereitgestellt. Die Haushaltswirtschaft beginnt – unabhängig vom zugrunde liegenden Rechenstoff – mit der Planung und formalen Aufstellung des Etats, setzt sich mit der Ausführung des Haushalts und der damit verbundenen buchhalterischen Erfassung der Geschäftsvorfälle (Buchführung) fort und endet mit der Erstellung des Jahresabschlusses sowie der Kontrolle der Haushaltswirtschaft und der politischen Entlastung.

Die nachfolgende Darstellung soll die einzelnen Stationen der Haushaltswirtschaft und die Beziehungen zueinander verdeutlichen. Dabei wird das Verfahren der Haushaltsplanung auch in die sonstige gemeindliche Planung eingeordnet. Die Systematik ist gleichermaßen für den Bund, die Länder und Gemeinden (GV) und unabhängig vom Rechnungsstoff gültig:

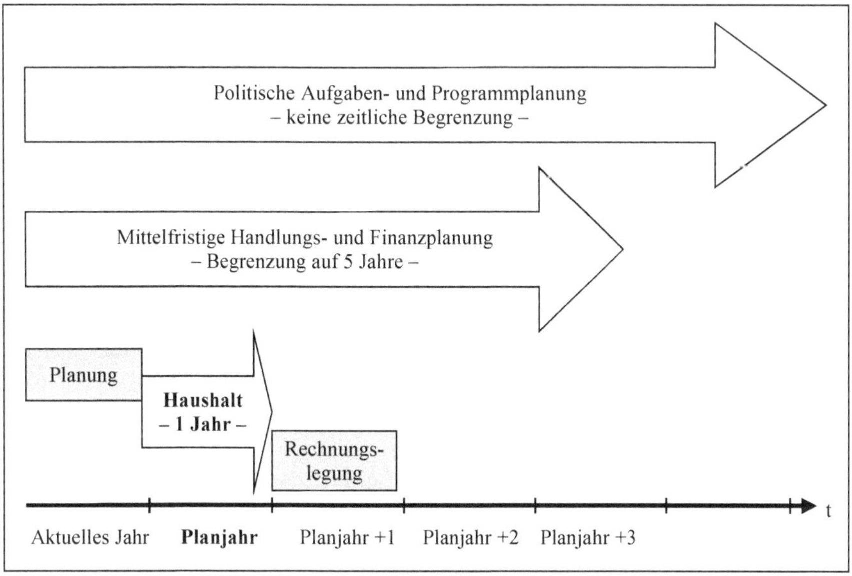

2.2 Verfassungsrechtliche Grundlagen und Haushaltsautonomie

Die verfassungsrechtlichen Grundlagen des gemeindlichen Haushaltsrechts ergeben sich nicht unmittelbar (originär) aus der Verfassung (Grundgesetz/Landesverfassung LSA). Im Gegensatz zum Bund und den Ländern haben die Gemeinden und Gemeindeverbände nur eine abgeleitete Haushaltsautonomie. Art. 28 Abs. 2 GG gewährleistet den Gemeinden (GV) die Selbstverwaltungsgarantie und als deren wesentlichen Bestandteil auch die Haushaltsautonomie. So bestimmt Art. 28 Abs. 2 Satz 2 GG ausdrücklich, dass die Gewährleistung der Selbstverwaltung der Gemeinden (GV) auch die Grundlagen der finanziellen Eigenverantwortung umfasst. Auch die Landesverfassung LSA garantiert in Art. 2 und Art. 87 die Existenz und Selbstverwaltung der Gemeinden (GV). Somit ist die Haushaltsautonomie der Gemeinden (GV) verfassungsrechtlich verankert, wird allerdings durch einen Gesetzesvorbehalt („im Rahmen der Gesetze") maßgeblich eingeschränkt.

Das Kommunalverfassungsgesetz LSA bestimmt nun im Einzelnen Umfang und Inhalt der tatsächlich vorhandenen Haushaltsautonomie. Es hat sich in dem von der Landesverfassung gesteckten Rahmen zu bewegen. Hierbei darf jedoch nicht übersehen werden, dass das Land bei der Abfassung der kommunalen haushaltsrechtlichen Vorschriften in seinen Handlungen und Regelungen im Wesentlichen durch Art. 109 GG festgelegt ist.

In Art. 109 GG ist das Haushaltsverfassungsrecht von Bund und Ländern geregelt. Die Bestimmung enthält folgende Grundsätze:

- den Grundsatz der Haushaltsautonomie von Bund und Ländern (Absatz 1),
- die bund- und länderverpflichtende gesamtwirtschaftliche Budgetfunktion (Absatz 2),
- die Gesetzgebungskompetenz des Bundes für das Haushaltsrecht, eine konjunkturgerechte Haushaltswirtschaft und eine mehrjährige Finanzplanung von Bund und Ländern (Absatz 3) sowie
- die Gesetzgebungskompetenz des Bundes für die Regelung von Kreditbegrenzungen und Konjunkturausgleichsrücklagen (Absatz 4).

Die Haushaltswirtschaft der öffentlichen Hand sollte bei den vorgegebenen Aufgaben in gesamtwirtschaftlicher Hinsicht möglichst nach einheitlichen Kriterien und Regelungen geführt werden. Im Hinblick auf die aktuelle Reform des Haushaltsrechts ist festzustellen, dass die Gemeinden hier eine Vorreiterrolle einnehmen. Zwar gibt es auch für das Land Hessen seit Längerem Bestrebungen, das Landeshaushaltsrecht zu novellieren, und auch das Land NRW macht mit dem Projekt „EPOS"[1] erste vorsichtige Versuche, seinen Haushalt zu modernisieren, aber diese Projekte fristen auf Landes- und Bundesebene derzeit noch ein Schattendasein. Offensichtlich sind die Verfechter der Kameralistik insbesondere in den Finanzministerien noch immer in der Überzahl. Dies kann seine Ursache aber durchaus auch darin haben, dass insbesondere auf Länderebene die Ergebnisse einer Eröffnungsbilanz verheerend sein dürften.[2] Im

1 Weitere Informationen unter www.epos.nrw.de.

2 Vgl. hierzu z. B.: *Lüder*, Vom Ende der Kameralistik, hrsg. von der Deutschen Hochschule für Verwaltungswissenschaften Speyer, Speyerer Vorträge H. 74, Speyer 2003.

Hinblick auf die Verfassungsmäßigkeit der Haushalte könnte eine erhebliche Überschuldung hier die Handlungsfähigkeit weiter einschränken. Die Einheitlichkeit des Haushaltsrechts ist insofern in Zukunft nicht garantiert, was in vielen Bereichen (Verwendungsnachweise, Statistiken, Ausbildung etc.) sicherlich zu Problemen führen wird.

Art. 109 GG gibt den Status an, den Bund und Länder jeder für sich und zueinander haben. Sie sind selbstständig und voneinander unabhängig, aber dem Gemeinwohl verpflichtet. Die einzelnen Haushaltswirtschaften können sich nur innerhalb der in Art. 109 GG gesetzten Grenzen entfalten.

Hierbei ist ferner zu berücksichtigen, dass aufgrund des Art. 109 GG der Bund mit Zustimmung der Länder zwei für die Haushaltswirtschaft bedeutsame Gesetze erlassen hat, nämlich

- das Gesetz zur Förderung der Stabilität und des Wachstums der Wirtschaft und
- das Gesetz über die Grundsätze des Haushaltsrechts des Bundes und der Länder, jeweils in der z. Z. geltenden Fassung.

Diese Rechtsnormen stecken im Interesse des Gesamtstaates detailliert den eigentlichen Rahmen für die Haushaltswirtschaft der öffentlichen Hand (Bund, Länder, Gemeinden usw.) ab. Die Haushaltsautonomie von Bund, Ländern und Gemeinden (GV) ist also in der Verfassungswirklichkeit bei der gegebenen Aufgabenstellung wie im Schaubild in Kap. 2.3.1 dargestellt zu sehen.

2.3 Geschichtlicher Überblick

2.3.1 Bisherige Entwicklung

Die Entwicklung des Haushaltsrechts hat im Wesentlichen seinen Ursprung im gemeindlichen Bereich. Bedingt durch die „demokratische" Struktur der Städte war hier zuerst ein Bedürfnis nach allgemeingültigen „Normen" gegeben. Im staatlichen Bereich war durch die monarchistische Führung zunächst der Wille des jeweiligen Monarchen allein maßgebend.

Konkrete Formen nahm das Haushaltsrecht im 16. Jahrhundert an. Der erste kommunale Haushalt wird 1516 erwähnt. Der erste staatliche Haushalt wird rd. 100 Jahre später (1618–1619) genannt. In der Folgezeit wurde die Entwicklung im Wesentlichen von staatlicher Seite beeinflusst, wobei die Gemeinden mit einbezogen wurden. Daher soll nachfolgend auch die Entwicklung des Haushaltsrechts in seiner Gesamtheit dargestellt werden.

Die ersten Versuche – allerdings auf Teilbereiche beschränkt –, eine Haushaltsplanung nach „Normen" zu erstellen, wurden 1689 in Preußen unternommen. Mit der Erstellung eines „Generaletats" aller Domäneneinkünfte und -ausgaben wurde hier so etwas wie ein Haushaltsplan aufgestellt. Im gleichen Jahr bestimmte eine kurfürstliche Instruktion, dass alle Provinzen *„einen Domänenetat formieren, darin ein balance der einnahmen und ausgaben machen und Sr.K.D. gnädigster vollanziehung gehörigen Ohrts überliefern"* sollten.

In den preußischen Gebieten wurden diese Etats für weitere Bereiche eingeführt und die Normen verbessert. Im süddeutschen Raum wurden dagegen erst 1803 Etats aufgestellt.

Im kommunalen Bereich wurde auch zuerst in den preußischen Gebietsteilen der zaghafte Versuch unternommen, Formvorschriften über das Haushalts-, Kassen- und Rechnungswesen zu erstellen. Die Städteordnung für die östlichen Provinzen von 1853, für die Provinz Westfalen von 1856 und die Rheinische Städteordnung von 1856 bestimmten die Aufstellung eines Haushaltsplans über alle voraussehbaren Ausgaben, Einnahmen und Naturaldienste.

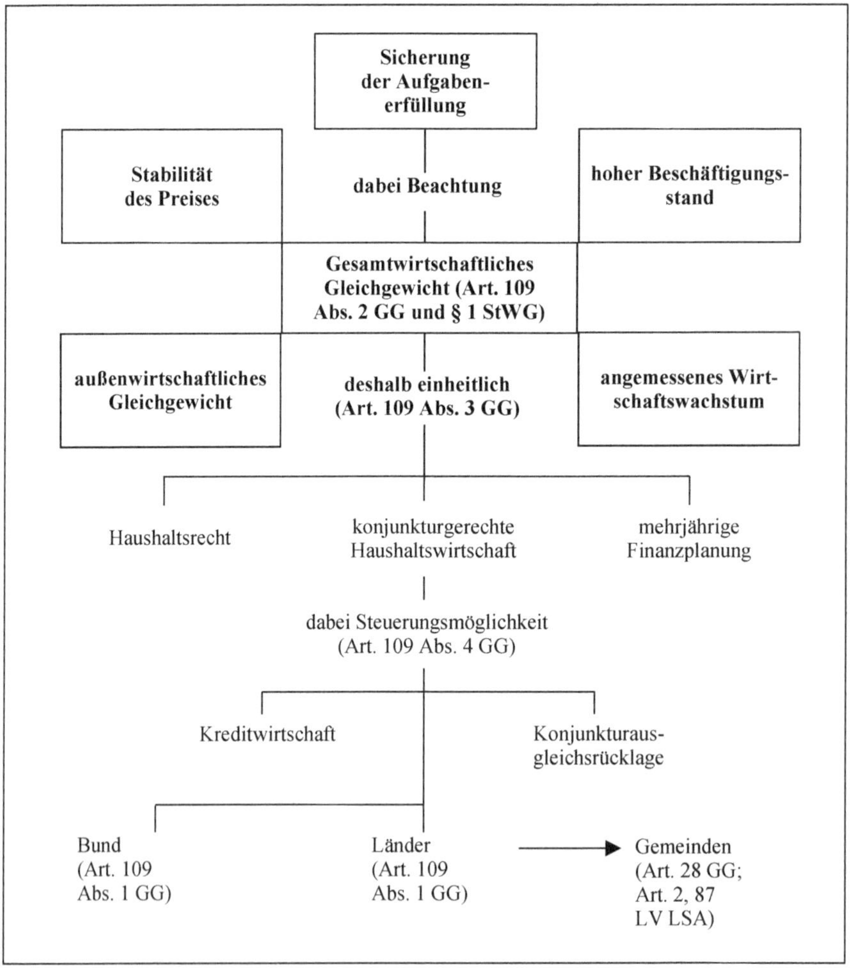

Das Kommunalabgabengesetz von 1893 legte das Haushaltsjahr auf die Zeit vom 1. April bis zum 31. März des folgenden Jahres fest. Unter bestimmten Voraussetzungen konnte die Haushaltsperiode bis zu drei Jahre umfassen. Nach Ablauf der Haushaltsperiode war gegenüber der Stadtverordnetenversammlung Rechnung zu legen, der auch die Prüfung und Feststellung der Jahresrechnung und die Entlastung des Gemeindevorstandes oblag. Für den Fall, dass eine preußische Gemeinde ihrer Verpflichtung zur Aufstellung eines Haushaltsplans nicht nachkam, räumte das preußische Zuständigkeitsgesetz von 1883 den Aufsichtsbehörden das Recht auf Zwangsetatisierung ein.

Ein Haushaltsrecht im heutigen Sinne kam erstmals mit Einführung der Demokratie (1918/19) in Deutschland auf. Die folgende Darstellung der wesentlichen gesetzlichen Entwicklung verdeutlicht dies sehr anschaulich, wobei bewusst keine Trennung in staatliches und kommunales Haushaltsrecht vorgenommen wurde:

1922	Reichshaushaltsordnung
1927	Reichskassenordnung
1929	Wirtschaftsbestimmungen für die Reichsbehörden
1931	Preußische Gemeindefinanzverordnung
1933	Preußisches Gesetz über die Staatshaushaltsordnung
1933	Preußisches Gemeindefinanzgesetz
1935	Deutsche Gemeindeordnung
1936	Gesetz über die Haushaltsführung, Rechnungslegung und Rechnungsführung des Deutschen Reiches und die IV. Änderung der Reichshaushaltsordnung
1936	Rücklagenverordnung der Gemeinden
1936	Eigenbetriebsverordnung der Gemeinden
1937	Gemeindehaushaltsverordnung
1938	Gemeindekassen- und Rechnungsverordnung

Nach dem Zweiten Weltkrieg vollzog sich die Entwicklung des Haushaltsrechts in den westlichen Bundesländern und in der ehemaligen DDR unterschiedlich. Beispielhaft soll die Entwicklung auf diesem Rechtsgebiet in dem Bundesland Nordrhein-Westfalen im Folgenden dargestellt werden:

1945	Finanztechnische Anweisung Nr. 33 der britischen Kontrollkommission für die ehemaligen preußischen Provinzen
1945/46	Revidierte Deutsche Gemeindeordnung der britischen Kontrollkommission
1946	Verordnung Nr. 46 der Militärregierung vom 23. August über die „Auflösung der Provinzen des ehemaligen Landes Preußen in der britischen Zone und ihre Neubildung als selbstständige Länder“ = Gründung des Landes Nordrhein-Westfalen (am 21.1.1947 wurde durch Verordnung Nr. 77 das ehemalige Land „Lippe Detmold“ eingegliedert; die Gemeinden und Gemeindeverbände wurden als bestehendes „Gebilde“ weitergeführt)

1948	Gesetz über die Einrichtung eines Landesrechnungshofes und die Rechnungsprüfung im Land NRW
1950	Verfassung für das Land Nordrhein-Westfalen
1952	Gemeindeordnung NRW
1953	Amtsordnung NRW, Kreisordnung NRW, Landschaftsverbandsordnung NRW
1953	Eigenbetriebsverordnung NRW
1954	Gemeindehaushaltsverordnung NRW
1955	Gemeindliche Kassen- und Rechnungslegungsverordnung und Weitergeltung der Rücklagenverordnung NRW

Die haushaltsrechtliche Entwicklung in der ehemaligen sowjetischen Besatzungszone und Deutschen Demokratischen Republik verlief davon abweichend. Da die Verfassung der DDR vom 7.10.1949 keine Bestimmungen über das Haushaltsrecht enthielt, wurde zunächst nach den herkömmlichen Regeln der Reichshaushaltsordnung verfahren.

Nachdem sich das hergebrachte Recht der Reichshaushaltsordnung für die Planwirtschaft der DDR als nicht zweckmäßig erwies, wurde 1951 ein völlig neues Haushaltssystem geschaffen. 1952 wurden die Länder aufgelöst und 15 Bezirke gebildet. Die föderalistischen Haushaltsstrukturen wurden abgeschafft. Ein einheitlicher Staatshaushaltsplan entstand, in dem die Haushalte der Republik, der Bezirke, Landkreise und Gemeinden einbezogen waren. Die Haushalte waren so miteinander verbunden, dass die örtlichen Haushalte durch Zuweisungen aus dem zentralen Haushalt ausgeglichen wurden. Damit gab es für die gemeindlichen Haushalte weder Verschuldungs- noch Finanzierungsprobleme.

Der Staatshaushaltsplan war in allen Ebenen nach Aufgabenbereichen gegliedert. Die weitere Unterteilung erfolgte in Kapitel und Abschnitte. Die Einnahmen und Ausgaben wurden nach einem einheitlichen Kontensystem unterteilt. Eine Staatsbank führte die Zahlungsgeschäfte aus, nachdem alle öffentlichen Kassen aufgelöst worden waren. Eine unabhängige Rechnungsprüfung gab es nicht; stattdessen erfolgte eine staatliche Finanzrevision durch Teile des Finanzministeriums der DDR. Dieses dargestellte Haushaltsrecht wurde in der Staatshaushaltsordnung der DDR von 1954 – unwesentlich geändert durch die Neufassung im Jahre 1968 – festgelegt.[3]

Aufgrund des Prozesses der Vereinigung der beiden deutschen Staaten wurde am 18.5.1990 der Staatsvertrag über die Schaffung einer Währungs-, Wirtschafts- und Sozialunion geschlossen, der für das Haushaltswesen bestimmte, dass der Haushalt der DDR den Haushaltsstrukturen der Bundesrepublik Deutschland anzupassen war. Dazu erließ die Volkskammer der DDR im Sommer 1990 eine Reihe von Gesetzen zur Übernahme von Haushaltsrecht der Bundesrepublik Deutschland, wobei die Bestimmungen keine große Bedeutung mehr erlangten.[4]

Am 31.8.1990 wurde der Staatsvertrag zwischen der Bundesrepublik Deutschland und der Deutschen Demokratischen Republik über die Herstellung der Deutschen Ein-

3 Siehe *Piduch*, Kommentar zum Bundeshaushaltsrecht, Band I, Stuttgart (Loseblatt).
4 *Klein*, Öffentliches Finanzrecht, 2. Aufl., Neuwied 1993, S. 139.

heit (Einigungsvertrag), der am 3.10.1990 durch den Beitritt der DDR nach Art. 23 GG zur Bundesrepublik vollzogen wurde. Die haushaltsmäßige Verantwortung des Haushalts der DDR für das Haushaltsjahr 1990 ging damit auf die Bundesregierung über.[5]

Im kommunalen Bereich gab es bereits am 6.5.1990 freie demokratische Kommunalwahlen, bei denen Gemeindevertretungen und Bürgermeister, Kreistage und Landräte gewählt wurden. Am 17.5.1990 wurde von der Volkskammer der DDR das Gesetz über die Selbstverwaltung der Gemeinden und Landkreise in der DDR (Kommunalverfassung) beschlossen, das am selben Tag in Kraft trat. Dieses Gesetz wurde in den einzelnen neuen Bundesländern, dessen Landtage im Oktober 1990 gewählt wurden, von den jeweiligen Gemeindeordnungen bzw. Kommunalverfassungen abgelöst.

Bei der folgenden Darstellung der wesentlichen gesetzlichen Entwicklung in Sachsen-Anhalt wurde bewusst keine Trennung in staatliches (Landes-) und kommunales Haushaltsrecht vorgenommen.

7.3.1991	Gesetz über den Landesrechnungshof LSA
30.4.1991	Landeshaushaltsordnung LSA
22.10.1991	Verordnung über die Aufstellung und Ausführung des Haushaltsplanes der Gemeinden im Land Sachsen-Anhalt (GemHVO-LSA)
11.12.1991	Verordnung über die Kassenführung der Gemeinden im Land Sachsen-Anhalt (GemKVO-LSA)
16.7.1993	Verfassung des Landes Sachsen-Anhalt
5.10.1993	Gemeindeordnung LSA
5.10.1993	Landkreisordnung LSA
24.3.1997	Gesetz über kommunale Eigenbetriebe und zur Änderung kommunalrechtlicher Vorschriften
31.7.1997	Kommunalrechtsänderungsgesetz
23.2.2001	Änderung der Verordnung über die Aufstellung und Ausführung des Haushaltsplanes der Gemeinden im Land Sachsen-Anhalt (GemHVO-LSA)[6]
7.8.2002	Gesetz zur Stärkung der kommunalen Selbstverwaltung

2.3.2 Fortentwicklung des kommunalen Haushaltsrechts

Die Ständige Konferenz der Innenminister und -senatoren (IMK) hat bereits 1999 die Orientierung des Haushalts- und Rechnungswesens an den Grundlagen des Neuen Steuerungsmodells und die Umsetzung des Ressourcenverbrauchskonzeptes im zukünftigen kommunalen Haushaltsrecht beschlossen. Im November 2003 hat die Innenministerkonferenz die Standards für den Übergang vom zahlungsorientierten zum ressourcenorientierten Haushalts- und Rechnungswesen veröffentlicht.

In Sachsen-Anhalt wurde der konsequente Weg zu einem doppischen Haushalts- und Rechnungssystem für die kommunalen Verwaltungen eingeschlagen. Neben dem

5 Siehe *Piduch*, Kommentar zum Bundeshaushaltsrecht, Band I, Stuttgart (Loseblatt).

6 Die Änderung hatte vor allem die Erweiterung der flexiblen Haushaltsführung (§§ 16 bis 19 GemHVO) bewirkt.

Wechsel des Rechnungsstils auf ein doppisches System erfolgte auch die Integration von Verwaltungszielen, Kennzahlen und Indikatoren (Output) in das Haushaltswesen. Durch diese Entwicklungen wurde der Tatsache Rechnung getragen, dass sich die Kommunalverwaltungen für ihre Aufgabenerledigung zunehmend anderer Rechtsformen bedienen und damit ein neues, nämlich kaufmännisches Rechnungswesen einrichten. Diese „Flucht aus dem Haushalt" verminderte die notwendige finanzpolitische Transparenz über alle Bereiche der Gemeinde. Durch die Umstellung der zentralen Haushaltswirtschaft auf die kaufmännische Buchführung wurde u. a. die systematische Zusammenfassung von Informationen aus der Kernverwaltung und den ausgegliederten Bereichen, z. B. durch die Erstellung von Konzernbilanzen, wieder ermöglicht.

Grundlegende Änderungen bei der Reform des kommunalen Haushalts-, Kassen- und Rechnungswesens in Sachsen-Anhalt waren der Wechsel des Rechnungsstils (Doppik statt Kameralistik) und die Integration von Verwaltungszielen, Kennzahlen und Indikatoren (Output) in das Haushaltswesen. Für Sachsen-Anhalt wurden grundlegende landesspezifische Lösungen für ein Rechnungswesen mit drei Komponenten – Bilanz (Vermögensrechnung), Ergebnisrechnung und Finanzrechnung – erarbeitet und anwendungsbereit (besonders für die Überführung in Software-Lösungen) geschaffen. Die kleinen und mittleren Kommunen waren aufgrund der Anzahl und der besonderen Probleme in der Überführung und Anwendung eines doppischen Haushalts- und Rechnungssystems im Fokus der Erforschung.

Folgende Zeitschiene war in Sachsen-Anhalt gesetzlich bis zur endgültigen Umstellung des kommunalen Rechnungswesens vorgesehen:

2004	Vorlage Entwurf zu notwendigen Änderungen der Regelungen zur Haushaltswirtschaft
2005	Vorbereitung und Durchführung des Gesetzgebungsverfahrens sowie der erforderlichen Verordnungen und gegebenenfalls Verwaltungsvorschriften, Veröffentlichung der neuen Gesetzlichkeiten und Verordnungen
ab 2006	Übergangsphase von kameralistischer auf doppische Haushalts- und Rechnungsführung
2012	Ende der einzuräumenden Übergangsfrist
2013	Außer-Kraft-Treten der kameralistischen Haushaltsregeln, In-Kraft-Treten der doppischen Haushaltsregeln

Auf der Grundlage der Erfahrungen in den Bundesländern Nordrhein-Westfalen, Baden-Württemberg und Hessen und der Modellkommunen in Sachsen-Anhalt zur Einführung des Neuen Kommunalen Haushalts- und Rechnungswesens hat der Landtag des Landes Sachsen-Anhalt (Beschlussfassung 16.2.2006) das „Gesetz über ein Neues Kommunales Haushalts- und Rechnungswesen für die Kommunen im Land Sachsen-Anhalt" vom 22.3.2006 beschlossen, das im Gesetz- und Verordnungsblatt des Landes Sachsen-Anhalt 2006 auf S. 128 am 28.3.2006 mit Wirkung vom 1.1.2006 verkündet wurde. In diesem Artikelgesetz wurden u. a. die Gemeindeordnung, die Landkreisordnung, das Gesetz über die kommunale Gemeinschaftsarbeit und das Eigenbetriebsgesetz an die neuen haushaltsrechtlichen Regelungen angepasst. Der Landesgesetzgeber hat in dem Gesetz über ein Neues Kommunales Haushalts- und Rechnungswesen für die Kommunen im Land Sachsen-Anhalt in § 3 Abs. 1 beschlossen, dass die Auswirkungen des Gesetzes mit den darin enthaltenen Vorschriften über eine Haushaltswirtschaft nach den Regeln der doppelten Buchführung nach einem Erfahrungszeitraum von zwei Jahren nach In-Kraft-Treten durch die Landesregierung unter Mitwirkung der Spitzenverbände der Kommunen und der Fachverbände überprüft werden.

Aufgrund des seinerzeit geltenden § 152 GO wurden am 5.4.2006 im Gesetz- und Verordnungsblatt des Landes Sachsen-Anhalt (Nr. 13/2006) bzw. am 2.6.2006 im Ministerialblatt des Landes Sachsen-Anhalt (Nr. 22/2006) folgende Verordnungen bzw. Richtlinien erlassen:

- Verordnung über die Aufstellung und Ausführung des Haushaltsplanes der Gemeinden im Land Sachsen-Anhalt nach den Grundsätzen der Doppik (Gemeindehaushaltsverordnung Doppik)
- Verordnung über die Kassenführung der Gemeinden im Land Sachsen-Anhalt (Gemeindekassenverordnung)
- Verbindliche Muster zum Neuen Kommunalen Haushalts- und Rechnungswesen in Sachsen-Anhalt
- Durchführungsbestimmungen für das Inventarwesen der Kommunen in Sachsen-Anhalt (Inventurrichtlinie)
- Richtlinie zur Bewertung des kommunalen Vermögens und der kommunalen Verbindlichkeiten (Bewertungsrichtlinie)

Das Gesetz über ein Neues Kommunales Haushalts- und Rechnungswesen für die Kommunen im Land Sachsen-Anhalt und die vorher aufgeführten Verordnungen bzw. Richtlinien sind rechtliche Basis dieses Lehrbuchs. Von diesen Rechtsvorschriften wurden bei dieser Auflage folgende Novellierungen berücksichtigt:

- Kommunalverfassungsgesetz vom 17.6.2014 (GVBl. S. 288), zuletzt geändert durch Gesetz vom 21.4.2023 (GVBl. S. 209);
- Verordnung über die Aufstellung und Ausführung des Haushaltsplanes der Gemeinden, Landkreise und Verbandsgemeinden im Land Sachsen-Anhalt nach den Grundsätzen der doppelten Buchführung (Kommunalhaushaltsverordnung – KomHVO) vom 16.12.2015 (GVBl. S. 636), geändert durch Verordnung vom 12.12.2016 (GVBl. S. 380);
- Verordnung über die Kassen- und Buchführung der Kommunen im Land Sachsen-Anhalt nach den Grundsätzen der doppelten Buchführung (Kommunalkassen- und Buchführungsverordnung – KomKBVO) vom 25.3.2021 (GVBl. S. 133)
- Verbindliche Muster zur Haushaltsführung sowie Haushaltssystematik der Kommunen vom 12.12.2016 (MBl. S. 658).

Bei den Produkt- und Kontenrahmenplänen zum neuen kommunalen Haushaltsrecht wurde der zuletzt überarbeitete Stand vom 1.1.2024 berücksichtigt. Diese Rahmenpläne sind auf der Internetseite des Statistischen Landesamtes Sachsen-Anhalt (www.statistik.sachsen-anhalt.de\Themen\Kommunales\Kommunaler Haushalt/Doppik) abrufbar.

2.4 Öffentliches Haushaltsrecht im System und im Vergleich

2.4.1 Vergleich der einzelnen Ebenen

Trotz der Umstellung des kommunalen Haushaltsrechts auf den Rechnungsstil „Doppik“ bleibt das kommunale Haushaltsrecht in verschiedenen Vorschriften mit dem staatlichen Haushaltsrecht vergleichbar. Dieses gilt – mit einigen Ausnahmen/Abweichungen – auch für einige tragende Grundsätze des Haushaltsrechts. Dazu gehören z. B. der Grundsatz der Gesamtdeckung (§ 7 HGrG), die Möglichkeit der Aufstellung eines Haushaltsplans für zwei Haushaltsjahre (§ 9 HGrG), die Brutto- und Einzelveranschlagung (§ 12 HGrG), die Verpflichtungsermächtigungen (§§ 5 und 22 HGrG) und die haushaltswirtschaftlichen Sperren (§ 25 HGrG).

Abweichungen vom staatlichen Haushaltsrecht ergeben sich im Wesentlichen aus der Struktur der Drei-Komponenten-Rechnung, die die Aufstellung eines Ergebnisplans und eines Finanzplans sowie die Erstellung einer Bilanz erfordert, und aus den Vorschriften zur Einbeziehung von Zielen und Kennzahlen (Output) in den Haushaltsplan. Die sich hieraus ergebenden Unterschiede sind in der Praxis von erheblicher Bedeutung, da sie ein grundlegend anderes Verständnis des Haushalts- und Rechnungswesens erfordern. Die Entwicklung des kommunalen Haushaltswesens steht dabei aber in Übereinstimmung mit der internationalen Entwicklung des öffentlichen Rechnungswesens,[7] während der staatliche Bereich in Deutschland der internationalen Entwicklung des öffentlichen Rechnungswesens bislang zumeist nicht einmal „hinterherhinkt“, sondern sie schlichtweg ignoriert.

2.4.2 Stellung im System der Volkswirtschaft

Lange Zeit hindurch war der Grundsatz des Haushaltsausgleichs – also die Bedarfsdeckung – beherrschendes Thema des Haushaltsrechts. Wirtschaftswissenschaftler (zuerst Keynes) haben sich gegen diese Fiskalpolitik gewandt und sich dafür ausgesprochen, dass die Haushaltswirtschaft bewusst als Instrument zur Steuerung des volkswirtschaftlichen Ablaufs (Konjunktur) angewendet wird. Ihnen schwebte als Ziel vor, die öffentlichen Haushalte als Instrument der Gegensteuerung gegen Konjunkturausschläge (antizyklische Haushaltspolitik) zu benutzen. Das Gesetz zur Förderung der Stabilität und des Wachstums der Wirtschaft hat diese Vorstellungen übernommen. Bund und Länder werden verpflichtet, bei ihren wirtschafts- und finanzpolitischen Maßnahmen die Erfordernisse des gesamtwirtschaftlichen Gleichgewichts zu beachten. Dabei sind die Maßnahmen so zu treffen, dass sie im Rahmen der marktwirtschaftlichen Ordnung gleichzeitig die Ziele anstreben:

- Stabilität des Preisniveaus,
- hoher Beschäftigungsstand und

7 Vgl. hierzu die zahlreichen Beiträge von *Lüder*, z. B.: Internationale Standards für das öffentliche Rechnungswesen – Entwicklungsstand und Anwendungsperspektiven, in: Eibelshäuser (Hrsg.), Finanzpolitik und Finanzkontrolle – Partner für Veränderung, Baden-Baden 2002.

- außenwirtschaftliches Gleichgewicht bei
- stetigem angemessenen Wirtschaftswachstum (§ 1 StWG).

Die Gemeinden werden in § 16 StWG aufgefordert, bei ihrer Haushaltswirtschaft den Zielen des § 1 StWG Rechnung zu tragen. Mit der ersten Reform des kommunalen Haushaltsrechts, d. h. also mit der Novellierung der Gemeindeordnung vom 11.7.1972, wurde hier auch kommunalverfassungsrechtlich die Aufgabe „Beachtung des gesamtwirtschaftlichen Gleichgewichts" zwingende Verpflichtung. Inzwischen stehen die meisten Wissenschaftler, aber auch die politischen Parteien der Konjunkturpolitik keynesianischer Prägung äußerst skeptisch gegenüber. Zunehmend wird der Kontinuität und Verlässlichkeit öffentlichen Handelns eine wichtigere Bedeutung eingeräumt als dem ständigen Reagieren auf konjunkturelle Entwicklungen. Dem sollte auch haushaltsrechtlich Rechnung getragen werden, indem konjunkturpolitische Ziele aus dem Haushaltsrecht entfernt werden.

Problematisch wird besonders die Einbeziehung der Gemeinden in die staatliche Konjunkturpolitik beurteilt. Insbesondere im kommunalen Bereich kann es aus der Konkurrenz zwischen der Aufgabenerfüllung auf der einen und des konjunkturgerechten Verhaltens auf der anderen Seite i. S. v. § 98 Abs. 1 KVG zu Problemen kommen. Da jedoch die Sicherung der Aufgabenerfüllung oberster Grundsatz im kommunalen Haushaltsrecht ist, muss letztlich diese Vorschrift den Vorrang haben, so dass zumindest eine abgestimmte Konjunkturpolitik aller Gemeinden und Gemeindeverbände sicherlich als illusorisch anzusehen ist.

2.4.3 Verhältnis zur Betriebswirtschaft

Das neue kommunale Haushaltsrecht basiert auf einer Reihe von betriebswirtschaftlichen Elementen. Insbesondere fußt es erstmals auf den Grundlagen des betriebswirtschaftlichen externen Rechnungswesens (doppelte Buchführung oder „Doppik"). Durch die Einbeziehung von internen Leistungsverrechnungen (§ 13 Abs. 4 KomHVO) und die Ermittlung von Teilergebnissen (§ 4 Abs. 3 KomHVO) auf Produkt-, Produktgruppen- oder Produktbereichsebene ist das kommunale Haushaltsrecht auch eng mit den betriebswirtschaftlichen Elementen der Kosten- und Leistungsrechnung verknüpft, die darüber hinaus zur Unterstützung der Verwaltungssteuerung und für die Beurteilung der Wirtschaftlichkeit und Leistungsfähigkeit bei der Aufgabenerfüllung zu führen ist (§ 20 Abs. 1 KomHVO). Die betriebswirtschaftliche Ausrichtung wird auch deutlich durch die systematische Gegenüberstellung von Input und Output (§ 20 Abs. 2 i. V. m. § 4 Abs. 2 KomHVO) im Haushaltsplan und im Jahresabschluss. Die Feststellung von Wirtschaftlichkeit im Sinne der Betriebswirtschaftslehre stellt im neuen kommunalen Haushaltsrecht das wesentliche Abbildungsziel dar.

Im Bereich der Liquiditätssteuerung und im Bereich der Investitionsrechnung wird von den Gemeinden ebenso der Einsatz moderner betriebswirtschaftlicher Elemente erwartet.

Insgesamt wird durch die Verwendung der kaufmännischen Buchführung als Rechensystem in der Kommunalverwaltung der Einsatz betriebswirtschaftlicher Verfahren und Instrumente in den Gemeinden gefördert und vereinfacht. Zwar ist eine ungeprüfte Übernahme betriebswirtschaftlicher Elemente für öffentliche Körperschaften nicht immer ohne Weiteres möglich. In vielen Bereichen ist jedoch der Einsatz erprobter Verfahren schon mit kleinen Anpassungen sinnvoll. Die Übernahme betriebswirtschaftlicher Instrumente fördert dabei die Wirtschaftlichkeit und erhöht die Akzeptanz in den politischen Gremien und bei den Bürgern, die im eigenen beruflichen Umfeld häufig mit denselben Instrumenten in Berührung kommen.

2.5 Staatliche Überwachung der gemeindlichen Haushaltswirtschaft

Mit „staatlicher Überwachung“ ist die Aufsicht des Landes gegenüber den Gemeinden angesprochen. Sie wird als „Staatsaufsicht“ bezeichnet und hat ihre verfassungsmäßige Grundlage im Art. 87 LV LSA, wonach das Land die Gesetzmäßigkeit der Verwaltung der Gemeinden und Gemeindeverbände zu überwachen hat. Die Gemeindeordnung umschreibt die Grenzen der Staatsaufsicht in einer Doppelfunktion, nach der sie einerseits die Gemeinden in ihren Rechten schützt und andererseits die Erfüllung ihrer Pflichten sichert (§ 143 Abs. 1 KVG). Das in diesen Bestimmungen verankerte Recht des Landes, die Gemeinden zu überwachen, findet im Vierten Teil der Gemeindeordnung seine nähere Ausgestaltung. Das Aufsichtsrecht des Landes ist nach diesem Abschnitt in eine kommunale Aufsicht (§ 143 Abs. 2 KVG) und eine Fachaufsicht (§ 143 Abs. 3 KVG) geteilt. Der kommunalen Aufsicht (auch „Rechtsaufsicht“ genannt) unterliegen die Selbstverwaltungsaufgaben der Gemeinden, und zwar die freiwillig übernommenen wie auch die gesetzlich übertragenen Selbstverwaltungsaufgaben. Die Sonderaufsicht, die auch als „Fachaufsicht“ bezeichnet wird, erstreckt sich auf die Pflichtaufgaben der Gemeinden, die ihnen zur Erfüllung nach Weisung übertragen sind (§ 143 Abs. 3 i. V. m. § 6 KVG), wie z. B. die Aufgaben des Feuer- und Katastrophenschutzes, Wohnungsbauförderung, untere Bauaufsichtsbehörde, örtliche Ordnungsbehörde und Auftragsangelegenheiten.

Die gemeindliche Haushaltswirtschaft gehört zu den gesetzlich zugewiesenen Selbstverwaltungsaufgaben. Sie ist entsprechend der vorstehenden Systematik der allgemeinen Aufsicht des Landes unterworfen. Nach den verschiedenen Wirkungen und Wirkungsmöglichkeiten der Staatsaufsicht muss sie nach einer schützenden, kontrollierenden und vorbeugenden Aufsicht unterschieden werden. Die Grenzen zwischen diesen einzelnen Aufsichtsarten fließen in der Praxis häufig ineinander. Als einige typische Beispiele sind jedoch angeführt:

- Vorlage der vom Rat beschlossenen Haushaltssatzung (§ 102 Abs. 1 KVG),
- Vorlage des vom Rat beschlossenen Haushaltskonsolidierungskonzepts (§ 100 Abs. 6 KVG),
- Vorlage der Beschlüsse des Rates über den Jahresabschluss, den Gesamtabschluss und die Entlastung (§ 119 Abs. 2 KVG),

- Prüfung des Kassen- und Rechnungswesens unter Verwendung von zweckgebundenen Staatszuweisungen (§ 137 Abs. 4 Nr. 1 KVG),
- Genehmigung der Kreditaufnahme in der vorläufigen Haushaltsführung (§ 104 Abs. 2 KVG),
- Genehmigung des Gesamtbetrages der Kreditaufnahmen, der geplanten Verpflichtungsermächtigungen teilweise, der Bürgschaften und des Höchstbetrages der Liquiditätskredite teilweise (§§ 107 Abs. 4, 108 Abs. 2, 109 Abs. 2 und 110 Abs. 2 KVG).

Darüber hinaus kann sich das Land aufgrund seines Informationsrechts, dem eine Informationspflicht der Gemeinde entspricht, zusätzlich über alle anderen finanzwirtschaftlichen Angelegenheiten erschöpfend unterrichten lassen.

In einer Kurzübersicht ergibt sich folgendes Bild:

Aufsichtsrecht des Landes nach § 143 KVG

Kommunalaufsicht
(§ 143 Abs. 2 KVG)
Selbstverwaltungsaufgaben

u. a. Haushaltswirtschaft
(§§ 100 Abs. 6, 102 Abs. 2, 104 Abs. 2,
107 Abs. 4, 108 Abs. 2, 109 Abs. 2,
110 Abs. 2, 119 Abs. 2 KVG)

Fachaufsicht
(§ 143 Abs. 3 KVG)
Pflichtaufgaben

Die Aufsichtskompetenzen sind in § 144 KVG geregelt. Danach sind Kommunalaufsichtsbehörden:

Aufsichtsbehörde	**kreisangehörige Städte und Gemeinden**	**kreisfreie Städte**
untere	Landkreis	Landesverwaltungsamt
obere	Landesverwaltungsamt	Landesverwaltungsamt
oberste	Ministerium für Inneres und Sport	Ministerium für Inneres und Sport

Aufsichtsbehörde der Kreise sind nach § 144 Abs. 3 KVG:
- das Landesverwaltungsamt als untere und obere Kommunalaufsichtsbehörde,
- das Ministerium für Inneres und Sport als oberste Kommunalaufsichtsbehörde.[8]

8 Eine ausführliche Darstellung der Problematik der Kommunalaufsicht findet sich bei *Hofmann/Bätge/Wiesner*, Kommunalrecht in Nordrhein-Westfalen, 20. Aufl., Wiesbaden 2023, S. 566 ff.

3. Grundzüge der kaufmännischen (doppelten) Buchführung

3.1 Inhalt und Abgrenzung zu anderen Rechnungssystemen

Das Kommunale Finanzmanagement bedient sich der kaufmännischen (doppelten) Buchführung (auch „Doppik"[1] genannt). Insofern ist es zum Verständnis der Finanzwirtschaft dringend erforderlich, Grundkenntnisse dieses Buchführungssystems zu besitzen. Die nachfolgenden Ausführungen in diesem Kapitel dienen deshalb dazu, die Buchführungs*technik* zu erläutern. Die Besonderheiten einzelner Bilanz- und Ergebnisrechnungspositionen, Bewertungsfragen und Problemstellungen haushaltsrechtlicher Art sind den späteren Spezialkapiteln vorbehalten. Eine vertiefte Darstellung, die zur Bilanzsicherheit führt, würde den Inhalt dieses Buches sprengen. Insofern erfolgt an dieser Stelle auch keine Darstellung der Nebenbuchhaltungen (Anlage-, Debitoren- und Kreditorenbuchhaltungen). Alle in diesem Kapitel dargestellten Buchungen erfolgen deshalb unmittelbar auf den Sachkonten. Die dann folgenden Kapitel vertiefen dann die Materie.[2]

Die Darstellung in diesem Kapitel enthält das Grundsystem der in der Unternehmenspraxis eingesetzten Doppik. Die Besonderheiten der Buchführung im kommunalen Finanzmanagement (u. a. Drei-Komponenten-System) werden in den nachfolgenden spezielleren Kapiteln abgehandelt. Dieser Darstellungsaufbau bietet sich an, weil die spezielle Buchführungstechnik der Kommunalverwaltung auf das bereits vor Jahrhunderten entwickelte[3] und weltweit millionenfach angewendete Grundsystem der doppelten Buchführung aufbaut, ja in den meisten Bereichen weitgehend übereinstimmt.

Zunächst ist es erforderlich, eine grundsätzliche Einordnung der kaufmännischen Buchführung in die Rechnungssysteme vorzunehmen, zumal gemäß § 1 NKHREG während einer Übergangszeit bis einschließlich Haushaltsjahr 2012 Kommunen und kommunale Verbände in Sachsen-Anhalt sich noch der Kameralistik bedienen konnten.

---

1 Kunstwort für doppelte Buchführung (Knauer Universallexikon München Ausgabe 2002).

2 Diese Thematik ist der Spezialliteratur vorbehalten. Siehe dazu für alle: *Schmolke/Deitermann/Rückwart*, Industrielles Rechnungswesen IKR, 49. Aufl., Darmstadt 2020. Eine umfassende Einführung mit Verbindungen zum Kommunalen Finanzmanagement ist auch enthalten in *Klümper/Möllers/Zimmermann*, Kommunale Kosten- und Wirtschaftlichkeitsrechnung, 20. Aufl., Witten 2019, S. 55 ff.

3 Die doppelte Buchführung entstand in den mittelalterlichen italienischen Stadtstaaten, wobei die frühesten noch erhaltenen Bücher aus Genua (1340) stammen. Allgemein wird das jetzt vorhandene kompakte, in sich geschlossene Buchführungssystem auf den venezianischen Franziskanermönch Luca Pacioli zurückgeführt, der im Jahre 1494 die erste veröffentlichte theoretische und praktische Abhandlung zur Buchführungsarbeit verfasste. Siehe dazu Gablers Wirtschaftslexikon, 16. Aufl., Wiesbaden 2005.

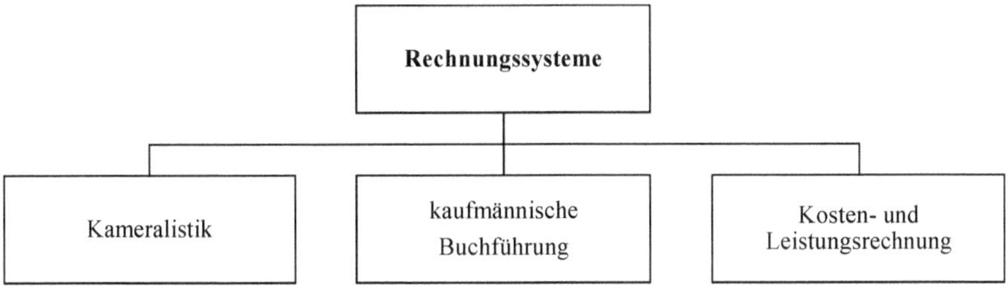

Die **Kameralistik**[4] ist eine reine Einnahme- und Ausgaberechnung und stellt somit lediglich die Geldmittelzuflüsse (Einnahmen) und Geldmittelabflüsse (Ausgaben) eines Betriebs in einer Periode dar. Dabei orientiert sie sich im Wesentlichen an den Grundsätzen der Kassenwirksamkeit und der Fälligkeit einer Zahlung, was auch bei den weiter unten dargestellten Beispielen deutlich wird.[5] Weitergehende finanzielle Geschäftsvorfälle – vor allem der Ressourcenverbrauch – werden nicht erfasst. Zuweilen geäußerte Meinungen, dass die Kameralistik „nichts tauge“, sind allerdings als unqualifiziert anzusehen. Die Kameralistik ist hervorragend geeignet, Einnahmen und Ausgaben zu dokumentieren. Mehr kann und will sie ja auch nicht.[6] Große Dienstleister – wie sie die Gemeinden und Gemeindeverbände nun einmal sind[7] – benötigen für ihre Betriebssteuerung (Controlling) jedoch Finanzinformationen, die über Einnahmen und Ausgaben hinausgehen. Insofern ergibt sich für die Kameralistik eine Vielzahl von Schwachstellen, wobei einige nachstehend schlagwortartig aufgelistet sind:[8]

Nachteile der Kameralistik

- keine Abbildung des Ressourcenverbrauchs und Ressourcenaufkommens (nur Einnahmen und Ausgaben)
- ausschließlich inputorientiert, keine Produkt- und Leistungsinformationen
- keine periodengerechte Zuordnung des Werteverzehrs

---

4 Der Begriff stammt aus dem Lateinischen, wobei „camera“ die fürstliche Schatzkammer umschrieb (Knauer Universallexikon, München, Ausgabe 2002).

5 Eine umfangreiche Darstellung des Gesamtssystems der Kameralistik enthält *Grimberg/Bernhardt/Schünemann/Schwingeler*, Kommunales Haushaltsrecht Sachsen-Anhalt, 3. Aufl., Witten 2002 sowie *Bernhardt/Schünemann/Schwingeler*, Kommunales Anordnungs-, Kassen-, Rechnungslegungs- und Prüfungsrecht NRW, 7. Aufl., Witten 1999.

6 So kommen private Haushalte durchaus mit der Aufzeichnung ihrer Einnahmen und Ausgaben aus. Ebenfalls bedienen sich kleinere Unternehmen einer solchen Rechnungslegung, indem sie eine Einnahmeüberschussrechnung führen.

7 In der Regel sind die Gemeinden und Kreise die größten Dienstleistungsunternehmen vor Ort.

8 Eine ausführliche Darstellung von Schwachstellen der Kameralistik mit einer konkreten Untersuchung der gesetzlichen Bestimmungen enthält *Bernhardt/Schünemann/Schwingeler/Theisen*, Effektivität und Akzeptanz der neuen Steuerungsmodelle in der kommunalen Haushaltswirtschaft, Ergebnis eines Forschungsprojekts an der Fachhochschule für öffentliche Verwaltung NRW, Gelsenkirchen 2001.

- kein integrierter Vermögensnachweis
- keine Abbildung der kommunalen Aktivitäten (Produkte)
- keine Kennzahlen und Messgrößen für die einzelnen Bereiche
- keine Aussagen zur Zielsetzung und Aufgabenerfüllung
- keine einheitliche Darstellung aller kommunaler Aktivitäten (Konzern Stadt)
- kein international anerkanntes Rechnungssystem

Die **erweitere Kameralistik** versucht, diese Schwachstellen dadurch zu beseitigen, dass Rechengrößen aus der kaufmännischen Buchführung durch Nebenrechnungen eingefügt und teilweise sogar in die kommunalen Haushalte aufgenommen werden (z. B. Abschreibungen). Die Vielzahl der notwendigen Neben- und Ergänzungsrechnungen „vergewaltigen" dann aber das Rechnungssystem der Kameralistik derart, dass die Übersichtlichkeit verlorengeht. Ein geschlossenes, logisch aufgebautes Rechnungssystem entsteht dadurch nicht. Dabei verkennen die Verfasser nicht, dass es die erweiterte Kameralistik weitgehend vermag, gewisse Basisdaten für die Kosten- und Leistungsrechnung auszuweisen.

Die **kaufmännische Buchführung** dagegen dokumentiert zunächst die Einnahmen und Ausgaben,[9] indem sie die liquiden Mittel einschließlich ihrer Veränderungen in der Bilanz nachweist. Im Mittelpunkt steht aber die Dokumentation der Aufwendungen und des Ertrags. Bei den Aufwendungen handelt es sich um den bewerteten Verbrauch von Gütern und Dienstleistungen in einer Periode (Ressourcenverbrauch, Werteverzehr). Der Ertrag entspricht dagegen den bewerteten Gütern und Dienstleistungen eines Betriebs, die in einer Periode erbracht werden (Zuwachs an Ressourcen, Wertezuwachs). Der Kaufmann bedient sich dazu einer Gewinn- und Verlustrechnung (im Neuen Kommunalen Haushalts- und Rechnungswesen „Ergebnisrechnung" genannt), in der Aufwendungen und Ertrag gegenübergestellt werden. Übersteigen die Erträge die Aufwendungen, entsteht ein Gewinn. Decken die Erträge dagegen die Aufwendungen nicht, liegt ein Verlust vor.

Die nachfolgenden Beispiele verdeutlichen die Unterschiede zwischen Kameralistik und kaufmännische Buchführung und belegen die sachlich korrekte periodengerechte Zuordnung durch die Doppik:[10]

---

9 In diesem Einführungskapitel wird noch nicht zwischen Einnahmen und Einzahlungen sowie zwischen Ausgaben und Auszahlungen unterscheiden. Dies erfolgt erst weiter unten mit der Einführung der speziellen Begrifflichkeiten des Neuen Kommunalen Haushalts- und Rechnungswesens.

10 Eine ausführliche Darstellung dieser betriebswirtschaftlichen Begriffe mit einer Reihe von praktischen Übungen und Beispielen (auch weitergehend hinsichtlich der Abgrenzung zu Kosten und Leistungen) enthält *Klümper/Möllers/Zimmermann*, Kommunale Kosten- und Wirtschaftlichkeitsrechnung, 20. Aufl., Witten 2019, S. 9 ff.

Finanzvorfall	Kameralistik Ausgabe 2024	Kfm. Buchf. Aufwendung 2024	Kameralistik Ausgabe 2025	Kfm. Buchf. Aufwendung 2025
Zahlung der Pacht von 12.000 € im Juli 2024 für die Zeit vom 1.8.2024 bis 31.7.2025[11]	12.000 €	5.000 €	0 €	7.000 €
Kauf des LKW am 1.7.2024 (100.000 €), Nutzungsdauer zehn Jahre, linearer Werteverzehr[12]	100.000 €	5.000 €	0 €	10.000 €
Gehaltsnachzahlung im Februar 2025 für Dezember 2024 in Höhe von 14.000 €[13]	0 €	14.000 €	14.000 €	0 €

Finanzvorfall	Kameralistik Einnahme 2024	Kfm. Buchf. Ertrag 2024	Kameralistik Einnahme 2025	Kfm. Buchf. Ertrag 2025
Festsetzung eines Schadensersatzes im Januar 2025 für Mai 2024 in Höhe von 1.000 €[14]	0 €	1.000 €	1.000 €	0 €
Zinseinnahme für Festgelder 2024 zum Fälligkeitstermin am 5.1.2025 (50.000 €)[15]	0 €	50.000 €	50.000 €	0 €
Mieteinnahme am 28.12.2024 für Januar 2025 (1.300 €), Betrag ist im Voraus fällig[16]	1.300 €	0 €	0 €	1.300 €

Neben dem periodengerechten Nachweis von Aufwendungen und Ertrag weist die Doppik die Vermögenssituation[17] des Betriebs in einer Bilanz nach. Dem betrieblichen

11 Die Mietanteile für das Jahr 2025 wird im Jahre 2024 dem Konto „Aktive Rechnungsabgrenzung" zugeordnet. Die Auflösung dieses Kontos erfolgt in 2025 zu Lasten des Kontos „Mietaufwendungen".

12 Der LKW wird in zehn Jahren gleichmäßig verbraucht. Insofern wird der Werteverzehr als lineare Abschreibung beim entsprechenden Aufwendungskonto nachgewiesen (in 2024 für ein halbes Jahr).

13 Die Gehaltsnachzahlung ist trotz Fälligkeit und Zahlung im Februar 2025 in der kaufmännischen Buchführung noch den Aufwendungen des Jahres 2024 zuzuordnen. Die Gegenbuchung erfolgt als Verbindlichkeit gegenüber Mitarbeitern.

14 Der Schadensersatz ist trotz Fälligkeit und Zahlung im Januar 2025 in der kaufmännischen Buchführung noch dem Ertrag des Jahres 2024 zuzuordnen. Die Gegenbuchung erfolgt als Forderung gegenüber dem Schadensersatzverpflichteten.

15 Trotz des Überweisungstermins im Januar 2025 erfolgt die Zuordnung in der Doppik periodengerecht als Ertrag des Jahres 2024 (Gegenbuchung als Forderung gegenüber Kreditinstituten).

16 Entscheidend ist, dass es sich unabhängig von der Zahlung um einen Ertrag des Monates Januar 2025 handelt. Die kaufmännische Buchung im Jahr 2024 erfolgt als „Passive Rechnungsabgrenzung".

17 In der Einführungsphase dieses Kapitels wird noch nicht zwischen Anlage- und Umlaufvermögen unterschieden.

Vermögen wird die Vermögensfinanzierung durch Eigen- und Fremdmittel gegenübergestellt.

Die Inhalte und Vorteile der kaufmännischen Buchführung lassen sich stichwortartig wie folgt zusammenfassen:

- Sachlich geordnete und lückenlose Aufzeichnung **aller** finanzwirtschaftlichen Geschäftsvorfälle eines Unternehmens
- Feststellung des **Stands des Vermögens und der Schulden** und lückenloses **Nachhalten aller Veränderungen der Vermögens- und Schuldenwerte**
- Ermittlung des **Erfolgs des Unternehmens**, also des **Gewinns (Jahresüberschuss)** oder des **Verlusts (Jahresfehlbetrag)**, indem alle Aufwendungen und Erträge erfasst werden
- Bereitstellung von Daten für das **innerbetriebliche Controlling** zur Steigerung der Wirtschaftlichkeit und Effektivität
- Grundlage für die **Berechnung der Steuern**
- Wichtiges **Beweismittel** bei Rechtsstreitigkeiten mit Kunden, Lieferern, Banken, Behörden (Finanzamt, Gerichte) u. a.

Bei der **Kosten- und Leistungsrechnung** (KLR) handelt es sich um ein internes Rechnungswesen, das die benötigten Finanzinformationen aus einem Grundrechnungssystem (Doppik, Kameralistik oder erweiterte Kameralistik) entnimmt und weiter verarbeitet. Insofern ist die Kosten- und Leistungsrechnung kein eigenständiges Rechnungssystem. Die Kosten und Leistungen werden den kommunalen Produkten zugeordnet, sodass die Wirtschaftlichkeit kommunalen Handelns outputorientiert nachgewiesen wird. Das Ziel, Produkte und Leistungen für den Bürger wirtschaftlich anzubieten und damit der Daseinsvorsorge zu dienen, soll mithilfe der Kosten- und Leistungsrechnung nachgewiesen werden. Hier finden auch die konkreten Kalkulationen von Produktkosten und Entgelten statt.

Dabei handelt es sich bei den Kosten um die *betriebstypischen* Aufwendungen einer Periode, bei den Leistungen um den *betriebstypischen* Ertrag einer Periode. Insofern ist es für die Kosten- und Leistungsrechnung wesentlich effektiver, auf die Daten der kaufmännischen Buchführung zurückgreifen zu können. Hier werden nämlich bereits Ertrag und Aufwendungen dokumentiert, die nur noch auf ihre „Betriebstypischkeit abgeklopft" werden müssen, um Eingang in die Kosten- und Leistungsrechnung zu finden. Allerdings ist dabei nicht zu übersehen, dass in der Kosten- und Leistungsrechnung abweichend zur kaufmännischen Buchführung zum Teil jedoch Kosten nach besonderen Verfahren angesetzt werden.[18]

18 So werden die bilanziellen Abschreibungen durch die kalkulatorischen Abschreibungen (z. B. mögliche Berücksichtigung von Wiederbeschaffungszeitwerten) und die Fremdkapitalzinsen durch kalkulatorische Zinsen (z. B. Verzinsung des Gesamtkapitals nach der Methode „Verzinsung des mittleren gebundenen Kapitals") ersetzt. In der Praxis werden solche geänderten Daten als „Anderskosten" bezeichnet. Zudem werden weitere Kosten – auch „Zusatzkosten" genannt – in die Kosten- und Leistungsrechnung einbezogen (z. B. kalkulatorische Wagnisse). Siehe dazu im Einzelnen *Klümper/Möllers/Zimmermann*, Kommunale Kosten- und Wirtschaftlichkeitsrechnung, 20. Aufl., Witten 2019, S. 158 ff.

Allein an diesen Definitionen wird deutlich, dass es für die Ermittlung der Kosten und Leistungen effektiver ist, die Daten aus einer kaufmännischen Buchführung zu entwickeln, da die Kameralistik nur Einnahmen und Ausgaben kennt.

Allerdings ist ausdrücklich festzustellen, dass die doppelte Buchführung keine Kosten- und Leistungsrechnung ersetzt, sondern lediglich die Kosten- und Leistungsarten als betriebstypische Aufwendungen und betriebstypische Erträge bereitstellt. Die Verteilung der Kosten und Leistungen auf Betriebsteile (Kostenstellen) und Produkte (Kostenträger) sowie darauf aufbauenden Auswertungen (z. B. unter Einsatz von Kennziffern) oder Kalkulationen (z. B. Entgeltermittlungen) bleiben der Kosten- und Leistungsrechnung vorbehalten.

Insgesamt ist somit deutlich belegt, dass die kaufmännische Buchführung auch für Kommunalverwaltungen ein Rechnungssystem darstellt, das gegenüber der Kameralistik wesentlich leistungsfähiger ist und die Kosten- und Leistungsrechnung optimal bedient.

3.2 Die kommunale Bilanz

3.2.1 Inventur als Datenermittlung für die Bilanz

Da die kaufmännische Buchführung sämtliche Finanzdaten dokumentiert, werden zunächst das Vermögen und die Finanzierung des Vermögens erfasst und aufgelistet. Dies erfolgt in einer Bilanz. Die Ermittlung und Feststellung des Vermögens geschieht durch eine **Inventur**, wobei die Auflistung des bewerteten Vermögens das **„Inventar"** genannt wird. Als Beispiel für eine mengen- und wertmäßige Erfassung dient das nachstehend abgedruckte Inventurprotokoll:

Inventurtermin:		**31.12.2024**	**Standort:**	**FB I, Hauptstr. 15 Raum 27**		**Produkt:**	**1112**
Lfd. Nr.	**Bezeichnung des Gegenstandes**	**Menge**	**Jahr der Anschaffung**	**Anschaffungsausgaben in €**	**Abschreibungsdauer**	**bereits abgeschrieben**	**Wert zum Inventurtag in €**
1	Schreibtisch	2	2017	1.500	15 Jahre	8 Jahre	700
2	Schreibtischstuhl	2	2017	525	15 Jahre	8 Jahre	245
3	Besucherstuhl	4	2020	720	10 Jahre	5 Jahre	360
4	Aktenschrank	1	2023	2.300	20 Jahre	2 Jahre	2.070
5	Handy Siemens	2	2022	520	4 Jahre	3 Jahre	130

Unterschrift des/ der Erfassenden:		**Unterschrift der Inventurleitung:**	

Eine Gesamtinventarliste einer Gemeinde könnte zum 31.12.2024 folgendes Aussehen haben, wobei die Angaben rein willkürlich und nicht vollständig sind:

I.	**Vermögenswerte**	
	Software-Lizenzen	100.000 €
	Grünflächen	1.200.000 €
	Wälder	4.000.000 €
	Schulen (Grundstücke und Gebäude)	10.000.000 €
	Kindertagesstätten (Grundstücke und Gebäude)	3.000.000 €
	Straßengrundstücke	14.000.000 €
	Kunstgegenstände	300.000 €
	Fahrzeuge	400.000 €
	Büroausstattungen	600.000 €
	Aktien aus Firmenbeteiligungen	500.000 €
	Materialbestände (Vorräte)	100.000 €
	Abgabenforderungen	400.000 €
	Bankguthaben	1.800.000 €
II.	**Verbindlichkeiten (Schulden)**	
	Landeskredite	1.000.000 €
	Bankkredite	18.000.000 €
	Verbindlichkeiten gegenüber Lieferanten	1.700.000 €
III.	**Reinvermögen (Eigenkapital)**	
	Summe der Vermögenswerte	36.400.000 €
	Summe der Verbindlichkeiten	20.700.000 €
	Reinvermögen	**15.700.000 €**

Die Bewertung des Vermögens und der Finanzierung sowie die besonderen Problemstellungen der einzelnen Finanzpositionen sind der Darstellung in Kap. 10 vorbehalten.

3.2.2 Inhalt und Aufbau der kommunalen Bilanz

Aus den Ergebnissen der Inventur – der Inventarliste – wird nun die Bilanz entwickelt, wobei diese nach folgenden Strukturregelungen zu gestalten ist:

- Auf der Aktivseite wird das Vermögen mit den zum Bilanzstichtag ermittelten Werten aufgeführt. Es handelt sich somit um die Dokumentation der Kapitalverwendung (Mittelverwendung). Beantwortet wird die Frage: Wie ist das Kapital der Gemeinde angelegt?
- Auf der Passivseite werden die Verbindlichkeiten und das Eigenkapital der Gemeinde (Letzteres entspricht dem Reinvermögen) dargestellt. Es handelt sich somit um die Dokumentation der Finanzierung (Mittelherkunft). Beantwortet wird die Frage: Wie ist das Vermögen der Gemeinde finanziert?
- Die Gliederung der beiden Bilanzseiten erfolgt nach der Fristigkeit. Auf der Aktivseite wird deshalb zwischen langfristig gebundenem Vermögen (Anlagevermögen)

und kurzfristigem Vermögen (Umlaufvermögen) unterschieden. Innerhalb dieser Vermögensklassen wird wiederum nach der Fristigkeit sortiert. So werden z. B. Gebäude länger als Fahrzeuge genutzt, sodass diese Werte höherrangig in die Bilanz einzustellen sind. Auf der Passivseite werden zunächst das Eigenkapital und dann das Fremdkapital (Verbindlichkeiten) aufgelistet. Auch hier gilt wiederum das Sortiermerkmal der Fristigkeit. Deshalb werden z. B. Investitionskredite vor Dispositionskrediten eingeordnet.

Die genaue Gliederung der kommunalen Bilanz schreibt der Gesetzgeber vor. Sie ist in Kap. 10 dargestellt und ausführlich erläutert.

Aus der Inventarliste zu Kap. 3.2.1 ergibt sich folgende Eröffnungsbilanz zum 1.1.2025:[19]

Aktiva	**Bilanz zum**	**1.1.2025**	**Passiva**
Immaterielles Vermögen	100.000 €	Eigenkapital	15.700.000 €
Unbebaute Grundstücke	5.200.000 €	Landeskredite	1.000.000 €
Bebaute Grundstücke	13.000.000 €	Bankverbindlichkeiten	18.000.000 €
Straßengrundstücke	14.000.000 €	Lieferantenverbindlichkeiten	1.700.000 €
Kunstgegenstände	300.000 €		
Fahrzeuge	400.000 €		
BGA[20]	600.000 €		
Beteiligungen	500.000 €		
Vorräte	100.000 €		
Abgabenforderungen	400.000 €		
Flüssige Mittel	1.800.000 €		
Insgesamt	**36.400.000 €**	**Insgesamt**	**36.400.000 €**

3.2.3 Bilanzveränderungen (Bestandsbuchungen)

Das Vermögen einer Gemeinde kann sich im Lauf eines Jahres durch Zugänge (z. B. Neukauf eines Fahrzeuges) oder Abgänge (z. B. Verkauf eines Grundstückes) verändern. Dies gilt auch für die Positionen der Passivseite, wenn z. B. Bankkredite getilgt oder neue Lieferantenverbindlichkeiten entstehen. Insofern werden zu jeder Bilanzposition Konten geführt, auf denen zunächst die Anfangsbestände zu Beginn des Wirtschaftsjahres dokumentiert und dann sämtliche Veränderungen im Laufe der Rechnungsperiode nachgehalten werden. Am Ende der Rechnungsperiode wird der aktuelle Kontostand ermittelt. Sämtliche Konten werden dann zur Schlussbilanz abgeschlos-

19 Die Darstellung der Bilanz erfolgt vereinfacht und nicht in der Detaillierungsform der echten kommunalen Bilanz. Insofern werden einige Positionen des Inventars zusammengefasst und eine Reihe von Bilanzpositionen nicht ausgewiesen. So sind u. a. noch keine Rechnungsabgrenzungsposten enthalten.

20 Betriebs- und Geschäftsausstattung.

sen, die dann wiederum übereinstimmende Summen auf der Aktiv- und Passivseite ausweist.

Die Kontenstruktur stellt sich wie folgt dar:

S(oll)	**Aktivkonto**	**H(aben)**
Anfangsbestand		Abgänge
Zugänge		Saldo = Endbestand
Summe		Summe

S(oll)	**Passivkonto**	**H(aben)**
Abgänge		Anfangsbestand
Saldo = Endbestand		Zugänge
Summe		Summe

Ausgehend von einer stark vereinfachten Bilanz soll das Buchungssystem der Bestandsbuchungen[21] erläutert werden:

Aktiva	**Bilanz zum 1.1.2025**		**Passiva**
Bebaute Grundstücke	1.000.000 €	Eigenkapital	1.150.000 €
Fahrzeuge	200.000 €	Bankverbindlichkeiten	600.000 €
BGA	100.000 €	Lieferantenverbindlichkeiten	50.000 €
Bankguthaben	500.000 €		
Insgesamt	**1.800.000 €**	**Insgesamt**	**1.800.000 €**

Die Aufgliederung auf die Konten stellt sich wie folgt dar (Angaben in €):

S	Bebaute Grundstücke		H
AB[22]	1.000.000		

S	Eigenkapital		H
		AB	1.150.000

S	Fahrzeuge		H
AB	200.000		

S	Bankverbindlichkeiten		H
		AB	600.000

S	BGA		H
AB	100.000		

S	Lieferverbindlichkeiten		H
		AB	50.000

S	Bankguthaben		H
AB	500.000		

21 Finanzvorfälle, die ausschließlich Konten der Bilanz berühren, werden durch Bestandsbuchungen erfasst.

22 Anfangsbestand.

Die kaufmännische Buchführung ist dadurch gekennzeichnet, dass jeder Finanzvorfall auf zwei Konten gebucht wird (doppelte Buchführung). Dies entspricht dem Grundgedanken der Bilanz, die Mittelherkunft und die Mittelverwendung jeweils zu dokumentieren. Je nach Wirkung auf das Bilanzvolumen wird zwischen vier Typen von Bestandsbuchungen unterschieden:

a) Aktivtausch

Erfasst werden Finanzvorfälle, die ausschließlich Konten der Aktivseite der Bilanz berühren und damit das Gesamtvolumen der Bilanz nicht verändern. Ein Konto erhält eine Bestandsmehrung, das andere Konto erfährt eine Bestandsminderung in übereinstimmender Höhe. Die nachstehenden Beispiele verdeutlichen dies:

(1) Kauf von Büromöbeln mit sofortiger Bezahlung vom Bankkonto (20.000 €)

S	BGA		H	S	Bankguthaben		H
AB	100.000			AB	500.000	(1)	20.000
(1)[23]	20.000						

Buchungssatz:[24] BGA an Bankguthaben 20.000 €

(2) Verkauf eines Fahrzeugs zum Bilanzwert von 5.000 € (Eingang bei der Bank)

S	Fahrzeuge		H	S	Bankguthaben		H
AB	200.000	(2)	5.000	AB	500.000	(1)	20.000
				(2)	5.000		

Buchungssatz: Bankguthaben an Fahrzeuge 5.000 €

23 Nummer des Finanzvorfalls.

24 Üblich ist es, beim Buchungssatz immer zuerst das Konto mit der Soll- und dann das Konto mit der Haben-Buchung zu nennen, wobei die Verbindung durch das Wort „an" erfolgt, also: „Soll an Haben".

b) Passivtausch

Erfasst werden Finanzvorfälle, die ausschließlich Konten der Passivseite der Bilanz berühren und damit das Gesamtvolumen der Bilanz nicht verändern. Ein Konto erhält eine Bestandsmehrung, das andere Konto erfährt eine Bestandsminderung in übereinstimmender Höhe. Das nachstehende Beispiel verdeutlicht dies:

(3) Ablösung einer Lieferverbindlichkeit durch einen Bankkredit (32.000 €)

S	Bankverbindlichkeiten		H
		AB	600.000
		(3)	32.000

S	Lieferverbindlichkeiten		H
(3)	32.000	AB	50.000

Buchungssatz: Lieferverbindlichkeiten an Bankverbindlichkeiten 32.000 €

c) Aktiv-Passiv-Mehrung (Bilanzverlängerung)

Erfasst werden Finanzvorfälle, die sowohl ein Konto der Aktivseite als auch ein Konto der Passivseite der Bilanz im Bestand vermehren und damit das Gesamtvolumen der Bilanz erhöhen, somit die Bilanz verlängern. Die nachstehenden Beispiele verdeutlichen dies:

(4) Kauf eines Fahrzeugs mit Zahlungsziel von einem Monat (28.000 €)

S	Fahrzeuge		H
AB	200.000	(2)	5.000
(4)	28.000		

S	Lieferanten-verbindlichkeiten		H
(3)	32.000	AB	50.000
		(4)	28.000

Buchungssatz: Fahrzeuge an Lieferantenverbindlichkeiten 28.000 €

(5) Aufnahme eines Bankkredits mit Gutschrift auf dem Bankkonto (140.000 €)

S	Bankguthaben		H
AB	500.000	(1)	20.000
(2)	5.000		
(5)	140.000		

S	Bankverbindlichkeiten		H
		AB	600.000
		(3)	32.000
		(5)	140.000

Buchungssatz: Bankguthaben an Bankverbindlichkeiten 140.000 €

d) Aktiv-Passiv-Minderung (Bilanzverkürzung)

Erfasst werden Finanzvorfälle, die sowohl ein Konto der Aktivseite als auch ein Konto der Passivseite der Bilanz im Bestand vermindern und damit das Gesamtvolumen der Bilanz verringern, somit die Bilanz verkürzen. Das nachstehende Beispiel verdeutlicht dies:

(6) Bezahlung von Lieferantenverbindlichkeiten durch Überweisung (4.000 €)

S	Bankguthaben		H
AB	500.000	(1)	20.000
(2)	5.000	(6)	4.000
(5)	140.000		

S	Lieferanten-verbindlichkeiten		H
(3)	32.000	AB	50.000
(6)	4.000	(4)	28.000

Buchungssatz: Lieferantenverbindlichkeiten an Bankguthaben 4.000 €

Zum Bilanzstichtag am Jahresende werden die Konten dadurch abgeschlossen, dass zunächst die Seite des Kontos mit dem größeren Volumen addiert wird. Das ist bei Aktivkonten die Soll-Seite, bei Passivkonten die Haben-Seite. Die so ermittelten Summen werden jeweils auf die andere Seite übertragen, sodass dort Differenzen (Salden) entstehen. Diese Salden stellen den neusten Stand der Konten zum Bilanzstichtag dar und werden als Gegenbuchung in der Schlussbilanz dokumentiert. Die Summen der Schlussbilanz stimmen dann überein.

Die Schlussbuchungen lauten:

Schlussbilanz an bebaute Grundstücke	1.000.000 €
Schlussbilanz an Fahrzeuge	223.000 €
Schlussbilanz an BGA	120.000 €
Schlussbilanz an Bankguthaben	621.000 €
Eigenkapital an Schlussbilanz	1.150.000 €
Bankverbindlichkeiten an Schlussbilanz	772.000 €
Lieferantenverbindlichkeiten an Schlussbilanz	42.000 €

Danach ergibt sich der im Folgenden abgedruckte Bilanzabschluss:[25]

S	Bebaute Grundstücke		H
AB	1.000.000	SB[26]	1.000.000
	1.000.000		1.000.000

S	Eigenkapital		H
SB	1.150.000	AB	1.150.000
	1.150.000		1.150.000

S	Fahrzeuge		H
AB	200.000	(2)	5.000
(4)	28.000	SB	223.000
	228.000		228.000

S	Bankverbindlichkeiten		H
SB	772.000	AB	600.000
		(3)	32.000
		(5)	140.000
	772.000		772.000

S	BGA		H
AB	100.000	SB	120.000
(1)	20.000		
	120.000		120.000

S	Lieferanten-verbindlichkeiten		H
(3)	32.000	AB	50.000
(6)	4.000	(4)	28.000
SB	42.000		
	78.000		78.000

S	Bankguthaben		H
AB	500.000	(1)	20.000
(2)	5.000	(6)	4.000
(3)	140.000	SB	621.000
	645.000		645.000

Aktiva	**Bilanz zum 31.12.2025**		**Passiva**
Bebaute Grundstücke	1.000.000 €	Eigenkapital	1.150.000 €
Fahrzeuge	223.000 €	Bankverbindlichkeiten	772.000 €
BGA	120.000 €	Lieferantenverbindlichkeiten	42.000 €
Bankguthaben	621.000 €		
Insgesamt	**1.964.000 €**	**Insgesamt**	**1.964.000 €**

25 An dieser Stelle sei darauf verwiesen, dass der Abschluss in der Praxis dv-mäßig technisch anders erstellt wird. Die Darstellung im nachfolgenden Beispiel soll die Verbindungen zwischen den einzelnen Finanzdaten aufzeigen. Die Abschlusszahlen sind selbstverständlich auch bei einer Datenverarbeitung identisch mit den Werten im Beispiel.

26 Schlussbilanz.

3.3 Die Erfolgsrechnung (Gewinn- und Verlustrechnung)

Neben der Darstellung in der Bilanz (Mittelverwendung und Mittelherkunft) ist es Aufgabe des Rechnungswesens, den Erfolg eines Unternehmens in einer Rechnungsperiode zu ermitteln. Dies wird durch das Gegenüberstellen von Erträgen und Aufwendungen in einer Gewinn- und Verlustrechnung erreicht. Die Gewinn- und Verlustrechnung wird auf kommunaler Ebene als „Ergebnisrechnung" bezeichnet. Übersteigen die Erträge die Aufwendungen, entsteht ein Gewinn; sind die Aufwendungen einer Periode größer als die Erträge, liegt ein Verlust vor. Auf kommunaler Ebene werden die Gewinne als „Jahresüberschuss" und die Verluste als „Jahresfehlbetrag" bezeichnet.

Eine kommunale Erfolgsrechnung gliedert sich im Wesentlichen wie folgt:[27]

Soll **Aufwendungen**	**Ertrag** **Haben**
Personalaufwendungen	Steuern und ähnliche Abgaben
Versorgungsaufwendungen	Zuwendungen und allgemeine Umlagen
Aufwendungen für Sach- u. Dienstleistungen	sonstige Transfererträge
bilanzielle Abschreibungen	öffentlich-rechtliche Leistungsentgelte
Transferaufwendungen	privatrechtliche Leistungsentgelte
sonstige ordentliche Aufwendungen	Kostenerstattungen und Kostenumlagen
Zinsen- und sonstige Finanzaufwendungen	sonstige ordentlichen Erträge
außerordentliche Aufwendungen	aktivierte Eigenleistungen
Aufwendungen aus internen Leistungsbeziehungen[28]	Bestandsveränderungen
	Finanzerträge
	außerordentliche Erträge
	Erträge aus internen Leistungsbeziehungen[29]

Bei der Erläuterung der Buchungssystematik wird wiederum auf die in Kap. 3.2.3 dargestellte Bilanz mit dem Auseinanderziehen auf die Einzelkonten zurückgegriffen, wobei die dort dargestellten Buchungen übernommen und durch die nachstehenden Erfolgsbuchungen ergänzt werden. Damit wird erreicht, dass die Verbindungen zwischen Erfolgsbuchungen und der Bilanz deutlich werden.

An den folgenden Geschäftsvorfällen können die Wirkungsweise und das Verfahren für Erfolgsbuchungen erkannt werden. Auch hier greift die doppelte Buchführung, sodass jeder Finanzvorfall auf zwei Konten mit Soll- und Haben-Buchungen im selben Volumen angesprochen wird.

27 Die Besonderheiten der einzelnen Positionen sind in Kap. 12 erläutert.

28 Ausweis ausschließlich in Teilerfolgsrechnungen der Produktbereiche, Produktgruppen und Produkte (siehe Kap. 12).

29 Siehe vorangehende Fußnote.

Die Erfolgskonten haben keine Anfangsbestände, da es sich bei der Ergebnisrechnung (Gewinn- und Verlustrechnung) anders als bei der Bilanz (Darstellung zu einem bestimmten Stichtag) um eine Periodenrechnung handelt. Jeder Periode wird eine eigenständige Erfolgsmessung zugeordnet, sodass zu Beginn des Wirtschaftsjahres die Konten ohne Vortragungen aus der abgelaufenen Periode eröffnet werden.

a) Aufwandbuchungen (Verbuchung von Aufwendungen)

Die Aufwendungen werden im Soll gebucht. Aufwendungsberichtigungen erfolgen auf der Habenseite. Erinnert sei noch einmal an die Definition von „Aufwendungen“: bewerteter Verbrauch (Ressourcenverbrauch/Werteverzehr) von Gütern und Dienstleistungen in einer Periode. Die nachstehenden Buchungsbeispiele verdeutlichen die Systematik.

(7) Zahlung von Löhnen durch Überweisung vom Bankkonto (320.000 €)[30]

S	Löhne		H
(7)	320.000		

S	Bankguthaben		H
AB	500.000	(1)	20.000
(2)	5.000	(6)	4.000
(3)	140.000	(7)	320.000

Buchungssatz: Löhne an Bankguthaben 320.000 €

(8) Abschreibung der Fahrzeuge (46.000 €)[31]

S	Abschreibungen		H
(8)	46.000		

S	Fahrzeuge		H
AB	200.000	(2)	5.000
(4)	28.000	(8)	46.000

Buchungssatz: Abschreibung an Fahrzeuge 46.000 €

30 Bewerteter Verbrauch von Personalressourcen.

31 Bewerteter Verbrauch von Fahrzeugen.

(9) Zahlung von Zinsen durch Überweisung vom Bankkonto (11.000 €)[32]

S	Zinsaufwendungen		H
(9)	11.000		

S	Bankguthaben		H
AB	500.000	(1)	20.000
(2)	5.000	(6)	4.000
(3)	140.000	(7)	320.000
		(9)	11.000

Buchungssatz: Zinsaufwendungen an Bankguthaben 11.000 €

(10) Rücküberweisung von zu viel gezahltem Lohn auf das Bankkonto (2.000 €)[33]

S	Löhne		H
(7)	320.000	(10)	2.000

S	Bankguthaben		H
AB	500.000	(1)	20.000
(2)	5.000	(6)	4.000
(3)	140.000	(7)	320.000
(10)	2.000	(9)	11.000

Buchungssatz: Bankguthaben an Löhne 2.000 €

b) Ertragsbuchungen (Verbuchung von Erträgen)

Der Ertrag wird im Haben gebucht. Ertragsberichtigungen erfolgen auf der Sollseite. Erinnert sei noch einmal an die Definition des Ertrags: bewertete Güter und Dienstleistungen eines Betriebs, die in einer Periode erbracht werden (Zuwachs an Ressourcen, Wertezuwachs). Die nachstehenden Buchungsbeispiele verdeutlichen die Systematik:

(11) Eingang von Mieten auf dem Bankkonto (484.000 €)[34]

S	Bankguthaben		H
AB	500.000	(1)	20.000
(2)	5.000	(6)	4.000
(3)	140.000	(7)	320.000
(10)	2.000	(9)	11.000
(11)	484.000		

S	Mieterträge		H
		(11)	484.000

Buchungssatz: Bankguthaben an Mieterträge 484.000 €

32 Bewerteter Verbrauch einer Dienstleistung des Kreditinstituts (Bereitstellung von Kapital).

33 Berichtigungsbuchung zu Nr. 9.

34 Bewerteter Zuwachs an produzierten Dienstleistungen (Bereitstellung von Mietobjekten).

(12) Ein Möbelgeschäft spendet Büromöbel im Wert von 23.000 €[35]

S	BGA		H
AB	100.000		
(1)	20.000		
(12)	23.000		

S	Außerordentlicher Erträge		H
		(12)	23.000

Buchungssatz: BGA an Ertrag aus Spenden 23.000 €

(13) Rücküberweisung einer zu viel berechneten Miete (3.000 €)[36]

S	Bankguthaben		H
AB	500.000	(1)	20.000
(2)	5.000	(6)	4.000
(3)	140.000	(7)	320.000
(10)	2.000	(9)	11.000
(11)	484.000	(13)	3.000

S	Mieterträge		H
(13)	3.000	(11)	484.000

Buchungssatz: Mieterträge an Bankguthaben 3.000 €

Am Ende des Wirtschaftsjahres werden die Konten dadurch abgeschlossen, dass zunächst die Seite des Kontos mit dem größeren Volumen addiert wird. Das ist bei Aufwendungskonten die Soll-Seite, bei Ertragskonten die Haben-Seite. Die so ermittelten Summen werden jeweils auf die andere Seite übertragen, sodass dort Differenzen (Salden) entstehen. Diese Salden stellen den neuesten Stand des Kontos zum Periodenende dar und werden als Gegenbuchung in der Ergebnisrechnung (Gewinn- und Verlustrechnung) dokumentiert. Die Differenz zwischen Ertrag und Aufwendungen ist das Jahresergebnis. Dabei wird ein Jahresüberschuss (Gewinn) auf der Soll-Seite und ein Jahresfehlbetrag (Verlust) auf der Habenseite dargestellt.

Die Schlussbuchungen lauten:

Ergebnisrechnung an Löhne	318.000 €
Ergebnisrechnung an Abschreibungen	46.000 €
Ergebnisrechnung an Zinsaufwendungen	11.000 €

35 Bewerteter Zuwachs an Ressourcen, wenn auch nicht selbst produziert (deshalb außerordentlicher Ertrag). Die Darstellung ist vereinfacht. Die Behandlung der Sachspende im Neuen Kommunalen Haushaltsrecht als Sonderposten des Eigenkapitals gemäß Nr. 5.19 BewertR ist in Kap. 10.3.6 ausführlich erläutert. Ansonsten stellt sich die Frage, ob es sich wegen der Höhe des Betrages nicht sogar um einen sonstigen ordentlichen Ertrag handelt. Da der Betrag jedoch rd. 5 % der Ergebnisrechnung ausmacht (siehe weiter unten), ist der Ausweis als außerordentlicher Ertrag vertretbar.

36 Berichtigungsbuchung zu Nr. 11.

Mieterträge an Ergebnisrechnung	481.000 €
Außerordentliche Erträge an Ergebnisrechnung	23.000 €
Jahresüberschuss an Eigenkapital	129.000 €

Danach ergibt sich nachstehende Ergebnisrechnung:

S	Löhne		H
(7)	320.000	(10)	2.000
		ER[37]	318.000
	320.000		320.000

S	Mietertrag		H
(13)	3.000	(11)	484.000
ER	481.000		
	484.000		484.000

S	Abschreibungen		H
(8)	46.000	ER	46.000
	46.000		46.000

S	Außerordentliche Erträge		H
ER	23.000	(12)	23.000
	23.000		23.000

S	Zinsaufwendungen		H
(9)	11.000	ER	11.000
	11.000		11.000

Soll	**Ergebnisrechnung 2025**		**Haben**
Löhne	318.000 €	Mieterträge	481.000 €
Abschreibungen	46.000 €	Außerordentliche Erträge	23.000 €
Zinsaufwendungen	11.000 €		
Jahresüberschuss	129.000 €		
Insgesamt	**504.000 €**	**Insgesamt**	**504.000 €**

S	Eigenkapital		H
		AB	1.150.000
		ER	129.000
			1.279.000

Das Jahresergebnis, hier der als Soll-Buchung nachgewiesene Jahresüberschuss in Höhe von 129.000 € wird beim Eigenkapital als Haben-Buchung erfasst. Somit erhöht ein Jahresüberschuss das Eigenkapital. Bei einem Jahresfehlbetrag, der ja in der Ergebnisrechnung im Haben ausgewiesen würde, erfolgt auf dem Eigenkapitalkonto eine Gegenbuchung im Soll, sodass ein Fehlbetrag das Eigenkapital schmälert.[38]

37 Ergebnisrechnung.

38 Das Verfahren ist vereinfacht dargestellt. Zur speziellen Verbuchung im NKHR siehe Kap. 22.

Die Schlussbilanz wird wiederum nach dem in Kap. 3.2.3 geschilderten Verfahren wie folgt erstellt:

S	Bebaute Grundstücke		H
AB	1.000.000	SB	1.000.000
	1.000.000		1.000.000

S	Eigenkapital		H
SB	1.279.000	AB	1.150.000
		ER	129.000
	1.279.000		1.279.000

S	Fahrzeuge		H
AB	200.000	(2)	5.000
(4)	28.000	(8)	46.000
		SB	177.000
	228.000		228.000

S	Bankverbindlichkeiten		H
SB	772.000	AB	600.000
		(3)	32.000
		(5)	140.000
	772.000		772.000

S	BGA		H
AB	100.000	SB	143.000
(1)	20.000		
(12)	23.000		
	143.000		143.000

S	Lieferanten-verbindlichkeiten		H
(3)	32.000	AB	50.000
(6)	4.000	(4)	28.000
SB	42.000		
	78.000		78.000

S	Bankguthaben		H
AB	500.000	(1)	20.000
(2)	5.000	(6)	4.000
(5)	140.000	(7)	320.000
(10)	2.000	(9)	11.000
(11)	484.000	(13)	3.000
		SB	773.000
	1.131.000		1.131.000

Aktiva	**Bilanz zum 31.12.2025**		**Passiva**
Bebaute Grundstücke	1.000.000 €	Eigenkapital	1.279.000 €
Fahrzeuge	177.000 €	Bankverbindlichkeiten	772.000 €
BGA	143.000 €	Lieferantenverbindlichkeiten	42.000 €
Bankguthaben	773.000 €		
Insgesamt	**2.093.000 €**	**Insgesamt**	**2.093.000 €**

Die Gesamtzusammenhänge des Buchungssystems der kaufmännischen Buchführung werden noch einmal an dem nachstehenden Schaubild[39] deutlich:

39 Entnommen aus *Klümper/Möllers/Zimmermann*, Kommunale Kosten- und Wirtschaftlichkeitsrechnung, 20. Aufl., Witten 2019, S. 85.

Der Ablauf der doppelten Buchführung

1. Eröffnung der Aktiv- und Passivkonten
2. Schlussbuchungen der Erfolgskonten
3. Buchung des Gewinnes/Verlustes in die Schlussbilanz
4. Schlussbuchungen der Bestandskonten in die Schlussbilanz

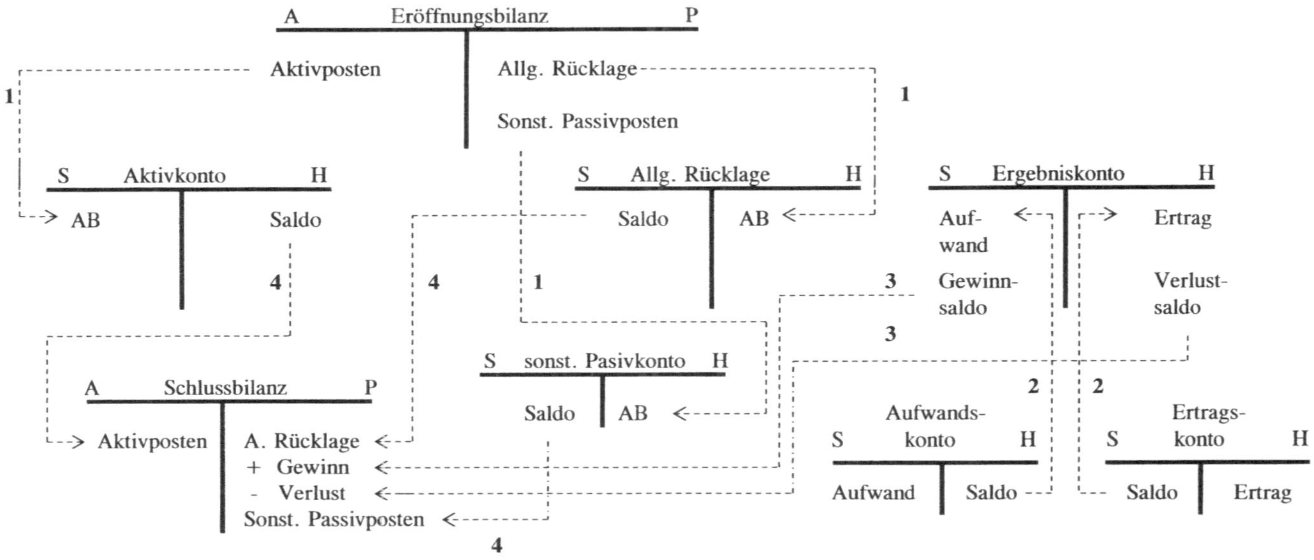

Als weitere Hilfestellung mögen auch die nachstehenden schlagwortartigen Merksätze zur kaufmännischen Buchführung dienen:[40]

Arbeitsschritte und Merksätze

1. **Eröffnung der Konten**
- Aktivkonto: Bestand aus der Abschlussbilanz des Vorjahres auf der Soll-Seite vortragen
- Passivkonto: Bestand aus der Abschlussbilanz des Vorjahres auf der Haben-Seite vortragen
- Aufwendungs- und Ertragskonten werden bei Bedarf eingerichtet. Hier liegen keine Bestände vor, weil Aufwendungen und Ertrag jeweils neu Jahres bezogen ermittelt werden.

2. **Buchung auf den Konten im laufenden Jahr**
- Aktivkonto:
  Zugänge werden im Soll gebucht.
  Abgänge werden im Haben gebucht.
- Passivkonto:
  Zugänge werden im Haben gebucht.
  Abgänge werden im Soll gebucht.
- Aufwendungskonto:
  Aufwendungen werden im Soll gebucht.
  Abgänge auf die Aufwendungen (Berichtigungen) werden im Haben gebucht.
- Ertragskonto:
  Erträge werden im Haben gebucht.
  Abgänge auf die Erträge (Berichtigungen) werden im Soll gebucht.

3. **Abschluss der Konten**
- Aufwendungs- und Ertragskonten werden zur Ergebnisrechnung (Gewinn- und Verlustrechnung) abgeschlossen.
- Die Differenz in der Ergebnisrechnung (Gewinn oder Verlust) wird zum Eigenkapitalkonto abgeschlossen. Der Gewinn erhöht das Eigenkapital (Haben-Buchung auf dem Eigenkapital-Konto), der Verlust verringert das Eigenkapital (Soll-Buchung auf dem Eigenkapital-Konto).
- Die Aktiv- und Passivkonten werden zur Bilanz abgeschlossen.
- Die Aktiv- und Passivseite der Bilanz müssen übereinstimmende Summen aufweisen.

40 Die Darstellungen sind ohne die im NKHR gemäß § 44 KomHVO erforderliche Finanzrechnung erfolgt. Die Finanzrechnung bewirkt, dass die Ein- und Auszahlungen nicht nur dem Bankkonto zugeordnet werden, sondern zusätzlich in einer besonderen Buchungskomponente nachgewiesen werden. So ist z. B. die Mieteinzahlung nicht nur beim Bankkonto nachzuweisen, sondern auch einem speziellen Mieteinzahlungskonto zuzuordnen. Im Einzelnen siehe dazu Kap. 13.

3.4 Übungen

Sachverhalt Nr. 1 (Abgrenzung der Rechnungssysteme):
Die in 2021 eröffnete Bücherei der Stadt S wird derzeit als Regiebetrieb im kameralen Haushalt bewirtschaftet. Es werden Überlegungen angestellt, die Bücherei mit Beginn des Jahres 2024 als Eigenbetrieb zu führen, sodass dann die Vorschriften für die Eigenbetriebe Anwendung finden würden. Nach dem Eigenbetriebsrecht würde dies dann die Einführung der kaufmännischen Buchführung bedeuten. Insofern überlegt die Leitung der Bücherei, welche Ergebnisse die unterschiedlichen Buchführungsverfahren erbringen würden. Für die Entscheidungsfindung kann sie dabei auf folgende Informationen[41] zurückgreifen, wobei im Finanzierungsbereich zum 31.12.2024 lediglich Bankverbindlichkeiten von 60.000 € bestehen:

• Kaufpreis des Büchereigebäudes zum 2.1.2021: (Nutzungsdauer 40 Jahre, linearer Werteverzehr)	800.000 €
• Kaufpreis des Mobiliars zum 2.1.2021: (Nutzungsdauer 10 Jahre, linearer Werteverzehr)	180.000 €
• Kaufpreise der Bücher ab 2021 jährlich je: (Nutzungsdauer 5 Jahre, linearer Werteverzehr)	30.000 €
• Personalausgaben/-aufwendungen in 2024	200.000 €
• Energieausgaben/-aufwendungen in 2024	5.000 €
• Geschäftsausgaben/-aufwendungen 2024	3.000 €
• Spende an die Bibliothek der Partnergemeinde zur Beseitigung von Hochwasserschäden, zahlbar in 2024	10.000 €
• Ausleihgebühren/-ertrag 2024	40.000 €
• Mieteinnahmen/-ertrag 2024	1.000 €

Aufgabe:
Ermitteln Sie die Jahresergebnisse 2024 (31.12.2024) nach den Buchungsverfahren der Kameralistik, der kaufmännischen Buchführung und der Kosten- und Leistungsrechnung (Ermittlung der Kosten- und Leistungen). Unterstellen Sie dabei, dass die im Sachverhalt genannten Finanzdaten unverändert in den Jahresabschluss 2024 einfließen, soweit sie nicht aufgrund des Sachverhalts zu bearbeiten sind.

Lösung:
Das Rechnungssystem der Kameralistik stellt die Einnahmen und Ausgaben des Jahres 2024 gegenüber, sodass folgendes Ergebnis zum 31.12.2024 zu erwarten ist:[42]

41 Es handelt sich um einen Einstiegsfall zur Verdeutlichung der Grundstrukturen der Rechnungssysteme. Insofern sind die Ergebnisse nicht mit einer echten Abrechnung zu vergleichen, zumal vor allem für die kaufmännische Buchführung wichtige Finanzdaten wie z. B. Bestände an liquiden Mitteln fehlen.

42 Auf die Trennung in vermögenswirksame und vermögensunwirksame Geschäftsvorfälle wird verzichtet.

Ausgaben		**Einnahmen**	
Kauf von Büchern	30.000 €	Ausleihgebühren	40.000 €
Personalausgaben	200.000 €	Mieteinnahmen	1.000 €
Energieausgaben	5.000 €	**Summe**	**41.000 €**
Geschäftsausgaben	3.000 €		
Spenden	10.000 €		
Summe	**248.000 €**	**Fehlbetrag**	**207.000 €**

In der kaufmännischen Buchführung werden eine Gewinn- und Verlustrechnung 2024 (Ergebnisrechnung) mit der Gegenüberstellung von Aufwendungen und Ertrag sowie eine Bilanz zum Stichtag 31.12.2024 erstellt.

Soll	**Gewinn- und Verlustrechnung 2024**		**Haben**
Personalaufwendungen	200.000 €	Gebührenertrag	40.000 €
Energieaufwendungen	5.000 €	Mietertrag	1.000 €
Geschäftsaufwendungen	3.000 €	**Verlust 2024**	**239. 000 €**
Spende	10.000 €		
Abschreibungen für			
Gebäude	20.000 €		
Mobiliar	18.000 €		
Bücher[43]	24.000 €		
Insgesamt	**280.000 €**	**Insgesamt**	**280.000 €**

Aktiva	**Bilanz zum 31.12.2024**		**Passiva**
Büchereigebäude	720.000 €	Eigenkapital	828.000 €
Mobiliar	108.000 €	Bankverbindlichkeiten	60.000 €
Buchbestand[44]	60.000 €		
Insgesamt	**888.000 €**	**Insgesamt**	**888.000 €**

In die Kosten- und Leistungsrechnung fließen die betriebstypischen (betriebserforderlichen) Aufwendungen und Erträge ein. Die Aufwendungen und Erträge sind der Gewinn- und Verlustrechnung zu entnehmen. Dabei ist lediglich die Spende an die Partnergemeinde nicht für den Betrieb der Stadtbücherei in S notwendig, sodass es

43 Die Buchbeschaffungen der Jahre 2021 bis 2024 mit jährlich 30.000 € werden bei einer Nutzungsdauer von fünf Jahren mit 6.000 € je Jahr abgeschrieben. Bei vier Beschaffungsperioden sind dies 4 × 6.000 € = 24.000 €. Zur Besonderheit einer Festwertbildung für den Buchbestand siehe Kap. 10.

44 Die Beschaffungen aus dem Jahr 2021 sind mit 4 × 6.000 €, die Beschaffungen aus dem Jahr 2022 mit 3 × 6.000 €, die Beschaffungen aus dem Jahr 2023 mit 2 × 6.000 € und die Beschaffungen aus dem Jahr 2024 mit 1 × 6.000 € abgeschrieben, sodass die bis Ende 2024 aufgelaufene Abschreibung insgesamt 60.000 € beträgt. Dieser Betrag ist vom Beschaffungsvolumen der vier Jahre = 4 × 30.000 € zu subtrahieren.

sich hierbei nicht um Kosten der Stadtbibliothek S handelt.[45] Insofern ergibt sich folgende Darstellung in der Kosten- und Leistungsrechnung:

Aufwendungen	280.000 €	**Leistungen**	**41.000 €**
– Spende	10.000 €		
Kosten	**270.000 €**		

Sachverhalt Nr. 2 (Betriebswirtschaftliche Grundbegriffe):
Bei der Gemeinde G werden im Haushaltsjahr 2024 die folgenden Geschäftsvorfälle bearbeitet:

a) Am 10.5.2024 werden für die Toiletten des Freibades für 10.000 € Einmalhandtücher angeschafft. Nach Beendigung der Freibadsaison am 19.9.2024 wird festgestellt, dass davon lediglich 60 % verbraucht wurden. Die restlichen Handtücher werden winterfest für das kommende Betriebsjahr gelagert.
b) Bei der Kraftfahrzeugwerkstatt der Abfallbeseitigung fallen in 2024 300.000 € Arbeiterlöhne für insgesamt 6.000 Arbeitsstunden an. Nach den Aufzeichnungen des Meisters entfielen davon 5.000 Stunden auf Reparaturarbeiten für die Fahrzeuge der Abfallbeseitigung. 1.000 Arbeitsstunden wurden für den Umbau eines Lastkraftwagens zu einem Spezialfahrzeug für die Abfallbeseitigung eingesetzt. Dieses Fahrzeug wird zu Beginn des Jahres 2025 in Betrieb genommen (Nutzungsdauer fünf Jahre).
c) Die Abfallbeseitigung nimmt im Januar 2025 Gebühren für die Entleerung von Hausmüllbehältern in Höhe von 400.000 € ein. Darin enthalten sind Nachzahlungen für 2024 von 10.000 €, für die Ende 2024 eine Veranlagung mit Fälligkeit im Januar 2025 erfolgte.
d) Die Gemeinde G besitzt ein Straßenreinigungsfahrzeug. Das Fahrzeug wurde am 2.1.2021 zu einem Preis von 150.000 € beschafft und wird in 2024 in vollem Umfang für die Straßenreinigung eingesetzt. Beim Fahrzeug wird eine voraussichtliche Lebensdauer (= Nutzungsdauer) von fünf Jahren unterstellt.
e) Mieteinnahme in Höhe von 300 € in 2024 für den Monat August 2024 aus einer Hausmeisterwohnung.
f) Aufgrund eines Orkanschadens im Dezember 2024 muss das Dach des Hallenbades neu eingedeckt werden. Die Rechnung für die im Jahr 2024 durchgeführte Dachreparatur in Höhe von 80.000 € geht erst im Januar 2025 ein.
g) Die Pacht für ein Grundstück auf dem städtischen Deponiegelände ist als Jahrespacht jährlich im Voraus zu entrichten. Die Pacht für die Zeit vom 1.10.2024 bis 30.9.2025 in Höhe von 12.000 € wird am 30.9.2024 gezahlt.
h) Kauf und Bezahlung von Dieselkraftstoff (50.000 €) am 30.12.2024, obwohl das Tanklager des Fuhrparks noch halb gefüllt ist. Der Kauf ist darin begründet, dass die Mineralölpreise auf Grund einer Steuererhöhung zum 1.1.2025 um ca. 10 Cent je Liter steigen werden. Der Dieselkraftstoff wird erst im folgenden Jahr verbraucht.

---

45 Es stellt sich ohnehin die Frage, ob die Zuordnung der Spende von 10.000 € zum Budget der Stadtbibliothek vertretbar ist. Sachgerechter wäre sicherlich die Einordnung der Spende in den Budgetbereich der Städtepartnerschaften.

Aufgabe:
Prüfen Sie, welchen Jahren die Kameralistik und welchen Jahren die kaufmännische Buchführung die im Sachverhalt genannten Geschäftsvorfälle zuordnet.

Lösung:
Die Kameralistik ordnet die Einnahmen und Ausgaben dem Jahr zu, in dem der Geldmittelfluss stattfindet (Grundsatz der Kassenwirksamkeit). Die kaufmännische Buchführung dagegen dokumentiert den Werteverzehr (Ressourcenverbrauch) und den Wertezuwachs (Ressourcenzuwachs). Daraus folgend kann die Zuordnung zu den beiden Rechnungssystemen tabellarisch dargestellt werden.

Fall	**Kameralistik**		**Kaufmännische Buchführung**	
Buchstabe	**Einnahme/Jahr**	**Ausgabe/Jahr**	**Ertrag/Jahr**	**Aufwendung/Jahr**
a		10.000 €/2024		6.000€/2024 4.000 €/2025
b		300.000 €/2024		250.000 €/2024[46]
c	400.000 €/2025		10.000 €/2024 390.000 €/2025	
d		150.000 €/2021		je 30.000 €/2021 bis 2025
e	300 €/2024		300 €/2024	
f		80.000 €/2025		80.000 €/2024
g		12.000 €/2024		3.000 €/2024 9.000 €/2025
h		50.000 €/2024		50.000 €/2025

Sachverhalt Nr. 3 (Erstellung einer Eröffnungsbilanz):[47]
Der städtische Fachbereich „Freizeit“ (Betrieb von Sporthallen, Sportplätzen, Schwimmbädern und dgl.) wird ab dem Jahre 2025 als Eigenbetrieb geführt und muss zum 1. Januar 2025 eine Eröffnungsbilanz erstellen, nachdem bis einschließlich 2024 eine Abwicklung im Haushalt als kameraler Unterabschnitt erfolgte. Die Inventur hat Folgendes ergeben:

a) Der Wert der Fahrzeuge betrug zum 31.12.2024 200.000 €.

46 Dargestellt ist die Nettoauswirkung. Brutto sind in 2024 an Personalaufwendungen 300.000 € zu buchen. Der Betrag von 50.000 € ist als Aktivierte Eigenleistung (Ertrag) nachzuweisen. Ab 2025 ist der Lastkraftwagen abzuschreiben (in der Lösung nicht dargestellt).

47 Diese Übungsaufgabe soll die Erstellung einer Bilanz verdeutlichen. Dabei geht sie über die bisher dargestellten Gliederungsebenen hinaus. Insofern sind zusätzliche Kenntnisse zu besonderen Bilanzpositionen und Bewertungen erforderlich. Die besonderen Problemstellungen werden in der Textlösung erläutert, sodass jeder Zeit die Gliederungsproblematik nachvollzogen werden kann. Die Bewertung soll auf der Basis der historischen Anschaffungskosten erfolgen. Zur besonderen Bewertung nach den Regeln des Neuen Kommunalen Haushalts- und Rechnungswesens siehe Kap. 10.

b) Die Betriebs- und Geschäftsausstattung hatte zum Ende 2024 einen Wert in Höhe von 100.000 €.

c) Das Hallenbad wurde in 2020 neu errichtet (Fertigstellung und Inbetriebnahme zum 1.7.2020). Der Bau des Hallenbades verursachte Ausgaben von 1.850.400 €. Das Grundstück wurde in 2020 für 940.000 € erworben. Die Nutzungsdauer des Hallenbades beträgt 50 Jahre. Zum 15.6.2020 wurden an Erschließungsbeiträgen 50.000 € und Kanalanschlussbeiträgen 10.000 € entrichtet. Der Umkleidetrakt wurde in 2020 durch Arbeitskräfte und unter Einsatz von Material des städtischen Bauhofes errichtet. Dazu wurden Material im Wert von 30.000 € und Löhne für die direkt mit der Maßnahme beschäftigten Arbeitskräfte des Bauhofes in Höhe von 80.000 € eingesetzt. Die Kostenrechnung des Bauhofes wies in 2020 folgende Struktur auf:

Lohn(Fertigungs-)einzelkosten	2.000.000 €
Materialeinzelkosten	1.000.000 €
Lohn(Fertigungs-)gemeinkosten	500.000 €
Materialgemeinkosten	200.000 €
Verwaltungsgemeinkosten	370.000 €

d) In 2024 wurden den Sportvereinen 100.000 € Nutzungsentgelte in Rechnung gestellt. Der Sportverein „FC Schienenbein 09“ hat trotz mehrfacher Mahnungen des Fachbereichs die Entgelte von 10.000 € noch nicht überwiesen. Daraufhin hat die Fachbereichsleiterin entschieden, den Betriebszuschuss 2024 an den Verein in Höhe von 20.000 € trotz Fälligkeit nicht zu überweisen. Eine Verrechnung der beiden Zahlungen wurde nicht vorgenommen.

e) Die Sporthalle (Nutzungsdauer 40 Jahre) wurde im Auftrag und nach Wünschen der Stadt von einem privaten Investor gebaut und am 1.1.2024 in Betrieb genommen (Bauausgaben 1.200.000 €). Der Investor ist auch Eigentümer der Sporthalle. Diese wurde jedoch von der Stadt im Wege des Immobilienleasings zum selben Termin in Besitz genommen. Der Leasingvertrag enthält eine Option, wonach die Stadt Ende 2043 dic Sporthalle zur Hälfte des Verkehrswertes 2024 zurückkaufen kann. Der Leasingvertrag ist während der Leasingzeit unkündbar. Die Jahresleasingrate beträgt 50.000 €, darin enthalten ist ein Kapitalanteil von 30.000 €.[48] Die Stadt trägt die Gebäudeunterhaltungs- und Bewirtschaftungskosten.

f) Das Bankguthaben beläuft sich zum 31.12.2024 auf 50.000 €.

g) Der Fachbereich führt im Sportstättenbereich ein umfangreiches Materiallager (Rote Asche für die Sportplätze). Der Lagerbestand zum 1.1.2024 betrug 5 t Asche zu einem Wert von 6.050 €. Am Jahresende 2024 befanden sich noch 4 t Asche im Lager. In 2024 erfolgten folgende Zukäufe:

26.2.2024	5 t zum Einkaufspreis von 1.200 €/t
11.6.2024	7 t zum Einkaufspreis von 1.100 €/t
17.9.2024	6 t zum Einkaufspreis von 1.500 €/t

48 Auf die Abzinsung des Kapitalanteils wurde aus Vereinfachungsgründen verzichtet.

h) In 2020 hatte der Fachbereich zur Finanzierung des Hallenbades einen Kredit in Höhe von 1.200.000 € aufgenommen. Bis Ende 2024 hat der Fachbereich dafür einen Schuldendienst von insgesamt 400.000 € geleistet, wovon 300.000 € auf die Zinsen entfielen. Außerdem wurde in 2020 eine zweckgebundene Landeszuweisung in Höhe von 200.000 € als Ertragszuschuss für das Gebäude gewährt.
i) Die Firma Raffke GmbH und Co. KG hat in 2024 einen größeren Reparaturauftrag im Hallenbad ausgeführt (Rechnungsbetrag: 80.000 €). Der Fachbereich ist der Auffassung, dass die Reparatur mit Mängeln ausgeführt wurde, und hat deshalb auf den Rechnungsbetrag in 2024 nur 60.000 € gezahlt. Die restlichen 20.000 € wurden zurückgehalten bis eine gerichtliche Klärung erfolgt. Nach Auffassung des Rechtsamtes zeichnet sich ein Vergleich über 15.000 € ab. Diesen Betrag hat der Fachbereich auf ein Postbankkonto angelegt.
j) Der Fachbereich hat vertragsgemäß am 10.12.2024 noch aus Haushaltsmitteln die Leasingrate 2025 für den Großflächenmäher (Sportplatzpflege) in Höhe von 8.000 € gezahlt.
k) Außerdem besitzt er einen Bargeldbestand von 1.000 €. Dieser beruht auf einer bereits am 17.12.2024 erfolgte Einzahlung des Schwimmvereines „Bei uns ertrinkt keiner e. V.“ als Benutzungsentgelt für das erste Quartal 2025. Der Kassierer hat den Betrag trotz Fälligkeit zum 15.2.2025 wegen seines Langzeiturlaubs auf Mallorca vorzeitig gezahlt.

Aufgabe:
Stellen Sie die Eröffnungsbilanz für den Eigenbetrieb „Freizeit“ zum 1.1.2025 auf. Begründen Sie die einzelnen Arbeitsschritte.

Lösung:

Aktiva		**Eröffnungsbilanz zum 1.1.2025**	**Passiva**
Hallenbad	2.820.000 €	Eigenkapital	1.892.000 €
Sporthalle	1.170.000 €	Investitionszuschüsse	182.000 €
Fahrzeuge	200.000 €	Rückstellungen	15.000 €
BGA	100.000 €	Bankverbindlichkeiten	1.100.000 €
Vorräte	6.000 €	Leasingverbindlichkeiten	1.170.000 €
Forderungen an Vereine	10.000 €	Verbindlichkeiten an Vereine	20.000 €
Bankguthaben	50.000 €	Passive Rechnungsabgrenzung	1.000 €
Postbankguthaben	15.000 €		
Kasse	1.000 €		
Aktive Rechnungsabgrenzung	8.000 €		
Insgesamt	**4.380.000 €**	**Insgesamt**	**4.380.000 €**

Im Einzelnen ergeben sich folgende Begründungen:
a) Das Inventurergebnis von 200.000 € für die Fahrzeuge wird auf die Aktivseite eingestellt.

b) Das Inventurergebnis von 100.000 € für die Betriebs- und Geschäftsausstattung (BGA) wird auf die Aktivseite eingestellt.

c) Das Hallenbad muss folgender Bewertung zugeführt werden, wobei bei der Berechnung der aktivierten Eigenleistungen vom handelsrechtlichen Wahlrecht bei den Gemeinkostenzuschlägen Gebrauch gemacht wurde:

	Grundstück in €	**Gebäude in €**
Anschaffungsausgaben 2020 (lt. Sachverhalt als Basis zu verwenden)	940.000	1.850.400
Erschließungsbeitrag 2020 (Wertverbesserung des Grundstücks[49])	50.000	
Kanalanschlussbeitrag 2020 (Wertverbesserung des Grundstücks[50])	10.000	
Umkleidetrakt als zu aktivierende Eigenleistung (differenzierte Zuschlagskalkulation[51])		149.600
Wert 1.7.2020	1.000.000	2.000.000
abzüglich linearer Abschreibungen 1.7.2020 bis 31.12.2024 = 4,5 Jahre)	0	180.000
Wert 31.12.2024	1.000.000	1.820.000
Gesamtbilanzwert	**2.820.000**	

d) Das in der Kameralrechnung des Jahres 2024 noch als Kasseneinnahmerest ausgewiesene, noch nicht eingegangene Nutzungsentgelt ist auf der Aktivseite als Forderung einzustellen. Der noch nicht überwiesene Betriebszuschuss stellt eine Verbindlichkeit gegenüber dem Verein dar und ist auf der Passivseite zu platzieren.

e) Die Stadt ist nicht Eigentümer, da die Sporthalle von einem Investor im Auftrag und nach Wünschen der Stadt gebaut wurde. Allerdings ist sie noch wirtschaftlicher Eigentümer, da es sich bei dem Leasinggeschäft offensichtlich nicht um ein mietähnliches Leasinggeschäft („Operating Leasing"), sondern um ein Finanzierungsgeschäft („Financial Leasing") handelt.[52] Insofern muss der Eigenbetrieb den Wert

49 Die Grundstücksbezogenheit steht im Vordergrund, so auch die ständige Rechtsprechung im Steuerrecht (z. B. BFH, Urt. vom 7.11.1995 [BStBl. S. 190]).

50 Die Grundstücksbezogenheit steht im Vordergrund, so auch die ständige Rechtsprechung im Steuerrecht (z. B. BFH, Urt. vom 18.7.1972 [BStBl. S. 931]).

51 Lohneinzelkosten 80.000 € + Lohngemeinkosten 20.000 € (Zuschlagssatz 25 %) = Lohngesamtkosten 100.000 €; Materialeinzelkosten 30.000 € + Materialgemeinkosten 6.000 € (Zuschlagssatz 20 %) = Materialgesamtkosten 36.000 €; ergibt Herstellkosten von 136.000 €; zuzüglich Verwaltungsgemeinkosten 13.600 € (Zuschlagssatz 10 %); ergibt Gesamtkosten der aktivierten Eigenleistung in Höhe von 149.600 €. Zu den Berechnungseinzelheiten siehe *Klümper/Möllers/Zimmermann*, Kommunale Kosten- und Wirtschaftlichkeitsrechnung, 20. Aufl., Witten 2019, S. 282 ff.

52 Financial Leasing (Spezialleasing) ist u. a. an folgenden Merkmalen erkennbar: Die Anlage entspricht den speziellen Anforderungen des Leasingnehmers. Der Leasingnehmer trägt das wirtschaftliche Risiko der Anlagenutzung und -erhaltung. Der Leasingvereinbarung erstreckt sich über die voraussichtliche Nutzungsdauer der Anlage. Die vereinbarten Leasingraten decken die Anschaffungs- oder Herstellungskosten.

der Sporthalle aktivieren (Bauausgaben von 1.200.000 € abzüglich Abschreibungen für das Jahr 2021 in Höhe von 30.000 €). In der Leasingrate ist ein Kapitalanteil von jährlich 30.000 € enthalten. Damit erreicht der Investor die Rückgewinnung des aufgewandten Kapitals,[53] sodass in dieser Höhe eine Verbindlichkeit gegenüber dem Investor entsteht, wobei allerdings bereits eine Auflösung von 30.000 € für das Jahr 2024 erfolgte.

f) Das Bankguthaben von 50.000 € wird auf die Aktivseite als Umlaufvermögen eingestellt.

g) Der Bestand an Roter Asche ist nach einem gängigen Verfahren zu bewerten. Die Lösung hat sich des FiFo-Verfahrens („First in – First out") bedient, sodass der Bestand nach dem letzten Einstandspreis bewertet wird.[54] Insofern werden 4 t × 1.500 €/t = 6.000 € der Aktivseite der Bilanz zugeordnet.

h) Kredite sind als Verbindlichkeiten auf der Passivseite der Bilanz nachzuweisen. Der bis zum Bilanzierungsstichtag bereits geleistete Schuldendienst von 400.000 € enthielt Zinsen in Höhe von 300.000 €, sodass der Tilgung 100.000 € zuzuordnen sind. Dieser Betrag verringert die Ursprungsverbindlichkeit entsprechend. Investitionszuschüsse sind als Finanzierungsmittel des Anlagevermögens zu passieren und entsprechend der Nutzungsdauer des geförderten Vermögensgegenstandes aufzulösen. Wie bei Buchstabe c) dargestellt, sind bereits Abschreibungen von 4,5 Jahre erfolgt, sodass auch für diesen Zeitraum eine Auflösung in Höhe von 18.000 € abzusetzen ist (200.000 € : 50 Jahre Gesamtnutzungsdauer × 4,5 Jahre).

i) In Höhe des zu erwartenden Vergleichsbetrages ist als Verbindlichkeit eine Rückstellung auf der Passivseite zu bilden (Aufwandrückstellung). Das Postbankkonto ist als Umlaufvermögen der Aktivseite zuzuordnen.

j) Bei der Leasingrate für den Großflächenmäher handelt es sich zwar um eine Auszahlung des Jahres 2024, jedoch um Aufwendungen des Jahres 2025. Insofern ist der Betrag als aktive Rechnungsabgrenzung zu bilanzieren und damit der Erfolgsrechnung des Jahres 2025 zuzuordnen.[55]

k) Die Einzahlung des Jahres 2024 stellt einen Ertrag des Jahres 2025 dar. Insofern muss der Betrag der Erfolgsrechnung des Jahres 2025 zugeführt werden. Die bilanzielle Darstellung erfolgt als passive Rechnungsabgrenzung.[56]

Der Gesamtsumme des Vermögens von 4.380.000 € stehen Investitionszuschüsse und Verbindlichkeiten in Höhe von 2.488.000 € gegenüber, sodass sich als Differenz ein Reinvermögen von 1.892.000 € ergibt, das als Eigenkapital ausgewiesen wird.

53 Auf eine Abzinsung des Kapitalanteils wird aus Vereinfachungsgründen verzichtet.

54 Nr. 4.2. BewertR schreibt für die kommunalen Haushalte zwingend die Bewertung nach dem gewogenen Durchschnitt vor (siehe dazu auch Kap. 10). Zur Anwendung der einzelnen Bewertungsverfahren siehe *Klümper/Möllers/Zimmermann*, Kommunale Kosten- und Leistungsrechnung, 20. Aufl., Witten 2019, S. 164 ff.

55 Aktive Rechnungsabgrenzung kann vereinfacht als Gegenbuchung einer „Auszahlung mit Aufwand in späteren Jahren" bezeichnet werden.

56 Passive Rechnungsabgrenzung kann vereinfacht als Gegenbuchung einer „Einzahlung mit Ertrag in späteren Jahren" bezeichnet werden.

Sachverhalt Nr. 4 (Bestandsbuchungen):
Die Eröffnungsbilanz einer Eigengesellschaft der Gemeinde G zum 1.1.2024 hat folgenden Inhalt:

Aktiva	**Bilanz zum**	**1.1.2024**	**Passiva**
Bebaute Grundstücke	1.000.000 €	Eigenkapital	1.150.000 €
Fahrzeuge	200.000 €	Hypothekenverbindlichkeiten	560.000 €
BGA	100.000 €	Dispositionskredite	40.000 €
Forderungen	7.000 €	Lieferantenverbindlichkeiten	50.000 €
Bankguthaben	493.000 €		
Insgesamt	**1.800.000 €**	**Insgesamt**	**1.800.000 €**

Im Jahre 2024 fallen folgende Geschäftsvorfälle an:

1. Kauf eines Fahrzeugs (10.000 €), Überweisung erfolgt aus dem Bankguthaben.
2. Eingang von 4.000 € auf die ausstehenden Forderungen auf dem Bankkonto.
3. Ein neues bebautes Grundstück wird gekauft (200.000 €). Es wird zunächst aus dem Bankguthaben bezahlt. Nach einmonatiger Verhandlung werden 180.000 € über ein langfristiges Hypothekendarlehen finanziert. Die Hypothekenbank überweist den Betrag auf das Bankkonto.
4. Abbuchung von 30.000 € beim Bankkonto, wovon 25.000 € dem Dispositionskredit zugeführt werden und 5.000 € der Tilgung der Hypothekenkredite dienen.
5. Kauf eines Personalcomputers mit Zahlungsziel in 2025 (2.000 €).
6. Bezahlung von Rechnungen aus dem Vorjahr durch Überweisung vom Bankkonto (10.000 €).
7. Die Stadt als Eigentümer übergibt der Eigengesellschaft Fahrzeuge im Wert von 80.000 € zur Eigenkapitalaufstockung.
8. Verkauf eines bebauten Grundstückes für 120.000 €, zahlbar mit je 60.000 € in 2024 und 2025. Der Betrag für 2024 wird sofort dem Bankkonto gutgeschrieben.

Aufgabe:
Verarbeiten Sie die Finanzvorfälle in der kaufmännischen Buchführung und erstellen Sie die Schlussbilanz zum 31.12.2024. Formulieren Sie auch die entsprechenden Buchungssätze für die Finanzvorfälle 1 bis 8 und entscheiden Sie, welche Auswirkungen die Finanzvorfälle auf die Bilanz haben.

Lösung:

S	Bebaute Grundstücke		H
AB	1.000.000	(8)	120.000
(3)	200.000	SB	1.080.000
	1.200.000		1.200.000

S	Eigenkapital		H
SB	1.230.000	AB	1.150.000
		(7)	80.000
	1.230.000		1.230.000

S	Fahrzeuge		H
AB	200.000	SB	290.000
(1)	10.000		
(7)	80.000		
	290.000		290.000

S	Hypotheken-verbindlichkeiten		H
(4)	5.000	AB	560.000
SB	735.000	(3)	180.000
	740.000		740.000

S	BGA		H
AB	100.000	SB	102.000
(5)	2.000		
	102.000		102.000

S	Dispositionskredite		H
(4)	25.000	AB	40.000
SB	15.000		
	40.000		40.000

S	Forderungen		H
AB	7.000	(2)	4.000
(8)	60.000	SB	63.000
	67.000		67.000

S	Lieferanten-verbindlichkeiten		H
(6)	10.000	AB	50.000
SB	42.000	(5)	2.000
	52.000		52.000

S	Bankguthaben		H
AB	493.000	(1)	10.000
(2)	4.000	(3)	200.000
(3)	180.000	(4)	30.000
(8)	60.000	(6)	10.000
		SB	487.000
	737.000		737.000

Aktiva	**Schlussbilanz zum 31.12.2024**		**Passiva**
Bebaute Grundstücke	1.080.000 €	Eigenkapital	1.230.000 €
Fahrzeuge	290.000 €	Hypothekenverbindlichkeiten	735.000 €
BGA	102.000 €	Dispositionskredite	15.000 €
Forderungen	63.000 €	Lieferantenverbindlichkeiten	42.000 €
Bankguthaben	487.000 €		
Insgesamt	**2.022.000 €**	**Insgesamt**	**2.022.000 €**

Lfd. Nr.	Buchungssätze	Bilanzauswirkung
1	Fahrzeuge an Bankguthaben 10.000 €	Aktivtausch
2	Bankguthaben an Forderungen 4.000 €	Aktivtausch
3	Bebaute Grundstücke an Bank 200.000 € Bankguthaben an Hypothekenverbindlichkeiten 180.000 €	Aktivtausch Aktiv-Passiv-Mehrung
4	Dispositionskredit 25.000 € und Hypothekenverbindlichkeiten 5.000 € an Bankguthaben 30.000 €	Aktiv-Passiv-Minderung
5	BGA an Lieferantenverbindlichkeiten 2.000 €	Aktiv-Passiv-Mehrung
6	Lieferantenverbindlichkeiten an Bankguthaben 10.000 €	Aktiv-Passiv-Minderung
7	Fahrzeuge an Eigenkapital 80.000 €	Aktiv-Passiv-Mehrung
8	Bankguthaben 60.000 € und Forderungen 60.000 € an Bebaute Grundstücke 120.000 €	Aktivtausch

Sachverhalt Nr. 5 (Erfolgsbuchungen):[57]

Die Eröffnungsbilanz einer als Eigenbetrieb geführten Musikschule der Gemeinde G zum 1.1.2024 hat folgenden Inhalt:

Aktiva	Bilanz zum 1.1.2024		Passiva
Bebaute Grundstücke	1.000.000 €	Eigenkapital	1.090.000 €
Fahrzeuge	200.000 €	Bankverbindlichkeiten	610.000 €
Bankguthaben	500.000 €		
Insgesamt	**1.700.000 €**	**Insgesamt**	**1.700.000 €**

Im Jahre 2024 fallen folgende Geschäftsvorfälle an:

1. Versendung von Bescheiden über Musikschulbeiträge in Höhe von 190.000 € mit sofortigem Zahlungseingang auf dem Bankkonto.
2. Malermeister Pinsel stellt für den Unterhaltungsanstrich des Musikschulgebäudes 15.000 € in Rechnung, die sofort per Banküberweisung bezahlt werden.
3. Die Abschreibungen betragen für die bebauten Grundstücke 80.000 € und für die Betriebs- und Geschäftsausstattung 22.000 €.
4. Es werden Gehälter in Höhe von 120.000 € per Banküberweisung bezahlt.
5. An einen Musikschulbenutzer wird ein Schadensersatzbetrag in Höhe von 1.000 € per Banküberweisung geleistet.
6. Die Musikschule nimmt Bescheide in Höhe von 3.000 € zurück und überweist die bereits eingegangenen Beträge an die Musikschulbenutzer zurück.
7. Für die Vermietung von Räumen gehen 10.000 € auf dem Bankkonto ein.
8. Es werden weitere Gehälter in Höhe von 27.000 € per Banküberweisung gezahlt.

57 Die Bilanz und die Fallgestaltung sind stark vereinfacht, um den Studierenden die Möglichkeit zu geben, reine Erfolgsbuchungen zu trainieren.

Aufgabe:
Verarbeiten Sie die Finanzvorfälle in der kaufmännischen Buchführung und erstellen Sie die Ergebnisrechnung 2024 sowie die Schlussbilanz zum 31.12.2024. Formulieren Sie auch die entsprechenden Buchungssätze für die Finanzvorfälle 1 bis 8.

Lösung:

Bilanzkonten

S	Bebaute Grundstücke		H
AB	1.000.000	(3)	80.000
		SB	920.000
	1.000.000		1.000.000

S	Eigenkapital		H
ER	68.000	AB	1.090.000
SB	1.022.000		
	1.090.000		1.090.000

S	BGA		H
AB	200.000	(3)	22.000
		SB	178.000
	200.000		200.000

S	Bankverbindlichkeiten		H
SB	610.000	AB	610.000
	610.000		610.000

S	Bankguthaben		H
AB	500.000	(2)	15.000
(1)	190.000	(4)	120.000
(7)	10.000	(5)	1.000
		(6)	3.000
		(8)	27.000
		SB	534.000
	700.000		700.000

Erfolgskonten

S	Gehälter		H
(4)	120.000	ER	147.000
(8)	27.000		
	147.000		147.000

S	Musikschulbeiträge		H
(6)	3.000	(1)	190.000
ER	187.000		
	190.000		190.000

S	Gebäudeunterhaltung		H
(2)	15.000	ER	15.000
	15.000		15.000

S	Mieterträge		H
ER	10.000	(7)	10.000
	10.000		10.000

S	Abschreibungen		H
(3)	102.000	ER	102.000
	102.000		102.000

S	Sonstiger ordentlicher Aufwand		H
(5)	1.000	ER	1.000
	1.000		1.000

Soll	Ergebnisrechnung 2024		Haben
Gehälter	147.000 €	Musikschulbeiträge	187.000 €
Gebäudeunterhaltung	15.000 €	Mieterträge	10.000 €
Abschreibungen	102.000 €	Jahresfehlbetrag	68.000 €
Sonst. ordentlicher Aufwand	1.000 €		
Insgesamt	**265.000 €**	**Insgesamt**	**265.000 €**

Aktiva	Schlussbilanz zum 31.12.2024		Passiva
Bebaute Grundstücke	920.000 €	Eigenkapital	1.022.000 €
BGA	178.000 €	Bankverbindlichkeiten	610.000 €
Bankguthaben	534.000 €		
Insgesamt	**1.632.000 €**	**Insgesamt**	**1.632.000 €**

Lfd. Nr.	Buchungssätze
1	Bankguthaben an Musikschulbeiträge 190.000 €
2	Gebäudeunterhaltung an Bankguthaben 15.000 €
3	Abschreibungen 102.000 € an Gebäude 80.000 € und BGA 22.000 €
4	Gehälter an Bankguthaben 120.000 €
5	Sonstiger ordentlicher Aufwand an Bankguthaben 1.000 €[58]
6	Musikschulbeiträge an Bankguthaben 3.000 €
7	Bankguthaben an Mieterträge 10.000 €
8	Gehälter an Bankguthaben 27.000 €

Sachverhalt Nr. 6 (Bestands- und Erfolgsbuchungen):[59]

Die Städte A, B und C haben sich zu einem nach kaufmännischen Regeln geführten Schulzweckverband zusammengeschlossen, wobei folgende Eröffnungsbilanz erstellt wurde:

58 Ein Ausweis als außerordentlicher Aufwand scheitert in der Doppik an der Geringfügigkeit des Betrags. In der Kosten- und Leistungsrechnung ist dieser Betrag allerdings als nicht betriebstypisch zu behandeln, sodass dort keine Zuordnung zu den Kosten erfolgt (Ausweis in der neutralen Rechnung).

59 Diese Übungsaufgabe soll das Zusammenwirken aller Buchungsbereiche verdeutlichen. Dabei geht sie über die bisherigen Besprechungsinhalte teilweise hinaus. Insofern sind zusätzlich Kenntnisse zu einzelnen Bilanz- und Erfolgspositionen erforderlich. Besondere Problemstellungen werden bei den Buchungssätzen mithilfe von Fußnoten erläutert, sodass jeder Zeit die Lösungsproblematik nachvollzogen werden kann. Ansonsten wird auf die spezielle Behandlung der einzelnen Positionen in Kap. 10 bis 13 verwiesen. Hinweis: Buchungen in der Finanzrechnung sind nicht durchzuführen.

Aktiva	**Bilanz zum 1.1.2024**		**Passiva**
Schulausstattung	1.315.000 €	Eigenkapital	670.000 €
Forderungen	200.000 €	Verbindlichkeiten gegenüber:	
Bank	550.000 €	Banken	1.200.000 €
Kasse	5.000 €	Lieferanten	200.000 €
Insgesamt	**2.070.000 €**	**Insgesamt**	**2.070.000 €**

Im Jahre 2024 ergeben sich folgende Geschäftsvorfälle:

1. Verkauf von gebrauchten Schulmöbeln. Die Möbel werden in den Anlagenachweisen des Zweckverbandes mit einem Restbuchwert von 1.000 € geführt. Der Verkaufserlös von 3.000 € wird sofort in bar bezahlt.
2. Einkauf und Bezahlung (Bank) von Büromaterial (4.000 €), welches sofort verbraucht wird.
3. Eingang einer Rechnung des Busunternehmens B für Schülertransporte in 2024 über 30.000 € (Zahlungsziel in 2025)
4. Ein Gymnasium stellt der Arbeiterwohlfahrt für Gruppenabende Klassenräume zur Verfügung. Vertraglich ist eine Jahresmietpauschale von 5.000 € vereinbart. Die Arbeiterwohlfahrt überweist einen Monat nach Unterzeichnung des Mietvertrags auf das Bankkonto einen Betrag von 2.000 €.
5. Für die Schulhausmeister sind Vergütungen in Höhe von 400.000 € zu zahlen (Banküberweisung). Darin enthalten sind laut Arbeitsaufzeichnung Vergütungsanteile von 1.000 € für das Zusammenbauen eines Regalsystems (Einkauf im Baumarkt in 2023 zum Preis von 3.000 €).
6. Nach dem Mietvertrag mit der Arbeiterwohlfahrt hat die Stadt die Reinigung der genutzten Räumlichkeiten zu übernehmen. Die Reinigungsfirma stellt dafür als Jahrespauschale von 1.500 € in Rechnung (sofortige Bezahlung vom Bankkonto).
7. Das Land überweist Mitte Dezember 2024 für einen Schulversuch einen Betriebskostenzuschuss von 90.000 € (Bescheid und Zahlung gehen am selben Tag ein – Bankkonto). Davon sind 50.000 € für 2024 und 40.000 € für 2025 bestimmt.
8. Die reiche Erbin Irmgard M ist über das Zeugnis ihres Sohnes sehr erfreut (Verbesserung in Mathematik von „ungenügend“ auf schwach „mangelhaft“) und spendet spontan in bar ohne besondere Zweckbindung 2.000 €.
9. Bei einem missglückten Versuch im Chemieunterricht werden bei einer Explosion der Lehrer und zwei Schüler verletzt. Außerdem ist der Chemieraum stark beschädigt. Die Reparaturarbeiten werden von der Firma F durchgeführt, die dafür 5.000 € in Rechnung stellt (sofortige Banküberweisung).
10. Die beteiligten Städte überweisen den Betriebskostenzuschuss 2024 in Höhe von 400.000 €.

Aufgabe:

Buchen Sie die Geschäftsvorfälle auf T-Konten und schließen Sie die Konten bis hin zum Schlussbilanzkonto ab. Formulieren Sie auch die Buchungssätze.

Lösung:

Bilanzkonten

S	Schulausstattung		H
AB	1.315.000	(1)	1.000
(5)	1.000	SB	1.315.000
	1.316.000		1.316.000

S	Eigenkapital		H
SB	689.500	AB	670.000
		ER	19.500
	689.500		689.500

S	Forderungen		H
AB	200.000	(4)	2.000
(4)	5.000	SB	203.000
	205.000		205.000

S	Bankverbindlichkeiten		H
SB	1.200.000	AB	1.200.000
	1.200.000		1.200.000

S	Bankguthaben		H
AB	550.000	(2)	4.000
(4)	2.000	(5)	400.000
(7)	90.000	(6)	1.500
(10)	400.000	(9)	5.000
		SB	631.500
	1.042.000		1.042.000

S	Lieferanten-verbindlichkeiten		H
SB	230.000	AB	200.000
		(3)	30.000
	230.000		230.000

S	Kasse		H
AB	5.000	SB	10.000
(1)	3.000		
(8)	2.000		
	10.000		10.000

S	Passive Rechnungs-legung		H
SB	40.000	(7)	40.000
	40.000		40.000

Ergebniskonten

S	Materialverbrauch		H
(2)	4.000	ER	4.000
	4.000		4.000

S	Erträge aus Verkäufen		H
ER	2.000	(1)	2.000
	2.000		2.000

S	Schülerbeförderung		H
(3)	30.000	ER	30.000
	30.000		30.000

S	Mieterträge		H
ER	5.000	(4)	5.000
	5.000		5.000

S	Vergütungen		H
(5)	400.000	ER	400.000
	400.000		400.000

S	Aktivierte Eigenleistungen		H
ER	1.000	(5)	1.000
	1.000		1.000

S	Reinigungsaufwand		H
(6)	1.500	ER	1.500
	1.500		1.500

S	Zuschüsse		H
ER	450.000	(7)	50.000
		(10)	400.000
	450.000		450.000

S	Gebäudeunterhaltung		H
(9)	5.000	ER	5.000
	5.000		5.000

S	Sonstiger Ertrag		H
ER	2.000	(8)	2.000
	2.000		2.000

Soll	**Ergebnisrechnung 2024**		**Haben**
Materialverbrauch	4.000 €	Erträge aus Verkäufen	2.000 €
Schülerbeförderung	30.000 €	Mieterträge	5.000 €
Vergütungen	400.000 €	Aktivierte Eigenleistungen	1.000 €
Reinigungsaufwand	1.500 €	Zuschüsse	450.000 €
Gebäudeunterhaltung	5.000 €	Sonstiger Ertrag	2.000 €
Jahresüberschuss	19.500 €		
Insgesamt	**460.000 €**	**Insgesamt**	**460.000 €**

Aktiva	**Bilanz zum 31.12.2024**		**Passiva**
Schulausstattung	1.315.000 €	Eigenkapital	689.500 €
Forderungen	203.000 €	Verbindlichkeiten gegenüber:	
Bank	631.500 €	Banken	1.200.000 €
Kasse	10.000 €	Lieferanten	230.000 €
		Passive Rechnungsabgrenzung	40.000 €
Insgesamt	**2.159.000 €**	**Insgesamt**	**2.159.000 €**

Lfd. Nr.	Buchungssätze
1	Kasse 3.000 € an Schulausstattung 1.000 € und Erträge aus Verkäufen 2.000 €[60]
2	Materialaufwand an Bank 4.000 €
3	Schülerbeförderungsaufwand an Lieferantenverbindlichkeiten 30.000 €
4	Forderungen an Mieterträge 5.000 € Bank an Forderungen 2.000 €
5	Vergütungen an Bank 400.000 € Schulausstattung an Aktivierte Eigenleistungen 1.000 €[61]
6	Reinigungsaufwand an Bank 1.500 €
7	Bankguthaben 90.000 € an Erträge aus Zuschüssen 50.000 € und passive Rechnungsabgrenzung 40.000 €[62]
8	Kasse an Sonstiger ordentlicher Ertrag 2.000 €[63]
9	Gebäudeunterhaltungsaufwand an Bank 5.000 €[64]
10	Bankguthaben an Erträge aus Zuschüssen 400.000 €[65]

60 Möglich ist auch eine Bruttobuchung mit den Buchungssätzen: Kasse an Erträge aus Verkäufen mit 3.000 € und Verkaufsabschreibung (Aufwendung) an Schulausstattung mit 1.000 €.

61 Die Tätigkeit des Hausmeisters beim Zusammenbau des Regalsystems erhöht den Wert des Regals (Anlagevermögen) und ist deshalb zu aktivieren. Gemeinkostenzuschläge konnten wegen fehlender Angaben im Sachverhalt nicht berücksichtigt werden.

62 Es erfolgt eine periodengerechte Angrenzung. Erfolgswirksam für 2024 ist nur der Betrag für dieses Wirtschaftsjahr. Insofern ist der Betrag für das Jahr 2025 als passive Rechnungsabgrenzung auszuweisen.

63 Ein Ausweis als außerordentlicher Ertrag scheitert in der Doppik an der Geringfügigkeit des Betrags. In der Kosten- und Leistungsrechnung ist dieser Betrag allerdings als nicht betriebstypisch zu behandeln, sodass dort keine Zuordnung zu den Leistungen erfolgt (Ausweis in der neutralen Rechnung).

64 Ein Ausweis als außerordentlicher Aufwand scheitert in der Doppik an der Geringfügigkeit des Betrags. In der Kosten- und Leistungsrechnung ist dieser Betrag allerdings als nicht betriebstypisch zu behandeln, sodass dort keine Zuordnung zu den Kosten erfolgt (Ausweis in der neutralen Rechnung).

65 Der Einfachheit halber erfolgt die Zuordnung zu dem allgemeinen Zuschusskonto, obwohl es sich hier eher eine Zweckverbandsumlage handeln könnte.

4. Ablauf, Organisation und Personal im kommunalen Finanzmanagement

4.1 Stationen der Haushaltswirtschaft und Haushaltskreislauf

Bereits in Kap. 2.1 ist dargestellt, in welche Stationen (Phasen) der kommunale Haushaltskreislauf gegliedert ist. Im Mittelpunkt des Neuen Kommunalen Haushaltsrechts steht dabei das Haushaltsjahr, wobei man sich den Ablauf der Haushaltswirtschaft einer Gemeinde als einen Kreislauf vorstellen kann, in dem sich die einzelnen Phasen in jedem Haushaltsjahr in stets gleich bleibender Reihenfolge wiederholen:

- Planung und Aufstellung des Haushaltsplanes,
- Ausführung des Haushaltsplanes und
- Rechnungslegung, Prüfung und Entlastung.

Die Abwicklung eines Haushaltes erfolgt etwa über drei Jahre von der Aufstellung bis zur Entlastung.

Folgendes Beispiel soll dies verdeutlichen:

Haushaltsplan für das Jahr 2025

2024 Aufstellung	(Jahr vor dem Inkrafttreten = Haushaltsplanjahr)		
	Beteiligt	=	Fachämter/Fachbereiche, Kämmerei/ Fachbereich Finanzen, Rat
2025 Ausführung	(laufendes Jahr = Haushaltsjahr)		
	Beteiligt	=	gesamte Verwaltung, Finanzbuchhaltung, Rat
2026 Abrechnung, Prüfung und Entlastung (nachfolgendes Jahr)			
	Beteiligt	=	Finanzbuchhaltung, Kämmerei/ Fachbereich Finanzen, Rechnungsprüfungsamt, Rat

4.2 Ausführung des Haushaltsplans

Bei der Ausführung des Haushaltsplans wirken zwei Stellen der Gemeindeverwaltung zusammen, und zwar die einzelnen Fachbereiche einschließlich Kämmerei/Fachbereich Finanzen und die Finanzbuchhaltung. Die Fachämter verfügen über die Haushaltsmittel, schließen Verträge, erstellen Rechnungen, erlassen Finanzbescheide, begründen Aufwendungen und Zahlungen. Die Fachämter haben somit grundsätzlich allein das Recht, über die im Haushaltsplan veranschlagten Beträge zu verfügen, und die Pflicht, die Einhaltung des Haushaltsplanes zu bewirken (siehe § 25 KomHVO).

Die Abwicklung der Erträge/Aufwendungen bzw. Einzahlungen/Auszahlungen sowie die Dokumentation der Finanzvorfälle obliegt dagegen der Finanzbuchhaltung. Die Finanzbuchhaltung ist dabei wie folgt gegliedert:[1]

Finanzbuchhaltung

Geschäftsbuchführung	**Zahlungsabwicklung**
• Erfassung/Vormerkung von Aufträgen (Haushaltsüberwachung) • Vorprüfung und Kontierung von Eingangs-/Ausgangsrechnungen • Buchen von Forderungen und Verbindlichkeiten auf Debitoren- und Kreditorenkonten sowie Führen der Anlagebuchhaltung (Nebenbuchführung) • Buchung von Geschäftsvorfällen auf Bestands- und Erfolgskonten (Hauptbuchführung) • Erstellung von Anweisungen für Auszahlungen • Sammlung der Belege • Erstellung der Jahresabschlüsse (Ergebnisrechnung, Finanzrechnung und Bilanz)	• Abwicklung des Zahlungsverkehrs (Einzahlungen, Auszahlungen) • Verwaltung der Finanzmittel – zentrale Liquiditätsplanung • Buchen der Einzahlungen und Auszahlungen auf Debitoren- bzw. Kreditorenkonten und in der Finanzrechnung • Offene-Posten-Verwaltung einschließlich Mahnungen • Abstimmung der Bankkonten und der Finanzrechnung (täglich und zum Stichtag 31. Dezember) • Ermittlung der liquiden Mittel, ggf. durch Abschluss der Finanzrechnungskonten zum Stichtag 31. Dezember

Die Geschäftsbuchführung kann dabei dezentral in den Fachbereichen, gebündelt für mehrere Fachbereiche oder auch von einer zentralen Stelle geführt werden. Dagegen bietet es sich an, die Zahlungsabwicklung zentral zu erledigen, weil es u. a. wirtschaftlich sinnvoll ist, die Bankgeschäfte sowie die Liquidität einer Gemeinde als Ganzes zu steuern. Aus Sicherheitsgründen gilt ein so genanntes „Vier-Augen-Prinzip". Nach § 116 Abs. 3 KVG dürfen die anordnungsbefugten Gemeindebediensteten nicht gleichzeitig die Stellung eines Kassenverwalters innehaben. Damit erfolgt eine Trennung des Anordnungs- vom Zahlungsgeschäft.[2] Außerdem darf der Kassenverwalter und sein Stellvertreter nicht Angehöriger des Bürgermeisters, eines Beigeordneten, des Leiters des Finanzwesens und der mit der Rechnungsprüfung beauftragten Beschäftigen sein (§ 116 Abs. 4 KVG).

1 Entnommen und geringfügig erweitert aus Modellprojekt „Doppischer Kommunalhaushalt in NRW" (Hrsg.), Neues Kommunales Finanzmanagement: Betriebswirtschaftliche Grundlagen für das doppische Haushaltsrecht, 2., vollst. überarb. Aufl. auf der Basis der Endergebnisse des Modellprojektes, Freiburg 2003, S. 452.

2 Hier sollten bei einer künftigen Änderung der Rechtsgrundlagen die kaufmännischen Begriffe übernommen werden.

Die Gemeinde hat zudem gemäß § 117 KVG die Möglichkeit, ihre Kassengeschäfte ganz oder zum Teil von Dritten erledigen zu lassen. Dabei kann sie sich durchaus eines privaten Buchführungsanbieters bedienen, selbst eine solche Institution gründen oder sich mit anderen Gemeinden und Trägern zu privatrechtlich oder öffentlich-rechtlich organisierten Buchführungszentren zusammenschließen. Die Buchführung kann demnach auch von Eigenbetrieben oder Eigengesellschaften erledigt werden. Außerdem besteht die Möglichkeit, kommunale Zweckverbände zu gründen. Es müssen jedoch die ordnungsgemäße Erledigung der Buchungs- und Zahlungsgeschäfte sowie die Prüfung nach den kommunalrechtlichen Vorschriften gewährleistet sein.

Im Rahmen des Buchungsverfahrens werden die Finanzvorfälle den entsprechenden Konten zugeordnet (Hauptbuchhaltung), wobei zu bestimmten Konten Nebenbuchhaltungen bestehen.

In der **Anlagenbuchhaltung** werden das kommunale Vermögen erfasst, Vermögenszugänge und Vermögensabgänge dokumentiert. Hier sind für jeden Vermögensgegenstand oder jede Vermögensgruppe einzelne Konten eingerichtet, die dann zum Gesamtvermögen addiert werden. Insofern wird bei einer Vermögensveränderung nicht unmittelbar das Bilanzkonto, sondern das konkrete Einzelvermögenskonto (z. B. statt „Fahrzeugbilanzkonto 071“ das Einzelkonto des Anlagegegenstands Nr. xxx = „Dienst-PKW des Bürgermeisters“) bebucht.

Für jeden Schuldner (Debitor) und jeden Gläubiger (Kreditor) wird ein einzelnes Konto geführt. Insofern werden diese Konten auch als „Personenkonten“ bezeichnet. Debitoren könnten z. B. ein Gewerbesteuerpflichtiger oder ein Musikschulentgeltzahlender sein. Kreditor könnte ein Bauunternehmer sein, der eine Baurechnung eingereicht hat. Jeder kommunale Bedienstete ist ebenfalls gegenüber der Gemeinde Kreditor. Der **Kreditoren- und Debitorenbuchhaltung** kommt somit eine erhebliche Funktion zu, weil diese Nebenbuchhaltungen praktisch bei den meisten Finanzvorfällen berührt sind.

Das folgende Schaubild zeigt das Zusammenwirken der Haupt- und Nebenbuchhaltungen. Das Zusammenwirken der Fachämter sowie der Finanzbuchhaltung mit Geschäftsbuchführung und Zahlungsabwicklung wird an den danach abgedruckten Beispielen deutlich:

Gliederung der Buchführung mit Nebenbuchhaltung

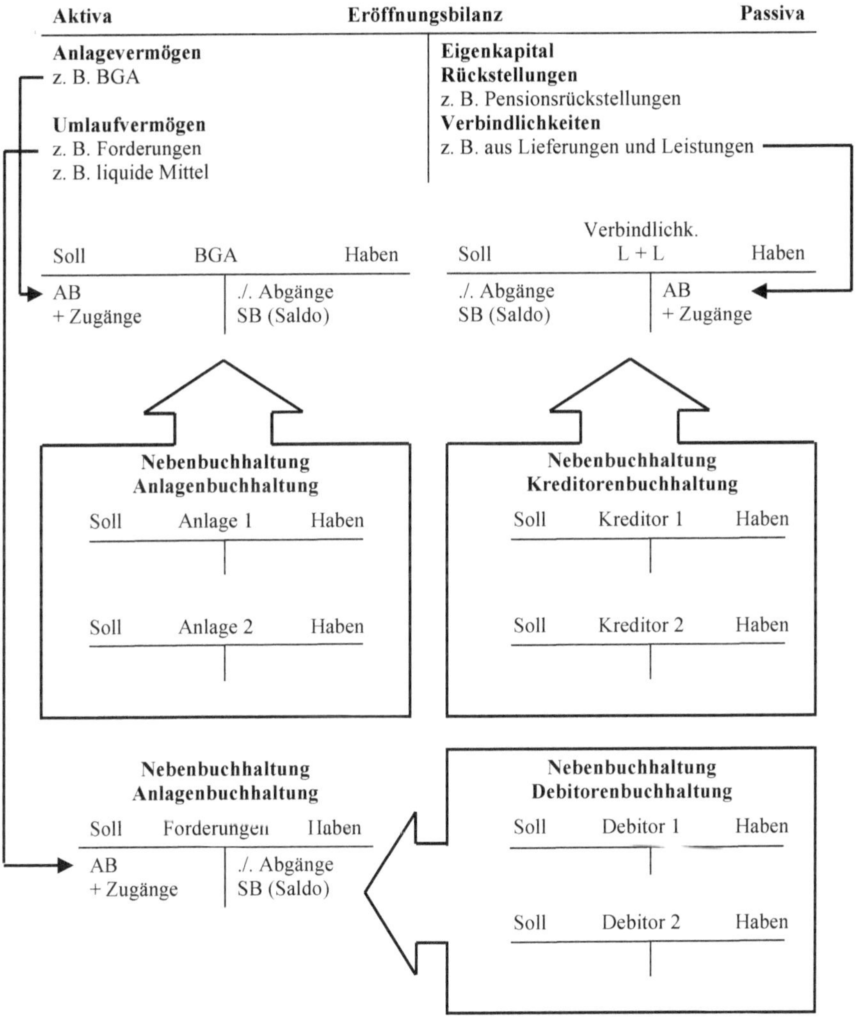

Debitor (lat.) = „Schuldner“

Beispiel: Verkauf von gebrauchten Schulmöbeln[3]

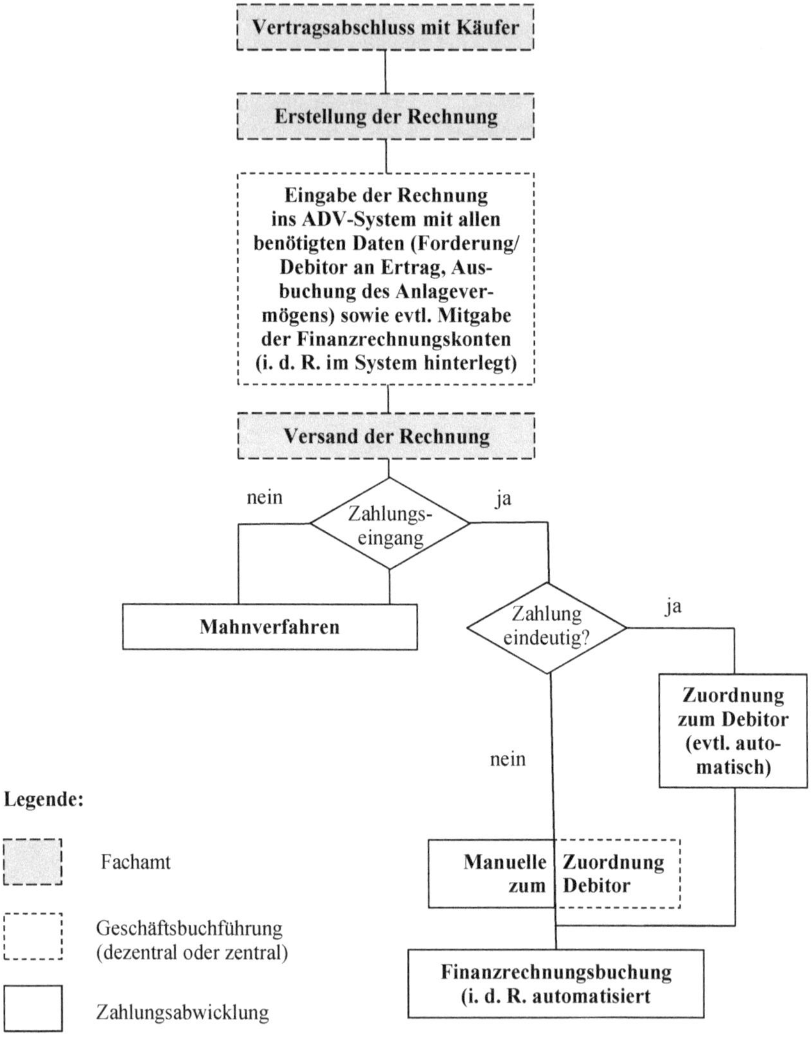

3 Entnommen und geringfügig erweitert aus Modellprojekt „Doppischer Kommunalhaushalt in NRW" (Hrsg.), Neues Kommunales Finanzmanagement: Betriebswirtschaftliche Grundlagen für das doppische Haushaltsrecht, 2., vollst. überarb. Aufl. auf der Basis der Endergebnisse des Modellprojektes, Freiburg 2003, S. 454.

Beispiel: Erwerb von Büromaterial[4]

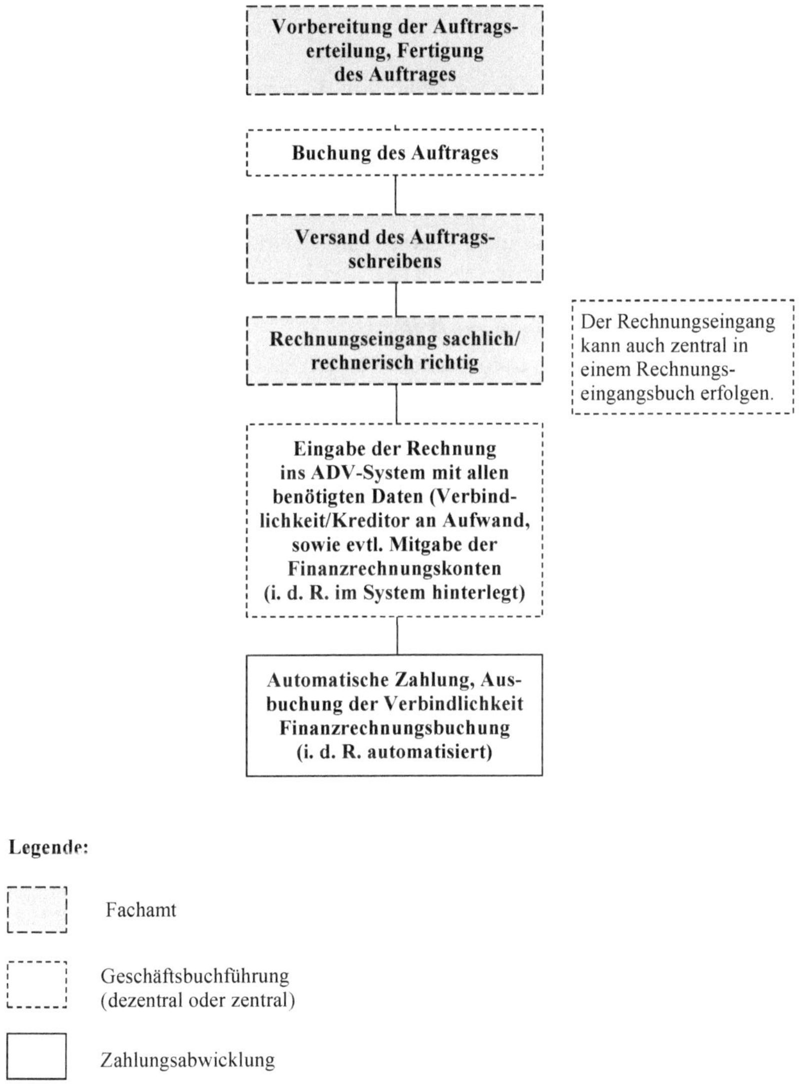

4 Angelehnt an die Übersicht in Modellprojekt „Doppischer Kommunalhaushalt in NRW“ (Hrsg.), Neues Kommunales Finanzmanagement: Betriebswirtschaftliche Grundlagen für das doppische Haushaltsrecht, 2., vollst. überarb. Aufl. auf der Basis der Endergebnisse des Modellprojektes, Freiburg 2003.

4.3 Personal im Neuen kommunalen Haushaltsrecht

4.3.1 Der Finanzdezernent

Nach dem kommunalen Verfassungsrecht wird die Verwaltung der Gemeinde ausschließlich durch den Willen der Bürgerschaft bestimmt. Diese wird durch den Rat vertreten (§ 36 KVG). Der Rat ist nach § 45 Abs. 1 KVG im Rahmen der Gesetze für alle Angelegenheiten der Gemeinde zuständig, soweit nicht der Bürgermeister kraft Gesetzes zuständig ist oder ihm der Rat bestimmte Angelegenheiten übertragen hat. Nach § 45 Abs. 2 KVG kann der Rat bestimmte Entscheidungsbereiche nicht übertragen. Der Rat kann allerdings unbeschadet des § 45 Abs. 2 KVG bestimmte Entscheidungen durch Hauptsatzung auf Ausschüsse oder den Bürgermeister delegieren (§§ 48 Abs. 1, 66 Abs. 3 KVG). Geschäfte der laufenden Verwaltung gelten gemäß § 66 Abs. 1 KVG als auf den Bürgermeister übertragen.

Der Bürgermeister ist nach § 65 Abs. 1 KVG für die Vorbereitung der Beschlüsse des Rates und seiner Ausschüsse sowie deren Vollzug verantwortlich. Je größer eine Gemeindeverwaltung ist, desto umfangreicher ist der Aufgabenbereich des Bürgermeisters. Von daher sieht die Gemeindeordnung nach § 68 Abs. 3 KVG vor, dass der Bürgermeister durch Beigeordnete vertreten werden kann. Gemeinden mit mehr als 25.000 Einwohnern können einen Beigeordneten, kreisfreie Städte mehrere Beigeordnete in das Beamtenverhältnis auf Zeit berufen, wenn die Hauptsatzung dies vorsieht. Die Beigeordneten vertreten den Bürgermeister ständig in ihrem Geschäftskreis, wobei der Bürgermeister den Beigeordneten allgemein oder im Einzelfall Weisungen erteilen kann (§ 68 KVG).

Neben der Ausführung von Beschlüssen und Entscheidungen sowie Weisungen des Rates weist die Gemeindehaushaltsverordnung dem Bürgermeister einige haushaltsrechtliche Befugnisse speziell zu, da die Rechtsvorschriften in Sachsen-Anhalt die Funktion des Kämmerers wie in anderen Bundesländern, z. B. Nordrhein-Westfalen und Hessen, gesetzlich so nicht kennen. Die zuständigen verantwortlichen Mitarbeiter für das Haushaltsrecht in den Gemeinden und Landkreisen werden unterschiedlich bezeichnet, da das Kommunalverfassungsgesetz und die Kommunalhaushaltsverordnung dazu außer in den § 116 Abs. 4 und § 139 Abs. 3 KVG (und dort noch unterschiedliche Bezeichnungen!) keine gesetzliche Regelungen vorsehen: „Kämmerer", „Finanzdezernent", „Leiter des Amtes der Finanzen", „des Finanzwesens" bzw. „der Kämmerei", „des Fachbereichs Finanzen", „der für das Finanzwesen zuständige Beschäftigte". Im Folgenden soll stellvertretend für alle Bezeichnungen einheitlich der Begriff „Finanzdezernent" zugrunde gelegt werden.

Der Finanzdezernent hat aufgrund fehlender gesetzlicher Regelungen im gemeindlichen Bereich keine selbständigen, fest umrissenen Befugnisse auszuüben oder bestimmte Entscheidungen zu treffen. Verwaltungsorganisatorisch umfasst der Geschäftsbereich des Finanzdezernenten die Verwaltung des Geldwesens der Gemeinde. Dazu gehören die Haushaltsgestaltung, die Einnahmebeschaffung sowie die Verwaltung des Vermögens und der Schulden. In der Praxis gehören hierzu die Kämmerei mit der Haushaltsabteilung und der Vermögens- und Schuldenabteilung, die Steuerverwaltung und die Kasse. Je nach Größe der Gemeinde werden die Liegenschaftsverwaltung, der Bereich der Wirtschaftsförderung und weitere Aufgaben zum Geschäftsbereich des Finanzdezernenten gehören.

4.3.2 Kassenpersonal

Die Vorschrift des § 116 Abs. 2 KVG bestimmt, dass die Gemeinde, wenn sie ihre Kassengeschäfte nicht durch eine Stelle außerhalb der Gemeindeverwaltung besorgen lässt, einen Kassenverwalter und einen Stellvertreter zu bestellen hat. Hier wird eine falsche Terminologie angewandt, da der Begriff „Kasse" in einer doppischen Buchführung immer die Barkasse meint und nicht wie in der Kameralistik eine Organisationseinheit, die Zahlungsgeschäfte abwickelt. Das Äquivalent des kameralen, organisatorisch geprägten Begriffs ist der kaufmännische Begriff der „Finanzbuchhaltung", die sowohl Buchungen als auch Zahlungen abwickelt. Hier sollte bei der nach dem Gesetz zur Einführung des Neuen Kommunalen Haushalts- und Rechnungswesens für die Kommunen vorgesehenen Überprüfung der Auswirkungen der Umstellung auf die doppelte Buchführung auch die entsprechende Terminologie eingeführt werden, so dass nicht mehr von einem Kassenverwalter, sondern vom „Verantwortlichen für die Finanzbuchhaltung" gesprochen wird.

Fachliche Voraussetzungen, die der „Verantwortliche für die Finanzbuchhaltung" und sein Stellvertreter erfüllen müssen, sind weder in der Gemeindeordnung noch in der Gemeindehaushaltsverordnung normiert. Der Bürgermeister wird nach seinem pflichtgemäßen Ermessen und auf der Grundlage von Organisationsuntersuchungen die Anforderungen der Stelle und damit die berufliche Qualifikation beurteilen müssen. Allerdings muss bei den Anforderungen im Neuen Kommunalen Haushalts- und Rechnungswesen von diesen Personen neben ihrer Führungsqualität auch „Bilanzsicherheit" im kommunalen Rechnungswesen erwartet werden.

Ein besonderes Problem ist darin begründet, dass die „Finanzbuchhaltung" ganz oder in Teilen auch dezentral wahrgenommen werden kann. Insofern können auch Fachbereiche ganz oder teilweise mit der Finanzbuchhaltung betraut werden.[5] Auch in diesem Fall hat die Gemeinde einen „Verantwortlichen für die Finanzbuchhaltung" und einen Stellvertreter zu bestellen. Diese Personen sind dann Fachvorgesetzte mit konkreter fachlicher Weisungsbefugnis in Bezug auf die Finanzbuchhaltung.

Aus Sicherheitsgründen sieht § 116 Abs. 4 KVG ein Verbot bestimmter verwandtschaftlicher Beziehungen des für die „Finanzbuchhaltung Verantwortlichen" und seines Stellvertreters mit dem Bürgermeister, dessen Stellvertreter, den Beigeordneten, dem Finanzdezernenten sowie dem Leiter und den Prüfern des Rechnungsprüfungsamtes vor. Sie dürfen untereinander nicht bis zum dritten Grade verwandt (§ 1589 BGB), bis zum zweiten Grade verschwägert (§ 1590 BGB) oder durch Ehe oder eine Eingetragene Lebenspartnerschaft gemäß Lebenspartnerschaftsgesetz vom 16.2.2001 (BGBl. I. S. 266) verbunden sein. Angesichts der heutigen gesellschaftlichen Entwicklung er-

5 Häfner, Doppelte Buchführung für Kommunen nach dem NKF, 3. Aufl., Freiburg 2005, S. 149.

scheint die Regelung fortschreibungsbedürftig. So z. B. wird zwar die Form der Eingetragenen Lebenspartnerschaft erfasst,[6] nicht aber die der eheähnlichen Verhältnisse, was allerdings auch in der Umsetzung äußerst schwierig wäre.

4.3.3 Sonstige Mitarbeiter einschl. Beschäftigte im Neuen Kommunalen Haushaltsrecht

Das kommunale Haushaltsrecht enthält keine weiteren Vorschriften über das sonstige Personal der Haushaltswirtschaft. Der Bürgermeister hat die Befugnis, im Rahmen seiner Rechte entsprechende Zuständigkeiten zu schaffen. So werden die Fachbereiche Budgetverantwortliche besitzen, die sich um das dezentrale Finanzmanagement kümmern. Daneben wird es Mitarbeiter geben, die die einzelnen Erträge/Aufwendungen sowie Einzahlungen/Auszahlungen veranlassen.

Budgetierung, dezentrale Ressourcenverantwortung und produktorientierter Haushalt bedingen daneben ein ausgebautes Controlling. Damit ist nicht die Kontrolle durch die Rechnungsprüfung gemeint. Vielmehr beinhaltet Controlling die Steuerung des Budgets. Dazu muss der Controller, der in der Regel unmittelbar dem Fachbereichsleiter bzw. beim zentralen Controlling der Verwaltungsführung zuzuordnen ist, erhebliche betriebswirtschaftliche Kenntnisse besitzen.

Eine besondere Bedeutung kommt der Finanzbuchhaltung zu. Die Beschäftigten in diesem Bereich müssen die kaufmännische Buchführung mit den kommunalen Besonderheiten beherrschen.

4.3.4 Rechnungsprüfungspersonal

Das Rechnungsprüfungsamt ist bei der Erfüllung der ihm zugewiesenen Prüfungsaufgaben gemäß § 139 Abs. 1 KVG unabhängig und an Weisungen nicht gebunden. Im Übrigen untersteht das Rechnungsprüfungsamt dem Bürgermeister unmittelbar. Diese Unabhängigkeit ist auch notwendig, da gemäß § 140 KVG der örtlichen Rechnungsprüfung eine Reihe von Kontrollfunktionen gegenüber der sonstigen Verwaltung zugesprochen werden.

Wie bereits oben ausgeführt, besteht gemäß § 139 Abs. 4 KVG eine strikte Trennung zwischen dem den Zahlungsanspruch bzw. die Zahlungsverpflichtung feststellenden Fachbereich und der Rechnungsprüfung. Das Rechnungsprüfungspersonal darf in diesem Bereich nicht tätig werden.

Nach § 139 Abs. 2 KVG muss der Leiter des Rechnungsprüfungsamtes hauptamtlicher Beamter sein und die für sein Amt erforderliche Erfahrung und Eignung besitzen. Ausnahmsweise muss mit Genehmigung der Aufsichtsbehörde der Leiter des Rechnungsprüfungsamtes kein Beamter sein. Das Rechnungsprüfungspersonal darf § 139

6 Lebenspartnerschaftsgesetz vom 16.2.2001 (BGBl. I S. 266), zuletzt geändert durch Art. 7 Abs. 6 des Gesetzes vom 31.10.2022 (BGBl. I S. 1966).

Abs. 3 KVG mit dem Bürgermeister, dessen Stellvertreter, den Beigeordneten, dem Finanzdezernenten sowie dem Kassenverwalter, dessen Stellvertreter und mit den anderen Bediensteten der Gemeindekasse nicht bis zum dritten Grade verwandt (§ 1589 BGB), bis zum zweiten Grade verschwägert (§ 1590 BGB) oder durch Ehe oder eine Eingetragene Lebenspartnerschaft verbunden sein. Der Leiter und die Prüfer des Rechnungsprüfungsamtes dürfen nicht zu gleicher Zeit eine andere Stellung in der Gemeinde innehaben (§ 139 Abs. 4 KVG).

4.4 Übungen

Sachverhalt Nr. 1:
Der Finanzdezernent der kreisfreien Stadt S legt dem Oberbürgermeister den Entwurf der Haushaltssatzung nebst Anlagen vor. In der Haushaltssatzung ist eine Erhöhung der Realsteuerhebesätze vorgesehen. Mit dieser Erhöhung ist der Oberbürgermeister nicht einverstanden. Er beauftragt den Finanzdezernenten, einen völlig neuen Entwurf der Haushaltssatzung nebst Anlagen mit dem Ziel zu erstellen, eine Steuererhöhung zu vermeiden.

Aufgabe:
Beurteilen Sie die Anordnung des Oberbürgermeisters aus haushaltsrechtlicher Sicht.

Lösung:
Der Finanzdezernent hat aufgrund fehlender gesetzlicher Regelungen im gemeindlichen Bereich in Sachsen-Anhalt keine selbständigen, fest umrissenen Befugnisse auszuüben oder bestimmte Entscheidungen zu treffen. Daher hat er der Anordnung des Oberbürgermeisters zu folgen, den Entwurf der Haushaltssatzung insoweit zu ändern, dass eine Steuererhöhung vermieden wird. Die Maßnahme des Oberbürgermeisters im vorliegenden Fall ist rechtmäßig.

Sachverhalt Nr. 2:
Der Rat der Gemeinde G überträgt per Ratsbeschluss die Entscheidung über die Zustimmung zu über- und außerplanmäßigen Aufwendungen und Auszahlungen auf den Finanzdezernenten.

Aufgabe:
Beurteilen Sie die Rechtmäßigkeit des Ratsbeschlusses.

Lösung:
§ 105 Abs. 1 KVG unterscheidet zwischen erheblichen Beträgen, bei denen der Rat zuzustimmen hat, und unerheblichen über- und außerplanmäßigen Aufwendungen und Auszahlungen, über die der Bürgermeister allein zu entscheiden hat. In der Hauptsatzung der Gemeinde kann allerdings bestimmt werden, dass die Zustimmung zu erheblichen über- und außerplanmäßigen Aufwendungen und Auszahlungen bis zu bestimm-

ten Wertgrenzen ein beschließender Ausschuss erteilen kann. Da die Zuständigkeit für die Zustimmung bei überplanmäßigen Aufwendungen und Auszahlungen abschließend im KVG geregelt ist, kann eine Übertragung auf den Finanzdezernenten durch Ratsbeschluss nicht erfolgen. Der Ratsbeschluss ist demnach rechtswidrig.

Sachverhalt Nr. 3:
Die Gemeinde G richtet zum 1.1.2025 ein Rechnungsprüfungsamt ein. Die Stelle der Leitung der Rechnungsprüfung (Besoldungsgruppe A 12 BBesG) wird in verschiedenen Zeitungen ausgeschrieben. Aufgrund dieser Anzeigen bewerben sich einige Damen und Herren aus der eigenen Verwaltung und von außerhalb. Darunter sind auch die folgenden Personen:

a) *Heinz Schmidt, wohnhaft in G, Staufenstr. 3*
Herr Schmidt ist zurzeit als stellvertretender Jugendamtsleiter (Besoldungsgruppe A 11 BBesG) beim Kreis K beschäftigt. Seine Bewerbung wird von seinem Onkel (Bruder seines Vaters) unterstützt. Dieser ist Bürgermeister in G.
b) *Jutta Weber, wohnhaft in G, Waldmarkstr. 7*
Frau Weber ist zurzeit Gemeindeinspektorin im Sozialamt der Gemeinde G. Ihr Ehemann ist als Leiter der Gemeindekasse der Gemeinde G beschäftigt.
c) *Karl Meerhahn, wohnhaft in G, Hohe Str. 15*
Herr Meerhahn ist zurzeit als Stadtoberinspektor in der Kämmerei der Stadt S tätig. Sein Bruder, der Finanzdezernent in der Gemeinde G ist, möchte aus fachlichen und menschlichen Gründen mit ihm zusammenarbeiten.
d) *Brigitte Altmann, wohnhaft in G, Neue Str. 37*
Frau Altmann ist zurzeit als Gemeindeoberinspektorin im Bauamt der Gemeinde F eingesetzt. Ihre Ehe mit dem Bürgermeister der Gemeinde G wurde vor zwei Jahren geschieden.
e) *Ines Pamann, wohnhaft in G, Kleine Str. 75*
Frau Pamann ist zurzeit als Stadtamtsfrau in der Gemeindekasse der kreisfreien Stadt S beschäftigt. Bekannt ist, dass sie seit geraumer Zeit mit dem Bürgermeister der Gemeinde G in einer eheähnlichen Gemeinschaft zusammenlebt.

Aufgabe:
Prüfen Sie, ob die vorgenannten Personen für die Besetzung der Stelle als Leiter des Rechnungsprüfungsamtes in Betracht kommen. Fachliche und wirtschaftliche Voraussetzung sind bei Prüfung außer Betracht zu lassen.

Lösung:
Grundsätzlich
Die Aufgabe ist nach den einschlägigen Bestimmungen des § 139 Abs. 3 Satz 1 KVG zu lösen. Nach dieser Vorschrift darf der Leiter des Rechnungsprüfungsamtes nicht mit dem Bürgermeister, dessen Stellvertreter, den Beigeordneten, dem Finanzdezernenten sowie dem Kassenverwalter, dessen Stellvertreter und mit den anderen Bediensteten der Gemeindekasse nicht bis zum dritten Grade verwandt, bis zum zweiten

Grade verschwägert oder durch Ehe oder eine Eingetragene Lebenspartnerschaft verbunden sein.

Zu den einzelnen Bewerbern

a) Gemäß § 139 Abs. 3 Satz 1 KVG darf die Leitung der Rechnungsprüfung nicht mit dem Bürgermeister bis zum dritten Grade verwandt sein. Hierzu gehören auch die Kinder der Geschwister. Herr Schmidt ist der Sohn des Bruders des Bürgermeisters. Er darf deshalb nicht zum Leiter der Rechnungsprüfung berufen werden.
b) Nach § 139 Abs. 3 Satz 1 KVG darf die Leitung der Rechnungsprüfung nicht mit dem Kassenverwalter bis zum dritten Grade verwandt sein. Hierzu zählt auch der Ehegatte. Frau Weber ist mit dem Leiter der Gemeindekasse der Gemeinde G verheiratet. Dieser ist u. a. für den Zahlungsverkehr der Gemeinde G verantwortlich. Sie kommt deshalb für die Besetzung der Stelle nicht in Frage.
c) Die Leitung der Rechnungsprüfung darf nach § 139 Abs. 3 Satz 1 KVG nicht mit dem Finanzdezernenten bis zum dritten Grade verwandt sein. Hierzu zählen die Geschwister. Herr Meerhahn ist der Bruder des Finanzdezernenten der Gemeinde G, sodass seine Bewerbung nicht berücksichtigt werden kann.
d) Gemäß § 139 Abs. 3 Satz 1 KVG darf die Leitung der Rechnungsprüfung nicht mit dem Bürgermeister durch Ehe verbunden sein. Die Ehe der Frau Altmann mit dem Bürgermeister ist seit zwei Jahren geschieden. Dadurch wird das Angehörigkeitsverhältnis aufgehoben. Die Bewerbung von Frau Altmann kann Berücksichtigung finden.
e) Die Form der eheähnlichen Verhältnisse wird durch die Regelungen der Mitwirkungsverbote nicht erfasst. Die Bewerbung von Frau Pamann könnte somit formell berücksichtigt werden.

5. Der Haushaltsplan

5.1 Begriff

Das kommunale Haushaltsrecht enthält keine Legaldefinition des Begriffs „Haushaltsplan“. Ausgehend von den Inhalten und Zielen des Haushalts nach dem Gesetz über ein Neues Kommunales Haushalts- und Rechnungswesen für die Kommunen im Land Sachsen-Anhalt bietet sich folgende Definition an:

> *Unter dem „Haushaltsplan“ ist die nach den Vorschriften des KVG und der KomHVO festgestellte, für die Wirtschaftsführung der Gemeinde maßgebende, produktorientierte Zusammenstellung der im Haushaltsjahr zu erbringenden Leistungen und den hierfür veranschlagten Erträgen und Aufwendungen sowie Einzahlungen und Auszahlungen zu verstehen.*

Die bekannten Definitionen[1] der verwandten Begriffe „Budget“ und „Etat“, wonach diese Ordnungsinstrumente und Rechenwerke sind, die mit Blick in die Zukunft einen systematischen Überblick über die Einnahmen und Ausgaben eines Gemeinwesens in einer bestimmten Referenzperiode gewähren, werden dem Haushaltsplan in der für die Kommunen in Sachsen-Anhalt vorgesehenen Form nicht gerecht.

Das Haushaltsrecht – in den Bestimmungen der KVG und KomHVO festgelegt – zeigt den Inhalt, die Bestandteile und die Systematik des Haushaltsplans auf. Aus den Einzelregelungen ergibt sich der genaue Begriff des Haushaltsplans.

§ 101 Abs. 1 KVG sagt aus, dass der Haushaltsplan die anfallenden Erträge und eingehenden Einzahlungen, die entstehenden Aufwendungen und zu leistenden Auszahlungen sowie die notwendigen Verpflichtungsermächtigungen enthält. Zusätzlich spricht diese Vorschrift an, dass der Haushaltsplan den Stellenplan enthält. Die Positionen des Haushalts sind nach § 98 Abs. 1 KVG so zu veranschlagen und auszuführen, dass die stetige Erfüllung der gemeindlichen Aufgaben gesichert ist. Konkret sieht § 4 KomHVO vor, dass der Haushaltsplan in Teilpläne aufzuteilen ist, die nach den vorgegebenen Produktbereichen oder nach der örtlichen Organisation produktorientiert gegliedert werden. Mehrere Produkte oder Produktbereiche können zu Teilplänen zusammengefasst oder Produktbereiche nach Produktgruppen auf mehrere Teilpläne aufgeteilt werden. Die für die Aufgabenerfüllung der Gemeinde maßgeblichen Ziele sollen im Rahmen der Haushaltsplanung produktorientiert festgelegt und durch entsprechende Kennzahlen konkretisiert werden. Die Ziele und Kennzahlen sind zur Grundlage der Gestaltung der Planung, Steuerung und Erfolgskontrolle des jährlichen Haushalts zu machen und daher im Haushaltsplan abzubilden.

Die Aufgabenerfüllung ist durch eine entsprechende Veranschlagung im Haushaltsplan sicherzustellen. Ergänzend ist die Bestimmung des § 101 Abs. 3 KVG zu sehen, wonach der Haushaltsplan die Grundlage für die Haushaltswirtschaft der Gemeinde

---

1 So z. B. Bundeszentrale für politische Bildung, www.bpb.de/nachschlagen/lexika/politiklexikon/17603/haushalt, abgerufen am 5.4.2021.

darstellt. Der Haushaltsplan, der die ergebnis- und finanzrelevanten Aktivitäten der Gemeinde enthält, ist somit im Innenverhältnis für die Haushaltsführung verbindlich. Diese Verbindlichkeit entsteht nach Maßgabe des Kommunalverfassungsgesetzes und der aufgrund des Kommunalverfassungsgesetzes erlassenen Rechtsverordnungen.

Nach § 106 KVG hat die Gemeinde ihrer Haushaltswirtschaft eine fünfjährige Ergebnis- und Finanzplanung zugrunde zu legen und in den Haushaltsplan einzubeziehen. Die Planung der drei über das Haushaltsjahr hinausgehenden Jahre wird als „mittelfristige Planung" bezeichnet. Die Ergebnis- und Finanzplanung geht damit nach dem Wortlaut des KVG zeitlich über den Haushaltsplan nach § 101 KVG hinaus, der sich ausdrücklich nur auf das Haushaltsjahr bezieht. Praktisch hat dies nur zur Folge, dass die Veranschlagungen für das Haushaltsjahr durch die Haushaltssatzung haushaltsrechtliche Verbindlichkeit erlangen, während die Veranschlagungen der mittelfristigen Planung lediglich Grundlagen für zukünftige Haushaltsplanungen darstellen.

Zusammenfassend kann gesagt werden: Der Haushaltsplan ist die Grundlage für die Haushaltswirtschaft der Gemeinde und enthält für die Zeit des Haushaltsjahres und die mittelfristige Planung die inhaltliche Konkretisierung der Aufgabenerfüllung und die hierfür voraussichtlich eingehenden Erträge und Einzahlungen, Aufwendungen und zu leistenden Auszahlungen sowie die notwendigen Verpflichtungsermächtigungen. In seiner Eigenschaft als haushaltsrechtliches Ermächtigungsinstrument ist er – bezogen auf das Haushaltsjahr für die Haushaltsführung der Gemeinde – im Innenverhältnis verbindlich. Ansprüche und Verbindlichkeiten Dritter werden durch ihn jedoch weder begründet noch aufgehoben; der Haushaltsplan entfaltet demnach keine Außenwirkung (§ 101 Abs. 3 KVG).

5.2 Abgrenzung zu anderen Plänen und Rechnungen

5.2.1 Haushaltssatzung und Haushaltsplan

Die Haushaltssatzung (siehe Kap. 18) enthält die Festsetzung des Haushaltsplans unter Angabe

- des Gesamtbetrags der Erträge und Aufwendungen des Haushaltsjahres (§ 1 der Haushaltssatzung[2]),
- des Gesamtbetrags der Einzahlungen und Auszahlungen aus laufender Verwaltungstätigkeit des Haushaltsjahres (§ 1 der Haushaltssatzung),
- des Gesamtbetrags der Einzahlungen und Auszahlungen aus der Investitions- und Finanzierungstätigkeit des Haushaltsjahres (§ 1 der Haushaltssatzung),
- des Gesamtbetrags der vorgesehenen Kredite für Investitionen und Investitionsförderungsmaßnahmen (§ 2 der Haushaltssatzung),

2 Vgl. hierzu und zu den weiteren Paragraphen der Haushaltssatzung die Anlage 1 der Muster zum NKHR.

- des Gesamtbetrags der vorgesehenen Verpflichtungsermächtigungen (§ 3 der Haushaltssatzung),
- des Höchstbetrags der Kredite zur Liquiditätssicherung (§ 4 der Haushaltssatzung),
- der Steuersätze (§ 5 der Haushaltssatzung), wenn sie nicht in einer Steuersatzung festgelegt sind.

Die in den §§ 1 bis 3 der Haushaltssatzung angegebenen Gesamtbeträge werden aus dem Ergebnis- und Finanzplan übernommen und ergeben sich aus der Addition aller in den Produktbereichen des Haushaltsplanes veranschlagten Erträge, Einzahlungen, Aufwendungen, Auszahlungen und Verpflichtungsermächtigungen. Die Einzahlungen aus der Aufnahme von Krediten für Investitionen und Investitionsförderungsmaßnahmen sind zum einen als Einzahlungen in § 1 der Haushaltssatzung enthalten und zum anderen bei der Ermittlung der Kreditermächtigung nach § 2 der Haushaltssatzung zu berücksichtigen.[3]

In § 5 der Haushaltssatzung können die Realsteuerhebesätze festgesetzt werden. Durch Anwendung der Realsteuerhebesätze auf die vom Finanzamt festgesetzten Steuermessbeträge ermitteln die Gemeinden die Höhe der festzusetzenden Grund- und Gewerbesteuern. Demzufolge sind die Realsteuerhebesätze wesentliche Grundlage für die Veranschlagung der voraussichtlich eingehenden Steuererträge, die im Produktbereich 61 – Allgemeine Finanzwirtschaft – veranschlagt und als Folge der Aufrechnung auch in der Gesamtsumme der Erträge und Einzahlungen des § 1 der Haushaltssatzung enthalten sind.[4]

Diese Darstellung soll vorab klären, dass die Haushaltssatzung nicht mit dem Haushaltsplan identisch ist und nicht mit diesem identisch sein kann. Festzuhalten ist, dass der Haushaltsplan notwendiger und wichtiger Bestandteil der Haushaltssatzung ist.

5.2.2 Mittelfristige Planung und Haushaltsplan

Gemäß § 106 KVG hat die Gemeinde ihrer Haushaltswirtschaft eine mittelfristige Ergebnis- und Finanzplanung zugrunde zu legen und in ihren Haushaltsplan einzubeziehen.

Die Unterschiede zwischen der mittelfristigen Planung und dem Haushaltsplan ergeben sich aus der Zielrichtung der beiden Planungskomponenten. Die mittelfristige Ergebnis- und Finanzplanung bezieht sich in dem vom Haushaltsplan unabhängigen Planungszeitraum auf drei Jahre.[5]

---

3 Näheres zur Ermittlung der Kreditermächtigungen und zum Problem der Differenzierung zwischen Investitionskrediten und Krediten zur Liquiditätssicherung ist in Kap. 16 ausgeführt.

4 Aufgrund der Realsteuergesetze kann die Gemeinde eine besondere Hebesatzsatzung erlassen. Dann entfällt die Festsetzung in § 5 der Haushaltssatzung, sodass die dortige Angabe der Steuersätze nur deklaratorische Bedeutung besitzt.

5 Das erste Planungsjahr ist das Jahr der Aufstellung des Haushaltsplans (laufendes Haushaltsjahr) und das zweite Jahr bezieht sich auf das entsprechende Jahr des zu erstellenden Haushaltsplans. Insofern bezieht sich die weitergehende Planung nur noch auf die drei Folgejahre.

Ergebnisplan bzw. Finanzplan	Ergebnis des Vorjahres	Ansatz des Vorjahres	**Ansatz des zu planenden Haus-Haushaltsjahres**	Planung Haushaltsjahr + 1	Planung Haushaltsjahr + 2	Planung Haushaltsjahr + 3
	1	2	**3**	4	5	6

Sie besitzt keinerlei Vollzugsverbindlichkeit und dient der Verwaltung als Orientierung für die Planung der künftigen Jahre. Sachzwänge, die sich unmittelbar auf die zukünftige Haushaltsplanung auswirken, können sich allerdings aus der Planung von Investitionsmaßnahmen ergeben, soweit diese über ein Haushaltsjahr hinausgehen. Beispielsweise betrifft die Planung eines Schulbaus über zwei Jahre nach Beginn der Durchführung im ersten Jahr auch die Planung des zweiten Jahres.

Festzustellen ist, dass sowohl der Haushaltsplan als auch die mittelfristige Planung vorausschauend für die Zukunft aufgestellt und in der Zukunft verwirklicht werden sollen. Beide Pläne wirken nur im Innenverhältnis, haben keine Drittwirkung. Die Unterschiede liegen in der Zielsetzung. Während der Haushaltsplan für ein Haushaltsjahr eine verbindliche Grundlage der Haushaltswirtschaft darstellt, ist die mittelfristige Planung ein auf den Zeitraum von weiteren drei Jahren angelegter Orientierungsrahmen ohne Verbindlichkeit. Die mittelfristige Ergebnis- und Finanzplanung ist gem. § 8 Abs. 1 KomHVO in den Haushaltsplan einzubeziehen. Da sie jedoch im Hinblick auf ihre Verbindlichkeit rechtlich anders zu beurteilen ist, kann es sich bei dieser Einbeziehung nur um eine formale oder abbildungstechnische Integration handeln. Die Positionen der mittelfristigen Ergebnis- und Finanzplanung stellen keinesfalls haushaltsrechtliche Ermächtigungen dar. Dies wird insbesondere daraus deutlich, dass die Daten der mittelfristigen Planung nicht Bezugspunkt oder Inhalt der Haushaltssatzung sind.

5.2.3 Wirtschaftsplan und Haushaltsplan

Für Anstalten des öffentlichen Rechts (§ 128 Abs. 1 KVG) sind Wirtschaftspläne aufzustellen. Für den Geltungsbereich des Anstaltsgesetzes i. V. m. der Anstaltsverordnung tritt ein Wirtschaftsplan mit seinen Untergliederungen „Erfolgsplan“, „Finanzplan/Vermögensplan“ und „Stellenübersicht“ an die Stelle des Haushaltsplans. Durch die Einführung des kaufmännischen Rechnungswesens für Kommunen sind für die Eigenbetriebe (§ 121 Abs. 3 KVG) besondere Haushaltspläne aufzustellen und Sonderrechnungen zu führen. Anstelle eines Haushaltsplans kann für den Eigenbetrieb ein Wirtschaftsplan aufgestellt werden und die Wirtschaftsführung sowie das Rechnungswesen nach den Vorschriften des Eigenbetriebsgesetzes gestaltet werden. In diesem Fall sind allerdings die haushaltsrechtlichen Vorschriften der Gemeindeordnung entsprechend anzuwenden. Durch die Aufstellung besonderer Haushaltspläne werden die jeweiligen

Pläne der Eigenbetriebe allerdings nicht Bestandteil des gemeindlichen Haushaltsplans, da es sich bei den vorgenannten Einrichtungen um selbstständig wirtschaftende Teile der Kommune handelt. Im Hinblick auf das Ziel der Einheitlichkeit des kommunalen Rechnungswesens hätte der Gesetzgeber auch für die Anstalten des öffentlichen Rechts die Aufstellung der Haushaltspläne nach den Vorschriften des KVG und KomHVO vorschreiben können. Die Pläne wären ebenso nicht Bestandteil des gemeindlichen Haushaltsplanes geworden, da es im Fall der Anstalten des öffentlichen Rechts um eigenständige juristische Personen handelt, die zur Aufstellung von eigenen Plänen und Abschlüssen verpflichtet sind.

5.2.4 Jahresabschluss und Haushaltsplan

Der Jahresabschluss ist das Gegenstück zum Haushaltsplan. Während der Haushaltsplan das auf die Zukunft gerichtete Programm für die Aufgabenerledigung der Gemeinde für ein Jahr darstellt, soll der Jahresabschluss nach Ablauf der Haushaltsperiode Rechenschaft darüber liefern, was wirklich geschehen ist. Er ist insofern das auf die Wirklichkeit bezogene Spiegelbild des Haushaltsplans, das in tatsächlichen Ergebnissen aufzeigt, wie sich der Verlauf des Haushaltsjahres de facto gestaltet hat.[6] Zusätzlich zu den Komponenten des Haushaltsplans enthält der Jahresabschluss eine Bilanz als stichtagsbezogene Auswertung der Situation der Gemeinde. Der Jahresabschluss der Gemeinde, mit dem der Bürgermeister über die Aufgabenerledigung und die Haushaltsführung Rechenschaft ablegt, gliedert sich demnach in die Ergebnisrechnung, die Finanzrechnung, die Vermögensrechnung (Bilanz) und den Anhang (§ 118 Abs. 2 KVG i. V. m. §§ 41 ff. KomHVO). Nach § 118 Abs. 3 KVG ist der Jahresabschluss durch einen Rechenschaftsbericht, der als Anlage beizufügen ist, zu erläutern.

5.3 Bedeutung des Haushaltsplans

5.3.1 Allgemeines

Der Haushaltsplan ist nicht mit der Haushaltssatzung identisch. Er bildet jedoch einen unverzichtbaren Teil der Haushaltssatzung (§ 101 Abs. 1 KVG).

6 Vgl. hierzu im Einzelnen die Ausführungen in Kap. 22.

Die Bedeutung des Haushaltsplans kann anhand seiner Funktionen in folgender Weise abgebildet werden:

Funktionen des Haushaltsplans

Finanzwirtschaftliche Funktion	Administrative Lenkungsfunktion	wirtschafts- und sozialpolitische Programmfunktion

5.3.2 Finanzwirtschaftliche Funktion

Der Haushaltsplan der Gemeinde hat in erster Linie finanzwirtschaftliche Funktionen zu erfüllen. Er enthält nach § 101 Abs. 1 KVG alle im Haushaltsjahr für die Erfüllung der Aufgaben der Gemeinde voraussichtlich

- anfallenden Erträge und eingehenden Einzahlungen,
- entstehenden Aufwendungen und zu leistenden Auszahlungen und
- notwendigen Verpflichtungsermächtigungen.

Daraus ist zu ersehen, dass im Haushaltsplan alle Vorgänge, die den Bestand an Finanzmitteln oder den Bestand an Eigenkapital verändern, veranschlagt werden müssen. Darüber hinaus sind im Bereich der Investitionen nach § 107 Abs. 1 KVG Vorgänge zu veranschlagen, die zu Verpflichtungen in späteren Perioden führen.

Es soll durch die Veranschlagung der Erträge und Einzahlungen, Aufwendungen und Auszahlungen sowie Verpflichtungsermächtigungen in einem festgefügten Plan, der nach bestimmten Grundsätzen aufgestellt wird, die übersichtliche und rationale Bewirtschaftung des Gemeindevermögens (einschließlich der Finanzmittel) erreicht werden.

Folgende Gesichtspunkte sind zur Erreichung dieses Zieles im Einzelnen maßgeblich:

- Durch die planmäßige Vorausschau der Veränderungen des Geld- und Vermögensbestandes wird die öffentliche Finanzwirtschaft in die Lage versetzt, die gestellten Aufgaben nachhaltig durchzuführen, und
- durch das Erfordernis des Ausgleiches von Erträgen und Aufwendungen wird der Verbrauch des öffentlichen Vermögens zu Lasten nachfolgender Generationen vermieden.

5.3.3 Administrative Lenkungsfunktion

Der Haushaltsplan ist für die Haushaltsführung verbindlich. Ansprüche und Verbindlichkeiten Dritter werden durch ihn weder begründet noch aufgehoben (§ 101 Abs. 3 KVG). Durch den Haushaltsplan wird der Verwaltung ein Handlungsrahmen gesteckt, den sie bezüglich der Aufwendungen, Auszahlungen und Verpflichtungen einhalten muss. Er ermächtigt sie, im Rahmen der Aufgabenerfüllung Aufwendungen entstehen zu lassen, Auszahlungen zu leisten und Verpflichtungen einzugehen. Der Haushaltsplan schränkt mit seinen Detaillierungen den Handlungsspielraum der Verwaltung ein und dient damit ihrer Lenkung. Gleichzeitig dient der Jahresabschluss, der die gleiche Ordnungssystematik wie der Haushaltsplan aufweist, der nachträglichen Kontrolle der Verwaltung. Rat und Öffentlichkeit können somit feststellen, ob die Verwaltung den ihr gesteckten Rahmen eingehalten hat.

5.3.4 Wirtschafts- und sozialpolitische Programmfunktion

Das Ergebnis zahlreicher Beratungen, Diskussionen und Auseinandersetzungen innerhalb und außerhalb des Rates und der Verwaltung ist die Beschlussfassung über die Haushaltssatzung und den Haushaltsplan. In diesem Haushaltsplan ist demzufolge das politische Programm und der damit verbundene Ressourcen- und Geldverbrauch mindestens der Ratsmehrheit enthalten. Dieses Programm beinhaltet die lokalpolitischen Ziele im Allokations-[7], Distributions-[8] und Stabilisierungbereich.[9] Durch die Einbeziehung von konkreten Zielen und Kennzahlen der Zielerreichung in den Haushaltsplan wird die politische Programmfunktion in den kommunalen Haushalten gegenüber den bisherigen „inputorientierten" Haushaltsplänen deutlich gestärkt.

Im Bereich der finanziellen Daten sind die geplanten Investitionen, die sich im Finanzplan wiederfinden, von besonderer politischer Bedeutung. Durch sie werden die maßgeblichen politischen Impulse für die Zukunft gesetzt. Durch den Haushaltsplan werden die Aufwendungen und Auszahlungen sowie die Ermächtigungen zum Eingehen von Verpflichtungen zur Verwirklichung der formulierten Ziele bereitgestellt. Der Haushaltsplan ist also die praktische Umsetzung der politischen Programme. Die Grenzen des Machbaren werden allerdings angesichts der schlechten Finanzausstattung der Gemeinden sehr schnell deutlich.[10] Nach Erfüllung der gesetzlichen und vertraglichen Verpflichtungen besteht – unter Beachtung der Anforderungen des Haushaltsausgleichs – häufig nur noch ein geringer politischer Handlungsspielraum.

7 Fragestellung: Wofür sollen die kommunalen „Produktionsfaktoren" eingesetzt werden?

8 Fragestellung: Welchen Einfluss soll die Gemeinde auf die (Um-)Verteilung von Einkommen und Vermögen auf verschiedene Wirtschaftsbereiche oder Personengruppen nehmen?

9 Fragestellung: Welchen Beitrag soll die Gemeinde zur Stabilisierung der wirtschaftlichen Entwicklung leisten?

10 Zur finanziellen Situation der Gemeinden vgl. u. a. die regelmäßigen Gemeindefinanzberichte der kommunalen Spitzenverbände.

Zusätzlich wird durch Art. 109 Abs. 2 GG die gesamtwirtschaftliche Funktion der kommunalen Haushaltspläne festgesetzt. Der Grundsatz, dass Bund und Länder bei ihrer Haushaltswirtschaft den Erfordernissen des gesamtwirtschaftlichen Gleichgewichts Rechnung zu tragen haben, ist in den Regelungen des Gesetzes zur Förderung der Stabilität und des Wachstums der Wirtschaft (Stabilitätsgesetz) enthalten. Die Gemeindeordnung übernimmt diesen Grundsatz. Bei der Planung und Durchführung ihrer Haushaltswirtschaft haben die Gemeinden gemäß § 98 Abs. 1 KVG den Erfordernissen des gesamtwirtschaftlichen Gleichgewichts Rechnung zu tragen. Durch diese Regelungen haben die Haushaltspläne der Gemeinden als volkswirtschaftliches Ordnungsinstrument einen Platz in der Konjunkturpolitik erhalten. Tatsächlich erscheint es jedoch zunehmend fragwürdig, ob das mit dem Stabilitätsgesetz angestrebte „antizyklische Verhalten“ ein geeignetes Instrument der Konjunkturpolitik ist. Insbesondere ist festzustellen, dass dieses Ziel wegen der Finanzautonomie der Gemeinden nicht einheitlich mit allen kommunalen Haushalten verfolgt werden kann.[11]

5.4 Wirkung des Haushaltsplanes

5.4.1 Allgemeine Wirkung

Wie bisher schon dargestellt, sind im Haushaltsplan die konkreten Vorstellungen des Rates und der Verwaltung über die Aufgabenerledigung, die Vermögens- und Finanzentwicklung der Gemeinde niedergelegt. Der Haushaltsplan enthält alle im Haushaltsjahr für die Erfüllung der Aufgaben der Gemeinde voraussichtlich notwendigen Änderungen des Eigenkapitals (Erträge und Aufwendungen) und der Finanzmittel (Einzahlungen und Auszahlungen) sowie die notwendigen Ermächtigungen zum Eingehen von zukünftigen Verpflichtungen (Verpflichtungsermächtigungen). Dadurch bedingt ist die Verwaltung verpflichtet und gehalten, die im Haushaltsplan ausgewiesenen Ziele im Rahmen der veranschlagten Haushaltsansätze zu verfolgen. Der Haushaltsplan stellt demnach eine konkrete Richtlinie für die im Haushaltsjahr zu erfüllenden Aufgaben der Gemeinde dar (§ 101 Abs. 3 KVG). Gelingt es nicht, die vorgegebenen Ziele zu erreichen, ist ein den Haushaltsplan ändernder Ratsbeschluss in Erwägung zu ziehen.

5.4.2 Wirkung bezüglich der Aufwendungen und Auszahlungen

Zu beachten ist in diesem Zusammenhang, dass die im Haushaltsplan veranschlagten Aufwendungen und Auszahlungen für die Verwaltung Ermächtigungen, jedoch keine Verpflichtungen darstellen. Die veranschlagten Mittel dürfen nur unter Beachtung der Haushaltsgrundsätze in Anspruch genommen werden; besonders ist hier der Grundsatz der Sparsamkeit und Wirtschaftlichkeit zu erwähnen.

11 Siehe dazu Grimberg in Grimberg/Gundlach/Jochheim/Miller/Schneider, Kommunalverfassungsgesetz des Landes Sachsen-Anhalt, Kommentar, Wiesbaden 2023, § 101 Rdnr. 1.

Mit der Höhe der Aufwands- und Auszahlungsansätze wird durch die Festsetzung des Haushaltsplans eine Obergrenze gezogen, die nur unter den Voraussetzungen des § 105 KVG (Unabweisbarkeit und Deckung) oder im Rahmen der Budgetierung nach §§ 17, 18 KomHVO (echte oder unechte Deckungsfähigkeit) überschritten werden darf. Liegt für einen Geschäftsvorgang der Verwaltung keine Ermächtigung im Haushaltsplan vor, so darf die erforderliche Aufwendung oder Auszahlung nicht geleistet werden. Die Leistung einer außerplanmäßigen Auszahlung wäre nur unter den Voraussetzungen des § 105 KVG überhaupt möglich. Im Bereich der Aufwendungen ist dies grundsätzlich ebenso zu beurteilen. Es ist jedoch zu berücksichtigen, dass bestimmte Aufwendungen (z. B. außerplanmäßige Abschreibung eines PKW durch einen Unfall) ohne bewusstes oder gezieltes Zutun entstehen. In diesen Fällen muss eine nachträgliche Aufwandsermächtigung (unabhängig von der Deckung!) entstehen. Es erscheint sinnvoll, die vorgesehene Regelung des § 105 KVG um einen entsprechenden Absatz zu ergänzen, da in solchen Fällen weder der Verwaltung noch dem Rat ein Entscheidungsspielraum bleibt. Zusammenfassend gilt der Grundsatz, dass für jede Aufwendung oder Zahlung der Verwaltung eine Veranschlagung im Haushaltsplan vorliegen muss.[12]

5.4.3 Wirkung bezüglich der Verpflichtungsermächtigungen

Verpflichtungen zur Leistung von Investitionsauszahlungen in künftigen Jahren dürfen nur eingegangen werden, wenn der Haushaltsplan hierzu ermächtigt (§ 107 KVG).

Hinsichtlich der Wirkung ist grundsätzlich auf die Ausführungen im Zusammenhang mit den Wirkungen bezüglich der Auszahlungen zu verweisen. Es wird eine Obergrenze gezogen. Ausnahmsweise dürfen auch über- und außerplanmäßige Verpflichtungsermächtigungen eingegangen werden, wenn sie unvorhergesehen und unabweisbar sind und der in der Haushaltssatzung festgesetzte Gesamtbetrag der Verpflichtungsermächtigungen nicht überschritten wird.

5.4.4 Wirkung bezüglich der Erträge und Einzahlungen

Die im Haushaltsplan veranschlagten Erträge und Einzahlungen stellen keine Obergrenzen für ihre Erzielung dar, sodass Mehrerträge und -einzahlungen unbedenklich sind. Diese Erträge und Einzahlungen sind bei der Planung und Aufstellung des Haushaltsplans unter Beachtung des Grundsatzes der Gesamtdeckung (§ 16 KomHVO) den Aufwendungen und Auszahlungen gegenübergestellt worden. Das angestrebte Ziel, die für die Erfüllung der Aufgaben der Gemeinde zu leistenden Aufwendungen durch

12 Es ist allerdings darauf hinzuweisen, dass die Gemeinde rechtliche Verpflichtungen zur Leistung von Aufwendungen oder Auszahlungen nicht mit dem Hinweis auf die haushaltsrechtliche Unzulässigkeit vernachlässigen kann. Die Gemeinde ist dann vielmehr verpflichtet, die entsprechenden haushaltsrechtlichen Vorkehrungen zu treffen. Vgl. hierzu im Einzelnen die Ausführungen in Kap. 19.

die entsprechenden Erträge zu decken (Haushaltsausgleich nach § 98 Abs. 3 KVG), sollte dadurch erreicht werden. Da die Vorschrift des Haushaltsausgleichs nicht nur für den Bereich der Aufstellung des Haushaltsplans, sondern auch für die Ausführung und den Jahresabschluss Gültigkeit hat, sollten die Ansätze für die Einzahlungen und Erträge in der Form bewirtschaftet werden, wie sie zur Deckung der Aufwendungen und Auszahlungen benötigt werden. Eine mögliche Konsequenz bei Mindererträgen und die dadurch bedingte Gefährdung des Haushaltsausgleichs könnte der Erlass einer Nachtragssatzung gemäß § 103 Abs. 2 Nr. 1 KVG sein. Mindereinzahlungen können darüber hinaus die Liquidität (§ 110 KVG) gefährden. Die möglicherweise notwendige Erhöhung des Höchstbetrags der Kredite zur Liquiditätssicherung in der Haushaltssatzung kann ebenfalls nur durch eine Nachtragssatzung erreicht werden (§ 103 Abs. 1 KVG).

Über die veranschlagten Einzahlungen und Erträge hinaus ist es der Gemeinde möglich, zusätzliche Deckungsmittel zu erzielen. Grundsätzlich ist es Aufgabe der Verwaltung, die im Haushaltsplan veranschlagten Erträge und Einzahlungen der Gemeinde rechtzeitig einzuziehen und ihren Eingang zu überwachen (siehe auch Kap. 19). Die Entscheidung, auf einen Anspruch zu verzichten, die Weiterverfolgung eines fälligen Anspruchs zurückzustellen oder den Zahlungstermin hinauszuschieben, kann nur im Einzelfall unter Beachtung der konkreten gesetzlichen Bestimmungen erfolgen (z. B. § 30 KomHVO).

5.4.5 Bindung im Innenverhältnis

Durch den Erlass der Haushaltssatzung und des Haushaltsplans hat der Rat ein politisches Programm in Form von Ortsrecht beschlossen, an welches die Verwaltung gebunden ist. Im Gegensatz zur Haushaltssatzung, die durch die Festsetzung der Realsteuerhebesätze noch bedingt Außenwirkung hat, fehlt dem Haushaltsplan diese Wirkung nach außen vollständig. Er beschränkt sich auf Regelungen von Beziehungen innerhalb der Gemeindeverwaltung. In diesem Bereich ist er für die Haushaltsausführung verbindlich. Ansprüche und Verbindlichkeiten Dritter (Außenverhältnis) werden nach § 101 Abs. 3 KVG durch den Haushaltsplan weder begründet noch aufgehoben.

5.5 Übungen

Sachverhalt Nr. 1:
Im Haushaltsplan der Gemeinde G für 2024 ist die Erneuerung der Fahrbahndecke der Hauptstraße mit Auszahlungen von 100.000 € veranschlagt. Im Juli 2024 beschließt der Rat der Gemeinde G jedoch, die veranschlagten 100.000 € nicht für die Erneuerung der Hauptstraße, sondern vielmehr für den Rathausplatz zu verwenden. Der an der Hauptstraße wohnende Anlieger A schreibt nun an die Gemeinde G und verlangt aufgrund des Haushaltsplans noch für 2024 den Ausbau der Hauptstraße.

Aufgabe:
Prüfen Sie, was die Verwaltung dem Anlieger A mitteilen wird.

Lösung:
Im Haushaltsplan ist eine Auszahlungsermächtigung in Höhe von 100.000 € enthalten. Durch diese Veranschlagung im Haushaltsplan ist die Verwaltung verpflichtet worden, die vorgesehene Maßnahme auch durchzuführen. Die Verwaltung ist bei ihrer Aufgabenwirtschaft an die Ansätze des Haushaltsplanes gebunden. Eine Änderung des Verwendungszweckes – wie in diesem Fall – bedarf eines Ratsbeschlusses oder einer Nachtragssatzung. Der Haushaltsplan regelt die Beziehungen zwischen Verwaltung und Rat. Dies wird deutlich gemacht durch die Bestimmung des § 101 Abs. 3 KVG, wonach der Haushaltsplan Grundlage für die Haushaltswirtschaft der Gemeinde und als solcher für die Haushaltsführung selbst verbindlich ist. Unterstützend kommt hinzu, dass Ansprüche und Verbindlichkeiten Dritter durch ihn weder begründet noch aufgehoben werden.

Der Anlieger A meldet einen Anspruch auf den Ausbau der Hauptstraße an. Jedoch folgt aus der Regelung des § 101 Abs. 3 KVG, dass aus der Veranschlagung einer Maßnahme im Haushaltsplan kein Rechtsanspruch auf Realisierung abgeleitet werden kann. Diese Mitteilung wird die Verwaltung dem Anlieger geben.

Sachverhalt Nr. 2:
Das Sozialamt der Gemeinde G teilt den Empfängern der Hilfe zur Pflege mit, dass die finanziellen Hilfeleistungen für den Monat Dezember erst im Januar des folgenden Jahres ausgezahlt werden, weil die Haushaltsmittel dieses Jahres erschöpft sind.

Aufgabe:
Beurteilen Sie die Mitteilung des Sozialamtes aus haushaltsrechtlicher Sicht.

Lösung:
Der Haushaltsplan enthält gemäß § 101 Abs. 1 KVG alle im Haushaltsjahr für die Erfüllung der Aufgaben der Gemeinde voraussichtlich anfallenden Erträge, eingehenden Einzahlungen, entstehenden Aufwendungen, zu leistenden Auszahlungen und notwendigen Verpflichtungsermächtigungen. Zu den gemeindlichen Aufgaben gehört auch die Leistung von Sozialhilfe.

Die Mitteilung des Sozialamtes bezieht sich auf einen Aufwandsansatz – Kontenbereich 53 „Transferaufwendungen" –. Gleichzeitig ist mit dem Aufwand eine Auszahlung der Kontenbereich 73 verbunden. Aufwands- und Auszahlungsansätze stellen für die Verwaltung grundsätzlich eine Ermächtigung und keine Verpflichtung dar. Jedoch müssen die von der Gemeinde zu leistenden Aufwendungen und Auszahlungen aufgrund gesetzlicher oder vertraglicher Verpflichtung und in solche aufgrund freier Entscheidung unterteilt werden. Der Leistung der Hilfe zur Pflege liegt für die Berechtigten ein Anspruch auf der Grundlage des Sozialgesetzbuches (SGB XII) zugrunde. Es besteht also ein gesetzlich begründeter Anspruch. § 101 Abs. 3 KVG besagt, dass Ansprüche Dritter – hier: der Sozialhilfeempfänger – nicht durch den Haushaltsplan und somit auch nicht durch fehlende Haushaltsmittel beeinträchtigt werden dürfen. Insofern muss die Verwaltung die Hilfe zur Pflege für den Monat Dezember noch im laufenden Haushaltsjahr auszahlen. Die Verschiebung auf das kommende Haushaltsjahr ist rechtswidrig.

Durch die Veranschlagung von Aufwands- und Auszahlungsmitteln wird zwar eine Obergrenze gezogen, die nicht überschritten werden soll. Die Gemeinde kann sich jedoch – wie bereits festgestellt – in diesem Fall nicht auf diese formal-haushaltsrechtliche Position zurückziehen. Vorrangig ist die Erfüllung des gesetzlichen Anspruchs aus der Hilfe zur Pflege. Die fehlende Ermächtigung muss also durch Erhöhung des Ansatzes gemäß § 103 KVG (Nachtragssatzung mit Nachtragsplan)[13], durch eine Mittelbereitstellung im Sinne von § 105 KVG (überplanmäßige Aufwendungen und Auszahlungen)[14] oder innerhalb der Budgetbewirtschaftung nach §§ 17, 18 KomHVO (unechte und echte Deckungsfähigkeit)[15] geschaffen werden.

13 Siehe auch Kap. 21.
14 Siehe auch Kap. 19.
15 Siehe auch Kap. 19.

6. Gliederung des Haushalts nach Produktbereichen

6.1 Notwendigkeit einer Haushaltsgliederung

Bereits in den ersten Kapiteln dieses Buches wurde auf die Aufgaben und Ziele der öffentlichen Finanzwirtschaft hingewiesen. Dabei nimmt die wirtschafts- und sozialpolitische Programmfunktion des Haushalts sicherlich eine wesentliche Stellung ein. Der Haushaltsplan ist das wichtigste Planungs- und Steuerungsinstrument im Bereich aller öffentlichen Körperschaften. Durch die Darstellung von quantitativen und qualitativen Zielen des Verwaltungshandelns für das kommende Haushaltsjahr und darüber hinaus bestimmt die Mehrheit des Gemeinderates über die grundsätzliche Ausrichtung der zukünftigen Politik. Der Etat ist damit eine konkrete planerische Umsetzung der politischen Programme unter Berücksichtigung der tatsächlichen finanzpolitischen Möglichkeiten.

Im Gegensatz zu den meisten privaten Unternehmen und auch zu den öffentlichen und halböffentlichen Betrieben und Gesellschaften ist die Kommunalverwaltung dadurch gekennzeichnet, dass sie für ihre Bürger und Einwohner sehr unterschiedliche Leistungen erbringt. Diese Leistungen beziehen sich zudem auf sehr unterschiedliche Lebensbereiche der Einwohner. Beispiele für solche unterschiedlichen Leistungen lassen sich vielfältig anführen:

- Betreuung von Kindern in einer Kindertagesstätte,
- Erschließung von Baugrundstücken,
- Betrieb einer Bibliothek,
- Gewährleistung der öffentlichen Sicherheit und Ordnung,
- Beurkundung von Änderungen des Personenstands,
- Förderung junger Unternehmen,
- Organisation und Durchführung von Stadtfesten.

Damit der Haushaltsplan der politischen Programmfunktion gerecht werden kann, muss er demnach Aussagen darüber enthalten, auf welche Leistungen oder Lebensbereiche sich seine finanziellen und inhaltlichen Vorgaben beziehen. Während die Aktiengesellschaft, die am Markt nur ein Produkt oder eine Produktreihe absetzt, dem Aufsichtsrat in der Regel nur eine Gesamtplanung für das ganze Unternehmen vorlegt, würde eine solche Gesamtplanung für die notwendige Festlegung von Handlungsschwerpunkten im „Unternehmen" Kommunalverwaltung nicht ausreichen.

Der Haushaltsplan als wichtigstes Planungs- und Steuerungsinstrument muss daher die Tätigkeitsbereiche der Kommunalverwaltung in einer Weise erkennbar machen, die eine politische Schwerpunktsetzung ermöglicht. Bürger und Politiker müssen aus dem Haushaltsplan nicht nur erkennen können, wie sich die finanzielle Lage der Kommune im Planungszeitraum voraussichtlich darstellt, sondern sie müssen feststellen können, woraus die Ertragslage resultiert und wofür in Zukunft die vorhandenen Ressourcen eingesetzt werden sollen. Dies ist nur möglich, wenn der Haushaltsplan neben der Gesamtplanung eine Planung von Teilbereichen (Teilplanung) enthält.

6.2 Anforderungen an die Gliederung eines Haushaltsplans

Die Tatsache, dass sich der kommunale Gesamthaushaltsplan aus mehreren Teilplänen zusammensetzen muss, um seiner politischen Programmfunktion gerecht werden zu können, führt unmittelbar zu der Fragestellung, nach welchen Kriterien diese Teilpläne zu bilden sind bzw. wie der Haushaltsplan gegliedert werden soll. Diese Fragestellung lässt sich einerseits anhand der vorgesehenen gesetzlichen Regelungen (siehe Kap. 6.4) und andererseits im Hinblick auf die Anforderungen, die die Adressaten des Haushaltsplans an diese Gliederung stellen, beantworten. Zunächst sollen daher diese Anforderungen dargestellt werden.

6.2.1 Die Anforderungen der Bürger und der politischen Gremien

Wesentlicher Adressat des Haushaltes sind die Bürger und die politischen Gremien. Die oben dargestellte politische Programmfunktion bestimmt die Anforderungen dieser Adressaten an die Gliederung des Haushalts. Es geht demnach darum, dass Bürger und Politiker anhand des Haushaltes erkennen können, wo die politischen Schwerpunkte des zukünftigen Handelns liegen und welche Ziele im Haushaltsjahr und in den drei folgenden Jahren verfolgt werden sollen.

Solche Informationen bietet ein Haushalt, der nach Aufgabenbereichen (in der Privatwirtschaft würde man von „Geschäftsbereichen" reden), d. h. *funktional* gegliedert ist. Diese Aufgabenbereiche lassen sich z. B. aus den Politikfeldern ableiten, die Grundlage politischer Programme sind. Sie lassen sich aber auch aus den Lebensbereichen ableiten, auf die sich das kommunale Handeln bezieht. Letztlich sollte daher die Grundlage der Gliederung die (Dienst-)Leistung der Verwaltung sein, die den Einwohner, das örtliche Unternehmen oder andere „Kunden" der Kommunalverwaltung erreicht. Im Sprachgebrauch des „Neuen Steuerungsmodells" (NSM) handelt es sich bei diesen Ergebnissen des Verwaltungshandelns aus Sicht der Bürger um den „Output" oder das Produkt der Verwaltung.

Gleichzeitig stellt der Haushaltsplan im Sinne des NSM auch den sog. „Hauptkontrakt" zwischen Rat und Verwaltung dar, in dem die Ziele und die zur Umsetzung dieser Ziele einzusetzenden Ressourcen vereinbart werden. Bei dieser eher vertragsähnlichen Betrachtung des Haushaltsplans erscheint es zusätzlich wichtig, festzustellen, wer auf Seiten der Verwaltung für die Umsetzung dieser Ziele verantwortlich ist. Das Neue Kommunale Haushaltsrecht setzt auf diesen Grundüberlegungen des NSM auf. Das spricht dafür, dass der Haushalt nach Verantwortungsbereichen, d. h. nach der Aufbauorganisation der Verwaltung oder *institutionell* gegliedert sein sollte, so dass für den Rat als „Auftraggeber" feststellbar ist, wer für die Ergebnisse des Verwaltungshandelns die Verantwortung trägt.

Diese Sichtweise findet allerdings ihre Beschränkung in den Vorschriften des Kommunalverfassungsgesetzes, das die Delegation einer solchen Verantwortung gegenüber dem Rat vom Bürgermeister auf die Beigeordneten beschränkt (§ 66 Abs. 1 i. V. m. § 68 Abs. 3 KVG). Die Ausweisung eines Amts- oder Abteilungsleiters als verantwortlichen Kontraktpartner des Rates im Haushaltsplan kann daher nicht mit der Kommunalverfassung im Einklang stehen. Die institutionelle Gliederung im Sinne einer *echten* Darstellung von Verantwortungsbereichen kann sich daher nur auf die Aufgabenbereiche der Beigeordneten beziehen.

6.2.2 Die Anforderungen der Aufsichtsbehörden

Ein weiterer Adressat des Haushaltsplans ist die jeweils zuständige Aufsichtsbehörde. Gemäß § 102 Abs. 1 KVG ist die vom Rat beschlossene Haushaltssatzung der Aufsichtsbehörde vorzulegen.

Für die Aufsichtsbehörden ist es wichtig, dass die Gliederung der Haushalte einem einheitlichen System entspricht und ausreichend differenziert ist, um die zukünftigen Handlungsschwerpunkte der einzelnen Gemeinden erkennen zu können. Da es für die Aufsichtsbehörden im Wesentlichen darum geht, sicherzustellen, dass die dauernde Aufgabenerfüllung in der jeweiligen Kommune gesichert ist (§ 4 KVG), sollte die Gliederung *funktional* sein. Nur eine funktionale Gliederung erlaubt intertemporäre und interkommunale Vergleiche, die eine wesentliche Grundlage für die Beurteilung von Haushaltsplänen sein sollten.

6.2.3 Die Anforderungen der Finanzstatistik

„Die Finanzstatistiken haben im föderalen Aufbau der Bundesrepublik Deutschland die wichtige Aufgabe, aus den verschiedenen voneinander unabhängigen Haushaltsebenen ein in sich konsistentes Gesamtbild der öffentlichen Finanzwirtschaft zu erstellen und damit die Grundlage für zentrale wirtschafts-, finanz-, haushalts-, währungs- und geldpolitische Entscheidungen zu schaffen. Sie sind auch ausschließliche Datenbasis für das Staatskonto der Volkswirtschaftlichen Gesamtrechnung."[1] Die Anforderungen der Finanzstatistik ergeben sich mittelbar aus den Anforderungen, die die Nutzer der Statistik haben. Hauptnutzer der Statistik sind die Bundesministerien für Finanzen, Wirtschaft und Arbeit, Inneres, Bildung und Forschung, die Spitzenverbände der Kommunen und der Wirtschaft sowie die Bundesbank. Schwerpunkte des Bedarfs an statistischen Informationen liegen in den Bereichen

- Schule,
- Wissenschaft, Forschung, Kulturpflege,
- Soziale Sicherung und
- Bau- und Wohnungswesen, Verkehr.

In diesen Bereichen werden besonders detaillierte Daten nachgefragt.

---

1 Statistisches Bundesamt, Eckpunkte der Finanzstatistik für die Reform des kommunalen Haushaltsrechts, Wiesbaden 2000.

Nach Darstellung des Statistischen Bundesamtes[2] besteht Nachfrage sowohl nach einer funktionalen als auch nach einer institutionellen Gliederungsstruktur. So ist es aus Sicht der Finanzstatistik z. B. erforderlich, die Zahlung für den Schulbereich sowohl nach Schulformen (funktional) als auch nach Organisationsbereichen (z. B. Schulverwaltung) zu gliedern.

Auf supranationaler Ebene und für die Volkswirtschaftliche Gesamtrechnung ergeben sich die Mindestanforderungen an die Gliederung aus der COFG („Classification of Functions of Government"). Wie der Begriff bereits deutlich macht, geht es dabei um eine funktionale Gliederung der Daten aus dem Haushalts- und Rechnungswesen.

Zusammenfassend lässt sich festhalten, dass die Anforderungen der Finanzstatistik an die Gliederung des kommunalen Rechnungswesens ausgesprochen hoch und teilweise auch widersprüchlich sind. Da sich die noch auf die Kameralistik abgestimmte Finanzstatistik sowohl auf Haushaltsansätze[3] als auch auf Kassendaten und kamerale Soll-Abschlüsse bezieht, können diese Anforderungen bei der Einrichtung eines Haushalts- und Rechnungswesens nicht unberücksichtigt bleiben. Allerdings erscheint es nicht erforderlich, dass sich die haushaltsrechtliche Gliederung des Etats diesen Anforderungen unterordnet. Insofern sind die Anforderungen der Finanzstatistik an die Haushaltsgliederung lediglich als Nebenbedingungen anzusehen, die die Kommunen erfüllen müssen. Eine Übernahme der statistischen Anforderungen in die haushaltsrechtlichen Bestimmungen erscheint nur dann geraten, wenn sie den Steuerungsanforderungen von Rat und Verwaltungsspitze nicht zuwiderläuft.[4]

6.2.4 Die Anforderungen der Verwaltung

Als diejenige, die den Etat verwaltet und die dort vorgegebenen Ziele umsetzen soll, ist auch die Verwaltung ein wesentlicher Adressat des Haushaltsplans. Da der Haushaltsentwurf gleichzeitig von ihr selbst erstellt wird, ist zunächst davon auszugehen, dass sich die Gestaltung des Haushaltsplans auch an ihren Anforderungen orientiert.

Im Hinblick auf die Gliederung des Haushalts spiegeln sich weitgehend die Anforderungen von Bürgern und Politik wider. Die Verwaltung muss erkennen können, welche Ziele der Rat mit dem Haushaltsentwurf verbindet. Hierzu ist eine *funktionale* Gliederung erforderlich, die genau zeigt, in welchem Aufgabenbereich welche Ziele mit welchem Ressourceneinsatz zu verfolgen sind. Nur so kann die Verwaltung die politisch gesetzten Prioritäten auch tatsächlich umsetzen. Für diese Umsetzung trägt gegenüber dem Rat der Bürgermeister oder der zuständige Beigeordnete die Verantwortung (s. o.).

---

2 Statistisches Bundesamt, Besprechungsunterlage für die Sitzung der Arbeitsgruppe „Finanzstatistik" am 9.4.2002 in Wiesbaden, Wiesbaden 2002 (unveröffentlicht).

3 Die Änderung des FPStatG, der der Bundesrat am 27.5.2005 zugestimmt hat, beinhaltet eine Abschaffung der Haushaltsansatzstatistik.

4 So im Ergebnis auch die „Stellungnahme zu den Ergebnissen des UARG des AK III zur Reform des kommunalen Haushaltsrechts" des Deutschen Städtetages vom 20.8.2003, die darüber hinaus noch eine Begrenzung der Anforderungen der Finanzstatistik fordert.

Gleichzeitig erfolgt die Umsetzung in der Verwaltung durch Organisationseinheiten. So kann die Verbesserung der Übermittagbetreuung für Grundschüler z. B. eine Aufgabe des Schulamtes sein. Aus Sicht der Verwaltung wäre es daher hilfreich, wenn sich die Zielformulierungen des Haushaltsplans im Hinblick auf Out- und Input (z. B. Gewährleistung einer Betreuung vom Ende des Unterrichts bis mindestens 16.00 Uhr an allen Grundschulen, wofür Aufwendungen i. H. v. X € bereitgestellt werden) unmittelbar auf die zuständigen Organisationseinheiten der Verwaltung beziehen ließen. Insbesondere im Hinblick auf die Überwachung der Zielerreichung und die Einhaltung der Budgetvorgaben erscheint diese Gliederungsweise für die Umsetzung des Haushaltsplans erforderlich.

6.3 Anknüpfungspunkte für eine Gliederung: Verwaltungsaufbau oder Aufgabenbereiche

Die dargestellten Anforderungen der wichtigsten Adressaten des Haushaltsplans an die Gliederung sind mit einer einheitlichen Struktur nicht vollständig abzudecken. Dieses Dilemma tritt in der Praxis allerdings nur dann auf, wenn in einem speziellen Fall funktionale und institutionelle Gliederung nicht übereinstimmen. Denkbar wäre z. B., dass für einen Aufgabenbereich zwei Organisationseinheiten zuständig sind, die die Aufgaben arbeitsteilig erledigen. Auch die Einrichtung sog. „Zentraler Dienstleister" in der Verwaltung (wie z. B. eines zentralen Gebäudemanagements) führt dazu, dass funktionale und institutionelle Gliederung nicht notwendigerweise übereinstimmen.

In solchen Fällen ist einem der beiden Gliederungssysteme der Vorrang im Haushalt einzuräumen.[5] Dieser Vorrang im Haushalt bedeutet aber keinesfalls, dass die nachrangige Gliederungsstruktur nicht zusätzlich ebenfalls abgebildet werden kann (und werden sollte).

Aus volks- und betriebswirtschaftlicher Sicht wird die funktionale Gliederung eindeutig präferiert, da sie einerseits erforderlich ist, um die politische Programmfunktion zu erfüllen. Die Zuweisung von Mitteln an Organisationseinheiten lassen dagegen zunächst keinerlei Schluss darüber zu, welchen Zielen die Aktivitäten dieser Einheiten dienen. Außerdem erscheint eine institutionelle Gliederung der Verwaltung ungeeignet für Wirtschaftlichkeitsprüfungen. Interkommunale Vergleiche scheiden bei einer institutionellen Haushaltsgliederung vollständig aus, und Zeitreihenvergleichen werden z. B. durch Reorganisationsmaßnahmen, die kommunaler Verwaltungsalltag sind, ebenfalls die Grundlage entzogen.

Im Ergebnis entspricht dies auch am besten den Anforderungen der Hauptadressaten (der Bürger und Ratsmitglieder) an den Haushaltsplan (s. o.). Zusätzlich ist jedoch festzustellen, dass insbesondere zur internen Steuerung der Verwaltung eine Zuordnung von Zielen und Ressourcen auf Organisationseinheiten erforderlich ist, um Verantwor-

5 Zur Abwägung der Gliederungsmodelle vgl. insb. Modellprojekt „Doppischer Kommunalhaushalt in NRW" (Hrsg.), Neues Kommunales Finanzmanagement: Betriebswirtschaftliche Grundlagen für das doppische Haushaltsrecht, 2., vollst. überarb. Aufl. auf der Basis der Endergebnisse des Modellprojektes, Freiburg 2003, S. 302 ff.

tungsbereiche abzugrenzen.[6] Soweit dabei die Organisationsstruktur nicht der funktionalen Gliederung der Verwaltung folgt, ist es zwar sinnvoll, diese Struktur im Rechnungswesen zu hinterlegen, aber sie ist nicht zur Grundlage der Haushaltsgliederung zu machen.

6.4 Gliederungsvorschriften für den Haushalt im Neuen Kommunalen Haushaltsrecht

Der o. a. Argumentation folgend hat sich in § 4 Abs. 1 KomHVO eine produktorientierte Gliederung für den Haushalt durchgesetzt.[7] Demnach können die Teilpläne nach den vorgegebenen Produktbereichen oder nach der örtlichen Organisation produktorientiert gegliedert werden. Dies entspricht auch dem Beschluss der ständigen Konferenz der Innenminister und -senatoren (IMK) über die Grundlagen des zukünftigen kommunalen Haushaltsrechts vom 21.11.2003. Zwar wird in allen Regelungen auf die Möglichkeit einer institutionellen Gliederung hingewiesen, diese wird allerdings immer einer einheitlichen Produktorientierung unterworfen.

Grundlage für die rechtlich verbindliche Gliederung der Kommunalhaushalte in Sachsen-Anhalt ist der vom Ministerium des Innern bekanntgegebene Produktrahmenplan.[8]

Die im Produktrahmenplan vorgeschlagene Gliederung stellt vier unterschiedliche Ebenen dar:

- Produktklassen,
- Produktbereiche,
- Produktgruppen,
- Produkte.

Diese Hierarchie entspricht der überwiegenden Struktur der Produktpläne in den Kommunalverwaltungen, die zusätzlich zur bislang vorgeschriebenen Haushaltsgliederung eine Produktstruktur für einen separaten Produkthaushalt oder für Zwecke der Kosten- und Leistungsrechnung eingeführt haben.

Die obersten beiden Gliederungsebenen (Produktklassen, und -bereiche) stellen die nach § 4 Abs. 1 KomHVO i. V. m. dem Produktrahmenplan verbindliche Mindestgliederung der Kommunalhaushalte dar. Jeder Kommunalhaushalt in Sachsen-Anhalt muss die vorgeschriebenen Produktbereiche des Produktrahmenplans abbilden und wird entsprechend dem Produktrahmenplan auch die Produktgruppen ausweisen. Ausnahmen

6 Vgl. z. B. Klümper/Zimmermann, Die produktorientierte Kosten- und Leistungsrechnung, München/Berlin 2002, S. 22 ff.

7 Siehe dazu Grimberg, Kommunalhaushaltsrecht Sachsen-Anhalt, Kommentar, Wiesbaden 2018, § 4 Rdnr. 2 ff.

8 Abrufbar auf der Internetseite des Statistischen Landesamtes Sachsen-Anhalt (www.statistik.sachsen-anhalt.de\Themen\Kommunales\Kommunaler Haushalt/Doppik).

hiervon können sich nur dann ergeben, wenn die Kommune die in einer Produktgruppe abgebildeten Aufgaben (z. B. auf Grund ihrer Größe) nicht wahrnimmt.

Die inhaltliche Bestimmung der Produktklassen, -bereiche und -gruppen erfolgt durch die Zuordnungsvorschriften, die für die Gemeinden verbindlich sind.

Innerhalb der Produktgruppen ermöglicht der Verordnungsgeber jedoch eine individuelle weitere Untergliederung der Haushalte. Anhaltpunkte und Erläuterungen zu einer solchen differenzierten Haushaltsgliederung ergeben sich aus dem einheitlichen Produktrahmenplan. Grundsätzlich lässt sich feststellen, dass die hohe verbindliche Aggregationsebene Produktbereich auch bei kleinen und mittleren Kommunen vermutlich nicht die niedrigste funktionale Gliederungsstufe des Rechnungswesens darstellen wird. Auch wenn die Haushaltspläne auf dieser Ebene abgebildet werden, ist davon auszugehen, dass sowohl bei der Haushaltsplanung als auch bei der Bewirtschaftung eine detailliertere Gliederung zugrunde liegt.

6.4.1 Der Sonderproduktbereich „Allgemeine Finanzwirtschaft"

Die funktionale Gliederung des Haushalts lässt sich insbesondere aufgrund des Gesamtdeckungsprinzips[9] nicht vollständig durchhalten. Da eine spezifische Zuordnung von allgemeinen Deckungsmitteln (z. B. Steuern, allgemeinen Zuweisungen und Krediten) auf einzelne Verwendungszwecke nicht vorgesehen ist, ist eine Regelung erforderlich, die eine sachgerechte und transparente Abbildung dieser Positionen im Haushaltsplan und im Jahresabschluss gewährleistet.

Die Festlegung der Produktbereiche sieht daher einen separaten Bereich „Allgemeine Finanzwirtschaft" als Produktbereich 61 vor. Dieser Bereich unterteilt sich u. a. in die Produktgruppen 611 „Steuern, allgemeine Zuweisungen, allgemeine Umlagen" und 612 „Sonstige allgemeine Finanzwirtschaft". Für diesen Bereich sind verbindlich Teilergebnis- und Teilfinanzpläne zu erstellen, die sich in ihrer Struktur nicht von den Plänen der übrigen Produktbereiche unterscheiden. Insbesondere müssen darin die Steuerarten und Zuweisungen nicht weiter differenziert und die allgemeinen Umlagen (Kreis- bzw. Verbandsgemeindeumlage) nicht separat ausgewiesen werden. Damit ist dem Haushaltsplan nach den vorliegenden Vorschriften die Höhe der Grundsteuererträge, der Erträge aus Gewerbesteuern, die Höhe der Kreisumlage und die Höhe der Schlüsselzuweisungen nicht mehr zu entnehmen.[10]

9 Die finanzwissenschaftliche Literatur benutzt häufig den Begriff „Non-Affektationsprinzip".

10 Nach Auffassung des Autors sind für die Produktgruppen 611 „Steuern, allgemeine Zuweisungen, allgemeine Umlagen" und 612 „Sonstige allgemeine Finanzwirtschaft" separate Muster mit einer stärkeren Differenzierung der wichtigsten Ertragsarten erforderlich. Vorschläge hierzu liegen vor in: Modellprojekt „Doppischer Kommunalhaushalt in NRW" (Hrsg.), Neues Kommunales Finanzmanagement: Betriebswirtschaftliche Grundlagen für das doppische Haushaltsrecht, 2., vollst. überarb. Aufl. auf der Basis der Endergebnisse des Modellprojektes, Freiburg 2003, S. 308.

6.4.2 Gestaltungsfreiheit bei der Gliederung des Haushalts

Der vorliegende Produktrahmenplan und § 4 KomHVO bieten den Gemeinden und Gemeindeverbänden einen Freiraum zur Gestaltung ihrer Haushaltspläne, der insbesondere dort genutzt werden wird, wo bereits vor der Umstellung auf das Neue Kommunale Haushalts- und Rechnungswesen funktionierende Produkthaushalte erstellt und bewirtschaftet worden waren oder wo eine Gliederung nach Produktbereichen als nicht ausreichend angesehen wird.

Nachfolgende Abbildung macht die vorgesehene Struktur deutlich:[11]

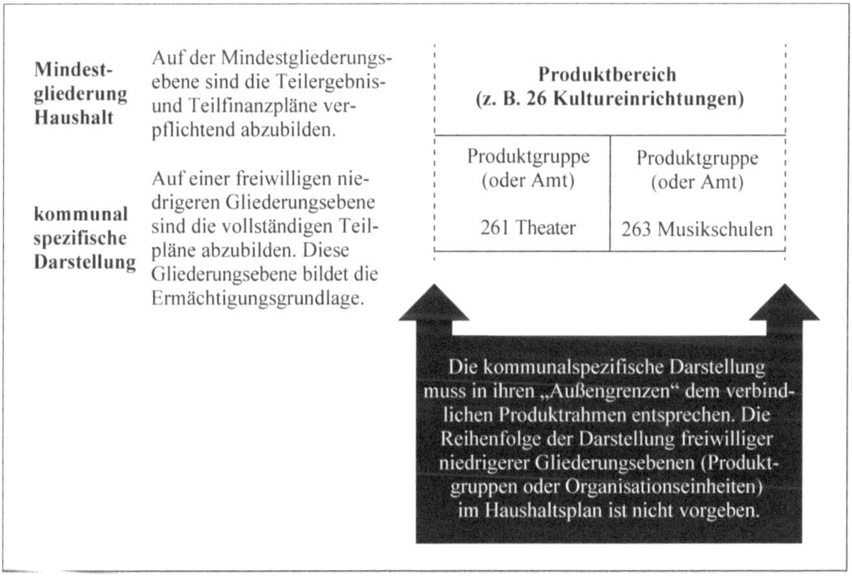

Zu beachten ist allerdings, dass nach § 4 Abs. 2 KomHVO jeder Teilplan mindestens eine Bewirtschaftungseinheit – ein Budget – bildet, wobei die Budgets bestimmten Verantwortungsbereichen zuzuordnen sind. Die Vergleichbarkeit der Haushalte wird dadurch gesichert, dass den Teilplänen (Teilergebnisplan und Teilfinanzplan) – unabhängig von der gewählten Gliederungsstruktur – verpflichtend eine Übersicht über die Produkte oder Produktgruppen, deren Ziele, Leistungen und Kennzahlen zur Messung der Zielerreichung sowie eine Übersicht der zur Aufgabenerfüllung der Teilpläne erforderlichen Stellen beizufügen ist. Diese detaillierteren Teilpläne werden dann regelmäßig Beratungsgrundlage für die politischen Gremien sein und stellen die für die Ver-

11 Abbildung in Anlehnung an Modellprojekt „Doppischer Kommunalhaushalt in NRW“ (Hrsg.), Neues Kommunales Finanzmanagement: Betriebswirtschaftliche Grundlagen für das doppische Haushaltsrecht, 2., vollst. überarb. Aufl. auf der Basis der Endergebnisse des Modellprojektes, Freiburg 2003, S. 32.

waltung verbindliche Ermächtigungsgrundlage für die Leistung von Aufwendungen und Auszahlungen dar.

Diese Gestaltungsfreiheit führt letztlich dazu, dass jede Kommune eine individuelle Haushaltsgliederung erstellen kann, soweit sie in der Lage ist, auf der Grundlage dieser Gliederung eindeutig eine Aggregation der monetären Daten auf die verbindlichen Produktgruppen vorzunehmen. Diese Aggregation ist bei einer freiwilligen tieferen Gliederung allerdings Pflichtbestandteil des Haushaltsplans und des Jahresabschlusses.

6.5 Praktische Umsetzung der Gliederung mit kaufmännischer Standardsoftware

Ein Ziel der Einführung des kaufmännischen Rechnungswesens in der Kommunalverwaltung war die Erleichterung des Einsatzes betriebswirtschaftlicher Software im Rechnungswesen der Kommunen.[12] Dies sollte zum einen die Kosten für Erstellung und Pflege der Software verringern und zum anderen ermöglichen, dass die in der Privatwirtschaft erfolgreich eingesetzten Steuerungsinstrumente besser für den Einsatz in Verwaltungen nutzbar gemacht werden können. Voraussetzung für den Einsatz solcher Software in Kommunalverwaltungen ist jedoch, dass es möglich ist, mit einer solchen Software die verbindlichen Anforderungen des Neuen Kommunalen Haushalts- und Rechnungswesens abzudecken.

Die Aufgliederung des externen Rechnungswesens in Produktbereiche (bzw. Geschäftsbereiche) sowohl für die Rechnungslegung als auch für die Planung entspricht nicht dem kaufmännischen Standard und stellt damit eine kommunalspezifische Besonderheit dar. Gleichwohl bietet jede kaufmännische Software verschiedene Möglichkeiten, die vorgesehene Gliederung abzubilden.

Im Wesentlichen werden sich für die praktische Umsetzung der Gliederung zwei Ansatzpunkte finden lassen:

- Instrumente des internen Rechnungswesens und
- Instrumente zur Erstellung konsolidierter Konzernabschlüsse

Kaufmännische Standardsoftware stellt neben den klassischen Instrumenten der Finanzbuchhaltung regelmäßig auch Instrumente für das interne Controlling bzw. eine Kosten- und Leistungsrechnung zur Verfügung. Die Kosten- und Leistungsrechnung stellt in Form der Kostenträgerrechnung ein Rechnungssystem dar, das weitgehend einer funktionalen Gliederung des Rechnungswesens entspricht. Um die technischen Instrumente der kaufmännischen Software für die vorgeschriebene Haushaltsgliederung nutzen zu können, ist daher die Aufweichung der Trennlinie zwischen externem und internem Rechnungswesen ein möglicher Weg. Die Abbildung und Planung von Teilergebnissen ist regelmäßig mit Hilfe der Instrumente der Kosten- und Leistungsrechnung möglich.

12 Vgl. Modellprojekt „Doppischer Kommunalhaushalt in NRW“ (Hrsg.), Neues Kommunales Finanzmanagement: Betriebswirtschaftliche Grundlagen für das doppische Haushaltsrecht, 2., vollst. überarb. Aufl. auf der Basis der Endergebnisse des Modellprojektes, Freiburg 2003, S. 27.

Dazu sind i. d. R. alle Aufwands- und Ertragsarten systemtechnisch als Kosten- und Erlösarten zu definieren, damit die Möglichkeit gegeben ist, sie über die Kosten- und Leistungsrechnung entsprechenden Produkten (Kostenträgern) zuzuordnen.

Ein weiterer Ansatzpunkt für die Umsetzung der geforderten Gliederung ist die Schaffung separater bilanzierender Einheiten für jeden Produktbereich und die anschließende Konsolidierung dieser Einheiten in der Planung und im Jahresabschluss. Dieser Weg ist zumindest in den bekannten kommunalen Modellprojekten bislang nicht beschritten worden. Dies ist wohl darauf zurückzuführen, dass die Umsetzung dieser Variante komplexer und unflexibler erscheint und den derzeitigen Strukturen des kommunalen Rechnungswesens weniger entspricht. Gleichwohl ist zu erwarten, dass die kommunale Praxis zukünftig auch diese Variante einsetzen wird, um die haushaltsrechtlichen Anforderungen bedarfsgerecht umzusetzen.

Im Hinblick auf das NKHR stellt sich die Frage nach dem Einsatz und den Grenzen kaufmännischer Standardsoftware vor allem im Hinblick auf die (zumindest indirekt) geforderte mehrdimensionale Gliederung des Haushalts. Haushaltsrechtlich wird im „engeren Sinne" eine Produktgruppengliederung gefordert. Zusätzlich wird in den meisten Kommunen eine weitere Untergliederung der Produktgruppen in Produkte erforderlich sein, um den Ansprüchen der politischen Mandatsträger nach Detailinformationen gerecht werden zu können. Für die interne Budgetierung wird die auch haushaltsrechtlich zulässige Gliederung „nach der örtlichen Organisation" gefordert werden. Darüber hinaus macht die Finanzstatistik eine weitere, an den alten Gliederungsstrukturen orientierte detaillierte Gliederung des Haushalts erforderlich. Diese Gliederungsstruktur passt i. d. R. nicht vollständig zur produkt- oder organisationsbezogenen Gliederung. Damit ist eine Zuordnung jeder Planungsposition und jeder Buchung nach folgenden Kriterien erforderlich:

- Sachkonto,
- Produktbereich,
- Produktgruppe,
- Produkt,
- Organisationseinheit,
- finanzstatistische Gliederung.

Da eine eindeutige Ableitung der Informationen nur zwischen den Produkten, Produktgruppen und Produktbereichen möglich ist, muss sowohl die Software als auch das Personal in der Lage sein, die Fülle der Einzelinformationen richtig zuzuordnen und zu verarbeiten. Im Hinblick auf die Herausforderungen, die die Einführung des kaufmännischen Rechnungswesens ohnehin an die Mitarbeiter stellt, ist zu bezweifeln, dass die gestellten Anforderungen, die weit über das hinausgehen, was in der Privatwirtschaft heute verlangt wird, im Rahmen der derzeitigen Reform von den Kommunen erfüllt werden können.

6.6 Übung

Sachverhalt:

a) Die Gemeinde G zahlt einen Zuschuss an den Verband der Kleingärtner e. V. für den Bau eines Vereinshauses
b) Von der Gemeinde G wird eine Beratungsstelle für Suchtkranke eingerichtet.
c) Für die Sekundarschule wird eine Landeszuweisung für Schulwanderungen zugesagt.
d) Es wird von der Gemeinde G ein Tierheim errichtet.
e) Die Stadt vereinnahmt im Rahmen der Wirtschaftsförderung die Zinsen für Darlehen an private Unternehmen.
f) Die Volkshochschule erhält Landeszuweisungen für Hausarbeitskurse.
g) Zur Förderung des Fremdenverkehrs organisiert das zuständige Amt einen Basar.
h) Die Stadtsparkasse liefert den Bilanzgewinn ab.
i) Die Gemeinde G baut ein neues Fußballstadion.

Aufgabe:

Ordnen Sie jeden Geschäftsvorfall einer verbindlichen Produktgruppe zu.

Lösung:

Die Geschäftsvorfälle werden auf Grund des Produktrahmenplans zugeordnet.

a) Produktgruppe 554 = Naturschutz und Landschaftspflege
b) Produktgruppe 412 = Gesundheitseinrichtungen
c) Produktgruppe 216 = Sekundarschulen
d) Produktgruppe 122 = Ordnungsangelegenheiten
e) Produktgruppe 571 = Wirtschaftsförderung
f) Produktgruppe 271 = Volkshochschulen
g) Produktgruppe 575 = Tourismus
h) Produktgruppe 573 = Allgemeine Einrichtungen und Wirtschaftliche Unternehmen
i) Produktgruppe 421 = Förderung des Sports

7. Die Elemente des Haushaltsplans

Der Haushaltsplan ist die zentrale Grundlage der Haushaltswirtschaft der Gemeinden und Gemeindeverbände. Er steht im Zentrum der kommunalen Planungen, bestimmt die laufende Buchhaltung und ist Grundlage für die Rechenschaftslegung. Diese zentrale Position wird dem Haushaltsplan nicht zuletzt durch die rechtliche Bedeutung verliehen, die ihm die Gemeindeordnung zuweist. Diese Bedeutung ergibt sich im Kommunalverfassungsgesetz insbesondere aus den §§ 100 bis 102, 118 bis 120 KVG.

Der Haushalt der Gemeinden und Gemeindeverbände ergibt sich im Wesentlichen aus den Rechnungskomponenten der Drei-Komponenten-Rechnung:

- Ergebnisrechnung,
- Finanzrechnung,
- Vermögensrechnung (Bilanz).

Bezogen auf den Haushalts*plan* stehen nach § 101 Abs. 1 KVG die voraussichtlich anfallenden Erträge und Aufwendungen, Einzahlungen und Auszahlungen sowie Verpflichtungsermächtigungen im Mittelpunkt. Diese werden abgebildet im Ergebnisplan und im Finanzplan, die wiederum in Teilpläne weiter zu untergliedern sind (§ 101 Abs. 2 KVG). Die Bilanz ist dagegen nach den haushaltsrechtlichen Vorschriften nur für den Jahresabschluss und nicht als Planbilanz im Haushaltsplan vorgesehen. Durch die Verknüpfung der Positionen der drei Rechnungskomponenten wirken sich jedoch auch die Bilanzpositionen mittelbar auf die Ergebnis- und Finanzpläne aus. Beispielsweise beziehen sich die Abschreibungen selbstverständlich auf das in der Bilanz ausgewiesene Anlagevermögen. Ebenso mindert die ergebniswirksame Auflösung erhaltener Investitionszuweisungen den Sonderposten auf der Passivseite der Bilanz.

Wichtiges Ziel der Reform des Haushaltsrechts war die Einbindung von Leistungszielen in die Haushaltsplanung (Outputorientierung).[1] Dies hat dazu geführt, dass im § 4 Abs. 2 KomHVO sowohl die Ausweisung von Zielen als auch die Bildung von Kennzahlen zur Messung der Zielerreichung verpflichtender Bestandteil des Haushaltsplans und des Jahresabschlusses (§ 45 Abs. 1 KomHVO) sind. Da die Regelung eine Muss-Vorschrift für die Abbildung dieser Outputdaten vorsieht, ist die Verpflichtung rechtlich bindend.[2]

Der Haushaltsplan enthält ferner den Stellenplan als Bestandteil. Die Inhalte des Stellenplans nach § 76 KVG sind Bestandteil des Haushaltsplans. Mit Beschluss der Haushaltssatzung erhalten sie rechtliche Verbindlichkeit.[3]

Die nach § 4 KomHVO vorgeschriebene Gliederung des Haushaltsplans in Teilpläne nach Produktbereichen oder produktorientiert nach der örtlichen Organisation bildet die wesentliche Grundlage für die politische Beratung des Haushaltsplans. Im Über-

1 Vgl. hierzu auch: *Jungfer*, Die Stadt in der Krise – Ein Manifest für starke Kommunen, Bonn 2005, S. 100 f.

2 Die Outputorientierung des Haushalts wird im KVG leider nicht grundsätzlich geregelt, wie es nach Auffassung des Autors sinnvoll gewesen wäre. Ziele und Kennzahlen sind im § 101 KVG nicht erwähnt, sondern werden lediglich in der KomHVO angesprochen.

3 Siehe zur Haushaltssatzung die ausführliche Darstellung in Kap. 18.

blick ergibt sich daraus eine Zusammensetzung des Haushaltsplans entsprechend der nachfolgenden graphischen Darstellung:

Haushaltsplan

Ergebnisplan	Finanzplan	Teilpläne	Stellenplan
+ Erträge – Aufwendungen = Ergebnis	+ Einzahlungen – Auszahlungen = Cash Flow	• Ziele, • Kennzahlen, • Erträge, • Aufwendungen, • investive Einzahlungen • investive Auszahlungen • investive Einzelmaßnahmen	

Anlagen

Vorbericht	**Übersicht Verpflichtungsermächtigungen**	**Übersicht Rücklagen**	**Übersicht Verbindlichkeiten**
Übersicht Fraktionszuwendungen	**Übersicht Budgets**	**Haushaltskonsolidierungskonzept**	**Wirtschaftspläne und Abschlüsse der Sondervermögen mit Sonderrechnung**

Im Folgenden werden die einzelnen Elemente des Haushaltsplans ausführlich erläutert. Den Anlagen ist Kap. 8 gewidmet.

7.1 Ergebnisplan

Das neue Haushaltsrecht stellt das Ressourcenverbrauchskonzept in den Mittelpunkt der Planung und der Bewirtschaftung. Im Gegensatz zum Geldverbrauchskonzept, das der Kameralistik zugrunde lag, legt das Ressourcenverbrauchskonzept das Augenmerk auf den Verzehr von Vermögen (Ressourcenverbrauch) und den Zuwachs an Vermögenswerten (Ressourcenaufkommen). Die Darstellung des vollständigen Ressourcenverbrauchs und des Ressourcenaufkommens erfolgt im Ergebnisplan. Dabei werden Ressourcenaufkommen und -verbrauch im Neuen Kommunalen Haushalts- und Rechnungswesen mit den betriebswirtschaftlichen Größen „Aufwand" und „Ertrag" gleichgesetzt. Der Saldo dieser Größen in einem Jahr ergibt das Jahresergebnis, das in der Logik der kaufmännischen Buchführung die Änderung des Eigenkapitals zum vorherigen Bilanzstichtag abbildet. An der Entwicklung des Eigenkapitals lässt sich feststellen, ob die Kommune nachhaltig wirtschaftet oder ob sie „von der Substanz" lebt. Sobald sich das Eigenkapital reduziert, verbraucht sie Vermögen, das in vorigen Jahren erwirtschaftet wurde, oder sie schiebt Lasten z. B. durch die Aufnahme von Krediten oder das Eingehen sonstiger Verpflichtungen in die Zukunft. Der Ergebnisplan stellt gem. § 2 KomHVO eine Planung von Aufwands- und Ertragsgrößen dar. In der Privatwirtschaft würde dies als „Plan-Gewinn- und Verlustrechnung" (Plan-GuV) bezeichnet. Die neutrale Bezeichnung „Ergebnisplan“ wurde gewählt, da sowohl die Ausweisung von Gewinnen als auch die Ausweisung von Verlusten im Bereich der Kommunalverwaltung nicht das Ziel der Planung sein sollte, sondern ein ausgeglichenes Ergebnis dem Ziel der intergenerativen Gerechtigkeit am besten entspricht.

Der Ergebnisplan bezieht sich auf alle Bereiche, die in der Kernverwaltung geführt werden. Er wird in Staffelform aufgestellt und beinhaltet nach § 2 Abs. 2 KomHVO verpflichtend die Darstellung verschiedener Zwischensalden:

- ordentliche Erträge,
- ordentliche Aufwendungen,
- außerordentliche Erträge,
- außerordentliche Aufwendungen,
- ordentliches Ergebnis,
- außerordentliches Ergebnis,
- Jahresergebnis.

Die ordentlichen Erträge ergeben sich dabei aus der Summe der nach § 2 Abs. 1 Nr. 1 KomHVO verpflichtend auszuweisenden Ertragsarten. Ebenso ergeben sich die ordentlichen Aufwendungen aus der Summe der nach § 2 Abs. 1 Nr. 2 KomHVO verpflichtend auszuweisenden Aufwandsarten. Die Differenz der ordentlichen Erträge und der ordentlichen Aufwendungen ergibt das ordentliche Ergebnis. In diesem Ergebnis sind Aufwendungen- und Erträge aus Finanzierungstätigkeit (insbesondere Zinsen) enthalten. Nicht beinhaltet sind die außerordentlichen Aufwendungen und Erträge. Diese Positionen werden gem. § 2 Abs. 1 Nr. 3 und 4 KomHVO nach dem ordentlichen Ergebnis aufgeführt. Als außerordentliche Erträge und Aufwendungen werden – ähnlich wie im kaufmännischen Rechnungswesen – solche Geschäftsvorfälle abgebildet, die

- in ihrer Art ungewöhnlich sind und
- von wesentlicher Bedeutung

sind.[4] Beispiele hierfür sind Aufwendungen, die sich aus Naturkatastrophen oder anderen Unglücken ergeben, oder Erträge, die auf die Veräußerung von Vermögensgegenständen zurückzuführen sind, wenn die obigen Kriterien erfüllt sind. Durch Hinzurechnung des außerordentlichen zum ordentlichen Ergebnis ergibt sich das Jahresergebnis.

Der Ergebnisplan bildet insgesamt sechs Haushaltsjahre ab (Anlage 3 der Muster zum NKHR). Neben dem Jahr für das der Haushaltsplan aufgestellt wird (Planjahr), werden abgebildet:

- das Rechnungsergebnis des Vorvorjahres,
- die Planansätze des Vorjahres,
- die Planungen für die drei auf das Planjahr folgenden Jahre.

4 Modellprojekt „Doppischer Kommunalhaushalt in NRW“ (Hrsg.), Neues Kommunales Finanzmanagement: Betriebswirtschaftliche Grundlagen für das doppische Haushaltsrecht, 2., vollst. überarb. Aufl. auf der Basis der Endergebnisse des Modellprojektes, Freiburg 2003, S. 63 f.

Durch diese Integration der mittelfristigen Planung kann zum einen auf separate Planwerke (wie die bisherige Finanzplanung) verzichtet werden, zum anderen wird hierdurch die mittelfristige Planung gegenüber der bisherigen separaten Mittelfristplanung deutlich aufgewertet, da sie bei der politischen Beratung automatisch im Blickfeld steht.

Der Ergebnisplan gibt einen Gesamtüberblick über die voraussichtliche Entwicklung der Gemeinde. Insbesondere ist aus dem ausgewiesenen Planergebnis erkennbar, ob sich das Eigenkapital voraussichtlich erhöht (Planüberschuss) oder verringert (Planfehlbetrag). Dies ergibt sich daraus, dass die Ergebniskonten (Aufwands- und Ertragskonten) Unterkonten des Eigenkapitalkontos sind und im Jahresabschluss über das Bilanzkonto „Eigenkapital" abgeschlossen werden. Eine Verringerung des Eigenkapitals bedeutet dabei, dass die Gemeinde in einer Rechnungsperiode mehr Vermögensverzehr (Ressourcenverbrauch) hat, als ihr an neuem Vermögen zufließt (Ressourcenaufkommen). Umgekehrt führt ein Jahresüberschuss durch die Erhöhung des Eigenkapitals zu einem Substanzaufbau.

Im Sinne der Nachhaltigkeit des kommunalen Wirtschaftens und dem damit verknüpften Ziel der intergenerativen Gerechtigkeit, sollte sich der Substanzabbau und -aufbau über einen Zeitraum ausgleichen, der einer „Generation" zugerechnet werden kann. Hierdurch wird vermieden, dass

- eine Generation z. B. zu Lasten einer nachfolgenden mehr verbraucht als sie erarbeitet oder
- eine Generation der Gemeinde mehr Steuern zuführt als sie an Gegenleistungen von der Gemeinde erhält.

Zusammengefasst lässt sich die Struktur des Ergebnisplans anhand des nachfolgenden Musters[5] abbilden:

Ergebnisplan			Ergebnis 2023	Ansatz 2024	Ansatz 2025	Planung 2026	Planung 2027	Planung 2028
			1	2	3	4	5	6
1		Steuern und ähnliche Abgaben						
2	+	Zuwendungen und allgem. Umlagen						
3	+	Sonstige Transfererträge						
4	+	Öffentlich-rechtliche Leistungsentgelte						
5	+	Privatrechtliche Leistungsentgelte, Kostenerstattungen und Kostenumlagen						
6	+	Sonstige ordentliche Erträge						
7	+	Finanzerträge						
8	+	Aktivierte Eigenleistungen, Bestandsveränderungen						
9	=	**Ordentliche Erträge**						

5 Muster entsprechend Anlage 3 der Muster zum NKHR.

Ergebnisplan			Ergebnis 2023	Ansatz 2024	Ansatz 2025	Planung 2026	Planung 2027	Planung 2028
			1	2	3	4	5	6
10		Personalaufwendungen						
11	+	Versorgungsaufwendungen						
12	+	Aufwendungen für Sach- und Dienstleistungen						
13	+	Transferaufwendungen						
14	+	Sonstige ordentliche Aufwendungen						
15	+	Zinsen und sonstige Finanzaufwendungen						
16	+	Bilanzielle Abschreibungen						
17	=	**Ordentliche Aufwendungen**						
18	=	**Ordentliches Ergebnis** (Saldo Zeilen 9 und 17)						
19		Außerordentliche Erträge						
20	–	Außerordentliche Aufwendungen						
21	=	**Außerordentliches Ergebnis**						
22	=	**Jahresergebnis** (Jahresüberschuss/ Jahresfehlbetrag) (Summe Zeilen 18 und 21)						

7.2 Finanzplan

Neben der Planung des Ergebnisses tritt innerhalb des Haushaltsplans im Neuen Kommunalen Haushalts- und Rechnungswesen nach § 101 Abs. 2 KVG eine zweite wesentliche Plangröße: der Finanzplan. Der Begriff „Finanzplan" ist zunächst deutlich abzugrenzen vom früheren kameralen Begriff der „Finanzplanung". Auch wenn im Finanzplan – wie im Ergebnisplan – die mittelfristige Planung integriert ist, so steht doch die Planung des kommenden Haushaltsjahres im Zentrum der Planung. Der Finanzplan ist zudem kein verbleibendes kamerales Element im doppischen Haushalt, sondern stellt eine sinnvolle Ergänzung des Ergebnisplans dar, die zunehmend auch für die Privatwirtschaft gefordert wird.

Dabei bezieht sich der Finanzplan auf die betriebswirtschaftlichen Rechengrößen „Einzahlungen" und „Auszahlungen"[6]. Im Finanzplan werden somit alle Geschäftsvorfälle abgebildet, die das Geldvermögen (d. h. die Bilanzposition „Liquide Mittel" der Kommune) verändern. Insofern ist ein unmittelbarer Bezug zur Bilanz hergestellt.

6 Der Rechenstoff in der Kameralistik waren Einnahmen und Ausgaben. Die Differenzen zwischen diesen Größen sind marginal. Im Wesentlichen ist darauf hinzuweisen, dass in der früheren kommunalen Kameralistik z. T. auch innere Verrechnungen (z. B. Zuführungen vom Verwaltungs- an den Vermögenshaushalt oder Abschreibungen in den gebührenrechnenden Einrichtungen) als Einnahmen und Ausgaben dargestellt wurden.

Ziel des Finanzplans ist die sorgfältige Planung der Veränderung des Zahlungsmittelbestandes, die Ermächtigung der Investitionstätigkeit und die Feststellung eines notwendigen Kreditbedarfs für den Planungszeitraum.[7] Da für die Aufnahme von Krediten eine gesonderte Ermächtigung des Rates in der Haushaltssatzung erforderlich ist, ist diese Position besonders sorgfältig zu planen. Eine wesentliche Grundlage für diese Planung ist der Finanzplan. Allerdings bildet der Finanzplan nur den Kreditbedarf für Investitionen bezogen auf die gesamte Planungsperiode ab. Unberücksichtigt bleiben unterjährige Finanzierungsspitzen zur Sicherung der Liquidität im laufenden Jahr, für deren Abdeckung ein zusätzlicher Kreditbedarf erforderlich sein kann.[8]

Wie der Ergebnisplan wird nach § 3 KomHVO der Finanzplan in Staffelform aufgestellt und weist nach Absatz 2 dieses Paragraphen verpflichtend nachfolgende Zwischensalden aus:[9]

- Saldo aus den Einzahlungen und Auszahlungen (Cash-Flow) aus laufender Verwaltungstätigkeit,
- Saldo aus den Einzahlungen und Auszahlungen (Cash-Flow) aus Investitionstätigkeit,
- Finanzmittelüberschuss/-fehlbetrag,
- Saldo aus den Einzahlungen und Auszahlungen (Cash-Flow) aus Finanzierungstätigkeit,
- Änderung des Bestandes an Finanzmitteln.

Die Einzahlungen aus laufender Verwaltungstätigkeit ergeben sich dabei aus der Summe der verpflichtend auszuweisenden Einzahlungsarten (§ 3 Abs. 1 Nr. 1 KomHVO) für die laufende Verwaltungstätigkeit. Ebenso ergeben sich die Auszahlungen aus laufender Verwaltungstätigkeit aus der Summe der verpflichtend auszuweisenden Auszahlungsarten im Bereich der laufenden Verwaltungstätigkeit (§ 3 Abs. 1 Nr. 2 KomHVO). Die Differenz der Einzahlungen und der Auszahlungen für die laufende Verwaltungstätigkeit ergibt den Cash-Flow aus laufender Verwaltungstätigkeit. Separat ausgewiesen wird die Investitionstätigkeit der Kommune mit vorgeschriebenen Einzahlungs- und Auszahlungsarten. Für den Bereich der Investitionen wird ein separater Saldo als Cash-Flow aus Investitionstätigkeit ausgewiesen. Zu beachten ist, dass zu den Investitionen auch die zu bilanzierenden Investitionsfördermaßnahmen i. S. v. § 34 Abs. 6 KomHVO gehören. Hierbei handelt es sich um Zuwendungen für Investitionen Dritter, die bei der Gemeinde als immaterielle Vermögensgegenstände zu aktivieren sind, wenn die Gemeinde als Zuwendungsgeber ein konkretes Recht an dem geförderten Vermögensgegenstand erlangt hat.

Die Saldierung von Cash-Flow aus laufender Verwaltungstätigkeit und Cash-Flow aus Investitionstätigkeit ergibt den originären Finanzmittelüberschuss bzw. -fehlbetrag. Ein möglicher Fehlbetrag kann im Bereich der Finanzierungstätigkeit durch Kredit-

---

7 Vgl. *Körner/Portis*, Direkte versus indirekte Finanzrechnung – Vor- und Nachteile in der Praxis, der gemeindehaushalt 2006 S. 9.

8 Hierauf wird ausführlich in Kap. 16 dieses Buches eingegangen.

9 Der Gesetzgeber vermeidet die gängigen Fachtermini und Anglizismen; besser wäre die Verwendung des englischsprachigen Fachbegriffs „Cash-Flow“.

aufnahme abgedeckt werden. Ein Überschuss kann möglicherweise zur Kredittilgung verwandt werden. Sowohl die Kreditaufnahme als auch die Tilgung von Krediten werden im Finanzplan separat ausgewiesen und schließen ab mit dem Cash-Flow aus Finanzierungstätigkeit. Finanzmittelüberschuss/-fehlbetrag und der Cash-Flow aus Finanzierungstätigkeit ergeben zusammen die Änderung des Bestandes an Finanzmitteln. Gemeinsam mit dem Anfangsbestand der Finanzmittel lässt sich hieraus der voraussichtliche Finanzmittelbestand zum Ende der Planungsperiode ermitteln. Dieser Finanzmittelbestand entspricht der Bilanzposition „Liquide Mittel" im Umlaufvermögen. In der Übersicht stellt sich der Finanzplan wie folgt dar:

Finanzplan			Ergebnis 2023	Ansatz 2024	**Ansatz 2025**	Planung 2026	Planung 2027	Planung 2028
			1	2	**3**	4	5	6
1		Steuern und ähnliche Abgaben						
2	+	Zuwendungen und allgemeine Umlagen						
3	+	Sonstige Transfereinzahlungen						
4	+	Öffentlich-rechtliche Leistungsentgelte						
5	+	Privatrechtliche Leistungsentgelte, Kostenerstattungen und Kostenumlagen						
6	+	Sonstige Einzahlungen						
7	+	Zinsen und ähnliche Einzahlungen						
8	=	**Einzahlungen aus laufender Verwaltungstätigkeit**						
9		Personalauszahlungen						
10	+	Versorgungsauszahlungen						
11	+	Auszahlungen für Sach- und Dienstleistungen						
12	+	Transferauszahlungen						
13	+	Sonstige Auszahlungen						
14	+	Zinsen und ähnliche Auszahlungen						
15	=	**Auszahlungen aus laufender Verwaltungstätigkeit**						
16	=	**Saldo aus laufender Verwaltungstätigkeit** (Saldo Zeilen 8 und 15)						
17		Einzahlungen aus Zuwendungen für Investitionen und für zu bilanzierende Investitionsfördermaßnahmen und aus Investitionsbeiträgen						
18	+	Einzahlungen aus der Veränderung des Anlage-Vermögens						
19	=	**Einzahlungen aus Investitionstätigkeit**						

Finanzplan			Ergebnis 2023	Ansatz 2024	**Ansatz 2025**	Planung 2026	Planung 2027	Planung 2028
			1	2	**3**	4	5	6
20		Auszahlungen für eigene Investitionen						
21	+	Auszahlungen von Zuwendungen für zu bilanzierende Investitionsfördermaßnahmen						
22	=	**Auszahlungen aus Investitionstätigkeit**						
23	=	**Saldo aus Investitionstätigkeit** (Saldo Zeilen 19 und 22)						
24	**=**	**Finanzmittelüberschuss/ -fehlbetrag** (Summe Zeilen 16 und 23)						
25		Einzahlungen aus der Aufnahme von Krediten für Investitionen und für zu bilanzierende Investitionsfördermaßnahmen, sonstige Einzahlungen aus Finanzierungstätigkeit						
26	–	Auszahlungen für die Tilgung von Krediten für Investitionen und für zu bilanzierende Investitionsfördermaßnahmen, sonstige Auszahlungen aus Finanzierungstätigkeit						
27	=	**Saldo aus Finanzierungstätigkeit**						
28	**=**	**Änderung des Finanzmittelbestandes im Haushaltsjahr** (Summe Zeilen 24 und 27)						
33	+	Voraussichtlicher Bestand an Finanzmitteln am Anfang des Haushaltsjahres						
34	**=**	**Voraussichtlicher Bestand an Finanzmitteln am Ende des Haushaltsjahres**						

Der Finanzplan gibt einen systematischen Überblick über die voraussichtliche finanzielle Lage der Kommune im Planjahr und in den drei Folgejahren. Er stellt insbesondere dar, inwieweit sich der Finanzmittelbedarf aus laufender Tätigkeit oder aus Investitionstätigkeit ergibt und wie der Fehlbetrag aus Investitionstätigkeit gedeckt werden soll. Bedingt durch die Differenzierung von Investitionskrediten und sonstigen Krediten bleibt eine Deckung von Fehlbeträgen aus laufender Verwaltungstätigkeit im Finanzplan allerdings aus. Der Cash-Flow aus Finanzierungstätigkeit weist damit in der Planung nicht mehr die vorgesehene Netto-Kreditaufnahme aus und führt zu einem deutlichen Mangel an Transparenz. Insbesondere in vielen Großstädten spielt die Finanzierung laufender Defizite eine inzwischen so bedeutende Rolle, dass der

Verzicht auf eine Veranschlagung dieser Mittel im Finanzplan betriebswirtschaftlich nicht vertretbar ist.

Zur besseren Transparenz bietet es sich an, den bilanziellen Bestand an Finanzmitteln als Ausgangsgrundlage der Planung auszuweisen und damit die zeitliche Verbindung der Planungsrechnungen untereinander herzustellen. Allerdings führt die fehlende Berücksichtigung des Saldos[10] der Kredite zur Liquiditätssicherung und der durchlaufenden Posten dazu, dass zumindest in der Planung die Logik der Drei-Komponenten-Rechnung aufgegeben wird. Durch die bewusste Nichtberücksichtigung eines Teils der Ein- und Auszahlungen kann eine zutreffende Planung der Bilanzpositionen (hier: Liquide Mittel) nicht erfolgen. Die betriebswirtschaftliche Verbindung zwischen Finanzplan und Bilanz wird damit zerschnitten.

Insgesamt soll der Finanzplan die Planung im Hinblick auf die notwendige Finanzmittelbereitstellung vervollständigen, was leider im vorliegenden Gesetz durch die Nichtberücksichtigung eines Teils der Kredite und der sog. „durchlaufenden Posten“ systematisch nicht glückt. Berücksichtigt werden dabei aber zumindest die vorgesehenen Investitionen und die dafür notwendige Finanzierungstätigkeit, die im Ergebnisplan nicht abgebildet werden und dennoch zu Recht im Blickpunkt der Öffentlichkeit stehen, wenn es um die kommunale Haushaltsplanaufstellung geht.

7.3 Übung

Sachverhalt:
Die Gemeinde G hat ihr Haushalts- und Rechnungswesen auf das Neue Kommunale Haushalts- und Rechnungswesen umgestellt und legt für das Jahr 2025 den ersten doppischen Haushaltsplan für die Gesamtverwaltung vor. Für das Planjahr werden im Ergebnis- und Finanzplan nachfolgende Werte geplant:

Ergebnisplan 2025		
		Tausend €
	Steuern und ähnliche Abgaben	355.000
+	Zuwendungen und allgemeine Umlagen	52.000
+	Sonstige Transfererträge	5.000
+	Öffentlich-rechtliche Leistungsentgelte	55.000
+	Privatrechtliche Leistungsentgelte, Kostenerstattungen und Kostenumlagen	33.000
+	Sonstige ordentliche Erträge	36.500
+	Finanzerträge	980
+	Aktivierte Eigenleistungen, Bestandsveränderungen	990
=	**Ordentliche Erträge**	**538.470**

10 Bei den kurzfristigen Krediten kann lediglich der Saldo der Neuaufnahmen und Tilgungen geplant werden, was zur Vervollständigung des Finanzplans ausreicht und an dieser Stelle eine Abweichung vom Bruttoprinzip bedingen sollte. Die tatsächliche Höhe der Ein- und Auszahlungen innerhalb eines Jahres hängt wesentlich von der gewählten Laufzeit der Kredite ab und ergibt sich aus der kurzfristigen Finanzdisposition der jeweiligen Gemeinde und den aktuellen Kreditkonditionen. Sie ist nicht planbar.

Ergebnisplan 2025		
		Tausend €
	Personalaufwendungen	195.000
+	Versorgungsaufwendungen	520
+	Aufwendungen für Sach- und Dienstleistungen	24.910
+	Transferaufwendungen	227.050
+	Sonstige ordentliche Aufwendungen	38.200
+	Zinsen und sonstige Finanzaufwendungen	28.500
+	Bilanzielle Abschreibungen	35.790
=	**Ordentliche Aufwendungen**	**549.970**
=	**Ordentliches Ergebnis**	**–11.500**
+	Außerordentliche Erträge	11.500
–	Außerordentliche Aufwendungen	0
=	**Außerordentliches Ergebnis**	**11.500**
=	**Jahresergebnis**	**0**

Finanzplan 2025		
		Tausend €
	Steuern und ähnliche Abgaben	361.000
+	Zuwendungen und allgemeine Umlagen	35.000
+	Sonstige Transfereinzahlungen	5.000
+	Öffentlich-rechtliche Leistungsentgelte	53.000
+	Privatrechtliche Leistungsentgelte, Kostenerstattungen, Kostenumlagen	33.500
+	Sonstige Einzahlungen	35.500
+	Zinsen und ähnliche Einzahlungen	800
=	**Einzahlungen aus laufender Verwaltungstätigkeit**	**523.800**
	Personalauszahlungen	145.000
+	Versorgungsauszahlungen	53.000
+	Auszahlungen für Sach- und Dienstleistungen	31.000
+	Transferauszahlungen	227.500
+	Sonstige Auszahlungen	37.500
+	Zinsen und ähnliche Auszahlungen	29.500
=	**Auszahlungen aus laufender Verwaltungstätigkeit**	**523.500**
	Saldo aus laufender Verwaltungstätigkeit	**300**
	Einzahlungen aus Zuwendungen für Investitionen und für zu bilanzierende Investitionsfördermaßnahmen und aus Investitionsbeiträgen	21.200
+	Einzahlungen aus der Veräußerung des Anlagevermögens	35.500
=	**Einzahlungen aus Investitionstätigkeit**	**56.700**

Finanzplan 2025		
		Tausend €
	Auszahlungen für eigene Investitionen	64.800
+	Auszahlungen von Zuwendungen für zu bilanzierende Investitionsfördermaßnahmen	0
=	**Auszahlungen aus Investitionstätigkeit**	**64.800**
	Saldo aus Investitionstätigkeit	**–8.100**
	Finanzmittelüberschuss/-fehlbetrag	**–7.800**
	Einzahlungen aus der Aufnahme von Krediten für Investitionen und für zu bilanzierende Investitionsfördermaßnahmen, sonstige Einzahlungen aus Finanzierungstätigkeit	24.000
–	Auszahlungen für die Tilgung von Krediten für Investitionen und für zu bilanzierende Investitionsfördermaßnahmen, sonstige Auszahlungen aus Finanzierungstätigkeit	15.200
=	**Saldo aus Finanzierungstätigkeit**	**8.800**
	Voraussichtlicher Bestand an Finanzmitteln am Ende des Haushaltsjahres	**1.000**

Der außerordentliche Ertrag i. H. v. 11,5 Mio. € ergibt sich aus der geplanten Veräußerung von Anteilen an der Stadtwerke G GmbH. Diese Anteile wurden im Rahmen der Erstellung der Eröffnungsbilanz zum 1.1.2025 mit einem anteiligen Eigenkapitalwert von 1,5 Mio. € bewertet. Der erwartete Verkaufserlös beträgt 13 Mio. €. Diese 13 Mio. € sind in der Finanzplanung als Einzahlung aus der Veräußerung des Anlagevermögens ausgewiesen.

Aufgabe:
Was lässt sich ohne nähere Betrachtung von Einzelpositionen aus der vorliegenden gesamtstädtischen Ergebnis- und Finanzplanung im Hinblick auf die allgemeine Haushaltslage der Gemeinde G erkennen?

Lösung:
Der Ergebnisplan der Gemeinde G für das Jahr 2025 weist ein in Erträgen und Aufwendungen ausgeglichenes Jahresergebnis aus. Es ist damit bilanziell keine Änderung des Eigenkapitals vorgesehen. Dies bedeutet gleichzeitig, dass die Gemeinde G die formalen Anforderungen des Ressourcenverbrauchskonzepts einhält (Ressourcenaufkommen ≥ Ressourcenverbrauch).

Festzustellen ist jedoch, dass der Ausgleich des Ergebnisplans nur durch einen erheblichen außerordentlichen Ertrag erreicht werden kann. Außerordentliche Aufwendungen und Erträge beruhen definitionsgemäß auf seltenen, ungewöhnlichen Vorgängen von wesentlicher Bedeutung. Im vorliegenden Fallbeispiel ergibt sich ein erheblicher außerordentlicher Ertrag aus der Veräußerung von Anteilen einer städtischen Gesellschaft. Da die Unternehmensanteile in der Eröffnungsbilanz lediglich mit ihrem anteiligen Eigenkapitalwert bewertet werden, ergibt sich eine erhebliche Differenz zwischen dem bilanziellen Wert und dem erwarteten Veräußerungserlös. Diese Differenz wird bei einer tatsächlichen Veräußerung als außerordentlicher Ertrag ergebniswirksam.

Da das geplante ordentliche Jahresergebnis mit immerhin 11,5 Mio. € negativ ist, liegt bei der Gemeinde G ein strukturell unausgeglichener Haushalt vor, der in 2025 nur durch die vorgesehene einmalige Veräußerung von Unternehmensanteilen aufgefangen werden kann.

Der Finanzplan weist eine erforderliche Netto-Kreditaufnahme von 8,8 Mio. € aus. Aus laufender Verwaltungstätigkeit kann lediglich ein Finanzierungsbeitrag von 300.000 € zu den Investitionen geleistet werden. Der weitaus größte Teil der Investitionen wird aus Veräußerungserlösen des Anlagevermögens (35,5 Mio. €) finanziert. Addiert man zu diesem geplanten Vermögensabgang noch die bilanziellen Abschreibungen von 35,8 Mio. € hinzu, wird deutlich, dass für das Jahr 2025 das Anlagevermögen in erheblichem Umfang (real 71,3 Mio. €) reduziert werden soll. Dem stehen Investitionen i. H. v. von lediglich 64,8 Mio. € gegenüber. Insgesamt ist demnach eine Verringerung des realen Anlagevermögens in 2025 vorgesehen. Da gleichzeitig eine Netto-Kreditaufnahme von 8,8 Mio. € veranschlagt ist, kann man auch auf der Finanzierungsseite feststellen, dass die Haushaltslage der Gemeinde G nicht nachhaltig gesichert ist.

Berücksichtigt man zudem, dass immerhin 21,2 Mio. € der Investitionen durch Dritte über Zuweisungen und Beiträge finanziert werden, ergibt sich ein verbleibender Finanzierungsbedarf von (netto) 43,6 Mio. €. Bei einer strukturell ausgeglichenen Haushaltslage könnte dieser Betrag ohne die Inanspruchnahme von Fremdkapital aus erwirtschafteten Abschreibungen und Vermögensveräußerungen bereitgestellt werden. Gleichzeitig hätte eine Reduzierung des Kreditbestandes durch zusätzliche Tilgung erreicht werden können.

Im Ergebnis ist anhand der vorliegenden Zahlen festzustellen, dass trotz formellen Ausgleichs des Ergebnisplans und trotz einer im Hinblick auf das Investitionsvolumen moderaten Neuverschuldung der Haushalt mit erheblichen Risiken behaftet ist. Diese Risiken können nur vorübergehend durch die vorgesehenen Vermögensveräußerungen ausgeglichen werden. Es ist zu erwarten, dass bei gleichbleibenden Rahmenbedingungen die Gemeinde G nicht in der Lage sein wird, ihren Ressourcenverbrauch durch ein ausreichendes Ressourcenaufkommen zu decken. Um dies zu erreichen, sollte die Gemeinde G bereits in 2025 notwendige Konsolidierungsschritte einleiten, um den Aufwand zu reduzieren oder die Erträge zu erhöhen.

Fraglich erscheint auch die Höhe des geplanten Veräußerungserlöses für die GmbH-Anteile. Da der Haushaltsplan öffentlich zugänglich ist, wird der Finanzdezernent der Gemeinde G möglicherweise aus verhandlungstaktischen Gründen nicht den tatsächlichen von ihm erwarteten Veräußerungserlös in den Haushaltsplan einstellen. Andererseits ist eine realistische Schätzung bei einem solchen außerordentlichen Geschäftsvorfall in jedem Fall sehr schwierig.

7.4 Teilpläne

Ergebnis- und Finanzplan stellen gesamtstädtische Planwerke dar, die einen wichtigen Beitrag zur Aussage über die allgemeine Lage der Kommune liefern können. Wie aber bereits in Kap. 6 dargestellt, reicht im Bereich der Kommunalverwaltung die gesamtstädtische Betrachtung weder für die Planung noch für die Rechenschaftslegung aus. Kern des Haushaltsplans und damit auch Kern der politischen Beratung des Etats sind die Teilpläne, die nach § 4 Abs. 1 u. 2 KomHVO mindestens nach den vom Ministerium des Innern vorgeschriebenen Produktbereichen oder nach der örtlichen Organisation produktorientiert aufzustellen sind. Die Produktgruppen sind in etwa gleichzusetzen mit politischen Handlungsfeldern, die sich z. B. auch aus den politischen Programmen der Parteien ableiten lassen.

Die Teilpläne haben eine vorgegebene Struktur und gliedern sich nach § 4 KomHVO i. V. m. Anlage 5 der Muster zum NKHR jeweils in:

- Erläuterungen zum Produktbereich, den Produktgruppen mit den beschriebenen Produkten,
- Ziele und Kennzahlen zur Messung der Zielerreichung,
- Teilergebnisplan,
- Teilfinanzplan,
- Übersicht über erhebliche Investitionsmaßnahmen,
- Übersicht über den Personaleinsatz.

Zusätzlich kann der Teilplan weitere ergänzende Angaben bzgl. Bewirtschaftungsregeln, Erläuterungen zu den Haushaltspositionen, quantitativer und qualitativer Leistungsmengen, soweit sie zielbezogen und steuerungsrelevant sind, und Daten über die örtlichen Verhältnisse enthalten.

Nachfolgendes Schaubild stellt eine mögliche Abbildungsform eines Teilplanes schematisch dar:

Haushaltsplan 2025
Produktbereich: 26 Kultureinrichtungen

Verantwortlicher Dezernent:
Dr. Friedrich Schiller

Produktbereichsziele:	Verbale Beschreibung der Ziele
Produkte und Produktgruppen:	Struktur der zum Produktbereich gehörenden Produktgruppen und Produkte

Kennzahlen zur Zielerreichung:

	Ergebnis 2023	Ansatz 2024	**Ansatz 2025**	Planung 2026	Planung 2027	Planung 2028
Erreichter Anteil der Bevölkerung						
…						

Teilergebnisplan:

	Ergebnis 2023	Ansatz 2024	**Ansatz 2025**	Planung 2026	Planung 2027	Planung 2028
Ertragsarten						
Aufwandsarten						
Ordentliches Ergebnis						
Außerordentliches Ergebnis						
Interne Leistungsbeziehungen						
Teilabschluss (Jahresergebnis)						

Teilfinanzplan:

	Ergebnis 2023	Ansatz 2024	**Ansatz 2025**	**VE 2025**	Planung 2026	Planung 2027	Planung 2028
Investive Einzahlungen							
Investive Auszahlungen							
Saldo der Investitionstätigkeit							

Planung einzelner Investitionsmaßnahmen:

	Ergebnis 2023	Ansatz 2024	**Ansatz 2025**	**VE 2025**	Planung 2026	Planung 2027	Planung 2028	Bisher bereitgestellt	Gesamt
Maßnahme X									
Investive Einzahlungen									
Investive Auszahlungen									
Saldo Maßnahme X									
Maßnahme Y									
…									

Auszug Stellenübersicht: *nicht abgedruckt*

7.4.1 Teilergebnisplan

Der Teilergebnisplan bildet das voraussichtliche Ressourcenaufkommen und den Ressourcenverbrauch bezogen auf den jeweiligen Produktbereich bzw. die von der Gemeinde individuell gewählte, niedrigere Gliederungsebene ab. Die abzubildenden Aufwands- und Ertragsarten in Kombination mit der gewählten Gliederungsebene bezeichnet man als „Ergebnispositionen". Beispielsweise stellt die Kombination der Aufwandsart „Personalaufwand" im Produktbereich „Sicherheit und Ordnung" eine Ergebnisposition dar. Die Ergebnispositionen stellen nach der Beschlussfassung durch den Rat gleichzeitig die Ermächtigung der Verwaltung zum Einsatz der jeweiligen Ressourcen (z. B. Personal) für den jeweiligen Produktbereich (Sicherheit und Ordnung) dar. Je nach Ausgestaltung von Deckungs- bzw. Budgetierungsregeln kann sich diese Ermächtigung auf die einzelnen Positionen der Ergebnispläne, auf Gruppen von Ergebnispositionen oder auf den Gesamtsaldo des jeweiligen Teilergebnisplans (sog. „Globalbudget") beziehen.

Die Gliederung des Teilergebnisplans ist nach § 4 Abs. 3 KomHVO identisch mit der Gliederung des Ergebnisplans nach § 2 Abs. 1 KomHVO. Alle Aufwands- und Ertragspositionen sind in der gleichen Struktur und mit denselben Zwischensalden in den Teilergebnisplänen abzubilden. Nach der Zeile „Jahresergebnis" sind in den Teilergebnisplänen zusätzlich nachfolgend abgebildete Zeilen auszuweisen, soweit Erträge und Aufwendungen aus internen Leistungsbeziehungen für die Haushaltswirtschaft erfasst werden und diese nicht unerheblich sind.[11]

	=	**Teilabschluss vor Berücksichtigung der internen Leistungsbeziehungen**						
23	+	Erträge aus internen Leistungsbeziehungen						
24	–	Aufwendungen aus internen Leistungsbeziehungen						
	=	**Teilabschluss**						

Zunächst wird die Zeile „Jahresergebnis" in den Teilergebnisplänen „Teilabschluss vor Berücksichtigung der internen Leistungsbeziehungen" benannt. Im Gegensatz zum Ergebnisplan, in dem sich alle internen Leistungsbeziehungen in der Summe gegenseitig aufheben, spielen Leistungsbeziehungen zwischen verschiedenen Produktbereichen für die Teilergebnisplanung eine wichtige Rolle. Damit auch auf der Ebene der Teilpläne der vollständige Ressourcenverbrauch abgebildet wird, ermöglicht § 13 Abs. 4 KomHVO eine interne Leistungsverrechnung. Umfang, Inhalt und Berechnungsver-

11 Muster entsprechend Anlage 5 der Muster zum NKHR.

fahren für die Verrechnung interner Leistungen werden allerdings nicht vorgeschrieben.[12]

In der Regel ist davon auszugehen, dass die für die interne Leistungsverrechnung erforderlichen Daten das Ergebnis einer Kosten- und Leistungsrechnung[13] sind. Es erfolgt damit an dieser Stelle eine Verknüpfung zwischen dem klassischen betriebswirtschaftlichen externen Rechnungswesen (Gewinn- und Verlustrechnung mit den Rechengrößen „Aufwand" und „Ertrag") und einem internen Rechnungswesen (Kosten- und Leistungsrechnung mit den Rechengrößen „Kosten" und „Erlöse"). Diese Verknüpfung macht im Hinblick auf den Zweck des Rechnungswesens in der öffentlichen Verwaltung durchaus Sinn. Es geht bei der Planung und Rechnungslegung in der öffentlichen Verwaltung nämlich nicht nur um die Rechenschaftslegung, die das klassische Ziel des privatwirtschaftlichen externen Rechnungswesens ist, sondern ebenso um die Steuerung, für die in der Privatwirtschaft das interne Rechnungswesen eingesetzt wird.

Um die unterschiedlichen Inhalte dennoch transparent abzubilden, wird bei den Teilplänen zwischen einem Ergebnis *vor* und *nach* interner Leistungsverrechnung unterschieden. Die internen Leistungsverrechnungen sind damit für den Leser des Haushaltsplans und des Jahresabschlusses eindeutig zu erkennen. Damit wird auch deutlich, dass diese Positionen einem großen Maß an individuellem Bewertungsspielraum unterliegen.

Für die Abweichungen zwischen Teilergebnisplan und Gebührenkalkulation bei den Produktbereichen, die sich aus Gebühren nach § 5 KAG finanzieren, wird ein zusätzlicher Nachweis der Abweichungen in nachfolgender Form vorgeschlagen, der allerdings nicht verpflichtend ist. Der Ausweis erleichtert die Erläuterung der Differenzen zwischen der Gebührenkalkulation, die nach aktueller Rechtsprechung z. B. die Abschreibung nach Wiederbeschaffungszeitwerten und die Verzinsung des eigenfinanzierten Anlagekapitals erlaubt, und der Teilergebnisrechnung, in der nach historischen Anschaffungs- und Herstellungskosten abzuschreiben ist und die lediglich einen Ausweis tatsächlicher Zinsaufwendungen (Fremdkapitalzinsen) zulässt. Ein freiwilliger nachrichtlicher Ausweis der Abweichungen zwischen Gebührenkalkulation und Teilergebnisplan könnte wie folgt aussehen:[14]

12 Die Unverbindlichkeit dieser Regelung gibt den Gemeinden die Möglichkeit, durch die zentrale Bewirtschaftung der wesentlichen Aufwandspositionen und den Verzicht auf interne Leistungsverrechnungen die Ergebnisse der Teilpläne nach Belieben auszuhöhlen. Hierdurch wird das Ziel einer produktorientierten Darstellung von Ressourcenverbrauch und -aufkommen insgesamt ad absurdum geführt.

13 § 20 Abs. 1 KomHVO sieht für die Gemeinden die Führung einer KLR als Muss-Vorschrift vor.

14 Vgl. hierzu auch: Modellprojekt „Doppischer Kommunalhaushalt in NRW" (Hrsg.), Neues Kommunales Finanzmanagement: Betriebswirtschaftliche Grundlagen für das doppische Haushaltsrecht, 2., vollst. überarb. Auflage auf der Basis der Endergebnisse des Modellprojektes, Freiburg 2003, S. 314, aus dem das Muster entnommen wurde.

		Teilergebnisplan	Ergebnis des Vorvorjahres	Ansatz des Vorjahres	Ansatz des Haushaltsjahres	Planung Haushaltsjahr + 1	Planung Haushaltsjahr + 2	Planung Haushaltsjahr + 3
			1	2	3	4	5	6
	(...)							
	=	**Teilabschluss**						
	Nachrichtlich: Überleitung Ergebnis zum Saldo der Gebührenkalkulation							
25	–	Differenz zwischen kalkulatorischer und bilanzieller Abschreibung						
26	–	Differenz zwischen kalkulatorischen Zinsen und effektiven Schuldzinsen						
27	–/+	sonstige Abweichungen zwischen Gebührenkalkulation und Teilergebnisplan						
28	=	**Saldo der Gebührenkalkulation**						

Die Teilergebnispläne stellen im Hinblick auf den Ressourcenverbrauch den zentralen Bestandteil des Haushaltsplans im Neuen Kommunalen Haushalts- und Rechnungswesen dar. Auf der vom Rat festzulegenden Gliederungsebene wird mit den Teilergebnisplänen abgebildet, welchen Anteil am gesamtstädtischen Ressourcenverbrauch bzw. -aufkommen der betrachtete Produktbereich, die Produktgruppe oder das Produkt leistet. Dabei werden sowohl die Komponenten einbezogen, die unmittelbar zu Geldzuflüssen oder -abflüssen führen, als auch solche Positionen, die in der betrachteten Periode zwar einen Vermögensverzehr bedeuten, aber nicht unmittelbar zu Finanzmittelbewegungen führen (z. B. Abschreibungen und Bildung von Rückstellungen). Das Teilergebnis stellt den jeweiligen Beitrag des betrachteten Teils zur Eigenkapitaländerung der Gesamtkommune dar.

7.4.2 Teilfinanzplan

Der Teilfinanzplan weist den Finanzmittelbedarf der im Haushaltsplan abgebildeten Gliederungsebene – mindestens des Produktbereichs – aus. Im Gegensatz zum Teilergebnisplan, der die Struktur und den Inhalt des Ergebnisplanes vollständig wieder aufnimmt, stellt sich der Aufbau des Teilfinanzplans nach § 4 Abs. 4 KomHVO anders dar als der des Finanzplans. Im Teilfinanzplan müssen lediglich die Positionen des § 3 Abs. 1 KomHVO, in denen die Ein- und Auszahlungen für die Investitionstätigkeit der Kommune abgebildet werden, bezogen auf die jeweilige Gliederungsebene dargestellt werden. Damit stellt der Teilfinanzplan ein Pendant zum privatwirtschaftlichen Investitionsplan dar. Eine zusätzliche freiwillige Abbildung aller nicht investiven Zahlungsarten im Teilfinanzplan bleibt den Gemeinden jedoch unbenommen.[15]

15 Vgl. hierzu die Darstellung in Anlage 6 A der Muster zum NKHR.

Haushaltsrechtlich erlangen die freiwillig dargestellten Positionen damit aber Verbindlichkeit und schränken die Verwendung der Finanzmittel ein. Ist dagegen nur eine unverbindliche Abbildung dieser Informationen gewollt, muss dies im Haushaltsplan oder in der Haushaltssatzung ausdrücklich so festgelegt werden. Die abgebildeten Auszahlungs- und Einzahlungsarten in Kombination mit der gewählten Gliederungsebene bezeichnet man als „Finanzpositionen".

Die Planung und der Beschluss über die kommunalen Investitionen ist eine der wesentlichen Gestaltungsbereiche des Rates. Hier sind sowohl in der Fachplanung als auch besonders in der Haushaltsplanung detaillierte Informationen vorzulegen. Die Gestaltung des Teilfinanzplans trägt diesem Gesichtspunkt Rechnung und konzentriert sich ausschließlich auf die Abbildung der Informationen zum Bereich der Investitionstätigkeit. Für jeden Produktbereich ist ein Saldo der Investitionstätigkeit auszuweisen.

Unberücksichtigt auf der Teilebene des Haushalts bleiben die nicht-investiven Ein- oder Auszahlungen, die nicht im Teilergebnisplan ausgewiesen (d. h. nicht ergebniswirksam) sind. Die Ermächtigung für solche Auszahlungen lag entweder bereits zum Zeitpunkt des Entstehens des Aufwands (z. B. bei der Bildung einer Rückstellung) vor, oder die Ermächtigung ergibt sich aus den Zahlungsansätzen des Finanzplans auf gesamtstädtischer Ebene.

Die nachfolgende Tabelle zeigt Beispiele für nicht ergebniswirksame Ein- und Auszahlungen der laufenden Verwaltungstätigkeit, für die im Haushaltsplan keine Einzelermächtigungen in den Teilplänen erforderlich sind:

Nicht ergebniswirksame Einzahlungen	Nicht ergebniswirksame Auszahlungen
Einzahlung der Gewerbesteuervorauszahlung, die bereits im Vorjahr fällig war.	Auszahlungen für Instandhaltungsmaßnahmen, für die eine ausreichende Rückstellung gebildet wurde.
Einzahlung einer Miete für das Folgejahr für ein städtisches Gebäude.	Bezahlung von Umlaufvermögen (Papiervorrat), das auf Lager geht.
	Zahlung einer Versicherungsrate für das folgende Jahr.

Die abgebildete Zeitkette innerhalb der Zeilen ist identisch mit denen in den übrigen Plänen. Ausgewiesen werden neben dem Planjahr die drei folgenden und die zwei vorhergehenden Jahre. Nach § 10 KomHVO sind die Verpflichtungsermächtigungen in den Teilplänen und damit in den Zahlungsübersichten des Teilfinanzplans abzubilden. Das Muster in Anlage 6 A der Muster zum NKHR sieht demnach eine entsprechende Spalte vor. Im Überblick stellt sich der Aufbau des Teilfinanzplans folgendermaßen dar:

Teilfinanzplan			Ergebnis 2023	Ansatz 2024	Ansatz 2025	VE[16] 2025	Planung 2026	Planung 2027	Planung 2028
			1	2	3	4	5	6	7
Einzahlungen									
1		Zuwendungen für Investitionen und zu bilanzierende Investitionsförderungsmaßnahmen							
2	+	Veräußerung von Grundstücken, Gebäuden und Infrastrukturvermögen							
3	+	Veräußerung von beweglichem Anlagevermögen und immateriellen Vermögensgegenständen							
4	+	Veräußerung von Finanzanlagen							
5	+	Baumaßnahmen							
6	+	Beiträge und ähnliche Entgelte							
7	+	Sonstige Investitionseinzahlungen							
8	=	**Einzahlungen aus Invest.tätigkeit**							
Auszahlungen									
9		Zuwendungen für zu bilanzierende Investitionsfördermaßnahmen							
10	+	Erwerb von Grundstücken, Gebäuden und Infrastrukturvermögen							
11	+	Erwerb von beweglichem Anlagevermögen und immateriellen Vermögensgegenständen							
12	+	Erwerb von Finanzanlagen							
13	+	Baumaßnahmen							
14	+	Sonstige Investitionsauszahlungen							
15	=	**Auszahlungen aus Invest.tätigkeit**							
16	=	**Saldo aus Investitionstätigkeit** (Saldo Zeilen 8 und 15)							

Fußnote: Zu Verpflichtungsermächtigungen in Spalte 4 ist anzugeben, wie sich die Belastung auf die folgenden Jahre verteilt.

7.4.3 Planung einzelner Investitionsmaßnahmen

Zusätzlich zur Abbildung in der Zahlungsübersicht des Teilfinanzplanes sind Investitionsmaßnahmen gem. § 4 Abs. 4 S. 2 KomHVO i. V. m. Anlage 6 B der Muster zum NKHR je Gliederungsebene getrennt nach Einzelmaßnahmen abzubilden. Da der Teilfinanzplan lediglich eine Differenzierung von Zahlungsarten vorsieht, ist er nicht zur Planung und Beratung von einzelnen Investitionsmaßnahmen geeignet.

16 Verpflichtungsermächtigungen.

Die Übersicht über die Investitionsmaßnahmen ergänzt daher den Teilfinanzplan, indem hier die Aufteilung der Finanzmittel auf die wichtigsten Investitionsvorhaben der jeweiligen Gliederungsebene (z. B. Produktbereich oder Produktgruppe) abgebildet wird.

Diese Aufteilung soll allerdings nicht für alle Investitionsmaßnahmen erfolgen, sondern nach Anlage 6 B der Muster zum NKHR nur für solche, deren Finanzvolumen über einer vom Rat festzulegenden Wertgrenze liegen. Die Festlegung der Wertgrenze kann vom Rat einheitlich erfolgen, es kann aber auch eine Differenzierung nach Produktbereichen, Vermögensarten oder nach Investitionsobjekten erfolgen. Die Wertgrenze kann sich dabei auf vollständige Maßnahmen (z. B. bei mehrjährigen Baumaßnahmen) oder auch auf die Veranschlagung in einzelnen Haushaltsjahren (z. B. bei regelmäßigen Ersatzbeschaffungen von Anlagegütern) beziehen.

Beispiel für einen Ratsbeschluss zur Festlegung der Wertgrenzen:
Die Wertgrenze für die Einzelausweisung von Investitionsmaßnahmen im Teilfinanzplan nach § 4 Abs. 4 KomHVO i. V. m. Anlage 6 B der Muster zum NKHR wird für die Gemeinde G festgelegt

a) für Baumaßnahmen	*auf*	*100.000 € Gesamtauszahlungsbedarf,*
b) für einmalige Beschaffungen	*auf*	*50.000 € Jahresbedarf,*
c) für regelmäßige Beschaffungen	*auf*	*20.000 € Jahresbedarf.*

Die Verwaltung hat sicherzustellen, dass alle Investitionsmaßnahmen, die die festgelegte Wertgrenze überschreiten, im Haushaltsplan separat ausgewiesen werden. Alle anderen Maßnahmen werden in der Übersicht über die Investitionsmaßnahmen wie eine separate Maßnahme „unter der Wertgrenze" abgebildet.

Zusätzlich sind in diesen Übersichten nach § 4 Abs. 4 Satz 2 KomHVO i. V. m. Anlage 6 B der Muster zum NKHR die Investitionssummen, die bisher bereitgestellten Haushaltsmittel und die Verpflichtungsermächtigungen für spätere Jahre auszuweisen.[17] Dabei muss lt. Fußnote der Anlage 6 B der Muster zum NKHR erkennbar sein, für welche Jahre die Verpflichtungsermächtigungen vorgesehen sind. Insbesondere für Investitionsmaßnahmen, die über mehrere Jahre laufen, wird hierdurch eine Gesamtübersicht hergestellt.

17 Die Verpflichtungsermächtigung müssen auch nach § 10 KomHVO hier abgebildet werden. Zu den Verpflichtungsermächtigungen siehe im Einzelnen die Ausführungen in Kap. 15.

Die Planung der einzelnen Investitionsmaßnahmen erfolgt nach folgendem Muster:[18]

Investitionen und zu bilanzierende Investitionsfördermaßnahmen	Ergebnis 2023	Ansatz 2024	Ansatz 2025	VE 2025	Planung 2026	Planung 2027	Planung 2028	bisher bereitgestellt	Gesamtzahlungen
	1	2	3	4	5	6	7	8	9
Investitionsmaßnahmen oberhalb der festgesetzten Wertgrenzen									
Maßnahme 54/2020: Erweiterungsbau Janusz-Korczak-Grundschule									
Einzahlungen aus Investitionszuwendungen – Auszahlungen für den Erwerb von Grundstücken und Gebäuden – Auszahlungen für Baumaßnahmen – Auszahlungen für den Erwerb von beweglichem Anlagevermögen									
Saldo Maßnahme 54/2020:									
Maßnahme 68/2021: Renovierung Turnhalle Martini-Sekundarschule									
Einzahlungen aus Investitionszuwendungen – Auszahlungen für Baumaßnahmen – Auszahlungen für den Erwerb von beweglichem Anlagevermögen									
Saldo Maßnahme 68/2021:									
Investitionsmaßnahmen unterhalb der festgesetzten Wertgrenzen									
Summe der investiven Einzahlungen – Summe der investiven Auszahlungen									
Saldo aus Einzahlungen und Auszahlungen									

7.4.4 Teilergebnis- und Teilfinanzplan im Sonderproduktbereich 61 „Allgemeine Finanzwirtschaft“

Das **Neue Kommunale Haushalts- und Rechnungswesen** sieht nach § 4 Abs. 1 KomHVO eine Produkt- oder Outputorientierung bei der Darstellung der Teilpläne vor. Es ist allerdings festzustellen, dass diese Produktorientierung sachlich nicht vollständig durchgehalten werden kann, da es insbesondere im Bereich der Einzahlungen und Erträge Positionen gibt, die dem Output oder einem einzelnen Produkt nicht direkt zugerechnet werden können. Steuern sind z. B. Deckungsmittel des Haushalts, die ausdrücklich *nicht* für eine bestimmte Gegenleistung gezahlt werden und daher

18 Muster entsprechend Anlage 6 B der Muster zum NKHR.

auch nicht einem Produkt, einer Produktgruppe oder einem Produktbereich zugerechnet werden können. Gleiches gilt auch für allgemeine Zuweisungen wie z. B. die Schlüsselzuweisungen des Landes nach dem Finanzausgleichsgesetz oder die Umlagen der Gemeindeverbände.

Auch im Bereich der Aufwendungen und Auszahlungen kommen solche Positionen vor. Beispiele sind die Gewerbesteuerumlagen oder die Kreisumlage der Kommunen. Für solche Positionen in der Ergebnis- oder Finanzrechnung sieht der Produktrahmen einen eigenen Bereich vor, der wie ein Produktbereich behandelt wird. Dieser Produktbereich ist mit der Ziffer 61 gekennzeichnet und wird mit „Allgemeine Finanzwirtschaft“ bezeichnet. Die spezielle Produktgruppe ist die Ziffer 611 „Steuern, Schlüsselzuweisungen, besondere Ergänzungszuweisungen, allgemeine Umlagen“.

Da insbesondere im Bereich der Steuererträge hier Positionen mit überragendem Gewicht ausgewiesen werden, sollten im Neuen Kommunalen Haushalts- und Rechnungswesen für den Teilergebnisplan in der Produktgruppe 611 sog. „Davon-Ausweise“ gebildet werden von

- den Steuern,
- den Schlüsselzuweisungen,
- den besonderen Ergänzungszuweisungen,
- den allgemeinen Umlagen.[19]

Mit Hilfe dieser Ausweise können diese Positionen weiter aufgeschlüsselt werden, so dass auch hier die Aussagekraft des Teilplanes erhöht wird. Separat ausgewiesen werden sollten bei den Steuern die einzelnen Steuerarten:

- Grundsteuer A,
- Grundsteuer B,
- Gewerbesteuer,
- Anteil an der Einkommensteuer etc.

Eine Beschränkung der Teilpläne auf die gesetzlich vorgeschriebene Differenzierung lt. § 4 KomHVO i. V. m. dem verbindlichen Produktrahmenplan würde den Aussagegehalt des Teilplans für die Produktgruppe 611 in nicht akzeptabler Weise reduzieren. Eine entsprechende Klärung in den rechtlichen Regelungen ist daher dringend erforderlich. Gleiches gilt für den Ausweis von Zielen und Kennzahlen, der hier anders zu beurteilen ist als in den übrigen Produktbereichen.

Das Muster für den Teilergebnisplan im Produktbereich „Allgemeine Finanzwirtschaft“ bei freiwilliger Differenzierung der wichtigsten Aufwands- und Ertragsarten würde sich wie folgt darstellen:[20]

19 Vgl. Modellprojekt „Doppischer Kommunalhaushalt in NRW“ (Hrsg.), Neues Kommunales Finanzmanagement: Betriebswirtschaftliche Grundlagen für das doppische Haushaltsrecht, 2., vollst. überarb. Aufl. auf der Basis der Endergebnisse des Modellprojektes, Freiburg 2003, S. 307 f. In die Rechtsvorschriften ist diese Forderung jedoch nicht aufgenommen worden.

20 Vgl. Modellprojekt „Doppischer Kommunalhaushalt in NRW“ (Hrsg.), Neues Kommunales Finanzmanagement: Betriebswirtschaftliche Grundlagen für das doppische Haushaltsrecht, 2., vollst. überarb. Aufl. auf der Basis der Endergebnisse des Modellprojektes, Freiburg 2003, S. 308.

Teilergebnisplan 611 Steuern, Schlüsselzuweisungen, besondere Ergänzungszuweisungen, allgemeine Umlagen			**Ergebnis 2023**	**Ansatz 2024**	**Ansatz 2025**	**Planung 2026**	**Planung 2027**	**Planung 2028**
			1	2	3	4	5	6
1		Steuern und ähnliche Abgaben *davon Grundsteuer A* *davon Grundsteuer B* *davon Gewerbesteuer* *davon Gemeindeanteil EKSt* *etc.*						
2	+	Schlüsselzuweisungen						
3	+	besondere Ergänzungszuwendungen *davon Bedarfszuweisungen* *davon Investitionspauschale*						
4	+	etc.						
	=	**Ordentliche Erträge**						
15	+	Transferaufwendungen *davon Kreisumlage* *davon Verbandsgemeindeumlage*						
16	+	etc.						
	=	**Ordentliche Aufwendungen**						

7.4.5 Ziele

Verbunden mit dem Übergang des kommunalen Haushalts- und Rechnungswesens auf das Rechnungssystem der kaufmännischen Buchführung wird im kommunalen Haushaltsrecht der Übergang von der Input- zur Outputsteuerung. Diese Änderung der Haushaltssteuerung soll einen wesentlichen Beitrag zur Verbesserung der Wirtschaftlichkeit des Verwaltungshandelns leisten. Die Änderung der Steuerung kann allerdings nicht – wie der Wechsel des Rechnungsstoffes – durch technische und systematische Änderungen erreicht werden. Die haushaltsrechtlichen Grundlagen im KVG und in der KomHVO können daher lediglich Hinweise darauf geben, wie eine solche Outputsteuerung erreicht werden kann.

Wichtiger Bestandteil dieser neuen Steuerung ist die Orientierung der Planung und der Bewirtschaftung der Ressourcen an Zielen, die politisch vorgegeben werden.[21] Die Ziele sollten sich bei einer vollständig ausgebauten Outputsteuerung zu einer Zielhierarchie zusammenfassen lassen. Das bedeutet, dass das Erreichen eines Unterziels z. B. im Bereich eines Produktes jeweils einen Beitrag zur Erreichung höherrangiger Ziele liefert. Es ist dabei eine wesentliche Aufgabe der Verwaltung, für Zielkongruenz zu sorgen. Insbesondere dürfen zur Vermeidung von Ressourcenverschwendung von der Verwaltung keine widersprüchlichen Ziele verfolgt werden. Gleichzeitig ist mit dem Aufbau einer Zielhierarchie auch der Aufbau eines entsprechenden Controllings zu verbinden.

21 Vgl. *Buschor*, Internationale Entwicklungen der Verwaltungsrechnungssysteme, in: Budäus, Küpper, Streitferdt (Hrsg.), Neues Öffentliches Rechnungswesen, Wiesbaden 2000, S. 30 ff.

Das kommunale Haushaltsrecht in Sachsen-Anhalt nach dem KVG und der KomHVO bietet die Voraussetzungen dafür, eine solche outputorientierte Steuerung vollständig umzusetzen. Es ist allerdings ebenfalls möglich, die Steuerung über Ziele zunächst beschränkt auf die jeweils im Haushalt abgebildete Gliederungsebene einzuüben und erst zu einem späteren Zeitpunkt die Ziele der Produktbereiche zu einem Zielsystem zu verbinden. Ein vollständiger Verzicht auf die Formulierung von Zielen ist nach § 4 Abs. 2 KomHVO und § 20 Abs. 2 KomHVO allerdings nicht möglich.

Ein Landkreis könnte in seinem doppischen Haushaltsplan zum Beispiel folgende produktbezogene Ziele ausweisen:

Produkt	**Ziel**
Revision	Unterstützung des Kreistages und der Verwaltungsleitung in ihrer Steuerungs- und Kontrollfunktion sowie Stärkung der Rechtmäßigkeit, Zweckmäßigkeit und Wirtschaftlichkeit des Verwaltungshandelns durch • jährliche Prüfung der Zahlungsabwicklung, • laufende Prüfung der Vergaben ab 10.000 €, • jährliche Prüfung von rd. 10 % der Produkte, • Prüfung des Jahresabschlusses, nach rechtzeitiger Vorlage, bis 15. November des Folgejahres und jährliche Berichterstattung hierüber • Prüfung des Gesamtabschlusses nach rechtzeitiger Vorlage bis 31. Dezember des Folgejahres
Technisches Gebäudemanagement	Bedarfsgerechte und wirtschaftliche Bereitstellung von Raumressourcen von Verwaltungs- und Schulgebäuden durch Einhaltung des vereinbarten Planungs-, Umsetzungs- und Finanzrahmens (siehe auch Teilfinanzplan sowie Teilfinanzpläne in den Produkten „Schulen"). Gleichzeitig werden zur Wertsubstanzerhaltung jährlich Unterhaltungsmaßnahmen in Höhe von 1,2 % des Wiederbeschaffungszeitwertes der Gebäude angestrebt.
Jagd- und Fischereiangelegenheiten	Sicherstellung der ordnungsgemäßen Ausübung der Jagd, Fischerei und sprengstofftechnischen Tätigkeiten. Teilziele: a) Erteilung (Ersterteilung und Verlängerung) von Jagdscheinen in mind. 90 % aller Fälle innerhalb von einer Woche nach Eingang aller entscheidungsrelevanten Unterlagen (K047-03) b) Beibehaltung regelmäßiger Kontrollen von privaten Lagerstätten explosionsgefährlicher Stoffe zum Schutze der öffentlichen Sicherheit
Fahrzeugzulassungen und Halterpflichten	Die durchschnittliche Wartezeit für Zulassungen liegt jährlich bei maximal 30 Minuten.
Verkehrsregelung und -sicherheit	möglichst niedrige Anzahl (max. 242) verunglückter 18- bis 24-jähriger Verkehrsteilnehmer

Produkt	Ziel
Hilfe zum Lebensunterhalt/ Hilfe zur Gesundheit	A. Globale Ziele – Gewährleistung von Rechtsansprüchen 1. Hilfe zum Lebensunterhalt: Leistungsberechtigten die Führung eines menschenwürdigen Lebens zu ermöglichen und sie soweit wie möglich zu befähigen, unabhängig von Sozialhilfe leben zu können 2. Hilfen zur Gesundheit: Sicherstellung eines der gesetzlichen Krankenversicherung entsprechenden Krankenversicherungsschutzes B. Wirkungsziele 1. Hilfe zum Lebensunterhalt: Mtl. durchschnittl. Hilfebedarf pro Leistungsberechtigtem stabil auf dem Niveau der Ist-Zahlen des Vorjahres unter Berücksichtigung evtl. Regelbedarfserhöhung halten 2. Hilfen zur Gesundheit: Sicherstellung des Krankenversicherungsschutzes Reduzierung der Betreuungsfälle durch Überführung in die gesetzl. Krankenversicherungssysteme nach SGB
Baugenehmigungen und Beratung	Sachziel: 1. Erreichen eines Kostendeckungsgrades von xx % (*1) Qualitätsziele: rechtlich einwandfreie Bearbeitung 2. Einhalten einer Quote von 100 % nicht aufgehobener Entscheidungen in Rechtsmittelverfahren möglichst schnelle Bearbeitung 3. 90 % aller Vorprüfungen im Bauantragsverfahren werden innerhalb von 7 Arbeitstagen nach Antragseingang abgeschlossen (inkl. 2 Arbeitstage Registratur) 4. 90 % aller Bauanträge werden nach Entscheidungsreife innerhalb von 7 Arbeitstagen entschieden (inkl. 2 Arbeitstage Registratur) 5. 90 % aller Bauanträge für Wohnbauvorhaben werden innerhalb einer Durchlaufzeit von 25 Kalendertagen entschieden (Durchlaufzeit = Verweildauer abzüglich der nicht der Bauaufsicht zuzurechnenden Zeiten, z. B. wegen unvollständiger Antragsunterlagen) 6. 83 % aller Bauanträge für gewerbliche Bauvorhaben werden innerhalb einer Durchlaufzeit von 35 Kalendertagen entschieden (*1) Der Kostendeckungsgrad ergibt sich aus dem Verhältnis der Erträge zu den Aufwendungen inkl. interne Leistungsverrechnung

Ziele sollten grundsätzlich so formuliert werden, dass sich ihre Erreichung (bzw. ihre Nichterreichung) feststellen lässt. Andernfalls kann sich auch das Verhalten der Mitarbeiter in der Verwaltung nicht an den Zielen ausrichten.

Die Überwachung der Ziele erfolgt in der Regel über Messgrößen wie Kennzahlen oder Indikatoren. Die Ausweisung dieser Hilfsgrößen ist nach § 4 Abs. 2 KomHVO Bestandteil der Teilpläne im Haushaltsplan.

7.4.6 Kennzahlen und Indikatoren

Im Gegensatz zur Privatwirtschaft sind viele Ziele in der öffentlichen Verwaltung nicht allein mit monetären Größen wie Gewinn, Umsatz o. ä. zu messen. Die Ziele, die politisch gesetzt sind, sollten gleichwohl überwacht werden können, wenn ein wirtschaftlicher Mitteleinsatz zur Zielerreichung gewährleistet werden soll. Zur Konkretisierung der Zielsetzung und zur Überwachung der Zielerreichung ist der Einsatz von geeigneten Messgrößen erforderlich. Dabei sollten vorrangig Messgrößen eingesetzt werden, die direkt Auskunft über die Erreichung eines Ziels Auskunft geben. Solche Messgrößen, die als absolute oder relative Zahlen Verwendung finden, werden im Weiteren als „Kennzahlen" bezeichnet. Messgrößen, die die Zielerreichung nicht direkt dokumentieren können, sondern lediglich einen Hinweis auf die Zielerreichung geben können, weil sie in Korrelation mit dem Ziel stehen und daher als Hilfsgröße für die Messung von Zielen geeignet erscheinen, werden als „Indikatoren" bezeichnet. Solche Indikatoren werden immer dann eingesetzt, wenn die Zielformulierung eine unmittelbare Messung der Zielerreichung nicht zulässt. In Abhängigkeit von dem ausgewählten Ziel kann dieselbe Messgröße eine Kennzahl oder ein Indikator sein.

Beispiel:
Ist ein kommunales Ziel, eine Gewährleistung der Übermittagbetreuung bis 15:00 Uhr an allen städtischen Grundschulen, so kann dieses Ziel direkt gemessen werden. Der Anteil der Grundschulen, der eine Übermittagbetreuung gewährleistet, kann als v.H.-Wert ausgewiesen werden. Der Zielwert ist 100 v. H. und stellt bezogen auf das definierte Ziel eine Kennzahl dar.

Ist das kommunale Ziel die Verbesserung der Vereinbarkeit von Familie und Beruf, stellt der Anteil der Grundschulen, die Übermittagbetreuung gewährleisten, lediglich einen Indikator für die Erreichung dieses Ziels dar. Gleichzeitig weist dieser Indikator darauf hin, mit welchem Mittel das Ziel erreicht werden soll. Der Indikator kann allerdings die Zielerreichung nicht vollständig abbilden.

Im Haushaltsplan ist der Ausweis von nicht monetären Messgrößen nach §§ 4 Abs. 2 und 20 Abs. 2 KomHVO ausdrücklich vorgesehen. Dieser Ausweis kann sich zum einen auf die Konkretisierung der Zielsetzung beziehen. In diesem Fall sind für die ausgewählten Ziele geeignete Messgrößen (Kennzahlen oder Indikatoren) auszuwählen, mit deren Hilfe die Zielerreichung messbar (operational) gemacht werden kann. Zum anderen können aber auch weitere Leistungsmerkmale des Produktbereichs bzw. der Produktgruppe im Haushaltsplan abgebildet werden, soweit diese Leistungsmerkmale zur Beurteilung des betroffenen Bereichs einen Beitrag liefern können. So kann z. B. ein Personalschlüssel (MA je Besucher), eine Investitionsmesszahl (Neuerwerbungen p. a.) oder eine andere Leistungsmesszahl (z. B. Öffnungsstunden p. a.) einen Hinweis auf die Leistungsfähigkeit einer Einrichtung geben, auch wenn diese Zahlen nicht in direktem Bezug zu den im Haushaltsplan ausgewiesenen Zielen der Einrichtung stehen.

Rechtlich ist der Darstellung von Informationen hier keine Grenzen gesetzt. Praktisch sollte sich der Ausweis auf die wichtigsten Informationen beschränken, um eine tatsächliche Verwertung der ausgewiesenen Informationen zu Zwecken der Steuerung überhaupt zu ermöglichen. Unter diesem Blickwinkel sind sicherlich auch die Entwicklungen des Einsatzes der Balanced Scorecard im Bereich der Öffentlichen Verwaltung zu beobachten.[22] Mit dem Einsatz der Balanced Scorecard wird versucht, ein übersichtliches und ausgewogenes Kennzahlenset gezielt für die strategische Unternehmenssteuerung einzusetzen. Dieser Ansatz scheint auch für den Einsatz in der Kommunalverwaltung und speziell in Verbindung mit dem Neuen Kommunalen Haushalts- und Rechnungswesen eine geeignete Grundlage zur Weiterentwicklung der Haushaltspläne zu strategischen Steuerungsinstrumenten zu sein.

Die Abbildungsform der Kennzahlen und Indikatoren in den kommunalen Haushaltsplänen steht im Ermessen der einzelnen Kommunen. Dies bezieht sich sowohl auf die Zeiträume, für die Daten abgebildet werden, als auch auf die Frage, ob für die Abbildung grafische Hilfsmittel wie Diagramme o. ä. genutzt werden sollen. Der Gesetzgeber macht hier keine verbindlichen Vorgaben. Standards werden sich vermutlich auf die Dauer durch den Einsatz neuer, an den Anforderungen des Haushaltsrechts ausgerichteter Software für das kommunale Haushalts- und Rechnungswesen entwickeln. Zum jetzigen Zeitpunkt erscheint die Mehrzahl der Haushaltspläne von Kommunen, die bereits das neue Haushaltsrecht anwenden, im Bereich der Kennzahlenabbildung sowohl inhaltlich als auch grafisch noch nicht ausgereift. Es gibt aber bereits eine Reihe von Kommunen, die eigenständig oder in interkommunalen Projekten[23] in diesem Bereich erhebliche Pionierarbeit geleistet haben.

7.4.7 Auszug aus dem Stellenplan

Die Stellenübersicht stellt eine Anlage zum Stellenplan dar, der wiederum ein Bestandteil des Haushaltsplans ist. Die Stellenübersicht bildet die vorgesehene Aufteilung der Stellen auf die Produktbereiche des Haushalts ab und zeigt auf, welche Stellen zur Aufgabenerfüllung der Teilpläne erforderlich sind (§ 4 Abs. 2 KomHVO).[24] Eine Stellenübersicht in den Teilplänen erübrigt sich, wenn ein budget- und produktorientierter Gesamtstellenplan eine Übersicht ermöglicht. Die Abbildung der Stellen in den Teilplänen verbessert die Übersichtlichkeit und erhöht damit den Informationswert der Teilpläne. Um die Teilpläne nicht zu überladen, könnte allerdings dort auf die

22 Vgl. u. a. *Zimmermann/Jöhnk*, Die Balanced Scorecard – ein Instrument zur Steuerung öffentlich-rechtlicher Kreditinstitute, in: Budäus/Küpper/Streitferdt (Hrsg.), Neues Öffentliches Rechnungswesen, Wiesbaden 2000, S. 631 ff., und *Seidel*, Die Balance Scorecard als Instrument kommunaler strategischer Steuerung, Diplomarbeit an der Fakultät für Raumplanung der Universität Dortmund 2002.

23 Zu erwähnen sind hier insbesondere Projekte der Bertelsmann Stiftung. Nähere Informationen hierzu unter www.bertelsmann-stiftung.de und www.kommunal-kompakt.de.

24 Der Stellenplan wird in diesem Fachbuch zusätzlich in Kap. 7.6 als vierter Bestandteil des Haushaltsplans behandelt. Weitergehende Informationen sind den einschlägigen Lehrbüchern zum Öffentlichen Dienstrecht zu entnehmen.

sehr differenzierte Ausweisung aller Vergütungs- und Besoldungsgruppen verzichtet werden. Eine Differenzierung nach Laufbahnen (einfacher, mittlerer, gehobener, höherer Dienst) erscheint hier völlig ausreichend, da die vollständigen rechtlichen Anforderungen mit der zusätzlichen Stellenübersicht als Anlage zum Stellenplan erfüllt werden.

Nach § 76 KVG ist der Stellenplan einzuhalten. Die Gemeinden sind bei Stellenbesetzungen und Beförderungen an den erlassenen und genehmigten Plan gebunden. Der Inhalt des Stellenplans wird durch § 5 KomHVO und die Muster in der Anlagen 7 und 8 der Muster zum NKHR festgelegt. Die Stellenübersicht orientiert sich danach an den verbindlichen Produktbereichen des Produktrahmens, die auch die Grundlage der Haushaltsgliederung bildet.

Der Ausweis der vorgesehenen Stellen für den weiteren Planungszeitraum kann nach den vorliegenden Grundlagen nur zusätzlich und nachrichtlich erfolgen, da sich der Stellenplan nach den beamtenrechtlichen Bestimmungen nur auf das nächste Haushaltsjahr bezieht.

Weil nicht das gesamte Personal der Kommunalverwaltung in der Stellenübersicht des Stellenplans geführt wird, sollte bei einer Abbildung der Stellenübersicht in den Teilplänen auch ein Hinweis darauf gegeben werden, in welchem Umfang solches Personal (z. B. Beamte in der Probezeit bzw. in der Ausbildung) im jeweiligen Bereich eingesetzt wird. Dies kann ggf. auch dadurch erfolgen, dass die hierfür eingesetzten zusätzlichen Finanzmittel (in €) in dieser Übersicht ausgewiesen werden.

7.5 Übung

Sachverhalt:

Der Finanzdezernent der Gemeinde G stellte das Haushalts- und Rechnungswesen auf das doppische Neue Kommunale Haushalts- und Rechnungswesen um. Hierzu setzt er auch eine neue Finanzsoftware ein. Im Einführungsprojekt müssen auch die Inhalte und das Layout der Teilpläne festgelegt werden. Bevor die Erarbeitung der Teilpläne im Einführungsprojekt beginnt, gibt der Finanzdezernent Ihnen als Projektleiter folgende Vorgaben, die einzuhalten sind:

1. Bei der Größe der Gemeinde G ist die Abbildung der vorgegebenen Produktbereiche im Haushalt zu grob. Es sollen stattdessen Teilpläne für Einheiten abgebildete werden, die in etwa den Produktgruppen im Produktrahmen entsprechen.
2. Bei den Teilergebnisplänen sollen die Aufwendungen für Sach- und Dienstleistungen weiter unterteilt werden. Hierzu soll mit Hilfe eines „Davon-Ausweises“ die Aufwendungen für die Instandhaltungsaufwendungen dargestellt werden.
3. Da es sich bei den Finanzerträgen und den Zinsen und ähnlichen Aufwendungen um ordentliche Erträge und Aufwendungen handelt, sollen diese oberhalb des Ergebnisses der laufenden Verwaltungstätigkeit abgebildet werden. Auf eine separate Abbildung des Finanzergebnisses soll bei den Teilplänen verzichtet werden.
4. Um Einheitlichkeit zu gewährleisten, sollen die Teilfinanzpläne genau so aufgebaut werden wie der Gesamtfinanzplan. Da in diesem Fall alle Zahlungen abgebildet

werden, erfolgt kein zusätzlicher Ausweis der nicht ergebniswirksamen Zahlungen aus laufender Verwaltungstätigkeit.

5. Bei der Übersicht über die Investitionsmaßnahmen soll zusätzlich eine Spalte „Spätere Jahre" eingefügt werden, in der die Beträge ausgewiesen werden, die ggf. noch nach dem beplanten Zeitraum (Haushaltsjahr + 3) vorgesehen sind.
6. Ziele sollen nur auf der untersten im Haushalt abgebildeten Gliederungsebene ausgewiesen werden. Auf der Produktbereichsebene werden keine Ziele abgebildet.
7. Kennzahlen und Indikatoren sollen für den gesamten Zeitraum abgebildet werden, für den auch die Finanz- und Ergebnisplanung erfolgt.
8. Ein Auszug aus dem Stellenplan für die jeweiligen Gliederungseinheiten des Haushalts soll nur im Überblick, d. h. nach Laufbahnen getrennt, abgebildet werden. Dabei sollen auch nur das Haushaltsjahr und die beiden vorangegangenen Jahre berücksichtigt werden.
9. Für die Teilbereiche des Haushaltsplans sollen jeweils vollständige „Teilbilanzen" als Planbilanzen vorgelegt werden.

Aufgabe:
Prüfen Sie die Vorgaben darauf, ob sie so sinnvoll umgesetzt werden dürfen oder ob sie gegen geltendes Recht verstoßen.

Lösung:

1. Nach § 4 Abs. 1 KomHVO stellen die Produktbereiche des Produktrahmens oder eine produktorientierte örtliche Organisation lediglich die Mindestgliederung des Haushalts dar. Eine vom Finanzdezernent vorgesehene tiefere Untergliederung des Haushaltsplans steht dem grundsätzlich nicht entgegen. Dabei sind allerdings zwei wichtige Voraussetzungen zu beachten: Zum einen ist es erforderlich, dass die tieferen Gliederungseinheiten (z. B. Produktgruppen im Produktrahmenplan), die im Haushalt abgebildet werden, sich immer vollständig einem verbindlichen Produktbereich des Produktrahmens zuordnen lassen. Des Weiteren ist die Abbildung der Summen von Erträgen, Aufwendungen, Einzahlungen und Auszahlungen für die verbindlichen Produktbereiche gem. § 4 Abs. 2 bis 4 KomHVO zusätzlich erforderlich.
2. Die Muster und Vorgaben für die (Teil-)Ergebnis- und Finanzpläne (§ 4 KomHVO und Anlagen 5 und 6 der Muster zum NKHR) geben jeweils nur die Mindestanforderungen wieder. Der Abbildung von zusätzlichen Informationen steht grundsätzlich nichts entgegen. Es ist allerdings darauf zu achten, dass dadurch die vorgesehenen Mindestinformationen weiterhin eindeutig erkennbar bleiben und die Haushaltspläne nicht durch eine Anhäufung von Detailinformationen in einer Weise überladen werden, dass dies der Transparenz abträglich ist.
3. Der Finanzdezernent hat zu Recht festgestellt, dass es sich bei den Finanzerträgen und bei den Zinsen und ähnlichen Aufwendungen um ordentliche Erträge und Aufwendungen handelt. § 2 Abs. 1 KomHVO sieht keinen separaten Ausweis dieser Erträge und Aufwendungen und ergänzend dazu im § 2 Abs. 2 Nr. 2 KomHVO die Darstellung eines „Finanzergebnisses" vor. Da diese Finanzergebnisse für die meis-

ten Produktbereiche nur einen geringen Aussagegehalt haben, handelt es sich um keine verbindliche Vorgabe.

4. Aufbau und Inhalt von Finanzplan und Teilfinanzplan unterscheiden sich nach §§ 3 und 4 KomHVO. Diese Unterscheidung wurde bewusst gewählt, da beide Planwerke unterschiedliche Ziele verfolgen. Während der Finanzplan eine Darstellung des gesamten Geldverbrauchs liefert und damit auch gesamtstädtisch wichtige Informationen wie den Kreditbedarf, Cash-Flows und die Entwicklung der Kassenlage liefert, ist die Zielrichtung der Teilfinanzpläne ausschließlich die Darstellung der Investitionstätigkeit auf der abgebildeten Gliederungsebene des Haushalts. Diese Informationen spielen bei der Haushaltsplanberatung eine ganz entscheidende Rolle. § 4 Abs. 4 KomHVO sieht daher in den Teilplänen keine Abbildung der Einzahlungen und der Auszahlungen aus laufender Verwaltungstätigkeit vor (s. a. Anlage 6 A der Muster zum NKHR). Soweit bei der Gemeinde G bei den Zahlungen der laufenden Verwaltungstätigkeit auch eine vollständige und zahlungsartenscharfe Abbildung (wie im Finanzplan) vorgenommen werden soll, handelt es sich lediglich um Informationen, die über das hinausgehen, was gesetzlich gefordert ist. Dagegen bestehen keine Bedenken.
5. Bei langfristigen Investitionsmaßnahmen kann es durchaus vorkommen, dass nicht alle zu erwartenden Ein- und Auszahlungen in dem Zeitraum vorgesehen sind, der im Haushaltsplan abgebildet wird. Da sich in diesem Fall die Spalte „Gesamtzahlungen" nicht rechnerisch aus den übrigen Spalten ermitteln lässt, macht eine Spalte zur Abbildung der fehlenden Zahlungen in späteren Jahren durchaus Sinn. Diese Spalte ist allerdings in § 4 Abs. 4 KomHVO und den Anlagen 6 A und B der Muster zum NKHR nicht vorgesehen. Da es sich bei der zusätzlichen Einstellung einer solchen Spalte jedoch um eine Ausweitung der Informationen des Haushalts handelt, die zudem noch dazu geeignet ist, die Transparenz der Planung zu verbessern, ist einer solchen Abbildung sicher nichts entgegenzuhalten.
6. Die Abbildung vollständiger Teilpläne auf der nach dem Produktrahmen verbindlichen Gliederungsebene des Haushalts (Produktbereiche) ist gemäß § 4 KomHVO nicht erforderlich, wenn für die Aufstellung der Teilpläne eine niedrigere Gliederungsebene (z. B. Produktgruppen) gewählt wird. Insbesondere ist es nicht verpflichtend, auf der verbindlichen Ebene zusätzliche Ziele und Kennzahlen abzubilden. Langfristig macht der Aufbau einer Zielhierarchie, die dann möglicherweise der Struktur des kommunalspezifischen Produktplans entspricht, durchaus Sinn. Als Projektleiter sollten Sie daher den Finanzdezernenten darauf hinweisen, dass es durchaus sinnvoll erscheint, sich zumindest softwaretechnisch die Option zum späteren Einfügen von produktbereichsbezogenen Zielen offenzuhalten.
7. Wenn eine outputorientierte Planung erstellt werden soll, ist es unumgänglich, dass sich der Planungszeitraum für den Output und den Input entsprechen. Es erscheint daher selbstverständlich, dass sich die Planung der Kennzahlen und Indikatoren nicht nur auf das Haushaltsplanjahr beschränkt. In jedem Fall wird durch die Abbildung dieser Kennzahlen für die späteren Jahre der Informationsgehalt des Haushalts in keiner Weise eingeschränkt, so dass eine Abbildung unbedenklich erscheint.

8. Eine Verpflichtung der Kommunen, die Stellenübersicht vollständig in die Teilpläne des Haushalts zu übernehmen, gibt es nicht. Die Vorgabe des Finanzdezernenten kann daher ohne Schwierigkeiten Berücksichtigung finden. Allerdings ist zu beachten, dass alle für den Stellenplan verpflichtenden Angaben entweder in den Teilplänen des Haushalts oder im separaten Stellenplan abgebildet werden müssen. In den Teilplänen des Haushalts können die Stellen nur nach Laufbahnen abgebildet werden. In § 5 KomHVO erfolgt ja eine Abbildung im Stellenplan, aus der eine vergütungs- bzw. besoldungsgruppenscharfe Zuordnung der Stellen zu den Produktbereichen hervorgeht. Die Beschränkung der Abbildung der Stellen auf die vorangegangenen Jahre und das Haushaltsjahr erscheint im Hinblick auf eine Stärkung der mittelfristigen Planung nicht zielführend. Gleichzeitig ist aber festzustellen, dass eine darüberhinausgehende Planung der Stellen rechtlich nicht vorgeschrieben ist. Als Projektleiter sollten Sie darauf achten, dass eine spätere Ergänzung der mittelfristigen Daten für die Stellenplanung in den Teilplänen technisch ermöglicht wird.
9. Der Vorschlag des Finanzdezernenten führt in zweifacher Weise zu einer Ergänzung der vorgeschriebenen Elemente des Haushaltsplans. Zum einen soll neben die Ergebnis- und Finanzplanung eine Bilanzplanung gestellt werden. Weiterhin soll diese Planbilanz nicht nur auf der gesamtstädtischen Ebene (wie für den Jahresabschluss vorgesehen), sondern zusätzlich auf der jeweiligen Gliederungsebene des Haushalts (Geschäftsbereichsbilanzen oder Teilbilanzen) aufgestellt werden. Durch diese Ergänzungen des Haushaltsplaes soll der Informationsgehalt des Haushalts und damit seine Steuerungs- und Überwachungsfunktion verbessert werden. Gegen eine solche Ergänzung ist aus haushaltsrechtlicher Sicht nichts einzuwenden. Festzuhalten bleibt allerdings, dass den Positionen der Planbilanzen rechtlich keine Relevanz zukommen, da sie keine haushaltsrechtlichen Ermächtigungen darstellen können. Dies ist allein dadurch ausgeschlossen, dass es sich bei Bilanzwerten immer um eine Stichtagsbetrachtung und nicht um eine Zeitraumbetrachtung handelt. Weiterhin ist festzustellen, dass die Erstellung einer Planbilanz weitgehend dadurch erfolgt, dass die Daten der Ergebnis- und Finanzplanung im Hinblick auf ihre bilanziellen Auswirkungen analysiert und nach Bilanzpositionen zu einer Bewegungsbilanz[25] zusammengefasst werden. Die Planbilanz stellt damit weitgehend eine aus den anderen Planungsobjekten abgeleitete Planung dar.

7.6 Stellenplan

Der Stellenplan findet seinen Ursprung im öffentlichen Dienstrecht. Bei seiner Aufstellung sind die besoldungs- und tarifrechtlichen Vorschriften zu beachten. Er ist die Grundlage für die Personalwirtschaft der Gemeinde und enthält:
- die Zahl der Mitarbeiter,

25 Vgl. z. B. *Schrader*, Die Kapitalflussrechnung als Abbildung der Finanzlage, Frankfurt 1999, S. 72 ff.

- die Zuordnung der Mitarbeiter zu den Besoldungs-, Vergütungs- und Lohngruppen und
- die Aufteilung der Mitarbeiter auf die einzelnen Produktbereiche im Rahmen der Stellenübersicht.

Die Verpflichtung der Gemeinde, einen Stellenplan aufzustellen, ergibt sich aus dem Besoldungsrecht. Zuständig für den Erlass der Stellenpläne ist gemäß § 45 Abs. 2 Ziff. 4 KVG der Rat im Rahmen der Beschlussfassung der Haushaltssatzung, sodass auch jede Änderung des Stellenplans nur durch Ratsbeschluss möglich ist. Diese Änderungen sind der Aufsichtsbehörde mitzuteilen. Die Genehmigungspflicht des Stellenplans ergibt sich aus den Rechtsnormen des öffentlichen Dienstrechts. Für das Haushaltsrecht von Belang ist, dass er als Bestandteil des Haushaltsplans (§ 101 Abs. 1 KVG) gemäß § 102 Abs. 1 KVG der Aufsichtsbehörde vorzulegen ist. Nach § 76 KVG ist der Stellenplan einzuhalten; die Gemeinden sind bei Stellenbesetzungen und Beförderungen an den erlassenen und genehmigten Plan gebunden. Inhalt und Aufbau des Stellenplanes und seiner Anlage ist durch § 5 KomHVO i. V. m. Anlagen 7 und 8 der Muster zum NKHR festgelegt.

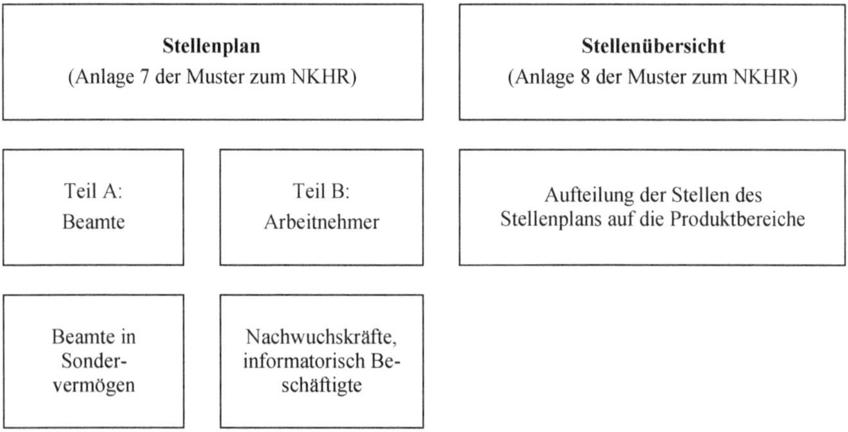

Zusammenfassend ist festzustellen, dass dem Stellenplan als Bestandteil des Haushaltsplans große Bedeutung zukommt, da er die Berechnungsgrundlage für die Personalaufwendungen darstellt, die einen erheblichen Teil der Gesamtaufwendungen ausmachen. Zusätzlich gibt noch § 13 Abs. 2 KomHVO für die Veranschlagung der Personalaufwendungen eine Hilfestellung, wonach sich die Veranschlagung nach den im Haushaltsjahr voraussichtlich besetzten Stellen richtet. Dies bedeutet im Rahmen der Aufstellung des Haushaltsplans und der Veranschlagung der Personalaufwendungen eine Diskrepanz, denn der Stellenplan enthält die erforderlichen Stellen, gleichgültig ob sie durch Mitarbeiter besetzt sind oder nicht.

8. Die Anlagen zum Haushaltsplan

8.1 Einführung

Dem Haushaltsplan sind verschiedene Anlagen beizufügen. Durch diese Pflichtanlagen soll die Entwicklung einer Gemeinde von verschiedenen Seiten aus dargestellt werden. Zusätzlich sollen in verständlicher Form Informationen gegeben werden, die der Haushaltsplan allein nicht deutlich machen kann.

In § 1 Abs. 2 Nrn. 1 bis 7 KomHVO sind die Pflichtanlagen aufgeführt, die bereits bei der Aufstellung des Haushaltsplanentwurfs zu erarbeiten sind.

Pflichtanlagen zum Haushaltsplan

- Vorbericht
- Übersicht über Verpflichtungsermächtigungen
- Übersicht über den voraussichtlichen Stand der Verbindlichkeiten/Rücklagen
- Übersicht über Zuwendungen an Fraktionen
- Haushalts- oder Wirtschaftspläne und neueste Jahresabschlüsse der Sondervermögen, für die Sonderrechnungen geführt werden
- Wirtschaftspläne und neueste Jahresabschlüsse für die Unternehmen und Einrichtungen mit eigener Rechtspersönlichkeit von nicht untergeordneter Bedeutung
- Übersichten über Budgets
- Haushaltskonsolidierungskonzept

8.2 Vorbericht

Der Vorbericht ist für die Beurteilung der Ergebnis-, Vermögens- und Finanzlage der Gemeinde für die Gemeindevertretung (Rat), interessierte Einwohner und Abgabepflichtige sowie für die Aufsichtsbehörde von entscheidender Bedeutung.

Er wird auf der Grundlage des Haushaltsplans und der anderen Anlagen zum Haushaltsplan erstellt und gibt einen Gesamtüberblick über die wichtigsten Eckpunkte des Haushaltsplans (§ 6 KomHVO). Darüber hinaus sind auch die Zielsetzungen der Planung für das Haushaltsjahr und die mittelfristige Planung sowie die Rahmenbedingungen dieser Planung zu erläutern. Der Vorbericht stellt also nicht nur eine Bewertung der Leistungsfähigkeit der Gemeinde im Haushaltsjahr dar, sondern gibt insbesondere Hinweise auf die zukünftigen Gestaltungsmöglichkeiten der gemeindlichen Haushaltswirtschaft.

Der Vorbericht soll dem Leser einen Überblick über die Inhalte des Haushaltsplans geben. Hierzu bietet es sich an, von der Möglichkeit tabellarischer und grafischer Darstellungen Gebrauch zu machen. Allerdings entspricht allein die Zusammenstellung von Zahlen ohne entsprechende verbale Erläuterungen und Bewertungen den Ansprüchen eines Vorberichts nicht.

Aus seiner Bedeutung für die Beurteilung der Haushaltswirtschaft ergibt sich, dass er schriftlich vorzulegen ist. Als Anlage zum Haushaltsplan muss er mit diesem für die Öffentlichkeit ausgelegt und der Aufsichtsbehörde angezeigt werden.

Grundsätzlich sind den Gemeinden die Gestaltung und der Inhalt des Vorberichts freigestellt. § 6 KomHVO schreibt nur einzelne Punkte vor, die im Vorbericht behandelt werden müssen.

Insbesondere ist im Vorbericht Folgendes darzustellen:
- *Entwicklung der wichtigsten Aufwands- und Ertragsarten im Vergleich zu den vorangegangenen Jahren.* Für die Darstellung bieten sich für diesen Bereich vergleichende Tabellen an, wobei es der Gemeinde überlassen bleibt, welche Aufwands- und Ertragsarten sie darstellt. Es erscheint im Hinblick auf die Aussagekraft des Vorberichts erforderlich, hierbei von der Struktur des Ergebnisplans abzuweichen und gezielt die wichtigsten Sachkonten (z. B. Gewerbesteuer, Anteil an der Einkommensteuer, Sozialhilfe) abzubilden.
- *Entwicklung der Aufwands- und Ertragsarten in den dem Haushaltsjahr folgenden drei Jahren.* Es soll dargestellt werden, in welchem Verhältnis die Erträge und Aufwendungen zum Deckungsbedarf nach dem Finanzplan stehen, da Änderungen erhebliche Konsequenzen für die wirtschaftliche und/oder politische Entwicklung der Gemeinde haben können.
- *Übersicht über die wichtigsten geplanten Investitionen und zu bilanzierenden Investitionsfördermaßnahmen im Haushaltsjahr und deren finanziellen Auswirkungen auf die folgenden Jahre.* Die Auskunft über die geplanten Investitionen und Investitionsfördermaßnahmen leitet sich aus den Teilfinanzplänen ab. Hier sollte nach Möglichkeit eine Zusammenstellung mit besonderem Blick auf die entstehenden Folgeaufwendungen (z. B. Abschreibungen, Zinsaufwendungen, Personalaufwendungen) erfolgen.
- *Die wesentlichen Abweichungen des vorliegenden Haushaltsplanes von der bisherigen mittelfristigen Ergebnis- und Finanzplanung.* Die Integration der mittelfristigen Ergebnis- und Finanzplanung in den Haushaltsplan hat nur dann Sinn, wenn diese Planung auch Anhaltspunkt für die zukünftige Haushaltsplanaufstellung ist. Soweit in einem neuen Haushaltsplan von den bisherigen Planungsgrundlagen erheblich abgewichen wird, sollte dies im Vorbericht eingehend erläutert werden.
- *Die Entwicklung der Liquidität und die voraussichtlich erforderliche Inanspruchnahme von genehmigungspflichtigen Liquiditätskrediten.* Auch bei einem Haushaltsplan, der sich wesentlich auf die Abbildung von Ressourcenverbrauch und -aufkommen konzentriert, ist die finanzielle Lage der Kommune von erheblicher Relevanz. Dabei erscheinen die Sicherstellung der Zahlungsfähigkeit und die Entwicklung der Verschuldung von besonderer Bedeutung. Beides sollte im Vorbericht beleuchtet werden.

8.3 Übersicht über die aus Verpflichtungsermächtigungen voraussichtlich fällig werdenden Auszahlungen

Verpflichtungsermächtigungen sind vorgesehene Ermächtigungen zum Eingehen von Verpflichtungen, die künftige Haushaltsjahre mit Auszahlungen für Investitionen und Investitionsfördermaßnahmen belasten (§§ 100 Abs. 2 Nr. 3, 107 Abs. 1 KVG)[1].

Durch die Verpflichtungsermächtigungen hat sich die Gemeinde schon zur Leistung von Auszahlungen in späteren Jahren verpflichtet, somit ist der Dispositionsspielraum dieser Jahre um diese Beträge eingeengt. Damit die Gemeinde eine genaue Entwicklung planen kann, ist dem Haushaltsplan diese Übersicht über die aus Verpflichtungsermächtigungen voraussichtlich fällig werdenden Auszahlungen beizufügen.

Anlage 9 der Muster zum NKHR zeigt das verbindliche Muster für die Übersicht über die Verpflichtungsermächtigungen.

8.4 Übersicht über den voraussichtlichen Stand der Verbindlichkeiten/Rücklagen

Dem Haushaltsplan ist gemäß § 1 Abs. 2 Nr. 3 KomHVO eine Übersicht über den voraussichtlichen Stand der Verbindlichkeiten und der Rücklagen zu Beginn des Haushaltsjahres beizufügen. Entsprechende Muster enthalten die Anlagen 10 und 11 der Muster zum NKHR. Die Struktur der Verbindlichkeitenübersicht (Anlage 11) trägt grundsätzlich zur Transparenz des Rechnungswesens bei und erleichtert auch die Erstellung der verschiedenen Übersichten in den Gemeinden.

Es erscheint jedoch unsystematisch, dass in dieser Übersicht, die Anlage des Haushaltsplans ist, auch die Verbindlichkeiten aus Krediten zur Liquiditätssicherung aufgenommen werden müssen. Diese Kredite werden entgegen anders lautenden Empfehlungen[2] im Haushaltsplan ausdrücklich nicht veranschlagt und lediglich mit einem Höchstbetrag in der Haushaltssatzung festgelegt. Eine Feststellung des voraussichtlichen Stands dieser Kredite zum Ende des Haushaltsjahres ist damit zumindest aus der Haushaltsplanung nicht ohne weiteres abzuleiten.

Zusätzlich erscheint es im Hinblick auf die Relevanz der Informationen fragwürdig, warum die Übersicht der Verbindlichkeiten bei den Krediten eine so umfangreiche Differenzierung nach Restlaufzeiten vorsieht. Insbesondere im Hinblick auf die Angaben für die Zukunft können solche Daten nur auf Spekulationen beruhen.

Anlage 10 der Muster zum NKHR gibt die Übersicht über den voraussichtlichen Stand der Rücklagen und Sonderrücklagen nach § 22 KomHVO vor. Die Rücklage ist unterteilt nach der Rücklage, die sich aus der Eröffnungsbilanz ergibt, und den Rücklagearten aus Überschüssen des ordentlichen bzw. außerordentlichen Ergebnisses nach dem Haushaltsausgleich. Zu den Sonderrücklagen gehören die Kapitalzuschüsse nach § 34 Abs. 5 KomHVO. Dabei handelt es sich um Zuwendungen, die einer speziellen

---

1 Siehe hierzu im Einzelnen auch Kap. 15.
2 Siehe hierzu im Einzelnen auch Kap. 16.

Zweckbindung unterliegen und deren ertragswirksame Auflösung der Zuwendungsgeber ausdrücklich ausgeschlossen hat. Weitere Rücklagen können für andere Zwecke vorrangig zur Erlangung des Haushaltsausgleiches nach § 23 KomHVO gebildet werden, wobei das zugrunde liegende Risiko in die Liquiditätsplanung einzubeziehen ist. Nach der Rechtsvorschrift des § 22 KomHVO ist bei der Bildung von Sonderrücklagen zunächst das außerordentliche Ergebnis zu verwenden.

8.5 Übersicht über Zuwendungen an Fraktionen

Die Gemeinde gewährt den Fraktionen aus Mitteln des Haushaltsplans Zuwendungen zu den sächlichen und personellen Aufwendungen für die Geschäftsführung in Geldleistungen und geldwerten Leistungen. Die Zuwendungen an die Fraktionen sind in einer besonderen Anlage zum Haushaltsplan darzustellen, um der Öffentlichkeit gegenüber die Finanzierung dieser freiwilligen Vereinigungen von Mitgliedern des Rates transparenter zu machen. Die Zuwendungen an die Fraktionen werden in der verbindlichen Übersicht Anlage 12 der Muster zum NKHR dargestellt.

8.6 Haushalts- oder Wirtschaftspläne und neueste Jahresabschlüsse der Sondervermögen, für die Sonderrechnungen geführt werden

Pflichtanlage zum Haushaltsplan sind nach § 1 Abs. 2 Nr. 5 KomHVO auch die Haushalts- oder Wirtschaftspläne und neuesten Jahresabschlüsse der Sondervermögen mit Sonderrechnung.

Unter die Sondervermögen mit Sonderrechnung fallen nach § 121 Abs. 1 i. V. m. Abs. 3 und 4 KVG die Eigenbetriebe und die rechtlich unselbständigen Versorgungs- und Versicherungseinrichtungen. Die rechtlich unselbständigen, aber organisatorisch selbstständigen Eigenbetriebe unterliegen bei Aufstellung der besonderen Haushaltspläne den Vorschriften über die Haushaltswirtschaft nach der Kommunalverfassung. Die Betriebe haben eine Sonderrechnung zu führen. Anstelle eines besonderen Haushaltsplans kann für den Eigenbetrieb nach § 121 Abs. 3 KVG ein Wirtschaftsplan aufgestellt und die Wirtschaftsführung sowie das Rechnungswesen nach den Vorschriften des Eigenbetriebsgesetzes gestaltet werden. In diesem Fall sind allerdings die haushaltsrechtlichen Vorschriften des Kommunalverfassungsgesetzes entsprechend anzuwenden.

Nach der Vorschrift des § 121 Abs. 4 KVG sind für die rechtlich unselbständigen Versorgungs- und Versicherungseinrichtungen besondere Haushaltspläne dieser Einrichtungen aufzustellen und Sonderrechnungen zu führen. Dabei sind die Vorschriften über die gemeindliche Haushaltswirtschaft entsprechend anzuwenden, wobei anstatt der Haushaltssatzung der Beschluss über den Haushaltsplan tritt. Von der ortsüblichen Bekanntgabe und Auslegung i. S. d. § 120 Abs. 2 KVG kann abgesehen werden.

Dem Haushaltsplan als Anlage sind zudem die neuesten Jahresabschlüsse der Sondervermögen, für die Sonderrechnungen geführt werden, beizufügen. Die Feststellung der Jahresabschlüsse der Sondervermögen gehört in den Zuständigkeitsbereich des Rates. Die Feststellung des Jahresabschlusses und des Lageberichts erfolgt in der Regel innerhalb eines Jahres nach Ende des Wirtschaftsjahres. Der festgestellte Jahresabschluss, der dem Haushaltsplanentwurf beigefügt wird, bezieht sich daher i. d. R. auf das Vorvorjahr und wurde bereits im Vorjahr vom Rat festgestellt. Gleichzeitig liegt dem Rat aber zum Zeitpunkt der Einbringung des Haushaltsplanentwurfs der geprüfte Jahresabschluss für das Vorjahr zur Feststellung vor oder wird dem Rat in der folgenden Sitzung vorgelegt.

8.7 Wirtschaftspläne und Jahresabschlüsse für Unternehmen und Einrichtungen mit eigener Rechtspersönlichkeit von nicht untergeordneter Bedeutung

Neben den Sondervermögen spielen in der kommunalen Aufgabenerledigung auch die Unternehmen und Einrichtungen mit eigener Rechtspersönlichkeit eine Rolle. Hierunter fallen u. a.

- Kapitalgesellschaften (z. B. GmbH, AG),
- Personengesellschaften,
- Vereine,
- selbstständige Stiftungen,
- Zweckverbände,
- Anstalten des öffentlichen Rechts.

§ 1 Abs. 2 Nr. 5 KomHVO sieht vor, dass für diese Unternehmen und Einrichtungen dem Haushaltsplan die Wirtschaftspläne und die neuesten Jahresabschlüsse beizufügen sind. Allerdings betrifft diese Vorschrift entsprechend dem Hinweis auf § 119 Abs. 1 Satz 2 KVG nur Unternehmen und Einrichtungen, die für die gemeindliche Haushaltswirtschaft nicht von untergeordneter Bedeutung sind.

Der Gesetzgeber hat nicht erläutert, was unter dem unbestimmten Rechtsbegriff der „untergeordneten Bedeutung" zu verstehen ist. Die Vorschrift ist daher von jeder Kommune unter Berücksichtigung bestimmter Bezugsgrößen wie z. B. Bilanzvolumen, Höhe des Eigenkapitals, Gesamtbeträge der Erträge und Aufwendungen, Gewinn oder Verlust des Unternehmens oder der Einrichtung auszulegen.[3]

8.8 Übersicht über Budgets

Die Teilpläne des Haushaltsplans können nach § 4 Abs. 1 KomHVO nach den vorgegebenen Produktbereichen oder nach der örtlichen Organisation produktorientiert gegliedert werden. Dabei können mehrere Produkte oder Produktbereiche zu Teilplänen zusammengefasst oder Produktbereiche nach Produktgruppen auf mehrere Teil-

3 Dem Gesetzgeber wird empfohlen, eine entsprechende Klarstellung vorzunehmen.

pläne aufgeteilt werden. Jeder Teilplan bildet mindestens ein Budget, das bestimmten Verantwortungsbereichen zuzuordnen ist (§ 4 Abs. 2 KomHVO). Sofern in der Gemeinde die Gliederung produktorientiert nach der örtlichen Organisation erfolgt, ist dem Haushaltsplan nach den §§ 4 Abs. 5 i. V. m. § 1 Abs. 2 Nr. 6 KomHVO eine Übersicht über die Budgets und die den einzelnen Budgets zugeordneten Produkte oder Produktgruppen als Anlage beizufügen.

8.9 Haushaltskonsolidierungskonzept

Die Gemeinde hat nach § 100 Abs. 3 KVG ein Haushaltskonsolidierungskonzept aufzustellen, wenn entgegen den Grundsätzen des § 98 Abs. 3 KVG der Haushaltsausgleich nicht erreicht werden kann. Das Haushaltskonsolidierungskonzept dient dem Ziel, die künftige, dauernde Leistungsfähigkeit der Gemeinde zu erreichen. Die Kommune muss versuchen, den Haushaltsausgleich zum nächstmöglichen Zeitpunkt, spätestens jedoch im fünften auf das letzte Finanzplanungsjahr folgende Jahr wiederherzustellen. Dabei ist im Haushaltskonsolidierungskonzept der Zeitraum festzulegen, innerhalb dessen der Haushaltsausgleich wieder erreicht werden kann. Die Gemeinde hat die Maßnahmen darzustellen, durch die der ausgewiesene Fehlbedarf abgebaut und das Entstehen eines neuen Fehlbedarfs in künftigen Jahren vermieden werden soll. Das Haushaltskonsolidierungskonzept ist spätestens mit der Haushaltssatzung vom Gemeinderat zu beschließen und der Kommunalaufsichtsbehörde mit der Haushaltssatzung vorzulegen. Das vom Gemeinderat beschlossene Konzept ist dem Haushaltsplan nach § 1 Abs. 2 Nr. 7 KomHVO als Anlage beizufügen.

Mit der Novellierung des Kommunalverfassungsgesetzes vom 22.6.2018 (GVBl. LSA 2018 S. 166) hat der Landesgesetzgeber § 161 Abs. 3 KVG LSA in der Weise ergänzt, dass die Kommunen verpflichtet werden, zur Feststellung und Sicherung ihrer dauernden Leistungsfähigkeit der zuständigen Kommunalaufsichtsbehörde und dem Statistischen Landesamt die erforderlichen Haushaltseckdaten zur Verfügung zu stellen. Das MI LSA hat hierzu die Verordnung über die Erhebung kommunaler Haushaltseckdaten im Rahmen des Haushalts-Kennzahlensystems[4] erlassen. Nach § 2 KomHKSVO ist das kommunale Haushalts-Kennzahlensystem Bestandteil einer präventiven Kommunalaufsicht, das der Erhebung und Auswertung von Haushaltseckdaten dient. Anhand der ermittelten Daten sollen die Kommunen und zuständigen Kommunalaufsichtsbehörden in die Lage versetzt werden, festzustellen, inwieweit eine dauernde Leistungsfähigkeit gesichert, eingeschränkt, gefährdet oder weggefallen ist. Die zuständige Kommunalaufsichtsbehörde unterstützt die Kommunen mit gefährdeter und weggefallener dauernder Leistungsfähigkeit bei der Ursachenanalyse und der Erarbeitung von Lösungsvorschlägen zur Wiederherstellung der dauernden Leistungsfähigkeit.

4 KomHKSVO vom 12.2.2020 (GVBl. S. 14).

8.10 Weitere Anlagen

Es ist der Gemeinde grundsätzlich freigestellt, neben den aufgeführten Pflichtanlagen noch weitere Anlagen dem Haushaltsplan beizufügen. Sofern diese zusätzlichen Anlagen der weiteren Information dienen, ist einer solchen Ergänzung nichts entgegenzuhalten.

Zusätzliche Anlagen könnten sein:
- Planbilanzen,
- spezielle Auswertungen und Planungen aus der Kosten- und Leistungsrechnung,
- Gebührenkalkulationen,
- besondere Statistiken,
- Angabe der Mitgliedsbeiträge und Zuschüsse an Vereine und Verbände.

8.11 Übung

Sachverhalt:
In einer Sitzung des Rates der Gemeinde G fragt der Ratsvertreter R den Finanzdezernenten, ob der Entwurf des Haushaltsplans wirklich so umfangreich sein muss. Als sparsamer Bürger hält er es für ausreichend, wenn nur die Teilpläne vorgelegt würden, aus denen man die Aufwendungen und Erträge sowie die Investitionen ersehen kann. Die vielen Gesamtübersichten und Anlagen bräuchten dann nur noch nach Beschlussfassung durch den Rat erstellt zu werden. Dies würde auch dem Grundsatz der Sparsamkeit und Wirtschaftlichkeit entsprechen.

Aufgabe:
Prüfen Sie, welche Unterlagen dem Rat zur Beschlussfassung nun tatsächlich vorzulegen sind.

Lösung:
Zunächst einmal ist § 102 Abs. 1 KVG zur Lösung dieses Falles heranzuziehen. Danach beschließt der Rat über den Entwurf der Haushaltssatzung in öffentlicher Sitzung. Aus § 100 Abs. 2 KVG ergibt sich aber, dass die Haushaltssatzung die Festsetzung des Haushaltsplans enthält. Damit kann festgestellt werden, dass der Haushaltsplan unverzichtbarer Bestandteil der Haushaltssatzung ist. § 101 Abs. 1 KVG und § 1 Abs. 1 KomHVO setzen als Bestandteile des Haushaltsplans den Ergebnisplan, den Finanzplan, die Teilpläne und den Stellenplan fest. Weiterhin sind nach § 1 Abs. 2 Nrn. 1 bis 7 KomHVO dem Haushaltsplan als Bestandteil der Haushaltssatzung bestimmte Pflichtanlagen beizufügen.

Diese Pflichtanlagen sind:

- Vorbericht,
- Übersicht über Verpflichtungsermächtigungen,
- Übersicht über den voraussichtlichen Stand der Verbindlichkeiten und der Rücklagen,
- Übersicht über Zuwendungen an Fraktionen,
- Wirtschaftspläne und neueste Jahresabschlüsse der Sondervermögen, für die Sonderrechnungen geführt werden,
- Wirtschaftspläne und neueste Jahresabschlüsse der Unternehmen und Einrichtungen mit eigener Rechtspersönlichkeit von nicht untergeordneter Bedeutung,
- Übersicht über Budgets,
- Haushaltskonsolidierungskonzept.

Da der Haushaltsplan Bestandteil der Haushaltssatzung ist, sind diese Anlagen zum Haushaltsplan auch Anlagen zur Haushaltssatzung und damit nach § 102 KVG dem Verfahren des Erlasses der Haushaltssatzung unterworfen.

9. Grundsätze im Neuen Kommunalen Haushaltsrecht

9.1 Überblick und Einteilung

Der Kaufmann stützt sein Finanzmanagement im Wesentlichen auf die Regelungen der §§ 238 ff. HGB, die hinsichtlich der Buchführungsinhalte (Bilanzen sowie Gewinn- und Verlustrechnungen, Ordnungsmäßigkeit der Bücher usw.) entsprechende Normierungen enthalten. Dazu treten Einzelregelungen zu bestimmten Positionen wie z. B. den Rückstellungen in § 249 HGB, den Rechnungsabgrenzungsposten in § 250 HGB und zur Bewertung in den §§ 252 ff. HGB. Damit ist eine Reihe von Detailfragen und Problemstellungen normiert, die zudem durch die z. T. gewohnheitsrechtlich entwickelten Grundsätze der ordnungsmäßigen Buchführung ergänzt werden.

Im Neuen Kommunalen Haushaltsrecht sind sicherlich ebenfalls solche Regelungen notwendig (siehe dazu die Darstellungen in den einzelnen Spezialkapiteln). Da jedoch das Neue Kommunale Haushaltsrecht gegenüber der kaufmännischen Handlungsweise weitergehende Intentionen verfolgt, indem ein verbindlicher Haushaltsplan zu erstellen, die bürgerschaftliche Beteiligung durch die politischen Gremien zu sichern und die Einbindung gesamtwirtschaftlicher Belange zu berücksichtigen ist, bedarf es einer Reihe von konkreten Vorgaben durch die Gesetzgebung, um diese Ziele realisieren zu können.

Insofern muss jede Gemeinde ihr Finanzmanagement nach bestimmten Grundsätzen ausrichten. Diese Grundsätze sind sowohl bei der Aufstellung des Haushaltsplans als auch bei dessen Ausführung und beim Jahresabschluss zu beachten. Die allgemeinen Haushaltsgrundsätze, nach denen die Haushaltswirtschaft zu planen und auszuführen ist, ergeben sich überwiegend aus § 98 KVG. Die weiteren Grundsätze sind im Wesentlichen in den Vorschriften der KomHVO, die zwischen Veranschlagungs- und Bewirtschaftungsgrundsätzen unterscheidet, enthalten. Diese Unterscheidung ist jedoch nicht als Trennung zu verstehen; vielmehr sind sämtliche Grundsätze eng miteinander verbunden und für das gesamte Finanzmanagement verbindlich. Dazu treten die Grundsätze ordnungsmäßiger Buchführung, die sowohl im KVG als auch in der KomHVO verankert sind. Insofern ergibt sich folgender Überblick, nach dem auch dieses Kapitel aufgebaut ist, sofern nicht eine Behandlung in besonderen Kapiteln erfolgt:[1]

1 Siehe dazu *Grimberg* in Grimberg/Gundlach/Jochheim/Miller/Schneider, Kommunalverfassungsgesetz des Landes Sachsen-Anhalt, Kommentar, Wiesbaden 2023, § 98.

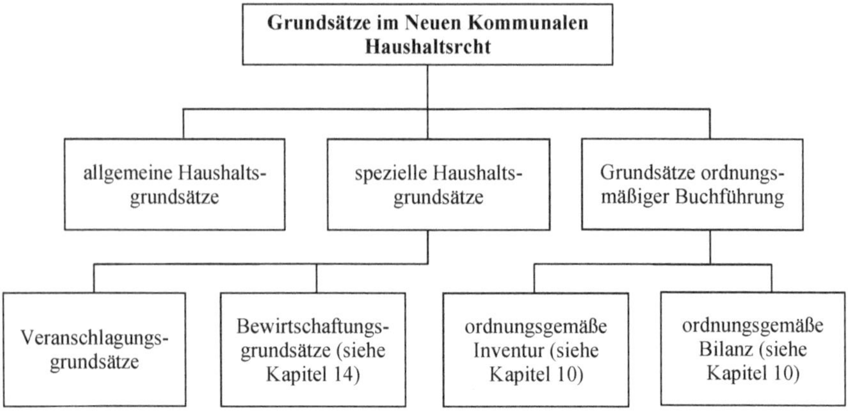

9.2 Allgemeine Haushaltsgrundsätze

9.2.1 Sicherung der Aufgabenerfüllung, Verbot der Überschuldung, Liquiditätssicherung und Beachtung des gesamtwirtschaftlichen Gleichgewichts

9.2.1.1 Stetige Aufgabenerfüllung

Die Gemeinde hat ihre Haushaltswirtschaft so zu planen und zu führen, dass die stetige Erfüllung ihrer Aufgaben gesichert ist. Aus diesem Text des § 98 Abs. 1 Satz 1 KVG ergibt sich eine rechtliche Verpflichtung bezüglich der stetigen Aufgabenerfüllung durch die Gemeinde. Die Gemeinde muss also gewährleisten, dass sie ihre Aufgaben – gesetzliche, vertragliche und auch freiwillige Aufgaben – wahrnehmen und erfüllen kann.

Die Erwähnung der Stetigkeit in der Formulierung des Haushaltsgrundsatzes gemäß § 98 Abs. 1 Satz 1 KVG spricht eine grundsätzliche Aufgabe der Selbstverwaltung einer Gemeinde an. Diese Aufgabe ist durch § 1 Abs. 1 KVG knapp, aber völlig ausreichend umschrieben. Mit diesem Anspruch nach der Förderung des Wohls der Einwohner geht einher, dass dieses Wohl nicht nur auf die Dauer eines Jahres, sondern langfristig zu fördern und die Aufgabenerfüllung dementsprechend dauernd sicherzustellen ist. Durch diese Anforderung an die Haushaltswirtschaft der Gemeinde ergibt sich zwangsläufig, dass die Haushaltswirtschaft zeitlich umfassender geplant werden muss.

Das gemeindliche Haushaltsrecht bietet hier das Instrument einer mittelfristigen Planung nach § 106 KVG dadurch an, dass sowohl im Ergebnis- als auch im Finanzplan mit den jeweiligen Teilplänen eine Fortschreibung um drei Jahre über das konkrete Planjahr hinaus erforderlich ist. Insofern ist die Gemeinde gezwungen, die Absicherung der stetigen Aufgabenerfüllung in finanzieller Hinsicht nicht nur im Planungsjahr, sondern mittelfristig zu dokumentieren.

Es darf jedoch nicht übersehen werden, dass dem im § 98 Abs. 1 Satz 1 KVG enthaltenen Grundsatz der Sicherung der stetigen Aufgabenerfüllung mit der Einbindung der mittelfristigen Planung in den Haushaltsplan noch nicht im vollen Umfang Rechnung getragen ist. Vielmehr muss die Gemeinde auch über diesen Planungszeitraum hinaus ihr Finanzmanagement an diesem Ziel orientieren. Dies bedarf eines umfassenden Finanzcontrollings, welches außerhalb der Darstellungen in den kommunalen Haushaltsplänen eine ständige Aufgabe des kommunalen Finanzmanagements bedeutet.

9.2.1.2 Sicherung der Liquidität und der Finanzierung der Investitionen

Schließlich sieht § 98 Abs. 4 KVG als allgemeinen Haushaltsgrundsatz die Sicherung der Liquidität einschließlich der Finanzierung der Investitionen und Investitionsfördermaßnahmen vor. Dieser Grundsatz ist unmittelbarer Ausfluss der stetigen Aufgabenerfüllung. Die Aufgabenerfüllung kann nur dann ordnungsgemäß erfolgen, wenn entsprechende Deckungsmittel bereitstehen. Dabei reicht die Veranschlagung des Ressourcenaufkommens und Ressourcenverbrauchs mit einem entsprechenden Haushaltsausgleich allein nicht aus, auch wenn die sich daraus ergebende Haushaltsabwicklung planmäßig verläuft.[2] Ohne ausreichend vorhandene Zahlungsmittel ist die stetige Aufgabenerfüllung gefährdet.

Insofern ist die Gemeinde durch diesen Haushaltsgrundsatz konkret verpflichtet, eine eigenständige Liquiditätsplanung und konkrete Bewirtschaftung der liquiden Mittel durchzuführen. Dies ist nicht Aufgabe des Finanzplans oder der Finanzrechnung, sondern muss zusätzlich erfolgen. Dabei liefern natürlich Finanzplan und Finanzrechnung wichtige Informationen und Basisdaten, sodass diese unterstützend wirken. Jedoch verlangt der Haushaltsgrundsatz eine konkrete Planung und Bewirtschaftung der liquiden Mittel.

Das bedeutet z. B., dass dafür Sorge zu tragen ist, dass die Forderungen nach den Grundsätzen der ordnungsmäßigen Buchführung unmittelbar nach dem Verursachungszeitpunkt in den Buchungskreislauf gegeben und dann termingerecht realisiert werden (leistungsfähige Debitorenbuchhaltung mit Mahn- und Vollstreckungswesen) und die rechtzeitige Bereitstellung von Kassenmitteln gesichert wird (sinnvolle Bewirtschaftung von Festgeldern und rechtzeitige Sicherstellung evtl. benötigter kurz- und langfristiger Kredite). Dies erfordert insgesamt ein umfangreiches Liquiditätsmanagement, dass sich natürlich auch der entsprechenden DV-Unterstützung zu bedienen hat. Die Einzelheiten sind den speziellen Kapiteln vorbehalten.[3]

Einzelheiten zur Zahlungsabwicklung und Liquiditätsplanung enthält die Verordnung über die Kassen- und Buchführung der Kommunen nach den Grundsätzen der doppelten Buchführung (Kommunalkassen- und Buchführungsverordnung).

Besonders wird in diesem Haushaltsgrundsatz auf die Sicherung der Investitionsfinanzierung hingewiesen. Hierbei geht es nicht allein um die kurzfristige Mittelbe-

2 Zum Haushaltsausgleich siehe die Darstellung in Kap. 17.
3 Siehe dazu u. a. Kap. 16.

reitstellung, sondern um die Beschaffung von Finanzmitteln zur Deckung von vermögenswirksamen Auszahlungen. Angesprochen sind u. a. auch die Kreditfinanzierungen. Diese langfristigen Kreditverbindlichkeiten dienen bei ihrer Realisierung ebenfalls der Liquidität. Näheres ist den Spezialkapiteln zu entnehmen.[4]

9.2.1.3 Verbot der Überschuldung

Besonders aufgeführt in § 98 Abs. 5 KVG ist das Verbot der Überschuldung. Eine bilanzielle Überschuldung würde zwangsläufig dazu führen, dass die dauernde Leistungsfähigkeit der Gemeinde gefährdet ist. § 108 Abs. 1 Satz 2 KVG ergänzt diese Norm dahingehend, dass bei jeder Neuverschuldung zu prüfen ist, ob diese noch mit der dauernden Leistungsfähigkeit der Gemeinde in Einklang zu bringen ist. Insofern ist das besondere Verbot der Überschuldung Ausfluss der allgemeinen Regelung des § 98 Abs. 1 KVG, wonach die dauernde Leistungsfähigkeit der Gemeinde zu sichern ist. Zu den Einzelheiten der kommunalen Schulden siehe Kap. 16.

9.2.1.4 Beachtung des gesamtwirtschaftlichen Gleichgewichts

Nach § 98 Abs. 1 Satz 2 KVG hat die Gemeinde bei der Planung und Durchführung ihrer Haushaltswirtschaft den Erfordernissen des gesamtwirtschaftlichen Gleichgewichts Rechnung zu tragen. Ausgangspunkt ist die Bestimmung des Art. 109 Abs. 2 GG. Danach haben zunächst nur Bund und Länder bei der Haushaltswirtschaft den Erfordernissen des gesamtwirtschaftlichen Gleichgewichts Rechnung zu tragen.

Eine weitere Grundlage ist das Gesetz zur Förderung der Stabilität und des Wachstums der Wirtschaft (StWG) vom 8.6.1967 in der derzeit geltenden Fassung, das in § 1 den Grundsatz aufstellt, dass Bund und Länder bei ihren wirtschafts- und finanzpolitischen Maßnahmen die Erfordernisse des gesamtwirtschaftlichen Gleichgewichts zu beachten haben. Die unmittelbare Einbindung der Gemeinden erfolgt dann durch § 16 StWG, wonach auch die Gemeinden und Gemeindeverbände bei ihrer Haushaltswirtschaft den Zielen dieses Gesetzes Rechnung tragen müssen. Die Ziele sind in § 1 StWG formuliert. Danach sind alle Maßnahmen so zu treffen, dass sie im Rahmen der marktwirtschaftlichen Ordnung gleichzeitig

- zur Stabilität des Preisniveaus,
- zu einem hohen Beschäftigungsstand und
- zu außenwirtschaftlichem Gleichgewicht
- bei stetigem und angemessenem Wirtschaftswachstum

beitragen. Insofern ist § 98 Abs. 1 Satz 2 KVG lediglich als ergänzende kommunalrechtliche Vorschrift zu betrachten, die noch einmal die Einbindung der Gemeinden in gesamtwirtschaftliche Belange bestätigt.

4 Zur Fremdfinanzierung siehe Kap. 16, zum Haushaltsausgleich siehe Kap. 17.

Die Umsetzung der Ziele des gesamtwirtschaftlichen Gleichgewichts ist jedoch kaum durch die Gemeinden, insbesondere nicht durch kleinere Gemeinden zu realisieren, da man diese mit dem Verlangen, ihre Haushaltswirtschaft nach diesen Grundsätzen auszurichten, überfordern würde. Für die Umsetzung eines konjunkturgerechten (antizyklischen) Verhaltens fehlen den Gemeinden vor allem in Zeiten gesamtwirtschaftlicher Schwäche die notwendigen Instrumente und in der Regel auch die entsprechenden Deckungsmittel.

Der Konflikt konkretisiert sich in der Form, dass von den Gemeinden unter Beachtung des antizyklischen Verhaltens bei aufsteigender Konjunktur Zurückhaltung bei der Vornahme eigener Investitionen verlangt wird. Diese Anforderung stellt die Gemeinden vor Probleme bei der Entscheidung, denn unzweifelhaft ist bei einem Anstieg der Konjunktur auch mit dem Ansteigen z. B. der Gewerbesteuererträge zu rechnen. Es könnte sein, dass durch Zurückhaltung bei der Vornahme eigener Investitionen im Rahmen des antizyklischen Verhaltens die Erfüllung wichtiger Aufgaben der Kommune gefährdet wird. Zudem darf der Faktor „Politik" nicht übersehen werden. Die Ratsmitglieder denken bei ihren Entscheidungen sicherlich nicht primär an das gesamtwirtschaftliche Gleichgewicht. Vielmehr werden dabei das kommunale Interesse, der örtliche Bezug zum Wahlkreis (Stadt- oder Gemeindeteil), aber auch wahl- und parteitaktische Überlegungen eine Rolle spielen.

Die Entscheidung in derartigen Fällen ist nicht leicht. Grundsätzlich ist aber davon auszugehen, dass die Sicherung der Aufgabenerfüllung eindeutig Vorrang genießt. Dieses geht auch schon aus der Formulierung in § 98 Abs. 1 Satz 2 KVG mit dem Wort **„dabei"** hervor. Insofern kann deutlich festgestellt werden, dass der Grundsatz der Beachtung des gesamtwirtschaftlichen Gleichgewichts gegenüber dem Grundsatz der stetigen Aufgabenerfüllung nachrangig ist. Konjunkturpolitische Gesichtspunkte sind im Rahmen der Aufgabenerfüllung zu berücksichtigen, soweit dies unter dem Aspekt der Aufgabenerfüllung möglich ist. Die Erledigung der unabweisbaren Aufgaben muss der Berücksichtigung konjunkturpolitischer Erfordernisse vorgehen.

Im gemeindlichen Haushaltsrecht verankerte Maßnahmen zur Konjunktursteuerung sind im Wesentlichen die Einflussnahmen auf die Kreditbeschaffung der Gemeinden. Hier sind die möglichen Beschränkungen bei der Beschaffung von Geldmitteln auf dem Kreditwege zu beachten (z. B. Einzelgenehmigung gemäß § 108 Abs. 4 KVG). Zudem ist jedoch nicht zu übersehen, dass der Staat Einfluss auf kommunale Tätigkeiten üben kann. Unter anderem ist dabei als Steuerungsinstrument an die Vergabe von zweckgebundenen Zuweisungen und Zuschüssen zu denken.[5]

Insgesamt muss aber darauf hingewiesen werden, dass die im Stabilitätsgesetz von 1967 vorgesehene antizyklische finanzwirtschaftlichen Handlungsweise eine Reihe von Problemen mit sich bringt und nach geringen Anfangserfolgen nicht mehr zu den gewünschten Erfolgen geführt hat. Insofern werden die Regelungen zur antizyklischen Fiskalpolitik verstärkt kritisch gesehen.[6]

5 Siehe dazu z. B. die Regelungen im Finanzausgleichsgesetz des Landes Sachsen-Anhalt.

6 Siehe dazu die Darstellungen in der Volkswirtschaftslehre, z. B. bei *Sprenger-Menzel*, Volkswirtschaftslehre und Wirtschaftspolitik, 8. Aufl., Witten 2020.

9.2.1.5 Übung

Sachverhalt Nr. 1:
In der Gemeinde G sind im Entwurf des Haushaltsplans (Finanzplan) 320.000 € für investive bauliche Veränderungen an Obdachlosenunterkünften zur Angleichung an den Ausstattungsstandard von Normalwohnungen vorgesehen. Die Wohnungen sollen dann dem freien Markt zur Verfügung gestellt werden, da kein Bedarf mehr an Obdachlosenunterkünften in der Gemeinde G besteht.

Die gesamtwirtschaftliche Situation zum Zeitpunkt der Beratung im zuständigen Fachausschuss stellt sich als überhitzte Konjunktur dar. Die Baukosten steigen jährlich im erheblichen Umfang. Ratsvertreter R verweist deshalb auf die Anforderung der §§ 1, 16 StWG und auf den allgemeinen Haushaltsgrundsatz des § 98 Abs. 1 Satz 2 KVG, wonach dem gesamtwirtschaftlichen Gleichgewicht Rechnung zu tragen ist. Er fordert, dass dem Ziel der Stabilität Priorität einzuräumen ist und die Gemeinde sich antizyklisch verhält: Diese Investitionsmaßnahme solle bis zur Abschwächung der Konjunktur zurückgestellt werden.

Aufgabe:
Begutachten Sie die Auffassung des Ratsvertreters R.

Lösung:
Ratsvertreter R gibt hier dem Ziel der Stabilität den Vorrang. In seiner Begründung bezieht er sich auf die §§ 1, 16 StWG und auf den allgemeinen Haushaltsgrundsatz der Beachtung des gesamtwirtschaftlichen Gleichgewichts gemäß § 98 Abs. 1 Satz 2 KVG. Sieht man diese Bestimmungen isoliert, könnte die Auffassung des Ratsvertreters R einschlägig sein.

Gemäß § 1 StWG haben Bund und Länder die Erfordernisse des gesamtwirtschaftlichen Gleichgewichts zu beachten; durch § 16 StWG ist die Beachtung dieser Ziele auf die Gemeinden und Gemeindeverbände ausgedehnt. Ebenso betont die Berücksichtigung der Erfordernisse des gesamtwirtschaftlichen Gleichgewichts in der Grundsatzvorschrift des § 98 Abs. 1 Satz 2 KVG die Bedeutung der wirtschaftspolitischen Gesichtspunkte für die kommunale Haushaltswirtschaft.

Jedoch handelt es sich hier bei den baulichen Veränderungen an den Obdachlosenunterkünfte um eine wirtschaftlich sinnvolle Maßnahme der Gemeinde. Die nicht mehr für Obdachlose benötigten Wohnungen sollen nicht ohne Mieterträge leerstehen, sondern den Bürgern zur Verfügung gestellt werden. Dies ist jedoch nur zu realisieren, wenn ein marktüblicher Wohnungsstandard vorliegt. Insofern besteht ein Konflikt zwischen der Pflicht der wirtschaftlichen Aufgabenerfüllung gemäß § 98 Abs. 1 Satz 1 KVG und der Pflicht zu konjunkturgerechtem Verhalten. Dabei ist aber die Verpflichtung, bei Planung und Ausführung des Haushalts die Sicherung der Aufgabenerfüllung zu beachten, an die erste Stelle gesetzt worden, und weiterhin geregelt, dass erst hierbei den Erfordernissen des gesamtwirtschaftlichen Gleichgewichts Rechnung zu tragen ist.

Die Erfüllung wirtschaftlich unabweisbarer Aufgaben wie hier die Vornahme der baulichen Veränderungen an den Obdachlosenunterkünften muss also auch unter Berücksichtigung konjunkturpolitischer Erfordernisse in jedem Fall vorgehen. Der Auffassung des Ratsvertreters R kann somit nicht gefolgt werden.

9.2.2 Wirtschaftlichkeit und Sparsamkeit

9.2.2.1 Grundsatz

Die mit diesem allgemeinen Haushaltsgrundsatz aufgestellte Forderung, die Haushaltswirtschaft sparsam und wirtschaftlich zu führen, erstreckt sich sowohl auf die Planung als auch auf die Ausführung des Haushalts, somit auf das gesamte kommunale Finanzmanagement.

Die Bedeutung dieses Grundsatzes wird dadurch unterstrichen, dass er durch § 98 Abs. 2 KVG als „Muss-Vorschrift" verbindlich ist. Die Haushaltswirtschaft ist sparsam und wirtschaftlich zu führen. Sparsamkeit erfordert, dass Aufwendungen und Auszahlungen ohne Vernachlässigung der Aufgabenerfüllung möglichst niedrig gehalten werden müssen. Es wird also in erster Linie das Verhältnis zwischen Erträgen und Einzahlungen einerseits und Aufwendungen und Auszahlungen andererseits angesprochen, wobei auch berücksichtigt werden muss, dass die Abgabepflichtigen so gering wie nur möglich zu belasten sind (§ 99 Abs. 2 Satz 2 KVG).

Sparsamkeit muss nicht unbedingt auch Wirtschaftlichkeit bedeuten. So kann etwa eine bestimmte Maßnahme für sich betrachtet durchaus sparsam sein, da sie im Vergleich zu anderen Möglichkeiten die niedrigsten Aufwendungen und Auszahlungen verursacht, sich aber für die Zukunft als unwirtschaftlich erweisen, weil evtl. die Folgekosten sehr hoch sind. Der Grundsatz der Sparsamkeit und Wirtschaftlichkeit enthält daher zwei verschiedene Regelungen, die jedoch gleichwertig angesetzt sind.

Durch den Grundsatz der Wirtschaftlichkeit wird das Verhältnis von Aufwand und Nutzen angesprochen. Im kommunalen Finanzmanagement wird dann wirtschaftlich gearbeitet, wenn entweder mit dem geringsten Aufwand der gewünschte Erfolg oder der größtmögliche Nutzen mit den vorhandenen Mitteln erzielt wird, wobei „Aufwand" sich sowohl auf die Anschaffungs- oder Herstellungskosten als auch auf die laufenden Unterhaltungskosten bezieht.[7] Das Ziel ist, dass der Aufwand (= Anschaffungs- oder Herstellungskosten und Unterhaltungskosten) zum erzielten Nutzen (= Qualität der Ausführung und Aufgabenerfüllung) eine möglichst günstige Relation aufweist.

Es stellt sich nunmehr die Frage, in welchem Verhältnis die beiden Grundsätze „Sparsamkeit" und „Wirtschaftlichkeit" zueinander stehen. Der Verfasser ist hierbei der Auffassung, dass die Wirtschaftlichkeit nicht nur vorrangig zu beachten ist, sondern die Sparsamkeit praktisch als reine Überlegung zum geringstmöglichen Geldmittelabfluss Bestandteil des Grundsatzes der Wirtschaftlichkeit ist. Die Wirtschaftlichkeit

---

7 Insofern stimmt der hier verwendete Begriff „Aufwand" nicht mit dem Begriff „Aufwendungen" aus Ergebnisplan und Ergebnisrechnung überein. Er ist hier allgemeiner Natur.

kann es z. B. erforderlich machen, eine Maßnahme zu treffen, die **für sich allein betrachtet** nicht sparsam ist. So kann eine Gemeinde z. B. für die Anlage eines Parkplatzes von zwei angebotenen gleichgroßen Grundstücken unter Umständen das im Anschaffungspreis ausgabenintensivere Grundstück wählen, wenn dieses auf lange Sicht niedrigere Unterhaltungskosten oder einen besseren Einfluss auf den Verkehr erwarten lässt. Auf den ersten Blick stellt das einen Verstoß gegen die Sparsamkeit im Jahr des Grunderwerbs dar, obwohl die Entscheidung wirtschaftlich sinnvoll ist. Auf Dauer ist aber auch wieder die Sparsamkeit erreicht, weil dieser Mehrauszahlung in späteren Jahren Aufwendungs- und Auszahlungseinsparungen gegenüberstehen. Insofern stellt sich dem Verfasser die Frage, ob der Grundsatz der Sparsamkeit als Teil der Wirtschaftlichkeit überhaupt die Berechtigung hat, förmlich in § 98 Abs. 2 KVG als gleichwertiger Grundsatz aufgeführt zu werden.

Die Wirtschaftlichkeit wird an den nachstehend aufgelisteten Prinzipien verdeutlicht:[8]

Ökonomische Prinzipien
(Arten der Wirtschaftlichkeit)

Minimalprinzip	**Maximalprinzip**
= mit geringstem Aufwand ein gegebenes Ziel erreichen	= mit gegebenen Mitteln den größtmöglichen Erfolg erreichen
wird vorrangig in der Kommunalverwaltung angewendet, z. B. Bau von Schulen, Gewährung von Sozialhilfe	wird in der Kommunalverwaltung nur am Rande angewendet, z. B. Wasserversorgung, Theater, Schwimmbäder (aber Bedarfsdeckung beachten!)

Die Beachtung der Wirtschaftlichkeit ist besonders bei gemeindlichen Investitionen geboten. Bei Investitionen wird das gemeindliche Anlagevermögen verändert. Jede Investitionsentscheidung beinhaltet einen einmaligen Vorgang, der später laufende Aufwendungen und Auszahlungen verursacht. Demzufolge muss eine möglichst große Differenz zwischen Kosten und Nutzen erreicht werden; bereits vor der Durchführung der Investition sollte die Bewertung, Beurteilung und Entscheidung stehen.

8 Die vertiefte Darstellung bleibt der Spezialliteratur vorbehalten; für alle: Odenthal, Einführung in die öffentliche Betriebswirtschaftslehre, 10. Aufl., Witten 2019.

Im Finanzplan und in der Finanzrechnung werden z. B. die Auszahlungen und Einzahlungen aus Investitionen dokumentiert. Im Ergebnisplan und in der Ergebnisrechnung sind dann zeitversetzt (ab der Inbetriebnahme des Vermögensgegenstandes) die Folgeaufwendungen dargestellt. Insofern bietet das kommunale Finanzmanagement vor der Einstellung der Investition in das Planwerk keine Informationen über die Wirtschaftlichkeit der Investition. Es bleibt deshalb nur die Möglichkeit, jede einzelne Investition vor Einstellung in den Haushaltsplan daraufhin zu untersuchen, ob sich die Investitionsauszahlungen und die Folgeaufwendungen im Rahmen der Wirtschaftlichkeit bewegen.

In diesem Zusammenhang schreibt § 6 Haushaltsgrundsätzegesetz als „Muss-Vorschrift" vor, dass für alle finanzwirksamen Maßnahmen angemessene Wirtschaftlichkeitsuntersuchungen durchzuführen sind. § 11 Abs. 2 KomHVO sieht als Soll-Vorschrift ebenfalls Wirtschaftlichkeitsvergleiche für Investitionen von erheblicher finanzieller Bedeutung vor. Mindestens soll durch einen Vergleich der Anschaffungs- bzw. Herstellungskosten sowie der Folgekosten die für die Gemeinde wirtschaftlichste Lösung ermittelt werden. Diese Vorschrift reicht für die kommunale Praxis nicht aus. Hier wäre sicherlich eine Ergänzung dahingehend notwendig, dass in Anlehnung an § 6 Abs. 2 und 3 Haushaltsgrundsätzegesetz für geeignete Maßnahmen von erheblicher finanzieller Bedeutung Nutzen- und Kostenuntersuchungen durchgeführt werden sollen.

Das Neue Kommunale Haushaltsrecht in Form der Haushaltsplanung, Haushaltsausführung und Rechnungslegung bietet nur geringe Informationen zur Wirtschaftlichkeit der kommunalen Verwaltung. Dies ist auch nicht seine Aufgabe. Notwendig zum Nachweis einer wirtschaftlichen Handlungsweise ist das Betreiben einer Kosten- und Leistungsrechnung. Folgerichtig sieht § 20 KomHVO zur Unterstützung der Verwaltungssteuerung und für die Beurteilung der Wirtschaftlichkeit und Leistungsfähigkeit bei der Aufgabenerfüllung eine Kosten- und Leistungsrechnung vor. Es handelt sich dabei um eine Muss-Vorschrift, wobei die jeweilige Ausgestaltung der KLR von der Kommune nach ihren örtlichen Bedürfnissen und nach betriebswirtschaftlichen Gesichtspunkten bestimmt wird. Das Haushaltsmanagementsystem mit der Darstellung des Ressourcenaufkommens und Ressourcenverbrauchs auf Produktbereichsebene und den dazu gehörenden betriebswirtschaftlichen Kennziffern zwingt die Gemeinden zur Einrichtung und Durchführung einer Kosten- und Leistungsrechnung. Die Abstellung in § 20 KomHVO auf die örtlichen Bedürfnisse ist sinnvoll, da die Anforderungen an eine Kosten- und Leistungsrechnung bei Großstädten anders ausfallen als bei kleinen Gemeinden. Zudem sind die Anforderungen nicht in allen Produktbereichen derselben Gemeinde identisch. Man denke dabei nur an die Unterschiede zwischen dem Fachbereich „Soziales" und dem „Bauhof".[9]

9 Zu den Einzelheiten der Kosten- und Leistungsrechnung siehe *Klümper/Möllers/Zimmermann*, Kommunale Kosten- und Wirtschaftlichkeitsrechnung, 20. Aufl., Witten 2019, S. 155 ff.

9.2.2.2 Übung

Sachverhalt Nr. 2:
Die Gemeinde G will im kommenden Haushaltsjahr die stark befahrene X-Straße ausbauen, weil diese vor allem in einer Kurve trotz Beschränkung der Höchstgeschwindigkeit sehr unfallträchtig ist. Der Ausbau in der bisherigen Linienführung würde 600.000 € Auszahlungen verursachen. Bei einer Begradigung der Kurve erhöht sich die Summe auf 800.000 €.

Der Rat der Gemeinde G beauftragt die Verwaltung, eine Entscheidung unter alleiniger Berücksichtigung des § 98 Abs. 2 KVG vorzubereiten, weil ein Verstoß gegen die Km-Begrenzung durch die Autofahrer und nicht durch die Gemeinde zu vertreten sei.

Aufgabe:
Stellen Sie begründet dar, welche Aspekte der Entscheidungsvorschlag der Verwaltung berücksichtigen sollte.

Lösung:
In diesem Fall taucht vor allem das Problem der Konkurrenz zwischen Sparsamkeit und Wirtschaftlichkeit auf. „Sparsamkeit" bedeutet, dass die Auszahlungen unter Berücksichtigung der Einzahlungen möglichst geringgehalten werden. Auch bei Einstellung einer Maßnahme in den kommunalen Haushalt ist dieser Grundsatz zu beachten. Insofern könnte nur die Maßnahme A mit dem geringeren Investitionsvolumen in Frage kommen. Diese könnte notfalls mit einer weiteren Geschwindigkeitsbeschränkung kombiniert werden.

Allerdings ist nunmehr das ökonomische Prinzip der Wirtschaftlichkeit als zweiter Haushaltsgrundsatz zu berücksichtigen, wonach mit dem geringsten Aufwand ein vorgegebenes Ziel erreicht werden soll. Dies bedeutet, dass eine möglichst große Differenz zwischen Kosten und Nutzen liegen soll. Es könnte eine Nutzen-Kosten-Untersuchung stattfinden, wobei der öffentliche Nutzen in der Regel schwer messbar ist; in diesem Falle könnte jedoch die Vermeidung von Unfällen eine Begründung sein. Möglicherweise wird auch der Verkehrsstrom durch eine noch niedrigere km/h-Begrenzung in einer Weise beeinträchtigt, dass es zu Stockungen kommen kann. Auch könnten die Folgekosten für die Gemeinde bei einer Begradigung der Straße geringer ausfallen. Insofern könnte die Wirtschaftlichkeitsüberlegung durchaus für die Maßnahme B mit einem um 200.000 € höheren Investitionsvolumen sprechen.

9.2.3 Haushaltsausgleich

Der dritte in § 98 Abs. 3 KVG verankerte allgemeine Haushaltsgrundsatz fordert in jedem Haushaltsjahr die Ausgeglichenheit des Haushalts. Diese Forderung bezieht sich nicht nur auf die Planung des Haushalts, sondern auch auf die Haushaltsausführung einschließlich Jahresabschluss. Demnach durchzieht dieser Grundsatz das gesamte Neue Kommunale Haushaltsrecht.[10] Dabei erfolgt der Haushaltsausgleich gemäß § 98 Abs. 3 KVG durch das Herbeiführen übereinstimmender Gesamtsummen der Erträge und Aufwendungen eines Haushaltsjahres. Ein Ausgleich liegt selbstverständlich auch dann vor, wenn die Summe der Erträge die Summe der Aufwendungen übersteigt. Der Haushaltsausgleich gilt aber auch als erreicht, wenn ein Fehlbedarf bzw. ein Fehlbetrag[11] aus der Rücklage gedeckt werden kann (§ 23 Abs. 2 KomHVO).

Nach § 106 KVG hat die Gemeinde eine mittelfristige Ergebnis- und Finanzplanung zu erstellen, die drei über das Planjahr hinausgehende Jahre umfasst. Diese ist wie beim jährlichen Haushaltsausgleich ausgeglichen zu gestalten, da die Rechtsvorschrift des § 8 Abs. 3 KomHVO vorschreibt, dass die mittelfristige Ergebnis- und Finanzplanung sich am Grundsatz des § 98 Abs. 3 KVG auszurichten hat und für die einzelnen Jahre in Erträgen und Aufwendungen ausgeglichen zu planen ist. Die Einzahlungen und Auszahlungen sollen ausgeglichen geplant werden. Die Besprechung der Einzelheiten zum kommunalen Haushaltsausgleich bleibt Kap. 17 vorbehalten.

9.2.4 Grundsätze zur Finanzierung der kommunalen Produkte

9.2.4.1 Deckungsmittel der Haushaltswirtschaft[12]

Bevor im Einzelnen auf die Regeln der Finanzierung der kommunalen Produkte eingegangen wird, ist zunächst zu klären, über welche Deckungsmittel eine Gemeinde überhaupt verfügen kann. Die Finanzierungsquellen einer Gemeinde sind vielfältig.

Sie ergeben sich aus privatrechtlichen (Vertragsschließung – gleiche Rechte und Pflichten der Vertragspartner) und aus öffentlich-rechtlichen Vorgängen (Verwaltungs-

---

10 Beispielsweise lässt § 105 Abs. 1 Satz 1 KVG die Bereitstellung von Mehraufwendungen bzw. Mehrauszahlungen nur zu, wenn die Deckung gewährleistet ist, und stellt damit auf einen ausgeglichenen Haushalt ab.

11 Die Gesamtsumme der Aufwendungen übersteigt die Gesamtsumme der Erträge.

12 § 99 KVG verwendet den Begriff „Finanzmittel". Nach Meinung des Verfassers trifft dieser Begriff nicht den behandelnden Themenbereich. Zu den Finanzmitteln zählen z. B. auch die Aufwendungen. Dies erkennt die Kommunalhaushaltsverordnung auch selbst, als sie z. B. in § 14 von „durchlaufenden" und „fremden Finanzmitteln" spricht, wobei damit sowohl Ein- als auch Auszahlungen angesprochen werden. Insofern wird in diesem Kapitel bei der Finanzierung der kommunalen Produkte der Begriff „Deckungsmittel" verwendet. Dem Gesetzgeber ist anzuraten, sich diesem Begriff anzuschließen.

akte wie z. B. Steuerbescheide – Über-/Unterordnungsverhältnis). Die grobe Unterteilung der Deckungsmittelarten kann aus folgendem Schaubild ersehen werden:[13]

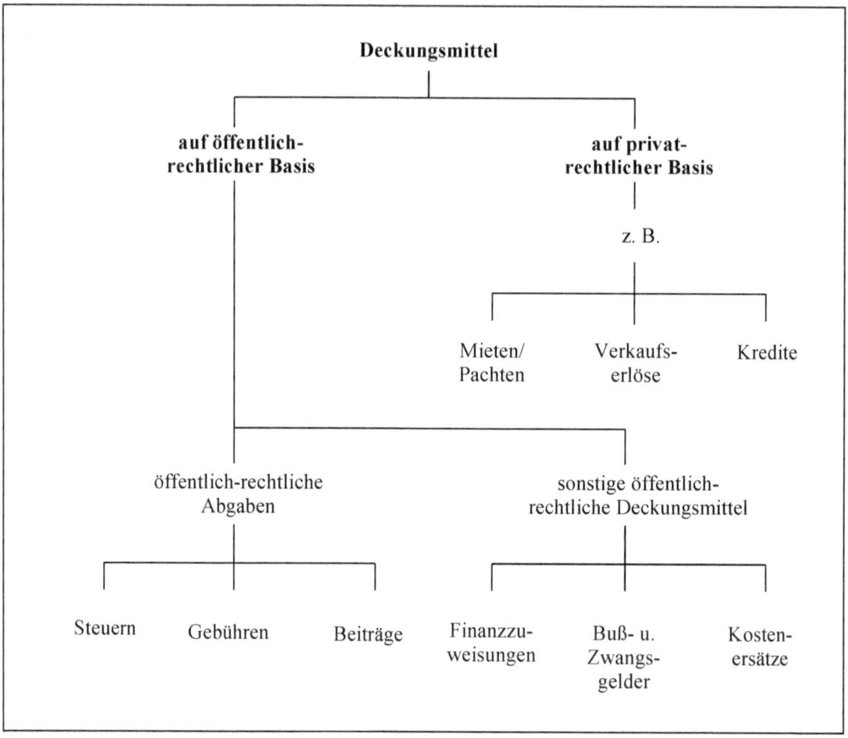

9.2.4.2 Verpflichtung zur Erhebung von Abgaben

Die wesentlichen Deckungsmittel der Gemeinde beruhen auf Zwangserhebungen, wobei die Steuern den größten Teil ausmachen. Die Erhebungsbefugnis ist Ausfluss der Selbstverwaltungsgarantie des Grundgesetzes und der Landesverfassung LSA. Insofern sieht § 99 KVG im Abs. 1 zunächst vor, dass die Gemeinden Abgaben nach gesetzlichen Vorschriften erheben. Die Gemeinden sind berechtigt und verpflichtet, nach den speziellen Vorschriften des Abgabenrechtes Abgaben (Steuern, Gebühren und Beiträge, siehe § 1 Abs. 1 KAG) zu erheben.

Dieser Grundsatz des § 99 Abs. 1 KVG nimmt auf das kommunale Abgabenrecht keinen Einfluss, d. h. er regelt nicht die Voraussetzungen für die Erhebung von Deckungsmitteln, sondern weist lediglich auf den besonderen Gesetzesvorbehalt hin. Die Abgabenerhebung geschieht nämlich ausschließlich aufgrund von Spezialgesetzen für

13 Eine ausführliche Darstellung findet sich in: *Mutschler*, Kommunales Finanz- und Abgabenrecht NRW, 14. Aufl., Witten 2018, S. 16 ff.

jede Abgabenart (z. B. Grundsteuergesetz, Gewerbesteuergesetz, Gebührensatzungen, Beitragssatzungen). § 99 Abs. 1 KVG ist demnach lediglich als Einordnungsregelung bezüglich der Stellung von Abgaben und ihrer Erhebung innerhalb der gemeindlichen Haushaltswirtschaft zu sehen. Bezogen auf die Rechtswirkung ist die Bestimmung überflüssig.

9.2.4.3 Rangfolge der Deckungsmittel

§ 99 Abs. 2 und 5 KVG legt eine bestimmte Rangfolge der Deckungsmittel für die Kommunen fest. Ausgangspunkt für die Untersuchung, welche Finanzierungen in welchem Umfang zu beschaffen sind, ist die Höhe des zur Erfüllung der Aufgaben der Gemeinde notwendigen Aufwands (Bedarfsdeckungsprinzip). Für die Landkreise und Verbandsgemeinden gelten die besonderen Finanzmittelbeschaffungen durch die Kreis- bzw. Verbandsgemeindeumlage nach § 99 Abs. 3 bzw. Abs. 4 KVG. Danach erheben die Landkreise von den kreisangehörigen Gemeinden und die Verbandsgemeinden von den jeweiligen Mitgliedsgemeinden eine Umlage, soweit die sonstigen Erträge zum Haushaltsausgleich nicht ausreichen.

Die grundsätzliche Rangfolge der Deckungsmittel zur Finanzierung des kommunalen Haushalts muss bei der Prüfung der einzelnen Finanzierungsmöglichkeiten zugrunde gelegt werden und ist insoweit verbindlich. Das folgende Schaubild soll die Rangfolge des Einsatzes von Deckungsmitteln verdeutlichen:

Deckungsbedarf (Summe der im Haushaltsjahr zu erwartenden Aufwendungen und Investitionsauszahlungen)	§ 99 Abs. 2 und 5 KVG ←	**Grundsätzliche Rangfolge der Deckungsmittel** 1. **Sonstige Deckungsmittel** z. B. Zuweisungen, Zuschüsse, Mieten, Pachten, Bußgelder, Verkaufserlöse, Auflösung von Rückstellungen, Zinsen, Steuerbeteiligungen 2. **Entgelte** für die von der Gemeinde erbrachten Leistungen z. B. Gebühren, Beiträge, Eintrittsgelder 3. **Steuern** als nachrangige Deckungsmittel z. B. Grund- und Gewerbesteuer 4. **Kredite** nur unter den Voraussetzungen der §§ 99 Abs. 5 und 108 Abs. 1 KVG

Vorrangig sind die sog. **„sonstigen Deckungsmittel“** heranzuziehen. Angesprochen sind damit alle Deckungsmittel, die nicht zu den speziellen Entgelten, Steuern und Krediten zählen. Dazu gehören insbesondere Erträge aus der Bewirtschaftung des Vermögens (Mieten, Pachten, Zinserträge) und auf privat- und öffentlich-rechtlicher Basis beruhende Erträge wie z. B. staatliche Finanzzuweisungen, Kostenerstattungen im sozialen Bereich, Entgelte von Dritten (Kostenerstattungen für ausgeführten Arbeiten und Dienstleistungen), Bußgelder, Abführungen aus Nebentätigkeiten, Verkaufserlöse, Auflösung von Rückstellungen und Steuerbeteiligungen.

Soweit vertretbar und geboten hat die Gemeinde dann **Entgelte** für die von ihr erbrachten Leistungen zu erheben. Dabei ist es haushaltsrechtlich unerheblich, ob diese Entgelte auf privatrechtlichen (z. B. Eintrittsgelder) oder öffentlich-rechtlichen Grundlagen (z. B. Gebühren) beruhen. Im Rahmen der Leistungsverwaltung sind diese Entgelte als vorrangig anzusehen. Bei der Entscheidung, ob vom Grundsatz der Finanzierung der Leistungen durch spezielle Entgelte abgewichen werden kann, sind die finanzwirtschaftlichen und die sozialen Gesichtspunkte (Entgeltnachlässe im öffentlichen Interesse wie z. B. verbilligter Eintritt für Rentner oder erschwingliche Preise für Theaterveranstaltungen) zu berücksichtigen. Dies liegt in der Formulierung „soweit vertretbar und geboten" begründet.

Die Gemeinden werden veranlasst, die Möglichkeit zur Erhebung von Leistungsentgelten voll auszunutzen; siehe dazu auch §§ 4 und 5 KAG. Dadurch wird einer Entwicklung entgegengetreten, welche möglichst viele Lasten der Allgemeinheit und damit dem Steuerzahler auferlegen will. Derjenige, der eine spezielle Leistung durch die Gemeinde erhält (z. B. Nutzer der Abfallbeseitigung, Empfänger eines Reisepasses), soll diese Leistung bezahlen (Vorteilsnahme des Einzelnen). Erst wenn die Vorteile einer kommunalen Leistung überwiegend der Allgemeinheit zugutekommen, sollen Steuern als Deckungsmittel eingesetzt werden.

Dieses Ziel wird jedoch durch die Bestimmung des § 99 Abs. 2 Satz 2 KVG eingeschränkt. Die Erhebung von Entgelten von den Benutzern der Einrichtungen und Anlagen findet z. B. aus politischen, sozialen oder kulturellen Gründen ihre Grenze in der wirtschaftlichen Leistungsfähigkeit der Abgabepflichtigen.

Erst wenn die vorgenannten Deckungsmittel ausgeschöpft sind, darf die Gemeinde zur Deckung ihres Finanzbedarfs **Steuern** erheben. Bei der Steuererhebung gilt das Subsidiaritätsprinzip (Nachrangigkeit), denn zur Deckung des gesamten Finanzbedarfs (Summe der zu erwartenden Reinaufwendungen) sind zuerst die sonstigen Deckungsmittel, dann die speziellen Entgelte und erst danach die Steuern heranzuziehen. Dieser Subsidiaritätsgrundsatz gilt lediglich nicht für die Vergnügungs- und Hundesteuer, die als Ordnungssteuern nicht ausschließlich zur Bedarfsdeckung erhoben werden.[14] Bei den Kreisen tritt gemäß § 99 Abs. 3 KVG an die Stelle der Steuern[15] die Kreisumlage, bei den Verbandsgemeinde nach § 99 Abs. 4 KVG die Verbandsgemeindeumlage. In der Praxis reichen jedoch bei keiner Gemeinde und bei keinem Gemeindeverband die vorrangigen Deckungsmittel aus, sodass eine Finanzierung der kommunalen Haushalte ohne Steuern bzw. Umlagen praxisfremd ist.

Aus dem Grundsatz der Nachrangigkeit wurde von den Gerichten lange Zeit ein materielles Recht der Steuerpflichtigen abgeleitet, wonach eine Steuererhöhung der

14 *Mutschler*, Kommunales Finanz- und Abgabenrecht NRW, 14. Aufl., Witten 2018, S. 150, 162.

15 Den Kreisen stehen grundsätzlich Steuerquellen gemäß § 3 Abs. 1 KAG zu. Die Jagdsteuer wird in LSA nach § 3 Abs. 2 KAG allerdings nicht mehr erhoben.

Gemeinde oder die Einführung einer neuen Steuer erst zulässig ist, wenn alle Möglichkeiten der Erhebung spezieller Entgelte von der Gemeinde ausgenutzt sind. Insofern hatten Klagen von Steuerpflichtigen zunächst Erfolg, die z. B. die Erhöhung der Gewerbesteuerhebesätze deshalb als rechtswidrig ansahen, weil die Gemeinde nicht in vollem Umfang die vorrangigen speziellen Entgelte ausgeschöpft hatte.

Das Bundesverwaltungsgericht[16] hat jedoch dieses materielle Recht für die Realsteuern verneint. Dabei stützt sich die Entscheidung auf die Feststellung, dass das bundesrechtliche Hebesatzrecht der Gemeinden (z. B. für die Gewerbesteuer aufgrund von Art. 6 Abs. 6 Satz 2 GG i. V. m. § 16 Abs. 1 und 5 GewStG) dem Landesgesetzgeber keine Kompetenz gewährt, die Bemessung der Hebesätze an die Ausschöpfung des Gebührenrahmens für besondere Leistungen der Gemeinden zu binden. In welchem Ausmaß die Gemeinden zur Deckung ihres Finanzbedarfs ihre Steuerquellen heranziehen wollen, steht in ihrem Ermessen. Insofern muss die Bestimmung des § 99 Abs. 2 KVG für die Realsteuern zwar als anwendbarer Grundsatz für die Gemeinde, nicht aber als einklagbares Recht für einen Realsteuerpflichtigen bewertet werden.

Die bisher vorgestellten Deckungsmittel dienen in Form von Erträgen der Finanzierung der Aufwendungen und in Form der Einzahlungen der Finanzierung von Auszahlungen. Kredite stellen keine Erträge dar und dürfen gemäß § 108 Abs. 1 KVG auch nur zur Finanzierung von Investitionen, Investitionsfördermaßnahmen und zur Umschuldung – und nicht zur Finanzierung des Ergebnishaushalts aufgenommen werden. Insofern dienen sie nicht dem Ausgleich des Ergebnishaushalts, sondern stellen nur Finanzierungsmittel im Finanzhaushalt dar.

Durch die Nennung in § 99 Abs. 5 KVG sind die **Kredite** als Deckungsmittel innerhalb der vorgenannten Rangfolge besonders zu behandeln. Sie dürfen nur aufgenommen werden, wenn eine andere Finanzierung nicht möglich ist. Vorrangig kann eine Kreditaufnahme nur dann sein, wenn eine andere Finanzierung wirtschaftlich unzweckmäßig wäre. Dies könnte z. B. der Fall bei einem zweckgebundenen Landeskredit mit einer Verzinsung von 1,0 % sein, der vorrangig vor dem Verkauf von Wertpapieren des Umlaufvermögens aufgenommen wird, weil die Wertpapiere z. Z. eine gesicherte Rendite von 4 % abwerfen. Es sind demnach allein wirtschaftliche Überlegungen heranzuziehen.

Die besonderen Probleme der Kreditwirtschaft werden in Kap. 16 behandelt.

Grenzen der Deckungsmittelbeschaffung

Nach dem Bedarfsdeckungsprinzip richten sich die zu beschaffenden Deckungsmittel nach dem Finanzbedarf. Die Höhe der Aufwendungen findet ihre Grenze in der Muss-Vorschrift des Haushaltsausgleichs gemäß § 98 Abs. 3 KVG, wonach der Haushalt in jedem Haushaltsjahr in Planung und Rechnung der Erträge und Aufwendungen ausgeglichen sein muss. Wie bereits oben festgestellt, wird die Erhebung der Deckungsmittel zudem durch das Gebot des § 99 Abs. 2 Satz 2 KVG begrenzt, nach dem auf die

16 BVerwG, Urt. vom 11.6.1993 – BVerwG 8 C 32.90 –, siehe z. B. der gemeindehaushalt 1993 S. 236.

wirtschaftliche Leistungsfähigkeit der Abgabepflichtigen Rücksicht zu nehmen ist.[17] Insbesondere bei den speziellen Entgelten ist die Erhebungspflicht durch den Gesetzeszusatz *„soweit vertretbar und geboten"* eingeschränkt, sodass die Gemeinde bei der Bereitstellung öffentlicher Einrichtungen auch soziale und politische Gründe berücksichtigen kann.

9.2.4.4 Übung

Sachverhalt Nr. 3:
Im Rahmen der Aufstellung des Haushaltsplanes will der Zentrale Dienst Finanzen (Fachbereich Finanzen/Kämmerei) der Gemeinde G folgende Finanzierungen in Erwägung ziehen:

a) Für die Unterhaltung der Gemeindestraßen gewährt das Land eine erhebliche zweckgebundene Zuweisung, die allerdings mit zumutbaren Auflagen versehen ist. Um – auch für zukünftige Jahre – von Auflagen unabhängig zu sein, soll auf die Zuweisung verzichtet werden und der dadurch entstehende Deckungsmittelausfall durch eine Anhebung der Grundsteuerhebesätze (Mehrerträge/Mehreinzahlungen bei dieser Steuer) gedeckt werden.
b) Bei den öffentlichen Einrichtungen „Bäder", „Theater" und „Büchereien" sollen Gebühren erhoben werden, die bei weitem nicht die Kosten der Einrichtungen decken. Im Rahmen der Gesamtdeckung soll die Finanzierung durch Steuern sichergestellt werden.
c) Für den Bau eines Schulzentrums werden der Gemeinde Kredite durch das Land mit einer Verzinsung von 3,2 % (feststehend) angeboten. Die notwendigen Deckungsmittel könnten allerdings auch durch Veräußerung von Wertpapieren des Umlaufvermögens (gesicherte Zinserwartung: 2,0 %) erzielt werden. Die Gemeinde möchte der Kreditaufnahme den Vorzug geben und die Deckungsmittel aus dem Verkauf der Wertpapiere für die Finanzierung von Maßnahmen im nächsten Haushaltsjahr verwenden.

Aufgabe:
Prüfen Sie, ob die geplanten Finanzierungen zulässig sind.

Lösung:
Die Lösung des Falles hat von der Verbindlichkeit der Rangfolge der Deckungsmittel gemäß § 99 Abs. 2 und 5 KVG auszugehen.

a) Bei der bewilligten zweckgebundenen Landeszuweisung handelt es sich um sonstige Deckungsmittel im Sinne des § 99 Abs. 2 KVG, die vorrangig einzusetzen sind. Im Sachverhalt wird darauf hingewiesen, dass die Auflagen für die Gemeinde zumutbar sind. In diesem Sinne könnte das Streben der Gemeinde nach Unabhän-

17 Siehe auch die umfassende Darstellung bei *Mutschler*, Kommunales Finanz- und Abgabenrecht NRW, 14. Aufl., Witten 2018, S. 28.

gigkeit von zukünftigen Auflagen – was ohnehin unrealistisch erscheint – nicht als Begründung anerkannt werden, um von der verbindlichen Rangfolge der Deckungsmittel abzuweichen. Dieser Verzicht auf die Inanspruchnahme der bewilligten Zuweisung ist unzulässig, da gemäß § 99 Abs. 2 KVG die sonstigen Deckungsmittel als vorrangig bezeichnet sind. Insofern würde eine Anhebung der Grundsteuern einen Verstoß gegen § 99 Abs. 2 KVG bedeuten.

b) Spezielle Entgelte, in diesem Fall Benutzungsgebühren, sind gegenüber den Steuern grundsätzlich als vorrangige Deckungsmittel einzusetzen. Allerdings schränkt § 99 Abs. 2 KVG diesen Grundsatz dahingehend ein, dass die Vorrangigkeit nur *„soweit vertretbar und geboten"* zu beachten ist. Hier ist Raum für selbstständige politische Entscheidungen der Gemeinde in deren pflichtgemäßen Ermessen gelassen. Die Gemeinde hat die wirtschaftliche Leistungsfähigkeit der Abgabepflichtigen zu berücksichtigen (§ 99 Abs. 2 Satz 2 KVG). Die möglichen sozialen, wirtschaftlichen und politischen Gründe können sich demzufolge auf die Höhe des speziellen Entgeltes auswirken; eine Finanzierung in der vorgegebenen Form ist zulässig. Gerade bei Bädern, Theater und Büchereien besteht ein öffentliches Interesse, dass diese Einrichtungen zu erschwinglichen Entgelten allen Bevölkerungsschichten zur Verfügung stehen. Es handelt sich um Grundeinrichtungen der Daseinsvorsorge.
Der Verzicht auf kostendeckende Gebühren widerspricht auch nicht § 5 Abs. 1 KAG, der nämlich die Kostendeckung auch nur als Soll-Vorschrift vorgibt. Zudem können die Kommunen niedrigere Gebühren erheben oder von Gebühren absehen, soweit daran ein öffentliches Interesse besteht.

c) Die Subsidiarität der Kreditaufnahmen ist insofern eingeschränkt, als Kreditaufnahmen auch dann erlaubt sind, wenn eine andere Finanzierung wirtschaftlich unzweckmäßig wäre. Hier stehen sich zwei Finanzierungsmöglichkeiten gegenüber: zum Ersten die nach den Grundregeln des § 99 Abs. 2 und 5 KVG vorrangige Einzahlung aus dem Verkaufserlös der Wertpapiere und zum Zweiten die grundsätzlich nachrangige Kreditaufnahme. Demnach wäre die Einzahlung aus dem Verkaufserlös vorrangig einzusetzen und eine Kreditaufnahme unzulässig.
Es fragt sich jedoch, ob es nicht wirtschaftlich zweckmäßiger ist, der Kreditaufnahme den Vorzug zu geben. Dieses Tatbestandsmerkmal wird erfüllt, weil der Zinssatz für den Landeskredit mit 3,2 % feststehend sehr günstig ist und wohl kaum in der Zukunft noch einmal so günstig zu erhalten sein wird, schon gar nicht am Kapitalmarkt. Zwar liegt die Zinserwartung für die Wertpapiere mit 2 % unter den Sollzinsen des Kredits, und es wäre kurzfristig günstiger, auf den Guthabenzins zu verzichten. Jedoch wirkt der Grundsatz der Wirtschaftlichkeit nicht nur jahresbezogen. Mittelfristig ist die jetzige Kreditaufnahme zu diesem günstigen Zinssatz wirtschaftlich unbedingt vorrangig geboten, weil laut Sachverhalt die Mittel aus dem Verkaufserlös für die Wertpapiere ohnehin im nächsten Jahr zur Haushaltsfinanzierung eingesetzt werden. Dann ist aber sicherlich ein solcher günstiger Kredit nicht mehr zu erlangen.

9.2.5 Vorherigkeit

9.2.5.1 Grundsatz

Der Haushaltsplan gilt für ein Haushaltsjahr. Das Haushaltsjahr ist das Kalenderjahr, soweit durch Gesetz oder Rechtsverordnung nichts anderes bestimmt ist (§ 100 Abs. 1 KVG).

Die Finanzwirtschaft muss ab 1. Januar eines Jahres handlungsfähig sein. Um diese Funktionsfähigkeit zu erreichen, sollte ein für die Haushaltswirtschaft verbindlicher Plan einschließlich Satzung noch im alten Haushaltsjahr entstehen. Der Grundsatz der Vorherigkeit liegt in dem Prinzip begründet, dass der Plan jeweils vorher, also für den künftigen Haushalt vor Beginn des Haushaltsjahres aufzustellen ist. Dies dient der Rechtssicherheit der Gemeinde, denn der Ratsbeschluss über die Haushaltssatzung dient als Leitlinie für die Verwaltung und stellt somit einen bedeutenden Generalkontrakt zwischen Rat und Verwaltung dar. Als Verstärkung dieses Grundsatzes ist die Bestimmung des § 102 Abs. 1 KVG zu bewerten, wonach die vom Rat beschlossene Haushaltssatzung der Aufsichtsbehörde vorzulegen ist.

Der Grundsatz der Vorherigkeit dient dem Zweck, dass die Gemeinde gedrängt wird, ihre Planungen rechtzeitig vor Beginn des Haushaltsjahres abzuschließen, und dass der Aufsichtsbehörde Gelegenheit gegeben wird, festzustellen, ob die geplante Haushaltssatzung mit den Anlagen mit dem geltenden Recht im Einklang steht.

Ziel ist, zu Beginn des Haushaltsjahres über eine beschlossene und öffentlich bekanntgegebene Haushaltssatzung zu verfügen, auf deren Basis Erträge bzw. Einzahlungen und Aufwendungen bzw. Auszahlungen bewirtschaftet und Verpflichtungen eingegangen werden können.

9.2.5.2 Ausnahme: Vorläufige Haushaltsführung

Es lässt sich nicht immer vermeiden, dass die Haushaltssatzung erst nach Beginn eines Haushaltsjahres öffentlich bekanntgemacht wird. Möglicherweise hat sich das Verfahren zum Zustandekommen der Haushaltssatzung innerhalb der Gemeinde verzögert.

Von den Gemeinden werden verschiedentlich eine zu späte Verabschiedung des Landeshaushaltes und Unsicherheiten bei den Zuweisungen nach dem Finanzausgleichsgesetz als Grund vorgebracht. Diese Begründung ist jedoch nicht stichhaltig, denn die Eckwerte der Zuweisungen sind in der Regel vorab bekannt.

Da die gemeindlichen Aufgaben auch ohne bestehende Haushaltssatzung erledigt werden müssen, bedarf es als Ersatz für die fehlende Haushaltssatzung mit Haushaltsplan bestimmter Regelungen für die haushaltslose Zeit zwischen dem 1. Januar des Jahres und der Veröffentlichung der Haushaltssatzung. Insofern ist die vorläufige Haushaltsführung in § 104 KVG enthalten. Voraussetzung für die Anwendung ist, dass die Haushaltssatzung bei Beginn des Haushaltsjahres noch nicht bekanntgemacht ist, sodass der Anwendungsbereich auf die Zeit bis zur Veröffentlichung der neuen Haushaltssatzung beschränkt ist. Im Einzelnen darf die Gemeinde während dieser haushaltslosen

Zeit Erträge/Einzahlungen erzielen, Aufwendungen/Auszahlungen bewirken und auch Verpflichtungen eingehen, dies alles jedoch im eingeschränkten Umfang. Die Praxis bezeichnet dies zuweilen auch als sog. „Übergangswirtschaft“.

a) Deckungsmittelbeschaffung in der vorläufigen Haushaltsführung

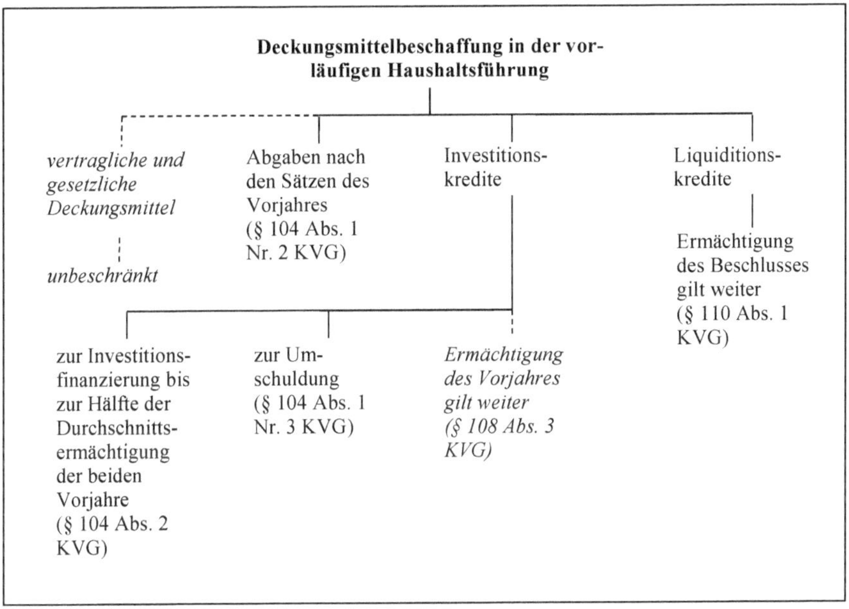

Die Gemeinde darf sämtliche Deckungsmittel aufgrund privat- und öffentlich-rechtlicher Basis erheben. Dies liegt darin begründet, dass die Erhebungsgrundlagen nicht auf der fehlenden Haushaltssatzung beruhen. So werden z. B. vertraglich festgesetzte Mieten, Pachten, Eintrittsgelder und Verkaufserlöse auch ohne vorliegende Haushaltssatzung vereinnahmt. Gebühren, Beiträge, örtliche Verbrauch- und Aufwandsteuern (z. B. Hundesteuer, Vergnügungssteuer und Zweitwohnungssteuer) werden aufgrund spezieller Gesetze und Satzungen erhoben, die unabhängig von der Haushaltssatzung bestehen und auch geändert werden können. Sie werden deshalb auch nicht durch das Fehlen einer Haushaltssatzung tangiert. So sind selbstverständlich jederzeit auch Steuer-, Beitrags und Gebührenerhöhungen aufgrund von Gesetzes- und Satzungsänderungen zulässig. Vertraglich begründete Deckungsmittel können durch Änderungen des Vertragswerkes auch ohne Haushaltssatzung erhöht werden.

Eine Besonderheit stellen lediglich die Realsteuern dar. Dabei handelt es sich gemäß § 3 Abs. 1 AO um die Grund- und Gewerbesteuern. Die Hebesätze für diese Steuern werden in § 5 der Haushaltssatzung festgesetzt. Während der vorläufigen Haushaltsführung fehlt demnach eine solche Ermächtigung, sodass wegen des Grundsatzes des Gesetzesvorbehalts die Gemeinde keine Ermächtigung zur Erhebung der Realsteuern hätte. Insofern tritt § 104 Abs. 1 Nr. 2 KVG an die Stelle der Festsetzung durch die Haushaltssatzung. Allerdings sieht der Gesetzgeber nur eine Erhebung nach den Steuersätzen des Vorjahres zu. Eine Erhöhung der Steuersätze wäre demnach während der vorläufigen Haushaltsführung auf den ersten Blick unzulässig.

Allerdings überzeugt die Regelung des § 104 Abs. 1 Nr. 2 KVG nicht. Die Gemeinden besitzen nämlich gemäß §§ 25 Abs. 2 GrStG und § 16 Abs. 2 GewStG das Recht, die Hebesätze für die Realsteuern für mehrere Jahre festzusetzen. Da die Haushaltssatzung gemäß § 100 Abs. 1 KVG höchstens Festsetzungen für zwei Haushaltsjahre – nach Jahren getrennt – enthalten darf, können die Gemeinden die mehrjährigen Steuerfestsetzungen darüber hinaus nur in einer sog. „Hebesatzsatzung" tätigen. Diese bundesrechtliche Regelung geht dem Landesrecht und somit auch § 104 Abs. 1 Nr. 2 KVG vor. Die Gemeinden können demnach sehr wohl auch während der vorläufigen Haushaltsführung ihre Realsteuerhebesätze erhöhen, allerdings nur mittels einer speziellen Hebesatzsatzung. Aus diesem Grund ist die Regelung in § 104 Abs. 1 Nr. 2 KVG zwar nicht rechtswidrig, jedoch äußerst unglücklich und zugleich verwirrend formuliert.[18]

Weiterhin darf die Gemeinde Kredite aufnehmen, wobei hier drei Ermächtigungsgrundlagen zu unterscheiden sind:

- Nach § 104 Abs. 2 KVG dürfen Kredite zur Finanzierung der Fortsetzung von Bauten, der Beschaffungen und der sonstigen Investitionsleistungen des Finanzplans nach § 104 Abs. 1 Nr. 1 KVG (demnach also für Investitionen) mit Genehmigung der Aufsichtsbehörde bis zur Hälfte des durchschnittlichen Betrages der Kreditermächtigungen für die beiden Vorjahre aufgenommen werden. Die Verwendung ist eingeschränkt auf Investitionen und Investitionsfördermaßnahmen. Diese Kreditaufnahme ist bezogen auf das neue Haushaltsjahr und hat als Maßstabsgröße den Bezug zu den beiden Vorjahren. Diese Regelung ist wenig durchdacht. Maßstab kann doch nur der absehbare Finanzbedarf im neuen Haushaltsjahr und nicht die Planungen der Vorjahre sein. Würde eine Gemeinde z. B. in den beiden Vorjahren keine Kreditermächtigung in der Haushaltsatzung ausgewiesen haben, aber jetzt eine unabweisbare Fortsetzung einer Baumaßnahme durchführen müssen, wäre eine Kreditgenehmigung in der vorläufigen Haushaltsführung nicht zu erhalten. Eine Gemeinde mit hohen Vorjahreskreditermächtigungen dagegen würde von der Begrenzung nicht tangiert. Der Gesetzgeber ist aufgerufen, die praxisfremde Beschränkung aufzuheben.

18 § 104 Abs. 1 KVG müsste deshalb um den Nebensatz „soweit keine Festsetzungen durch spezielle Satzungen erfolgt sind" ergänzt werden. Dies würde auch eine geschlossene gesetzgeberische Regelung herbeiführen, zumal im Muster zur Haushaltssatzung ein Hinweis ausdrücklich darauf verweist, dass § 5 der Haushaltssatzung nur deklaratorische Bedeutung zukommt (kein Regelungsinhalt und damit keine Außenwirkung), wenn die Gemeinde eine Hebesatzsatzung erlassen hat.

- Auch in der vorläufigen Haushaltsführung ist die Abwicklung von Umschuldungen gemäß § 104 Abs. 1 Nr. 3 KVG zulässig. Dies ist eine zwangsläufig richtige Entscheidung des Gesetzgebers, weil Umschuldungen nicht über die Haushaltssatzung abgewickelt werden. Gemäß § 100 Abs. 2 Nr. 2 KVG enthält die Haushaltssatzung nur die Kredite für Investitionen und Investitionsfördermaßnahmen. Anzeigen oder gar Genehmigungen sind bei Umschuldungen nicht erforderlich.
- Unabhängig davon, ob eine Haushaltssatzung erlassen ist oder nicht – also auch während der vorläufigen Haushaltsführung –, darf gemäß § 108 Abs. 3 KVG auf die Kreditermächtigung des Vorjahres zurückgegriffen werden, sofern diese Ermächtigung noch nicht ausgeschöpft wurde. Die Aufnahme von Krediten aufgrund dieser verbleibenden Ermächtigung bedarf keiner erneuten Genehmigung gegenüber der Aufsichtsbehörde. Die Kreditermächtigung gilt weiter, bis die Haushaltssatzung für das übernächste Jahr erlassen ist. Dies ist auch sinnvoll, denn bei den Auszahlungen kommt es immer wieder zu Verzögerungen auch über das Jahresende hinaus (z. B. werden Baumaßnahmen nicht so zügig abgewickelt wie geplant), sodass auch die Realisierung der Kredite durchaus zeitlich angepasst und damit aufgeschoben werden kann. Einzelheiten dazu sind in Kap. 16 dargestellt.

Schließlich besteht aufgrund des § 110 Abs. 1 Satz 2 KVG für die Gemeinde die Möglichkeit, auch während der vorläufigen Haushaltsführung Kredite zur Sicherung der Liquidität aufzunehmen. Die Obergrenze dafür stellt die Ermächtigung aus § 4 der Haushaltssatzung des Vorjahres dar, die bis zum Erlass der neuen Haushaltssatzung weiter ausgeschöpft werden kann.

b) Aufwendungen und Auszahlungen sowie Verpflichtungsermächtigungen in der vorläufigen Haushaltsführung

Der Haushaltsplan ist gemäß § 101 Abs. 3 KVG die Grundlage für die Haushaltswirtschaft der Gemeinde und demnach im Innenverhältnis verbindlich. Im Neuen Kommunalen Haushaltsrecht kann demnach nur gehandelt werden, wenn eine Ermächtigung durch den Haushaltsplan vorliegt. Da diese jedoch während der vorläufigen Haushaltsführung nicht vorhanden ist, die kommunalen Aufgaben jedoch weiterhin – auch in finanzieller Hinsicht – fortzuführen sind, müssen Ersatzermächtigungen geschaffen werden. Dies geschieht mit § 104 Abs. 1 Nr. 1 KVG.

Aufwendungen/Auszahlungen und Verpflichtungsermächtigungen in der vorläufigen Haushaltsführung

rechtliche Verpflichtung (§ 104 Abs. 1 Nr. 1 KVG)	Weiterführung unaufschiebbarer Aufgaben (§ 104 Abs. 1 Nr. 1 KVG)	*Übertragung von Ermächtigungen des Vorjahres (§ 19 KomHVO)*	*Verpflichtigungsermächtigungen des Vorjahres (§ 103 Abs. 3 KVG)*
• Gesetz • Vertrag	insbesondere Investitionsfortsetzungen, für die im Haushaltsplan des Vorjahres Haushaltspositionen oder Verpflichtungsermächtigungen vorgesehen waren		*Gültigkeit bis zum Erlass der neuen Haushaltssatzung*

In der vorläufigen Haushaltsführung darf die Gemeinde Aufwendungen entstehen lassen und Auszahlungen leisten, zu denen sie rechtlich verpflichtet ist. Dazu zählen alle Aufwendungen bzw. Auszahlungen, die sich aufgrund einer vertraglichen oder gesetzlichen Verpflichtung ergeben, z. B. Personalaufwendungen/-auszahlungen oder Leistungen der Sozialhilfe.

Zudem darf sie Aufwendungen entstehen lassen und Auszahlungen leisten, die für die Weiterführung notwendiger Aufgaben unaufschiebbar sind. Damit sind alle Maßnahmen gemeint, die im Interesse der Gemeinde und ihrer Bürger notwendig sind, z. B. die Beschaffung von Arbeitsmaterial oder der Erwerb von Treibstoffen. Ausdrücklich wird diesem Tatbestand die Fortsetzung von Bauten, Beschaffungen und sonstigen Investitionsleistungen zugeordnet, sofern im Haushaltsplan des Vorjahres Finanzposten oder Verpflichtungsermächtigungen vorgesehen waren. Diese Regelung entspricht dem allgemeinen Haushaltsgrundsatz der Wirtschaftlichkeit, denn z. B. ein Baustillstand würde zu erheblichen Kostensteigerungen führen.

Ein Problem besteht darin, dass § 104 KVG keine Ermächtigung in der vorläufigen Haushaltsführung vorsieht, im Investitionsbereich Verpflichtungen einzugehen, die erst in späteren Jahren zu Auszahlungen führen. Die Vorschrift enthält im Abs. 1 Nr. 1 ausschließlich und abschließend nur Ermächtigungen für Auszahlungsleistungen; einen Ersatz für fehlende Verpflichtungsermächtigungen bietet § 104 KVG nicht. Die Gemeinde kann zwar während der vorläufigen Haushaltsführung Auszahlungen in Millionenhöhe leisten, einen Vertragsabschluss für einen unaufschiebbar benötigten Grunderwerb über 10.000 € mit Zahlung im kommenden Jahr darf sie dagegen nicht tätigen. Die Praxis umgeht die Regelungslücke dahingehend, dass die Vorschrift des

§ 104 Abs. 1 Nr. 1 KVG per Analogie auch für investive Auftragsvergaben mit Belastungen der kommenden Jahre angewendet werden kann.[19]

Unabhängig davon, ob bereits ein neuer Haushalt vorhanden ist oder nicht, kann auf bestimmte Ermächtigungen des Vorjahres zurückgegriffen werden, somit auch während der vorläufigen Haushaltsführung. Es handelt sich somit nicht um spezielle Ermächtigungen der vorläufigen Haushaltsführung, sondern um generelle Ausnahmen zum Grundsatz der Jährlichkeit, die auch bei Vorliegen einer gültigen Haushaltssatzung bestehen. Im Einzelnen:

- Die im Rahmen des Jahresabschlusses des abgelaufenen Haushaltsjahres gemäß § 19 KomHVO übertragenen Ermächtigungen für Aufwendungen und Auszahlungen (in der Praxis oft als Haushaltsreste bezeichnet) können bereits unmittelbar nach ihrer Übertragung auch ohne bestehende Haushaltssatzung in Anspruch genommen werden, da sie die Planungspositionen des neuen Haushaltsjahres unmittelbar erhöhen.
- Gemäß § 107 Abs. 3 KVG gelten die Verpflichtungsermächtigungen des alten Jahres weiter, bis die Haushaltssatzung für das folgende Jahr erlassen ist. Dies hat zur Auswirkung, dass die Gemeinde die Verpflichtungsermächtigungen des abgelaufenen Jahres auch während der vorläufigen Haushaltsführung in Anspruch nehmen kann. Voraussetzung ist, dass die Verpflichtungsermächtigungen im alten Jahr bei der entsprechenden Investition noch nicht ausgeschöpft wurden.

Die Problematik für die konkrete Umsetzung dieser Vorschrift zeigt sich am folgenden Beispiel:

Verpflichtungsermächtigung 2024	*3.000.000 €*
zulasten des Jahres 2025	*2.000.000 €*
zulasten des Jahres 2026	*1.000.000 €*

Die Verpflichtungsermächtigung wurde in 2024 nicht in Anspruch genommen.

Die Verpflichtungsermächtigung 2024 gilt nunmehr bis zum Erlass der Haushaltssatzung 2025 weiter. Dabei entspricht der Anteil zu Lasten des Jahres 2026 weiterhin dem Begriff der Verpflichtungsermächtigung, weil jetzt in 2025 immer noch ein späteres Haushaltsjahr, nämlich 2026, belastet wird. Beim Anteil der Verpflichtungsermächtigung aus 2024 über 2.000.000 € für 2025 dagegen wird in der vorläufigen Haushaltsführung der Begriff der Verpflichtungsermächtigung verlassen, weil nunmehr eine Auszahlungsbelastung des laufenden Jahres 2025 ausgelöst werden soll.

Dieses Problem wurde erkannt, indem in § 104 Abs. 1 Nr. 1 KVG auch die Investitionsfortsetzung zugelassen wird, wenn u. a. im Vorjahr Verpflichtungsermächtigungen veranschlagt waren. Insofern ist die Frage positiv gelöst, da jetzt zumindest für diesen Teil des Jahres 2025 § 104 Abs. 1 KVG zutreffend anzuwenden ist. Notwendig wäre aber auch eine Anpassung des § 104 Abs. 2 KVG.[20]

19 Der Gesetzgeber sollte die gesetzliche Vorschrift entsprechend ändern.
20 Der Gesetzgeber sollte die Rechtsvorschrift ändern.

9.2.5.3 Übungen

Sachverhalt Nr. 4:

Die Haushaltssatzung der Gemeinde G für das Haushaltsjahr 2025 wird nicht vor April 2025 rechtswirksam werden. In den Monaten Januar und Februar 2025 sollen folgende Aufwendungen getätigt bzw. Auszahlungen geleistet werden:

a) Nach einem schweren Unwetter muss das Rathausdach mit einem Kostenaufwand von 30.000 € erneuert werden. Im zu dieser Zeit bereits vom Rat beschlossenen Haushaltsplan sind Mittel für diese Maßnahme nicht vorgesehen.
b) Für die Fortführung des Parkplatzbaues am gemeindlichen Friedhof werden 400.000 € benötigt. Bereits im Haushaltsplan 2025 war der erste Teilbetrag für diese Maßnahme veranschlagt.
c) Mit dem Bau des seit Jahren geplanten Theaters soll begonnen werden. Im Haushaltsplanentwurf 2025 sind als Anfinanzierung 1.400.000 € eingestellt.
d) Das Hauptamt (zentrale Dienste) will die Telefonkosten an den Telefonanbieter überweisen. Außerdem ist der Papierbestand der Verwaltung weitgehend verbraucht. Statt der benötigten Menge für das 1. Quartal 2025 soll bereits jetzt der Gesamtjahresbedarf bestellt werden, um damit einen Rabatt von 10 % zu erzielen.
e) Mit dem Bau einer Schule soll begonnen werden, damit zum Schuljahresbeginn 2026 die Schule fertig gestellt ist. Im Haushaltsplanentwurf 2025 ist als Teilfinanzierung eine Auszahlungsermächtigung von 2.000.000 € enthalten. Nach einer Verfügung des Bauordnungsamtes darf das bisherige Schulgebäude nur bis zum 1.7.2026 genutzt werden.
f) Im Haushaltsplanentwurf 2025 sind als Anfinanzierung für den Bau des seit Jahren geplanten Freibades 1.400.000 € vorgesehen. Bereits im November 2024 hat der Bauunternehmer U den Gesamtauftrag zur Errichtung des Freibades erhalten.

Aufgabe:

Prüfen Sie, ob die Aufwendungen getätigt bzw. die Auszahlungen aus haushaltsrechtlicher Sicht geleistet werden dürfen.

Lösung:

a) Es handelt sich hier um die Reparatur des Rathausdaches. Die Gemeinde darf in der Zeit der vorläufigen Haushaltsführung u. a. Aufwendungen entstehen lassen und Auszahlungen leisten, die für die Weiterführung notwendiger Aufgaben unaufschiebbar sind (§ 104 Abs. 1 Nr. 1 KVG). Ein intaktes Rathaus ist schon aus Gründen der Aufrechterhaltung des Dienstbetriebes und des Erhalts der Bausubstanz notwendig. Zudem könnte eine rechtliche Verpflichtung aus Gründen der Fürsorgepflicht gegenüber den Beschäftigten des Dienstherrn abgeleitet werden, die Anspruch auf intakte Diensträume haben. Das Entstehenlassen der Aufwendungen sowie die Leistung der Auszahlungen in Höhe von 30.000 € sind demnach zulässig. Dabei ist es ohne Bedeutung, dass die Mittel bisher im Haushaltsplanentwurf nicht vorgesehen waren.

b) Es handelt sich laut Sachverhalt um eine Baufortsetzung, für die im Haushaltsplan des Vorjahres bereits Finanzpositionen in Form von Auszahlungsermächtigungen veranschlagt waren. Die Investitionsauszahlung ist demnach gemäß § 104 Abs. 1 Nr. 1 KVG zulässig.
c) Mit dem Bau des seit Jahren geplanten Theaters kann während der vorläufigen Haushaltsführung nicht begonnen werden. Es besteht bei dieser freiwilligen gemeindlichen Aufgabe keine rechtliche Verpflichtung zur Leistung von Auszahlungen. Zudem sind keine Gründe erkennbar, dass diese Maßnahme der unaufschiebbaren Weiterführung gemeindlicher Aufgaben dient. Die Auszahlungen dürfen somit nicht geleistet werden.
d) Die Begleichung der Telefonrechnung bedeutet für die Gemeinde eine rechtliche Verpflichtung, die auf der Abrechnung des Telefonanbieters (Vertrag) basiert. Die Aufwendungen können entstehen und die Auszahlungen somit gemäß § 104 Abs. 1 KVG geleistet werden.
Für die Weiterführung notwendiger Aufgaben wird konkret nur die Papiermenge für das 1. Quartal des Jahres 2025 benötigt. Bei der Bestellung des Gesamtbedarfs kann jedoch ein Rabatt von 10 % erzielt werden. Dieser Geschäftsvorgang ist unter Beachtung des Grundsatzes der Sparsamkeit und Wirtschaftlichkeit nach § 98 Abs. 2 KVG zu sehen. Unter dem Aspekt dieser Muss-Vorschrift ist diese Bestellung mit den nachfolgenden Aufwendungen und Auszahlungen für das gesamte Jahr auch während der vorläufigen Haushaltsführung zulässig, ja sogar geboten. Es handelt sich somit um die auch aus wirtschaftlichen Gründen notwendige unaufschiebbare Aufgabenerfüllung im Sinne des § 104 Abs. 1 Nr. 1 KVG.
e) Es liegt hier der Beginn einer neuen Baumaßnahme vor, was grundsätzlich durch die Regelungen des § 104 Abs. 1 Nr. 1 KVG ausgeschlossen ist (nur Baufortsetzungen). Zu beachten ist jedoch, dass das bisherige Schulgebäude nur bis zum 1.7.2026 benutzt werden darf. Bis zu diesem Zeitpunkt muss das neue Schulgebäude fertiggestellt sein. Aus diesem Grund ist auch der Beginn der Schulbaumaßnahme vor dem Hintergrund der Weiterführung notwendiger Aufgaben in den kommenden Jahren (Fortsetzung des Schulunterrichts) zulässig und somit die Leistung der Investitionsauszahlung unaufschiebbar.
f) Der Bau des Freibades ist seit Jahren geplant. Im Vorjahr wurde dem Bauunternehmer der Auftrag zur Errichtung bereits erteilt. Insofern besteht für die Gemeinde nunmehr die rechtliche Verpflichtung zur Auszahlungsleistung durch den Vertrag. Die anfallenden Investitionsauszahlungen können auch während der vorläufigen Haushaltsführung geleistet werden.

Sachverhalt Nr. 5:

Die Haushaltssatzung der Gemeinde G für das Haushaltsjahr 2025 wird nicht vor April 2025 rechtswirksam werden. In den Monaten Januar und Februar 2025 sollen folgende Finanzierungen (Beschaffung von Deckungsmitteln) vorgenommen werden:

a) Die kommunale Investition „Bau einer Schwimmhalle" soll fortgesetzt werden. Im Haushaltsjahr 2025 besteht ein Bedarf von 1.400.000 €. Diese Auszahlungen sollen durch Kreditaufnahmen finanziert werden. Im Haushaltsjahr 2023 war keine

Kreditermächtigung, im Haushaltsjahr 2024 waren 1.000.000 € als Kreditermächtigung in der Haushaltssatzung vorgesehen, von denen allerdings nur 700.000 € benötigt wurden.

b) Es sollen die Mieten für die Wohnhäuser erhöht und die Hundesteuern festgesetzt werden.

Aufgabe:
Prüfen Sie, ob die Deckungsmittel der Gemeinde zur Verfügung stehen.

Lösung:

a) Es handelt sich um Maßnahmen im Rahmen der vorläufigen Haushaltsführung nach § 104 KVG, weil die Haushaltssatzung für das Jahr 2025 noch nicht veröffentlicht ist. Unabhängig von der Prüfung der Nachrangigkeit der Kreditaufnahmen ist zunächst einmal die Dauer der Kreditermächtigung des Haushaltsjahres 2024 zu prüfen. Gemäß § 108 Abs. 3 KVG gilt die Kreditermächtigung 2024 bis die Haushaltssatzung für das übernächste Jahr erlassen ist. Das bedeutet, dass die Kreditermächtigung in dem noch nicht ausgeschöpften Umfang (1.000.000 € ./. 700.000 € = 300.000 €) ohne Beteiligung der Aufsichtsbehörde ausgenutzt werden kann.
Unabhängig von der vorgenannten Möglichkeit der Finanzierung bleibt die Regelung des § 104 Abs. 2 KVG. Danach kann die Gemeinde unter der Voraussetzung der Nachrangigkeit und mit Genehmigung der Aufsichtsbehörde weitere Kredite für Investitionen und Investitionsfördermaßnahmen bis zur Hälfte des durchschnittlichen Betrages der Kreditermächtigungen für die beiden Vorjahre aufnehmen. (2023: keine Ermächtigung, 2024: Ermächtigung in Höhe von 1.000.000 €, Durchschnitt 500.000 € : 2 = 250.000 €.)
b) Die Erhebung und Einziehung dieser Deckungsmittel einschließlich möglicher Erhöhungen ist zulässig, denn die genannten Deckungsmittel werden durch besondere Rechtsgrundlagen (Mietverträge bzw. Hundesteuersatzung) erfasst. Das Fehlen der Haushaltssatzung 2025 tangiert insofern die Ertrags- und Einzahlungsarten nicht, sodass § 104 Abs. 1 KVG keine Anwendung findet.

9.2.6 Öffentlichkeit

9.2.6.1 Grundsatz

Der Haushaltsgrundsatz der Öffentlichkeit basiert auf der Grundlage der Beteiligung der Bürgerschaft an der Finanzwirtschaft der Gemeinde. Diese Beteiligung kann sich auf die Formen der Mitwirkung und die Entgegennahme von Informationen erstrecken. Im Folgenden sollen einzelne Regelungen des Haushaltsrechtes bezüglich der Beteiligung der Öffentlichkeit dargestellt werden.

9.2.6.2 Möglichkeiten der Beteiligung der Öffentlichkeit

a) Öffentliche Bekanntmachung der vom Rat beschlossenen Haushaltssatzung (§ 102 Abs. 2 Satz 1 KVG)

Die vom Rat beschlossene Haushaltssatzung ist öffentlich bekanntzumachen. Für die Bekanntmachung ist das nach § 162 Abs. 2 KVG verbindliche Muster für die Haushaltssatzung und die Bekanntgabe der Haushaltssatzung zu verwenden (siehe Anlage 1 der Muster zum NKHR). Der Haushaltsplan selbst und seine Anlagen sind nicht bekanntzugeben, sondern nur die Teile, die nach § 100 Abs. 2 KVG Bestandteile der Haushaltssatzung sind.

b) Öffentliche Auslegung des Haushaltsplans und seiner Anlagen (§ 102 Abs. 2 Satz 1 KVG)

Die Haushaltssatzung ist die wichtigste Grundlage im kommunalen Haushaltsrecht. Um der Bürgerschaft Gelegenheit zu geben, sich über die Haushaltssatzung mit dem Haushaltsplan und seinen Anlagen zu unterrichten, wird der Haushaltsplan mit seinen Anlagen im Anschluss an die öffentliche Bekanntmachung an sieben Tagen öffentlich ausgelegt. Einwendungen sind nicht mehr möglich; diese Auslegung dient nur der Information.

c) Öffentlichkeit der Ausführung des Haushalts (§ 52 Abs. 1 KVG)

Die Überwachung der Gemeindefinanzen und der Ausführung ist dem Rat in Vertretung der Bürgerschaft (Öffentlichkeit) durch die Festsetzungen in § 45 Abs. 2 KVG zur alleinigen Durchführung übertragen worden. Die Entscheidung über folgende Angelegenheiten im Bereich der Haushaltswirtschaft kann der Rat nicht übertragen:

- die Festsetzung allgemein geltender öffentlicher Abgaben und
- privatrechtlicher Entgelte,
- die Verfügung über Gemeindevermögen,
- die Veräußerung und Belastung von Grundstücken,
- die Vornahme von Schenkungen und Darlehen,
- die Übernahme von Bürgschaften,
- der Abschluss von Gewährverträgen.

Diese Auflistung gilt mit Ausnahme der Festsetzung allgemein geltender öffentlicher Abgaben und privatrechtlicher Entgelte, sofern eine vom Rat allgemein festgesetzte Grenze überschritten wird. Durch diese nicht vollzählige Aufzählung der nicht übertragbaren Angelegenheiten wird vor dem Hintergrund der Bestimmung des § 52 Abs. 1 KVG deutlich gemacht, dass die Öffentlichkeit auch bei der Ausführung des Haushaltes beteiligt ist. Gemäß § 52 Abs. 1 KVG sind die Sitzungen des Rates und seiner Ausschüsse öffentlich. Die Öffentlichkeit ist auszuschließen, wenn das öffentliche Wohl oder berechtigte Interessen Einzelner dies erfordern. Dies gilt insbesondere bei Personalangelegenheiten, Ausübung des Vorkaufsrechts, Grundstücksangelegenheiten und Vergabeentscheidungen. Über Gegenstände, bei denen diese Voraussetzungen vorliegen, muss nichtöffentlich verhandelt werden (§ 52 Abs. 2 KVG).

d) Öffentliche Bekanntmachung des Jahresabschlusses, des Gesamtabschlusses und der Entlastung des Bürgermeisters (§ 120 Abs. 2 Satz 1 KVG)

Die Gemeinde hat nach den §§ 118, 119 KVG für den Schluss eines jeden Haushaltsjahres einen Jahresabschluss und einen Gesamtabschluss nach den Grundsätzen ordnungsmäßiger Buchführung aufzustellen. Nach § 120 Abs. 1 KVG ist der Jahresabschluss innerhalb von vier Monaten und der Gesamtabschluss innerhalb von achtzehn Monaten nach Ende des Haushaltsjahres fertig zu stellen. Mit der Bestätigung des Jahresabschlusses entscheidet der Rat zugleich über die Entlastung des Bürgermeisters. Nach Beschlussfassung durch den Rat sind die Beschlüsse über den Jahresabschluss, den Gesamtabschluss und die Entlastung unverzüglich der Aufsichtsbehörde mitzuteilen und öffentlich bekanntzumachen.

e) Öffentliche Auslegung des Jahresabschlusses und des Gesamtabschlusses (§ 120 Abs. 2 Satz 2 KVG)

Nach § 120 Abs. 2 Satz 2 KVG sind im Anschluss an die Bekanntmachung der Jahresabschluss mit dem Rechenschaftsbericht, der den Verlauf der Haushaltswirtschaft und die Lage der Gemeinde so darstellt, dass ein den tatsächlichen Verhältnissen entsprechendes Bild vermittelt wird (§ 48 Abs. 1 KomHVO), und der Gesamtabschluss mit dem zusammenfassenden Bericht an sieben Tagen öffentlich auszulegen. Es besteht die Verpflichtung, in der öffentlichen Bekanntmachung auf die Auslegung hinzuweisen.

9.2.6.3 Übung

Sachverhalt Nr. 6:

Die vom Rat der Gemeinde G beschlossene Haushaltssatzung wird öffentlich bekanntgemacht. Der Bürger B liest die Bekanntmachung am 20. Dezember in der Tageszeitung und wundert sich, dass das ihn interessierende Produkt „Vereine und Verbände im Sportbereich“ nicht abgedruckt ist. Die Bekanntmachung enthält nur Gesamtzahlen, die für ihn keine Aussagekraft und keinen Informationswert besitzen.

Aufgabe:

Welche Auskunft ist dem Bürger B zu erteilen, wenn er die Verwaltung zum vorgenannten Problem befragt?

Lösung:

Die vom Rat beschlossene Haushaltssatzung ist gemäß § 102 Abs. 2 Satz 1 KVG öffentlich bekanntzumachen. Die Haushaltssatzung enthält lediglich den Mindestinhalt nach § 100 Abs. 2 KVG, wobei im § 1 lediglich die Gesamtsummen des Haushalts festgesetzt sind. Weitergehende Darstellungen enthält die Haushaltssatzung selbst nicht. Insofern kann die öffentliche Bekanntmachung der Haushaltssatzung dem B die geforderten Erkenntnisse nicht erbringen.

Dem Anliegen des Bürgers, Informationen zum Produkt „Vereine und Verbände“ zu erhalten, wird dadurch entsprochen, dass gemäß § 102 Abs. 2 Satz 1 KVG die Haushaltssatzung einschließlich des Haushaltsplans zur Einsichtnahme zur Verfügung steht. Der Haushaltsplan enthält jedoch gemäß § 101 Abs. 2 KVG lediglich neben dem Ergebnis- und Finanzplan nur die Teilpläne, die nach § 4 Abs. 1 KomHVO nach den vorgegebenen Produktbereichen oder nach der örtlichen Organisation produktorientiert gegliedert werden können. Ein eigenständiger Teilabschluss für das Produkt ist nicht vorgesehen und wird deshalb von der Gemeinde G nicht angeboten.

Allerdings enthält der Teilergebnisplan entsprechende Produktinformationen. Außerdem sind Ziele, Leistungen und Kennzahlen zur Zielerreichung gemäß § 4 Abs. 2 KomHVO abgebildet. Im Teilfinanzplan sind nach dem Grundsatz der Einzelveranschlagung gemäß § 4 Abs. 4 KomHVO die Investitionen lückenlos aufgeführt. Somit besitzt B durchaus eine ausreichende Informationsgrundlage zu dem von ihm angesprochenen Produkt.

9.3 Veranschlagungsgrundsätze

9.3.1 Allgemeines

Die speziellen Haushaltsgrundsätze unterteilen sich in Veranschlagungs- und Bewirtschaftungsgrundsätze (siehe auch Überblick in Kap. 9.1). Gegenüber den allgemeinen Grundsätzen enthalten sie konkrete und spezielle Einzelregelungen für das Neue Kommunale Haushaltsrecht. Dabei sind die sog. „Bewirtschaftungsgrundsätze“ wegen ihrer überragenden Managementbedeutung für die konkrete Haushaltsausführung dem (besonderen) Kap. 14 zugeordnet worden. Insofern werden dort Einzelregelungen zur Veranschlagung von Finanzvorfällen im Ergebnis- und Finanzplan vorgestellt, sodass die Planungswerkzeuge umfassend vermittelt werden. Allerdings ist festzustellen, dass die Veranschlagungsgrundsätze zwangsläufig auch unverändert bei der Haushaltsausführung und bei der Rechnungslegung Anwendung finden. Insofern könnte durchaus auch von „Veranschlagungs- und Ausführungsgrundsätzen“ gesprochen werden. Da jedoch konkrete Vorschriften eingeführt sind, die ausschließlich für die Haushaltsausführung und die Rechnungslegung gelten,[21] ist der Verfasser der Auffassung, den Begriff „Veranschlagungsgrundsätze“ zu verwenden, der dann deckungsgleich auch für die Haushaltsausführung Anwendung findet.

Die Darstellung der Veranschlagungsgrundsätze erfolgt jedoch nicht in der Reihenfolge der gesetzlichen Normierungen, sondern nach der Sinnhaftigkeit der einzelnen Grundsätze. Dadurch wird es dem Leser ermöglicht, die auf viele gesetzliche Regelungen verteilten Veranschlagungsgrundsätze mit ihren Ausnahmen in kompakter Form zu verfolgen. Dabei ergibt sich folgender Überblick:

21 So z. B. die Regelungen in § 105 KVG zur Bereitstellung von zusätzlichen Aufwendungen und Auszahlungen und die Regelungen zur Inventur in § 113 KVG.

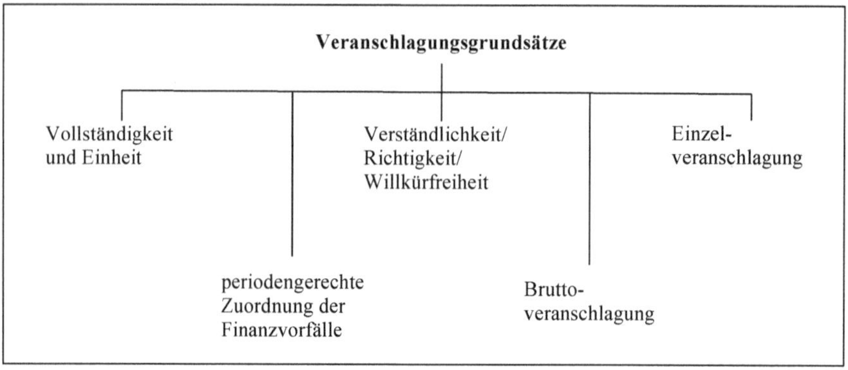

9.3.2 Vollständigkeit und Einheit

9.3.2.1 Allgemeines

Die beiden Grundsätze „Vollständigkeit“ und „Einheit“ sind vor dem gleichen Hintergrund, nämlich der Bestimmung des § 101 Abs. 1 KVG, zu sehen. Gemäß § 101 Abs. 1 KVG enthält der Haushaltsplan der Gemeinde **alle** im Haushaltsjahr zur Erfüllung der Aufgaben voraussichtlich anfallenden Erträge und eingehenden Einzahlungen, entstehenden Aufwendungen und zu leistenden Auszahlungen sowie die notwendigen Verpflichtungsermächtigungen. Beide Grundsätze beziehen sich auf den Haushaltsplan; sie bieten nur unterschiedliche Varianten an. Durch den Veranschlagungsgrundsatz der Einheit soll gewährleistet werden, dass nur **ein** Haushaltsplan je Gemeinde erstellt wird, wobei durch den Grundsatz der Vollständigkeit dieser Aspekt dahingehend ergänzt wird, dass in diesen Haushaltsplan dann alle Erträge/Einzahlungen, Aufwendungen/Auszahlungen und Verpflichtungsermächtigungen eingestellt werden müssen. § 9 Abs. 1 KomHVO bestätigt diesen Veranschlagungsgrundsatz noch einmal.

Der nachstehende Überblick verdeutlicht noch einmal die Inhalte des Grundsatzes:

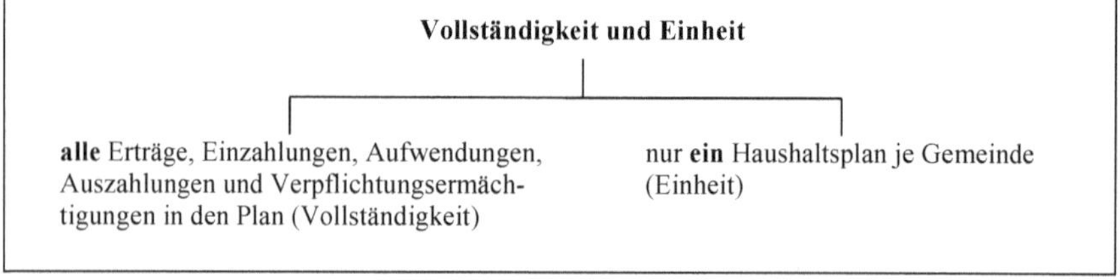

9.3.2.2 Vollständigkeit

Nach § 101 Abs. 1 KVG sind im Haushaltsplan alle voraussichtlich anfallenden Erträge und eingehenden Einzahlungen, entstehenden Aufwendungen und zu leistenden Auszahlungen sowie die notwendigen Verpflichtungsermächtigungen[22] der Gemeinde in voller Höhe zu veranschlagen. Es ist grundsätzlich unzulässig, Finanzvorfälle außerhalb des Haushaltsplans zu bewirtschaften. Ebenfalls ist eine Saldierung ausgeschlossen.

Besonderheiten
a) Interne Leistungsverrechnungen
Hierbei handelt es sich um Dienstleistungen innerhalb der Verwaltung, somit also um Geschäftsvorfälle ohne Außenwirkung. Beispiele dafür sind der Einsatz des Bauhofes als zentraler Dienst (Produktgruppe 111, empfohlenes Produkt 1113) für die Pflege der Grünflächen bei den gemeindlichen Gymnasien (Produktgruppe 217) oder die besondere Dienstleistung der Bibliothek (Produktgruppe 111, empfohlenes Produkt 1113) als Verwaltungsbücherei anlässlich der Erstellung von Gutachten des Rechtsamtes (Produktgruppe 111, empfohlenes Produkt 1114). Den internen Dienstleistern entstehen dabei in ihren Produktbereichen Aufwendungen für Leistungen, die anderen Produktbereichen anzulasten sind.

Dienstleistungen an oder von kommunalen Sondervermögen[23] fallen jedoch nicht unter die internen Leistungsbeziehungen, weil sich diese in gesonderten Rechnungskreisen außerhalb des kommunalen Haushaltes befinden, sodass hier externe Leistungsbeziehungen vorliegen. Dabei stehen den Erträgen und Aufwendungen auch entsprechende Einzahlungen und Auszahlungen gegenüber. Es handelt sich somit um Dienstleistungen von Dritten oder für Dritte.

Die Gliederung im Neuen Kommunalen Haushaltsrecht ist outputorientiert. Das bedeutet gemäß § 4 KomHVO, dass eine Mindestgliederung in Produktbereiche erforderlich ist. Den Teilplänen ist nach § 4 Abs. 2 KomHVO eine Übersicht über die Produkte oder Produktgruppen beizufügen, da jeder Teilplan mindestens eine Bewirtschaftungseinheit, also ein Budget bildet, das bestimmten Verantwortungsbereichen zuzuordnen ist. Den Teilergebnisplänen sind gemäß § 4 Abs. 3 KomHVO alle Erträge und Aufwendungen zuzuordnen. Damit soll bei jeder kommunalen Aktivität das Ressourcenaufkommen und der Ressourcenverbrauch dokumentiert werden. Dies unterstützt die Finanzsteuerung. Würde nun der Ressourcenverbrauch innerhalb des kommunalen Haushalts, also zwischen einzelnen Produktbereichen, Produktgruppen und Produkten nicht ermittelt, könnte der Haushaltsplan keinen vollständigen verursachungsgerechten Ressourcenverbrauch nachweisen. Der Grundsatz der Vollständigkeit gebietet aber, auch diese Finanzvorfälle in den Haushalt aufzunehmen. Folgerichtig sieht § 4

22 Verpflichtungsermächtigungen sind Ermächtigungen des Finanzplans zum Vertragsabschluss im Haushaltsjahr mit Auszahlungen in späteren Jahren. Näheres dazu siehe in Kap. 15.

23 Beispiele könnten eine Beratung eines Eigenbetriebes durch einen Vertreter des gemeindlichen Rechtsamtes oder die Betreuung der Mitarbeiter (Zahlbarmachung der Gehälter, Abrechnung von Reisekosten u. ä.) einer kommunalen Anstalt des öffentlichen Rechts durch den „Personalservice" (Personalamt) der Gemeinde sein.

Abs. 3 KomHVO auch eine Vorschrift für den Nachweis der internen Leistungsbeziehungen im Haushaltsplan vor, soweit sie nicht unerheblich sind. Die Anlage 5 der Muster zum NKHR (Muster Teilergebnisplan) sieht dafür einen gesonderten Nachweis am Ende des Musters vor. Es wird damit Transparenz des vollständigen Ressourcenverbrauchs und Ressourcenaufkommens erreicht.

Aus den Vorschriften der §§ 4 Abs. 3 und 13 Abs. 4 KomHVO geht hervor, dass die Intensität und das Verfahren der Datenermittlung nach den konkreten Bedürfnissen der jeweiligen Gemeinde und dabei noch unter Berücksichtigung der Besonderheiten der einzelnen Produktbereiche und -gruppen zu erfolgen haben. Die Regelungen über die internen Leistungsverrechnungen sind sinnvoll. Ist eine interne Leistungsbeziehung nicht nur von untergeordneter Bedeutung und hat sie Auswirkungen auf die Produktkosten, einzelne Kennzahlen oder Leistungsziele, muss die Gemeinde diese interne Leistungsbeziehung in die Teilergebnispläne aufnehmen, in der Haushaltsausführung bedienen und im Jahresabschluss nachweisen.

Die Ermittlung der einzelnen Erträge und Aufwendungen erfolgt in der Regel mit Hilfe der Kosten- und Leistungsrechnung. Im Rahmen der Planrechnung werden die Daten für die Teilergebnispläne ermittelt; im Laufe des Haushaltsjahres werden die konkreten Erträge und Aufwendungen für die internen Leistungsbeziehungen gebucht und fließen dann in die Jahresrechnung ein. Eine Durchbuchung ausschließlich am Jahresende ist nicht sinnvoll, da die Werte ja im Rahmen des laufenden operativen Controllings eingesetzt werden. Insofern empfiehlt sich eine unterjährige kontinuierliche Ermittlung; man denke dabei nur einmal an die Entscheidung, ob man mit einer bestimmten Dienstleistung einen internen oder einen externen Anbieter betraut („Make-or-buy-Entscheidung“).

Die Ermittlungsarten für die internen Leistungsbeziehungen unterliegen – wie oben bereits dargestellt – der Kosten- und Leistungsrechnung. Insofern wird dazu auf die Spezialliteratur verwiesen.[24]

Eine Darstellung der internen Leistungsverrechnungen in Finanzplan und Finanzrechnung erfolgt nicht, weil damit keine Ein- und Auszahlungen mit Auswirkungen auf die liquiden Mittel verbunden sind.

b) Aktivierte Eigenleistungen

Eine weitere Besonderheit der Vollständigkeit der kommunalen Haushalte stellen die aktivierten Eigenleistungen dar, die einzelnen Maßnahmen des Teilfinanzplans zuzurechnen sind (§ 13 Abs. 4 KomHVO). Setzt eine Gemeinde eigenes Personal und eigenes Material für aktivierungsfähige (vermögenswirksame) Maßnahmen ein, so muss dieser Finanzvorfall – falls er nicht von unerheblicher Bedeutung ist – gemäß § 38 Abs. 3 KomHVO im Rahmen einer differenzierten Zuschlagskalkulation als Herstellungsaufwand erfasst werden.[25] Beispiele dafür sind der Einsatz eines Ingenieurs des

24 Siehe dazu die umfangreiche Darstellung bei *Klümper/Möllers/Zimmermann*, Kommunale Kosten- und Wirtschaftlichkeitsrechnung, 20. Aufl., Witten 2019, S. 195 ff.

25 Die Einzelheiten dieser Kalkulationsmethode bleiben der Kosten- und Leistungsrechnung vorbehalten. Siehe dazu für alle: *Klümper/Möllers/Zimmermann*, Kommunale Kosten- und Wirtschaftlichkeitsrechnung, 20. Aufl., Witten 2019. S. 286 ff.

gemeindlichen Fachbereichs „Bauen“ (Bauamt) für den Bau einer neuen Straße oder die Errichtung einer Feuerwehrgarage durch Mitarbeiter und Materialeinsatz des gemeindlichen Bauhofes. Würde nämlich ein privates Unternehmen außerhalb der gemeindlichen Verwaltung diese Arbeiten erledigen, würde selbstverständlich eine Zuordnung der Leistungen zum entsprechenden Aktivkonto der Bilanz erfolgen (bei den vorgenannten Beispielen zu den Bilanzkonten „0421 Bauliche Anlagen des Infrastrukturvermögens (Straße)“ bzw. „0321 Gebäude und Aufbauten auf bebauten Grundstücken (Betriebsgebäude Feuerwehr)“). Da die Eigenleistung den gleichen Erfolg herbeiführt, ist sie ebenfalls investiver Natur und somit den Aktivkonten zuzuordnen. Dies erfolgt durch den Buchungssatz „0421 Bauliche Anlagen des Infrastrukturvermögens (Straße)“ an „Aktivierte Eigenleistungen (4711)“ bzw. „0321 Gebäude und Aufbauten auf bebauten Grundstücken (Betriebsgebäude Feuerwehr)“ an „Aktivierte Eigenleistungen (4711)“, sodass es sich bei der Gegenbuchung um einen ordentlichen Ertrag handelt. Dieser wirkt dann erfolgsverbessernd (budgetentlastend), da er als Gegenbuchung zum Personal- und Sachaufwand eine Entlastung des Teilergebnishaushalts darstellt. Über die später aus der Investition erfolgenden Abschreibungen werden dann wiederum die Haushalte der Folgejahre periodengerecht belastet.

Systemgerecht erfolgt kein Nachweis in Finanzplan und Finanzrechnung, da die aktivierten Eigenleistungen aufgrund ihres internen Charakters nicht zu einer Veränderung des Bestandes an liquiden Mitteln führen. Insofern weisen auch die Veranschlagungen der Investitionen in den Teilfinanzplänen dann nicht die richtigen Volumina aus, wenn aktivierte Eigenleistungen für einzelne Investitionen erbracht werden. Es werden dort nur kassenwirksame Ein- und Auszahlungen dargestellt. Damit kann der Entscheidungsträger (Rat oder Kreistag) das konkrete Investitionsvolumen nicht überblicken, was Haushaltswahrheit und -klarheit sicherlich nicht fördert. Insofern ist den Gemeinden zu empfehlen, aktivierte Eigenleistungen – soweit nicht geringfügig – nachrichtlich im Teilfinanzplan bzw. der Übersicht über die einzelnen Investitionsmaßnahmen aufzulisten, sodass das Gesamtinvestitionsvolumen erkennbar wird. Es mangelt sonst an einer Planverbindung zum späteren Aktivkonto.

Für die konkrete Ermittlung des Volumens einer aktivierten Eigenleistung wird in § 38 Abs. 3 KomHVO i. V. m. 4.1 Buchst. e BewertRL eine vom Handelsgesetzbuch und dem Steuerrecht abweichende Ermittlungsmethode festgesetzt, was an der nachstehenden Übersicht deutlich wird.[26] Allerdings weicht die weitergehende Regelung in der Bewertungsrichtlinie von der Vorschrift in der KomHVO ab. Hier ist vom Verordnungsgeber eine entsprechende Korrektur vorzunehmen.

26 Ein Berechnungsbeispiel enthält die Übung Nr. 9.

Herstellungskosten bei aktivierten Eigenleistungen

	Handelsrecht		Steuerrecht		KomHVO
Pflicht	Materialeinzelkosten + Lohneinzelkosten + Sondereinzelkosten der Fertigung --- = **Mindest-Herstellungskosten**	**Pflicht**	Materialeinzelkosten + Lohneinzelkosten + Sondereinzelkosten der Fertigung + Materialgemeinkosten + Lohngemeinkosten --- = **Mindest-Herstellungskosten**	**Pflicht**	Materialeinzelkosten + Fertigungseinzelkosten + Sondereinzelkosten der Fertigung --- = **Mindest-Herstellungskosten**
Wahlrecht	+ Materialgemeinkosten + Lohngemeinkosten + Verwaltungsgemeinkosten --- = **Höchst-Herstellungskosten**	**Wahlrecht**	+ Verwaltungsgemeinkosten --- = **Höchst-Herstellungskosten**	**Wahlrecht**	+ Materialgemeinkosten + Fertigungsgemeinkosten = **Höchst-Herstellungskosten**

Bei den **Anschaffungskosten** (Erwerb von Vermögensgegenständen, vor allem auch von beweglichen Sachen) sind gemäß § 38 Abs. 2 KomHVO i. V. m. Nr. 4.1 Buchst. d BewertRL alle Aufwendungen anzusetzen, die notwendig sind, um den Gegenstand in betriebsbereiten Zustand zu versetzen. Dazu gehört auch der Einsatz von eigenem Personal und eigenen Sachmitteln. Allerdings enthält die Norm anders als bei den Herstellungskosten nach § 38 Abs. 3 KomHVO keine Wahlmöglichkeit zum Ansatz von Material- und Lohngemeinkosten. Insofern sind hier nur die Einzelkosten in Form von aktivierten Eigenleistungen zu berücksichtigen. Dies entspricht auch den handelsrechtlichen Regelungen des § 255 Abs. 1 HGB.[27]

Selbstgeschaffenes immaterielles Vermögen wird gemäß Nr. 5.1 BewertRL nicht aktiviert. Insofern werden auch Eigenleistungen für immaterielles Vermögen (z. B. Erstellung von Software durch eigenes Personal) nicht als aktivierte Eigenleistungen nachgewiesen.

c) Kalkulatorische Kosten bei den kostenrechnenden Einrichtungen

Bei den kostenrechnenden Einrichtungen handelt es sich um Bereiche der gemeindlichen Aktivitäten, die ganz oder zum Teil aus Entgelten finanziert werden. Beispiele dafür sind die Abwasserbeseitigung, Abfallbeseitigung, Straßenreinigung, Wochenmärkte, Friedhöfe und der Rettungsdienst. Dabei erfolgt die Kalkulation der Entgelte (vor allem bei Benutzungsgebühren) nach den Vorschriften des § 5 KAG, die den Ansatz von betriebswirtschaftlichen Kosten vorsehen. Diese betriebswirtschaftlichen Kosten weichen bei einigen Kostenarten von den Aufwendungspositionen des Ergebnishaushalts ab. So können z. B. bei der Gebührenkalkulation die Abschreibungen nicht degressiv angesetzt und die Zinskosten auf der Basis der Gesamtkapitalbindung ermit-

27 Siehe dazu auch Beck'scher Bilanzkommentar, 12. Aufl., München 2020, Erl. zu § 255 Abs. 1 HGB.

telt werden.[28] Um Informationen über die bei der Gebührenkalkulation angesetzten Kosten sowie den Kostendeckungsgrad zu erhalten, sollte für jede mit Kostendeckungspflicht vorgeschriebene Einrichtung ein eigener Teilergebnisplan und eine eigene Teilergebnisrechnung aufgestellt werden. Dabei könnte dann die Darstellung der Erträge und Aufwendungen nachrichtlich um die Differenzen aus der Gebührenkalkulation in etwa wie folgt ergänzt werden:[29]

Teilergebnisplan	**Ergebnis des Vorvorjahres**	**Ansatz des Vorjahres**	**Ansatz des Haushaltsjahres**	**Planung Haushaltsjahr + 1**	**Planung Haushaltsjahr + 2**	**Planung Haushaltsjahr + 3**
	1	2	3	4	5	6
(...)						
= Teilabschluss						
Nachrichtlich: Überleitung Ergebnis zum Saldo der Gebührenkalkulation						
– Differenz zwischen kalkulatorischer und bilanzieller Abschreibung						
– Differenz zwischen kalkulatorischen Zinsen und effektiven Schuldzinsen						
–/+ sonstige Abweichungen zwischen Gebührenkalkulation und Teilergebnisplan						
= Saldo der Gebührenkalkulation						

Allerdings sind neben dieser Ergänzung auch entsprechende Erläuterungen der Abweichungen in verbaler Form als Produktinformationen zulässig.

9.3.2.3 Ausnahmen zur Vollständigkeit

Es gibt jedoch auch Finanzmittel, die zwar als Einzahlungen und Auszahlungen über gemeindliche Girokonten abgewickelt, aber letztlich außerhalb des Haushaltsplans bewirtschaftet werden. Diese Ausnahmen sind abschließend in § 14 KomHVO aufgeführt. Es handelt sich um die sog. „fremden Finanzmittel".

28 Die Einzelheiten dazu sind der Spezialliteratur vorbehalten; siehe dazu für alle: *Mutschler*, Kommunales Finanz- und Abgabenrecht NRW, 14. Aufl., Witten 2018, S. 222 ff.

29 Entnommen aus Modellprojekt „Doppischer Kommunalhaushalt in NRW" (Hrsg): Neues Kommunales Finanzmanagement: Betriebswirtschaftliche Grundlagen für das doppische Haushaltsrecht, 2., vollst. überarb. Aufl. auf der Basis der Endergebnisse des Modellprojektes, Freiburg 2003, S. 314.

Im Ergebnisplan sind diese Mittel ohnehin nicht zu veranschlagen, sodass auch eine Abwicklung über den Ergebnishaushalt entfällt. Dieses ist in § 101 Abs. 1 KVG begründet, wonach der Haushaltsplan nur die für die Erfüllung der Aufgaben der Gemeinden anfallenden Erträge und Aufwendungen enthält. Diese Vorschrift gilt auch für die gemeindlichen Ein- und Auszahlungen. Demnach erscheint § 14 KomHVO eigentlich entbehrlich. Da jedoch auch bei einem Teil dieser fremden Finanzmittel Ein- und Auszahlungen über kommunale Bankkonten abgewickelt werden, sah sich der Gesetzgeber veranlasst, zur Verdeutlichung der Nichtveranschlagungspflicht die ergänzende Rechtsnorm des § 14 KomHVO zu erlassen.

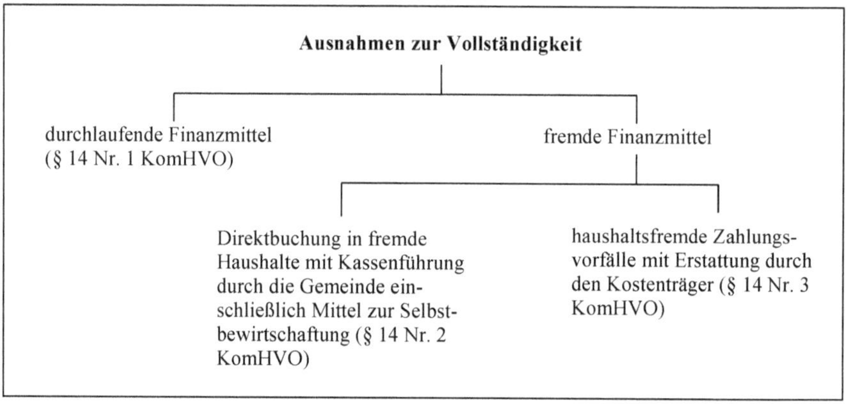

a) Durchlaufende Finanzmittel

Durchlaufende Finanzmittel (Einzahlungen und Auszahlungen) sind Beträge, die für einen Dritten lediglich zahlungsmäßig vereinnahmt und verausgabt werden. Sie stellen demnach Vorgänge dar, die aus der Wahrnehmung von Finanzgeschäften für Dritte entstehen. Merkmal durchlaufender Finanzmittel ist zudem die fehlende Entscheidungsbefugnis der Gemeinde, die praktisch nur eine Art Botentätigkeit ausübt.

Beispiele:

- *Lohnsteuer und Arbeitnehmeranteile der Sozialversicherung der gemeindlichen Bediensteten,*
- *Annahme und Weiterleitung von Spenden an Dritte zur Erlangung von Spendenquittungen,*[30]
- *Mündelgelder,*
- *Überzahlungen auf kommunale Forderungen, die dem Einzahler zu erstatten sind,*
- *fehlerhafte Einzahlungen, die zurückzuzahlen oder an den richtigen Empfänger weiterzuleiten sind.*

30 Seit dem 1.1.2000 besitzen die Sportvereine eine eigene Kompetenz zur Ausstellung von steuerlich anerkannten Spendenquittungen. Insofern haben diese durchlaufenden Finanzmittel in der Praxis an Bedeutung verloren.

Die durchlaufenden Finanzmittel sind selbstverständlich auch buchungsmäßig zu erfassen, allerdings auf besonderen Konten. Bei häufig vorkommenden und voraussehbaren durchlaufenden Finanzmitteln empfiehlt sich sogar ein eigenes Girokonto für diese Ein- und Auszahlungen.

b) Fremde Finanzmittel

Die fremden Mittel werden gemäß § 14 KomHVO in zwei Arten unterteilt:

§ 14 Nr. 2 KomHVO

Dabei geht es um Finanzmittel, die die Gemeinde aufgrund eines Gesetzes unmittelbar in den Haushalt eines anderen öffentlichen Aufgabenträgers zu buchen hat. Es handelt sich in der Regel um die Erledigung von Aufgaben, die die Gemeinde im Auftrag anderer juristischer Personen des öffentlichen Rechts (im Wesentlichen Bund, Land und Gemeindeverbände) geschäftsmäßig abwickelt. Die Zahlungen werden unmittelbar auf den Haushalt der anderen juristischen Person angeordnet und darüber abgewickelt, ohne dass der Finanzhaushalt der Gemeinde berührt wird. Die zuständigen Mitarbeiter der Gemeinde haben die Ermächtigung, Einzahlungen und Auszahlungen in den fremden Haushalten zu veranlassen.

Eine weitere Möglichkeit im Sinne von § 14 Nr. 2 KomHVO stellen die der Gemeinde zur Selbstbewirtschaftung zugewiesenen Mittel dar. Hier werden der Gemeinde außerhalb des Haushalts von einer anderen juristischen Person des öffentlichen Rechts Finanzmittel tatsächlich überwiesen, und sie kann über sie verfügen. Aus diesen fremden Mitteln werden dann die entsprechenden Auszahlungen geleistet. Der Nachweis der Finanzmittel erfolgt auf separaten Konten.

Diese Zahlungen werden nicht im Finanzplan veranschlagt. Da eine Abwicklung über gemeindliche Girokonten geschieht, erfolgt ein Nachweis der Höhe der Bestandsänderungen an fremden Finanzmitteln in der Finanzrechnung.[31]

Beispiele:

- *Leistungen nach dem Unterhaltssicherungsgesetz,*
- *Wohngeld,*
- *Leistungen im Rahmen der Ausbildungsförderung,*
- *Aufwendungen im Bereich der Verteidigungslasten (insbesondere Entschädigungen für Manöverschäden),*
- *Leistungen nach dem Sozialgesetzbuch durch nachgeordnete Behörden auf der Rechtsgrundlage einer Delegationssatzung und*
- *Leistungen nach dem Bundeskindergeldgesetz (Zahlung des Kindergeldes für die gemeindlichen Bediensteten mit Erstattung durch das Arbeitsamt als Bundesbehörde).*

31 Das Muster der Finanzrechnung (Anlage 14 der Muster zum NKHR) wurde ab 1.1.2017 um die Positionen „Einzahlungen fremder Finanzmittel“ und „Auszahlungen fremder Finanzmittel“ ergänzt.

§ 14 Nr. 3 KomHVO
Hierbei handelt sich um Beträge, die die Kasse des endgültigen Kostenträgers oder eine andere Kasse, die unmittelbar mit dem endgültigen Kostenträger abrechnet, anstelle der Gemeindekasse vereinnahmt oder ausgibt. Diese Regelung ist nicht nachvollziehbar. Bei dem hier umschriebenen Fall ist die Gemeinde zahlungsmäßig gar nicht beteiligt, sodass sich diese Regelung erübrigt.

Allerdings treten auch immer wieder Grenzfälle auf. So überweist z. B. die Bundesanstalt für vereinigungsbedingte Sonderaufgaben an die Gemeinden Städtebauförderungsmittel, die die Gemeinde verwaltet und dann an Dritte für deren Investitionen auszahlt. Hier wird der Bereich der durchlaufenden und fremden Finanzmittel sicherlich verlassen, weil die Gemeinde Bewilligungsentscheidungen zu treffen hat. Insofern bietet sich eine Abwicklung über den gemeindlichen Haushalt an.

9.3.2.4 Einheit

Die Gemeinde stellt nur einen einzigen Haushaltsplan auf. Dieser Veranschlagungsgrundsatz der sachlichen Einheit ist aus mehreren Bestimmungen, insbesondere der Kommunalverfassung, herauszulesen. Es gilt der Grundsatz des Einheitshaushaltsplans. In § 101 KVG ist z. B. nur die Rede vom „Haushaltsplan“, der alle im Haushaltsjahr für die Erfüllung der Aufgaben anfallenden Erträge, eingehenden Einzahlungen, entstehenden Aufwendungen, zu leistenden Auszahlungen und notwendigen Verpflichtungsermächtigungen enthält und der die Grundlage für die Haushaltswirtschaft der Gemeinde darstellt.

Alle nach dem Grundsatz der Vollständigkeit erforderlichen Veranschlagungen sind grundsätzlich in einem einzigen Haushaltsplan vorzunehmen. Von dieser sachlichen Einheit bestehen allerdings verschiedene Ausnahmen.

9.3.2.5 Ausnahmen zur Einheit

Ausnahmen zur Einheit

- Eigenbetriebe (§ 121 Abs. 1 Nr. 3 KVG)
- rechtlich selbstständige Stiftungen (§ 122 Abs. 1 KVG)
- rechtlich unselbstständige Versicherungs- und Versorgungseinrichtungen (§ 121 Abs. 1 Nr. 4 KVG)
- Eigengesellschaften aufgrund von Sondergesetzen (z. B. GmbH-Gesetz)
- rechtlich selbstständige Anstalten des öffentlichen Rechts (§ 128 Abs. 1 KVG)

Als „Ausnahmen" zum Grundsatz der Einheit des Haushaltsplans werden diejenigen Regelungen der Haushaltswirtschaft bezeichnet, die es bestimmten Einrichtungen vorschreibt bzw. erlaubt, Sonderpläne einzurichten und Sonderrechnungen zu führen.

- Für das Vermögen der Eigenbetriebe werden nach § 121 Abs. 3 KVG besondere Haushaltspläne oder Wirtschaftspläne aufgestellt, die nach § 1 Abs. 2 Nr. 5 KomHVO dem Haushaltsplan der Gemeinde als Anlage beigefügt werden.
- Für rechtlich selbstständige Stiftungen sowie Vermögen, das die Gemeinde treuhänderisch zu verwalten hat, sind Sonderhaushaltspläne nach § 122 Abs. 1 KVG verbindlich vorgeschrieben. Das gilt jedoch nicht für unbedeutendes Treuhandvermögen und rechtlich unselbstständige Stiftungen. Treuhandvermögen stellt zudem kein wirtschaftliches Eigentum der Gemeinde dar und ist daher auch nicht zu bilanzieren (siehe Nr. 4.2.6 BewertRL).
- Für rechtlich unselbstständige Versorgungs- und Versicherungseinrichtungen der Gemeinde sind nach § 121 Abs. 1 Nr. 4 i. V. m. Abs. 4 KVG besondere Haushaltspläne aufzustellen und Sonderrechnungen zu führen. Beispiele sind Zusatzversorgungskassen und Krankenversicherungen, die von Gemeinden geführt werden. Diese Formen der wirtschaftlichen Betätigung sind in der kommunalen Praxis jedoch äußerst selten anzutreffen.
- Werden Eigengesellschaften aufgrund von Sondergesetzen (AG, GmbH) betrieben, kann ein Nachweis im kommunalen Haushalt deshalb nicht erfolgen, weil es sich hier um eigenständige juristische Personen des Privatrechts handelt, selbst wenn die Gemeinde 100 %iger Anteilseigentümer ist.
- Gemäß § 128 Abs. 1 KVG i. V. m. dem Anstaltsgesetz können sich die Gemeinden in Angelegenheiten der örtlichen Gemeinschaft auch außerhalb ihrer öffentlichen Verwaltung in der Rechtsform einer Anstalt des öffentlichen Rechts wirtschaftlich betätigen. Aufgrund der rechtlichen Selbstständigkeit dieser Anstalten erscheinen die Finanzvorfälle nicht im Haushalt der Gemeinden, sondern werden über besondere Pläne und Bewirtschaftungskreisläufe abgewickelt.

Gemäß § 119 KVG hat jedoch die Gemeinde zum jeweiligen Jahresende einen Gesamtabschluss zu tätigen, der in einem Beteiligungsbericht erläutert wird (Konzernabschluss). Insofern werden die außerhalb des Haushaltes durchgeführten kommunalen Aktivitäten wieder in das Gesamtwerk eingebunden. Eine Darstellung dazu enthält Kap. 22.

9.3.2.6 Übungen

Sachverhalt Nr. 7:
Die Gemeinde G möchte sämtliche Finanzmittel der folgenden „Einrichtungen" in den kommunalen Haushaltsplan beim zuständigen Produktbereich einordnen:

a) Wasserwerk (Aktiengesellschaft), dessen Kapital zu 100 % im Eigentum der Gemeinde steht,

b) Wohlfahrtsstiftung (juristische Person des öffentlichen Rechts),
c) Abfallbeseitigung (Regiebetrieb),
d) Gaswerk als Eigenbetrieb,
e) eine rechtlich unselbstständige Schulstiftung,
eine eigene Zusatzversorgungskasse für Angestellte der Gemeinde und
die Umwandlung des Eigenbetriebs „Gemeindegärtnerei" in eine rechtsfähige Anstalt des öffentlichen Rechts.

Aufgabe:
Prüfen Sie die Zulässigkeit der gemeindlichen Absicht. Auf die Probleme des Gesamtabschlusses (Konzernbilanz) ist nicht einzugehen.

Lösung:
a) Es handelt sich hier um eine Eigengesellschaft, die aufgrund eines Sondergesetzes geführt wird (Aktiengesetz). Da Aktiengesellschaften eigenständige juristische Personen des Privatrechts darstellen, ist ein Nachweis der Finanzmittel der Aktiengesellschaft im kommunalen Haushaltsplan unzulässig.
b) Die Wohlfahrtsstiftung ist eine juristische Person des öffentlichen Rechts und demzufolge rechtlich selbstständig (§ 122 Abs. 1 KVG). Hier ist ein besonderer Haushaltsplan aufzustellen; eine Veranschlagung im Haushaltsplan der Gemeinde ist unzulässig.
c) Die Aufnahme der Abfallbeseitigung als Regiebetrieb in den Haushaltsplan ist zulässig und sogar geboten, denn diese Organisationsform liegt in der unmittelbaren Verantwortung eines Fachbereichs und bewirkt keine rechtliche Selbstständigkeit. Es werden öffentliche Aufgaben unmittelbar von der eigentlichen Verwaltung erfüllt. Die Einordnung hat in den Produktgruppe 537 zu erfolgen.
d) Das Gaswerk wird als Eigenbetrieb (§ 121 Abs. 1 Nr. 3 KVG i. V. m. dem Eigenbetriebsgesetz) geführt. Für den Eigenbetrieb als Sondervermögen der Gemeinde ist nach § 121 Abs. 3 KVG ein besonderer Haushaltsplan oder ein Wirtschaftsplan nach dem Eigenbetriebsgesetz aufzustellen.
e) Die rechtlich unselbstständige Schulstiftung gehört zwar zum Sondervermögen der Gemeinde gemäß § 121 Abs. 1 Nr. 2 KVG. Jedoch unterliegt dieses Sondervermögen den Vorschriften der Haushaltswirtschaft. Die Aufnahme der Schulstiftung in den Haushaltsplan ist gemäß § 121 Abs. 2 KVG zwingend geboten.
f) Die Gemeinde hat in diesem Fall einen besonderen Haushaltsplan aufzustellen und eine Sonderrechnung zu führen (§ 121 Abs. 1 Nr. 4 i. V. m. § 121 Abs. 4 KVG).
g) Es handelt sich offensichtlich um eine Umwandlung in eine Anstalt im Sinne des § 128 Abs. 1 KVG. Die so entstehende Anstalt ist eine selbstständige juristische Person des öffentlichen Rechts, die über eigene Wirtschaftsführung verfügt. Insofern ist eine Aufnahme in den gemeindlichen Haushalt unzulässig.

Sachverhalt Nr. 8:

Im Rahmen der Aufstellung des Haushaltsplanes fallen folgende Geschäftsvorfälle an:

a) Die Firma F überweist zur Erlangung einer Spendenquittung 1.000 €, die von der Gemeinde an ein örtliches Kunstprojekt (nicht eingetragener Verein) weitergeleitet werden sollen.
b) Das Sozialamt bewirkt die Leistungen nach dem Unterhaltssicherungsgesetz unmittelbar aus einem Titel des Bundeshaushaltes.
c) Das Jugendamt vereinnahmt Landeszuweisungen für die Kindergärten und teilt diese Mittel nach einer gemeindlichen Satzung auf die eigenen und die konfessionellen Kindergärten auf.[32]

Aufgabe:

Prüfen Sie, ob die vorstehenden Finanzmittel über den gemeindlichen Finanzhaushalt abzuwickeln sind. Das Gutachten ist auf den Kernpunkt der Subsumtion zu beschränken.

Lösung:

a) Es handelt sich um Beträge, die für einen Dritten – hier: nicht eingetragener Verein für ein örtliches Kunstprojekt – lediglich vereinnahmt und verausgabt werden. Eine Veranschlagung im Finanzplan ist unzulässig, da es sich nach § 14 Nr. 1 KomHVO um durchlaufende Finanzmittel handelt. Der Betrag ist jedoch auf besonderen Buchungsstellen innerhalb der Finanzrechnung abzuwickeln.
b) Das Sozialamt verfügt über Finanzmittel, deren Buchung unmittelbar im Bundeshaushalt erfolgt. Es handelt sich somit um die Verfügung über fremde Finanzmittel gemäß § 14 Nr. 2 KomHVO. Eine Veranschlagung im gemeindlichen Finanzplan und eine Abwicklung über die gemeindliche Finanzrechnung sind somit unzulässig. Die Geldmittelzu- und -abflüsse finden ausschließlich im Bundeshaushalt statt.
c) Die Landeszuweisungen sind für die Gemeinde bestimmt. Die Aufteilung nach der gemeindlichen Satzung auf die eigenen und konfessionellen Kindergärten erfordert eine gemeindliche Entscheidung, die durch die Veranschlagung im Haushaltsplan nachvollziehbar wird. Insofern handelt es sich nicht um lediglich durchlaufende Finanzmittel im Sinne von § 14 Nr. 1 KomHVO. Deshalb sind die Einzahlungen und Auszahlungen sowie die entsprechenden Erträge und Aufwendungen über den gemeindlichen Haushaltsplan (Ergebnis- und Finanzplan) gemäß § 101 Abs. 1 und 2 KVG abzuwickeln.

32 Der Sachverhalt entspricht nicht der derzeitigen Rechts- und Praxislage und ist lediglich für Übungszwecke konstruiert.

Sachverhalt Nr. 9:
Die Berufsfeuerwehr der Gemeinde G verfügt über eine eigene Werkstatt. Dabei werden die Kosten für die einzelnen Arbeiten nach dem Verfahren der Zuschlagskalkulation ermittelt. Für das Jahr 2025 liegen folgende Informationen (Plandaten) vor:

Kosten	**Betrag**
Fertigungseinzelkosten	50.000,00 €
Materialeinzelkosten	100.000,00 €
Fertigungsgemeinkosten	140.000,00 €
Materialgemeinkosten	10.000,00 €
Verwaltungsgemeinkosten	120.000,00 €
Gesamtkosten	420.000,00 €

Die Reparaturwerkstatt erhält nunmehr den Auftrag, an ein Feuerwehrfahrzeug eine bisher nicht vorhandene Spezialanhängerkupplung anzubringen. Die Anschaffungskosten in Höhe von 4.000 € für die Anhängerkupplung sind bereits bei der Produktgruppe 126 in der Anlagebuchhaltung aktiviert. Das Anbringen der Kupplung erfolgt jetzt durch eigene Kräfte der Reparaturwerkstatt, wobei Lohneinzelkosten von 800 € und Materialeinzelkosten von 200 € anfallen. Die anteiligen Verwaltungskosten betragen 500 €.

Aufgaben:

a) Prüfen Sie, ob die Arbeitsleistung der Reparaturwerkstatt für das Anbringen der Anhängerkupplung erfasst sowie kalkuliert und wie sie haushaltstechnisch behandelt werden muss.
b) Berechnen Sie die im Sachverhalt umschriebene Leistung der Reparaturwerkstatt.
c) Wie ändert sich die Lösung, wenn es nicht um den Anbau einer Anhängerkupplung, sondern um den Einbau eines bisher nicht vorhandenen Kamins im Umkleideraum der Feuerwehr handeln würde?

Lösung:

a) Das Feuerwehrfahrzeug zählt gemäß § 38 Abs. 2 KomHVO i. V. m. Nr. 4.1 BewertRL zweifelsohne zu den zu bilanzierenden Vermögensgegenständen. Als Anschaffungswerte sind nicht nur die direkten Fahrzeugkosten, sondern nach § 38 Abs. 2 KomHVO i. V. m. Nr. 4.1 Buchst. d, g BewertRL auch die Nebenkosten sowie die nachträglichen Anschaffungskosten zu zählen. Darunter fällt auch die Anhängerkupplung, deren Wert zu Recht bereits mit 4.000 € bilanziert wurde. Ebenfalls zu bilanzieren sind alle Aufwendungen, die zur Betriebsbereitschaft des Vermögensgegenstandes notwendig sind. Dabei ist es unbedeutend, ob eine Fremdfirma oder ein gemeindlicher Bereich die Leistung erbringt. Insofern ist der Aufwand der Werkstatt zu erfassen, einer Aktivierung zuzuführen und haushaltstechnisch als aktivierte Eigenleistung (Ertrag bei Konto 4711) zu behandeln.

b) § 38 Abs. 2 KomHVO i. V. m. Nr. 4.1 Buchst. d BewertRL enthält bzgl. der Anschaffungskosten keine Ermächtigung für die Aktivierung von Gemeinkostenzuschlägen, sodass lediglich die Einzelkosten von insgesamt 1.000 € zu aktivieren sind.
c) Es handelt sich nunmehr um Herstellungskosten, sodass es gemäß § 38 Abs. 3 KomHVO i. V. m. Nr. 4.1 Buchst. e BewertRL ausreichend wäre, ebenfalls die 1.000 € Einzelkosten und anteiligen Verwaltungskosten in Höhe von 500 € zu aktivieren. Falls die Gemeinde jedoch von der Wahlmöglichkeit der Gemeinkostenzuschläge Gebrauch machen würde, ergäbe sich folgende Berechnung des zu aktivierenden Betrags:

Fertigungseinzelkosten	800 €
Lohngemeinkosten (Zuschlagssatz: 280 %)[33]	2.240 €
Materialeinzelkosten	200 €
Materialgemeinkosten (Zuschlagssatz: 10 %)	20 €
Herstellkosten = aktivierte Eigenleitung	**3.260 €**

9.3.3 Periodengerechte Zuordnung der Finanzvorfälle

9.3.3.1 Einführung

Der kommunale Haushaltsplan besteht gemäß § 1 Abs. 1 KomHVO u. a. aus dem Ergebnisplan und dem Finanzplan mit den jeweiligen Teilplänen. Dabei enthält der Ergebnisplan die voraussichtlichen Erträge und Aufwendungen eines Haushaltsjahres. In den Finanzplan werden die voraussichtlichen Einzahlungen und Auszahlungen eingestellt. Daraus ergibt sich, dass in den beiden Planbereichen unterschiedliche Finanzvorfälle nachgewiesen werden. Insofern muss auch zwischen zwei verschiedenen Veranschlagungsgrundsätzen differenziert werden. Dies gilt auch für die Haushaltsausführung und den Jahresabschluss in Ergebnis- und Finanzrechnung, sodass die Grundsätze für alle Bereiche gleichermaßen Anwendung finden.

9.3.3.2 Periodengerechte Zuordnung der Erträge und Aufwendungen im Ergebnisplan

Gemäß § 2 KomHVO enthält der Ergebnisplan Erträge und Aufwendungen. Bei den Erträgen handelt es sich um den Ressourcenzuwachs in einer Periode und bei den Aufwendungen um den Ressourcenverbrauch in einer Periode. Da das Haushaltsrecht gemäß § 100 Abs. 1 KVG auf das Kalenderjahr abstellt, erfolgt die Periodisierung im kommunalen Haushalt jahresbezogen.

33 Der Zuschlagssatz wird wie folgt berechnet: $\frac{\text{Gesamtlohngemeinkosten der Werkstatt} \times 100}{\text{Gesamtlohneinzelkosten der Werkstatt}}$.
Das gleiche Verfahren wird beim Materialgemeinkostenzuschlag angewendet.

Bei den Aufwendungen handelt es sich um den bewerteten Verbrauch von Gütern und Dienstleistungen in einer Periode (Ressourcenverbrauch, Werteverzehr). Der Ertrag entspricht dagegen den bewerteten Gütern und Dienstleistungen, die in einer Periode erbracht/erwirtschaftet werden (Zuwachs an Ressourcen, Wertezuwachs). Dazu zählen auch die internen Leistungsverrechnungen, die ebenfalls periodengerecht zu erfassen sind. Die Begriffe „Aufwendungen“ und „Ertrag“ sind in Kap. 3.1 ausführlich erläutert und mit einer Vielzahl von Beispielen versehen,[34] sodass an dieser Stelle die Verdeutlichung des Haushaltsgrundsatzes anhand von zwei Beispielen ausreichend erscheint.

Geschäftsvorfall	Zuordnungsentscheidung im Ergebnisplan
Überweisung einer Jahresleasingrate für einen Großflächenmäher am 1.10.2024 in Höhe von 12.000 € zu Beginn des Jahresnutzungszeitraums.	Dem Haushaltsjahr 2024 sind verbrauchsgerecht 3.000 € und dem Haushaltsjahr 2025 9.000 € als Aufwendungen zuzuordnen. Im Jahr 2024 ist der ressourcenunwirksame Betrag von 9.000 € als aktive Rechnungsabgrenzung auszuweisen.
Eingang einer Mieteinnahme von 5.000 € am 19.12.2024 für Januar 2025, weil vertragsmäßig die Mietzahlung zum 20. des Vormonats fällig ist.	Bei der Miete handelt es sich unabhängig von der Einzahlung um einen Ertrag des Jahres 2024, weil es sich um einen Ressourcenzuwachs des Jahres 2025 handelt (wirtschaftliche Zurechenbarkeit). Im Haushaltsjahr 2024 ist ein Nachweis als passive Rechnungsabgrenzung erforderlich.

Festzustellen ist somit, dass der Ressourcenverbrauch und der Ressourcenzuwachs der jeweiligen Verursachungsperiode zuzuordnen sind.

Ausnahmen von diesem Haushaltsgrundsatz sieht der Gesetzgeber nicht vor. Es bestehen allerdings bei einigen Ertrags- und Aufwendungsarten besondere Problemstellungen, die nachstehend erläutert werden.

a) Transfererträge und Transferaufwendungen, Steuern, Umlagen

Es stellt sich ein Definitionsproblem bei den einzelnen Ertrags- und Aufwendungsarten, weil hier kein konkreter Ressourcenverbrauch bzw. Ressourcenzuwachs vorliegt. Der Begriff der Zahlungen wäre auf den ersten Blick zutreffender. Dennoch sind hier die Begriffe „Aufwendungen“ und „Ertrag“ anzuwenden. Dies liegt darin begründet, dass jeglicher Ertrag das Eigenkapital der Gemeinde stärkt. Jede Aufwendung reduziert das Eigenkapital.[35] Das gilt zwangsläufig auch für die Transferzahlungen, sodass die Begriffe „Aufwendungen“ und „Ertrag“ aus buchungstechnischer Sicht auch wie folgt definiert werden können:

Beim Ertrag handelt es sich um Finanzmittel, die eine Eigenkapitalerhöhung bewirken. Aufwendungen verringern dagegen das Eigenkapital.[36]

---

34 Die praktische Übung Nr. 2 in Kap. 3 listet eine Reihe von Abgrenzungsproblemen zwischen Einzahlung und Ertrag sowie zwischen Auszahlung und Aufwand auf.

35 Siehe dazu die ausführliche Darstellung zur Buchführungstechnik in Kap. 3.

36 Siehe dazu die Darstellung zur Abwicklung der Ergebnisse von Gewinn- und Verlustrechnungen zum Eigenkapital in Kap. 3.3.

Insofern sind z. B. die Leistungen nach dem Sozialgesetzbuch XII (z. B. Gewährung von Hilfe zum Lebensunterhalt) als Aufwendungen zu behandeln, die Hundesteuerzahlungen auch als Steuererträge und die Kreisumlage beim Kreis als Ertrag und bei den kreisangehörigen Gemeinden als Aufwendungen. Auch hier erfolgt unabhängig von der tatsächlichen Zahlung eine Zuordnung zu der entsprechenden Wirtschaftsperiode, was die nachstehenden Beispiele belegen:

Geschäftsvorfall	Zuordnungsentscheidung im Ergebnisplan
Festsetzung der Kreisumlage 2025 durch den Kreis K durch Bescheid im Dezember 2024 in Höhe von 90.000.000 €.	Es handelt sich um einen Ertrag des Jahres 2025. Auch die Forderungsbuchung (Aktivseite der Bilanz) erfolgt in 2025.
Auszahlung einer Hilfe in besonderen Lebenslagen für die Sicherung der Existenzgrundlage für ein halbes Jahr in Höhe von 6.000 € am 1.12.2024.	Zuzuordnen sind dem Jahr 2024 1.000 € und dem Jahr 2025 5.000 €. Im Jahr 2024 ist der ressourcenunwirksame Betrag von 5.000 € als aktive Rechnungsabgrenzung auszuweisen.

b) Stundung, Niederschlagung und Erlass[37]

§ 30 Abs. 1 KomHVO lässt unter bestimmten Bedingungen Stundungen zu. Dabei handelt es sich bei einer Stundung um das Aufschieben von Zahlungsterminen. Obwohl der Ertrag aufgrund der Stundung evtl. nicht mehr im Jahr des wirtschaftlichen Entstehens liquiditätsmäßig zu realisieren ist, bleibt es gemäß § 9 Abs. 2 KomHVO bei der wirtschaftlichen Zuordnung des Ertrags. Insofern verbleiben bei der Erstellung des Ergebnisplans gestundete Beträge im Ergebnisplan bzw. der Ergebnisrechnung des Jahres, indem sie verursachungsgerecht eingestellt wurden. Bei unverzinslichen oder niedrig verzinslichen Stundungen von Forderungen erfolgt jedoch der Ansatz der gestundeten Forderungen mit dem Barwert (Abzinsung mit marktüblichem Zinssatz), soweit es sich nicht um geringfügige Beträge handelt. Da die Gemeinde aus den Erfahrungen der Vorjahre das Stundungsvolumen durchaus einschätzen kann,[38] muss sie bei Ihrer Planung die eventuellen Abzinsungen berücksichtigen.

Niederschlagungen stellen die Zurückstellung der Weiterverfolgung eines fälligen Anspruchs ohne Verzicht auf den Anspruch dar. Damit hat die Gemeinde den Ressourcenzuwachs zwar zu verzeichnen, sodass ein Ertrag vorliegt. Er ist jedoch zumindest in diesem Wirtschaftsjahr nicht mehr liquiditätsmäßig zu realisieren. Da der Ertrag gemäß § 9 Abs. 2 KomHVO immer noch vorliegt, darf er nicht buchungsmäßig „abgesetzt" werden (keine Soll-Buchung auf dem Ertragskonto). Vielmehr liegt hier das Erfordernis einer Wertberichtigung[39] vor, wobei sowohl die befristete als auch die unbefristete Niederschlagung eine Vollabschreibung (Wertberichtigung) Ergebnis belastend beim Aufwendungskonto 5473 bewirkt. Da die Gemeinde aus Erfahrung weiß, dass eine bestimmte Summe von Forderungen nicht zu realisieren sein wird, hat sie die

37 Die Besprechung des haushaltsrechtlichen Verfahrens – auch mit der Darstellung der Spezialnormen des Abgabenrechts – enthält Kap. 19.4.

38 Dazu ist sie ja auch nach § 9 Abs. 2 Satz 2 KomHVO verpflichtet.

39 Zum Buchungsverfahren – auch zur Abgrenzung der zweifelhaften Forderungen – siehe *Mutschler/Stockel-Veltmann*, Externes Rechnungswesen, 5. Aufl., Witten 2019, S. 107 ff.

Wertberichtigungen periodengerecht sowohl im Ergebnisplan als auch in den zuständigen Teilergebnisplänen zu berücksichtigen.

Beim Erlass handelt es sich um den Verzicht auf eine Forderung. Hier erfolgt wie bei der Niederschlagung eine das Ergebnis belastende sofortige „Abschreibung“ der Forderung (Wertberichtigung). Sicherlich ist ein möglicher erheblicher Erlass bei Aufstellung des Haushaltsplans in der Praxis kaum voraussehbar, da es sich um einen selten vorkommende Einzelfall handelt, sodass der Berücksichtigung eines Erlasses bei der Veranschlagung kaum in Betracht kommt. Bedeutung könnte dies höchstens bei der Nachtragsplanung gewinnen, wenn der Erlass erheblicher Natur ist (§ 9 Abs. 1 KomHVO).

Geschäftsvorfall	Zuordnungsentscheidung im Ergebnisplan
Verzinsliche Stundung einer Gewerbesteuerforderung für 2025 in Höhe von 3.000.000 € in drei gleichbleibenden Jahresraten	Der Ertrag wird trotz Stundung weiterhin dem Haushaltsjahr 2025 zugeordnet.
Befristete Niederschlagung einer einzelnen Mietforderung von 10.000 € in 2025.	Die entsprechenden Erträge bleiben weiterhin im Ergebnisplan 2025. Es erfolgt jedoch eine Einzelwertberichtigung in Höhe von 10.000 € als Aufwendung in 2025.

c) Zweckgebundene Zuwendungen und Beiträge für Investitionen

Gemäß § 46 Abs. 4 Nr. 2 KomHVO sind zweckgebundene Zuwendungen und Beiträge der Passivseite der Bilanz als Sonderposten zuzuordnen, da sie an bestimmte Investitionen gekoppelt sind, die auf der Aktivseite der Bilanz nachgewiesen werden. Die Sonderposten sind analog zum Abschreibungsverfahren und der Abschreibungsdauer des gebundenen Vermögensgegenstandes aufzulösen und fließen dann mit ihren Teilbeträgen in die entsprechenden Ergebnispläne und Ergebnisrechnungen ein. Eine Auflösung ist jedoch nicht in den Fällen vorzunehmen, in denen der Zuwendungsgeber dieses formell ausgeschlossen hat (Zuwendung zur Kapitalstärkung). Die Einzelheiten des Verfahrens sind ausführlich in Kap. 12.2.2 dargestellt.

d) Sonstige Abgrenzungsnotwendigkeiten bzw. -möglichkeiten

Der Grundsatz der periodengerechten Abgrenzung nach § 9 Abs. 2 KomHVO ist ausnahmslos anzuwenden. Insofern ist bei jedem Finanzvorfall die wirtschaftliche Zuordnung zu überprüfen. Die praktischen Beispiele sind vielfältig, sodass an dieser Stelle die Problematik lediglich exemplarisch vorgestellt werden kann.

Erhebt die Gemeinde z. B. Friedhofsgebühren in Höhe von 1.000 € für die Bereitstellung eines Urnengrabes für den Zeitraum von 20 Jahren, so ist der Gebührenertrag auf 20 Jahre mit einem Jahresertrag von je 50 € zu periodisieren. Damit wird erreicht, dass dem Jahresaufwand für die Friedhofsnutzung auch die korrekten Ertragsanteile gegenüberstehen.

Ein weiteres Beispiel sind die Kreditbeschaffungskosten. Soweit sie nicht unerheblich sind, kann auch hier eine Periodenzuordnung entsprechend der Laufzeit des Kredites erfolgen (Wahlmöglichkeit der Gemeinde). Nimmt die Gemeinde z. B. einen Kredit mit einer Laufzeit von 30 Jahren und einmaligen Kreditbeschaffungskosten von

30.000 € auf, so können die Kreditbeschaffungskosten für diese Laufzeit mit einem Jahresbetrag von 1.000 € erfolgswirksam als Aufwendung aufgelöst werden (siehe dazu auch § 42 Abs. 3 KomHVO). Die jeweiligen Gegenbuchungen erfolgen dann auf Rechnungsabgrenzungskonten der Bilanz.

Bei den Beamtengehältern für den Monat Januar besteht dagegen keine Besonderheit, weil diese wirtschaftlich Ressourcenverbrauch (Verbrauch der Dienstleistung eines Mitarbeiters im öffentlich-rechtlichen Dienstverhältnis) für den Monat Januar darstellen und somit unabhängig von der Zahlung im Vorjahr dem neuen Haushaltsjahr zuzuordnen sind. Im Vorjahr müsste nach den Regeln der Periodenabgrenzung ein aktiver Rechnungsabgrenzungsposten gebildet werden (siehe auch § 42 Abs. 1 KomHVO).

9.3.3.3 Periodengerechte Zuordnung der Einzahlungen und Auszahlungen im Finanzplan

Der Finanzplan beinhaltet gemäß § 3 KomHVO die Einzahlungen und Auszahlungen einer Periode und damit gemäß § 100 Abs. 1 KVG eines Kalenderjahres. Angesprochen sind nach § 9 Abs. 2 KomHVO die voraussichtlich zu erzielenden oder zu leistenden Beträge, wobei unter einer Einzahlung ein Geldmittelzufluss und unter Auszahlung ein Geldmittelabfluss zu verstehen ist. Insofern spricht man beim Finanzplan auch vom Grundsatz der **„Kassenwirksamkeit"**.

Sofern also Ertrags- und Aufwendungspositionen nicht mit kassenwirksamen Zahlungen verbunden sind, bewirken sie keine „Cash-flow-Positionen" und werden nicht im Finanzplan abgewickelt, sodass damit auch nicht die liquiden Mittel tangiert werden. Typische Beispiele dafür sind die Abschreibungen, internen Leistungsverrechnungen und die Aufwendungen für die Bildung von Rückstellungen.

Die Begriffe „Auszahlung" und „Einzahlung" sind in Kap. 3.1 ausführlich erläutert und mit einer Vielzahl von Beispielen belegt,[40] sodass an dieser Stelle die Verdeutlichung des Haushaltsgrundsatzes anhand von wenigen Beispielen ausreichend erscheint. Dabei werden die in den vorangehenden Kapiteln dargestellten Finanzvorfälle aufgegriffen, sodass auch noch einmal die Abgrenzungen zum Ergebnishaushalt deutlich werden.

Geschäftsvorfall	Zuordnungsentscheidung im Finanzplan
Überweisung einer Jahresleasingrate für einen Großflächenmäher am 1.10.2024 in Höhe von 12.000 € zu Beginn des Jahresnutzungszeitraums.	Der gesamte Auszahlungsbetrag in Höhe von 12.000 € ist in den Finanzplan 2024 einzustellen.
Eingang einer Mieteinnahme von 5.000 € am 20.12.2024 für Januar 2025, weil vertragsmäßig die Mietzahlung zum 20. des Vormonats fällig ist.	Da bekannt ist, dass die Miete im Voraus fällig ist, muss der Finanzplan 2024 die Mieteinzahlung für den Monat Januar 2025 berücksichtigen.

40 Die praktische Übung Nr. 2 in Kap. 3 listet eine Reihe von Abgrenzungsproblemen zwischen Einzahlung und Ertrag sowie zwischen Auszahlung und Aufwand auf.

Geschäftsvorfall	**Zuordnungsentscheidung im Finanzplan**
Festsetzung der Kreisumlage 2025 durch den Kreis K durch Bescheid im Dezember 2024 in Höhe von 90.000.000 €. Es ist jetzt schon absehbar, dass ein Betrag von 5.000.000 € zugunsten einer Gemeinde bis zum 20.1.2026 zu stunden ist.	Die Beträge der kreisangehörigen Gemeinden werden bis auf den Stundungsbetrag voraussichtlich in 2025 eingehen, sodass dem Finanzplan 2025 85.000.000 € und dem Finanzplan 2026 5.000.000 € Einzahlungen aus der Kreisumlage zuzuordnen sind.
Auszahlung einer Hilfe in besonderen Lebenslagen für die Sicherung der Existenzgrundlage für ein halbes Jahr in Höhe von 6.000 € am 1.12.2024.	Der gesamte Auszahlungsbetrag in Höhe von 6.000 € ist in den Finanzplan 2024 einzustellen.
Unverzinsliche Stundung einer Gewerbesteuerforderung für 2025 in Höhe von 3.000.000 € in drei gleichbleibenden Jahresraten ab 2026.	Der Finanzplan 2025 enthält keine Einzahlungen. Die Zuordnung erfolgt mit je 1.000.000 € in den Jahren 2026, 2027 und 2028.
Befristete Niederschlagung einer einzelnen Mietforderung von 10.000 € in 2025.	Im Finanzplan 2025 ist die niedergeschlagene Mietforderung nicht als Einzahlung nachzuweisen.

Eine Besonderheit stellen die Beamtengehälter für den Monat Januar dar. Wirtschaftlich werden sie für das neue Jahr geleistet, sodass sie dem Ergebnisplan des neuen Jahres zuzuordnen sind. Da sie jedoch bereits im Voraus, also noch im Dezember des Vorjahres zu zahlen sind, findet der Geldmittelabfluss noch im alten Jahr statt. Insofern sind die Beamtengehälter für Januar über den Finanzplan und die Finanzrechnung des Vorjahres abzuwickeln.

Ein weiteres Problem stellt die Darstellung von Erschließungsbeiträgen nach BauGB und Beiträgen nach dem KAG vor allem in den Teilfinanzplänen dar. Den Investitionsauszahlungen für eine Beitragsmaßnahme stehen u. a. die von den Beitragspflichtigen zu zahlende Beiträge gegenüber. Dabei sind auch beitragspflichtige gemeindliche Grundstücke in die Abrechnung aufzunehmen. Dies hat jedoch wegen der fehlenden Außenwirkung keine Auswirkung auf den Liquiditätssaldo, weil weder Ein- noch Auszahlungen im Sinne von § 9 Abs. 2 KomHVO vorliegen. Insofern sieht der Finanzplan zwar die korrekten Investitionsauszahlungen vor, gibt jedoch bei Beteiligung von kommunalen im Abrechnungsbereich liegenden Grundstücken keine Information über den entsprechenden Berechnungsanteil. Wegen der fehlenden Außenwirkung kann auch kein Beitragsbescheid innerhalb der Gemeinde versandt werden (Unzulässigkeit der Innenveranlagung).[41] Es kann somit auch keine Beitragsforderung für kommunale Grundstücke eingestellt werden. Eine Sonderpostenbildung ist für diese Grundstücke demnach ebenfalls ausgeschlossen.

Ein ähnliches Problem stellt sich bei den laufenden grundstücksbezogenen Abgaben wie Steuern, Abfallbeseitigungs-, Straßenreinigungs- und Entwässerungsgebühren für die kommunalen Grundstücke innerhalb der eigenen Gemeindegrenzen. Hier werden allerdings Grundbesitzabgabenbescheide vom gemeindlichen Steueramt (Zentrale Dienste Finanzen) erlassen, sodass diese Positionen durchaus über den Ergebnishaushalt als

41 Siehe dazu auch *Driehaus*, Kommunalabgabenrecht, Kommentar, Herne, Erl. zu § 8 KAG.

Erträge und Aufwendungen in gleicher Höhe produktorientiert abzuwickeln sind.[42] Der Finanzhaushalt ist wegen des Fehlens von echten Ein- und Auszahlungen nicht tangiert.

9.3.3.4 Übungen

Sachverhalt Nr. 10:
Die Gemeinde G plant den Neubau eines Museums mit dreijähriger Bauzeit. Der zuständige Fachbereich rechnet mit Gesamtbaukosten von 6 Mio €, die sich nach dem Bauzeitenplan gleichmäßig auf die Jahre 2025 bis 2027 verteilen. Das Museum soll dann zum 1.1.2028 eröffnet werden, wobei von einer Nutzungsdauer von 50 Jahren ausgegangen wird. Das Land hat angekündigt, den Museumsbau mit einer zweckgebundenen Investitionszuweisung von 20 % zu fördern, davon je zur Hälfte als Ertrags- und als Kapitalzuschuss. Die Zuweisungen sollen entsprechend den kassenwirksamen Auszahlungen der Gemeinde geleistet werden.

Der Bau erfolgt auf einem der Gemeinde bereits seit über 100 Jahren gehörenden Grundstück mit aktuellem Bilanzwert von 250.000 €, auf dem sich zurzeit eine öffentliche Grünfläche mit Parkcharakter befindet.

Aufgabe:
Prüfen sie, welche Veranschlagungen die Maßnahme „Museumsbau" in den Ergebnis- und Finanzplänen der Gemeinde G verursachen wird. Nennen Sie dabei auch die anzusprechenden Produktbereiche und Konten. Gehen Sie außerdem auf die Verbindungen zur kommunalen Bilanz ein. Die Notwendigkeit eventueller Verpflichtungsermächtigungen ist nicht anzusprechen.

Lösung:
Bei den insgesamt 6 Mio. € handelt es sich zunächst um Auszahlungen, die nach § 9 Abs. 2 KomHVO entsprechend ihrer Kassenwirksamkeit mit je 2 Mio. € den Finanzplänen der Jahre 2025, 2026 und 2027 zuzuordnen sind. Die Zuordnung erfolgt zur Produktgruppe 252.[43] Die Auszahlungen werden beim Konto 7851 dokumentiert. Während der Bauphase wird der Teilwert des erstellten Gebäudes beim Bilanzkonto 0961 als „Anlagen im Bau: Hochbaumaßnahmen" nachgewiesen. Mit der Fertigstellung des Gebäudes erfolgt dann eine Umbuchung auf das endgültige Bilanzkonto 0321 für das fertiggestellte Museum.

Im Zeitraum der Bebauung ist der Ergebnisplan nicht tangiert. Erst mit der Inbetriebnahme des Museums zum 1.1.2028 beginnt der Ressourcenverbrauch (Werteverzehr des Gebäudes), sodass ab 2028 in die Ergebnispläne die linearen Abschreibungen in Höhe von jährlich 120.000 € beim Konto 5711 einzustellen sind. Abschreibungen

---

42 Dieses Verfahren ist juristisch und betriebswirtschaftlich nicht vertretbar, jedoch durchaus praktisch durchaus sinnvoll. Insofern ist dem Gesetzgeber zu empfehlen, diese Besonderheit durch eine Fiktion zu Aufwand und Ertrag zu erklären.

43 Die Produktbereichszuordnung gilt auch für alle folgenden Finanzvorfälle des Museums.

werden im Finanzplan nicht nachgewiesen, da sie keine Geldmittelflüsse und somit keine Auszahlungen bewirken.

Die Investitionszuweisungen des Landes stellen kassenwirksame Einzahlungen dar und sind deshalb im Finanzplan beim Konto 6811 in Höhe von jährlich 400.000 zuzuordnen. Gemäß Nr. 5.19 BewertRL ist die eine Hälfte des Betrages (Ertragszuschuss) als Sonderposten beim Konto 2311 wegen ihrer Zweckbindung auf der Passivseite der Bilanz nachzuweisen. Ein besonderes Problem besteht darin, dass die zweite Hälfte der Zuwendung als Kapitalzuschuss bewilligt wird. Kapitalzuschüsse sind nämlich nicht erfolgswirksam aufzulösen, weil sie trotz ihrer Zweckbindung der Eigenkapitalstärkung der Gemeinde dienen. Insofern wird der Zuweisungsanteil für den Kapitalzuschuss gemäß Nr. 5.18 BewertRL als Sonderrücklage (Unterkonto zum Eigenkapital) in der Bilanz ausgewiesen (Konto 2024).

Ertragszuschüsse sind dagegen – wie oben dargestellt – erfolgswirksam aufzulösen. Insofern erfolgt der bilanzielle Nachweis als Sonderposten „Zuwendungen" beim Konto 2311. Der Ertragszuschuss wird nach drei Jahren insgesamt 600.000 € betragen und ist ab dem Jahre 2028 (Inbetriebnahme des geförderten Museumsbaus) erfolgswirksam für die Dauer von 50 Jahren aufzulösen. Der Nachweis erfolgt als Ertrag beim Konto 4531 mit einem Jahresbetrag von 12.000 €. Ein Nachweis im Finanzplan erfolgt jedoch nicht, weil mit der Auflösung keine Zahlung verbunden ist.

Das Grundstück, auf dem das Museum errichtet wird, stellt zurzeit eine Grünfläche dar, die beim Bilanzkonto 0211 geführt wird. Mit Beginn der Bautätigkeit wird der Nutzungsgrund geändert, sodass in der Anlagebuchhaltung mit Auswirkung auf die Aktivseite der Bilanz eine Umbuchung zum Bilanzkonto 0321 erforderlich wird. Ergebnis- und Finanzplan sind nicht tangiert, da weder Erträge oder Aufwendungen (kein Ressourcenzuwachs oder -verbrauch) noch Ein- oder Auszahlungen (keine Geldmittelflüsse) vorliegen. Grundstücke unterliegen keiner Abschreibung.

Sachverhalt Nr. 11:

Der Fachbereich „Finanzen" (Kämmerei) bereitet zurzeit einen Nachtragshaushalt für das Jahr 2025 vor. Dabei liegen ihm die folgenden Anfragen zur periodengerechten Zuordnung einzelner Finanzvorfälle vor:

a) Anfrage der Steuerabteilung

Eine Gewerbesteuerforderung an das Unternehmen U (Nachveranlagung für 2025 aufgrund einer Steuerprüfung) in Höhe von 3 Mio. € wird am 15.12.2025 fällig. U ist jedoch in Insolvenz geraten. Nach Mitteilung des Insolvenzverwalters wird erst nach Abwicklung des Insolvenzverfahrens mit der Zahlung der Steuerschulden zu rechnen sein. Dies wird jedoch nicht vor Mitte 2026 erfolgen.

b) Fachbereich „Öffentliche Sicherheit und Ordnung"

Anfang Dezember 2025 werden auf dem im Gemeindegebiet liegenden Bundesstraßenabschnitt mehrere Großbaustellen eingerichtet. Es ist beabsichtigt, in drei Bereichen „Geschwindigkeitsmessgeräte" (Radarfallen) aufzustellen. Dadurch wird allein für Dezember mit Bußgeldbescheiden im Finanzvolumen von 100.000 € gerechnet.

Zu beachten ist dabei, dass der zuständige Dezernent angeordnet hat, die Bescheide wegen der Festtage im Dezember erst im Januar 2026 zu versenden.

c) Fachbereich „Zentrales Immobilienmanagement"
Die Verhandlungen über die Nutzung einer Grundstücksfläche für die Zuwegung für den neuen gemeindlichen Sportplatz stehen kurz vor dem Abschluss. Der Grundstückseigentümer wird der Gemeinde ein Wegerecht für die Dauer von 50 Jahren einräumen. Dafür hat die Gemeinde zum Zeitpunkt des Nutzungsbeginns im September 2025 eine einmalige Entschädigung von 60.000 € zu entrichten.

d) Fachbereich „Personalservice"
Bei der Gemeinde G ist es üblich, aus Gründen der Zahlungsvereinfachung die Beihilfezahlungen für die Beamten zusammen mit den Gehältern zu überweisen. Soweit die Beihilfeanträge bis zum 15.12.2025 eingehen, werden noch Bescheide gefertigt und die Überweisung mit dem Januargehalt 2026 durchgeführt. Nach Schätzungen beträgt dieses Zahlungsvolumen 160.000 €. Soweit die Anträge bis zum 15.12.2025 eingehen, werden sie zwar noch in 2025 beschieden, jedoch erst mit dem Februargehalt überwiesen (Antragsvolumen voraussichtlich 10.000 €). Anträge, die in der Zeit vom 16.12.2025 bis 31.12.2025 eingehen, werden in der ersten Januarwoche per Bescheid bearbeitet, wobei die Überweisung dann auch mit dem Februargehalt erfolgt (Antragsvolumen voraussichtlich 30.000 €).

Aufgabe:
Prüfen Sie, welchen Haushaltsjahren die Finanzvorfälle zuzuordnen sind. Das Gutachten soll sowohl auf den Ergebnis- als auch den Finanzplan eingehen. Nennen Sie dabei auch die Produktbereichsnummer sowie die Konten im Ergebnis- und Finanzplan.

Lösung:

a) Gemäß § 2 Abs. 1 Nr. 1 Buchst. a i. V. m. § 9 Abs. 1 und 2 KomHVO sind die Steuererträge in den Ergebnisplan einzustellen, und zwar in dem Jahr, dem sie wirtschaftlich zuzurechnen sind. Es handelt sich laut Sachverhalt um eine Steuerfestsetzung für das Jahr 2025, sodass die Nachzahlung dem Nachtragsergebnisplan 2025 zuzuordnen ist. Der Finanzplan enthält gemäß § 3 Abs. 1 Nr. 1 Buchst. a i. V. m. mit § 9 Abs. 1 und 2 KomHVO die kassenwirksamen Einzahlungen, somit die voraussichtlich zu erzielenden Beträge. Insofern ist die Steuerzahlung dem Finanzplan des Jahres 2026 zuzuordnen, weil laut Sachverhalt erst Mitte 2026 mit dem Zahlungseingang zu rechnen ist. In beiden Teilplänen ist der Produktgruppe 611 mit den Konten 4013 (Ertrag im Ergebnisplan) und 6013 (Einzahlung im Finanzplan) angesprochen.

b) Aufgrund der bei Lösung a) zitierten Rechtsnormen ist für die Zuordnung zum Ergebnisplan der wirtschaftliche Entstehungsgrund entscheidend. Da dieser sich im Dezember befindet, muss der voraussichtliche Ertrag von 100.000 € noch dem Ergebnisplan 2025 zugeordnet werden (Produktbereich 12, Konto 4561). Die Gegenbuchung erfolgt als Forderung. Da die Einzahlung erst nach Versand der Bescheide im Januar 2026 erfolgt, werden die 100.000 € im Finanzplan 2026 ausgewiesen (Produktgruppe 122, Konto 6561).
c) Der Finanzplan weist die kassenwirksamen Auszahlungen auf, sodass der Betrag von 60.000 € dem Finanzplan 2025 zuzuordnen ist (Produktgruppe 424, Konto 7821). Wegerechte werden zu den grundstücksgleichen Rechten gezählt, sodass der Wert des Wegerechts zu aktivieren ist. Dies erfolgt in 2025 anlässlich des Erwerbs (Vermögenszugang) beim selben Produktbereich und dem Konto 0291. Nach dem Vertrag ist das Wegerecht auf die Dauer von 50 Jahren beschränkt und unterliegt demnach einem Werteverzehr. § 40 Abs. 1 KomHVO bestätigt die Notwendigkeit der Abschreibungen dadurch, dass planmäßige Abschreibungen zu berücksichtigen sind, wenn die Nutzung von Anlagevermögen zeitlich begrenzt ist, was hier mit 50 Jahren Nutzungsdauer vorliegt. Da dieser Ressourcenverbrauch gleichmäßig ist, kommt eine lineare Abschreibung des Wegerechtes in Betracht. Gemäß § 2 Abs. 1 Nr. 2 Buchst. d KomHVO sind die Abschreibungen dem Ergebnisplan zuzuordnen. § 9 Abs. 1 und 2 KomHVO stellt dabei auf die periodengerechte Zuordnung ab. Das bedeutet, dass bereits dem Ergebnisplan 2025 eine anteilige Abschreibung zuzuordnen ist, weil die Nutzung und damit der Ressourcenverbrauch im September beginnt. Nach § 40 Abs. 1 Satz 6 KomHVO ist Abschreibungsbeginn der Monat der Anschaffung oder Herstellung. Die gemäß Nr. 4.1 Buchst. h BewertRL vorgesehene monatsgenaue Abschreibung ist nach der Novellierung der Haushaltsverordnung nicht mehr anzuwenden. Insofern sind in den Ergebnisplan in 2025 Abschreibungen in Höhe von 400 € und ab dem Jahr 2026 jährlich 1.200 € einzustellen (Konto 5711).
d) Gemäß § 2 Abs. 1 Nr. 2 Buchst. a i. V. m. § 9 Abs. 1 und 2 KomHVO hat der Ergebnisplan 2025 alle Personalaufwendungen nachzuweisen, die wirtschaftlich diesem Haushaltsjahr zuzuordnen sind. Insofern müssen dem Ergebnisplan 2025 alle im Sachverhalt genannten Teilbeträge – also insgesamt 200.000 € – den Beihilfeaufwendungen zugeordnet werden (Konto 5041). Gemäß § 13 Abs. 3 KomHVO sind die Beihilfeaufwendungen auf die Teilergebnispläne nach der Höhe der dort veranschlagten Personalaufwendungen aufzuteilen. Im Finanzplan dagegen kommt es gemäß § 3 Abs. 1 Nr. 2 Buchst. a i. V. m. § 9 Abs. 1 und 2 KomHVO auf den Termin der voraussichtlichen Auszahlung an. Die Beamtengehälter für Januar 2026 werden bereits im Dezember 2025 ausgezahlt, sodass der Beihilfeanteil von 160.000 € dem Finanzplan 2026 zuzuordnen ist. Der Restbetrag gehört wegen der Zahlung mit dem Februargehalt in den Finanzplan 2026. Der Nachweis im Finanzplan erfolgt beim selben Produktbereich unter dem Konto 7041.

9.3.4 Grundsätze der Verständlichkeit (Haushaltsklarheit), der Steuerungsrelevanz sowie der Richtigkeit und Willkürfreiheit (Haushaltswahrheit)

9.3.4.1 Informationen zur Verständlichkeit (Haushaltsklarheit) und Steuerungsrelevanz der kommunalen Haushalte

Kernpunkt des Haushaltsplans sind Zahlenwerke. Eine übersichtliche und klare Gestaltung fördert dabei die Überschaubarkeit. Insofern erfolgt zunächst eine grundsätzliche produktorientierte Gliederung des kommunalen Haushalts (siehe dazu im Einzelnen Kap. 6). Des Weiteren sind innerhalb der Ergebnis- und Finanzpläne zwingend gewisse Ertrags- und Aufwendungsgliederungen gemäß §§ 2 und 4 KomHVO sowie Einzahlungs- und Auszahlungsgliederungen gemäß §§ 3 und 4 KomHVO vorgesehen. Demnach können zu jedem Produktbereich die einzelnen Finanzpositionen abgelesen werden. Jedoch bedarf es zur Verständlichkeit und zur Steuerungsrelevanz des kommunalen Haushalts weitergehender Informationen.

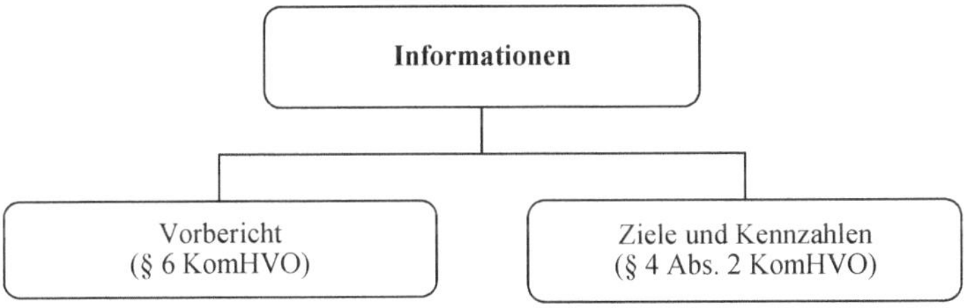

Zunächst einmal ist dem Haushaltsplan nach § 1 Abs. 2 Nr. 1 KomHVO ein **Vorbericht** beizufügen. Dieser gibt gemäß § 6 KomHVO Informationen über die wichtigsten Eckpunkte des Haushaltsplans. Zunächst soll ein Gesamtüberblick über die aktuelle Haushaltssituation der Gemeinde gegeben werden. Diese Darstellung ist um die wesentlichen produktbezogenen und finanziellen Zielsetzungen aus gesamtgemeindlicher Sicht zu ergänzen. Außerdem sind die finanziellen Rahmenbedingungen zu erläutern. Informationen über die wichtigsten Investitionsvorhaben, über die Liquiditätslage der Gemeinde sowie über die Entwicklung der wichtigsten Ertrags- und Aufwendungsarten sollten unverzichtbarer Teil eines jeden Vorberichts sein. Hierbei bieten sich auch ergänzende Darstellungen in Form von Statistiken und Grafiken an, die die Lesbarkeit informativ unterstützen. Ziel des Vorberichts ist es demnach, die wichtigsten Finanzdaten des kommunalen Haushalts in kompakter Form aufzuarbeiten und vor allem für gesamtgemeindliche Entscheidungen bereitzuhalten.[44]

44 Die beispielhafte Darstellung eines kommunalen Vorberichts würde den Rahmen dieses Buches sprengen. Dem interessierten Leser sei geraten, die Vorberichte der Praxis – am besten der Heimatkommune und vergleichbarer Kommunen – einzusehen. Wie beim Grundsatz der Öffentlichkeit dargestellt, besteht eine entsprechende Einsichtnahmemöglichkeit. Zuweilen sind die Vorberichte auch online einsehbar.

Die Verständlichkeit, aber vor allem auch der Steuerungsrelevanz des kommunalen Haushalts wird weiterhin dadurch unterstrichen, dass aufgrund der Vorschriften des § 4 Abs. 2 Satz 2 KomHVO bei den einzelnen Produkten oder Produktgruppen die Produktziele dargestellt und zur Unterstützung der Haushalts- und Finanzsteuerung durch Kennzahlen zur Zielerreichung ergänzt werden. Insofern wird der Haushaltsplan durch verbale Ergänzungen verständlicher und durch den Ausweis von Zielen sowie Kennziffern zur Zielerreichung zum Generalkontrakt zwischen Politik und Verwaltung gemacht.

Für die kommunalen Produkte werden zunächst Grunddaten benötigt, die Informationen zur Budgetausgestaltung erhalten. Am nachstehenden Beispiel wird dies verdeutlicht:

Grunddaten einer Bibliothek

- Zahl der Arbeitsstunden
- Medienbestand
- Neuzugänge Bestand
- Aktive NutzerInnen
- Zahl der literarischen Veranstaltungen
- Jahresöffnungsstunden

Die eigentlichen Kennzahlen dagegen sollen Messgrößen für die Überprüfung der Zielerreichung darstellen. Das nachfolgende Beispiel soll dies verdeutlichen:

Operative Ziele: Jährlich mindestens 10 % des Medienangebotes aktualisieren
Hohe Bestandsnutzung mit mindestens sechsfachem Umschlag

Kennzahlen einer Bibliothek

- Erneuerungsquote Medienbestand
- Umschlag des Medienangebotes
- Besucher je Öffnungstag
- Medienetat je Ausleihe

Weitere Beispiele für Zielbeschreibungen und Zielvereinbarungen sind in Kap. 7.4.5 enthalten.

Durch die Aufnahme der Ziele und Kennzahlen zur Zielereichung werden diese Haushaltsbestandteil und über die Haushaltssatzung Ortsrecht. Aus diesem Grund haben Politik und Verwaltung mit allen Mitteln zu versuchen, diese Ziele zu erreichen. Die Zielerreichung kann dabei jeweils an den Kennzahlen gemessen werden. Die Verwaltung wird in einem entsprechenden Berichtswesen auch unterjährig über die Realisierung der Ziele und das Erreichen der Kennziffern berichten.

9.3.4.2 Richtigkeit und Willkürfreiheit (Haushaltswahrheit)

Die Güte und Produktivität eines Haushaltsplans hängt weitgehend von der Richtigkeit seiner Planungsdaten ab. Das setzt voraus, dass die Gemeinden bei der Veranschlagung der Erträge und Aufwendungen, der Einzahlungen und Auszahlungen sowie der Verpflichtungsermächtigungen größte Sorgfalt walten lassen.

Die Forderung des § 9 Abs. 2 Satz 2 KomHVO lautet: Die Erträge und Aufwendungen sind sorgfältig zu errechnen. Soweit sie nicht errechenbar sind, hat eine vorsichtige Schätzung zu erfolgen. Gemäß § 9 Abs. 2 Satz 2 KomHVO gilt dieser Grundsatz auch für die Einzahlungen und Auszahlungen. Insofern besteht für Ergebnis- und Finanzplan ein gleichlautender Veranschlagungsgrundsatz. Scheinansätze oder willkürliche Ansätze zur Herbeiführung des Haushaltsausgleichs sind demnach untersagt.

Die Vorschrift bietet zwei Verfahren für die Haushaltsplanung an. Die vorrangige Methode ist die Berechnung der Finanzvorfälle. In den gemeindlichen Haushaltsplänen ist die Zahl der Finanzvorfälle, die sich exakt oder annähernd genau kalkulieren lassen, leider in der Minderheit. Möglichkeiten der weitgehenden Berechnung bestehen z. B. bei

- *Mieten, Pachten,*
- *Vereins- und Versicherungsbeiträgen,*
- *Grundsteuern und*
- *Straßenreinigungsgebühren.*

Falls eine Berechnung nicht möglich ist, hat eine gewissenhafte willkürfreie Schätzung zu erfolgen. Beispiele zur weitgehenden Schätzung von Ansätzen sind:

- *Sozialhilfe,*
- *Gebäudeunterhaltung,*
- *Kfz-Betrieb,*
- *Energieversorgung,*
- *Winterdienst und*
- *Gewerbesteuern.*

Ziel der sorgfältigen Schätzung der Ansätze ist es, die Abweichungen zwischen den veranschlagten Beträgen und den späteren Rechnungsbeträgen so gering wie möglich zu halten. Zu diesem Zweck hat die Gemeinde alle möglichen und erreichbaren Hilfsmittel heranzuziehen. Beispiele für Hilfsmittel sind:

- *Kosten- und Leistungsrechnungen,*
- *Vorjahresergebnisse und Besonderheiten des Vorjahres,*
- *zu erwartende Veränderungen,*
- *vom Innenministerium bekanntgegebene Orientierungsdaten,*
- *durch das Bundesfinanzministerium veranlasste Steuerschätzungen,*
- *Informationen der Industrie- und Handelskammern sowie der Handwerkskammern,*
- *Informationsmaterial regionaler und überregionaler Verbände.*

9.3.4.3 Übung

Sachverhalt Nr. 12:
Im Rahmen der Planung des Haushalts 2025 werden von der Gemeinde G die Erträge aus der Gewerbesteuer gegenüber dem Vorjahr um 3,3 % angehoben. Der zuständige Haushaltssachbearbeiter hat bei der Schätzung der Gewerbesteuererträge die Orientierungsdaten für die Haushalts- und Finanzplanung der Gemeinden (GV) des Landes zugrunde gelegt, die eine derartige Steigerung vorsehen.[45] Bekannt ist dem Sachbearbeiter jedoch, dass im kommenden Haushaltsjahr zwei der größten Betriebe der Gemeinde ihren Betriebssitz in den Nachbarort verlegen, also als Steuerzahler ausfallen.

Trotz Vorhaltungen einer Mitarbeiterin bleibt der Haushaltssachbearbeiter bei seiner Auffassung. Er sieht die Orientierungsdaten für die Planung als verbindlich an.

Aufgabe:
Beurteilen Sie die Auffassung des Haushaltssachbearbeiters.

Lösung:
Der Haushaltssachbearbeiter hat den Haushaltsplan unter Beachtung der Veranschlagungsgrundsätze aufzustellen. Der in diesem Fall zu beachtende Grundsatz wäre der der Richtigkeit und der Willkürfreiheit (Haushaltswahrheit). Danach sind gemäß § 9 Abs. 2 Satz 2 KomHVO u. a. die Erträge sorgfältig errechnen. Falls dies nicht möglich ist, hat eine gewissenhafte Schätzung zu erfolgen. Die Erträge aus der Gewerbesteuer sind kaum zu berechnen; demzufolge wendet der Sachbearbeiter zulässigerweise die Methode der Schätzung an.

Im Bereich der methodischen Schätzung geht er von einem Hilfsmittel aus: den Orientierungsdaten für die Haushalts- und Finanzplanung der Gemeinden (GV) des Landes. Es bleibt zu prüfen, ob dieses herangezogene Hilfsmittel bei der Schätzung von Erträgen verbindlich ist. Es besteht jedoch keine rechtliche Verpflichtung, dieses zu nutzen, da weder KVG noch KomHVO darüber Regelungen enthalten. Es handelt

45 Für Übungszwecke unterstellt.

sich vielmehr lediglich um die Weitergabe von Empfehlungen des Finanzplanungsrates auf der Grundlage des § 51 HGrG.

Nicht zu übersehen ist jedoch, dass die Empfehlungen eine wichtige Planungsgrundlage darstellen. Von dieser muss aber abgewichen werden, wenn besondere örtliche Gegebenheiten vorliegen, die Anlass geben, von den – hier nur allgemeinen – Erwartungen abzuweichen. Solche Hinweise bestehen laut Sachverhalt, weil zwei wichtige Steuerzahler eine Betriebsverlegung planen, die zu einer Reduzierung der Gewerbesteuererträge führen wird. Der Grundsatz der Richtigkeit nach § 9 Abs. 2 Satz 2 KomHVO verlangt praktisch, dass diese Besonderheit zu berücksichtigen ist. Es kann somit nicht von der allgemein erwarteten Erhöhung der Steuererträge bei der Gemeinde G ausgegangen werden. Die zu erwartenden Gewerbesteuerausfälle sind bei der Planung zu berücksichtigen.

Der Auffassung des Haushaltssachbearbeiters kann somit nicht gefolgt werden.

9.3.5 Bruttoprinzip (Saldierungsverbot)

9.3.5.1 Grundsatz

In enger Verbindung mit dem Grundsatz der Haushaltsklarheit steht das Prinzip der Bruttoveranschlagung nach § 9 Abs. 1 KomHVO. Das Bruttoprinzip erfordert die getrennte Veranschlagung der Erträge und Aufwendungen im Ergebnisplan sowie der Einzahlungen und Auszahlungen im Finanzplan in voller Höhe. Demnach ist es unzulässig, Erträge und Aufwendungen oder Einzahlungen und Auszahlungen vorab aufzurechnen und nur den Saldo zu veranschlagen. Es besteht somit ein ausdrückliches Saldierungsverbot. Das Bruttoprinzip gehört heute zu den nicht mehr wegzudenkenden Prinzipien einer kommunalen Haushaltsführung und bildet die Voraussetzung für die Erreichung des Ziels, den Haushaltsplan so übersichtlich und klar wie nur möglich zu gestalten.[46]

Beispiele für die konkrete Umsetzung des Bruttoprinzips im Ergebnisplan sind:

- *Zinserträge dürfen nicht mit Zinsaufwendungen verrechnet werden. Das Gleiche gilt für Zinseinzahlungen und Zinsauszahlungen.*
- *Mieterträge und Mietaufwendungen sind getrennt zu veranschlagen. Das Gleiche gilt für Mieteinzahlungen und Mietauszahlungen.*
- *Erträge werden trotz eventueller Niederschlagungen in voller Höhe ausgewiesen. Die Niederschlagung bewirkt eine Forderungsabschreibung (Einzelwertberichtigung) als Aufwendung.*
- *Abschreibungen werden in voller Höhe angesetzt, auch wenn der abzuschreibende Vermögensgegenstand zuweisungs- oder beitragsfinanziert ist. Die an-*

46 Das Bruttoprinzip beruht auf den allgemeinen Grundsätzen der kaufmännischen Buchführung (siehe auch § 246 Abs. 2 HGB).

teiligen Auflösungsbeträge für Zuweisungen bzw. Beiträge sind als Ertrag nachzuweisen.

Der Grundsatz gilt aber nicht nur für den Ergebnis- und Finanzplan, sondern auch für die kommunale Bilanz. Wie bereits aus dem letzten Beispiel ersichtlich, dürfen auch Vermögensbeschaffungen nicht mit der Finanzierung des Vermögens saldiert werden. Beispiele sind:

- *Wird eine Grundschule mit Baukosten von 1.000.000 € errichtet, die mit zweckgebundenen Landeszuweisungen in Höhe von 300.000 € finanziert wird, so sind die Baukosten in voller Höhe auf die Aktivseite der Bilanz mit 1.000.000 € einzustellen. Dies ergibt sich aus § 34 Abs. 5 KomHVO. Die Zuweisungen sind gemäß § 46 Abs. 4 KomHVO als Sonderposten auf der Passivseite der Bilanz mit 300.000 € nachzuweisen. Nicht zulässig ist somit eine Aktivierung in Höhe des Differenzbetrages von 700.000 €.*
- *Wird zum Kauf einer neuen Drehleiter für die Feuerwehr ein zweckgebundener Kredit aufgenommen, so sind auf der Aktivseite die vollen Anschaffungskosten der Drehleiter und auf der Passivseite die Kreditsumme in Höhe der Rückzahlungsverpflichtung nachzuweisen.*
- *Wenn die Gemeinde einen Kredit in Höhe von 10.000.000 € mit einem Auszahlungskurs von 98 % aufnimmt, ist der volle Betrag der Verbindlichkeit zu passivieren, obwohl der Kreditgeber lediglich 9.800.000 € überweist. Beim Auszahlungsverlust handelt es sich um Kreditbeschaffungskosten, die während der gesamten Kreditlaufzeit die entsprechenden Haushaltsjahre periodengerecht wie Zinsaufwendungen belasten. Aus diesem Grund sind sie zunächst als aktive Rechnungsabgrenzung auf die Aktivseite der Bilanz einzustellen und periodengerecht zum entsprechenden Aufwendungskonto aufzulösen.*

9.3.5.2 Ausnahmen vom Bruttoprinzip

§ 13 Abs. 1 KomHVO enthält eine Ausnahme vom Prinzip der Bruttoveranschlagung. Er bestimmt, dass **Abgaben, abgabeähnliche Erträge und allgemeine Zuweisungen**, die durch die Gemeinde zurückzuzahlen sind, nicht als Aufwand zu behandeln sind, sondern von den Erträgen abgesetzt werden müssen. Das gilt nicht nur für die Rückzahlungen von Erträgen desselben Jahres, sondern auch für diejenigen Rückzahlungen, die sich auf Erträge aus Vorjahren beziehen. Für die Veranschlagung folgt daraus, dass in diesen Fällen nur der Betrag zu veranschlagen ist, der nach Abzug der vorhersehbaren und gerade bei Abgaben häufigen Zurückzahlungen als voraussichtlicher Gesamtertrag verbleibt. Diese Regelung dient der Arbeitserleichterung. Sonst wäre nämlich eine Vielzahl von Rückzahlungskonten notwendig.

Zu den Abgaben im Sinne des § 13 Abs. 1 KomHVO gehören: Steuern, Verwaltungsgebühren, Benutzungsgebühren und öffentlich-rechtliche Beiträge (§ 1 Abs. 1 KAG). Zu den abgabeähnlichen Entgelten im Sinne des dieser Vorschrift zählen: die den Gebühren nahestehenden Erträge bzw. Einzahlungen auf privatrechtlicher Basis (z. B. Eintrittsgelder oder Unterrichtsentgelte bei der Volkshochschule). Die allgemeinen Zuweisungen sind Zuweisungen des Bundes, des Landes, einer Gemeinde oder eines Gemeindeverbandes, die der Gemeinde ohne Bindung an einen bestimmten Verwendungszweck zufließen und über deren Verwendung sie auch selbst entscheiden kann (z. B. Schlüsselzuweisungen nach dem Finanzausgleichsgesetz). Insofern können diese Planpositionen durchaus als „Nettoveranschlagungsbereiche" bezeichnet werden.

Die Absetzung der aus der Rückzahlung entstehenden Auszahlungen von den Einzahlungspositionen gilt nach § 13 Abs. 1 KomHVO entsprechend für die mit diesen Zahlungen in Zusammenhang stehenden Erträgen und Aufwendungen. Hier gilt das Bruttoprinzip weiterhin, da im Zahlungsbereich ja auch tatsächlich Geldmittelabflüsse und somit Auszahlungen vorliegen.

9.3.5.3 Besonderheiten

a) Rabatte, Preisnachlässe und Skontierungen

Einer besonderen Betrachtungsweise sind gewährte Rabatte, Preisnachlässe und Skontierungen zu unterziehen. Hierbei handelt es sich nicht um Erträge bzw. Einzahlungen zugunsten der Gemeinde; vielmehr liegen Kaufpreisminderungen vor. Da § 9 Abs. 1 KomHVO nur die Trennung von Erträgen und Aufwendungen einerseits sowie von Einzahlungen und Auszahlungen andererseits vorsieht, sind gewährte Rabatte, Preisnachlässe und Skontobeträge von der Aufwendung bzw. der Auszahlung abzusetzen. Wird z. B. Büromaterial zum Listenpreis von 100.000 € beschafft und gewährt der Händler einen Behördenrabatt von 20 %, so sind nur 80.000 € zu veranschlagen. Wird zusätzlich ein Skonto von 2 % angeboten, der gemäß § 98 Abs. 2 KVG regelmäßig auszunutzen ist, verringert sich der Veranschlagungsbetrag auf 78.400 €.

Der Abzug von Rabatten und Skontobeträgen gilt ebenfalls bei Beschaffungen im investiven Bereich (Zuordnung zur Aktivseite der Bilanz). Bei der nachträglich gewährten Rabattierung und der zeitlich verzögerten Skontoausschöpfung wird zunächst das Aufwendungs- bzw. Bilanzkonto mit dem vollen Wert belastet. Die Nachlässe und Skontobeträge führen dann zu einer Berichtigungsbuchung.[47]

b) Betriebe gewerblicher Art

Bei im kommunalen Haushalt geführten Betrieben gewerblicher Art (z. B. Wochenmärkte, Schwimmbäder, Messeveranstaltungen, Parkhäuser), die umsatzsteuerpflichtig sind, hat ein besonderer Ausweis der Umsatzsteuer und Vorsteuer zu erfolgen. Insofern findet hier eine Art Nettoverbuchung des Ertrages und der Aufwendungen sowie der Bilanzpositionen für Vermögensbeschaffungen statt.

Stellt ein Betrieb gewerblicher Art z. B. Rechnungen oder Gebührenbescheide im Volumen von 238.000 € aus, die Umsatzsteueranteile zum Steuersatz von 19 % enthalten, so sind als Ertrag nur 200.000 € zu berücksichtigen. Beim Restbetrag von 38.000 €

47 Zum Verfahren siehe die Darstellungen bei *Folz/Mutschler/Stockel-Veltmann*, Externes Rechnungswesen, 5. Aufl., Witten 2019, S. 64 ff.

handelt es sich um die in Rechnung gestellte Umsatzsteuer, die zum nächsten Steuertermin an das Finanzamt abzuführen ist. Insofern wird dieser Betrag als erfolgsneutrale Verbindlichkeit gegenüber dem Finanzamt behandelt (Passivseite der Bilanz, Konto 3791).

Verbraucht ein solcher Betrieb gewerblicher Art z. B. Heizöl zum Einkaufspreis von 11.600 €, so ist dem Aufwendungskonto 5241 lediglich ein Betrag von 10.000 € zuzuordnen. Der in Rechnung gestellte Mehrwertsteuerbetrag von 1.600 € gilt als vom Finanzamt zu erstattender Vorsteuerbetrag. Dieser wird beim nächsten Steuertermin geltend gemacht und zunächst als Forderung gegenüber dem Finanzamt auf der Aktivseite der Bilanz dokumentiert (Konto 1691). Zum Steuertermin werden Umsatzsteuer und Vorsteuer aufgerechnet. Überwiegt der Umsatzsteueranteil, wird dieser Betrag als „Zahllast" bezeichnet und dem Finanzamt überwiesen. Im umgekehrten Fall besitzt die Gemeinde eine Forderung aus der überschüssigen Vorsteuer.

Hinzuweisen ist bei vermögenswirksamen Beschaffungen und bei Herstellkosten der Betriebe gewerblicher Art darauf, dass die Anschaffungs- oder Herstellungskosten des Vermögensgegenstands ebenfalls nur netto erfasst werden. Dadurch verringern sich bei solchen Betrieben zwangsläufig auch die nachfolgenden Abschreibungen.

c) Inzahlungnahmen/Aufrechnungen

Im Rahmen üblicher Geschäftstätigkeiten, denen auch die Gemeinden unterliegen, kann es zu Zahlungsabwicklungen kommen, bei denen gegenseitige Aufrechnungen von Forderungen und Verbindlichkeiten (z. B. nach § 387 BGB) erfolgen. Bei dieser Aufrechnung handelt es sich lediglich um ein Zahlungserleichterungsgeschäft im Liquiditätsbereich. Insofern wird auch hier der Bruttogrundsatz nicht durchbrochen.

Ein Beispiel dafür ist die vom Zahlungspflichtigen gewünschte Aufrechnung einer Bußgeldforderung von 500 € an einen Handwerker gegen eine Verbindlichkeit aus seiner der Gemeinde in Rechnung gestellten Handwerkerleistung über 2.200 €. Die Gemeinde wird nur eine Überweisung von netto 1.700 € veranlassen. Der Ertrag aus dem Bußgeld bleibt gemäß § 9 Abs. 1 KomHVO weiterhin bei 500 €, und der Unterhaltungsaufwand für die Handwerkerleistung beträgt unverändert 2.200 €. Der Bruttogrundsatz wird auch im Finanzhaushalt dadurch beibehalten, dass eine Einzahlung von 500 € und eine Auszahlung von 2.200 € zu buchen ist.[48]

Ein weiteres Beispiel ist die Inzahlungnahme eines gebrauchten und bereits abgeschriebenen PC mit 50 € beim Kauf eines neuen PC zu 2.000 €. Obwohl die Rechnung des Lieferanten eine Nettoforderung von 1.950 € aufweist, wird als Vermögenszugang nach dem Bruttoprinzip ein Betrag von 2.000 € erfasst. Zudem findet ein Vermögensabgang von 1 € für dem sich noch in der Anlagerechnung befindlichen alten PC statt. Als Ertrag aus Verkäufen ist somit die Differenz von 49 € zu bewerten. Im Finanzhaushalt ist eine Einzahlung von 50 € und eine Auszahlung von 2.000 € zu berücksichtigen.

48 Allerdings ist nicht zu verkennen, dass in der originären Buchführung ein Geldmittelabfluss von 1.700 € stattfindet, sodass es sich bei diesem Betrag um die Auszahlung handelt. Würden hier jedoch die 1.700 € als Nettoauszahlung verbucht, würde die Finanzrechnung an Aussagekraft verlieren. Dem Verfasser ist allerdings bekannt, dass in der Praxis dv-mäßige Umsetzungsschwierigkeiten bestehen.

d) Kreditbeschaffungskosten

Bei Kreditaufnahmen können Kreditbeschaffungskosten entstehen. Soweit diese vom Kreditgeber von der Kreditsumme unmittelbar abgezogen werden (Auszahlungsverlust, Disagio) stellt sich die Frage, wie die Kreditaufnahme haushaltsmäßig erfasst wird. Zunächst einmal muss der Kredit mit seinem Nennbetrag (Bruttokredit) passiviert werden (Konto 3217[49] bei einem Investitionskredit vom privaten Kreditmarkt). Da der Überweisungsbetrag jedoch durch die Kürzung der Kreditbeschaffungskosten geringer ist, müssen die Kreditbeschaffungskosten im Ergebnishaushalt als Aufwendung beim Konto 5591 nachgewiesen werden. Dabei bleibt die Möglichkeit einer Rechnungsabgrenzung nach § 42 Abs. 3 KomHVO unberührt (siehe dazu Kap. 9.3.3.2 Buchst. d).

Da die tatsächliche Einzahlung um die Kreditbeschaffungskosten gekürzt ist, erfährt der Finanzhaushalt nur einen Geldmittelzufluss in Höhe des Nettokredites. Dieser ist beim Konto 6927[50] zu veranschlagen. Ein spezieller Ausweis der Kreditbeschaffungskosten im Finanzhaushalt (Konto 7591) erfolgt nur dann, wenn die Kreditbeschaffungskosten nicht abgezogen, sondern zusätzlich zum Bruttokredit zu bezahlen sind.

e) Ergebnisse der kommunalen Sondervermögen

Wie bereits weiter oben als Ausnahme vom Grundsatz der Vollständigkeit besprochen, werden bestimmte kommunale Aktivitäten als „Sondervermögen“ außerhalb des Haushalts finanziell abgewickelt. Beispiele dafür sind die Eigengesellschaften (z. B. GmbH), rechtlich selbstständige Stiftungen und Anstalten des öffentlichen Rechts. Die Erträge und Aufwendungen dieser Sondervermögen sind deshalb zwangsläufig nicht im kommunalen Haushalt abgebildet. Die Verbindung geschieht jedoch dadurch, dass eventuelle Betriebsergebnisse den kommunalen Haushalt tangieren. So können Gewinnausschüttungen als Erträge/Einzahlungen und Verlustabdeckungen als Aufwendungen/Auszahlungen in den gemeindlichen Haushalten erscheinen. Diese Finanzmittel sind jedoch Nettobeträge. Das Entstehen und die Zusammensetzung kann im kommunalen Haushalt nicht erkannt werden. Die Einzelheiten sind den Sonderrechnungen zu entnehmen. Lediglich über den Konzernabschluss nach § 119 KVG, nicht aber im Haushaltsplan, können bestimmte Informationen über die Zusammensetzung der Ergebnisse des Sondervermögens gewonnen werden.

9.3.5.4 Übungen

Sachverhalt Nr. 13:

Die Gemeinde G hat am 15.10.2024 ein neues Dienstfahrzeug zu 20.000 € bestellt (voraussichtliche Nutzungsdauer: fünf Jahre). Der Händler nimmt das alte Fahrzeug mit 3.000 € in Zahlung (Bilanzwert 1.000 €) und wird diesen Betrag mit dem Kaufpreis verrechnen. Die Lieferung mit Rechnungsstellung wird für Januar 2025 erwartet.

---

49 Nach der Finanzstatistik wäre das Konto 3217 zuzüglich der Ziffer für die Laufzeit und die Währungsart zu vergeben.

50 Auf die weitere ziffernmäßige Untergliederung in Laufzeiten und Währungsarten wurde verzichtet.

Bei Zahlung innerhalb von 14 Tagen wird der Händler ein Skonto von 3 % auf den Kaufpreis des Neuwagens gewähren. Das alte Fahrzeug soll dem Händler bereits zum 16.12.2024 übergeben werden. Da die Gemeinde sich derzeit bei der Aufstellung eines Nachtragshaushalts für 2024 und der Haushaltsplanung für 2025 befindet, stellt sich die Frage, welchen Haushaltplänen die Finanzvorfälle für die Beschaffung des Fahrzeugs zuzuordnen sind.

Aufgabe:
Prüfen Sie, welche Veranschlagungen für die Jahre 2024 und 2025 erforderlich sind. Gehen Sie auch auf mögliche Verbindungen zur Bilanz ein. Nennen Sie zudem die durch den Geschäftsvorfall berührten Konten. Auf die Veranschlagung von Verpflichtungsermächtigungen ist nicht einzugehen.

Lösung:
Zunächst ist festzustellen, dass zur praktischen Bearbeitung zwei Haushaltsgrundsätze zu berücksichtigen sind, nämlich das Bruttoprinzip (Saldierungsverbot) und der Grundsatz der periodengerechten Zuordnung. Zunächst ist nach dem Bruttoprinzip der Kauf des neuen Fahrzeugs vom Verkauf des alten Fahrzeuges zu trennen. Dies ergibt sich aus § 9 Abs. 1 KomHVO, wonach Erträge und Aufwendungen sowie Einzahlungen und Auszahlungen zu trennen sind. Dieser Grundsatz gilt auch für die Bilanz, weil bei den Vermögensgegenständen die Anschaffungs- bzw. Herstellungskosten und keine Aufrechnungskosten anzusetzen sind. Insofern sind Anschaffungs- und Verkaufsvorgang getrennt zu behandeln.

Da die Gemeinde gemäß § 98 Abs. 2 KVG wirtschaftlich handeln muss, ist davon auszugehen, dass die Rechnung skontiert wird. Der Skontoabzug von 600 € stellt jedoch keinen Ertrag und keine Einzahlung dar. Es handelt sich somit um eine Kürzung der Anschaffungskosten, sodass von einem Anschaffungswert in Höhe von 19.400 € auszugehen ist. Dieser ist dem Konto 0711 auf der Aktivseite der Bilanz zuzuordnen. Gleichzeitig sind in den Finanzplan beim Konto 7831 Auszahlungen in derselben Höhe einzustellen. Es fragt jedoch sich noch, welchem Haushaltsjahr die Finanzvorfälle zuzuordnen sind. Entscheidend für die Bilanzierung ist der Termin der Erlangung des wirtschaftlichen Eigentums. Laut Sachverhalt erfolgt die Lieferung im Januar 2025, sodass dann die Gemeinde zumindest den Besitz erlangt. Insofern erfolgt die Bilanzierung in 2025. Da auch erst danach die Rechnung beglichen wird, ist die Auszahlung ebenfalls diesem Haushaltsjahr zuzuordnen.

Aus der Fahrzeugbeschaffung entstehen mit der Inbetriebnahme des Fahrzeugs im Jahr 2025 Aufwendungen in Form von Abschreibungen. Diese Abschreibungen sind gemäß § 9 Abs. 1 KomHVO in den Ergebnisplan einzustellen. Liefertermin, Kauftermin und Inbetriebnahme liegen laut Sachverhalt im Januar 2025, sodass in 2025 ein voller linearer Abschreibungsbetrag in Höhe von 3.880 € als Aufwendung in den Ergebnisplan einzustellen ist (Konto 5711). Da Abschreibungen keine Auszahlungen bewirken, ist der Finanzplan nicht tangiert.

Nunmehr ist die Behandlung der Finanzvorfälle für das in Zahlung gegebene Fahrzeug zu begutachten. Festgestellt wurde bereits oben, dass eine Aufrechnung im Haushaltsplan nicht erfolgen darf. Zunächst ist ein Vermögensabgang über 1.000 € bei der Konto 0711 zu verzeichnen, weil die Gemeinde mit dem Verkauf das Eigentum an diesem Vermögensgegenstand verliert. Der Sachverhalt gibt keine Auskünfte, wann das rechtliche Eigentum auf den Käufer übergeht (evtl. Eigentumsvorbehalt nach § 449 BGB) übergeht. Für die Bilanzierung ist das wirtschaftliche Eigentum entscheidend. Dieser Grundsatz gilt im Umkehrschluss auch für den Verlust des wirtschaftlichen Eigentums. Mit der Fahrzeugübergabe im Dezember 2024 an den Käufer verliert die Gemeinde G bereits das wirtschaftliche Eigentum an dem alten Fahrzeug, sodass in 2024 der Abgang auf dem Bilanzkonto herbeizuführen ist.

Der Verkaufspreis von 3.000 € übersteigt den Fahrzeugwert um 2.000 €, sodass ein Ertrag aus Verkäufen in dieser Höhe vorliegt. Dieser Betrag ist dem Ergebnisplan 2025 beim Konto 4542 zu erfassen, weil gemäß § 9 Abs. 2 KomHVO Erträge dem Jahr zuzuordnen sind, dem sie wirtschaftlich zuzurechnen sind. Der Verkaufserlös wird laut Sachverhalt durch die Aufrechnung nach dem BGB in 2025 bewirkt, sodass der Ertrag diesem Jahr zuzuordnen ist. Da die Einzahlung ebenfalls durch die Aufrechnung in 2025 bewirkt wird, muss dem Finanzplan 2025 der gesamte Verkaufserlös in Höhe von 4.000 € als Einzahlung zugerechnet werden (Konto 6831).

Sachverhalt Nr. 14:

Die Gemeinde G befindet sich zurzeit bei der Aufstellung des Haushalts 2025. Dabei wird der Fachbereich „Finanzen" mit folgenden Problemstellungen konfrontiert:

a) Es soll zum 2.1.2025 ein Investitionskredit zum Nennbetrag von 1.000.000 € bei der B-Bank aufgenommen werden. Der Zinssatz beträgt 5 %, die Tilgung gleichbleibend 4 %, zahlbar jeweils zum Jahresende in einer Summe. Zum Termin der Kreditaufnahme fallen einmalige Kreditbeschaffungskosten von 30.000 € an.[51] Die Bank wird die Kreditbeschaffungskosten am 2.1.2025 mit der Kreditsumme verrechnen, sodass lediglich eine Gutschrift von 970.000 € auf dem gemeindlichen Girokonto erfolgen wird. Die Gemeinde G hat auch langfristige Gelder bei der B-Bank angelegt, für die sie für das Jahr 2025 Zinsgutschriften in Höhe von 20.000 € erhalten wird. Vertraglich werden sind davon 15.000 € am Jahresende 2025 und 5.000 € am 13.1.2026 fällig. Gemeinde und Bank sind sich einig, die zum Jahresende fällige Zinsgutschrift mit den dann zu entrichtenden Schuldendienstleistungen für den neuen Kredit der Einfachheit halber zu verrechnen.

b) Zum Jahresbeginn 2025 werden für 2025 Hundesteuerbescheide mit einem Volumen von 200.000 € versandt. Man rechnet jedoch damit, dass aufgrund von Hundeabmeldungen im Jahr 2025 Steuerbescheide des Jahres 2024 im Volumen von 1.000 € zurückgenommen werden müssen, wobei es dabei zu entsprechenden Rückzahlungen kommen wird.

51 Die Kreditkonditionen entsprechen nicht der derzeitigen Kapitalmarktsituation. Sie sind lediglich für Übungszwecke so festgesetzt.

Aufgabe:
Prüfen Sie, welche Veranschlagungen für das Jahr 2025 aufgrund der Sachverhalte erforderlich sind. Gehen Sie auch auf mögliche Verbindungen zur Bilanz ein. Nennen Sie ebenfalls die durch die Geschäftsvorfälle berührten Konten. Bei den Kreditbeschaffungskosten ist eine Periodenabgrenzung erforderlich.

Lösung:

a) Bei der Kreditaufnahme handelt es sich um eine Verbindlichkeit gegenüber der Bank, die beim Konto 3217[52] nachzuweisen ist. Es fragt sich jedoch zunächst, in welcher Höhe eine Bilanzierung zu erfolgen hat, weil die Kreditbeschaffungskosten durch Aufrechnung abgesetzt werden. Die Rückzahlungsverpflichtung stellt die Verbindlichkeit dar, sodass die volle Kreditsumme zu passivieren ist. Diese ergibt sich auch aus § 113 Abs. 2 Nr. 2 KVG, wonach die Verbindlichkeiten in Höhe ihrer Rückzahlungsverpflichtung zu bewerten sind. Es entstehen Schulden im Volumen von 1.000.000 €. Zudem sind gemäß § 9 Abs. 1 KomHVO die Aufwendungen getrennt zu berücksichtigen. Die einmaligen Kreditbeschaffungskosten stellen Aufwendungen für die Kreditbereitstellung dar. Sie sind somit getrennt von der Kreditsumme zu behandeln.
Allerdings hat gemäß § 9 Abs. 1 und 2 KomHVO eine periodengerechte Zuordnung nach der wirtschaftlichen Zurechenbarkeit zu erfolgen. § 42 Abs. 3 KomHVO konkretisiert diese Norm für den Bereich der Verbindlichkeiten, wonach ein Wahlrecht für die Kreditbeschaffungskosten vorgesehen ist. Laut Aufgabenstellung ist davon Gebrauch zu machen. Bei einer gleichbleibenden Tilgung von jährlich 4 % beträgt die Kreditlaufzeit 25 Jahre, sodass die Kreditbeschaffungskosten aufwendungsmäßig auf diesen Zeitraum gleichmäßig zu verteilen sind. Insofern erfolgt in 2025 zunächst ein Ausweis der Kreditbeschaffungskosten als aktive Rechnungsabgrenzung (Konto 1911). In den Ergebnisplan sind die anteiligen Kreditbeschaffungskosten von jährlich 1.200 € periodengerecht als „Abschreibungen" auf die Kreditbeschaffungskosten beim Konto 5591 aufzunehmen. Im Finanzplan sind dagegen lediglich 970.000 € als Einzahlung aus Krediten beim Konto 6927[53] zu erfassen. Hier erfolgt keine Bruttobuchung, da es sich um den einheitlichen Geschäftsvorfall „Einzahlung aus Krediten" handelt.
Die Zinsen belaufen sich für 2025 auf 50.000 €, die Tilgung auf 40.000 €. Die von der Bank beabsichtigte Aufrechnung ist haushaltstechnisch unbeachtlich, sodass die Zinsaufwendungen im Ergebnisplan beim Konto 5517 und als Auszahlung im Finanzplan beim Konto 7517 nachzuweisen sind. Die Tilgung stellt dagegen eine Verringerung der Verbindlichkeiten dar, sodass sie erfolgsneutral dem Konto 3217[54]

52 Nach der Finanzstatistik wäre das Konto 3217 zuzüglich der Ziffer für die Laufzeit und die Währungsart zu vergeben.

53 Auf die weitere ziffernmäßige Untergliederung in Laufzeiten und Währungsarten wurde verzichtet.

54 Nach der Finanzstatistik wäre das Konto 3217 zuzüglich der Ziffern für die Laufzeit und die Währungsart zu vergeben.

zuzuordnen ist. Die Auszahlung der Tilgung erscheint im Finanzplan beim Konto 7927.

Wie bereits festgestellt, sind die Zinsgutschriften für die Kapitalanlage gemäß § 9 Abs. 1 KomHVO trotz Aufrechnung nach dem Bürgerlichen Gesetzbuch als Ertrag zu behandeln (Konto 4617). Dabei ist gemäß § 9 Abs. 2 KomHVO der gesamte Zinsertrag in Höhe von 20.000 € dem Ergebnisplan 2025 zuzuordnen, weil es sich unabhängig von der tatsächlichen Zahlung um einen Ertrag der Wirtschaftsperiode 2025 handelt. Im Finanzhaushalt dagegen sind die Einzahlungstermine entscheidend, sodass dort beim Konto 6617 in 2025 lediglich 15.000 € einzustellen sind. Der Restbetrag von 5.000 € ist dem Haushaltsjahr 2026 zuzuordnen.

b) Der Ertrag aus Hundesteuern ist beim Konto 4032 nachzuweisen. Dabei sind zunächst die im Sachverhalt genannten 200.000 € als voraussichtliche Erträge zu berücksichtigen. Problematisch sind die Steuerbescheidrücknahmen mit entsprechenden Steuererstattungen in Höhe von voraussichtlich 1.000 €. Nach § 9 Abs. 1 KomHVO sind Erträge und Aufwendungen zu trennen. Bei den Rückzahlungen von Steuerbeträgen handelt es sich somit um Aufwendungen. § 13 Abs. 1 KomHVO sieht jedoch vor, dass u. a. bei Abgaben die Rückzahlungen von den Erträgen abzusetzen sind. Dies gilt auch für Rückzahlungen von Abgabeerträgen aus Vorjahren. Zu den Abgaben zählen gemäß § 1 Abs. 1 KAG auch die Steuern. Insofern sind die 1.000 € erwartete Rückzahlungen von den Erträgen abzusetzen. Zu veranschlagen ist deshalb ein Ertrag aus Hundesteuern in Höhe von 199.000 €.

   Der Finanzplan berücksichtigt die voraussichtlichen Ein- und Auszahlungen. Geldmittelzuflüsse und damit Einzahlungen werden für 2025 in Höhe von 200.000 € erwartet, sodass dieser Betrag beim Konto 6032 nachzuweisen. Die Rückzahlungen stellen dagegen Geldmittelabflüsse dar, die als Auszahlung der Konto 7458[55] in Höhe von 1.000 € zuzuordnen sind.

9.3.6 Einzelveranschlagung

9.3.6.1 Grundsatz

Der Haushaltsgrundsatz besagt, dass Erträge und Einzahlungen nach ihrem Entstehungsgrund, Aufwendungen und Auszahlungen nach ihrem Verwendungszweck zu veranschlagen sind. Angesprochen ist somit die sachliche Spezifizierung. Die Ausprägung der Einzelveranschlagung ergibt sich für den Ergebnisplan aus § 2 KomHVO. Danach ist nicht für jede Ertrags- und Aufwendungsart ein Einzelnachweis erforderlich. Insofern erfolgt keine Veranschlagung nach dem System der einzelnen Kontierungen. Vielmehr werden Ertrags- und Aufwendungsarten zu Kontengruppen zusammengefasst. Diese werden als „Positionen des Ergebnisplans" bezeichnet. So ist im Ergebnisplan folgende Einzelveranschlagung als Gliederung vorgesehen:

55 Bei der Bereichsabgrenzung wurde unterstellt, dass die Rückzahlungen an private Hundehalter erfolgen.

einzeln auszuweisende Ertragspositionen	einzeln auszuweisende Aufwendungspositionen
Steuern und ähnliche Abgaben	Personalaufwendungen
Zuwendungen und allgemeine Umlagen	Versorgungsaufwendungen
sonstige Transfererträge	Aufwendungen für Sach- und Dienstleistungen
öffentlich-rechtliche Leistungsentgelte	Transferaufwendungen
privatrechtliche Leistungsentgelte, Kostenerstattungen und Kostenumlagen	sonstige ordentliche Aufwendungen
sonstige ordentliche Erträge	Zinsen und sonstige Finanzaufwendungen
Finanzerträge	bilanzielle Abschreibungen
aktivierte Eigenleistungen, Bestandsveränderungen	außerordentliche Aufwendungen
außerordentliche Erträge	

Da es sich um eine Mindestgliederung handelt, könnten die Gemeinden weitergehende Unterteilungen vornehmen. Von einer weitreichenderen, zusätzlichen Unterteilung ist aber abzuraten, da der Haushaltsplan als genereller Finanzkontrakt zwischen Politik und Verwaltung nur globale Finanzvereinbarungen enthalten soll und die Betriebssteuerung vielmehr über Zielvereinbarungen und Kennzahlen zur Zielereichung durchzuführen ist.

Bei den Teilergebnisplänen sind zusätzlich Erträge und Aufwendungen aus internen Leistungsbeziehungen nachzuweisen (siehe Anlage 5, Muster zum NKHR).

Der Finanzplan sieht folgende einzelne Einzahlungs- und Auszahlungspositionen vor:

einzeln auszuweisende Einzahlungspositionen	einzeln auszuweisende Auszahlungspositionen
Steuern und ähnliche Abgaben	Personalauszahlungen
Zuwendungen und allgemeine Umlagen	Versorgungsauszahlungen
sonstige Transfereinzahlungen	Auszahlungen für Sach- und Dienstleistungen
öffentlich-rechtliche Leistungsentgelte	Transferauszahlungen
privatrechtliche Leistungsentgelte, Kostenerstattungen und Kostenumlagen	sonstige Auszahlungen
sonstige Einzahlungen	Zinsen und ähnliche Auszahlungen
Zinsen und ähnliche Finanzeinzahlungen	Auszahlungen für eigene Investitionen
Einzahlungen aus Investitionszuwendungen und -beiträgen	Auszahlungen von Zuwendungen für Investitionen Dritter
Einzahlungen aus der Veränderung des Anlagevermögens	Auszahlungen für die Tilgung von Krediten für Investitionen und Investitionsförderungsmaßnahmen
Einzahlungen aus der Aufnahme von Krediten für Investitionen und Investitionsförderungsmaßnahmen	Auszahlungen an Liquiditätsreserven
Einzahlungen aus der Auflösung von Liquiditätsreserven	

Eine besondere Form der Einzelveranschlagung erfolgt im produktorientierten Teilfinanzplan nach § 4 Abs. 4 Satz 2 KomHVO. Dabei hat für jede einzelne Investition und zu bilanzierende Investitionsfördermaßnahme, die sich über mehrere Jahre erstreckt, eine eigene Veranschlagung zu erfolgen (Einzelveranschlagung der Investitionsmaßnahmen).

Baut eine Gemeinde z. B. gleichzeitig zwei Grundschulen (Nord- und Süd), so müssen zunächst die Auszahlungsarten für die Schulen auf der Basis der vorgenannten Auszahlungsarten veranschlagt werden. In einem weiteren Schritt sind dann die Auszahlungsarten noch einmal auf die einzelnen Schulen aufzuteilen. Das Gleiche gilt für die Einzahlungen. Warum dies nur für Maßnahmen gelten soll, die sich über mehrere Jahre erstrecken, ist nicht nachzuvollziehen. Am nachstehenden Beispiel wird die Einzelveranschlagung für das Jahr 2025 deutlich, wobei die Vorjahresangaben nicht aufgeführt sind:

Teilfinanzplan Investitionstätigkeit	**Ansatz 2025**	**VE 2025**	**Planung 2026**	**Planung 2027**	**Planung 2028**
Einzahlungen					
Zuwendungen für Investitionsmaßnahmen	200.000		300.000	0	0
Veräußerung von Grundstücken, Gebäuden und Infrastrukturvermögen	10.000		40.000	0	0
sonstige Investitionseinzahlungen	0		0	100.000	0
Summe der investiven Einzahlungen	**210.000**		**340.000**	**100.000**	**0**
Auszahlungen					
Erwerb von Grundstücken, Gebäuden und Infrastrukturvermögen	200.000	100.000	100.000	0	0
für Erwerb von beweglichem Anlagevermögen	780.000	800.000	600.000	300.000	0
Baumaßnahmen	10.000	50.000	200.000	80.000	10.000
Summe der investiven Auszahlungen	**990.000**	**950.000**	**900.000**	**380.000**	**10.000**
Saldo Investitionstätigkeit PG Grundschulen	**–780.000**		**–560.000**	**–280.000**	**–10.000**

Übersicht Investitionsmaßnahmen	**Ansatz 2025**	**VE 2025**	**Planung 2026**	**Planung 2027**	**Planung 2028**
Maßnahmen oberhalb der Wertgrenze					
Einzahlung: Landeszuweisung Schule Nord	50.000		50.000	0	0
Auszahlung: für Grunderwerb Schule Nord	100.000	0	0	0	0
Auszahlung: Baumaßnahme Schule Nord	400.000	300.000	300.000	0	0
Saldo Investitionsmaßnahme Schule Nord	–450.000		–250.000	0	0
Einzahlung: Landeszuweisung Schule Süd	150.000		250.000	0	0
Auszahlung: für Grunderwerb Schule Süd	100.000	100.000	100.000	0	0
Auszahlung: Baumaßnahme Schule Süd	380.000	500.000	300.000	300.000	0
Auszahlung: bewegl. Vermögen Schule Süd	0	50.000	190.000	70.000	0
Saldo Investitionsmaßnahme Schule Süd	–330.000		–340.000	–370.000	0
Saldo	**–780.000**	**950.000**	**–590.000**	**–370.000**	**0**

Übersicht Investitionsmaßnahmen	Ansatz 2025	VE 2025	Planung 2026	Planung 2027	Planung 2028
Maßnahmen unterhalb der Wertgrenzen					
Summe der investiven Einzahlungen	10.000		40.000	100.000	0
Summe der investiven Auszahlungen	10.000		10.000	10.000	10.000
Saldo	**0**		**30.000**	**90.000**	**–10.000**

Die Einzelveranschlagung im Investitionsbereich dient vor allem der Übersichtlichkeit. Sie soll aber auch der Politik die Möglichkeit geben, jede einzelne Investition zu beraten und zu beschließen. Gerade mit der Investitionsbereitstellung ist ein wichtiges Element der Selbstverwaltung als Ausfluss der Etathoheit verankert.

9.3.6.2 Ausnahmen

Nicht bei allen Finanzpositionen der Planung ist der Grundsatz der Einzelveranschlagung realisiert. Aus praktischen Gründen wird er in zwei Bereichen durchbrochen.[56]

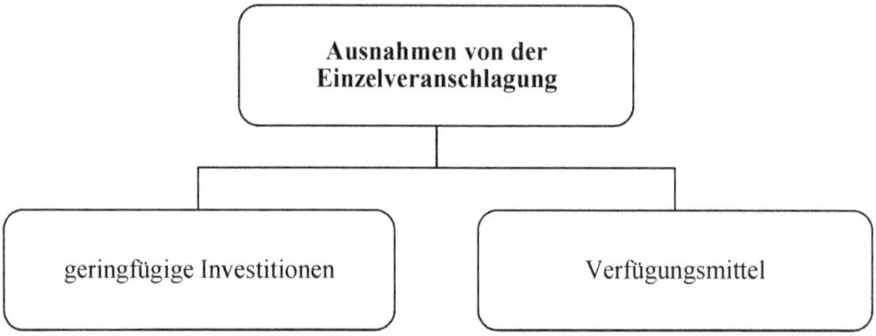

a) Geringfügige Investitionen

Gemäß § 4 Abs. 4 KomHVO sind in den Teilfinanzplänen im Investitionsbereich u. a. die einzelnen Maßnahmen getrennt abzubilden. Dies würde für sämtliche Investitionen zutreffen, also auch für geringfügige (z. B. Beschaffung eines Tageslichtprojektors mit Auszahlung von 600 € als Einzelgegenstand). Eine Sammelposition für geringfügige Investitionen ist hier nicht gegeben. Allerdings sieht Anlage 6 B der Muster zum NKHR vor, dass eine Einzelveranschlagung als Maßnahme in den Teilfinanzplänen erst oberhalb einer festgesetzten Wertgrenze zu erfolgen hat. Geringfügige Investitionsmaßnahmen werden deshalb nicht als einzelne, sondern als Sammelpositionen für In-

56 Die im früheren kameralen Haushaltsrecht zugelassenen „Vermischten Einnahmen" und „Vermischten Ausgaben" sind im Neuen Kommunalen Haushaltsrecht nicht vorgesehen. An ihre Stelle treten Finanzmittel mit der Bezeichnung „Sonstige Erträge/Einzahlungen" und „Sonstige Aufwendungen/Auszahlungen" zu den einzelnen Positionen nach §§ 2 und 3 KomHVO. Beispiele sind „Sonstige Transferaufwendungen" (Konto 5391) oder „Sonstige Einzahlungen aus laufender Verwaltungstätigkeit" (Konto 6591). Insofern wird die Einzelveranschlagung nicht durchbrochen.

vestitionsmaßnahmen nachgewiesen. Der Verordnungsgeber sollte die Rechtsvorschrift des § 4 Abs. 4 KomHVO entsprechend anpassen.

Im letzten Beispiel ist dies dargestellt, indem ein Sammelbetrag für Beschaffungen von beweglichen Sachen in Höhe von 10.000 € ausgewiesen ist. Die Festsetzung der Geringfügigkeitsgrenze durch den Rat kann durch einfachen Ratsbeschluss erfolgen. Effektiver ist jedoch die Festlegung im Rahmen der Haushaltssatzung (ab § 6), weil die Geringfügigkeitsgrenze sich auf das mit der Satzung erstellte Planwerk bezieht.

b) Verfügungsmittel
Bei den Verfügungsmitteln handelt es sich um Aufwendungen und Auszahlungen des Bürgermeisters für dienstliche Zwecke, für die keine zweckbezogenen Aufwendungsplanpositionen und Auszahlungsplanpositionen zur Verfügung stehen. Der Bürgermeister verfügt somit über einen ihm zustehenden Fonds, aus dem er zweckübergreifend Haushaltsmittel bewirtschaften kann. Bedingung sind lediglich der dienstliche Verwendungszweck und die nicht an anderer Stelle bereitgestellten Mittel. Der Bürgermeister verwendet diese Haushaltsermächtigungen in der Regel für Repräsentationszwecke. Da hier jedoch Zahlungen aus verschiedenen Positionen des Ergebnis- und Finanzhaushalts geleistet werden können (z. B. nicht veranschlagte Transferaufwendungen und Aufwendungen für Sachleistungen), wird bei den Verfügungsmitteln der Grundsatz der Einzelveranschlagung durchbrochen. Die Praxis spricht von einer sog. „zweckfreien Planposition in pauschaler Form“. Die Verfügungsmittel sind gemäß § 12 Satz 1 KomHVO gesondert im Ergebnisplan beim Konto 5491 (Produktgruppe 111) und im Finanzplan beim Konto 7491 auszuweisen.

9.3.6.3 Übungen

Sachverhalt Nr. 15:
Der Rat der Gemeinde G hält den vom Bürgermeister vorgelegten Haushalt 2025 für viel zu detailliert. Die Vielzahl von Daten könne die Politik nicht mehr verarbeiten. Zum Zweck der Informationsstraffung beschließt der Rat deshalb einstimmig, im Teilergebnisplan u. a. für die Produktgruppe 421 „Förderung des Sports“ die Personal- und Sachaufwendungen zusammenzufassen und unter der Position „Bewirtschaftungsaufwand“ ausweisen. Im Teilfinanzplan zum selben Produktbereich sollen nur noch die Gesamtsummen der Investitionsein- und -auszahlungen ausgewiesen werden.

Beim Teilergebnisplan der Produktgruppe 111 „Verwaltungssteuerung und -service“ dagegen möchte der Rat eine differenziertere Darstellung dahingehend erhalten, dass bei den Personalaufwendungen eine Unterteilung nach Beamten, Angestellten und Arbeitern erfolgt. Begründet wird diese Differenzierung damit, dass die Öffentlichkeit deutlich gemacht werden soll, wie sich die einzelnen Personalaufwendungen in den Servicebereichen zusammensetzen.

Aufgabe:
Prüfen Sie, was der Bürgermeister aufgrund des Ratsbeschlusses ggf. zu veranlassen hat.

Lösung:
Der Bürgermeister müsste gemäß § 65 Abs. 3 KVG den Ratsbeschluss beanstanden, sofern dieser rechtswidrig ist. Gemäß § 4 Abs. 3 i. V. m. § 2 Abs. 1 KomHVO muss der Teilergebnisplan eine bestimmte Mindestgliederung aufweisen. Danach sind u. a. Personalaufwendungen und Aufwendungen für Sach- und Dienstleistungen getrennt zu veranschlagen (Einzelveranschlagung). Die vom Rat beschlossene „Zusammenlegung“ der Finanzpositionen verstößt somit gegen diese Regelung und ist demnach rechtswidrig. Der Bürgermeister hat deshalb in diesem Punkt den Ratsbeschluss zu beanstanden.

Eine ähnliche Vorschrift enthält § 4 Abs. 4 i. V. m. § 3 Abs. 1 KomHVO für die Teilfinanzpläne. Hier ist nach bestimmten Ein- und Auszahlungspositionen zu unterteilen sowie nach Investitionsmaßnahmen zu trennen. Die beabsichtigte Zusammenfassung der Ein- und Auszahlungen ist somit ebenfalls rechtswidrig, sodass auch hier der Bürgermeister zu beanstanden hat. Selbst bei geringfügigen Investitionen muss eine Unterteilung nach Zahlungsarten erfolgen.

Die differenzierte Untergliederung bei der Produktgruppe 111 „Verwaltungssteuerung und -service“ ist dagegen zulässig, weil § 4 Abs. 3 KomHVO für die Teilergebnispläne auf die Mindestgliederung des § 2 Abs. 1 KomHVO verweist. Bei einer Mindestgliederung sind zwangsläufig weitere Unterteilungen zulässig. Dabei ist an dieser Stelle nicht zu beurteilen, ob die weitere Unterteilung sinnvoll ist. Es kommt beim Beanstandungsrecht des Bürgermeisters allein auf die Rechtmäßigkeit an.

Sachverhalt Nr. 16:[57]
Bei der Gemeinde G ist es im Rahmen der Repräsentation üblich, bei Vereinsjubiläen den Vereinen Goldmünzen zu überreichen. Der Verein V soll jetzt zu seinem 100-jährigen Bestehen eine solche Münze zum Kaufpreis von 500 € erhalten.

Die im Haushalt enthaltenen Repräsentationsmittel sind jedoch bereits ausgeschöpft und können deshalb nicht eingesetzt werden. Der Bürgermeister möchte stattdessen seine im Haushalt veranschlagten und noch reichlich vorhandenen Verfügungsmittel einsetzen. Das Rechnungsprüfungsamt erhält den Buchungsbeleg zur Vorprüfung.

Aufgabe:
Prüfen Sie, wie die Prüfung des Rechnungsprüfungsamts ausfallen wird.

57 Es handelt sich hier nicht um eine Veranschlagungs-, sondern um eine Ausführungsproblematik. Mit diesem Fall wird jedoch die Ausnahme zur Einzelveranschlagung (zweckgerechte Verwendung der Verfügungsmittel) verdeutlicht.

Lösung:
Gemäß § 141 Abs. 1 Nr. 3 KVG unterliegt dem Rechnungsprüfungsamt u. a. die laufende Prüfung der Finanzbuchhaltung. Insofern prüft das RPA auch die Rechtmäßigkeit des im Sachverhalt genannten Buchungsbelegs. Die Zuordnung der Aufwendungen bzw. der Zahlung zu den Verfügungsmitteln könnte rechtswidrig sein. Verfügungsmittel dürfen u. a. nur für dienstliche Zwecke eingesetzt werden. Die Verwendung der Finanzmittel für Repräsentationen ist dienstlicher Natur, weil dazu auch freiwillige Aufgabenerfüllungen zu zählen sind. Eine private Verwendung durch den Bürgermeister liegt nicht vor; er handelt in einer gemeindlichen Angelegenheit. Die Verfügungsmittel dürfen aber nur eingesetzt werden, wenn für den Zweck keine anderen Aufwendungen und Auszahlungen veranschlagt sind. Laut Sachverhalt sind gerade für Repräsentationszwecke spezielle Mittel im Haushalt enthalten. Dabei ist es unerheblich, dass diese Mittel bereits erschöpft sind. Die Beschaffung der Goldmünzen kann somit nicht den Verfügungsmitteln zugeordnet werden. Das Rechnungsprüfungsamt hat deshalb den vorgelegten Buchungsbeleg als rechtswidrig zu beanstanden.[58]

9.4 Grundsätze ordnungsmäßiger Buchführung (GoB-K)

9.4.1 Allgemeines

Die Grundsätze der ordnungsmäßigen Buchführung beziehen sich vom Wortlautlaut sicherlich auf das tägliche Buchungsgeschäft. Dieses Buchungsgeschäft mündet im Jahresabschluss, sodass die Grundsätze ordnungsmäßiger Buchführung auch konkrete Auswirkungen auf die Rechnungslegung haben. Da die Gemeinden aber auch eine vorausschauende Haushaltsplanung in Form von Ergebnis- und Finanzplan zu erbringen haben, sind diese Grundsätze auch für die Aufstellung des Haushaltsplanes zu beachten. Insofern ist es nachzuvollziehen, dass diese Grundsätze in den vorangehenden Kapiteln bereits ganz oder teilweise als Veranschlagungsgrundsätze angesprochen wurden. An dieser Stelle soll jedoch neben einem Gesamtüberblick vor allem auf die Buchführungsregeln eingegangen werden.

Die nachstehende Übersicht unterscheidet zudem noch in Ziele der Buchführung (= allgemeine Grundsätze ordnungsmäßiger Buchführung) und in die eigentlichen Grundsätze, mit denen diese Ziele realisiert werden sollen (= spezielle Grundsätze ordnungsmäßiger Buchführung).

58 Die Mittel müssten stattdessen bei den Repräsentationsaufwendungen und -auszahlungen im Bereich der Aufwendungen bzw. Auszahlungen für Sach- und Dienstleistungen zusätzlich bereitgestellt werden (z. B. im Bewilligungsverfahren nach § 105 KVG).

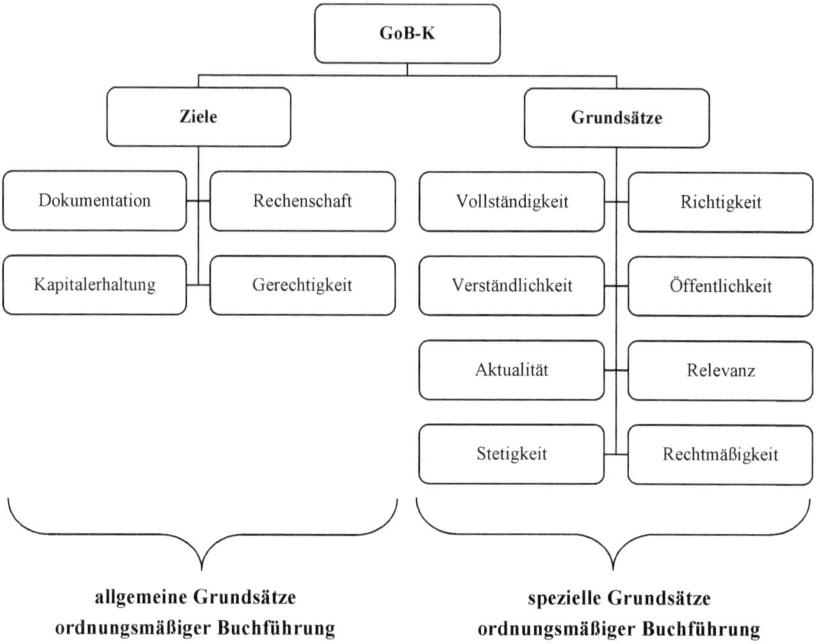

Die Grundsätze ordnungsmäßiger Buchführung für Kommunen sind weitgehend an die der kaufmännischen Buchführung angelehnt, die sich aus den Regeln des HGB und dem kaufmännischen Gewohnheitsrecht ergeben. Sie sind allerdings – soweit erforderlich – auf die Besonderheit der Gemeinden abgestellt, sodass formell von den „Grundsätzen ordnungsmäßiger Buchführung für Kommunen" (GoB-K) gesprochen wird. Wegen dieser Spezialität sind sie zwangsläufig in den kommunalrechtlichen Vorschriften des KVG und der KomHVO verankert. Einen generellen Hinweis zur Beachtung dieser Grundsätze enthalten § 166 Abs. 1 Satz 4 KVG und § 23 GemKVO.

9.4.2 Ziele ordnungsmäßiger Buchführung (allgemeine Grundsätze ordnungsmäßiger Buchführung)

9.4.2.1 Dokumentation

Oberstes Ziel der Buchführung ist es, einen fundierten Nachweis über die Finanzsituation einer Gemeinde zu erhalten. Dazu ist es notwendig, jeglichen Geschäftsvorfall finanzieller Art zu erfassen. Dies erinnert an den bereits besprochenen Veranschlagungsgrundsatz der Vollständigkeit für die Haushaltsplanung. Es soll somit durch die Buchführung ein lückenloses Abbild der Güter-, Ertrags- und Aufwendungs- sowie Zahlungsbewegungen erfolgen. Dabei ist es wichtig, die konkrete Realität zu dokumentieren, indem lebensechte Bewertungen und Buchungen zeitnah durchgeführt werden.

9.4.2.2 Rechenschaft

Ein weiteres wichtiges Ziel stellt die Rechenschaft über das kommunale Finanzmanagement dar. Bei Unternehmen erfolgt die Rechenschaftslegung gegenüber den Eigentümern. Bei der Gemeinde bestehen keine Eigentumsverhältnisse. Da jedoch die Kommunen öffentliche Gelder einziehen, um Leistungen bzw. Einrichtungen für die Einwohner zur Verfügung zu stellen, hat die Öffentlichkeit Anspruch auf Informationen zur Finanzsituation der Gemeinde. Eine solche Information kann es nur geben, wenn die Finanzmittel ordnungsgemäß gebucht und zudem in einem ordnungsgemäßen Jahresabschluss dokumentiert werden.

Die konkrete Rechenschaftslegung erfolgt jedoch gegenüber den gewählten Vertretern der Bürgerschaft: den Ratsmitgliedern. So muss der aufgrund der Buchführung erstellte Jahresabschluss gemäß § 120 Abs. 1 Satz 3 KVG dem Rat vorgelegt werden, wobei nach den Vorschriften des § 118 Abs. 3 KVG i. V. m. § 48 Abs. 1 KomHVO ein Rechenschaftsbericht mit Einzelerläuterungen beizufügen ist. Dieser Bericht soll nach § 48 Abs. 2 KomHVO auch Vorgänge von besonderer Bedeutung, die nach dem Schluss des Haushaltsjahres eingetreten sind, und zu erwartende mögliche Risiken von besonderer Bedeutung darstellen. Weitere Informationen sieht § 49 KomHVO vor, der mit der Anlagen-, Forderungs- und Verbindlichkeitenübersicht ergänzende Daten liefert. Zur Rechenschaftslegung trägt dann auch noch der Bericht zum Gesamtabschluss gemäß § 52 KomHVO bei, in dem das durch den Jahresabschluss vermittelte Gesamtfinanzbild der Gemeinde zu erläutern ist.

Der Rat hat dann gemäß § 120 Abs. 1 Satz 4 KVG den Jahresabschluss zu beschließen. Dieser ist jedoch im Wesentlichen durch die Buchführung im Laufe des Haushaltsjahres geprägt. Diese Buchführung hat der Bürgermeister nach § 65 Abs. 1 KVG zu verantworten, da es sich um die Ausführung des vom Rat beschlossenen Haushaltsplans handelt. Insofern muss der Rat noch nach § 120 Abs. 1 Satz 5 KVG über die Entlastung des Bürgermeisters entscheiden. Es handelt sich hier um den letzten „Akt“ der formellen Rechenschaftslegung. Allerdings erfolgt die Rechenschaft auch gegenüber der Gesamtbevölkerung, weil gemäß § 120 Abs. 2 Satz 1 KVG der Jahresabschluss öffentlich bekanntgemacht wird und im Anschluss an die Bekanntmachung der Jahresabschluss mit dem Rechenschaftsbericht nach § 120 Abs. 2 Satz 2 KVG öffentlich auszulegen ist.[59]

9.4.2.3 Kapitalerhaltung und intergenerative Gerechtigkeit

Ein Unternehmen, das sein Kapital nicht erhalten kann, wird nicht bestehen können. Zwar unterliegen Gemeinden keinem Insolvenzverfahren, jedoch muss der Grundgedanke jeglicher kommunalen Tätigkeit daran ausgerichtet sein, das kommunale Kapital zu erhalten. Wird das für die Aufgabenerfüllung benötigte kommunale Vermögen nicht auf Dauer erhalten, sondern ständig ohne Erneuerung verbraucht, lebt die Bevölkerung

59 Einzelheiten dazu sind beim Haushaltsgrundsatz der Öffentlichkeit in Kap. 9.2.6 dargestellt.

einer Periode zu Lasten der Bevölkerung der nächsten Perioden. Dies ist ein Verstoß gegen den Grundsatz der intergenerativen Gerechtigkeit. Jede Periode soll mit ihrem Ressourcenverbrauch belastet werden, den sie verursacht. Sie soll diesen Ressourcenverbrauch auch finanzieren, d. h. durch Erträge erwirtschaften. Vorgriffe auf spätere Perioden sowie deren ungerechtfertigte Belastungen sind zu vermeiden. Insofern muss der Grundsatz der intergenerativen Gerechtigkeit im Zusammenhang mit dem Grundsatz der Kapitalerhaltung gesehen werden.

Ausgangspunkt dafür sind die Regeln des Haushaltsausgleichs. Gemäß § 98 Abs. 3 KVG muss die Gemeinde den Ausgleich dadurch herbeiführen, dass die Gesamtsumme der Erträge die Gesamtsumme der Aufwendungen deckt oder übersteigt. Ein besonderes Problem stellt sich bei der Kapitalerhaltung in der Vermögensbewertung und den sich daraus ergebenden bilanziellen Abschreibungen. Wenn die Abschreibungen in derselben Periode durch Erträge erwirtschaftet werden, wird auch die Bevölkerung dieser Periode mit dem durch sie verursachten Verbrauch des kommunalen Vermögens belastet.[60] Damit fließt das aufgewandte Kapital über die Abschreibungen wieder dem Vermögen zu, sodass im Rahmen intergenerativer Gerechtigkeit das Kapital refinanziert wird und damit erhalten bleibt.

Allerdings ist hier festzustellen, dass durch die Bestimmung des § 38 Abs. 2 und 3 KomHVO in den Bilanzen lediglich die Anschaffungs- und Herstellungswerte für das kommunale Vermögen nachgewiesen werden. Dadurch entsteht nur eine nominelle Kapitalerhaltung. Eine reale Kapitalerhaltung (Substanzerhaltung) wäre erst bei einer Wertfortschreibung mit Preissteigerungssätzen (Inflationsausgleich, Wiederbeschaffungszeitwerte) möglich, wenn die Abschreibungen dann auf dieser Basis berechnet und erwirtschaftet würden. Eine reale Kapitalerhaltung kann die Gemeinde nur erreichen, wenn aufgrund einer Ermittlung in der Kosten- und Leistungsrechnung Wertsteigerungen und die dadurch entstehenden Mehrbeträge bei den Abschreibungen über einen zu erwirtschafteten Gewinn realisiert werden. Dies ist jedoch bei der jetzigen Finanzlage der Kommunen kaum realistisch und entspricht auch nicht unbedingt der intergenerativen Gerechtigkeit. Warum sollte die jetzige Nutzergeneration die realen Vermögenssteigerungen für die spätere Generation vorfinanzieren, die dann ohnehin über angepasste Abschreibungen herangezogen wird?

Allerdings ist noch einmal deutlich festzustellen, dass die reine „Durchbuchung“ der Abschreibungen noch keine Kapitalerhaltung und intergenerative Gerechtigkeit herbeiführt. Die Abschreibungen sind zu erwirtschaften, was nur bei einem ausgeglichenen Rechnungsabschluss der Fall ist.

Aber nicht nur bei den Abschreibungen tritt das Problem der Kapitalerhaltung auf. Auch die anderen Ressourcenverbräuche (Personalaufwand, Sachaufwand, Transfer-

60 Das frühere kamerale Haushaltsrecht sah die Grundsätze der Kapitalerhaltung und der intergenerativen Gerechtigkeit nicht vor, weil nur auf die Finanzierung der laufenden Ausgaben abgestellt wird. Abschreibungen werden lediglich bei den kostendeckenden Einrichtungen erwirtschaftet. Die Kapitelrückgewinnung wird den späteren Perioden angelastet, die die Refinanzierung des Gegenstandes bewirken müssen. Zum Haushaltsausgleich in der Kameralistik siehe *Grimberg/Bernhardt/Schünemann/Schwingeler*, Kommunales Haushaltsrecht Sachsen-Anhalt, 3. Aufl., Witten 2002, S. 398 ff.

aufwand usw.) müssen im Rahmen des Haushaltsausgleichs erwirtschaftet werden. Ist dies nicht der Fall, entsteht ein Fehlbetrag, der letztlich zur Verringerung des Eigenkapitals führt.[61] Das Kapital kann somit auch dann nicht erhalten bleiben.

9.4.3 Spezielle Grundsätze ordnungsmäßiger Buchführung

9.4.3.1 Vollständigkeit

Was für die Veranschlagung im Haushaltsplan gilt, findet zwangsläufig auch Anwendung bei der Buchführung und der Rechnungslegung. Dem § 9 Abs. 1 KomHVO für die Planung steht somit sachgerecht der § 118 Abs. 1 und 2 KVG gegenüber, wonach in der Buchführung alle Geschäftsvorfälle sowie die Vermögens- und Schuldenlage vollständig zu erfassen sind. Der Grundsatz besagt, dass jeglicher – auch noch so geringe – finanzieller Geschäftsvorfall mit Auswirkung auf die Rechnungskomponenten (Bilanz, Ergebnis- und Finanzrechnung) sachgerecht zu dokumentieren ist.

Eine erste Abweichung gegenüber dem Veranschlagungsgrundsatz besteht darin, dass der Veranschlagungsgrundsatz sich lediglich auf den Ergebnis- und Finanzplan bezieht. Die Vollständigkeit als Grundsatz ordnungsmäßiger Buchführung umfasst jedoch auch die Geschäftsvorfälle mit Auswirkungen auf die kommunale Bilanz. Diese Ergänzung ist notwendig und sachgerecht, weil im Neuen Kommunalen Haushalts- und Rechnungswesen keine Planbilanz vorgesehen ist. Eine zweite Abweichung besteht darin, dass der Buchungsgrundsatz auch auf die gemäß § 14 KomHVO außerhalb des Haushaltsplans zu bewirtschafteten fremden Finanzmittel Anwendung findet. Auch diese müssen vollständig verbucht werden.

Ansonsten gelten die Ausführungen zum Veranschlagungsgrundsatz der Vollständigkeit in Kap. 9.3.3.2 sinngemäß.

9.4.3.2 Verständlichkeit, Richtigkeit und Willkürfreiheit

Alle finanziellen Geschäftsvorfälle sind richtig und geordnet zu erfassen. Damit wird erreicht, dass die Aufzeichnungen möglichst realitätsgerecht erfolgen. So sind Scheinbuchungen, willkürliche Buchungen zur Beeinflussung des Jahresergebnisses, nicht vertretbare Bewertungen von Aktiv- und Passivpositionen der Bilanz sowie Buchungen auf sachlich unzuständigen Konten rechtswidrig. Hilfsmittel für eine sachliche Ordnung ist dabei der Kontenrahmen für Kommunen, der eine Mindestgliederung für die Buchführung vorsieht. Damit werden die Buchungen systematisiert, was wieder die Lesbarkeit und Vergleichbarkeit mit Vorperioden oder anderen Gemeinden erleichtert. Als ein die Buchführung unterstützendes Dokument sind zudem Belege zu erstellen, die die Buchungen begründen (begründende Unterlagen).

---

61 Zur Systematik siehe die Darstellung zur Buchführungstechnik in Kap. 3.3.

Der Veranschlagungsgrundsatz der Haushaltswahrheit und Haushaltsklarheit, der ebenfalls auf die Verständlichkeit, Richtigkeit und Willkürfreiheit abstellt, findet hier seine konkrete Umsetzung als Grundsatz ordnungsmäßiger Buchführung. Aus diesem Grund kann auch auf die Ausführungen in Kap. 9.3.4 verwiesen werden.

9.4.3.3 Öffentlichkeit

Auch bei diesem Grundsatz ordnungsmäßiger Buchführung kann wieder eine Parallele zum gleichnamigen allgemeinen Haushaltsgrundsatz gezogen werden, der in Kap. 9.2.6 ausführlich erläutert ist. Für die Buchführung besteht die Verpflichtung, die Informationen des Rechnungswesens für den Rat und die Bürger als Öffentlichkeit so aufzubereiten und verfügbar zu machen, dass die wesentlichen Informationen über die Vermögens- und Schuldenlage klar ersichtlich und verständlich sind. Damit besitzt die Allgemeinheit die Möglichkeit, Buchführungsinformationen in gebündelter Form zu erhalten. Ohne Buchführungsinformationen kann nämlich keine Übersicht über die Vermögens- und Schulden- sowie die Finanz- und Ertragslage der Gemeinde erlangt werden. Damit hat der Bürger zwar keinen Anspruch auf Einsichtnahme in die Belege und die Einzelbuchungen, zusammengefasste Daten aus der Buchführung sind jedoch bereitzuhalten. Dies kann durchaus Ergebnis eines systematischen Berichtswesens sein, das der Bevölkerung zugänglich gemacht wird, z. B. auch über die örtliche Presse. Insofern gilt das Rechnungswesen auch der Information und dem Schutz des Kapitalgebers, also der Bürgerschaft als Steuerzahler.

9.4.3.4 Aktualität

Die Buchungen haben zeitnah zu erfolgen. Das bedeutet, dass beim Entstehen eines Geschäftsvorfalls mit Auswirkungen auf die Rechnungskomponenten (Bilanz, Ergebnis- und Finanzrechnung) unverzüglich die notwendige Buchung herbeizuführen ist. Nur so kann erreicht werden, dass für alle Beteiligten im Finanzmanagementprozess die für Controllingentscheidungen wichtigen Finanzdaten sofort verfügbar sind. Andernfalls könnten Fehlentscheidungen mit wirtschaftlichen Nachteilen für die Gemeinde erfolgen. Würden z. B. die Forderungen nicht unverzüglich nach ihrem Entstehen in die Buchführung aufgenommen werden, könnte dies z. B. Fehlentscheidungen bei der Liquiditätsplanung zur Folge haben.[62]

62 In der Praxis wird die Liquiditätsplanung u. a. mit Hilfe von Kennziffern dv-mäßig durchgeführt. So werden z. B. bei der sog. „umsatzbedingten Liquiditätsanalyse“ (Liquiditätsgrad II) die Forderungen mit eingerechnet.

9.4.3.5 Relevanz

Der Begriff der Relevanz kommt aus dem Lateinischen und bedeutet so viel wie „Wichtigkeit“ und „Erheblichkeit“. Nach diesem Grundsatz ist auch das Rechnungswesen der Kommunen ausgerichtet. Das Rechnungswesen und damit die Buchführung muss alle Informationen bieten, die für die Rechenschaftslegung notwendig sind, sich jedoch im Hinblick auf die Wirtschaftlichkeit und Verständlichkeit auf die relevanten, also erheblichen und wichtigen Daten beschränken. Dieser Grundsatz steht auf dem ersten Blick im Widerspruch zum Grundsatz der Vollständigkeit. Das ist jedoch nicht der Fall, da der Grundsatz der Vollständigkeit auf die spezielle Buchung abstellt und somit für jeden Geschäftsvorfall eine konkrete Buchung verlangt. Der Grundsatz der Relevanz dagegen bezieht sich mehr auf die Rechnungslegung und die Rechenschaft. Hier ist es sogar effektiver, die wichtigsten Daten in zusammengefasster Form darzustellen, wobei unerhebliche Positionen ohnehin zusammengefasst werden.

Insofern sehen auch die Muster für die Ergebnis- und die Finanzrechnung sowie die Bilanz zusammengefasste Ertrags- und Aufwendungsgruppen, Einzahlungs- und Auszahlungsbereiche sowie Vermögens- und Finanzierungspositionen vor. Dies entspricht in etwa der sachlichen Gliederung bei der Haushaltsplanung, was beim Haushaltsgrundsatz der Einzelveranschlagung ausführlich dargestellt ist (siehe dazu Kap. 9.3.6). So sind z. B. bei der Rechnungslegung Aufteilungen der Personalaufwendungen nach Beamten-, Angestellten und Arbeiterbezüge, Beihilfen, Arbeitgeberanteile zur Sozialversicherung nicht erforderlich. Die zusammengefasste Darstellung als Personalaufwendungen entspricht der Relevanz der Ergebnisrechnung, wobei durch die Aufteilung auf die Teilergebnisrechnungen relevante Informationen weiter verfügbar sind.

9.4.3.6 Stetigkeit

Die Stetigkeit des Rechnungswesens ist ein wichtiger Grundsatz, um die finanzielle Entwicklung der Gemeinde zu beurteilen und über mehrere Perioden zu verfolgen. Würden die Buchführungs- und Bewertungsmethoden ständig geändert, wäre ein Vergleich mit Vorperioden erschwert, wenn nicht sogar unmöglich. Insofern würde eine wichtige Analysemöglichkeit im Neuen Kommunalen Haushaltsrecht fehlen, was das Controlling erschwerte. Es kann allerdings durchaus aus sachlichen Gründen notwendig sein, Änderungen in der Buchführung und der Rechnungslegung vorzunehmen. Diese notwendigen Anpassungen sind besonders kenntlichzumachen.

Einen anderen Aspekt des Grundsatzes der Stetigkeit ergibt sich aus der selbstverständlichen Bestimmung, dass die Wertansätze in der Eröffnungsbilanz eines Haushaltsjahres mit denen in der Schlussbilanz des vorhergehenden Haushaltsjahres übereinstimmen müssen.

9.4.3.7 Recht- und Ordnungsmäßigkeit

Im Jahresabschluss ist deutlich zu machen, dass im Haushaltsrecht die materiellen Rechtsvorschriften eingehalten und damit die Ordnungsmäßigkeit der Haushaltswirtschaft herbeigeführt wurde. Sollte dies nicht der Fall sein, müsste der Rat nach § 120 Abs. 1 Satz 5 KVG dem Bürgermeister die Entlastung verweigern oder mit Einschränkungen aussprechen. Die Recht- und Ordnungsmäßigkeit abzusichern ist auch Aufgabe der Rechnungsprüfung nach § 140 KVG. Rechts- oder ordnungswidrige Buchungen sind von der Rechnungsprüfung zu beanstanden. Die Beanstandungen bedingen, dass die Mängel von den die Buchungen veranlassenden Dienststellen abgestellt werden. Schließlich erfolgt gemäß §§ 140, 141 KVG auch eine Prüfung des Gesamtabschlusses, den der Rat nach § 120 Abs. 1 Satz 4 KVG zu beschließen hat. Insofern bestehen eine Reihe von Mechanismen und Verfahren zur Absicherung dieses Grundsatzes ordnungsmäßiger Buchführung.

9.4.3.8 Übungen

Sachverhalt Nr. 17:
Dem Rechnungsprüfungsamt der Gemeinde G wird im Rahmen seiner Prüftätigkeit mit folgenden Problemfällen befasst:

a) Der Fachbereich „Zentrales Immobilienmanagement" bucht die Mietforderungen jeweils am Tag der Fälligkeit, somit also jeweils die Monatsbeträge zu Beginn eines Monats.
b) Auf Anordnung des Finanzdezernenten werden die Abschreibungen nur in der Höhe gebucht, wie sie auch tatsächlich im Rahmen des Haushaltsausgleichs erwirtschaftet werden. Dies wird damit begründet, dass damit die tatsächliche Erwirtschaftung dieser Aufwendungsart dokumentiert und der Haushaltsausgleich nicht gefährdet wird.
c) Die Repräsentationsaufwendungen der Gemeinde G wurden bisher aus den Verfügungsmitteln des Bürgermeisters bestritten. Der Finanzdezernent ist der Auffassung, dass es besser wäre, diese Aufwendungen einem speziellen Konto für Repräsentationen zuzuordnen, und veranlasst entsprechende Umbuchungen.
d) Im Rahmen eines Probejahresabschlusses wird festgestellt, dass der angestrebte und dem Rat bereits mitgeteilte Haushaltsausgleich u. a. wegen des Ausfalls einer fälligen erheblichen Pachtzahlung nicht zustande kommt (Insolvenz des Pächters). Der Finanzdezernent ist der Auffassung, dass es sich bei der Pacht wegen der Fälligkeit im laufenden Haushaltsjahr um einen Ertrag dieses Jahres handelt. Er ordnet deshalb an, in diesem Jahr nichts zu veranlassen und eine eventuelle „Berichtigung" erst im nächsten Haushaltsjahr vorzunehmen, wenn das Insolvenzverfahren beendet ist. Der Haushaltsausgleich würde der Gemeinde in der jetzigen Rechnungsperiode dann „leichter fallen".

Aufgabe:
Begutachten Sie die Rechtmäßigkeit der geschilderten Handlungen unter Berücksichtigung der Grundsätze ordnungsmäßiger Buchführung.

Lösung:

a) Gemäß § 23 Abs. 4 GemKVO müssen Eintragungen in die Bücher zeitgerecht bzw. zeitnah erfolgen. Das bedeutet, dass die Buchungen bereits dann zu erfolgen haben, wenn der Buchungsgrund feststeht. Insofern ist es rechtswidrig, die Mietforderungen erst am Zahlungstermin zu buchen. Es liegt somit ein Verstoß gegen den Grundsatz der Aktualität vor, den das Rechnungsprüfungsamt zu beanstanden hat.
b) Verstoßen wird hier gegen die Grundsätze der Vollständigkeit und Richtigkeit nach § 23 Abs. 4 GemKVO. Danach sind nämlich alle Geschäftsvorfälle und damit der gesamte Ressourcenverbrauch in der Buchführung vollständig abzubilden. Abschreibungen stellen den Ressourcenverbrauch von Vermögensgegenständen dar und sind deshalb uneingeschränkt auszuweisen. Dies gilt auch dann, wenn sie im Rahmen des Haushaltsausgleichs nicht erwirtschaftet werden. Es wird ja gerade durch die volle Berücksichtigung der Abschreibung deutlich gemacht, dass die Kapitalerhaltung gefährdet ist. Dies ist ein wichtiges Finanzdatum, das auch im Rahmen des Grundsatzes der Öffentlichkeit erkennbar dargelegt werden muss. Das Rechnungsprüfungsamt muss das Vorhaben des Finanzdezernenten als rechtswidrig beanstanden.
c) Die Anordnung des Finanzdezernenten ist sachbezogen. Sie entspricht einer geordneten Erfassung der Finanzvorfälle. Es stellt sich allerdings die Frage, ob damit gegen den Grundsatz der Stetigkeit verstoßen wird, weil die Buchungszuordnung geändert wird. Da diese Änderung sachlich vertretbar und notwendig ist (sachliche Spezialität), liegt jedoch kein Verstoß gegen diesen Grundsatz ordnungsmäßiger Buchführung vor. Das Rechnungsprüfungsamt darf die Umbuchung nicht beanstanden. Es sollte allerdings darauf hinweisen, dass die Anpassung im Buchungssystem durch eine Erläuterung besonders kenntlich zu machen ist. Dies kann z. B. durch die Anbringung eines Hinweises bei den Verfügungsmitteln in folgender Form erfolgen: „Repräsentationsaufwendungen ab diesem Haushaltsjahr beim Konto …“.
d) Gemäß § 20 Abs. 1 KomKBVO sind alle Geschäftsvorfälle mit Auswirkungen auf die Rechnungskomponenten (Bilanz, Ergebnis- und Finanzrechnung) vollständig und richtig zu buchen. Insofern ist es zunächst sachgerecht, die Pacht unabhängig von ihrer Realisierung in der Ergebnisrechnung als Ertrag auszuweisen. Es handelt sich unzweifelhaft um einen Ertrag des laufenden Haushaltsjahres. Unzulässig ist es jedoch, nicht auf die Insolvenz zu reagieren. Es müsste das Risiko des Zahlungsausfalles ermittelt, eine Umbuchung auf zweifelhafte Forderungen veranlasst und eine Niederschlagung nach § 30 Abs. 2 KomHVO in Höhe des voraussichtlichen Pachtausfalls vorgenommen werden. Diese Niederschlagung ist als Aufwendung (Einzelwertberichtigung) noch in diesem Haushaltsjahr erfolgswirksam zu buchen, weil in diesem Haushaltsjahr die Verursachung des Zahlungsausfalls begründet ist. Insofern ist das Vorhaben des Finanzdezernenten rechtswidrig. Das Rechnungsprüfungsamt hat dies zu beanstanden.

10. Die kommunale Bilanz (Ansatz, Ausweis und Bewertung in den einzelnen Posten)

10.1 Inventur, Inventar

Gemäß § 113 Abs. 1 KVG i. V. m. § 32 KomHVO und Nr. 4.1 BewertRL haben die Gemeinden zum Schluss eines jeden Haushaltsjahres

- sämtliche in ihrem wirtschaftlichen Eigentum stehenden Vermögensgegenstände,
- ihre Verbindlichkeiten sowie
- Rechnungsabgrenzungsposten

unter Beachtung der Grundsätze ordnungsmäßiger Inventur vollständig aufzunehmen und dabei den Wert der einzelnen Vermögensgegenstände und Verbindlichkeiten anzugeben. Abweichend von der korrespondierenden Vorschrift des § 240 Abs. 1 HGB hat der Gesetzgeber explizit auch die Rechnungsabgrenzungsposten in die Inventurverpflichtungen einbezogen. Dies ist sinnvoll, da im kommunalen Bereich diesbezüglich erhebliche Abbildungspotenziale bestehen.[1] Hinsichtlich der Wertangabe für Rechnungsabgrenzungsposten hat der Gesetzgeber jedoch keine ausdrückliche Regelung getroffen. Im Rahmen des Grundsatzes der Vollständigkeit haben die Kommunen sinnvollerweise auch hier wertmäßige Feststellungen zu treffen.

Das Ministerium für Inneres und Sport hat zur Hilfestellung eine Richtlinie erlassen, die „Durchführungsbestimmungen für das Inventarwesen der Kommunen in Sachsen-Anhalt (Inventurrichtlinie – InventRL)“. Diese Inventurrichtlinie soll gewährleisten, dass die Erfassung und Bewertung des Vermögens und der Verbindlichkeiten einheitlich, vollständig und auf der Grundlage der Bewertungsrichtlinie nach gleichen Bewertungskriterien erfolgt.

10.1.1 Begriff und Inhalt

Diese Vorschrift definiert sowohl die Inventur als auch das Inventar. Die Inventur ist die mengen- und wertmäßige Bestandsaufnahme aller Vermögenswerte, Verbindlichkeiten und Rechnungsabgrenzungsposten einer Kommune durch körperliche Bestandsaufnahme oder durch eine buch- bzw. belegmäßige Bestandsfeststellung. Das Inventar ist ein auf der Grundlage der Inventur erstelltes Vermögens- und Verbindlichkeitenverzeichnis mit Wertangaben. Auf der Grundlage des Inventars wird unter Verzicht auf Einzelangaben und mittels Zusammenfassung die Bilanz erstellt.

Die Inventur hat grundsätzlich am Bilanzstichtag zu erfolgen. Es ist eine zeitnahe Inventur vor oder nach dem Abschlussstichtag möglich, wobei Bestandsveränderungen zwischen Abschlusszeitpunkt und tatsächlichem Inventurtag anhand von Belegen oder Aufzeichnungen berücksichtigt werden müssen.

Fehlt die Inventur, so ist die Buchführung nicht ordnungsmäßig. Hierdurch kann die Beweiskraft der Buchführung für den Bereich des Vermögens und der Verbindlichkei-

1 Siehe hierzu auch Kap. 10.3.4 und 10.3.9.

ten – zumindest teilweise – verlorengehen. Die Rahmenbedingungen für die Ordnungsmäßigkeit von Inventur bzw. der Erstellung des Inventars leiten sich aus den Grundsätzen ordnungsmäßiger Buchführung (siehe Kap. 9.4 und 1.4 InventRL) ab. Im Einzelnen gelten folgende Grundsätze ordnungsmäßiger Inventur:

- Vollständigkeit der Bestandsaufnahme,
- Richtigkeit und Willkürfreiheit der Bestandsaufnahme,
- Einzelerfassung und Einzelbewertung der Bestände,
- Dokumentation und Nachprüfbarkeit der Bestandsaufnahme,
- Grundsatz der Wirtschaftlichkeit und Wesentlichkeit.

Hiernach sind grundsätzlich alle Vermögensgegenstände und Verbindlichkeiten bezogen auf den Bilanzstichtag auf ihren Bestand auf Vollständigkeit und Richtigkeit zu prüfen. Analog dem Prinzip der Einzelbewertung gilt grundsätzlich das Prinzip der Einzelerfassung und Einzelbewertung für Vermögensgegenstände und Verbindlichkeiten. Insbesondere gilt ein Saldierungsverbot zwischen Vermögensposten und Verbindlichkeiten. Hinsichtlich der Nachprüfbarkeit ist die Bestandsaufnahme zu dokumentieren. Hier gilt das Vier-Augen-Prinzip. Die Inventur unterliegt im Rahmen des Jahresabschlusses auch der Rechnungsprüfung. Daher sind das Verfahren und die Ergebnisse der Inventur so zu dokumentieren, dass diese für sachverständige Dritte nachvollziehbar sind.

In den §§ 32, 33 KomHVO, § 24 KomKBVO und der vom Ministerium für Inneres und Sport erlassenen Inventurrichtlinie für die Kommunen sind u. a. folgende Durchführungsbestimmungen festgelegt:

- Ausführungen zu den Grundsätzen ordnungsmäßiger Inventur,
- Aufstellung des Inventurrahmenplans,
- Anforderungen zum Zeit-, Sach- und Personalplan,
- Inventarbildung (Zuordnung von Werten zu einzelnen Vermögensgegenständen und Verbindlichkeiten),
- Arten und Fristen der Inventuraufnahme (hierbei mindestens alle drei Jahre körperliche Inventur),
- Anforderungen zur Dokumentation des Verfahrens und der Ergebnisse (Anforderung: Nachvollziehbarkeit für sachverständige Dritte),
- Inventurverfahren (Grundsatz körperliche Inventur, Voraussetzungen für Buch- oder Beleginventur),
- Gestaltungsspielräume beim Inventurverfahren (Stichprobeninventur),
- Inventurvereinfachungen (geringwertige Vermögensgegenstände, Verbrauchsfiktion für aus dem Lager abgegebene Vorratsbestände),
- Aufbewahrung von Inventurunterlagen.

In Konkurrenz zum Grundsatz ordnungsmäßiger Inventur steht der Grundsatz der Wirtschaftlichkeit. Steht dieser anderen Grundsätzen gegenüber, muss eine Abwägung hinsichtlich der Gesamtbedeutung und der Erheblichkeit der jeweiligen Einschränkung erfolgen. Aus diesem Abwägungsprozess erfolgt die Ausgestaltung des Einzelfalls.

Die im Handels- und Steuerrecht bestehenden Inventur- und Bewertungsvereinfachungen der Festwertbildung und der Gruppenbewertung wurden durch § 33 KomHVO gleichfalls übernommen.

10.1.2 Festwertbildung

Voraussetzung für die Festwertbildung ist gemäß § 33 Abs. 4 KomHVO i. V. m. Nr. 4.2 BewertRL, dass der Bestand in seiner Größe, Wert und Zusammensetzung der Vermögensgegenstände nur geringen Schwankungen unterliegen darf, d. h. dass die Vermögensgegenstände regelmäßig ersetzt werden müssen. Des Weiteren muss der Gesamtwert von nachrangiger Bedeutung sein. Eine Festwertbildung ist nur für Vermögensgegenstände des Sachanlagevermögens sowie für Roh-, Hilfs-, Betriebsstoffe und Waren zulässig. Sie ist grundsätzlich für immaterielle Vermögensgegenstände sowie für Finanzanlagen ausgeschlossen.

Die Rahmenbedingungen für eine Festwertbildung sind:

- Es wird ein unveränderter Wertansatz für den Bestand bestimmter Vermögensgegenstände über mehrere Haushaltsjahre ermöglicht.
- Die ständige Abnutzung wird durch laufende Wiederbeschaffung ungefähr ausgeglichen.
- Der Zweck besteht in der Erleichterung der Inventur und der Bewertung.
- Abschreibungen fallen nach einer Festwertbildung nicht an, vielmehr stellen die Ersatzbeschaffungen Aufwand in der Anschaffungsperiode dar.
- Die jährliche Inventurverpflichtung einer grundsätzlich körperlichen Bestandsaufnahme wird auf drei Jahre erweitert.

Liegen die Voraussetzungen für eine Festwertbewertung vor, ist je nach Alter und Abnutzung der Vermögensgegenstände bei der erstmaligen Bildung des Festwertes ein Abschlag in Höhe von etwa 50 % von den ursprünglichen Anschaffungs- oder Herstellungskosten vorzunehmen (Nr. 4.2.2 BewertRL). Die Höhe ist im Einzelfall zu bestimmen.

Typische Beispiele sind Werkzeuge, Geräte und Kantinengeschirr. Die Dokumentation zum Neuen Kommunalen Finanzmanagement in Nordrhein-Westfalen[2] sieht auch eine von diesen „klassischen“ Beispielen erheblich abweichende Festwertbildung für die Grünflächen der Kommunen vor. Die inhaltlichen Voraussetzungen der Festwertbildung sind auch hier zu beachten.

Beispiel:

Der Bestand an Spielgeräten, Bänken, Wegen, Pflanzen, etc. im Park der Gemeinde G ist im Rahmen der stetigen Unterhaltung der Grünanlage grundsätz-

2 Vgl. Modellprojekt „Doppischer Kommunalhaushalt in NRW“ (Hrsg.), Neues Kommunales Finanzmanagement: Betriebswirtschaftliche Grundlagen für das doppische Haushaltsrecht, 2., vollst. überarb. Aufl. auf der Basis der Endergebnisse des Modellprojektes, Freiburg 2003, S. 412.

lich gleichbleibend. Die Voraussetzungen für eine Festwertbildung sind aufgrund unerheblicher Schwankungen – zulässig sind geringe Schwankungen – hinsichtlich des Bestands, des Werts und der Zusammensetzung der Vermögensgegenstände erfüllt. Alle Vermögensgegenstände des Parks dürfen daher nach § 33 Abs. 4 KomHVO i. V. m. Nr. 4.2 BewertRL zu einem Festwert zusammengezogen werden. Weiterhin ist bei diesem Beispiel anzumerken, dass es im Rahmen des Grundsatzes der Wirtschaftlichkeit nicht erforderlich ist, die Bäume, Blumen einzeln zu bewerten und zum Festwert zusammenzuziehen. Die Bewertung der Pflanzen kann pauschal erfolgen.

Erhöht sich der Festwert offensichtlich um mehr als 10 %, so ist innerhalb des Zeitraums der vorgenannten dreijährigen Inventurpflicht eine Wertanpassung des Festwertes erforderlich. Übersteigt der ermittelte Wert den bisherigen Festwert dagegen um nicht mehr als 10 %, so kann der bisherige Festwert beibehalten werden. Wird ein niedrigerer Festwert ermittelt, so kann der ermittelte Wert als neuer Festwert angesetzt werden.[3] Ist für die Zukunft dauerhaft von einem niedrigeren Festwert auszugehen, verwandelt sich das Wahlrecht eines neuen Festwertansatzes in eine Ansatzpflicht.

Beispiel (Festwertbildung):
Im Gesundheitsamt wird auf Dauer eine gleichbleibende Anzahl gleichartiger Geräte eingesetzt. Zum Zeitpunkt der Festwertbildung sind 45 Geräte vorhanden, die bei einer üblichen Nutzungsdauer von fünf Jahren im Schnitt bereits drei Jahre alt sind.[4] Die ursprünglichen Anschaffungskosten werden mit rund 500 € pro Gerät angesetzt.

Berechnung des Festwertansatzes			
ursprünglicher Wert	*500 €*	*× 45 Stück*	*22.500 €*
zu reduzierender Wert	*22.500 €*	*× 60 %*	*13.500 €*
anzusetzender Festwert	*22.500 €*	*× 40 %*	*9.000 €*

Beispiel (Festwertfortschreibung):
Ein Jahr vor Ablauf der dreijährigen Inventurpflicht wird aufgrund eines Gesetzes der Aufgabenbereich erweitert, so dass neben der üblichen Ersatzbeschaffung von neun Geräten zusätzlich fünf neue Geräte zu je 600 € beschafft werden. Das durchschnittliche Alter der Geräte innerhalb des Festwertes ist unverändert drei Jahre.

---

3 Bei diesen Anpassungsregelungen handelt es sich um einen allgemein angewandten kaufmännischen Grundsatz, der im Einkommenssteuerrecht festgelegt ist (Einkommenssteuerrichtlinien 2012 [EStR 2012] zu § 5 EStG).

4 In der anschließenden Berechnung beträgt der zu reduzierende Wert 60 %; diese Größe ergibt sich aus dem Verhältnis der tatsächlichen Nutzungsdauer zur Gesamtnutzungsdauer (→ 3/5 = 60 %).

Berechnung der Festwertansatzänderung			
bisheriger Festwert			*9.000 €*
anzusetzender Wert	*500 €*	*× 36 Stück × 40 %*	*7.200 €*
	+ 600 €	*× 14 Stück × 40 %*	*3.360 €*
			= 10.560 €
Abweichung nominell (10.560 € – 9.000 €)			*1.560 €*
Abweichung prozentual (gerundet)			*17,33 %*

Aufgrund der festgestellten Abweichung von mehr als 10 % ist der Festwert bereits ein Jahr vor Ablauf der dreijährigen Inventurpflicht um 1.560 € anzuheben.

10.1.3 Gruppenbewertung

Die Gruppenbewertung nach § 33 Abs. 3 KomHVO i. V. m. Nr. 4.2.3 BewertRL ist ein Verfahren der Pauschalbewertung. Sie hat mit einem gewogenen Durchschnittswert zu erfolgen. Voraussetzung für eine Gruppenbewertung ist, dass es sich um gleichartige Vermögensgegenstände des Vorratsvermögens oder andere gleichartige oder annähernd gleichwertige bewegliche Vermögensgegenstände handelt. Diese dürfen zu einer Gruppe zusammengefasst und mit einem gewogenen Durchschnittswert angesetzt werden. Die Vorgehensweise der Bewertung mit einem gewogenen Durchschnittswert wird durch folgendes Berechnungsschema deutlich:

Vermögensgegenstand 1	Anzahl ×	Einzelwert =	Gesamtwert der Art Vermögensgegenstand 1
Vermögensgegenstand 2	Anzahl ×	Einzelwert =	Gesamtwert der Art + Vermögensgegenstand 2
Vermögensgegenstand 3	Anzahl ×	Einzelwert =	Gesamtwert der Art + Vermögensgegenstand 3
			= Gesamtwert der Vermögensgegenstände 1–3
: Gesamtanzahl der Vermögensgegenstände 1–3			= Gewogener Einzelwert der Vermögensgegenstände 1–3

10.1.4 Inventurverfahren

Das Inventurverfahren ist davon abhängig, ob der Vermögensgegenstand physisch erfassbar ist oder nicht. Für das physisch erfassbare Vermögen gilt der Grundsatz der körperlichen Inventur (siehe Nr. 3.1 InventRL). Das bedeutet, dass die Vermögensgegenstände in Augenschein zu nehmen und in Zähllisten zu erfassen sind. Neben dem althergebrachten Zählen, Messen, Wiegen ist insbesondere bei Beschädigungen oder anderen wertmindernden Veränderungen eine Zustandsaussage zu treffen. Für nicht physisch erfassbares Vermögen bzw. Schulden ist eine Buch- oder Beleginventur durchzuführen. Hier erfolgt die Inventur auf der Grundlage der Aufzeichnungen in der Buchführung.

> ***Beispiel:***
> *Für die Forderungen einer Kommune werden die Abschlüsse der einzelnen Forderungskonten (Debitoren) der Forderungsbuchhaltung (Debitorenbuchhaltung) zugrunde gelegt.*

Eine Buchinventur für den Bereich des Sachanlagevermögens ist als Inventurvereinfachungsverfahren auch möglich, wenn Vollständigkeit der Buchführung in der Anlagenbuchhaltung bzw. der Anlagekartei sichergestellt ist. Hierbei müssen alle Zu- und Abgänge einschließlich sämtlicher Umbuchungen sowie Abschreibungen zeitnah und ordnungsmäßig erfasst werden. Für den Inventurstichtag muss der buchmäßige Endbestand anhand der Anlagenbuchhaltung oder Anlagenkartei ermittelt werden können.

Für physisch nicht erfassbare Vermögensgegenstände ist die Beleginventur die einzige Aufnahmemöglichkeit. Hierzu gehören immaterielle Vermögensgegenstände wie IT-Software. Für die Erfassung können hier beispielsweise Buchungsbelege, Verträge und Urkunden herangezogen werden, wobei die ermittelten Nennwerte in die Inventarlisten vorzutragen sind. Die Beleginventur wird auch für die Erfassung von Verbindlichkeiten angewandt. Spätestens nach drei Jahren ist eine körperliche Bestandsaufnahme durchzuführen, um die Ergebnisse der Buchinventur zu bestätigen (siehe Nr. 3.2 InventRL).

Es bestehen wie im kaufmännischen Bereich nach § 33 Abs. 2 KomHVO auch Gestaltungsmöglichkeiten zum Inventurverfahren. So ist auch eine Stichprobeninventur zulässig. Hierbei hat eine stichprobenartige Bestandsaufnahme zu erfolgen, durch die ein Rückschluss auf den tatsächlichen Bestand und Wert gewährleistet ist. Dies muss durch ein mathematisch-statistisches, wahrscheinlichkeitstheoretisch abgesichertes Verfahren, das den Grundsätzen ordnungsmäßiger Buchführung entspricht, erfolgen. Der Vorbereitungsaufwand für ein solches Verfahren führt i. d. R. dazu, dass eine Vereinfachungs- bzw. Rationalisierungswirkung nicht wirksam werden kann. Der Aussagewert des auf diese Weise aufgestellten Inventars muss dem Aussagewert eines aufgrund einer körperlichen Bestandsaufnahme aufgestellten Inventars gleichkommen.

Aufgrund der Regelung des § 113 Abs. 1 KVG bzw. § 32 Abs. 1 Satz 1 KomHVO ist fraglich, ob als weitere Gestaltungsvariante die permanente Inventur in Betracht kommen kann. Dort wird ausdrücklich formuliert, dass die Inventuraufnahme am Schluss eines jeden Haushaltsjahres steht. Für den kommunalen Bereich ist diese nicht stichtagsbezogene, sondern laufende Inventur wenig sinnvoll. Sie knüpft als wesentliche Voraussetzungen strenge Anforderungen an die Bestandsfortschreibung. Des Weiteren hat einmal jährlich ein Vergleich zwischen Buchstand und körperlicher Aufnahme zu erfolgen. Der einzige Vorteil der permanenten Inventur ist, dass diese nicht stichtagsbezogen erfolgen muss, sondern jahresbezogen erfolgen kann. Dem Vorteil der Verteilung des Inventuraufwandes über ein Jahr würde erheblicher Organisations- und Koordinierungsaufwand gegenüberstehen, damit keinerlei Abweichungen zwischen

Buchbestand und körperlicher Bestandsaufnahme bei dieser „aufgeteilten" Inventurdurchführung entstehen.

Es ist jedoch möglich, die stichtagsbezogene Inventur zeitlich zu verlegen. Der Inventurstichtag weicht hierbei vom Bilanzstichtag ab. Denkbar sind eine vorverlegte oder eine nachverlegte Inventur. Hierdurch wird es erforderlich, dass der Bestand vom Inventurstichtag auf den Bilanzstichtag fortgeschrieben oder zurückgerechnet wird.

Die zu berücksichtigenden Veränderungen werden durch die beiden folgenden Berechnungsverfahren deutlich:

Vorverlegte Inventur:
Bestand Inventurstichtag/Aufnahmetag
\+ Zugänge zwischen Inventur- und Bilanzstichtag
– Abgänge zwischen Inventur- und Bilanzstichtag
= Bestandswert am Bilanzstichtag

Nachverlegte Inventur:
Bestand Inventurstichtag/Aufnahmetag
– Zugänge zwischen Inventur- und Bilanzstichtag
\+ Abgänge zwischen Inventur- und Bilanzstichtag
= Bestandswert am Bilanzstichtag

10.1.5 Übungen

Sachverhalt Nr. 1:
Die Gemeinde G hat in ihrer Geschäftsanweisung festgelegt, dass der Inventurstichtag der 31. Januar eines jeden Jahres ist (nachverlegte Inventur). Am 31.1.2025 wurde bei der Gemeinde G der Inventurbestand mit folgenden Bestandswerten ermittelt:

Betriebs- und Geschäftsausstattung (BGA)	300.000 €
Fahrzeuge	500.000 €
Maschinen u. technische Anlagen (MtA)	200.000 €

Abschreibungen wurden nicht gebucht.
Der Anlagenbuchhalter hat für den Zeitraum zwischen dem Bilanzstichtag und dem Inventurstichtag folgende Bestandsveränderungen ermittelt:

Zugang von zwei Stahlschränken	Wert	5.000 €	am 7.1.2025
Abgang eines Feuerwehrfahrzeugs	Buchwert 31.12.	10.000 €	am 14.1.2025
Austausch zweier Kettensägen			
Bestand (Inzahlungnahme)	Buchwert 31.12.	100 €	am 2.1.2025
Neue Kettensägen (zusammen)	Restkaufpreis	1.000 €	am 8.1.2025

Aufgabe:
Ermitteln Sie die Bestandswerte für den Bilanzstichtag.

Lösung:

	Betriebs- u. Geschäfts-ausstattung		**Fahrzeuge**		**Maschinen u. technische Anlagen**
Bestand 31.1.	300.000	Bestand 31.1.	500.000	Bestand 31.1.	200.000
Zugang 7.1.	–5.000	Abgang 14.1.	+10.000	Abgang 2.1.	+100
				Zugang 8.1.	–1.100
Bestandswert Bilanzstichtag	**295.000**		**510.000**		**199.000**

Anmerkung: Beim Ankauf der Kettensägen handelt es sich um eine vorherige Inzahlungnahme i. H. v. 100 €, so dass der Gesamtkaufpreis 1.100 € beträgt.

Sachverhalt Nr. 2:
Die Gemeinde G nutzt als Inventur- und Bewertungsvereinfachungen Festwertbildung und Gruppenbewertung. Hierbei ergeben sich folgende Sachverhalte:

a) Festwertbildung
Bei der Feuerwehr wird eine gleichbleibende Menge von Atemschutzmasken eingesetzt. Unbrauchbar gewordene Masken werden regelmäßig ersetzt. Zum Zeitpunkt der Bildung des Festwertes sind 25 Masken vorhanden. Bei einer üblichen Gesamtnutzungsdauer von fünf Jahren wurden die Masken bereits durchschnittlich drei Jahre lang genutzt. Die Anschaffungskosten betrugen durchgängig 300 € je Maske.

Aufgabe:
Ermitteln Sie den Festwert für die Atemschutzmasken der Feuerwehr.

b) Fortschreibung des Festwertes
Ein Jahr vor der nach § 33 Abs. 4 KomHVO regelmäßig vorgeschriebenen Bestandsaufnahme werden sechs neue Masken zu 350 € beschafft. Neben der notwendigen Ersatzbeschaffung ist ein Teil hiervon für die erstmalige Ausstattung der Freiwilligen Feuerwehr vorgesehen. Der Bestand an alten Masken beträgt 21 Stück, wobei die durchschnittliche Nutzungszeit sich nicht verändert hat.

Aufgabe:
Ermitteln Sie die Abweichung vom bisherigen Festwert und entscheiden Sie anhand der Abweichung, ob eine Festwertanpassung erforderlich ist.

c) Gruppenbewertung mit dem gewogenen Durchschnittswert

Im Rahmen der Inventur wurde festgestellt, dass in der Feuerwehrwerkstatt 50 Werkzeuge vorhanden sind. Aufgeteilt nach Einzelpreisen setzen die Werkzeuge wie folgt zusammen:

- 15 × 120 €
- 10 × 125 €
- 20 × 130 €
- 5 × 110 €

Die Restnutzungsdauer liegt bei fünf Jahren.

Aufgabe:

Ermitteln Sie den Gesamtwert der Werkzeuge und den gewogenen Durchschnittswert eines Werkzeugs.

Lösung:

Zu a) Festwertbildung:

Berechnung des Festwertansatzes				
Anschaffungswert	300,00 €	×	25 Stück	7.500,00 €
Zu reduzierender Wert	7.500,00 €	×	60 %	4.500,00 €
Anzusetzender Festwert	7.500,00 €	×	40 %	3.000,00 €

Der zu reduzierende Wert ergibt sich aus der Relation der durchschnittlichen Nutzung (drei Jahre) im Verhältnis zur Gesamtnutzungsdauer (fünf Jahre).

Zu b) Festwertfortschreibung:

Berechnung der Änderung des Festwertansatzes					
Bisheriger Festwert					3.000,00 €
Anzusetzender Wert (alt)	300,00 €	×	21	40 %	2.520,00 €
Anzusetzender Wert (neu)	350,00 €	×	6	40 %	840,00 €
Abweichung absolut					360,00 €
Prozentuale Abweichung					12,00 %

Zu c) Gruppenbewertung mit gewogenem Durchschnitt:

Berechnung des Durchschnittswertes				
Werkzeug I	15 Stück	×	120,00 €	1.800,00 €
Werkzeug II	10 Stück	×	125,00 €	1.250,00 €
Werkzeug III	20 Stück	×	130,00 €	2.600,00 €
Werkzeug IV	5 Stück	×	110,00 €	550,00 €
Gesamtwert für 50 Werkzeuge				6.200,00 €
Gewogener Durchschnittswert			/50 Stück	124,00 €

10.2 Allgemeine Grundlagen der Bewertung im kommunalen Haushaltsrecht

10.2.1 Anschaffungs- und Herstellungskosten

Das kommunale Haushaltsrecht knüpft hinsichtlich der Bewertung an die handelsrechtlichen Vorschriften an. In § 255 HGB werden die einzelnen Wertbestandteile sowohl für die Anschaffungskosten als auch für die Herstellungskosten dargestellt. Nach § 114 Abs. 3 KVG ist die Ermittlung der Wertansätze für die Eröffnungsbilanz auf der Grundlage der Anschaffungs- oder Herstellungskosten, vermindert um die Abschreibungen vorzunehmen. Soweit Anschaffungs- oder Herstellungskosten nicht ermittelt werden können oder deren Ermittlung in keinem Verhältnis zum Wert steht, sind die Wertansätze auf der Grundlage von vorsichtig geschätzten Zeitwerten zugrunde zu legen. Die in der Eröffnungsbilanz angesetzten Werte für die Vermögensgegenstände gelten dann für die Bilanzierung in zukünftigen Haushaltsjahren als Anschaffungs- oder Herstellungskosten. § 114 Abs. 3 Satz 3 KVG legt dies – in Abgrenzung zu später möglichen Wertberichtigungen – grundsätzlich fest.

10.2.1.1 Anschaffungskosten

Die dem Vermögensgegenstand einzeln zurechenbaren Anschaffungskosten sind nach § 38 Abs. 2 KomHVO die Aufwendungen, die geleistet werden, um einen Vermögensgegenstand zu erwerben und ihn in einen betriebsbereiten Zustand zu versetzen, soweit sie dem Vermögensgegenstand einzeln zugeordnet werden können. Zu den Anschaffungskosten gehören auch die Nebenkosten sowie die nachträglichen Anschaffungskosten. Minderungen des Anschaffungspreises sind abzusetzen. Aus dieser Definition ergibt sich folgendes Herleitungsschema für die Anschaffungskosten:

<table>
<tr><td>Anschaffungspreis</td><td rowspan="4">Ansatzpflicht</td></tr>
<tr><td>+ Anschaffungsnebenkosten</td></tr>
<tr><td>– Anschaffungspreisminderungen</td></tr>
<tr><td>+ Nachträgliche Anschaffungskosten</td></tr>
<tr><td colspan="2">= Anschaffungskosten</td></tr>
</table>

Anschaffungspreis
Den Anschaffungspreis stellt der Kaufpreis einschließlich der zu leistenden Umsatzsteuer dar. Bei Anschaffungen für ganz oder zum Teil vorsteuerabzugsberechtigte Betriebe gewerblicher Art ist der abzugsfähige Vorsteueranteil abzusetzen.

Anschaffungsnebenkosten

Die Anschaffungsnebenkosten können anhand von drei Entstehungsbereichen unterschieden werden. Danach untergliedern sich die Anschaffungsnebenkosten in

- Erwerbsnebenkosten,
- Bezugsnebenkosten,
- Nebenkosten der Inbetriebnahme.

Erwerbsnebenkosten fallen insbesondere bei der Anschaffung von Immobilien an. Zu ihnen zählen insbesondere Notariats- und Gerichtsgebühren, Maklerprovisionen und die Grunderwerbssteuer.

Bezugsnebenkosten fallen insbesondere im Bereich des beweglichen Vermögens an. Zu den Bezugsnebenkosten gehören Transportversicherungen, Verpackungen und Frachten.

Nebenkosten der Inbetriebnahme fallen an, soweit das Anlagegut nach Zahlung des Kaufpreises noch nicht vollständig einsatzfähig ist. Die für die Versetzung in einen betriebsbereiten Zustand anfallenden Einzelkosten sind als Nebenkosten der Inbetriebnahme gleichfalls Anschaffungsnebenkosten. Zu den Nebenkosten der Inbetriebnahme gehören Montage- und Anschlusskosten oder Fundamentierungskosten.

Anschaffungspreisminderungen

Anschaffungspreisminderungen vermindern die Anschaffungskosten. Zu den Anschaffungspreisminderungen gehören insbesondere Skonti, Rabatte oder Preisnachlässe. Entstehen Anschaffungspreisminderungen erst nach Zahlung des Rechnungsbetrages, so sind sie nachträglich von den Anschaffungskosten abzusetzen.

Nachträgliche Anschaffungskosten

Fallen nach Anschaffung bzw. Inbetriebnahme eines Vermögensgegenstandes noch Anschaffungs- oder Anschaffungsnebenkosten an, sind diese als nachträgliche Anschaffungskosten zu berücksichtigen. Nachträgliche Anschaffungskosten sind beispielsweise nachträgliche Fundamentierungen oder notwendige Ausbauarbeiten, die noch im Zusammenhang mit der Anschaffung stehen. Entstehen nachträgliche Anschaffungskosten erst in späteren Haushaltsjahren, so sind diese so zu berücksichtigen, als wären sie zum 1. Januar des Haushaltsjahres der Entstehung der nachträglichen Anschaffungskosten angefallen, und erhöhen für diesen Zeitpunkt den bestehenden Buchwert des Vermögensgegenstandes entsprechend.

> ***Beispiel:***
> *Ein medizinisches Gerät des Gesundheitsamtes wurde am 15.3.2024 zum Preis von 7.500 € angeschafft; die Nutzungsdauer beträgt fünf Jahre. Am 6.12.2024 fallen nachträgliche Anschaffungsnebenkosten in Höhe von 500 € an. Für das Jahr der Anschaffung 2024 ist eine Abschreibung für neun volle Monate*[5] *vorzu-*

5 Es werden nur volle Nutzungsmonate bei der Abschreibung berücksichtigt (hier die Monate April bis Dezember), Übernahme der steuerlichen Regelung des § 6 EStG.

nehmen. Die Jahresabschreibung 2024 ist vom Gesamtbetrag in Höhe von 8.000 € zu berechnen und beträgt anteilig für neun Monate 1.200 €.

Abwandlung:
Die Anschaffungsnebenkosten aus dem obigen Beispiel für das medizinische Gerät fallen erst im Folgejahr am 7.3.2025 an. Im Jahr der Anschaffung 2024 beträgt die Jahresabschreibung anteilig 1.125 €, in den Folgejahren 2025 bis 2027 gerundet 1.618 €. Hierzu folgendes Berechnungsschema:

	Anschaffungskosten 2024	*7.500 €*
–	*Anteilige Jahresabschreibung 2024 (neun Monate)*[6]	*1.125 €*
=	*(Rest)-Buchwert am 31.12.2024*	*6.375 €*
+	*Nachträgliche Anschaffungskosten 2024*	*500 €*
=	*Fortgeschriebener (Rest-)Buchwert 1.1.2025*	*6.875 €*
:	*Restnutzungsdauer vier Jahre und drei Monate (51 Monate)*	
=	*Abschreibung in 2025 (rund 1.617,65 €) – gerundet –*	*1.618 €*

Im Jahr 2029 fallen noch drei Abschreibungsmonate an; danach beträgt die Abschreibung im Jahr 2029 aufgrund der vorherigen Rundung 403 € (anteilig rechnerisch auf der Basis des fortgeschriebenen Buchwerts 1.1.2025 beträgt die Abschreibung 404,41 €).

Eine besondere Problematik stellen mit Blick auf nachträgliche Anschaffungskosten Erschließungsbeiträge – bspw. für eine Erstanlage einer Straße – bei eigenen gemeindlichen Grundstücken dar. Die in einer Beitragsrechnung darzustellenden Erschließungsbeiträge für eigene gemeindliche Grundstücke stellen nach Ansicht des Autors keine aktivierbaren nachträglichen Anschaffungskosten dar, weil mangels der Möglichkeit einer Bescheidung gegen sich selbst tatsächlich keinerlei Anschaffungskosten entstehen.[7] Vielmehr ergeben sich unmittelbar nur Anschaffungskosten bei der gleichfalls im Eigentum der Gemeinde stehenden Straße. Die „Hebung" im Rahmen der Erschließung möglicherweise entstandenen Wertsteigerungen kann daher nur im Rahmen des Realisationsprinzips, z. B. durch Verkauf, erfolgen. Das Gleiche gilt für Beiträge nach § 6 KAG sowie Kanalanschlussbeiträge für kommunaleigene Grundstücke.

6 Nach § 51 Abs. 3 KomHKV i. V. m. der Begründung des MI vom 20.6.2006 zu § 51 KomHKV und Anlage 6 BewertL Bbg werden nur volle Nutzungsmonate bei der Abschreibung berücksichtigt, beginnend mit dem Monat der Anschaffung, hier die Monate April bis Dezember; dies ergibt sich aus § 7 Abs. 1 EkStG.

7 Anders ist dies im Rahmen einer Gebührenveranlagung (z. B. Abfallbeseitigungsgebühren für eigene gemeindliche Grundstücke) in der Ergebnisrechnung. Auch hier erfolgt keine Bescheidung gegen sich selbst. Jedoch ergibt sich hier ein unmittelbarer Ressourcenverbrauch der Gemeinde in privatrechtlicher Eigenschaft gegenüber der Gemeinde als Träger der kostenrechnenden Einrichtung in öffentlich-rechtlicher Eigenschaft. Hier sind im Rahmen des Ressourcenverbrauchskonzepts Aufwand und Ertrag darzustellen. Eine solche Leistungsbeziehung kann beispielsweise durch interne Leistungsverrechnungen oder durch eine nicht liquiditätswirksame Ertrags-/Aufwandsbuchung dargestellt werden.

Im Liegenschaftsbereich können sich nachträgliche „positive als auch negative Anschaffungskosten“ durch eine spätere Vermessung eines erworbenen Grundstücks ergeben. Es ist teilweise zur zeitnahen Abwicklung des Grundstücksgeschäfts durchaus üblich, im Kaufvertrag ein „Zirka-Grundstücksflächenwert“ zu vereinbaren. Nach der exakten Vermessung erhöht bzw. reduziert sich der Kaufpreis um einen im ursprünglichen Kaufvertrag vereinbarten Quadratmeterpreis.

Nachträgliche Anschaffungspreisminderungen

Sollten sich nachträgliche Anschaffungspreisminderungen erst im folgenden Haushaltsjahr nach der Anschaffung ergeben, so ist analog dem Verfahren der nachträglichen Anschaffungskosten zu verfahren. Die nachträglichen Anschaffungspreisminderungen reduzieren den „fortgeschriebenen“ Anschaffungswert (Restbuchwert).

Beispiel:

Der Kaufpreis einer am 15.3.2024 angeschafften Druckmaschine von 10.000 € reduziert sich durch eine im Folgejahr gewährte Minderung aufgrund von Lackschäden um 10 % des Neupreises. Die Nutzungsdauer beträgt zehn Jahre. Im ersten Jahr beträgt die Abschreibung 1.000 €. In den Folgejahren reduziert sich die Abschreibung auf 889 €. Hierzu folgendes Berechnungsschema:

	Anschaffungskosten 2024	*10.000 €*
–	*Jahresabschreibung 2024 (neun Monate)*	*750 €*
=	*(Rest)-Buchwert am 31.12.2024*	*9.250 €*
–	*Nachträgliche Anschaffungspreisminderung 2025*	*1.000 €*
=	*Fortgeschriebener (Rest-)Buchwert*	*8.250 €*
:	*Restnutzungsdauer neun Jahre u. drei Monate (111 Monate)*	
=	*Abschreibung in 2025 (gerundet)*	*892 €*

Anschaffungskosten zur Herstellung der Betriebsbereitschaft

Speziell im Immobilienbereich sind Aufwendungen, die grundsätzlich Instandsetzungs- oder Modernisierungsaufwendungen darstellen, nach § 38 Abs. 2 KomHVO als Anschaffungskosten zu behandeln, wenn sie die Betriebsbereitschaft eines Gebäudes herstellen.

Betriebsbereitschaft besteht, wenn ein Gebäude entsprechend seiner Zweckbestimmung genutzt werden kann. Wird das Gebäude ab dem Anschaffungszeitpunkt genutzt, ist grundsätzlich von einer Betriebsbereitschaft auszugehen. Instandsetzungs- und Modernisierungsaufwendungen stellen dann keine Anschaffungskosten dar.

Wird das Gebäude ab dem Anschaffungszeitpunkt nicht genutzt, ist hinsichtlich des Vorliegens der Betriebsbereitschaft eine weitergehende Prüfung zur Funktionstüchtigkeit vorzunehmen. Hierbei umfasst die Betriebsbereitschaft die beiden Voraussetzungen objektive und subjektive Funktionstüchtigkeit.

Die Betriebsbereitschaft liegt somit im Umkehrschluss nicht vor, wenn

- objektive Funktionsuntüchtigkeit oder
- subjektive Funktionsuntüchtigkeit

vorliegt.

Objektiv funktionsuntüchtig ist ein Gebäude, sofern für dessen Nutzung wesentliche Gebäudeteile bautechnisch grundlegend nicht nutzbar sind. Abgrenzend hierzu liegt dagegen eine Funktionsuntüchtigkeit nicht schon vor, wenn Mängel, die insbesondere durch Verschleiß hervorgerufen sind, vor einer Nutzung erst beseitigt werden. Letztlich bestimmt die Herrichtung der Funktionstüchtigkeit von wesentlichen Gebäudeteilen, inwieweit Anschaffungskosten vorliegen.

Beispiel:
Die Gemeinde schafft ein Gebäude an, für das eine Schadstoffsanierung erforderlich ist. Vor Nutzung als Altentagesstätte erfolgen daher bauliche Maßnahmen zur Schadstoffsanierung. Alle Aufwendungen, die unmittelbar aus den Instandsetzungsarbeiten der Schadstoffsanierung resultieren, stellen Anschaffungskosten dar.

Subjektiv funktionsuntüchtig ist ein Gebäude, sofern für die vorgesehene Zweckbestimmung eine Nutzung noch nicht möglich ist. Aufwendungen für bauliche Maßnahmen, um die von der Gemeinde zweckbestimmten Nutzungsvoraussetzungen zu schaffen, stellen daher Anschaffungskosten nach § 38 Abs. 2 KomHVO dar.

Beispiel:
Die bisherige Nutzung als Wohngebäude soll in eine Nutzung als Bürogebäude umgewandelt werden. Sämtliche baulichen Aufwendungen für die Herrichtung im Rahmen des neuen Nutzungszwecks stellen Anschaffungskosten dar.

Des Weiteren gehört zur Zweckbestimmung und somit auch zur Versetzung in einen betriebsbereiten Zustand nach § 38 Abs. 2 KomHVO eine Entscheidung, dass der Standard[8] für das Gebäude zukünftig angehoben werden soll. Ist dies der Fall, so stellen Aufwendungen für bauliche Maßnahmen, die eine Standardhebung bewirken, Anschaffungskosten dar.

Aufteilung eines Gesamtkaufpreises auf mehrere Anlagegüter
Wird bereits beim Erwerb mehrerer Vermögensgegenstände im Kaufvertrag eine Aufteilung des Kaufpreises vereinbart und erscheint diese Aufteilung wirtschaftlich vernünftig, stellen die dort vereinbarten Einzelpreise die Anschaffungskosten der einzelnen Vermögensgegenstände dar. Diese Vorgehensweise basiert auf dem Grundsatz der Einzelbewertung, wonach jeder Gegenstand mit seinen Anschaffungskosten in der Höhe

---

8 Unterscheidung zwischen sehr einfachem Standard, mittlerem Standard und sehr anspruchsvollem Standard, siehe hierzu ausführlich Kap. 10.2.3.2.

anzusetzen ist, die nach dem erklärten Willen der Vertragspartner den einzelnen Vermögensgegenständen beigemessen wird.

In der Regel unterbleibt jedoch im Kaufvertrag die Aufteilung des Gesamtkaufpreises auf die einzelnen Vermögensgegenstände. Nach dem Grundsatz der Einzelbewertung muss der vereinbarte Gesamtkaufpreis in einem angemessenen Verhältnis auf die einzelnen selbstständig auszuweisenden Vermögensgegenstände aufgeteilt werden. Besonders komplex stellt sich dies dar, sofern bewegliches Anlagevermögen im Gesamtkaufpreis einer Immobilie enthalten ist. Hier ist die Aufteilung nach dem Verhältnis der Zeitwerte (aktuelle Verkehrswerte) vorzunehmen. Grundlage hierfür können die Unterlagen bilden, welche im Rahmen der Vereinbarung des Kaufpreises der Vertragspartner maßgeblich waren. In Betracht kommen hierbei Sachverständigengutachten, Berechnungen (beispielsweise orientiert am Neuwert und aus dem Verhältnis Restnutzungsdauer zur Gesamtnutzungsdauer) oder auch Restwerttabellen oder -listen.

Vielfach wird auch im Rahmen von Ankäufen im Immobilienbereich ein Wertgutachten der Bewertungsstelle oder des Gutachterausschusses erstellt. Dies stellt eine idealtypische Grundlage zur Aufteilung des Gesamtkaufpreises auf die einzelnen Vermögensgegenstände dar.

> ***Beispiel:***
> *Beim Kauf eines bebauten Grundstücks mit zwei Gebäuden ist ein Gesamtkaufpreis vereinbart worden. Dieser ist in einem angemessenen Verhältnis auf die beiden Gebäude und den Grund und Boden aufzuteilen. Dies kann entweder auf der Basis eines vor Erwerb erstellten Wertgutachtens erfolgen oder auf der Basis anderer Unterlagen, die zur Bildung des Gesamtkaufpreises beider Vertragspartner geführt haben. Für den Grund und Boden kommt auch als Basis der gültige Bodenrichtwert in Betracht. Besonderheiten (z. B. Grundstückszuschnitt) sind hier zu beachten.*

Anschaffung durch Tausch

Werden Vermögensgegenstände im Rahmen eines Tausches angeschafft, so sind diese mit ihrem vertraglich vereinbarten Wert anzusetzen. Fehlt diese Vereinbarung, so ist dem Vermögensgegenstand bei der Aktivierung der Zeitwert (z. B. Verkehrswert, neuwertorientierte Ableitung) beizulegen.

10.2.1.2 Herstellungskosten

Die dem Vermögensgegenstand zurechenbaren Herstellungskostenbestandteile sind nach § 38 Abs. 3 KomHVO die Aufwendungen, die durch den Verbrauch von Gütern und die Inanspruchnahme von Diensten für die Herstellung eines Vermögensgegenstandes, seine Erweiterung oder für eine über seinen ursprünglichen Zustand hinausgehende wesentliche Verbesserung entstehen. Dazu gehören verbindlich die Materialeinzelkosten, die Fertigungseinzelkosten und die Sonderkosten der Fertigung. Die Fertigungs- und Materialgemeinkosten können einbezogen werden.

Hier räumt das Neue Kommunale Haushaltsrecht analog dem HGB den Kommunen für bestimmte Herstellungskostenbestandteile ein Ansatzwahlrecht ein. Für Fertigungs- und Materialgemeinkosten, die dem hergestellten Vermögensgegenstand nicht direkt zurechenbar sind, besteht ein solches Wahlrecht. Abweichend vom § 255 Abs. 2 Satz 4 HGB besteht dieses Wahlrecht nicht für Kosten der allgemeinen Verwaltung; diese Kosten sind bei den Herstellungskosten nicht zu berücksichtigen.

Die Herstellungskosten sind nach folgendem Berechnungsschema zu ermitteln:

Materialeinzelkosten	Ansatzpflicht
+ Materialgemeinkosten	Ansatzwahlrecht
+ Fertigungseinzelkosten	Ansatzpflicht
+ Fertigungsgemeinkosten	Ansatzwahlrecht
+ Sonderkosten der Fertigung	Ansatzpflicht
= **Herstellungskosten**	

Abgrenzung von Einzel- und Gemeinkosten

Aufgrund des Unterschiedes der Ansatzpflicht für Herstellungseinzelkosten und des Ansatzwahlrechts für Herstellungsgemeinkosten ist es erforderlich, Einzel- und Gemeinkosten inhaltlich abzugrenzen.

Die Einzelkosten sind Kosten, die sich bei der Herstellung eines Vermögensgegenstandes diesem exakt zurechnen lassen. Sie fallen unmittelbar mit der Herstellung eines Vermögensgegenstandes an und können diesem direkt zugerechnet werden.

Die Gemeinkosten sind Kosten, die sich bei der Herstellung eines Vermögensgegenstandes diesem nicht exakt zurechnen lassen. Sie fallen gemeinsam für mehrere, auch unterschiedliche Leistungen an und können nur auf der Basis einer Gemeinkostenschlüsselung in einem angemessenen Verhältnis auf die einzelnen Leistungen verrechnet werden. Daher dürfen durch die Schlüsselung mittels Mengen-, Zeit- oder physikalisch-technischer Größen nur die für die Herstellung des Vermögensgegenstandes notwendigen Gemeinkosten verrechnet bzw. angesetzt werden.

Materialeinzelkosten

Materialeinzelkosten stellen die unmittelbar für die Herstellung des einzelnen Vermögensgegenstandes verbrauchten Materialien (Roh-, Hilfs- und Betriebsstoffe) dar.

Materialgemeinkosten

Materialgemeinkosten fallen in Materialstellen an, die für die Beschaffung, Prüfung und Lagerung von Herstellungsmaterialien zuständig sind. Die dort entstehenden Kosten sind einem einzelnen hergestellten Vermögensgegenstand nicht eindeutig zurechenbar. Zu den Materialgemeinkosten zählen beispielsweise Gehälter der im Einkauf, im Lager und der bei Prüfung beschäftigten Personen, Kosten für ein Lagergebäude und Sachversicherungen.

Beispiel:
Bei der Lagerung von Vermögensgegenständen fallen u. a. Kosten für die dort tätigen Beschäftigten, Abschreibungen auf das Lagergebäude, Versicherungsbeiträge für das Lagergebäude und die Bestände sowie Energiekosten an. Eine Zuordnung dieser entstandenen Lagerkosten zu den gelagerten Gütern ist einzeln nicht möglich. Die Lagerkosten stellen somit Materialgemeinkosten dar und müssen mit geeigneten Gemeinkostenschlüsseln in einem angemessenen Verhältnis verteilt werden.

Fertigungseinzelkosten
Für die Fertigungseinzelkosten ist die direkte Zurechenbarkeit zum hergestellten Vermögensgegenstand maßgeblich. Zu den Fertigungseinzelkosten zählen die Fertigungslöhne oder -gehälter. Des Weiteren zählen hierzu auch Sondereinzelkosten der Fertigung. Zu den Sondereinzelkosten gehören Spezialwerkzeugkosten, Kosten für Sonderanfertigungen, Kosten für Materialanalysen oder anzufertigende Modelle.

Fertigungsgemeinkosten
Fertigungsgemeinkosten entstehen im Rahmen der Fertigung, können dem hergestellten Vermögensgegenstand aber nicht direkt zugerechnet werden. Mittels Gemeinkostenschlüsselung werden diese Kosten verrechnet. Zu den Fertigungsgemeinkosten gehören beispielsweise Energiekosten, Hilfslöhne, Hilfsmaterialien sowie anteilige Abschreibungen und Zinsen, soweit diese dem Vermögensgegenstand nur mittelbar zugerechnet werden können.

Abschreibungen auf Fertigungsanlagen
Der Werteverzehr von Anlagevermögen zur Fertigung von Erzeugnissen wird im § 38 Abs. 3 KomHVO ausdrücklich erwähnt. Der Charakter dieses Werteverzehrs kann nicht eindeutig den Fertigungseinzelkosten bzw. den Fertigungsgemeinkosten zugeordnet werden. Einer der Grundgedanken des kommunalen doppischen Haushaltsrechts ist es, dass im Rahmen der periodengerechten Darstellung des Ressourcenverbrauchs die Aufwendungen zu berücksichtigen sind, die während der Erstellung entstehen. Insofern ist es im Sinne des kommunalen Haushaltsrechts, dass der Ressourcenverbrauch aus Abschreibungen zur Erstellung eines Vermögensgegenstandes (der steuerliche Werteverzehr von Anlagevermögens) auch im Hinblick auf eine einheitliche Wertbasis für Vermögensgegenstände ein Ansatzwahlrecht hierfür besteht, so dass beim Einsatz von Vermögensgegenständen zur Herstellung eines anderen Vermögensgegenstandes die für den Zeitraum der Herstellung anfallenden Abschreibungen als Herstellungskosten angesetzt werden können. Denkbar sind hier Abschreibungen für Radlader der Kommune, die für die Errichtung eines Gebäudes eingesetzt wurden.

Nachträgliche Herstellungskosten oder -minderungen
Fallen nachträgliche Herstellungskosten oder nachträgliche Minderungen der Herstellungskosten erst in späteren Jahren an, so sind diese so zu berücksichtigen, als wären sie zum 1. Januar des Jahres angefallen.

Fallen nach der Herstellung bzw. Betriebsbereitschaft eines Vermögensgegenstandes noch nachträgliche Herstellungskosten oder Herstellungskostenminderungen an, sind diese bei den Herstellungskosten unmittelbar nach deren Auftreten noch zu berücksichtigen.

10.2.1.3 Übungen

Sachverhalt Nr. 3 (Anschaffungskosten):
Der Anschaffungspreis einer Druckmaschine für die als Fachbereich geführte Vervielfältigungsstelle beträgt 50.000 € zzgl. 19 % USt. Der Fachbereich ist nicht vorsteuerabzugsberechtigt. Dieser Preis beinhaltet nicht die einzelnen Kosten für Verpackung i. H. v. 100 €, Transport i. H. v. 500 € und Transportversicherung i. H. v. 150 € (jeweils einschließlich USt.). Die Kommune nutzt den eingeräumten Skontoabzug auf den Anschaffungspreis i. H. v. 2 %. Aufgrund einiger Lackschäden erhält die Kommune einen pauschalierten Nachlass auf die Gesamtrechnungssumme (brutto) i. H. v. 1.000 €. Bei der Aufstellung der Maschine ist eine Montage bzw. Verankerung mit dem Boden erforderlich; hierfür stellt ein Serviceunternehmen 410 € inkl. USt. in Rechnung.

Aufgabe:
Ermitteln Sie anhand des Berechnungsschemas die Anschaffungskosten.

Lösung:			
Anschaffungspreis			
Anschaffungspreis	50.000,00 €		
USt. Anschaffungspreis	9.500,00 €	59.500,00 €	
Anschaffungsnebenkosten			
Verpackung	100,00 €		
Transport	500,00 €		
Transportversicherung	150,00 €		
Montage	410,00 €	1.160,00 €	
Anschaffungspreisminderungen			
Skonto	1.000,00 €		
Minderung USt. durch Skonto	160,00 €		**Anschaffungskosten**
Preisnachlass	1.000,00 €	2.160,00 €	**58.500,00 €**

Sachverhalt Nr. 4 (Anschaffungskosten):
Die Kommune erwirbt ein unbebautes Grundstück. Die Grundstücksgröße wird im Kaufvertrag mit ca. 2.000 qm festgelegt, durch eine spätere Vermessung soll die genaue Grundstücksgröße ermittelt werden. Bei einer Abweichung wird eine nachträgliche Anpassung des Kaufpreises i. H. v. 25 € je qm fällig. Das Grundstück ist mit einer Grundschuld i. H. v. 20.000 €, welche mit einer Restschuld i. H. v. 10.000 € valutiert,

belastet. Es wird mit dem Verkäufer eine Kaufpreiszahlung von 40.000 € vereinbart; die Grundschuldbelastung wird von der Kommune zusätzlich übernommen. Die Kommune hat Grunderwerbssteuer i. H. v. 1.500 € zu entrichten. Notariatskosten fallen i. H. v. 800 € und Gerichtskosten i. H. v. 500 € an. Für die im Kaufvertrag vereinbarte Vermessung fallen für die Kommune Kosten i. H. v. 500 € an. Bei der Vermessung wurde festgestellt, dass die Grundstücksgröße 2.020 qm beträgt.

Aufgabe:
Ermitteln Sie anhand des Berechnungsschemas die Anschaffungskosten.

Lösung:			
Anschaffungspreis			
Anschaffungspreis	40.000,00 €		
USt. Anschaffungspreis	10.000,00 €	50.000,00 €	
Anschaffungsnebenkosten			
Grunderwerbsteuer	1.500,00 €		
Notarkosten	800,00 €		
Gerichtskosten	500,00 €		
Vermessung	500,00 €	3.300,00 €	
Nachträgliche Anschaffungskosten			**Anschaffungskosten**
Preis für 20 qm a 25 Euro	500,00 €	500,00 €	**53.800,00 €**

Sachverhalt Nr. 5 (Herstellungskosten):
Die Kommune erstellt eine neue Kindertagesstätte. Das vom Hochbauamt beauftragte Bauunternehmen rechnet insgesamt Materialkosten i. H. v. 200.000 € und Lohnkosten i. H. v. 300.000 € inkl. USt. ab. Die Personalkosten des Hochbauamtes für die selbsterstellte Planung betragen nach Abrechnung der Kosten- und Leistungsrechnung (KLR) 50.000 €. Neben den allgemeinen Materialkosten des beauftragten Bauunternehmens wurden seitens der Kommune mehrere zusätzliche Bauteile auf eigene Rechnung i. H. v. 25.000 € inkl. USt. beschafft, die vom Bauunternehmen eingebaut wurden. Zum Schutz vor Diebstahl wurde ein Teil der Baumaterialien in einem Lager untergebracht. Der in der KLR ermittelte Materialgemeinkostenzuschlag (Personalkosten, Abschreibung, Energiekosten, etc. für das Lager) beträgt 2.000 €. In der KLR der Kommune wurde ein Fertigungsgemeinkostenzuschlag (Fertigungskontrolle, Energiekosten, Sachversicherungen für eingesetzte Anlagen, etc.) beim Bau i. H. v. 1.500 € ermittelt. Ein Architekturbüro rechnet für ein in der Planungsphase erstelltes Modell 1.000 € inkl. USt. ab.

Aufgabe:
Ermitteln Sie anhand des Berechnungsschemas die Herstellungskosten.

Lösung:
Für die Lösung dieser Aufgabe bestehen aufgrund des bestehenden Wahlrechts hinsichtlich der Gemeinkosten zwei alternative Lösungsmöglichkeiten.

a) Unter Einbeziehung der Gemeinkosten ergibt sich folgende Lösung:

Lösung:			
Materialeinzelkosten			
Bauunternehmen	200.000,00 €		
Sonderbauteile	25.000,00 €	225.000,00 €	
Fertigungseinzelkosten			
Bauunternehmen	300.000,00 €		
Eigene Planungskosten	50.000,00 €	350.000,00 €	
Materialgemeinkosten			
Materialgemeinkostenzuschlag	2.000,00 €	2.000,00 €	
Fertigungsgemeinkosten			
Fertigungsgemeinkostenzuschl.	1.500,00 €	1.500,00 €	
Sondereinzelkosten d.Fertigung			**Herstellungskosten**
Modell	1.000,00 €	1.000,00 €	**579.500,00 €**

b) Bei Nichtberücksichtigung der Gemeinkosten ergibt sich folgende alternative Lösung:

Lösung:			
Materialeinzelkosten			
Bauunternehmen	200.000,00 €		
Sonderbauteile	25.000,00 €	225.000,00 €	
Fertigungseinzelkosten			
Bauunternehmen	300.000,00 €		
Eigene Planungskosten	50.000,00 €	350.000,00 €	
Sondereinzelkosten d.Fertigung			**Herstellungskosten**
Modell	1.000,00 €	1.000,00 €	**576.000,00 €**

10.2.2 Verhältnis zu anderen Bewertungszwecken

Die Bewertungsvorschriften des KVG und der KomHVO entfalten nur für die kommunale Haushaltswirtschaft Gültigkeit. Bestehende Bewertungen und Bewertungsverfahren für andere kommunale Bewertungszwecke sind beizubehalten und werden durch die o. g. Bewertungsvorschriften nicht ersetzt. Festlegungen für eine bestehende Kosten- und Leistungsrechnung können gleichfalls beibehalten werden.

Somit können nebeneinander abweichende Bewertungen für einzelne Vermögensgegenstände neben der Bewertung für das Haushaltsrecht bestehen:

- Steuerrecht,
- Gebührenrecht,
- Kostenrechnung.

10.2.2.1 Steuerrecht

Kommunen haben für Betriebe gewerblicher Art für Zwecke der Besteuerung die Werte des Anlagevermögens nach den einschlägigen Bewertungsvorschriften des Steuerrechts zu führen.

Die Bewertung des Anlagevermögens für steuerliche Zwecke erfolgt zwar dem Wortlaut nach ebenfalls zu Anschaffungs- und Herstellungskosten. Jedoch gelten für das Steuerrecht als eine Abweichung die historischen Anschaffungs- oder Herstellungskosten und nicht die auf Zeitwertbasis ermittelten Anschaffungs- und Herstellungskosten der kommunalen Eröffnungsbilanz.

Aufgrund des eingeräumten Ansatzwahlrechts des § 38 Abs. 3 KomHVO bei den Herstellungskosten können auch im Regelbetrieb weitere Abweichungen entstehen. Nach dieser Regelung besteht eine Ansatzpflicht für Material- und Fertigungseinzelkosten sowie für Sonderkosten der Fertigung.[9] Dagegen besteht ein Ansatzwahlrecht für Material- und Fertigungsgemeinkosten. Steuerrechtlich sind Material- und Fertigungsgemeinkosten bei den Herstellungskosten ansatzpflichtig. Daneben sieht das Steuerrecht außerdem als ansatzpflichtig den Werteverzehr von Anlagevermögen vor, soweit er der Fertigung von Erzeugnissen gedient hat.[10] Aufgrund der geringen Bedeutung in der kommunalen Aufgabenstellung wurde der Werteverzehr von Anlagevermögen zur Fertigung von Erzeugnissen nicht ausdrücklich erwähnt. Der Charakter dieses Werteverzehrs kann nicht eindeutig den Fertigungseinzelkosten bzw. den Fertigungsgemeinkosten zugeordnet werden. Nach den Grundgedanken des doppischen Haushaltsrechts sollten die Aufwendungen berücksichtigt werden, die während der Erstellung entstehen. Insofern erscheint es im Sinne der kommunalen Regelungen zur Vermögenswirtschaft, dass der Ressourcenverbrauch aus Abschreibungen zur Erstellung eines Vermögensgegenstandes (der steuerliche Werteverzehr von Anlagevermögen) auch im Hinblick auf einer einheitlichen Wertbasis für Vermögensgegenstände ein Ansatzwahlrecht hierfür besteht.

Des Weiteren ist zu berücksichtigen, dass Betriebe gewerblicher Art ganz oder zum Teil umsatzsteuerabzugsberechtigt sind, so dass dieser Abzug bei den Herstellungskosten zu berücksichtigen ist.

---

9 Dies entspricht den minimalen Herstellungskosten des § 255 Abs. 2 HGB.

10 Einkommenssteuerrichtlinien 2012 (EStR 2012) zu § 6 EStG.

10.2.2.2 Gebührenrecht[11]

Für kostenrechnende Einrichtungen sind nach § 5 des Kommunalabgabengesetzes (KAG) Benutzungsgebühren zu erheben. Hierzu sind in den Gebührenkalkulationen Abschreibungen und Zinsen, die nach betriebswirtschaftlichen Grundsätzen ansatzfähig sind, zu berücksichtigen.

Diese unterscheiden sich in der Regel von den in der kommunalen Haushaltswirtschaft zu buchenden Wertgrößen dadurch, dass kalkulatorische Abschreibungen von Wiederbeschaffungszeitwerten berechnet werden können. Die kalkulatorischen Zinsen sind dagegen auf der Basis historischer Anschaffungs- oder Herstellungskosten unter Berücksichtigung von Zuwendungen und Beiträgen zu berechnen.

10.2.2.3 Kosten- und Leistungsrechnung

Die Kosten- und Leistungsrechnung soll neben der Preiskalkulation und der Wirtschaftlichkeitskontrolle einzelner Fachbereiche insbesondere als Instrument zur Fundierung und Kontrolle von Entscheidungen (z. B. Make-or-buy-Probleme) dienen. Hierbei werden die Rahmenbedingungen für kalkulatorische Abschreibungen und Zinsen durch interne Richtlinien oder Anweisungen einer jeden Gemeinde festgelegt. Im Vergleich zur kommunalen Vermögenswirtschaft stellen die kalkulatorischen Eigenkapitalzinsen Zusatzkosten, die kalkulatorischen Abschreibungen in Abhängigkeit der Regelungen der Kostenrechnung Anderskosten dar.

Die Ausgestaltung der kommunalen Kosten- und Leistungsrechnung orientiert sich an den Zielsetzungen. Diese können wie folgt unterschiedlich ausrichten:

- Wirtschaftlichkeitsüberlegungen,
- Vergleichbarkeit mit Privatwirtschaft (z. B. Make-or-buy-Entscheidung),
- einheitliche Vorgehensweise mit dem NKHR (Minderung des Nutzungspotenzials),
- einheitliche Vorgehensweise mit Vorschriften des KAG (Wiederbeschaffungs- und Kostendeckungsprinzip).

Die unterschiedlichen Zielsetzungen bedingen eine unterschiedliche Gestaltung.

Die Wertbasis kann sich alternativ an Anschaffungs- und Herstellungskosten versus Wiederbeschaffungszeitwerten (Wertfortschreibung) bei den Folgebilanzierungen orientieren.

Die Abschreibungsvorgaben können sich unterscheiden bei der Nutzungsdauer und der Abschreibungsmethode. Hier kann die Nutzungsdauer an gebührenrechtlichen Grundlagen i. d. R. nach AfA-Tabellen, nach der haushaltsrechtlichen Rahmenabschreibungstabelle bzw. der eigenen kommunalen Abschreibungstabelle oder nach Herstellerangaben richten. Des Weiteren ist bei fortgesetzter Nutzung denkbar, in der Kosten- und

11 Zu den Einzelheiten des folgenden Textes muss auf die Literatur zum Themenbereich Gebührenrecht verwiesen werden (z. B. *Driehaus*, Kommunalabgabenrecht, Kommentar, Herne, Erl. zu § 6 KAG).

Leistungsrechnung über die geplante Nutzungsdauer hinaus abzuschreiben, um diese im Rahmen von Preiskalkulationen gleichmäßig zu halten.

Bei der Wahl der Abschreibungsmethode ist die Kosten- und Leistungsrechnung nicht völlig frei. Denkbar ist die lediglich die lineare oder leistungsbezogene Abschreibungsmethode. Änderungen bei der Nutzungsdauer können als Änderungsbasis den Ursprungswert oder den Restwert zugrunde legen.

10.2.3 Abgrenzung von Herstellungskosten und Erhaltungsaufwand[12]

Für die Veranschlagung und Buchung im Drei-Komponenten-System ist es erforderlich, dass Herstellungskosten und Erhaltungsaufwand eindeutig abgegrenzt werden. Von besonderer Bedeutung ist diese Abgrenzung im Immobilienbereich.

Zusätzlich ist die Abgrenzung zwischen Herstellungskosten und Erhaltungsaufwand von Bedeutung bei der Eröffnungsbilanzierung, sofern für diese zur Bewertung das Indizierungsverfahren[13] gewählt wird. Insbesondere bei der Berücksichtigung von nachträglichen Herstellungskosten bei Immobilien sind die zugehörigen Sachverhalte auf ihre Aktivierungsfähigkeit anhand der nachfolgenden Kriterien zu prüfen.

Herstellungskosten werden bei einem Vermögensgegenstand aktiviert. Sie werden in die Bilanz eingestellt und führen im Bereich des abnutzbaren Vermögens auf der Basis einer festgelegten Nutzungsdauer zu Abschreibungen. Herstellungskosten werden daher in der Finanzplanung bzw. Finanzrechnung abgebildet, die hieraus resultierenden Abschreibungen dagegen in der Ergebnisplanung bzw. -rechnung. Anders ist dies bei Erhaltungsaufwand, der in der Ergebnisplanung und Ergebnisrechnung zu berücksichtigen ist, wobei in der Finanzplanung und -rechnung der diesbezügliche Liquiditätsabfluss in Form von Auszahlungen abgebildet wird.

Die Abgrenzung erfolgt in der Form, dass Grundvoraussetzungen für Sachverhalte zu prüfen sind, nach denen eine Aktivierung als Herstellungskosten erfolgt. Erfüllt der Sachverhalt nicht die Voraussetzungen, stellt er somit immer Erhaltungsaufwand[14] dar.

Für die Aktivierungsfähigkeit als Herstellungskosten sind drei grundlegende Sachverhaltskonstellationen zu betrachten:

- die Erweiterung eines Vermögensgegenstandes,
- die über den ursprünglichen Zustand hinausgehende Wertverbesserung und
- das Zusammentreffen von Herstellungskosten und Erhaltungsaufwand.

---

12 Kap. 10.2.3 basiert auf dem Schreiben des Bundesministeriums für Finanzen vom 18.7.2003 – IV C 3 – S 2211 – 94/03 –, www.bundesfinanzministerium.de.

13 Für weitergehende Ausführungen hierzu siehe Kap. 11.

14 Im kaufmännischen Rechnungswesen können in Analogie zur Steuerbilanz nach den Einkommenssteuerrichtlinien 2012 (EStR 2012) zu § 21 EStG, R 21.1 Abs. 2 (Stand 05/2014) Herstellungskosten im Rahmen einer Erweiterung von nicht mehr als 4.000 € (ohne USt.) auf Antrag als Erhaltungsaufwand verbucht werden. Eine Übertragung dieser Regelung ist aufgrund der Antragspflicht nicht möglich. Sofern eine Anwendung dieser Vereinfachungsregelung im kommunalen Haushaltsrecht Anwendung finden soll, bedarf es hierzu einer zusätzlichen Regelung, da im Steuerrecht ausdrücklich ein Genehmigungsvorbehalt besteht.

10.2.3.1 Erweiterung eines Vermögensgegenstandes

Im Immobilienbereich liegt eine Erweiterung eines Vermögensgegenstandes vor, wenn durch Anbau, Aufstockung oder Vergrößerung die Nutzfläche erweitert bzw. eine Mehrung der Substanz wird. Anbauten, z. B. Anbau bei Schulgebäuden, stellen hinsichtlich der Abgrenzung zwischen Herstellungskosten und Erhaltungsaufwand kein Problem dar.

Ein Anbau, eine Aufstockung bzw. Vergrößerung der Nutzfläche liegt dagegen nicht vor, wenn lediglich ein Flachdach durch ein Satteldach ersetzt wird. Die Schaffung zusätzlicher Raumhöhe reicht zur Aktivierungsfähigkeit nicht aus. Wird das Satteldach dazu genutzt, zusätzliche Nutzfläche durch gleichzeitigen Ausbau des entstandenen Dachgeschosses zu schaffen, liegt dagegen ein aktivierungsfähiger Sachverhalt vor.

Auch die Substanzvermehrung durch zusätzliche Bauteile – sowohl bei Immobilien als auch beim beweglichen Vermögen – stellt grundsätzlich aktivierungsfähige Sachverhalte dar. Im Bereich des beweglichen Vermögens ist beispielsweise die Aufrüstung eines Feuerwehrfahrzeuges mit einer Schnelllöschvorrichtung ein aktivierungsfähiger Sachverhalt. Im Immobilienbereich stellt der Einbau eines Behindertenfahrstuhls einen aktivierungsfähigen Sachverhalt dar.

Anders ist dies, wenn zusätzliche Bauteile im Immobilienbereich nur eine Anpassung an den aktuellen bautechnischen Standard darstellen. So stellen Fassadenverkleidungen zu Wärme- und Schallschutzzwecken in der Regel keine aktivierungsfähigen Sachverhalte dar. Ein neuer Gebäudebestandteil ist auch dann als bisheriger Gebäudebestandteil anzusehen, wenn dieser lediglich deshalb hinzugefügt wird, um bereits eingetretene Schäden zu beseitigen oder einen drohenden Schaden abzuwenden. Ein Beispiel hierfür stellt die Anbringung einer Betonvorsatzschale als Schutz vor einer weiteren Durchfeuchtung des Fundamentes dar.

10.2.3.2 Über den ursprünglichen Zustand hinausgehende Wertverbesserung

Fallen Instandsetzungs- oder Modernisierungsaufwendungen in engem zeitlichen Zusammenhang mit der Anschaffung eines Gebäudes an, sind diese als anschaffungsnahe Aufwendungen den Herstellungskosten zuzurechnen.

Beispiel:
Ein Gebäude mit erheblichem Instandhaltungsrückstand wird aufgrund seiner günstigen Lage von der Gemeinde G als Standort einer Kindertageseinrichtung erworben. Das Gebäude wird instandgesetzt und für den vorgesehenen Zweck hergerichtet.

Ansonsten sind die Instandsetzungs- oder Modernisierungsaufwendungen daraufhin zu prüfen, ob diese zu einer über den ursprünglichen Zustand hinausgehende wesentliche Verbesserung führen. Liegt diese wesentliche Wertverbesserung vor, sind die

Instandsetzungs- oder Modernisierungsaufwendungen als Herstellungskosten zu aktivieren.

Maßgeblich für den ursprünglichen Zustand ist grundsätzlich der Zustand des Gebäudes im Zeitpunkt der Herstellung und Anschaffung. Dieser ist zu vergleichen mit dem Zustand, in den das Gebäude durch die Instandsetzungs- oder Modernisierungsaufwendungen versetzt wurde. Dies gilt natürlich nicht, wenn die ursprünglichen Anschaffungs- oder Herstellungskosten verändert wurden (z. B. durch nachträgliche Anschaffungs- oder Herstellungskosten). Anstelle des ursprünglichen Zustands tritt dann der Zustand, der für die Abschreibung maßgebend ist.

Beispiel:
Ursprünglich wurde ein Verwaltungsgebäude mit einem einfachen kleinen Regenschutzdach im Eingangsbereich ausgestattet. Aufgrund der Nutzung zu Repräsentationszwecken wurde das Regenschutzdach im Eingangsbereich zwei Jahre später zur Erhöhung des Erscheinungsbildes durch eine aufwendige Marmor-Aluminium-Glaskonstruktion ersetzt. Aufgrund schlechter Verarbeitung ist die neue Konstruktion baufällig und wird vollständig erneuert. Maßgeblich ist der Zustand zwei Jahre später, also mit der aufwendigen Marmor-Aluminium-Glaskonstruktion, der jetzigen Veränderung. Es ergibt sich keine über den ursprünglichen Zustand hinausgehende wesentliche Verbesserung; demzufolge ist die Erneuerung Instandsetzungsaufwand, der nicht aktivierungsfähig ist. Bei einem Vergleich der jetzigen Veränderung mit dem einfachen kleinen Regenschutzdach hätte sich dagegen eine über den ursprünglichen Zustand hinausgehende wesentliche Verbesserung ergeben.

Bei Immobilien liegt eine wesentliche Verbesserung vor, wenn der Gebrauchswert des Gebäudes wesentlich erhöht wird. Hierbei ist von einem ordnungsgemäßen Zustand auszugehen, so dass Instandhaltungsrückstände bei der Beurteilung nicht einzubeziehen sind. Vielmehr muss es sich um eine über zeitgemäße substanzerhaltende Erneuerung hinausgehende Instandsetzungs- oder Modernisierungsmaßnahme handeln.

Zu wesentlichen Verbesserungen zählen eine deutliche Erhöhung des Gebrauchswertes und die Schaffung einer erweiterten Nutzungsmöglichkeit für die Zukunft. Die erweiterte Nutzungsmöglichkeit kann zum einen in einer erheblichen Verlängerung der Nutzungsdauer liegen, wobei Bauteile, die die Nutzungsdauer des Gebäudes bestimmen (z. B. das Fundament), erneuert werden. Zum anderen kann die erweiterte Nutzungsmöglichkeit auch in einer wesentlichen zukunftsorientierten Umgestaltung (z. B. Entkernung eines Gebäudes mit einer anschließenden Neugestaltung) liegen. Von einer deutlichen Erhöhung des Gebrauchswertes ist auszugehen, wenn eine Standardverbesserung erfolgt. Hierbei kann eine Standardverbesserung

- von einem sehr einfachen auf einen mittleren Standard oder
- von einem mittleren auf einen sehr anspruchsvollen Standard

erfolgen.

Ein sehr einfacher Standard liegt vor, wenn die zentralen Ausstattungsmerkmale nur im nötigen Umfang oder in einem technisch überholten Zustand vorhanden sind. Ein mittlerer Standard besteht, wenn die zentralen Ausstattungsmerkmale durchschnittlichen und selbst höheren Ansprüchen genügen. Der sehr anspruchsvolle Standard beinhaltet nicht nur die optimale zweckmäßige Ausstattung, vielmehr kommt hierbei noch die Verwendung außergewöhnlich hochwertiger Materialien hinzu.

Die Standardverbesserung konkretisiert sich anhand von Verbesserungen bei zentralen Ausstattungsmerkmalen. Der Standard bezieht sich auf die Eigenschaften der Vermögensnutzung. Wesentliche Ausstattungsmerkmale bei Wohnungen sind vor allem Umfang und Qualität der Zentralgewerke Heizungs-, Sanitär- und Elektroinstallationen sowie der Fenster. Durch die Formulierung „vor allem" ist die Berücksichtigung anderer Gewerke als zentrale Ausstattungsmerkmale möglich. Denkbar sind hier ganzheitliche Wärmedämmungsmaßnahmen am Gebäude oder die Erweiterung der Funktionalität einer vorhandenen Zentralheizung um eine Warmwasserbereitung. Fußböden und Türen stellen dagegen in der Regel keine Verbesserung der zentralen Ausstattungsmerkmale dar.

Für die Aktivierung als Herstellungskosten im Rahmen der Standardverbesserung wird konkretisiert, dass eine Verbesserung von mindestens drei Bereichen der zentralen Ausstattungsmerkmale erfolgen muss oder in Verbindung mit einer aktivierungsfähigen Herstellungsmaßnahme mindestens zwei Bereiche der zentralen Ausstattungsmerkmale verbessert werden müssen.

Beispiel:
Die Gemeinde G ist Eigentümerin eines 1930 erbauten Verwaltungsgebäudes, an der seit 1980 keine größeren Renovierungen und Reparaturen mehr vorgenommen wurden. Teilweise sind Räumlichkeiten an kleinere Firmen vermietet. Die Gemeinde lässt das Gebäude renovieren. Hierbei wurden folgende Arbeiten durchgeführt: Neueindeckung des Daches, Austausch der Einfachverglasung gegen Isolierverglasung, Neuverputzung der Fassade mit ganzheitlicher Gebäudewärmedämmung, Erneuerung der Elektro- und Sanitäranlagen und Ersatz der Nachtspeicherheizungen durch eine Gaszentralheizung. Die Sanierungsaufwendungen stellen aufgrund der Verbesserung von mindestens drei Ausstattungsmerkmalen eine Standardverbesserung dar, die zu einer Aktivierungsfähigkeit der Sanierungskosten als Herstellungskosten führt.

Teilen sich Aufwendungen für Baumaßnahmen planmäßig über mehrere Haushaltsjahre auf („Sanierung in Raten"), wobei diese für sich jeweils noch keine wesentliche Verbesserung darstellen, bildet den Maßstab für die Aktivierungsfähigkeit die Gesamtmaßnahme. Führt diese insgesamt zu einer Hebung des Standards, liegt für die Gesamtmaßnahme eine Aktivierungsfähigkeit vor. Zeitlich ist von einer „Sanierung in Raten" auszugehen, wenn die Maßnahmedurchführung innerhalb von fünf Jahren durchgeführt wird.

10.2.3.3 Zusammentreffen von Herstellungskosten und Erhaltungsaufwendungen

Fallen im Rahmen einer umfassenden Instandsetzungs- und Modernisierungsmaßnahme Arbeiten zur Erweiterung des Gebäudes bzw. über eine zeitgemäße substanzerhaltende Erneuerung hinausgehende Maßnahmen mit Erhaltungsarbeiten zusammen, sind die hierauf jeweils entfallenden Aufwendungen in Herstellungs- und Erhaltungsaufwendungen aufzuteilen. Dies gilt auch, wenn sie einheitlich in Rechnung gestellt wurden. Können sie nicht eindeutig anhand der Rechnung aufgeteilt werden, hat eine Schätzung zu erfolgen.

Aufwendungen, die mit beiden Aufwendungsarten im Zusammenhang stehen, z. B. eine für die Gesamtmaßnahme übertragene Bauleitung oder Aufwendungen für Absperrmaßnahmen durch Bauzäune, sind entsprechend dem Verhältnis von Herstellungs- und Erhaltungsaufwendungen diesen zuzuordnen.

Fallen Aufwendungen für eine Vielzahl von Einzelmaßnahmen an, die für sich genommen teilweise Herstellungs- und teilweise Erhaltungsaufwendungen darstellen, sind diese insgesamt als Herstellungskosten zu beurteilen, soweit die Arbeiten im engen sachlichen Zusammenhang stehen.

Ein sachlicher Zusammenhang in diesem Sinne liegt vor, wenn die einzelnen Baumaßnahmen – die sich auch über mehrere Jahre erstrecken können – bautechnisch ineinandergreifen. Ein bautechnisches Ineinandergreifen ist gegeben, wenn die Erhaltungsarbeiten

- Vorbedingung für die Schaffung des betriebsbereiten Zustandes,
- Vorbedingung für die Herstellungsarbeiten oder
- durch bestimmte Herstellungsarbeiten veranlasst (verursacht) worden sind.

Beispiel 1:
Um einen Anbau an ein vorhandenes Verwaltungsgebäude vornehmen zu können, sind zunächst Ausbesserungsarbeiten an den Fundamenten des vorhandenen Gebäudes notwendig.

Beispiel 2:
Im Dachgeschoss eines mehrgeschossigen Wohngebäudes, das als Asylheim genutzt wird, werden erstmals Bäder eingebaut. Diese Herstellungsarbeiten machen das Verlegen von größeren Fallrohren bis zum Anschluss an das öffentliche Abwassernetz erforderlich. Die hierdurch entstandenen Aufwendungen sind ebenso wie die Kosten für die Beseitigung der Schäden, die durch das Verlegen der größeren Fallrohre in den Badezimmern der darunterliegenden Stockwerke entstanden sind, den Herstellungskosten zuzurechnen.

Von einem bautechnischen Ineinandergreifen ist nicht allein deswegen auszugehen, weil solche Herstellungsarbeiten zum Anlass genommen werden, auch sonstige anstehende Renovierungsarbeiten vorzunehmen. Allein die gleichzeitige Durchführung der Arbeiten, z. B. um die mit den Arbeiten verbundenen Unannehmlichkeiten abzukürzen, reicht für einen solchen sachlichen Zusammenhang nicht aus. Ebenso wird ein sachlicher Zusammenhang nicht dadurch hergestellt, dass die Arbeiten unter dem Gesichtspunkt der rationellen Abwicklung eine bestimmte zeitliche Abfolge der einzelnen Maßnahmen erforderlich machen, die Arbeiten aber ebenso unabhängig voneinander hätten durchgeführt werden können.

Beispiel 1:
Wie das vorherige Beispiel, jedoch werden die Arbeiten in den Bädern der übrigen Stockwerke zum Anlass genommen, diese Bäder vollständig neu zu verfliesen und neue Sanitäranlagen einzubauen. Diese Modernisierungsarbeiten greifen mit den Herstellungsarbeiten (Verlegung neuer Fallrohre) nicht bautechnisch ineinander. Die Aufwendungen führen daher zu Erhaltungsaufwendungen. Die einheitlich in Rechnung gestellten Aufwendungen für die Beseitigung der durch das Verlegen der größeren Fallrohre entstandenen Schäden und für die vollständige Neuverfliesung sind dementsprechend in Herstellungs- und Erhaltungsaufwendungen aufzuteilen.

Beispiel 2:
Durch das Aufsetzen einer Dachgaube wird die nutzbare Fläche des Gebäudes geringfügig vergrößert. Diese Maßnahme wird zum Anlass genommen, gleichzeitig das alte, schadhafte Dach neu einzudecken. Die Erneuerung der gesamten Dachziegel steht insoweit nicht in einem bautechnischen Zusammenhang mit der Erweiterungsmaßnahme. Die Aufwendungen für Dachziegel, die zur Deckung der neuen Gauben verwendet werden, sind Herstellungskosten, die Aufwendungen für die übrigen Dachziegel sind Erhaltungsaufwendungen.

Beispiel 3:
Aufgrund der Erweiterung einer Feuerwache erhält das Gebäude zusätzliche Fenster. Hiermit verbunden wird die Einfachverglasung der bereits vorhandenen Fenster durch Isolierverglasung ersetzt. Die Erneuerung der bestehenden Fenster ist nicht durch die Erweiterungsmaßnahme und das Einsetzen der zusätzlichen Fenster veranlasst, greift daher bautechnisch nicht mit diesen Maßnahmen ineinander. Nur die Kosten für die zusätzlichen Fenster stellen Herstellungsaufwendungen dar. Die auf die Fenstererneuerung entfallenden Aufwendungen stellen dagegen Erhaltungsaufwendungen dar.

10.2.3.4 Übungen

Sachverhalt Nr. 6 (Erweiterung eines Vermögensgegenstandes):

Geschäftsvorfälle	
1.	Anbringen einer zusätzlichen Verkleidung zu Wärme- und Schallschutzzwecken an einer Schule
2.	Ersatz eines Flachdaches durch ein Spitzdach, wodurch eine zusätzliche Nutzfläche geschaffen wird
3.	Erweiterung der Funktionalität einer Zentralheizungsanlage um eine Warmwasserbereitung
4.	Erstmaliger Einbau einer Alarmanlage
5.	Anbau eines Balkons
6.	Ersatz eines Flachdaches durch ein Satteldach; die nutzbare Fläche bzw. die Nutzungsmöglichkeit wird nicht erweitert
7.	Erweiterung des Gebäudes um einen Windfang-Vorbau
8.	Vergrößern eines bereits vorhandenen Fensters
9.	Im Rathaus wird erstmalig ein Kamin eingebaut
10.	Versetzen von einigen Wänden für neue Raumzuschnitte des Amtsleiter- und Vorzimmerbüros
11.	Zur Vermeidung von Wasserschäden durch Niederschläge an der rissigen Fassade einer Kindertagesstätte wird die Wandfläche mit einer einfachen Dachüberbauung geschützt

Aufgabe:
Prüfen Sie, ob es sich um Herstellungskosten oder Erhaltungsaufwand handelt.

Lösungen:
1. Grundsätzlich stellt dies Erhaltungsaufwand dar, da keine Substanzmehrung entsteht. Es handelt sich vielmehr um die Anpassung an den aktuellen bautechnischen Standard. Eine Ausnahme könnte lediglich darin bestehen, dass für die Verkleidung besonders hochwertige Materialien verwendet wurden.
2. Aufgrund der Schaffung einer zusätzlichen Nutzfläche handelt es sich um Substanzmehrung, so dass Herstellungsaufwand vorliegt.
3. Die Erweiterung der Funktionalität einer Zentralheizungsanlage um eine Warmwasserbereitung stellt Erhaltungsaufwand dar, da keine Substanzmehrung entsteht. Es handelt sich vielmehr um die Anpassung an den aktuellen Ausstattungsstandard.
4. Der Einbau einer Alarmanlage stellt eine Substanzmehrung dar, so dass Herstellungsaufwand vorliegt.
5. Der Anbau eines Balkons stellt eine Substanzmehrung dar, so dass Herstellungsaufwand vorliegt.
6. Durch den Wechsel von einem Flachdach auf ein Satteldach allein entsteht nur Erhaltungsaufwand. Da keine Erweiterung der Fläche oder Nutzungsmöglichkeit vorliegt, stellt dies keine Substanzmehrung dar.

7. Ein Windfang-Vorbau stellt eine Substanzmehrung am Gebäude dar, so dass Herstellungsaufwand vorliegt.
8. Die Vergrößerung eines Fensters bedingt keine Substanzmehrung, so dass Erhaltungsaufwand vorliegt.
9. Der Einbau eines Kamins stellt eine Substanzmehrung dar, so dass Herstellungsaufwand vorliegt.
10. Das Versetzen von Wänden für neue Raumzuschnitte stellt keine Substanzmehrung dar, es handelt sich somit um Erhaltungsaufwand.
11. Die Dachüberbauung erfolgte lediglich zu dem Zweck, die rissige Fassade vor möglichen Wasserschäden zu schützen. Der neue Gebäudebestandteil hat keinerlei eigene Funktion, sondern erfüllt lediglich die Funktion des bisherigen Gebäudebestandteils als Ergänzung in vergleichbarer Weise.

Sachverhalt Nr. 7
(Über den ursprünglichen Zustand hinausgehende Verbesserungen):

Geschäftsvorfälle	
1.	Es werden unterlassene Instandhaltungen an einem Schulgebäude nachgeholt (Fassadenausbesserung, Prüfung und Reparatur sämtlicher Fenster, neuer Anstrich, Austausch defekt gewordener Sanitäranlagen).
2.	Der einfach geputzte Vorbau des Rathauses wird zur Erhöhung des Erscheinungsbildes durch eine Marmor-Aluminium-Glas-Konstruktion ersetzt.
3.	Im Rahmen der Nachholung versäumter Instandhaltungsmaßnahmen werden die Nachspeicherheizungen durch eine Zentralheizung ersetzt. Des Weiteren werden die sanitären Anlagen durchgängig modernisiert. Die noch zweiphasigen Elektroinstallationen werden durch dreiphasige Installationen ersetzt. Außerdem werden die einfachverglasten Fenster durch Isolierfenster ersetzt. Der Mietwert der städtischen Immobilie kann um 4 € je qm erhöht werden.
4.	Ein marodes Fundament wird durch ein Neues ersetzt; die Lebensdauer des Gebäudes erhöht sich hierdurch um 20 Jahre.
5.	Um die veränderten gesetzlichen Anforderungen an die Raumgrößen für Kindertageseinrichtungen zu erfüllen, werden zahlreiche Wände in der Kita entfernt und die Gruppenräume baulich völlig neu gestaltet.
6.	Ein Verwaltungsgebäude aus den 1960er Jahren wird entkernt und durchweg mit Einzelbüros und Allraumflächen (großzügig angelegter Besucherbereich) bürgerorientiert gestaltet.
7.	Das baulich sehr einfach erstellte Rathaus aus den 1950er Jahren erfährt im Rahmen der erstmaligen Instandsetzung durch Einbau hochwertiger Materialien eine Luxussanierung.
8.	Im Rahmen eines Schulanbaus an eine Schule aus den 1950er Jahren werden am alten Gebäude die einfach verglasten Fenster durch Isolierfenster sowie sämtliche zweiphasigen Elektroinstallationen durch dreiphasige Installationen ersetzt.

Aufgabe:
Prüfen Sie, ob es sich um Herstellungskosten oder Erhaltungsaufwand handelt.

Lösungen:
1. Selbst ein quantitativ gehäuft anfallender Erhaltungsaufwand stellt keine über den ursprünglichen Zustand hinausgehende Verbesserung dar, so dass Erhaltungsaufwand vorliegt.
2. Aufgrund hochwertiger Materialien und einer besonderen baulichen Gestaltung liegt eine wesentliche Verbesserung gegenüber dem ursprünglichen Zustand vor, so dass es sich um Herstellungsaufwand handelt.
3. Durch die Verbesserung von mehr als drei zentralen Ausstattungsmerkmalen hat sich eine Standardverbesserung ergeben. Hierdurch sind die erfolgten Sanierungsmaßnahmen als Herstellungskosten aktivierungsfähig.
4. Es wurden für die Lebensdauer des Gebäudes bestimmende Bauteile erneuert. Die Lebensdauer wurde deutlich erhöht, so dass hierdurch Herstellungsaufwand entstanden ist.
5. Aufgrund der Neugestaltung im Rahmen der Anpassung an gesetzliche Raumgrößen liegt eine wesentliche Verbesserung über den ursprünglichen Zustand hinaus vor. Es ist somit Herstellungsaufwand entstanden.
6. Durch die Entkernung des Gebäudes und der räumlichen Neugestaltung liegt eine wesentliche Verbesserung vor, so dass Herstellungsaufwand entstanden ist.
7. Durch den Einbau hochwertiger Materialien, die nicht nur Anforderungen hinsichtlich der Zweckmäßigkeit erfüllen, ergibt sich eine wesentliche Verbesserung des sehr einfach erstellten Rathauses, so dass die Instandsetzungsmaßnahme aktivierungsfähig ist.
8. Im Rahmen des Schulanbaus erfolgt eine Herstellungsmaßnahme. Daneben erfolgen durch zwei weitere zentrale Gewerke Verbesserungen der Ausstattungsstandards. Für die Aktivierung als Herstellungskosten im Rahmen der Standardverbesserung gilt, dass in Verbindung mit einer aktivierungsfähigen Herstellungsmaßnahme mindestens zwei Bereiche der zentralen Ausstattungsmerkmale verbessert werden müssen. Demnach ist die gesamte Maßnahme als Herstellungskosten aktivierbar.

Sachverhalt Nr. 8
(Zusammentreffen von Herstellungskosten und Erhaltungsaufwendungen):

Geschäftsvorfälle	
1.	Im Rahmen der Schulbausanierung entstehen Kosten von 1 Mio. €. Das beauftragte Unternehmen erstellt eine Rechnung i. H. v. 1 Mio. €, obwohl die Auftragskalkulation des Hochbauamtes neben dem überwiegenden Sanierungsaufwand auch Kosten für einen Anbau in Höhe von 200.000 € vorsah.
2.	Zwei Gebäude eines Schulzentrums werden durch einen Verbindungstrakt für 300.000 € erweitert; hierzu sind Ausbesserungsarbeiten i. H. v. 50.000 € am bestehendem Fundament der beiden Gebäude erforderlich.

Geschäftsvorfälle	
3.	Im Verwaltungsgebäude werden in den Obergeschossen für 50.000 € erstmalig Besuchertoiletten eingerichtet. Hierzu ist es erforderlich, größere Fallrohre in der bestehenden Besuchertoilette im Erdgeschoss zu verlegen. Hierfür werden 2.000 € in Rechnung gestellt; des Weiteren werden 3.000 € fällig, um im Rahmen der Verlegung des Fallrohrs entstandene Schäden in der bestehenden Besuchertoilette zu beseitigen.
4.	Gleicher Sachverhalt wie zuvor; zusätzlich wird die Besuchertoilette im Erdgeschoss für 7.000 € durch Neuverfliesung und neue Sanitäranlagen modernisiert.
5.	Es ist erforderlich, ein Schuldach neu einzudecken. Im Rahmen dieser Maßnahme wird eine Solaranlage installiert. Die Gesamtrechnung lautet auf 19.000 €, wobei 10.000 € auf die Installation der Solaranlage fallen.
6.	Im Rahmen einer Schulbauerweiterung wird der Einbau von sechs neuen Fenstern erforderlich. Gleichzeitig werden die 18 aus Einfachverglasung bestehenden Fenster gleicher Art und Größe des Altbaus durch Fenster mit Isolierverglasung ausgetauscht. Die Rechnung beträgt insgesamt 12.000 €.

Aufgabe:
Ermitteln Sie die aktivierungsfähigen Herstellungskosten sowie die ergebniswirksamen Erhaltungsaufwendungen und begründen Sie Ihre Entscheidung.

Lösungen:
1. Eine gemeinsame Rechnung für Erhaltungs- und Herstellungsaufwand ist sachgerecht zu trennen. Hier waren für den Anbau 200.000 € Herstellungskosten vorgesehen, so dass diese entsprechend zu buchen sind. Die restlichen 800.000 € stellen Erhaltungsaufwand dar.
2. Die Ausbesserungsarbeiten am Fundament sind durch den Neubau begründet, es besteht somit ein unmittelbarer bautechnischer Zusammenhang mit der Herstellungsmaßnahme. Die 350.000 € stellen daher insgesamt Herstellungsaufwand dar.
3. Die entstandenen Schäden sind durch die Neuinstallation bedingt, es besteht somit ein unmittelbarer bautechnischer Zusammenhang des Erhaltungsaufwands mit der Herstellungsmaßnahme. Die 55.000 € stellen somit insgesamt Herstellungsaufwand dar.
4. Hier steht der Erhaltungsaufwand nicht im unmittelbaren bautechnischen Zusammenhang mit der Herstellungsmaßnahme, so dass die 7.000 € Erhaltungsaufwand darstellen und es bei 55.000 € Herstellungsaufwand bleibt.
5. Das Eindecken des Daches steht nicht im unmittelbaren bautechnischen Zusammenhang mit der Herstellungsmaßnahme einer Solaranlage, so dass die 9.000 € für das Eindecken des Daches Erhaltungsaufwand und die 10.000 € für die Substanzmehrung um eine Solaranlage Herstellungsaufwand darstellen.
6. Die Fenster für die Schulbauerweiterung stellen Herstellungsaufwand in Höhe von 3.000 € dar. Der Austausch der vorhandenen Fenster stellt eine Anpassung an den aktuellen bautechnischen Standard dar, eine Substanzmehrung bzw. eine Verbesserung über den ursprünglichen Zustand hinaus liegt somit nicht vor. Der Austausch

der vorhandenen Fenster ist auch nicht unmittelbar durch die Schulbauerweiterung und dem dortigen Fenstereinbau bedingt. Die 9.000 € für den Fensteraustausch stellen somit Erhaltungsaufwand dar.

10.2.4 Bilanzierungsgrundsätze

§ 37 KomHVO benennt die für die kommunale Haushaltswirtschaft wichtigsten allgemeinen Bewertungsgrundsätze für die Bewertung der Vermögensgegenstände und Verbindlichkeiten.

10.2.4.1 Bilanzidentität

Die im Rahmen eines Jahresabschlusses ermittelten Bilanzansätze müssen immer mit den Bilanzansätzen zu Beginn des folgenden Haushaltsjahres übereinstimmen. Hieraus ergibt sich die Verpflichtung, die formelle Übereinstimmung (Bilanzposten) sowie die materielle Übereinstimmung (Bilanzwerte) sicherzustellen.

10.2.4.2 Einzelbewertung

Nach § 37 Abs. 1 Nr. 1 KomHVO sind Vermögensgegenstände und Verbindlichkeiten grundsätzlich einzeln zu erfassen und zu bewerten. Ausnahmen hiervon ergeben sich aus folgenden Vereinfachungsverfahren:

- Festwertbewertung[15] nach § 32 Abs. 4 KomHVO i. V. m. Nr. 4.2 BewertRL und
- Gruppenbewertung[16] nach § 32 Abs. 3 KomHVO i. V. m. Nr. 4.2.3 BewertRL.

Im Rahmen des Bewertungsvereinfachungsverfahrens nach § 39 KomHVO kann – soweit es den Grundsätzen ordnungsmäßiger Buchführung entspricht – für den Wertansatz gleichartiger Vermögensgegenstände des Vorratsvermögens unterstellt werden, dass die zuerst oder die zuletzt angeschafften oder hergestellten Vermögensgegenstände zuerst oder in einer sonstigen bestimmten Folge verbraucht oder veräußert worden sind.

10.2.4.3 Vorsichtsprinzip

Nach § 37 Abs. 1 Nr. 2 KomHVO gilt für das Vermögen, dass im Rahmen des Niederstwertprinzips die Bewertung vorsichtig, wirklichkeitsgetreu – unter Berücksichtigung aller vorhersehbaren Wertminderungen, die bis zum Bilanzstichtag entstanden sind – durchgeführt werden muss. Dies gilt im Rahmen der Wertaufhellung auch dann, wenn

15 Siehe ausführlich Kap. 10.1.2.
16 Siehe ausführlich Kap. 10.1.3.

die bis zum Bilanzstichtag entstandenen Wertminderungen erst zwischen dem Abschlussstichtag und dem Tag der Aufstellung des Jahresabschlusses bekanntgeworden sind. Risiken und (Wert-)Verluste, für deren Verwirklichung im Hinblick auf die besonderen Verhältnisse der öffentlichen Haushaltswirtschaft nur eine geringe Wahrscheinlichkeit spricht, bleiben außer Betracht.

Beispiel:
Die Gemeinde G unterhält für ihre Fahrzeuge auf dem Betriebshof eine eigene Tankstelle. Aufgrund des sinkenden Dollarkurses sind die Preise für Benzin erheblich gesunken. Im Rahmen der Bilanzierung hat die Gemeinde G den am Bilanzstichtag bestehenden niedrigeren Wert des Benzins zu berücksichtigen.

Dagegen gilt für Wertsteigerungen, dass diese am Abschlussstichtag realisiert sein müssen. Im Rahmen des Anschaffungswertprinzips bilden die Anschaffungskosten, insbesondere bei Zuschreibungen, wertmäßig die Obergrenze für den Bilanzansatz. Auch Gewinne sind nur zu berücksichtigen, wenn sie am Abschlussstichtag realisiert sind.

Beispiel:
Gleicher Sachverhalt wie beim vorherigen Beispiel. Bei der Bilanzierung im Folgejahr liegt der Wert für Benzin am Bilanzstichtag jedoch weit über den Anschaffungskosten. Aufgrund des Anschaffungswertprinzips kann der Bilanzansatz nur bis zur Höhe des Wertes der Anschaffung erfolgen. Darüber hinausgehende Wertsteigerungen dürfen nicht im Bilanzansatz berücksichtigt werden.

Regelungen für den Bereich der Verbindlichkeiten wurden im Gesetzestext nicht getroffen. Hier gilt im Rahmen des Vorsichtsprinzips das Höchstwertprinzip, wonach die höchstmögliche Verbindlichkeitenverpflichtung zu berücksichtigen ist.

Beispiel:
Die Gemeinde G hat aufgrund des stabilen Wechselkurses des Schweizer Franken zum Euro und der günstigen Zinskonditionen in der Schweiz ein Kommunaldarlehen in Schweizer Franken aufgenommen. Der Wechselkurs des Euro zum Schweizer Franken verschlechtert sich erheblich. Danach muss die Gemeinde G in ihrer Bilanz auf der Grundlage des verschlechterten Wechselkurses einen höheren Stand ihrer Kreditverbindlichkeiten ausweisen.

Des Weiteren gehört inhaltlich zum Vorsichtsprinzip, dass nur realisierte Erträge ausgewiesen werden dürfen (Realisationsprinzip).

Beispiel:
Eine ertragswirksame Buchung von Gebühren kann erst nach dem Realisationsakt „Bescheidversendung" erfolgen.

Andererseits sind bereits für wahrscheinlich entstehende Verpflichtungen Rückstellungen zu bilden (Imparitätsprinzip).

Beispiel:
Eine Gebührensatzung der Gemeinde A wurde in letzter Instanz für nichtig erklärt, weil in der Kalkulation der Gebühren bestimmte Kosten nicht ansatzfähig sind. Die zuviel erhobenen Gebühren hat die Gemeinde A den Gebührenzahlern zu erstatten. Die Gemeinde G hat die gleichen Kosten in ihrer Kalkulation berücksichtigt. Es ist wahrscheinlich, dass in einem Klageverfahren auch die Gebührensatzung der Gemeinde G für nichtig erklärt wird und eine Gebührenerstattung erfolgen muss. Aufgrund dieser wahrscheinlich entstehenden Verpflichtung hat die Gemeinde G in Höhe der zu erstattenden Gebühren eine Rückstellung zu bilden.

10.2.4.4 Periodisierungsprinzip

Nach § 37 Abs. 1 Nr. 3 KomHVO sind im Haushaltsjahr die entstandenen Aufwendungen und erzielten Erträge unabhängig von den Zeitpunkten der entsprechenden Zahlung im Jahresabschluss zu berücksichtigen.[17]

10.2.4.5 Stetigkeit der Bewertungsmethode

Nach § 37 Abs. 1 Nr. 4 KomHVO sollen die auf den vorhergehenden Jahresabschluss angewandten Bewertungsmethoden beibehalten werden. Das bedeutet, dass die einmal im Rahmen der Abschreibungsplanung bei der Anschaffung oder Herstellung festgelegten Bewertungs- und Abschreibungsmethoden für jeden Vermögensgegenstand grundsätzlich bindend sind. Ein späterer Wechsel der festgelegten Methoden ist ohne besonderen Grund nicht zulässig. Die Stetigkeit der Bewertungsmethode gilt auch für die im Neuen Kommunalen Haushaltsrecht vorgesehene kommunale Abschreibungstabelle (siehe Anlage 1 zur BewertRL).

Für die Ermittlung der Höhe der Abschreibungen ist grundsätzlich die betriebsgewöhnliche Nutzungsdauer maßgeblich, die auf der Grundlage von Erfahrungswerten und unter Berücksichtigung der Beschaffenheit und Nutzung des Vermögensgegenstandes zu bestimmen ist. Dabei kann im Regelfall nach Nr. 4.1 Buchst. f BewertRL von den in der Abschreibungstabelle ausgewiesenen Nutzungsdauern ausgegangen werden (Anlage 1 zur BewertRL). Nach dieser Tabelle sind die Abschreibungen in der Bilanz zu berücksichtigen, soweit das Anlagevermögen der Kommune während seiner Nutzung einer Wertminderung unterliegt. Aufgrund der Vorgabe der Abschreibungsmethoden wird die Bestimmung der jeweiligen Nutzungsdauer vorgenommen. Durch die Festlegung der Nutzungsdauer eines abnutzbaren Vermögensgegenstandes, der bei einer linearen Abschreibung der Abschreibungsdauer entspricht, wird die Höhe der jährlichen Abschreibungsraten – der jahresbezogene Aufwand – stetig bestimmt. Abweichende Festlegungen sollten nach Nr. 4.1 Buchst. f BewertRL begründet werden.

---

17 Das Periodisierungsprinzip wird in Kap. 22 („Jahresabschluss“) dargestellt.

Beispiel:
In der kommunalen Abschreibungstabelle ist vorgesehen, Feuerwachen (Sonstige Gebäude) über 40 bis 70 Jahre abzuschreiben. Man hat sich für eine Nutzungsdauer von 40 Jahren entschieden. Aus Ergebnis bezogenen Erwägungen soll im Jahre 2021 die Abschreibungsdauer auf 50 Jahre „gestreckt“ werden. Ab 2025 soll wieder die Nutzung über 40 Jahre gelten. Grundsätzlich erfolgt im Rahmen der Abschreibungsplanung eine einmalige Festlegung der Abschreibungskomponenten. Ein einmaliger begründeter Wechsel im Rahmen einer besseren Abbildung des tatsächlichen Ressourcenverbrauchs wäre noch begründbar. Der nochmalige geplante Wechsel auf die ursprüngliche Abschreibungsdauer ist aus Gründen der Stetigkeit der Bewertungsmethode nicht zulässig.

10.2.4.6 Vollständigkeit

Nach den Grundsätzen ordnungsmäßiger Buchführung sind im Rahmen der Bilanzierung grundsätzlich sämtliches Vermögen und sämtliche Verbindlichkeiten zu bilanzieren (§ 34 Abs. 1 KomHVO). Maßstab für die Vermögensbilanzierung ist, dass der Kommune das wirtschaftliche Eigentum zuzurechnen ist. Einschränkungen hinsichtlich des Vollständigkeitsgrundsatzes ergeben sich nur auf der Grundlage der Ausübung von eingeräumten Wahlrechten oder Bilanzierungsverboten (z. B. selbstgeschaffenes immaterielles Vermögen).

10.2.4.7 Saldierungsverbot

Nach § 34 KomHVO i. V. m. Nr. 2.2 BewertRL sind in der Bilanz das Anlage- und das Umlaufvermögen, das Eigenkapital, die Rückstellung und die Verbindlichkeiten sowie die Rechnungsabgrenzungsposten gesondert und die Sonderposten zwischen Eigenkapital und Rückstellungen auszuweisen. Daher dürfen die Werte der Vermögensgegenstände nicht mit erhaltenen Investitionsförderungen (aktivische Minderung), erhaltenen Beiträgen oder selbstständig zu bewertenden Schulden verrechnet werden.

10.3 Die Posten der kommunalen Bilanz

Die kommunale Bilanz unterscheidet sich von der handelsrechtlichen Bilanz insbesondere dadurch, dass neben der Vermögensart auch die kommunale Vermögensverwendung in ihren bedeutenden Bereichen abgebildet werden soll. Nachfolgend findet sich die Mindestgliederung der kommunalen Musterbilanz nach § 46 KomHVO i. V. m. Anlage 17 der Muster zum NKHR:

AKTIVA	**PASSIVA**
1. Anlagevermögen	1. Eigenkapital
1.1 Immaterielle Vermögensgegenstände	1.1 Rücklagen
1.2 Sachanlagevermögen	Rücklagen aus der Eröffnungsbilanz
1.2.1 Unbebaute Grundstücke und grundstücksgleiche Rechte	Rücklagen aus Überschüssen des ordentlichen Ergebnisses
1.2.2 Bebaute Grundstücke und grundstücksgleiche Rechte	Rücklagen aus Überschüssen des außerordentlichen Ergebnisses
1.2.3 Infrastrukturvermögen	1.2 Sonderrücklagen
1.2.4 Bauten auf fremdem Grund und Boden	1.3 Fehlbetragsvortrag
1.2.5 Kunstgegenstände, Kulturdenkmäler	1.4 Jahresergebnis (Jahresüberschuss/Jahresfehlbetrag)
1.2.6 Maschinen und technische Anlagen, Fahrzeuge	2 Sonderposten
1.2.7 Betriebsvorrichtungen, Betriebs- und Geschäftsausstattung, Nutzpflanzungen und Nutztiere	2.1 Sonderposten aus Zuweisungen
1.2.8 Geleistete Anzahlungen, Anlagen im Bau	2.2 Sonderposten aus Beiträgen
1.3 Finanzanlagevermögen	2.3 Sonderposten für den Gebührenausgleich
1.3.1 Anteile an verbundenen Unternehmen	2.4 Sonderposten aus Anzahlungen
1.3.2 Beteiligungen	2.5 Sonstige Sonderposten
1.3.3 Sondervermögen	3. Rückstellungen
1.3.4 Ausleihungen	3.1 Rückstellungen für Pensionen und Beihilfen
1.3.5 Wertpapiere	3.2 Rückstellungen für die Rekultivierung und Nachsorge von Abfalldeponien
2. Umlaufvermögen	3.3 Rückstellungen für die Sanierung von Altlasten
2.1 Vorräte	3.4 Rückstellungen für unterlassene Instandhaltungen
2.2 Öffentlich-rechtliche Forderungen	3.5 Sonstige Rückstellungen
2.2.1 Öffentlich-rechtliche Forderungen aus Dienstleistungen	4. Verbindlichkeiten
2.2.2 Sonstige öffentlich-rechtliche Forderungen	4.1 Anleihen
2.3 Privatrechtliche Forderungen, sonstige Vermögensgegenstände	4.2 Verbindlichkeiten aus Kreditaufnahmen für Investitionen und zu bilanzierende Investitionsförderungsmaßnahmen
2.3.1 Privatrechtliche Forderungen aus Lieferungen und Leistungen	4.3 Verbindlichkeiten aus Liquiditätskrediten
2.3.2 Sonstige privatrechtliche Forderungen	4.4 Verbindlichkeiten aus Vorgängen, die Kreditaufnahmen wirtschaftlich gleichkommen
2.3.3 Sonstige Vermögensgegenstände	4.5 Verbindlichkeiten aus Lieferungen und Leistungen
2.4 Liquide Mittel	4.6 Verbindlichkeiten aus Transferleistungen
2.4.1 Sichteinlagen bei Banken und Kreditinstituten	4.7 Sonstige Verbindlichkeiten
2.4.2 Sonstige Einlagen	5. Passive Rechnungsabgrenzungsposten
2.4.3 Bargeld	
3. Aktive Rechnungsabgrenzungsposten	
4. Nicht durch Eigenkapital gedeckter Fehlbetrag	

10.3.1 Aufwendungen für die Erweiterung des Geschäftsbetriebs

Zu diesem Posten bestehen keine gesetzlichen Regelungen; lediglich die Dokumentation des Modellprojektes[18] in Nordrhein-Westfalen enthält hierzu Ausführungen, die auch auf Sachsen-Anhalt Anwendung finden könnten. Der Bilanzposten „Aufwendungen für die Erweiterung des Geschäftsbetriebs“ ist eine Bilanzierungshilfe. Sie hat die Funktion, dass Aufwendungen, die nicht zu einem aktivierungspflichtigen Vermögensgegenstand führen, trotzdem als aktivierungsfähig angesetzt werden können, um zweckgerichtete Aufwendungen größeren Umfangs auf mehrere Haushaltsjahre zu verteilen und damit den Ergebniseinfluss mit Blick auf den Haushaltausgleich zu mildern. Das Einräumen dieses Aktivierungswahlrechts ermöglicht den Kommunen, in eindeutig abgegrenzten Ausnahmefällen Aufwendungen für neue, zusätzliche Aufgabenfelder (z. B. Verlagerung von Kreisaufgaben auf Gemeinden) auf bis zu vier Rechnungsjahre nach dem Rechnungsjahr ihrer Entstehung durch Abschreibung dieses Postens zu verteilen. Aufgrund des Ausnahmetatbestands wird dieser Posten in der Musterbilanz als Mindestgliederung nicht berücksichtigt; die Bilanz ist aber ggf. verbindlich um diesen Posten zu ergänzen.

Umorganisationen innerhalb der Kommunen (z. B. von der Fach- auf Einheitssachbearbeitung in einem Bürgeramt) oder Erweiterung von bestehenden Aufgabenfeldern (z. B. Intensivierung der Tourismuswerbung oder des Stadtmarketings) fallen dagegen nicht unter die Aufwendungen für die Erweiterung des Geschäftsbetriebes.

Beispiel:
Sämtliche beim Kreis angesiedelten Aufgaben des Kinder- und Jugendhilfegesetzes wurden zu Beginn des Jahres 2024 auf die kreisangehörigen Gemeinden verlagert. Im Rahmen der Aufgabenübernahme entstehen bei der Gemeinde X zusätzliche Personal- und Sachaufwendungen i. H. v. 600.000 €. Die Übernahme wird am 31.12.2024 abgeschlossen. Der Finanzdezernent entscheidet, die Bilanzierungshilfe die zusätzlich entstandenen Aufwendungen für die Erweiterung des Geschäftsbetriebs auf vier Jahresergebnisse zu verteilen.

18 Modellprojekt „Doppischer Kommunalhaushalt in NRW“ (Hrsg.), Neues Kommunales Finanzmanagement: Betriebswirtschaftliche Grundlagen für das doppische Haushaltsrecht, 2., vollst. überarb. Aufl. auf der Basis der Endergebnisse des Modellprojektes, Freiburg 2003, S. 219.

1. Die in Rechnung gestellten Aufwendungen werden zunächst in der Ergebnisrechnung gebucht:

Buchungssatz:	*Aus- und Fortbildungskosten (5261)*	***an***	*Kreditor*	*30.000 €*
	Organisationsgutachten (5291)	***an***	*Kreditor*	*90.000 €*

2. Im Rahmen der Jahresabschlussarbeiten Aktivierung in der Bilanz:

Buchungssatz:	*Aufwendungen für die Erweiterung des Geschäftsbetriebs (0001)*	***an***	*aktivierte Eigenleistungen (4711)*	*600.000 €*

Anmerkung: Mit der Aufnahme in die Bilanz muss auch eine Aufnahme in die Anlagenübersicht erfolgen.

3. Abschreibungen für die Jahre 2025 bis 2028 zu jeweils 25 % von 600.000 €

Buchungssatz, jeweils für die Jahre 2025 bis 2028:	*Abschreibungen auf aktivierte Aufwendungen für die Erweiterung des Geschäftsbetriebs (5711)*	***an***	*Aufwendungen für die Erweiterung des Geschäftsbetriebs (0001)*	*150.000 €*

Im kommunalen Kontierungsplan[19] sollte die Kontenart vor dem Kontenbereich 01 „Immaterielle Vermögensgegenstände" zugeordnet werden, da für die „Aufwendungen für die Erweiterung des Geschäftsbetriebs" entsprechend dem abweichenden Inhalt zur Bilanzposition „Immaterielle Vermögensgegenstände" eine eigene Bilanzposition vorzusehen ist. Aufgrund der Seltenheit von diesbezüglichen Geschäftsvorfällen sollte das Haushaltsrecht im Kontenrahmen hierfür eine eigene Kontenart außerhalb von Kontengruppen in der Kontenklasse 0 vorsehen.

10.3.2 Anlagevermögen

10.3.2.1 Begriffe, allgemeine Grundlagen

10.3.2.1.1 Vermögensgegenstand

Das Haushaltsrecht orientiert sich am kaufmännischen Begriff des Vermögensgegenstandes, für den es keine gesetzliche Definition und auch keine einheitliche Begriffsbestimmung gibt. Einigkeit besteht hinsichtlich der folgenden Merkmale für die Bestimmung als Vermögensgegenstand:

a) Nur Güter mit einem wirtschaftlichen Wert stellen einen Vermögensgegenstand dar.

19 www.statistik.sachsen-anhalt.de\Themen\Kommunales\Kommunaler Haushalt/Doppik.

b) Nach den Grundsätzen ordnungsmäßiger Buchführung – Prinzip der Einzelerfassung bzw. -bewertung – müssen Vermögensgegenstände einzeln verwertbar (veräußerbar) sein.
c) Es muss tatsächliche Verfügungsmacht ausgeübt werden können (wirtschaftliches Eigentum), d. h. dass die Möglichkeit besteht, Dritte auf Dauer von der Nutzung ausschließen zu können.

10.3.2.1.2 Wirtschaftliches Eigentum

Ein Vermögensgegenstand ist nach § 34 Abs. 1 Satz 2 KomHVO i. V. m. Nr. 4.1 BewertRL im Vermögensbestand der Aktivseite der Bilanz zu erfassen, wenn die Kommune wirtschaftliche Eigentümerin ist. Hiermit werden auch im Sinne der Abbildung des Ressourcenverbrauchs analog zum kaufmännischen Rechnungswesen die tatsächlichen wirtschaftlichen Verhältnisse zugrunde gelegt. Wirtschaftliches Eigentum liegt vor, wenn eine eigentumsähnliche wirtschaftliche Sachherrschaft über einen Vermögensgegenstand besteht, wodurch ermöglicht wird, Dritte auf Dauer von der Nutzung auszuschließen.

Der Übergang des wirtschaftlichen Eigentums ist durch den Übergang der Verfügungsmacht sowie von Gefahren und Lasten auf den Erwerber gekennzeichnet. Zumeist fallen rechtliches und wirtschaftliches Eigentum zusammen.

Abweichungen können sich jedoch insbesondere bei Sicherungsübereignung, Eigentumsvorbehalt und Übereignung zu treuen Händen ergeben. Des Weiteren ergeben sich bei Leasing unterschiedliche Zuordnungskonstellationen (siehe Kap. 10.3.2.1.4).

Beispiel 1:
Zur Sicherung eines Arbeitnehmerdarlehens übereignet der Mitarbeiter der Kommune sein Pferd. Privatrechtlich gehört das Pferd der Kommune. Es verbleibt jedoch im Besitz des Mitarbeiters, der eine eigentumsähnliche Sachherrschaft (Nutzung, Pflege, Verfügungsgewalt) ausübt. Das wirtschaftliche Eigentum am Pferd liegt jedoch beim Arbeitnehmer und wird demnach nicht aktiviert.

Beispiel 2:
Beim Erwerb von Büro- und Geschäftsausstattung liefert die beauftragte Firma unter Eigentumsvorbehalt. Zivilrechtlich gehört die Büro- und Geschäftsausstattung bis zur Bezahlung noch dem Verkäufer, ist jedoch schon mit Übergang von Gefahren und Lasten wirtschaftlich dem Käufer zuzurechnen. Aufgrund des wirtschaftlichen Eigentums ist der Erwerb mit der Lieferung zu aktivieren.

Beispiel 3:
Die Stadt errichtet auf eigene Kosten auf einem gepachteten Grundstück ein Asylheim. Sie hat das Recht, das Gebäude jederzeit baulich zu verändern und wieder abzureißen. Sie trägt auch den Werteverzehr des Gebäudes. Nach § 94 BGB ist das Asylheim ein wesentlicher Bestandteil des Grundstücks, so dass es zivilrechtlich dem Grundstückseigentümer zuzuordnen ist. Wirtschaftlich übt die Kommune sämtliche eigentumsähnliche Rechte aus, so dass sie wirtschaft-

licher Eigentümer (Bilanzposten: Gebäude auf fremdem Grund und Boden) ist. Demnach hat eine Aktivierung in der kommunalen Bilanz zu erfolgen.

10.3.2.1.3 Selbstständige Verwertbarkeit

Die selbstständige Verwertbarkeit nach Nr. 4.1 BewertRL knüpft an die Schuldendeckungsfähigkeit an. Danach ist ein Vermögensgegenstand selbstständig verwertbar, wenn er ohne weitergehende Bearbeitung in seinem bestehenden Zustand durch Veräußerung, Belastung oder Nutzung gegenüber Dritten in Liquidität umgewandelt werden kann.

Nicht selbstständig verwertbare Gegenstände werden demnach den zugehörigen und für eine Verwertung notwendigen Bestandteilen zugeordnet.

Beispiel 1:
Die Drehleiter als Bestandteil eines Drehleiterfahrzeugs ist ohne Ausbau nicht zu verkaufen. Demnach wird das Drehleiterfahrzeug einschließlich der Drehleiter als Vermögensgegenstand erfasst.

Beispiel 2:
Anders ist dies bei der Beladung mit feuerwehrtechnischen Geräten bei einem Löschfahrzeug. Die einzelnen Geräte könnten ohne weitergehende Bearbeitung dem Fahrzeug entnommen und einzeln verkauft werden. Demnach sind die auf einem Löschfahrzeug befindlichen feuerwehrtechnischen Geräte einzeln als Vermögensgegenstände zu erfassen. Für weitergehende Ausführungen hinsichtlich Inventur- und Bewertungsvereinfachungen bei diesem Beispiel siehe Kap. 10.1.2 und 10.1.3.

10.3.2.1.4 Leasing

Zum Leasing wird stets einleitend auf ein Grundsatzurteil des Bundesfinanzhofs (BFH) vom 26.1.1970 Bezug genommen, wonach die steuerrechtlich getroffenen Regelungen auch für den handelsrechtlichen Bereich gelten. Mangels alternativer Regelungen knüpft das Haushaltsrecht somit an die Regelungen des kaufmännischen Referenzmodells und in diesem Fall an die steuerrechtlichen Regelungen an.

Diese zentralen steuerrechtlichen Inhalte sind die folgenden drei Leasing-Erlasse, welche die Grundlage für die Zuordnung des geleasten Anlagevermögens bilden:

- BMF-Schreiben vom 19.4.1971 (BStBl. I S. 264) zur ertragssteuerlichen Behandlung von Leasing-Verträgen über bewegliche Wirtschaftsgüter (sog. „Mobilien-Erlass im Rahmen der Vollamortisation“),
- BMF-Schreiben vom 21.3.1972 (BStBl. I S. 188) zur ertragssteuerlichen Behandlung von Finanzierungs-Leasing-Verträgen über unbewegliche Wirtschaftsgüter (sog. „Immobilien-Erlass im Rahmen der Vollamortisation“),
- BMF-Schreiben vom 23.12.1991 (BStBl. 1992 I S. 13) zur ertragssteuerlichen Behandlung von sog. „Teilamortisations-Verträgen“ beim Immobilien-Leasing (sog. „Teilamortisations-Erlass“).

Folgende Arten der Vertragsgestaltung beim Leasing bestehen:

- *Operate-Leasing*: Diese Verträge entsprechen rechtlich Mietverträgen, wobei dem Leasingnehmer bei Einhaltung gewisser Fristen auch ein Kündigungsrecht zugestanden wird.
- *Finanzierungsleasing*: Nach der unkündbaren Grundmietzeit wird dem Leasingnehmer eine Verlängerungs- oder Kaufoption eingeräumt.
- *Sale-and-lease-back*: Die Gemeinde veräußert einen Vermögensgegenstand und least ihn anschließend.
- *Cross-Border-Leasing*: Aufgrund der früher vor allem in den USA gegebenen steuerlichen Möglichkeiten wurden Vermögensteile (z. B. Kanalsysteme und Kläranlagen, Gebäudekomplexe) langfristig an amerikanische Investoren vermietet und sofort zur gemeindlichen Nutzung zurückgeleast. Die Gemeinde blieb nach deutschem Recht weiterhin Eigentümerin des Vermögens, sodass keine Veräußerung im Sinne von § 115 Abs. 1 KVG vorlag.

Beim Operate-Leasing erfolgt die Bilanzierung immer beim Leasinggeber.

Die Bilanzierung beim Finanzierungsleasing erfolgt bei Leasingverträgen ohne Optionsrecht beim Leasinggeber, wenn die Grundmietzeit zwischen 40 % und 90 % der betriebsgewöhnlichen Nutzungsdauer des Leasingobjekts beträgt, ansonsten hat die Bilanzierung beim Leasingnehmer zu erfolgen. Bei Leasingverträgen mit Kaufoption knüpft die Bilanzierung beim Leasinggeber an zwei Bedingungen: Die Grundmietzeit muss zwischen 40 % und 90 % der betriebsgewöhnlichen Nutzungsdauer des Leasingobjekts liegen, und im Fall der Ausübung der Option darf der Kaufpreis weder den durch lineare Abschreibung ermittelten Buchwert noch den niedrigeren gemeinen Wert im Veräußerungszeitpunkt unterschreiten; ansonsten erfolgt die Bilanzierung beim Leasingnehmer. Bei Leasingverträgen mit Mietverlängerungsoption gelten grundsätzlich die gleichen Voraussetzungen, wobei jedoch anstelle der Höhe des Kaufpreises die Höhe der Anschlussmiete zu berücksichtigen ist.

10.3.2.1.5 Anlagevermögen

Zum Anlagevermögen[20] gehören alle Vermögensgegenstände, die dazu bestimmt sind, dauerhaft von der Kommune genutzt zu werden. Merkmale für die Dauerhaftigkeit sind, dass der Vermögensgegenstand nicht zur Veräußerung bestimmt ist und seine Zweckbestimmung darin besteht, dass er dem Geschäftsbetrieb dauernd (mehrere Jahre) dienen soll. Das Anlagevermögen setzt sich zusammen aus

- immateriellem Vermögen,
- Sachanlagevermögen und
- Finanzanlagevermögen.

20 Siehe dazu *Grimberg*, Kommunalhaushaltsrecht Sachsen-Anhalt, Kommentar, Wiesbaden 2018, § 46 Rdnr. 2.1 mit Buchungsbeispielen.

10.3.2.1.6 Abgrenzung zum Umlaufvermögen

Zum Umlaufvermögen gehören alle Vermögensgegenstände, die nicht dazu bestimmt sind, dauerhaft dem Geschäftsbetrieb der Kommune zu dienen. Merkmal für die Nichtdauerhaftigkeit ist eine vorgesehene Zweckbestimmung durch die Kommune, die einen Verbrauch, Verkauf oder eine nur kurzfristige Nutzung vorsieht. Somit gehören Gegenstände bzw. Vorräte, die zur Weiterverarbeitung oder zum Verkauf bestimmt sind, nicht zum Anlagevermögen. Sofern Vermögensgegenstände des Anlagevermögens konkret zur Veräußerung vorgesehen sind und nicht mehr dem Geschäftsbetrieb dienen, sind diese aus dem Anlagevermögen ins Umlaufvermögen umzubuchen.

> ***Beispiel 1:***
> *Eine bisher im Feuerwehrdienst befindliche Drehleiter wird außer Dienst gesetzt und ist zur Veräußerung an eine andere interessierte Gemeinde vorgesehen. Die Drehleiter ist vom Anlagevermögen ins Umlaufvermögen umzubuchen.*

> ***Beispiel 2:***
> *Ein vom Liegenschaftsamt für Zwecke der langfristigen Bodenbevorratung angeschafftes Grundstück ist im Anlagevermögen zu führen. Erst durch eine geänderte Verwendungsabsicht und konkrete Verkaufsbemühungen wird eine Umbuchung vom Anlagevermögen ins Umlaufvermögen erforderlich.*

10.3.2.1.7 Erhaltene Schenkungen von Anlagevermögen

Eine Ausnahme der Aktivierung der Anschaffungskosten für einen Vermögensgegenstand stellt eine Schenkung dar, die eine Aktivierung zu den sich tatsächlich ergebenden Anschaffungskosten (z. B. Transport, Versicherung, bei Grundstücken Grunderwerbssteuer, Notar- und Gerichtskosten) nicht zulässt. Im Rahmen des Bruttoprinzips ist dem Zeitwert des Vermögensgegenstandes (zuzüglich der Anschaffungsnebenkosten) ein Sonderposten in Höhe der Zuwendung gleichfalls nach dem Zeitwert des Vermögensgegenstandes gegenüber zu stellen.

> ***Beispiel:***
> *Die Gemeinde G erhält eine Grünanlage geschenkt. Der Wert beträgt nach einem vorliegenden Wertgutachten 500.000 €. Anschaffungs(neben)kosten sind für die Gemeinde G nicht angefallen. Nach dem „Bruttoprinzip" ist der Zeitwert des Vermögensgegenstandes in Höhe von 500.000 € zu aktivieren; ein gleichlautender Wert wird als Sonderposten passiviert.*

10.3.2.2 Immaterielles Anlagevermögen

Immaterielle Vermögensgegenstände sind nichtstoffliche Vermögenswerte einer Kommune. Die breite Fächerung der unterschiedlichen Vermögenswerte und die Bedeutung im privatwirtschaftlichen Bereich (z. B. Konzessionen, gewerbliche Schutzrechte,

Geschäfts- oder Firmenwerte) sind im kommunalen Bereich nicht gegeben. Dies dokumentiert auch die wesentlich tiefere Gliederung in der kaufmännischen Bilanz; die kommunale Bilanz beschränkt sich auf den pflichtigen Bilanzposten „immaterielles Vermögen". Die meisten kommunalen Vermögenswerte dürften im Bereich der Lizenzen bzw. Nutzungsrechte vorhanden sein.

Lizenzen stellen Rechte dar, die einem Dritten zustehen, bei denen dieser jedoch der Kommune gegen Entgelt ein Nutzungsrecht auf Zeit oder auf Dauer einräumt. Denkbar ist jedoch auch, dass die Rechte gegen Entgelt auf die Kommune übertragen werden. Hauptsächlich dürfte das immaterielle Vermögen aus angeschaffter EDV-Software bestehen. Diese ist getrennt von den beweglichen Sachanlagen der EDV (Hardware) zu erfassen.

Um die Vermögenswerte des immateriellen Vermögens in der Buchhaltung konkret zu erfassen, sollte der Kontenplan in den Gemeinden eine Trennung in

- Konzessionen,
- Lizenzen,
- EDV-Software,
- immaterielle Vermögensgegenstände aus geleisteten Zuwendungen und
- geleistete Anzahlungen auf immaterielle Vermögensgegenstände

vorsehen. Ein eigenständiges Konto für geleistete Anzahlungen auf immaterielles Vermögen ist im Rahmen der Bewirtschaftung (Forderungs-/Verbindlichkeitenproblematik) grundsätzlich erforderlich. Hierbei sind unter den Anzahlungen auf immaterielle Vermögensgegenstände die von der Kommune an Dritte bereits geleisteten Vorauszahlungen für den Erwerb immaterieller Anlagen zu erfassen.

Rechte an Trivialprogrammen – dies sind EDV-Programme mit einem Anschaffungswert bis einschließlich 150 € zzgl. USt. – sind analog zu den geringwertigen Vermögensgegenständen des beweglichen Anlagevermögens zu behandeln. Grundstücksgleiche Rechte gehören zum unbeweglichen Anlagevermögen und somit nicht zu den immateriellen Rechten.

In der Bilanz sind nach Nr. 5.1 BewertRL nur die Aufwendungen für entgeltlich erworbene immaterielle Vermögensgegenstände zu erfassen. Für selbstgeschaffene immaterielle Vermögensgegenstände besteht analog zum privatwirtschaftlichen Bereich ein Aktivierungsverbot. Entgeltlich ist ein Erwerb immer dann, wenn ein Leistungsaustausch (z. B. aufgrund eines Kauf- oder Tauschvertrages) zugrunde liegt.

10.3.2.3 Sachanlagevermögen

10.3.2.3.1 Begriff des Sachanlagevermögens

Im Gegensatz zu den immateriellen Vermögensgegenständen stellen Sachanlagen materielle Vermögensgegenstände dar. Das Sachanlagevermögen umfasst nach § 46 Abs. 3 KomHVO

- Unbebaute Grundstücke und grundstücksgleiche Rechte (Grünflächen, Ackerland, Wald, Forsten, Sonderflächen, sonstige unbebaute Grundstücke),

- Bebaute Grundstücke und grundstücksgleiche Rechte (Wohnbauten, Soziale Einrichtungen, Schulen, Kultur-, Sport- und Gartenanlagen, sonstige Dienst-, Geschäfts- und andere Betriebsgebäude),
- Infrastrukturvermögen (Grund und Boden des Infrastrukturvermögens, Brücken, Hochstraßen und Tunnel, Schienenstrecken, Entwässerungs- und Abwasserbeseitigungsanlagen, Straßen, Wege, Wasserstraßen, sonstige Bauten des Infrastrukturvermögens),
- Bauten auf fremden Grund und Boden,
- Kunstgegenstände, Kulturdenkmäler,
- Maschinen und technische Anlagen, Fahrzeuge,
- Betriebsvorrichtungen, Betriebs- und Geschäftsausstattung, Nutzpflanzungen und Nutztiere,
- Geleistete Anzahlungen, Anlagen im Bau.

Die Vielzahl an Posten in der Bilanzstruktur des Sachanlagevermögens zeigt zum einen die Bedeutung dieses Vermögensbereiches, zum anderen aber auch den Anspruch, mit den Bilanzposten die bedeutenden kommunalen Bereiche der Vermögensverwendung darzustellen.

Die Nutzungsdauer des Sachanlagevermögens kann zeitlich begrenzt sein, wenn es einer Abnutzung und somit einem wirtschaftlichen Verbrauch unterliegt (z. B. Gebäude, Grundstücksaufbauten, Fahrzeuge). Die Nutzungsdauer kann aber auch unbegrenzt sein (i. d. R. Grund und Boden). Daher ist es zur Ermittlung des Ressourcenverbrauchs aus Abschreibungen erforderlich, dass die abnutzbaren und nicht abnutzbaren Vermögensgegenstände wertmäßig getrennt voneinander abgebildet werden.

Eine Besonderheit der kommunalen Bilanz ist es, dass bei den bebauten Grundstücken und dem Infrastrukturvermögen der Grund und Boden immer separat abgebildet wird. Beim Infrastrukturvermögen erfolgt der eigenständige Ausweis des Grund und Bodens schon deshalb, weil eine bestehende teilweise Mehrfachnutzung des Grund und Bodens zu Ansatz-, Ausweis- und Bewertungsproblemen bei der Bilanzierung führen würde.

Des Weiteren ist der Bereich des Sachanlagevermögens noch zu unterscheiden nach:
- unbeweglichem Sachanlagevermögen und
- beweglichem Sachanlagevermögen.

Diese Unterscheidung ist jedoch nur für die Anwendbarkeit der Gruppenbewertung relevant.[21]

21 Im kaufmännischen Rechnungswesen der Privatwirtschaft beschränkt sich zudem die Anwendung der Regelung zu geringwertigen Vermögensgegenständen (dort: „geringwertige Wirtschaftsgüter“) auf das bewegliche Sachanlagevermögen.

10.3.2.3.2 Abgrenzung unbewegliches und bewegliches Sachanlagevermögen

Eine notwendige Regelung hinsichtlich der Unterscheidung zwischen beweglichem und unbeweglichem Vermögen steht noch aus. In Anlehnung an § 68 des Bewertungsgesetzes (BewG) gehören zum unbeweglichen Sachanlagevermögen insbesondere

- die unbebauten Grundstücke (z. B. Grund und Boden und die Aufbauten),
- die bebauten Grundstücke (z. B. Grund und Boden und Gebäude),
- die grundstücksgleichen Rechte sowohl in bebauter als auch unbebauter Form:
  - Erbbaurechte
  - sowie auch Wohnungseigentumsrechte.

Des Weiteren stellen auch Kulturdenkmäler i. d. R. unbewegliches Vermögen dar, die in der kommunalen Bilanz mit Kunstgegenständen, die i. d. R. bewegliches Vermögen darstellen, in einem Bilanzposten gemeinsam auszuweisen sind.

Zum beweglichen Sachanlagevermögen gehören dagegen

- Kunstgegenstände,
- Fahrzeuge,
- Maschinen und technische Anlagen,
- Betriebsvorrichtungen,
- Betriebs- und Geschäftsausstattung,
- Nutzpflanzungen und Nutztiere.

Unter den Bilanzposten des Infrastrukturvermögens werden bewegliches und unbewegliches Vermögen im gleichen Bilanzposten dargestellt, so dass eine diesbezügliche Trennung in unterschiedlichen Konten (der Anlagenbuchhaltung) sinnvoll ist.

Eine Besonderheit stellen im privatwirtschaftlichen bzw. steuerrechtlichen Bereich die sonstigen Vorrichtungen aller Art dar, die zu einer Betriebsanlage gehören (Betriebsvorrichtungen), welche dort per gesetzlicher Definition bewegliches Vermögen darstellen, obwohl es sich tatsächlich um unbewegliches Sachanlagevermögen handelt.

Der Ausweis der Betriebsvorrichtungen erfolgt grundsätzlich in der zugehörigen Vermögensart.[22] Ein getrennter bilanzieller Ausweis vom zugehörigen Vermögensgegenstand hat nur zu erfolgen, sofern es sich bei der Betriebsvorrichtung um eine Maschine oder eine technische Anlage handelt.

Unabhängig von einem gemeinsamen Bilanzausweis einer Betriebsvorrichtung mit dem zugehörigen Vermögensgegenstand hat jedoch eine eigenständige Abbildung des Vermögensgegenstandes „Betriebsvorrichtung“ hinsichtlich der Festlegung der Abschreibungsplanung zu erfolgen. Die Abschreibungsplanung des zugehörigen Vermögensgegenstandes hat für die Abschreibungsplanung der Betriebsvorrichtung grundsätzlich keine Bedeutung.

22 Vgl. hierzu Modellprojekt „Doppischer Kommunalhaushalt in NRW“ (Hrsg.), Neues Kommunales Finanzmanagement: Betriebswirtschaftliche Grundlagen für das doppische Haushaltsrecht, 2., vollst. Überarb. Aufl. auf der Basis der Endergebnisse des Modellprojektes, Freiburg 2003, S. 408.

Beispiel 1:
Der Lastenaufzug in einem Verwaltungsgebäude wird losgelöst vom zugehörigen Vermögensgegenstand „Verwaltungsgebäude" im Posten „Maschinen und technische Anlagen" ausgewiesen.

Beispiel 2:
In einem Verwaltungsgebäude ist eine Tresorraumanlage untergebracht. Deren Stahltüren und Stahlkammern sind Betriebsvorrichtungen. Sie stellen weder eine Maschine noch eine technische Anlage dar. Diese Betriebsvorrichtungen werden daher mit dem Verwaltungsgebäude gemeinsam in der Bilanz unter dem Posten „Bebaute Grundstücke und grundstücksgleiche Rechte" und Konto „Grundstücke mit sonstigen Dienst-, Geschäfts- und anderen Betriebsgebäuden" ausgewiesen. Die Abschreibungsplanung für die Stahltüren und Stahlkammern erfolgt eigenständig, losgelöst von den diesbezüglichen Festlegungen für das zugehörige Verwaltungsgebäude.

10.3.2.3.3 Unbewegliches Sachanlagevermögen

a) Grundstücksbegriff
Der kommunale Grundstücksbegriff lehnt sich an § 70 BewG an, wonach die wirtschaftliche Einheit des unbeweglichen Sachanlagevermögens (Grund und Boden, Gebäude oder Aufbauten) ein Grundstück bildet. Hiernach können mehrere grundbuchrechtlich abgebildete Einzelgrundstücke oder Flurstücke ein Grundstück darstellen. Denkbar ist aber auch, dass nur ein Teil eines Flurstücks ein Grundstück in der maßgeblichen Form einer wirtschaftlichen Einheit darstellt.

Beispiel:
Die Gemeinde G erwirbt ein Flurstück, auf dem eine Schule und ein Kindergarten errichtet werden. Die Schule und der Kindergarten stellen eigene wirtschaftliche Einheiten dar; sie sind auch in der Bilanz getrennt voneinander auszuweisen. Der Grund und Boden des Flurstücks wird entsprechend der Nutzung teilweise den wirtschaftlichen Einheiten „Schule" und „Kindergarten" zugeordnet, obwohl es grundbuchrechtlich weiterhin ein Flurstück darstellt.

Als Grundstück im Sinne des § 70 BewG zählt auch ein Gebäude, das auf fremdem Grund und Boden errichtet oder in sonstigen Fällen einem anderen als dem Eigentümer des Grund und Bodens zuzurechnen ist, selbst wenn es wesentlicher Bestandteil des Grund und Bodens geworden ist. Hierauf basierend ist ein eigener Bilanzposten „Bauten auf fremden Grund und Boden" in die Bilanz aufgenommen worden, da es eine eigenständige wirtschaftliche Einheit bildet.

Beispiel:
Die Gemeinde G ist wirtschaftlicher Eigentümer eines Asylheims auf einem gepachteten Grundstück. Sie hat das Recht, das Gebäude jederzeit baulich zu ver-

ändern und wieder abzureißen. Sie trägt auch den Werteverzehr des Gebäudes. Nach § 94 BGB ist das Asylheim ein wesentlicher Bestandteil des Grund und Bodens. Nach Haushaltsrecht bilanziert der Eigentümer des Grund und Bodens diesen als Grundstück in seiner Bilanz, wie die Gemeinde G das Gebäude als Grundstück im Sinne des Bewertungsrechts im Bilanzposten „Bauten auf fremden Grund und Boden" in seiner Bilanz ausweist.

Trotz des an der wirtschaftlichen Einheit anknüpfenden Grundstücksbegriffs und des einheitlichen Bilanzausweises für Zwecke der Abbildung des Ressourcenverbrauchs ist der Grund und Boden von zugehörigen aufstehenden Gebäuden, Außenanlagen oder sonstigen Aufbauten aufgrund unterschiedlicher zeitlicher Nutzung in einer Anlagenbuchhaltung getrennt zu erfassen. Gegebenenfalls ist eine Aufteilung der Anschaffungs- oder Herstellungskosten vorzunehmen.

Der Grund und Boden ist nach seiner wirtschaftlichen Nutzung zu unterteilen in:
- unbebauten Grund und Boden,
- bebauten Grund und Boden,
- Grund und Boden des Infrastrukturvermögens.

b) Grundstücksgleiche Rechte

„Grundstücksgleiche Rechte" bezeichnen dingliche Rechte, die aufgrund einer eigenständigen grundbuchrechtlichen Eintragung wie Grundstücke zu behandeln sind. Die gebräuchlichsten Beispiele für grundstücksgleiche Rechte sind Erbbau-, Abbau-, Wege- sowie Wohnungseigentumsrechte. In der kommunalen Bilanz stehen grundstücksgleiche Rechte den Grundstücksrechten gleich und werden somit in gemeinsamen Posten entsprechend der Nutzung der Grundstücke ausgewiesen.

c) Unbebaute Grundstücke

Vielfach ergibt sich die Frage, ob es sich um ein bebautes oder unbebautes Grundstück handelt. Der Begriff des unbebauten Grundstücks wird in § 72 BewG definiert. Hiernach sind Grundstücke, auf denen sich keine benutzbaren Gebäude befinden, unbebaute Grundstücke. Die Benutzbarkeit beginnt im Zeitpunkt der Bezugsfertigkeit.

Sofern sich auf einem Grundstück Gebäude befinden, deren Zweckbestimmung und Wert gegenüber der Zweckbestimmung und dem Wert des Grund und Bodens von untergeordneter Bedeutung sind, so gilt das Grundstück als unbebaut.

Beispiel:
Der Friedhof der Gemeinde G besteht überwiegend aus Grabstätten und parkähnlichen Anlagen. Für Trauerfeiern und Aufbewahrung befindet sich außerdem ein Gebäude auf dem Friedhof. Zweckbestimmung und Wert des unbebauten Teils überwiegen gegenüber dem Gebäude. Der kommunale Friedhof der Gemeinde G stellt daher ein unbebautes Grundstück (Sonderfläche) dar.

Des Weiteren gilt ein Grundstück auch als unbebautes Grundstück, soweit sich infolge von Zerstörung oder Verfall im Gebäude auf Dauer kein benutzbarer Raum mehr befindet.

Beispiel:
Für das historische Rathaus wird aufgrund unterlassener Instandhaltung und Mängel an den tragenden Bauteilen eine baupolizeiliche Anordnung zur Räumung des Grundstücks erlassen. Diese Sachlage bedingt, dass aus einem bebauten Grundstück ein unbebautes Grundstück wird.

d) Gebäudebegriff

Zum Gebäudebegriff wurde ein gleichlautender Erlass[23] der obersten Finanzbehörden der Länder hinsichtlich der Gebäudedefinition herausgegeben. Die Definition des Gebäudebegriffs lautet dort wie folgt:

> *„Ein Bauwerk ist als Gebäude anzusehen, wenn es Menschen oder Sachen durch räumliche Umschließung Schutz gegen Witterungseinflüsse gewährt, den Aufenthalt von Menschen gestattet, fest mit dem Grund und Boden verbunden, von einiger Beständigkeit und ausreichend standfest ist."*

Beispiel:
Unterkünfte für Tiere, in denen Menschen sich nur vorübergehend aufhalten können, sind entsprechend der Gebäudedefinition keine Gebäude (große Käfige). Sie dienen unmittelbar dem Betriebszweck des Zoos und stellen daher Betriebsvorrichtungen dar. Hiervon zu unterscheiden sind die durch seine bauliche Anlagestruktur als Besuchsbereich ausgestaltete bauliche Objekte, in denen die Unterkünfte von Tieren (Raubtierhaus, Tropenhaus) abgegrenzt werden und eher einen Nebenzweck bilden.

10.3.2.3.3.1 Unbebaute Grundstücke und grundstückgleiche Rechte

Die Strukturierung der Nutzungsarten der unbebauten Grundstücke und grundstücksgleichen Rechte orientiert sich an dem Baugesetzbuch und der kommunalen Vermögensstruktur. Das Baugesetzbuch unterscheidet in § 5 unterschiedliche Inhalte des Flächennutzungsplanes. Hieraus kann die Unterscheidung in

- Grünflächen,
- Ackerland,
- Wald, Forsten,
- Sonstige unbebaute Grundstücke (als Sammelposten der weiteren unbebauten Grundstücke)

abgeleitet werden.

---

23 Eine ausführliche Darstellung zu den einzelnen Elementen der Gebäudedefinition kann im BStBl. I 1992, Nr. 10, S. 342 ff. nachgelesen werden.

a) Grünflächen

Unter dem Bilanzposten „Grünflächen" werden Parkanlagen, Dauerkleingärten, Sport-, Spiel- und Badeplätze, Friedhöfe, sowie Wasser- und Naturschutzflächen ausgewiesen. Die Bilanzierung von Grünflächen kann nach dem Grundsatz der Einzelbewertung, aber auch nach den Vereinfachungsverfahren Gruppenbewertung oder einer Festwertbildung erfolgen. Es empfiehlt sich nach Möglichkeit eine pauschalierte Festwertbildung, da bei dieser Durchschnittswerte für die Bildung des Festwertes genutzt werden können und somit keine Einzelbewertung der unterschiedlichen Vermögensgegenstände einer Grünanlage erforderlich wird.

b) Ackerland

Unter dem Bilanzposten „Ackerland" sind die landwirtschaftlich genutzten Flächen der Kommunen auszuweisen. Hierzu zählen Anbauflächen für Feldfrüchte oder Sonderkulturen (Tabak, Wein oder Hopfen) sowie Weideflächen.

Wesentliche Wohn- oder Betriebsgebäude (Stallungen, Lager) auf landwirtschaftlichen Flächen sind als eigenständig anzusehen und unter den bebauten Bilanzposten auszuweisen.

c) Wald und Forsten

Zu den forstwirtschaftlichen Flächen und zum Wald gehört das im kommunalen Besitz befindliche Wald- und Forstvermögen (z. B. Stadtwald). Für dieses wird nach Nr. 1.4 InventRL die Möglichkeit einer Festwertbildung eingeräumt. Auf der Grundlage der Eröffnungsbilanzierung erfolgt eine Fortschreibung des Wald- und Forstvermögens. Die Festwertüberprüfung mittels Inventur erfolgt grundsätzlich nach drei Jahren.

d) Sonstige unbebaute Grundstücke

Der Bilanzposten „Sonstige unbebaute Grundstücke" stellt eine Sammelposition für die anderen nicht unter a) bis c) genannten Grundstücke. Beispielsweise sind hier unbebaute Gewerbegrundstücke oder zur Bebauung vorgesehene Grundstücke auszuweisen.

Hervorzuheben ist bei diesem Posten der Ausweis von Grundstücken, bei denen die Kommune Erbbaurechtsgeber ist und verschiedene Erbbaurechtsnehmer dort ein Eigenheim errichtet haben. Insgesamt betrachtet handelt es sich zwar um ein bebautes Grundstück, das wirtschaftliche Eigentum des Gebäudes liegt jedoch beim Erbbaurechtsnehmer. Die Kommune ist letztlich nur wirtschaftliche Eigentümerin des Grund und Bodens. Würde dem Sachverhalt innerhalb des Bilanzausweises absolut Rechnung getragen, so müsste ein aussagekräftiger Bilanzposten „Grund und Boden mit einem fremden Gebäude" lauten. Darauf wurde jedoch verzichtet.

Aufgrund der kommunalen Bilanzstruktur, bei der Grund und Boden und Gebäude sowie Aufbauten in einem gemeinsamen Bilanzposten abgebildet werden, stellt der Grund und Boden eines Erbbaurechtsgrundstücks hinsichtlich der wirtschaftlichen Nutzbarkeit nur ein unbebautes Grundstück dar; Abschreibungen auf das Gebäude fallen bei der Kommune nicht an. Ein Ausweis als unbebautes Grundstück ist daher naheliegender als ein Ausweis als bebautes Grundstück.

Soweit die Erbbaurechtsgrundstücke einen wesentlichen Wert innerhalb dieses Bilanzpostens darstellen, kann ein Davon-Ausweis innerhalb dieses Bilanzpostens erfolgen. Alternativ kann auch der Sachverhalt im Anhang zum Bilanzposten „Unbebaute Grundstücke und grundstücksgleiche Rechte" erläutert werden.

Beispiel:
Der Bilanzposten „Unbebaute Grundstücke und grundstücksgleiche Rechte" weist 2 Mio. € aus. Davon sind 1,5 Mio. hingegebenen Erbbaurechtsgrundstücken zuzurechnen. Der Bilanzposten mittels „Davon-Ausweis" sieht dann wie folgt aus:

Unbebaute Grundstücke und grundstücksgleiche Rechte	*2.000.000 €*
– davon hingegebene Erbbaurechte	*1.500.000 €*

10.3.2.3.3.2 Bebaute Grundstücke und grundstückgleiche Rechte

Zu der in § 46 Abs. 3 KomHVO aufgeführten Bilanzposition der bebauten Grundstücke gehören (s. a. Konten 0311 und 0321):

- Wohngebäude,
- Soziale Einrichtungen,
- Schulen,
- Kultur-, Sport- und Gartenanlagen,
- Sonstige Dienst-, Geschäfts- und andere Betriebsgebäude (als Sammelposten der weiteren bebauten Grundstücke).

a) Wohngebäude
Aufgrund des weitgehenden gewählten Begriffs „Wohngebäude" sind unter diesem Bilanzposten sämtliche Grundstücke auszuweisen, die dem Nutzungszweck „Wohnen" dienen. Hierzu zählen neben den üblichen Mietwohngebäuden auch Übernachtungsstätten für Obdachlose, Asylunterkünfte und Übergangswohngebäude für von Obdachlosigkeit Bedrohte.

b) Soziale Einrichtungen
Unter diesem Bilanzposten sind sämtliche bebaute Grundstücke mit Kinder- und Jugendeinrichtungen auszuweisen. Hierzu zählen Kindergärten, Kindertagesstätten, Jugendfreizeiteinrichtungen sowie Sondereinrichtungen wie beispielsweise Heime für Heil- und Sonderpädagogik oder Beratungs- und Betreuungsstellen für Kinder und Jugendliche.

c) Sonstige Dienst-, Geschäfts- und andere Betriebsgebäude
Dieser Bilanzposten dient als Sammelposten für sämtliche weiteren im kommunalen Eigentum befindlichen bebauten Grundstücke mit Ausnahme der Schulen und Kultur-, Sport- und Gartenanlagen. Dies sind beispielsweise Grundstücke mit Verwaltungsgebäuden, Rathäusern, kommunalen Instituten, Feuerwachen sowie bebaute Gewerbegrundstücke.

10.3.2.3.3.3 Infrastrukturvermögen

Unter dem Infrastrukturvermögen (s. a. Konten 0411 und 0421) sind haushaltsrechtlich die öffentlichen Einrichtungen zu verstehen, die im engeren Sinne eine Grundvoraussetzung für das Leben in einer Kommune bilden. Der Bilanzausweis unter diesem Posten umfasst daher nur Verkehrs- sowie Ver- und Entsorgungseinrichtungen.

Zu der Bilanzposition des Infrastrukturvermögens gehören:
- Grund und Boden des Infrastrukturvermögens,
- Brücken, Hochstraßen und Tunnel,
- Schienenstrecken,
- Entwässerungs- und Abwasserbeseitigungsanlagen,
- Straßen und Wege,
- Sonstige Bauten des Infrastrukturvermögens.

a) Grund und Boden des Infrastrukturvermögens

Grund und Boden des Infrastrukturvermögens ist ein Sammel- bzw. Querschnittsposten sämtlichen Grund und Bodens. Dies begründet sich in der teilweisen Mehrfachnutzung des Grund und Bodens. Eine postengenaue Zuordnung würde zu Ansatz-, Ausweis- und Bewertungsproblemen führen.

> ***Beispiel:***
> *Auf einer Straße befindet sich noch Schienenverkehr; unterhalb der Erdoberfläche verlaufen eine U-Bahn-Linie und Kanalisationsanlagen. Hier würde die Zuordnung des Grund und Bodens zur einzelnen Nutzung zu erheblichen Problemen bei der Bebuchung der Konten führen.*

b) Brücken, Hochstraßen und Tunnel

Zu den „Brücken, Hochstraßen und Tunneln" gehören beispielsweise die Brücken und Tunnel für die Nutzung von Fußgängern, Eisenbahnen oder Straßen. Die Abwasserröhren der Stadtentwässerung stellen keine Tunnel dar und sind den Entwässerungs- und Abwasserbeseitigungsanlagen zuzuordnen.

c) Schienenstrecken

Das wirtschaftliche Eigentum der Vermögensgegenstände dieses Postens (ausgenommen Grund und Boden) liegt in der Regel bei kommunalen Gesellschaften. Sofern das wirtschaftliche Eigentum für diesen Posten zum Bilanzstichtag bei der Kommune liegt, hat sie dieses Vermögen in der kommunalen Bilanz auszuweisen. Zu dieser Position gehören das Streckennetz sowie sämtliche dessen Betrieb unmittelbar dienenden Anlagen der Streckenausrüstung und Sicherheitsanlagen.

Zudem gehören zu dieser Position die Gleiskörper und die Weichen. Den Gleiskörper umfassen Schienenstränge, Schwellen, Schotter, Schallschutz, und sonstige Materialien, die zur Nutzung der Gleisanlagen notwendig sind. Auch die Streckenausrüstung ist hier zuzuordnen, beispielsweise die Fahrleitungen sowie die Stromversorgungsanlagen einschließlich deren Zwecken dienlichen Zusatzkomponenten.

Zu den ergänzenden Sicherheitsanlagen gehören neben den Signal-, Brandmelde- und Funkanlagen sämtliche Zugsicherungsanlagen, die beispielsweise Fahrwege einstellen und sichern, den Führern von Schienenfahrzeugen Anweisungen über die Fahrweise übermitteln und die Fahrweise des Schienenfahrzeugs technisch überwachen sowie bei gefährdenden Abweichungen beeinflussen.

d) Entwässerungs- und Abwasserbeseitigungsanlagen

Zur Position „Entwässerungs- und Abwasserbeseitigungsanlagen“ gehören die Kläranlagen und Sonderbauwerke des Abwasserbereichs, die anderen baulichen Teile der Abwasserbeseitigung (z. B. ober- und unterirdisch verlegten Abwasserkanalsysteme zur Aufnahme des Abwassers und Niederschlagswassers) sowie die maschinellen Teile des Kanalnetzes. Diese sind entsprechend der gebührenrechtlichen Anlagenstrukturierung nach Systemkomponenten aufzugliedern (siehe auch Anlage 2 der BewertRL).

e) Straßen und Wege

Zu dieser Position gehören bauliche Anlagen der öffentlichen Wegeflächen, deren Nutzung für den öffentlichen Verkehr von Fahrzeugen und Fußgängern errichtet werden. Im Rahmen der Eröffnungsbilanzierung sollten – orientiert an den kommunalen Unterhaltungs- und Bewirtschaftungsmaßstäben – die Systemkomponenten Straße oder sogar einzelne Straßenabschnitte, z. B. nach definierten Knotenpunkten, den einzelnen Vermögensgegenstand darstellen.[24] Ein Sammelansatz mit Gruppenbewertung ist somit im Rahmen der Eröffnungsbilanzierung als auch bei den Folgebilanzierungen unzulässig.

Den Straßen und Wegen sind auch die Verkehrslenkungsanlagen zuzuordnen. Sämtliche zur Verkehrsführung und -steuerung eingesetzte Einrichtungen stellen Verkehrslenkungsanlagen dar. Dies sind beispielsweise Schilder, Ampeln und Parkleitsysteme einschließlich aller Betriebskomponenten.

f) Sonstige Bauten des Infrastrukturvermögens

Sämtliche weitere im kommunalen Eigentum stehende Bauten des Infrastrukturvermögens, die hier nicht im Einzelnen aufgelistet werden, sind dieser Position zuzuordnen. Hierzu gehören beispielsweise Kabelnetze, Wasserstraßen und Dämme (siehe Kontenrahmenplan, Konto 0421).

10.3.2.3.3.4 Bauten auf fremden Grund und Boden

Diesem Bilanzposten sind die Vermögensgegenstände zuzuordnen, die sich auf fremden Grund und Boden befinden. Das bestehende Rechtsverhältnis zwischen dem Eigen-

24 Siehe auch Modellprojekt „Doppischer Kommunalhaushalt in NRW“ (Hrsg.), Neues Kommunales Finanzmanagement: Betriebswirtschaftliche Grundlagen für das doppische Haushaltsrecht, 2., vollst. überarb. Aufl. auf der Basis der Endergebnisse des Modellprojektes, Freiburg 2003, S. 424.

tümer des Grund und Bodens und der Kommune als Eigentümer der aufstehenden Bauten ist dadurch gekennzeichnet, dass nicht wie bei den grundstücksgleichen Rechten ein dingliches Recht durch Grundbucheintragung besteht, sondern das Rechtsverhältnis für die aufstehenden Bauten mittels Vertrag geregelt ist. Insbesondere bei technischen Betriebsvorrichtungen, wie Trafo- oder Druckreglerstationen, wird dieses vertragliche Verfahren angewandt, um sich hierdurch das aufwendigere Verfahren einer dinglichen Sicherung mittels Grundbucheintragung zu ersparen.

Beispiel:
Aufgrund von zahlreichen Schulbausanierungen ist es erforderlich, für einen Übergangszeitraum für die Aufrechterhaltung des Schulbetriebs Pavillons zu nutzen. Diese werden von der Gemeinde G auf fremden Grund und Boden, der für diesen Zweck zeitlich begrenzt gepachtet wurde, aufgestellt. Sämtliche Rechte an den Schulpavillons liegen bei der Kommune; das Rechtsverhältnis der Nutzung als gepachtetes Schulgrundstück wurde mittels Vertrages geregelt.

10.3.2.3.4 Bewegliches Sachanlagevermögen, weitere Posten des Sachanlagevermögens

Die kommunale Bilanz untergliedert das bewegliche Sachanlagevermögen in folgende Posten:
- Kunstgegenstände, Kulturdenkmäler,
- Maschinen und technische Anlagen, Fahrzeuge,
- Betriebs- und Geschäftsausstattung.

Die Kunstgegenstände werden mit Kulturdenkmälern, die in der Regel kein bewegliches Vermögen darstellen, in einem Bilanzposten zusammengefasst. Ein weiterer Posten des Sachanlagevermögens stellen geleistete Anzahlungen und Anlagen im Bau dar.

a) Geringwertige Vermögensgegenstände[25]
Seit dem Inkrafttreten der KomHVO zum 1.1.2016 beschränken sich die Regelungen zur Erfassung und Abschreibung der geringwertigen Vermögensgegenstände nur mehr auf die Wahl der 150-Euro-Grenze i. V. m. der Bildung eines Sammelpostens für Vermögensgegenstände von 150 bis 1.000 €. Demnach ist die Regelung nach Nr. 4.1 Buchst. h BewertRL i. V. m. Nr. 3.3 InventRL zu überarbeiten, nach dem Vermögensgegenstände des Anlagevermögens, deren Anschaffungs- oder Herstellungskosten den Betrag von 410 € ohne Umsatzsteuer nicht überschreiten, selbstständig genutzt werden können und einer Abnutzung unterliegen, als geringwertige Vermögensgegenstände zu erfassen sind.

Hinsichtlich der selbstständigen Nutzung ergibt sich in der Regel dann eine Abgrenzungsproblematik bei beweglichen Vermögensgegenständen, wenn Vermögensgegenstände gemeinsam genutzt werden.

---

25 Der Begriff „Geringwertige Vermögensgegenstände" entspricht inhaltlich dem im privatwirtschaftlichen Bereich verwandten Begriff der „Geringwertigen Wirtschaftsgüter".

Ein beweglicher Vermögensgegenstand kann selbstständig genutzt werden, wenn er für seine Zweckbestimmung ohne andere Vermögensgegenstände genutzt werden kann. Ein beweglicher Vermögensgegenstand ist dagegen nicht selbstständig nutzbar, wenn er für seine Zweckbestimmung nur zusammen mit anderen Vermögensgegenständen genutzt werden kann und diese hierfür technisch aufeinander abgestimmt sind.

Beispiel 1:
Der Rechner, der Drucker, der Bildschirm und die Tastatur einer PC-Anlage sind jeweils für sich gesehen nicht selbstständig nutzbar. Die Nutzungsfähigkeit ergibt sich in ihrer Verbindung als PC-Anlage. Demnach stellen die einzelnen Vermögensgegenstände wegen fehlender selbstständiger Nutzungsfähigkeit – sofern der Gesamtwert 150 € übersteigt – keine geringwertigen Vermögensgegenstände dar.

Beispiel 2:
Der kommunale Fuhrpark rüstet die Dezernentenfahrzeuge mit Pkw-Sonderzubehör nach. Dieses Sonderzubehör ist nur in Zusammenhang mit den Dezernentenfahrzeugen nutzungsfähig. Demnach stellt das Sonderzubehör aufgrund fehlender selbstständiger Nutzungsfähigkeit keinen geringwertigen Vermögensgegenstand dar.

Überschreitet der Einzelwert selbstständig nutzungsfähiger Vermögensgegenstände oder der Gesamtwert nicht selbstständig nutzungsfähiger Vermögensgegenstände die Wertgrenze von 150 € ohne Umsatzsteuer, ist eine Vollabschreibung als geringwertiger Vermögensgegenstand ausgeschlossen.

Infolge der Änderung des § 6 Abs. 2 und 2a EStG durch das Unternehmensteuerreformgesetz 2008 wurde für Unternehmen eine veränderte Regelung für geringwertige Wirtschaftsgüter eingeführt, wonach geringwertige Wirtschaftsgüter bis 150 € als Aufwand gelten, im Wertebereich von über 150 € bis 1.000 € als Sammelposten zu erfassen sind und ab dem Jahr der Anschaffung oder Herstellung über insgesamt fünf Jahre aufzulösen sind. Durch das Wachstumsbeschleunigungsgesetz vom 22.12.2009 wurde diese Rechtsvorschrift erneut in der Weise geändert, dass die alte 410-Euro-Grenze als Option wieder auflebt. Diese Regelung ist allerdings für die Kommunen des Landes im NKHR seit dem 1.1.2016 nicht gegeben. Wenn die Methode der Bildung des Sammelpostens gewählt wird, ist diese nach § 40 Abs. 2 KomHVO bei allen neu angeschafften oder hergestellten Vermögensgegenständen eines Haushaltsjahres einheitlich anzuwenden. Die Kommune hat nach § 33 Abs. 6 KomHVO die Möglichkeit, auf eine Inventarisierung der beweglichen Vermögensgegenstände des Anlagevermögens, deren Nutzung zeitlich begrenzt ist und deren Anschaffungs- oder Herstellungskosten im Einzelnen bis zu 1.000 € ohne Umsatzsteuer betragen, zu verzichten.

b) Kunstgegenstände und Kulturdenkmäler
Zu diesem Bilanzposten gehören Objekte aller Art, deren Erhaltung wegen ihrer Bedeutung für Kunst, Geschichte und Kultur im öffentlichen Interesse liegt. Dies sind

beispielsweise Gemälde, Antiquitäten und kulturhistorische Bauten wie Kriegerdenkmäler oder Ausgrabungen als Bodendenkmäler.

c) Maschinen und technische Anlagen, Fahrzeuge

Zu diesem Bilanzposten gehören beispielsweise Druck-, Schneide- und Bindemaschinen, Server im EDV-Bereich, Spülmaschinen und Transportbänder in Kantinen, Alarmanlagen, (tragbare) Pumpen im Feuerwehrbereich sowie Frankiermaschinen der Poststelle. Des Weiteren gehören zu diesem Bilanzposten auch Betriebsvorrichtungen, die mit anderen Vermögensgegenständen baulich verbunden sind und eine Maschine oder technische Anlage darstellen (z. B. Lastenaufzüge, Verkaufsautomaten). Zu den Fahrzeugen gehören alle Fortbewegungsmittel, die der Beförderung von Personen und dem Transport von Gegenständen dienen. Hierzu gehören beispielsweise Pkw, Lkw, Radlader, Feuerwehrfahrzeuge einschließlich Löschboote, Kehrfahrzeuge und Dienstfahrräder.

d) Betriebs- und Geschäftsausstattung

Zu diesem Bilanzposten gehören beispielsweise Gegenstände der Büro- und Werkstatteinrichtung, Werkzeuge, Geräte zur Grünpflege, Strahlrohre und Schläuche, Spielzeug in Kindergärten, Fernsprech- und PC-Anlagen, Kopiergeräte. Teilweise ist die Abgrenzung zwischen den Bilanzposten „Maschinen und technische Anlagen“ sowie „Betriebs- und Geschäftsausstattung“ bei technischen Geräten recht schwierig. Die Zuordnung ist abhängig von der Komplexität des technischen Geräts.

10.3.2.3.5 Geleistete Anzahlungen, Anlagen im Bau

Geleistete Anzahlungen sind Vorauszahlungen an einen Lieferanten oder Hersteller, ohne bereits in den Besitz des Vermögensgegenstandes oder der vereinbarten Leistung gekommen zu sein. Nach Erfüllung des Rechtsgeschäftes ist der als geleistete Anzahlung eingestellte Betrag entsprechend seiner Verwendung umzubuchen.

Um Anlagen im Bau handelt es sich bei Vermögensgegenständen, die in mehreren Arbeitsschritten hergestellt werden. Sie sind hierdurch über eine längere Zeit unfertig und somit nicht betriebsbereit. Aus Bilanz- und Buchhaltungssicht bestehen zwei relevante Phasen:

- Im-Bau-Phase,
- Nutzungsphase.

Im Rahmen der Herstellung durchlaufen Anlagen diese beiden Phasen, wobei der jeweilige Baustatus zu einem unterschiedlichen Bilanzausweis führt.

Der Bilanzposten „Anlagen im Bau“ dient der Sammlung der einzelnen aktivierungsfähigen Bestandteile der Herstellungskosten, die bei endgültiger Fertigstellung bzw. Betriebsbereitschaft summiert auf die endgültige Anlage nach der Vermögensverwendung (z. B. Schule) umgebucht werden. Während der Im-Bau-Phase werden die unterschiedlichsten Zugänge zu einer Investition wie

- Fremdleistungen,

- Eigenleistungen oder
- Entnahme von Lagermaterial

auf der Anlage im Bau gesammelt.

Mit der Umbuchung wird die Anlage im Bau entsprechend ihrer Vermögensverwendung aktiviert. Hierbei wird eine Abschreibungsplanung für den Vermögensgegenstand festgelegt, der die Grundlage für die planmäßigen Abschreibungen bildet.

Im Rahmen des Jahresabschlusses sind nach dem Grundsatz der Vollständigkeit bereits Zugänge auf Anlagen im Bau zu buchen, wenn die Kommune wirtschaftliche Eigentümerin der Teilleistung am Vermögensgegenstand geworden ist, auch wenn der Kommune noch keine Rechnung vorliegt. Der Wert des zugegangenen Vermögensgegenstandes ist dann vorsichtig zu schätzen.

Beispiel:
Im Rahmen eines Kindergartenneubaus in der Gemeinde G wurde Anfang Dezember 2024 der Rohbau fertiggestellt. Eine Abrechnung dieses Bauabschnitts ist vor Februar 2025 nicht zu erwarten. Aufgrund der Kalkulation des Hochbauamtes liegt der Wert des Rohbaus bei 400.000 €. Der unfertige Bau ist der Gemeinde G zuzurechnen. Für die Anlage im Bau „Kindergartenneubau" ist bereits im Rahmen des Jahresabschlusses ein Zugang über 400.000 € zu buchen. Als Gegenbuchung wird eine sonstige Verbindlichkeit ausgewiesen.

Im Rahmen der Rechnungsstellung zu Anlagen im Bau, ist stets zu prüfen, welche Rechnungspositionen aktivierungsfähige Anschaffungs- oder Herstellungskosten darstellen. Nur diese dürfen auf die Anlage im Bau gebucht werden. Vor der Aktivierung der Anlage im Bau sollte daher nochmals geprüft werden, ob alle gesammelten Kosten tatsächlich aktivierungsfähige Herstellungskosten darstellen.

Beispiel:
Im Rahmen eines Schulanbaus wurden neben dem Eindecken des Daches auch Reparaturen am Dach des alten Schulgebäudes vorgenommen. Die Leistungen wurden einheitlich in Rechnung gestellt und auf die Anlage im Bau gebucht. Im Rahmen der Aktivierung wird dies festgestellt. Die in Rechnung gestellten Leistungen sind für die Umbuchung zu trennen. Die Leistungen für das Eindecken verbleiben auf dem Posten „Anlage im Bau" und werden mit diesem aktiviert; die Instandhaltungsleistungen für das alte Gebäude werden als Instandhaltungsaufwand umgebucht.

Für Anlagen im Bau dürfen keine planmäßigen Abschreibungen vorgenommen werden. Bei außerordentlichen Ereignissen während des Herstellungszeitraumes, die zu einer dauerhaften Wertminderung führen, sind der Wertminderung entsprechend außerplanmäßige Abschreibungen durchzuführen.

Die folgende Grafik fasst die Buchungssystematik bei Anlagen im Bau zusammen:

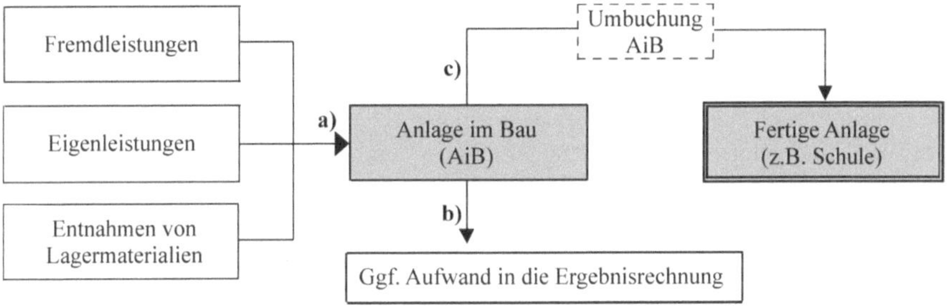

Erläuterungen zum Schaubild:

a) Zunächst werden die Herstellungskostenelemente auf der Anlage im Bau gesammelt.

b) Nach Fertigstellung bzw. Betriebsbereitschaft erfolgt vor Aktivierung der Anlage im Bau eine Prüfung hinsichtlich der Aktivierungsfähigkeit, ggf. mit einer Umbuchung als Aufwand in die Ergebnisrechnung.

c) Es erfolgt die Umbuchung der Anlage im Bau entsprechend ihrer Vermögensverwendung (hier: Schule an AiB).

10.3.2.4 Finanzanlagen

Aufgrund des Anlagevermögenscharakters sind Finanzanlagen diejenigen Werte, die auf Dauer finanziellen Anlagezwecken oder Unternehmensverbindungen sowie damit zusammenhängenden Ausleihungen dienen.

Für eine spätere Konsolidierung innerhalb des kommunalen Konzerns wurde der Bereich der Finanzanlagen in Beziehung zur handelsrechtlichen Bilanz ausgestaltet. Danach umfasst das kommunale Finanzanlagevermögen

- Anteile an verbundenen Unternehmen,
- Beteiligungen,
- Sondervermögen,
- Ausleihungen,
- Wertpapiere des Anlagevermögens.

Aus den Konsolidierungsregelungen des § 119 Abs. 1 KVG i. V. m. § 50 KomHVO ist herzuleiten, dass öffentlich-rechtlich selbstständige Organisationsformen (z. B. Anstalt des öffentlichen Rechts, Zweckverband) entsprechend den nachfolgend in Kap. 10.3.2.4.1 und 10.3.2.4.3 genannten Kriterien unter den Bilanzposten „Anteile an verbundenen Unternehmen" und „Beteiligungen" auszuweisen sind.

Die Abgrenzung gegenüber dem Umlaufvermögen erfolgt beim Finanzanlagevermögen analog zum Sachanlagevermögen. Ausschlaggebend ist hierbei ebenfalls eine auf Dauer bestimmte Nutzung. Bei den Unternehmensverbindungen ist der Wille der

Kommune ausschlaggebend. Bei Wertpapieren und Ausleihungen ist deren „Fristigkeit" maßgeblich.

Grundsätzlich sind Wertpapiere nach Nr. 5.12 BewertRL als Anlagevermögen zu aktivieren. Sie sind nur dann dem Umlaufvermögen zu zuordnen, wenn sie zur Veräußerung oder als kurzfristige Anlage liquider Mittel bis zu einem Jahr bestimmt sind.

Eine entsprechende fristenbezogene Regelung des Bilanzausweises zur Abgrenzung von Ausleihungen (im Anlagevermögen) zu Forderungen (im Umlaufvermögen) gibt es nicht. Maßstab für den Bilanzausweis bilden die spezifischen inhaltlichen Merkmale einer Ausleihung. Bei Ausleihungen erfolgt eine Kapitalhingabe der Kommune an einen Dritten mit der Maßgabe, dass dieser das hingegebene Kapital in einem vertraglich bestimmten Zeitraum an die Kommune zurückzahlt. Alle anderen Forderungen (z. B. aus Lieferung und Leistung, Transferleistungen), die nicht durch Hingabe von Kapital entstanden sind, stellen demnach Forderungen des Umlaufvermögens dar.

Der Gesetzgeber hat es versäumt, für den Bilanzausweis eine Regelung hinsichtlich einer Mindestfrist des Rückzahlungszeitraums für Ausleihungen zu treffen. Diese ist erforderlich, um Ausleihungen von angelegten, nicht benötigten liquiden Mitteln abzugrenzen.

a) Analoge Anwendung der Regelung für Wertpapiere als kurzfristige Anlage

Die Regelung kann sich an der Regelung für Wertpapiere (5.1 BewertRL) orientieren, wonach bei analoger Anwendung ein Bilanzausweis

- von Liquiditätshingaben bis zu einem Jahr Rückzahlungszeitraum im Bilanzposten „Liquide Mittel" und
- von Kapitalhingaben von mehr als einem Jahr Rückzahlungszeitraum im Bilanzposten „Ausleihungen".

b) Analoge Anwendung der privatwirtschaftlichen Vorgehensweise

Das Aktiengesetz hatte in einer nicht mehr gültigen Fassung eine Regelung getroffen, nach der nur Ausleihungen mit einer Laufzeit von mindestens vier Jahren den Finanzanlagen zu zuordnen waren. Diese aufgehobene Regelung als vergangener Maßstab trifft inhaltlich in der Anwendung jedoch weiter zu. Neben den inhaltlichen Merkmalen einer Ausleihung gründet sich im privatwirtschaftlichen Bereich der Bilanzausweis auf der Funktion des Anlagevermögens. Dient die Kapitalhingabe dauernd dem Geschäftsbetrieb, stellt diese eine Ausleihung im Finanzanlagevermögen dar. Die Dauerhaftigkeit richtet sich an einer längerfristigen Kapitalhingabe aus, die sich hinsichtlich der Fristigkeit an einer Laufzeit von mehr als vier Jahren orientiert.

Nach Meinung des Autors sind beide Auslegungsansätze vertretbar. Mit Blick auf eine einheitliche Auslegung sollte der Gesetzgeber hierzu eine ergänzende Regelung treffen.

10.3.2.4.1 Anteile an verbundenen Unternehmen

Hinsichtlich des Ausweises unter diesem Bilanzposten knüpft das Haushaltsrecht – auch durch inhaltliche Anknüpfung an die Konsolidierungsregelungen des § 119

Abs. 1 KVG i. V. m. § 50 KomHVO – an die handelsrechtlichen Regelungen an. Anteile an verbundenen Unternehmen sind hiernach alle nach den Vorschriften über Vollkonsolidierung in den Konzernabschluss als Tochterunternehmen einzubeziehende Unternehmen (vgl. § 271 Abs. 2 HGB, § 290 HGB).

Die Art der Anteile ist hierbei nicht von Bedeutung. Entscheidend für den Ausweis ist dabei aber das Vorliegen bestimmter Merkmale, z. B.

- Mehrheitsbeteiligung (§ 16 AktG),
- abhängige und herrschende Unternehmen (§ 17 AktG),
- Konzernunternehmen (§ 18 AktG),
- wechselseitig beteiligte Unternehmen (§ 19 AktG),
- Vertragsteile eines Unternehmensvertrages (§§ 291 ff. AktG).

Sind die Kriterien des verbundenen Unternehmens nicht erfüllt, kommt ein Ausweis der Anteile als Beteiligung in Betracht.

10.3.2.4.2 Sondervermögen

Nach § 121 Abs. 1 KVG gehören zum Sondervermögen der Gemeinde

- das Kommunalgliedervermögen[26],
- das Vermögen der rechtlich unselbstständigen örtlichen Stiftungen[27],
- das Vermögen der Eigenbetriebe,
- rechtlich unselbstständige Versorgungs- und Versicherungseinrichtungen.

Für das rechtlich unselbstständige Stiftungsvermögen besteht neben dem Ausweis als spezieller Posten im Sondervermögen zusätzlich die Möglichkeit eines alternativen Ausweises unter der jeweiligen Vermögensart im Rahmen eines Davon-Ausweises.[28]

10.3.2.4.3 Beteiligungen

Beteiligungen sind Anteile der Kommune an Unternehmen und Einrichtungen, die in der Absicht gehalten werden, eine dauerhafte Verbindung zu diesen Unternehmen und Einrichtungen herzustellen (vgl. § 271 Abs. 1 HGB). Entscheidend ist hierbei die Beteiligungsabsicht und nicht die Beteiligungshöhe. Danach ergibt sich eine Beteiligungsdefinition, die somit grundsätzlich „> 0 %" lautet. Im Rahmen einer gesetzlich zugrunde zu legenden Beteiligungsvermutung gilt als Beteiligung im Zweifel ein Anteil am Nenn-

26 Das Kommunalgliedervermögen stellt in der Regel Nutzungsrechte Dritter am Grundvermögen der Kommunen dar.

27 Die rechtlich unselbstständigen örtlichen Stiftungen sind Stiftungen ohne eigene Rechtspersönlichkeit, bei denen durch Rechtsgeschäft unter Lebenden oder durch Verfügung von Todes wegen Vermögensgegenstände der Kommune mit der Auflage zugewendet werden, dass sie für einen bestimmten Zweck zu verwenden sind. Sofern für Nachlässe und Vermächtnisse auch ein nachhaltiger Zweck zu verfolgen ist, sind diese wie rechtlich unselbstständige örtliche Stiftungen zu behandeln. Abgrenzung: Treuhandvermögen zählen nicht zum Sondervermögen und sind nicht zu erfassen.

28 Vgl. hierzu Modellprojekt „Doppischer Kommunalhaushalt in NRW" (Hrsg.), Neues Kommunales Finanzmanagement: Betriebswirtschaftliche Grundlagen für das doppische Haushaltsrecht, 2., vollst. überarb. Aufl. auf der Basis der Endergebnisse des Modellprojektes, Freiburg 2003, S. 225.

kapital des Unternehmens von mehr als 20 %. Wird diese Vermutung nicht widerlegt, so ist eine Beteiligung unter dieser Bezeichnung zu bilanzieren.

10.3.2.4.4 Ausleihungen

Ausleihungen stellen langfristige Forderungen aus Geld- oder Finanzgeschäften dar. Zu den Ausleihungen zählen vor allem Darlehen, Hypotheken-, Grund- und Rentenschulden sowie stille Beteiligungen (soweit diese nicht am Verlust teilnehmen). Aufgrund der Bedeutung der finanziellen Verflechtungen im Rahmen von kommunalen Unternehmensverbindungen und als Grundlage der Konsolidierung wurden die unterschiedlichen Ausleihungen als gleichwertige Posten den Unternehmensverbindungen gliederungsmäßig gleichgestellt.

Für Ausleihungen besteht hinsichtlich der Bewertung beim Anschaffungswertprinzip eine Besonderheit. Ausleihungen können eine übliche Verzinsung haben, wobei die Verzinsung sich nicht allein durch Geldleistungen, sondern auch gleichwertig in anderen vertretbaren Sachen oder Rechten (z. B. Belegungsrecht im sozialen Wohnungsbau, Verpflichtung zur Aufrechterhaltung von zehn Arbeitsplätzen in der Kommune) darstellen kann. Ausleihungen können aber auch niederverzinslich bzw. unverzinslich sein. Dies hat jedoch keinen Einfluss auf die Anschaffungskosten der Forderung, so dass der Nennbetrag die Anschaffungskosten darstellt. Jedoch betreffen die Niederverzinslichkeit bzw. die Unverzinslichkeit den Teilwert der Forderung. In analoger Anwendung des Handelsrechts § 279 Abs. 1 Satz 2 i. V. m. § 253 Abs. 2 Satz 3 HGB besteht keine Abzinsungsverpflichtung, sondern ein Abzinsungswahlrecht, da es sich nicht um eine dauernde Wertminderung handelt. Vielmehr besteht nur eine vorrübergehende Wertminderung, da der Barwert vom Zeitpunkt der Kapitalhingabe bis zum Zeitpunkt der Kapitalrückzahlung laufend steigt und zum Fälligkeitszeitpunkt den Nennwert erreicht.

Beispiel:

Die Gemeinde G gewährt dem Wohnungsbauunternehmen W im Rahmen einer allgemeinen Förderung des Wohnungsbaus ein Darlehen, dessen Teilwert (Barwert) jährlich dargestellt werden soll. Das Darlehen in Höhe von 50.000 € wird jährlich nur mit 2 % verzinst. Die Rückzahlung hat nach zehn Jahren in einer Summe zu erfolgen. Im Rahmen der Barwertermittlung wird der aktuelle Wert des in zehn Jahren zurückfließenden Darlehens ermittelt. Hierbei wird eine angemessene Verzinsung i. H. v. 6 % (beispielsweise abgeleitet aus der Veräußerung dieser Forderung) unterstellt. Die Differenz zwischen tatsächlicher Verzinsung i. H. v. 2 % und angemessener Verzinsung i. H. v. 6 % beträgt 4 %. Diese bildet die Grundlage für die Abzinsung. Entsprechend der Laufzeit und des Prozentsatzes gibt es Abzinsungstabellen, aus denen der entsprechende Abzinsungsfaktor (AbF) abgelesen wird. Beim vorstehenden Sachverhalt errechnet sich der Barwert wie folgt:

Rückzahlungsbetrag	***AbF-Wert***	***Formel***	***Lösung***
50.000,00 €	*0,675564*	$K(n) \times AbF$	*33.778,20 €*

Es hat entweder jährlich eine Anpassung des steigenden Barwertes zu erfolgen, bis zum Zeitpunkt der Kapitalrückzahlung der Nennwert erreicht ist. Alternativ dazu kann die Anpassung auch erst bei Erreichen des Zeitpunktes der Kapitalrückzahlung einmalig vorgenommen werden.

10.3.2.4.5 Wertpapiere des Anlagevermögens

Unternehmensanteile, die weder als Anteile an verbundenen Unternehmen noch als Beteiligung anzusehen sind, und sonstige Wertpapiere (z. B. Pfandbriefe, Obligationen, Anleihen), die auf Dauer angelegt sind, werden als Wertpapiere des Anlagevermögens ausgewiesen.

10.3.2.4.6 Übungen

Sachverhalt Nr. 9 (Bilanzierung von Anlagen im Bau):
In der Gemeinde G wird für eine Hochbaumaßnahme mit einem Gesamtfinanzierungsvolumen von 2 Mio. € am 5.12.2024 der Rohbau fertiggestellt. Die Rohbaufertigstellung ist bis zum 31.12.2024 noch nicht abgerechnet und zu diesem Zeitpunkt auch noch nicht absehbar. Nach vorsichtiger Schätzung betragen die Herstellungskosten des Rohbaus 800.000 €. Das wirtschaftliche Eigentum des Rohbaus ist der Kommune zuzurechnen.

Aufgabe:
Ist der Rohbau in der Jahresabschlussbilanz der Gemeinde G auszuweisen? Was ist hierbei und beim späteren Rechnungseingang zu bedenken?

Lösung:
Der bisherige Herstellungswert der Anlage im Bau ist in der Bilanz darzustellen. Hierbei wird der Schätzwert in Höhe von 800.000 € zugrunde gelegt. Als Gegenposition ist eine sonstige Verbindlichkeit zu buchen. Sobald die Rechnung eingeht, erfolgt die Berichtigung des Wertes der Anlage im Bau und unter Berücksichtigung der sonstigen Verbindlichkeit die Auszahlung des Rechnungsbetrages.

Sachverhalt Nr. 10 (Abrechnung von Anlagen im Bau):
Für eine Hochbaumaßnahme geht bei der Gemeinde G am 11.2.2025 die erste Teilrechnung in Höhe von 700.000 € entsprechend dem Baufortschritt ein. Am 17.6.2025 erfolgt die Schlussabrechnung mit einer Restforderung in Höhe von 930.000 €. Nach Prüfung der Rechnung stellt der Anlagenbuchhalter fest, dass 22.000 € nicht aktivierungsfähigen Aufwand darstellen.

Aufgabe:
Welche Buchungen sind bis zur Aktivierung der Anlage im Bau vorzunehmen?

Lösung:
Am 11.2.2025 ist ein Zugang in Höhe von 700.000 € auf die Anlage im Bau zu buchen. Die Schlussabrechnung in Höhe von 930.000 € ist aufzuteilen, wobei 908.000 € als weiterer Zugang auf die Anlage im Bau zu buchen ist. Der Gesamtbetrag in Höhe von 1.608.000 € ist danach auf die „endgültige" Anlage umzubuchen. Der nicht aktivierungsfähige Aufwand in Höhe von 22.000 € ist auf das entsprechende Aufwandskonto zu buchen.

Sachverhalt Nr. 11 (Aktivierung von Eigenleistungen):
Feuerwehrleute der Gemeinde G bauen während ihrer Bereitschaftsdienststunden mehrere kleine, nicht genutzte Lagerräume in einen Schulungsraum um. Es entstanden Materialkosten in Höhe von 20.000 €. Mittels Kosten- und Leistungsrechnung werden Kosten für Arbeitsleistung in Höhe von 80.000 € festgestellt. Ein Handwerksbetrieb hatte die identische Umbauleistung für 49.900 € angeboten.

Aufgabe:
Welche Buchungen und in welcher Höhe sind bis zur Aktivierung in der Anlagenbuchhaltung vorzunehmen?

Lösung:
Die Auszahlung für die Materialkosten sind auf der Anlage im Bau in Höhe von 20.000 € zu buchen. Vermögensgegenstände sind betraglich höchstens mit ihren Anschaffungs- oder Herstellungskosten zu erfassen. Der tatsächliche Herstellungswert liegt über dem üblichen Herstellungswert. Diese Wertdifferenz besteht als Wertminderung dauerhaft. Daher sind nicht die tatsächlich angefallenen 80.000 €, sondern die den üblichen Herstellungskosten, also 49.900 € zu aktivieren. Ein höherer Vermögenswert wurde trotz höherer Aufwände nicht geschaffen.

10.3.3 Umlaufvermögen

Wie bereits im Rahmen des Anlagevermögens abgegrenzt, gehören zum Umlaufvermögen alle Vermögensgegenstände, die nicht dazu bestimmt sind, dauerhaft dem Geschäftsbetrieb der Kommune zu dienen. Merkmale für die Nichtdauerhaftigkeit ist eine vorgesehene Zweckbestimmung durch die Kommune, die einen Verbrauch, Verkauf oder eine nur kurzfristige Nutzung vorsieht. Somit gehören Vermögensgegenstände bzw. Vorräte, die zur Weiterverarbeitung oder zum Verkauf bestimmt sind, zum Umlaufvermögen.

Zu den Bilanzposten des Umlaufvermögens[29] gehören gemäß § 46 Abs. 3 KomHVO:

- Vorräte,
- Öffentlich-rechtliche Forderungen:
  - Öffentlich-rechtliche Forderungen aus Dienstleistungen,
  - Sonstige öffentlich-rechtliche Forderungen,
- Privatrechtliche Forderungen, sonstige Vermögensgegenstände:
  - Privatrechtliche Forderungen aus Lieferungen und Leistungen,
  - Sonstige privatrechtliche Forderungen,
  - Sonstige Vermögensgegenstände,
- Liquide Mittel:
  - Sichteinlagen bei Banken und Kreditinstituten,
  - Sonstige Einlagen,
  - Bargeld.

Für die Vermögensgegenstände des Umlaufvermögens gilt das strenge Niederstwertprinzip. Nach § 40 Abs. 3 KomHVO ist bei den Vermögensgegenständen stets der niedrigste Wert anzusetzen aus

- Anschaffungs- oder Herstellungskosten
- Börsen- oder Marktpreis und
- dem am Abschlussstichtag beizulegenden Wert[30].

10.3.3.1 Vorräte

Die grundsätzlich einem kurzfristigen Verzehr unterworfenen Vorräte untergliedern sich in Roh-, Hilfs- und Betriebsstoffe sowie Waren. Rohstoffe stellen den Hauptbestandteil, Hilfsstoffe einen Nebenbestandteil eines erzeugten Produkts dar. Betriebsstoffe werden dagegen nicht zum Bestandteil des erzeugten Produkts, sondern dienen dem Erstellungsprozess.

Waren sind veräußerbare Vermögensgegenstände, die selbst erstellt oder angekauft wurden (Familienstammbücher, Touristiksouvenirs).

Grundsätzlich haben Roh-, Hilfs- und Betriebsstoffe sowie Waren im Rahmen der kommunalen Bilanzierung trotz des Vorkommens in den technischen Fachbereichen einer Kommune aufgrund der Beschränkung auf interne Produktionsbedürfnisse nur eine untergeordnete Bedeutung.

Es bestehen zwei mögliche Buchungsverfahren für die Abbildung der Vorratswirtschaft im Rechnungswesen. Die exaktere, aber auch mit erheblichem Betriebsaufwand

29 Siehe dazu *Grimberg*, Kommunalhaushaltsrecht Sachsen-Anhalt, Kommentar, Wiesbaden 2018, § 46 Rdnr. 2.2 mit Buchungsbeispielen.

30 Sofern für die Bewertung der Beschaffungsmarkt ausschlaggebend ist (z. B. Roh-, Hilfs-, Betriebsstoffe, Waren), entspricht der beizulegende Wert den Wiederbeschaffungs- oder Reproduktionskosten. Auf eine Darstellung bei Maßgeblichkeit des Absatzmarktes (z. B. unfertige oder fertige Erzeugnisse ohne Fremdbezug) hinsichtlich einer retrograden Wertermittlung wird mangels Praxisbezuges im kommunalen Bereich verzichtet.

verbundene Methode ist die Verwaltung der Gegenstände des Vorratsvermögens mittels einer Lagerbuchhaltung. Hierbei sind sämtliche Vermögenszugänge zu aktivieren. Sie werden erst im Rahmen des Verbrauchs im Leistungserstellungsprozess als Aufwand gebucht.

Die zulässige Alternative hierzu bildet die direkte Buchung im Rahmen der Beschaffung als Aufwand. Im Rahmen des Jahresabschlusses werden auf dem Bilanzkonto der Anfangsbestand und der Schlussbestand abgeglichen. Hieraus resultiert die in der Ergebnisrechnung zu berücksichtigende Bestandsveränderung. Da das Element einer aufwendigen Lagerbuchhaltung entfällt, sollte im Rahmen der Beschaffung von Vorräten – soweit möglich und sinnvoll – eine direkte Aufwandsbuchung festgelegt werden.[31]

Beispiel Lagerbuchung:
Der Einkauf von Unkrautvernichtungsmitteln wird der Bestandszugang des Lagers auf dem Bestandskonto unter Begleichung der Rechnung gebucht. Aufgrund der Lagerbuchhaltung werden die Lagerentnahmen als Aufwand in der Teilergebnisrechnung und als Minderung des Bestandskontos berücksichtigt. Ggf. wird im Rahmen des Jahresabschlusses aufgrund bei der Inventur festgestellter Inventurdifferenzen einer Bestands- und Aufwandskorrektur erforderlich.

Beispiel Aufwandsbuchung:
Der Einkauf von Unkrautvernichtungsmitteln wird ohne Einbeziehung des Bestandskontos unter Begleichung der Rechnung vollständig in die Teilergebnisrechnung als Aufwand gebucht. Im Rahmen der Inventur beim Jahresabschluss wird die Bestandsveränderung festgestellt und der Aufwand korrigiert (Aufwandserhöhung bei Bestandsminderung, Aufwandsminderung bei Bestandserhöhung).

Nach § 39 KomHVO i. V. m. Nr. 4.2.3 BewertRL lässt als einziges Vereinfachungsverfahren für Vorratsvermögen das Durchschnittspreisverfahren zu. Sämtliche Verbrauchsfolgeverfahren, so auch das nach § 6 Abs. 1 Nr. 2a Einkommensteuergesetz zulässige und daher im kaufmännischen Rechnungswesen genutzte Lifo-Verfahren, sind im kommunalen Haushaltsrecht aus Gründen der Einschränkung von Wahlrechten unzulässig.[32]

Geleistete Anzahlungen bilden liquide Vorleistungen an einen Lieferanten für noch nicht erhaltene Lieferungen und Leistungen des Umlaufvermögens. Für Anzahlungen erfolgt ein gesonderter Ausweis. Erst nach Erhalt der Lieferung oder Leistung wird die Anzahlung ausgebucht.

---

31 Vgl. hierzu auch Modellprojekt „Doppischer Kommunalhaushalt in NRW" (Hrsg.), Neues Kommunales Finanzmanagement: Betriebswirtschaftliche Grundlagen für das doppische Haushaltsrecht, 2., vollst. überarb. Aufl. auf der Basis der Endergebnisse des Modellprojektes, Freiburg 2003, S. 230.

32 Dies ist unverständlich, da lediglich aus „formal-rechtlichen" Gründen (Wahlrechtseinschränkung) die Einschränkung herbeigeführt wurde. Eine inhaltliche Begründung fehlt. Bei Vorratsvermögen aus dem Bereich Schüttgut (z. B. Sand, Splitt) wäre eine solche Begründung auch nicht herzuleiten, da das zuletzt angelieferte Schüttgut auf das vorhandene geschüttet wird und somit nur zuerst verbraucht werden kann.

10.3.3.2 Forderungen und sonstige Vermögensgegenstände

10.3.3.2.1 Öffentlich-rechtliche Forderungen

Bei den Forderungen werden öffentlich-rechtliche Forderungen an inhaltlichen Kriterien differenziert. Die öffentlich-rechtlichen Forderungen entstehen auf der Basis öffentlich-rechtlicher Normen. Von besonderer finanzwirtschaftlicher Bedeutung für die Gemeinden sind die Abgaben und die zu erwartenden Transferleistungen in Form von Zuwendungen. Zu den öffentlich-rechtlichen Forderungen aus Dienstleistungen gehören z. B. die Verwaltungs- und Benutzungsgebühren und sowie die Beiträge; zu den übrigen öffentlich-rechtlichen Forderungen gehören z. B. die Steuern, Sozialbeiträge, Buß- und Zwangsgelder oder Kostenersätze (s. a. Konten 1611 und 1691).

10.3.3.2.2 Privatrechtliche Forderungen

Bei der bilanziellen Zuordnung sind in Abgrenzung zum Anlagevermögen die spezifischen inhaltlichen Komponenten der Ausleihungen zur Abgrenzung gegenüber den Forderungen des Umlaufvermögens zu berücksichtigen.[33]

Eine privatrechtliche Forderung ist das Recht, von einem Anderen aufgrund eines Schuldverhältnisses eine Leistung zu fordern. Das Schuldverhältnis ergibt sich aus einem Vertrag oder durch die Erfüllung der Tatbestandsvoraussetzungen einer Gesetzgebungsvorschrift. Zu den privatrechtlichen Forderungen gehören auch die Forderungen der antizipativen Rechnungsabgrenzung. Diese sind Einzahlungen nach dem Bilanzstichtag, die aber dem alten Haushaltsjahr ganz oder teilweise als Ertrag zuzurechnen sind.

> ***Beispiel:***
> *Die Gemeinde erwartet eine Mietzahlung am 31.3.2025 für die Monate Oktober 2024 bis März 2025. Die zu erwartenden Mietzahlungen für die Monate Oktober bis Dezember 2024 stellen eine antizipative Forderung dar, die in der Bilanz am 31.12.2024 als Forderung zu berücksichtigen ist.*

Im Debitorenbereich sind im Einzelnen zu berücksichtigen:

a) Gegenüber dem privaten Bereich
Hierzu gehören alle Forderungen gegen alle natürlichen und privatrechtlich organisierten juristischen Personen auszuweisen, soweit es sich nicht um Ausleihungen handelt.

b) Gegenüber dem öffentlichen Bereich
Hierunter sind alle Forderungen gegenüber Bund, Ländern, Gemeinden, Gemeindeverbänden und sonstigen Personen des öffentlichen Rechts zu erfassen, soweit es sich nicht um Ausleihungen handelt.

---

33 Siehe Kap. 10.3.2.4 („Finanzanlagen, Abgrenzung Finanzanlagen zum Umlaufvermögen").

Beispiel:
Die Gemeinde G veräußert ein Grundstück an das Land. Es handelt sich um ein privatrechtliches Geschäft zwischen Gemeinde G und dem Land, so dass keine öffentlich-rechtliche Forderung vorliegt. Das Land gehört als Debitor zum öffentlichen Bereich. Es handelt sich um keine Ausleihung. Die Kaufpreisforderung ist unter dem Posten „Übrige privatrechtliche Forderungen" auszuweisen.

c) Gegen verbundene Unternehmen, gegen Beteiligungen und gegen Sondervermögen
Der Ausweis von sonstigen Forderungen zu diesen drei unterschiedlichen Finanzanlagebereichen erfolgt analog der Abgrenzung und inhaltlichen Darstellung in den Kap. 10.3.2.4.1 bis 10.3.2.4.3. Auch hier darf es sich nicht um unter Finanzanlagen abzubildende Ausleihungen handeln.

10.3.3.2.3 Sonstige Vermögensgegenstände

Die sonstigen Vermögensgegenstände stellen eine Sammelposition dar, unter der Vermögensposten auszuweisen sind, die keiner spezielleren Zuordnungsregelung unterliegen. Beispiele hierfür sind Schadensersatz- und Rückforderungsansprüche oder Forderungen aus Versicherungsleistungen.

10.3.3.3 Liquide Mittel

Es handelt sich um Geldmittel, die den Kommunen zur Zahlungsbereitschaft zur Verfügung stehen. In diesem Bilanzposten sind folgende Inhalte auszuweisen:
- Guthaben bei Banken und Kreditinstituten,
- Guthaben bei Bundesbank und Europäischer Zentralbank,
- Schecks,
- Kasse, Bargeld.

Von der Kommune angelegte Tages- und Festgelder gehören zu den Guthaben bei Kreditinstituten und verbleiben im Bilanzausweis unter „Liquiden Mitteln".

10.3.4 Rechnungsabgrenzungsposten (aktiv)

Die aktive Rechnungsabgrenzung beinhaltet transitorische Posten, d. h. es handelt sich um Geschäftsvorfälle, die im laufenden Haushaltsjahr zu Ausgaben führen, aber erst im folgenden Haushaltsjahr Aufwand darstellen (§ 42 Abs. 1 KomHVO).

Beispiel:
Die Gemeinde zahlt im Oktober 2024 im Voraus für die Monate Oktober 2024 bis März 2025 Miete. Es fließt im laufenden Haushaltsjahr Liquidität für sechs

Monate ab; aufwandsmäßig gehören jedoch nur Mietzahlungen für drei Monate in die Ergebnisrechnung des laufenden Haushaltsjahres. Die anderen drei Monate an Mietzahlungen sind aufwandsmäßig im folgenden Haushaltsjahr zu berücksichtigen.

Diese Rechnungsabgrenzung gilt auch für die Beamtenbesoldung, die vor dem Bilanzstichtag für den ersten Monat danach gezahlt wurde, für Leasinggeschäfte, wenn den Leasingraten keine angemessene Gegenleistung in dem jeweiligen Haushaltsjahr gegenübersteht, und für ähnliche Rechtsgeschäfte.

Neben der üblichen Rechnungsabgrenzung ist im kommunalen Bereich von besonderer Bedeutung der Ansatz von aktiven Rechnungsabgrenzungsposten aus geleisteten Zuwendungen der Gemeinden. Für die Erfassung und Bewertung von geleisteten Zuwendungen an Dritte können zwei Sachverhaltsvarianten unterschieden werden.

Bei geleisteten Zuwendungen für Vermögensgegenstände, an denen die Gemeinde das wirtschaftliche Eigentum hat, sind diese als Vermögensgegenstände zu aktivieren. Diese eher seltenen Sachverhalte stellen sich inhaltlich im Rahmen der Vermögensbewertung für Anlage- bzw. Umlaufvermögen dar.

Ist dagegen kein Vermögensgegenstand zu aktivieren, die geleistete Zuwendung jedoch mit einer mehrjährigen einklagbaren Gegenleistungsverpflichtung verbunden, ist für die Zuwendung ein Rechnungsabgrenzungsposten zu aktivieren und entsprechend der Erfüllung der Gegenleistungsverpflichtung aufwandswirksam aufzulösen. In der Praxis sind die Zuwendungen der Kommune vielfach Bestandteil einer Gesamtzuwendung unter Beteiligung eines oder mehrerer Förderungsgeber. In die Rechnungsabgrenzung fließt in diesen Fällen jedoch nur der kommunale Eigenanteil ein.

Beispiel:
Im Rahmen von Stadterneuerungsmaßnahmen werden Fassadenerneuerungen gefördert, wobei die Kommune im Rahmen der Förderungsbewilligung an Dritte auf 90 % Landesmittel zurückgreifen kann und nur 10 % kommunale Eigenmittel hinzufügt. In den Ansatz für den Rechnungsabgrenzungsposten fließt hierbei nur der städtische Eigenanteil in Höhe der 10 % der Gesamtförderungsmaßnahme ein; die Landesmittel stellen dagegen gem. § 14 Nr. 1 KomHVO durchlaufende Finanzmittel dar.

Ist der Rückzahlungsbetrag einer Verbindlichkeit höher als der Auszahlungsbetrag, so darf nach § 42 Abs. 3 KomHVO der Unterschiedsbetrag in den aktiven Rechnungsabgrenzungsposten aufgenommen werden. Diese Regelung beschreibt die aktive Rechnungsabgrenzung von Disagio im Rahmen von Kreditaufnahmen.[34] Der Unterschiedsbetrag ist durch planmäßige jährliche Abschreibungen zu tilgen, die auf die gesamte Laufzeit der Verbindlichkeit verteilt werden können.

34 Siehe hierzu auch Kap. 17.

10.3.5 Eigenkapital

Das kommunale Eigenkapital untergliedert sich nach § 46 Abs. 4 KomHVO in vier Posten. Diese sind:
- Rücklagen[35],
- Sonderrücklagen,
- Fehlbetragsvortrag,
- Jahresergebnis (Jahresüberschuss/Jahresfehlbetrag).

Die Differenzierung der vier Posten resultiert aus einer unterschiedlich definierten Eigenkapitalfunktion sowie der Jahresabschlussfunktion der Posten innerhalb der Haushaltssystematik. Ergibt sich bei der Eigenkapitalermittlung im Rahmen der Eröffnungsbilanzierung ein Überschuss der Passivposten über die Aktivposten, ist die sich ergebende Saldogröße nach Nr. 5.17 BewertRL auf der Aktivseite als „Nicht durch Eigenkapital gedeckter Fehlbetrag“ gesondert auszuweisen.

10.3.5.1 Rücklagen

Der Bilanzposten „Rücklage“ stellt eine absolute Saldogröße dar. Der Bilanzausweis resultiert erstmalig aus der Gegenüberstellung sämtlicher Aktivposten und sämtlicher Passivposten außer der Rücklage selbst. Ergibt sich eine positive Saldogröße, stellt diese die Rücklage dar.

Ist die Saldogröße negativ, bedeutet dies, dass das im Kontenrahmen vorgesehene Bestandskonto „Rücklage“ anstelle des üblichen Überschusses im Haben nunmehr einen Überschuss im Soll ausweist. Dieses Konto ist aufgrund des Sollbestandes anstelle des Postens „Rücklage“ nunmehr dem Posten „Nicht durch Eigenkapital gedeckter Fehlbetrag“ zu zuordnen.

Entsprechend eventuellen Überschüssen aus dem ordentlichen Ergebnis bzw. aus dem außerordentlichen Ergebnis hat die Gemeinde nach § 22 Satz 1 KomHVO jeweils „Rücklagen aus Überschüssen des ordentlichen Ergebnisses“ bzw. „Rücklagen aus Überschüssen des außerordentlichen Ergebnisses“ zu bilden.

10.3.5.2 Sonderrücklagen

Die Sonderrücklagen gliedern sich inhaltlich in zwei Bereiche:
- pflichtige Sonderrücklagen,
- freiwillige Sonderrücklagen.

35 Vgl. Anlage 10 VV Muster zum NKHR.

Der pflichtige Bereich beinhaltet nach § 22 Satz 2 KomHVO i. V. m. Nr. 8.6. Buchst. b und Nr. 5.18. BewertRL zweckgebundene Rücklagen aus erhaltenen Investitionszuwendungen bzw. Kapitalzuschüssen, die im Rahmen einer Zweckbindung der Eigenkapitalstärkung dienen sollen und nicht für eine ertragswirksame Auflösung vorgesehen sind. Keinesfalls gehören hierzu die pauschalierten Zuwendungen nach dem Finanzausgleichsgesetz wie Straßenbaulastzuweisungen, Investitionshilfen und Jugendpauschale. Nach § 22 Satz 3 KomHVO können weitere Sonderrücklagen vorrangig zu § 23 KomHVO gebildet werden, wobei das zugrunde liegende Risiko in die Liquiditätsplanung einzubeziehen ist.

Der freiwillige Bereich der Bildung von Sonderrücklagen kann dazu dienen, um die vom Rat beschlossene Anschaffung oder Herstellung von Vermögensgegenständen zu sichern. Die Deckung dieser Investitionsmaßnahmen künftiger Jahre kann dann nach § 22 Satz 3 KomHVO in Sonderrücklagen berücksichtigt werden. Denkbar ist die Funktion einer Ergebnisverwendung für vom Rat vorgesehene investive Maßnahmen. Kritisch ist hierbei anzumerken, dass hiermit verbunden auf der Aktivseite eine Liquiditätsausgrenzung bzw. -reservierung bei Investitionsdurchführung stattzufinden hätte.[36] Des Weiteren werden die Kommunen mit erster Priorität – soweit nach den gesetzlichen Bestimmungen möglich – die Ertragsüberschüsse der Rücklage zuführen, um ggf. bei späteren schwierigen Haushaltslagen den Haushaltsausgleich zu erreichen.

Beispiel:
Die sich im Haushalt ergebenden Erträge auf der Basis einer Kostendeckung ermittelten gebührenrechtlichen Kalkulation[37] *übersteigen die im Haushaltsplan dargestellten bilanziellen Aufwendungen. Die hieraus resultierenden übersteigenden Erträge werden in eine Sonderrücklage eingestellt, um der Bürgerschaft zu dokumentieren, dass die im Rahmen des haushaltsrechtlichen Rechnungszwecks „erzielten Mehrerträge" ausschließlich zur Wiederbeschaffung von Vermögensgegenständen für den gebührenrechtlichen Bereich in späteren Jahren verwendet werden sollen.*

36 Sofern die zur Ergebnisverwendung für eine investive Maßnahme gehörenden liquiden Mittel im Rahmen der Liquiditätssicherung aus Wirtschaftlichkeitsgründen eingesetzt werden, dürfte es nach den jetzigen gesetzlichen Regelungen – insbesondere hinsichtlich der Trennung von Investitions- und Liquiditätskrediten – nicht zulässig sein, die Investitionsmaßnahme in einem späteren Haushaltsjahr im Rahmen „Regenerierung der Liquidität" durch Liquiditätskredite zu finanzieren. Somit bliebe nur die Finanzierung durch Investitionskredite.

37 Die Erträge im gebührenrechtlichen Produktbereich basieren auf einer kostendeckenden Kalkulation, die gegenübergestellten Aufwendungen dagegen auf den Ermittlungsgrundlagen des Haushaltsrechts. In der Regel wird daher im gebührenrechtlichen Produktbereich des Haushalts der Ertrag den Aufwand übersteigen (z. B. Eigenkapitalverzinsung in der gebührenrechtlichen Kalkulation bzw. im Haushaltsrecht ist eine Eigenkapitalverzinsung nicht vorgesehen, unterschiedliche Wertbasen für Abschreibungen: Wiederbeschaffungskosten versus Anschaffungskosten, kalkulatorische Kosten gegenüber tatsächlicher Aufwand, …). Eine weitergehende Darstellung ist der diesbezüglichen Spezialliteratur vorbehalten.

Alternativ hierzu ist denkbar, dass es sich im Rahmen einer Eigenkapitalumbuchung vom Bilanzposten „Rücklage“ zum Bilanzposten „Sonderrücklage“ ausschließlich um eine „deklarative“ Bilanzdarstellung handelt, welche die Verwaltung dazu verpflichten soll, im Rahmen der mittelfristigen Investitionsplanung und deren Finanzierung für die Zukunft vorrangig gegenüber den Verwaltungsplanungen die in der Sonderrücklage vorgesehenen Investitionsmaßnahmen zu berücksichtigen.

10.3.5.3 Fehlbetragsvortrag

Der Fehlbetragsvortrag aus früheren Rechnungsperioden, der nach § 46 Abs. 4 Buchst. c KomHVO unter dem Eigenkapital der Passivseite der Bilanz auszuweisen ist, enthält den kumulierten bzw. verbleibenden Verlustvortrag aus den früheren Geschäftsjahren.

10.3.5.4 Jahresergebnis (Jahresüberschuss/Jahresfehlbetrag)

Der Posten „Jahresergebnis“ ermittelt sich aus dem Abschluss der Ergebnisrechnung eines Haushaltsjahres und weist den Jahresüberschuss bzw. Jahresfehlbetrag des letzten Haushaltsjahres aus.

Ein Jahresüberschuss stellt die positive Differenz zwischen Gesamterträgen und Gesamtaufwendungen eines Haushaltsjahres dar. Ein Jahresfehlbetrag ergibt sich aus dem Überschuss der Gesamtaufwendungen gegenüber den Gesamterträgen eines Haushaltsjahres.

Mangels gesetzlicher Regelung wird aufgrund der eindeutigen Erläuterung in den Klammern in dem Bilanzposten des § 46 Abs. 4 Buchst. d KomHVO „Jahresüberschuss bzw. Jahresfehlbetrag“ deutlich, dass die kommunale Bilanz ohne Berücksichtigung einer Verwendung des Jahresergebnisses aufzustellen ist. Ansonsten hätte analog zum kaufmännischen Rechnungswesen auf die bestehende Möglichkeit, die Bilanz auch unter Berücksichtigung der vollständigen oder teilweisen Verwendung des Jahresergebnisses aufzustellen, hingewiesen werden und der hierfür notwendige alternative Bilanzposten „Bilanzgewinn/Bilanzverlust“ vorgegeben werden müssen.

Das Jahresüberschuss-/Jahresfehlbetragskonto ist im Rahmen des Jahresabschlusses die Gegenbuchungsposition zur Ergebnisrechnung, um das Gesamtergebniskonto der Ergebnisrechnung für das folgende Haushaltsjahr auf „null“ setzen zu können.

Ist das Eigenkapital durch Jahresfehlbeträge aufgebraucht und ergibt sich hierdurch ein Überschuss der Passivposten über die Aktivposten, so ist dieser Betrag am Schluss der Bilanz auf der Aktivseite gesondert unter der Bezeichnung „Nicht durch Eigenkapital gedeckter Fehlbetrag“ auszuweisen.

10.3.6 Sonderposten

Die kommunale Bilanz unterscheidet vier Sonderposten[38]. Dies sind:

- Sonderposten aus (investiven) Zuwendungen,
- Sonderposten aus Beiträgen,
- Sonderposten für den Gebührenausgleich,
- Sonderposten aus Anzahlungen,
- Sonstige Sonderposten.

„Zuwendungen" ist der Oberbegriff für Zuweisungen und Zuschüsse. Zuweisungen sind zwischen öffentlichen Aufgabenträgern übertragene Finanzmittel. Zuschüsse sind zwischen dem öffentlichen Bereich und dem unternehmerischen oder übrigen Bereich übertragene Finanzmittel. Erhaltene Zuwendungen (Ertragszuschüsse) und Beiträge sind nach Nr. 5.19 BewertRL als Sonderposten auf der Passivseite der Bilanz anzusetzen, wenn diese für investive Maßnahmen gezahlt wurden und nicht frei verwendet werden dürfen.

Nach Nr. 5.19 BewertRL sind Jahresüberschüsse der kostenrechnenden Einrichtungen am Ende eines Kalkulationszeitraums, die nach § 5 KAG im nächsten Kalkulationszeitraum ausgeglichen werden müssen, als Sonderposten für den Gebührenausgleich anzusetzen.

10.3.6.1 Funktion und inhaltliche Grundlagen

Der Vermögensfinanzierung durch Investitionszuwendungen (Zuweisungen und Zuschüsse) kommt eine besondere Bedeutung zu. Die investitionsbezogenen Zuwendungen für die Anschaffung oder Herstellung eines Vermögensgegenstandes stellen auch ein Steuerungsinstrument des Zuwendungsgebers dar. Durch die Gewährung von Investitionszuwendungen kann die Aufsichtsbehörde orientiert an der Leistungsfähigkeit der Kommunen und mit Blick auf volkswirtschaftliche Erfordernisse deren Investitionstätigkeit steuern. Teilweise wurde dieses Steuerungsinstrument in einigen Bereichen durch Gewährung pauschalierter Zuwendungen auch aus Gründen der Verteilungsgerechtigkeit in die Hände der Kommunen gegeben. Sowohl für die investitionsbezogenen Zuwendungen für die Anschaffung oder Herstellung eines Vermögensgegenstandes als auch die pauschalierten Zuwendungen sind im Haushaltsrecht abzubilden.

Den Sonderposten kommt auf der Finanzierungsseite der Bilanz die Funktion zu, erhaltene investitionsbezogene Zuwendungen und erhobene Beiträge für durchgeführte Investitionsmaßnahmen bilanziell abzubilden. Des Weiteren wird durch einen Sonderposten die Überdeckung von Kosten aus dem Bereich kostenrechnender Einrichtungen abgebildet.

38 Siehe dazu *Grimberg*, Kommunalhaushaltsrecht Sachsen-Anhalt, Kommentar, Wiesbaden 2018, § 46 Rdnr. 3.2 mit Buchungsbeispielen.

Der Finanzierungscharakter dieser Sachverhalte stellt eine Mischform aus Eigen- und Fremdfinanzierung dar. Die Zweckbestimmung der Zuwendung und des Beitrags sowie die Entstehung einer Überdeckung lassen eine Abbildung im Eigenkapital nicht zu, da hierdurch zwar der Kommune Finanzierungsmittel zufließen, diese aber eine Verpflichtung für spätere Haushaltsjahre beinhaltet.

Das kaufmännische Rechnungswesen sieht neben diesem passivischen Ausweis von Zuwendungen als Alternative eine aktivische Minderung vor. Dies bedeutet, dass die Zuwendung die Anschaffungs- oder Herstellungskosten auf der Aktivseite reduziert. Hierdurch verringert sich die Wertbasis, von der die Abschreibungen vorgenommen werden. Das kaufmännische Wahlrecht einer aktivischen Minderung der Anschaffungs- oder Herstellungskosten durch Zuwendungen ist nicht zulässig, da kein „saldierter" Ressourcenverbrauch dargestellt werden soll, sondern der vollständige Ressourcenverbrauch aus Abschreibungen dem Ressourcenaufkommen aus Erträgen aus der Auflösung von Sonderposten in der Ergebnisrechnung gegenübergestellt werden soll. Daher sind nach Nr. 5.19 BewertRL erhaltene Zuwendungen und Beiträge als Sonderposten auf der Passivseite der Bilanz anzusetzen, wenn diese für investive Maßnahmen gezahlt wurden und nicht frei verwendet werden dürfen. Sie sind auf der Grundlage von Nominalwerten auszuweisen und bei der Betragsermittlung um Anteile zu mindern, die der Abnutzung des bezuschussten Vermögensgegenstandes entsprechen.

Überlegungen, die Bindungswirkung der investiven Zuwendungen (z. B. Annahme einer Zuwendung mit der Verpflichtung, 20 Jahre lang ein hiermit finanziertes Asylheim vorzuhalten; die Nutzungsdauer des Gebäudes beträgt aber 30 Jahre) und nicht die geplante Nutzungsdauer als kommunale Besonderheit zugrunde zu legen, würden eine kommunalspezifische Regelung mit einer Durchbrechung der kaufmännischen Verfahrensweise darstellen. Eine solche Besonderheit sehen die Rechtsvorschriften – anders als beim Wegfall des Wahlrechts der aktivischen Minderung – aufgrund der eindeutigen Regelung der Nr. 5.19 BewertRL jedoch nicht vor. Inhaltlich liegt der Hauptgrund auch in der Zielsetzung, den Ressourcenverbrauch und das Ressourcenaufkommen abbilden zu wollen. Auch wenn die Bindungswirkung einer Zuwendung nicht mehr besteht, basiert die (teilweise) Finanzierung und das damit untrennbar verbundene spätere Ressourcenaufkommen auf der ertragswirksamen Auflösung der Zuwendung auf der Grundlage der geplanten Nutzungsdauer für den angeschafften oder hergestellten Vermögensgegenstand. Die investive Zuwendung teilt hinsichtlich der Abschreibungsdeterminanten (Nutzungsdauer und Abschreibungsverfahren) das „Schicksal" des zugehörigen Vermögensgegenstandes.

Zur Verdeutlichung der Verfahrensweisen der aktivischen Minderung und der passivischen Darstellung sowie deren gleicher Ergebniswirkung siehe die folgende Übersicht:

	Aktivische Minderung (im NKHR nicht zulässig)	**Passivische Darstellung (Zulässige Verfahrensweise im NKHR)**
Anschaffungs- oder Herstellungskosten	100	100
Zuwendungshöhe	60	60
Bilanzausweis Aktivseite	40 (100-60)	100
Bilanzausweis Passivseite	entfällt	60
Abschreibung linear über 10 Jahre je Jahr	4 Soll des Ergebnisses	10 Soll des Ergebnisses
Ertrag aus der Auflösung linear über 10 Jahre	entfällt	6 Haben des Ergebnisses
Ergebnis/Ergebnissaldo	**4 Soll des Ergebnisses**	**4 Soll des Ergebnisses**

Sofern mittels unterschiedlicher Ertragskonten seitens der Gemeinde eine Unterscheidung nach Zuwendungsgebern vorgesehen ist, müssen die Bilanzkonten gleichfalls diese Unterscheidung ausweisen, um eine eindeutige Ertragszuordnung sicherzustellen.

Hierbei ist weiterhin zu berücksichtigen, dass ein Vermögensgegenstand gleichzeitig von unterschiedlichen Zuwendungsgebern anteilig finanziert worden sein kann. Demnach bedarf es in der Anlagenbuchhaltung einer Zuordnungssystematik, die Zuwendungsfinanzierung durch unterschiedliche Zuwendungsgeber zulässt.

Die Zuordnung der Ertragskonten ist anhand des kommunalen Kontierungsplans[39] wie folgt vorzunehmen:

Konto 4531 Erträge aus der Auflösung von Sonderposten aus Zuwendungen
Konto 4532 Erträge aus der Auflösung von Sonderposten für Beiträge
Konto 4533 Erträge aus der Auflösung von Sonderposten für den Gebührenausgleich
Konto 4534 Erträge aus der Auflösung von sonstigen Sonderposten

10.3.6.2 Sonderpostenbildung für pauschalierte Zuwendungen

Im Rahmen der Finanzierung von Investitionen gibt es derzeit im Finanzausgleichsgesetz die Investitionshilfe als pauschaliertes Zuwendungsverfahren. Der vom Zuwendungsgeber vorgesehene Verwendungszweck bestimmt die Planung in der Finanz- und Ergebnisrechnung und somit die Verwendung und Zuordnung dieser Finanzierungs-

39 www.statistik.sachsen-anhalt.de\Themen\Kommunales\Kommunaler Haushalt/Doppik.

mittel. Für die pauschalierten Zuwendungen sind auf der Grundlage der Voraussetzungen des Nr. 8.6. Buchst. b i. V. m. Nr. 5.19 BewertRL, nämlich

- Investive Verwendung
- Bewilligung mit Zweckbindung

Sonderposten zu bilden.

Die Kommunen erhalten nach § 16 FAG investive Schlüsselzuweisungen zur Verbesserung der kommunalen Infrastruktur, die vorrangig zur Leistung des Eigenanteils bei der Inanspruchnahme von Fördermitteln zu verwenden sind. Es wird seitens des Zuwendungsgebers weder eine Verwendungsvorgabe noch ein Verwendungsnachweis verlangt. Ausschlaggebend ist nur, dass das gesamte Investitionsvolumen in der Finanzrechnung den Zuwendungsbetrag übersteigt. Hat der Zuwendungsgeber die ertragswirksame Auflösung nicht ausgeschlossen[40] und ist die Voraussetzung hinsichtlich des vorzunehmenden Investitionsvolumens erfüllt, erfolgt im Rahmen des Jahresabschlusses im Produktbereich 61 „Allgemeine Finanzwirtschaft“ eine vollständige ergebniswirksame Auflösung des Sonderpostens.

Die Buchungssystematik sieht hierbei wie folgt aus:

Bank	an	Sonderposten
Sonderposten	an	Erträge aus der Auflösung von Sonderposten

Eine denkbare alleinige Buchung in der Ergebnisrechnung, z. B.

Bank	an	sonstige allgemeine Zuweisungen

ist nicht zulässig, da hierdurch die grundlegende Systematik der Zuwendungsfinanzierung von Investitionsmaßnahmen durchbrochen würde. Des Weiteren kann im Rahmen des Jahresabschlusses entgegen der geplanten Erfüllung der Verwendungsvorgabe durch die Investitionsplanung in der Finanzrechnung die abschließende tatsächliche Erfüllung festgestellt werden.[41]

10.3.6.3 Ansatz von investitionsbezogenen Zuwendungen und von Beiträgen

Für eine Sonderpostenbildung für einzelne investitionsbezogene Zuwendungen ist es zwingend erforderlich, dass eine Anschaffung oder Herstellung eines Vermögensgegenstandes erfolgt, für dessen Finanzierung die investitionsbezogene Zuwendung vorgesehen ist.

Zur Erfüllung der Verwendungsvorgabe ist in der Regel die Anschaffung oder Herstellung erforderlich. Solange hierbei der Anschaffungs- oder Herstellungsvorgang nicht abgeschlossen ist, stellen die zugeflossenen Finanzierungsmittel im Rahmen des Rea-

40 Vgl. Kap. 10.3.5.2 („Sonderrücklage“).

41 Vgl. hierzu auch Modellprojekt „Doppischer Kommunalhaushalt in NRW“ (Hrsg.), Neues Kommunales Finanzmanagement: Betriebswirtschaftliche Grundlagen für das doppische Haushaltsrecht, 2., vollst. überarb. Aufl. auf der Basis der Endergebnisse des Modellprojektes, Freiburg 2003, S. 255.

lisationsprinzips eine Verbindlichkeit aus Transferleistungen dar. Erst mit Aktivierung des Vermögensgegenstandes erfolgt die Einstellung in den Sonderposten.

Mit Ausnahme der Investitionspauschale bestimmt die Abschreibungsplanung (Nutzungsdauer und Abschreibungsmethode) für den zugehörigen Vermögensgegenstand auch die ertragswirksame Auflösung des Sonderpostens.

Der Ansatz und Ausweis bei der Bilanzierung von investitionsbezogenen Zuwendungen wird nach der Zuwendungszusage des Zuwendungsgebers durch den Liquiditätszufluss und die Verwendungsvorgabe bestimmt. Ist trotz Zuwendungszusage durch den Zuwendungsgeber weder die Verwendungsvorgabe erfüllt noch der Zufluss an Liquidität erfolgt, ist hinsichtlich der Bilanzierung noch nichts zu veranlassen.

Fließt der Kommune die Liquidität zu, hat sie aber die Verwendungsvorgabe noch nicht erfüllt, so hat sie die zugeflossene Liquidität auf der Passivseite als Verbindlichkeit aus Transferleistungen solange auszuweisen bis die Verwendungsvorgabe erfüllt ist. Mit der Aktivierung des zugehörigen Vermögensgegenstandes erfolgt die Umbuchung der Verbindlichkeit aus Transferleistungen in den Sonderposten.

Buchungen:		
Bank	an	Verbindlichkeiten aus Transferleistungen
Verbindlichkeiten aus Transferleistungen	an	Sonderposten

Hat der Zuwendungsgeber noch nicht den Liquiditätszufluss veranlasst, obwohl die Kommune die Verwendungsvorgabe aus der Zuwendungszusage durch Aktivierung des Vermögensgegenstandes erfüllt, so ergibt sich für die Kommune eine Forderung aus Transferleistungen gegenüber dem Zuwendungsgeber unter gleichzeitiger Einbuchung des Sonderpostens. Die Abschreibungen und die ertragswirksame Auflösung des Sonderpostens erfolgen anhand der Abschreibungsplanung des geförderten Vermögensgegenstandes. Überweist der Zuwendungsgeber den Zuwendungsbetrag, erlischt die Forderung aus Transferleistungen.

Buchungen:		
Forderungen aus Transferleistungen	an	Sonderposten
Bank	an	Forderungen aus Transferleistungen

Hierzu die denkbaren Sachverhaltskonstellationen im Überblick:

Verwendungsvorgabe erfüllt	**Liquiditätszufluss**	**Ausweis der Zuwendung in der Bilanz**
nein	nein	Kein Ausweis in der Bilanz
nein	ja	Liquide Mittel und Verbindlichkeiten aus Transferleistungen
ja	nein	Forderungen aus Transferleistungen und Sonderposten
ja	ja	Liquide Mittel und Sonderposten

Beiträge sind Geldleistungen, die als Ersatz des Aufwands der Kommunen für die Herstellung, Anschaffung und Erweiterung öffentlicher Einrichtungen und Anlagen erhoben werden. Für Beiträge gilt grundsätzlich das gleiche Ansatzverfahren wie bei den investitionsbezogenen Zuwendungen.

Eine Besonderheit in der Sonderpostenbildung für Beiträge besteht darin, dass die Kommune nach Fertigstellung des Vermögensgegenstandes das Gesamtinvestitionsvolumen (z. B. Erschließungsanlage) einzelgrundstücksbezogen aufgrund bestimmter Verteilungsschlüssel aufteilt und die Beiträge per Bescheid gegenüber den einzelnen Beitragspflichtigen (z. B. Grundstückseigentümer) erhebt. Zwischen Fertigstellung und somit Aktivierung des Vermögensgegenstandes und der einzelbezogenen Bescheidung der Beitragspflichtigen entsteht ein zeitlicher Versatz, der eine parallele Auflösung des Sonderpostens mit der Abschreibung des Vermögensgegenstandes aufgrund der Abschreibungsplanung unmöglich macht.[42] Der Sonderposten wird daher trotz vorheriger rechtlicher Entstehung mit der Fertigstellung des Vermögensgegenstandes erst mit der Realisation der Forderung mittels Beitragsbescheid gegenüber den Beitragspflichtigen gebucht werden.

So wird es möglich sein, dass aufgrund eines zeitlichen Versatzes der Geltendmachung gegenüber den Beitragspflichtigen und somit – bei einem zeitlichen Versatz bei der Sonderpostenbildung gegenüber der Aktivierung des Vermögensgegenstandes – die Erträge aus der Auflösung des Sonderpostens die Aufwendungen aus Abschreibungen übersteigen.

Beispiel:

Gesamtinvestitionsvolumen Straße	*1.200.000 €*
Beitragsanspruch	*90 %, entspricht gesamt 1.080.000 €*
Nutzungsdauer/Abschreibung	*40 Jahre linear; entspricht 30.000 € jährlich*
Zeitlicher Versatz	*5 Jahre*
Erträge aus Auflösung Sonderposten	*Rund 30.857 € (Beitragsanspruch 1.080.000 € durch Restnutzungsdauer der Straße 35 Jahre)*

Zur Vermeidung solcher atypischer Bilanz- und Ergebnisdarstellungen sind die Kommunen gehalten, die aus der Aufteilung der Gesamtkosten der Maßnahme resultierende Veranlagung möglichst zeitnah vorzunehmen.

42 Einen alternativen Darstellungsansatz – in Form eines Forderungspostens „bestimmbare Forderung" (z. B. gegenüber den Grundstückseigentümern der Hausnummern A bis Z) in Höhe des Gesamtinvestitionsvolumens mit gleichzeitiger Einbuchung eines Sonderpostens zwecks Gewährleistung eines parallelen Verlaufs von Abschreibung und ertragswirksamer Auflösung des Sonderpostens – sieht das Gesetz nicht vor.

10.3.6.4 Sonderposten für Gebührenausgleich

Jahresüberschüsse der kostenrechnenden Einrichtungen am Ende des Kalkulationszeitraums, die nach § 5 Abs. 2c KAG innerhalb des nächsten Kalkulationszeitraumes ausgeglichen werden müssen, sind nach § 46 Abs. 4 Nr. 2 Buchst. c KomHVO als Sonderposten für den Gebührenausgleich anzusetzen. Diese entstehen nach § 5 Abs. 1 KAG dadurch, dass auf der Grundlage des Kostendeckungsprinzips Kostenüberdeckungen für Benutzungsgebühren am Ende des Kalkulationszeitraums ermittelt wurden.

Kostenüberdeckungen stellen eine Verpflichtung gegenüber der Gemeinschaft der Gebührenzahler dar, wobei die Kommune frei darin ist, diese Verpflichtung gegenüber dem einzelnen Gebührenzahler oder der Gemeinschaft der Gebührenzahler zu erfüllen. In der Regel wird dies seitens der Kommune gegenüber der Gemeinschaft der Gebührenzahler erfolgen, indem im nächsten Kalkulationszeitraum diese Überdeckung gebührenmindernd berücksichtigt wird.

Bis diese verminderte Gebührenveranschlagung erfolgt, wird in der kommunalen Bilanz ein Sonderposten für den Gebührenausgleich gebildet. Hierzu erfolgt im Rahmen des Jahresabschlusses eine Aufwandsbuchung für die Einstellung in den Sonderposten mit der Gegenbuchungsposition „Sonderposten für den Gebührenausgleich".

Basierend auf der Zielsetzung der Abbildung des Ressourcenverbrauchs und des Ressourcenaufkommens folgt der Haushalt der Gebührenkalkulation. Erst wenn in dieser die gebührenmindernde Berücksichtigung der Kostenüberdeckung einbezogen wird, ist die Auflösung des Sonderpostens im Haushalt zu planen. In der Teilergebnisplanung ist dieser Sachverhalt im Rahmen der Erläuterung des Saldos zwischen Haushaltsansatz und Gebührenkalkulation sowie im Jahresabschluss des entsprechenden Haushaltsjahres zwischen dem Haushaltsergebnis und dem Ergebnis auf der Grundlage der Gebührenkalkulation zu erläutern.

Beispiel:
Mit Jahresabschluss 2024 wird eine Kostenüberdeckung von 200.000 € im Straßenreinigungsbereich ermittelt. Es erfolgt im Rahmen des Jahresabschlusses eine Aufwandsbuchung für die Einstellung in Sonderposten (z. B. Konto 5499) mit der Gegenbuchungsposition „Sonderposten für Gebührenausgleich Straßenreinigung" (z. B. Konto 2331). Mit der Gebührenkalkulation für das Haushaltsjahr 2026 wird die Kostenüberdeckung in die Kalkulation kosten- bzw. gebührenmindernd einbezogen. Der Haushalt folgt der Gebührenkalkulation, so dass für den Haushalt 2026 eine Ausbuchung des in 2024 gebildeten Sonderpostens (Konto 2331) mit der Gegenbuchungsposition „Erträge aus der Auflösung von Sonderposten für Gebührenausgleich Straßenreinigung" (z. B. Konto 4381) vorzusehen ist.

Entstehen Kostenunterdeckungen für Benutzungsgebühren am Ende des Kalkulationszeitraums, sollen diese nach § 5 Abs. 2b KAG im nächsten Kalkulationszeitraum ausgeglichen werden. Kostenunterdeckungen, die noch ausgeglichen werden sollen, sollten entgegen den Kostenüberdeckungen im Anhang der Bilanz angegeben werden. Aufgrund des Vorsichtsprinzips erfolgt mangels Realisation einer Forderung keine bilanzielle Abbildung (z. B. als Forderung gegenüber dem Gebührenbereich „Straßenreinigung").

Hier folgt der Haushalt der Gebührenkalkulation hinsichtlich der Berücksichtigung der Kostenunterdeckung im Haushalt nur in der Form, dass die in der Gebührenkalkulation ermittelten Gebührenerträge (einschließlich der einbezogenen gebührenerhöhenden Unterdeckung) vollständig veranschlagt werden. Entgegen der Kostenüberdeckung mittels Sonderposten wird bei einer Kostenunterdeckung diese nur im Rahmen der Gebührenkalkulation nachgehalten.

Allerdings ist in der Teilergebnisplanung dieser Sachverhalt im Rahmen der Erläuterung des Saldos zwischen Haushaltsansatz und Gebührenkalkulation sowie im Jahresabschluss zwischen dem Ergebnis des Teilhaushalts und dem Ergebnis auf der Grundlage der Gebührenkalkulation zu erläutern.

10.3.6.5 Sonstige Sonderposten

Dieser Bilanzposten ist ein Sammelposten für weitere Sachverhalte, die eine Sonderpostenbildung erforderlich machen. Zwei solcher Sachverhalte sind die erhaltenen Leistungen

- für ökologische Ausgleichs- und Ersatzmaßnahmen (auch Öko-Konto genannt)
- und für die Ablösung von der Verpflichtung zur Erstellung von Stellplätzen.

Beide Sachverhalte beinhalten als Besonderheit, dass der Leistende für seine erbrachte Geldleistung keinen Rückzahlungsanspruch besitzt, sondern sich von einer rechtlichen Leistungsverpflichtung „freikauft", die basierend auf einer Geldleistung nunmehr durch die Kommune wahrgenommen wird. Bei den ökologischen Ausgleichs- und Ersatzmaßnahmen kommt hinzu, dass die erhaltenen Geldleistungen sowohl für investive als auch für konsumtive ökologische Maßnahmen verwendet werden können. Zahlungseingang und sachgerechte Verwendung sind getrennt voneinander zu betrachten.

Mangels Gegenleistungsverpflichtung gegenüber dem Leistenden ist bei Leistung oder Forderungseinbuchung die Gegenposition stets der jeweilige Sonderposten für Ausgleichs- und Ersatzflächen bzw. für die Ablösung von der Verpflichtung zur Erstellung von Stellplätzen.

Bei zweckbestimmter Verwendung erfolgt für eine investive Verwendung (z. B. Anschaffung eines Vermögensgegenstandes) eine Umbuchung in der Form, dass einem angeschafften oder hergestellten Vermögensgegenstand der Sonderposten zugeordnet wird. Mit dieser Umbuchung wird aus einem „globalen" Sonderposten ein einem Vermögensgegenstand zugehöriger Sonderposten – mit der Konsequenz, dass parallel zur Abschreibung aufgrund der Abschreibungsplanung des zugehörigen Vermögensgegenstandes in analoger Form eine ertragswirksame Auflösung dieses Sonderpostens erfolgt.

Zahlungsphase		
Ablösung der gesetzlichen Verpflichtung durch Dritte		
Debitor/Bank	an	Sonderposten Hauptbuch
Verwendungsphase		
1) Investive Verwendung der erhaltenen Ausgleichszahlungen durch die Kommune		
a) Anschaffung eines Vermögensgegenstandes		
Anlagegut	an	Liquide Mittel
b) Umbuchung vom „Sammelsonderposten" auf den einem Anlagegut zugehörigen Einzelsonderposten		
Sonderposten Hauptbuch	an	Sonderposten Anlagegut
2) Konsumtive Verwendung der erhaltenen Ausgleichszahlungen durch die Kommune		
a) Durchführung einer konsumtiven Leistung		
Sach-/Dienstleistungsaufwand	an	Kreditor/Verbindlichkeit/Bank
b) Neutralisierung des Aufwandes durch teilweise ertragswirksame Auflösung aus dem „Sammelsonderposten"		
Sonderposten Hauptbuch	an	Erträge aus der Auflösung von sonstigen Sonderposten

10.3.6.6 Übungen

Sachverhalt Nr. 12:
In der Gemeinde G wird eine Geschäftsanweisung für die Vermögensbewirtschaftung erstellt. Hierin wird vorgesehen, dass zur Erleichterung der Anlagenbuchhaltung die erhaltenen Zuwendungen bei Aktivierung der zugeordneten Vermögensgegenstände den Vermögenswert mit dem vollen Betrag der erhaltenen Zuwendung gemindert werden sollen, da diese Vorgehensweise keinerlei Auswirkungen auf das Jahresergebnis in der Ergebnisrechnung hat.

Aufgabe:
Beurteilen Sie diese Regelung.

Lösung:
Die Regelung ist unzulässig, da das Wahlrecht des kaufmännischen Rechnungswesens einer aktivischen Minderung der Anschaffungs- oder Herstellungskosten durch Zuwendungen nach Nr. 5.19 BewertRL nicht zulässig ist. Das Haushaltsrecht hat das Ziel, den vollständigen Ressourcenverbrauch und auch das zugehörige Ressourcenaufkommen unsaldiert abzubilden. Hierbei soll neben der Vermögensverwendung auch die Vermögensfinanzierung anhand der Zuwendungsgeber dargestellt werden.

Sachverhalt Nr. 13:
Die Stadt S regelt in der Geschäftsanweisung über das Rechnungswesen die ertragswirksame Auflösung von investiven Zuwendungen in der Form, dass der Zeitrahmen

der Rückzahlungsverpflichtung der investiven Zuwendung die ertragswirksame Auflösung des aus investiven Zuwendungen angesetzten Sonderpostens bestimmt.

Aufgabe:
Wie ist diese Regelung zu beurteilen?

Lösung:
Eine Durchbrechung der Regelungen des kaufmännischen Referenzmodells ist im kommunalen Haushaltsrecht nicht vorgesehen. Eine solche Regelung entspräche nicht der Zielsetzung des kommunalen Rechnungswesens. Dort bilden Ressourcenaufkommen und Ressourcenverbrauch und nicht die Abbildung rechtlicher Rückzahlungsverpflichtungen den zentralen Inhalt. Rückzahlungsverpflichtungen sind vielmehr in den Abbildungsformen Verbindlichkeiten und Rückstellungen vorzusehen. Eine solche Durchbrechung der kaufmännischen Verfahrensweise – neben der sinnvollen Aufhebung des Wahlrechts der aktivischen Minderung – durch eine kommunalspezifische Verfahrensweise ist nicht gewollt.

Eine Abbildung des Ressourcenverbrauchs und des Ressourcenaufkommens muss auch dann weiter erfolgen, wenn die Bindungswirkung einer Zuwendung nicht mehr besteht. Die Anschaffung und Finanzierung eines Vermögensgegenstandes basiert auf der (teilweisen) Finanzierung durch Dritte und ist damit untrennbar verbunden mit dem späteren Ressourcenaufkommen aus der ertragswirksamen Auflösung von Sonderposten aus Zuwendungen auf der Grundlage der geplanten Nutzungsdauer für den angeschafften oder hergestellten Vermögensgegenstand. Der Sonderposten aus investiven Zuwendungen muss daher hinsichtlich der Abschreibungsdeterminanten (Nutzungsdauer und Abschreibungsverfahren) das „Schicksal" des zugehörigen Vermögensgegenstandes teilen.

Sachverhalt Nr. 14:
Der Kämmereisachbearbeiter K erhält die Jahresrechnungen (Vergleich Gebührenkalkulation mit Gebührenaufkommen) seiner zwei kostenrechnenden Einrichtungen. Hierbei ergibt sich einmal eine Unterdeckung i. H. v. 30.000 € sowie einmal eine Überdeckung von 40.000 €. Nach seiner Meinung sind im Sonderposten für den Gebührenausgleich in der kommunalen Jahresabschluss-Bilanz somit 10.000 € auszuweisen.

Aufgabe:
Beurteilen Sie diese Auffassung des Kämmereisachbearbeiters.

Lösung:
Bei Kostenunterdeckungen erfolgt anhand des Vorsichtsprinzips mangels Realisation einer Forderung keine bilanzielle Abbildung. Eine Saldierung ist unzulässig. Somit ist für den Ausweis im Sonderposten für den Gebührenausgleich nur die Kostenüberdeckung maßgeblich, so dass in der Jahresabschlussbilanz für den Sonderposten nur

40.000 € auszuweisen sind. Die Unterdeckung sollte dagegen im Anhang zur Bilanz angegeben werden.

10.3.7 Rückstellungen

10.3.7.1 Voraussetzungen der Rückstellungsbilanzierung

a) Rückstellungsbildung

Eine Rückstellungsbildung erfolgt aufgrund des Vorliegens eines spezifischen Sachverhalts und hat hierbei zum einen den Zweck, den Aufwand periodengerecht abzubilden, zum anderen, in einer späteren Periode im Rahmen der Auszahlung idealtypisch keinerlei Aufwand entstehen zu lassen.

Elemente des Prinzips der Periodenabgrenzung durch Rückstellungen:

- Aufwandsdarstellung in der zugehörigen Periode,
- Zahlung des Aufwandes später in einer anderen Periode,
- Rückstellungen mit Funktion der Verbindung des Aufwands- und des Auszahlungsteils eines Geschäftsvorfalls bei der erforderlichen Darstellung in unterschiedlichen Perioden.

Die Rückstellungen[43] gehören bilanziell zu den Fremdkapitalposten. Rückstellungen stellen Verbindlichkeiten gegenüber Dritten oder gegenüber sich selbst (Instandhaltungsrückstellungen) dar, die dem Grunde oder der Höhe nach ungewiss sind. Durch die Rückstellungsbildung sollen später zu leistende Auszahlungen aufwandsmäßig den Haushaltsjahren ihrer Verursachung zugerechnet werden. Die Rückstellungseinbuchung erfolgt grundsätzlich nach folgendem Buchungssatz:

Aufwandskonto (Unterscheidung nach Aufwandsarten)	an	Rückstellungskonto (Unterscheidung nach Rückstellungsarten)

b) Rückstellungsposten in der kommunalen Bilanz

Der § 35 Abs. 1 Satz 1 KomHVO greift inhaltlich die Bilanzstruktur der einzelnen Rückstellungsposten (§ 46 Abs. 4 Nr. 3 KomHVO) auf und stellt prägnant die relevanten Inhalte zu diesen Posten dar. Die Rückstellungen untergliedern sich in der kommunalen Bilanz grundsätzlich u. a. in folgende Posten:

- Rückstellungen für Pensionen und Beihilfen,
- Rückstellungen für die Rekultivierung und Nachsorge von Abfalldeponien,
- Rückstellungen für die Sanierung von Altlasten,
- Rückstellungen für unterlassene Instandhaltungen (Aufwandsrückstellungen),
- Sonstige Rückstellungen.

43 Siehe dazu *Grimberg*, Kommunalhaushaltsrecht Sachsen-Anhalt, Kommentar, Wiesbaden 2018, § 46 Rdnr. 3.3 mit Buchungsbeispielen.

Inhaltlich zu unterscheiden sind Rückstellungen mit Schuldcharakter, bei denen Rückstellungen für dem Grunde oder der Höhe nach ungewisse Verpflichtungen aufgrund bestehender Rechtsbeziehungen zu Dritten zu bilden sind, und Rückstellungen mit einer Aufwandsverpflichtung gegen sich selbst, bei denen Aufwendungen dem abgelaufenen Haushaltsjahr oder vergangenen Haushaltsjahren zu zuordnen sind.

Zur Verdeutlichung der begrifflichen Abgrenzung zwischen Schulden und Rückstellungen werden in der nachfolgenden Darstellung die zugehörigen inhaltlichen Komponenten dargestellt, wobei die Verbindlichkeitsrückstellungen quasi als begriffliche Schnittmenge sowohl den Schulden als auch den Rückstellungen zuzuordnen sind.

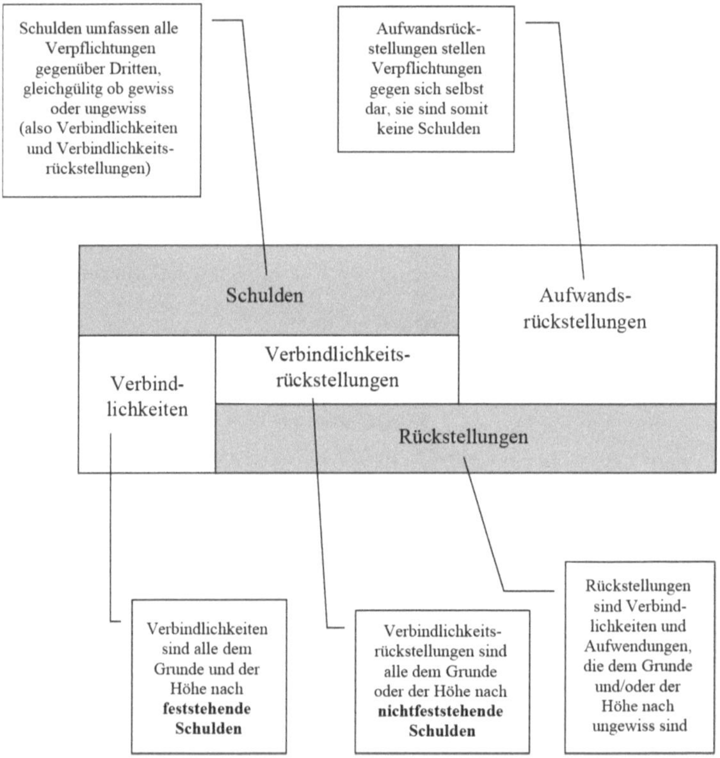

Die Verpflichtung zur Rückstellungsbildung umfasst im kommunalen Haushaltsrecht grundsätzlich sämtliche Verbindlichkeitsrückstellungen. Im Bereich der Aufwandsrückstellungen sind unter bestimmten Voraussetzungen lediglich Rückstellungen für unterlassene Instandhaltung von Sachanlagen zu bilden.

c) Inanspruchnahme der Rückstellungen

Durch die Inanspruchnahme für den speziellen Rückstellungszweck stellt die Rückstellung die Gegenbuchungsposition für die Verbindlichkeit bzw. die Auszahlung dar.

Aufgrund des bereits in früheren Perioden erfassten Aufwands darf in einer späteren Periode der Aufwand im Rahmen der Inanspruchnahme nicht noch einmal in einem späteren Jahresabschluss (Verbot der Doppelerfassung) dargestellt werden, so dass die Rückstellung den Aufwand durch Absetzung idealtypisch neutralisiert. Die Inanspruchnahme der Rückstellung erfolgt danach durch folgende Buchungssätze:

Spezifisches Aufwandskonto	an	Verbindlichkeiten/Liquide Mittel
Rückstellungen	an	Spezifisches Aufwandskonto

Eine direkte unterjährige Buchung der Verbindlichkeiten in die Bilanz mit dem Gegenbuchungsposten Rückstellungen (buchhalterische Methode) ist nach den GoB unzulässig, da unterjährige Bewirtschaftungsbuchungen auf den Bestandskonten der Bilanz zu vermeiden sind.

d) Ertragswirksame Auflösung von Rückstellungen

Im Einklang mit den handelsrechtlichen Vorschriften sind Rückstellungen nach § 35 Abs. 4 KomHVO ertragswirksam aufzulösen, wenn der Grund hierfür entfallen ist. Dies ist der einzige Grund für eine ertragswirksame Auflösung von Rückstellungen.

Rückstellungen	an	Erträge aus der Auflösung von Rückstellungen

10.3.7.2 Pensionsrückstellungen

Nach § 111 Abs. 2 KVG sind Rückstellungen in erforderlicher Höhe zu bilden. Nach Maßgabe der gemäß § 161 KVG erlassenden Gemeindehaushaltsverordnung sind Rückstellungen für die Pensionsverpflichtungen nach den beamtenrechtlichen Bestimmungen zu bilden, es sei denn, dass die Gemeinde Pflichtmitglied im Kommunalen Versorgungsverband Sachsen-Anhalt ist (§ 35 Abs. 1 Satz 1 Nr. 1 KomHVO). Diese Pflichtmitglieder dürfen für Pensions- und Beihilfeverpflichtungen keine Rückstellungen bilden. Da alle Kommunen in Sachsen-Anhalt nach dem Gesetz über den Kommunalen Versorgungsverband Pflichtmitglieder des Versorgungsverbands sind, wenn sie versorgungsberechtigte Beamte haben, haben die Kommunen nach der Gemeindehaushaltsverordnung keine Pensionsrückstellungen zu bilden. Die Kommunen in Sachsen-Anhalt lassen die Versorgungsleistungen für ihre Beamten durch den externen Versorgungsträger erfüllen, der für sie die Berechnung und Zahlung der beamtenrechtlichen Versorgungsleistungen durchführt und die Mitglieder in versorgungsrechtlichen Fragen berät.[44] Die Kommunen zahlen für diese Dienstleistung eine Umlage an den Versorgungsverband. Dies bedeutet, dass alle entstandenen Verpflichtungen gegenüber aktiv Beschäftigten, allen Pensionären und allen Hinterbliebenen in der Bilanz **nicht** darzustellen sind. Die vom Verordnungsgeber in § 35 Abs. 3 KomHVO festgelegte Verpflichtung, dass Rückstellungen für beamtenrechtliche Pensionsverpflich-

44 Vgl. www.kvsa.komsanet.de.

tungen zum Barwert der erworbenen Versorgungsansprüche nach dem Teilwertverfahren anzusetzen sind, ist damit überflüssig.

Es fragt sich allerdings, ob diese rechtliche Regelung im Rahmen der Reform des kommunalen Haushalts- und Rechnungswesens, die von der bislang zahlungsorientierten Darstellungsform auf eine ressourcenverbrauchsorientierte Darstellung einer Rechnungsperiode umstellt, geeignet ist. Die Pensionsverpflichtungen haben ihren wirtschaftlichen Entstehungsgrund während der aktiven Dienstzeit der Beschäftigten und sind daher als Ressourcenverbrauch in den Jahren der Beschäftigungszeit auszuweisen. Handelsrechtlich sind Pensions- und ähnliche Verpflichtungen ungewisse Verbindlichkeiten im Sinne des § 249 Abs. 1 Satz 1 HGB, für die grundsätzlich eine Passivierungspflicht besteht.

Unterschieden werden diese Verpflichtungen in mittelbare (rechtliche oder faktische Verpflichtung des Bilanzierenden gegenüber dem Begünstigten) und unmittelbare Pensionszusagen. Unmittelbare Pensionsverpflichtungen liegen vor, wenn sich die Kommune gegenüber den Mitarbeitern verpflichtet hat, deren Versorgungsleistungen selbständig ohne Einschaltung eines externen Versorgungsträgers zu erbringen. In diesen Fällen besteht nach dem Handelsgesetzbuch eine Passivierungspflicht. Eine mittelbare Pensionsverpflichtung liegt vor, wenn die Kommune einen externen Versorgungsträger zur Abwicklung der Pensionsleistungen einschaltet.[45] Nach Art. 28 Abs. 1 Satz 2 des Einführungsgesetzes zum Handelsgesetzbuch braucht für eine mittelbare Pensionsverpflichtung keine Rückstellung gebildet zu werden. Wenn der externe Versorgungsträger dagegen nur eine Auszahlungsfunktion besitzt, handelt es sich wiederum um eine unmittelbare Pensionsverpflichtung der Kommune.[46]

Der Hauptfachausschuss des Instituts der Wirtschaftsprüfer (IDW) hat ausgeführt, dass die Bildung von Pensionsrückstellungen für pensionierte und aktive Beamte vorgenommen werden muss, unabhängig davon, ob die Versorgungsleistungen von einer Versorgungskasse mit Abschnittsdeckungsverfahren zu erbringen sind oder unmittelbar von der bilanzierenden Einheit.[47] Als wesentliche Begründung für die unmittelbare Pensionsverpflichtung wird angeführt, dass die Kommunen zwar die Aufgabe der Zahlung der Versorgungsleistungen an die Kasse übertragen haben, sie jedoch stets selbst zur Leistung an ihre Beamten verpflichtet bleiben. Durch die Einschaltung einer Versorgungskasse[48] ändert sich an der originären Verpflichtung der Gebietskörperschaft nichts.[49] Die Versorgungsaufgabe der Kommunen in Sachsen-Anhalt wurde dem Kommunalen Versorgungsverband Sachsen-Anhalt übertragen.

---

45 Vgl. *Adler/Düring/Schmaltz*, Rechnungslegung und Prüfung der Unternehmen, Rd-Nr. 106, S. 434.

46 Vgl. *Höfer/Meier*, Bewertung von Pensionsverpflichtungen gegenüber Beamten und deren Hinterbliebenen gemäß der Stellungnahme des HFA 1/1997, in: Die Wirtschaftsprüfung 23-24/1997, S. 810 ff.

47 Vgl. IDW 1/1997, Bilanzierung und Bewertung von Pensionsverpflichtungen gegenüber Beamten und deren Hinterbliebenen, aktuellere Stellungnahme unter www.idw.de.

48 Vgl. *Heubeck/Rürup*, Finanzierung der Altersversorgung des öffentlichen Dienstes: Probleme und Optionen, Bd. 20, Frankfurt a. M. 2000, S. 13.

49 Vgl. *Vogelpoth/Dörschell/Fuhrmann*, Die Bilanzierung von Pensionsverpflichtungen gegenüber Beamten und deren Hinterbliebenen, in: Die Wirtschaftsprüfung 21/2003 S. 1195.

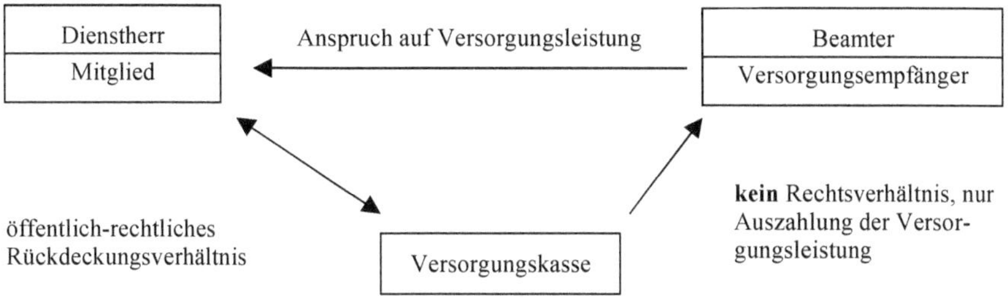

Abweichend von der durch das IDW vorgenommenen unmittelbaren Einstufung der Rückstellungen für Pensionen bei Einschaltung einer Versorgungskasse werden die Pensionsverpflichtungen zuweilen auch weniger nach rechtlichen Gesichtspunkten eingeordnet, sondern als die Verpflichtungen von Mitgliedern einer Versorgungskasse, aus rein wirtschaftlicher Sicht also als mittelbare Verpflichtungen angesehen. Eine Bildung von Rückstellungen würde nur dann erfolgen, wenn das Vermögen der Versorgungskasse nicht ausreicht, um die gesamten Versorgungsverpflichtungen einer Kommune abzudecken.

Der Versorgungsverband nimmt bei Eintritt des Versorgungsfalls die Zahlungen an die Versorgungsempfänger vor. Insoweit könnte auch die Auffassung vertreten werden, dass es sich aus Sicht der Kommunen um eine mittelbare Pensionsverpflichtung handelt. Da die originäre rechtliche Verpflichtung zur Zahlung der Pensionen und Hinterbliebenenbezüge allerdings beim jeweiligen Dienstherrn bleibt, sollte der Auffassung des IDW gefolgt werden. Die Pensionsverpflichtungen der Kommunen in Sachsen-Anhalt sind demnach ungeachtet der Einschaltung des Versorgungsverbandes als unmittelbar einzustufen und daher nach § 259 Abs. 1 HGB zu passivieren.[50]

Die Kommunen haben an den Kommunalen Versorgungsverband für die Versorgungsaufwendungen, Verwaltungskosten und Rücklagen die erforderlichen Mittel innerhalb der Solidargemeinschaft durch Umlage aufzubringen. Die Bemessungsgrundlage ist der 13-fache Betrag nach den Endwerten der ruhegehaltsfähigen Dienstbezüge. Bei der Anmeldung von Beamten in einem höheren Lebensalter wird in dem Umlagenachweis ein nach Lebensjahren gestaffelter Betrag in Ansatz gebracht. Damit ist nach Aussage des Kommunalen Versorgungsverbandes Sachsen-Anhalt bereits ein Einstieg in ein künftiges Hybridsystem aus Umlage- und Kapitaldeckungsverfahren gelungen.[51] Beim Hybridsystem werden die spezifischen Vorteile des Ausgabe-Umlageverfahrens und des Kapitaldeckungsverfahrens miteinander verknüpft. Die Finanzierung erfolgt über Umlagezahlungen. Ein Teil dieser Zahlungen dient zur Ansammlung von Deckungskapital, das dann zinsbringend am Kapitalmarkt angelegt wird. Durch diesen planmäßigen Sparprozess findet eine Vorfinanzierung der eigenen künftigen Leistun-

50 Vgl. *Bolsenkötter/Detemple/Marettek*, Die Eröffnungsbilanz der Gebietskörperschaft, Frankfurt a. M. 2002, S. 104; *Vogelpoth/Dörschell/Fuhrmann*, Die Bilanzierung von Pensionsverpflichtungen gegenüber Beamten und deren Hinterbliebenen, in: Die Wirtschaftsprüfung 21/2003, S. 1193 ff.

51 Vgl. Kommunaler Versorgungsverband Sachsen-Anhalt, Verwaltungsbericht 2003, S. 11.

gen statt. Für dieses System werden auf Dauer geringere Beitragszahlungen bei gleichem Versorgungsniveau benötigt.[52] Bei der Wahl eines angemessenen Kapitalisierungsgrades führen die Zinserträge aus der Anlage des Kapitals zu Entlastungen und damit zu einer Begrenzung des künftigen Umlagebedarfs. Zunächst müssen die Mitglieder zwar eine Erhöhung des Umlagesatzes in Kauf nehmen, in Zeiten hoher Versorgungsaufwendungen kann der Kapitalstock dann aber abgeschmolzen und zur Verstetigung des Umlagesatzes herangezogen werden.[53]

Im Rahmen der Reform des kommunalen Haushalts- und Rechnungswesens, die von der bislang zahlungsorientierten Darstellungsform auf eine ressourcenverbrauchsorientierte Darstellung einer Rechnungsperiode umstellt, sollte die **volle Passivierung der Pensionsverpflichtungen in der Eröffnungsbilanz** erfolgen. Diese Verfahrensweise ist erfolgsneutral, belastet nicht künftige Ergebnisrechnungen und weist transparent die Verpflichtungen für die Altersversorgung nach. In den Folgejahren wäre die Rückstellung nach üblichen versicherungsmathematischen Regeln fortzuführen, damit ein periodengerechter Ausweis des Versorgungsaufwandes erreicht werden kann.[54] Die derzeitige rechtliche Regelung sollte daher geändert werden.

10.3.7.3 Rückstellungen für die Rekultivierung und Nachsorge von Abfalldeponien und Sanierung von Altlasten

Für die Rekultivierung und Nachsorge kommunaler Deponien sind nach Nr. 5.20 BewertRL als Rückstellung die zu erwartenden Gesamtkosten bezogen auf den voraussichtlichen Zeitpunkt der Rekultivierungs- und Nachsorgemaßnahmen zu ermitteln. Die Bewertung der Rückstellung soll sich am Verfüllmengenanteil pro Nutzungsjahr orientieren und anhand der bisherigen Verfüllmenge erfolgen. Dies gilt auch entsprechend für die vergleichbare Verpflichtung, vorhandene Altlasten zu sanieren.

10.3.7.4 Instandhaltungsrückstellungen

Analog zum kaufmännischen Rechnungswesen beinhaltet das Haushaltsrecht aufgrund seiner Zielsetzung einer im Haushaltsjahr gerechten Abbildung des Ressourcenverbrauchs und -aufkommens eine sehr dynamische Bilanzauffassung.

In § 35 Abs. 1 Satz 1 Nr. 5 KomHVO werden die Rückstellungen für unterlassene Instandhaltung bei Sachanlagen als einzige Art der Aufwandsrückstellungen zugelassen, da diese den gebräuchlichsten Fall der Aufwandsrückstellungen darstellen und in diesen Rückstellungen auch ein hohes Ansatzpotenzial für den Bilanzausweis steckt. Unterlassene Instandhaltung, die im folgenden Haushaltsjahr nachgeholt werden, sind

52 Vgl. *Heubeck/Rürup*, Finanzierung der Altersversorgung des öffentlichen Dienstes: Probleme und Optionen, Bd. 20, Frankfurt a. M. 2000, S. 128.

53 Vgl. www.aka-altersversorgung.de.

54 Vgl. *Bolsenkötter/Detemple/Marettek*, Die Eröffnungsbilanz der Gebietskörperschaft, Frankfurt a. M. 2002, S. 103.

nach § 35 Abs. 1 Satz 1 Nr. 5 KomHVO pflichtig als Rückstellungen auszuweisen, wenn die Nachholung der Instandhaltung hinreichend konkret beabsichtigt ist und die Instandhaltung als bisher unterlassen bewertet werden muss.[55] Sofern eine Aufwandsrückstellung aufgrund unterlassener Instandhaltung nicht gebildet wird, hat die Gemeinde zu prüfen, ob und in welcher Höhe eine außerplanmäßige Abschreibung beim Vermögensgegenstand zu erfolgen hat. Die Gemeinde hat diese außerplanmäßigen Abschreibungen im Anhang zu erläutern.

Als abbildungsfähige Sachverhalte für Rückstellungen aufgrund unterlassener Instandhaltung sind im Rahmen der hierunter zu subsumierenden Teilbegriffe Instandsetzung, Wartung und Inspektion zu verstehen:

- *„Zur Instandsetzung gehören alle Maßnahmen der Verschleißbeseitigung mit dem Ziel, den ursprünglichen Zustand der Anlage wieder herzustellen.*
- *Der Wartung dienen alle Maßnahmen der (vorbeugenden) Verschleißhemmung.*
- *Inspektionen dienen der regelmäßigen Feststellung des Grades der Leistungsfähigkeit bzw. des eingetretenen technischen Verschleißes von Anlagen."*[56]

Mit der Verpflichtung zur Bildung von Rückstellungen für unterlassene Instandhaltung wird der Aufwand in dem Haushaltsjahr erfasst, in dem er wirtschaftlich entstanden oder verursacht wurde, auch wenn die vorgesehene Maßnahme in ein späteres Haushaltsjahr verschoben wird. Des Weiteren unterstützt diese Verpflichtung zur Bildung von Rückstellungen für unterlassene Instandhaltung die Zielsetzung der Dokumentation der intergenerativen Gerechtigkeit. Gleichzeitig wird hiermit eine bessere Vergleichbarkeit der einzelnen Haushaltsergebnisse erreicht.

Für die inhaltlichen Voraussetzungen eines Ansatzes von Instandhaltungsrückstellungen knüpft das Haushaltsrecht an § 249 Abs. 2 HGB. Dieser zählt die vier Voraussetzungen auf, nach denen in der kommunalen Bilanz Instandhaltungsrückstellungen gebildet werden dürfen. Dies sind Aufwendungen,

- die ihrer Eigenart nach genau umschrieben sind,
- dem Geschäftsjahr oder einem früheren Geschäftsjahr zuzurechnen sind,
- deren Eintreten am Abschlussstichtag wahrscheinlich oder sicher ist und
- deren Höhe und Zeitpunkt ihres Eintritts jedoch noch unbestimmt sind.

Die vorgesehenen Maßnahmen, für die eine Rückstellung gebildet wird, müssen am Abschlussstichtag einzeln bestimmt und wertmäßig beziffert sein. Dies entspricht dem Prinzip der Einzelbewertung, wobei der Aufwand der Maßnahme sachgerecht zu schätzen ist.

55 § 249 HGB regelt dies für den handelsrechtlichen Bereich anders. Wird die Instandhaltung innerhalb von 3 Monaten im folgenden Geschäftsjahr nachgeholt, sind Rückstellungen für unterlassene Instandhaltung pflichtig zu bilden. Ansonsten besteht zur Bildung von Rückstellungen für unterlassene Instandhaltung ein zweifaches handelsrechtliches Wahlrecht. Der Ansatz kann entweder nach Absatz 1 Satz 3 (vier bis zwölf Monate Nachholungsfrist) oder nach Absatz 2 (keinerlei Nachholungsfrist) unter Nutzung des jeweiligen Wahlrechts vorgenommen werden.

56 *Adler/Düring/Schmaltz*, Rechnungslegung und Prüfung der Unternehmen, 6. Aufl., Stuttgart 1998, Rz. 168 zu § 249, S. 460.

Beispiel:
Der Rückstellungszweck ist eine Fenstererneuerung, die im Haushaltsjahr 2024 nicht durchgeführt wurde. Grundlage für die Schätzung der Höhe bietet die Zahl der zu erneuernden Fenster, die Ausstattungsqualität der Fenster und übliche Marktpreise, z. B. abgeleitet aus anderen, gleichgelagerten Maßnahmen.

Die Instandhaltung muss als bisher unterlassen bewertet werden. Dies bedeutet, dass der Aufwand, der zur Rückstellungsbildung führt, im laufenden Haushaltsjahr oder einem früheren Haushaltsjahr entstanden sein muss.

Beispiel:
In der Instandhaltungsplanung des Hochbauamtes war die Neueindeckung eines Schuldaches für das Haushaltsjahr 2024 vorgesehen. Aufgrund von Verzögerungen bei der Ausschreibung soll die Neueindeckung im Haushaltsjahr 2025 erfolgen. Der Aufwand für die Neueindeckung liegt im laufenden Haushaltsjahr. Das zeitliche Kriterium ist im Sachverhalt gleichfalls erfüllt.

Die Durchführung der vorgesehenen Maßnahme, welche bei Nichtbildung einer Instandhaltungsrückstellung andernfalls zu Aufwendungen in späteren Haushaltsjahren führen würde, muss wahrscheinlich oder sicher sein. „Wahrscheinlich" bedeutet, dass eher von der Durchführung der Maßnahme als von ihrer Nichtdurchführung auszugehen ist. Die Wahrscheinlichkeit kann sich grundsätzlich aus dem bisher gebildeten Volumen an Aufwandsrückstellungen ableiten.

Bei einer hohen Anzahl und einem hohen Finanzvolumen an Instandhaltungsrückstellungen muss sich die Gemeinde beispielsweise fragen, ob sie überhaupt in der Lage ist, anhand ihrer Umsetzungskapazitäten und ihrer finanzwirtschaftlichen Leistungsfähigkeit weitere Aufwandsrückstellungen zu realisieren.

Beispiel:
Seit mehreren Jahren bildet die Gemeinde G für ihre Schulen Rückstellungen für unterlassene Instandhaltung. Vom eingestellten Finanzvolumen wurden in jedem der Einstellung der Rückstellung folgenden Haushaltsjahr nur 10 % nachgeholt. In den Jahresabschlussprüfungen wurde dies seitens des Rechnungsprüfungsamtes auch bemängelt. Neben der Frage, ob die für ein Haushaltsjahr vorgesehenen Instandhaltungsrückstellungen wahrscheinlich sind, muss sich die Gemeinde G auch fragen, ob eine Realisierung der Maßnahmen, aufgrund derer bereits Instandhaltungsrückstellungen eingestellt worden sind, noch wahrscheinlich ist.

Die Unbestimmtheit von Höhe und Zeitpunkt des Eintritts bzw. der Realisation einer Maßnahme ist ein allgemeines Kriterium bei der Rückstellungsbildung.

Beispiel:
Eine vorgesehene Schadstoffsanierung an einem kommunalen Gebäude konnte im laufenden Haushaltsjahr nicht mehr abgewickelt werden. Zwar ist vorgesehen, die Maßnahme im folgenden Haushaltsjahr nachzuholen, ein genauer Zeitpunkt der Nachholung besteht jedoch noch nicht. Die betragliche Höhe der vorgesehenen Maßnahme liegt zwar in einer bestimmten Größenordnung vor, der letztendlich zu leistende Betrag steht jedoch nicht fest und ist somit unbestimmt.

10.3.7.5 Sonstige Rückstellungen

§ 35 Abs. 1 Satz 1 Nr. 6 KomHVO führt weitere Rückstellungen auf, die in der Bilanzposition „Sonstige Rückstellungen" auszuweisen sind. Hierzu gehören Rückstellungen

- für Verdienstzahlungen in der Freistellungsphase im Rahmen der Altersteilzeit und ähnlichen Maßnahmen,
- für ungewisse Verbindlichkeiten im Rahmen des Finanzausgleichs und aus Steuer- und Sonderabgabeschuldverhältnissen,
- für drohende Verpflichtungen aus anhängigen Gerichtsverfahren,
- für drohende Verluste aus schwebenden Geschäften und laufenden Verfahren,
- sonstige Verpflichtungen gegenüber Dritten oder aufgrund von Rechtsvorschriften, die vor dem Bilanzstichtag wirtschaftlich begründet wurden und dem Grunde oder der Höhe nach noch nicht genau bekannt sind, sofern der zu leistende Betrag wesentlich ist.

Darüber hinaus dürfen nach § 35 Abs. 1 Satz 2 KomHVO Rückstellungen nicht gebildet werden. Auch die nach dem Handelsgesetzbuch vorgesehenen weiteren Möglichkeiten der Bildung von Rückstellungen können nicht angewandt werden, da der Kommune die Kaufmannseigenschaft fehlt und die Rechtsvorschriften des Handelsgesetzbuches nicht direkt angewendet werden können.

Auf die entsprechende Kritik zu der nicht gegebenen Möglichkeit der Bildung von Pensionsrückstellungen wird verwiesen (siehe Kap. 10.3.7.2).

10.3.7.6 Übungen

Sachverhalt Nr. 14:
Für eine im Jahre 2024 errichtete Abfalldeponie wird eine Nutzungsdauer von 20 Jahren geplant. Am Abschlussstichtag 31.12.2024 beträgt die Verfüllmenge 10 % des Gesamtvolumens. Nach Berechnung der Kämmerei betragen die Gesamtkosten für die Rekultivierung und Nachsorge der Deponie 100.000 €.[57]

57 Nach Nr. 5.20 BewertRL sind Rückstellungen für die zu erwartenden Gesamtkosten zum Zeitpunkt der Rekultivierungs- und Nachsorgemaßnahmen anzusetzen.

Aufgabe:
In welcher Höhe hat der Bilanzbuchhalter eine Rückstellung für die Rekultivierung und Nachsorge der Abfalldeponie zu bilden?

Lösung:
Maßstab für die Rückstellung für die Rekultivierung und Nachsorge der Deponie ist die Verfüllmenge und nicht die geplante Nutzungsdauer der Deponie. Demnach ist nach Nr. 5.20 BewertRL eine Rückstellung von 10.000 € zu bilden (10 % von 100.000 €).

Sachverhalt Nr. 15:
Die Gemeinde G kann ihre Instandhaltungsverpflichtungen nicht mehr vollständig erfüllen. Aus vier notwendigen Instandhaltungsmaßnahmen wurde für zwei eine Aufwandsrückstellung für unterlassene Instandhaltung gebildet. Die zwei weiteren Instandhaltungsmaßnahmen wurden auf unbestimmte Zeit verschoben. Bei diesen Maßnahmen soll zunächst geprüft werden, ob es noch wirtschaftlich sinnvoll ist, die Instandhaltung nachzuholen. Der Finanzdezernent ist der Meinung, dass eine Aufwandsrückstellung nicht zu bilden und somit nichts weiter zu veranlassen ist.

Aufgabe:
Beurteilen Sie die Auffassung des Finanzdezernenten.

Lösung:
Hinsichtlich der Bildung einer Rückstellung aufgrund unterlassener Instandhaltung ist die Auffassung des Finanzdezernenten richtig. Grundsätzlich kann die Gemeinde G ihren Instandhaltungsverpflichtungen nicht mehr vollständig nachkommen. Des Weiteren ist es durch die Verschiebung der Maßnahme auf unbestimmte Zeit und die vorgesehene Prüfung hinsichtlich der Wirtschaftlichkeit einer Nachholung eher unwahrscheinlich, dass die beiden Instandhaltungsmaßnahmen nachgeholt werden sollen. Der Finanzdezernent hat aber außer Acht gelassen, dass eine Prüfung hinsichtlich der Richtigkeit des Vermögensansatzes zu erfolgen hat. Die Gemeinde hat hierbei zu prüfen, ob und in welcher Höhe eine außerplanmäßige Abschreibung beim Vermögensgegenstand aufgrund der unterlassenen Instandhaltung zu erfolgen hat. Ggf. hat die Gemeinde die notwendige außerplanmäßige Abschreibung im Anhang zu erläutern.

10.3.8 Verbindlichkeiten[58]

Der Bilanzposten „Verbindlichkeiten" beinhaltet alle am Bilanzstichtag dem Grunde, der Höhe und der Fälligkeit nach feststehenden Schulden. Zu den Verbindlichkeiten[59] zählen insbesondere Anleihen, Rückzahlungsverpflichtungen aus Kreditaufnahmen, erhaltene Anzahlungen von Dritten sowie entstandene Zahlungsverpflichtungen aus

58 Einzelheiten zum Themenbereich Fremdfinanzierung des Haushalts werden in Kap. 16 dargestellt.
59 Siehe dazu *Grimberg*, Kommunalhaushaltsrecht Sachsen-Anhalt, Kommentar, Wiesbaden 2018, § 46 Rdnr. 3.4 mit Buchungsbeispielen.

Lieferung und Leistung. Verbindlichkeiten sind mit ihrem Rückzahlungsbetrag anzusetzen. Eine spezielle Regelung stellt § 108 KVG dar, in dem die Voraussetzungen zur Kreditaufnahme geregelt sind.

Die Bilanzgliederung nach § 46 Abs. 4 Ziff. 4 KomHVO schreibt folgende Arten von Verbindlichkeiten vor:

- Anleihen,
- Verbindlichkeiten aus Kreditaufnahmen für Investitionen und zu bilanzierende Investitionsfördermaßnahmen,
- Verbindlichkeiten aus Liquiditätskrediten,
- Verbindlichkeiten aus Vorgängen, die Kreditaufnahmen wirtschaftlich gleichkommen,
- Verbindlichkeiten aus Lieferungen und Leistungen,
- Verbindlichkeiten aus Transferleistungen und
- Sonstige Verbindlichkeiten.

Aufgrund der Bedeutung von Krediten für die kommunale Finanzierung sind die Verbindlichkeiten aus Krediten für Investitionen durch die Verbindlichkeitenübersicht[60] nach § 118 Abs. 4 Nr. 1 KVG eine Anlage zur Bilanz. Vom Verordnungsgeber wird empfohlen, über die nach § 49 Abs. 4 KomHVO vorgegebene Mindestgliederung hinauszugehen und eine weitere Aufgliederung der Verbindlichkeitsarten entsprechend dem Kontenrahmenplan oder „Davon"-Vermerken auszuweisen.

10.3.8.1 Anleihen[61]

„Anleihe" ist der Oberbegriff für alle Formen von mittel- und langfristigem Fremdkapital. Durch die Ausgabe von Schuldverschreibungen (Kommunalobligationen) werden die Rechte der Gläubiger verbrieft.

Die Anleihen können hinsichtlich der Art der Rückzahlung wie folgt gestaltet werden:

- *Ratenanleihe*
  Die Tilgung erfolgt in jährlich gleichbleibenden Beträgen. Bei entsprechend sinkenden Zinsbelastungen und gleich hoher Tilgungsleistung fallen die Jahresbelastungen für die Kommune.
- *Annuitätenanleihe*
  Durch gleichbleibende Annuitäten wird die Anleihe getilgt und verzinst. Die Jahresbelastungen für die Kommune bleiben während der Laufzeit gleich.
- *Auslosungsanleihe*
  Es werden auf der Basis eines Tilgungsplans jeweils zu den Zinsterminen anhand von Stücknummern Papiere ausgelost und zurückgezahlt. Die Jahresbelastungen der Kommune ergeben sich aus dem vor der Ausgabe aufgestellten Tilgungsplan.

60 Anlage 20 der Muster zum NKHR.
61 Dieser Bilanzposten gehört inhaltlich zu den Verbindlichkeiten aus Krediten für Investitionen.

10.3.8.2 Verbindlichkeiten aus Krediten für Investitionen und Investitionsfördermaßnahmen

Die Verbindlichkeiten aus Krediten für Investitionen und Investitionsfördermaßnahmen – ausgenommen die eigenständig auszuweisenden Anleihen – umfassen sämtliche Geschäftsvorfälle, bei denen der Kommune Geldwerte i. d. R. gegen Entgelt in Form von Zinsen überlassen wurden. § 108 Abs. 1 KVG legt für diese eine Verwendungsbeschränkung fest, wonach die Kommune Kredite nur für Investitionen, Investitionsfördermaßnahmen und zur Umschuldung aufnehmen darf.

Aufgrund der Bedeutung von Investitionskrediten für die kommunale Finanzierung können diese Kreditverbindlichkeiten in der Verbindlichkeitenübersicht nach unterschiedlichen Bereichen von Kreditgebern untergliedert werden. Diese könnte sich in der Übersicht wie folgt darstellen:

- von verbundenen Unternehmen,
- von Sondervermögen,
- von Beteiligungen,
- vom öffentlichen Bereich (Bund, Land, Gemeinden, Zweckverbände),
- vom sonstigen öffentlichen Bereich,
- vom privaten Kreditmarkt,
- von übrigen Kreditgebern.

Dementsprechend wird eine kontenmäßige Unterteilung der Verbindlichkeiten aus Krediten für Investitionen nach dem verbindlichen Kontenrahmenplan vorgenommen.

Kreditverbindlichkeiten sind stets mit ihrem Rückzahlungsbetrag anzusetzen. Der Betrag der Rückzahlungsverpflichtung kann niedriger als der zugeflossene Kreditbetrag sein. Dies ändert nichts an der Höhe des auszuweisenden Rückzahlungsbetrags. Der Unterschiedsbetrag wird vielmehr über andere Rechnungsposten (Rechnungsabgrenzungsposten der Aktivseite oder zinsähnlicher Aufwand in der Ergebnisrechnung) abgebildet.

10.3.8.3 Verbindlichkeiten aus Krediten zur Sicherung der Zahlungsfähigkeit

§ 108 Abs. 1 KVG regelt grundsätzlich, dass Kredite nur für Investitionen, Investitionsfördermaßnahmen und zur Umschuldung aufgenommen werden dürfen. Die Gemeinde hat ihre Zahlungsfähigkeit durch angemessene Liquiditätsplanung sicherzustellen. § 110 Abs. 1 Satz 1 KVG sieht im Rahmen dieser Zielsetzung vor, dass die Gemeinde zwecks rechtzeitiger Leistung der Auszahlungen auch Kredite zur Liquiditätssicherung aufnehmen kann. Der Höchstbetrag der Kredite zur Liquiditätssicherung ist in der Haushaltssatzung zu regeln. Eine Darstellung im Haushaltplan ist nicht vorgesehen. Die Ermächtigung der Haushaltssatzung gilt über das Haushaltsjahr hinaus bis zum Erlass einer neuen Haushaltssatzung.

10.3.8.4 Verbindlichkeiten aus Vorgängen, die Kreditaufnahmen wirtschaftlich gleichkommen

§ 108 Abs. 5 KVG regelt für Entscheidungen der Gemeinde über die Begründung einer Zahlungsverpflichtung, die wirtschaftlich einer Kreditverpflichtung gleichkommt, dass diese der Genehmigung der Aufsichtsbehörde bedarf. Eine Genehmigung ist nicht erforderlich für die Begründung von Zahlungsverpflichtungen im Rahmen der laufenden Verwaltung. Die Verpflichtungen aus diesen Verbindlichkeiten müssen mit der dauernden Leistungsfähigkeit der Gemeinde in Einklang stehen.

Weitere Regelungen zu diesem Posten gibt es in dem KVG oder der KomHVO nicht.

Es gibt weder eine rechtliche noch eine inhaltlich eindeutige Definition für diesen Bilanzposten. Allerdings enthält der kommunale Kontierungsplan[62] für diesen Posten folgenden Strukturierungsansatz, aus dem auch die Inhalte deutlich werden:

- Schuldübernahmen (Hypotheken, Grund- und Rentenschulden bzw. Leibrenten),
- Restkaufgelder im Zusammenhang mit Grundstücksgeschäften,
- Leasingverträge.

Beispielhaft werden nachfolgend die wohl gebräuchlichsten Formen von Verbindlichkeiten aus Vorgängen, die Kreditaufnahmen wirtschaftlich gleichkommen – Leasing- und Leibrentenverträge –, kurz dargestellt.

a) Leibrentenverträge

Für eine einmalige Leistung eines Dritten, in der Regel für eine Übertragung eines Grundstücks, sichert die Gemeinde diesem wiederkehrende Geldzahlungen zu, die an dessen Lebenszeit geknüpft sind. Die Ermittlung der Rentenzahlung erfolgt auf der Basis versicherungsmathematischen Regelungen (z. B. Sterbetafeln). Aufgrund der stetig steigenden Lebenserwartungen nehmen viele Gemeinden bereits Abstand von solchen Verträgen.

b) Leasingverträge[63]

Leasing verkörpert eine besondere Vertragsform der Vermietung und Verpachtung, die auch für den kommunalen Bereich eine attraktive Alternative zum Kauf von beweglichem und unbeweglichem Anlagevermögen darstellt. Das Leasingobjekt kann entweder direkt vom Hersteller geleast werden (direktes Leasing) oder von einer speziellen Leasinggesellschaft (indirektes Leasing).

Ist der Leasinggegenstand dem Leasinggeber zuzurechnen, so ist der Leasingvertrag als Mietvertrag anzusehen. Er gehört damit zu den schwebenden Geschäften, die grundsätzlich in der Bilanz nicht erfasst werden dürfen. Die am Bilanzstichtag noch nicht fälligen Leasingraten und der Wert der noch zu erbringenden Vermietungsleistungen sind daher nicht in der Bilanz auszuweisen.

---

62 www.statistik.sachsen-anhalt.de\Themen\Kommunales\Kommunaler Haushalt/Doppik.

63 Siehe hierzu auch Kap. 10.3.2.1.4.

10.3.8.5 Verbindlichkeiten aus Lieferungen und Leistungen

Dieser Bilanzposten erfasst noch zu erbringende Zahlungen an Dritte, die aufgrund von erbrachten Lieferungen und Leistungen zu leisten sind. Die Bilanzierung erfolgt zum Rechnungsbetrag.

10.3.8.6 Verbindlichkeiten aus Transferleistungen

Transferleistungen im Bereich der öffentlichen Verwaltung sind dadurch gekennzeichnet, dass den Zahlungen keine konkreten Gegenleistungen gegenüberstehen. Zu den Verbindlichkeiten aus Transferleistungen gehören z. B. Zuweisungen und Zuschüsse für laufende Zwecke und allgemeine Umlagen. Diese Art der Verbindlichkeiten ist als Bilanzposten separat ausgewiesen.

10.3.8.7 Sonstige Verbindlichkeiten

Der Bilanzposten „Sonstige Verbindlichkeiten" stellt einen Restposten dar, in dem alle sonstigen Verbindlichkeiten gegenüber Dritten auszuweisen sind. Hierzu gehören insbesondere Verbindlichkeiten aus Steuern (z. B. Umsatzsteuer, Lohnsteuer) oder abzuführender Sozialabgaben (z. B. Krankenkassenbeiträge).

10.3.9 Rechnungsabgrenzungsposten (passiv)[64]

Die passive Rechnungsabgrenzung beinhaltet transitorische Posten, d. h. es handelt sich um Geschäftsvorfälle, die im laufenden Haushaltsjahr zu Einnahmen führen, aber erst im folgenden Haushaltsjahr Ertrag darstellen.

> ***Beispiel:***
> *Die Gemeinde erhält im Oktober 2024 Mietvorauszahlungen für die Monate Oktober 2024 bis März 2025. Es fließt im laufenden Haushaltsjahr Liquidität für sechs Monate zu, ertragsmäßig gehören jedoch nur Mietzahlungen für drei Monate in die Ergebnisrechnung des laufenden Haushaltsjahres. Die anderen drei Monate an Mietzahlungen sind ertragsmäßig im folgenden Haushaltsjahr zu berücksichtigen.*

Neben dieser üblichen Rechnungsabgrenzung ist im kommunalen Bereich von besonderer Bedeutung der Ansatz von passiven Rechnungsabgrenzungsposten aus der Vergabe von Nutzungsrechten an Grabstellen. Da sich das Nutzungsrecht auf 25, 30

64 Das Thema Rechnungsabgrenzung wird eingehend in Kap. 22 („Jahresabschluss") dargestellt.

oder 40 Jahre erstreckt, sind die Erträge über die vereinbarte Nutzungsdauer abzugrenzen.[65]

10.3.10 Übungen zum Bilanzausweis

Sachverhalt Nr. 16

Im Rahmen der Inventur wurden folgende Posten für die Bilanz festgestellt:

1. Anzahlung für ein Löschfahrzeug
2. Grund und Boden der Straße X
3. Fahrbahndecke der Straße X
4. Unselbstständiges Stiftungsvermögen
5. Bestand an Pfandbriefen
6. Kleingartendaueranlage
7. Unbebautes Gewerbegrundstück
8. Straßentunnel unter einer S-Bahn-Strecke
9. Schulgebäude
10. PC-Ausstattung
11. Sportplatz
12. Verkehrssignalanlage
13. Schulgrundstück
14. Mobiliar einer Schule
15. Selbsterstellte Software
16. Zehn Tischrechner für je 12 €
17. Zuwendung für einen Schulbau
18. Fertiggestellte Friedhofskapelle
19. Offene Lieferantenrechnung
20. 100 %-Beteiligung an einer GmbH
22. Nicht In Anspruch genommene Urlaubstage der Beschäftigten am Jahresende
23. Verbindlichkeiten aus Leasingverträgen
24. Abschluss der Ergebnisrechnung
25. Verbindlichkeiten gegenüber Krankenkassen

Aufgabe:

Bestimmen Sie den Ausweis in der Bilanz; Begründungen sind hierbei nicht erforderlich.

Lösung:

Ausweis unter

1. Sachanlagen, Geleistete Anzahlungen
2. Sachanlagen, Infrastrukturvermögen, Grund und Boden des Infrastrukturvermögens

65 Siehe hierzu auch Kap. 11.4.5.

3. Sachanlagen, Infrastrukturvermögen, Straßen
4. Finanzanlagen, Sondervermögen
5. Finanzanlagen, Wertpapiere des Anlagevermögens
6. Sachanlagen, Unbebaute Grundstücke, Grünflächen
7. Sachanlagen, Unbebaute Grundstücke, Sonstige unbebaute Grundstücke
8. Sachanlagen, Infrastrukturvermögen, Brücken und Tunnel
9. Sachanlagen, Gebäude und Aufbauten auf bebauten Grundstücken, Schulen
10. Sachanlagen, Betriebs- und Geschäftsausstattung
11. Sachanlagen, Unbebaute Grundstücke, Grünflächen
12. Sachanlagen, Infrastrukturvermögen, Verkehrslenkungsanlagen
13. Sachanlagen, Grund und Boden bebauter Grundstücke, Schulen
14. Sachanlagen, Betriebs- und Geschäftsausstattung
15. Keinerlei Ausweis, da ein Aktivierungsverbot besteht
16. Keinerlei Ausweis, da geringwertige Vermögensgegenstände
17. Sonderposten, Zuwendungen
18. Sachanlagen, Grünflächen (die überwiegende Nutzung des Grundstücks auf dem die Kapelle steht ist ein Friedhof, der als Grünfläche auszuweisen ist)
19. Verbindlichkeiten aus Lieferungen und Leistung
20. Finanzanlagen, Anteile an verbundenen Unternehmen
22. Keinerlei Ausweis, da Rückstellungen hierfür nicht möglich sind
23. Verbindlichkeiten, Verbindlichkeiten aus Vorgängen, die Kreditaufnahmen wirtschaftlich gleichkommen
24. Eigenkapital, Jahresergebnis (Jahresüberschuss/Jahresfehlbetrag)
25. Verbindlichkeiten, Sonstige Verbindlichkeiten

Sachverhalt Nr. 17:

Es fallen folgende Geschäftsvorfälle an:

1. *Bodenbevorratung*
   Die Liegenschaftsverwaltung erwirbt mehrere unbebaute Grundstücke im Rahmen der Bodenbevorratung.
2. *Grundstücksverwendung*
   Die Liegenschaftsverwaltung überträgt einen Teil des Grundstücks an die Tiefbauverwaltung für die Erweiterung einer Hauptstraße.
3. *Restgrundstück*
   Das Restgrundstück wird für eine kleine Baumaßnahme mit Reiheneigenheimen genutzt. Die neu parzellierten Grundstücke werden den Bauwilligen im Rahmen von Erbpachtverträgen zur Verfügung gestellt.
4. *Umnutzung einer Schule*
   Aufgrund eines Grundschulneubaus wird ein anderer Grundschulstandort aufgegeben.
5. *Abriss einer Schule*
   Aufgrund eines Grundschulneubaus wird ein weiterer Grundschulstandort aufgegeben. Das Gebäude wird abgerissen.

Aufgabe:
Bestimmen Sie ohne nähere Begründung den Ausweis in der Bilanz:

Lösung:
1. Sachanlagen, Sonstige unbebaute Grundstücke.
2. Der übertragene Grundstücksteil: Sachanlagen, Infrastrukturvermögen, Grund und Boden des Infrastrukturvermögens. Restgrundstück: Sachanlagen, Sonstige unbebaute Grundstücke
3. Sachanlagen, Sonstige unbebaute Grundstücke.
4. Sachanlagen, Bebaute Grundstücke, Sonstige Dienst-, Geschäfts- und Betriebsgebäude.
5. Sachanlagen, Sonstige unbebaute Grundstücke.

11. Grundzüge der Eröffnungsbilanz

Die Inhalte der Bilanz sind in Kap. 10 ausführlich dargestellt. Dieses Kapitel greift daher nur die Besonderheiten – insbesondere im Bereich der Bewertung bzw. Wertermittlung – bei der Eröffnungsbilanzierung auf.

11.1 Rahmenvorschriften für die Eröffnungsbilanzierung

Nach § 114 Abs. 1 und 2 KVG ist die Eröffnungsbilanz[1] die Bilanz, welche mit Beginn des ersten Haushaltsjahres mit einer Rechnungsführung nach den Regeln der doppelten Buchführung aufzustellen ist. Hierbei werden folgende Rahmenbedingungen vorgegeben:

- Beachtung der Grundsätze ordnungsmäßiger Buchführung (GoB),
- Vorrangige Beachtung der in Gesetz oder Rechtsverordnung enthaltenen spezifischen Vorgaben gegenüber den GoB‘s,
- Vermittlung eines den tatsächlichen Verhältnissen entsprechenden Bildes der Vermögens- und Schuldenlage der Gemeinde.

Da die Eröffnungsbilanz mit ihren Anlagen zum Bilanzstichtag ein den tatsächlichen Verhältnissen entsprechendes Bild der Vermögens- und der Schuldenlage der Gemeinde zu vermitteln hat, ist vor Aufstellung der Eröffnungsbilanz nach dem § 113 KVG eine Inventur durchzuführen und ein Inventar aufzustellen. Hierzu hat das Ministerium des Innern eine Inventurrichtlinie (InventRL) erlassen. Diese Richtlinie ist die Grundlage für die Durchführung von Inventuren und für die Aufstellung von Inventaren. Sie soll sicherstellen, dass das Vermögen und die Verbindlichkeiten ordnungsgemäß erfasst, einheitlich im Inventar abgebildet und daraufhin auf Grundlage der Bewertungsrichtlinie nach gleichen Bewertungskriterien bewertet werden kann.

Die Inventurrichtlinie soll gewährleisten, dass die Erfassung und Bewertung des Vermögens und der Verbindlichkeiten einheitlich, vollständig und auf Grundlage der Bewertungsrichtlinie nach gleichen Bewertungskriterien erfolgt. Die allgemeine Inventurrichtlinie wird durch Sonderrichtlinien ergänzt, wenn dies für spezielle Inventurverfahren und -systeme sowie für bestimmte Vermögensgegenstände (wie z. B. für Inventur-Vereinfachungsverfahren) erforderlich ist. In einem Spannungsverhältnis steht hierbei die gesetzliche Forderung nach einem den tatsächlichen Verhältnissen entsprechenden Bild der Vermögens- und Schuldenlage mit dem Grundsatz der Wirtschaftlichkeit. Orientiert an der Ausgabensituation für die jeweilige Vermögensart hat ein Abwägungsprozess zu erfolgen.

Aufgrund des erforderlichen Zeitrahmens für die Durchführung der Eröffnungsbilanzierung sollte die Inaugenscheinnahme des Vermögensgegenstandes in diesem Zeit-

1 Neben der Definition des § 114 Abs. 1 KVG wird der Begriff der Eröffnungsbilanz auch für eine Bilanz zu Beginn eines Haushaltsjahres verwendet; die Bilanzangaben dieser Eröffnungsbilanz entsprechen nach dem Grundsatz der Bilanzidentität denen der Jahresabschlussbilanz des vorherigen Haushaltsjahres.

rahmen liegen; eine stichtagsbezogene In-Augenscheinnahme ist dagegen unmöglich und nicht erforderlich.

Die Qualität dieser körperlichen Inventur muss angemessen sein, so dass grundsätzlich eine Sichtkontrolle als ausreichend anzusehen ist, sofern diese vorhergehende Ermittlungen anhand von Unterlagen bestätigt. Tiefergehende Prüfungserfordernisse ergeben sich aus der Einzelfallbetrachtung.

> ***Beispiel:***
> *Eine 1 Jahr alte Straße weist beim Abfahren zum Zwecke der körperlichen Inventur Risse sowie erhebliche punktuelle Absenkungen des Straßenbelags auf. Sofern die Wertminderung dieser Schäden an der Straße im Hinblick auf ein den tatsächlichen Verhältnissen entsprechenden Bildes dieses Vermögenswertes aufgrund der Besonderheiten dieser frühzeitigen Schäden nicht einschätzbar ist und nicht pauschaliert ermittelt werden kann, ist eine weitergehende Prüfung der Beschädigungen und deren Bewertung vorzunehmen.*

Die Eröffnungsbilanz wird nach § 114 Abs. 1 Satz 3 KVG durch einen Anhang ergänzt. In Verbindung zu dieser Rechtsvorschrift ist der § 47 Nr. 1 KomHVO einschlägig, der vorschreibt, dass im Anhang unter Angabe der jeweiligen Bilanzposten die verwendeten Bilanzierungs- und Bewertungsmethoden anzugeben sind. Diese sind so zu erläutern, dass sachverständige Dritte die Wertansätze beurteilen können. Für die Eröffnungsbilanz bedeutet dies, dass

- die Datengrundlagen für die Wertermittlung,
- die speziell für die Vermögensarten angewandten Bewertungsverfahren
- (z. B. Normalherstellungskostenverfahren für kommunalnutzungsorientiert errichtete Gebäude),
- ggf. die verwendeten Wertindizes sowie
- die Anwendung von Vereinfachungsverfahren und Schätzungen (s. Nr. 2.3 BewertRL)

anzugeben sind.

Zudem sind sämtliche Sachverhalte, aus denen sich künftig wesentliche finanzielle Verpflichtungen ergeben können, sowie die in der Verbindlichkeitenübersicht bestehenden auszuweisenden Haftungsverhältnisse im Rahmen des Grundsatzes der Vollständigkeit und des Vorsichtsprinzips im Anhang anzugeben.

Der Eröffnungsbilanz sind zudem

- eine Anlagenübersicht[2] nach § 114 Abs. 1 Satz 4 KVG i. V. m. § 49 Abs. 1 KomHVO,
- eine Forderungsübersicht[3] nach § 114 Abs. 1 Satz 4 KVG i. V. m. § 49 Abs. 2 KomHVO,
- eine Verbindlichkeitenübersicht[4] nach § 114 Abs. 1 Satz 4 KVG i. V. m. § 49 Abs. 3 KomHVO,

als Anlagen beizufügen.

2 Siehe hierzu Kap. 22.2.7.
3 Siehe hierzu Kap. 22.2.8.
4 Siehe hierzu Kap. 22.2.9.

Die Struktur der Eröffnungsbilanz entspricht der Struktur der Jahresabschlussbilanz, die nach dem Gliederungsschema des § 46 Absätze 3 und 4 KomHVO aufzustellen ist.

Nach § 114 Abs. 1 Satz 2 KVG wird auf die Regelungen zur Aufstellung des Jahresabschlusses nach § 120 Abs. 1 Satz 2 KVG Bezug genommen, anhand derer die Aufstellung der Eröffnungsbilanz analog zu erfolgen hat. Die aus dem Gesetzesverweis resultierenden konkreten Regelungen der Auf- und Feststellung werden in Kap. 11.5 erläutert.

Nach § 161 Abs. 1 Nr. 5 KVG ist das Ministerium für Inneres und Sport ermächtigt, durch Verordnung allgemeine Vorschriften über die Erfassung, den Nachweis, die Bewertung und die Abschreibung der Vermögensgegenstände und der Verbindlichkeiten zu erlassen. Hierbei handelt es sich um eine übliche Ermächtigung im Rahmen des Gesetzgebungsverfahrens, um ggf. inhaltliche Themen ergänzend oder vertiefend bestimmen zu können. In der vom Ministerium maßgeblichen Richtlinie zur Bewertung des kommunalen Vermögens und der kommunalen Verbindlichkeiten (BewertRL) sind u. a. Regelungen über die Eröffnungsbilanz und allgemeine Bilanzansatz- und Bewertungsvorschriften enthalten.

11.2 Allgemeiner Bewertungsmaßstab und Vereinfachungsverfahren

§ 114 Abs. 3 Sätze 1 und 2 KVG i. V. m. § 53 Abs. 1 bis 4 KomHVO formulieren den Grundsatz der Wertermittlung für die Eröffnungsbilanz. Diese ist auf der Grundlage der Anschaffungs- oder Herstellungskosten, vermindert um die Abschreibungen vorzunehmen. Soweit Anschaffungs- oder Herstellungskosten[5] nicht ermittelt werden können oder deren Ermittlung in keinem Verhältnis zum Wert steht, sind vorsichtig geschätzte Zeitwerte zugrunde zu legen.

Nach kaufmännischen Grundsätzen stellen „vorsichtig geschätzte Zeitwerte“ einen unbestimmten Rechtsbegriff dar, dessen Herleitung aus dem jeweils sinnvollsten Bewertungsverfahren[6] zu erfolgen hat. Der sinnvollste Wert für den kommunalen Bilanzausweis ergibt sich aus der Abbildung der Realität der bestehenden kommunalen wirtschaftlichen Ressourcen, um hierdurch den tatsächlichen Ressourcenverbrauch zur Dokumentation der intergenerativen Gerechtigkeit darstellen zu können.

Im Rahmen der Eröffnungsbilanzierung sind die Restnutzungsdauern der einzelnen Vermögensgegenstände festzulegen. Hierzu dient die der Bewertungsrichtlinie als Anlage 1 beigefügte Rahmenabschreibungstabelle als Maßstab für die Festlegung der Restnutzungsdauern. Hierbei wird zum Zwecke der Einheitlichkeit und Vergleichbarkeit eine Struktur von grundlegenden Gesamtnutzungsdauern von Vermögensgegenständen zur Festlegung ihrer Restnutzungsdauern als verbindlicher Richtwert bzw. verbindliche

5 Siehe hierzu Kap. 10.2.1.

6 Als grundsätzliche Bewertungsverfahren kommen hierzu Sachwert-, Vergleichswert- und Ertragswertverfahren in Frage.

Bandbreite vorgegeben.[7] Das Handelsrecht sieht dagegen im Rahmen der Eröffnungsbilanzierung eine aktuelle Feststellung der Restnutzungsdauern der Vermögensgegenstände vor. Diese gegenüber dem Handelsrecht striktere Vorgabe im kommunalen Bereich führt jedoch zu ähnlichen Ergebnissen hinsichtlich der Festlegung der Nutzungsdauern. Im kaufmännischen Bereich erfolgt in der Praxis im Rahmen der Eröffnungsbilanzierung gleichfalls eine Ausrichtung an Abschreibungstabellen, jedoch stellt dort eine Abweichung hinsichtlich der Restnutzungsdauern aufgrund aktueller Feststellungen keinen Ausnahmetatbestand dar, der aufgrund der Abweichung zu einer Abschreibungstabelle explizit zu begründen ist. Vielmehr wird dieser aufgrund der Feststellungen als Regelfall lediglich dokumentiert.

Die in der Eröffnungsbilanz angesetzten Werte für Vermögensgegenstände gelten gemäß § 114 Abs. 3 Satz 3 KVG grundsätzlich für die Folgebilanzierungen als Anschaffungs- und Herstellungskosten, soweit keine Wertberichtigungen nach § 114 Abs. 7 KVG bzw. § 54 KomHVO vorgenommen werden. Auf dieser wichtigen Regelung basiert beispielsweise die Abwicklung des Geschäftsvorfalls einer Zuschreibung, wobei die Anschaffungs- und Herstellungskosten hieran anknüpfend die Zuschreibungsobergrenze bilden.

Eine Ausnahme von dieser bilanziellen Wertfestlegung ist in Anlage 2 Nr. 3 der Bewertungsrichtlinie festgelegt, wonach bei der Bewertung von Kanalvermögen grundsätzlich von den Anschaffungs- oder Herstellungskosten auszugehen ist. Alternativ zu den Anschaffungs- oder Herstellungskosten besteht die Möglichkeit der Ermittlung von Wiederbeschaffungswerten (vgl. auch § 5 Abs. 2a KAG).

Sofern eine Eröffnungsbilanzierung auf der Basis von Wiederbeschaffungszeitwerten erfolgt, gelten diese für zukünftige Bilanzierung als Anschaffungs- oder Herstellungskosten und dürfen somit im Neuen Kommunalen Haushalts- und Rechnungswesen nicht wie Wiederbeschaffungswerte fortgeschrieben werden. Die Konsequenz hieraus ist, dass die Abschreibungswerte der Gebührenkalkulationen kostenrechnender Einrichtungen auf der Basis von Wiederbeschaffungszeitwerte mit fortlaufender Zeit nach der Eröffnungsbilanzierung von denen der kommunalen Bilanz immer weiter abweichen werden. Dies ist auch gerechtfertigt, da den beiden Abschreibungsrechnungen unterschiedliche Rechnungszwecke zugrunde liegen.

Sofern sich nach § 114 Abs. 7 KVG bzw. § 54 KomHVO bei der Aufstellung späterer Jahresabschlüsse ergibt, dass bei der erstmaligen Bewertung in der Eröffnungsbilanz Vermögensgegenstände oder Sonderposten oder Verbindlichkeiten

- mit einem zu niedrigen Wert,
- mit einem zu hohen Wert,
- zu Unrecht oder
- nicht

angesetzt worden sind, so ist in der später aufzustellenden Bilanz der Wertansatz zu berichtigen, sofern es sich um einen wesentlichen Wertbetrag handelt. Eine Berichtigungspflicht besteht auch, wenn am späteren Bilanzstichtag die fehlerhaft angesetz-

7 Abweichungen von der maßgeblichen Abschreibungstabelle sind nach Nr. 2.3 BewertRL im Anhang gesondert anzugeben und zu erläutern.

ten Vermögensgegenstände nicht mehr vorhanden sind oder die Schulden nicht mehr bestehen.

Maßgeblich für die Beurteilung der Fehlerhaftigkeit sind die zum Eröffnungsbilanzstichtag bestehenden objektiven Verhältnisse. Hierdurch wird vermieden, dass nach der Eröffnungsbilanzierung festgestellte Sachverhalte als deren Berichtigung dargestellt werden.

Beispiel:
Sind die Grundstückspreise nach der Eröffnungsbilanzierung gefallen und wurde hierbei im Rahmen eines Grundstücksverkaufs ein Preis unter Buchwert erzielt, kann der daraus resultierende Aufwand aus Veräußerung nicht als Berichtigung dargestellt werden, da die objektiven Verhältnisse am Eröffnungsbilanzstichtag richtig abgebildet wurden.

Sofern eine Berichtigung vorzunehmen ist, wird eine sich daraus ergebende Wertänderung ergebnisneutral mit der Rücklage verrechnet. Die Eröffnungsbilanz gilt damit als geändert.

Diese Berichtigung der Eröffnungsbilanz ist befristet und kann nach § 114 Abs. 7 KVG i. V. m. § 54 Abs. 3 KomHVO letztmalig im Vierten der Eröffnungsbilanz folgenden Jahresabschluss vorgenommen werden. Die Berichtigung fließt nur in die aktuell noch nicht abgeschlossene Bilanz ein. Vorherige Jahresabschlüsse bzw. Bilanzen sind nicht rückwirkend zu berichtigen. Wenn eine Berichtigung vorzunehmen ist, so ist eine sich daraus ergebende Wertänderung ergebnisneutral mit der Rücklage zu verrechnen. Die Eröffnungsbilanz gilt dann als geändert (Nr. 2.5 BewertRL).

Wertberichtigungen sind im Anhang des aufzustellenden Jahresabschlusses gesondert anzugeben und zu erläutern. Eine Berichtigung von Wertansätzen durch eine neue Ausübung von Wahlrechten oder Ermessensspielräumen ist nach Nr. 2.5 BewertRL nicht zulässig.

Nr. 4.2.5 BewertRL enthält zweierlei Wahlrechte im Rahmen der Eröffnungsbilanzierung. Das erste Wahlrecht sieht vor, dass für Vermögensgegenstände, die vor dem Jahr der Eröffnungsbilanz angeschafft oder hergestellt wurden und die einen Zeitwert von weniger als 410 € ohne Umsatzsteuer haben, ein bilanzieller Ansatz in der Eröffnungsbilanz unterbleiben kann. Inhaltlich bedeutet dieses Ansatzwahlrecht, dass im Rahmen der Inventur und nach dem Grundsatz der Vollständigkeit zwar alle Vermögensgegenstände in den Zähllisten der Inventurdurchführung zu erfassen sind, dann aber im Weiteren nicht in das Inventar oder in eine Anlagenbuchhaltung übernommen zu werden brauchen. Erfolgt ein Ansatz von Vermögensgegenständen, die einen Zeitwert von weniger als 410 € ohne Umsatzsteuer haben, in der Eröffnungsbilanz, so können als zweites Wahlrecht diese Vermögensgegenstände entweder mit ihrem Zeitwert oder mit einem Erinnerungswert – dieser kann 1 € oder 0 € betragen – angesetzt werden. Ab dem 1.1.2016 war die 410-Euro-Grenze nicht mehr zu verwenden.

Aufgrund der Novellierung der Haushaltsvorschriften zum 1.1.2011 wurde eine Erleichterung bei der Aufstellung der Eröffnungsbilanz eingeräumt. Nach § 53 Abs. 7 KomHVO kann bei beweglichen Vermögensgegenständen des Anlagevermögens, deren

Nutzung zeitlich begrenzt ist und deren Anschaffungs- oder Herstellungskosten 3.000 € ohne Umsatzsteuer nicht überschreiten, auf eine Bewertung sowie auf einen bilanziellen Ansatz verzichtet werden. Allerdings bestimmt der Rat der Gemeinde, ob diese Vermögensgegenstände ohne Einschränkung oder unter Festlegung einer weiteren Wertgrenze in gesonderten Listen im Rahmen der Inventarisierung zu erfassen sind. Die BewertRL wird bei der anstehenden Novellierung entsprechend angepasst.

Für die Bewertung in der Eröffnungsbilanz ist zu berücksichtigen, dass nach § 35 Abs. 1 KomHVO Rückstellungen für ungewisse Verbindlichkeiten und Aufwendungen zu bilden sind, was insbesondere für den gesamten Bereich der Sachanlagen gilt. Rückstellungen für unterlassene Instandhaltung sind anzusetzen, soweit die Nachholung der Instandhaltung hinreichend konkret beabsichtigt ist und als bisher unterlassen bewertet werden muss. Ist dies nicht der Fall, ist die Wertminderung bei der Bewertung des Vermögensgegenstandes zu berücksichtigen.

11.3 Vorgehensweise bei der Eröffnungsbilanzierung für Aktivposten

Sofern Anschaffungs- oder Herstellungskosten nicht ermittelt werden können oder deren Ermittlung in keinem Verhältnis zum Wert steht, können nach § 114 Abs. 3 KVG die vorsichtig geschätzten Zeitwerte teilweise auf Basis von Wiederbeschaffungszeitwerten hergeleitet werden. Dies kann entweder durch Indizierung der historischen Anschaffungs- oder Herstellungskosten oder aber anhand neuwertorientierter Wiederbeschaffungszeitwerte erfolgen.

Die Ermittlung mittels Indizierung der historischen Anschaffungs- oder Herstellungskosten erfordert drei Basisdaten. Diese sind:

- historische Anschaffungs- oder Herstellungskosten,
- Anschaffungs- oder Herstellungsjahr,
- Restnutzungsdauer ab Eröffnungsbilanzstichtag.

Die Indizierung kann beispielsweise auf der Grundlage der im Gebührenrecht anerkannten Indexreihe Staatsverbrauch[8] beim beweglichen Vermögen oder im Immobilienbereich auf der Grundlage spezieller Statistiken für ausgewählte Bauwerksarten[9] erfolgen.

Folgende Berechnungsschritte sind auf dieser Grundlage vorzunehmen:

1. Ermittlung der Gesamtnutzungsdauer

Jahr Bilanzstichtag + Restnutzungsdauer = Nutzungsende

Herstellungs- oder Anschaffungsjahr bis Nutzungsende = Gesamtnutzungsdauer

8 Veröffentlicht vom Statistischen Bundesamt Wiesbaden.
9 Vgl. www.destatis.de.

2. Ermittlung des Restwertes bei Eröffnungsbilanzierung auf der Grundlage des Wiederbeschaffungszeitwertes

Hierbei:
- Ablesen Zielindex aus Index nach dem Jahr der Eröffnungsbilanzierung
- Ablesen Basisindex aus Index nach dem Jahr der Anschaffung oder Herstellung

$$\text{Anschaffungs- oder Herstellungskosten} \times \frac{\text{Zielindex}}{\text{Basisindex}} = \text{Wiederbeschaffungszeitwert}$$

danach

$$\text{Wiederbeschaffungszeitwert} \times \frac{\text{Restnutzungsdauer}}{\text{Gesamtnutzungsdauer}} = \text{Restwert bei Eröffnungsbilanzierung}$$

Bei der Ermittlung des Wiederbeschaffungszeitwerts mittels Neuwertorientierung stellt der aktuelle Anschaffungsneuwert des zu bewertenden Vermögensgegenstandes den Wiederbeschaffungszeitwert dar. Der Restwert zum Zeitpunkt der Eröffnungsbilanzierung wird hieraus mittels Gegenüberstellung von Restnutzungsdauer zur Gesamtnutzungsdauer abgeleitet. Demnach errechnet sich der Restwert bei Eröffnungsbilanzierung auf der Grundlage eines neuwertorientierten Wiederbeschaffungszeitwertes wie folgt:

$$\text{Aktueller Neuwert eines Anlagegutes} \times \frac{\text{Restnutzungsdauer}}{\text{Gesamtnutzungsdauer}} = \text{Restwert bei Eröffnungsbilanzierung}$$

11.3.1 Immaterielles Vermögen

Nach Nr. 5.1 BewertRL sind entgeltlich erworbene immaterielle Vermögensgegenstände des Anlagevermögens, deren Nutzung zeitlich begrenzt ist, im Rahmen des Vorsichtsprinzips nur mit den historischen Anschaffungskosten – gemindert um die Abschreibungen – entsprechend der Nutzungsdauer zu bewerten und über die voraussichtliche Restnutzungsdauer linear abzuschreiben. Entgeltlich und somit aktivierungspflichtig ist ein Erwerb immer dann, wenn ein Leistungsaustausch (z. B. aufgrund Kauf- oder Tauschvertrag) zugrunde liegt. Die Wertermittlung dieser Vermögensart erfolgt einzelfallbezogen.

Unentgeltlich erworbene sowie selbst hergestellte immaterielle Vermögensgegenstände des Anlagevermögens dürfen dagegen nach Nr. 5.1 BewertRL nicht aktiviert werden.

11.3.2 Grundstücksbewertung

11.3.2.1 Unbebaute Grundstücke

Dieser Vermögensgruppe werden Grundstücke zugeordnet, auf denen sich keine benutzbaren Gebäude befinden. Unbebaute Grundstücke sind nach Nr. 5.2 BewertRL mit ihren Anschaffungskosten zu bewerten. Sind die Anschaffungskosten nicht ermittelbar, ist der Grund und Boden mittels Vergleichswertverfahren nach der Wertermittlungsverordnung mit dem aktuellen Bodenrichtwert am Wertermittlungsstichtag zu bewerten. Hilfsweise kann der niedrigste Bodenrichtwert umliegender vergleichbarer Grundstücke angesetzt werden.

Die Bodenrichtwerte stellen durchschnittliche Bodenwerte je qm Grundstücksfläche mit im Wesentlichen gleichen Lage-, Nutzungs- und Wertverhältnissen dar. Maßgebliche Eigenschaften sind dabei z. B. der Erschließungszustand, die Art und das Maß der baulichen Nutzung sowie die Grundstücksgestalt und die Grundstückstiefe. Abweichungen von den ortspezifischen Verhältnissen sind durch entsprechende Zu- und Abschläge zu berücksichtigen. Zusätzlich können sich Abweichungen u. a. aufgrund von Eintragungen im Grundbuch, im Baulastenverzeichnis oder im Altlastenkataster ergeben. Die durch Geh-, Fahr- oder Leitungsrechte belastete Grundstücksteilfläche ist pauschal landeseinheitlich in ihrem Wert um 20 % zu reduzieren. Befinden sich auf dem Grundstück für den Abbruch vorgesehene Objekte, sind die anfallenden Abbruchkosten ebenfalls vom Gesamtwert abzusetzen.

Bestehen zukünftige Rekultivierungs- und Entsorgungsverpflichtungen der Gemeinde, sind diese zu berücksichtigen. Aufwendungen für zukünftige Rekultivierungs- und Entsorgungsverpflichtungen sind dagegen nicht wertmindernd zu berücksichtigen, soweit Rückstellungen nach den Regelungen des § 35 Abs. 1 KomHVO gebildet werden.

Bei Aufwuchs oder Aufbauten auf unbebauten Grundstücken ist nach dem Grundsatz der Wesentlichkeit in der Regel lediglich der Grund und Boden zu bewerten. Stellen Aufwuchs oder Aufbauten aber selbstständige Vermögenspositionen dar, sind diese zusätzlich und gesondert zu bewerten (Nr. 5.2 BewertRL). Bei den folgenden kommunalen Vermögensarten können Aufwuchs und Aufbauten selbstständige Vermögenspositionen darstellen:

- landwirtschaftlich genutzte Flächen/Ackerland,
- Wald und Forsten,
- Grün- und Erholungsflächen,
- Wege und Plätze, soweit sie kein Infrastrukturvermögen darstellen.

Der Aufwuchs bei Waldflächen, die grundsätzlich mit 0,10 €/qm zu bewerten sind, wird im Regelfall nicht bewertet (Nr. 5.3 BewertRL). Sofern der Wald als Forstbetrieb für die Kommune eine erhebliche wirtschaftliche Bedeutung hat, erfolgt die Bewertung des Aufwuchses aufgrund der Erfahrungswerte aus dem An- und Verkauf vergleichbarer Flächen unter Berücksichtigung der Faktoren Altersklasse, Bewertungsfläche,

Ertragsklasse, Abtriebswert, Kulturkosten, Alterswertfaktor, Bestockungsgrad und einem Abschlag von 20 v. H. für die Risiken bis zur Reife des Bestandes.

Stellt der Aufwuchs bei den Grün- und Erholungsflächen eine selbstständige Vermögensposition dar, ist die Bewertung nach Nr. 5.3 BewertRL nach Anschaffungskosten vorzunehmen. Hier würde es sich anbieten, einen pauschalierten Festwert zu bilden, soweit sich hierdurch keine atypische Bewertung ergibt. Soweit die Voraussetzungen der Festwertbildung hinsichtlich eines in etwa gleichbleibenden Bestandes erfüllt sind, können Wege, Pflanzen und sonstige Aufbauten in den pauschalierten Festwert einbezogen werden. Aus diesem Vorschlag zur Vorgehensweise ist das erhebliche Vereinfachungspotenzial hervorzuheben. Aufgrund der pauschalierten Festwertbildung ist keine einzelhafte Feststellung der für die Festwertbildung vorgesehenen Vermögensgegenstände erforderlich; vielmehr kann die Festwertbildung anhand von Durchschnittswerten erfolgen.[10]

Erbbaurechte sind nach Nr. 5.4 BewertRL mit dem Erinnerungswert von 1 € zu berücksichtigen, wenn das Erbbaurecht ausschließlich gegen die Zahlung eines laufenden Erbbauzinses oder unentgeltlich eingeräumt wurde. Mit dieser Festsetzung in den Bewertungsrichtlinien wird die spezifische Besonderheit bei den von der Gemeinde hingegebenen Erbbaurechten nicht beachtet, dass die Hingabe des Erbbaurechtes ohne oder mit einer zu niedrig angesetzten Wertsicherungsklausel[11] erfolgt sein kann. Die hieraus resultierenden Wertminderungen wären bei der Bewertung im Rahmen der Eröffnungsbilanzierung zu berücksichtigen. Die zeitlich begrenzte Wertminderung ergibt sich hierbei aus der Restlaufzeit des Erbbaurechtes. Die Wertminderung ist zeitlich begrenzt, da durch das Ende der Laufzeit des Erbbaurechtsverhältnisses der Wertminderungstatbestand entfällt. Die Minderung des tatsächlichen Erbbauzinses (bezogen auf einen angemessenen Erbbauzins) sowie die Restlaufzeit bestimmen die Wertminderung beim Grundstückswert in der Eröffnungsbilanzierung.

Eine Besonderheit bei der Hingabe kommunaler Erbbaurechtsverhältnisse kann zudem darin bestehen, dass dem Erbbaurechtsnehmer ein Kaufrecht an dem Grundstück eingeräumt wurde. Dieses Kaufrecht kann mit einer Kaufpreisreduzierung aufgrund familiärer Verhältnisse oder orientiert an Einkommensgrenzen ausgestattet sein. Die eingeräumte Kaufpreisreduzierung wirkt sich nicht auf die Aktivierung des Vermögenswertes des Grundstücks aus. Vielmehr ist eine „Sonstige Rückstellung" über den höchstmöglichen Reduzierungsbetrag zu passivieren. Nimmt der Erbbauberechtigte sein Kaufrecht mit einer Kaufpreisreduzierung wahr, kompensiert die Rückstellung den Verlust aus der Veräußerung des Grundstücks unter dem Buchwert (voller Grundstückswert).

10 Vgl. Modellprojekt „Doppischer Kommunalhaushalt in NRW" (Hrsg.), Neues Kommunales Finanzmanagement: Betriebswirtschaftliche Grundlagen für das doppische Haushaltsrecht, 2., vollst. überarb. Aufl. auf der Basis der Endergebnisse des Modellprojektes, Freiburg 2003, S. 412.

11 Eine Wertsicherungsklausel stellt ein Anpassungsrecht (Erhöhung) des Erbbauzinses auf der Grundlage von Preissteigerungsindizes dar.

11.3.2.2 Bebaute kommunalnutzungsorientierte Grundstücke

Die vom Ministerium für Inneres und Sport erlassenen Bewertungsrichtlinien regeln explizit für bebaute Grundstücke mit kommunalnutzungsorientierten Gebäuden das Bewertungsverfahren für die Eröffnungsbilanzierung. Bei Grundstücken, die mit kommunalnutzungsorientierten Gebäuden für die in Nr. 5.6 BewertRL benannten Aufgabenbereiche (z. B. Schulen, kulturelle und soziale Einrichtungen wie Jugendclubs, Seniorenfreizeitstätten, Theater) sowie wirtschaftlich genutzten Gebäuden ohne Marktnähe wie Feuerwehrgebäude und Rettungswachen bebaut sind und entsprechend genutzt werden, sind für die Gebäude grundsätzlich die Anschaffungs- oder Herstellungskosten anzusetzen.

Wenn die Anschaffungs- oder Herstellungskosten nicht ermittelbar sind oder der Erwerb bzw. die Herstellung des Gebäudes vor dem 1.1.1991 erfolgte, sind die Gebäude mit ihrem vorsichtig geschätzten Zeitwert anhand des Sachwertverfahrens zu bewerten (Nr. 5.6 BewertRL). Dabei sind in der Regel die Normalherstellungskosten zugrunde zu legen. Insbesondere können bei Gebäuden oder wesentlichen Gebäudeteilen, soweit die Anwendung des Sachwertverfahrens unter kaufmännischen Gesichtspunkten nicht sachdienlich erscheint, die gemäß §§ 13 ff. der Wertermittlungsverordnung normierten Verfahren – das Ertragswertverfahren oder Vergleichswertverfahren – angewandt werden.

Wie nachfolgendes Schema zeigt, beinhaltet diese Vorschrift dennoch ein erhebliches Potenzial an Bewertungsmöglichkeiten im Bereich des kommunalnutzungsorientiert errichteten Immobilienvermögens:

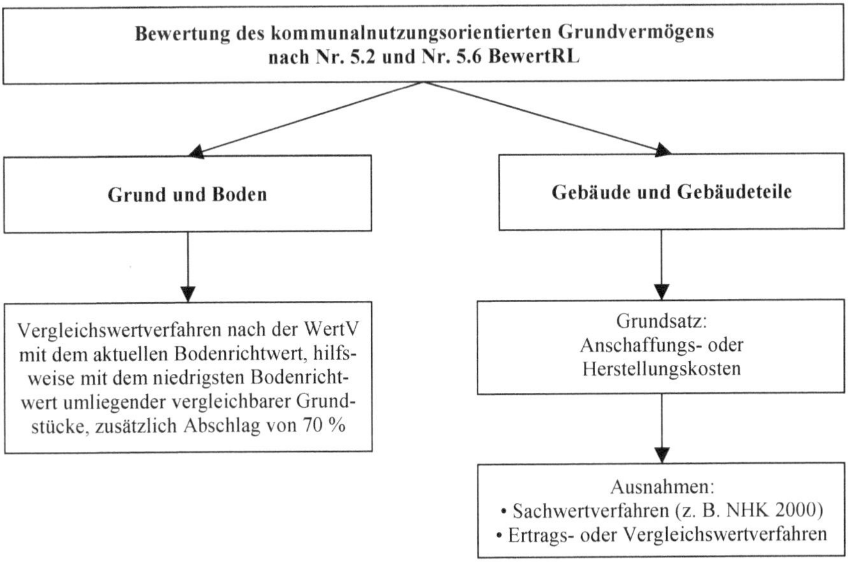

a) Grund und Boden

Nach Nr. 5.2 BewertRL ist der Grund und Boden bei bebauten kommunalnutzungsorientierten Grundstücken grundsätzlich mittels Vergleichswertverfahren nach der Wertermittlungsverordnung mit dem aktuellen Bodenrichtwert am Wertermittlungsstichtag, hilfsweise mit dem niedrigsten Bodenrichtwert umliegender vergleichbarer Grundstücke zu bewerten. Zusätzlich ist ein Abschlag vom Bodenrichtwert in Höhe von 70 % vorzunehmen.

b) Grundsatz Anschaffung- und Herstellungskosten

Für Grundstücke, die mit kommunalnutzungsorientierten Gebäuden bebaut sind und entsprechend genutzt werden, sind für die Gebäude grundsätzlich die Anschaffungs- oder Herstellungskosten anzusetzen (Nr. 5.6 BewertRL). Ausführungen zu den Anschaffungs- und Herstellungskosten sind Kap. 10.2.1 zu entnehmen.

c) Ausnahme Sachwertverfahren anhand der Normalherstellungskosten

Wenn die Anschaffungs- oder Herstellungskosten nicht ermittelbar sind oder der Erwerb bzw. die Herstellung des Gebäudes vor dem 1.1.1991 erfolgte, ist die Bewertung des Gebäudes nach Normalherstellungskosten 2000 (NHK 2000) vorzunehmen (Nr. 5.6 BewertRL). Das Sachwertverfahren anhand der Normalherstellungskosten knüpft an das Normalherstellungskostenverfahren des Bundes an. Das derzeit aktuelle Normalherstellungskostenverfahren 2000[12] differenziert bei der Wertermittlung nach unterschiedlichen Gebäudenutzungen. Beispielsweise wird hierbei differenziert nach:

- Verwaltungsgebäude,
- Gemeindezentren,
- Bürgerhäuser/Saalbauten,
- Veranstaltungszentren,
- Vereins-/Jugendheime, Tagesstätten,
- Kindergärten/Kindertagesstätten,
- Schulen,
- Berufsschulen,
- Personal- und Schwesternheime,
- Altenwohnheime,
- Allgemeine Krankenhäuser,
- Turn- und Sporthallen,
- Funktionsgebäude Sportanlagen,
- Hallenbäder,
- Ausstellungsgebäude,
- Parkhäuser, Tiefgaragen, Kfz-Stellplätze,
- Werkstätten.

12 Vgl. Runderlass des Bundesministeriums für Verkehr, Bau- und Wohnungswesen vom 1.12.2001 – BS 12 – 63 05 04 – 30/1 –.

Eine weitere Einteilung erfolgt für einzelne Kostengruppen (z. B. Fenster, Sanitär Bodenbeläge, Heizung) anhand von vier Kategorien an Ausstattungsstandards. Es wird demnach für jede Kostengruppe differenziert nach:

- Einfach,
- Mittel,
- Gehoben,
- Stark gehoben.

Auf dieser Basis werden die Kosten je Quadratmeter Bruttogrundfläche in € angegeben. Für die Wertermittlung ist demnach die Gesamtbruttogrundfläche des zu bewertenden Gebäudes mit diesem Wert zu multiplizieren.

Das Normalherstellungskostenverfahren basiert auf dem Stand des Jahres 2000 für Zeitwertermittlung. Es ist bei Anwendung dieses Verfahrens zu prüfen, ob ggf. eine Fortindizierung anhand Baukostenindex LSA erforderlich ist.

Als weitere erforderliche Berechnungsangabe wird ein prozentualer Wert für Baunebenkosten nach DIN 276 angegeben. Des Weiteren werden übliche Gesamtnutzungsdauern als Orientierungsgrößen in Form von Einzelwerten oder Bandbreiten angegeben, die auch bei der Aufstellung der Rahmenabschreibungstabelle[13] Berücksichtigung fanden.

d) Ausnahme Ertragswert-, Vergleichswertverfahren

Bei Gebäuden oder wesentlichen Gebäudeteilen können, soweit die Anwendung des Sachwertverfahrens unter kaufmännischen Gesichtspunkten nicht sachdienlich erscheint, die gemäß §§ 13 ff. der Wertermittlungsverordnung normierten Verfahren, das Ertragswertverfahren oder Vergleichswertverfahren, angewandt werden. Dies gilt nach Nr. 5.6. BewertRL insbesondere dann, wenn kommunales Vermögen zum Verkehrswert veräußert werden soll.

e) Sonderregelung Rückindizierung

Zur Gebäudebewertung hat das Ministerium für Inneres und Sport LSA mit Runderlass vom 29.3.2012 und Nachtrag vom 30.3.2012[14] mitgeteilt, dass eine Sonderregelung für die Eröffnungsbilanz zugelassen wird. Demnach kann bei Gebäuden, deren Anschaffungs- und Herstellungskosten nicht bekannt sind – unabhängig davon, ob sie für die Aufgabenerledigung erforderlich sind –, der ermittelte Zeitwert auf den historischen Anschaffungs- oder Herstellungszeitpunkt rückindiziert werden. Dabei ist jedoch zu berücksichtigen, dass zwischenzeitliche Erweiterungen oder wesentliche Verbesserungen über den ursprünglichen Zustand hinaus sowie wesentliche Instandsetzungs- und Modernisierungsmaßnahmen, die in Abgrenzung zum Erhaltungsaufwand nachträgliche Herstellungskosten darstellen, auf ihren jeweiligen abweichenden Zeitpunkt rückzuindizieren sind.

13 Siehe auch Kap. 20.4.2.

14 www.statistik.sachsen-anhalt.de\Themen\Kommunales\Kommunaler Haushalt/Doppik.

Für Gebäude, die nicht mehr zur Aufgabenerfüllung der Kommune genutzt werden und auch künftig nicht mehr genutzt werden sollen, kann darüber hinaus von den Kommunen nach § 157 KVG von der Bewertungsvorschrift gemäß § 114 Abs. 3 KVG eine Ausnahme mit dem Ziel beantragt werden, einen Erinnerungswert von 1 € bilanzieren zu können.

11.3.2.3 Bebaute nicht kommunalnutzungsorientierte Grundstücke

Hier schreibt die Bewertungsrichtlinie des Ministeriums des Innern in Nr. 5.2 vor, dass die bebauten nicht kommunalnutzungsorientierten Grundstücken nach dem Vergleichswertverfahren nach der Wertermittlungsverordnung mit dem aktuellen Bodenrichtwert am Wertermittlungsstichtag bewertet werden müssen. Auch hier kann wie bei den bebauten kommunalnutzungsorientierten Grundstücken hilfsweise der niedrigste Bodenrichtwert umliegender vergleichbarer Grundstücke angesetzt werden. Der Unterschied zu den kommunalnutzungsorientierten Grundstücken besteht nur darin, dass kein Abschlag vom Bodenrichtwert vorgenommen werden darf.

11.3.2.4 Grundstücksgleiche Rechte

Grundstücksgleiche Rechte sind nach Nr. 5.4 BewertRL mit ihrem vorsichtig geschätzten Zeitwert zu bewerten. Dieser ist unter Berücksichtigung der jeweiligen Nutzungsform zu ermitteln. Es können auch Werte aus entsprechenden Verträgen der Bewertung zugrunde gelegt werden.

11.3.2.5 Infrastrukturvermögen

Nr. 5.5 der vom Ministerium des Innern vorgegebenen Bewertungsrichtlinie gibt vor, dass Verkehrs- und Versorgungseinrichtungen und -bauten als Infrastrukturvermögen zu bewerten sind. Für Brücken und Tunnel sowie andere Bauten des Verkehrsbereichs, für Kläranlagen und Sonderbauwerke des Abwasserbereichs und für sonstige Bauten des Infrastrukturvermögens sollen nach Nr. 5.5 BewertRL Anschaffungs- oder Herstellungskosten gemindert um die Abschreibungen entsprechend der Nutzungsdauer angesetzt werden. Falls Anschaffungs- oder Herstellungskosten nicht ermittelbar sind oder der Vermögensgegenstand vor dem 1.1.1991 erworben bzw. hergestellt wurde, kann alternativ ein vorsichtig geschätzter Zeitwert mittels aktueller Baupreise von Objekten gleicher Art und Güte entsprechend der Restnutzungsdauer ermittelt werden. Diese Bewertung ist auch für Gleisanlagen mit Streckenausrüstung und Sicherheitsanlagen, die dem Betrieb des schienengeführten Verkehrs dienen, zugrunde gelegt werden (Nr. 5.5 BewertRL).

Für die Erfassung und Bewertung des Kanalvermögens gibt Anlage 2 der Bewertungsrichtlinie Hilfestellung. Danach sind zur Erfassung der Kanalanlagen bereits vorhandene Dokumentationen und ggf. Bestandsverzeichnisse heranzuziehen. Wenn die Kanalanlagen in einem entsprechenden Kataster nach Straßenzügen ausgewiesen werden, empfiehlt sich die Beibehaltung dieser Ordnung im Inventarverzeichnis, wenngleich in der Bilanz das Kanalvermögen als ganze Summe ausgewiesen wird. Nach Nr. 5.5 BewertRL i. V. m. Anlage 2 der Bewertungsrichtlinie ist zur Bewertung von Kanälen grundsätzlich von den Anschaffungs- oder Herstellungskosten auszugehen. Sind die Anschaffungs- oder Herstellungskosten nicht ermittelbar oder wurden die Kanäle vor dem 1.1.1991 erworben bzw. hergestellt, ist ein aktueller Wert des Vermögensgegenstands zu ermitteln. Zur Zeitwertermittlung können Werte aus vorliegenden Verträgen (z. B. Übernahmeverträge mit der Midewa) entnommen werden. Es besteht auch die Möglichkeit der Ermittlung von Wiederbeschaffungswerten (nach PwC), die sich nach der Art des Kanals bemessen sowie den für den Bau eines Kanals anfallenden Erd- und Oberflächenarbeiten und der Verlegung an sich. Insgesamt werden die Teilleistungen nach Einheitspreisen bewertet. Einheitspreise sind anhand von zum Teil vorliegenden Baurechnungen oder ortsüblichen Tiefbaupreisen zu ermitteln.

Für die Bewertung der Straßen und Plätze erfolgt eine getrennte Betrachtung des Grund und Bodens und des Straßenkörpers und dem -zubehör. Nach Nr. 5.3 BewertRL umfasst die Bewertung der Straßengrundstücke den Grund und Boden, auf dem die Straße erstellt wurde. Für Straßengrundstücke kann ein pauschaler Festwert von 1 €/qm oder 10 % des Bodenrichtwerts der umliegenden Grundstücke angesetzt werden. Straßen und Plätze mit Ausnahme des Grund und Bodens sind nach Nr. 5.5 BewertRL grundsätzlich mit den um die Abschreibungen verminderten Anschaffungs- oder Herstellungskosten zu bewerten. Deren Straßenbestandteile sind aufgrund ihrer unterschiedlichen Nutzungsdauern einzeln zu inventarisieren. Zur Straße zählen die Bestandteile, die in § 2 Abs. 2 bis 4 des Straßengesetzes LSA genannt sind. Hierzu gehören auch Verkehrszeichen. Sofern die Anschaffungswerte der Verkehrszeichen nicht in den Baukosten der Straße enthalten sind, darf eine separate Aktivierung erfolgen. Dabei werden Verfahren der vereinfachten Gruppenbewertung von Sachgesamtheiten zugelassen.

Die Straßen werden einheitlich über ihre Nutzungsdauer linear abgeschrieben. Straßen ohne Restnutzungsdauer sind nach Nr. 5.5 BewertRL mit einem Erinnerungswert von 1 € zu bewerten. Dies bezieht sich auf die gesamte Straße. Falls die Nutzungsdauer der Straße noch nicht vorüber ist und deren Herstellungskosten nicht mehr feststellbar sind, wird zur Bewertung empfohlen, diese in Bauklassen einzuteilen und unter Berücksichtigung der voraussichtlichen Restnutzungsdauer auf einen fiktiven Herstellungszeitpunkt zurückzuindizieren. Unter Angabe von durchschnittlichen Preisen pro qm für den Bau einer Verkehrsfläche bestimmter Bauklasse und Ermittlung der Gesamtquadratmeterzahl der Verkehrsfläche können die Herstellungskosten errechnet werden (Nr. 5.5 BewertRL).

Die Einteilung der Verkehrsflächen und Zuordnung zu Bauklassen in aus der Anlage 3 der Bewertungsrichtlinie zu entnehmen. Es erfolgt eine Einteilung in sechs Bauklassen:

Bauklasse	Herstellkosten €/qm
I	105,00
II	90,00
III	70,00
IV	40,00
V	35,00
VI	30,00

Anschließend sind folgende Straßenarten den Bauklassen zuzuordnen:

Straßenart	Bauklasse
Schnellverkehrsstraße, Industriesammelstraße, historisch zu sanierende Straße (Pflaster)	I
Hauptverkehrsstraße, Industriestraße, Straße im Gewerbegebiet, Straßen mit beidseitigem Fuß- bzw. Radweg	II– III
Wohnsammelstraße, Fußgängerzone mit Ladeverkehr, Straße mit einseitigem Fuß- bzw. Radweg	III– IV
Fußgängerzone mit Ladeverkehr, Straße mit einseitigem Fuß- bzw. Radweg	IV– V
Fußgängerzone (ohne Busverkehr)	V–VI
Anliegerstraße, befahrbarer Wohnweg	VI

Wenn eine detaillierte Aufteilung der Straßen in Fahrbahn und Fuß- bzw. Radweg vorgenommen werden kann, ist die Fahrbahn der einzelnen Bauklasse zuzuordnen und der Fußweg mit 25 €/qm anzusetzen.

Die Zuordnung der Parkflächen zu den Bauklassen kann wie folgt vorgenommen werden:

Verkehrsart – ständig genutzte Parkfläche	Bauklasse
Schwerverkehr	II/II
Pkw-Verkehr mit geringem Schwerverkehrsanteil	IV–V
Pkw-Verkehr	V–VI

Verkehrsart – gelegentlich genutzte Parkfläche	Bauklasse
Schwerverkehr	III/IV
Pkw-Verkehr mit geringem Schwerverkehrsanteil	IV–V
Pkw-Verkehr	V–VI

Die Zuordnung von Busverkehrsflächen zu den Bauklassen kann wie folgt vorgenommen werden:

Verkehrsfläche	**Bauklasse**
Busbuchten	III
Busbahnhöfe	III
Busparkplätze	III

11.3.2.6 Bewertungsübersicht Grund und Boden nach einzelnen Vermögensarten

Auf der Grundlage dieser Übersicht lässt sich durch die Bewertungsstellen bzw. Gutachterausschüsse eine vollständige Matrix für Bodenwerte/Bodenrichtwerte der einzelnen Vermögensarten herleiten:

Grund und Boden nach Vermögensarten	**Strukturierung und Bewertung**
Landwirtschaft genutzte Flächen/Ackerland	Ausgewiesene Ackerzahlen i. V. m. dem aktuellen Grundstücksmarktbericht
Wald und Forsten	0,10 €/qm
Wasserflächen	Primär Anschaffungskosten, ansonsten 10 % der im Grundstücksmarktbericht ausgewiesenen Bodenrichtwerte, im Übrigen 0,10 €/qm
Grün- und Erholungsflächen	Wahlmöglichkeit: 10 % des Bodenrichtwertes der Umgebungsflächen oder pauschal 1,50 €/qm im ländlichen Bereich und 5 €/qm im städtischen Bereich
Sport- und Spielflächen, Freibäder	Primär Anschaffungs-/Herstellungskosten, ansonsten 30 % des Bodenrichtwertes, hilfsweise 30 % des geringsten Bodenrichtwertes der umliegenden Grundstücke
Kleingartenanlagen	10 % des geringsten Bodenrichtwertes der umliegenden Grundstücke
Gewerbegebiete	Bodenrichtwert
Friedhofsflächen	10 % des Bodenrichtwertes der umliegenden Grundstücke
Straßengrundstücke	10 % des Bodenrichtwertes der umliegenden Grundstücke, hilfsweise pauschaler Festwert 1,50 €/qm im ländlichen Bereich, 5 €/qm im städtischen Bereich

Grund und Boden nach Vermögensarten	Strukturierung und Bewertung
Bebaute kommunalnutzungsorientierte Grundstücke (z. B. Schulen, kulturelle und soziale Einrichtungen wie Jugendclubs, Seniorenfreizeitstätten, Theater sowie wirtschaftlich genutzte Gebäude ohne Marktnähe wie Feuerwehrgebäude und Rettungswachen, …) (Nr. 5.6 BewertRL)	Primär Anschaffungskosten, ansonsten Vergleichswertverfahren nach WertV mit dem aktuellen Bodenrichtwert am Wertermittlungsstichtag (hilfsweise mit dem niedrigsten Bodenrichtwert umliegender vergleichbarer Grundstücke), Abschlag vom Bodenrichtwert in Höhe von 70 %
Bebaute nicht kommunalnutzungsorientierte Grundstücke (z. B. Verwaltungs- und Dienstgebäude, Geschäftsgebäude, Wohngebäude, Parkhäuser, …)	Primär Anschaffungskosten, ansonsten Vergleichswertverfahren nach WertV mit dem aktuellen Bodenrichtwert am Wertermittlungsstichtag (hilfsweise mit dem niedrigsten Bodenrichtwert umliegender vergleichbarer Grundstücke)

11.3.2.7 Bauten auf fremden Grund und Boden

Bauten auf fremden Grund und Boden werden entsprechend ihrer Nutzung bewertet, sodass sich die Bewertung aus der Nutzung als Infrastrukturvermögen, Grundstück mit kommunalnutzungsorientiertem Gebäude oder Grundstück mit anderem kommunalen Gebäude ergibt.

11.3.2.8 Kulturdenkmäler

Baudenkmäler, die nicht als Gebäude oder als Teil eines Gebäudes genutzt werden, sowie Bodendenkmäler sind nach Nr. 5.7 BewertRL in der Eröffnungsbilanz mit einem Erinnerungswert anzusetzen. Baudenkmäler, die als Gebäude oder Teil eines Gebäudes noch einer Nutzung unterliegen, sind entsprechend der jeweiligen Vermögensfunktion als Infrastrukturvermögen, Grundstück mit kommunalnutzungsorientiertem Gebäude oder Grundstück mit anderem kommunalen Gebäude zu bewerten.

> ***Beispiel:***
> *Ein historisches Rathaus wird als Bürogebäude genutzt. Das Grundstück muss als sonstiges Dienstgebäude bewertet werden.*

11.3.3 Bewertung der beweglichen Vermögensarten

11.3.3.1 Kunstgegenstände

Nach Nr. 5.7 BewertRL sind für die Kulturpflege bedeutsame bewegliche Vermögensgegenstände grundsätzlich mit dem Anschaffungswert zu bewerten. Sollte dies nicht möglich sein, ist zur Ermittlung des Wertes der Versicherungswert heranzuziehen, soweit er dem Verkehrswert entspricht. Hilfsweise sind Kunstgegenstände mit einem

Erinnerungswert anzusetzen.[15] Die Ermittlung von Sach- und Verkehrswerten ist in diesem Bereich des kommunalen Vermögens vielfach schwierig. Werte aus dauerhaft bestehenden Versicherungsverhältnissen als Orientierungsgröße der Wertermittlung liegen i. d. R. nur für bedeutsame Vermögensgegenstände der Kulturpflege vor. Damit kann eine aufwendige Anfertigung von Wertgutachten oder Schätzungen zur Wertermittlung bei diesen Vermögensarten notwendig werden.

11.3.3.2 Maschinen und technische Anlagen, Fahrzeuge, Betriebsvorrichtungen

Maschinen, technische Anlagen und Betriebsvorrichtungen, die nicht zum Infrastrukturvermögen und nicht zu den Fahrzeugen gehören, sind nach Nr. 5.8 BewertRL mit Anschaffungs- oder Herstellungskosten, fortgeschrieben um die Abschreibungen, zu bewerten. Dies trifft auch dann zu, wenn sie baulich mit dem Grund und Boden oder einem Gebäude verbunden sind. Technische Anlagen und Maschinen stellen dann Betriebsvorrichtungen dar, wenn sie zur Erstellung von Verwaltungsleistungen dienen bzw. in so enger Beziehung zum Verwaltungsbetrieb stehen, dass dieser unmittelbar damit betrieben wird. Daher zählen auch fest mit dem Betriebs- bzw. Verwaltungsgebäude verbundene bewegliche und unbewegliche Gegenstände zu dieser Gruppe (z. B. Druckmaschine, Kanalisation inkl. Kanäle, Schächte, Abdeckungen, Ableitungs-, Reinigungs-, Pumpanlagen).

Die Fahrzeuge sind mit ihren Anschaffungskosten anzusetzen (Nr. 5.8 BewertRL). Zu den Fahrzeugen gehören auch die kommunalen Spezialfahrzeuge, wie Löschboote, Friedhofsbagger und Entsorgungsfahrzeuge der Müllabfuhr.

11.3.3.3 Betriebs- und Geschäftsausstattung

Vermögensgegenstände, die der Betriebs- und Geschäftsausstattung zuzuordnen sind, sind nach Nr. 5.9 BewertRL mit Anschaffungs- oder Herstellungskosten zu bewerten. Zu diesem Bilanzposten gehören zahlreiche unterschiedliche Vermögensgegenstände. Falls die Anschaffungs- oder Herstellungskosten nicht ermittelbar sind oder der Vermögensgegenstand vor dem 1.1.1991 erworben bzw. hergestellt wurde, kann alternativ ein vorsichtig geschätzter Zeitwert mittels aktueller Preise von Gegenständen gleicher Art und Güte entsprechend der Restnutzungsdauer ermittelt werden (Nr. 5.9 BewertRL).

Nach Nr. 5.9 BewertRL werden Werte für ggf. im Eigentum der Kommune befindliche Tiere nach dem Verkehrswert ausgehend von den Anschaffungskosten bewertet.

15 Zum einen müssen damit für einen Großteil des Kunstvermögens für die Eröffnungsbilanzierung aufwendige Wertfeststellungen getroffen werden. Zum anderen geht bei Nutzung des Wahlrechts der Gemeinde kein Vermögensvolumen mit Hinblick auf die Eigenkapitalausstattung verloren.

11.3.4 Geleistete Anzahlungen, Anlagen im Bau

Geleistete Anzahlungen sind nach Nr. 5.10 BewertRL als geldliche Vorleistungen auf noch zu erhaltene Sachanlagen mit den tatsächlich gezahlten Beträgen anzusetzen.

Für Anlagen im Bau sind die Anschaffungs- und Herstellungskosten anzusetzen, die für Investitionen bis zum Bilanzstichtag entstanden sind, ohne dass die Anlagen bereits fertiggestellt worden sind. Hier dürfte es nach dem Grundsatz der Wirtschaftlichkeit ausreichend sein, dass der auszuweisende Bilanzwert einer Anlage im Bau anhand der Rechnungsunterlagen aufsummiert und nicht in Einzelposten in die Eröffnungsbilanz eingebucht wird.

Des Weiteren ist es nach Nr. 5.10 BewertRL nicht erforderlich, dass eine Aufteilung nach den einzelnen Posten des Sachanlagevermögens in der Eröffnungsbilanz auf der Basis der späteren Zuordnung vorgenommen wird. Wertmindernde Umstände[16] sind bei der Bewertung der Anlagen im Bau zu berücksichtigen.

11.3.5 Finanzanlagevermögen

a) Beteiligungen an Unternehmen und Sondervermögen

Beteiligungen sind nach Nr. 5.11 BewertRL Anteile an anderen Unternehmen, die bestimmt sind, dem eigenen Geschäftsbetrieb durch Herstellung einer dauernden Verbindung zu jenen Unternehmen zu dienen. Als Beteiligungen an Unternehmen gelten nicht Anteile an einer Kapitalgesellschaft von untergeordneter Bedeutung nach § 119 Abs. 1 Satz 2 KVG, die nicht in den Gesamtabschluss einbezogen zu werden brauchen. Als Organisationsformen können öffentlich-rechtliche (rechtsfähige Anstalten des öffentlichen Rechts, Anteile an sonstigen juristischen Personen, sondergesetzliche Verbände) und privatrechtliche (Kapitalgesellschaften, Personengesellschaften, rechtlich selbständige Stiftungen) bestehen.

Beim Ansatz von Beteiligungen an Unternehmen in Form von Aktien oder anderen Wertpapieren, die an einer Börse zum amtlichen Handel oder zum geregelten Markt zugelassen oder zum Freiverkehr einbezogen sind, sind nach Nr. 5.11 i. V. m. Nr. 5.12 BewertRL mit dem Tiefstkurs der vergangenen zwölf Wochen ausgehend vom Bilanzstichtag anzusetzen.

Als verbundene Unternehmen sind nach Nr. 5.11 BewertRL jene Beteiligungen gesondert auszuweisen, die unter der einheitlichen Leitung der Kommune stehen bzw. die Unternehmen, auf die die Kommune einen beherrschenden Einfluss ausübt (i. d. R. bei einem Anteil von mehr als 50 v. H.). Zu den Sondervermögen i. S. d. § 121 KVG gehören das Vermögen der rechtlich unselbständigen örtlichen Stiftungen, das Vermögen der Eigenbetriebe, die rechtlich unselbständigen Versorgungs- und Versicherungseinrichtungen und ggf. das Gemeindegliedervermögen. Beteiligungen, Anteile an verbundenen Unternehmen und Sondervermögen sind nach Nr. 5.11 BewertRL

16 Hierbei kann es sich nur um Sachverhalte handeln, die eine außerplanmäßige Abschreibung nach sich ziehen (z. B. Gebäuderohbau, bei dem das Fundament Grundwasser ins Gebäude fließen lässt).

vorrangig mit den Anschaffungskosten anzusetzen. Hilfsweise kann die Bewertung mit dem anteiligen Wert des Eigenkapitals vorgenommen werden.

Dieser errechnet sich wie folgt:

	Anteiliges Grundkapital
+	Anteilige Rücklagen
+/–	Anteilige Ergebnisvorträge
=	Anteiliger Wert des Eigenkapitals

Nach Nr. 5.11 BewertRL ist bei rechtlich unselbständigen örtlichen Stiftungen der anteilige Wert des Stiftungsvermögens als vorsichtig geschätzter Zeitwert anzusetzen, der nach den Bilanzansatz- und Bewertungsvorschriften des Fünften Abschnitts der Bewertungsrichtlinie zu ermitteln ist.

Anders als bei einer Konzernbilanz können in der kommunalen Eröffnungsbilanz nur die unmittelbaren Beteiligungen an Unternehmen angesetzt werden, da sich die mittelbaren Beteiligungen an weiteren Unternehmen hierin abbilden. Die mittelbaren Beteiligungsverhältnisse sind bei der kommunalen Bilanzierung im Anhang darzustellen.

Beispiel:
Die Gemeinde G besitzt eine unmittelbare Beteiligung an den als Aktiengesellschaft geführten Stadtwerken. Diese wiederum ist unmittelbar beteiligt an anderen Gesellschaften. Die Beteiligung der Gemeinde G an den Stadtwerken ist wertmäßig unter den Finanzanlagen darzustellen. Die von den Stadtwerken gehaltenen eigenen Beteiligungen, somit mittelbare Beteiligungen der Gemeinde G, sind im Anhang darzustellen.

b) Wertpapiere

Nach Nr. 5.12 BewertRL sind Wertpapiere, die an einer Börse zum amtlichen Handel oder zum geregelten Markt oder in den Freiverkehr einbezogen sind, mit ihrem vorsichtig geschätzten Verkehrswert anzusetzen, der dem Tiefstkurs der vergangenen zwölf Wochen ausgehend vom Bilanzstichtag entspricht, höchstens jedoch mit den Anschaffungskosten. Andere Wertpapiere (z. B. nicht gehandelte Aktien, Pfandbriefe) sind mit ihren historischen Anschaffungskosten zu bewerten.

Nr. 5.12 BewertRL trifft eine Abgrenzung der Wertpapiere des Anlagevermögens zu den Wertpapieren des Umlaufvermögens. Grundsätzlich sind Wertpapiere als Anlagevermögen zu aktivieren. Sie dürfen nur dann als Umlaufvermögen angesetzt werden, wenn sie zur Veräußerung oder als kurzfristige Anlage liquider Mittel bis zu einem Jahr bestimmt sind.

c) Ausleihungen

Für üblich verzinste Ausleihungen ist nach Nr. 5.14 BewertRL der voraussichtliche Rückzahlungsbetrag in der Eröffnungsbilanz anzusetzen. Hierbei stellt sich die Verzinsung nicht allein durch Geldleistungen, sondern auch gleichwertig in anderen vertretbaren Sachen oder Rechten (z. B. Belegungsrecht im sozialen Wohnungsbau, Verpflichtung zur Aufrechterhaltung von zehn Arbeitsplätzen in der Kommune) dar.

Bei niederverzinslichen bzw. unverzinslichen Ausleihungen ist der Barwert auf der Grundlage eines Zinssatzes von 6 v. H. anzusetzen. Sofern die Ausleihung mit einer Gegenleistungsverpflichtung des Empfängers verbunden ist, gilt die Regelung für die üblich verzinsten Ausleihungen. Alle Ausleihungen sind im Anhang des Jahresabschlusses zu erläutern.[17]

11.3.6 Umlaufvermögen

a) Vorräte

Roh-, Hilfs- und Betriebsstoffe sowie Waren sind nach Nr. 5.13 BewertRL mit ihren Anschaffungskosten oder nachrangig mit dem Zeitwert anzusetzen. Insbesondere für den Ausweis in der Eröffnungsbilanz sollten die Gemeinden der Grundsatz der Wesentlichkeit und der Wirtschaftlichkeit berücksichtigen.

Unfertige und fertige Erzeugnisse sowie unfertige Leistungen sind mit ihren Wiederherstellungskosten anzusetzen, soweit sie objektbezogen sind und in einen aktivierungspflichtigen Vermögensgegenstand einfließen. Diese Regelung ist besonders bedeutsam für unfertige Leistungen, zu denen auch Planungsleistungen gehören. Die Regelung beschränkt die Aktivierung von Planungsleistungen darauf, dass diese objektbezogen und in einen aktivierungspflichtigen Vermögensgegenstand – bei Planungsleistungen ist dies die Anlage im Bau – einfließen müssen.

Für die Inventur der Vorräte ist die Regelung der Bewertungsrichtlinie insofern bedeutsam, da Lagerbestände als verbraucht gelten, sofern diese bereits abgegeben worden sind. Demnach sind beispielsweise aus einem Büromateriallager in die einzelnen Fachbereiche abgegebene Büromaterialien nicht mehr bei der Inventur und Bewertung zu berücksichtigen.

b) Forderungen und sonstige Vermögensgegenstände

Bestehende Forderungen sind nach Nr. 5.14 BewertRL für die Eröffnungsbilanzierung zu ermitteln und grundsätzlich mit ihrem Nennwert anzusetzen. Sind Forderungen zweifelhaft, so sind diese unter Berücksichtigung der jeweiligen Umstände mit ihrem wahrscheinlichen Wert anzusetzen. Eingeräumte Sicherheiten sind hierbei zu berücksichtigen.

Vermögensgegenstände des Umlaufvermögens, die nicht einem besonderen Bilanzposten nach § 46 Abs. 3 Nr. 2 KomHVO zugeordnet werden können, sind unter dem Bilanzposten „Sonstige Vermögensgegenstände" unter Beachtung des Grundsatzes der Einzelbewertung anzusetzen (Nr. 5.14 BewertRL).

17 Siehe auch Kap. 10.3.2.4.4.

c) Liquide Mittel

Nach Nr. 5.15 BewertRL sind der Kassenbestand und die Guthaben bei Geldinstituten mit dem Nennwert in € anzusetzen, wobei Schecks eigenständig auszuweisen und wie Forderungen zu behandeln sind. Tages- und Festgeldanlagen gehören gleichfalls zu den Guthaben bei Kreditinstituten und somit zu den liquiden Mitteln.

11.3.7 Aktive Rechnungsabgrenzung

Nach § 42 Abs. 1 KomHVO i. V. m. Nr. 5.16 BewertRL sind unter den aktiven Rechnungsabgrenzungsposten vor dem Bilanzstichtag geleistete Auszahlungen, soweit sie Aufwand für eine bestimmte Zeit nach diesem Tag darstellen, anzusetzen. Der Ansatz erfolgt zum Nennwert. Diese Regelung gilt auch für die Beamtenbesoldung, die vor dem Bilanzstichtag für den ersten Monat danach gezahlt wurde, für Leasinggeschäfte, wenn den Leasingraten keine angemessene Gegenleistung in dem jeweiligen Haushaltsjahr gegenübersteht, und für ähnliche Rechtsgeschäfte.

Ist der Rückzahlungsbetrag einer Verbindlichkeit höher als der Auszahlungsbetrag, so darf nach § 42 Abs. 3 KomHVO der Unterschiedsbetrag in den aktiven Rechnungsabgrenzungsposten aufgenommen werden. Mit dieser Regelung wird die aktive Rechnungsabgrenzung vom Disagio im Rahmen von Kreditaufnahmen umschrieben.[18] Der Unterschiedsbetrag ist durch planmäßige jährliche Abschreibungen zu tilgen, die auf die gesamte Laufzeit der Verbindlichkeit verteilt werden können.

11.3.8 Nicht durch Eigenkapital gedeckter Fehlbetrag

Nr. 5.17 BewertRL regelt den letzten möglichen Aktivposten „Nicht durch Eigenkapital gedeckter Fehlbetrag", der sicherlich einen Ausnahmetatbestand im Rahmen der kommunalen Eröffnungsbilanzierung bildet. Danach ist analog dem Handelsrecht geregelt, dass sofern sich in der Eröffnungsbilanz ein Überschuss der Passivposten über die Aktivposten ergibt, der entsprechende Betrag auf der Aktivseite der Bilanz als „Nicht durch Eigenkapital gedeckter Fehlbetrag" gesondert auszuweisen ist.

11.4 Vorgehensweise bei der Eröffnungsbilanzierung für Passiva

11.4.1 Eigenkapital

Bei der Eigenkapitalermittlung erfolgt eine Gegenüberstellung sämtlicher gebildeter Aktivposten gegenüber sämtlichen gebildeten Passivposten außer dem Passivposten „Rücklage". Die errechnete positive Größe (bei negativer Größe würde sich der

18 Siehe hierzu auch Kap. 17.

Aktivposten „Nicht durch Eigenkapital gedeckter Fehlbetrag" ergeben) stellt dann den Eigenkapitalposten „Rücklage" dar (Nr. 5.18 BewertRL).

In Nr. 5.18 BewertRL wird der Sonderfall einer erhaltenen investiven Zuwendung mit einer speziellen Zweckbindung geregelt, bei der die ertragswirksame Auflösung seitens des Zuwendungsgebers ausdrücklich ausgeschlossen wurde. Diese Zuwendung ist solange als Sonderrücklage zu passivieren, bis der geförderte Vermögensgegenstand betriebsbereit ist. Ab Betriebsbereitschaft ergibt sich eine Abbildung in der Saldogröße „Rücklage".

Hinsichtlich der Darstellung der freiwilligen Sonderrücklagen zur Sicherung von Investitionsmaßnahmen und diesbezügliche Probleme siehe Kap. 10.3.5.2.

11.4.2 Sonderposten

Den Regelfall erhaltener investiver Zuwendungen (Ertragszuschuss) sowie die Abbildung von Beiträgen regelt Nr. 5.19 BewertRL. Diese sind als Sonderposten auf der Passivseite der Bilanz anzusetzen, wobei die beiden Voraussetzungen der Sonderpostenbildung

- Zahlung für eine investive Maßnahme und
- keine freie Verwendung

herausgestellt werden.

Zu bilanzierende Kostenüberdeckungen ergeben sich aus der Gegenüberstellung der die tatsächlichen Kosten übersteigenden Erlöse bei kostenrechnenden Einrichtungen. Diese Jahresüberschüsse, die nach § 5 KAG im nächsten Kalkulationszeitraum ausgeglichen werden müssen, sind nach Nr. 5.19 BewertRL als Sonderposten für den Gebührenausgleich anzusetzen. Diese Richtlinie schreibt das Gleiche für Jahresfehlbeträge vor, die ausgeglichen werden sollen. Wie dies bilanztechnisch ausgewiesen werden soll, wird nicht vorgegeben. Da eine entsprechende Bilanzausweisung nicht vorgenommen werden kann, sollte die Bewertungsrichtlinie hier geändert werden. Bestehende Kostenunterdeckungen (Kosten > Erlöse) sollten im Anhang zu erläutern sein.

11.4.3 Rückstellungen

Die Rechtsvorschrift des § 35 Abs. 3 KomHVO i. V. m. Nr. 5.20 BewertRL bestimmt, dass alle Pensionsverpflichtungen nach den beamtenrechtlichen Bestimmungen mit ihrem im Teilwertverfahren zu ermittelndem Barwert als Rückstellung anzusetzen sind, wobei ein Rechnungszinsfuß von 5 v. H. zugrunde zu legen ist. Demnach sind nach diesen Vorschriften Rückstellungen für die Pensionsverpflichtungen zu bilden, es sei denn, dass die Gemeinde Pflichtmitglied im Kommunalen Versorgungsverband Sachsen-Anhalt ist (§ 35 Abs. 1 Satz 1 Nr. 1 i. V. m. Satz 3 KomHVO). Diese Pflichtmitglieder dürfen für Pensions- und Beihilfeverpflichtungen keine Rückstellungen bilden. Da alle Kommunen in Sachsen-Anhalt nach dem Gesetz über den Kommunalen Versorgungsverband Pflichtmitglieder des Versorgungsverbandes sind, wenn sie versorgungsberechtigte Beamte haben, haben die Kommunen nach der Gemeindehaushaltsverordnung keine Pensionsrückstellungen zu bilden. Die Kommunen in Sachsen-Anhalt lassen die Versorgungsleistungen für ihre Beamten durch den externen Versorgungsträger erfüllen, der für sie die Berechnung und Zahlung der beamtenrechtlichen Versorgungsleistungen durchführt und die Mitglieder in versorgungsrechtlichen Fragen berät.[19] Diese Rückstellungsregelung gilt nach § 35 Abs. 1 Satz 1 Nr. 2 KomHVO auch für die Beihilfeverpflichtungen gegenüber Versorgungsempfängern.

Für die Rekultivierung und Nachsorge von Abfalldeponien sind gem. § 35 Abs. 1 Satz 1 Nr. 3 KomHVO als Rückstellung die zu erwartenden Gesamtkosten bezogen auf den voraussichtlichen Zeitpunkt der Rekultivierungs- und Nachsorgemaßnahmen anzusetzen. Die Bewertung der Rückstellung soll sich aus dem Verhältnis der bestehenden Verfüllmenge im Verhältnis zur Gesamtverfüllmenge ergeben (Nr. 5.20 BewertRL). Dies gilt auch entsprechend für die vergleichbare Verpflichtung nach § 35 Abs. 1 Satz 1 Nr. 4 KomHVO, Rückstellungen für die Sanierung von vorhandenen Altlasten zu bilden.

§ 35 Abs. 1 Satz 1 Nr. 5 KomHVO sieht als Grundsatz die Bildung von Rückstellungen für unterlassene Instandhaltung vor, die im folgenden Haushaltsjahr nachgeholt werden. Dies ist unter Berücksichtigung der Voraussetzungen der Rückstellungsbildung, insbesondere hinsichtlich der Wahrscheinlichkeit der Durchführung sinnvoll, da nach § 114 Abs. 3 KVG die Zeitwerte für Folgebilanzierungen als Anschaffungs- und Herstellungskosten gelten, so dass Zuschreibungen aufgrund nachgeholter Instandhaltung (nicht aktivierbarer Erhaltungsaufwand) nicht möglich wären. Insoweit entstehen durch die Grundsatzregelung zwei Vorteile:

- Bei Nachholung der unterlassenen Instandhaltung ergibt sich der Zeitwert; die Bildung einer stillen Reserve beim Buchwert des Vermögensgegenstandes wird vermieden.
- Die Nachholung der unterlassenen Instandhaltung belastet aufgrund einer bestehenden Rückstellung nicht das Ergebnis des Haushaltsjahres der Durchführung. Vielmehr ist der Aufwand durch Vorabminderung des Eigenkapitals in der Eröffnungsbilanz enthalten.

Im Rahmen der Inventur müssen die vorgesehenen Maßnahmen am Bilanzstichtag einzeln bestimmt und anschließend wertmäßig beziffert werden. Diese wertmäßige Bezifferung kann beispielsweise durch bestehende Angebote oder Wertschätzungen der zuständigen technischen Ämter erfolgen.

Werden die im Rahmen der Eröffnungsbilanzierung gebildeten Rückstellungen für unterlassene Instandhaltung nicht in Anspruch genommen, so müssen diese, sofern der Rückstellungsgrund nicht mehr besteht, aufgelöst werden. Hiermit verbunden ist eine außerplanmäßige Abschreibung beim Vermögensgegenstand, für den die Rückstellung gebildet wurde. Hierdurch erfolgt die Auflösung der im Rahmen der Eröffnungsbilanz gebildeten Rückstellungen ergebnisneutral, d. h. dass das Ergebnis weder durch die Auflösung der Rückstellung noch durch die Sonderabschreibung beim Vermögensgegenstand beeinflusst wird.

19 Siehe Kap. 10.3.7.1.

§ 35 Abs. 1 Satz 1 Nr. 6 KomHVO listet die sonstigen im Haushaltsrecht möglichen Rückstellungen auf. Hierzu gehören Rückstellungen für die Lohn- und Gehaltszahlungen für Zeiten der Freistellung von der Arbeit im Rahmen von Altersteilzeitarbeit, die Bildung von Rückstellungen für nicht in Anspruch genommenen Urlaub aufgrund längerfristiger Erkrankung und ähnliche Maßnahmen. Die Rechtsvorschrift lässt zudem die Bildung von Rückstellungen für ungewisse Verbindlichkeiten im Rahmen des Finanzausgleichs und aus Steuer- und Sonderabgabeschuldverhältnissen zu.

Die Rechtsvorschrift des § 35 Abs. 1 Satz 1 Nr. 6 KomHVO legt fest, dass für den Fall von drohenden Verpflichtungen aus anhängigen Gerichtsverfahren und drohenden Verlusten aus schwebenden Geschäften und laufenden Verfahren gleichfalls Rückstellungen passiviert werden müssen. Auch die Höhe dieser Rückstellungsarten ist im Rahmen des Vorsichtsprinzips zu ermitteln oder zu schätzen.

Die Rückstellungsbildung ist möglich für weitere ungewisse Verbindlichkeiten. Dabei handelt es sich um wesentliche Verpflichtungen, die dem Grunde, der Höhe oder der Fälligkeit nach zum Bilanzstichtag noch nicht genau bekannt sind. Es muss wahrscheinlich sein, dass eine Verbindlichkeit zukünftig entsteht, die wirtschaftliche Ursache vor dem Bilanzstichtag liegt und die zukünftige Inanspruchnahme voraussichtlich erfolgen wird. Die Höhe der ungewissen Verbindlichkeit ist im Rahmen des Vorsichtsprinzips annähernd zu ermitteln oder zu schätzen.

Die Rückstellungen dürfen nach § 35 Abs. 4 KomHVO nur aufgelöst werden, soweit der Grund für ihre Bildung entfallen ist.

11.4.4 Verbindlichkeiten

Die zum Bilanzstichtag dem Grunde und der Höhe nach feststehenden Verpflichtungen sind als Verbindlichkeiten mit ihrem Rückzahlungsbetrag anzusetzen (§ 113 Abs. 2 Nr. 2 KVG i. V. m. Nr. 5.21 BewertRL). Zur deren Ermittlung sind die Geschäftsvorfälle des vorhergehenden letzten kameralen Haushaltsjahres differenziert zu betrachten. Grundsätzlich wird es zum Zeitpunkt der Eröffnungsbilanzierung drei Kategorien geben. Diese unterscheiden sich anhand folgender Sachverhaltskonstellationen:

- Leistung von Dritten erbracht/Rechnung liegt vor/Zahlung noch nicht erfasst,
- Leistung von Dritten erbracht/Rechnung liegt noch nicht vor,
- Leistung von Dritten bestellt, aber noch nicht erbracht/Rechnung liegt noch nicht vor.

Ist die Leistung von Dritten erbracht und liegt eine Rechnung bis zum Eröffnungsbilanzstichtag vor, sind die entsprechenden Geschäftsvorfälle als Verbindlichkeiten zu übernehmen und auszuweisen. Ist die Leistung von Dritten erbracht, liegt die Rechnung zum Eröffnungsbilanzstichtag aber noch nicht vor, sind diese Geschäftsvorfälle als Rückstellungen für ungewisse Verbindlichkeiten zu übernehmen und auszuweisen. Wurde die Leistung von Dritten bestellt, aber bis zum Eröffnungsbilanzstichtag noch nicht erbracht und liegt somit keine Rechnung vor, erfolgt keine Übernahme in die Eröffnungsbilanz.

11.4.5 Passive Rechnungsabgrenzung

§ 42 Abs. 2 KomHVO i. V. m. Nr. 5.16 BewertRL legt den Ansatz der passiven Rechnungsabgrenzungsposten fest. In diesem Bilanzposten sind vor dem Bilanzstichtag eingegangene Einzahlungen, soweit sie Ertrag für eine bestimmte Zeit nach diesem Tag darstellen, anzusetzen. Für die passive Rechnungsabgrenzung bedarf es bereits im Vorfeld der Eröffnungsbilanzierung teilweise erheblicher Vorarbeiten. So sind beispielsweise bei kommunalen Friedhöfen die erhaltenen Benutzungsgebühren[20] einzeln abzugrenzen. Dies bedeutet, dass jedes auf dem Friedhof noch bestehende Ruherecht auf seine Restruhezeit zu prüfen ist. Aus dem Verhältnis zur vermieteten Gesamtruhezeit ist anteilig von der im Voraus erhaltenen Grabmiete der passive Rechnungsabgrenzungsposten zu bilden, der über die Restruhezeit linear als Ertrag aufgelöst wird. Dementsprechend sollten die Gemeinden mit erheblichem zeitlichem Vorlauf prüfen, welcher Arbeitsumfang sich aus der Rechnungsabgrenzung ergibt. Zur Verringerung des hohen Verwaltungsaufwands hat das Ministerium für Inneres und Sport LSA mit Runderlass vom 2.10.2012 eine Vorgehensweise angeregt,[21] die mit der entsprechenden Berechnungsmöglichkeit im Erlass ausführlich beschrieben wird.

11.5 Verfahrensvorschriften für die Eröffnungsbilanz

11.5.1 Prüfung

Dem Rechnungsprüfungsamt obliegt nach § 141 Abs. 1 Nr. 6 KVG die Prüfung der Eröffnungsbilanz nach § 114 KVG. Die Eröffnungsbilanz und der Anhang sind nach § 114 Abs. 4 KVG dahingehend zu prüfen, ob sie ein den tatsächlichen Verhältnissen entsprechendes Bild der Lage der Gemeinde unter Beachtung der Grundsätze ordnungsmäßiger Buchführung vermitteln. Die Prüfung erstreckt sich hierbei auf die Beachtung der gesetzlichen Vorschriften und die sie ergänzenden Bestimmungen. Neben der Zuständigkeit des Rechnungsprüfungsamtes regelt § 114 Abs. 5 KVG einige konkrete Prüfungsbereiche. Hiernach sind insbesondere die Inventur, das Inventar und die Übersicht über örtlich festgelegte Restnutzungsdauern der Vermögensgegenstände in die Prüfung einzubeziehen. Das tatsächliche Bild der Vermögens- und Schuldenlage soll darstellen, wie „arm" oder „reich" eine Gemeinde ist. Grundlage hierfür (und damit Prüfungsinhalt) ist eine vollständige Erfassung aller Vermögensgegenstände, Schulden und Rechnungsabgrenzungsposten, wozu auch die Beachtung der Aktivierungsverbote und -gebote gehört. Gleichfalls gehört hierzu auch, dass die Vermögensgegenstände, Schulden und Rechnungsabgrenzungsposten bilanzpostenscharf abgebildet werden.

Über Art und Umfang der Prüfung sowie über das Ergebnis der Prüfung ist ein Prüfungsbericht zu erstellen. Der Bestätigungsvermerk oder der Vermerk über seine Versagung ist in den Prüfungsbericht aufzunehmen. Die Prüfungsvorschriften des § 139

20 Die Benutzungsgebühren sind inhaltlich so zu betrachten, dass diese inhaltlich einer Grabmiete für mehrere Jahre gleichkommen.

21 www.statistik.sachsen-anhalt.de\Themen\Kommunales\Kommunaler Haushalt/Doppik.

Abs. 3 und 4 und § 141 Abs. 1 Nr. 2 KVG finden entsprechende Anwendung. Die Eröffnungsbilanz unterliegt nach § 114 Abs. 6 KVG auch der überörtlichen Prüfung nach § 137 KVG.

11.5.2 Feststellung

Die Gesetzesintention dürfte sicherlich ein zeitlich möglichst kurzer Aufstellungsprozess sein, um durch die Feststellung der Eröffnungsbilanz frühzeitig eine verfahrensmäßig abgeschlossene Basis für die weitere Haushaltswirtschaft zu haben. Daher bestimmt auch die Rechtsvorschrift des § 114 Abs. 1 KVG, dass die Gemeinde zu Beginn des Haushaltsjahres, in dem sie erstmals ihre Geschäftsvorfälle nach dem System der doppelten Buchführung erfasst, die Eröffnungsbilanz unter Beachtung der Grundsätze ordnungsmäßiger Buchführung aufzustellen hat.

Nach § 114 Abs. 1 i. V. m. § 120 Abs. 1 KVG stellt der Bürgermeister die Vollständigkeit und Richtigkeit der Eröffnungsbilanz fest und legt sie unverzüglich mit dem Prüfungsbericht des Rechnungsprüfungsamtes und seiner Stellungnahme zu diesem Bericht dem Gemeinderat vor. Das Rechnungsprüfungsamt hat bei Prüfung der Eröffnungsbilanz nach § 114 Abs. 5 KVG die Inventur, das Inventar und die Übersicht über örtlich festgelegten Restnutzungsdauern der Vermögensgegenstände mit einbezogen.

In der Praxis dürfte sich dies allerdings als sehr schwierig erweisen, da neben der vollständigen Erfassung von Schulden und Vermögen die Eröffnungsbilanzierung auch Daten des letzten kameralen Jahresabschlusses, insbesondere hinsichtlich der sehr aufwendigen Offenen-Posten-Übernahme, einbeziehen muss.

11.5.3 Beschluss

Nach dem Beschluss des Rates über die Feststellung der Eröffnungsbilanz unterliegt die Eröffnungsbilanz nach § 114 Abs. 6 KVG der überörtlichen Prüfung gemäß § 137 KVG.

11.5.4 Aufbewahrung

Eine Verpflichtung der Gemeinde, die Unterlagen über die erstmalige Inventur und die Eröffnungsbilanz sowie die dazu ergangenen Anweisungen und Organisationsregelungen geordnet und sicher aufzubewahren, ist rechtlich nicht geregelt. Hier sind sicherlich die §§ 23 und 36 GemKVO analog anzuwenden. Demnach ist die Eröffnungsbilanz entsprechend den Jahresabschlüssen und Gesamtabschlüssen, die erforderlichen Belege dagegen sieben Jahre lang aufzubewahren.

11.6 Übung

Sachverhalt und Aufgabenstellung:

Der Finanzdezernent hat den Auftrag, die Fraktionen über die Eröffnungsbilanzierung zu informieren. Von besonderem Interesse ist die Berücksichtigung der unterlassenen Instandhaltung bei der Bewertung. Es ergeben sich für den Finanzdezernenten folgende Fragen, die von Ihnen zu beantworten sind:

a) Welche Möglichkeit besteht bei der wertmäßigen Abbildung von unterlassener Instandhaltung neben der Minderung des Vermögenswertes in der Eröffnungsbilanz? Was sind die Vorteile einer solchen Vorgehensweise?
b) Welche Voraussetzungen bestehen für diese alternative Vorgehensweise?
c) Erläutern Sie, wie sichergestellt wird, dass durch nicht in Anspruch genommene Rückstellungen für unterlassene Instandhaltung sich keine Ergebnisverbesserung ergibt.

Lösung:

a) Die Rückstellung für unterlassene Instandhaltung im Rahmen der Eröffnungsbilanzierung ermöglicht für spätere Bilanzen bei Nachholung der Instandhaltung eine Bilanzierung des tatsächlichen Vermögenswertes. Bestünde diese Regelung nicht, würde die unterlassene Instandhaltung den Wert in der Eröffnungsbilanz mindern, der nach § 114 Abs. 3 KVG als Anschaffungs- oder Herstellungskosten in den Folgebilanzen grundsätzlich nicht mehr veränderbar wäre. Eine nachgeholte Instandhaltung würde vielmehr die Ergebnisrechnung als Instandhaltungsaufwand belasten.
b) Für unterlassene Instandhaltung im Sinne des § 35 Abs. 1 Satz 1 Nr. 5 KomHVO dürfen nur Rückstellungen gebildet werden, wenn die Nachholung der Instandhaltung hinreichend konkret beabsichtigt ist und die Instandhaltung als bisher unterlassen bewertet werden muss. Eine konkrete Absicht kann angenommen werden, wenn bereits Aufträge vergeben oder Ausschreibungen erfolgt sind bzw. ein Durchführungsbeschluss des Rates zur Nachholung der unterlassenen Instandhaltung besteht.
c) Werden die im Rahmen der Eröffnungsbilanzierung gebildeten Rückstellungen für unterlassene Instandhaltung nicht mehr in Anspruch genommen, so müssen diese aufgelöst werden. Die Auflösung würde einen Ertrag darstellen. Die Auflösung der Rückstellung ist aber mit einer außerplanmäßigen Abschreibung beim Vermögensgegenstand, für den die Rückstellung gebildet wurde, gekoppelt. Hierdurch erfolgt die Auflösung der im Rahmen der Eröffnungsbilanz gebildeten Rückstellungen für unterlassene Instandhaltung ergebnisneutral, d. h. dass das Ergebnis weder durch die Auflösung der Rückstellung, noch durch die Sonderabschreibung beim Vermögensgegenstand beeinflusst wird.

12. Die Ergebnisrechnung – Grundlagen und Einzelpositionen

Wie bereits in Kap. 3 dargestellt, erfolgt die sachliche Gliederung der Buchhaltung mit Hilfe von Konten. Dabei wird zwischen den Konten unterschieden, die direkt in die Bilanz einfließen (Bestandskonten), und den Konten, die zur Erstellung der Ergebnisrechnung (Erfolgskonten), der Finanzrechnung (Finanzrechnungskonten) oder im System des Kontenrahmens auch zur Erstellung der Kosten- und Leistungsrechnung (Betriebsbuchführungskonten) benötigt werden.

In diesem Kapitel wird die Systematik der Erfolgskonten dargestellt, und es werden die wesentlichen Kontierungsvorschriften für die Bebuchung dieser Konten vorgestellt. Dabei ist darauf hinzuweisen, dass in der Praxis die Buchungssystematik davon abhängig ist, auf welche Weise die Daten der Finanzrechnung gewonnen werden. In der folgenden Darstellung wird auf eine Einbeziehung der Finanzrechnungskonten in den doppischen Buchungsverbund zunächst verzichtet. Kap. 13 zeigt die unterschiedlichen Möglichkeiten zur Bedienung der Finanzrechnung dann im Einzelnen auf.

12.1 Übersicht über die Erfolgs- und Finanzrechnungskonten (Kontenklassen 4, 5, 6 und 7)

Die Anforderungen der §§ 2 bis 4, 43 bis 45 KomHVO werden anschaulich durch eine Gegenüberstellung der Ertrags- und der Einzahlungskonten sowie der Aufwands- und der Auszahlungskonten. Grundsätzlich erfolgt eine parallele Einteilung der Kontengruppen innerhalb dieser Kontenklassen. Abweichungen treten immer dann auf, wenn dem jeweiligen Erfolgskonto aus logischen Gründen kein entsprechendes Finanzrechnungskonto gegenüberstehen kann oder umgekehrt.

So werden z. B. im Bereich der Erträge und Einzahlungen in beiden Kontenklassen die Kontengruppen „Steuern und ähnliche Abgaben“ ausgewiesen; eine Kontengruppe für „Aktivierte Eigenleistungen und Bestandsveränderungen“ findet man dagegen nur bei den Erfolgskonten. Im Bereich der Auszahlungen und Aufwendungen finden sich u. a. Differenzen bei den „Bilanziellen Abschreibungen“, bei den „Auszahlungen aus Finanzierungstätigkeit“ oder „Auszahlungen aus Investitionstätigkeit“.

In der nachfolgenden Aufstellung sind die gegenüberliegenden Kontengruppen, bei denen sich wesentliche Abweichungen ergeben, grau hinterlegt:

Erträge und Einzahlungen		**Aufwendungen und Auszahlungen**	
Kontenklasse 4	**Kontenklasse 6**	**Kontenklasse 5**	**Kontenklasse 7**
Erträge	**Einzahlungen**	**Aufwendungen**	**Auszahlungen**
40 Steuern und ähnliche Abgaben	60 Steuern und ähnliche Abgaben	50 Personal-aufwendungen	70 Personal-auszahlungen
41 Zuwendungen und allgemeine Umlagen	61 Zuwendungen und allgemeine Umlagen	51 Versorgungsauf-wendungen	71 Versorgungs-auszahlungen
42 Sonstige Transfererträge	62 Sonstige Trans-fereinzahlungen	52 Aufwendungen für Sach- und Dienstleistungen	72 Auszahlungen für Sach- und Dienstleistungen
43 Öffentlich-rechtliche Leis-tungsentgelte	63 Öffentlich-rechtliche Leis-tungsentgelte	53 Transfer-aufwendungen	73 Transfer-auszahlungen
44 Privatrechtl. Leistungsentgelte, Kostenerstattungen und -umlagen	64 Privatrechtl. Leistungsentgelte, Kostenerstattungen und -umlagen	54 Sonstige ordentliche Aufwendungen	74 Sonstige Aus-zahlungen aus laufender Ver-waltungstätigkeit
45 Sonstige ordentliche Erträge	65 Sonstige Einzahlungen aus lfd. Verwal-tungstätigkeit	55 Zinsen und sonstige Finanz-aufwendungen	75 Zinsen und sonstige Finanz-auszahlungen
46 Finanzerträge	66 Zinsen und sonstige Finanz-einzahlungen		
47 Aktivierte Eigenleistungen und Bestands-veränderungen		57 Bilanzielle Abschreibungen	
48 Erträge aus in-ternen Leistungs-beziehungen	68 Einzahlungen aus Investitions-tätigkeit	58 Aufwendungen aus internen Leis-tungsbeziehungen	78 Auszahlungen aus Investitions-tätigkeit
49 Außerordentliche Erträge	69 Einzahlungen aus Finanzierungs-tätigkeit	59 Außerordentliche Aufwendungen	79 Auszahlungen aus Finanzierungs-tätigkeit

Im Folgenden werden nun zunächst die Erfolgskonten[1] besprochen. In Kap. 13 wird die Systematik der Finanzrechnung vorgestellt und auf die Finanzrechnungskonten eingegangen, bei denen sich wesentliche sachliche Abweichungen zu den Erfolgskonten ergeben.

1 Siehe dazu *Grimberg*, Kommunalhaushaltsrecht Sachsen-Anhalt, Kommentar, Wiesbaden 2018, § 2 Rdnr. 2 ff. mit Buchungsbeispielen.

12.2 Die Konten der Ergebnisrechnung (Kontenklassen 4 und 5)

12.2.1 Steuern und ähnliche Abgaben (Kontenbereich 40)

Für die Steuern ergibt sich die inhaltliche Abgrenzung aus der Legaldefinition des § 3 Abs. 1 Satz 1 AO: *„Steuern sind Geldleistungen, die nicht eine Gegenleistung für eine besondere Leistung darstellen und von einem öffentlich-rechtlichen Gemeinwesen zur Erzielung von Einnahmen allen auferlegt werden, bei denen der Tatbestand zutrifft, an den das Gesetz die Leistungspflicht knüpft; die Erzielung von Einnahmen kann Nebenzweck sein."*

Der Kontierungsplan (www.statistik.sachsen-anhalt.de\Datenerhebung\Auf einen Blick\Kommunaler Haushalt/Doppik\Haushaltssystematiken) sieht für den Kontenbereich 40 „Steuern und ähnliche Abgaben" eine weitere Differenzierung vor:

40			**Steuern und ähnliche Abgaben**
	401		**Realsteuern**
		4011	Grundsteuer A
		4012	Grundsteuer B
		4013	Gewerbesteuer
	402		**Gemeindeanteile an Gemeinschaftssteuern**
		4021	Gemeindeanteil an der Einkommensteuer
		4022	Gemeindeanteil an der Umsatzsteuer
	403		**Sonstige Gemeindesteuern**
		4031	Vergnügungssteuer
		4032	Hundesteuer
		4033	Jagdsteuer (in Sachsen-Anhalt nicht mehr belegt)
		4034	Zweitwohnungssteuer
		4039	Sonstige örtliche Steuern
	404		**Steuerähnliche Erträge**
		4042	Abgaben von Spielbanken
		4049	Sonstige steuerähnliche Erträge
	405		**Ausgleichsleistungen**
		4051	Leistungen nach dem Familienleistungsausgleich
		4052	Leistungen des Landes aus der Umsetzung SGB II
		4053	Leistungen des Landes aus dem Ausgleich von Sonderlasten bei der Zusammenführung von Arbeitslosenhilfe und Sozialhilfe

Mit dieser Aufstellung sind die aktuellen Steuerarten in der Kommunalverwaltung abgebildet. Soweit andere Konten erforderlich sind, sind diese an der entsprechenden Stelle im Kontenplan einzufügen.

Die sachliche Abgrenzung der verschiedenen Steuerarten erfolgt grundsätzlich ohne Probleme, da eine Steuerforderung immer einer rechtlichen Grundlage und eines sich darauf beziehenden Verwaltungsakts bedarf.

Kritisch kann dagegen die zeitliche Abgrenzung der Steuererträge sein. Dabei ist grundsätzlich zu berücksichtigen, dass nicht der Zeitpunkt der Zahlung, sondern der Zeitpunkt der wirtschaftlichen Entstehung eines Ertrags maßgeblich für die periodengerechte Zuordnung ist. Aufgrund der sehr unterschiedlichen Erhebungsverfahren bei den verschiedenen Steuerarten würde eine Ermittlung der zutreffenden Buchungsperiode bei jeder einzelnen Buchung erheblichen Aufwand verursachen.

Für die Abgrenzung von Steuererträgen erfolgt zur Vereinheitlichung eine Differenzierung nach

- Vorauszahlungen und
- endgültigen Festsetzungen (inkl. Nachzahlungen).

Vorauszahlungsbescheide, die hauptsächlich im Bereich der Gewerbesteuer vorkommen, werden grundsätzlich erst mit dem Zeitpunkt der Fälligkeit, d. h. unabhängig von der Erstellung und dem Versand des Bescheids eingebucht. Dies führt dazu, dass bei einem Versand eines Vorauszahlungsbescheids für das Jahr X im Vorjahr (X-1) auf eine Abgrenzung verzichtet werden kann.

Endgültige Steuerfestsetzungen, die im Bereich der kommunalen Steuern die Regel sind, werden zum Tag der Erstellung des Bescheids eingebucht. Ein Abstellen auf den rechtlich korrekten Zeitpunkt der Wirkung des Steuerbescheids, nämlich den Zeitpunkt der Bekanntgabe der Forderung, erscheint unter Berücksichtigung des Wirtschaftlichkeitsgebots nicht möglich. Soweit Bescheide mit endgültigen Steuerfestsetzungen bereits für das Folgejahr erstellt werden, ist eine passive Rechnungsabgrenzung durchzuführen.[2] Ebenso ist bei einer Bescheiderstellung für das Vorjahr die Zuordnung unter Berücksichtigung des Wertaufhellungsgebots durchzuführen. Dies bedeutet, dass eine Zuordnung zum Vorjahr noch zu erfolgen hat, soweit der Jahresabschluss des Vorjahres noch nicht erstellt wurde.

Beispiele:

1. Grundsteuer A (endgültige Festsetzung)

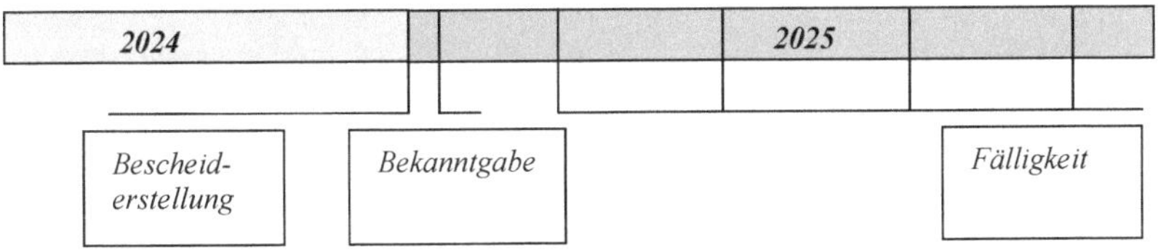

2 An dieser Stelle wird ausdrücklich nochmals darauf hingewiesen, dass die hier dargestellte Buchungsweise nicht der gängigen kaufmännischen Behandlung der Rechnungsabgrenzung entspricht und lediglich eine vorgeschlagene Vereinfachung zur Behandlung der komplexen Problematik der Abgrenzung von Steuerforderungen darstellt.

Der Grundsteuerbescheid für 2025 wird im Januar erstellt und kurz darauf dem Steuerpflichtigen bekannt gegeben. Die Fälligkeitstermine sind der 15.2., 15.5., 15.8. und 15.11.2025. Die Forderung wird mit der Bescheiderstellung im Jahr 2025 eingebucht. Bei Zahlungseingang erfolgt ein Ausgleich auf dem Debitorenkonto.

a) Einbuchung der Forderung und des Ertrags zum Zeitpunkt der Bescheiderstellung (2025):

Debitor[3]	**an**	**4011 Grundsteuer A**

b) Ausgleich der Forderung durch Zahlungseingang

1811 Sichteinlagen	**an**	**Debitor**

2. *Vergnügungssteuer (endgültige Festsetzung)*

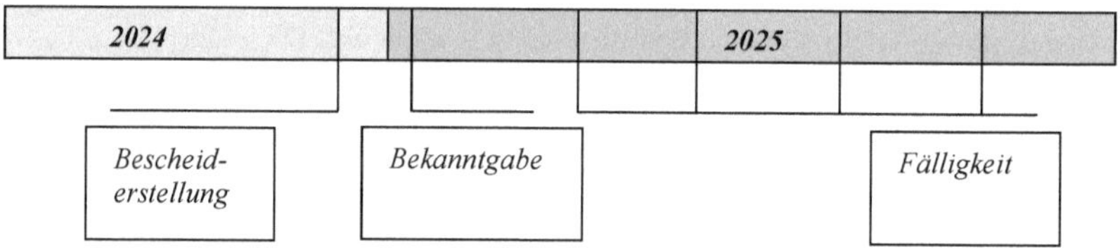

Die Erstellung des Vergnügungssteuerbescheids 2025 erfolgt bereits in 2024. Die Fälligkeit der Forderungen liegt erst im Jahr 2025. Es ist daher im Jahresabschluss 2024 ein passiver Rechnungsabgrenzungsposten zu bilden, der in 2025 wieder aufzulösen ist:

a) Einbuchung der Forderung und des Rechnungsabgrenzungsposten zum Zeitpunkt der Bescheiderstellung (2024):

Debitor	**an**	**3991 passiver RAP**

b) Auflösung des Rechnungsabgrenzungspostens (2025):

3991 passiver RAP	**an**	**4031 Vergnügungssteuer**

3 In der gängigen Literatur zur kaufmännischen Buchführung werden bei den Buchungssätzen die Hauptbuchkonten angesprochen. Das wäre in diesem Fall das Konto 1691 „Sonstige öffentlich-rechtliche Forderungen“. In der Praxis werden die Forderungs- und Verbindlichkeitskonten aber i. d. R. nicht direkt bebucht. Die Abwicklung der Forderungen und Verbindlichkeiten erfolgt in einer Nebenbuchhaltung (siehe Kap. 4) über Personenkonten. Dies sind für Forderungen Debitorenkonten und für Verbindlichkeiten Kreditorenkonten. Um den Praxisbezug zu erhöhen, werden bei den Buchungssätzen i. d. R. die Personenkonten angesprochen.

c) *Ausgleich der Forderung durch Zahlungseingang (2025):*

1811 Sichteinlagen	**an**	**Debitor**

3. Gewerbesteuer (Vorauszahlungsbescheid 2025)
Die Erstellung des Vorauszahlungsbescheids für die Gewerbesteuer erfolgt bereits in 2024. Der Versand erfolgt Anfang 2025.[4] *Die Fälligkeitstermine für die Vorauszahlungen liegen im Jahr 2025. Da es sich um Vorauszahlungsbescheide handelt, erfolgt zum Zeitpunkt der Bescheiderstellung keine Einbuchung der Forderung. Im Jahresabschluss 2024 bleibt dieser Geschäftsvorfall daher unberücksichtigt. Die buchhalterische Erfassung der Forderungen erfolgt jeweils zum Zeitpunkt der Fälligkeiten:*

a) *Einbuchung der Forderung zum Zeitpunkt des ersten Fälligkeitstermins (15.2.2025) mit dem jeweiligen Anteil:*

Debitor	**an**	**4013 Gewerbesteuer**

b) *Ausgleich der Forderung durch Zahlungseingang (02/2025):*

1811 Sichteinlagen	**an**	**Debitor**

c) *Einbuchung der Forderung zum Zeitpunkt des zweiten Fälligkeitstermins (15.5.2025) mit dem jeweiligen Anteil:*

Debitor	**an**	**4013 Gewerbesteuer**

d) *Ausgleich der Forderung durch Zahlungseingang (05/2025):*

1811 Sichteinlagen	**an**	**Debitor**

... bis die vollständige Forderung aus dem Vorauszahlungsbescheid erfasst ist.

12.2.2 Zuwendungen und allgemeine Umlagen (Kontenbereich 41)

Unter die Zuwendungen fallen Zuweisungen und Zuschüsse. Dies sind Finanzhilfen zur Erfüllung der Aufgaben des Empfängers. Zuweisungen sind dabei Übertragungen innerhalb des öffentlichen Bereichs. Die Gemeinden erhalten also Geldmittel von einem öffentlich-rechtlichen Aufgabenträger (z. B. Zuweisungen des Landes für die Instandhaltung von Schulen). Zuschüsse erhält die Gemeinde dagegen von privaten Personen,

4 Auch bei einem Versand in 2024 würden sich bzgl. der Abwicklung keine Änderungen ergeben.

Personenvereinigungen und Kapitalgesellschaften (z. B. Geldspende einer Firma für eine Baumaßnahme im gemeindlichen Zoo).[5]

Aus Sicht der Umlageverbände (Landkreise oder Verbandsgemeinden) spielen insbesondere die Kreis- bzw. Verbandsgemeindeumlagen eine bedeutende Rolle.

Bei der Planung und Buchung der Zuweisungen und Zuschüsse ist die Frage der Passivierungsfähigkeit von entscheidender Bedeutung. Als Ertrag ist grundsätzlich nur der Teil der Zuwendungen Ergebnis verbessernd zu behandeln, der sich wirtschaftlich auf das betroffene Rechnungsjahr bezieht. Grundsätzlich ist dabei zunächst zu unterscheiden zwischen

- Zuwendungen für die laufende Verwaltungstätigkeit und
- Zuwendungen für Investitionen.

Alle Zuwendungen, die nicht ausdrücklich für die Durchführung von Investitionen geleistet werden, werden der laufenden Verwaltungstätigkeit zugeordnet. Dies sind insbesondere die Schlüsselzuweisungen des Landes im Rahmen des Finanzausgleichsgesetzes (FAG) und andere Bedarfszuweisungen für laufende Zwecke. Diese Zuwendungen für laufende Zwecke, werden – soweit nicht eine Periodenabgrenzung erforderlich ist – buchhalterisch unmittelbar als Ertrag erfasst. Bei Eingang des Bescheids für die Schlüsselzuweisungen im Januar des Jahres wird dementsprechend gebucht:

Debitor	**an**	**4111 Schlüsselzuweisungen**

Zuwendungen für Investitionen werden gemäß Nr. 5.18 bzw. 5.19 BewertRL nicht unmittelbar als Ertrag gebucht, sondern als Sonderrücklage oder Sonderposten passiviert. Bei Zuwendungen, deren ertragswirksame Auflösung nicht ausdrücklich ausgeschlossen ist, erfolgt nach 5.19 BewertRL parallel zur Abschreibung des jeweiligen Anlageguts die ergebniswirksame Auflösung der Zuwendung, die zuvor als Sonderposten passiviert wurde. Dies ist darin begründet, dass sich die Zuwendung wirtschaftlich nicht nur auf das Jahr des Eingangs der jeweiligen Zuwendung bezieht, sondern auf alle Jahre, in denen das mit der Zuwendung finanzierte Anlagegut von der Gemeinde verwendet wird.

Nachfolgende Übersicht zeigt vereinfacht die Abwicklung der Anschaffung eines neuen Einsatzleitwagens für die städtische Feuerwehr, die mit 15 % vom Land bezuschusst wird:

Zunächst erfolgt die Anschaffung des neuen Fahrzeugs, die bei sofortiger Überweisung wie folgt gebucht wird:

0711 Fahrzeuge	**an**	**1811 Sichteinlagen**	**800.000 €**

5 Eine ausführliche Darstellung des Zuwendungsrechtes enthält *Mutschler*, Kommunales Finanz- und Abgabenrecht NRW, 14. Aufl., Witten 2018, S. 287 ff.

Durch Bescheid wird nun der endgültige Förderbetrag des Landes festgelegt. Die Buchung lautet:

1691 Forderungen[6]	**an**	**2311 Sonderposten (Zuw.)**	**120.000 €**

Anschließend geht die Zuwendung auf dem Konto der Stadt ein:

1811 Sichteinlagen	**an**	**1691 Forderungen**	**120.000 €**

Bilanziell ergeben sich durch diese Buchungen nachfolgende Änderungen:

Aktiva		Passiva	
Anlagevermögen		**Eigenkapital**	+/– 0
Fahrzeuge	+ 800.000		
		Sonderposten	
Umlaufvermögen		*Zuwendungen*	+ 120.000
Forderungen	+/– 0		
Liquide Mittel	– 680.000	**Fremdkapital**	+/– 0
	+ 120.000		+ 120.000

Dabei wird deutlich, dass weder die Investition noch die Zuwendung über Erfolgskonten (Ertrags- oder Aufwandskonten) gebucht wurden. Die Eigenkapitalposition ist damit nicht berührt.

Beispielhaft werden nun die Abschreibung des Fahrzeugs und die ertragswirksame Auflösung der Zuwendung im ersten Nutzungsjahr des Einsatzleitwagens mit Hilfe von T-Konten abgebildet:

1. Der Einsatzleitwagen wird über zwölf Jahre abgeschrieben. Da die Anschaffung im Januar erfolgte, beträgt die lineare Abschreibung in diesem Beispiel bereits im ersten Jahr zwölf Zwölftel des Anschaffungspreises:[7]

Fahrzeuge

Soll		Haben	
AB	800.000	1. Abschr.	66.667

Abschreibung

Soll		Haben	
1. Fahrzeuge	66.667		

6 Um den Bezug zur Bilanz besser veranschaulichen zu können, wird hier das Konto „Übrige öffentlich-rechtliche Forderungen" angesprochen. In der Praxis werden bei der Buchung von Forderungen und Verbindlichkeiten die Konten der Nebenbücher (Debitoren- bzw. Kreditorenkonten) angesprochen.

7 Siehe § 40 Abs. 1 KomHVO; die abweichende Regelung in Nr. 4.1. Buchst. h BewertRL wird bei der nächsten Novellierung der BewertRL korrigiert.

2. Die Zuwendung wird parallel zur Abschreibung der Investition ertragswirksam aufgelöst. Die Auflösung erfolgt daher ebenfalls über zwölf Jahre über das Konto 4531 „Erträge aus der Auflösung von Sonderposten aus Zuwendungen“

Sonderposten

Soll			Haben
2. Aufl. Sopo	10.000	AB	120.000

Erträge aus Aufl. von Sopo

Soll			Haben
		2. Sopo	10.000

3. Die Erfolgskonten werden zum Jahresabschluss über die Ergebnisrechnung abgeschlossen:

Erträge aus Aufl. von Sopo

Soll			Haben
ErgRe	10.000	2. Sopo	10.000

Abschreibung

Soll			Haben
1. Fahrzeuge	66.667	ErgRe	66.667

Damit ergibt sich in der Ergebnisrechnung im ersten Jahr der Nutzung des neuen Einsatzleitwagens allein aus diesem Geschäftsvorfall folgendes Bild:

Ergebnisrechnung		€
		1
2	+ Zuwendungen und allgemeine Umlagen	10.000
	= **Ordentliche Erträge**	**10.000**
16	– Bilanzielle Abschreibungen	66.667
	= **Ordentliche Aufwendungen**	**66.667**
	= **Jahresergebnis**	**–56.667**

4. Nach Abschluss der Erfolgskonten erfolgt noch der Abschluss der Bestandskonten über die Schlussbilanz (SB):

Fahrzeuge

Soll			Haben
AB	800.000	1. Abschr.	66.667
		SB	733.333
	800.000		800.000

Sonderposten

Soll			Haben
2. Auflös.	10.000	AB	120.000
SB	110.000		
	120.000		120.000

Der Abschluss der Bestandskonten und der Ergebnisrechnung über die Bilanz hat folgendes Ergebnis:

Aktiva			Passiva
Anlagevermögen		**Eigenkapital**	
Fahrzeuge	+ 733.333	*Jahresergebnis*	– 56.667
		Sonderposten	
Umlaufvermögen		*Zuwendungen*	+ 110.000
Forderungen	+/– 0	**Fremdkapital**	+/– 0
Liquide Mittel	– 680.000		
	+ **53.333**		+ **53.333**

Wie bereits oben erwähnt, regelt Nr. 5.19 BewertRL die Behandlung der auflösungsfähigen Investitionszuwendungen. Bei dieser Regelung bleibt ausdrücklich unberücksichtigt, dass die Nutzungsdauer des bezuschussten Vermögensgegenstandes und die Zweckbindungsdauer des Investitionszuschusses auseinanderfallen können. Dies wäre z. B. bei einem Investitionszuschuss für die Errichtung einer Unterkunft für Asylbewerber möglich. Hier stünde u. U. einer Zweckbindungsdauer von 10 Jahren eine Nutzungsdauer von 50 Jahren gegenüber, wobei sich die Auflösung des Sonderpostens allein an der Nutzungsdauer orientiert.

Die dargestellten Sachverhalte sind auch im Rahmen der Haushaltsplanung zu berücksichtigen. Dabei wird bei der Veranschlagung von laufenden Zuwendungen i. d. R. davon auszugehen sein, dass es sich in gleicher Höhe um Ertrag und Einzahlung handelt. Es werden daher die Ergebnis- und die Finanzpositionen (Erträge bzw. Einzahlungen aus Zuweisungen und Zuschüssen) in gleicher Höhe beplant. Erforderliche Periodenabgrenzungen, die sich aus Einzahlungszeitpunkten kurz vor oder nach dem Jahreswechsel ergeben könnten, können zum Planungszeitpunkt nur in Ausnahmefällen Berücksichtigung finden, soweit sie von erheblicher Bedeutung sind.

Bei der Veranschlagung von Investitionszuwendungen besteht dagegen die Notwendigkeit, den oben dargestellten Buchungsvorgang bereits in der Planung nachzuvollziehen. Dabei sind grundsätzlich alle Buchungsvorgänge, die das Bestandskonto „Liquide Mittel“ betreffen, relevant für die Aufstellung des Finanzplans. Alle zu erwartenden Buchungsvorgänge auf Erfolgskonten sind in der Ergebnisplanung auszuweisen. Für das oben dargestellte Beispiel ergäbe sich daraus nachfolgende Abbildung in der Finanz- und Ergebnisplanung:

Finanzplan		€
		1
17	+ Einzahlungen für Investitionsmaßnahmen	120.000
20	– Auszahlungen für eigene Investitionen	800.000
	= **Saldo aus Investitionstätigkeit**	**–680.000**

Ergebnisplan		€
		1
2	+ Zuwendungen und allgemeine Umlagen	10.000
	= **Ordentliche Erträge**	**10.000**
16	– Bilanzielle Abschreibungen	66.667
	= **Ordentliche Aufwendungen**	**66.667**
	= **Jahresergebnis**	**–56.667**

Gem. § 4 Abs. 4 S. 2 KomHVO müsste die Maßnahme im betroffenen Teilfinanzplan zusätzlich separat als einzelne Investitionsmaßnahme nach dem Muster lt. Anlage 6 B der Muster zum NKHR abgebildet werden.

Im Ergebnis- und Teilergebnisplan ist zu beachten, dass sowohl die Abschreibungen als auch die ertragswirksame Auflösung des Sonderpostens auch die auf das Haushaltsjahr folgenden Jahre betreffen. Im vorliegenden Beispiel könnten die Positionen für die nächsten zwölf Jahre vorgemerkt werden. Praktisch geschieht dies i. d. R. durch die Erfassung der Anlagegüter und der Sonderposten in der Anlagenbuchhaltung, die dann zukünftig die Planungsdaten für die betroffenen Positionen liefert. Zusätzlich sind bei der Planung der Abschreibungen und der Auflösung der Sonderposten die geplanten Investitionen und die Abgänge von Vermögensgegenständen (Desinvestitionen) zu berücksichtigen, die sich nicht aus der Anlagenbuchhaltung entnehmen lassen.

12.2.3 Sonstige Transfererträge (Kontenbereich 42)

Unter „Transfer“ wird im kommunalen Haushaltsrecht die Übertragung von Finanzmitteln ohne konkrete Gegenleistung verstanden, soweit es sich nicht um Steuern[8] handelt. Volkswirtschaftlich stellen Transfers die Umleitung von Kaufkraft ohne die Schaffung zusätzlichen Einkommens dar. Mögliche Empfänger sind private Haushalte, Unternehmen oder auch öffentlich-rechtlich Körperschaften. Als „sonstige Transfererträge“ werden damit alle Übertragungen bezeichnet, die nicht unter die bereits im Kontenbereich 41 behandelten Zuweisungen und Zuschüsse fallen. Ausgeschlossen sind dabei grundsätzlich auch Übertragungen für investive Zwecke.

Ausgehend von den im Kontenrahmen vorgeschlagenen Kontenarten handelt es sich bei den sonstigen Transfererträgen überwiegend um die Erstattung von geleisteten Sozialtransfers im Rahmen der Nachrangigkeit der Sozialhilfe. Darüber hinaus fallen Schuldendiensthilfen, die die Kommune erhält, unter diese Ertragsposition.

12.2.4 Öffentlich-rechtliche Leistungsentgelte (Kontenbereich 43)

Unter die öffentlich-rechtlichen Leistungsentgelte fallen alle öffentlichen Abgaben, denen eine konkrete Gegenleistung gegenübersteht (Gebühren) oder die dem Ersatz des Aufwands für die Herstellung, Anschaffung und Erweiterung öffentlicher Einrichtungen und Anlagen (Beiträge) dienen.

Im Kontierungsplan aufgeführt sind namentlich:
- Verwaltungsgebühren,
- Benutzungsgebühren und ähnliche Entgelte,
- zweckgebundene Abgaben.

Vorrangig ist hier nicht die Aufführung im Kontierungsplan, sondern der öffentlich-rechtliche Charakter des jeweiligen Entgelts. So sind die oben aufgeführten Entgelte immer dann den privatrechtlichen Entgelten (Kontenbereich 44) zuzuordnen, wenn sie auf der Grundlage eines Vertragsverhältnisses (z. B. aufgrund eines Nutzungs- oder Leistungsvertrages) erhoben werden.

Die Gebühren und zweckgebundenen Abgaben werden unter Beachtung der Periodenabgrenzung als Erträge gebucht. Für die Periodenabgrenzung gelten die im Bereich der Steuern (Kap. 12.2.1) dargestellten Regelungen. Unter „zweckgebundene Abgaben“ fallen u. a. Kurtaxen und betriebliche Tourismusabgaben.

Da es sich bei den Beiträgen definitionsgemäß um Geldleistungen zur Finanzierung von Investitionen handelt, kommt eine direkte Erfassung dieser Leistungen als Ertrag nicht in Frage. Beiträge sind nach Nr. 5.19 BewertRL wie Investitionszuwendungen zu behandeln. Zunächst erfolgt dabei eine Passivierung des Beitrags als Sonderposten.

8 Zur Definition der Abgaben und Steuern siehe *Mutschler*, Kommunales Finanz- und Abgabenrecht NRW, 14. Aufl., Witten 2018, S. 23 ff.

Die ertragswirksame Auflösung dieses Sonderpostens über die Konten des Kontenbereichs 45 wird anteilig über die Nutzungsdauer der mit dem Beitrag finanzierten öffentlichen Einrichtung oder Anlage durchgeführt.

Problematisch bei der buchungsmäßigen Behandlung der Beiträge ist der Zeitpunkt der Erfassung dieser Beiträge. Da zwischen der Fertigstellung der Anlagen und der Veranlagung der Beitragspflichtigen häufig ein erheblicher Zeitraum liegt, sollten noch nicht erhobene Beiträge aus fertiggestellten Erschließungsmaßnahmen im Anhang angegeben und erläutert werden. Um dies zu ermöglichen, ist eine wertmäßige Erfassung und laufende Aktualisierung der noch zu veranlagenden Beiträge in der Buchhaltung erforderlich. Aufgrund des Vorsichtsprinzips dürfen diese „Forderungen“ mit einer entsprechenden Gegenbuchung bei den Sonderposten allerdings erst dann aktiviert werden, wenn eine Veranlagung erfolgt ist.

12.2.5 Privatrechtliche Leistungsentgelte, Kostenerstattungen und Kostenumlagen (Kontenbereich 44)

Als „privatrechtliche Leistungsentgelte“ werden diejenigen Entgelte ausgewiesen, für die eine konkrete Gegenleistung erbracht wird, für welche es keine öffentlich-rechtliche Rechtsgrundlage (Satzung) gibt. Dies können im Bereich der Kommunalverwaltung z. B. Mieten, Pachten, Verkaufserlöse, aber auch der Eintrittspreis in kommunalen Einrichtungen (Bäder, Theater, Zoos) oder das zu leistende Entgelt für die Teilnahme an Kursen oder Veranstaltungen der Kommune sein. Auch das Entgelt für die Nutzung der städtischen Bibliothek kann privatrechtlicher Natur sein.

Grundsätzlich ist festzustellen, dass in verschiedenen Bereichen die Kommunen bei der Zuordnung der Entgelte zum öffentlich-rechtlichen oder zum privatrechtlichen Bereich Gestaltungsspielraum haben. Das Rechnungswesen bildet dabei nur ab, wie die Kommune diesen Spielraum genutzt hat. Bezüglich der Buchungen sind keine weiteren Besonderheiten zu betrachten.

Erstattungen erhält die Kommune für Aufwendungen, die sie für eine andere Stelle erbracht hat. Die Kommune handelt in diesen Fällen im Auftrag eines Dritten. Kostenerstattungen liegen z. B. vor, wenn auf die Kommune Aufgaben von überörtlichen Trägern der Sozialhilfe delegiert werden. Zu unterscheiden ist dies dann insbesondere von den o. a. Transfererträgen. Hier wird die Kommune ursprünglich nicht im Auftrag eines Dritten, sondern in eigener Aufgabenwahrnehmung tätig. Erst im folgenden Jahr wird festgestellt, dass die geleisteten Transfers z. B. aufgrund der Nachrangigkeit der Sozialhilfe von einem Dritten erstattet werden müssen.

Soweit die Aufwendungen, die im Auftrag eines Dritten geleistet wurden, nicht exakt berechnet, sondern nur pauschal ermittelt und erstattet werden, handelt es sich um den Fall einer Kostenumlage. An dieser Stelle ausdrücklich nicht gemeint sind die öffentlich-rechtlichen allgemeinen Umlagen zur Finanzierung der Umlageverbände (Landkreise, Verwaltungsgemeinschaften), die auf der Ertragsseite dieser Verbände in den Kontenbereich 41 fallen.

12.2.6 Sonstige ordentliche Erträge (Kontenbereich 45)

Die sonstigen ordentlichen Erträge stellen ein Auffangbecken für alle Ertragsarten dar, die in den bisherigen Positionen nicht abgebildet werden können. Die konkreten Inhalte sind aus dem Kontierungsplan zu erkennen:

- Konzessionsabgaben,
- Erstattung von Steuern,
- Erträge aus der Auflösung von Sonderposten,
- Erträge aus der Veräußerung von Vermögensgegenständen,
- Erträge aus der Veräußerung von Finanzanlagen,
- besondere Erträge (z. B. Bußgelder, Säumniszuschläge),
- nicht zahlungswirksame ordentliche Erträge (z. B. Erträge aus Zuschreibungen, Erträge aus der Auflösung oder Herabsetzung von Rückstellungen),
- andere sonstige ordentliche Erträge (z. B. Konventionalstrafen).

Erträge aus der Veräußerung von Gegenständen des Anlagevermögens entstehen bei einem Verkauf des Anlagegutes über dem aktuellen Buchwert. Wird z. B. der vier Jahre alte Dienstwagen des Finanzdezernenten, der am 31.12.2024 einen Restbuchwert von 5.000 € hat, am 1.1.2025 für 6.000 € verkauft, ergibt sich hieraus ein „Sonstiger Ertrag". Buchhalterisch handelt es sich dabei um einen Anlagenabgang bei Buchgewinn, der in folgenden Schritten zu erfassen ist:

1. Zunächst ist der aktuelle Restbuchwert des Fahrzeugs zu ermitteln. Hierzu sind die Abschreibungen für den Zeitraum zwischen dem letzten Bilanzstichtag und dem Verkauf zu ermitteln und zu buchen. Im vorliegenden Beispiel beträgt der Restbuchwert am Anfang des letzten Buchungsjahres noch 5.000 €. Für die abgelaufenen drei Monate des Jahres 2025 sind noch einmal drei Zwölftel des jährlichen Abschreibungsbetrags (3/12 × 5.000 € = 1.250 €) zu erfassen:

5711 Abschreibungen	**an**	**0711 Fahrzeuge**	**1.250 €**

2. Als nächstes ist der Anlagenabgang in der Buchhaltung nachzuvollziehen. Der Abgang erfolgt in Höhe des gesamten Restbuchwerts des Fahrzeugs (5.000 € – 1.250 € = 3.750 €). Der Anlagenabgang wird im Soll auf dem Ertragskonto 4513 „Erträge aus der Veräußerung von beweglichen Sachen" gebucht:

4542 Veräußerungserträge	**an**	**0711 Fahrzeuge**	**3.750 €**

3. Nun ist der Ertrag und die Forderung gegenüber dem Käufer (Debitor) einzubuchen:

Debitor	**an**	**4542 Veräußerungserträge**	**6.000 €**

4. Bei Eingang der Zahlung wird das Debitorenkonto ausgeglichen:

1811 Sichteinlagen	**an**	**Debitor**	**6.000 €**

Im Ergebnis ergibt sich damit ein Aktivtausch „Bank an Fahrzeuge" in Höhe des Restbuchwertes von 3.750 € und ein „Sonstiger ordentlicher Ertrag" in Höhe von 2.250 €, der die Bilanz verlängert. Bei der Gegenüberstellung von Ergebnis- und Finanzrechnung wird deutlich, dass dem Ertrag aus Anlagenabgang von 2.250 € eine Einzahlung aus der Veräußerung von Sachanlagen von 6.000 € gegenübersteht. Soweit solche Geschäftsvorfälle planbar sind, hat hier eine differenzierte Planung von Ergebnis- und Finanzplan zu erfolgen.

Unter den weiteren Ertragsarten der Kontengruppe „Sonstige ordentliche Erträge" ist auf die Erträge aus der Auflösung von sonstigen Sonderposten, aus Zuschreibungen, aus der Herabsetzung von Wertberichtigungen und der Herabsetzung von Rückstellungen besonders hinzuweisen. Bei diesen Ertragsarten handelt es sich jeweils um die ergebniswirksame Änderung von Bestandskonten. Die Erläuterung der Vorgänge erfolgt in Kap. 10.

12.2.7 Finanzerträge (Kontenbereich 46)

Als Finanzerträge kommen für die Kommune Zinserträge in Betracht, z. B. aus ausgegebenen Darlehen sowie Dividenden und andere Gewinnanteile aus verbundenen Unternehmen und Beteiligungen, Ausleihungen und Wertpapieren des Finanzanlagevermögens. Daneben werden in dieser Position „sonstige Zinsen und ähnliche Erträge" ausgewiesen. Hierunter fallen auch die Erträge aus Wertpapieren des Umlaufvermögens (z. B. Tages- und Festgeldzinsen).

Die Verbindlichkeitenübersicht nach § 49 Abs. 3 KomHVO i. V. m. Anlage 11 der Muster zum NKHR sieht eine Differenzierung der Kredite nach dem jeweiligen Schuldner vor. Es ist daher sinnvoll, auch im Bereich der Erfolgskonten eine Differenzierung der Finanzerträge nach Gläubigern vorzunehmen. Insbesondere sind für die verbundenen Unternehmen, die Beteiligungen und die Sondervermögen separate Ertragskonten eingerichtet, damit die konzerninternen Umsätze aus der Vergabe interner Darlehen und aus Ausschüttungen und Gewinnabführungen bei der zukünftig vorgesehenen Erstellung des Gesamtabschlusses nach §§ 119 f. KVG leicht konsolidiert werden können.

12.2.8 Aktivierte Eigenleistungen und Bestandsveränderungen (Kontenbereich 47)

Unter „Eigenleistungen" versteht man Aufwendungen der Verwaltung, die zur Herstellung eines Anlageguts benötigt werden, dass nicht für einen Verkauf, sondern zur Verwendung im Rahmen der Aufgabenerfüllung der Kommune bestimmt ist. Soweit es für diese Aufwendungen kein Aktivierungsverbot gibt,[9] sind sie als aktivierte Eigenleistungen zu verbuchen. Das Konto „Aktivierte Eigenleistung" ist allerdings kein

9 Nicht aktivierungsfähig sind nach Nr. 5.1 BewertRL selbsterstellte oder nicht entgeltlich erworbene immaterielle Vermögensgegenstände des Anlagevermögens wie z. B. Software, die von Mitarbeitern der Verwaltung programmiert wurde.

Bestandskonto, sondern ein Erfolgskonto, welches über die Ergebnisrechnung abgeschlossen wird. Auf diesem Konto werden die zur Herstellung des Anlageguts bereits verbuchten Aufwendungen neutralisiert. Eine Gegenbuchung der Eigenleistungen auf den einzelnen Aufwandskonten findet dabei nicht statt.

Zu beachten ist bei der Ermittlung der Eigenleistungen die Festlegung zur Ermittlung der Herstellungskosten gemäß § 38 Abs. 3 KomHVO. Insbesondere können – in Abgrenzung zum Handelsrecht – keine Verwaltungsgemeinkosten aktiviert werden.

Praktische Relevanz haben im Bereich der Eigenleistung sicherlich die Planungsleistungen der städtischen Ingenieure bei der Herstellung, Erweiterung oder wesentlichen Verbesserung von Gebäuden oder Infrastruktureinrichtungen. Jährlich werden die z. B. aus der Kostenrechnung ermittelten Planungsleistungen bei den entsprechenden Anlagegütern oder bei den Anlagen im Bau aktiviert. Werden z. B. die Eigenleistung des Hochbauamtes für den Neubau der Schule auf 60.000 € ermittelt, wird dieser Betrag aktiviert und auf dem Ertragskonto gegengebucht.

0321 Gebäude (Schulen)	**an**	**4711 Akt. Eigenleistungen**	**60.000 €**

In der Ergebnisrechnung wird der Betrag als „Aktivierte Eigenleistungen" ausgewiesen; eine entsprechende Position in der Finanzrechnung liegt nicht vor, da kein Zahlungseingang erfolgt.

Die Planung von aktivierbaren Eigenleistungen kann nur nach Erfahrungswerten und anhand der Investitionsplanung erfolgen. Es ist zu beachten, dass hier nach § 13 Abs. 4 KomHVO keine unrealistischen Erträge, die auf einer „maximal erreichbaren Investitionsplanung" beruhen, geplant werden dürfen, da die hier ausgewiesenen Erträge im Haushaltsplan unmittelbar Ergebnis verbessernd wirken. Es bietet sich an, über mehrere Jahre den Anteil der Planungsleistungen an den Personalaufwendungen der Ingenieure zu ermitteln und einen solchen Durchschnittswert unabhängig von der tatsächlichen Investitionsplanung anzusetzen.

Zum Kontenbereich 47 gehören ebenfalls die Bestandsveränderungen, die im Ergebnisplan in einer separaten Zeile ausgewiesen werden. Bestandsveränderungen ergeben sich aus Inventurdifferenzen bei den fertigen und unfertigen Erzeugnissen sowie bei den unfertigen Leistungen. Sie haben im Rahmen der kommunalen Haushaltsplanung in der Regel keine Relevanz.

12.2.9 Erträge aus internen Leistungsbeziehungen (Kontenbereich 48)

Ziel des produktorientierten Haushalts ist – neben dem Ausweis des gesamtstädtischen Ressourcenverbrauchs in Ergebnisplan und -rechnung – auch der Ausweis des Ressourcenverbrauchs für die im Haushaltsplan und im Jahresabschluss ausgewiesenen Teilpläne. Die Teilergebnis- und Teilfinanzpläne sind gemäß § 4 Abs. 1 KomHVO mindestens für die im Produktrahmen vorgesehenen Produktbereiche oder nach der örtlichen Organisation produktorientiert abzubilden.

Um auch für die Teilpläne einen vollständigen Ressourcenausweis vornehmen zu können, ist der Nachweis der internen Beziehungen zwischen den verschiedenen Teilplänen erforderlich. Abhängig von der verwaltungsspezifischen Organisation werden mehr oder weniger Leistungen für die Produktbereiche in zentralen Organisationseinheiten erbracht. Typischerweise werden z. B. die Leistungen der Personalbetreuung, die Gebäudewirtschaft oder auch das Rechnungswesen von zentralen Organisationseinheiten (sog. „interne Dienstleister“) wahrgenommen. Im Produktrahmenplan ist für solche zentralen Einheiten die Produktgruppe 111 „Verwaltungssteuerung und -service“ vorgesehen.

Für eine verursachungsgerechte Zuordnung der Aufwendungen dieser internen Dienstleistungen ist eine Verrechnung in den Teilergebnisplänen (Anlage 5 der Muster zum NKHR) vorgesehen. Zur Abwicklung dieser internen Leistungsbeziehungen stehen die Kontenbereiche 48 und 58 zur Verfügung. Da die internen Verrechnungen in der Regel im Rahmen einer Kosten- und Leistungsrechnung (KLR) ermittelt werden, ist alternativ auch eine Bedienung dieser Zeilen der Teilergebnisrechnung aus der KLR denkbar. Dabei kann – abhängig von dem eingesetzten Verfahren – auch die Kontenklasse 9 genutzt werden, die für Zwecke des betrieblichen Rechnungswesens freigehalten wurde.

Für die Kommunen besteht evtl. eine Verpflichtung zur internen Leistungsverrechnung, da die Rechtsvorschrift des § 13 Abs. 4 KomHVO bestimmt, dass interne Leistungen zwischen den Teilergebnisplänen angemessen zu verrechnen sind, sofern sie für die kommunale Haushaltswirtschaft wesentlich oder für die Kalkulation von Entgelten oder Abgaben erforderlich sind. Das Verfahren der internen Verrechnung wurde in § 13 Abs. 4 KomHVO offengehalten. Jede Kommune kann daher individuell über die Art der Verrechnung interner Dienstleistungen entscheiden. Da eine angemessene Leistungsverrechnung erfolgen soll, wird jede Kommune neben der Bedeutung der internen Leistungen für die politische und verwaltungsinterne Steuerung der Teilhaushalte auch den entstehenden zusätzlichen Aufwand für die Ermittlung und Bewertung der internen Dienstleistungen berücksichtigen.

12.2.10 Außerordentliche Erträge (Kontenbereich 49)

Analog zum Handelsrecht, das im § 277 Abs. 4 HGB klarstellt, dass unter außerordentliche Erträge nur solche fallen, die *„außerhalb der gewöhnlichen Tätigkeit der Kommune anfallen“*. Zudem müssen diese Erträge nach § 2 Abs. 3 KomHVO für die Abbildung der wirtschaftlichen Situation der Kommune von wesentlicher Bedeutung sein. Durch die Novellierung der haushaltsrechtlichen Vorschrift ist die enge handelsrechtliche Auslegung des Begriffs „außerordentlich“ auch für die Kommunen in Sachsen-Anhalt maßgeblich.[10] Als „außerordentlicher Ertrag“ werden damit alle Vorgänge erfasst, die zwar durch die Aufgabenerfüllung der Kommune verursacht wurden, jedoch

10 Vgl. hierzu auch Modellprojekt „Doppischer Kommunalhaushalt in NRW“ (Hrsg.), Neues Kommunales Finanzmanagement: Betriebswirtschaftliche Grundlagen für das doppische Haushaltsrecht, 2., vollst. Überarb. Aufl. auf der Basis der Endergebnisse des Modellprojektes, Freiburg 2003, S. 120.

für den normalen Ablauf der Verwaltung unüblich sind. Würde dieser außerordentliche Ertrag in der Ergebnisrechnung des aktuellen Haushaltsjahres berücksichtigt, so entstünde hierdurch ein falsches Bild der Ertragslage der Kommune. Voraussetzung für eine Zuordnung von Erträgen zum außerordentlichen Bereich ist daher, dass es sich um Vorgänge handelt, die

- in einem hohen Maße ungewöhnlich und
- selten

sind.

Damit das außerordentliche Ergebnis nicht mit einer Vielzahl von kleineren Einzelfällen überfrachtet wird, ist eine weitere Voraussetzung für die Zuordnung von Geschäftsvorfällen zum außerordentlichen Bereich, dass es sich um Vorgänge von

- wesentlicher finanzieller Bedeutung

handelt. Die Wesentlichkeit ist dabei im Verhältnis zum Gesamtvolumen des Ergebnisplans zu verstehen. Dies bedeutet, dass ein seltener und ungewöhnlicher Vorgang, der im Bereich eines Produktbereichs oder einer Einrichtung durchaus von wesentlicher Bedeutung ist, aber z. B. weniger als 1 % des Volumens des Ergebnisplans ausmacht, nicht als außerordentlicher Vorgang eingestuft werden darf.

Als Beispiele für außerordentliche Erträge liegen Veräußerungen von Sach- oder Finanzanlagen erheblich über dem Buchwert, wenn es sich um seltene und ungewöhnliche Veräußerungen handelt. Denkbar wäre z. B. die Veräußerung von Anteilen einer Stadtwerke GmbH weit über dem bilanziell ausgewiesenen Wert. Die Buchung des außerordentlichen Ertrags erfolgt entsprechend dem bei den ordentlichen Erträgen aus der Veräußerung von Anlagevermögen (Kontenbereich 45) beschriebenen Verfahren, nur dass das Ertragskonto für den Anlagenabgang ersetzt wird durch ein Konto des Kontenbereichs 49.

Grundsätzlich könnten auch Spenden in den Bereich der außerordentlichen Erträge fallen, soweit sie das Kriterium der Wesentlichkeit erfüllen. Dies wird im Verhältnis zum Gesamtvolumen des Haushalts regelmäßig nicht der Fall sein.

12.2.11 Personalaufwendungen (Kontenbereich 50)

Personalaufwendungen sind alle Aufwendungen, die unmittelbar mit der Beschäftigung von Beamten, tariflich Beschäftigten und sonstigen Beschäftigten in der Verwaltung zusammenhängen. Dies sind zunächst die Bezüge und Entgelte der Mitarbeiter. Hierzu gehören auch Sach- und Sonderzuwendungen. Als Sachaufwendungen kommen z. B. Essenszuschüsse, die Möglichkeit der Privatnutzung von Dienstfahrzeugen oder die Stellung einer Werkswohnung in Betracht.[11] Unter die Sonderzuwendungen fallen insbesondere das Urlaubs- und Weihnachtsgeld.

Grundsätzlich werden die Personalaufwendungen brutto erfasst. Die zu entrichtende Lohn- und Kirchensteuer sowie den Solidaritätsbeitrag und die Arbeitnehmer-

11 Vgl. z. B. *Brixner/Harms/Noe*, Verwaltungs-Kontenrahmen, München 2003, S. 411.

anteile zur Sozialversicherung (Renten-, Arbeitslosen-, Pflege- und Krankenversicherung) führt der Arbeitgeber aufgrund von gesetzlichen Verpflichtungen vom Gehalt des Arbeitnehmers an das Finanzamt bzw. die Sozialversicherungsträger ab. Der Arbeitnehmer ist dabei der Schuldner, so dass die entsprechenden Zahlungen in der Buchhaltung unter den Dienstaufwendungen erfasst werden.

Weiterhin fallen unter die Personalaufwendungen alle Aufwendungen des Arbeitgebers für die soziale Sicherung der Beschäftigten. Dies sind insbesondere die Arbeitgeberanteile zur Sozialversicherung und die Aufwendungen für Beihilfen. Hierfür sind separate Kontenarten einzurichten.

Zu differenzieren sind die Personalaufwendungen auch vom Kontenbereich 54 („Sonstige ordentlichen Aufwendungen"), für den eine separate Zeile in der Ergebnisplanung und -rechnung vorgesehen ist. Hier werden u. a. die sonstigen Personal- und Versorgungsaufwendungen erfasst. Dabei handelt es sich insbesondere um Personalnebenaufwendungen wie z. B. Aufwendungen für

- erforderliche Personalmaßnahmen (Einstellung, Umsetzung, Entlassung),
- für Umzugskostenvergütungen,
- übernommene Reisekosten,
- die Zahlung von Beschäftigungs- und Trennungsgeld,
- funktionsbedingte Aufwandsentschädigungen,
- Prämien im Vorschlagswesen u. ä.[12]

Ebenso fallen die Aufwendungen für Aufwandsentschädigungen von Mandatsträgern (Rats- und Ausschussmitglieder) nicht unter die Personalaufwendungen, da es sich bei diesem Personenkreis nicht um Personal der Verwaltung handelt. Sie sind ebenfalls im Kontenbereich 54 („Sonstige ordentliche Aufwendungen") zu erfassen.

Die Aufwendungen für die Beschäftigung von Honorarkräften, z. B. im Bereich der Volkshochschule, der Musikschule oder des Gesundheitsamtes, zählen auch zum Kontenbereich 54 („Sonstige ordentliche Aufwendungen"). Da beim Einsatz von Honorarkräften kein Beschäftigungs- oder Dienstverhältnis besteht, fallen die entstehenden Aufwendungen nicht unter die Personalaufwendungen.

12.2.12 Versorgungsaufwendungen (Kontenbereich 51)

Wie bereits im vorhergehenden Kapitel dargestellt, wird zwischen Personal- und Versorgungsaufwendungen unterschieden. Während unter die Personalaufwendungen insbesondere alle Bezüge und die Arbeitgeberanteile für die Sozialversicherung der aktuell Beschäftigten fallen, fallen unter die Versorgungsaufwendungen alle Bezüge der aus dem Dienst ausgeschiedenen Mitarbeiter (Versorgungsempfänger).

Da aber in Sachsen-Anhalt alle Kommunen nach dem Gesetz über den Kommunalen Versorgungsverband Pflichtmitglieder des Versorgungsverbandes sind, wenn sie versorgungsberechtigte Beamte haben, haben die Kommunen nach der Gemeindehaus-

12 Vgl. Auflistung im Kontenrahmenplan zu Konto Nr. 5411.

haltsverordnung keine Pensionsrückstellungen zu bilden. Die Kommunen in Sachsen-Anhalt lassen die Versorgungsleistungen für ihre Beamten durch den externen Versorgungsträger erfüllen, der für sie die Berechnung und Zahlung der beamtenrechtlichen Versorgungsleistungen durchführt und die Mitglieder in versorgungsrechtlichen Fragen berät. Die Kommunen zahlen für diese Dienstleistung und für die Versorgungsaufwendungen, Verwaltungskosten und Rücklagen die erforderlichen Mittel innerhalb der Solidargemeinschaft durch eine Umlage an den Versorgungsverband. Dies ist der Aufwand, der aber im Kontenbereich 50 (Konto 5021) zu buchen ist (zur Kritik der Nichtpassivierung der Pensionsverpflichtungen siehe Kap. 10.3.7.1).

12.2.13 Aufwendungen für Sach- und Dienstleistungen (Kontenbereich 52)

Alle im Rahmen der Aufgabenerfüllung erhaltenen Sach- und Dienstleistungen, die mit Ressourcenverbrauch verbunden sind, werden im Kontenbereich 52 erfasst. Um deutlich zu machen, wie vielfältig diese Aufwendungen sein können, sei an dieser Stelle eine mögliche weitere Differenzierung des Kontenplans dargestellt:

52			**Aufwendungen für Sach- und Dienstleistungen**
	521		**Unterhaltung der Grundstücke und baulichen Anlagen**
		5211	Unterhaltung der Grundstücke und baulichen Anlagen
	522		**Unterhaltung des sonst. unbeweglichen Vermögens**
		5221	Unterhaltung des sonst. unbeweglichen Vermögens
	523		**Aufwendungen für Mieten und Pachten**
		5231	Aufwendungen für Mieten und Pachten
		5232	Aufwendungen für Leasing
	524		**Bewirtschaftung der Grundstücke und baulichen Anlagen**
		5241	Bewirtschaftung der Grundstücke und baulichen Anlagen
	525		**Unterhaltung des beweglichen Vermögens**
		5251	Haltung von Fahrzeugen
		5252	Erwerb geringwertiger Vermögensgegenstände
		5255	Unterhaltung des sonstigen beweglichen Vermögens
	526		**Besondere Aufwendungen für Beschäftigte**
		5261	Besondere Aufwendungen für Beschäftigte
	527		**Besondere Verwaltungs- und Betriebsaufwendungen**
		5271	Besondere Verwaltungs- und Betriebsaufwendungen
	528		**Aufwendungen für den Verbrauch von Vorräten**
		5281	Aufwendungen für den Verbrauch von Vorräten
	529		**Aufwendungen für sonstige Dienstleistungen**
		5291	Aufwendungen für sonstige Dienstleistungen

Unter die im Kontierungsplan ausgewiesenen Aufwendungen für den Erwerb von Vorräten fallen Waren und Güter, die nicht zum Geschäftsbedarf der Verwaltung, der Bewirtschaftung der Grundstücke oder der Haltung von Fahrzeugen gehören, sondern zum Verzehr und Verbrauch oder zur Verarbeitung in Betriebszweigen der Verwaltung, in Anstalten und Einrichtungen einschließlich ihrer Nebenbetriebe, sowie in Wirtschaftsunternehmen bestimmt sind und zum späteren Verbrauch gelagert werden. Hierzu gehören z. B. Arzneistoffe, Baumaterial als Vorrat, Verbrauchmittel kultureller Einrichtungen und Veranstaltungen sowie Familienstammbücher. Als Aufwand zu buchen sind jeweils nur die im Haushaltsjahr verbrauchten Waren.

Die Ermittlung des Verbrauchs ergibt sich aus den Eröffnungs- und Schlussbilanzwerten laut Inventur und den Zugängen auf den entsprechenden Bilanzkonten:

	Anfangsbestand (lt. Vorjahresinventur)
+	**Zugänge zu den Bestandskonten**
–	**Endbestand (lt. Inventur am Jahresende)**
=	**Aufwendungen des Haushaltsjahres**

Buchungstechnisch kann die Ermittlung des Aufwands auch dadurch erfolgen, dass der Zukauf auf den Bestandskonten erfasst (aktiviert) wird und erst bei der Lagerentnahme als Aufwand gebucht wird. Hierfür ist eine leistungsfähige Lagerbuchhaltung erforderlich. Ohne Einsatz einer Lagerbuchhaltung werden die Zugänge direkt als Aufwand gebucht. Anhand der Anfangs- und Endbestände lt. Inventur erfolgt am Jahresende die Ermittlung des tatsächlichen Ressourcenverbrauchs.[13]

Bei den Aufwendungen für Energie, Abwasser und Wasser sind keine Besonderheiten zu berücksichtigen. Allenfalls im Bereich des Heizöls und der Treibstoffe kann eine Aufwandsermittlung anhand der Inventurdifferenzen (s. o.) erforderlich sein, wenn andernfalls eine zutreffende Abbildung des Ressourcenverbrauchs nicht gewährleistet ist. Soweit die Lagerbestandsänderungen von Bilanzstichtag zu Bilanzstichtag nur unwesentlich sind und eine genaue Bestandserfassung nur mit erheblichem Aufwand möglich ist, kann auf eine Aktivierung verzichtet werden.

Unter die Aufwendungen für Sach- und Dienstleistungen fallen auch alle Aufwendungen für die Wartung, Instandhaltung, Reparatur und Bewirtschaftung des Sachanlagevermögens. Hier sind sowohl Materialaufwendungen für eigene Leistungen als auch Aufwendungen für Reinigungs-, Wartungsverträge oder Fremdinstandhaltung zu planen und zu buchen.

Besonderheiten bzgl. der Haushaltsplanung oder der Abwicklung in der Buchhaltung ergeben sich eventuell bei der Behandlung von Leasingraten (Konto 5232). Diese sind grundsätzlich nur dann als Aufwand zu buchen, wenn das geleaste Wirtschaftsgut dem Leasinggeber als wirtschaftliches Eigentum zugerechnet werden kann. Liegt das

13 Vgl. *Brixner/Harms/Noe*, Verwaltungs-Kontenrahmen, München 2003, S. 298 f.

wirtschaftliche Eigentum[14] dagegen beim Leasingnehmer, ist dies zu aktivieren und sind die Leasingraten als Kaufpreisraten (d. h. als Investitionsauszahlungen) zu behandeln.[15]

12.2.14 Transferaufwendungen (Kontenbereich 53)

Als „Transferaufwendungen" werden Übertragungen der Kommune an den öffentlichen oder den privaten Bereich erfasst, denen keine Gegenleistung gegenübersteht, die aber nicht aus der Steuerpflicht der Kommune resultieren.[16] Grundlage für Transferaufwendungen können Rechtsnormen, Ratsbeschlüsse oder auch Verwaltungsentscheidungen sein.

Unter die Transferaufwendungen fallen insbesondere
- Zuweisungen und Zuschüsse für laufende Zwecke,
- Schuldendiensthilfen,
- Sozialtransferaufwendungen,
- Steuerbeteiligungen (z. B. Gewerbesteuerumlage),
- Allgemeine Zuweisungen,
- Allgemeine Umlagen (z. B. Kreisumlage, Verwaltungsgemeinschaftsumlage),
- Sonstige Transferaufwendungen.

Geleistete Zuwendungen an den öffentlichen Bereich (Zuweisungen) oder an den privaten Bereich (Zuschüsse) sind als Transferaufwendungen unmittelbar ergebniswirksam zu erfassen, soweit keine Aktivierungsfähigkeit der Zuwendung vorliegt. Unerheblich ist es dabei, ob es sich um Geld- oder Sachleistungen handelt.

Die Beurteilung der Aktivierungsfähigkeit der Zuwendungen ist ausschließlich aus der Sicht des Bilanzierenden (der Kommune) und keinesfalls aus Sicht des Zuwendungsempfängers zu beurteilen. Damit ist es nicht entscheidend, ob mit der Zuwendung beim Empfänger eine Investition finanziert werden soll (sog. „Investitionszuschuss") oder ob die Zuwendung beim Empfänger für eine andere Verwendung vorgesehen ist. Die Aktivierungsfähigkeit bei der bilanzierenden Kommune hängt davon ab, ob sie durch die Zuwendung

a) selber das wirtschaftliche Eigentum an einem Vermögensgegenstand erlangt, oder
b) eine über den nächsten Bilanzstichtag hinausgehende Gegenleistungsverpflichtung des Empfängers auslöst, die sie auch tatsächlich (z. B. durch eine vertraglich vereinbarte Verpflichtung zur Rückzahlung der Zuwendung) durchsetzen kann.

---

14 Zum Begriff des wirtschaftlichen Eigentums siehe Kap. 10 dieses Buches.

15 Vgl. *Brixner/Harms/Noe*, Verwaltungs-Kontenrahmen, München 2003, S. 425 f. mit Hinweisen auf die Leasing-Erlasse des Bundesministers der Finanzen (BMF).

16 Eigene Steueraufwendungen der Kommune sind dem Kontenbereich 54 („Sonstige ordentliche Aufwendungen") zugeordnet.

Im Fall a) ist der Vermögensgegenstand – wie bei eigenem Erwerb – von der Kommune zu aktivieren und abzuschreiben. Im Fall b) wird bei der Kommune kein Vermögensgegenstand geschaffen. Allerdings ist unter den dargestellten Bedingungen der Transferaufwand periodengerecht abzugrenzen und auf die Laufzeit der Gegenleistungsverpflichtung zu verteilen. Dies erfolgt durch die Aktivierung als Rechnungsabgrenzungsposten in der Bilanz. Dieser RAP wird gleichmäßig über den Zeitraum aufgelöst, auf den sich die Gegenleistungsverpflichtung bezieht.

Entscheidend für die Beurteilung der Behandlung geleisteter Zuwendungen sind ausschließlich die zahlungsbegründenden Unterlagen, also i. d. R. der Zuwendungsbescheid. Mündliche Auskünfte oder Aktenvermerke aus der Fachverwaltung über Gegenleistungsverpflichtungen oder Rückzahlungsvereinbarungen sind keine ausreichende Grundlage für eine Aktivierung. Die Voraussetzungen nach a) oder b) müssen aus dem Zuwendungsbescheid, der Grundlage für die buchhalterische Erfassung ist, eindeutig hervorgehen, um eine Aktivierung oder Rechnungsabgrenzung vornehmen zu dürfen. Soweit eine der o. g. Voraussetzungen nicht vorliegt, ist die Zuwendung im Jahr der Auszahlung vollständig ergebniswirksam zu erfassen.

Schuldendiensthilfen stellen eine besondere Form der Zuwendungen dar, die auf die Erleichterung des Schuldendienstes beim Empfänger ausgerichtet sind. Da der Schuldendienst sich in der Regel aus Annuitäten ergibt, die sowohl Zins- als auch Tilgungsleistungen umfasst, ist vereinfachend davon auszugehen, dass grundsätzlich eine Aktivierungsfähigkeit solcher Zuwendungen auszuschließen ist. Dies ergibt sich daraus, dass eine Rückzahlungspflicht bei bestimmungsgemäßer Verwendung der Zuwendung i. d. R. ausgeschlossen ist.

Wichtigster und umfangreichster Bestandteil der kommunalen Transferaufwendungen sind die Sozialtransfers, die sich i. d. R. aus der Sozialgesetzgebung ergeben. Dies sind insbesondere die Leistungen nach dem

- Sozialgesetzbuch XII,
- Jugendwohlfahrtsgesetz,
- Unterhaltssicherungsgesetz,
- Asylbewerberleistungsgesetz,
- Heimkehrergesetz,
- Wohngeldgesetz.

Unter die Transferaufwendungen fallen auch die Gewerbesteuerumlage und die Finanzierungsbeteiligung am Fonds Deutsche Einheit. Gleiches gilt auch für die Umlagen der Kommunen an die Landkreise und Verwaltungsgemeinschaften. Dabei ist es unerheblich, ob sich ein abgrenzbarer Teil dieser Umlage auf einen bestimmten Aufgabenbereich (z. B. Jugendhilfe) bezieht.

12.2.15 Sonstige ordentliche Aufwendungen (Kontenbereich 54)

Der Kontenbereich 54 stellt ein Sammelbecken für mögliche sonstige Aufwandsarten dar. Aufzuführen sind insbesondere

- Sonstige Personal- und Versorgungsaufwendungen,
- Aufwendungen für die Inanspruchnahme von Rechten und Diensten,
- Geschäftsaufwendungen,
- Steuern, Versicherungen, Schadensfälle,
- Erstattungen für die Aufwendungen von Dritten aus laufender Verwaltungstätigkeit,
- Aufgabenbezogene Leistungsbeteiligungen,
- Wertveränderungen bei Vermögensgegenständen,
- Besondere ordentliche Aufwendungen,
- Weitere sonstige Aufwendungen aus laufender Verwaltungstätigkeit.

Unter die Sonstigen Personal- und Versorgungsaufwendungen fallen insbesondere die sog. „Personalnebenkosten". Dies sind u. a. die

- erforderlichen Personalmaßnahmen (Einstellung, Umsetzung, Entlassung),
- Umzugskostenvergütungen,
- übernommenen Reisekosten,
- Zahlung von Beschäftigungs- und Trennungsgeld,
- funktionsbedingten Aufwandsentschädigungen,
- Prämien im Vorschlagswesen u. ä.,

die nicht unter die Personal- oder Versorgungsaufwendungen fallen.

Die weiteren einzelnen Aufwandsarten sind dem Kontierungsplan zu entnehmen.

12.2.16 Zinsen und sonstige Finanzaufwendungen (Kontenbereich 55)

Im Kontenplan erfolgt eine Differenzierung der Zinsaufwendungen nach den Darlehensgebern. Neben den Zinsaufwendungen werden im Kontenbereich 55 auch sonstige Finanzaufwendungen abgebildet, die sich aus der Inanspruchnahme von Fremdkapital ergeben können.

Nicht zu den Zinsen und ähnlichen Aufwendungen gehören die allgemeinen Aufwendungen für den Geldverkehr, wie z. B. Bankspesen und Kontoführungsgebühren. Hierbei handelt es sich um Aufwendungen für allgemeine Bankdienstleistungen, die dem Kontenbereich 54 (Sonstige ordentliche Aufwendungen) zuzuordnen sind.

12.2.17 Bilanzielle Abschreibungen (Kontenbereich 57)

Vermögensgegenstände, die dazu bestimmt sind, der Aufgabenerfüllung der Gemeinde dauerhaft zu dienen, sind dem Anlagevermögen zuzuordnen. Soweit diese Vermögensgegenstände im Rahmen ihrer Verwendung einer regelmäßigen Abnutzung unterliegen oder durch außergewöhnliche Vorfälle verbraucht werden, wird die hierdurch verursachte Minderung des Anlagevermögens als bilanzielle Abschreibung ergebniswirksam erfasst (§ 40 KomHVO). Diese Erfassung erfolgt im Soll auf dem Aufwandskonto des Bereichs 57 (Bilanzielle Abschreibungen) und im Haben auf dem jeweiligen Bestandskonto:

5711 Abschreibungen	**an**	**0XXX Anlagevermögen**

Grundsätzlich ergibt sich durch die Abschreibung zunächst eine Bilanzkürzung, da einerseits der Wert des Anlagevermögens verringert wird und andererseits durch die Erfassung als Aufwand die Abschreibung in gleicher Höhe das Eigenkapital mindert. Durch die Abschreibung ist damit nicht etwa – wie irrtümlich häufig vermutet wird – automatisch die Finanzierung einer Ersatzinvestition sichergestellt. Diese Finanzierungsfunktion ergibt sich ausschließlich dann, wenn den Abschreibungen entsprechende Erträge gegenüberstehen, die die Minderung des Eigenkapitals ausgleichen und gleichzeitig auf der Aktivseite durch eine Erhöhung des Umlaufvermögens (Liquidität) die Bilanz wieder verlängern.

Planmäßige Abschreibungen ergeben sich i. d. R. nach § 40 Abs. 1 KomHVO durch die lineare Verteilung der Anschaffungs- und Herstellungskosten des Anlagevermögens auf die verwaltungsübliche Nutzungsdauer des jeweiligen Vermögensgegenstandes (lineare Abschreibung).

$$\text{Abschreibung p. a.}^{17} = \frac{\text{Anschaffungs-/Herstellungskosten}}{\text{Nutzungsdauer}}$$

Die Bestimmung der jeweiligen Nutzungsdauer soll kommunalspezifisch unter Berücksichtigung der vom Ministerium des Innern herausgegebenen Orientierungstabelle (Anlage 1 der Bewertungsrichtlinie) erfolgen. Um ein interkommunalangemessenes Maß an Einheitlichkeit und Vergleichbarkeit der kommunalen Bilanz zu erreichen, wird eine Standardisierung von Nutzungsdauern für Vermögensgegenstände vorgenommen. Die Aufzählung der Vermögensgegenstände in der Anlage 1 BewertRL, die als Grundlage für die Berechnung der Abschreibungen dienen soll, ist beispielhaft. Für Vermögensgegenstände, die nicht in der Tabelle enthalten sind, ist bei der Bestimmung der Abschreibungsdauer auf andere geläufige AfA-Tabellen zurückzugreifen.

Abweichungen der Kommunen können nach Auffassung des Autors in begründeten Fällen auch über die vorgeschlagenen Werte in der Abschreibungstabelle hinausgehen. Nach § 114 Abs. 1 KVG für die Eröffnungsbilanz und § 118 Abs. 1 KVG für den Jahresabschluss sind bei der Buchführung die GoB zu beachten.[18] Diese übergeordneten Grundsätze beinhalten u. a. den Grundsatz der Richtigkeit. Danach sind z. B. nicht

17 Im Gegensatz zur kalkulatorischen Abschreibung in der Kosten- und Leistungsrechnung wird bei der bilanziellen Abschreibung generell davon ausgegangen, dass der Vermögensgegenstand bis zum Ende der Nutzungsdauer im Besitz der Kommune bleibt. Geplante Liquidationserlöse vor oder nach Ablauf der Nutzungsdauer werden daher bei der Ermittlung der bilanziellen Abschreibung nicht berücksichtigt.

18 Vgl. hierzu im Einzelnen Kap. 9.

vertretbare Bewertungen von Aktiv- und Passivposten unzulässig. Ziel der Buchführung ist eine den tatsächlichen Verhältnissen entsprechende Darstellung der Vermögens- und Finanzsituation der Kommune. Damit unvereinbar wäre eine den tatsächlichen Verhältnissen widersprechende Bewertung der Aufwendungen für die Abnutzung des Anlagevermögens. Weicht daher die Nutzungsdauer bestimmter Vermögensgegenstände in einer Kommune nachweislich von den in der Abschreibungstabelle angegebenen Referenzwerten ab und ist diese Abweichung erheblich, hat die Gemeinde zur Einhaltung der GoB unabhängig von der örtlichen Abschreibungstabelle und den vorgeschlagenen Werten des Ministeriums des Innern realistische Abschreibungsdauern anzusetzen und die Abweichung von der örtlichen Abschreibungstabelle im Anhang zu erläutern.

§ 40 Abs. 1 KomHVO lässt eine Abweichung von der linearen Abschreibung nur dann zu, wenn durch eine Leistungsabschreibung der Ressourcenverbrauch nachweislich besser abgebildet wird als durch eine lineare Abschreibung. Unzulässig ist im Umkehrschluss die degressive und progressive Abschreibung, da insbesondere durch steigende Abschreibungsbeträge eine unzulässige buchhalterische Verschiebung des Ressourcenverbrauchs in die Zukunft erfolgt, die mit dem Prinzip der intergenerativen Gerechtigkeit unvereinbar ist.

Bei der Leistungsabschreibung erfolgt die Ermittlung des Ressourcenverbrauchs eines Vermögensgegenstands nicht unter Berücksichtigung des Zeitablaufs, sondern unter Maßgabe der tatsächlichen Inanspruchnahme. Grundlage der Leistungsabschreibung sind die erzielbaren Leistungseinheiten des jeweiligen Vermögensgegenstandes während seiner gesamten Lebensdauer. Bei der Nutzung eines Kraftfahrzeugs könnte z. B. die Leistungsabschreibung anhand der Kilometerleistung erfolgen. Zur Ermittlung der jährlichen Abschreibungen wird der Abschreibungsausgangswert (Anschaffungs-/Herstellungskosten) durch die insgesamt erzielbaren Leistungseinheiten (Lebensleistung des PKW in km) dividiert und anschließend mit der für die jeweilige Rechnungsperiode tatsächlich ermittelte Leistungsabgabe multipliziert.

Der Abschreibungsbeginn erfolgt nach § 40 Abs. 1 Satz 6 KomHVO mit dem Monat des Beginns der Nutzung des jeweiligen Vermögensgegenstandes. Bei einem Nutzungsbeginn im laufenden Jahr muss nach der novellierten Rechtsvorschrift zum 1.1.2011 der jeweilige Jahresanteil nach Monaten bemessen werden. Dieses Verfahren weicht damit nicht mehr von den üblichen steuerrechtlichen Vorgehensweisen ab. Steuerrechtlich beginnt die Abschreibung auch bereits in dem Monat des Nutzungsbeginns. Damit sind auch bei der Erstellung der Gesamtabschlüsse bei dieser Problematik keine Konsolidierungsprobleme zu erwarten. Daher hatte das Ministerium des Innern bereits mitgeteilt,[19] dass im Rahmen der Novellierung der BewertRL (s. Nr. 4.1 Buchst. h BewertRL) der Monat der Anschaffung als Monat des Abschreibungsbeginns vorgesehen wird. Die Kommunen, die das Neue Kommunale Haushalts- und Rechnungswesen anwenden, hatten die Möglichkeit, diese Regelung bereits anzuwenden.

Durch die Formulierung in § 40 Abs. 1 und 2 KomHVO und Nr. 4.1 Buchst. f, g BewertRL stellt sich die Frage, ob für den Beginn der Abschreibung der Termin des

19 Rundbrief 3/2008 des Ministeriums des Innern zum NKHR vom 8.7.2008.

Kaufs bzw. der Herstellung des Vermögensgegenstandes oder dessen Inbetriebnahme maßgeblich ist. Nach Absatz 1 dieser Vorschrift, werden die Anschaffungs- und Herstellungskosten auf die Haushaltsjahre verteilt, in denen der Vermögensgegenstand voraussichtlich **genutzt** wird. Abgestellt wird hier eindeutig auf die tatsächliche Nutzung und nicht auf eine Betriebsbereitschaft. Es ist danach für den Beginn der Abschreibung auf die Inbetriebnahme und nicht auf einen möglicherweise deutlich vorher liegenden Kauf- oder Herstellungstermin abzustellen.

Einen Sonderfall der Abschreibung stellt die Sofortabschreibung geringwertiger Vermögensgüter nach § 40 Abs. 2 KomHVO dar. Dabei handelt es sich um Vermögensgegenstände, die

- zum Anlagevermögen gehören,
- selbstständig genutzt werden können,
- einer Abnutzung unterliegen und
- deren Anschaffungs-/Herstellungskosten (ohne Umsatzsteuer) 150,- € nicht überschreiten.[20]

Für diese Gegenstände besteht die Möglichkeit einer Sofortabschreibung im ersten Nutzungsjahr als Wahlrecht. Buchhalterisch besteht dabei die Möglichkeit der unmittelbaren Buchung der Anschaffungs-/Herstellungskosten auf separaten Aufwandskonten oder der Erfassung auf Bestandskonten und anschließender Vollabschreibung. Beide Verfahren werden kaufmännisch als zulässig angesehen und sollten im Hinblick auf ihre Praktikabilität beurteilt und eingesetzt werden.[21] Grundsätzlich handelt es sich bei der Anschaffung um Investitionsauszahlungen, die im Finanzplan als solche zu planen sind. Daneben sind im Ergebnisplan die Abschreibungen zu veranschlagen.

Neben den planmäßigen Abschreibungen und den Sofortabschreibungen können weiterhin vorkommen die

- Abschreibungen auf Finanzanlagen und Wertpapiere,
- außerplanmäßigen Abschreibungen und Sonderabschreibungen auf das Anlagevermögen und
- außerplanmäßigen Abschreibungen auf das Umlaufvermögen.

Einzelheiten zur Notwendigkeit und Möglichkeit dieser Abschreibungen sind der Erläuterung der Bilanzposten in Kap. 10 zu entnehmen.

20 Auf die Optionsregel in Kap. 10.3.2.3.4 wird verwiesen.

21 Vgl. *Brixner/Harms/Noe*, Verwaltungs-Kontenrahmen, München 2003, S. 420 m. w. N. sowie Modellprojekt „Doppischer Kommunalhaushalt in NRW“ (Hrsg.), Neues Kommunales Finanzmanagement: Betriebswirtschaftliche Grundlagen für das doppische Haushaltsrecht, 2., vollst. überarb. Aufl. auf der Basis der Endergebnisse des Modellprojektes, Freiburg 2003, S. 118 f.

12.2.18 Aufwendungen aus internen Leistungsbeziehungen (Kontenbereich 58)

Für die Aufwendungen aus interner Leistungsbeziehung ist der Kontenbereich 58 des Kontenplans vorgesehen. Die Ausführungen zu den Erträgen aus interner Leistungsbeziehung gelten entsprechend (s. o., Kap. 12.2.9).

12.2.19 Außerordentliche Aufwendungen (Kontenbereich 59)

Zur Abgrenzung der ordentlichen von den außerordentlichen Aufwendungen wird auf die Ausführungen zu den außerordentlichen Erträgen in Kap. 12.2.10. verwiesen. Außerordentliche Aufwendungen fallen insbesondere im Zusammenhang mit Naturkatastrophen (z. B. Stürme, Hochwasser, Erdbeben) an. Unter die außerordentlichen Aufwendungen fallen darüber hinaus Verluste aus dem Verkauf von Beteiligungen, Teilbetrieben, Zweigniederlassungen und andere Privatisierungsverluste.[22]

12.3 Übungen

Sachverhalt Nr. 1:
Im laufenden Jahr ergeben sich in der Gemeinde G u. a. nachfolgende Geschäftsvorfälle:

1. Die Gemeinde versendet im Januar die Vorauszahlungsbescheide für die Gewerbesteuer. Die Gesamtforderung beträgt 2 Mio. €, die jeweils zu einem Viertel am 15. Februar, 15. Mai, 15. August und 15. November fällig werden.
2. Die Stadtbücherei nimmt im Juli 20.000 € Benutzungsgebühren als Jahresgebühr ein. Die erworbenen Jahreskarten gelten von Anfang Juli des laufenden Jahres bis Ende Juni des folgenden Jahres.
3. Die Gemeinde veräußert ein gebrauchtes Notebook an einen Mitarbeiter. Sie erhält dafür 300 €. Der Restbuchwert des Gerätes betrug zum Zeitpunkt der Veräußerung noch 250 €.
4. Der Bauhof der Gemeinde G stellt im Januar ein Klettergerüst für den Spielplatz her. Es fallen Materialaufwand von 800 € und Personalaufwand von 1.500 € an. Aus der Kostenrechnung werden für die Erstellung des Klettergerüsts Materialgemeinkosten von 100 €, Fertigungsgemeinkosten von 300 € und allgemeine Verwaltungskosten von 100 € ermittelt. Das Klettergerüst wird am 20. Januar aufgestellt. Als Nutzungsdauer werden fünf Jahre kalkuliert.

Aufgabe:
Zeigen Sie für die Geschäftsvorfälle alle notwendigen Buchungssätze auf. Beachten Sie den vom Ministerium des Innern herausgegebenen Kontenrahmenplan (www.

22 Vgl. *Brixner/Harms/Noe*, Verwaltungs-Kontenrahmen, München 2003, S. 436.

statistik.sachsen-anhalt.de\Themen\Kommunales\Kommunaler Haushalt/Doppik). Eine Mitkontierung der Produktbereiche und eine Berücksichtigung der Finanzrechnung ist nicht erforderlich.

Lösung:

Zu 1):

Bei den Gewerbesteuerbescheiden handelt es sich um Vorauszahlungsbescheide. Für Vorauszahlungen erfolgt die Einbuchung der Forderung zum Zeitpunkt der Fälligkeit. Jeweils zum Fälligkeitstermin ist daher zu buchen:

Debitor	**an**	**4013 Gewerbesteuer**	**500.000 €**

Zu 2):

Die im Juli eingenommenen Benutzungsgebühren für die Stadtbücherei beziehen sich nicht nur auf das laufende Haushaltsjahr. Die erworbenen Jahreskarten sind im Haushaltsjahr sechs Monate gültig und im folgenden Jahr ebenfalls sechs Monate. Zur Ermittlung des Ertrages ist daher eine Abgrenzung vorzunehmen.

Zunächst wird die Debitorenrechnung vollständig auf das Ertragskonto gebucht:

Debitor	**an**	**4321 Benutzungsgebühren**	**20.000 €**

Anschließend erfolgt die Korrektur des Ertragskontos durch eine passive transitorische Rechnungsabgrenzung:

4321 Benutzungsgebühren	**an**	**3911 Passive RAP**	**10.000 €**

Zu 3):

Die Buchung des Veräußerungserlöses erfolgt zunächst über das entsprechende Ertragskonto:

Debitor	**an**	**4542 Ertr. aus Veräußerung**	**300 €**

Anschließend ist die der Anlagengegenstand über das entsprechende Bestandskonto auszubuchen:

4542 Ertr. aus Veräußerung	**an**	**0821 BGA**	**250 €**

Durch diese Buchungen weist das Ertragskonto einen Saldo von 50 € im Soll aus, der als Ertrag in die Ergebnisrechnung einfließt. Das Notebook ist aus dem Bestandskonto mit dem Restbuchwert ausgebucht.

Zu 4):
Während der Herstellung des Klettergerüsts fallen Personal- und Materialaufwendungen an. Die Personalaufwendungen werden zunächst ohne Bezug zu der Herstellung des Klettergerüsts buchhalterisch erfasst:

5012 Dienstaufwendungen	**an**	**Kreditor**	**1.500 €**

Die Materialaufwendungen werden dem neu erstellten Klettergerüst direkt zugeordnet. Für das Klettergerüst wird daher in der Anlagenbuchhaltung eine „Anlage im Bau" eingerichtet. Die Buchung der Rechnungen für das Material des Klettergerüsts lautet:

0963 Anlagen im Bau	**an**	**Kreditor**	**800 €**

Nach Fertigstellung des Klettergerüsts, aber spätestens jedes Jahr werden die erbrachten Eigenleistungen der Anlage im Bau zugerechnet. Als aktivierbare Eigenleistungen kommen nach § 38 Abs. 3 KomHVO i. V. m. Nr. 4.1 Buchst. e BewertRL neben den Materialeinzelkosten noch die Fertigungseinzelkosten, die Sonderkosten der Fertigung, Fertigungs- und Materialgemeinkosten in Frage. Zuzurechnen sind dem Klettergerüst danach noch der entsprechende Personalaufwand (Fertigungseinzelkosten), die Material- und Fertigungsgemeinkosten. Verwaltungsgemeinkosten können nicht aktiviert werden.

Aktivierbar sind daher:

Fertigungseinzelkosten:	1.500 €
Fertigungsgemeinkosten:	300 €
Materialgemeinkosten:	100 €
Summe:	**1.900 €**

Die Buchung erfolgt als Ertrag aus aktivierten Eigenleistungen:

0963 Anlagen im Bau	**an**	**4711 Aktiv. Eigenleistungen**	**1.900 €**

Auf der Anlage im Bau „Klettergerüst" haben sich damit Herstellungskosten i. H. v. insgesamt 2.700 € angesammelt. Bei Inbetriebnahme des Klettergerüsts werden diese Herstellungskosten von der Anlage im Bau auf das endgültige Anlagenkonto umgebucht:

0211 Grünflächen	**an**	**0963 Anl. im Bau**	**2.700 €**

Mit Inbetriebnahme des Klettergerüsts erfolgt auch die Abschreibung des Anlagegutes. Der Abschreibungssatz beträgt bei einer fünfjährigen Nutzungsdauer 20 %:

5711 Bil. Abschreibungen	**an**	**0211 Grünflächen**	**540 €**

Mit der Buchung der Abschreibung sind alle erforderlichen Buchungen im Haushaltsjahr durchgeführt.

Sachverhalt Nr. 2:
Die Gemeinde G schafft im Juni 2025 DV-Ausstattung für die Grundschule für insgesamt 80.000 € an. Aus Landesmitteln wird die Anschaffung mit 20 % gefördert. Der Förderbescheid liegt bereits im April 2025 vor, die Auszahlung der Förderung wird erst im November erwartet. Ab dem 1. Juli ist die DV-Ausstattung einsatzbereit. Die vorgesehene Nutzungsdauer der Ausstattung beträgt vier Jahre.

Aufgaben:
a) Zeigen Sie die notwendigen Buchungen (Buchungssätze) für die Anschaffung der Ausstattung (inkl. Ausgleich der Kreditoren- und Debitorenkonten), die Erfassung der Zuwendung und die erfolgswirksame Behandlung dieser Positionen im Jahr der Anschaffung.
b) Wie ist dieser Vorgang im Teilfinanz- und Teilergebnisplan der Produktgruppe 211 „Grundschulen" zu veranschlagen?

Lösung:
Zu a):
Die Anschaffung der DV-Ausstattung erfolgt i. d. R. über die Anlagenbuchhaltung, in der für jedes einzelne Anlagegut ein separater Stammsatz angelegt wird. Auf den einzelnen Stammsätzen werden dann die Kreditorenrechnungen erfasst. In der Summe ergibt sich daraus die Buchung:

0821 BGA	**an**	**Kreditor**	**80.000 €**

Bei Zahlung des Rechnungsbetrags wird das Kreditorenkonto wieder ausgeglichen:

Kreditor	**an**	**1811 Sichteinlagen**	**80.000 €**

Für den Förderbetrag liegt bereits im April ein Förderbescheid vor. Zu diesem Zeitpunkt hat die Gemeinde jedoch die Fördervoraussetzungen noch nicht erfüllt. Die Erfüllung der Fördervoraussetzungen ist mit der Anschaffung und Inbetriebnahme der DV-Ausstattung gegeben. Zu diesem Zeitpunkt (1.7.2025) kann dann auch die Landesförderung buchhalterisch erfasst werden:

Debitor	**an**	**2311 Sonderposten**	**16.000 €**

Erst bei Forderungseingang im November wird das Debitorenkonto ausgeglichen:

1811 Sichteinlagen	**an**	**Debitor**	**16.000 €**

Durch die bisherigen Buchungen wurden die DV-Anlagen i. H. v. 80.000 € auf Aktivkonten erfasst, die Landeszuwendung i. H. v. 16.000 € wurde auf einem Passivkonto als Sonderposten erfasst. Die Debitoren- und Kreditorenkonten sind durch die entsprechenden Zahlungsein- und -ausgänge wieder ausgeglichen. Zur Abbildung des Ressourcenverbrauchs sind für das Jahr 2025 noch die anteiligen Abschreibungen für ein halbes Jahr und die entsprechende Auflösung des Sonderpostens zu buchen.

Die Abschreibung für das Jahr 2025 beträgt die Hälfte der normalen jährlichen Abschreibung von 25 %:

5711 Bil. Abschreibungen	**an**	**0821 BGA**	**10.000 €**

Mit dem gleichen Anteil (12,5 %) wird in 2025 der für die Landesförderung gebildete Sonderposten ertragswirksam aufgelöst:

2311 Sonderposten	**an**	**4531 Ertr. Auflösung Sopo**	**2.000 €**

Zu b):
Im Teilfinanzplan sind die investiven Ein- und Auszahlungen des Produktbereichs zu erfassen. Das sind zum einen die Auszahlungen für die Anschaffung der DV-Ausstattung und daneben die Einzahlungen für die Landeszuwendung. Damit hat der Teilfinanzplan folgendes Bild:

Teilfinanzplan Produktbereich Grundschulen			Ansatz 2025 €
Investitionstätigkeit			
Einzahlungen			
1		Zuwendungen für Investitionen und Investitionsfördermaßnahmen	16.000
2	+	Veräußerung von Grundstücken, Gebäuden und Infrastrukturvermögen	
3	+	Veräußerung von beweglichem Anlagevermögen und immateriellen Vermögensgegenständen	
4	+	Veräußerung von Finanzanlagen	
5	+	Baumaßnahmen	
6	+	Beiträge und ähnliche Entgelte	
7	+	Sonstige Investitionseinzahlungen	
8		**Summe der investiven Einzahlungen**	**16.000**

Teilfinanzplan Produktbereich Grundschulen			**Ansatz 2025** **€**
Auszahlungen			
9		Zuwendungen für Investitionsfördermaßnahmen	
10	+	Erwerb von Grundstücken, Gebäuden und Infrastrukturvermögen	
11	+	Erwerb von beweglichem Anlagevermögen und immateriellen Vermögensgegenständen	80.000
12	+	Erwerb von Finanzanlagen	
13	+	Baumaßnahmen	
14	+	Sonstige Investitionsauszahlungen	
15		**Summe der investiven Auszahlungen**	**80.000**
16		**Saldo Investitionstätigkeit (Einzahlungen ./. Auszahlungen)**	**–64.000**

Im Teilergebnisplan sind nur die aufwands- bzw. ertragswirksamen Vorgänge zu veranschlagen. Dies sind für den vorliegenden Geschäftsvorfall die planmäßigen Abschreibungen der DV-Ausstattung und die ertragswirksame Auflösung des Sonderpostens aus der Landeszuweisung. Beschränkt auf diesen Geschäftsvorfall ergeben sich nachfolgende Planungspositionen in der Teilergebnisrechnung:

Teilergebnisplan Produktgruppe Grundschulen			**Ansatz 2025** **€**
1		Steuern und ähnliche Abgaben	
2	+	Zuwendungen und allgemeine Umlagen	2.000
3	+	Sonstige Transfererträge	
4	+	Öffentlich-rechtliche Leistungsentgelte	
5	+	Privatrechtliche Leistungsentgelte, Kostenerstattungen und Kostenumlagen	
6	+	Sonstige ordentliche Erträge	
7	+	Finanzerträge	
8	+	Aktivierte Eigenleistungen, Bestandsveränderungen	
9	=	**Ordentliche Erträge**	**2.000**
10		Personalaufwendungen	
11	+	Versorgungsaufwendungen	
12	+	Aufwendungen für Sach- und Dienstleistungen	
13	+	Transferaufwendungen	10.000
14	+	Sonstige ordentliche Aufwendungen	
15	+	Zinsen und sonstige Finanzaufwendungen	
16	+	Bilanzielle Abschreibungen	
17	=	**Ordentliche Aufwendungen**	**10.000**
18	=	**Ordentliches Ergebnis**	**–8.000**

Sachverhalt Nr. 3:
Die Musikschule der Gemeinde G plant, im Juni 2025 ihren Konzertflügel auszutauschen. Dazu soll der bisherige Flügel, der im Dezember 2013 für 60.000 € gekauft wurde, in Zahlung gegeben werden. Der Musikschulleiter erwartet bei der Inzahlungnahme eine Gutschrift i. H. v. 50.000 €. Der Preis des neuen Flügels wird mit 75.000 € kalkuliert. Für Konzertflügel kalkuliert die Gemeinde G eine Nutzungsdauer von 30 Jahren.

Aufgabe:
Stellen Sie die mit den Konzertflügeln in Verbindung stehenden Positionen des Teilergebnisplans für das Jahr 2025 zusammen.

Lösung:
Im Teilergebnisplan sind die Aufwendungen und Erträge zu kalkulieren, die mit den Konzertflügeln in Verbindung stehen.

Zunächst ist daher zu ermitteln, wie hoch die Abschreibung für den alten Flügel im Jahr 2025 voraussichtlich sein wird. Die Anschaffungskosten des Flügels betrugen 60.000 €. Bei einer kalkulierten Nutzungsdauer von 30 Jahren beträgt die planmäßige jährliche Abschreibung 2.000 €. Im Jahr 2025 beschränkt sich die Abschreibungsdauer gemäß § 40 Abs. 1 KomHVO auf sechs Monate (Januar bis Juni), so dass für den alten Flügel Abschreibungen i. H. v. 1.000 € für das Jahr 2025 anzusetzen sind.

Für den neuen Flügel ist ebenfalls die Abschreibung zu kalkulieren. Bei einer Anschaffung im Juni können nach § 40 Abs. 1 Satz 6 KomHVO die Abschreibungen ab dem Monat der Anschaffung berücksichtigt werden (d. h. Juni bis Dezember). Ausgehend von Anschaffungskosten von 75.000 € errechnet sich eine Abschreibung i. H. v. 1.458 € für den neuen Flügel.

In Verbindung mit der Inzahlungnahme des alten Flügels ist festzustellen, ob Aufwendungen oder Erträge aus der Veräußerung des Anlagevermögens zu kalkulieren sind. Diese ergeben sich aus der Differenz des Veräußerungserlöses zum aktuellen Restbuchwert. Laut Sachverhalt wird als Veräußerungserlös für den alten Flügel mit 50.000 € gerechnet. Der Restbuchwert ergibt sich aus den Anschaffungskosten abzüglich der aufgelaufenen Abschreibungen. Die Anschaffungskosten betrugen 60.000 €. Von Januar 2013 bis Ende 2024 sind insgesamt planmäßige Abschreibungen für zwölf Jahre aufgelaufen. Die jährlichen Abschreibungen betragen 2.000 €. Der Restbuchwert des Flügels betrug damit Anfang 2025 36.000 € (60.000 € ./. 24.000 €). Bis zum Zeitpunkt der Veräußerung im Juni 2025 werden weitere 1.000 € an Abschreibungen anfallen. Der Restbuchwert des Flügels wird zum Zeitpunkt der Veräußerung damit voraussichtlich 35.000 € betragen. Da der erwartete Veräußerungserlös um 15.000 € über dem Restbuchwert liegt, ist in dieser Höhe ein Ertrag zu veranschlagen. Die Veranschlagung erfolgt im Kontenbereich 45 „Sonstige ordentliche Erträge“.

Im Teilergebnisplan 263 „Musikschulen" ergeben sich damit nachfolgende Positionen:

Bilanzielle Abschreibungen:	**2.458 €**
Sonstige ordentliche Erträge:	**15.000 €**

Sachverhalt Nr. 4:
Die Gemeinde G beabsichtigt im folgenden Jahr 49 % ihrer Anteile an der 100 %igen Tochter Stadtwerke G zu veräußern, um den Haushalt auszugleichen. Nach der bisherigen Haushaltsplanung stehen den Gesamtaufwendungen von 28 Mio. € nur Erträge von 25 Mio. € gegenüber.

Der Bilanzwert des verbundenen Unternehmens beträgt 4.081.633 €. Der Finanzdezernent rechnet mit einem Veräußerungserlös von rd. 7 Mio. € für den zum Verkauf stehenden Anteil. Das Verfahren der Veräußerung soll durch verschiedene Beratungsfirmen begleitet werden. Hierfür wird insgesamt mit einem Beratungshonorar von 250.000 € gerechnet.

Aufgabe:
Zeigen Sie die Veranschlagung der Veräußerung im Ergebnisplan dar.

Lösung:
Im Ergebnisplan sind gem. § 2 Abs. 1 KomHVO Erträge und Aufwendungen auszuweisen. Zunächst ist daher festzustellen, inwieweit durch die geplante Veräußerung Aufwendungen oder Erträge entstehen.

Erträge aus Veräußerungserlösen könnten entstehen, wenn der erzielte Veräußerungserlös über dem Restbuchwert des veräußerten Anlagegutes liegt. Laut Sachverhalt beträgt der Bilanzwert der Stadtwerke GmbH, bei der die Gemeinde alleiniger Gesellschafter ist, 4.081.633 €. Die Gemeinde beabsichtigt allerdings nur einen Anteil von 49 % der Gesellschaft zu veräußern. Bei einer Veräußerung müsste demnach der anteilige Buchwert ermittelt und als Anlagenabgang gebucht werden. Der Buchwert des zum Verkauf stehenden Anteils beträgt 4.081.633 € × 49 % = 2.000.000 €.

Der voraussichtliche Veräußerungserlös beträgt 7 Mio. €. Es ergibt sich aus der Veräußerung ein Ertrag i. H. v. voraussichtlich 5 Mio. €. Für die Durchführung des Verkaufsverfahrens und für Beratungen wird mit Aufwendungen i. H. v. 250.000 € gerechnet.

Grundsätzlich sind die erwarteten Erträge als Erträge aus der Veräußerung von Vermögensgegenständen des Anlagevermögens im Kontenbereich 45 bei den „Sonstigen ordentlichen Erträgen" zu veranschlagen. Die Aufwendungen für die Beratungsleistungen sind bei den „Sonstigen ordentlichen Aufwendungen" (Kontenbereich 54) auszuweisen.

Gemäß § 2 Abs. 1 Nr. 3 und 4 KomHVO sind im Ergebnisplan außerordentliche Erträge und Aufwendungen separat auszuweisen. Eine Begriffsbestimmung für den Begriff „außerordentlich" liefert das Haushaltsrecht nicht. Als außerordentlich werden damit entsprechend der Auslegung von § 277 Abs. 4 HGB solche Geschäftsvorfälle angesehen, die

- in einem hohen Maße ungewöhnlich,
- selten und
- von erheblicher finanzieller Bedeutung

sind.

Die Veräußerung eines erheblichen Anteils der Stadtwerke GmbH kommt inzwischen zwar in verschiedenen Gemeinden vor, es kann aber doch noch festgestellt werden, dass es sich um einen ungewöhnlichen Vorgang (im wörtlichen Sinne) handelt. Eine solche Veräußerung ist aus der Natur der Sache heraus auch selten. Angesichts des Gesamtumfangs des Ergebnisplans (Aufwendungen i. H. v. 28 Mio. €) ist auch die materielle Bedeutung des aus der Veräußerung entstehenden Ertrages von 5 Mio. € als erheblich anzusehen. Die Veranschlagung des Ertrages aus der Veräußerung der Stadtwerke GmbH muss daher im Ergebnisplan als „Außerordentlicher Ertrag“ erfolgen.

Da es sich bei den Aufwendungen für die Beratungsleistungen um Aufwendungen handelt, die dem Geschäftsvorfall der Veräußerung unmittelbar zuzurechnen sind, sind sie als „Außerordentliche Aufwendungen“ auszuweisen. Zwar erfüllen sie isoliert betrachtet die o. a. Anforderungen nicht, bei der Zuordnung kommt es jedoch nicht auf die Betrachtung des einzelnen Buchungsschrittes, sondern auf den gesamten Geschäftsvorfall an. Da dieser dem außerordentlichen Ergebnis zuzurechnen ist, sind auch die Beratungsaufwendungen hier auszuweisen.

13. Die Finanzrechnung – Grundlagen und Einzelpositionen

13.1 Die Ermittlung der Finanzrechnung

Wie bereits im vorangegangenen Kapitel dargestellt, sieht der Kontenrahmenplan (www.statistik.sachsen-anhalt.de\Themen\Kommunales\Kommunaler Haushalt/Doppik) eigene Kontenklassen für die Bedienung der Finanzrechnung vor. Hierzu wurden – ausgehend vom Industriekontenrahmen – die Kontenklassen 6 und 7 „freigeräumt“. Die Verwendung des Kontenplans in seinem vollen Umfang ist daher darauf ausgerichtet, eine originäre Mitführung der Finanzrechnung auf Sachkonten zu ermöglichen. Da die Mitführung einer zahlungsartenscharfen Finanzrechnung derzeit nicht dem kaufmännischen Standard entspricht, hat sich bislang noch kein einheitlicher Standard zur (buchungs-) technischen Umsetzung dieser Anforderung des Neuen Kommunalen Haushaltsrechts entwickelt.

Es lassen sich grundsätzlich vier Verfahren zur Ermittlung der für die Finanzrechnung erforderlichen Informationen ableiten. Diese stellen sich systematisch in folgender Weise dar:[1]

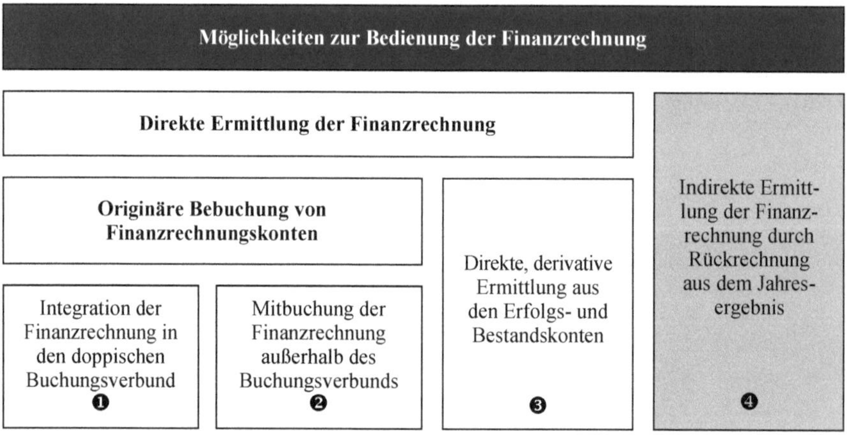

Der Gesetzgeber hat nicht geregelt, welche Möglichkeiten zur Bedienung der Finanzrechnung zulässig sind. Als zulässig können sicherlich die direkten Ermittlungsmethoden (1) bis (3) angesehen werden. Bei der direkten derivativen Ermittlung (3) werden die Kontenklassen 6 und 7 des Kontenrahmenplanes nicht benötigt.

Die indirekte Ermittlungsmethode (4) findet üblicherweise in der Privatwirtschaft Anwendung, wenn börsennotierte Unternehmen eine Kapitalflussrechnung erstellen. Sie erweist sich zumindest nach den Darstellungen der Fachliteratur als nicht zweck-

1 Vgl. Modellprojekt „Doppischer Kommunalhaushalt in NRW“ (Hrsg.), Neues Kommunales Finanzmanagement: Betriebswirtschaftliche Grundlagen für das doppische Haushaltsrecht, 2., vollst. überarb. Aufl. auf der Basis der Endergebnisse des Modellprojektes, Freiburg 2003, S. 125.

gerecht.[2] Zudem ermöglicht sie nicht die in § 3 Abs. 1 KomHVO geforderte zahlungsartenscharfe Abbildung der Finanzrechnung. Vereinfacht dargestellt erfolgt die Ermittlung des Zahlungssaldos ausgehend vom Jahresergebnis bei der indirekten Methode (4) in folgender Weise:[3]

	Jahresergebnis
+/–	Abschreibungen/Zuschreibungen auf Gegenstände des Anlagevermögens
+/–	Zunahmen/Abnahmen der Rückstellungen
+/–	sonstige zahlungsunwirksame Aufwendungen und Erträge
–/+	Gewinne und Verluste aus dem Abgang von Gegenständen des Anlagevermögens
–/+	Zunahme/Abnahme der Vorräte, der Forderungen aus Lieferungen und Leistungen sowie anderer Aktiva
+/–	Zunahme/Abnahme der Verbindlichkeiten aus Lieferungen und Leistungen sowie anderer Passiva
=	Saldo der laufenden Zahlungen

Die möglichen Varianten der direkten Ermittlung der Finanzrechnung werden nun zunächst im Überblick dargestellt, bevor auf Einzelheiten der Verwendung der Kontenklassen 6 und 7 eingegangen wird.[4]

Variante ❶: Integration der Finanzrechnung in den doppischen Buchungsverbund
Die vollständige Integration der Finanzrechnung in den doppischen Buchungsverbund ist die theoretisch bevorzugte Variante für die Bebuchung der Finanzrechnung.[5] Bei der vollständigen Integration der Finanzrechnung werden die Finanzrechnungskonten (Kontenklassen 6 und 7) im originären doppischen Buchungssatz angesprochen. So erfolgt beispielsweise bei der Buchung von Personalaufwand und Personalauszahlungen folgende Abbildung in der Buchhaltung:

2 *Baetge*, Bilanzen, 7. Aufl., Düsseldorf 2003, S. 632 f.; dagegen aber *Körner/Portis*, Direkte versus indirekte Finanzrechnung – Vor- und Nachteile in der Praxis, der gemeindehaushalt 1/2006 S. 8 ff.

3 Aufstellung nach *Schrader*, Kapitalflussrechnung als Abbildung der Finanzlage, Frankfurt 1999, S. 36.

4 Einen guten Überblick hierzu geben *Bittig/Fudalla/zur Mühlen*, Doppisches kommunales Rechnungswesen: Finanzrechnung und Finanzplan, der gemeindehaushalt 2/2002 S. 29 ff.

5 Vgl. insb. *Lüder*, Konzeptionelle Grundlagen des Neuen Kommunalen Rechnungswesens, 2. Aufl., Stuttgart 1999, S. 31 und Modellprojekt „Doppischer Kommunalhaushalt in NRW“ (Hrsg.), Neues Kommunales Finanzmanagement: Betriebswirtschaftliche Grundlagen für das doppische Haushaltsrecht, 2., vollst. überarb. Aufl. auf der Basis der Endergebnisse des Modellprojektes, Freiburg 2003, S. 189.

1. Im Personalamt werden die Löhne und Gehälter berechnet. Auf dieser Grundlage erfolgt die Erfassung der Verbindlichkeit auf den Debitorenkonten und die ergebniswirksame Aufwandsbuchung:

5012 Dienstaufwendungen	**an**	**3793 Sonst. Verbindlichk.**

2. Durch die Zahlbarmachung der Löhne und Gehälter werden die Verbindlichkeiten auf den Debitorenkonten ausgeziffert und es erfolgt die Buchung der Personalauszahlung auf dem Finanzrechnungskonto:

3793 Sonst. Verbindlichk.	**an**	**7012 Dienstauszahlungen**

Durch diese Buchungssystematik werden sowohl die Buchungen in der Ergebnisrechnung als auch die Buchungen in der Finanzrechnung direkt erfasst. Abweichend von der üblichen kaufmännischen Buchungssystematik wird im zweiten Buchungsschritt nicht das Bankkonto (Liquide Mittel), sondern das Finanzrechnungskonto angesprochen.
Dies hat allerdings zur Folge, dass das Bestandskonto „Guthaben bei Kreditinstituten" nicht direkt fortgeschrieben wird. Um diese Fortschreibung zu erreichen, muss bei der Buchung auf den Finanzrechnungskonten auch eine Mitbuchung des Bankkontos erfolgen. Dies kann durch eine sog. „statistische Mitbuchung", d. h. ohne Buchung eines Gegenkontos erfolgen. Wichtig ist dabei, dass die Besonderheiten der Buchung auf den bilanziellen Bankkonten berücksichtigt werden. Dies betrifft z. B. die Aufteilung der Bankkonten nach den tatsächlichen Kontoverbindungen und den erforderlichen Abgleich der Konten der Buchhaltung mit den Kontoauszügen der Banken.

Variante ❷: Mitbuchung der Finanzrechnung außerhalb des Buchungsverbunds
Bei der zweiten Variante erfolgt die Buchung auf den Aufwands-, Debitoren- und Bankkonten nach der normalen kaufmännischen Praxis. Im Gegensatz zur ersten Variante wird nicht das Finanzmittelkonto (Bankkonto) durch eine statistische Mitbuchung bedient, sondern das Finanzrechnungskonto. Dabei ist es erforderlich, dass bei der Buchung auf den Konten der Gruppe 18 (Liquide Mittel) möglichst automatisch eine Finanzrechnungsbuchung angestoßen wird. Dabei kann z. B. anhand der Auszifferung der Verbindlichkeit auf dem Debitorenkonto festgestellt werden, um welche Zahlungsart es sich handelt. Die Bebuchung des entsprechenden Finanzrechnungskontos erfolgt dann ohne Buchung eines Gegenkontos im Rahmen einer einfachen Nebenbuchhaltung.

Variante ❸: Direkte, derivative Ermittlung der Finanzrechnung aus den Erfolgs- und Bestandskonten
Die dritte Variante zur Ermittlung der Finanzrechnung kommt ohne die Finanzrechnungskonten (Kontenklassen 6 und 7) aus und unterscheidet sich damit grundsätzlich von den beiden anderen Varianten. Bei der direkten derivativen Ermittlung der Finanzrechnung werden die Zahlungsströme zahlungsartenscharf aus den Daten der Finanz-

buchhaltung abgeleitet. Hierzu müssen die Aufwands- bzw. Ertragsbuchungen im Rahmen des Jahresabschlusses zur Ermittlung der Zahlungsströme um die Änderungen der relevanten Bestandskonten korrigiert werden.

Beispielsweise werden die Aufwendungen für Sach- und Dienstleistungen um die Änderungen des Bestands an Verbindlichkeiten aus Sach- und Dienstleistungen korrigiert. Hierdurch werden die nicht zahlungswirksamen Aufwendungen für Sach- und Dienstleistungen, die zu einer Erhöhung der Verbindlichkeiten führen, abgezogen und die nicht ergebniswirksamen Zahlungen für Sach- und Dienstleistungen, die die Verbindlichkeiten reduzieren, hinzuaddiert. Voraussetzung für eine solche Berechnung ist eine Differenzierung der relevanten Bestandskonten nach den zu ermittelnden Zahlungsarten.

In einem praktischen Fall sieht die Berechnung folgendermaßen aus:

Bestand der Verbindlichkeiten für Sach- und Dienstleistungen am 1.1.2024:	10.000 €
Aufwendungen für Sach- und Dienstleistungen lt. Jahresabschluss 2024:	90.000 €
Bestand der Verbindlichkeiten für Sach- und Dienstleistungen am 31.12.2024:	30.000 €

Zur Ermittlung der Zahlungen für Sach- und Dienstleistungen ist zunächst die Veränderung des Verbindlichkeitenbestands zu ermitteln:

	Verbindlichkeiten 31.12.2024	30.000 €
–	Verbindlichkeiten 1.1.2024	10.000 €
	Veränderung Verbindlichkeiten:	+ 20.000 €

Diese Erhöhung der Verbindlichkeiten für Sach- und Dienstleistungen um 20.000 € muss zur Ermittlung der Zahlungen für Sach- und Dienstleistungen vom Aufwand laut Jahresabschluss abgezogen werden:

	Aufwendungen für Sach- u. Dienstleistungen	90.000 €
–	Veränderung Verbindlichkeiten	20.000 €
	Auszahlungen für Sach- u. Dienstleistungen:	70.000 €

Um eine vollständige zahlungsartenscharfe Finanzrechnung zu erhalten, dürfen allerdings nicht nur die Änderungen des Bestands an Verbindlichkeiten beachtet werden, sondern es sind auch alle anderen Vorgänge nach den betroffenen Zahlungsarten gegliedert zu berücksichtigen, die zu Abweichungen zwischen Ergebnis- und Finanzrechnung führen. Diese können z. B. sein

- Bestandsänderungen der Verbindlichkeiten aus Lieferungen und Leistungen,
- Bestandsänderungen der Forderungen aus Lieferungen und Leistungen,

- Bestandsänderungen bei geleisteten Anzahlungen,
- Bestandsänderungen von Vorräten, sonstigen Forderungen, sonstigen Vermögensgegenständen,
- Bestandsänderungen von Rückstellungen,
- Eingänge auf abgeschriebene Forderungen,
- Bestandsänderungen bei passiven und aktiven Rechnungsabgrenzungsposten.

Praktisch erfolgt diese Berücksichtigung i. d. R. dadurch, dass zunächst die Veränderungen der jeweiligen Wertansätze auf den Bestandskonten vom Vorjahr zum aktuellen Jahr festgestellt werden.[6] Diese Änderungen werden in einer sog. „Bewegungsbilanz" festgehalten. Dabei werden Aktivmehrungen und Passivminderungen als Mittelverwendung auf der Sollseite und Passivmehrungen und Aktivminderungen als Mittelherkunft auf der Habenseite der Bewegungsbilanz abgebildet. Da die Bilanz im Vorjahr und im aktuellen Jahr ausgeglichen ist, ergibt sich automatisch auch eine ausgeglichene Bewegungsbilanz. Folgendes fiktives Beispiel zeigt eine einfache Bewegungsbilanz:

Mittelverwendung			**Mittelherkunft**
Aktivzunahmen	**T €**	**Aktivabnahmen**	**T €**
Unbebaute Grundstücke	500	Infrastrukturvermögen	2.000
Bebaute Grundstücke	3.500	Fahrzeuge	25
Bauten auf fremden Grund u. Boden	10	Finanzanlagen	1.500
Maschinen	1.200	Geleistete Anzahlungen	25
Betriebs- u. Geschäftsausstattung	300	Sonstige Forderungen	200
Roh-, Hilfs-, Betriebsstoffe, Waren	200	Privatrechtliche Forderungen	1.000
Öffentlich-rechtliche Forderungen	150	Rechnungsabgrenzungsposten	150
Liquide Mittel	1.200		
Passivabnahmen	**T €**	**Passivmehrungen**	**T €**
Jahresüberschuss/-fehlbetrag	640	Sonderrücklagen	100
Zuwendungen	900	Aufwandsrückstellungen	2.000
Beiträge	1.300	Verbindlichkeiten aus Krediten	3.000
Verbindlichkeiten aus L. + L.	50		
Sonstige Verbindlichkeiten	50		
	10.000		**10.000**

Die Bewegungsbilanzsumme weist dabei lediglich die Summe der saldierten Veränderungen von Mittelherkunft und -verwendung aus. Die Veränderung des gesamten Vermögens und des gesamten Kapitals ist aus ihr nur indirekt zu ermitteln.[7]

6 Vgl. *Bittig/Fudalla/zur Mühlen*, Doppisches kommunales Rechnungswesen: Finanzrechnung und Finanzplan, der gemeindehaushalt 2/2002 S. 32.

7 Vgl. *Schrader*, Die Kapitalflussrechnung als Abbildung der Finanzlage, Frankfurt 1999, S. 74.

In einem weiteren Schritt werden die Informationen aus dem Anlagenspiegel einbezogen. Hierzu werden die einzelnen Vorgänge ermittelt, die zur Veränderung des Anlagevermögens geführt haben. Dies sind jeweils die

- Zuschreibungen,
- Zugänge,
- Abschreibungen und
- Abgänge.

Die Werte lassen sich aus der Anlagenübersicht ermitteln. Lediglich bei der Ermittlung der Abgänge ist zu beachten, dass die Anlagenübersicht die Abgänge zu Anschaffungs- und Herstellungskosten (AHK) ausweist und nicht zu Restbuchwerten.

	AHK	Zugänge zu AHK	Abgänge zu AHK	Umbuchungen zu AHK	Zuschreibungen	kumul. Abschreibungen	Buchwert 31.12. Rechnungsjahr	Buchwert 31.12. Vorjahr	Abschreibungen Rechnungsjahr
		+	–	+/–	+	–			
Fahrzeuge	520.000	60.000	35.000	0	0	360.000	250.000	275.000	55.000

Zur Ermittlung der Restbuchwerte der Abgänge ist zusätzlich folgender Rechenschritt erforderlich[8]:

	Buchwert 31.12. des Vorjahres
+	Zugänge zu AHK
+	Zuschreibungen
–	Abschreibungen Rechnungsjahr
–	Buchwert 31.12. des Rechnungsjahres
=	Abgänge zu Restbuchwerten

Die ermittelten Vorgänge, die zur Änderung des Anlagenbestandes geführt haben, werden in einer Brutto-Bewegungsbilanz separat ausgewiesen. So werden die Zugänge und Zuschreibungen jeweils separat auf der Sollseite und die Abgänge und Abschreibungen jeweils separat auf der Habenseite der Bewegungsbilanz ausgewiesen.

Als letzter Schritt erfolgt die Erweiterung der Bewegungsbilanz um die Daten aus der Ergebnisrechnung. Dazu werden die Eigenkapitalpositionen in der Bewegungsbilanz durch die einzelnen Aufwands-/Ertragsarten aus der Ergebnisrechnung ersetzt.

Im Ergebnis stellt sich dann eine Brutto-Bewegungsbilanz dar, aus der die zahlungsunwirksamen Aufwendungen und Erträge durch Saldierung mit den jeweils korrespondierenden Bilanzposten verrechnet werden können. Es lässt sich aus dieser Brutto-Bewegungsbilanz der Mittelzufluss/-abfluss aus laufender Verwaltungstätigkeit, aus Finanzierungs- und Investitionstätigkeit direkt ermitteln.

8 Vgl. *Schrader*, Die Kapitalflussrechnung als Abbildung der Finanzlage, Frankfurt 1999, S. 77.

Dazu werden bei der Investitionstätigkeit die jeweiligen Zu- und Abgänge isoliert ausgewiesen. Im Bereich der Finanzierungstätigkeit werden die Zu- und Abgänge bei den Kreditverbindlichkeiten erfasst. Für den Bereich der laufenden Verwaltungstätigkeit sind die jeweiligen Aufwandspositionen um die relevanten Bestandsänderungen zu korrigieren.

Mittelverwendung			**Mittelherkunft**
Aktivzunahmen	**T €**	**Aktivabnahmen**	**T €**
Unbebaute Grundstücke		Unbebaute Grundstücke	
Zugänge	1.000	*Abgänge*	500
Infrastrukturvermögen		Infrastrukturvermögen	
Zugänge	4.500	*Abschreibungen*	2.500
		Abgänge	4.000
Bebaute Grundstücke		Bebaute Grundstücke	
Zugänge	4.000	*Abschreibungen*	2.000
Zuschreibungen	2.000	*Abgänge*	500
Fahrzeuge		Fahrzeuge	
Zugänge	60	*Abschreibungen*	55
		Abgänge	30
Bauten auf fr. Grund u. Boden		Bauten auf fr. Grund u. Boden	
Zugänge	120	*Abschreibungen*	110
Finanzanlagen		Finanzanlagen	
		Abgänge	1.500
Maschinen		Maschinen und technische Anlagen	
Zugänge	3.000	*Abschreibungen*	1.800
Betriebs- u. Geschäftsausstattung		Betriebs- u. Geschäftsausstattung	
Zugänge	1.400	*Abschreibungen*	1.100
Roh-, Hilfs-, Betriebsstoffe, Waren	200	Geleistete Anzahlungen	25
Öffentlich-rechtliche Forderungen	150	Sonstige Forderungen	200
Liquide Mittel	1.200	Privatrechtliche Forderungen	1.000
		Rechnungsabgrenzungsposten	150
Passivabnahmen	**T €**	**Passivzunahmen**	**T €**
Zuwendungen	900	Aufwandsrückstellungen	2.000
Beiträge	1.300	Verbindlichkeiten aus Krediten	3.000
Verbindlichkeiten aus L.+L.	50		
Sonstige Verbindlichkeiten	50		

Mittelverwendung			Mittelherkunft
Aufwendungen	**T €**	**Erträge**	**T €**
Personalaufwendungen	31.796	Steuern und ähnlichen Abgaben	64.000
Versorgungsaufwendungen	802	Zuwendungen und allg. Umlagen	4.000
Aufw. für Sach- u. Dienstleistungen	4.300	Sonstige Transfererträge	3.240
Bilanzielle Abschreibungen	7.565	Öffentl.-rechtl. Leistungsentgelte	7.154
Transferaufwendungen	22.500	Privatrechtl. Leistungsentgelte	1.050
Sonst. ordentl. Aufwendungen	13.250	Kostenerstattungen u. -umlagen	905
Zinsen u. sonst. Finanzaufw.	1.800	Sonst. ordentl. Erträge	490
		Akivierten Eigenleistungen	420
		Bestandsveränderungen	200
		Finanzerträge	14
	101.943		101.943

Probleme können sich dabei insbesondere aus der dem § 2 Abs. 1 KomHVO zugrunde liegenden Struktur der Aufwands- und Ertragsarten ergeben, die auch maßgeblich sind für die auszuweisenden Zahlungsarten (§ 44 i. V. m. § 3 Abs. 1 KomHVO) in der Finanzrechnung. Die vorgesehene Detaillierung geht insbesondere im Bereich der laufenden Verwaltungstätigkeit über den kaufmännischen Standard hinaus, so dass es bislang noch keine praktische Erfahrung mit der Umsetzung dieser Variante der Finanzrechnung unter Berücksichtigung dieser Anforderungen gibt. Theoretisch erscheint eine direkte Ermittlung der geforderten Zahlungsarten möglich, wenn eine ausreichende Differenzierung der relevanten Bestandskonten sichergestellt ist. So ist es z. B. zur Feststellung der Zahlungsarten „Steuern und ähnliche Abgaben" und „Öffentlich-rechtliche Leistungsentgelte" erforderlich, das korrespondierende Forderungskonto „Öffentlich-rechtliche Forderungen" nach dieser Differenzierung weiter zu untergliedern. Auch eine weitere Differenzierung von Verbindlichkeiten- und Rückstellungskonten ist Voraussetzung für eine direkte derivative Finanzrechnung. Dies bedeutet gleichzeitig, dass bei der unterjährigen Bebuchung der Bestandskonten diese Differenzierung berücksichtigt werden muss. Inwieweit dies z. B. in der Debitoren- und Kreditorenbuchhaltung möglich ist, muss anhand der jeweiligen Softwarelösung vor Ort geprüft werden.

Ab Kap. 13.3. wird von einer originären Bebuchung der Finanzrechnung ausgegangen, so wie sie bisher in den Modellkommunen in Sachsen-Anhalt und auch den meisten anderen Doppik-Pilotkommunen umgesetzt wurde. Dabei ist es unerheblich, welche Variante der originären Bebuchung zur Anwendung kommt.

13.2 Übung

Sachverhalt Nr. 1:

Die Gemeinde G führt die Abwasserbeseitigung als Eigenbetrieb nach § 121 Abs. 1 Nr. 3 KVG und setzt dabei im Rechnungswesen die kaufmännische Buchhaltung ein. Im Rahmen der Einführung des Neuen Kommunalen Haushaltsrechts soll nach Willen des Finanzdezernenten auch für die Abwasserbeseitigung eine Finanzrechnung erstellt werden. Diese soll aus den Konten der Buchhaltung abgeleitet werden. Die Bestands- und Erfolgskonten der Abwasserbeseitigung weisen folgende Salden (Auszug) aus:

Erfolgskonten	**T €**	
	31.12.2024	
Erträge aus Abwassergebühren	6.500	
Erträge aus der Auflösung von Sopo für Kanalanschlussbeiträge	400	
Personalaufwand	1.700	
Wertberichtigungen auf Gebührenforderungen	15	
Wertberichtigungen auf Beitragsforderungen	40	
Bestandskonten	**T €**	**T €**
	31.12.23	**31.12.24**
Sonderposten für Kanalanschlussbeiträge	20.000	21.100
Forderungen aus Abwassergebühren	150	120
Forderungen aus Kanalanschlussbeiträgen	10	210
Instandhaltungsrückstellungen	3.350	3.850
Sonstige Rückstellungen	90	30

Aufgabe:

Berechnen Sie aus den Ihnen vorliegenden Konten nach der direkten derivativen Methode (Variante 3) die Einzahlungen aus Abwassergebühren, die Einzahlungen aus Beiträgen und die Personalauszahlungen für das Jahr 2024!

Lösung:

a) Ermittlung der Einzahlungen aus Abwassergebühren

Zunächst wird die Änderung des Bestandes der Forderungen aus Abwassergebühren ermittelt. Diese Änderung ergibt sich aus der Differenz des Bestandskontos vom 31.12.2024 zum 31.12.2023. Danach haben sich die Forderungen im Jahr 2024 um 30.000 € reduziert. Die Reduzierung der Gebührenforderungen beruht allerdings i. H. v. 15.000 € auf Wertberichtigungen.

Die Höhe der Einzahlungen aus Abwassergebühren ergibt sich danach wie folgt:

	Erträge aus Abwassergebühren:	6.500.000 €
+	Reduzierung des Forderungsbestands:	30.000 €
./.	Wertberichtigungen auf Gebührenforderungen:	15.000 €
=	Einzahlungen aus Abwassergebühren:	6.515.000 €

b) Ermittlung der Einzahlungen aus Kanalanschlussbeiträgen

Zur Ermittlung der Einzahlungen aus Kanalanschlussbeiträgen sind die Zugänge des entsprechenden Sonderpostens zu ermitteln. Im Jahr 2024 hat sich der Sonderposten insgesamt um 1.100.000 € erhöht. Gleichzeitig wurde der Sonderposten i. H. v. 400.000 € ertragswirksam aufgelöst. Insgesamt ergibt sich daraus ein Brutto-Zugang auf dem Konto Sonderposten für Kanalanschlussbeiträge von 1.500.000 €. (Bestandsänderung = Zugänge ./. Auflösungen)

Die Einzahlungen aus Kanalanschlussbeiträgen lassen sich demnach folgendermaßen berechnen:

	Brutto-Zugang Sonderposten Beiträge:	1.500.000 €
./.	Erhöhung des Forderungsbestands:	200.000 €
./.	Wertberichtigungen auf Beitragsforderungen:	40.000 €
=	Einzahlungen Kanalanschlussbeiträgen:	1.260.000 €

c) Ermittlung der Personalauszahlungen

Da laut Sachverhalt im Bereich der Personalaufwendungen keine Änderungen im Bereich der Verbindlichkeiten oder Forderungen vorliegen, muss zur Ermittlung der Personalauszahlungen der Personalaufwand dem Auszahlungsbetrag gleichgesetzt werden:

	Personalaufwand:	1.700.000 €
=	Personalauszahlungen:	1.700.000 €

13.3 Originäre Bebuchung der Finanzrechnung in den Kontenklassen 6 und 7

Für die Führung der originären Finanzrechnung wurden im Kontenrahmenplan (www.statistik.sachsen-anhalt.de\Themen\Kommunales\Kommunaler Haushalt/Doppik) die Kontenklassen 6 und 7 vorgesehen. Im Überblick stellen sich die Kontenklassen für die Einzahlungen und Auszahlungen folgendermaßen dar:

Kontenklasse 6			Kontenklasse 7	
	Einzahlungen			Auszahlungen
60	Steuern und ähnliche Abgaben		70	Personalauszahlungen
61	Zuwendungen und allgemeine Umlagen		71	Versorgungsauszahlungen
62	Sonstige Transfereinzahlungen		72	Auszahlungen für Sach- und Dienstleistungen
63	Öffentlich-rechtliche Leistungsentgelte		73	Transferauszahlungen
64	Privatrechtliche Leistungsentgelte, Kostenerstattungen und -umlagen		74	Sonstige Auszahlungen aus laufender Verwaltungstätigkeit
65	Sonstige Einzahlungen aus laufender Verwaltungstätigkeit		75	Zinsen und ähnliche Auszahlungen
66	Zinsen und ähnliche Einzahlungen			
68	Einzahlungen aus Investitionstätigkeit		78	Auszahlungen aus Investitionstätigkeit
69	Einzahlungen aus Finanzierungstätigkeit		79	Auszahlungen aus Finanzierungstätigkeit

Die Kontengruppen der Finanzrechnungskonten stimmen weitgehend mit den Ein- und Auszahlungsarten überein, die nach §§ 3, 44 KomHVO in den Plan- und Rechenwerken der Finanzrechnung abzubilden sind.

Grundsätzlich ist festzustellen, dass bei der originären Bebuchung der Finanzrechnung vier Fälle zu unterscheiden sind:

a) Zahlung, die in derselben Rechnungsperiode nicht zu Aufwand oder Ertrag der gleichen Art führt (Buchungsfall 1)

Klassisches Beispiel für solche Zahlungen sind Auszahlungen für Investitionen. Dieser Auszahlungsart steht keine korrespondierende Aufwandsart gegenüber, da die Investition zu einer Aktivierung des Vermögensgegenstands führt. Durch die Abschreibung des Vermögensgegenstands kann allerdings bei einer anderen Aufwandsposition und in anderer Höhe ein Aufwand verursacht werden. Buchungstechnisch kann in diesen Fällen das Finanzrechnungskonto nicht aus einem korrespondierenden Aufwandskonto abgeleitet werden. Das Finanzrechnungskonto ist daher anhand des Kontenplans manuell zu ermitteln und bei der Buchung anzusprechen.

Ein weiteres Beispiel für den Buchungsfall 1 ergibt sich aus dem Periodisierungsprinzip der Doppik. Etwaigen Zahlungen, die Leistungen betreffen, welche wirtschaftlich einer anderen Rechnungsperiode zuzurechnen sind, stehen keine Aufwendungen bzw. Erträge gegenüber.

Erfolgt die Zahlung vor der Leistung, spricht man von sog. „transitorischen Posten". In solchen Fällen ergibt sich die Notwendigkeit zur Bildung eines Rechnungsabgrenzungspostens. Im Fall einer Auszahlung wird dieser auf der Aktivseite der Bilanz gebildet, im Fall einer Einzahlung auf der Passivseite. Da die Rechnungsabgrenzung i. d. R. erst im Rahmen des Jahresabschlusses erfolgt, kann die Ermittlung des Finanzrechnungskontos auch in diesen Fällen aus den Erfolgskonten abgeleitet werden. Die Konten der Ergebnisrechnung werden anschließend durch eine entsprechende Abgrenzungsbuchung wieder entlastet, so dass die zutreffende Differenz zwischen Finanz- und Ergebnisrechnung im Jahresabschluss ausgewiesen wird.

Erfolgt dagegen die Zahlung in der Rechnungsperiode nach der Leistung spricht man von sog. „antizipativen Posten".[9] Die Abgrenzung der antizipativen Posten erfolgt über die Bilanzposten „Sonstige Forderungen" bei Auszahlungen und „Sonstige Verbindlichkeiten" bei Einzahlungen. Da zum Zeitpunkt der Zahlung der ergebniswirksame Vorgang schon buchhalterisch erfasst ist, erscheint es auch in diesen Fällen möglich, die Kontierung in der Finanzrechnung aus der Erfolgsbuchung abzuleiten. So muss z. B. beim Zahlungseingang eine Zuordnung zur offenen „Sonstigen Forderung" erfolgen. Diese wiederum lässt sich auf die in der Vorperiode erfasste Ertragsbuchung zurückführen.

b) Zahlung, die in derselben Rechnungsperiode nicht in der gleichen Höhe zu Aufwand oder Ertrag führt (Buchungsfall 2)

Der Buchungsfall 2 ergibt sich i. d. R. ebenfalls aus dem Periodisierungsprinzip. Dabei bezieht sich die Zahlung zum Teil auf Leistungen in der laufenden Periode und zum (anderen) Teil auf Leistungen in einer bereits abgelaufenen oder einer zukünftigen Periode. In diesen Fällen gilt sinngemäß das Gleiche, was oben für die transitorischen und antizipativen Posten ausgeführt wurde. Allerdings ist es notwendig, zwischen den beiden Teilen des Geschäftsvorfalls zu differenzieren, d. h. die ergebniswirksamen und die ergebnisunwirksamen Zahlungen buchhalterisch voneinander zu trennen (s. u.).

Ebenfalls durch das Periodisierungsprinzip verursacht sind die Differenzen zwischen Finanz- und Ergebnisrechnung, die sich aus der Lagerung von Roh-, Hilfs-, Betriebsstoffen und Waren ergeben. Während alle Auszahlungen für Lagerzugänge in der Finanzrechnung zu erfassen sind, ergeben sich in der Ergebnisrechnung nur Aufwendungen in der Höhe, in der solche Stoffe tatsächlich verbraucht wurden bzw. in der Höhe, in der die Waren veräußert wurden.[10] Die Erfassung der Auszahlungen für die Finanzrechnung ist dabei abhängig davon, ob eine Lagerbuchhaltung eingesetzt wird oder ob die Lagerzugänge zunächst als Aufwand gebucht werden. Werden Lagerzugänge bei Einsatz einer Lagerbuchhaltung nicht unmittelbar als Aufwand gebucht,

9 Vgl. *Häfner*, Doppelte Buchführung für Kommunen nach dem NKF, 3. Aufl., Freiburg 2005, S. 180 ff.

10 Vgl. Ausführungen in Kap. 12.

kann die Buchung der Finanzrechnung nicht aus dem Aufwandskonto abgeleitet werden. Sie ist daher entweder manuell zu erfassen oder aus der Bestandsbuchung abzuleiten.

c) Zahlung, die in derselben Rechnungsperiode in der gleichen Höhe zu Aufwand oder Ertrag führt (Buchungsfall 3)

Der „normale" Buchungsfall ist der, bei dem Zahlung und Ressourcenverbrauch übereinstimmen und damit keine Differenzen zwischen Finanzrechnung und Ergebnisrechnung auftreten. Dies ist i. d. R. zu erwarten bei Personalauszahlungen, bei normalen Geschäftsauszahlungen wie Porto, Telefon, Werbung, bei Einzahlungen für Grundsteuern, Verwaltungsgebühren etc. In all diesen Fällen kann die Bebuchung der Finanzrechnungskonten direkt aus der Erfolgsbuchung abgeleitet werden. Wichtig ist dabei, dass die Buchung in der Finanzrechnung immer erst dann erfolgt, wenn die tatsächliche Zahlung erfolgt und nicht bei Erfassung der Forderung oder Verbindlichkeit.

Neben diesen drei Buchungsfällen gibt es einen weiteren Buchungsfall, der für die korrekte Abgrenzung der Finanzrechnung von der Ergebnisrechnung relevant ist, aber nicht zu einer Buchung auf den Finanzrechnungskonten führt:

d) Aufwand oder Ertrag, denen in der gleichen Rechnungsperiode bzw. (überhaupt) keine Zahlungen gegenüberstehen (Buchungsfall 4)

Der Buchungsfall 4 ist quasi das Gegenstück zum Buchungsfall 1. In allen Fällen, in denen Ressourcen verbraucht werden oder der Kommune Vermögen zukommt, die aber keinen Zahlungseingang oder -ausgang in derselben Periode zur Folge hat, steht der Erfassung in der Ergebnisrechnung keine Position in der Finanzrechnung gegenüber. Beispiele hierfür sind insbesondere die Abschreibungen und die Bildung von Rückstellungen. Auch bei den transitorischen und antizipativen Posten ergibt sich jeweils in einer Periode ein ergebniswirksamer Vorgang, der nicht in derselben Periode zahlungswirksam wird.

13.4 Zusammenfassung: Systematische Behandlung der Abweichungen von Finanz- und Ergebnisrechnung bei originärer Buchung der Finanzrechnung

Anhand der bekannten Systematisierung der Rechnungsgrößen lassen sich die beschriebenen Buchungsfälle zuordnen. Der Buchungsfall 2 ist dabei jeweils als Kombination der Buchungsfälle 1 und 3 (Buchungsfall 2a) oder 3 und 4 (Buchungsfall 2b) zu betrachten. In einem Geschäftsvorfall gibt es bei Vorliegen des Buchungsfalls 2a sowohl zahlungsgleiche Aufwendungen oder Erträge als auch Zahlungen, denen keine Aufwendungen und Erträge gegenüberstehen. Im Buchungsfall 2b liegen zum Teil zahlungsgleiche Aufwendungen und Erträge vor, zum (anderen) Teil liegen Aufwendungen oder Erträge vor, die in derselben Periode nicht zu Zahlungen führen. Zur korrekten Abbildung von Finanz- und Ergebnisrechnung ist in diesen Fällen der jeweilige Geschäftsvorfall in beide Bestandteile (1 und 3 bzw. 3 und 4) aufzuteilen und buchhalterisch separat zu erfassen.

Die nachfolgende Darstellung zeigt die Systematisierung im Überblick:

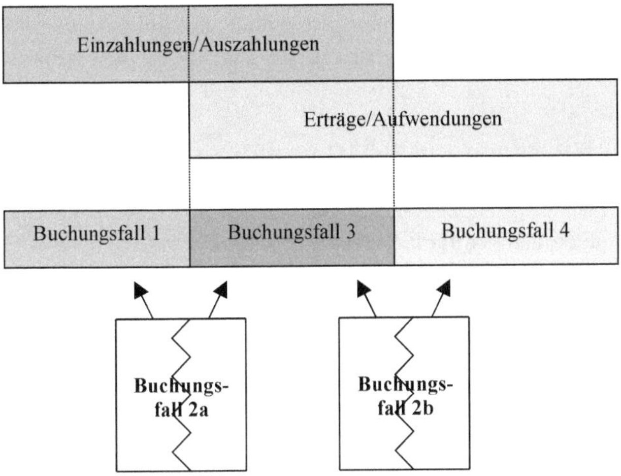

Bei der originären Buchung der Finanzrechnung sind für alle Varianten der Buchungsfälle 1 bis 3 bestimmte Wege zur Erfassung der Geschäftsvorfälle auf den Konten der Finanzrechnung zu entwickeln. Dabei ist die Minimierung des Buchungsaufwands in den Vordergrund zu stellen, da bei der überwiegenden Zahl der Fälle eine Ableitung der Kontierung der Finanzrechnungskonten aus der Ergebnisrechnung möglich ist. Auch bei der überwiegenden Zahl der Buchungsfälle unter 2a ist dies möglich, da die Abgrenzung in der Ergebnisrechnung erst im Rahmen des Jahresabschlusses erfolgt.

13.5 Einzahlungen aus Investitionstätigkeit (Kontenbereich 68)

Zu den Einzahlungen aus Investitionstätigkeit[11] gehören

- Zuwendungen für Investitionen und Investitionsfördermaßnahmen,
- Einzahlungen aus Veräußerung von Vermögensgegenständen des Anlagevermögens,
- Einzahlungen aus der Veräußerung von Finanzanlagen,
- Beiträge und ähnliche Entgelte,

Diese Zahlungspositionen (vgl. § 3 Abs. 1 KomHVO) werden in der Finanzrechnung zum Zeitpunkt des Zahlungseingangs in voller Höhe erfasst. Insbesondere im Bereich der Zuwendungen, der Veräußerungserlöse und der Beiträge ergeben sich bei der Be-

11 Siehe dazu *Grimberg*, Kommunalhaushaltsrecht Sachsen-Anhalt, Kommentar, Wiesbaden 2018, § 3 Rdnr. 3 mit Buchungsbeispielen.

trachtung der Zahlungsströme in der Finanzrechnung individuelle Abweichungen zur Ertragssicht. Während sich bei Beiträgen und Zuwendungen der Ertrag aus der Verteilung der Einzahlungen auf den Nutzungszeitraum der damit finanzierten Investition ergibt, liegt ein Ertrag bei einer Vermögensveräußerung nur in Höhe der positiven Differenz zwischen Veräußerungserlös und Restbuchwert zum Zeitpunkt der Veräußerung vor. Die Erfassung in der Finanzrechnung ist bei diesen Positionen unproblematisch, da sich der Einzahlungsbetrag unmittelbar aus dem Zugang auf dem Bankkonto ergibt.

13.6 Einzahlungen aus Finanzierungstätigkeit (Kontenbereich 69)

Die Einzahlungen aus Finanzierungstätigkeit (§ 3 Abs. 1 KomHVO)[12] beinhalten zunächst die Kreditaufnahmen für die Investitionstätigkeit der Kommune. Die Differenzierung der Finanzrechnungskonten muss im Kontenplan der Kommunen ebenso wie die Differenzierung der Bestandskonten für Kreditverbindlichkeiten nach den Gläubigern erfolgen, um die Verbindlichkeitenübersicht gemäß § 49 Abs. 3 KomHVO erstellen zu können. Dabei ist insbesondere der öffentliche Bereich stärker zu unterteilen. Die buchhalterische Abwicklung bei einer direkt geführten Finanzrechnung ergibt sich bei einer Kreditaufnahme für Investitionen in folgender Weise:

1. Abschluss eines Kreditvertrages bei einem Kreditinstitut mit einer Laufzeit über fünf Jahre bei festem Zinssatz über 1 Mio. € bei 100 % Auszahlung:

1721 Privatr. Ford.	**an**	**32173 Investitionskred.**	**1 Mio. €**

2. Eingang des Kreditbetrags auf dem Konto der Kommune:

1811 Sichteinlagen	**an**	**1721 Privatr. Forderung**	**1 Mio. €**

Bei Zahlungseingang erfolgt gleichzeitig die Mitkontierung des passenden Finanzrechnungskontos des Kontenbereichs 69 „Einzahlungen aus Finanzierungstätigkeit". Da die Passivkonten der Kreditverbindlichkeiten ebenso unterteilt sind wie die Finanzrechnungskonten, kann für die Mitkontierung der Finanzrechnung auch in diesem Fall eine Buchungslogik im Buchhaltungsprogramm hinterlegt werden.

Im Rahmen der Haushaltsplanung ist eine Differenzierung der vorgesehenen Kreditaufnahmen für Investitionen nach Gläubigern nicht erforderlich. Alle Planungen auf den Konten des Bereichs 69 finden sich im Finanzplan in der Zeile 25 „Einzahlungen aus der Aufnahme von Krediten für Investitionen und Investitionsfördermaßnahmen" wieder. Wichtig ist, dass die Konten, die für die Aufnahme von Krediten zur Liquiditätssicherung vorgesehen sind, nicht beplant werden bzw. die Daten aus dieser

12 Siehe dazu *Grimberg*, Kommunalhaushaltsrecht Sachsen-Anhalt, Kommentar, Wiesbaden 2018, § 3 Rdnr. 4 mit Buchungsbeispielen.

Planung nicht in den Haushaltsplan übernommen werden, da dieser Teil der Einzahlungen aus Krediten nicht im Finanzplan abgebildet werden soll (vgl. § 3 Abs. 1 KomHVO).

Der Haushaltsansatz für die Kreditaufnahme für Investitionen im Finanzplan entspricht allerdings nicht der nach § 100 Abs. 2 Nr. 2 KVG in der Haushaltssatzung festgelegten Höchstgrenze, da hier zusätzlich noch die Kredite für Investitionsfördermaßnahmen ergänzt werden müssen. Diese Höchstgrenze betrifft die tatsächliche Brutto-Kreditaufnahme, die gemäß § 108 Abs. 1 KVG nicht höher sein darf als die Summe der Investitionen und Investitionsfördermaßnahmen. Dementsprechend ist darauf abzustellen, dass sich die Höchstgrenze der Kredite für Investitionen und Investitionsfördermaßnahmen berechnet aus:

+	Auszahlungen aus Investitionstätigkeit
+	Auszahlungen für Investitionsfördermaßnahmen
–	Einzahlungen aus Zuwendungen für Investitionsmaßnahmen
–	Einzahlungen von Beiträgen u. ä. Entgelten
–	Einzahlungen aus Zuwendungen für Investitionsfördermaßnahmen
=	Höchstbetrag der Kredite aus Investitionen

Die Ermittlung dieser Höchstgrenze muss in einer Nebenrechnung erfolgen und kann nicht unmittelbar aus dem Finanzplan abgelesen werden.

Neben den Investitionskrediten weist der Kontierungsplan die Kredite zur Liquiditätssicherung (Kontengruppe 693) gesondert aus. Diese Kredite werden nach §§ 44 und 3 KomHVO i. V. m. den Anlagen 4 und 14 der Muster zum NKHR im Jahresabschluss und nicht in der Planung ausgewiesen. Hierfür sind in der Finanzrechnung separate Zeilen vorzusehen.[13]

Da der Gesetzgeber lediglich im § 110 KVG darauf hinweist, dass die Gemeinde zur Sicherung der Zahlungsfähigkeit (offenbar über die nach § 108 Abs. 1 KVG absolut beschränkte Kreditaufnahme hinaus) weitere Kredite im Rahmen der Ermächtigung der Haushaltssatzung aufnehmen darf, kann nur eine Negativdefinition der Kredite zur Liquiditätssicherung erfolgen:

> *Kredite zur Liquiditätssicherung sind Kredite, die* nicht *nach § 108 Abs. 1 KVG für Investitionen, Investitionsfördermaßnahmen und zur Umschuldung aufgenommen werden. Sie werden im Finanzplan nicht ausgewiesen, sind jedoch in ihrer Höhe durch eine Festsetzung in der Haushaltssatzung zu beschränken.*

Die Beschränkung der Höhe dieser Kredite bezieht sich dabei auf den Stand der Kreditverbindlichkeiten und *nicht* auf die Höhe der Ein- und Auszahlungen in der Finanzrechnung. Eine Überwachung dieser Festlegung in der Haushaltssatzung kann daher nicht im Rahmen der Finanzrechnung erfolgen.

---

13 Vgl. Zeilen 27 und 28 in Anlage 14 der Muster zum NKHR.

Dem Kontenbereich 69 werden im Kontierungsplan auch die Rückflüsse von Ausleihungen und Darlehen zugeordnet. Diese Zuordnung widerspricht dem Abschlussgliederungsprinzip, da diese Einzahlungen nicht der Finanzierungstätigkeit der Gemeinden zuzuordnen sind, die durch die Festlegung der Zeilenbezeichnungen in § 3 Abs. 1 Nr. 4 Buchst. a KomHVO ausdrücklich auf die Aufnahme von Krediten beschränkt ist. Die Änderung der Zeilenbezeichnung in einer Verwaltungsvorschrift (Muster zum NKHR) ändert an dieser haushaltsrechtlichen Festlegung nichts. Die Vergabe von Darlehen und die zugehörigen Rückzahlungen können im Hinblick auf § 3 KomHVO nicht der Finanzierungstätigkeit der Gemeinde zugerechnet werden. Andererseits ist eine eindeutige Zuordnung zu den übrigen Zeilen des Finanzplans ebenfalls nicht ohne Zweifel möglich. Bis zu einer Klärung durch den Gesetz- oder Verordnungsgeber sollten diese Einzahlungen im Finanzplan bzw. in der Finanzrechnung weiterhin der Zeile „Zinsen und ähnliche Einzahlungen" (§ 3 Abs. 1 Nr. 1 Buchst. g KomHVO) zugeordnet werden.[14]

13.7 Versorgungsauszahlungen (Kontenbereich 71)

Auszahlungen an Versorgungsempfänger (Pensionäre) oder andere ehemalige Beschäftigte, die auf Zusagen zurückzuführen sind, die während der aktiven Beschäftigungszeit gegeben wurden, fallen unter die Versorgungsauszahlungen.

Da in Sachsen-Anhalt alle Kommunen nach dem Gesetz über den Kommunalen Versorgungsverband Pflichtmitglieder des Versorgungsverbandes sind, wenn sie versorgungsberechtigte Beamte haben, haben die Kommunen nach der Gemeindehaushaltsverordnung keine Pensionsrückstellungen zu bilden (siehe Kap. 12.2.12). Die Kommunen in Sachsen-Anhalt lassen die Versorgungsleistungen für ihre Beamten durch den externen Versorgungsträger erfüllen, der für sie die Berechnung und Zahlung der beamtenrechtlichen Versorgungsleistungen durchführt und die Mitglieder in versorgungsrechtlichen Fragen berät. Die Kommunen zahlen für diese Dienstleistung und für die Versorgungsaufwendungen, Verwaltungskosten und Rücklagen die erforderlichen Mittel innerhalb der Solidargemeinschaft durch eine Umlage an den Versorgungsverband. Diese Auszahlungen an den Verband sind aber im Kontenbereich 70 (Konto 7021) zu berücksichtigen (Zur Kritik der Nichtpassivierung der Pensionsverpflichtungen siehe Kap. 10.3.7.1).

14 Auch an dieser Stelle wird deutlich, dass der Kontierungsplan in der vorliegenden Fassung nicht den praktischen Anforderungen der Buchhaltung entspricht. Ein Ausweis von Kreditaufnahmen und Rückzahlungen von gewährten Krediten in einer Zeile im Finanzplan ist irreführend und betriebswirtschaftlich nicht vertretbar.

13.8 Auszahlungen aus Investitionstätigkeit (Kontenbereich 78)

Der Kontenbereich 78 umfasst alle Auszahlungen im Bereich der Investitionstätigkeit der Kommunen. Damit sind die Zeilen 20 und 21 der Finanzrechnung (bzw. des Finanzplans) aus den Konten dieser Gruppe abzuleiten.

Finanzrechnung[15] (Auszug)			Ergebnis des Vorjahres	Fortgeschriebener Ansatz des Haushaltsjahres	Ist-Ergebnis des Haushaltsjahres	Vergleich Ansatz/Ist (Sp. 3 ./. Sp. 2)
			1	2	3	4
	=	Einzahlungen aus lfd. Verwaltungstätigkeit				
	=	Auszahlungen aus lfd. Verwaltungstätigkeit				
	=	Saldo aus laufender Verwaltungstätigkeit				
17	+	Einzahlungen aus Zuwendungen für Investitionen und für zu bilanzierende Investitionsfördermaßnahmen und aus Investitionsbeiträgen				
18	+	Einzahlungen aus der Veräußerung des Anlagevermögens				
19	**=**	**Einzahlungen aus Investitionstätigkeit**				
20	–	Auszahlungen für eigene Investitionen				
21	–	Auszahlungen von Zuwendungen für zu bilanzierende Investitionsfördermaßnahmen				
22	**=**	**Auszahlungen aus Investitionstätigkeit**				
23	**=**	**Saldo aus Investitionstätigkeit**				

15 Auszug aus der Finanzrechnung lt. Anlage 14 der Muster zum NKHR.

Die Teilfinanzrechnungen (Anlage 16 der Muster zum NKHR) schreiben hierzu eine weitere Differenzierung der Ein- und Auszahlungsarten vor:

	Teilfinanzrechnung	**Ergebnis des Vorjahres**	**Fortgeschriebener Ansatz des Haushaltsjahres**	**Ist-Ergebnis des Haushaltsjahres**	**Vergleich Ansatz/Ist (Sp. 3 ./. Sp. 2)**
		1	2	3	4
	Laufende Verwaltungstätigkeit (Einzahlungen und Auszahlungen nach Arten können wie in der Finanzrechnung abgebildet werden.)				
	Investitionstätigkeit				
	Einzahlungen				
1	Zuwendungen für Investitionen und für zu bilanzierende Investitionsfördermaßnahmen				
2	+ Veräußerung von Grundstücken, Gebäuden und Infrastrukturvermögen				
3	+ Veräußerung von beweglichen oder immateriellen Vermögensgegenständen				
4	+ Veräußerung von Finanzanlagen				
5	+ Baumaßnahmen				
6	+ Beiträge und ähnliche Entgelte				
7	+ sonstige Investitionseinzahlungen				
8	**Summe investive Einzahlungen**				
	Auszahlungen				
9	Zuwendungen für zu bilanzierende Investitionsfördermaßnahmen				
10	+ Erwerb von Grundstücken, Gebäuden und Infrastrukturvermögen				
11	+ Erwerb von beweglichen oder immateriellen Vermögensgegenständen				
12	+ Erwerb von Finanzanlagen				
13	+ Baumaßnahmen				
14	+ sonstige Investitionsauszahlungen				
15	**Summe investive Auszahlungen**				
16	**= Saldo aus Investitionstätigkeit**				

Eine entsprechende Differenzierung der Konten ist zur Erfüllung der Anforderungen zwingend erforderlich. Unter Berücksichtigung des Kontierungsplans müssen die Kommunen hier eine sinnvolle Differenzierung in einem kommunalspezifischen Kontenplan vornehmen.

Als „Investitionsauszahlungen" werden alle Auszahlungen für den Erwerb von Vermögensgegenständen des Anlagevermögens einschließlich der Finanzanlagen erfasst. Entscheidend für die Zuordnung der Auszahlungen als Investitionsauszahlungen ist die Aktivierbarkeit der durch die Zahlung erworbenen Sach- oder Finanzanlagen.

Die Differenzierung der Auszahlungsarten im Bereich der Investitionsauszahlungen richtet sich nach den Anforderungen des Finanzplans (§ 3 Abs. 1 KomHVO) und der Finanzrechnung (§ 44 KomHVO). Demnach sind unter dieser Kontenart entsprechend der Teilfinanzrechnung separat zu planen und zu erfassen:

- Auszahlungen von Zuwendungen für zu bilanzierende Investitionsfördermaßnahmen,
- Auszahlungen für den Erwerb von Grundstücken, Gebäuden und Infrastrukturvermögen,
- Auszahlungen für den Erwerb von beweglichen oder immateriellen Vermögensgegenständen,
- Auszahlungen für den Erwerb von Finanzanlagen,
- Auszahlungen für Baumaßnahmen,
- Sonstige Investitionsauszahlungen.

Unter die Investitionsauszahlungen fallen demnach auch Zuwendungen der Gemeinde an Dritte i. S. d. § 34 Abs. 6 KomHVO, wenn für die Gemeinde als Zuwendungsgeber eine mehrjährige Zweckbindung oder eine Gegenleistung vereinbart wurde, die nachhaltig der kommunalen Aufgabenerfüllung dient. Diese Beträge sind dann bei der Gemeinde als immaterielle Vermögensgegenstände zu aktivieren.

13.9 Auszahlungen aus Finanzierungstätigkeit (Kontenbereich 79)

Als Auszahlungen im Bereich der Finanzierungstätigkeit sind die Tilgungen von Investitionskrediten und Krediten zur Liquiditätssicherung zu erfassen. Die Tilgungen von Investitionskrediten werden im Finanzplan und in der Finanzrechnung in der Zeile 26 ausgewiesen. Die Tilgungen von Krediten zur Liquiditätssicherung werden ausschließlich im Jahresabschluss in der Finanzrechnung abgebildet. Eine Rückführung des Stands der Verschuldung aus laufender Verwaltungstätigkeit kann in dieser Systematik im Haushaltsplan nicht abgebildet werden. Gerade im Hinblick auf die Erstellung eines Haushaltskonsolidierungskonzepts aus Gründen der Überschuldung erscheint diese Einschränkung der Finanzplanung unter betriebswirtschaftlichen Gesichtspunkten nicht nachvollziehbar.

Bei den Ein- und Auszahlungen im Bereich der Finanzierungstätigkeit (Kreditaufnahme und -tilgung) ist grundsätzlich zu beachten, dass sich durch unterjährige Umschuldungen im Bereich der Finanzrechnung erhebliche Abweichungen der Ergebnisse von den Planwerten ergeben können. Zu beachten ist dabei, dass der Saldo der Finanzierungstätigkeit zuzüglich des in der Haushaltssatzung ausgewiesenen Aufschlags zur Sicherstellung der Liquidität nicht überschritten wird. Näheres hierzu ist in Kap. 16 und Kap. 12.6 ausgeführt.

13.10 Die Erfüllung der finanzstatistischen Anforderungen mit Hilfe der Konten der Finanzrechnung

Die aktuellen finanzstatistischen Anforderungen nach dem Finanz- und Personalstatistikgesetz (FPStatG) basieren auch nach der Novelle vom Frühjahr 2006 auch weiterhin im Wesentlichen auf den bisherigen Gliederungs- und Gruppierungsvorschriften des kameralen Haushaltsrechts. Sie sind zudem auf den Rechnungsstoff der Kameralistik (Einnahmen und Ausgaben) abgestellt. Bis zur vollständigen Umstellung des gesamten öffentlichen Rechnungswesens auf die kaufmännische Buchführung ist davon auszugehen, dass sich die Anforderungen der Finanzstatistik nicht wesentlich ändern werden. Dies macht für die Erfüllung der gesetzlichen Anforderungen bei den öffentlichen Körperschaften, die das kaufmännische Rechnungswesen anwenden, weitere Arbeitsschritte zur Ermittlung der korrekten Daten für die Finanzstatistiken erforderlich.

Bei direkter Ermittlung der Finanzrechnung kann die Aufbereitung der Daten am leichtesten aus den Konten der Finanzrechnung erfolgen,[16] da der dort ausgewiesene Rechnungsstoff (Einzahlungen und Auszahlungen) mit den Anforderungen an die Kassenstatistiken nahezu identisch ist. Nicht übereinstimmend ist die Differenzierung der Zahlungsarten in der Finanzrechnung und in der Finanzstatistik. Es bietet sich daher an, bei der Festlegung der Finanzrechnungskonten die Anforderungen der Finanzstatistik zu berücksichtigen und möglichst durchgängig eine eindeutige Zuordnung von Finanzrechnungskonten zu Gruppierungsziffern anzustreben. Dies würde eine Umschlüsselung der Daten mit Hilfe von Zuordnungstabellen ohne großen manuellen Aufwand ermöglichen. Der nachfolgende Auszug macht dabei die Zuordnung der Konten zu den bisherigen Gruppierungsziffern deutlich:

Finanzrechnungskonto			**Gruppierungs-ziffer**
601		**Realsteuern**	**00**
	6011	Grundsteuer A	000
	6012	Grundsteuer B	001
	6013	Gewerbesteuer	003
602		**Gemeindeanteile an Gemeinschaftssteuern**	**01**
	6021	Gemeindeanteil an der Einkommensteuer	010
	6022	Gemeindeanteil an der Umsatzsteuer	012

16 Vgl. Modellprojekt „Doppischer Kommunalhaushalt in NRW“ (Hrsg.), Neues Kommunales Finanzmanagement: Betriebswirtschaftliche Grundlagen für das doppische Haushaltsrecht, 2., vollst. überarb. Auflage auf der Basis der Endergebnisse des Modellprojektes, Freiburg 2003, S. 142.

Finanzrechnungskonto			Gruppierungs-ziffer
603		**Sonstige Gemeindesteuern**	**02**
	6031	Vergnügungssteuer	020, 021
	6032	Hundesteuer	022
	6033	Jagdsteuer (in Sachsen-Anhalt nicht mehr belegt)	026
	6034	Zweitwohnungssteuer	027
	6039	Sonstige Steuern	029

An verschiedenen Stellen des Kontenplans ist allerdings eine eindeutige Zuordnung der Konten zu Gruppierungsziffern nicht möglich. Hier sind ggf. weitere Differenzierungen der Finanzrechnungskonten vorzunehmen, um den Anforderungen der Statistik gerecht werden zu können.

Für die Ermittlung der finanzstatistischen Anforderungen bei einer derivativen Finanzrechnung liegen bislang noch keine praktischen Erfahrungen vor. Hier sind zusätzliche softwaretechnische Ableitungen erforderlich, um den geforderten Datenbestand zuverlässig ermitteln zu können.

13.11 Übungen

Sachverhalt Nr. 2:

Für die Aufstellung des Haushaltsplans 2025 teilt das Personalamt der Gemeinde G der Kämmerei im Juni 2024 folgende Planungsgrundlagen mit:

1.	Beamtenbezüge (Januar bis Dezember 2025):	6.400.000 €
2.	Vergütungen tariflich Beschäftigte:	7.900.000 €
3.	Beiträge zur Versorgungskasse für Angestellte:	290.000 €
4.	Beiträge zur gesetzlichen Sozialversicherung:	1.660.000 €
5.	Beihilfen für Beschäftigte:	1.100.000 €
6.	Aufwendungen für Aus- und Fortbildung:	750.000 €
7.	Aufwendungen für Dienst- und Schutzkleidung:	80.000 €

Die Januar-Besoldung der Beamten wird immer schon in den letzten Dezembertagen des Vorjahres ausgezahlt. Die Beamtenbesoldung für Januar 2025 wird mit 490.000 € kalkuliert. Die Besoldung für Januar 2026 beträgt voraussichtlich 510.000 €.

Aufgabe:

Ermitteln Sie die Planwerte für die Personalaufwendungen und -auszahlungen, sowie die Versorgungsaufwendungen und -auszahlungen für den Haushaltsplan 2025.

Lösung:

Unter die **Personalaufwendungen** fallen die vom Personalamt mitgeteilten Positionen 1 bis 5. Bei diesen Positionen hat das Personalamt die tatsächlichen Personalaufwendungen mitgeteilt. Dies gilt auch für die Beamtenbesoldung, da ausdrücklich die Besoldung für Januar bis Dezember 2025 mitgeteilt wurde und eine Rechnungsabgrenzung durchgeführt werden muss.

Die Positionen 6 und 7 gehören nicht zum Personalaufwand. Sie sind im Kontierungsplan dem Konto „Besondere Aufwendungen für Beschäftigte" (Konto 5261) zugewiesen. Diese Positionen gehören ebenfalls nicht zu den Personalauszahlungen.

Die Höhe der voraussichtlichen Personalaufwendungen beträgt damit:

	Beamtenbezüge (Januar bis Dezember 2025):	6.400.000 €
+	Vergütungen tariflich Beschäftigte:	7.900.000 €
+	Beiträge zur Versorgungskasse für Angestellte:	290.000 €
+	Beiträge zur gesetzlichen Sozialversicherung:	1.660.000 €
+	Beihilfen für Beschäftigte:	1.100.000 €
=	**Personalaufwand:**	**17.350.000 €**

Als **Personalauszahlungen** sind ebenfalls die Positionen 1 bis 5 in der vom Personalamt aufgestellten Liste zu berücksichtigen. Allerdings ist bei der Beamtenbesoldung die vorgesehene Rechnungsabgrenzung zu berücksichtigen, die zu Unterschieden zwischen Ergebnisplan (Aufwendungen) und Finanzplan (Auszahlungen) führt. Laut Sachverhalt hat das Personalamt die geplanten Aufwendungen für das Jahr 2025 mitgeteilt. Ausgezahlt werden im Jahr 2025 allerdings die Beamtengehälter für die Monate Februar bis Dezember 2025 und für Januar 2026. Der vom Personalamt ausgewiesene Wert muss daher korrigiert werden:

	Beamtenbezüge (Januar bis Dezember 2025):	6.400.000 €
–	Beamtenbezüge Januar 2025:	490.000 €
+	Beamtenbezüge Januar 2026:	510.000 €
=	**Auszahlungen Beamtenbezüge 2025:**	**6.420.000 €**

Weitere Abgrenzungsnotwendigkeiten sind bei den Personalaufwendungen/-auszahlungen nicht zu erkennen.

Die Höhe der voraussichtlichen Personalauszahlungen beträgt damit:

	Auszahlungen Beamtenbezüge 2025:	6.420.000 €
+	Vergütungen tariflich Beschäftigte:	7.900.000 €
+	Beiträge zur Versorgungskasse für Angestellte:	290.000 €
+	Beiträge zur gesetzlichen Sozialversicherung:	1.660.000 €
+	Beihilfen für Beschäftigte:	1.100.000 €
=	**Personalauszahlungen:**	**17.370.000 €**

Sachverhalt Nr. 3:[17]

Der Haushaltssachbearbeiter für den Produktbereich 36 „Kinder-, Jugend- und Familienhilfe" hat für die Haushaltsplanung eine Aufstellung der in seinem Bereich geplanten Investitionen, Desinvestitionen und geplanter Einzahlungen für Investitionen aufgelistet:

1.	Neubau Kindertagesstätte „Max und Moritz": (davon Grunderwerb 500.000 €)	4.500.000 €
2.	Einrichtung Kindertagesstätte „Max und Moritz":	1.610.000 €
3.	Landeszuweisung für Einrichtung der Kindertagesstätte	210.000 €
4.	Erneuerung Parkettfußboden im Offenen Jugendtreff:	120.000 €
5.	Neuanschaffung Kleinbus für Jugendfreizeiten:	60.000 €
6.	Verkauf alter Kleinbus (Restbuchwert 1 €)	500 €
7.	Einbau einer Leinwand im Kinosaal des Jugendtreffs: (davon Lohnkosten für Montage 800 €)	8.000 €
8.	Aufstellung neuer Spielgeräte auf Kinderspielplätzen:	60.000 €
9.	Sanierung Gebäude Jugendberatungszentrum	180.000 €
10.	Beschaffung verschiedener Einrichtungsgegenstände (> 1.000 €)	50.000 €

Aufgabe:

Stellen Sie anhand der geplanten Maßnahmen den Teilfinanzplan für den Produktbereich „Kinder-, Jugend- und Familienhilfe" (Anlage 6 A der Muster zum NKHR: Zahlungsübersicht) auf.

Lösung:

Zur Aufstellung der Zahlungsübersicht des Teilfinanzplans sind die geplanten Maßnahmen darauf zu prüfen, ob und ggf. an welcher Stelle sie im Teilfinanzplan auszuweisen sind.

Zu 1):

Der Neubau einer Kindertagesstätte ist eine Investitionsmaßnahme, die im Teilfinanzplan gemäß § 4 Abs. 4 KomHVO zu veranschlagen ist. Von der Gesamtinvestitionssumme von 4,5 Mio. € sind 500.000 € bei den Auszahlungen für den Erwerb von Grundstücken und Gebäuden und 4 Mio. € bei den Auszahlungen für Baumaßnahmen zu veranschlagen.

Zu 2):

Die Ersteinrichtung der Kindertagesstätte ist in voller Höhe als Investition im Teilfinanzplan zu veranschlagen. Die Zuordnung erfolgt als Auszahlung für den Erwerb von beweglichem Anlagevermögen.

17 Strenggenommen handelt es sich hier nicht um eine Aufgabe zur Finanzrechnung, sondern zur Finanzplanung. Da wesentliche Teile der Aufgabenstellung aber erst in diesem Kapitel behandelt wurden, wurde die Aufgabe diesem Kapitel zugeordnet. Für die Lösung der Aufgabe sind auch Kenntnisse über die Bilanzierung aus Kap. 10 erforderlich.

Zu 3):
Für die Einrichtung (Ziff. 2) wird eine Landesförderung erwartet. Diese Förderung ist der Investition direkt zuzuordnen, so dass sie ebenfalls im Teilfinanzplan als Zuwendung für Investitionsmaßnahmen ausgewiesen wird.

Zu 4):
Die Erneuerung des Fußbodens im Offenen Jugendtreff führt nicht zu einer Erweiterung der Nutzungsmöglichkeiten des Gebäudes. Es handelt sich, wie der Wortlaut deutlich macht, um eine Instandsetzungsmaßnahme und damit nicht um eine Investition. Die Veranschlagung hat daher im Teilergebnisplan als Aufwand zu erfolgen. Im Teilfinanzplan wird die Maßnahme nicht erfasst.

Zu 5):
Bei der Anschaffung eines Kleinbusses handelt es sich um den Erwerb von beweglichem Anlagevermögen. Die Auszahlung ist im Teilfinanzplan bei der entsprechenden Position zu veranschlagen.

Zu 6):
Der erwartete Verkaufserlös für den alten Kleinbus ist in voller Höhe als Einzahlung aus der Veräußerung von Sachanlagen zu veranschlagen. Die Höhe des Restbuchwertes spielt für die Veranschlagung im rein zahlungsorientierten Teilfinanzplan keine Rolle.

Zu 7):
Die Veranschlagung der einzubauenden Leinwand ist davon abhängig, ob die Leinwand und der Einbau selbstständig aktivierbar sind. Zwar soll die Leinwand mit dem Gebäude verbunden werden, der Einbau erfolgt allerdings nur zur Erfüllung eines speziellen betrieblichen Zwecks. Damit handelt es sich bei der Leinwand um ein selbstständig aktivierbares bewegliches Anlagegut (Betriebsvorrichtung). Auch die Lohnkosten für die Montage der Leinwand sind als Anschaffungsnebenkosten aktivierbar. Der Gesamtbetrag von 8.000 € ist als Auszahlung für den Erwerb von beweglichem Anlagevermögen zu veranschlagen.

Zu 8):
Spielgeräte auf Kinderspielplätzen können ebenfalls als bewegliches Anlagevermögen angesehen werden, auch wenn sie physisch mit dem Grund und Boden verankert werden. Sie dienen einem spezifischen Zweck und sind damit selbstständig aktivierbar. Die voraussichtlichen Auszahlungen für den Erwerb und die Aufstellung der Spielgeräte wird als Auszahlung für den Erwerb von beweglichem Anlagevermögen ausgewiesen.

Zu 9):
Die Sanierungsmaßnahme ist trotz der hohen Gesamtsumme nicht als Investition zu werten und wird damit nur als Aufwand im Teilergebnisplan veranschlagt.

Zu 10):

Der Erwerb von Einrichtungsgegenständen mit einzelnen Anschaffungskosten über 1.000 € stellt jeweils eine Investition dar. Die Gesamtsumme wird als Auszahlung für den Erwerb von beweglichem Anlagevermögen veranschlagt.

Der aufzustellende Teilfinanzplan für den Produktbereich „Jugend" stellt sich zusammenfassend wie folgt dar:

			Ansatz des Haushaltsjahres €
		Teilfinanzplan Produktbereich „Kinder-, Jugend- und Familienhilfe"	3
Investitionstätigkeit			
Einzahlungen			
1		Zuwendungen für Investitionsmaßnahmen	210.000
2	+	Veräußerung von Grundstücken, Gebäuden und Infrastrukturvermögen	500
3	+	Veräußerung von beweglichem Anlagevermögen und immateriellen Vermögensgegenständen	0
4	+	Veräußerung von Finanzanlagen	0
5	+	Baumaßnahmen	500
6	+	Beiträge und ähnliche Entgelte	0
7	+	sonstige Investitionseinzahlungen	0
8		**Summe der investiven Einzahlungen**	**210.500**
Auszahlungen			
9		Zuwendungen für Investitionsfördermaßnahmen	0
10	+	Erwerb von Grundstücken, Gebäuden und Infrastrukturmaßnahmen	500.000
11	+	Erwerb von beweglichem Anlagevermögen und immateriellen Vermögensgegenständen	1.788.000
12	+	Erwerb von Finanzanlagen	0
13	+	Baumaßnahmen	0
14	+	sonstige Investitionsauszahlungen	4.000.000
15		**Summe der investiven Auszahlungen**	**6.288.000**
16		**Saldo der Investitionstätigkeit (Einzahlungen ./. Auszahlungen)**	**–6.077.500**

14. Die Bewirtschaftungsgrundsätze

14.1 Allgemeines

Bei den Bewirtschaftungsgrundsätzen handelt es sich um Regelungen des kommunalen Haushaltsrechts zur Verwaltung der Finanzmittel. Diese Grundsätze dienen dazu, die Bewirtschaftung der einzelnen Finanzpositionen grundsätzlich festzulegen. Dabei wird es den Gemeinden durch das Einführen der flexiblen Bewirtschaftung der Haushaltsmittel ermöglicht (mehrere Bewirtschaftungsverfahren sind zulässig), das Bewirtschaftungssystem so zu wählen, dass es den örtlichen Gegebenheiten und Notwendigkeiten gerecht wird. Das nachstehende Schaubild gibt einen Überblick:

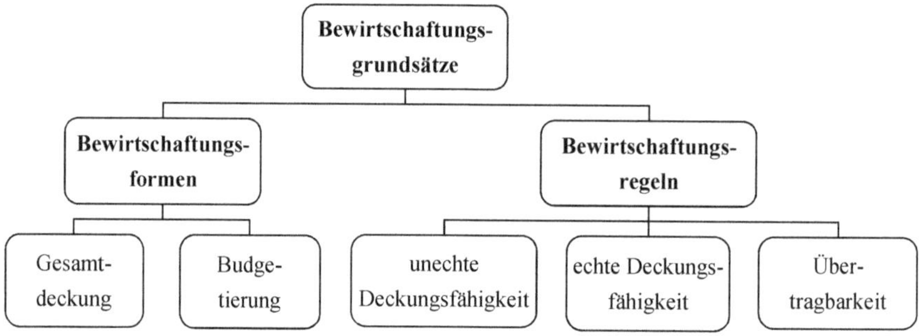

14.2 Bewirtschaftungsformen

14.2.1 Gesamtdeckung

Gemäß § 16 Nr. 1 KomHVO dienen im Ergebnisplan die Erträge insgesamt der Deckung der Aufwendungen des Ergebnisplans. Im Finanzplan dienen die Einzahlungen insgesamt der Deckung der Auszahlungen des Finanzplans (§ 16 Nr. 2 KomHVO). Somit wird erreicht, dass jeglicher Ertrag zur Deckung jeglicher Aufwendungen herangezogen werden kann. Dies gilt auch für Einzahlungen und Auszahlungen gleichermaßen. Das bedeutet, dass es haushaltsrechtlich grundsätzlich unzulässig ist, die Verwendung einzelner Erträge ausschließlich für bestimmte Aufwendungen vorzusehen. Spezielle Einzahlungspositionen dürfen nicht an bestimmte Auszahlungspositionen gebunden werden. Damit soll eine möglichst flexible Mittelverwendung erreicht werden.

Die Regelungen zur Gesamtdeckung stehen nicht im Widerspruch dazu, dass es durchaus Erträge und Einzahlungen gibt, die der Ertraggebende/Einzahler ausdrücklich für bestimmte Aufwendungen bzw. Auszahlungen vorsieht. Insofern ist dann der Verwendungszweck vorgegeben, sodass sog. „zweckgebundene Erträge bzw. Einzahlungen“ vorliegen (z. B. zweckgebundene Landeszuweisungen für den Schul- oder Straßenbau). Um dieser bei einigen Erträgen bzw. Einzahlungen auftretenden besonderen Behandlung Rechnung zu tragen, hat § 17 KomHVO als Ausnahme von der Gesamtdeckung die Zweckbindung von Erträgen bzw. Einzahlungen geregelt. Insofern ergibt sich folgender Überblick:

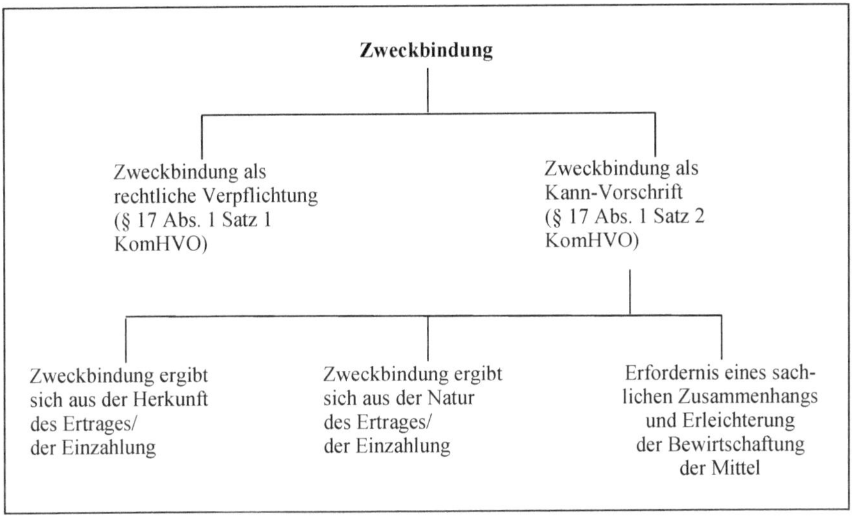

Zweckbindung als rechtliche Verpflichtung

Die ausschließliche Verwendung der Erträge bzw. Einzahlungen für Aufwendungen bzw. Auszahlungen aus einer rechtlichen Verpflichtung nach § 17 Abs. 1 Satz 1 KomHVO kann ihre Grundlage in einem Spezialgesetz haben, muss also nicht in Vorschriften des kommunalen Haushaltsrechts begründet sein. Der Begriff „Gesetz" umfasst auch die Rechtsverordnung. Die gemeindlichen Satzungen scheiden allerdings aus, weil die Gemeinden nicht selbst eine Zweckbindung gesetzlich normieren können. Immer wenn aufgrund eines Gesetzes oder Verwaltungsakts eine zweckgebundene Zuweisung veranschlagt wird, muss die Gemeinde eine Zweckbindung erklären. Ein Beispiel ist die Zweckbindung für Ablösungszahlungen für Stellplätze.

Die Zweckbindung eines Ertrages bzw. einer Einzahlung für eine bestimmte Aufwendung bzw. Auszahlung kann sich aber auch aus einer vertraglichen Bestimmung ergeben, somit aus einem privatrechtlichen Vertrag. Beispiele sind Schenkungsverträge, zweckgebundene Kredite und Verträge, die eine Beteiligung einer Nachbargemeinde oder eines Unternehmens an einer Baumaßnahme vorsehen. Auch bei diesem Tatbestand handelt es sich um eine rechtliche Verpflichtung.

Zweckbindung als Kann-Vorschrift

Nach § 17 Abs. 1 Satz 2 KomHVO können Erträge bzw. Einzahlungen auf die Verwendung für bestimmte Aufwendungen bzw. Auszahlungen beschränkt werden, wenn die Beschränkung sich aus der Herkunft oder Natur der Erträge bzw. Einzahlungen ergeben oder wenn ein sachlicher Zusammenhang dies erfordert und durch die Zweckbindung die Bewirtschaftung der Mittel erleichtert wird. Durch diese Regelung wird deutlich gemacht, dass die Erträge bzw. Einzahlungen aus der Gesamtdeckung herausgenommen und nur für bestimmte Einzelzwecke zur Verfügung stehen.

Zweckbindung ergibt sich aus der Herkunft der Erträge bzw. Einzahlungen

Die ausschließliche Verwendung eines Ertrages bzw. einer Einzahlung für bestimmte Aufwendungen bzw. Auszahlungen muss sich bereits aus der Herkunft des Geldes ergeben. Das bedeutet, dass man bereits aus der Kenntnis des Einzahlers die Zweckbindung ableiten kann. In der Praxis kann es einen solchen Fall nicht geben, weil keine öffentliche oder private Stelle ausschließlich nur zweckgebundene Aufwendungen bzw. Auszahlungen an Gemeinden leistet.

Das folgende Beispiel mag dies noch einmal verdeutlichen: Die Finanzbuchhaltung erhält eine Überweisung von 1.000 €, nur mit dem Namen des Absenders versehen. Im Überweisungsvordruck ist das Feld „Verwendungszweck" irrtümlich nicht ausgefüllt. Um eine Zweckbindung allein aus der Herkunft festlegen zu können, müsste auch so eindeutig ohne Rückfrage die Zweckbindung des Ertrages bzw. der Einzahlung erkennbar sein. In der Praxis findet diese Voraussetzung für die Zweckbindung deshalb auch keine Anwendung.

Zweckbindung ergibt sich aus der Natur der Erträge bzw. Einzahlungen

Die ausschließlich zweckgerichtete Verwendung dieses Ertrages bzw. dieser Einzahlung ist an der Art des Ertrages bzw. der Einzahlung zu erkennen. Die Zweckbindung ist dem Ertrag bzw. der Einzahlung „auf der Stirn geschrieben". Der Einzahlende legt durch seine Verwendungsauflage den Aufwands- bzw. Auszahlungszweck fest. Entscheidender Gesichtspunkt ist der Wille des Geldgebers. Typische Beispiele für diese in der Praxis regelmäßig anzuwendende Voraussetzung sind Zuweisungen, Zuschüsse (Spenden) und zweckgebundene Kredite.

Erfordernis eines sachlichen Zusammenhangs und Erleichterung der Bewirtschaftung der Mittel

Ob das Erfordernis eines sachlichen Zusammenhangs vorliegt, muss im Einzelfall geprüft werden. Ein Anhaltspunkt für das Bestehen eines solchen sachlichen Zusammenhangs kann die Zugehörigkeit von Ertrag bzw. Einzahlung und Aufwand bzw. Auszahlung zu demselben Produktbereich sein. Mit dieser Zweckbindungsmöglichkeit werden die Bestrebungen für eine Dezentralisierung der Ressourcenverantwortung nachhaltig unterstützt. Es darf allerdings nicht übersehen werden, dass durch die Zweckbindung Haushaltsmittel für spezielle Aufwendungen bzw. Auszahlungen gebunden werden und für den Gesamtausgleich nicht mehr zur Verfügung stehen.

Diese Möglichkeit der Zweckbindung werden die Gemeinde vor allem bei der Budgetierung ergreifen, wenn sie z. B. die Erträge bzw. Einzahlungen der Sporthallenbenutzung, Mieteinnahmen, Einnahmen aus Fotokopien, Eintrittsgelder aus Veranstaltungen für zweckgebunden zugunsten der Aufwendungen bzw. Auszahlungen des Budgets erklären. Weiterhin können z. B. auch sämtliche Erträge bzw. Einzahlungen der Volkshochschule zweckgebunden zugunsten sämtlicher Aufwendungen bzw. Auszahlungen der Volkshochschule erklärt werden. Ausgenommen davon sind lediglich die aufgrund rechtlicher Verpflichtung an einen **einzelnen** Zweck gebundenen Erträge bzw. Einzahlungen.

14.2.2 Budgetierung

Der Begriff „Budget“ wird allgemein aus dem Altfranzösischen abgeleitet und mit „Geldbeutel“ übersetzt. Darunter versteht man in der Anwendung auf die Kommunalverwaltung, dass den Organisationseinheiten der Gemeindeverwaltung (Fachbereiche, Fachämter oder Dezernate) bestimmte Finanzmittel zur eigenverantwortlichen Bewirtschaftung zur Verfügung gestellt werden.

Bei der Budgetierung handelt es sich nicht um eine Ausnahme vom Grundsatz der Gesamtdeckung, denn dieser gilt auch bei budgetierten Haushalten. Vielmehr handelt es sich bei der Budgetierung um eine besondere Bewirtschaftungsform zur Stärkung der dezentralen Ressourcenverantwortung. Bestimmte Erträge und Aufwendungen werden zu Budgets verbunden. Damit werden die Gesamtsummen der Erträge und Aufwendungen des Budgets für die Haushaltsführung für verbindlich erklärt. Nach § 4 Abs. 2 KomHVO bildet jeder Teilplan mindestens eine Bewirtschaftungseinheit, ein Budget, das einem bestimmten Verantwortungsbereich zuzuordnen ist.

Solange sie nicht überschritten werden, liegt keine Budgetabweichung vor. Allerdings darf die Bewirtschaftung der Budgets gemäß § 18 Abs. 1 KomHVO nicht zu einer Verschlechterung des Saldos des ordentlichen Ergebnisses nach § 2 Abs. 2 Nr. 1 KomHVO führen. Zu den Einzelheiten des Verfahrens siehe Kap. 14.3.2.

Mit der Budgetierung wird die Eigenverantwortlichkeit der Fachbereiche auch in finanzieller Hinsicht unterstrichen. Dort, wo die Fachkompetenz besteht, soll auch verstärkt die Finanzkompetenz liegen. Dies dient – wie bereits oben festgestellt – der dezentralen Ressourcenverantwortung und fördert trotz knapper Haushaltsmittel die Motivation der Fachbereiche. Innerhalb der Budgets können dann Finanzmanagementregeln eine flexible Haushaltsführung bewirken, was in den kommenden Abschnitten noch verdeutlicht wird.

Die Budgetierung ist ebenfalls im Finanzhaushalt zulässig. Die Teilfinanzpläne enthalten gemäß § 4 Abs. 4 Satz 1 KomHVO die Einzahlungen und Auszahlungen des Investitionsbereichs. Investitionen und Investitionsfördermaßnahmen, die sich über mehrere Jahre erstrecken, sind allerdings gemäß § 4 Abs. 4 Satz 2 KomHVO zusätzlich einzeln im Teilfinanzplan auszuweisen, sodass nach diesem Veranschlagungsgrundsatz eine Budgetierung auf den ersten Blick nicht durchführbar erscheint. Allerdings können in der Praxis durchaus Baumaßnahmen oder Beschaffungen von beweglichen Vermögensgegenständen eines Teilfinanzbereichs oder sogar verschiedener Teilfinanzbereiche zur Sicherung einer flexiblen Mittelbewirtschaftung in sinnvoller Weise in einem Finanzbudget zusammengefasst werden.

Konkrete Budgetierungsvorgaben enthalten die gesetzlichen Regelungen nicht. Insofern entscheidet die Gemeinde, ob und in welcher Form Budgets gebildet werden.

Dies unterstützt die Individualität und Flexibilität auf kommunaler Ebene. Dabei sind die nachfolgend beschriebenen Konstellationen möglich.

a) Produktbereichsbudgets

Der Haushaltsplan ist u. a. in Teilergebnispläne aufgeteilt. Insofern bietet es sich an, die Erträge und Aufwendungen der Produkte, Produktgruppen oder gar verschiedenen Produktbereiche in einem Budget zusammenzufassen. Budget- und Produktbereichsverantwortung sind dann sachlich eindeutig zugeordnet. In diesen Fällen besteht der Vorteil dieser Budgetierungsform darin, dass Haushaltssystematik und Budgetierungsystematik übereinstimmen, was auch für interkommunale Vergleiche und statistische Auswertungen vorteilhaft ist. Nachteilig könnte sich auswirken, dass damit die Budgetierung nicht mit der organisatorischen Gliederung überstimmt. Dies wird an folgendem Beispiel deutlich:

> ***Beispiel:***
> *Die Gemeinde G beschließt die Einführung der Budgetierung. Dabei werden die Produktbereiche (Teilergebnishaushalte) zu Budgets erklärt. Im Produktbereich 11 „Innere Verwaltung" werden u. a. als zentrale Dienste der Fuhrpark und der Bauhof eingeordnet. Diese Produkte werden aber organisatorisch nicht vom Fachbereich „Zentrale Dienste" bewirtschaftet, dem die restlichen Produkte des Produktbereichs 11 zugeordnet sind. Die Bewirtschaftung erfolgt vielmehr durch den Fachbereich „Bauen".*

Solche Fälle werden in der Praxis des Öfteren vorkommen, denn die Gemeinden werden ihre Organisationsgliederung nicht nach dem amtlichen Produktbereichsplan ausrichten. Wenn diese Unterschiede nicht in großer Zahl auftreten, kann die grundsätzliche Produktbereichsbudgetierung erhalten bleiben. Es wären eben nur die den anderen Fachbereichen zugeordneten Produkte aus der generellen Budgetierung auszunehmen. Dies könnte durch eine entsprechende Bewirtschaftungsregelung (z. B. in der Haushaltssatzung) normiert werden. Folgende Formulierung wäre denkbar:

> ***Beispiel:***
> *„Die jeweiligen Produktbereiche bilden ein Budget. Ausgenommen sind dabei die Produkte 11 13 05 und 11 13 06,*[1] *die dem Budget XX zugeordnet werden. Tritt jedoch eine Vielzahl solcher unterschiedlicher Zuordnungen auf, sollte die bei b) beschriebene Budgetierungsform gewählt werden."*

b) Organisationsbezogene Budgets

Die Budgetierung erfolgt nach der internen Organisation der Gemeindeverwaltung. Dabei werden Produktbereiche, Produktgruppen bzw. einzelne Produkte speziellen Budgets so zugeordnet, dass die Verwaltungsgliederung abgebildet wird. Man teilt somit die Produkte im ersten Schritt den Dezernaten zu, dann den Fachbereichen oder

1 Die Produktnummern sind willkürlich gewählt. Das gilt auch für die nachfolgenden Beispiele.

Ämtern und bildet danach die Budgets. Bei diesem Verfahren ist es allerdings nicht angebracht, die Erträge und Aufwendungen eines Produktes auf verschiedene Budgets zu verteilen. Sollte es ausnahmsweise doch gewünscht werden, erschwert dieses die Produktverantwortung und bedingt eine große Kommunikationsbereitschaft in der Zusammenarbeit verschiedener Fachbereiche zur Bewirtschaftung eines Produktes.

Der Vorteil dieser Art der Budgetierung liegt eindeutig in der praktischen Umsetzung. Organisatorische und sachliche Verantwortlichkeiten stimmen mit der Ressourcenverantwortung im Budget überein. Auch die Zuordnung der Ratsausschüsse kann deckungsgleich mit den Budgets gestaltet werden. Die Gemeinde hat somit tatsächlich die Möglichkeit, die Produktgruppen bzw. Produkte unabhängig vom vorgegeben Produktbereichsplan zuzuordnen. Das folgende Beispiel macht dies deutlich:

Beispiel:
Die Produkte 11 13 05 Fuhrpark, 11 13 06 Bauhof, 11 13 07 Werkstätten, 12 21 05 Tierheim sowie die Produktbereiche 11, 12 und 57 werden in einem gemeinsamen Budget bewirtschaftet. Diese Regelung erfolgt deshalb, weil die vorgenannten Produkte und Produktbereiche vom Fachbereich „Bauen und Wohnen" verwaltet werden.

Erfolgt die Gliederung produktorientiert nach der örtlichen Organisation, ist dem Haushaltsplan gemäß § 4 Abs. 5 KomHVO eine Übersicht über die Budgets und die den einzelnen Budgets zugeordneten Produkte oder Produktgruppen als Anlage (§ 1 Abs. 2 Nr. 6 KomHVO) beizufügen.

Haushaltsplanung, -ausführung und Rechnungslegung erfolgen zunächst nach der organisationsbezogenen Budgetierung. Aus Gründen der Vereinheitlichung muss jedoch auch ein Haushaltplan und ein Jahresabschluss nach der amtlichen Produktgliederung erstellt werden. Dies dient auch der Statistik. Damit wird zwangsläufig eine zweifache Zuordnung von Produkten bewirkt. Für die Budgetierung werden die Produkte organisationsbezogen aufgelistet, für den amtlichen Zweck nach den Vorgaben der Produktgliederung. Bei der heutigen DV-Anwendung stellt dies jedoch kein Problem dar, weil jedes Produkt ohne Aufwand und auch später jedes Konto über eine eigenständige Budgetnummer gesondert zugeordnet werden kann. Insofern wird der Ergebnishaushalt über einen abweichend gegliederten Budgethaushalt gesteuert. Das Gleiche gilt für den Finanzhaushalt.

Da die Kommunen ihre oft auch politisch beeinflusste Verwaltungsgliederung nicht aufgeben werden, ist davon auszugehen, dass sich die organisationsbezogene Variante der Budgetierung in der Praxis durchsetzen wird.

c) Budgetierung einzelner Ertrags- und Aufwendungsarten

Da einzelne Arten der Budgetierung nicht vorgeschrieben werden, können auch unabhängig von der Produktbildung und Produktbereichszuordnung einzelne Ertrags- und Aufwendungsarten budgetiert werden. So z. B. könnte bestimmt werden, dass sämtliche Personalaufwendungen in einem gemeinsamen Budget bewirtschaftet werden oder dass ein bestimmter zweckgebundener Ertrag mit der korrespondierenden Aufwendung in einem Budget zusammengefasst wird.[2] Jedoch müsste bei einer solchen Budgetierung deutlich festgestellt werden, dass hierbei die Intention des Neuen Kommunalen Haushalts- und Rechnungswesens nicht umgesetzt wird. Das System stellt auf die Outputorientierung auf Produktebene ab und fördert die Produktverantwortung im Managementbereich (dezentrale Ressourcenverantwortung). Hier würden Finanzmittel unabhängig ihrer Produktzuordnung budgetiert. Insofern ist von diesem Budgetierungsverfahren abzuraten.[3]

14.3 Bewirtschaftungsregeln

14.3.1 Unechte Deckungsfähigkeit

Ein modernes Finanzmanagement vor allem in Form der Budgetierung kommt ohne Flexibilität bei der Haushaltsführung nicht aus. Insofern müssen Regelungen getroffen werden, die eine solche Handlungsweise ermöglichen. Folgerichtig besagt § 17 Abs. 2 KomHVO, dass im Haushaltsplan bestimmt werden kann, dass bestimmte Mehrerträge zur Erhöhung der Aufwendungsermächtigungen verwendet werden dürfen. Es kann zudem erklärt werden, dass bestimmte Mindererträge zu Minderungen der Aufwendungsermächtigungen führen. Gleiche Regelungen können nach § 17 Abs. 4 KomHVO für den Finanzhaushalt getroffen werden. Mehreinzahlungen können zu Mehrauszahlungsermächtigungen führen, Mindereinzahlungen die Auszahlungsermächtigungen senken. Da die Regelung ausdrücklich den Wortlaut „bestimmt werden" verwendet, bedürfen solche Mechanismen einer ausdrücklichen Erklärung, somit eines förmlichen Haushaltsvermerks.

Solche Vermerke werden in der Praxis als „Verstärkungs-" bzw. „Verminderungsmerke" bezeichnet. Wird ein solcher Haushaltsvermerk tatsächlich ausgenutzt und werden aufgrund eines Mehrertrags Mehraufwendungen geleistet, wird das Gesamtvolumen des Ergebnishaushalts zwangsläufig erhöht, allerdings im selben Umfang auf der Ertrags- und Aufwendungsseite. Insofern wird die konkrete Anwendung des Verfahrens in der Haushaltsausführung von der kommunalen Praxis als „unechte Deckungsfähigkeit" bezeichnet (Deckung oberhalb des festgesetzten Haushaltsvolumens).

Nicht zu vergessen ist dabei, dass in der Regel ein Zusammenhang zwischen Erträgen und Einzahlungen besteht. Man kann somit nicht nur die Mehrerträge in die unechte Deckungsfähigkeit einbeziehen. Vielmehr sind mit den meisten Mehraufwendungen auch Mehrauszahlungen aufgrund entsprechender Mehreinzahlungen verbunden. Auszahlungen werden zwar gemäß § 3 im Gesamtfinanzhaushalt geplant, jedoch

2 Eine solche Budgetbildung könnte auch als Einzeldeckung bezeichnet werden. Sie ist im § 17 Abs. 1 KomHVO bereits in Form einer Zweckbindung vorgesehen.

3 Diese Art der Budgetierung erinnert an das System der Sammelnachweise im kameralen Haushaltsrecht, bei dem zentrale Stellen bestimmte Ausgabearten quer durch den ganzen Haushalt in einem „Sammelbudget" bewirtschaftet und per Umlageschlüssel in die Unterabschnitte des Haushaltes verlagert haben. Siehe dazu *Grimberg/Bernhardt/Schünemann/Schwingeler*, Kommunales Haushaltsrecht Sachsen-Anhalt, 3. Aufl., Witten 2002, S. 223.

nur für den Bereich der Investitionen u. ä. im Teilfinanzplan ausgewiesen (§ 4 Abs. 4 Satz 1 KomHVO). Aus diesem Grunde müssen die notwendigen Mehrauszahlungen aufgrund von Mehreinzahlungen bereitgestellt werden.

Die unechte Deckungsfähigkeit begründende Vermerke können generell in der Haushaltssatzung (§§ 6 ff.) angebracht werden. Dies ist vor allem dann geboten, wenn die flexible Haushaltsführung gleichmäßig in allen Budgets oder Produktbereichen bzw. Produktgruppen gelten soll – je nachdem, ob die Budgetierung oder Gesamtdeckung als Bewirtschaftungsform gewählt wurde. Die Bestimmung könnte dann wie folgt lauten:

Beispiel:
„Mehrerträge in den einzelnen Budgets (alternativ: Produktbereichen) berechtigen zu Mehraufwendungen in diesen Budgets (alternativ: Produktbereichen/Produktgruppen). Das Gleiche gilt bei Mehreinzahlungen zugunsten der Auszahlungsermächtigungen."

Die Gemeinde kann jedoch auch in Einzelfällen die unechte Deckungsfähigkeit absichern, indem nur besondere Ertragsarten zu Mehraufwendungen berechtigen sollen. Die notwendigen Haushaltsvermerke können dann sicherlich auch in der Haushaltsatzung rechtswirksam angebracht werden, vor allem dann, wenn sie immer noch allgemein gültiger Natur sind. Beispiele könnten folgende Vermerke sein:

Beispiele:
- *„Mehrerträge aus den öffentlich-rechtlichen und privatrechtlichen Leistungsentgelten in den einzelnen Budgets (alternativ: Produktbereichen/Produktgruppen) berechtigen zu Mehraufwendungen bei den Sach- und Dienstleistungen in diesen Budgets (alternativ: Produktbereichen/Produktgruppen). Das Gleiche gilt bei Mehreinzahlungen für öffentlich-rechtliche und privatrechtliche Leistungsentgelte zugunsten der Auszahlungsermächtigungen für Sach- und Dienstleistungen."*
- *„Mehreinzahlungen im Investitionsbereich eines Budgets (alternativ: Produktbereichs/Produktgruppe) berechtigen zu Mehrauszahlungen im selben Investitionsbereich des Budgets (alternativ: Produktbereichs/Produktgruppe)."*
- *„Mehrerträge in den einzelnen Budgets (alternativ: Produktbereichen/Produktgruppen) mit Ausnahme der Aufwendungen für interne Leistungsverrechnungen berechtigen zu Mehraufwendungen bei Aufwendungen in diesen Budgets (alternativ: Produktbereichen/Produktgruppen) mit Ausnahme der Personalaufwendungen, Abschreibungen und internen Leistungsverrechnungen. Das Gleiche gilt bei Mehreinzahlungen in diesem Budget (alternativ: Produktbereich/Produktgruppe) zugunsten der Auszahlungsermächtigungen mit Ausnahme der Personalauszahlungen."*

Bei Einzelvermerken mit vor allem unterschiedlichen Regelungsinhalten bietet sich eine förmliche Anbringung in den Erläuterungen des jeweiligen Budget- bzw. Produktbereichs an. Die Nähe zum konkreten Budget bzw. Produktbereich dient in diesen Fällen der Haushaltsklarheit, somit der Lesbarkeit der kommunalen Haushalte. Bei einer oft seitenlangen Auflistung in vielen Paragrafen der vorangestellten Haushaltssatzung geht einfach der Überblick und die Verbindung der konkreten Regelung zum Budget bzw. Produktbereich verloren. Beispiele solcher Vermerke könnten sein:

Beispiele:

- *„Mehreinzahlungen bei den Zuwendungen für den Bau des Stadions Nordstadt berechtigen zu Mehrauszahlungen bei den Baukosten des Stadions Nordstadt. Mindereinzahlungen führen zur Minderung der Auszahlungsermächtigung."*
- *„Mehrerträge bei den Entgelten der Volkshochschule ermächtigen zu Mehraufwendungen bei den Sach- und Dienstleistungen für die Kurse der Volkshochschule. Das Gleiche gilt für Mehreinzahlungen zugunsten der Auszahlungsermächtigungen."*

Bei einem DV-Einsatz in der Praxis werden diese Haushaltsvermerke automatisch umgesetzt. Die unechte Deckungsfähigkeit wird entsprechend ihres Inhalts im Datenbestand hinterlegt. Entsteht dann ein Mehrertrag bzw. eine Mehreinzahlung, gibt das DV-System automatisch die gekoppelten zusätzlichen Aufwendungs- bzw. Auszahlungsermächtigungen frei. Bei Mindererträgen und Mindereinzahlungen können im Einzelfall maschinell in entsprechender Höhe die Aufwendungs- bzw. Auszahlungsermächtigungen gesperrt werden. Allerdings ist hier nicht zu übersehen, dass dieser Automatismus zwar die Flexibilität und vor allem die praktische Handhabung erleichtert, jedoch der Gesamtbudget- bzw. Bereichsüberblick verlorengehen kann. Es ist durchaus möglich, dass im Rahmen des Vermerkes bestimmte Mehrerträge zwar vorhanden sind, die dann zusätzlich verwendet werden. Bei anderen Positionen desselben Budgets, die nicht in den Vermerk eingebunden sind, können jedoch Mindererträge vorliegen, sodass der Gesamtbudgetabschluss gefährdet wird. Insofern muss darauf hingewiesen werden, dass trotz der DV-Abwicklung nicht auf ein kontinuierliches und individuelles Finanzcontrolling verzichtet werden kann.

Wird die unechte Deckungsfähigkeit genutzt, entstehen definitionsgemäß überplanmäßige Aufwendungen bzw. überplanmäßige Auszahlungen, weil die im Plan vorgesehenen Aufwendungs- bzw. Auszahlungsermächtigungen überschritten werden. Damit würde an sich das förmliche Bewilligungsverfahren nach § 105 KVO einsetzen, wonach evtl. gar der Rat einzuschalten wäre. Dies würde der dezentralen Ressourcenverantwortung und der Flexibilität des Finanzmanagements widersprechen. Aus diesem Grunde sieht § 17 Abs. 3 bzw. § 17 Abs. 4 i. V. m. Abs. 3 KomHVO dahingehend eine Fiktion vor, nach der diese Mehraufwendungen bzw. Mehrauszahlungen nicht als überplanmäßige Aufwendungen bzw. überplanmäßige Auszahlungen gelten. Insofern können die geschilderten vereinfachten Verfahren im Rahmen der dezentralen Budgetverantwortung eingesetzt werden, ohne den Weg der förmlichen Bereitstellung nach § 105 KVO zu gehen und ohne das zentrale Finanzmanagement einzuschalten zu müssen.

14.3.2 Echte Deckungsfähigkeit

Bevor auf den Bewirtschaftungsgrundsatz näher einzugehen ist, müssen die Auswirkungen der Einzelveranschlagung noch einmal in Erinnerung gebracht werden. Bei den Aufwendungsgruppen nach § 2 Abs. 1 KomHVO herrscht bereits dadurch Flexibilität, dass innerhalb der einzelnen Unterpositionen Mittelverschiebungen solange zulässig sind, wie die Gesamtpositionssumme des Haushalts nicht überschritten wird. Erfolgt z. B. eine Einsparung bei den Beamtengehältern und will der Mittelverantwortliche die eingesparten Mittel zusätzlich für Angestelltenvergütungen desselben Produktbereichs einsetzen, ist dies haushaltstechnisch unbedenklich, weil sich beide Bereiche innerhalb derselben Aufwendungsposition („Personalaufwendungen") befinden. Es entsteht somit auch keine überplanmäßige Aufwendung. Noch deutlicher wird es, wenn Einsparungen bei Dienstreiseaufwendungen für Mehraufwendungen bei den Mieten desselben Produktbereichs verwendet werden sollen. Auch hier wird der Bereich der Planposition „Sonstige ordentliche Aufwendungen" nicht überschritten. Hat jedoch die Gemeinde ihre Teilhaushalte nach Produktgruppen oder gar nach Produkten gegliedert, beschränkt sich diese Aussage zwangsläufig auf die Planpositionen der Produktgruppen bzw. Produkte, soweit die Bewirtschaftung auf diesen Ebenen vorgenommen wird.

Die Feststellungen für die Aufwendungen gelten sinngemäß für den Bereich der Auszahlungspositionen nach §§ 3 und 4 Abs. 4 KomHVO im Finanzplan.

Die Voraussetzungen für die Anwendung des Verfahrens der echten Deckungsfähigkeit hängen von der Bewirtschaftungsform ab.

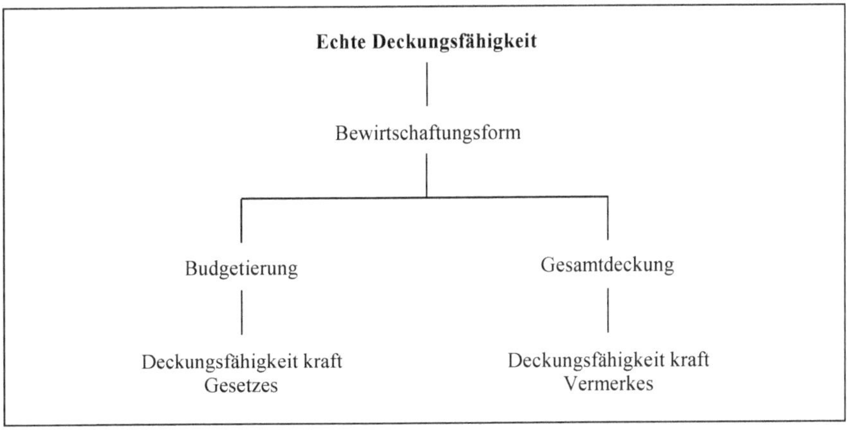

a) Deckungsfähigkeit innerhalb der Budgets

Die in Kap. 14.2.2 beschriebene Budgetierung bedeutet, dass die Gesamtsummen der Budgets verbindlich festgesetzt sind. Wenn die Gesamtsummen verbindlich sind, können Verschiebungen zwischen den einzelnen Aufwendungs- bzw. Auszahlungspositionen jederzeit durchgeführt werden, weil dadurch sich ja anders als bei der unechten Deckungsfähigkeit die Gesamtsumme des in Frage kommenden Budgets nicht verändert. Daher bestimmt § 18 Abs. 1 KomHVO, dass die Aufwendungen, die zu einem Budget gehören, gegenseitig deckungsfähig sind, sofern im Haushaltsplan nichts anderes bestimmt ist. Insofern bedarf es zur Anwendung der echten Deckungsfähigkeit innerhalb der Budgets keines förmlichen Haushaltsvermerks. Es kann deshalb von einer gesetzlichen Ermächtigung ausgegangen werden (Deckungsfähigkeit per Gesetz). Dies gilt auch für Auszahlungen aufgrund des Finanzplans (§ 18 Abs. 3 KomHVO).

Spart ein Budget z. B. insgesamt bei den Personalaufwendungen Finanzmittel ein, so können diese Finanzmittel ohne weiteres für Aufwendungen für Sach- und Dienstleistungen verwendet werden. Für ein solches Verfahren wird keine förmliche Bewirtschaftungsbestimmung, somit kein Haushaltsvermerk benötigt.

Eine Budgetierung ohne eine solche Bewirtschaftungsform wäre sinnlos. Wenn sich nämlich ein Budgetbereich innerhalb seines Budgets nicht frei bewegen kann, besteht einfach keine dezentrale Ressourcenverantwortung. Von einer Budgetierung sollte dann abgesehen werden. Allerdings ist bei der echten Deckungsfähigkeit zu beachten, dass durchaus nicht alle Aufwendungen bzw. Auszahlungen in die Deckungsringe einbezogen werden müssen. So werden in der Praxis regelmäßig die Abschreibungen und die interne Leistungsverrechnung nicht für deckungsfähig erklärt. Dies ist auch verständlich, weil sonst nicht auszahlungswirksame mit auszahlungswirksamen Positionen verbunden werden. Eine Aufwendungseinsparung bei Abschreibungen sollte nicht für Personalaufwendungen eingesetzt werden, weil bei der Abschreibungseinsparung keine Auszahlungseinsparung korrespondierend entsteht. Es müssten dann weitere Einsparungen bei anderen Auszahlungsermächtigungen erfolgen. Allerdings ist hierfür ein förmlicher Haushaltsvermerk erforderlich, da sonst die generelle Regelung der Budgetierung greift.

Allerdings sollte die Problematik in der Anwendung der Deckungsfähigkeit in Bezug auf die Verbindung zwischen Ergebnis- und Finanzplan beachtet werden. Die Inanspruchnahme von eingesparten Aufwendungsermächtigungen kann nur zulässig sein, wenn auch entsprechende Ermächtigungen im Finanzplan zur Verfügung stehen. Würde z. B. bei einer uneingeschränkten Budgetierung eine Einsparung bei den bilanziellen Abschreibungen erfolgen und wollte die Gemeinde diese Einsparung für Energieaufwendungen einsetzen, wird dies in der Regel unzulässig sein, weil der Einsparung bei der Abschreibung keine korrespondierende Einsparung im Finanzhaushalt gegenübersteht. Abschreibungen bedingen nämlich keine Auszahlungen.[4]

4 Der Gesetzgeber sollte eine entsprechende Ergänzung der Vorschriften vornehmen.

Die Möglichkeit der Deckungsfähigkeit kraft Gesetzes hat der Gesetzgeber auch auf die Verpflichtungsermächtigungen[5] ausgedehnt. Gemäß § 18 Abs. 3 KomHVO sind nämlich Verpflichtungsermächtigungen, die zu einem Budget gehören, gegenseitig deckungsfähig, sofern im Haushaltsplan nichts anderes bestimmt ist.

b) Deckungsfähigkeit innerhalb der Gesamtdeckung

Befinden sich Aufwendungs- bzw. Auszahlungsplanpositionen außerhalb von Budgets und damit in der Gesamtdeckung nach § 16 KomHVO, sind nur die Gesamtsummen des Haushalts verbindlich. Gleichzeitig ist auch jede einzelne Planposition bei Aufwendungen und Auszahlungen in den Produktbereichen, Produktgruppen bzw. Produkten verbindlich. Wünscht die Gemeinde auch hier eine gewisse Flexibilität in der Mittelbewirtschaftung, so muss sie die echte Deckungsfähigkeit durch einen Deckungsvermerk förmlich aussprechen. Insofern spricht man in diesen Fällen von einer „Deckungsfähigkeit kraft Vermerks". Solche Vermerke können bei den einzelnen Planpositionen oder aber auch zentral in der Haushaltssatzung (§§ 6 ff.) angebracht werden.

Nach § 18 Abs. 2 KomHVO können Aufwendungen, die nicht zu einem Budget gehören, für gegenseitig oder einseitig deckungsfähig erklärt werden, wenn sie sachlich zusammenhängen. Die Inanspruchnahme darf allerdings nicht zu einer Verschlechterung des Saldos des ordentlichen Ergebnisses nach § 2 Abs. 2 Nr. 1 KomHVO führen. Wann ein sachlicher Zusammenhang vorliegt, kann nur nach den Umständen des Einzelfalls entschieden werden. Ein sachlicher Zusammenhang kann angenommen werden, wenn die Aufwendungen der Erfüllung ähnlicher oder verwandter Zwecke dienen (siehe auch Nr. 4 VV zu § 20 LHO LSA). Für die Auszahlungen des Finanzplans gelten die Voraussetzungen des § 18 Abs. 2 KomHVO entsprechend (§ 18 Abs. 3 KomHVO). Eine sog. „einseitige Deckungsfähigkeit" von zahlungswirksamen Aufwendungen kann zugunsten von Investitionsauszahlungen – von Auszahlungen für eigene Investitionen und Auszahlungen von Zuwendungen für Investitionen Dritter – erklärt werden (§ 18 Abs. 4 KomHVO), sodass auch in diesem Bereich eine gewisse Flexibilität geschaffen wird.

Bei den Formen der Deckungsfähigkeit wird zwischen der gegenseitigen und einseitigen Deckungsfähigkeit unterschieden. Bei der gegenseitigen Deckungsfähigkeit sind alle Positionen, die sich im Deckungsring befinden, deckungsberechtigt, aber auch deckungsverpflichtet. Dies ist in Budgets kraft Gesetzes der Fall. Bei der einseitigen Deckungsfähigkeit wird durch Haushaltsvermerk festgelegt, welche Planposition deckungspflichtig und welche deckungsberechtigt ist. Wird z. B. erklärt, „Personalaufwendungen sind einseitig deckungsfähig zugunsten von Aufwendungen für Sach- und Dienstleistungen", so können Einsparungen bei den Personalaufwendungen für zusätzliche Aufwendungen für Sach- und Dienstleistungen verwendet werden. Einsparungen bei den Aufwendungen für Sach- und Dienstleistungen berechtigen dagegen nicht zu Mehraufwendungen im Personalbereich.

5 Zum Begriff und zum Verfahren der Verpflichtungsermächtigungen siehe Kap. 15.

Zur Anbringungstechnik von Vermerken sei auf die Darstellung im vorherigen Kap. verwiesen. Beispiele für solche Vermerke könnten sein:

Beispiele:

- *„Im Produktbereich 26 sind die Aufwendungen mit Ausnahme der Abschreibungen und internen Leistungsverrechnungen gegenseitig deckungsfähig."*
- *„Die Auszahlungsermächtigungen für die Maßnahmen des gemeindlichen Straßenbaus sind einseitig deckungsfähig zugunsten der Beschaffung von neuen Ampelanlagen."*
- *„Die Ermächtigungen für Sach- und Dienstleistungsaufwendungen in den Produktbereichen 21 und 22 sind einseitig deckungsfähig zugunsten der sonstigen ordentlichen Aufwendungen."*

c) Anwendung der Deckungsfähigkeit

Wird die echte Deckungsfähigkeit genutzt, entstehen keine überplanmäßige Aufwendungen bzw. überplanmäßige Auszahlungen, weil nicht die einzelnen Planpositionen, sondern die Gesamtbeträge der Budgets verbindlich sind. Die Gesamtbeträge werden ja nicht überschritten.

Beim DV-Einsatz in der Praxis werden diese Haushaltsvermerke automatisch umgesetzt. Die echte Deckungsfähigkeit wird entsprechend ihres Inhalts im Datenbestand hinterlegt. Entsteht dann ein Mehraufwendungs- oder Mehrauszahlungsbedarf, sucht das DV-System automatisch Einsparungen bei Positionen, die sich im „Deckungsring" befinden, und schichtet dann die Ermächtigungen um. Dabei kann es vorkommen, dass Ermächtigungen umgesetzt werden, die zunächst als eingespart erscheinen, aber dann in absehbarer Zeit doch benötigt werden. Dieser Gefahr muss bei dem bestehenden Automatismus im Rahmen eines entsprechenden Finanzcontrollings begegnet werden, sodass notfalls manuell betriebssteuernd eingegriffen wird.

Wie aus den vorstehenden Ausführungen deutlich wird, verändert sich bei der Anwendung des Verfahrens das Gesamthaushaltsvolumen nicht. Es treten nur Verschiebungen zwischen einzelnen Planpositionen auf. Insofern wird das Verfahren in der Praxis als „echte Deckungsfähigkeit" bezeichnet.

d) Deckungsfähigkeit bei Verpflichtungsermächtigungen

Die Möglichkeit der Deckungsfähigkeit hat der Gesetzgeber auch auf die Verpflichtungsermächtigungen[6] ausgedehnt. Gemäß § 18 Abs. 3 i. V. m. Abs. 1 Satz 1 KomHVO sind Verpflichtungsermächtigungen, die zu einem Budget gehören, gegenseitig deckungsfähig. Darüber hinaus kann nach § 18 Abs. 3 i. V. m. Abs. 2 KomHVO im Haushalt erklärt werden, dass einzelne Verpflichtungsermächtigungen einer Investitionsmaßnahme auch für andere Investitionsmaßnahmen in Anspruch genommen werden können, wenn sie sachlich zusammenhängen. Ein solcher Vermerk kann bei einzelnen Investitionsmaßnahmen oder aber zentral in der Haushaltssatzung (§§ 6 ff.) ausgewiesen

6 Zum Begriff und zum Verfahren der Verpflichtungsermächtigungen siehe Kap. 15.

werden. Auch hier besteht die Möglichkeit der einseitigen oder gegenseitigen Deckungsfähigkeit.

14.3.3 Übertragbarkeit von Haushaltsermächtigungen

14.3.3.1 Allgemeines

Gemäß § 100 Abs. 4 KVG gilt die Haushaltssatzung grundsätzlich für ein Haushaltsjahr. Falls die Haushaltssatzung Festsetzungen für zwei Jahre enthält, ist eine Trennung nach den einzelnen Haushaltsjahren vorzunehmen. Da der Haushaltsplan aufgrund der Bestimmungen des § 1 der Haushaltssatzung Bestandteil der Haushaltssatzung ist, gelten die Ermächtigungen des Plans auch nur bis zum 31. Dezember des entsprechenden Jahres. Der 31. Dezember als willkürlicher Stichtag für den Jahresabschluss behindert eine flexible Haushaltsführung. Insofern hat § 19 KomHVO die Möglichkeit geschaffen, Aufwendungs- und Auszahlungsermächtigungen in die nächste Rechnungsperiode zu übertragen. Diese Möglichkeit ist sinnvoll, denn des Öfteren kann es vorkommen, dass Maßnahmen nicht so zügig wie geplant abgewickelt und damit die Aufwendungs- und Auszahlungsermächtigungen nicht bis zum Jahresende ausgeschöpft werden können.

Da der Rat die Aufwendungs- und Auszahlungsermächtigungen durch das Einstellen in den Ergebnis- bzw. Finanzplan zur Verfügung gestellt hat, muss der Gemeindeverwaltung bei der Ausführung eine Übertragungsermächtigung eingeräumt werden. Gäbe es sie nicht, müssten die bereits einmal veranschlagten Ermächtigungen ein weiteres Mal in den neuen Haushalt eingestellt werden. Dies ist z. T. auch gar nicht möglich. Wenn nämlich die Gemeinde den neuen Haushaltsplan termingerecht bis zum November/Dezember des Vorjahres der Aufsichtsbehörde vorgelegt hat, kann sie in vielen Fällen die Notwendigkeit einer Übertragung noch gar nicht beurteilen, da der laufende Haushalt sich noch in der Ausführung befindet. Ein Einstellen in den neuen Haushaltsplan scheitert dann bereits aus terminlichen Gründen.

In einer Vielzahl von Fällen ist jedoch eine Ermächtigungsübertragung nicht notwendig, weil die noch nicht restlos abgewickelten Finanzvorfälle als Verbindlichkeit oder Rückstellung ausgewiesen werden und damit noch Aufwand im abgelaufenen Haushaltsjahr bedingen. Insofern ist spätestens im Rahmen des Jahresabschlusses eine entsprechende Entscheidung über Verbindlichkeiten, Rückstellungen oder Ermächtigungsentscheidungen zu treffen. Das nachstehende Schaubild[7] verdeutlicht dies:

7 Weitgehend übernommen und berichtigt aus Modellprojekt „Doppischer Kommunalhaushalt in NRW“ (Hrsg.), Neues Kommunales Finanzmanagement: Betriebswirtschaftliche Grundlagen für das doppische Haushaltsrecht, 2., vollst. überarb. Aufl. auf der Basis der Endergebnisse des Modellprojektes, Freiburg 2003, S. 320.

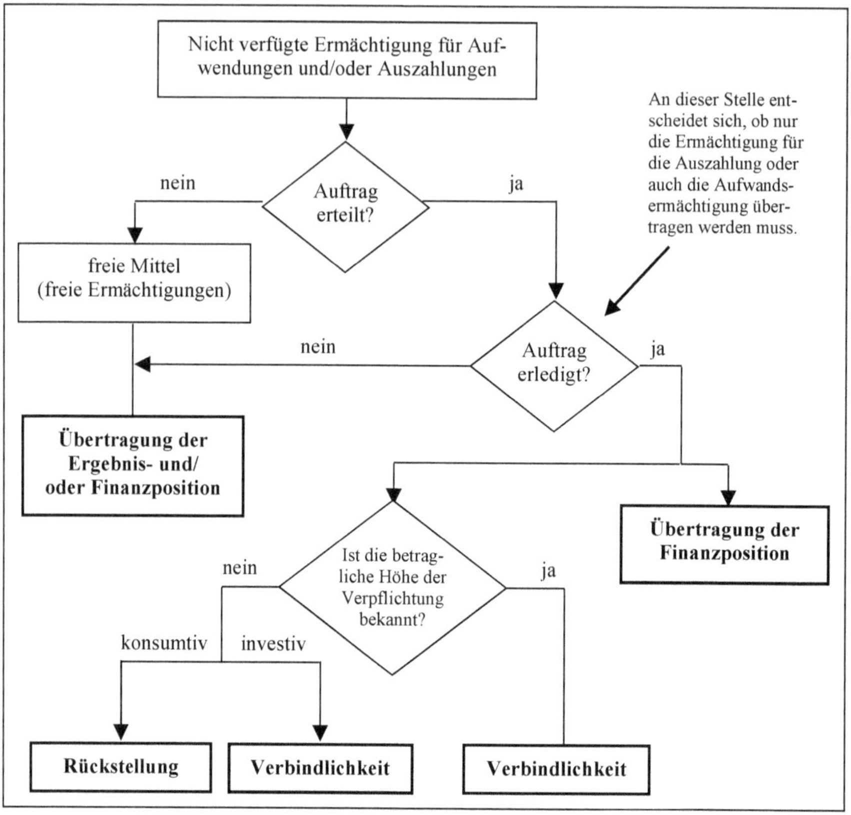

Die Problematik soll an folgendem Beispiel erläutert werden:

Beispiel:
Im Teilergebnisplan 211 „Grundschulen" für das Jahr 2024 sind für Sach- und Dienstleistungen bei der Gemeinde G Aufwendungsermächtigungen in Höhe von 1.000.000 € veranschlagt. Bis zum Jahresabschluss sind bereits 920.000 € in Anspruch genommen. Der gesamte Restbetrag von 80.000 € wird aber noch für die Abwicklung von Gebäudeunterhaltungen benötigt, wobei sich folgende Situation ergibt:

- *Es geht noch am 30.12.2024 eine Rechnung über durchgeführte Anstreicherarbeiten an der Grundschule A über 15.000 € ein, wobei der Rechnungsbetrag am 15.1.2025 zu begleichen ist. Der Betrag ist noch als Aufwendung des Jahres 2024 zu buchen und als Verbindlichkeit auf der Passivseite der Bilanz auszuweisen. Eine Aufwendungsübertragung ist somit für diesen Finanzvorfall nicht notwendig.*

- *Für die im Dezember durchgeführte Heizungsreparatur an der Grundschule B liegt noch keine Rechnung vor. Sie ist auch nicht bis zum Jahresabschluss zu erhalten. Die zuständige Bautechnikerin schätzt den Reparaturaufwand auf rd. 30.000 €. Der Betrag ist noch als Aufwendung in 2024 zu buchen, weil die Arbeiten in diesem Haushaltsjahr durchgeführt und abgeschlossen wurden. Da jedoch die genaue Höhe der Verpflichtung nicht bekannt ist, erfolgt die Gegenbuchung als Rückstellung auf der Passivseite der Bilanz. Eine Aufwendungsübertragung ist somit für diesen Finanzvorfall ebenfalls nicht notwendig.*
- *Für die restlichen 35.000 € sind die konkreten Maßnahmen noch nicht bekannt, da wegen Personalmangel noch nicht alle Vorarbeiten erledigt sind, sodass nicht einmal Aufträge erteilt wurden. Aufgeschobene Instandhaltungen liegen nicht vor. Es sollen aber auf jeden Fall im Januar/Februar 2025 mit diesen Mitteln Unterhaltungsarbeiten begonnen werden. Um die Mittel für 2025 vorhalten zu können, müssen die dafür benötigten 35.000 €, die sich in der Aufwendungsermächtigung 2024 befinden, nach 2025 übertragen werden. Ansonsten würde im neuen Haushaltsjahr die notwendige Ermächtigung fehlen.*
- *In allen drei Fällen sind noch keine Zahlungen erfolgt. Die Auszahlung von insgesamt rd. 80.000 € stehen erst im Haushaltsjahr 2025 an. Zur Leistung dieser Auszahlungen bedarf es einer haushaltsrechtlichen Ermächtigung für 2025. Die notwendige Ermächtigung befindet sich jedoch im Finanzplan 2024. Insofern müssen 80.000 € Auszahlungsermächtigungen für Sach- und Dienstleistungen nach 2025 übertragen werden.*

Die in das nächste Jahr übertragenen Ermächtigungen werden in der kommunalen Praxis regelmäßig als „Haushaltsreste" bezeichnet, obwohl sie nicht die Wirkung wie im früheren kameralen Haushaltsrecht haben.[8] Sie erhöhen vielmehr die Planungspositionen des folgenden Haushaltsjahres entsprechend. Wie oben geschildert, führt die Ermächtigungsübertragung zu keiner konkreten Buchung, da weder Aufwendungen noch Auszahlungen vorliegen und Bilanzpositionen nicht angesprochen werden. Da aber nach § 118 Abs. 1 KVG im Jahresabschluss Rechenschaft über die Recht- und Ordnungsmäßigkeit der Haushaltswirtschaft abzulegen ist, muss auch die Übertragung von Ermächtigungen dokumentiert werden. Da die Übertragungen erhebliche Auswirkungen auf die Haushaltswirtschaft bewirken können, bestimmt § 7 Abs. 1 Nr. 2 KomKBVO, dass entsprechende Buchungsanordnungen vorzunehmen sind.

Folgerichtig sieht § 118 Abs. 4 Nr. 2 KVG dann auch vor, eine Übersicht über die in das folgende Jahr zu übertragenden Ermächtigungen für Aufwendungen und Auszahlungen dem Jahresabschluss als Anlage beizufügen, damit der Rat Kenntnis von den Übertragungen bekommt und gleichzeitig die Auswirkungen auf den Ergebnis- und den Finanzhaushalt des nächsten Jahres erkennt. Damit wird deutlich gemacht, dass

8 Im früheren kameralen Haushaltsrecht führte die Bildung eines Haushaltsrestes dazu, dass das Haushaltsjahr belastet wurde, in dem der Rest gebildet wurde. Der Haushaltsrest wurde demnach einer Ausgabe gleichgestellt.

der Bürgermeister das Recht zur Übertragung besitzt. Es handelt sich demnach um ein Geschäft der laufenden Verwaltung im Sinne von § 66 Abs. 1 KVG. Allerdings besitzt der Rat bei solchen Geschäften ein Rückholrecht, sodass er sich auch die Übertragung von Ermächtigungen als seine Aufgabe vorbehalten kann. Dies ergibt sich bereits aus dem allgemeinen Etatrecht des Rates. Allerdings ist dieses sicherlich eher bei kleineren Gemeinden realisierbar.

Der Gesetzgeber hat mit der Novellierung der Haushaltsvorschriften zum 1.1.2011 geregelt, dass für die Aufwendungen aufgrund dieser Übertragungsermächtigungen Sonderrücklagen gebildet werden müssen. Die Einrichtung einer zweckgebundenen Deckungsrücklage als Teil des Eigenkapitals wie in Nordrhein-Westfalen (§ 43 Abs. 3 GemHVO NRW) wurde nicht vorgesehen. Die Übertragung von Aufwandsermächtigungen führen im Jahr der Haushaltsrestebildung nicht zu einer Verschlechterung des Jahresergebnisses, weil ja noch keine Aufwendungen entstanden sind. Insofern wird das Ergebnis dieses Jahres gegenüber der Planung besser dargestellt. Die Aufwendungen entstehen aufgrund der Ermächtigungsübertragung nunmehr im nächsten Jahr und verschlechtern dessen Jahresergebnis. Durch die Bildung der Sonderrücklage wird die im nächsten Jahr zu realisierende Verschlechterung des Haushaltsausgleichs, die ja an sich bereits in diesem Jahr planungstechnisch stattfinden sollte, dokumentiert. Entsprechende Eigenkapitalmittel werden dadurch gesondert ausgewiesen. Eine Sonderrücklage für Ermächtigungsübertragungen im Finanzhaushalt, vor allem bei den Investitionen, ist folgerichtig nicht vorgesehen, weil hieraus im kommenden Jahr auch keine unmittelbaren Aufwendungen entstehen, die das Eigenkapital tangieren.

Es stellt sich letztlich noch die Frage, ob im Rahmen der dezentralen Ressourcenverantwortung über die Ermächtigungsübertragungen ausschließlich in den Budget- bzw. Fachbereichen entschieden werden kann. Budgetierung kann eigentlich nur erfolgen, wenn über nicht in Anspruch genommene Budgetermächtigungen der Budgetbereich eigenständig entscheidet. Allerdings ist nicht zu übersehen, dass die Ermächtigungsübertragungen erhebliche Auswirkungen auf die Gesamtfinanzsituation der Gemeinde haben können. Gerade in Zeiten knapper Ressourcen wird es sicherlich zu einer Beteiligung des zentralen Finanzmanagements und des Finanzdezernenten kommen. Allerdings sollten die Entscheidungen im Benehmen der Beteiligten erfolgen. Dabei ist es durchaus vorstellbar, dass sich der Finanzdezernent bzw. das zentrale Finanzmanagement die Entscheidung über die Übertragung von Ermächtigungen selbst bei Budgetierungen letztlich vorbehält. Bei zentraler Verwaltung unter Anwendung des Gesamtdeckungsprinzips (vor allem bei kleinen Kommunen) wird dies ohnehin der Fall sein.

14.3.3.2 Die einzelnen Ermächtigungsübertragungsarten

§ 19 KomHVO unterscheidet zwischen verschiedenen Ermächtigungsübertragungsarten, die unterschiedliche Auswirkungen haben, sodass es der nachstehenden differenzierten Erläuterung bedarf.

a) Ermächtigung für Aufwendungen und Auszahlungen kraft Vermerks

Nicht in Anspruch genommene Ermächtigungen für Aufwendungen und Auszahlungen können gemäß § 19 Abs. 1 KomHVO ganz oder teilweise für in das nächste Haushaltsjahr übertragbar erklärt werden. Die Ermächtigungen stehen zusätzlich zu den Planpositionen, längstens bis zum Ende des folgenden Haushaltsjahres bereit. Insofern gilt der Grundsatz sowohl für den Ergebnis- als auch für den Finanzhaushalt. Allerdings ist dabei zu beachten, dass in vielen Fällen eine Koppelung der beiden Ermächtigungsbereiche vorliegt. Auszahlungen sind in vielen Fällen nämlich die Folge von Aufwendungen. So müssen Personalaufwendungen auch zahlbar gemacht werden. Aufwendungen für Gebäudereparaturen bedingen Auszahlungen an den Reparaturbetrieb. Diese trifft natürlich nicht immer zu, so z. B. wird bei der Auszahlung für Lagereinkäufe lediglich eine Auszahlungsermächtigung benötigt. Bei einigen Positionen wie z. B. Abschreibungen oder Versorgungsaufwendungen sind zudem Übertragungen aus der Natur der Sache heraus nicht möglich.

b) Ermächtigung bei Investitionen

Bei Investitionen handelt es sich um Auszahlungen zur Veränderung des Anlagevermögens, sodass es sich hier ausschließlich um Ermächtigungen des Finanzplans handelt. Diese Investitionsermächtigungen bleiben gemäß § 19 Abs. 2 KomHVO bis zur Fälligkeit der letzten Zahlung für ihren Zweck verfügbar, bei Baumaßnahmen und Beschaffungen jedoch längstens zwei Jahre nach Schluss des Haushaltsjahres, in dem der Vermögensgegenstand oder der Bau in seinen wesentlichen Teilen in Benutzung genommen werden kann. Diese zeitliche Beschränkung soll die Gemeinden zwingen, ihre Maßnahmen zügig abzurechnen.

Für die Investitionen gilt gemäß § 4 Abs. 4 Satz 2 KomHVO der Grundsatz der Einzelveranschlagung jeder Maßnahme. Insofern wird die Auszahlungsermächtigung auch für jede einzelne Investition im Bedarfsfall zu übertragen sein. Wegen der Individualität der Maßnahmen müssen die Auszahlungsermächtigungen solange verfügbar sein, bis die Maßnahme abgewickelt ist und alle Zahlungen erfolgt sind. Aus diesem Grunde sieht § 19 Abs. 2 KomHVO zu Recht vor, dass die Ermächtigungen bis zum Abschluss der Maßnahme erhalten bleiben.

Für die Übertragung ist auch hier eine förmliche Entscheidung notwendig, weil auch bei Investitionen nicht immer alle nicht ausgeschöpften Auszahlungsermächtigungen noch benötigt werden. Eine automatische Übertragung besteht nicht.

c) Ermächtigung für Erträge und Einzahlungen

Am Jahresende kann sich herausstellen, dass zweckgebundene Erträge und Einzahlungen im alten Haushaltsjahr nicht verwendet werden können. Diese Beträge können nach § 21 Abs. 1 KomKBVO in den Büchern für das Haushaltsjahr abgesetzt und in das folgende Jahr übertragen werden, soweit kein Rechnungsabgrenzungsposten nach § 42 KomHVO auszuweisen ist.

d) Übertragung von Verpflichtungsermächtigungen

Gemäß § 107 Abs. 3 KVG gelten Verpflichtungsermächtigungen[9] weiter, falls die Haushaltssatzung für das folgende Jahr nicht rechtzeitig öffentlich bekanntgemacht wird, bis zum Erlass dieser Haushaltssatzung. Eine Übersicht über die in das folgende Jahr zu übertragenden Verpflichtungsermächtigungen ist nach § 118 Abs. 4 Nr. 2 KVG dem Jahresabschluss als Anlage beizufügen. Mit der Weitergeltung der Verpflichtungsermächtigungen soll die flexible Haushaltsführung gefördert werden. Allerdings ist diese Vorschrift wenig durchdacht.[10] Wie bereits oben bei der vorläufigen Haushaltsführung (Kap. 9.2.5.2) beschrieben, wird aus der Investitionsermächtigung des Jahres 2024, in 2024 eine Bindung für 2025 einzugehen, im Jahre 2025 eine Auszahlung. Es nützt also gar nichts, wenn diese Verpflichtungsermächtigung übertragen wird. Benötigt wird im Jahre 2025 nämlich keine Verpflichtungsermächtigung, sondern eine Auszahlungsermächtigung. Die Übertragung von Verpflichtungsermächtigungen wäre demnach nur sinnvoll für Bindungen zu Lasten des übernächsten Jahres oder der dann folgenden Jahre. Dem Gesetzgeber sei geraten, eine Verbesserung dieser Übertragbarkeitsform dahingehend zu schaffen, dass entsprechende Auszahlungsermächtigungen entstehen, sofern der Haushaltsplan des neuen Jahres diese nicht ohnehin enthält. Dabei sollte der Gesetzgeber wegen der Regelungsgleichheit auch überdenken, ob diese Art der Ermächtigung nicht auch in den § 19 KomHVO einzustellen ist.

e) Übertragung von Kreditermächtigungen für Investitionen

§ 108 Abs. 3 KVG sieht eine sog. „zweijährige Kreditermächtigung"[11] vor. Diese Vorschrift dient ebenfalls der flexiblen Haushaltsführung und unterstützt das wirtschaftliche Handeln der Kommunen. Verzögern sich z. B. die Auszahlungen für Investitionen und werden dafür entsprechende Ermächtigungsübertragungen vorgenommen, besteht evtl. der Kreditbedarf für diese Auszahlungen auch erst im nächsten Jahr. Die Gemeinde hat damit die Möglichkeit, auch die Kreditermächtigung, die gemäß § 2 der Haushaltssatzung nur für das maßgebliche Haushaltsjahr vorgesehen ist, in das nächste Jahr zu übertragen.

Eine förmliche Übertragungsentscheidung der Kreditermächtigung für Investitionen ist nicht erforderlich, da aufgrund der Regelung die Inanspruchnahme im neuen Jahr im Bedarfsfall jederzeit zulässig ist.

f) Übertragung von Kreditermächtigungen zur Sicherung der Zahlungsfähigkeit

Die Ermächtigung zur Aufnahme von Krediten zur Liquiditätssicherung erlischt wie alle anderen Ermächtigungen grundsätzlich am Jahresende. Für den Fall, dass die Haushaltssatzung für das neue Jahr noch nicht veröffentlicht ist, steht diese Ermächtigung aus § 4 der Haushaltssatzung weiter zur Verfügung. Siehe dazu im Einzelnen Kap. 9.2.5.2 zur vorläufigen Haushaltsführung.

9 Zu Begriff und Verfahren siehe Kap. 15.

10 Wissenschaft und Praxis haben schon seit geraumer Zeit auf die Problematik hingewiesen, siehe dazu für alle: *Bernhardt/Erkes/Klümper/Schünemann/Schwingeler/Theisen*, Reform des kommunalen Haushaltsrechts, Gelsenkirchen 1991, Erl. zu § 84 GO.

11 Zu den Krediten siehe Kap. 16.

Eine förmliche Übertragungsentscheidung der Kreditermächtigung zur Sicherung der Zahlungsfähigkeit ist nicht erforderlich, da aufgrund der Regelung des § 110 Abs. 1 Satz 2 KVG die Inanspruchnahme im neuen Jahr im Bedarfsfall der vorläufigen Haushaltsführung ohne jegliche Beschränkung zulässig ist.

14.3.3.3 Auswirkungen auf den Jahresabschluss

Wie bereits weiter oben festgestellt wurde, haben Erträge und Aufwendungen Auswirkungen auf das Ergebnis eines Haushaltsjahres und damit auf den Jahresabschluss. Die Übertragung von Haushaltsermächtigungen wirkt sich dagegen nicht unmittelbar auf das Jahresergebnis aus. Lediglich im Plan-/Ist-Vergleich ist eine Auswirkung festzustellen. Wenn nämlich eingeplante Aufwendungs- und Auszahlungsermächtigungen nicht in Anspruch genommen werden, bleiben die Gesamtaufwendungen und Gesamtauszahlungen hinter den Planansätzen zurück. Gegenüber dem Plan erfolgt eine Ergebnisverbesserung. Allerdings verschlechtert sich dann wiederum das Ergebnis des nächsten Haushaltsjahres entsprechend. Die übertragenen Haushaltsermächtigungen verändern die Haushaltsansätze des nächsten Jahres nicht, erhöhen lediglich die Planpositionen (Ermächtigung zu Mehraufwendungen bzw. Mehrauszahlungen). Sie bewirken demnach zusätzliche Aufwendungen und Auszahlungen, die an sich das Vorjahr hätten belasten müssen. Der Plan-/Ist-Verbesserung des abgelaufenen Haushaltsjahres steht nunmehr eine Plan-/Ist-Verschlechterung des neuen Haushaltsjahres gegenüber. Insofern liegt lediglich eine Periodenverschiebung vor.

14.4 Übungen

Sachverhalt Nr. 1:
Die Gemeinde G hat u. a. für den Produktbereich 11 ein Budget gebildet und mit folgenden Bewirtschaftungsregeln versehen:

- *„Mehrerträge berechtigen zu Mehraufwendungen in diesem Budget. Das Gleiche gilt bei Mehreinzahlungen zugunsten der Auszahlungsermächtigungen."*
- *„Die Aufwendungsermächtigungen für Abschreibungen und interne Leistungsverrechnungen sind nicht untereinander und nicht mit anderen Aufwendungspositionen deckungsfähig. Die Auszahlungsermächtigungen sind gegenseitig deckungsfähig."*

Aufgabe:
Begutachten Sie die Zulässigkeit der angebrachten Bewirtschaftungsvermerke.

Lösung:
Der erste Vermerk entspricht uneingeschränkt der gesetzlichen Normierung in § 17 Abs. 2 KomHVO, sodass dieser unzweifelhaft zulässig ist. Zum zweiten Vermerk enthält die KomHVO keine ausdrückliche Ermächtigung. § 18 Abs. 1 KomHVO lässt

aber die Budgetierung zu. Die Summe der Erträge und die Summe der Aufwendungen des Budgets sind für die Haushaltswirtschaft verbindlich. Das bedeutet, dass innerhalb der Budgets eine flexible Haushaltsführung in Form der echten Deckungsfähigkeit kraft Gesetzes zulässig ist. Insofern ist es nicht einmal notwendig, eine Deckungsfähigkeit aussprechen. Dies hat die Gemeinde G auch nicht getan; die reine Festlegung des Budgets reicht haushaltsrechtlich aus. Der Vermerk zur echten Deckungsfähigkeit schränkt diese lediglich ein, was nicht nur nach § 18 Abs. 1 KomHVO zulässig, sondern sogar geboten ist, da ansonsten nicht zahlungswirksame Aufwendungen mit zahlungswirksamen Positionen kombiniert werden.

Allerdings ist hierbei § 12 Satz 2 KomHVO zu beachten, wonach die Verfügungsmittel des Bürgermeisters nicht für deckungsfähig erklärt werden dürfen. Die Verfügungsmittel sind aber beim Produktbereich 11 nachzuweisen, sodass – falls die Gemeinde G Verfügungsmittel vorgesehen hat – der Haushaltsvermerk in diesem Punkt gegen § 12 KomHVO verstößt. Hier hätte der Vermerk eine weitere Einschränkung vorsehen müssen, indem neben den Abschreibungen und Internen Leistungsverrechnungen auch die Verfügungsmittel des Bürgermeisters aus dem Deckungsring herausgenommen werden.

Sachverhalt Nr. 2:

Die Gemeinde G hat ihren Haushalt nach Produktgruppen gegliedert, dabei u. a. für die Produktgruppe 127 „Rettungsdienst“ ein Budget gebildet und mit den beim Sachverhalt Nr. 1 ausgewiesenen Bewirtschaftungsvermerken versehen. Dabei weist auch der Teilfinanzplan konsumtive Planpositionen entsprechend der Gliederung nach § 3 Abs. 1 KomHVO aus. Aufgrund einer Bestimmung in § 6 der Haushaltssatzung der Gemeinde G sind die konsumtiven Planpositionen für verbindlich erklärt.

Die Fahrzeuge des Rettungsdienstes werden bei zwei Tankstellen innerhalb des Gemeindegebietes betankt, die jeweils monatlich mit dem Rettungsdienst abrechnen. Der Budgetverantwortliche stellt im Dezember 2024 fest, dass sämtliche Aufwendungs- und Auszahlungsermächtigungen für Sach- und Dienstleistungen bereits ausgeschöpft sind. Es werden jedoch noch Tankrechnungen für Dezember 2024 erwartet. Das restliche Budget des Rettungsdienstes wird planmäßig abgewickelt. Lediglich bei den Personalaufwendungen und Personalauszahlungen werden voraussichtlich 20.000 € eingespart. Zudem liegen die Rettungsdienstgebühren im Ertrag mit 40.000 € über dem Planansatz und die Einzahlungen aus Rettungsdienstgebühren mit 32.000 € über den Planbetrag.

Am 16.12.2024 geht die Rechnung der Tankstelle A über 18.000 € für die Betankung bis zu diesem Termin ein. Der Betrag ist sofort zahlbar. Der Budgetverantwortliche schätzt, dass für die Zeit vom 17.12.2024 bis 31.12.2024 noch Betankungen im Volumen von 10.000 € notwendig sind. Diese werden jedoch erst Anfang Januar in Rechnung gestellt.

Tankstelle B sendet am 27.12.2024 eine Rechnung über 22.000 € für den gesamten Monat Dezember, zahlbar innerhalb von 14 Tagen. Ab diesem Termin schließt die Tankstelle wegen Betriebsferien.

Aufgabe:
Prüfen Sie, wie die nötigen Haushaltsmittel für Abwicklung der Treibstoffkosten bereitgestellt werden können. Welche Buchungen und Maßnahmen sind erforderlich?

Lösung:
Gemäß § 101 Abs. 3 Satz 1 KVG ist der Haushaltsplan für die Haushaltsausführung verbindlich. Insofern stellt die Aufwendungsermächtigung für Sach- und Dienstleistungen im Teilergebnisplan des Rettungsdienstes die Obergrenze für diese Leistungsart dar. Laut Sachverhalt sind diese Haushaltsmittel jedoch erschöpft. Die eingehenden Rechnungen über 18.000 € und 22.000 € bedingen unabhängig von Ihrer Zahlung noch Aufwendungen an Sach- und Dienstleistungen für 2024. In Höhe der noch geschätzten Treibstoffkosten für die Tankstelle A für die Zeit vom 17. bis 31.12.2024 müsste eine Rückstellung gebildet werden, was gleichzeitig Aufwendungen für Sach- und Dienstleistungen für 2024 bedeutet würde. Dies ist allerdings aufgrund der in § 35 Abs. 1 KomHVO aufgeführten Rückstellungsmöglichkeiten nicht gegeben. Eine Überarbeitung dieser Rechtsvorschrift im Sinne einer periodengerechten Zuordnung des Ressourcenverbrauchs ist daher angebracht. Insofern werden noch rd. 40.000 € (unter Berücksichtigung einer Rückstellungsbildung rd. 50.000 €) für Treibstoffverbräuche (Aufwendungen für Sach- und Dienstleistungen) benötigt. Es fragt sich, wie die benötigten Ermächtigungen bereitgestellt werden können.

Der Rettungsdienst befindet sich in einem mit Bewirtschaftungsvermerken ausgestatteten Budget. Diese Vermerke sehen u. a. vor, dass Mehrerträge zu Mehraufwendungen berechtigen. Da laut Sachverhalt der Haushalt planmäßig abgewickelt wird und bei den Rettungsdienstgebühren ein Mehrertrag von 40.000 € besteht, kann dieser Betrag als echter Mehrertrag für Mehraufwendungen des gesamten Budgets verwendet werden, also demnach auch für die Treibstoffaufwendungen. (Unter Berücksichtigung einer Rückstellungsbildung fehlt demnach noch eine Aufwendungsermächtigung von 10.000 €. Da jedoch sämtliche Aufwendungen des Budgets sich gemäß § 18 Abs. 1 Satz 1 KomHVO in einer echten Deckungsfähigkeit befinden – die Budgetgesamtsumme ist verbindlich – und der Haushaltsvermerk nur Einschränkungen zu Abschreibungen und internen Leistungsverrechnungen, nicht aber für Sach- und Dienstleistungen enthält, kann dieser Betrag aus der Einsparung in Höhe von 20.000 € bei den Personalaufwendungen finanziert werden. Insofern ist der Mehrbedarf an Aufwendungsermächtigungen für den Treibstoffverbrauch, Sach- und Dienstleistungen gedeckt).

Allerdings ist noch zu prüfen, ob auch zudem ausreichende Auszahlungsermächtigungen für die Bezahlung der Treibstoffe vorliegen. Auch hier ist laut Sachverhalt zunächst festzustellen, dass planmäßig bei den Auszahlungsermächtigungen für Sach- und Dienstleistungen keine Mittel mehr vorhanden sind. Die im vorigen Absatz aufgeführten Bewirtschaftungsvermerke gelten aber auch für die Ein- und Auszahlungsseite. Aus diesem Grund können die Mehreinzahlungen bei den Rettungsdienstgebühren von 32.000 € und die Einsparung von 20.000 € bei den Personalauszahlungen zur Deckung herangezogen werden. Insofern besteht auch noch eine ausreichende Auszahlungsermächtigung.

Nunmehr kann die Rechnung der Tankstelle über 18.000 € gezahlt werden, sodass Aufwendung und Auszahlung buchungstechnisch abzuwickeln sind. Für die Zeit vom 17. bis 31.12.2024 wird mit einer Betankung im Wert von rd. 10.000 € gerechnet, wobei die Rechnung erst in 2025 erwartet wird. Für die als Rückstellung ausgewiesene Summe von 10.000 € für die voraussichtlichen Betankungen in der Zeit vom 17. bis 31.12.2024 sind genügend Aufwendungsermächtigungen in 2024 vorhanden (siehe oben). Für die Auszahlung sind nach den o. a. Verfahren ebenfalls Mittel in 2024 bereitgestellt. Jedoch werden die Auszahlungsermächtigungen erst in 2025 benötigt. Insofern muss für die 10.000 € gemäß § 19 Abs. 1 KomHVO eine Übertragung der Auszahlungsermächtigung nach 2025 erfolgen. Erreicht wird damit, dass in 2025 die Zahlung gesichert ist und nicht schon die Ermächtigungen des neuen Jahres in Anspruch genommen werden müssen.

Die Rechnung der Tankstelle B vom 27.12.2024 wurde verbrauchsorientiert als Aufwendung dem Haushaltsjahr 2024 zugeordnet und nach dem obigen Verfahren bereitgestellt. Da jedoch die Zahlung erst im Jahr 2025 erfolgt, muss eine Verbindlichkeit gegengebucht werden. Die Verbindlichkeit wird dann im Jahr 2025 in eine Auszahlung umgewandelt, sodass – wie im voran gehenden Absatz beschrieben – eine Auszahlungsermächtigungsübertragung von 22.000 € nach § 19 Abs. 1 KomHVO notwendig ist.

Insgesamt ist demnach eine Übertragung von Auszahlungsermächtigungen für Sach- und Dienstleitungen in Höhe von 32.000 € notwendig.[12]

12 Der Sachverhalt geht von einer verbindlichen Auflistung der konsumtiven Planpositionen im Teilfinanzhaushalt aus. Dazu sind die Gemeinden nicht verpflichtet (siehe Anlage 6 A der Muster zum NKHR) und werden in der Regel hiervon auch keinen Gebrauch machen. In den Fällen, in denen Teilfinanzpläne nur für den investiven Bereich aufgestellt, entfällt das budgetbezogene Problem der Ermächtigungsübertragungen im Teilfinanzplan. Die Ermächtigungsübertragung müsste dann auf der Ebene des Finanzhaushalts erfolgen.

15. Die Verpflichtungsermächtigungen

15.1 Begriff und Verfahren

Verpflichtungsermächtigungen sind Ermächtigungen zum Eingehen von Verpflichtungen, die künftige Haushaltsjahre mit Auszahlungen für Investitionen und Investitionsfördermaßnahmen belasten (§ 107 Abs. 1 KVG). Somit können nachfolgend die Tatbestandsmerkmale wie folgt aufgelistet werden:

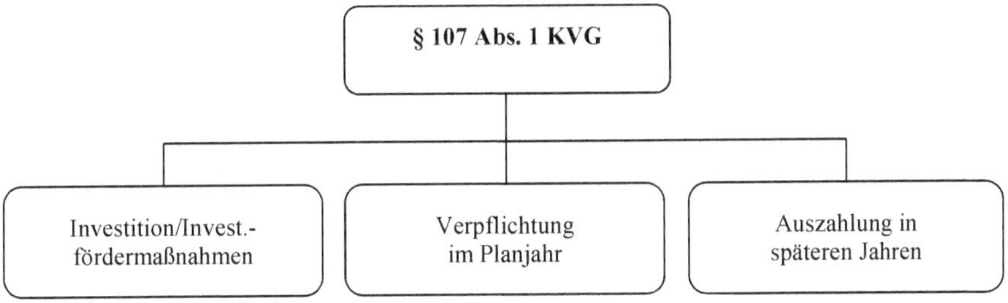

Verpflichtungsermächtigungen sind lediglich für den Investitionsbereich vorgesehen. Da Investitionen Auszahlungen zur Veränderung des Anlagevermögens und darstellen, kann nur der Teilfinanzplan Veranschlagungen von Verpflichtungsermächtigungen enthalten. Besonders zu beachten sind hier die Investitionsfördermaßnahmen. Im Teilfinanzplan fallen unter die Investitionsauszahlungen auch die Zuwendungen der Gemeinde an Dritte, die gleichzeitig eine Investition der Gemeinde darstellen. Dies stellt sicher eine Ausnahme dar und ist nur dann der Fall, wenn die allgemeinen Voraussetzungen der Aktivierungsfähigkeit (insbesondere muss das wirtschaftliche Eigentum der geförderten Investition später bei der Kommune verbleiben) vorliegen. Im Folgenden wird daher vom Begriff der „Investitionen" gesprochen.

Beim Anlagevermögen handelt es sich um die in der Bilanz förmlich als Anlagevermögen ausgewiesenen immateriellen Gegenstände, Sachanlagen und Finanzanlagen.[1] Eine Verpflichtungsermächtigung wird jedoch nur für solche Investitionen benötigt, bei denen eine Verpflichtung im Planjahr Auszahlungen in späteren Jahren bewirkt. Investitionsverpflichtungen mit Zahlungen im selben Jahr sind der Auszahlungsposition zuzuordnen. Bei den Verpflichtungen handelt es sich in der Regel um Verträge mit Dritten (z. B. Kaufverträge und Bauaufträge). Die folgende Entscheidungstabelle belegt das Veranschlagungsverfahren:

1 Siehe dazu auch die Gliederung des Finanzplans in Kap. 13.

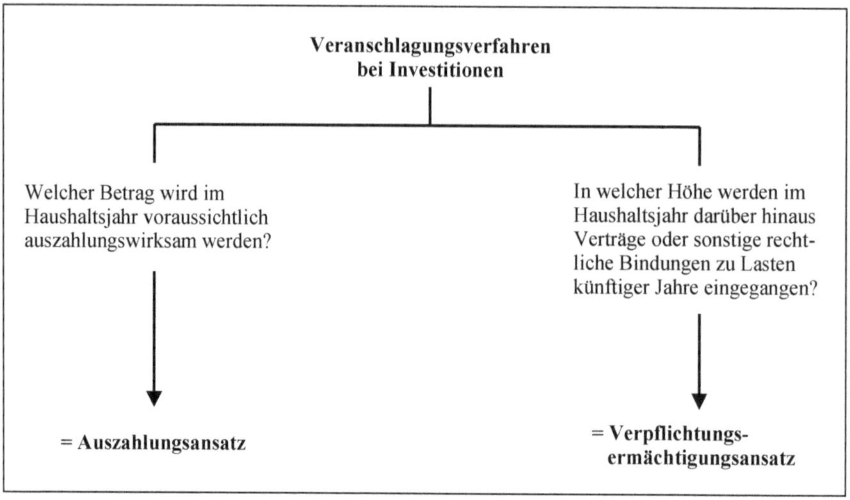

Beispiele:

a) *Die Gemeinde G plant den Bau eines Museums mit Auszahlungen von je 500.000 € in 2025, 2026 und 2027. Vor Baubeginn im März 2025 soll ein Gesamtauftrag an einen Bauunternehmer vergeben werden. Gemäß § 9 Abs. 2 KomHVO sind den Teilfinanzplänen der Jahre 2025 bis 2027 jeweils 500.000 € als Auszahlungsermächtigungen einzustellen. Zusätzlich ist für den Vertragsabschluss in 2025 gemäß § 107 Abs. 1 KVG eine Verpflichtungsermächtigung in Höhe von 1.000.000 € im Teilfinanzplan zu veranschlagen. Eine erneute Veranschlagung einer Verpflichtungsermächtigung in 2026 ist nicht erforderlich.*

b) *Sollte dagegen Ende 2024 der Gesamtauftrag vergeben werden, damit in 2025 mit denselben Auszahlungsraten unverzüglich mit der Baumaßnahme begonnen werden kann, muss der Teilfinanzplan 2024 eine Verpflichtungsermächtigung in Höhe von 1.500.000 € aufweisen. Die Veranschlagung der Auszahlungen in den Jahren 2025 bis 2027 beträgt dann jeweils 500.000 €. Weitere Verpflichtungsermächtigungen sind nicht einzustellen.*

Die Beschränkung der Verpflichtungsermächtigungen auf Investitionen birgt jedoch eine Reihe von Problemen. Selbst wenn die Gemeinde im Dezember neue Büromöbel mit Anschaffungsauszahlungen von 1.200 € bestellen will, deren Lieferung im Januar des nächsten Jahres erfolgen soll, benötigt sie zur Auslösung des Bestellvorgangs eine Verpflichtungsermächtigung. Wenn die Gemeinde eine Investitionsförderung im Volumen von 2.000.000 € mit Transferaufwendungen und Transferauszahlungen **im nächsten Jahr** vertraglich absichern will (z. B. durch Bewilligung eines Zuschusses an einen Sportverein für den Bau eines Stadions), ist dafür auch eine förmliche Haushaltsermächtigung erforderlich, weil § 107 Abs. 1 KVG zudem Verpflichtungsermächtigungen für Investitionsfördermaßnahmen vorsieht.

Auch für die übrigen Aufwendungen und Auszahlungen im konsumtiven Bereich ist unter Umständen eine vorjährige Verpflichtung erforderlich, die künftige Haushaltsjahre mit Aufwendungen und Auszahlungen belastet (z. B. Abschluss von Mietverträgen, die künftige Jahre mit Mietaufwendungen und Mietauszahlungen belasten oder langfristige Leasingverträge vor allem im Immobilienbereich mit Millionenbeträgen). Diese Verpflichtungen können betragsmäßig große Summen ausmachen und die Haushalte der künftigen Jahre umfangreich belasten, ohne dass dafür eine haushaltsmäßige Ermächtigung erforderlich ist.

Unstreitig ist, dass bei Geschäften der laufenden Verwaltung keine besonderen haushaltsrechtlichen Ermächtigungen erforderlich sind. Bei den übrigen, sprich: größeren Maßnahmen helfen sich Gemeinden des Öfteren durch den Ausweis von besonderen „Bindungsermächtigungen" (z. B. bei Grundrenovierungen von Gebäuden). Dies ist sicherlich keine haushaltsrechtlich abgesicherte Lösung, aber im Rahmen des Selbstgestaltungsrechts der Gemeinde durchaus zulässig und geboten.

Unabhängig von den haushaltsrechtlichen Unsicherheiten bleibt jedoch, dass für Maßnahmen, die nicht „Geschäfte der laufenden Verwaltung" sind, ein vorheriger Rats- bzw. Ausschussbeschluss erforderlich ist. Somit ist zumindest das Etatrecht der Ratsgremien indirekt gesichert. Allerdings stellt sich dem Verfasser die Frage, ob nicht das Haushaltsrecht eine weitergehende Vorschrift für Verpflichtungsermächtigungen als in § 107 Abs. 1 KVG vorgesehen benötigt. Dies wird seit langem auch von der Wissenschaft und der Praxis gefordert.[2]

15.2 Umfang und zeitliche Beschränkung der Verpflichtungsermächtigungen

Eine Verpflichtungsermächtigung ist nicht automatisch in den Teilfinanzplan einzustellen, wenn in den zukünftigen Jahren Investitionsauszahlungen veranschlagt werden. Vielmehr ist die Verpflichtungsermächtigung nur dann notwendig, wenn Verträge im Investitionsbereich abgeschlossen werden sollen, die Auszahlungen in späteren Jahren zur Folge haben. Das bedeutet, dass vor der Veranschlagung von Verpflichtungsermächtigungen immer zu prüfen ist, ob ein Bedarf für einen konkreten Vertragsabschluss mit Belastungen späterer Perioden beabsichtigt ist. Dies entspricht dem Sinn einer konkreten Einzelermächtigung im Investitionsbereich und wirkt sich steuerungsfördernd aus.

Die Verpflichtungsermächtigungen dürfen nach § 107 Abs. 2 KVG in der Regel zu Lasten der dem Haushaltsjahr folgenden drei Jahre veranschlagt werden. Dieser Zeitraum ist bewusst grundsätzlich auf den Planungszeitraum abgestellt, der sich gemäß

2 Entweder sieht das Haushaltsrecht generell für Verpflichtungen zu Lasten späterer Jahre Haushaltsermächtigungen vor oder gar nicht. Der Regelungstext sollte hier eindeutig eine Haushaltsermächtigung für alle Verpflichtungen zu Lasten der späteren Jahre verlangen. Allerdings sollte hier eine Wertgrenze bzw. eine Begrenzung auf bestimmte Aufwendungs- und Auszahlungsarten eingeführt werden. Siehe auch *Bernhardt/Erkes/Klümper/Schünemann/Schwingeler/Theisen*, Reform des kommunalen Haushaltsrechts Nordrhein-Westfalen, Gelsenkirchen 1991, S. 125 ff.

§ 106 KVG auf das Haushaltsjahr und die sich anschließenden drei Jahre bezieht. Dies wird am nachstehenden Beispiel für das Haushaltsjahr 2025 deutlich:

Ansatz Vorjahr	**Ansatz Hausplanjahr**	**Ansatz**	**Ansatz**	**Ansatz**
2024	**2025**	**2026**	**2027**	**2028**
Aufstellung Haushaltsplan 2025	Verpflichtungs-ermächtigung	├────────	──── fällig ────	────────▶

Allerdings schließt § 107 Abs. 2 KVG auch eine Veranschlagung von Verpflichtungsermächtigungen mit Auszahlungsbelastungen über den Planungszeitraum hinaus bis zum Abschluss einer Maßnahme nicht aus. Dies ist auch notwendig, weil es im Ausnahmefall zuweilen vorkommen kann, dass längerfristige Vertragsabschlüsse notwendig sind. Dies wird besonders deutlich bei langfristigen Verrentungen (Leibrenten, verrentete Grundstückskaufpreise). Soll nämlich ein Grundstück auf Rentenbasis erworben werden, wobei die Rente aufgrund eines versicherungsmathematischen Gutachtens ca. 40 Jahre zu zahlen sein wird, muss in Höhe des entsprechenden Verrentungsumfangs eine Verpflichtungsermächtigung eingeplant werden. Auch bei dieser Art des Grunderwerbs handelt es sich um eine Investition. Dabei ist es nämlich ohne Bedeutung, ob das Grundstück in einer Summe bezahlt wird oder periodisiert über eine Leibrentenzahlung abgewickelt wird. Es handelt sich immer um Auszahlungen zur Veränderung des Anlagevermögens.

15.3 Veranschlagung der Verpflichtungsermächtigungen

Gemäß § 10 KomHVO sind die Verpflichtungsermächtigungen maßnahmebezogen im Teilfinanzplan auszuweisen. Dabei ist anzugeben, wie sich die Belastungen voraussichtlich auf die künftigen Jahre verteilen werden. Verpflichtungsermächtigungen unterhalb einer vom Rat festzulegenden Wertgrenze können zusammengefasst in einer Summe veranschlagt werden. Dies entspricht dem Grundsatz der Einzelveranschlagung für Auszahlungen nach § 4 Abs. 4 Satz 2 KomHVO (siehe dazu auch Kap. 9.3.6.2). Die Gesamtsumme aller Verpflichtungsermächtigungen des Planjahres wird im § 3 der Haushaltssatzung festgesetzt, sodass damit auch die einzelne Verpflichtungsermächtigung einen verbindlichen Planansatz darstellt (siehe dazu die Einzelheiten zur Haushaltssatzung in Kap. 18.)

Für die Beispiele a) und b) in Kap. 15.1 wäre folgende Darstellung im Teilfinanzplan erforderlich:

Teilfinanzplan Investitionstätigkeit	Ansatz 2024	Ansatz 2025	VE 2025	Planung 2026	Planung 2027
Auszahlungen					
für Baumaßnahmen (Variante a)	0	500.000	1.000.000	500.000	500.000
für Baumaßnahmen (Variante b)	1.500.000	500.000	0	500.000	500.000

Wie bereits oben festgestellt, sind die Ansätze der Verpflichtungsermächtigungen verbindlich (konkrete Vertragsermächtigungen der Politik für die Verwaltung). Insofern muss die Inanspruchnahme von Verpflichtungsermächtigungen nachgehalten werden (§ 25 Abs. 5 i. V. m. Abs. 3 und 4 KomHVO). Dies ist nur außerhalb des doppischen Buchungssystems möglich, weil es sich bei Verpflichtungsermächtigungen weder um Aufwendungen noch um Auszahlungen handelt.

Soll im Investitionsbereich ein Vertrag mit Auszahlungen in späteren Jahren ausgelöst werden und sind keine ausreichenden Verpflichtungsermächtigungen vorhanden, müssen diese zusätzlich nach bestimmten normierten Verfahren bereitgestellt werden, z. B. nach § 107 Abs. 5 KVG (für Näheres dazu siehe Kap. 19.6.7). Da sich die Verpflichtungsermächtigungen auf den Haushaltsausgleich bzw. die Bereitstellung liquider Mittel der nächsten Jahre auswirken, sollte im Rahmen der Buchführung auch die konkrete Belastung der nächsten Jahre erfasst und für die notwendige Haushaltsfortschreibung vorgehalten werden. Zur Deckungsfähigkeit von Verpflichtungsermächtigungen siehe Kap. 14.3.2.

15.4 Übungen

Sachverhalt und Aufgabe Nr. 1:

Untersuchen und begründen Sie, ob und in welcher Höhe bei den nachstehenden Sachverhalten im Haushaltsplan 2025 Verpflichtungsermächtigungen zu veranschlagen sind:

a) Die Gemeinde G will eine Grundschule mit Gesamtkosten von 4 Mio € bauen. Die Bauauszahlungen fallen je zur Hälfte in 2025 und 2026 an. Den Gesamtauftrag soll ein Unternehmen in 2025 erhalten.

b) Wie zuvor, jedoch sollen Jahresaufträge jeweils zu Beginn der Jahre 2025 und 2026 erteilt werden.

c) Die Gemeinde G will eine DV-Anlage für die Jahre 2025 bis 2029 leasen (jährliche Leasingrate laut Vertrag = 1,2 Mio. €).

d) Die Gemeinde G will in 2025 einen Bewilligungsbescheid über 3.000.000 € erteilen. Der Zuschuss dient der Kostenbeteiligung an der Errichtung eines neuen Werkgebäudes (Wirtschaftsförderung) und wird zu je einem Drittel in 2025, 2026 und 2027 ausgezahlt.

e) Die Gemeinde G will in 2026 einige qm Straßenland erwerben. Der Vertrag über den Kaufpreis von 600 € soll bereits im Dezember 2025 abgeschlossen werden.

Lösung:

a) Der Bau der Grundschule mit Gesamtauszahlungen von 4 Mio. € stellt eine Investition dar, weil die Auszahlung eine Veränderung des Anlagevermögens bewirkt. Gebäude als Grundstücksteile (§ 94 BGB) zählen zu den Sachanlagen. Die Gesamtauftragsvergabe in 2025 erfordert in diesem Jahr eine haushaltsrechtliche Ermächtigung. Sie wird geschaffen durch die Bildung eines Auszahlungsansatzes in 2025 in Höhe von 2 Mio € gemäß § 9 Abs. 2 KomHVO, womit eine Auftragsvergabe mit Auszahlung im selben Jahr 2025 ermöglicht wird. Des Weiteren ist im Haushaltsjahr 2025 ein Verpflichtungsermächtigungsansatz von 2 Mio € gemäß § 107 Abs. 1 KVG für den Teil des Auftrages erforderlich, der erst im Jahre 2026 zu Auszahlungen führt.
b) Bei der abgewandelten Variante des Sachverhaltes zu a) ist eine Veranschlagung von Verpflichtungsermächtigungen nicht erforderlich. Auftragsvergaben und Bezahlung der eingegangenen Verpflichtungen erfolgen jeweils im selben Jahr (also 2025 bzw. 2026). Auftragsbelastungen für zukünftige Jahre bestehen nicht. Das Tatbestandsmerkmal gemäß § 107 Abs. 1 KVG „Auszahlung in späteren Jahren" liegt nicht vor, sodass die Auszahlungsansätze von je 2 Mio € in 2025 und 2026 genügen.
c) Beim Leasing einer DV-Anlage handelt es sich nicht um eine Investition, weil keine Veränderung des Anlagevermögens erfolgt. Die Gemeinde erwirbt kein Eigentum an der DV-Anlage. Es kann auch nicht von einem wirtschaftlichen Eigentum ausgegangen werden; vielmehr besteht eine Art Mietverhältnis (Besitzverhältnis). Eine Veranschlagung zum Zweck des Vertragsabschlusses im Teilfinanzplan – nur dort sind Verpflichtungsermächtigungen einzustellen – erfolgt demnach nicht.
d) Laut Sachverhalt dient der Zuschuss als Finanzhilfe zur Errichtung eines neuen Werkgebäudes. Da das Anlagevermögen des Dritten vergrößert wird, handelt es sich um eine Investitionsfördermaßnahme. § 107 Abs. 1 KVG sieht auch für Investitionsfördermaßnahmen die Notwendigkeit einer förmlichen Verpflichtungsermächtigung vor. Insofern kann der Bewilligungsbescheid nicht ohne haushaltsrechtliche Ermächtigung in 2025 erlassen werden. Die Belastungen von je 1 Mio. € sind für die Jahre 2025 bis 2027 sowohl im Teilergebnisplan als Transferaufwendung bzw. im Teilfinanzplan als Auszahlungsermächtigung einzustellen.
e) Der Erwerb von Grundvermögen stellt eine Investition dar (Veränderung des Anlagevermögens in Form von Grunderwerb). Somit ist hier die Veranschlagung einer Verpflichtungsermächtigungen im Haushaltsjahr 2025 in Höhe von 600 € zu Lasten des Jahres 2026 erforderlich.[3]

3 Angesichts der Geringfügigkeit des Betrags befriedigt die Lösung jedoch nicht. Der Gesetzgeber ist aufgerufen, für Kleinbeträge eine Wertgrenze einzuführen.

Sachverhalt Nr. 2:
Die Gemeinde G will in 2025 mit zwei größeren Investitionsvorhaben beginnen. Die zuständigen Fachbereiche informieren die Kämmerei (Fachbereich für Finanzen) wie folgt:

a) Bau der Gesamtschule Nord
Der Kaufvertrag für das Grundstück wurde bereits in 2024 abgeschlossen. Der Gesamtkaufpreis von 1.000.000 € ist mit 800.000 € in 2024 und 200.000 € in 2025 zu zahlen. Die Hochbaukosten belaufen sich auf voraussichtlich 10.000.000 €. Ein Bauunternehmen soll im Frühjahr 2025 einen Auftrag für die Gesamtherstellung des Gebäudes einschließlich der Außenanlagen (schlüsselfertige Übergabe) erhalten. Nach dem Bauzeitenplan verteilen sich die entsprechenden Auszahlungen wie folgt:
2024: 3.000.000 €
2025: 5.000.000 €
2026: 2.000.000 €

Die Einrichtungsgegenstände mit Beschaffungskosen von 300.000 € werden voraussichtlich in 2027 bestellt und bezahlt.

b) Bau des Sportzentrums Süd
Der Vertrag über die Grunderwerbskosten von 900.000 € soll im März 2025 geschlossen werden. Der Eigentümer verlangt die Auszahlung je zur Hälfte zum 15.8.2025 und zum 15.2.2026. Zusätzlich soll ein weiteres benötigtes Grundstück erworben werden. Hier wird der Grundstückseigentümer eine Verrentung des Kaufpreises erhalten. Im Kaufvertrag, der ebenfalls im März 2025 abgeschlossen werden soll, wird voraussichtlich eine zehnjährige Rentenzahlung von monatlich 2.000 € ab 1.7.2025 enthalten sein, die den Gesamtkaufpreis abgedeckt.[4]

Die Hochbauauszahlungen werden auf insgesamt 8.000.000 € geschätzt und werden mit 5.000.000 € in 2025 und 3.000.000 € in 2026 anfallen. Das Hochbauamt beabsichtigt, 2.000.000 € von den Ausgaben für 2026 erst im Januar 2026 auszuschreiben, weil es sich um Spezialarbeiten handelt. Den Restauftrag von 6.000.000 € soll in 2025 eine Baufirma erhalten. Die Außenanlagen (gärtnerische Arbeiten) sollen erst im Januar/Februar 2027 durchgeführt werden. Der Auftrag über die Gesamtauszahlungen von 50.000 € (nicht in den bisherigen Hochbaukosten enthalten, aber bei derselben Finanzposition abzuwickeln) soll bereits Ende 2026 vergeben werden.

Die Einrichtungskosten von 150.000 € fallen in 2026 an. Wegen der langen Lieferzeit soll der Auftrag bereits im Dezember 2025 vergeben werden.

4 Die Grundstückspreisverrentung ist aus Übungsgründen auf zehn Jahre beschränkt und enthält auch keine Gleitklauseln. Insofern entspricht sie nicht den Praxisgegebenheiten, die in der Regel Verrentungen bis zum Ableben des Verkäufers vorsehen.

Aufgabe:

Veranschlagen Sie die Maßnahmen in den Teilfinanzplänen für die Jahre 2025, 2026 und 2027, wobei sie einen vereinfachten gemeinsamen Vordruck verwenden können. Unterstellen Sie dabei, dass sich gegenüber der ursprünglichen Planung keine Änderungen im Zeitablauf ergeben. Auf den Nachweis von Vorjahreszahlen ist zu verzichten.

Lösung:

Haushaltsjahr 2025

	Teilfinanzplan Investitionstätigkeit	**Ansatz 2025**	**VE 2025**	**Planung 2026**	**Planung 2027**	**Planung 2028**
	Auszahlungen Gesamtschule Nord					
	Erwerb von Grundstücken, Gebäuden und Infrastrukturvermögen	200.000	0	0	0	0
+	Erwerb von beweglichen oder immateriellen Vermögensgegenständen	0	0	0	300.000	0
+	Baumaßnahmen	3.000.000	7.000.000	5.000.000	2.000.000	0
	Auszahlungen Sportzentrum Süd					
	Erwerb von Grundstücken, Gebäuden und Infrastrukturvermögen	462.000	678.000	474.000	24.000	24.000
+	Erwerb von beweglichen oder immateriellen Vermögensgegenständen	0	150.000	150.000	0	0
+	Baumaßnahmen	5.000.000	1.000.000	3.000.000	50.000	0

Hinweis: Die Verpflichtungsermächtigungen setzen sich mit 450.000 € für das erste Grundstück und 228.000 € (240.000 € abzüglich Jahresbelastung 2025 in Höhe von 12.000 € für sechs Monate) für den verrenteten Grundstückskaufpreis zusammen.

Haushaltsjahr 2026

Teilfinanzplan Investitionstätigkeit	Ansatz 2026	VE 2026	Planung 2027	Planung 2028	Planung 2029
Auszahlungen Gesamtschule Nord					
Erwerb von Grundstücken, Gebäuden und Infrastrukturvermögen	0	0	0	0	0
+ Erwerb von beweglichen oder immateriellen Vermögensgegenständen	0	0	300.000	0	0
+ Baumaßnahmen	5.000.000	0	2.000.000	0	0
Auszahlungen Sportzentrum Süd					
Erwerb von Grundstücken, Gebäuden und Infrastrukturvermögen	474.000	0	24.000	24.000	24.000
+ Erwerb von beweglichen oder immateriellen Vermögensgegenständen	150.000	0	0	0	0
+ Baumaßnahmen	3.000.000	50.000	50.000	0	0

Haushaltsjahr 2027

Teilfinanzplan Investitionstätigkeit	Ansatz 2027	VE 2027	Planung 2028	Planung 2029	Planung 2030
Auszahlungen Gesamtschule Nord					
Erwerb von Grundstücken, Gebäuden und Infrastrukturvermögen	0	0	0	0	0
+ Erwerb von beweglichen oder immateriellen Vermögensgegenständen	300.000	0	0	0	0
+ Baumaßnahmen	2.000.000	0	0	0	0
Auszahlungen Sportzentrum Süd					
Erwerb von Grundstücken, Gebäuden und Infrastrukturvermögen	24.000	0	24.000	24.000	24.000
+ Erwerb von beweglichen oder immateriellen Vermögensgegenständen	0	0	0	0	0
+ Baumaßnahmen	50.000	0	0	0	0

16. Fremdfinanzierung des kommunalen Haushalts und Haftungsverhältnisse: Kredite, kreditähnliche Verbindlichkeiten und Bürgschaften

16.1 Begriffsbestimmungen

Die Finanzierung öffentlicher Haushalte mit fremdem Kapital ist eine übliche Vorgehensweise, die z. B. in Form der Kreditfinanzierung ausdrücklich in § 99 Abs. 5 KVG zugelassen wird. Gleichwohl sind bei der Fremdfinanzierung der kommunalen Aufgabenerfüllung neben den allgemeinen Haushaltsgrundsätzen besondere haushaltsrechtliche Regelungen zu beachten. Zur näheren Betrachtung der Besonderheiten der Fremdfinanzierung kommunaler Haushalte bedarf es zunächst einer Bestimmung und Abgrenzung der im Bereich der kommunalen Fremdfinanzierung benutzten Begriffe wie z. B. Fremdkapital, Schulden, Verbindlichkeiten, Investitionskredite und Kredite zur Liquiditätssicherung. Diese Begriffsbestimmungen sind wichtig, weil sie sich in den Details unterscheiden, und sie sind insbesondere auch deshalb erforderlich, weil sich die Begriffsinhalte z. T. durch den Wechsel des Rechnungsstils von der Kameralistik zur kaufmännischen doppelten Buchführung verändert haben. Die im neuen Haushaltsrecht gewählten Begriffe und ihre Inhalte orientieren sich nur teilweise an den üblichen betriebswirtschaftlichen Konventionen.

16.1.1 Fremdkapital

Der Begriff des Fremdkapitals ergibt sich aus der Betrachtung der Passivseite der Bilanz als Gegenstück zum dort ausgewiesenen Eigenkapital. Ausgehend von der in § 46 Abs. 4 KomHVO festgelegten Struktur der Passivseite der kommunalen Bilanz sind dem Fremdkapital die Posten

- Rückstellungen und
- Verbindlichkeiten

zuzuordnen. Es handelt sich dabei um den Teil der Kapitalausstattung der Kommune, der in Zukunft mit einer Verpflichtung zur Rückzahlung oder einer vergleichbaren Verpflichtung belastet ist.[1]

Den zwischen dem Eigenkapital und den Rückstellungen ausgewiesenen Sonderposten fehlt es an dieser direkten Rückzahlungsverpflichtung, so dass ihnen zumindest teilweise Eigenkapitalcharakter zugesprochen wird. Sie stellen daher eine Mischform zwischen Eigen- und Fremdkapital dar.

Die passiven Rechnungsabgrenzungsposten (PRA) werden nach § 42 Abs. 2 KomHVO gebildet für Einnahmen, die vor dem Abschlussstichtag anfallen, die aber aufgrund der wirtschaftlichen Verursachung erst Ertrag für eine Zeit nach dem Abschlussstichtag darstellen (Beispiel: Mietvorauszahlungen für das Folgejahr). Sie dienen der Periodenabgrenzung und haben damit weder Eigen- noch Fremdkapitalcharakter.

---

1 Vgl. *Brixner/Harms/Noe*, Verwaltungs-Kontenrahmen, München 2003, S. 225.

16.1.2 Schulden

Im Zivilrecht leitet sich der Begriff der Schulden aus dem Inhalt des Schuldverhältnisses ab. Ein Schuldverhältnis im Sinne von § 241 BGB begründet grundsätzlich eine Verpflichtung zum Tun, Dulden oder Unterlassen. Von „Schulden" im zivilrechtlichen Sinne wird in der Regel aber nur dann gesprochen, wenn ein Schuldverhältnis die Verpflichtung begründet, Geld zu bezahlen.

Als „Schulden" werden im kommunalen Haushaltsrecht sämtliche Verpflichtungen gegenüber Dritten, z. B. Rückzahlungsverpflichtungen aus Kreditaufnahmen, ihnen wirtschaftlich gleichkommende Vorgänge und Pensionsrückstellungen bezeichnet.[2] Insoweit deckt sich der Begriff der Schulden im Haushaltsrecht mit dem weiten zivilrechtlichen Schuldenbegriff. Über die Verpflichtung zur Zahlung von Geld hinaus umfasst er auch weitere Verpflichtungen, die sich aus vertraglichen oder gesetzlichen Bestimmungen ergeben können.

Soweit solche Verpflichtungen wertmäßig feststehen und der Zeitpunkt der Leistungsverpflichtung bekannt ist, werden sie bilanziell als Verbindlichkeiten ausgewiesen. Verpflichtungen, die nach Höhe und/oder Fälligkeit ungewiss sind, werden als Rückstellungen bilanziert.[3] Allerdings ist bei den Rückstellungen zwischen solchen mit einer Verpflichtung gegenüber Dritten (Außenverpflichtung) und solchen mit einer Verpflichtung gegenüber sich selbst (Innenverpflichtung) zu unterscheiden. Aufgrund der Definition der Schulden als Verpflichtungen gegenüber Dritten werden Rückstellungen, die sich auf eine Innenverpflichtung beziehen (= Aufwandsrückstellungen), nicht unter diesen Begriff gefasst.

Der Begriff der Schulden im kommunalen Haushaltsrecht umfasst damit alle bilanziell auszuweisenden Verbindlichkeiten und Rückstellungen mit Ausnahme der Aufwandsrückstellungen.

16.1.3 Verbindlichkeiten

Im Umkehrschluss zu § 35 Abs. 1 KomHVO können Verbindlichkeiten als solche Verpflichtungen definiert werden, die am Abschlussstichtag nach Höhe und Fälligkeit feststehen. Die Verbindlichkeiten sind damit ein Teilbereich der Schulden. Sie werden gem. 46 Abs. 4 KomHVO als separater Bilanzposten auf der Passivseite der kommunalen Bilanz ausgewiesen. Sie werden in der Bilanz weiter untergliedert in

- Anleihen,

---

2 Vgl. u. a. die Regelungsvorschläge an das Innenministerium in: Innenministerium des Landes Nordrhein-Westfalen (Hrsg.), Neues Kommunales Finanzmanagement – Abschlussbericht des Modellprojekts „Doppischer Kommunalhaushalt in NRW", Freiburg 2003 S. 83.

3 § 35 Abs. 1 KomHVO. Vgl. zu den Rückstellungen auch die ausführliche Darstellung in Kap. 8.

- Verbindlichkeiten aus Kreditaufnahmen für Investitionen und zu bilanzierende Investitionsfördermaßnahmen,
- Verbindlichkeiten aus Liquiditätskreditaufnahmen,
- Verbindlichkeiten aus Vorgängen, die Kreditaufnahmen wirtschaftlich gleichkommen,
- Verbindlichkeiten aus Lieferungen und Leistungen,
- Verbindlichkeiten aus Transferleistungen,
- Sonstige Verbindlichkeiten.

Für die gemeindliche Haushaltswirtschaft ist die Abgrenzung der Verbindlichkeiten insofern bedeutsam, als sie dem Haushaltsplan als Pflichtanlage gemäß § 1 Abs. 2 Nr. 3 KomHVO und im Rahmen des Jahresabschlusses gemäß § 49 Abs. 3 KomHVO eine Übersicht über den Stand der Verbindlichkeiten[4] beizufügen hat. Diese Verbindlichkeitenübersicht bezieht sich auf die o. a. Bilanzposten, wobei eine über die vorgeschriebene Bilanzgliederung hinausgehende Differenzierung der Verbindlichkeiten nach Gläubigern durchzuführen ist.

16.1.4 Kredite

Als „Kredit" kann das unter der Verpflichtung zur Rückzahlung von Dritten oder von Sondervermögen mit Sonderrechnung aufgenommene Kapital bezeichnet werden.[5] Diese Definition kann auch für die Bilanzierung herangezogen werden. Die Gliederung der Verbindlichkeiten in § 46 Abs. 4 Nr. 4 KomHVO unterscheidet auf dieser Grundlage grundsätzlich zwischen Krediten für Investitionen und Investitionsfördermaßnahmen, Anleihen und Krediten zur Liquiditätssicherung. Besonders zu beachten sind hier die Investitionsfördermaßnahmen. Dabei handelt es sich um Zuwendungen der Gemeinde an Dritte i. S. d. § 34 Abs. 6 KomHVO, bei der die Gemeinde als Zuwendungsgeber ein konkretes Recht an dem geförderten Vermögensgegenstand erlangt hat. Dies stellt sicher eine Ausnahme dar. Die Gemeinde hat diese Investitionsauszahlungen als immaterielle Vermögensgegenstände zu aktivieren. Im Folgenden wird insgesamt vom Begriff der Investitionen gesprochen.

4 Vgl. Anlage 20 der Muster zum NKHR.

5 Vgl. z. B. die Begriffsbestimmung in den Regelungsvorschlägen an das Innenministerium NRW in: Innenministerium des Landes Nordrhein-Westfalen (Hrsg.), Neues Kommunales Finanzmanagement – Abschlussbericht des Modellprojekts „Doppischer Kommunalhaushalt in NRW", Freiburg 2003, S. 83.

Im Hinblick auf die Zielrichtung des § 108 Abs. 1 KVG sind allerdings die Anleihen den Krediten für Investitionen zuzurechnen. Es ergibt sich danach im Überblick folgende Struktur:[6]

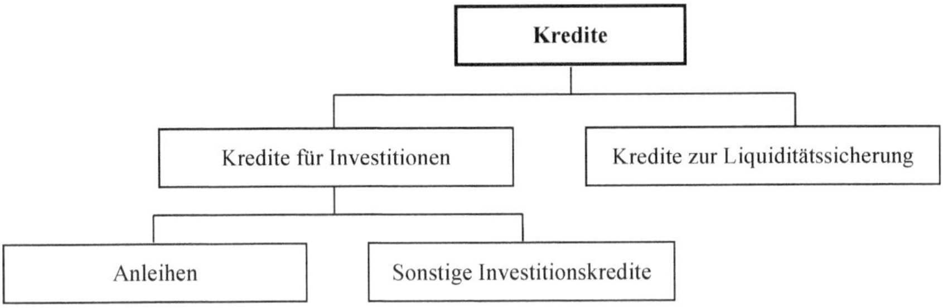

Mit dieser abschließenden Beschreibung der Kredite wird allerdings der haushaltsrechtliche Kreditbegriff enger gefasst als dies in der Betriebswirtschaft üblich ist. Im Bereich der Unternehmensfinanzierung wird unter „Kredit" jede Erbringung einer Leistung in Erwartung einer zukünftigen Gegenleistung verstanden. So werden dort insbesondere auch kurzfristige Finanzierungsformen wie Anzahlungen und Teilzahlungen (Kundenkredite) oder Zielkauf und Kaufpreisstundungen (Lieferantenkredite) dem Kreditbegriff zugeordnet.

> ***Beispiel:***
> *Der Handwerksmeister kauft bei seinem Lieferanten Material ein, das er erst am Ende des nächsten Monats bezahlen muss. Betriebswirtschaftlich räumt ihm der Lieferant damit einen Kredit ein. Ebenso handelt es sich um einen Kredit, wenn der Kunde dem Handwerksmeister bereits vor Erbringung der vereinbarten Leistung (z. B. Neuanstrich des Wohnhauses) einen Teil des vereinbarten Rechnungsbetrags überweist.*

Unter den haushaltsrechtlichen Kreditbegriff fallen dagegen ausschließlich Geldleihen, unabhängig von ihrer Fristigkeit. Dies sind für den Bereich der Kommunalverwaltung insbesondere Tages- und Festgelder, Darlehen und Anleihen.

Unklar bleibt auch das Verhältnis zwischen Krediten zur Sicherung der Zahlungsfähigkeit und den Investitionskrediten. Da die Landesverfassung und § 108 Abs. 1 KVG die Zulässigkeit der Kreditaufnahme auf die Finanzierung der Investitionen beschränkt, liegt es nahe, die Kredite zur Liquiditätssicherung per Legaldefinition nicht unter den Kreditbegriff zu subsumieren. Dies war die Vorgehensweise im kameralen Haushaltsrecht. Da in Sachsen-Anhalt die Kredite zur Sicherung der Zahlungsfähigkeit in der Bilanz ausdrücklich dem Bereich der Kredite zugerechnet werden und keine Legaldefinition vorliegt, wird offensichtlich dieser Ansatz nicht verfolgt. Damit bleibt bei

6 Siehe dazu *Grimberg* in Grimberg/Gundlach/Jochheim/Miller/Schneider, Kommunalverfassungsgesetz des Landes Sachsen-Anhalt, Kommentar, Wiesbaden 2023, § 108.

einer Kreditaufnahme nach § 110 KVG die Frage nach dem Verhältnis zu § 108 Abs. 1 KVG offen.

In den haushaltsrechtlichen Vorschriften werden als „Darlehen" üblicherweise nur die von der Gemeinde verliehenen Gelder bezeichnet (z. B. Baudarlehen an Bedienstete, Darlehen an Unternehmen im Bereich der Wirtschaftsförderung).[7] Unabhängig von der Stellung der Gemeinde als Schuldner oder Gläubiger stellt das Darlehen faktisch aber nur eine spezifische Form des mittel- oder langfristigen Kredits dar.

16.1.4.1 Kredite für Investitionen

Nach § 108 Abs. 1 i. V. m. § 99 Abs. 5 KVG dürfen Kredite nur für Investitionen, Investitionsfördermaßnahmen und Umschuldungen aufgenommen werden, wenn eine andere Finanzierung nicht möglich oder wirtschaftlich unzweckmäßig wäre. Zur Finanzierung des Ergebnishaushalts dürfen Kredite nicht aufgenommen werden. Die Beschränkung der Kreditaufnahme auf die Finanzierung von Investitionen ist auf Art. 99 Abs. 2 LV bzw. Art. 115 Abs. 1 S. 2 GG zurückzuführen.

Die Haushaltssatzung legt gem. § 100 Abs. 2 Nr. 2 KVG die Höchstgrenze für die mögliche Kreditaufnahme für Investitionen und Investitionsfördermaßnahmen fest. Diese Höchstgrenze bezieht sich auf die tatsächliche Brutto-Kreditaufnahme, die nicht höher sein darf als die Summe der Investitionen und Investitionsfördermaßnahmen (§ 108 Abs. 1 KVG). Die Begründung im Gesetz über ein Neues Kommunales Haushalts- und Rechnungswesen für die Kommunen in Sachsen-Anhalt führt zu § 108 KVG aus, dass hier keine Änderung der bisherigen Vorschriften aus dem kameralen Haushaltsrecht erforderlich ist. Die Festlegung der Höchstgrenze der Kredite für Investitionen und Investitionsfördermaßnahmen kann sich daher nicht an den Salden der Finanzrechnung orientieren, sondern berechnet sich aus den Größen, die auch bisher die Beschränkung der Kreditaufnahme bestimmten. Die Berechnung erfolgt damit in folgender Weise auf der Grundlage der Festlegungen im Finanzplan:

+	Auszahlungen für eigene Investitionen
+	Auszahlungen von Zuwendungen für Investitionen Dritter
–	Einzahlungen aus Investitionszuwendungen und -beiträgen
=	Höchstbetrag der Kredite aus Investitionen

Unerheblich für die Zuordnung der Kredite zu den Investitionskrediten ist nach den haushaltsrechtlichen Vorschriften die gewählte Laufzeit der einzelnen Kreditverbindlichkeit. Diese muss gemäß § 98 Abs. 2 KVG nach Wirtschaftlichkeitsgesichtspunkten bestimmt werden. So kann es bei sinkenden Kapitalmarktzinsen durchaus wirtschaftlich und damit notwendig sein, auch große Investitionen zunächst kurzfristig zu

7 Vgl. hierzu insbesondere die Bezeichnungen im Kontenplan zur Kontenart 695 „Rückflüsse von Ausleihungen" und den dazugehörigen Konten.

finanzieren, um sich wenige Wochen oder Monate später einen günstigeren Zinssatz langfristig zu sichern.

Auch die Tatsache, dass der Erwerb geringwertiger Wirtschaftsgüter unter 150 € der Investitionstätigkeit zugerechnet werden kann, die erworbenen Vermögensgegenstände aber nach § 40 Abs. 2 KomHVO bereits im Jahr der Anschaffung bilanziell vollständig abgeschrieben werden können, lässt den Schluss zu, dass im Sinne einer Fristenkongruenz der Finanzierung auch kurzfristige Finanzierungen unter die Investitionskredite fallen können.

Im Ergebnis können alle Kredite, die die Summe der Investitions-/Investitionsförderauszahlungen abzüglich der Investitionszuwendungen und -beiträge zum jeweiligen Zeitpunkt nicht überschreiten und nicht über die Kreditermächtigung in der Haushaltssatzung hinausgehen, als Kredite zu Finanzierung von Investitionen ausgewiesen werden.[8]

16.1.4.2 Anleihen

Haushaltsrechtlich relevant ist als besondere Ausprägung des Investitionskredits die Anleihe. Bei dieser Finanzierungsform wird das von der Kommune benötigte Kapital durch eine unbestimmte Zahl von Geldgebern durch den Kauf von Wertpapieren aufgebracht. Bei den Anleihen handelt es sich um verbriefte Forderungstitel, die i. d. R. an der Börse gehandelt werden.

Beispiel:[9]
Die Stadt S emittiert zur Finanzierung des Stadion-Neubaus im Jahr 2025 eine Kommunalobligation. Im August 2024 lässt sie 100.000 Urkunden mit folgendem Text drucken:

„5 %-Obligation über 1.000 € der Stadt S 2024/2034 im Gesamtnennbetrag von 100 Mio. €. Die Stadt S zahlt dem Inhaber dieser Obligation 5 % Zinsen jährlich – nachträglich am 15. September – und löst die Obligation bei Fälligkeit am 15.9.2034 ein.

Stadt S, im September 2024.“

8 Da auch Anleihen zu den Krediten zählen, sind auch diese bei der Ermittlung des Höchstbetrags der Kredite für Investitionen und Investitionsfördermaßnahmen zu berücksichtigen. Insgesamt entbehrt die vorgesehene Differenzierung zwischen Krediten für Investitionen und anderen Krediten jedoch jeglicher Logik, da eine Abgrenzung praktisch nicht möglich ist und der Gesetzgeber hier auch keinerlei Hilfestellung zur Abgrenzung bietet. Da die Notwendigkeit der Beschaffung von Finanzierungsmitteln grundsätzlich vor der Verpflichtung zur Verwendung dieser Mittel besteht, kann auch der Stand der Investitionsauszahlungen nicht maßgeblich für die Höhe der zulässigen Kreditaufnahme für Investitionen sein.

9 Beispiel in Anlehnung an: *Thielmann*, Finanzierung: mit Übungsaufgaben und Lösungen, 2. Aufl., Köln 1992, S. 33.

Seit dem Druck der Urkunden ist der Kapitalmarktzins leicht gestiegen. Um die Emission trotzdem absetzen zu können, wird am 15.9.2024 als Ausgabekurs 98 % festgelegt.

Der Anleger A kauft am 15.9.2024 nominal 1.000 € der Kommunalobligation und zahlt 1.000 € × 0,98 = 980 €. Jeweils am 15. September erhält er in den Jahren 2025 bis 2034 1.000 € × 5 % = 50 € Zinsen gegen Einreichung des entsprechenden Zinsscheines. Am 15.9.2034 erhält er zusätzlich 1.000 € gegen Einreichung der Urkunde. Der Anleger hätte die Obligation der Stadt S auch zwischenzeitlich an der Börse an einen Dritten verkaufen können. Der Verkaufskurs würde sich dann jeweils aus den aktuellen Kapitalmarktbedingungen ergeben.

Die Hausbank der Stadt S (Konsortialführer) verrechnet mit anderen Banken, die ggf. an der Emission beteiligt sind (Emissionskonsortium). Sie schreibt der Stadt S den Gegenwert der Obligation (Nominalwert × Ausgabekurs) gut und belastet sie mit den Zinsen und dem Rückzahlungsbetrag. Die Stadt S wird zusätzlich mit Bankprovisionen etc. belastet.

Anleihen werden im öffentlichen Bereich überwiegend vom Bund und von den Ländern aufgelegt. In seltenen Fällen bedienen sich auch Großstädte dieser Finanzierungsform.

16.1.4.3 Kredite zur Sicherung der Zahlungsfähigkeit

Die Bilanzgliederung sieht nach § 46 Abs. 4 Nr. 4 Buchst. c KomHVO zusätzlich eine Zeile für den Nachweis der Kredite zur Liquiditätssicherung vor. Eine Berücksichtigung im Haushaltsplan (Finanzplan) ist dagegen nach § 3 Abs. 1 KomHVO nicht vorgesehen.

Nach § 110 Abs. 1 Satz 1 KVG kann die Gemeinde Kredite zur Sicherung der Zahlungsfähigkeit – sog. „Liquiditätskredite" – aufnehmen, wenn dies zur rechtzeitigen Leistung der Auszahlungen erforderlich ist und hierfür keine anderen Mittel zur Verfügung stehen. Voraussetzung ist weiterhin die Einhaltung der nach § 100 Abs. 2 Nr. 4 KVG in der Haushaltssatzung festzusetzenden Höchstgrenze der Kredite zur Liquiditätssicherung.

Diese Vorschrift widerspricht § 108 Abs. 1 KVG, der ausdrücklich die Kreditaufnahme nur für den Bereich der Investitionstätigkeit (und der Umschuldungen) vorsieht. Praktisch ist es jedoch erforderlich, dass die Gemeinde allen ihren Zahlungsverpflichtungen nachkommt, so dass eine Ausnahmeregelung zu § 108 Abs. 1 KVG unumgänglich ist. Im Ergebnis hat § 110 KVG allerdings die Wirkung, dass jede Gemeinde im Rahmen ihrer Haushaltssatzung nahezu unbeschränkt Kredite für die laufende Verwaltungstätigkeit aufnehmen kann und die vorgesehene Aufnahme und Tilgung solcher Kredite nicht einmal im Saldo im Haushaltsplan nachweisen muss.

> Unter die Kredite zur Sicherung der Zahlungsfähigkeit fallen alle Kredite, die keine Anleihen sind und die nicht zu den Krediten für Investitionstätigkeiten gehören.

Auch bei den Krediten zur Liquiditätssicherung sehen die haushaltsrechtlichen Vorschriften keine ausdrückliche Laufzeitbeschränkung vor. Nach dem Wirtschaftlichkeitsprinzip des § 98 Abs. 2 KVG muss die Ausgestaltung der Kreditkonditionen unter Berücksichtigung der aktuellen Zinsstrukturen, der Dauer und Höhe des voraussichtlichen Liquiditätsbedarfs und der zu erwartenden Kapitalmarktentwicklung erfolgen. Ein über den Zeitraum der Finanzplanung hinausgehender Liquiditätsbedarf aus laufender Verwaltungstätigkeit sollte dabei ausgeschlossen sein, so dass sich faktisch eine Laufzeitbeschränkung auf vier Jahre für diese Form der Finanzierung ergibt.

16.1.5 Kreditähnliche Verbindlichkeiten

Zahlungsverpflichtungen, die den Krediten wirtschaftlich gleichkommen, sind im Haushaltsrecht nicht ausdrücklich definiert. § 108 Abs. 6 KVG schreibt vor, dass Entscheidungen, die zur Entstehung von diesen Verpflichtungen führen, die einer Kreditaufnahme wirtschaftlich gleichkommen, der Genehmigung durch die Aufsichtsbehörde bedürfen. Eine Genehmigung ist nicht erforderlich für die Begründung von Zahlungsverpflichtungen im Rahmen der laufenden Verwaltung.

Praktisch bezieht sich die „Kreditähnlichkeit“ darauf, dass es sich bei den betreffenden Geschäften um Finanzierungsinstrumente der Kommune handelt, die – wie ein Kredit – zu einem späteren Zeitpunkt Zahlungsverpflichtungen auslösen. Das Erfordernis der zusätzlichen Definition „kreditähnlicher Vorgänge“ ergibt sich aus der bereits dargestellten engen Definition der Kredite, die u. a. darauf abstellt, dass „Kapital aufgenommen“ wird. Bei kreditähnlichen Verbindlichkeiten liegt i. d. R. keine Kapitalaufnahme in dem Sinne vor, dass ein Zahlungseingang bei der Gemeinde entsteht.

Aufgrund der zu § 49 Abs. 3 KomHVO verbindlich vorgeschriebenen Verbindlichkeitenübersicht (Anlage 20 der Muster zum NKHR) sind neben den bilanziell ausgewiesenen Verbindlichkeiten Vorgänge aus Krediten, die Kreditaufnahmen wirtschaftlich gleichkommen, nachrichtlich auszuweisen.

16.1.6 Innere Darlehen

Unter „inneren Darlehen“ wird die vorübergehende Inanspruchnahme von Mitteln von Sondervermögen ohne Sonderrechnung verstanden. Praktisch handelt es sich bei diesen Sondervermögen i. d. R. um unselbständige Stiftungen. Da es sich hier weder um eigene Rechtspersönlichkeiten handelt noch eine separate Rechnungslegung erfolgt, werden die verfügbaren Finanzierungsmittel bilanziell bei der Kommune ausgewiesen. Aus diesem Grund wird die Inanspruchnahme von inneren Darlehen buchhalterisch nicht nachgehalten und bilanziell nicht ausgewiesen. Haushaltsrechtlich haben damit innere Darlehen zunächst keine Bedeutung. Es ist allerdings zu gewährleisten, dass die kalkulatorischen Zinsen für die Inanspruchnahme der Mittel aus den Sondervermögen ohne Sonderrechnung diesen Sondervermögen wieder zugutekommen. Dies wird i. d. R. durch eine Nebenrechnung sicherzustellen sein.

16.1.7 Haftungsverhältnisse

Aufgrund der zu § 49 Abs. 3 KomHVO verbindlich vorgeschriebenen Verbindlichkeitenübersicht (Anlage 20 der Muster zum NKHR) sind neben den bilanziell ausgewiesenen Verbindlichkeiten auch Haftungsverhältnisse aus der Bestellung von Sicherheiten nachrichtlich auszuweisen. Unter diese Haftungsverhältnisse fallen insbesondere

- Bürgschaften und
- Gewährverträge.

Die Bürgschaft ist die Verpflichtung des Bürgen gegenüber dem Gläubiger eines Dritten für die Erfüllung der Verbindlichkeit des Dritten einzustehen (§ 765 Abs. 1 BGB).

Gewährverträge sind Verträge, durch die die Gemeinde verspricht, für einen bestimmten Erfolg einzutreten, insbesondere für die Gefahr (das Risiko), die dem Vertragsgegner aus irgendeiner Unternehmung künftig erwachsen kann.

Alle Haftungsverhältnisse, die den vorgenannten Bürgschaften und Gewährverträgen gleichkommen, sind in diesem Zusammenhang zu betrachten und in der Verbindlichkeitenübersicht nachrichtlich auszuweisen.

16.1.8 Zusammenfassende Darstellung der Begriffe der Fremdfinanzierung

Im Überblick stellt sich der Zusammenhang zwischen den Begriffen „Fremdkapital“, „Verbindlichkeiten“, „Schulden“, „Kredite“ und „Anleihen“ haushaltsrechtlich in folgender Weise dar:

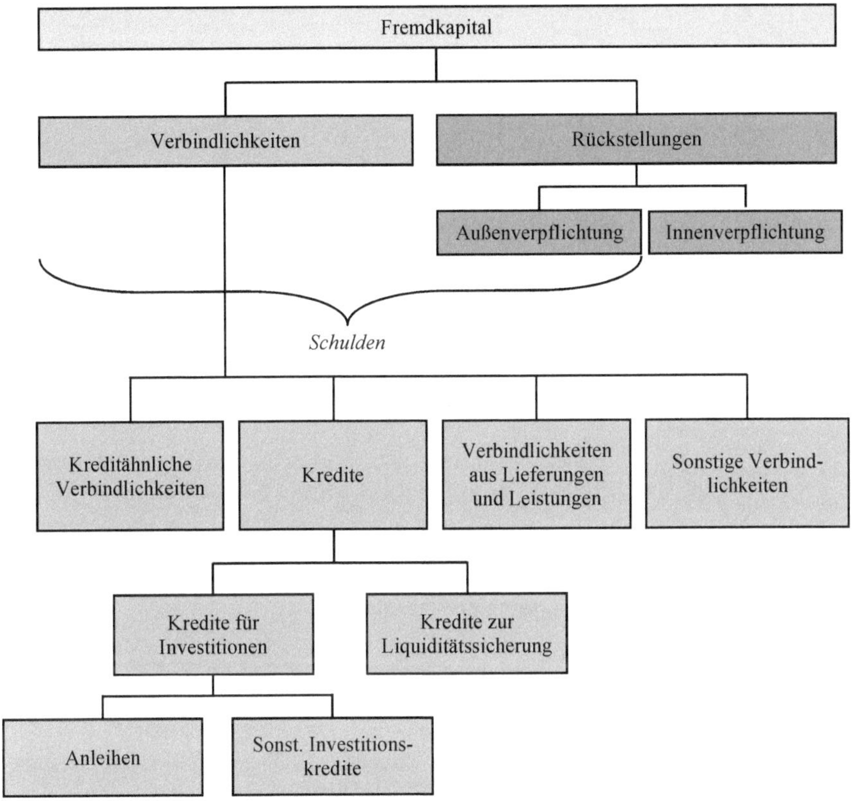

16.2 Fremdfinanzierung durch Kredite

16.2.1 Kriterien der Einteilung von Krediten

Kredite werden in unterschiedlichen Rechts- und Bewirtschaftungsformen am Markt angeboten. Das bedingt, dass die Arten der Kredite nach verschiedenen Kriterien eingeteilt werden können. Der Verfasser beschränkt sich auf die nachstehend aufgeführten wichtigsten Einteilungen:

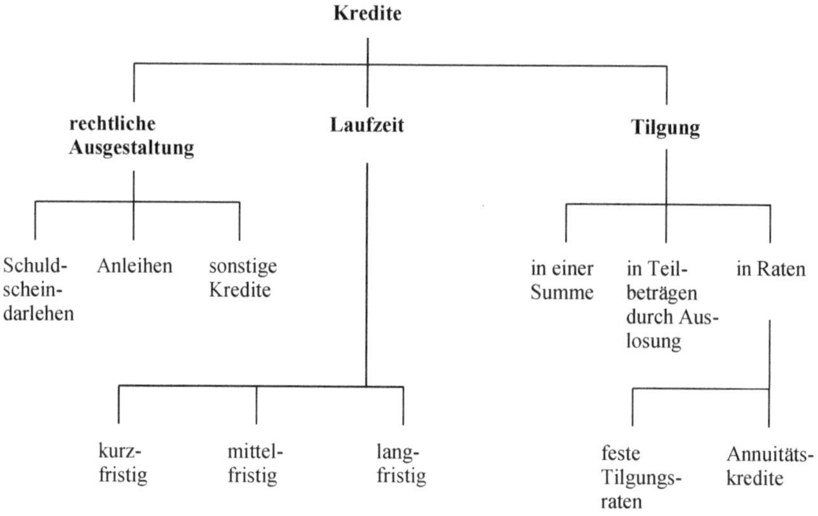

16.2.1.1 Rechtliche Ausgestaltung der Kredite

Von der rechtlichen Ausgestaltung der Kreditaufnahmen her unterscheidet man folgende Formen:

- *Schuldscheindarlehen*
  Hier wird der Kredit von bestimmten Geldgebern (Banken, Sparkassen usw.) gewährt. In einem Schuldschein (Schuldurkunde) werden die Darlehensbedingungen festgelegt. Diese Kreditform wird bevorzugt im kommunalen Bereich genutzt.
- *Anleihen*
  Das Kapital wird von einer unbestimmten Zahl von Geldgebern durch den Kauf von Wertpapieren (z. B. Schuldverschreibungen, Schatzbriefe, Kommunalobligationen) aufgebracht. Soweit die Anleihen an der Börse gehandelt werden, unterliegen sie Kursschwankungen. Bei Anleihen können für die gesamte Laufzeit feste, vorab vereinbarte Zinszahlungen während der Laufzeit erfolgen (Straight Bonds). Bei Floating-Rate-Notes werden die Zinssätze regelmäßig in Abhängigkeit von Referenzzinssätzen an die Marktzinsentwicklung angepasst. Eine weitere Möglichkeit ist der Verzicht auf die Vereinbarung eines Zinssatzes: Bei Zero-Bonds ergibt sich der Zinsertrag ausschließlich aus der Differenz zwischen Ausgabekurs und Rückzahlungskurs. Zinszahlungen während der Laufzeit erfolgen nicht.
- *Sonstige Kredite*
  Hierunter fallen die sonstigen Kredite (z. B. im Rahmen eines Bausparvertrages) oder Realkredite wie Hypothekendarlehen und Grundschulddarlehen.

16.2.1.2 Laufzeit der Kredite

Die Kredite werden nach der Laufzeit (also bis wann der Kredit zurückgezahlt sein muss) wie folgt unterschieden:[10]

- *Kurzfristige Kredite*
  Als „kurzfristige Kredite“ gelten in der Regel Kredite mit einer Laufzeit von bis zu einem Jahr. Hierunter fallen insbesondere auch Kontokorrentkredite.
- *Mittelfristige Kredite*
  Unter „mittelfristigen Krediten“ werden solche verstanden, die eine Laufzeit von einem Jahr bis zu fünf Jahren haben.
- *Langfristige Kredite*
  Kredite mit einer Laufzeit von mehr als fünf Jahren gelten als langfristige Kredite.

Die vorgenannte Einteilung basiert auf den haushaltsrechtlichen Bestimmungen und kann daher nicht als generelle Kategorisierung gesehen werden.

16.2.1.3 Tilgung der Kredite

Die Kredite werden nach Art der Tilgung wie folgt unterschieden:

- *Rückzahlung in einer Summe*
  Hier wird der Kredit nach Ablauf der vereinbarten Laufzeit in einer Summe zurückgezahlt. Das Kapital wird während der gesamten Laufzeit voll verzinst.
- Rückzahlung in Teilbeträgen durch Auslosung
  Bei der Rückzahlung von Anleihen in Teilbeträgen ist nicht festlegbar, welcher Gläubigerkreis von der Teilrückzahlung betroffen wird. Aus diesem Grund werden die Wertpapiere ausgelost, die durch die Teilrückzahlung gegenstandslos geworden sind.
- Rückzahlung in Raten (Ratenkredit)
  Die gängigste und bei den Kommunalkrediten übliche Form der Rückzahlung ist die in Raten. Hier unterscheidet man die Rückzahlung
  - in festen Tilgungsraten (d. h. über die gesamte Laufzeit wird in gleich hohen Raten getilgt) und
  - in gleichbleibenden Raten, wobei sich die Tilgung jeweils um die ersparten Zinsen erhöht (d. h. mit Zunehmen der Laufzeit vergrößert sich der Tilgungsbetrag um die geringer werdenden Zinsen, die jeweils vom Restschuldenstand berechnet werden; Darlehen mit diesen Rückzahlungsbedingungen werden auch „Annuitätskredite“ genannt).

10 Vgl. die Einteilung in der Verbindlichkeitenübersicht gemäß § 49 Abs. 3 KomHVO.

Zur Verdeutlichung dieser unterschiedlichen Tilgungsarten werden nachfolgend zwei Beispiele dargestellt.

a) Tilgungsplan bei gleichbleibender Tilgungsrate

Kreditgeber: Sparkasse der Stadt S Wertstellung: 1.7.2025
Kreditbetrag: 100.000,00 € Tilgung: ab 2025

Kapital €	Zinsen 6,0 % €	Tilgung 2,5 % gleich-bleibend €	Gesamt-leistung €	Fällig am	Haushalts-jahr
100.000,00	3.000,00	0	3.000,00	31.12.	2025
100.000,00	6.000,00	2.500,00	8.500,00	31.12.	2026
97.500,00	5.850,00	2.500,00	8.350,00	31.12.	2027
95.000,00	5.700,00	2.500,00	8.200,00	31.12.	2028
92.500,00	5.550,00	2.500,00	8.050,00	31.12.	2029
90.000,00	... ...	... ...	usw.		

b) Tilgungsplan bei Tilgung zuzüglich ersparter Zinsen

Kreditgeber: Sparkasse der Stadt S Wertstellung: 1.7.2025
Kreditbetrag: 100.000,00 € Tilgung: ab 2025

Kapital €	Zinsen 6,0 % €	Tilgung 2,5 % zzgl. erspar-ter Zinsen €	Gesamt-leistung €	Fällig am	Haushalts-jahr
100.000,00	3.000,00	0	3.000,00	31.12.	2025
100.000,00	6.000,00	2.500,00	8.500,00	31.12.	2026
97.500,00	5.850,00	2.650,00	8.500,00	31.12.	2027
94.850,00	5.691,00	2.809,00	8.500,00	31.12.	2028
92.041,00	5.522,46	2.977,54	8.500,00	31.12.	2029
89.063,46	... ...	... ...	usw.		

Die Rückzahlungsbedingungen und ihre Bedeutung für die Haushaltswirtschaft werden im Zusammenhang mit der weiteren Erläuterung der Kreditwirtschaft näher behandelt.

16.2.1.4 Kreditgeber

Die Frage, von wem eine Gemeinde Kredite aufnehmen darf, ist im Haushaltsrecht nicht geregelt. Die Gemeinde ist daher in der Wahl ihrer Kreditgeber kaum eingeschränkt. Ausgeschlossen als Kreditgeber ist auch nicht eine Privatperson oder ein privates Unternehmen. Wichtig ist nur, dass der Kreditgeber sicher und wirtschaftlich anbietet. Auch die Kapitalaufnahme bei einem Sondervermögen mit Sonderrechnung gehört zu den Krediten. Zum Sondervermögen mit Sonderrechnung und Treuhandvermögen der Gemeinde gehören z. B. Versorgungs- und Verkehrsunternehmen als Eigenbetriebe. Schulden aus diesem Bereich sind als Kredite bilanziell auszuweisen.

16.2.2 Voraussetzungen der Kreditaufnahme

16.2.2.1 Allgemeines

Wegen der besonderen Bedeutung der Kreditaufnahme für die Haushaltswirtschaft und wegen der Belastung folgender Haushalte durch aus Krediten entstehenden Verpflichtungen sind für die Fremdfinanzierung durch Kredite weitreichende haushaltsrechtliche Regelungen getroffen worden. Zu nennen sind hier die Vorschriften der §§ 99 Abs. 5, 100 Abs. 2, 104 Abs. 2, 108 und 110 KVG. Ferner ist der Runderlass des Ministeriums des Innern betr. Kreditaufnahmen und Bürgschaftsübernahmen durch Gemeinden und Landkreise vom 20.3.1991 (MBl. LSA S. 106), ergänzt durch Runderlass vom 4.2.1993 (MBl. LSA S. 854), soweit er für die Kreditaufnahme im doppischen Haushaltswesen anwendbar ist, bei der Kreditaufnahme zu beachten.

Folgende Darstellung verdeutlicht in Kurzform die Voraussetzungen für die Zulässigkeit und die zu beachtenden Verfahrensvorschriften für Kreditaufnahmen, die in den weiteren Kapiteln einzeln besprochen werden:

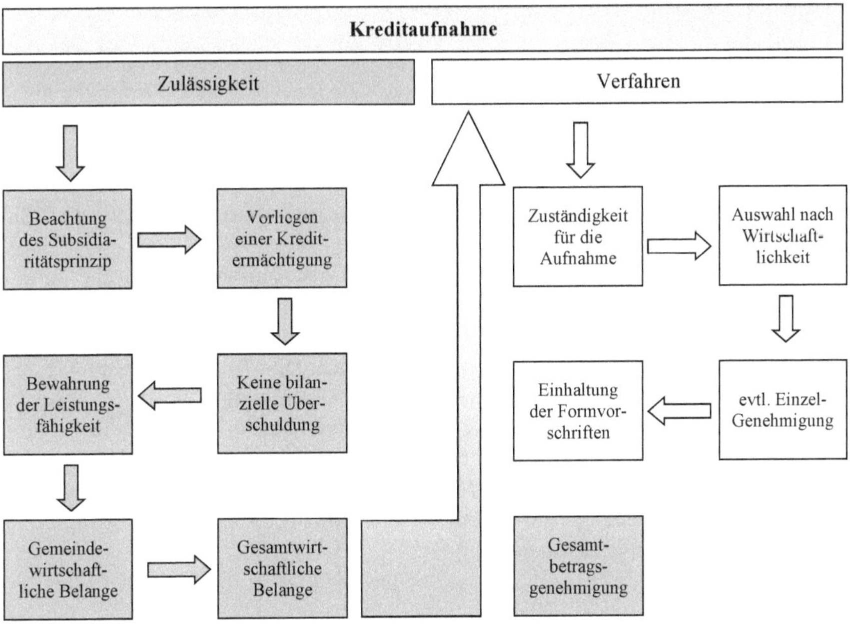

16.2.2.2 Beachtung des Subsidiaritätsprinzips

Nach § 99 Abs. 5 KVG darf die Gemeinde Kredite nur aufnehmen, wenn eine andere Finanzierung nicht möglich ist oder wirtschaftlich unzweckmäßig wäre.

Als andere Finanzierungsmittel kommen nach § 99 Abs. 5 KVG in folgender Rangfolge in Betracht:

1. Sonstige Finanzmittel
   (z. B. Zuweisungen, Zuschüsse, Mieten, Pachten, Bußgelder, Steuerbeteiligungen),
2. Spezielle Entgelte für die von der Gemeinde erbrachten Leistungen
   (z. B. Gebühren, Beiträge, Eintrittsgelder),
3. Steuern
   (z. B. Grund- und Gewerbesteuer).

Die Kommune darf Kredite nach dem Subsidiaritätsprinzip nur dann aufnehmen, wenn sie alle anderen Finanzierungsmittel vorher ausgeschöpft hat. Selbstverständlich sind als sonstige Finanzierungsmittel auch vorhandene Liquiditätsreserven vorrangig einzusetzen, soweit sie erkennbar nicht notwendig sind, um kurzfristige Liquiditätsschwankungen auszugleichen. Eine Befreiung von dieser strengen Nachrangigkeit der Kreditaufnahme ist nach dem Wortlaut des Gesetzes gegeben, wenn eine andere Finanzierung tatsächlich unmöglich oder unwirtschaftlich ist.[11]

16.2.2.3 Vorliegen einer Kreditermächtigung in der Haushaltssatzung

Die Erzielung von Erträgen bzw. Einzahlungen ist i. d. R. nicht auf eine entsprechende Ermächtigung im Haushaltsplan zurückzuführen. Vielmehr werden die Finanzierungsmittel in der Haushaltswirtschaft aufgrund spezialgesetzlicher Regelungen (z. B. Steuergesetzen, Gebührensatzungen), privatrechtlicher Verträge (z. B. Mietverträge) usw. erzielt. Dies gilt auch für die Einzahlungen aus Krediten. Der Gesetzgeber hat aber u. a. wegen der besonderen Folgewirkungen der Kredite auf die Haushaltswirtschaft für sie eine besondere Ermächtigungsnorm vorgesehen.

Nach § 100 Abs. 2 Nr. 2 und Nr. 4 KVG ist in der Haushaltssatzung die vorgesehene Kreditaufnahme für Investitionen und Investitionsfördermaßnahmen und der Höchstbetrag der Kredite zur Liquiditätssicherung festzusetzen. Kredite zur Umschuldung sind nicht in die Haushaltssatzung aufzunehmen. Dies ist auch sinnvoll, weil es sich bei der Umschuldung um keine Erhöhung der Kreditverbindlichkeiten handelt. Die umgeschuldeten oder neu valutierten Kredite waren bereits in Kreditermächtigungen von Vorjahreshaushaltssatzungen enthalten. Nach § 108 Abs. 2 KVG bedarf der in § 2 der Haushaltssatzung festgesetzte Gesamtbetrag der vorgesehenen Kreditaufnahmen für Investitionen und Investitionsfördermaßnahmen der Genehmigung durch die Aufsichtsbehörde (Gesamtgenehmigung).

11 Vgl. Kap. 16.2.2.6 („Beachtung gemeindewirtschaftlicher Belange").

Das Vorliegen einer formalen Kreditermächtigung in einem „Ortsgesetz" ist eine der Zulässigkeitsvoraussetzungen für Kreditaufnahmen der Gemeinde. Die in §§ 2 und 4 der Haushaltssatzung[12] festgesetzten Beträge bestimmen die für die Gemeinde höchstmöglichen Beträge der Kreditaufnahme für Investitionen und Investitionsfördermaßnahmen und zur Liquiditätssicherung. Ein darüber hinausgehender Bedarf kann nur im Rahmen einer Nachtragssatzung (§ 103 KVG) bereitgestellt werden. Die festgesetzten Kreditermächtigungen sind aber nicht gleichzeitig auch Verpflichtungen zur Aufnahme von Krediten. Eine tatsächliche Aufnahme von Krediten ist nur unter Beachtung aller Voraussetzungen zulässig.

Festzusetzender Betrag ist bei den Investitionskrediten der Betrag der Brutto-Neuaufnahmen, die später in der Finanzrechnung ausgewiesen werden. Sollte eine Kreditauszahlung nicht zu 100 % erfolgen (Einbehaltung eines Disagios), erfolgt die Inanspruchnahme der Kreditermächtigung nur in Höhe des tatsächlichen Einzahlungsbetrags. Bei den Krediten zur Liquiditätssicherung wird lediglich der Höchstbetrag in der Haushaltssatzung festgesetzt. Solange die Gemeinde den Höchstbetrag der Kreditermächtigung nicht erreicht, kann sie ohne Einschränkung Kredite zur Liquiditätssicherung aufnehmen und wieder tilgen.

Die Höhe der in der Haushaltssatzung festgesetzten Kreditermächtigung für Investitionen und Investitionsfördermaßnahmen ergibt sich aus der Höhe der Investitionsauszahlungen abzüglich der Investitionszuwendungen und der Beiträge.[13] Dieser Betrag stellt die Summe der kommunalen Investitionen und Investitionsfördermaßnahmen dar, der zur verfassungsmäßigen Beschränkung der Kreditaufnahme herangezogen werden muss.

Die Darstellung der Ein- und Auszahlungen für Kreditaufnahmen im Finanzplan bezieht sich allerdings auch bei den Investitionskrediten auf den vorgesehenen Finanzierungssaldo im gesamten Haushaltsjahr und nicht auf die tatsächlichen Ein- und Auszahlungen auf den Konten. So können (außerplanmäßige) Umschuldungen beim Ausweis im Finanz*plan* nicht berücksichtigt werden, da zum Zeitpunkt der Haushaltsplanung unklar ist, ob es sich z. B. um eine Prolongation beim selben Kreditinstitut handelt, die zu keinerlei Zahlungsverkehr führt, oder ob eine echte Umschuldung mit einem neuen Gläubiger erfolgen wird. Im Hinblick auf das Wirtschaftlichkeitsprinzip sollte die Gemeinde durch eine restriktive Auslegung der Haushaltssatzung jedoch nicht an einem wirtschaftlichem Cash- und Schuldenmanagement gehindert werden.[14]

Über die Finanzierung der Investitionen und Investitionsfördermaßnahmen hinaus ist die jederzeitige Zahlungsfähigkeit der Gemeinde sicherzustellen. Für diese Sicherstellung der Zahlungsfähigkeit muss der im Finanzplan ausgewiesene Saldo aus Finanzierungstätigkeit nicht ausreichend sein. Allein dadurch, dass beispielsweise hohe Auszahlungen im Jahresverlauf vor den wichtigsten erwarteten Einzahlungen anfallen, können sich unterjährig Finanzierungsdefizite ergeben, die weit über dem liegen, was laut Finanzplan für das gesamte Jahr als Nettokreditaufnahme für Investitionen erforderlich scheint. Zusätzlich muss ein bestehendes Zahlungsmitteldefizit – unabhängig

12 Vgl. Anlage 1 der Muster zum NKHR.
13 Siehe hierzu die Ausführungen in Kap. 16.1.4.1.
14 Hier wäre eine entsprechende Klarstellung durch den Gesetzgeber notwendig.

von seiner Ursache – durch die vorübergehende Inanspruchnahme von Fremdkapital ausgeglichen werden können. Um die für die Sicherstellung der jederzeitigen Liquidität erforderliche Handlungsfähigkeit zu haben, kann die Gemeinde nach § 100 Abs. 2 Nr. 4 i. V. m. § 110 KVG in der Haushaltssatzung zusätzlich einen Höchstbetrag der Kredite zur Liquiditätssicherung festlegen. Auf der Grundlage der Erfahrungen im gemeindlichen Zahlungsverkehr ist dieser Höchstbetrag so zu bemessen, dass die zu erwartende Finanzierungsspitzen innerhalb des Haushaltsjahres damit abgefangen werden können.

Die Einhaltung des in der Haushaltssatzung festgelegten Höchstbetrags der Kreditaufnahmen zur Liquiditätssicherung ist unterjährig anhand des Saldos der Kreditaufnahmen und -tilgungen zu beurteilen und durch geeignete Vorkehrungen jederzeit zu gewährleisten.

16.2.2.4 Einhaltung des Verbots der bilanziellen Überschuldung

Entsprechend § 98 Abs. 5 KVG besteht für die Gemeinde ein Verbot der bilanziellen Überschuldung. Eine solche Überschuldung liegt vor, wenn das Eigenkapital aufgebraucht ist, d. h. ≤ 0 ist. Dabei ist bereits auf den Planungszeitraum abzustellen, da eine Überschuldung schon perspektivisch zu verhindern ist. Grundsätzlich stellt die Kreditaufnahme nicht in erster Linie die Ursache, sondern eher die Auswirkung einer zunehmenden Überschuldung dar. Gleichwohl ist bei stark abnehmendem Eigenkapital die Gefahr einer Überschuldung durch zusätzliche Belastungen aus Finanzierungsaufwand besonders zu berücksichtigen.

Ist z. B. entgegen der Haushaltsplanung im laufenden Jahr der vollständige Verzehr des Eigenkapitals durch entsprechende Fehlbeträge und damit die bilanzielle Überschuldung zu erwarten, ist eine weitere Inanspruchnahme der bestehenden Kreditermächtigungen nur noch nach § 110 KVG zur Sicherung der Zahlungsfähigkeit im laufenden Verwaltungsgeschäft zulässig. Bei erheblichen Defiziten ist der Erlass einer Nachtragssatzung gem. § 103 Abs. 2 Nr. 1 KVG erforderlich.

16.2.2.5 Bewahrung der dauernden Leistungsfähigkeit

Nach § 108 Abs. 1 KVG hat die Gemeinde auch über die Vermeidung einer Überschuldung hinaus eigenverantwortlich darauf zu achten, dass die aus Kreditaufnahmen entstehenden Verpflichtungen mit ihrer dauernden Leistungsfähigkeit im Einklang stehen. Die Gemeinde hat also ihr besonderes Augenmerk auf die Frage zu richten, ob die sich aus der Kreditaufnahme ergebenden Verpflichtungen auf Dauer erwirtschaftet werden können.

Die Beantwortung dieser Frage ist nicht durch eine pauschale Festlegung bestimmter Prozentrelationen zu den sog. „allgemeinen Deckungsmitteln“, zur Ertragskraft oder durch die Festlegung bestimmter Höchstsätze der Pro-Kopf-Verschuldung möglich.

Bei der Beurteilung ist neben den historischen Daten auch die abzusehende wirtschaftliche Entwicklung der Gemeinde zu berücksichtigen.

Insbesondere die sog. „Pro-Kopf-Verschuldung“ ist zwar in der Presse oder bei den Parlamentariern ein beliebtes Argument, eine weitere Kreditaufnahme zu befürworten oder abzulehnen. Tatsächlich ist sie aber nicht geeignet, die Frage danach zu beantworten, ob eine zusätzliche Kreditaufnahme mit der Leistungsfähigkeit der Kommune vereinbar ist. Folgendes Beispiel soll dieses verdeutlichen:

> ***Beispiel:***
> *Herr A und Herr B nehmen jeweils einen Kredit in Höhe von 20.000 € auf. Beide haben also eine Pro-Kopf-Verschuldung von 20.000 €. Der Schuldendienst beträgt für beide gleichermaßen 500 € monatlich. A verdient 4.000 € im Monat. Der monatliche Verdienst von B beträgt nur 1.000 €. Beide haben vergleichbare Lebenshaltungskosten. Frage: Geht es beiden bei gleicher Pro-Kopf-Verschuldung gleich gut?*
>
> *Eine Antwort erübrigt sich. Das Beispiel verdeutlicht: Für die Beurteilung der Einhaltung der dauernden Leistungsfähigkeit ist nicht die Frage nach der absoluten Schuldenhöhe entscheidend, sondern wichtiger ist die Frage nach dem Schuldendienst (also den Zins- und Tilgungsleistungen) im Verhältnis zur wirtschaftlichen Leistungsfähigkeit. Zur Beurteilung lautet daher die entscheidende Frage: Reichen die verfügbaren Mittel dauerhaft aus, um den Schuldendienst finanzieren zu können?*

Während sich die Vermeidung einer Überschuldung eher statisch an den Bilanzgrößen ausrichtet, ist für die Bewahrung der dauernden Leistungsfähigkeit ausdrücklich auf die dynamische Entwicklung der Gemeinde abzustellen. Die Entwicklung der Jahresergebnisse und der Zahlungsfähigkeit stehen im Vordergrund.

Hier sei allerdings angemerkt, dass das Verbot der Überschuldung und die Bewahrung der dauernden Leistungsfähigkeit selbstverständlich eng zusammenhängen, da sich eine Überschuldung immer aus negativen Jahresergebnissen ergibt. Gleichzeitig können aber bei entsprechender Eigenkapitalausstattung dauerhaft negative Jahresergebnisse vorliegen, ohne dass eine Überschuldung droht. Zur Sicherung der dauernden Leistungsfähigkeit ist auch in diesen Fällen eine zusätzliche Kreditaufnahme kritisch zu prüfen.

Maßgeblich für die Beurteilung der dauernden Leistungsfähigkeit ist einerseits die absehbare Entwicklung des Ergebnisses in der mittelfristigen Planung. Dies ist aus dem Ergebnisplan zu entnehmen. Dabei ist insbesondere auf die Entwicklung des ordentlichen Ergebnisses (§ 2 Abs. 1 Nr. 1 und Nr. 2 KomHVO) abzustellen.

Dieses ordentliche Ergebnis ergibt sich ausschließlich aus der „normalen“ Aufgabenerledigung ergibt. Seltene und ungewöhnliche Geschäftsvorfälle von wesentlicher Bedeutung werden dabei nicht berücksichtigt. Sinnvoll wäre es gewesen, wenn der Finanzierungsaufwand und auch die Erträge aus Finanzanlagen in diesem Saldo nicht berücksichtigt würden. Die Berücksichtigung des Finanzergebnisses sollte in einem zweiten separaten Schritt erfolgen, da die Entwicklung des Finanzergebnisses bei aktueller Planung deutlich die negativen Auswirkungen einer steigenden Verschuldung anzeigt. Die Kommune hat sicherzustellen, dass im Zeitraum der mittelfristigen Planung eine (negative) Entwicklung des Finanzergebnisses durch eine entsprechend (positive) Entwicklung des Ergebnisses aus laufender Verwaltungstätigkeit kompensiert wird. Ziel ist dabei die Erreichung oder Sicherung eines positiven „Ordentlichen Ergebnisses" (§ 2 Abs. 2 Nr. 1 KomHVO).

Neben der Entwicklung des Jahresergebnisses ist für die Beurteilung der Sicherung der dauernden Leistungsfähigkeit auch die Entwicklung des Ergebnisses der Finanzrechnung von Interesse. Die Finanzrechnung weist mit den verschiedenen Salden die Fähigkeit der Kommune aus, ihre Aufgabenerledigung aus eigener Kraft zu finanzieren. Ziel der mittelfristigen Entwicklung muss es sein, dass der „Cash-Flow (CF) aus Finanzierungstätigkeit" (§ 3 Abs. 2 Nr. 4 KomHVO) absolut den (negativen) „CF aus Investitionstätigkeit" (§ 3 Abs. 2 Nr. 2 KomHVO) nicht übersteigt. Nur in diesen Fällen kann aus dem laufenden Verwaltungsbetrieb noch ein finanzieller Beitrag zur Investitionstätigkeit der Gemeinde geleistet werden (d. h. der CF aus laufender Verwaltungstätigkeit ist positiv). Bei einem negativen CF aus laufender Verwaltungstätigkeit in der mittelfristigen Entwicklung erfolgt eine Finanzierung des laufenden Geschäfts aus Krediten. Eine solche Entwicklung würde die dauernde Leistungsfähigkeit der Gemeinde gefährden und darf daher nur kurzfristig in Ausnahmesituationen eintreten.

Die Bewahrung der dauernden Leistungsfähigkeit ist im Hinblick auf die Kreditaufnahmen insbesondere bei der Aufstellung des Haushalts und der mittelfristigen Planung zu berücksichtigen. Die vorgesehenen Kreditermächtigungen sind unter den o. a. Kriterien zu beurteilen. In diesem Zusammenhang ist nochmals darauf hinzuweisen, dass die Nichtberücksichtigung der Kreditaufnahmen und -tilgungen zur Liquiditätssicherung im Haushaltsplan die Transparenz der Planung unnötig beeinträchtigt. Der Ausweis eines Defizits im Finanzplan weist zwar auf Probleme im Bereich der Liquiditätssicherung hin. Im Rahmen der Haushaltsberatungen erfolgen aber nicht die Darstellung des aktuellen Standes der Liquiditätskredite und die Abbildung der mittelfristigen erwarteten Entwicklung dieser Größe. Aus Sicht der Bürger und der Politiker werden hier ohne Grund wichtige Steuerungsinformationen innerhalb der Haushaltsplanung vorenthalten.

16.2.2.6 Beachtung gemeindewirtschaftlicher Belange

Das o. a. Subsidiaritätsprinzip ist, wie bereits angedeutet, nicht absolut anzuwenden. Der Zusatz „wirtschaftlich unzweckmäßig" erlaubt es, unter bestimmten Voraussetzungen von der Nachrangigkeit abzuweichen.

Die Zweckmäßigkeit oder Unzweckmäßigkeit einer Kreditaufnahme ist im Rahmen der Haushaltswirtschaft unter verschiedenen Aspekten zu sehen. Eine Kreditaufnahme ist unabhängig von anderen Finanzierungsmöglichkeiten immer dann in die Überlegung mit einzubeziehen, wenn es um die Finanzierung langlebiger Investitionsmaßnahmen geht. Unter dem Gesichtspunkt der Zumutbarkeit und Belastbarkeit der Einwohner (§ 99 Abs. 2 KVG) entspricht es möglicherweise nicht dem Grundsatz der Generationengerechtigkeit, dass die gegenwärtigen Abgabepflichtigen die vollständigen Belastungen (Steuern usw.) tragen, obwohl die künftigen Generationen noch einen erheblichen Nutzen von diesen Investitionen haben. Ferner ist aus den Bestrebungen einer kontinuierlichen Belastung der Einwohner heraus eine möglichst ausgewogene Kreditaufnahme anzustreben. Eine Haushaltswirtschaft unter strenger Beachtung des Subsidiaritätsprinzips der Kreditaufnahme könnte zu sprunghaft wechselnden Belastungen der Einwohner (durch Steuern, Beiträge usw.) führen.

Ein weiterer Aspekt, der bei der Nachrangigkeit der Kreditfinanzierung zu beachten ist, ist die Frage nach der möglichst beweglichen Haushaltsführung. Bei strikter Beachtung des Subsidiaritätsprinzips müssten zunächst alle anderen Finanzierungsmittel ausgeschöpft werden. Die Folge wäre einerseits, dass bei weiterem Finanzbedarf die angebotenen Kreditkonditionen ohne jegliche Ausweichmöglichkeit angenommen werden müssten. Andererseits würde bei einem plötzlichen Finanzbedarf eine schnelle und unkomplizierte Reaktion unmöglich. Eine dann notwendige Kreditfinanzierung wäre nur im Rahmen eines zeitaufwändigen Verfahrens des Erlasses einer Nachtragssatzung möglich.

Selbstverständlich ist eine Kreditaufnahme aus Gründen der Wirtschaftlichkeit auch dann anderen Finanzierungsformen vorzuziehen, wenn der Schuldenzins unter dem Guthabenzins liegt (evtl. bei zweckgebundenen Krediten der öffentlichen Hand).

16.2.2.7 Beachtung gesamtwirtschaftlicher Belange

Nach § 98 Abs. 1 Satz 2 KVG hat die Gemeinde bei der Führung ihrer Haushaltswirtschaft dem gesamtwirtschaftlichen Gleichgewicht Rechnung zu tragen. Im Rahmen dieser Verpflichtung ist auch die Frage der Kreditaufnahme zu sehen. Aus gesamtwirtschaftlichen Überlegungen heraus kann durchaus die Nachrangigkeit der Kreditaufnahme durchbrochen werden. Der Kreditmarkt als Markt lebt von Angebot und Nachfrage. Genauso wie die Kreditbeschränkung nach § 19 StWG zur Beruhigung des Kreditmarktes und damit der konjunkturellen Entwicklung beiträgt, wirkt eine verstärkte Kreditaufnahme belebend.

Somit ist die Vorschrift des § 99 Abs. 5 KVG bezüglich der wirtschaftlichen Zweckmäßigkeit der Kreditaufnahme grundsätzlich auch unter gesamtwirtschaftlichen Gesichtspunkten zu sehen. Allerdings ist dabei zu berücksichtigen, dass eine einzelne Kommune i. d. R. keine Möglichkeit hat, durch ihre Kreditaufnahmen gesamtwirtschaftliche Zusammenhänge zu beeinflussen. Es ist daher streng darauf zu achten, dass die Beachtung der gesamtwirtschaftlichen Belange von einer einzelnen Gemeinde nicht nur vorgeschoben wird, um eine zusätzliche Kreditaufnahme zu rechtfertigen, die aus anderen Gesichtspunkten (insbesondere der Bewahrung der dauernden Leistungsfähigkeit) heraus nicht zulässig wäre. Ein Hinweis darauf könnte sein, dass die Gemeinde in einer umgekehrten wirtschaftlichen Situation aus gesamtwirtschaftlichen Gründen heraus eine zusätzliche, einzelwirtschaftlich vertretbare Kreditaufnahme vermieden hat.

16.2.2.8 Gesamtbetragsgenehmigung der Kreditaufnahme

Nach § 108 Abs. 2 KVG bedarf der Gesamtbetrag der Kreditaufnahme der Genehmigung der Aufsichtsbehörde im Rahmen der Haushaltssatzung. Welche Voraussetzungen und Bedingungen hier erfüllt werden müssen, ist in Kap. 18.4.2 näher ausgeführt.

16.2.2.9 Zuständigkeit für die tatsächliche Kreditaufnahme

Die in § 2 der Haushaltssatzung gegebene Ermächtigung zur Aufnahme von Krediten ist die Festlegung nach dem Höchstbetrag. Die **tatsächliche** Kreditaufnahme im Rahmen der Ausführung des Haushalts (also z. B. der Vertragsabschluss mit dem Kreditinstitut) ist nur mit Zustimmung des Gemeinderates möglich, soweit eine vom Gemeinderat allgemein festgesetzte Wertgrenze überschritten wird (§ 45 Abs. 2 Nr. 10 KVG). Die Wertgrenze wird in der Regel in der Hauptsatzung der Gemeinde festgesetzt. Aufgrund des dort festgesetzten geringfügigen Betrags entscheidet über die Aufnahme von Krediten fast ausschließlich der Gemeinderat. In dringenden Fällen greift die Vorschrift des § 65 Abs. 4 KVG (Dringlichkeitsentscheidung bzw. Eilentscheidung, nach der der Bürgermeister anstelle des Gemeinderates entscheidet).

Auch der in § 4 der Haushaltssatzung festgesetzte Betrag der Kredite zur Liquiditätssicherung ist ein Höchstbetrag. Hier bestimmt § 11 Abs. 4 KomKBVO, dass bei vorübergehenden Verstärkungen durch Kassenkredite die Gemeindekasse unverzüglich die Weisung des Bürgermeisters einzuholen hat. Über die Aufnahme dieses Kredits im Rahmen der Haushaltsführung entscheidet demnach der Bürgermeister als Geschäft der laufenden Verwaltung.

16.2.2.10 Auswahl der Kreditangebote unter Berücksichtigung der Wirtschaftlichkeit

Nach § 98 Abs. 2 KVG ist die Haushaltwirtschaft der Gemeinde wirtschaftlich und sparsam zu führen. Die Beachtung des Wirtschaftlichkeitsgebots ist auch bei der Kreditaufnahme zu berücksichtigen. Die Gemeinde ist daher verpflichtet, bei jeder einzelnen Kreditaufnahme eine Prüfung der am Kreditmarkt bestehenden Angebote durchzuführen. Hierzu reichen i. d. R. eine Kreditanfrage an verschiedene Geschäftsbanken und ein sorgfältiger Konditionenvergleich aus.

Im Hinblick auf das Wirtschaftlichkeitsgebot sollte sich zusätzlich jede Gemeinde regelmäßig mit den bestehenden unterschiedlichen Möglichkeiten der Finanzierung grundsätzlich auseinandersetzen, um auch mögliche Alternativen zur Kreditaufnahme in die Wirtschaftlichkeitsbetrachtung der Finanzierung mit einzubeziehen.

16.2.2.11 Eventuelle Einzelgenehmigung

Grundsätzlich unterliegt die Kreditaufnahme im kommunalen Bereich nicht der Einzelgenehmigung. Dies bedeutet, dass die tatsächliche Kreditaufnahme beim Geldgeber nicht jeweils einzeln von der Aufsichtsbehörde genehmigt oder angezeigt werden muss. Eine Einzelgenehmigung der Kreditaufnahme kann nur im Zusammenhang mit der Beachtung des gesamtwirtschaftlichen Gleichgewichts angeordnet werden. Der Bund kann nach § 108 Abs. 4 KVG die Einzelgenehmigung bestimmen.

Nach § 108 Abs. 4 KVG ist eine Einzelgenehmigung erforderlich, sofern die Kreditaufnahme durch den Bund nach § 19 StWG beschränkt worden ist. Diese Beschränkung darf nach § 20 Abs. 2 StWG allerdings nur bis zur Höhe von 80 % der Kreditaufnahmen nach dem Durchschnitt der letzten fünf Jahre gehen. Für Gemeinden, die in der Vergangenheit zurückhaltend waren, stellt diese Regelung eine Benachteiligung dar. Hier sollten Ausnahmemöglichkeiten geschaffen werden. Bei der bestehenden Regelung muss somit eine Gemeinde im Rahmen ihrer Kreditpolitik auch diese Konsequenz bedenken.

Die Einzelgenehmigung kann nach Maßgabe der Kreditbeschränkung versagt werden. Folge der Kreditbeschränkung ist in erster Linie die verminderte Investitionstätigkeit. Damit stellt sie ein Mittel zur Konjunkturdämpfung dar.[15]

16.2.2.12 Einhaltung der Formvorschriften bei der Kreditaufnahme

Nach § 73 Abs. 1 KVG bedürfen Erklärungen, durch welche die Gemeinde verpflichtet werden soll, der Schriftform. Sie sind vom Bürgermeister, im Vertretungsfall durch dessen Stellvertreter, den vertretungsberechtigten Beigeordneten oder durch zwei vertretungsberechtigte Beamte oder Angestellte zu unterzeichnen. Somit bedarf der Kreditvertrag (Schuldurkunde) der Schriftform und der Unterschrift(en).

16.2.3 Ausgestaltung von Krediten (Kreditbedingungen)

16.2.3.1 Allgemeines

Die Gemeinden sind eigenverantwortlich gehalten, die Kreditbedingungen zu prüfen. Unter Kreditbedingungen sind die Bedingungen gemeint, die der Gläubiger bei der Hergabe der Finanzmittel stellt. Hierunter werden subsumiert:

---

15 Bisher hat der Bund nur einmal von der Möglichkeit nach § 19 StWG Gebrauch gemacht. Dies geschah mit der Verordnung über die Begrenzung der Kreditaufnahme durch Bund, Länder, Gemeinden und Gemeindeverbände im Haushaltsjahr 1973 vom 1.6.1973 (BGBl. I S. 504), auch „Schuldendeckelverordnung" genannt. In dieser Verordnung wurde für den Bund, die Länder und die Gemeinden (GV) jeweils ein Höchstbetrag der Kreditaufnahme festgesetzt. Im Rahmen der Einzelgenehmigung wurde dann unter Berücksichtigung der Nettokreditaufnahmen (Kreditaufnahme abzüglich Kredittilgung) der Vorjahre eine Kreditaufnahme genehmigt bzw. abgelehnt.

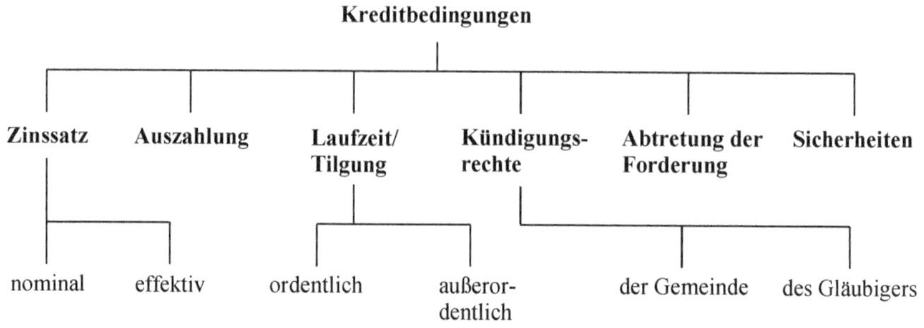

16.2.3.2 Zinssatz

Der Nominalzinssatz ist Ausdruck der Zinsaufwendungen, die der Kredit jährlich verursacht. Er ist möglichst gering zu halten. Die jährlichen Zinsaufwendungen addieren sich bei langen Laufzeiten der Kredite zu erheblichen Beträgen. Die Beobachtung des Kreditmarktes ist daher unerlässlich. Die Höhe des Zinssatzes ist aber auch unter Berücksichtigung der eigenen haushaltswirtschaftlichen Verhältnisse zu beurteilen. Überhöhter Zinsaufwand belastet auf Dauer das Finanzergebnis einer Gemeinde erheblich. Bei der Frage nach der Wirtschaftlichkeit eines Kreditangebotes ist auch die Höhe der Gesamtbelastung von Bedeutung. Ausdruck dieser Gesamtbelastung ist der sog. „Effektivzinssatz“, der unter Berücksichtigung der Kreditbeschaffungskosten (z. B. Disagio, einmalige Verwaltungskosten, Gebühren) und der laufenden Kosten sowie der Laufzeit im Einzelfall zu ermitteln ist. Auch die unterschiedlichen Zahlungsmodalitäten der Zins- und Tilgungsleistungen (z. B. vierteljährlich, halbjährlich, jährlich nachträglich; sofortige Abschreibung unterjähriger Tilgung vom Restkapital) haben Einfluss auf den Effektivzinssatz. Ebenso von Bedeutung ist der Zeitraum, für den ein bestimmter Zinssatz fest vereinbart wird (Zinsbindungsdauer).

Die Kreditgeber sind gesetzlich verpflichtet, den Effektivzinssatz im Kreditangebot zu nennen. Mit Hilfe der Datenverarbeitung werden die einzelnen Effektivzinssätze maschinell ermittelt.[16]

Im Zusammenhang mit dem Zinssatz ist auch eine eventuelle Zinsgleitklausel zu beachten. Die Zinsgleitklausel erlaubt eine automatische Anpassung des Zinssatzes an die veränderte Kapitalmarktlage bzw. erlaubt es dem Gläubiger, einseitig einen neuen Zinssatz festzusetzen. Die Zinsgleitklausel ist nicht zu verwechseln mit der Zinsanpassungsklausel, die eine fristgerechte Kündigung und eine neue vertragliche Vereinbarung voraussetzt. Die Gleitklauseln sollten unter dem Gesichtspunkt der Wirtschaftlichkeit und Sparsamkeit und im Interesse der Haushaltssicherheit vermieden werden und müssen als haushaltsrechtlich unzulässig angesehen werden.

16 Eine ausführliche Darstellung der Effektivzinssätze und deren Berechnung enthält *Klümper/ Möllers/Zimmermann*, Kommunale Kosten- und Wirtschaftlichkeitsrechnung, 20. Aufl., Witten 2019, S. 327.

16.2.3.3 Auszahlung

Die Auszahlung der Kredite erfolgt nicht immer in voller Höhe des Nennbetrages (Rückzahlungsbetrag). Da das Disagio (Abgeld) als Kreditbeschaffungskosten Auswirkungen auf den Effektivzinssatz hat, bedarf es besonderer Beachtung.

Auch wenn ein Disagio vereinbart wurde, ist der volle Rückzahlungsbetrag zu passivieren. Das Disagio darf, wenn es vom Gläubiger einbehalten oder bei der Darlehensauszahlung an den Kreditgeber gezahlt wurde, nach § 42 Abs. 3 KomHVO als aktiver Rechnungsabgrenzungsposten (Konto 1911) ausgewiesen werden. Es kann dann durch planmäßige jährliche Abschreibung (Vorschlag Konto 5741, da der Kontenrahmenplan kein Konto vorgibt) über die gesamte Kreditlaufzeit aufwandswirksam verteilt werden.[17] In der Ergebnisrechnung wirkt sich damit die Vereinbarung eines Disagios genau so aus, wie die Vereinbarung eines höheren Zinssatzes bei voller Auszahlung.

In der Finanzrechnung wird der tatsächliche Finanzmittelzufluss (z. B. Konto 6927) aus der Kreditaufnahme erfasst.

16.2.3.4 Laufzeit und Tilgung

Die Laufzeit eines Kredites ergibt sich aus der Höhe der jährlichen Tilgung (z. B. 2 v. H. feststehende Tilgung = 50 Jahre Laufzeit).

Hinsichtlich der Tilgung unterscheidet man
- Ordentliche Tilgung
  (die Leistung des im Haushaltsjahr zurückzuzahlenden Betrages bis zu der in den Rückzahlungsbedingungen festgelegten Mindesthöhe) und
- Außerordentliche Tilgung
  (die über die ordentliche Tilgung hinausgehende Rückzahlung einschließlich Umschuldung).

Um den Schuldendienst niedrig zu halten, werden in der Praxis häufig geringe Tilgungsraten angestrebt. Tilgungsraten von 1 bis 2 v. H. sind bei Kommunalkrediten üblich. Hierbei sollte aber darauf geachtet werden, dass den Tilgungsbeträgen die ersparten Zinsen zuwachsen (Annuitätskredite). Dadurch wird die Laufzeit der Kredite erheblich verringert, so z. B. bei 1 % Tilgung in Abhängigkeit vom Zinssatz auf etwa 30 bis 33 Jahre.

Bei der Festlegung der Tilgungsraten ist zu berücksichtigen, dass sich durch die Abschreibungen das mit den Krediten finanzierte bilanzielle Vermögen regelmäßig verringert. Um zu vermeiden, dass die Kreditverbindlichkeiten langfristig den Vermögensbestand übersteigen (Überschuldung), ist eine Fristenkongruenz zwischen Anla-

17 Die Formulierung des § 42 Abs. 3 KomHVO ist so unverbindlich, dass man auf diese Vorschrift auch gut hätte verzichten können. Insbesondere wird nicht klar, welche anderen Möglichkeiten der Behandlung des Disagios bestehen. Der Gesetzgeber ist aufgerufen, hier eine echte Regelung zu treffen oder auf eine Normierung ganz zu verzichten.

gevermögen und Verbindlichkeiten anzustreben. Andernfalls würden die Belastungen aus der Kreditfinanzierung auch dann noch den Haushalt belasten, wenn die mit den Krediten finanzierten Vermögensgegenstände schon nicht mehr genutzt werden können. Dies würde dem Haushaltsgrundsatz der Beachtung der intergenerativen Gerechtigkeit widersprechen. Praktisch sollte daher die durchschnittliche Tilgungsrate den durchschnittlichen Abschreibungssatz nicht wesentlich übersteigen.

16.2.3.5 Kündigungsrechte

Kredite müssen für die Gemeinde grundsätzlich immer kündbar sein, um eine vorzeitige völlige bzw. teilweise Tilgung zu ermöglichen. In diesem Zusammenhang wird auf § 489 BGB hingewiesen. Ein Kündigungsrecht sollte nicht länger als für die ersten 5 Jahre ausgeschlossen sein.

Aus Gründen der Haushaltssicherheit und um die Kreditbelastung langfristig überschaubar zu halten, ist ein Kündigungsrecht des Gläubigers nach Möglichkeit auszuschließen bzw. nur zum Zwecke der Zinsanpassung zuzulassen.

16.2.3.6 Abtretung der Forderung

Dem Gläubiger sollte das Recht zur Abtretung der Forderungen an einen Anderen grundsätzlich nicht gegeben werden. Dies geschieht deshalb, weil die Gemeinde aus Gründen der Haushaltssicherheit den Kredit während der gesamten Laufzeit mit einem ihr vorher bekannten Gläubiger abwickeln sollte. Ist eine Abtretung ausnahmsweise vertraglich doch eingeräumt, sollte die Gemeinde sich die jeweilige Zustimmung zur Abtretung vorbehalten.

16.2.3.7 Sicherheiten

Da bei öffentlichen Körperschaften ein Kreditausfallrisiko für die Gläubiger nicht besteht, ist die Bestellung von Sicherheiten grundsätzlich unzulässig (§ 108 Abs. 6 KVG). Nur mit Zustimmung der Aufsichtsbehörde sind Ausnahmen zulässig, wenn die Sicherheitsbestellung der Verkehrsübung entspricht. Der Verkehrsübung entspricht eine Sicherheitsleistung, wenn sie im Geschäftsverkehr unter Berücksichtigung der besonderen Stellung der Gemeinden im Kreditgeschäft üblich ist. Beispiel hierfür sind Hypotheken auf Wohnhäuser. Insgesamt ist jedoch ein strenger Maßstab bei der Frage nach Sicherheitsleistungen anzulegen.

16.2.4 Abwicklung der Kreditaufnahme im Haushalt

16.2.4.1 Veranschlagung der Kredite und der daraus resultierenden Aufwendungen und Auszahlungen

Gem. § 16 Nr. 2 KomHVO dienen in der kommunalen Haushaltswirtschaft die Einzahlungen des Finanzplans insgesamt zur Deckung der Auszahlungen des Finanzplans (Gesamtdeckungsprinzip). Eine Zuordnung von einzelnen Kreditaufnahmen als Einzahlung für bestimmte Maßnahmen oder spezifische Aufgabenbereiche ist daher nicht vorgesehen. Da sich die Gliederung des Haushalts in Teilpläne nach § 4 Abs. 1 KomHVO an Produktbereichen orientiert oder nach der örtlichen Organisation produktorientiert gegliedert wird, ist auch die Veranschlagung der Ein- und Auszahlungen für Kredite im Teilfinanzplan eines Produktbereichs vorzunehmen. Grundlage für die Bildung von Produktbereichen ist der verbindliche Produktrahmenplan. Der Produktrahmen sieht als Produktbereich 61 den Bereich „Allgemeine Finanzwirtschaft", als Produktgruppe 612 die Gruppe „Sonstige allgemeine Finanzwirtschaft" vor, dem die Ein- und Auszahlung aus der Aufnahme und Tilgung von Krediten zugeordnet werden.

Auch wenn die Einnahmen aus Krediten grundsätzlich zweckfrei sind, ist es nicht ausgeschlossen, dass Kredite aufgrund von Gesetzen usw. für bestimmte Maßnahmen bewilligt werden. Denkbar ist jedoch auch eine Zweckbindung aufgrund einer besonderen Vereinbarung mit dem Gläubiger. Aber auch solche zweckgebundenen Kredite sind im Teilfinanzplan der Produktgruppe 612 „Sonstige allgemeine Finanzwirtschaft" zu veranschlagen. Diese Zuordnung gilt ebenfalls für die Tilgungsleistungen. Eine Zuordnung zu anderen Produktbereichen ist unzulässig.

§ 4 Abs. 4 KomHVO sieht eine besondere Struktur der Teilfinanzpläne vor. Danach sind bei den produktorientierten Teilfinanzplänen jeweils nur die Ein- und Auszahlungen aus Investitionstätigkeit auszuweisen. Diese Struktur ist für die Abbildung des Teilfinanzplans für den Produktbereich „Allgemeine Finanzwirtschaft" nicht ausreichend, da in diesem Teilfinanzplan Investitionen i. d. R. nicht erfasst werden, dafür aber die Finanzierungstätigkeit, d. h. die Aufnahme und Rückzahlung von Krediten, zu erfassen ist. Auch andere Positionen (wie die Gewährung von Darlehen oder die vorübergehende Anlage von Geld) müssen hier erfasst werden, da andernfalls für diese Auszahlungen keine speziellen Haushaltsermächtigungen vorliegen. In der Produktgruppe 612 sollte daher der Teilfinanzplan zur Sicherstellung einer vollständigen Veranschlagung der Finanzierungstätigkeit und der sonstigen Zahlungen, die einer Ermächtigung bedürfen, ergänzt werden. Der Bereich der Investitionszahlungen kann dagegen entfallen. Entsprechend sollte auch eine Änderung der Teilfinanzrechnung in der Produktgruppe 612 erfolgen. Eine mögliche Darstellungsform ist im Folgenden – ohne Anspruch auf Vollständigkeit – abgebildet:[18]

18 Der Gesetzgeber ist auch hier zur Klärung aufgerufen. Ohne einen entsprechend ausgestalteten Teilfinanzplan fehlen den Gemeinden Ermächtigungen für wichtige Zahlungsvorgänge.

Teilfinanzplan Produktgruppe 612 „Sonstige allgemeine Finanzwirtschaft“		Ergebnis Vorvorjahr	Ansatz Vorjahr	Ansatz Haushaltsjahr	VE	Haushaltsjahr + 1	Haushaltsjahr + 2	Haushaltsjahr + 3
		1	2	3	4	5	6	7
Finanzierung								
01	Aufnahme von Krediten für Investitionen und Investitionsfördermaßnahmen							
02	Tilgung von Krediten für Investitionen und Investitionsfördermaßnahmen							
03	**Saldo Finanzierungstätigkeit (Kreditaufnahme ./. Tilgung)**							
Sonstige Zahlungen								
04	Einzahlungen aus Rückflüssen von Darlehen							
05	Auszahlungen aus Gewährung von Darlehen							
06	Einzahlungen aus Verkauf von Wertpapieren							
07	Auszahlungen aus Kauf von Wertpapieren							
18	**Saldo Investitions- und Finanzierungstätigkeit**							

Der Ausweis im Teilfinanzplan und in der Teilfinanzrechnung erfolgt in Höhe der tatsächlichen Einzahlungen (Nennbetrag ./. Disagio) bzw. Auszahlungen (Tilgungsleistungen).

> ***Beispiel:***
> *Wird ein Kredit in Höhe von 100.000 € zu einem Auszahlungskurs von 98 % genommen, so sind dafür Einzahlungen i. H. v. 98.000 € im Finanzplan zu veranschlagen und in der Finanzrechnung auszuweisen. Als Auszahlungen sind die planmäßigen Tilgungen zu veranschlagen. Bei Aufnahme des Kredits erfolgt die Passivierung zum Rückzahlungsbetrag i. H. v. 100.000 €. Das Disagio wird als Rechnungsabgrenzungsposten aktiviert und über die Laufzeit des Kredits abgeschrieben.*

Bei den Aufwendungen für Kreditzinsen und der Abschreibung des Disagios stellt sich die Frage nach der Möglichkeit einer zentralen Veranschlagung im Produktbereich 61 „Allgemeine Finanzwirtschaft“ oder der Notwendigkeit der Verteilung auf die Produktbereiche. Da hier Fremdkapitalzinsen nicht aufgeführt sind, könnte daraus folgen, dass eine zentrale Veranschlagung dieser Position nicht zulässig sei. Dies würde im Rahmen der angestrebten Produktorientierung des Haushaltswesens nach Auffassung des Autors auch durchaus Sinn machen, da durch die Verteilung der Fremdkapitalzinsen auf die Produktbereiche eine bessere Abbildung des Ressourcenverbrauchs in den einzelnen Teilergebnisplänen erreicht werden kann. Insbesondere im Hinblick auf die Haushaltssteuerung bilden die Aufwendungen für Kapital einen wichtigen Bestandteil der Produktbereichsbudgets. Gegen diese Auslegung der KomHVO spricht allerdings der verbindliche Produktrahmenplan, nach der der Schuldendienst eindeutig (und ausschließlich) dem Produktbereich 61, Produktgruppe 612 „Sonstige allgemeine Finanzwirtschaft" zuzuordnen ist. Nach Auffassung des Autors sollte den Gemeinden haushaltsrechtlich jede Möglichkeit der Veranschlagung von Kreditzinsen zugebilligt werden. Angesichts der Bedeutung dieser Position im Hinblick auf Volumen und Steuerungsrelevanz ist dem Gesetzgeber dringend zu raten, hier eine Überarbeitung der Normen vorzunehmen, um eine eindeutige Rechtslage zu schaffen. Dabei sollte das Ziel der Produktorientierung des Haushaltswesens nicht aus dem Blick verloren werden.

Bei der Veranschlagung von Zinsaufwendungen ist die Periodenabgrenzung zu beachten. Es ist – unabhängig vom Zahlungszeitpunkt – der Betrag zu veranschlagen und zu buchen, der sich tatsächlich auf das Rechnungsjahr bezieht.

Beispiel:
Im Kreditvertrag der Gemeinde G mit der Hausbank wird eine halbjährliche nachträgliche Verzinsung jeweils zum 31. Januar und 31. Juli vereinbart. Bei der Veranschlagung der Zinsen ist zu beachten, dass sich die Zinszahlungen am 31. Januar jeweils auf fünf Monate des Vorjahres (August bis Dezember) und einen Monat des laufenden Jahres (Januar) beziehen.

Um die Zinsaufwendungen für 2025 zu ermitteln, ist daher zunächst ein Sechstel der am 31.1.2025 fälligen Zinsen zu veranschlagen. Daneben sind die am 31.7.2025 fälligen Zinsen in voller Höhe zu berücksichtigen. Schließlich sind noch fünf Sechstel der am 31.1.2026 fälligen Zinsen zu kalkulieren.

16.2.4.2 Umschuldung

Im Rahmen der Zinsoptimierung und des Liquiditätsmanagements sind neben der Neuaufnahme von Krediten auch Umschuldungen erforderlich und von praktischer Bedeutung. Bei der Umschuldung erfolgt eine Ablösung der verbleibenden Restverbindlichkeit des Kredites bei gleichzeitiger Neuaufnahme eines Kredits in dieser Höhe.

Eine Umschuldung wird i. d. R. immer dann diskutiert, wenn der Kreditmarkt Kredite mit günstigeren Zinssätzen anbietet als die für bisher aufgenommenen Kredite bzw. wenn die Zinsbindungsfrist ausläuft und ein anderes Kreditinstitut für die Folgezeit günstigere Konditionen anbieten kann. Insbesondere bei der Umschuldung langfristiger Investitionskredite ist zu berücksichtigen, dass die Laufzeit des neuen Kredits nicht über die Laufzeit des abzulösenden Kredits hinausgehen sollte. Ansonsten würde eine weitere Verschiebung der Kredit bedingten Folgelasten in die Zukunft erfolgen. Auch wenn rein rechtlich Kündigungsmöglichkeiten bestehen (§ 489 BGB bzw. vertraglich vereinbart), sollte hiervon nur dann Gebrauch gemacht werden, wenn ein wirklicher wirtschaftlicher Vorteil entsteht. Zur Feststellung eines solchen wirtschaftlichen Vorteils sind ggf. auch durch vorzeitige Kündigung verursachte Vorfälligkeitsentschädigungen zu berücksichtigen. Auch die „Vertragstreue“ bei bestehenden Geschäftsverbindungen ist bei solchen Überlegungen nicht außer Acht zu lassen.

Eine Umschuldung ist auch denkbar, um eine Vielzahl von Einzelkrediten wirtschaftlich günstiger in der Form eines „neuen“ Gesamtkredites abzuwickeln (geringerer Verwaltungsaufwand).

Wie bereits oben dargestellt, bezieht sich die Kreditermächtigung in der Haushaltssatzung auf die Nettokreditaufnahme. Durch eine „Umschuldung“ wird daher die Kreditermächtigung nicht in Anspruch genommen, weil in gleicher Höhe eine Tilgung und eine Neuaufnahme des Kredits erfolgen.

16.2.4.3 Dauer der Kreditermächtigung

Gemäß § 108 Abs. 3 KVG gilt die Kreditermächtigung für Investitionskredite eines Haushaltsjahres weiter, bis die Haushaltssatzung für das übernächste Jahr erlassen ist. Soweit Auszahlungen für Investitionen nach § 19 Abs. 2 KomHVO länger übertragen werden, müssen die entsprechenden Finanzierungsmittel, d. h. die Kreditermächtigungen neu veranschlagt werden. Die Kreditermächtigung für Kredite zur Liquiditätssicherung gilt nach § 110 Abs. 1 Satz 2 KVG weiter, bis die Haushaltssatzung für das folgende Jahr erlassen ist.

16.2.5 Übungen

Sachverhalt Nr. 1:
Die Gemeinde G will für das Jahr 2025 im Finanzplan eine Netto-Kreditaufnahme (Saldo aus Finanzierungstätigkeit) in Höhe von 10 Mio. € veranschlagen. Insgesamt ist für den Finanzplanungszeitraum eine Netto-Neuverschuldung von 21,5 Mio. € vorgesehen. Der Bestand an liquiden Mitteln beträgt voraussichtlich zum Beginn des Jahres 2025 12 Mio. €. Der Finanzplan für den nächsten Haushalt stellt sich nach dem derzeitigen Stand folgendermaßen dar:

Finanzplan	2025 T€	2026 T€	2027 T€	2028 T€
Saldo aus lfd. Verwaltungstätigkeit	–3.200	–1.100	2.400	2.800
Saldo aus Investitionstätigkeit	–12.300	–5.000	–6.000	–4.000
Finanzmittelüberschuss/-fehlbetrag	–15.500	–6.100	–3.600	–1.200
Saldo aus Finanzierungstätigkeit (Netto-Kreditaufnahme)	10.000	4.000	3.500	4.000
Änderung des Bestandes an eigenen Finanzmitteln	–5.500	–2.100	–100	+2.800
Anfangsbestand an Finanzmitteln	12.000	6.500	4.400	4.300
Bestand an Finanzmitteln am Ende des Haushaltsjahres	6.500	4.400	4.300	7.100

Der Finanzdezernent prüft, ob die Kreditaufnahme zulässig ist, und hat dabei Folgendes zu berücksichtigen:

- Der Stand der Kredit-Verbindlichkeiten wird lt. Bilanz zum 31.12.2024 150 Mio. € betragen.
- Zum 31.12.2024 kann die Gemeinde G ein Eigenkapital i. H. v. 45 Mio. € ausweisen.
- Der für 2025 vorgesehene Kredit ist mit 5,0 % zu verzinsen. Der Finanzdezernent will die verfügbaren Liquiden Mittel (2,5 % Guthabenzins) nicht einsetzen, weil er dieses Geld für noch nicht veranschlagte zusätzliche Investitionen in den folgenden Jahren oder zum Ausgleich von laufenden Fehlbeträgen zur Verfügung behalten will.
- Am Kapitalmarkt deutet sich eine Verteuerung der Kredite an.

Aufgabe:
Begutachten Sie die Zulässigkeit der vorgesehenen Veranschlagung der Netto-Kreditaufnahme für das Jahr 2025 unter dem Aspekt der Subsidiarität.

Lösung:
Nach § 99 Abs. 5 KVG darf die Gemeinde Kredite nur aufnehmen, wenn eine andere Finanzierung nicht möglich ist oder wirtschaftlich unzweckmäßig wäre. Hier wird der Grundsatz der Subsidiarität angesprochen, d. h. eine Kreditaufnahme soll erst dann erfolgen, wenn die übrigen Finanzierungsmöglichkeiten (§ 99 Abs. 2 KVG) ausgeschöpft sind.

Dieser Grundsatz gilt aber nicht ausschließlich. Bei der Kreditaufnahme ist die wirtschaftliche Zweckmäßigkeit bzw. Unzweckmäßigkeit zu prüfen. So kann zur Erreichung einer wirtschaftlichen Finanzierung des Haushalts durchaus von einer Nachrangigkeit der Kreditaufnahme abgesehen werden (vgl. § 98 Abs. 2 KVG). Auf die Möglichkeit der Gemeinde zur Erhöhung der sonstigen Finanzmittel, der speziellen Entgelte oder der Steuern zur Vermeidung einer Kreditaufnahme gibt der Sachverhalt keine Anhaltspunkte. Laut Sachverhalt hat die Gemeinde aber zu Beginn des Jahres 2025 liquide Mittel in erheblichem Umfang (12 Mio. €) zur Verfügung, die sie nach dem Subsidiaritätsprinzip vorrangig zur Finanzierung des Haushalts verwenden muss.

Der Finanzdezernent beabsichtigt, nur etwa die Hälfte der liquiden Mittel im Jahr 2025 zur Finanzierung einzusetzen, um für spätere unvorhergesehene Finanzbedarfe eine Reserve aufrechterhalten zu können. Insgesamt plant der Finanzdezernent sogar eine spätere Aufstockung seiner Liquiditätsreserve in den folgenden Jahren auf über 7 Mio. €. Gleichzeitig verbessert sich die Finanzsituation im Bereich der laufenden Verwaltungstätigkeit laut Planung in den nächsten Jahren kontinuierlich. Das Vorhalten einer dauerhaften Liquiditätsreserve in Millionenhöhe scheint daher aus wirtschaftlichen Gründen unangebracht. Zur Sicherung der laufenden Zahlungsfähigkeit erscheint ein weit geringerer Finanzmittelbestand ausreichend. Laut Sachverhalt beträgt die Zinsdifferenz zwischen Kredit- und Anlagezins rd. 2,5 %. Durch die Vermeidung von Krediten durch eine stärkere Inanspruchnahme der liquiden Mittel könnte der Finanzdezernent in jedem Jahr je 1 Mio. € geringerer Kreditaufnahme 25.000 € Zinsaufwand vermeiden. Würde der Finanzdezernent bereits im Jahr 2024 die liquiden Mittel auf 1 Mio. € herunterfahren, würde er nur 4,5 Mio. € an Krediten benötigen, was ihm bereits im folgenden Jahr ersparten Zinsaufwand von 137.500 € einbringen und den Cash-Flow aus laufender Verwaltungstätigkeit entlasten würde.

Der Hinweis auf die absehbare Verteuerung der Kredite am Kapitalmarkt spricht ebenfalls nicht für das Vorziehen von Krediten und das Vorhalten kurzfristig nicht benötigter Liquidität. Eine Erhöhung des Zinssatzes am Kapitalmarkt würde wohl nicht einseitig die Kreditzinsen, sondern auch die Guthabenzinsen betreffen. Auch wenn sich durch die Erhöhung der Zinsen für die Gemeinde die Zinsdifferenz langfristig verbessert, kann nicht davon ausgegangen werden, dass die Guthabenzinsen dauerhaft über den Kreditzinsen liegen. Das Anhäufen von Liquidität zur Vermeidung eines möglicherweise später benötigten Kredits erscheint daher unabhängig von der zu erwartenden Zinsentwicklung in jedem Fall als wirtschaftlich unzweckmäßig.

Die geplante Kreditaufnahme in 2025 verstößt daher gegen die in § 99 Abs. 5 KVG vorgesehene Subsidiarität der Kreditaufnahme.

Sachverhalt Nr. 2:

Die Gemeinde G will in den Jahren 2025 bis 2028 jeweils 15 Mio. € Netto-Kreditaufnahmen für Investitionen in die Haushaltssatzung aufnehmen. Für jede der vier Kreditaufnahmen erhöht sich die Zinsbelastung im folgenden Jahr voraussichtlich um 800.000 €. Vor der Veranschlagung der Kreditaufnahme zeigt der Ergebnisplan folgendes Bild:

Ergebnisplan	**2025** **T €**	**2026** **T €**	**2027** **T €**	**2028** **T €**
Ergebnis der laufenden Verwaltungstätigkeit	7.000	6.100	5.500	5.400
Finanzergebnis	–2.300	–2.300	–2.300	–2.300
Ordentliches Ergebnis	4.700	3.800	3.200	3.100
Außerordentliches Ergebnis	0	0	2.000	1.800
Jahresergebnis	4.700	3.800	5.200	4.900

Aufgabe:
Prüfen Sie die Zulässigkeit dieser Kreditveranschlagungen in Bezug auf § 108 Abs. 1 KVG.

Lösung:
Gemäß § 108 Abs. 1 KVG müssen die Verpflichtungen aus Krediten mit der dauernden Leistungsfähigkeit der Gemeinden im Einklang stehen. Die dauernde Leistungsfähigkeit spiegelt sich insbesondere darin wider, dass die Kommune in der Lage ist, ihren Ressourcenverbrauch mittelfristig durch eigenes Ressourcenaufkommen zu decken. Damit ist der Ergebnisplan das maßgebliche Kriterium zur Beurteilung der dauernden Leistungsfähigkeit der Kommune.

Vor der Veranschlagung der Kreditaufnahme weist der Ergebnisplan der Gemeinde G in allen Jahren der Planung einen deutlichen Jahresüberschuss aus. Obwohl das Ordentliche Jahresergebnis leicht rückläufig ist, scheint eine Gefährdung der Leistungsfähigkeit nicht gegeben.

Durch die Veranschlagung der Kreditaufnahme für Investitionstätigkeit im Finanzplan ist auch eine Anpassung des Ergebnisplans erforderlich. Durch die zusätzlichen Kredite erhöht sich der Zinsaufwand, der das Finanzergebnis belastet. Laut Sachverhalt sollen in den Jahren 2025 bis 2028 der Kreditbestand jeweils um 15 Mio. € erhöht werden. Hierdurch ergibt sich jeweils im folgenden Jahr ein erhöhter Zinsaufwand:

Jahr	**Erhöhung Kredit**	**zus. Zinsaufwand**	**Finanzergebnis**
2025	15.000.000		–2.300.000
2026	15.000.000	800.000	–3.100.000
2027	15.000.000	800.000	–3.900.000
2028	15.000.000	800.000	–4.700.000
2029		800.000	–5.500.000

Einen guten Überblick über die Auswirkungen der Änderung des Finanzergebnisses gibt der Ergebnisplan nach Anpassung des Finanzergebnisses:

Ergebnisplan	**2025 T €**	**2026 T €**	**2027 T €**	**2028 T €**
Ergebnis der laufenden Verwaltungstätigkeit	7.000	6.100	5.500	5.400
Finanzergebnis	–2.300	–3.100	–3.900	–4.700
Ordentliches Ergebnis	4.700	3.000	1.600	700
Außerordentliches Ergebnis	0	0	2.000	1.800
Jahresergebnis	4.700	3.000	3.600	1.500

Wie auch vor der Veranschlagung der Kreditaufnahme weist die Gemeinde G weiterhin für den gesamten Zeitraum der mittelfristigen Finanzplanung ein positives Jahresergebnis aus und erfüllt damit nachhaltig die Anforderungen des Haushaltsausgleichs nach § 98 Abs. 3 KVG.

Die Verschlechterung des Finanzergebnisses hat allerdings dazu geführt, dass sich das „Ordentliche Ergebnis" innerhalb von vier Jahren von 4,7 Mio. € auf 0,7 Mio. € um rd. 85 % reduziert. Bei der für 2029 absehbaren weiteren Verschlechterung des Finanzergebnisses durch die zusätzliche Kreditaufnahme in 2028 ist voraussichtlich erstmals mit einem negativen „Ordentlichen Ergebnis" zu rechnen. Da eine Fortschreibung des „Außerordentlichen Ergebnisses" auf die nach 2028 folgenden Jahre ohne nähere Kenntnis der Ursachen für diese Ergebnisse nicht zulässig erscheint, drohen langfristig negative Jahresergebnisse, die wesentlich durch die in 2025 bis 2028 vorgesehenen Kreditaufnahmen verursacht sind.

Unabhängig von der Höhe des Eigenkapitals der Gemeinde G erscheint die drastische Verschlechterung des Finanzergebnisses aufgrund der hohen Kreditaufnahme für die Gewährleistung der dauernden Leistungsfähigkeit der Gemeinde zumindest kritisch zu sein.

Im Hinblick auf die bestehenden Unsicherheiten der Entwicklung über den Zeitraum der mittelfristigen Planung hinaus und die Tatsache, dass die Gemeinde laut ihrer Planung bis 2028 noch positive ordentliche Ergebnisse und Jahresergebnisse ausweisen kann, erscheint die geplante Kreditaufnahme im Hinblick auf § 108 Abs. 1 KVG zum jetzigen Zeitpunkt noch als zulässig. Sollte sich die erkennbare negative Entwicklung der Gemeinde allerdings in den nächsten Jahren bestätigen oder verstärken, müsste ggf. die vorgesehene Neuverschuldung im Rahmen der dann anstehenden Haushaltsplanung reduziert werden.

Sachverhalt Nr. 3:
Die Gemeinde G beabsichtigt, zur Finanzierung der Investitionen im Haushalt einen Bankkredit i. H. v. 5 Mio. € zu veranschlagen. Sie rechnet mit folgenden Konditionen:

Zinsen	=	6,0 v. H.
Tilgung	=	1 v. H. zuzüglich ersparter Zinsen
Auszahlungskurs	=	98 v. H.[19]

Die Kreditaufnahme ist für den 1. April des Haushaltsjahres vorgesehen, wobei mit einer halbjährlichen Zins- und Tilgungsleistung bei nachträglicher Abschreibung (erstmals zum 1. Oktober) gerechnet wird. Es wird von einer Kreditlaufzeit von 33 Jahren ausgegangen.

Aufgabe:
Bilden Sie für das Jahr der Kreditaufnahme die erforderlichen Ansätze (unter Angabe der Sachkonten und der Produktgruppen) im Haushaltsplan. Fügen Sie ggf. erforderliche zusätzliche Sachkonten in den Kontenplan des Ministeriums des Innern ein.

19 Die Kreditkonditionen entsprechen nicht der derzeitigen Marktlage. Sie sind aus Übungsgründen zur Verdeutlichung der Veranschlagung sämtlicher Kreditkosten dargestellt.

Lösung:

a) Teilfinanzplan in der Produktgruppe 612 „Sonstige allgemeine Finanzwirtschaft“

Sachkonto		Bezeichnung	Ansatz €
Zinsen werden im Teilfinanzplan zwar veranschlagt, aber müssen nicht ausgewiesen werden.		**Einzahlungen**	
	6928	Investitionskredite von privaten Unternehmen	4.900.000[20]
		Auszahlungen	
	7518	*Zinsauszahlungen an private Unternehmen*	*150.000*[21]
	7928	Tilgung von Krediten von privaten Unternehmen	25.000[22]

b) Teilergebnisplan in der Produktgruppe 612 „Sonstige allgemeine Finanzwirtschaft“

Sachkonto	Bezeichnung	Ansatz €
	Aufwendungen	
5518	Zinsen für Kredite von privaten Unternehmen	225.000[24]
5741[23]	Kreditbeschaffungskosten (Abschreibung auf Disagio)	2.273[25]

Sachverhalt Nr. 4:

Die Sparkasse G bietet am 7.11.2024 einen äußerst günstigen Kredit i. H. v. 5 Mio. € zu 5,5 % Zinsen und 1 % Tilgung zuzüglich ersparter Zinsen bei einem Auszahlungskurs von 100 % an.[26] Das Angebot gilt aber nur bis zum 8.11.2024. Die Gemeinde G benötigt diesen Kredit dringend, zumal sie wegen der bisher angespannten Lage am Kreditmarkt ihre Kreditermächtigung i. H. v. 20 Mio. € nicht ausgenutzt hat. Finanzdezernent F gibt der Sparkasse am gleichen Tage mündlich die Zusage. Der Rat hat sich

20 98 v. H. von 5.000.000 € = 4.900.000 €.

21 6,0 v. H. von 5.000.000 € = 300.000 € Zinsauszahlungen p. a. Am 1. Oktober sind Zinsen für ein halbes Jahr zu zahlen: 300.000 € × ½ = 150.000 €.

22 1 v. H. von 5.000.000 € = 50.000 € : 2 (ein halbes Jahr) = 25.000 €.

23 Der vom Ministerium für Inneres und Sport herausgegebene Kontenplan enthält kein Konto für die Abschreibung des Disagios. Ein entsprechendes Konto ist aber erforderlich und kann z. B. dem Kontobereich 57 zugeordnet werden.

24 6,0 v. H. von 5.000.000 € = 300.000 € Zinsaufwand p. a. Da der Kredit erst am 1. April aufgenommen wird, entfallen auf das erste Jahr hiervon drei Viertel = 225.000 €.

25 2 v. H. von 5.000.000 € = 100.000 € Disagio. In dieser Höhe wird bei der Kreditaufnahme ein aktiver Rechnungsabgrenzungsposten gebildet. Dieser RAP wird jährlich mit 1/33 (= 3.030 €) aufwandswirksam aufgelöst. Da der Kredit erst am 1. April aufgenommen wird, entfallen auf das erste Jahr hiervon drei Viertel = 2.273 €.

26 Die Kreditkonditionen entsprechen nicht der derzeitigen Marktlage. Sie sind aus Übungsgründen so festgesetzt.

die tatsächliche Kreditaufnahme ab 500.000 € vorbehalten. Nach dem Terminplan tagt der Rat am 14.11.2024.

Aufgaben:

a) Prüfen Sie, wer für die Kreditaufnahme zuständig ist bzw. welche Formvorschriften zu beachten sind.
b) Fertigen Sie einen entsprechenden Beschlussentwurf über die Kreditaufnahme und die entsprechende Vorlage an den Rat.

Lösung:

Zu a)

Nach § 45 Abs. 2 Nr. 10 KVG gehört die Aufnahme von Krediten zu den Entscheidungszuständigkeiten des Rates, soweit eine vom Rat allgemein festgesetzte Wertgrenze überschritten wird. Laut Sachverhalt hat sich der Rat die Entscheidung über die tatsächliche Kreditaufnahme ab 500.000 € vorbehalten. Für die Aufnahme des Kredits von 5.000.000 € ist also die Zustimmung des Rates erforderlich.

Laut Sachverhalt liegt dieser erforderliche Ratsbeschluss nicht vor. Die nächste Sitzung des Rates ist auf den 14.11.2024 terminiert, das Kreditangebot gilt aber nur bis zum 8.11.2024. Angesichts der günstigen Konditionen und des dringenden Bedarfs würde die Nichtannahme des Kreditangebotes erhebliche Nachteile für die Gemeinde bringen. Nach § 65 Abs. 4 KVG kann in so einer dringenden Angelegenheit der Bürgermeister entscheiden. Die Gründe für die Eilentscheidung sowie die Erledigung sind dem Rat unverzüglich mitzuteilen. Diese Angelegenheit ist in die Tagesordnung der nächsten Ratssitzung aufzunehmen.

Ferner bedürfen Erklärungen, durch welche die Gemeinde verpflichtet werden soll, der Schriftform. Sie sind gemäß § 73 Abs. 1 KVG vom Bürgermeister (Stellvertreter) zu unterzeichnen. Eine mündliche Zusage des Finanzdezernenten entspricht also nicht den Formvorschriften. Erklärungen, die nicht den Formvorschriften entsprechen, binden die Gemeinde nicht. Die mündliche Zusage des Finanzdezernenten bindet die Gemeinde somit nicht. Der Kredit gilt als nicht aufgenommen. Sollte ein Ratsbeschluss über die Kreditaufnahme nicht zustande kommen, hätte die Sparkasse G einen Rückforderungsanspruch aus § 812 BGB (ungerechtfertigte Bereicherung) unbeschadet weiterer Schadensersatzansprüche.

Zu b)
Die Dringlichkeits- bzw. Eilentscheidung und die Ratsvorlage sehen wie folgt aus:

Eilentscheidung
nach § 65 Abs. 4 Satz 1 KVG

Betr.: Aufnahme eines Kredites in Höhe von 5 Mio. €

Gemäß § 65 Abs. 4 Satz 1 KVG ergeht folgende Dringlichkeitsentscheidung:

Der Aufnahme eines Kredites in Höhe von 5 Mio. € wird gemäß § 65 Abs. 4 Satz 1 KVG folgenden Bedingungen zugestimmt:

Zinssatz:	5,50 % p. a.
Tilgung:	1,00 % p. a.
Auszahlungskurs:	100,00 %

Im Übrigen gelten die Bedingungen der Schuldurkunde.

Finanzposition: Finanzplan 2024, Produktbereich 61 „Allgemeine Finanzwirtschaft", Kontengruppe 69 „Einzahlungen aus Finanzierungstätigkeit".

Begründung:

Zum Ausgleich des Finanzplans und zur Liquiditätssicherung werden Kredite i. H. v. insgesamt 5 Mio. € benötigt. Damit die Finanzierungsmittel rechtzeitig zur Verfügung stehen, ist die Aufnahme des Kredites in der vorbezeichneten Höhe erforderlich. Die Konditionen des angebotenen Kredites können bei den jetzigen Verhältnissen auf dem Kapitalmarkt als günstig bezeichnet werden.

Die besondere Dringlichkeit der herbeizuführenden Entscheidung ist dadurch gegeben, dass der Kreditgeber sich nur bis zum 8.11.2024 an seine Zusage gebunden hält.

G, den 8. November 2024

gez. Unterschrift
Bürgermeister

Der Bürgermeister G, 8. November 2024

Vorlage an den Rat Nr.

Genehmigung der Eilentscheidung über die Aufnahme eines Kommunalkredites in Höhe von 500.000 €

Amt: Kämmerei (Fachbereich Finanzen)

Berichterstatter: Finanzdezernent F

Beschlussvorschlag:

Die Dringlichkeitsentscheidung nach § 65 Abs. 4 Satz 1 KVG vom 8. November 2024 über die Aufnahme eines Kredites in Höhe von 5.000.000 € zu folgenden Konditionen

Zinssatz:	5,50 % p. a.
Tilgung:	1,00 % p. a.
Auszahlungskurs:	100,00 %

und den sonstigen Bedingungen der Schuldurkunde wird genehmigt.

Anlage: Abschrift der Entscheidung nach § 65 Abs. 4 Satz 1 KVG vom 8. November 2024

Begründung:

Siehe Begründung der Dringlichkeitsentscheidung.

In Vertretung

gez. Unterschrift
Finanzderzernent

16.3 Kreditähnliche Verbindlichkeiten

16.3.1 Bedeutung kreditähnlicher Geschäfte

Wie bereits in Kap. 16.1.5 dargelegt, ist die begriffliche Festlegung dieser Rechtsgeschäfte problematisch. Die rechtliche Ausgestaltung ist unerheblich, somit muss nicht unbedingt ein Rechtsgeschäft der Zahlungsverpflichtung zugrunde liegen. Ein Verwaltungsakt ist ebenfalls denkbar (z. B. § 99 BauGB – Verrentung eines Enteignungsanspruchs im Enteignungsverfahren, § 59 BauGB – Abfindung im Umlegungsverfahren). Typische Beispiele für kreditähnliche Geschäfte der Gemeinden sind

- Schuldübernahmen,
- Leibrentenverträge,
- Gewährung von Schuldendiensthilfen an Dritte,
- Leasingverträge,
- Restkaufgelder in Zusammenhang mit Grundstücksgeschäften,
- Bausparverträge,
- periodenübergreifende Stundungsabreden,
- Ratenkaufmodelle,
- ÖPP-Projekte mit kreditähnlichen Vertragselementen.

Die vorgenannten Geschäfte fallen nicht unter die Kredite und werden nicht in §§ 2 oder 4 der Haushaltssatzung aufgenommen. Derartige Geschäftsvorfälle werden als Rechtsgeschäfte nach § 108 Abs. 6 KVG behandelt.

In der Praxis kommen kreditähnliche Geschäfte von der Fallzahl her heute ungleich häufiger vor als Kreditaufnahmen für Investitionen und Investitionsfördermaßnahmen im Rahmen der Kreditermächtigung gemäß § 2 der Haushaltssatzung. Vom Volumen her sind aber die Kreditaufnahmen für Investitionen und Investitionsfördermaßnahmen im Rahmen des § 2 der Haushaltssatzung in der Regel gewichtiger.

Vor allem Kommunen mit Haushaltausgleichsproblemen sind auf der Suche nach neuen Finanzierungsmodellen. Insofern sind sog. „Sale-and-lease-back-Geschäfte“ anzutreffen. Es handelt sich dabei ohne Zweifel um kreditähnliche Geschäfte.

16.3.2 Voraussetzungen zum Eingehen von kreditähnlichen Geschäften und Genehmigungspflicht

Bei der Vielzahl der gemeindlichen Betätigung kommen kreditähnliche Geschäfte in allen Bereichen vor und können mit allen Personengruppen abgeschlossen werden.

Derartige Rechtsgeschäfte sollen aber nur abgeschlossen werden, wenn die in Kap. 16.2.3 beschriebenen Voraussetzungen sinngemäß gegeben sind. Nach § 108 Abs. 6 KVG ist jedoch zu beachten, dass kreditähnliche Geschäfte der Genehmigung der Aufsichtsbehörde bedürfen. Nach § 108 Abs. 6 Satz 2 KVG gilt § 108 Abs. 2 Satz 3 KVG sinngemäß. Das bedeutet, dass die aus den kreditähnlichen Rechtsgeschäften übernommenen Verpflichtungen mit der dauernden Leistungsfähigkeit der Gemeinde in Einklang stehen müssen. Dies hat die Aufsichtsbehörde im Rahmen der Genehmigungspflicht zu prüfen. Eine Genehmigung ist nicht erforderlich für die Begründung von Zahlungsverpflichtungen im Rahmen der laufenden Verwaltung (z. B. Leasingverträge mit geringem Umfang).

16.3.3 Ausgestaltung kreditähnlicher Geschäfte

Bezüglich der laufenden Zahlungsverpflichtungen ist ein besonders strenger Maßstab anzulegen. Sinngemäß kann auf die Ausführungen in Kap. 16.2.4 verwiesen werden.

16.3.4 Verbindung zum Haushaltsplan

Der Abschluss kreditähnlicher Geschäfte selbst bedarf regelmäßig keiner Veranschlagung im Haushaltsplan, wohl aber sind die sich daraus ergebenden Verpflichtungen haushaltsrechtlich zu berücksichtigen. Somit sind entsprechend §§ 2 und 3 KomHVO alle anfallenden Folgeleistungen entsprechend ihres Charakters als Aufwand und/oder Auszahlung im Haushaltsplan aufzunehmen.

Nach dem Produktrahmen werden die sich aus kreditähnlichen Verbindlichkeiten ergebenden Aufwendungen und Zahlungen aber nicht im Produktbereich 61 „Allgemeine Finanzwirtschaft" nachgewiesen, sondern dort, wo das Rechtsgeschäft vom Aufgabenbereich her hingehört.

Beispiel:
So wird z. B. die Leibrente für die Übernahme eines Grundstücks für Grundschulzwecke in der Produktgruppe 211 „Grundschule" nachgewiesen. Da es sich bei der Zahlung von Leibrenten wirtschaftlich um eine Art Kaufpreiszahlung handelt, wird es als Investitionsauszahlung bei den „Auszahlungen für den Erwerb von bebauten Grundstücken" abgebildet. Es erfolgt lediglich eine Veranschlagung im Finanzplan.

Im Ergebnis werden also die aus kreditähnlichen Geschäften resultierenden Auszahlungen und Aufwendungen über den gesamten Haushalt verteilt veranschlagt und abgewickelt.

Auch ist bei Leibrenten wegen der Belastungen künftiger Jahre die Veranschlagung von Verpflichtungsermächtigungen erforderlich. Diese Veranschlagung wurde bislang in der Praxis regelmäßig wegen der Unsicherheit von Dauer und Höhe der Belastung nicht durchgeführt.[27]

Die Frage der Behandlung von Leasingraten im Haushalt richtet sich ausschließlich danach, ob der Leasinggegenstand der Gemeinde als Leasingnehmer oder dem Leasinggeber wirtschaftlich zuzurechnen ist. Soweit der Leasinggegenstand der Gemeinde

27 Nach Auffassung des Autors besteht daher hier gesetzlicher Regelungsbedarf.

zuzurechnen ist, sind die Leasingraten als Kaufpreisraten ausschließlich im Finanzplan zu veranschlagen und zu buchen. Durch die parallele Aktivierung des Leasinggegenstandes erfolgt gleichzeitig eine Abschreibung, die im Ergebnisplan abgebildet wird. Wird der Leasinggegenstand dagegen dem Leasinggeber wirtschaftlich zugerechnet, werden die Leasingraten als sonstiger ordentlicher Aufwand im Ergebnisplan ausgewiesen. Die Zahlungsabwicklung erfolgt dann über das Finanzrechnungskonto (Kontenbereich 74).

Die Beurteilung der schwierigen Frage der wirtschaftlichen Zurechnung der Vermögensgegenstände beim Leasing erfolgt im Einzelfall nach den einschlägigen Erlassen der Finanzverwaltung.[28] Grundsätzlich ist dabei zwischen dem Financial Leasing und dem Operational Leasing unterschieden. Das Financial Leasing erstreckt sich i. d. R. über 40 bis 90 % der betriebsgewöhnlichen Nutzungsdauer des Leasinggegenstandes. Der Leasingvertrag kann beim Financial Leasing innerhalb dieser Laufzeit nicht gekündigt werden. Damit trägt der Leasingnehmer das Investitionsrisiko (z. B. Entwertung wegen technischen Fortschritts) und wird damit als Leasingnehmer wirtschaftlicher Eigentümer des Objektes. Beim Operational Leasing kann der Leasingvertrag dagegen sofort oder relativ kurzfristig gekündigt werden. Hierdurch trägt der Leasinggeber das Investitionsrisiko und bleibt wirtschaftlicher Eigentümer des Leasingobjektes.

16.3.5 Übung

Sachverhalt Nr. 5:
Die Gemeinde G übernimmt mit Ratsbeschluss vom 1.8.2024 folgende Verpflichtungen:

a) Den Schuldendienst für einen Kredit i. H. v. 300.000 €, welchen der Zweckverband „Ausbau des Vorbergbaches" bei der Sparkasse X zum 1.1.2025 aufnehmen will. Die Kreditkonditionen lauten:

Zinsen	=	6 %
Tilgung zuzügl. ersparter Zinsen	=	2 %

b) Die Leibrentenzahlung aus einem Grundstückskauf im Zuge des Ausbaues der Gemeindestraße X in Höhe von 70.000 € bis zum Tode des Letztlebenden des Ehepaares Müller. Der Grundstücksübergang wird am 1.1.2025 wirksam.

Aufgabe:
Prüfen Sie, wie die Maßnahmen im Haushaltsplan zu veranschlagen sind. Dabei ist auf die Veranschlagung einer Verpflichtungsermächtigung nicht einzugehen.

Lösung:
Zu a)
Schuldendiensthilfen sind Geldleistungen zur Erleichterung des Schuldendienstes für Kredite. Laut Sachverhalt übernimmt die Gemeinde G den Schuldendienst für einen

28 Vgl. *Brixner/Harms/Noe*, Verwaltungs-Kontenrahmen, München 2003, S. 425 f. m. w. N.

Kredit des Zweckverbandes. Somit handelt es sich hier um eine Schuldendiensthilfe. Nach dem verbindlichen Kontierungsplan handelt es sich bei Schuldendiensthilfen unabhängig davon, ob die Hilfen beim Empfänger für die Kredittilgung oder für Zinszahlungen bestimmt sind, um Aufwendungen der Gemeinde (Kontenbereich 53: Transferaufwendungen).

Der Schuldendienst i. H. v. 18.000 € (6 % Zinsen von 300.000 € für ein Jahr) und 6.000 € (2 % Tilgung von 300.000 € für ein Jahr), insgesamt also 24.000 € sind als Schuldendiensthilfen im Ergebnisplan bei den Transferaufwendungen (Konto 5323) und im Finanzplan bei den Transferauszahlungen (Konto 7323) zu veranschlagen. Bei der Auswahl der Konten ist die finanzstatistische Bereichsabgrenzung zu beachten.

Die Schuldendiensthilfe ist dem Produktbereich 55 „Natur- und Landschaftspflege" und der Produktgruppe 552 „Öffentliche Gewässer/Wasserbauliche Anlagen" zuzuordnen

Zu b)
Der Abschluss eines Leibrentenvertrags ist ebenso wie die vorstehend behandelte Übernahme des Schuldendienstes ein kreditähnliches Geschäft gemäß § 108 Abs. 6 KVG.

Der Schuldendienst ist in dem Produktbereich zu veranschlagen, dem er sachlich zuzuordnen ist. Die Leibrente wird für ein Grundstück gezahlt, das im Rahmen des Straßenbaus benötigt wurde. Da es sich um eine Verkehrsfläche handelt, ist hier nach dem Produktrahmen der Produktbereich 54 „Verkehrsflächen und -anlagen, ÖPNV" und die Produktgruppe 541 „Gemeindestraßen" vorgeschrieben.

Die Zahlung von Leibrenten entspricht wirtschaftlich einer Kaufpreiszahlung. Es handelt sich daher um Investitionszahlungen, die den „Auszahlungen für den Erwerb von Grundstücken und Gebäuden" zuzuordnen sind. Diese Auszahlungen werden lediglich im Finanzplan ausgewiesen.

16.4 Haftungsverhältnisse, Sicherheitsleistungen, Bürgschaften und Gewährverträge

16.4.1 Sicherheitsleistungen

Nach § 109 Abs. 1 KVG darf eine Gemeinde grundsätzlich keine Sicherheiten zugunsten Dritter bestellen. Mit dieser Vorschrift will der Gesetzgeber erreichen, dass die Gemeinde über das Verbot der Bestellung von Sicherheiten im Zusammenhang mit Kreditgeschäften (§ 108 Abs. 7 KVG) hinaus auch in allen übrigen Fällen ihr für die Aufgabenerfüllung benötigtes Vermögen nicht einer Beschränkung unterwirft.

Solche Sicherheitsleistung sind die in § 232 BGB genannten Sicherheitsleistungen wie z. B.

- Bestellung von Hypotheken,
- Verpfändung von Forderungen der genannten Art,
- Verpfändung von beweglichen Sachen (§ 1204 BGB).

Der Grund für ein grundsätzliches Verbot zur Bestellung von Sicherheiten ergibt sich im Wesentlichen aus der Tatsache, dass die Gemeinde als öffentlich-rechtliche Körperschaft und Bestandteil des Staates (Land) ohnehin mit ihrem gesamten Vermögen und ihrer ganzen Finanzkraft (Steuerkraft usw.) für ihre Verbindlichkeiten haftet.

Eine Ausnahme vom Verbot der Bestellung von Sicherheiten ist nach § 109 Abs. 1 Satz 2 KVG allerdings mit Zustimmung der Aufsichtsbehörde möglich. Die Aufsichtsbehörde entscheidet nach pflichtgemäßem Ermessen. In der Praxis kommen Ausnahmen vom Verbot der Bestellung von Sicherheiten selten vor.

16.4.2 Bürgschaften und Gewährverträge

16.4.2.1 Allgemeines

Begrifflich sind die Bürgschaften und Gewährverträge bereits in Kap. 16.1.7 dargestellt. Folgendes Beispiel dient der Verdeutlichung:

Beispiel:
Eine gemeindeeigene Wohnungsbaugesellschaft beabsichtigt, ein Wohnheim zur vorübergehenden Unterbringung von Aussiedlern (gemeindliche Aufgabe) zu errichten. Zur teilweisen Finanzierung wird auf der Grundlage eines Förderprogramms ein Kredit der Deutschen Ausgleichsbank benötigt. Nach den Bewilligungsbedingungen der Deutschen Ausgleichsbank hat die Gemeinde die Ausfallbürgschaft für den Kredit zu übernehmen, d. h. sie tritt mit allen Rechten und Pflichten in das Kreditverhältnis ein, wenn die Wohnungsbaugesellschaft nicht zahlungsfähig sein sollte.

In diesem Fall führt ein Privatunternehmen eine gemeindliche Aufgabe durch. Aufgrund der zunehmenden Privatisierung gemeindlicher Leistungen ergibt sich vermehrt die Notwendigkeit für Gemeinden, zur Absicherung der Kreditfinanzierung dieser privatwirtschaftlich geführten Einrichtungen und Unternehmen Bürgschaften zu übernehmen.

Die Bürgschaft kann für eine bestehende, künftige oder bedingte Verbindlichkeit übernommen werden (§ 765 Abs. 2 BGB). Nach § 766 BGB bedarf der Bürgschaftsvertrag der Schriftform (Ausnahme nach § 350 HGB für Kaufleute). Eine selbstschuldnerische Bürgschaft liegt vor, wenn der Bürge auf die Einrede der Vorausklage verzichtet (§ 773 Abs. 1 Nr. 1 BGB, dabei sind §§ 349, 351 HGB zu beachten).

16.4.2.2 Voraussetzungen

Eine entsprechende Voraussetzung zur Übernahme von Bürgschaften, Verpflichtungen aus Gewährverträgen und ähnlichen Rechtsgeschäften (§ 109 Abs. 2 und 3 KVG) ist die Bestimmung, dass sie nur im Rahmen der gemeindlichen Aufgabenerfüllung übernommen werden dürfen. Diese Beschränkung bringt Probleme mit sich. Da der Begriff „Aufgaben der Gemeinde“ nicht festgelegt ist und vor allem auch wegen der Vielzahl der freiwilligen Aufgaben nicht festgelegt werden kann, wird wohl immer im Einzelfall zu entscheiden sein, ob eine Bürgschaft übernommen werden kann oder nicht (z. B. Bürgschaftsübernahmen für private Unternehmen, Profi-Sportvereine usw.).

Eine weitere formelle Voraussetzung zur Übernahme von Bürgschaften und Verpflichtungen aus Gewährverträgen ist die Genehmigungspflicht durch die Aufsichtsbehörde im Einzelfall (§ 109 Abs. 2 Satz 2 KVG). Die Aufsichtsbehörde entscheidet nach pflichtgemäßem Ermessen. Nach § 45 Abs. 2 Nr. 10 KVG gehört die Übernahme von Bürgschaften usw. zur Entscheidungskompetenz des Rates, soweit eine vom Rat allgemein festgesetzte Wertgrenze überschritten wird. Die Wertgrenze wird in der Regel in der Hauptsatzung der Gemeinde festgesetzt. Aufgrund des dort festgesetzten oftmals geringen Betrages entscheidet über die Übernahme von Bürgschaften usw. fast ausschließlich der Rat.

16.4.2.3 Ausgestaltung von Bürgschaften, Gewährverträgen und anderen Haftungsverhältnissen

Wegen der eventuellen Verpflichtungen aus Haftungsverhältnissen wie Bürgschaftsübernahmen, Gewährverträgen usw. sind die zugrunde liegenden Rechtsgeschäfte (Kreditverträge usw.) hinsichtlich ihrer Konditionen sinngemäß nach den gleichen Kriterien zu untersuchen wie in Kap. 16.2.3 für die gemeindlichen Kredite beschrieben.

Zu unterscheiden ist zwischen einer selbstschuldnerischen Bürgschaft und einer Ausfallbürgschaft. Bei der selbstschuldnerischen Bürgschaft braucht der säumige Zahlungspflichtige nur einmal erfolglos gemahnt zu werden, bevor der Gläubiger ohne weitere Voraussetzungen an den Bürgen herantreten kann. Dieser muss dann sofort in die Zahlungsverpflichtungen des Schuldners eintreten. Bei einer Ausfallbürgschaft muss der Gläubiger zunächst mit allen Mitteln (bis zur Zwangsvollstreckung) versuchen, seine Zahlung vom Schuldner zu erhalten. Erst wenn der konkrete Schuldnerausfall belegt ist, kann der Bürge in Anspruch genommen werden. Insofern ist der Gemeinde zu empfehlen, ausschließlich Ausfallbürgschaften abzuschließen. Nachfolgend ist ein Beispiel einer Urkunde für eine Ausfallbürgschaft abgedruckt:

Bürgschaftserklärung

Die Gemeinde G

nachstehend „Bürge" genannt,

übernimmt hiermit die wie folgt modifizierte Ausfallbürgschaft für den

Sportverein FC Nordstadt in G, Nordstr. 10,

nachstehend „Schuldner" genannt,

von der Sparkasse G, Marktplatz 12, in G

bewilligte Darlehen in Höhe von ***500.000,00 €***

in Worten: **fünfhunderttausend Euro**

nebst Zinsen, Verzugsentschädigungen und etwaiger Kosten unter Anerkennung folgender Bedingungen:

1. Der Ausfall gilt als festgestellt, wenn und soweit die Zahlungsunfähigkeit des Schuldners durch Zahlungseinstellung, Eröffnung des Insolvenz- oder Vergleichsverfahrens, Abgabe einer eidesstattlichen Versicherung gemäß § 807 ZPO oder auf sonstige Weise erwiesen ist und aus der Verwertung des sonstigen Vermögens des Schuldners nennenswerte Erlöse nicht mehr zu erwarten sind.

2. Der Ausfall gilt, auch wenn die Voraussetzungen des vorigen Absatzes nicht vorliegen, in Höhe der noch nicht bezahlten oder beigetriebenen gesamten Darlehensforderung einschließlich Zinsen, Verzugszinsen und -entschädigungen und Kosten als festgestellt, wenn ein fälliger Kapital- oder Zinsbetrag trotz einmaliger schriftlicher Zahlungsaufforderung innerhalb von 12 Monaten nach Fälligkeit nicht bezahlt worden ist.

3. Die Sparkasse G darf dem Schuldner stillschweigend oder ausdrücklich Stundung erteilen, ohne die Zustimmung des Bürgen einzuholen. §§ 767 Abs. 1 Satz 2, 776 BGB finden keine Anwendung.

4. Alle die Bürgschaft betreffenden Mitteilungen gelten als dem Bürgen zugegangen, wenn sie an seine letzte der Sparkasse G bekannte Anschrift gesandt worden sind.

5. Mit der Unterzeichnung dieser Bürgschaftserklärung bestätigt der Bürge, dass er vom Inhalt des Darlehensvertrages zwischen der Sparkasse G und dem Schuldner Kenntnis genommen und sich von dessen rechtsverbindlicher Unterzeichnung durch den Schuldner überzeugt hat.

6. Nebenabreden, Ergänzungen oder Änderungen dieser Bürgschaftserklärung bedürfen der Schriftform.

7. Erfüllungsort für alle sich aus der Bürgschaftsübernahme ergebenden Ansprüche der Sparkasse G und Gerichtsstand für alle Rechtsstreitigkeiten aus dieser Bürgschaft ist G.

G, den ____________ Unterschriften
der vertretungsberechtigten Bediensteten

16.4.2.4 Verbindung zum Haushalt

Unmittelbar hat eine vom Rat beschlossene Bürgschaftsübernahme usw. keine Verbindung zum Haushaltsplan. Eine Veranschlagung im Haushaltsplan als Aufwand (z. B. Bildung einer Rückstellung) ist erforderlich, wenn die Inanspruchnahme der Gemeinde aus dem Haftungsverhältnis zu erwarten ist.

Die Inanspruchnahme aus der Bürgschaft ist als „Sonstige ordentliche Aufwendungen" (Kontobereich 54) und als „Sonstige Auszahlungen aus laufender Verwaltungstätigkeit" (Kontobereich 74) zu erfassen. Verpflichtungen aus Haftungsverhältnissen sind in dem Produktbereich anzusiedeln, in dem die „gemeindliche Aufgabe" zu veranschlagen wäre (z. B. Inanspruchnahme aus einer Bürgschaft für den Bau eines Kindergartens der Kirchengemeinde X im Produktbereich 36 „Kinder-, Jugend- und Familienhilfe", Produktgruppe 365 „Tageseinrichtungen für Kinder").

Wegen der sich möglicherweise aus Haftungsverhältnissen ergebenden Verpflichtung zur Bildung von Rückstellungen (§ 111 Abs. 2 KVG i. V. m. § 35 Abs. 1 KomHVO) wird auf Kap. 10 verwiesen.

Haftungsverhältnisse sind nach § 36 KomHVO unabhängig davon, ob sie zu bilanzieren sind, nachrichtlich in der Verbindlichkeitenübersicht (Anlage 18 Muster zum NKHR) auszuweisen. Die Haftungsverhältnisse sind dabei nach Arten zu gliedern, und es ist für jede Art der Gesamtbetrag der möglichen Verpflichtungen auszuweisen. Die Verbindlichkeitenübersicht nach § 49 Abs. 3 KomHVO ist eine Pflichtanlage des Jahresabschlusses gemäß § 119 Abs. 4 KVG. Die Verbindlichkeitenübersicht unterliegt damit auch der Veröffentlichungspflicht nach § 120 Abs. 2 KVG und der Jahresabschlussprüfung.

16.4.2.5 Übung

Sachverhalt Nr. 6:
Die kreisfreie Stadt S hat in den letzten Jahren eine extrem hohe Arbeitslosenzahl zu beklagen. Diese liegt erheblich über dem Landesdurchschnitt. Zum Abbau der Arbeitslosenzahlen bemüht sich die Gemeinde, Betriebe in ihrem Gemeindebereich anzusiedeln. Unter anderem verhandelt sie mit der Firma X, die in einer leerstehenden Lagerhalle einen Zweigbetrieb für die Herstellung von Isolierfenstern eröffnen will. Die Firma macht aber die Eröffnung des Betriebs von der Übernahme einer Bürgschaft durch die Stadt S für einen Kredit in Höhe von 500.000 € abhängig. Dieser Kredit ist für die erheblichen Instandsetzungskosten der Lagerhalle erforderlich. Da die Firma nach den eingeholten Auskünften als sehr solide anzusehen ist, stimmt der Rat der Bürgschaft zu, zumal die Gemeindefinanzen als gut zu bezeichnen sind.

Aufgabe:
Beurteilen Sie die Rechtmäßigkeit des Ratsbeschlusses zur Übernahme der Bürgschaft.

Lösung:
Nach § 109 Abs. 2 KVG darf eine Gemeinde Bürgschaften nur übernehmen, wenn diese im Rahmen ihrer Aufgabenerfüllung liegen. Es ergibt sich demnach die Frage, ob die im Sachverhalt angesprochene Maßnahme eine Aufgabe der Stadt S darstellt. Nach § 2 KVG sind die Gemeinden in ihrem Gebiet, soweit die Gesetze nicht ausdrücklich etwas anders bestimmen, ausschließliche und eigenverantwortliche Träger der öffentlichen Verwaltung. Weder Grundgesetz noch Landesverfassung LSA weisen die Förderung der Gewerbeansiedlung in die ausschließliche Kompetenz des Staates. Eine sog. „Kompetenz aus der Natur der Sache" zugunsten des Staates kann auch nicht angenommen werden. Andere Rechtsnormen, die ausdrücklich eine Förderung im vorstehenden Sinne verbieten, bestehen nicht. Die Kompetenzen der Gemeinde reichen nur so weit, wie es sich um Angelegenheiten der örtlichen Gemeinschaft (Art. 28 Abs. 2 GG) handelt. Die Übernahme der Bürgschaft muss also im Rahmen der freien Leistungsverwaltung zur Daseinsvorsorge zum gemeindlichen Wirkungskreis i. S. v. § 2 KVG zählen.

Ferner darf eine Bürgschaftsübernahme im Einzelfall die durch Gesetz und Recht gezogenen Grenzen nicht überschreiten. Es ist in erster Linie darauf zu achten, für welchen Raum die Maßnahme Wirkung zeigt. Die Stadt S hat laut Sachverhalt extrem hohe Arbeitslosenzahlen. Ihr Bestreben ist es also, diesen Missstand abzubauen, zumal ihr hierdurch unmittelbar und mittelbar erhebliche Kosten entstehen (Sozialhilfeleistungen usw.) und sich ihre Einnahmesituation verschlechtert hat (Minderung des Gemeindeanteils an der Einkommenssteuer, Gewerbesteuer usw.).

Auch wenn die Ansiedlung des Gewerbebetriebes nicht nur auf dem Arbeitsmarkt der Stadt S wirkt, sondern auch auf den der Gemeinden des Umlandes, so handelt es sich dennoch um eine Aufgabe der Stadt S. Über den räumlichen Bezug hinaus wird in neuerer Zeit vermehrt auf eine funktionelle Komponente abgestellt.

Die unmittelbare Wirtschaftsförderung gehört zum Aufgabenbereich der Gemeinde. Somit kann auch die Übernahme einer Bürgschaft im vorliegenden Sachverhalt als eine Angelegenheit im Rahmen der Aufgabenerfüllung angesehen werden. Bedenken könnten allenfalls erhoben werden, wenn die Übernahme der Bürgschaft die Grenzen des Gebots der sparsamen und wirtschaftlichen Haushaltsführung (§ 98 Abs. 2 KVG) sprengen würde.

In diesem Zusammenhang hat also die Stadt für die Maßnahme möglichst wenig Finanzmittel aufzuwenden (Sparsamkeit). Unter wirtschaftlichen Gesichtspunkten hat sie die Auswirkungen auf andere Maßnahmen und auf die Zukunft zu beachten. Die Übernahme der Bürgschaft führt zunächst einmal nicht zu Auszahlungen. Bei der Solidität der Firma ist das Risiko der Inanspruchnahme gering. Mit Blick auf die gesamte Finanzsituation wird die Förderungsmaßnahme auf Dauer zu Einsparungen im Bereich der Transferaufwendungen (z. B. Sozialhilfe, Arbeitslose finden Beschäftigung) und Mehrerträgen bei den Steuern (Gemeindeanteil an der Einkommen- und Umsatzsteuer, Gewerbesteuer usw.) führen. Ein Verstoß gegen § 98 Abs. 2 KVG ist damit ausgeschlossen.

Eine Beurteilung aus der gesamten Finanzsituation der Stadt heraus lässt nach der Vorgabe des Sachverhalts den Schluss zu, dass die Wahrnehmung der sonstigen Aufgaben durch diese Maßnahme auch nicht gefährdet ist. **Demnach ist der Ratsbeschluss rechtmäßig.**

17. Der Haushaltsausgleich

17.1 Bedeutung und Zielsetzung

Wesentliche Grundlage der Haushaltswirtschaft ist § 98 Abs. 1 Satz 1 KVG, nach dem die Gemeinde so zu planen und zu wirtschaften hat, dass die stetige Erfüllung ihrer Aufgaben gesichert ist. Ergänzende rechtliche Rahmenbedingungen im Hinblick auf die Sicherung der stetigen Aufgabenerfüllung ist vor allem § 4 KVG. Danach ist die Gemeinde verpflichtet, ihr Vermögen und ihre Einkünfte so zu verwalten, dass unter pfleglicher Behandlung der Steuerkraft die Gemeindefinanzen gesund bleiben.

Die Kommunalverfassung stellt also insbesondere darauf ab, dass die Aufgabenerfüllung bzw. die Leistungsfähigkeit der Kommune **dauerhaft** erhalten bleiben soll. Der konkrete Maßstab, an dem sich die Haushaltswirtschaft zur Sicherung der dauernden Leistungsfähigkeit in jedem einzelnen Jahr orientieren muss und der gleichzeitig dem Schutz der zukünftigen Steuerzahler dient, ist die Festlegung der Regelungen zum Haushaltsausgleich.[1] Unbeschadet der durch Art. 28 Abs. 2 GG gewährten Selbstverwaltungsgarantie und der damit verbundenen Haushaltsautonomie sind Rat, Bürgermeister und Verwaltung verpflichtet, ihre Haushaltswirtschaft an den Vorgaben der Gemeindeordnung zum Haushaltsausgleich auszurichten.

Die konkreten Vorschriften zum Haushaltsausgleich beinhalten § 98 Abs. 3 und 5 KVG, die als „Muss-Vorschriften" formuliert sind. Für sich betrachtet könnten die Regelungen den Eindruck erwecken, ein Verstoß gegen diese Vorschriften würde einen Rechtsverstoß darstellen. § 100 Abs. 3 KVG deutet jedoch darauf hin, dass auch ein Haushalt vorgelegt werden kann, der die gestellten Anforderungen nicht erfüllt. In diesem Fall sind jedoch von der betroffenen Kommune Maßnahmen einzuleiten, die geeignet sind, die Wiederherstellung einer „ordentlichen" Haushaltswirtschaft zu bewirken. Dabei ist dann die Aufsichtsbehörde in das Haushaltsaufstellungsverfahren z. B. durch Genehmigungspflichten einzubinden. Insgesamt ist daher die Vorschrift zum Haushaltsausgleich als „Soll-Vorschrift" zu interpretieren.

Die Formulierung „Haushalt" im § 98 Abs. 3 KVG bezieht sich sowohl auf den Haushaltsplan als auch auf die Haushaltsrechnung, d. h. den Jahresabschluss. Dies ist u. a. aus § 98 Abs. 1 KVG zu entnehmen, der ausdrücklich darauf hinweist, dass die Haushaltswirtschaft der Gemeinde nicht nur unter dem Aspekt der stetigen Aufgabenerfüllung zu planen, sondern auch unter diesem Gesichtspunkt zu führen ist. Damit ist auch die Ausführung des Haushalts (Nachtragsplanung nach § 103 KVG sowie die Deckung von über- und außerplanmäßigen Aufwendungen nach § 105 KVG) und nicht zuletzt die Erstellung des Jahresabschlusses unter Beachtung der Vorschriften zum Haushaltsausgleich zu gestalten. Außerdem erstreckt sich der Grundsatz auch auf die mittelfristige Planung (§ 106 KVG i. V. m. § 8 Abs. 3 KomHVO).

---

1 Zur Frage, ob die Kommunen durch den geänderten Haushaltsausgleich zusätzlich belastet werden, vgl. *Große Lanwer/Mutschler*, Neues Kommunales Finanzmanagement – Was ändert sich beim Haushaltsausgleich?, der gemeindehaushalt 2002 S. 7 ff.

Nach § 98 Abs. 3 und 5 KVG sind zwei Anforderungen des Haushaltsausgleichs voneinander zu unterscheiden, die allerdings systematisch miteinander verknüpft sind. Als „Haushaltsausgleich i. e. S." kann die Anforderung des § 98 Abs. 3 KVG bezeichnet werden. Danach soll der Gesamtbetrag der Erträge in jedem Jahr den Gesamtbetrag der Aufwendungen erreichen oder übersteigen. Als weiteres Element des Haushaltsausgleichs kann die Forderung des § 98 Abs. 5 KVG angesehen werden, nach dem die Kommune verpflichtet ist, ein positives Eigenkapital auszuweisen:[2]

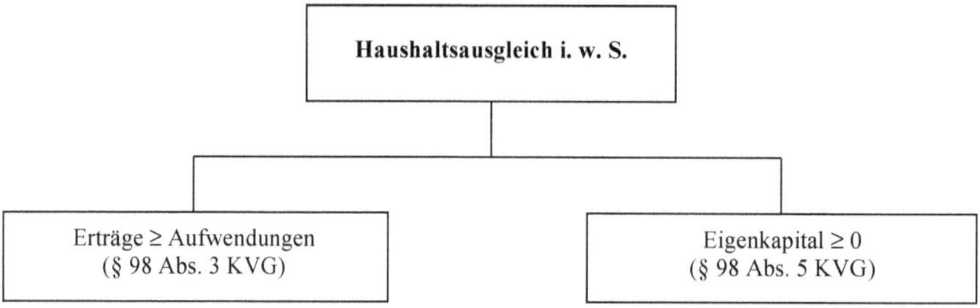

Führt man sich die Systematik der Rechnungskomponenten im Neuen Kommunalen Haushaltsrecht vor Augen, wird deutlich, dass der Ergebnissaldo aus Erträgen und Aufwendungen und die Höhe des Eigenkapitals unmittelbar miteinander verknüpft sind:

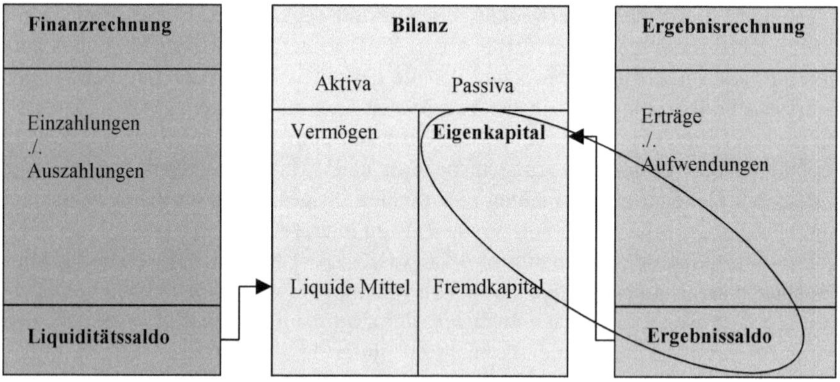

Insofern kann die Anforderung des § 98 Abs. 5 KVG als ergänzende Vorschrift zum Haushaltsausgleich verstanden werden, die allerdings keine spezielle Rechtsfolge auslöst.

2 Siehe dazu *Grimberg* in Grimberg/Gundlach/Jochheim/Miller/Schneider, Kommunalverfassungsgesetz des Landes Sachsen-Anhalt, Kommentar, Wiesbaden 2023, § 98 Rdnr. 5 ff.

Nachfolgend werden beide Bestandteile des Haushaltsausgleichs zunächst ausführlich erläutert.[3] Dabei wird gesondert auf die das Haushaltsjahr übergreifende Ausrichtung der Anforderungen des Haushaltsausgleichs eingegangen. Anschließend wird dargestellt, welche haushaltsrechtlichen Konsequenzen sich aus der Nichterreichung des Haushaltsausgleichs ergeben.

17.2 Ausgleich des Ergebnisplans und der Ergebnisrechnung (Haushaltsausgleich i. e. S.)

Gem. § 98 Abs. 3 KVG ist der Haushalt ausgeglichen, wenn der Gesamtbetrag der Erträge den Gesamtbetrag der Aufwendungen erreicht oder übersteigt. Nach § 2 Abs. 1 i. V. m. § 43 Abs. 1 KomHVO gehen die gesamten Aufwendungen und Erträge aus dem Ergebnisplan bzw. der Ergebnisrechnung hervor. Entscheidender Anknüpfungspunkt für den Haushaltsausgleich i. e. S. sind damit Ergebnisplan und -rechnung. Die Struktur von Ergebnisplan und -rechnung weist verschiedene Zwischensalden (z. B. das ordentliche Ergebnis) aus. Diesen Zwischensalden werden jeweils bestimmte Aufwands- und Ertragsarten zugeordnet. Der Wortlaut des § 98 Abs. 3 KVG macht allerdings deutlich, dass sich der Haushaltsausgleich nicht an den Zwischensalden, sondern am Jahresergebnis orientiert. Dies führt dazu, dass insbesondere auch die außerordentlichen Aufwendungen und Erträge in die Beurteilung des Haushaltsausgleichs einzubeziehen sind.

Die Anforderung des Ausgleichs von Erträgen und Aufwendungen bezieht sich zunächst auf jedes Haushaltsjahr. Ein Ausgleich über den Gesamtzeitraum der Haushaltsplanung gemäß § 106 KVG i. V. m. § 8 Abs. 3 KomHVO (Haushaltsjahr und folgende drei Jahre) genügt den Anforderungen des § 98 Abs. 3 KVG damit ausdrücklich nicht.

Besondere Bedeutung für den Haushaltsausgleich ist § 9 Abs. 2 KomHVO zuzurechnen. Danach sind Erträge und Aufwendungen in ihrer voraussichtlichen Höhe zu veranschlagen und ggf. sorgfältig zu schätzen. Die sorgfältige Schätzung hat unter Berücksichtigung des Vorsichtsprinzips zu erfolgen, das der Gesamtkonzeption des Neuen Kommunalen Haushaltsrechts sowohl in der Planung als auch bei der Rechenschaft zugrunde liegt.[4] Die sich daraus ergebende Verpflichtung zur vorsichtigen Veranschlagung von Erträgen und Aufwendungen hat zur Folge, dass Erträge im Zweifel eher zu niedrig und Aufwendungen im Zweifel eher zu hoch zu veranschlagen sind. Dies gilt insbesondere auch dann, wenn ein unausgeglichener Haushalt droht. Das „Prinzip Hoffnung" ist in solchen Fällen nicht nur finanzpolitisch unangebracht, sondern

3 Im Rahmen dieses Lehrbuches wird auf die Hintergründe der Konzeption des Haushaltsausgleichs nicht tiefer eingegangen. Hierzu wird verwiesen auf: *Bickeböller/Pehlke*, Haushaltsausgleich in der Doppik, der gemeindehaushalt 2003 S. 97 ff.

4 Vgl. hierzu insbesondere Modellprojekt „Doppischer Kommunalhaushalt in NRW" (Hrsg.), Neues Kommunales Finanzmanagement: Betriebswirtschaftliche Grundlagen für das doppische Haushaltsrecht, 2., vollst. überarb. Aufl. auf der Basis der Endergebnisse des Modellprojektes, Freiburg 2003, S. 59 f. und S. 174.

verstößt auch gegen den in § 9 Abs. 2 KomHVO manifestierten haushaltsrechtlichen Grundsatz der sorgfältigen Veranschlagung. Nach Vorlage der Haushaltssatzung bei der Aufsichtsbehörde (§ 102 Abs. 1 KVG) obliegt der Aufsichtsbehörde die Prüfung der Einhaltung der Veranschlagungsgrundsätze.

17.3 Verbot der bilanziellen Überschuldung

Als weiterer Bestandteil des Haushaltsausgleichs ist das Verbot der bilanziellen Überschuldung (§ 98 Abs. 3 KVG) anzusehen. Eine solche Überschuldung liegt nach der Legaldefinition des § 98 Abs. 5 KVG vor, wenn das Eigenkapital aufgebraucht, d. h. ≤ 0 ist. Bei negativem Eigenkapital ist der Wert der Verbindlichkeiten, Rückstellungen und Sonderposten höher als der Wert des Vermögens. Da Sonderposten grundsätzlich bei externer Finanzierung von Vermögensgegenständen (z. B. durch Investitionszuwendungen oder Beiträge) gebildet werden, steht ihnen immer in gleicher Höhe entsprechendes Vermögen gegenüber. Im Falle der Überschuldung sind dann die Schulden (Rückstellungen[5] + Verbindlichkeiten) höher als das übrige Vermögen. Damit muss in der Zukunft Schuldendienst für Schulden geleistet werden, denen kein entsprechendes Nutzungspotential (Vermögen) gegenübersteht. Die nächste Generation zahlt damit Vermögen, was heute schon verbraucht wurde.

Die Höhe des Eigenkapitals ergibt sich aus der Bilanz. In § 46 Abs. 4 Nr. 1 KomHVO werden die Bilanzposten der Passivseite im Einzelnen aufgeführt. Danach gehören zum Eigenkapital die Einzelposten

- Rücklagen,
- Sonderrücklagen,
- Fehlbetragsvortrag,
- Jahresergebnis (Jahresüberschuss/Jahresfehlbetrag).

Eine Überschuldung liegt dementsprechend nur dann vor, wenn die Summe dieser Bilanzposten 0 € nicht überschreitet. Dies lässt die Möglichkeit offen, dass die Summe aus Jahresüberschuss/-fehlbetrag und Rücklage negativ ist, so lange der (positive) Wert der Sonderrücklagen die negativen Eigenkapitalpositionen übersteigt.

Beispiel:
Die Rücklage bei der Gemeinde G beträgt nur 4 Mio. €. Für verschiedene Zwecke wurden pflichtige und freiwillige Sonderrücklagen angelegt, die insgesamt ein Volumen von 12 Mio. € erreicht haben. Bei der Erstellung des Jahresabschlusses wird ein Fehlbetrag von 6 Mio. € festgestellt, der im kommenden Jahr gegen die Rücklage zu buchen ist. Hierdurch weist die Rücklage im folgenden Jahr einen Bestand von –2 Mio. € aus. Eine Überschuldung gemäß § 98 Abs. 3 KVG liegt trotz der negativen Rücklage nicht vor, da das Eigenkapital

5 Strenggenommen handelt es sich bei den Aufwandsrückstellungen nicht um Schulden. Hiervon wird an dieser Stelle zur Vereinfachung abgesehen.

insgesamt (nämlich unter Berücksichtigung der Sonderrücklagen) noch 10 Mio. € beträgt.

Nach § 117 Abs. 2 KVG muss die Gemeinde zum Ende eines jeden Haushaltsjahres eine Vermögensrechnung (Bilanz) aufstellen, die Bestandteil des Jahresabschlusses ist. Die Feststellung der Überschuldung orientiert sich daher zunächst am Jahresabschluss, da eine (Plan-)Bilanz kein Bestandteil der Haushaltssatzung nach § 100 Abs. 2 KVG ist.

Grundsätzlich sind nur zwei Möglichkeiten denkbar, durch die sich bei einer Gemeinde eine Überschuldung ergeben kann. Die erste Möglichkeit betrifft den Fall, dass eine Gemeinde bereits bei ihrer nach § 114 Abs. 1 KVG aufzustellenden ersten Eröffnungsbilanz ein negatives Eigenkapital ausweist. In diesem Fall ist es denkbar, dass die Gemeinde trotz ausgeglichenen Ergebnisplans einen unausgeglichenen Haushalt hat. Erst wenn durch die Erzielung von Jahresüberschüssen das Eigenkapital wieder positiv ist, erreicht diese Gemeinde den Haushaltsausgleich.

Weist eine Gemeinde bei der Erstbilanz ein positives Eigenkapital aus, kann sie nur durch den Ausweis von Jahresfehlbeträgen ihr Eigenkapital aufbrauchen. In diesem zweiten Fall ergibt sich das Nichterreichen des Haushaltsausgleichs bereits aus der Vorschrift des § 98 Abs. 3 KVG. Allerdings kann die Situation eintreten, dass die Gemeinde weiterhin über Jahre Fehlbeträge erwirtschaftet und damit das negative Eigenkapital anwächst. In diesen Fällen ist dann der Haushaltsausgleich noch nicht automatisch erreicht, wenn die Erträge die Aufwendungen wieder übersteigen. Erst wenn durch entsprechende Jahresüberschüsse das Eigenkapital wieder positiv ist, kann wieder ein ausgeglichener Haushalt erreicht werden.

Durch diese Systematik ergibt sich für die Gemeinden erst dann ein unmittelbarer rechtlicher Zwang zum Ausgleich von Jahresfehlbeträgen aus der Gemeindeordnung, wenn kein Eigenkapital mehr vorhanden ist. In allen anderen Fällen ist ein Abbau von Eigenkapital grundsätzlich möglich und zulässig.

17.4 Haushaltsjahresübergreifender Ausgleich

Wie bereits dargestellt, beziehen sich die Anforderungen an den Haushaltsausgleich zunächst auf das Haushaltsjahr. Für den Haushaltsausgleich i. e. S. sind dabei der Haushaltsplan und später der Jahresabschluss maßgebend. Die Beurteilung der Überschuldung richtet sich nach der Bilanz zum Ende des Haushaltsjahres.

Da der Haushaltsausgleich auf die Sicherung der stetigen Aufgabenerfüllung gerichtet ist, reicht eine Beschränkung der Betrachtung auf ein einzelnes Haushaltsjahr zur Beurteilung des Haushaltsausgleichs nicht aus. Es ist entscheidend, dass die Regelungen für den Haushaltsausgleich einerseits möglichst frühzeitig Fehlentwicklungen erkennen lassen und andererseits den Gemeinden keine zu engen Fesseln bzgl. ihrer Haushaltswirtschaft anlegen. So erscheint es z. B. nicht sinnvoll, wenn eine Gemeinde, die regelmäßig Jahresüberschüsse ausweisen kann, bereits durch aufsichtsrechtliche Maßnahmen eingeschränkt wird, wenn sie in einem Jahr durch besondere Umstände zu einem negativen Jahresergebnis kommt. Hier erscheint es erforderlich, dass auch die guten Ergebnisse der Vorjahre in die Beurteilung des Haushaltsausgleichs einbezogen werden können. Einige Bundesländer sehen in ihren Gemeindeordnungen spezielle Rücklagen vor.

In den haushaltsjahresübergreifenden Ausgleich wird auch die mittelfristige Ergebnisplanung einbezogen. Nach § 106 KVG umfasst die Haushaltsplanung auch eine mittelfristige Planung, die drei Jahre über das eigentliche Haushaltsjahr hinausgeht. Ausdrücklich wird in § 8 Abs. 3 KomHVO bestimmt, dass sich die mittelfristige Ergebnis- und Finanzplanung am Grundsatz des Haushaltsausgleichs nach § 98 Abs. 3 KVG auszurichten hat. Die mittelfristige Planung ist zwingend in der Planungsphase für die einzelnen Jahre in Erträgen und Aufwendungen auszugleichen („Muss-Vorschrift"). Bei den Einzahlungen und Auszahlungen gilt für die einzelnen Jahre der mittelfristigen Planung eine „Soll-Vorschrift" für den Haushaltsausgleich.

17.5 Rechtsfolgen unausgeglichener Haushalte

17.5.1 Inanspruchnahme der Rücklagen

Aus der Rechtsvorschrift des § 23 KomHVO geht hervor, dass es eine Rücklage gibt, die sich aus Überschüssen des ordentlichen Ergebnisses, und eine solche, die sich aus Überschüssen des außerordentlichen Ergebnisses bildet. Übersteigt der Gesamtbetrag der ordentlichen Aufwendungen den Gesamtbetrag der ordentlichen Erträge, kann die nach § 23 Abs. 2 KomHVO aus Überschüssen des ordentlichen Ergebnisses des Ergebnisplans gebildete Rücklage zum Haushaltsausgleich herangezogen werden, sofern bei den Aufwendungen alle Einsparungsmöglichkeiten genutzt und alle Ertragsmöglichkeiten ausgeschöpft worden sind – und dies vertretbar und geboten ist. Falls ein solcher Ausgleich des ordentlichen Ergebnisses nicht möglich ist, können nach § 23 Abs. 3 KomHVO die aus Überschüssen des außerordentlichen Ergebnisses des Ergebnisplans gebildete Rücklage und außerordentliche Erträge zum Haushaltsausgleich verwendet werden. Diese Regelungen gelten nach § 23 Abs. 5 und 6 KomHVO auch für den Fall, dass der Gesamtbetrag der außerordentlichen Aufwendungen den Gesamtbetrag der außerordentlichen Erträge übersteigt. Hier können dann zum Haushaltsausgleich ordentliche Überschüsse der entsprechenden Rücklage herangezogen werden.

Falls der Haushaltsausgleich des ordentlichen Ergebnisses nicht möglich ist, ist zwingend ein Haushaltskonsolidierungskonzept nach § 100 Abs. 3 KVG aufzustellen. Dieses Konsolidierungskonzept dient der Sicherung der dauernden Leistungsfähigkeit der Gemeinde. Es ist der Zeitraum festzulegen, innerhalb dessen der Haushaltsausgleich wieder erreicht werden kann. Der Ausgleich ist zum nächstmöglichen Zeitpunkt, spätestens jedoch im fünften Jahr, das auf die mittelfristige Ergebnis- und Finanzplanung folgt, wiederherzustellen. Ausgangspunkt für ein Haushaltskonsolidierungskonzept ist die mittelfristige Planung (§ 106 KVG). Ausgehend vom „Ist-Zustand" wird zunächst die Aufwands- und Ertragsentwicklung darzustellen sein. Sodann sind detailliert die Maßnahmen zu beschreiben, die die Fehlbetragsentwicklung abbaut bzw. den Haushaltsausgleich herbeiführt. Hierzu bedarf es unter Umständen – je nach Situation – einer umfangreichen Aufgabenkritik, eines interkommunalen Vergleichs oder der Einschaltung eines externen Wirtschaftsprüfers bzw. -beraters.

Die Ergebnisse in Form von Aufwandskürzungen (z. B. durch Personalabbau, Ertragsverbesserungen, Privatisierung von Teilaufgabenbereichen, Aufgabe von bisher erbrachten Leistungen usw.) sind innerhalb des Haushaltsplans in der mittelfristigen Planung darzustellen. Hiermit kann dokumentiert werden, dass das Erreichen des Haushaltsausgleichs i. e. S. zumindest bis zum Ende des Finanzplanungszeitraums erreicht werden kann. Auch bei der Aufstellung des Haushaltskonsolidierungskonzepts ist auf eine realistische und sorgfältige Planung gem. § 9 Abs. 2 KomHVO zu achten. Insofern besteht sicherlich in jedem Einzelfall der Konflikt zwischen einer vorsichtigen Schätzung und dem politischen Ziel der Genehmigungsfähigkeit des aufzustellenden Haushaltskonsolidierungskonzepts. Die beabsichtigen Maßnahmen sind als Haushaltskonsolidierungskonzept vom Rat zu beschließen.

17.5.2 Eintreten oder Drohen einer Überschuldung

Mit der Novellierung des Kommunalverfassungsgesetzes im Jahr 2018 sieht das Gesetz auch eine Verbindung des Haushaltskonsolidierungskonzepts zur Überschuldung vor. In der Rechtsvorschrift des § 100 Abs. 4 KVG wurde ergänzend aufgenommen, dass ein Haushaltskonsolidierungskonzept auch dann aufzustellen ist, wenn der Haushalt ausgeglichen, aber eine Überschuldungssituation eingetreten ist. In dem Haushaltskonsolidierungskonzept, das hier dem Ziel dient, den „Nicht durch Eigenkapital gedeckten Fehlbetrag" vollständig abzubauen, sind verpflichtend der erforderliche Zeitraum und die Maßnahmen für den Abbau des Fehlbetrages zum nächstmöglichen Zeitpunkt festzulegen. Zudem ist nach § 100 Abs. 5 KVG die Aufstellung eines Haushaltskonsolidierungskonzepts erforderlich, wenn die Kommune innerhalb des mittelfristigen Finanzplanungszeitraums dauernd die Genehmigungsgrenze für Liquiditätskredite nach § 110 Abs. 2 KVG überschreiten muss, um den Zahlungsverpflichtungen nachzukommen. Im Haushaltskonsolidierungskonzept sind der erforderliche Zeitraum und die Maßnahmen verbindlich festzulegen, um die Zahlungsfähigkeit der Kommune innerhalb des mittelfristigen Finanzplanungszeitraums ohne Überschreiten der Genehmigungsgrenze für Liquiditätskredite wiederherzustellen.

17.6 Exkurs: Sicherstellung der Zahlungsfähigkeit

Der Haushaltsausgleich im kameralen System war durch den Ausgleich von Einnahmen und Ausgaben innerhalb eines Haushaltsjahres bestimmt. Durch diesen Ausgleich sollte (zumindest planmäßig) auch die Zahlungsfähigkeit der Gemeinden sichergestellt werden. Durch einen Wechsel des Systems des Haushaltsausgleichs auf die Rechengrößen des Ergebnisplans (Aufwand und Ertrag) wird dem Ziel des Ressourcenverbrauchskonzepts Rechnung getragen. Gleichzeitig soll eine zahlungsmittelorientierte Zielsetzung (wie die Sicherstellung der Liquidität) zumindest innerhalb des Haushaltsausgleichs nicht mehr berücksichtigt werden.

Gleichwohl hat die Gemeinde – unabhängig von der Erreichung des Hauhaltsausgleichs – ihre Zahlungsfähigkeit jederzeit sicherzustellen. Im Ergebnis war dies auch im früheren kameralistischen Haushaltsrecht der Fall, da auch Gemeinden mit unausgeglichenem Haushalt (d. h. mit weniger Einnahmen als Ausgaben) selbstverständlich ihren Zahlungsverpflichtungen rechtzeitig nachkommen mussten. Dafür wurde in der Kameralistik die Möglichkeit genutzt, Kredite „neben" dem Haushalt als sog. „Kassenkredite" aufzunehmen.

Die Praxis einer Reihe von Gemeinden, bei denen stetig steigende Kassenkredite zur dauerhaften Finanzierung von Haushaltsfehlbeträgen eingesetzt wurden, weist darauf hin, dass auch das kamerale System des Haushaltsausgleichs, das den Ausgleich der Zahlungsgrößen (in der Kameralistik: Einnahmen und Ausgaben) zum Maßstab hatte, keinen echten Beitrag zur Sicherstellung der Liquidität geliefert hat. Liquiditätsengpässe mussten bisher und müssen auch zukünftig durch Kreditaufnahmen überbrückt werden. Im Unterschied zur bisherigen kameralen Praxis müssen Kredite allerdings im doppischen Rechnungswesen zumindest bilanziell erfasst werden. So bleibt die steigende Verschuldung durch solche liquiditätssichernden Kredite insbesondere auch durch die vorgesehene fristbezogene Darstellung in der Verbindlichkeitenübersicht transparent.

Darüber hinaus ist festzustellen, dass die Jahresbetrachtung des Haushaltsplans für die Sicherstellung der Liquidität ohnehin ungeeignet ist, da auch bei ausgeglichenen Ein- und Auszahlungen innerhalb eines Jahres durchaus unterjährige Liquiditätsengpässe auftreten können, wenn z. B. erhebliche Auszahlungen am Jahresanfang geleistet werden müssen, bevor entsprechende Einzahlungen erfolgen.

18. Die Haushaltssatzung

18.1 Rechtsnatur und Bedeutung der Haushaltssatzung

18.1.1 Gemeindliches Satzungsrecht

Das Grundgesetz bestimmt in Art. 28 Abs. 2 ausdrücklich, dass den Gemeinden das Recht einzuräumen ist, alle Angelegenheiten der örtlichen Gemeinschaft in eigener Verantwortung zu regeln. Die Gewährleistung der Selbstverwaltung umfasst auch die Grundlagen der finanziellen Eigenverantwortung. Dem folgt Art. 87 LV LSA. Dieses Recht steht auch den Gemeindeverbänden im Rahmen ihres gesetzlichen Aufgabenbereichs zu. Damit ist der Erlass allgemeiner Rechtsvorschriften durch die Gemeinden im Rahmen ihres Selbstverwaltungsrechts institutionell abgesichert.

So wird auch in der Kommunalverfassung durch § 8 den Kommunen im Einklang mit dem Grundgesetz und der Landesverfassung das Recht zuerkannt, ihre Angelegenheiten durch Satzungen zu regeln.

Die Darstellungen der Einzelheiten zum allgemeinen Satzungsrecht bleibt dem Kommunalrecht vorbehalten.

18.1.2 Haushaltssatzung als besondere Satzung

Haushaltssatzung	Satzung allgemein
bis auf § 5 keine Außenwirkung	Außenwirkung
verbindlicher Inhalt und amtliches Muster	i. d. R. kein verbindlicher Inhalt und kein amtliches Muster
zeitlich begrenzt (Kalenderjahr)	zeitlich unbegrenzt
Pflichtsatzung	bis auf Hauptsatzung nur bedingte bzw. keine Verpflichtung zum Erlass der Satzung
Erlass nicht durch Dringlichkeits- bzw. Eilentscheidung zulässig	Erlass durch Dringlichkeits- bzw. Eilentscheidung zulässig
In-Kraft-Treten immer am 1. Januar eines Jahres (evtl. rückwirkend)	i. d. R. In-Kraft-Treten am Tage nach der Bekanntmachung
Genehmigungspflicht bestimmter Paragraphen	i. d. R. genehmigungsfrei

Die Tatsache, dass die Haushaltssatzung in der Lehre nur als eine Satzung im formellen Sinne angesehen wird, beeinträchtigt jedoch nicht ihre Bedeutung für die Gemeinde, bildet sie doch die Rechtsgrundlage der gemeindlichen Haushaltsführung für ein Jahr. Durch die Festsetzung des Haushaltsplans in der Satzung erhält dieser seine Rechtsverbindlichkeit. Ferner enthält die Haushaltssatzung weitere für die Haushalts- und Wirtschaftsführung einer Gemeinde entscheidende Regelungen. All diese Regelungen binden jedoch – ausgenommen die Festsetzungen in § 5 der Haushaltssatzung[1] – nur die Gemeinde, genauer gesagt den Rat und die Verwaltung. Insofern kann hier auch von der „Innenwirkung“ der Haushaltssatzung gesprochen werden. Genauso wie für den Haushaltsplan gilt für die Haushaltssatzung, dass Ansprüche und Verbindlichkeiten Dritter weder begründet noch aufgehoben werden (§ 101 Abs. 3 KVG). „Außenwirkung“ entsteht nur durch die Festsetzung der Realsteuerhebesätze im § 5 der Haushaltssatzung. Hier wird der Steuerpflichtige tangiert, wobei die konkrete Steuererhebung aufgrund eines konkreten Steuerbescheides (Verwaltungsakt) erfolgt.

Aber auch in weiteren Punkten unterscheidet sich die Haushaltssatzung von den Satzungen allgemeiner Art. Während für die gemeindliche Satzungen bis auf wenige Ausnahmen keine verbindlichen Inhalte vorgeschrieben sind, ist für die Haushaltssatzung ein Pflichtinhalt gemäß § 100 Abs. 2 KVG vorgesehen. Ergänzt wird dies durch das verbindliche amtliche Muster (Anlage 1 der Muster zum NKHR). Ferner unterliegt die Haushaltssatzung einer zeitlichen Begrenzung. Die Haushaltssatzung wird grundsätzlich für ein Haushaltsjahr (Kalenderjahr) erlassen, auch wenn sie Festsetzungen für zwei Haushaltsjahre enthalten kann, die dann allerdings nach Jahren getrennt aufgeführt werden müssen (§ 100 Abs. 1 KVG). Andere Satzungen haben eine unbestimmte, auf die Zukunft gerichtete Gültigkeit.

Die Haushaltssatzung zählt zu den Pflichtsatzungen, d. h. die Gemeinde muss sie erlassen. Diese Verpflichtung trifft für die übrigen Satzungen nur in Ausnahmefällen wie z. B. bei der Hauptsatzung zu (§ 10 Abs. 1 KVG).

Die Haushaltssatzung gehört zu den Angelegenheiten, über die der Rat selbst entscheiden muss. Er kann diese Entscheidungsbefugnisse nicht auf andere Stellen übertragen (§§ 45 Abs. 2 Nr. 4 und 102 Abs. 1 KVG). Nach § 65 Abs. 4 KVG entscheidet der Bürgermeister in dringenden Angelegenheiten, die der Entscheidung des Rates unterliegen und keinen Aufschub dulden (Dringlichkeitsentscheidung/Eilentscheidung). Gemäß § 45 Abs. 2 Nr. 1 KVG gehört hierzu auch der Erlass von Satzungen. Somit kann grundsätzlich eine Satzung durch eine Dringlichkeits- bzw. Eilentscheidung erlassen werden. Nicht möglich ist aber der Erlass einer Satzung durch Ersatzentscheidungen, wenn bestimmte Verfahrensvorschriften zu beachten sind, es sei denn, dass förmliche Verfahren könnte ordnungsgemäß durchgeführt werden. Für die Haushaltssatzung bestehen aber umfangreiche Verfahrensvorschriften (z. B. § 102 KVG). Somit kann sie im Gegensatz zu den übrigen Satzungen nur durch einen „normalen“ Ratsbeschluss zustande kommen. Die Verfasser vertreten die Auffassung, dass die vorgenannten Regelungen einer Ersatzentscheidung gemäß § 65 Abs. 4 KVG entgegenstehen.

Die Haushaltssatzung – als Pflichtsatzung der Gemeinde – ist zeitlich begrenzt. Haushaltsjahr ist nach § 100 Abs. 1 KVG das Kalenderjahr, also der Zeitraum vom 1. Januar bis 31. Dezember eines Jahres. Gemäß § 100 Abs. 1 KVG muss die Haushaltssatzung für jedes Haushaltsjahr erlassen werden. Sollte eine Gemeinde, vertreten durch den Rat, nicht bereit sein, eine Haushaltssatzung zu erlassen, greifen die Aufsichtsmittel nach §§ 143 ff. KVG.

1 Die Paragraphenzuordnung erfolgt nach dem Muster der Anlage 1 der Muster zum NKHR.

Die Haushaltssatzung ist in bestimmten Paragraphen genehmigungspflichtig (siehe Kap. 18.4). Die allgemeinen Satzungen sind in der Regel genehmigungsfrei. Die Haushaltssatzung tritt immer – evtl. auch rückwirkend – am 1. Januar eines Jahres in Kraft. Da die Rechtsprechung zur Rechtsfrage der nachträglichen Heilungsmöglichkeit einer gerichtlich für nichtig erklärten Haushaltssatzung nicht einheitlich ist, wurde durch das Gesetz zur Änderung des KVG und wahlrechtlicher Vorschriften vom 2.11.2020 (GVBl. LSA S. 630) in § 100 Abs. 1 KVG LSA der Satz angefügt, dass die Haushaltssatzung zur Behebung von Fehlern auch nach Ablauf des Haushaltsjahres geändert oder erlassen werden kann. Da das OVG LSA eine Heilungsmöglichkeit der Haushaltssatzung mit Verweis auf das Jährlichkeitsprinzip abgelehnt hat,[2] soll mit der Gesetzesregelung eine Möglichkeit zur Heilung geschaffen werden, damit eine Haushaltssatzung für ein vorangegangenes Haushaltsjahr in Abhängigkeit vom Umfang des Fehlers entweder geändert oder neu erlassen werden kann, um die Rechtswirksamkeit der Satzung herzustellen.

18.2 Inhalt der Haushaltssatzung

18.2.1 Rechtliche Grundlagen

Die Gemeindeordnung schreibt in § 100 Abs. 2 KVG vor, welche Regelungen in der Haushaltssatzung getroffen werden müssen. Ferner enthält das Landesbesoldungsgesetz Bestimmungen über den Inhalt der Haushaltssatzung. Weitere Regelungen können gemäß § 100 Abs. 2 Satz 2 KVG in die Haushaltssatzung aufgenommen werden, sofern sie sich auf Erträge und Aufwendungen, Einzahlungen und Auszahlungen, den Stellenplan für das Haushaltsjahr und das Haushaltskonsolidierungskonzept des Haushaltsjahres beziehen. Anlage 1 der Muster zum NKHR sieht ein amtliches Muster für den Satzungstext vor.

18.2.2 Pflichtinhalte der Haushaltssatzung (§ 100 Abs. 2 KVG)

18.2.2.1 Festsetzung des Haushaltsplans

In der Satzung sind die Erträge und Aufwendungen sowie die Einzahlungen und Auszahlungen des Haushaltsplanes getrennt nach Ergebnis- und Finanzplan festzustellen. Beim Finanzplan ist eine zusätzliche Differenzierung vorgesehen, sodass sich § 1 der Haushaltssatzung folgende Formulierung enthält:

§ 1

Der Haushaltsplan für das Haushaltsjahr ……, der die für die Erfüllung der Aufgaben der Gemeinde …… voraussichtlich anfallenden Erträge und entste-

2 Beschl. vom 19.5.2020 – 4 L 37/20 –.

henden Aufwendungen sowie eingehenden Einzahlungen und zu leistenden Auszahlungen enthält, wird

*1. im **Ergebnisplan** mit dem*

a) Gesamtbetrag der Erträge auf	*Euro*
b) Gesamtbetrag der Aufwendungen auf	*Euro*

*2. im **Finanzplan** mit dem*

a) Gesamtbetrag der Einzahlungen aus laufender Verwaltungstätigkeit auf	*Euro*
b) Gesamtbetrag der Auszahlungen aus laufender Verwaltungstätigkeit auf	*Euro*
c) Gesamtbetrag der Einzahlungen aus der Investitionstätigkeit	*Euro*
d) Gesamtbetrag der Auszahlungen aus der Investitionstätigkeit	*Euro*
e) Gesamtbetrag der Einzahlungen aus der Finanzierungstätigkeit	*Euro*
f) Gesamtbetrag der Auszahlungen aus der Finanzierungstätigkeit	*Euro*

festgesetzt.

Bei den Gesamtbeträgen handelt es sich jeweils um die Summe aus Ergebnis- bzw. Finanzplan, beim Finanzplan unterteilt in die aufgeführten Zahlungsarten.

Der Haushaltsplan allein besitzt keinen Satzungscharakter. Erst durch die Einbeziehung in die Haushaltssatzung wird er als dessen Teil Ortsrecht. Die Festsetzung des Haushaltsplans ist somit notwendiger und unverzichtbarer Bestandteil der Haushaltssatzung. Mit der Festsetzung der Gesamtbeträge erfolgt gleichzeitig die Festsetzung der Einzelansätze der Erträge und Aufwendungen sowie der Einzahlungen und Auszahlungen, die damit Verbindlichkeit auf Satzungsebene erhalten.

Ein besonderes Problem besteht darin, wenn auf der Grundlage des § 4 Abs. 2 Satz 2 i. V. m. § 9 Abs. 3 KomHVO die Ziele und Kennzahlen zur Zielerreichung im Haushaltsplan abgebildet werden. Somit werden diese Bestandteil des Haushaltsplans. Wenn also durch § 1 der Haushaltssatzung Ergebnis- und Finanzplan Bestandteil der Satzung werden und somit Ortsrecht darstellen, gewinnen die Ziele und Kennzahlen zur Zielerreichung ebenfalls den Charakter materiellen Ortsrechts. Abweichungen und Änderungen im laufenden Haushaltsjahr würden dann die Gemeinden gemäß § 103 Abs. 1 KVG zum Erlass einer Nachtragssatzung verpflichten. Diese Lösung ist aus Gründen der Praktikabilität nicht vertretbar.[3]

3 Der Gesetzgeber ist aufgefordert, eine entsprechende ausschließende Regelung einzuführen.

18.2.2.2 Festsetzung der Kreditermächtigung für Investitionen und Investitionsfördermaßnahmen

In der Satzung ist der Höchstbetrag der vorgesehenen Kreditaufnahmen für Investitionen und Investitionsfördermaßnahmen wie folgt festzusetzen:

§ 2

Der Gesamtbetrag der vorgesehenen Kreditaufnahmen für Investitionen und Investitionsfördermaßnahmen (Kreditermächtigung) wird auf ...... Euro festgesetzt.
(alternativ: Eine Kreditermächtigung wird nicht veranschlagt.)

Die Kreditermächtigung ist eine der Voraussetzungen zur Aufnahme von Krediten für Investitionen (nur für das Anlagevermögen, nicht für das Umlaufvermögen) durch die Gemeinde. Nicht zuletzt wegen der erheblichen Folgewirkungen der Kreditaufnahmen auf die gemeindliche Haushaltswirtschaft ist eine besondere Ermächtigungsgrundlage in der Form einer satzungsrechtlichen Regelung geschaffen. Die Kreditverwendung nach § 2 der Haushaltssatzung ist als Auswirkung des § 108 Abs. 1 KVG auf Investitionen und Investitionsfördermaßnahmen beschränkt. Somit können damit nur Auszahlungen für die Veränderung des Anlagevermögens und Auszahlungen von Zuwendungen für Investitionen Dritter finanziert werden. Beim Gesamtbetrag handelt es sich um den Bruttokredit, somit um die zu passivierende Rückzahlungsverpflichtung nach § 113 Abs. 2 Nr. 2 KVG (Kreditverbindlichkeit).

Umschuldungsbeträge sind nicht in den § 2 der Haushaltssatzung aufzunehmen. Es handelt sich dabei nämlich um keine direkten Finanzierungsmittel, sondern um die kreditmäßige Umwandlung von Finanzierungen früherer Jahre. Dazu kommt, dass – wie noch weiter unten beschrieben wird – eine aufsichtsbehördliche Genehmigung des § 2 notwendig ist. Dies ist bei einer Umschuldung sicherlich entbehrlich, da die umgeschuldete Kreditaufnahme bereits unter dem Aspekt der vertretbaren Finanzierung in früheren Jahren genehmigt wurde. Zur Umschuldung von Krediten wird auf Kap. 16.2.4.2 verwiesen.

Eine evtl. erforderliche Überschreitung der Kreditermächtigung in § 2 der Haushaltssatzung bedarf des Erlasses einer Nachtragssatzung gemäß § 103 Abs. 1 KVG (siehe hierzu auch Kap. 21). Zur Thematik der Kreditaufnahme ist ansonsten auf Kap. 16 zu verweisen.

18.2.2.3 Festsetzung des Gesamtbetrags der Verpflichtungsermächtigungen

Der Gesamtbetrag der im Haushaltsplan veranschlagten Verpflichtungsermächtigungen ist in der Satzung wie folgt festzusetzen:

§ 3

Der Gesamtbetrag der vorgesehenen Ermächtigungen zum Eingehen von Verpflichtungen, die künftige Haushaltsjahre mit Auszahlungen für Investitionen und Investitionsfördermaßnahmen belasten (Verpflichtungsermächtigung), wird auf …… Euro festgesetzt.
(alternativ: Eine Verpflichtungsermächtigung wird nicht veranschlagt.)

Beim Gesamtbetrag handelt es sich um die Summe der bei den einzelnen Positionen der Teilfinanzpläne veranschlagten Verpflichtungsermächtigungen. Damit wird erreicht, dass diese Haushaltsermächtigungen auch satzungsmäßig verbindlich werden. Eine Überschreitung der Gesamtsumme ist nur durch eine Nachtragssatzung gemäß § 103 Abs. 1 KVG zulässig. Einzelheiten zur Veranschlagung und Abwicklung von Verpflichtungsermächtigungen sind in Kap. 15 dargestellt.

18.2.2.4 Festsetzung des Höchstbetrags der Liquiditätskredite

Der Höchstbetrag der Kredite zur Liquiditätssicherung ist in der Haushaltssatzung festzusetzen. Nach dem verbindlichen Muster hat die Festsetzung wie folgt zu erfolgen:

§ 4

Der Höchstbetrag der Kredite zur Sicherung der Zahlungsfähigkeit wird auf …… Euro festgesetzt.
(alternativ: Ein Höchstbetrag der Kredite zur Sicherung der Zahlungsfähigkeit wird nicht beansprucht.)

Liquiditätskredite sind zwar auch Darlehen i. S. v. § 488 Abs. 1 BGB, aber haushaltsrechtlich nicht mit den Krediten für Investitionen und Investitionsfördermaßnahmen gleichzusetzen. Es handelt sich hierbei in der Regel um kurzfristige Kredite zur Sicherung der Zahlungsbereitschaft. Aus diesem Grund ist auch kein Gesamtbetrag, sondern ein Höchstbetrag festgesetzt, der mehrfach im Haushaltsjahr in Anspruch genommen (schwankender Liquiditätsbedarf), jedoch zu keiner Zeit überschritten werden darf.

Nicht zu verkennen ist dabei, dass bei vielen Gemeinden die Liquiditätskredite wegen der unausgeglichenen Haushalte längst langfristige Verschuldungen darstellen. Insofern stellt sich auch die Frage, ob eine Trennung zwischen Investitions- und Liquiditätskrediten sinnvoll ist. Weitere Einzelheiten zu den Liquiditätskrediten, auch hinsichtlich der Kritik zur Trennung von Investitions- und Liquiditätskrediten, enthält Kap. 16.

18.2.2.5 Festsetzung der Realsteuerhebesätze

Die Haushaltssatzung enthält die Festsetzung der Realsteuersätze wie folgt:

§ 5

Die Steuersätze (Hebesätze) für die Realsteuern werden wie folgt festgesetzt:

1. Grundsteuer

1.1 für die Betriebe der Land- und Forstwirtschaft (Grundsteuer A) auf …… v. H.

1.2 für die Grundstücke (Grundsteuer B) auf …… v. H.

2. Gewerbesteuer auf …… v. H.

(alternativ: Hat die Gemeinde aufgrund der Realsteuergesetze eine besondere Hebesatzsatzung erlassen, entfällt § 5 oder deklaratorischer Hinweis „Die Steuersätze sind in der Hebesatzsatzung vom ... festgesetzt".)

Nach Art. 106 Abs. 6 GG steht das Aufkommen der Realsteuern den Gemeinden zu. Dabei ist den Gemeinden das Recht einzuräumen, die Hebesätze für diese Steuern im Rahmen der Gesetze festzusetzen. Nach Art. 105 Abs. 2 i. V. m. Art. 72 Abs. 2 Nr. 3 GG fällt die Schaffung des rechtlichen Rahmens in die konkurrierende Gesetzgebungskompetenz des Bundes. Der Bund hat die Gesetzesinitiative ergriffen und das Grundsteuergesetz und das Gewerbesteuergesetz erlassen.

Derzeit besitzen die Gemeinden nach den Realsteuerngesetzen das Recht, die Hebesätze für die sog. „Grundsteuern A und B" und die Gewerbesteuer festzusetzen. Da es sich um einen Akt der Rechtsetzung handelt, bedarf es hierzu einer Satzung. Die Hebesätze werden in Prozentsätzen festgesetzt. Die Festsetzung hat gemäß § 25 Abs. 2 GrStG und § 16 Abs. 2 GewStG für ein oder mehrere Kalenderjahre zu erfolgen. In der Regel erfolgt die Festsetzung der Hebesätze mit der Haushaltssatzung (§ 100 Abs. 2 Nr. 5 KVG), also mit der Folge einer jährlichen Festsetzung. Eine Änderung der Hebesätze mit dem Ziel der Erhöhung kann nur bis zum 30. Juni eines Jahres erfolgen (§ 25 Abs. 3 GrStG bzw. § 16 Abs. 3 GewStG), allerdings dann mit Rückwirkung auf den 1. Januar eines Jahres. Nach dem 30. Juni darf die Festsetzung der Hebesätze die Höhe der letzten Festsetzung nicht überschreiten.

Will die Gemeinde die Realsteuerhebesätze für einen längeren Zeitraum als ein Jahr festsetzen, kann sie dies nur mittels einer gesonderten Hebesatzsatzung. Nachfolgend ist ein Beispiel einer solchen Hebesatzsatzung abgedruckt:

Satzung
über die Festsetzung der Steuersätze für die
Grund- und Gewerbesteuer in der Gemeinde G

Aufgrund des § 25 des Grundsteuergesetzes vom 7.8.1973 (BGBl. I S. 965), zuletzt geändert durch Gesetz vom 16.12.2022 (BGBl. I S. 2294), des § 16 des Gewerbesteuergesetzes vom 15.10.2002 (BGBl. I S. 4167), zuletzt geändert durch

Gesetz vom 16.12.2022 (BGBl. I S. 2294) i. V. m. § 8 des Kommunalverfassungsgesetzes für das Land Sachsen-Anhalt vom 17.6.2014 (GVBl. LSA S. 288), zuletzt geändert durch Gesetz vom 15.12.2020 (GVBl. LSA S. 712) hat der Rat der Gemeinde G am …… die nachstehende Satzung beschlossen:

§ 1

Die Hebesätze für die Grundsteuern und für die Gewerbesteuer werden für das Gebiet der Gemeinde G wie folgt festgesetzt:

für die land- und forstwirtschaftlichen Betriebe (Grundsteuer A) auf	210 v. H.
für die Grundstücke (Grundsteuer B) auf	380 v. H.
Gewerbesteuer auf	450 v. H.

§ 2

Die vorstehenden Hebesätze gelten für die Haushaltsjahre 2025, 2026 und 2027.

§ 3

Diese Satzung tritt am 1.1.2025 in Kraft.

Ist eine Hebesatzsatzung erlassen, hat der dennoch jährlich in die Haushaltssatzung aufzunehmende § 5 nur deklaratorische Bedeutung. Die Haushaltssatzung hat dann keine Außenwirkung und ist nur eine Satzung im formellen Sinn. Die nachrichtliche Aufnahme der Hebesätze in der Haushaltssatzung ist kenntlich zu machen („Die Steuersätze sind in der Hebesatzsatzung vom … festgesetzt“).[4]

Bei der Steuerberechnung setzt das Finanzamt einen Steuermessbetrag fest. Dieser wird mit dem gemeindlichen Hebesatz multipliziert. Insofern haben die Gemeinden Einfluss auf die Höhe der Realsteuererträge. Die sonstigen kommunalen Steuern werden ausschließlich aufgrund von kommunalen Satzungen (z. B. Vergnügungssteuersatzung, Hundesteuersatzung, Zweitwohnungssteuersatzung) erhoben.

In der Haushaltssatzung der Landkreise wird an Stelle der Steuerhebesätze im § 5 der Haushaltssatzung der Von-Hundert-Satz der Kreisumlage festgesetzt (§ 99 Abs. 3 KVG).

18.2.3 Freiwillige Inhalte der Haushaltssatzung

Nach § 100 Abs. 2 Satz 2 KVG kann die Haushaltssatzung weitere Vorschriften enthalten, die sich auf die Erträge und Aufwendungen, Einzahlungen und Auszahlungen, den Stellenplan für das Haushaltsjahr und das Haushaltskonsolidierungskonzept beziehen. Damit wird ermöglicht, im Rahmen der Haushaltssatzung rechtlich verbindlich die Haushaltswirtschaft weitergehend zu steuern.

4 Anlage 1 der Muster zum NKHR.

Denkbar sind z. B.

- Bestimmungen im Zusammenhang mit der Bewirtschaftung der Erträge und Aufwendungen, Einzahlungen und Auszahlungen, Verpflichtungsermächtigungsansätze[5] und des Stellenplans,
- Festsetzung von Höchstbeträgen i. S. v. § 103 KVG,
- Regelungen zur Handhabung der Haushaltsvermerke,
- Regelungen zur Budgetierung und
- Kontrakte zwischen Rat und Verwaltung.

In der Praxis werden diese Probleme vielfach in besonderen internen Geschäftsanweisungen bzw. in besonderen Ratsbeschlüssen gelöst. Der Transparenz der Haushaltswirtschaft würde es sicherlich dienen, wenn derartige Regelungen in die Haushaltsatzung übernommen würden.

Beispiele für weitere Regelungen in der Haushaltssatzung sind:[6]

§ 8

Die im Stellenplan ausgewiesenen Stellenvermerke „künftig wegfallen" (kw) oder „künftig umzuwandeln" (ku) haben nachstehende Rechtsfolgen: Ist ein an einer Planstelle angebrachter Kw-Vermerk mit einem Termin versehen, entfällt die Stelle zu dem angegebenen Zeitpunkt. Ist eine Planstelle mit einem Ku-Vermerk unter Angabe des künftigen Stellenwertes versehen, ändert sich die Bewertung mit dem Zeitpunkt des Freiwerdens der Stelle auf diesen Stellenwert.

§ 9

Die Aufwendungen innerhalb der Teilergebnispläne sind mit Ausnahme der bilanziellen Abschreibungen gegenseitig deckungsfähig. Das Gleiche gilt sinngemäß für die Auszahlungen innerhalb der Teilfinanzpläne.

18.3 Zustandekommen der Haushaltssatzung

18.3.1 Überblick

Entsprechend der Bedeutung der Haushaltssatzung für die kommunale Aufgabenerfüllung und der Auswirkungen, die Haushaltssatzung und Haushaltsplan auf das

5 Nach der Formulierung des § 100 Abs. 2 Satz 2 KVG darf die Haushaltssatzung hierzu keine Regelungen enthalten, weil Verpflichtungsermächtigungen im Gesetzestext nicht aufgelistet sind. Dies ist unbefriedigend, zumal z. B. im Rahmen der Budgetierung Bewirtschaftungsvermerke wie Deckungsfähigkeiten auch für Verpflichtungsermächtigungen dringend erforderlich sind. Es könnte allerdings durchaus sein, dass es sich bei der Formulierung des Gesetzes lediglich um ein redaktionelles Versehen handelt. Der Gesetzgeber ist deshalb aufgerufen, dieses zu korrigieren.

6 Die Darstellung beschränkt sich lediglich auf wenige Regelungen. Um die ganze Breite der Möglichkeiten abschätzen zu können, sei auf die Haushaltssatzungen der einzelnen Kommunen verwiesen.

örtliche Gemeinschaftsleben haben, ist das Verfahren über das Zustandekommen der Haushaltssatzung (somit auch des Haushaltsplans) umfassend geregelt. Hierdurch wird im erhöhten Maße die Rechtssicherheit gewährleistet. Gleichzeitig wird besonderer Wert auf eine weitgehende Mitwirkung der Öffentlichkeit gelegt. Das nachstehende Schaubild soll zunächst einen Überblick vermitteln:

Zustandekommen der Haushaltssatzung
Vorverfahren innerhalb der Verwaltung
Aufstellung des Entwurfs durch den Finanzdezernenten
Feststellung des Entwurfs durch den Bürgermeister
Vorlage an den Rat
Vorberatung durch die Fachausschüsse
Vorbereitung durch Finanzausschuss/Hauptausschuss
Ratsbeschluss in öffentlicher Sitzung über die Haushaltssatzung, (§ 102 Abs. 1 KVG)
Vorlage an die Aufsichtsbehörde, (§ 102 Abs. 1 KVG)
Regelfall: Genehmigung der genehmigungspflichtigen §§ der Haushaltssatzung

⇙ ⇘

Haushaltssatzung öffentlich bekanntmachen (Rechtswirksamkeit) (§ 102 Abs. 2 KVG)	Haushaltsplan an sieben Tagen öffentlich auslegen (§ 102 Abs. 2 KVG)
Inkrafttreten zum 1. Januar des Jahres (§ 100 Abs. 1 KVG)	

18.3.2 Vorverfahren

Das Vorverfahren ist in der Praxis recht unterschiedlich. Zum Teil werden noch Mittelanmeldungen für jede Position im Teilergebnis- und Teilfinanzplan verwendet, um damit Plangrößen zu ermitteln. Dabei kann sogar ein Herunterbrechen auf die einzelnen Buchungskonten erfolgen (z. B. Mittelanmeldung für Energieaufwendungen bei der Grundschule A). In der Praxis haben sich jedoch vielfach budgetierte Haushalte durchgesetzt, bei denen modifizierte Verfahren angewendet werden. Hier erfolgen die Mittelanmeldungen zu einzelnen Budgetzuschüssen (Produktzuschüssen), wobei des Öfteren ein vorangehender Eckwertebeschluss den generellen Finanzrahmen setzt.

18.3.3 Aufstellung des Entwurfs der Haushaltssatzung

In der Kommunalverfassung ist gesetzlich nicht geregelt, wer in der Gemeinde den Entwurf der Haushaltssatzung aufstellt. In der Praxis erfolgt die Aufstellung des

Entwurfs durch den Finanzdezernenten; der Bürgermeister stellt den Entwurf der Haushaltssatzung fest und leitet den von ihm bestätigten Entwurf dem Rat zu. In anderen Bundesländern ist detailliert geregelt, wer den Entwurf aufstellt. So bestimmt z. B. § 80 Abs. 1 GO in Nordrhein-Westfalen, dass der Kämmerer den Entwurf der Haushaltssatzung mit ihren Anlagen aufstellt. Dieses Recht kann den Vorgenannten nicht entzogen werden.

Mit der Weiterleitung des Entwurfes der Haushaltssatzung und ihrer Anlagen an den Rat sind die Entwürfe existent. Diese Weiterleitung geschieht im Allgemeinen in der Form der sog. „Einbringung in den Rat“. Das bedeutet, dass der Tagesordnungspunkt „Kenntnisnahme des Entwurfs der Haushaltssatzung nebst Anlagen“ in einer entsprechenden Ratssitzung behandelt werden muss. Der Rat hat dann den Entwurf der Haushaltssatzung an die beteiligten Fachausschüsse (mindestens Finanz- und Hauptausschuss) zu verweisen.

18.3.4 Beteiligung der Fachausschüsse

Vorbehaltlich spezialgesetzlich bestehender Regelungen ist die Beteiligung der Fachausschüsse (z. B. Bauausschuss, Schulausschuss, Sportausschuss, Planungsausschuss) des Rates am Zustandekommen der Haushaltssatzung nicht geregelt. Eine Beteiligung derartiger Ausschüsse ist somit der eigenverantwortlichen Regelung der Gemeinden vorbehalten. In der Praxis wird aber kaum ein Rat auf das fachkundige Urteil eines Fachausschusses verzichten wollen.

18.3.5 Beteiligung des Finanz- und Hauptausschusses

Der Finanzausschuss bereitet die Haushaltssatzung vor. Wie bereits in Kap. 18.3.3 ausgeführt, ist hier die Beteiligung des Finanzausschusses erst nach Existenz des Entwurfs der Haushaltssatzung gemeint (also nach erfolgter Weiterleitung an den Rat).

Dem Finanzausschuss fällt die Aufgabe zu, die teilweise kontroversen Beschlüsse der Fachausschüsse – insbesondere unter dem Gesichtspunkt des Haushaltsausgleichs – aufeinander abzustimmen. Diese Koordination obliegt auch dem Hauptausschuss. Insofern ist es nicht verwunderlich, wenn viele Gemeinden den Haupt- und Finanzausschuss in Personalunion zusammengefasst haben. Beide haben in Bezug auf die Haushaltswirtschaft letztlich übereinstimmende Aufgaben.

18.3.6 Beschlussfassung durch den Rat

Nach § 102 Abs. 1 KVG hat der Rat nach öffentlicher Beratung über den **Entwurf der Haushaltssatzung** und ihrer Anlagen zu beschließen. Diese Vorschrift entspricht den Bestimmungen des § 45 Abs. 2 Nr. 4 KVG.

Zur Frage der Öffentlichkeit ist anzumerken, dass die Vorschriften des § 52 KVG auch hier Anwendung finden. Zwar ist formal die Haushaltssatzung in öffentlicher Sitzung zu beraten und zu beschließen, aber unstreitig ist, dass bei Angelegenheiten, die üblicherweise in nichtöffentlicher Sitzung beraten werden (Personalentscheidungen, Grundstücksangelegenheiten usw., soweit sie im Satzungsverfahren angesprochen werden), die Öffentlichkeit ausgeschlossen werden kann.

Die Beschlussfassung über die Haushaltssatzung erfolgt wie bei den Einwendungen mit Stimmenmehrheit (§ 52 KVG).

18.3.7 Vorlage bei der Aufsichtsbehörde

Die vom Rat beschlossene Haushaltssatzung ist vollständig mit allen Anlagen der Aufsichtsbehörde vorzulegen (§ 102 Abs. 2 KVG). Die Vorlage hat auch dann zu erfolgen, wenn in der Satzung keine genehmigungspflichtigen Teile enthalten sind. Neben der allgemeinen Information über die Haushaltswirtschaft erhält die Aufsichtsbehörde somit auch Gelegenheit, die Frage einer eventuellen Genehmigungspflicht zu prüfen. Aufsichtsbehörde ist nach 144 KVG:

- für kreisangehörige Gemeinden der Landkreis als untere staatliche Verwaltungsbehörde,
- für Kreise und kreisfreie Städte das Landesverwaltungsamt.

Ein Vorlagetermin der Haushaltssatzung ist gesetzlich nicht angegeben. Die Vorlage bei der Aufsichtsbehörde sollte jedoch so rechtzeitig erfolgen, dass der Aufsichtsbehörde vor Beginn des Haushaltsjahres genügend Zeit zur Überprüfung verbleibt.

18.3.8 Bekanntmachung der Haushaltssatzung

Nach § 102 Abs. 2 KVG ist die Haushaltssatzung – wie jede andere gemeindliche Satzung – öffentlich bekanntzumachen (§ 8 Abs. 3 und 4 KVG). Enthält die Haushaltssatzung jedoch genehmigungspflichtige Teile, so darf die Bekanntmachung erst erfolgen, wenn die Genehmigung erteilt ist (§ 102 Abs. 2 Satz 2 KVG).

Die Bekanntmachung hat nach den allgemeinen Vorschriften für die Bekanntmachung des kommunalen Ortsrechts zu erfolgen, es sei denn, es ist ausdrücklich etwas anderes vorgeschrieben. Die Form der Bekanntmachung ist verbindlich vorgeschrieben (vgl. Anlage 1 der Muster zum NKHR). Ort der Bekanntmachung wird entweder ein gemeindeeigenes Bekanntmachungsblatt oder die Tageszeitung sein. Eine entsprechende Festlegung trifft die Hauptsatzung.

Nach der Bekanntmachung ist der Haushaltsplan mit seinen Anlagen an sieben Tagen öffentlich auszulegen. Zeit und Ort sind in der Bekanntmachung anzugeben (§ 102 Abs. 2 KVG). Die Siebentagefrist bedeutet, dass Gelegenheit bestehen muss, an sieben Tagen den Haushaltsplan nebst Anlagen einzusehen, also in der Regel sieben Arbeitstage. Die Auslegung dient der Information der Einwohner und Abgabepflichtigen. Einwendungsmöglichkeiten bestehen nicht (zur gesetzlichen Nachprüfbarkeit der Satzung siehe Kap. 18.1.1).

Die Haushaltssatzung tritt mit Beginn des Haushaltsjahres in Kraft. Sie wird im Haushaltsjahr auch rückwirkend beschlossen.

18.4 Genehmigung der Haushaltssatzung durch die Aufsichtsbehörde

Nach § 102 Abs. 1 KVG ist die vom Rat beschlossene Haushaltssatzung vollständig mit allen Anlagen der Aufsichtsbehörde vorzulegen. Die Haushaltssatzung ist grundsätzlich genehmigungsfrei. Allerdings wird die Aufsichtsbehörde nunmehr die Haushaltssatzung mit ihren Anlagen dahingehend überprüfen, ob sie mit dem geltenden Recht übereinstimmt bzw. ob Rechtsverstöße vorliegen. Dabei werden u. a. folgende Probleme einer aufsichtsbehördlichen Begutachtung unterzogen:
- Haushaltsausgleich,
- Inanspruchnahme des Eigenkapitals,
- Überschuldung,
- wirtschaftliche Leistungsfähigkeit aufgrund von Kreditaufnahmen,
- wirtschaftliche Leistungsfähigkeit aufgrund von Verpflichtungsermächtigungen,
- Einhaltung der Veranschlagungs- und Bewirtschaftungsgrundsätze,
- Einhaltung der Haushaltsgliederung.

18.4.1 Grundsatz

Die Haushaltssatzung ist grundsätzlich genehmigungsfrei. Unabhängig von der allgemeinen Rechtsaufsicht bedarf die Haushaltssatzung in einigen Punkten der Genehmigung der Aufsichtsbehörde, und zwar in Form der echten Mitwirkung beim Zustandekommen der Satzung. Die Mitwirkung ist Gültigkeitsvoraussetzung für die Haushaltssatzung.

Nach den gesetzlichen Vorschriften der Gemeindeordnung ist immer genehmigungsbedürftig:
- der Gesamtbetrag der Kredite nach § 108 Abs. 2 KVG.

Ferner sind genehmigungspflichtig, allerdings nur bedingt:
- der Gesamtbetrag der Verpflichtungsermächtigungen nach § 107 Abs. 4 KVG,
- der Höchstbetrag der Liquiditätskredite nach § 110 Abs. 2 KVG,

Eine Einzelgenehmigung der Liquiditätskredite ist nicht erforderlich. Die Festsetzung der Steuerhebesätze – genauer: der Hebesätze für die Grund- und Gewerbesteuer – ist spezialgesetzlich geregelt (Grundsteuergesetz, Gewerbesteuergesetz). Folgerichtig ist auch die eventuelle Genehmigungspflicht der Hebesätze in der Kommunalverfassung nicht geregelt. Nach § 26 GrStG und § 16 Abs. 5 GewStG ist durch Landesrecht zu regeln, in welchem Verhältnis die Realsteuern zueinanderstehen müssen und welche Höchsthebesätze nicht überschritten werden dürfen. Eine spezielle landesrechtliche Regelung besteht dazu nicht. Die Festsetzung der Realsteuerhebesätze im § 5 der Haushaltssatzung bedarf somit keiner aufsichtsbehördlichen Genehmigung.

Das Genehmigungsverfahren durch die Aufsichtsbehörde umfasst alle genehmigungspflichtigen Teile und wird mit der Genehmigungsverfügung bekanntgegeben. Eine Teilgenehmigung und gleichzeitige Teilablehnung ist nicht möglich. Ist eine Genehmigung unter Bedingungen und Auflagen erteilt, so hat die Gemeinde ggf. durch Beitrittsbeschluss des Rates zu reagieren. Eine Erzwingung einer Genehmigung ist nur in der Form der Verpflichtungsklage i. S. v. § 42 VwGO möglich. Zur Frage der Rechtsmittel gegen Auflagen und Bedingungen der Aufsichtsbehörde im Rahmen der Genehmigung der Aufsichtsbehörde ist darauf abzustellen, ob es eine Bedingung oder Auflage ist.

Eine **Bedingung** i. S. d. § 36 Abs. 2 Nr. 2 VwVfG ist eine Bestimmung, nach der eine Vergünstigung oder Belastung bei einem künftigen ungewissen Ereignis eintritt (aufschiebbare Bedingung) oder entfällt (auflösende Bedingung) gestellt.[7]

Eine **Auflage** i. S. d. § 36 Abs. 2 Nr. 4 VwVfG ist eine Bestimmung, durch die dem Begünstigten ein Tun, Dulden oder Unterlassen vorgeschrieben wird. Die Auflage ist (selbst) ein Verwaltungsakt, der einem anderen, begünstigenden Verwaltungsakt hinzugefügt wird, mit diesem inhaltlich verbunden ist und in seinem rechtlichen Bestand von diesem abhängen soll.

Entscheidend für die Abgrenzung von Bedingung und Auflage ist, dass die Bedingung die **Wirksamkeit** des Verwaltungsakts betrifft, sei es, dass der Verwaltungsakt vor Eintritt dieses Umstands noch nicht wirksam ist (so bei der aufschiebenden Bedingung), sei es, dass er nicht mehr wirksam ist (so nach Eintritt der auflösenden Bedingung). Eine Bedingung ist dann anzunehmen, wenn die Nebenbestimmung für die Behörde so wichtig war, dass hiervon die Wirksamkeit des Verwaltungsakts abhängen sollte.

Im Genehmigungsverfahren der Haushaltssatzung wird die Aufsichtsbehörde im Bedarfsfall die Genehmigung der Satzung von Bedingungen (z. B. Kreditaufnahme nur bis zu einer bestimmten Höhe) abhängig machen. Ist dies der Fall, hat die Gemeinde ein „Weniger" als erwartet (keine uneingeschränkte Genehmigung) erhalten, muss sie das „Mehr" durch eine Verpflichtungsklage erstreiten.[8]

Bei einer Auflage (also eigenständiger Verwaltungsakt) wäre die Anfechtungsklage i. S. d. § 42 VwGO möglich. Von einer Auflage in diesem Sinne wird man im Genehmigungsverfahren der Haushaltssatzung aber nur dann ausgehen können, wenn ausnahmsweise die Erfüllung der Auflage nicht Geltungsvoraussetzung für die Haushaltssatzung sein sollte.

Die Genehmigung der genehmigungspflichtigen Teile einer Haushaltssatzung ist unter den nachfolgend näher beschriebenen Voraussetzungen erforderlich.

7 *Rohde/Lustig/Wöhler*, Allgemeines Verwaltungsrecht mit Verwaltungsvollstreckung und verwaltungsgerichtlichem Rechtsschutz, 16. Aufl., Witten 2020, S. 52.

8 *Rohde/Lustig/Wöhler*, Allgemeines Verwaltungsrecht mit Verwaltungsvollstreckung und verwaltungsgerichtlichem Rechtsschutz, 16. Aufl., Witten 2020, S. 351 und 383.

18.4.2 Genehmigung des Gesamtbetrags der Kredite

§ 108 Abs. 2 KVG spricht von einer sog. „Gesamtgenehmigung“ – besser: „Gesamtbetragsgenehmigung“ – der Kredite (zur Frage der Kredite siehe auch Kap. 16). Danach ist die Kreditaufnahme im Rahmen der Haushaltssatzung zu genehmigen und stellt somit eine der Gültigkeitsvoraussetzungen für die Satzung dar. Ferner handelt es sich um eine Voraussetzung für die rechtswirksame Einzelaufnahme des Kredites.

Eine Genehmigung der einzelnen Kreditaufnahme beim Abschluss des Kreditvertrags ist grundsätzlich nicht erforderlich. Nur in den Fällen des § 108 Abs. 4 KVG kann noch eine Einzelgenehmigung durch die Aufsichtsbehörde angeordnet werden.

Somit hat die Aufsichtsbehörde nur im Rahmen des Genehmigungsverfahrens der Haushaltssatzung die Möglichkeit der Einwirkung auf weitere Kreditaufnahmen durch die Gemeinde.

Zur Frage der Genehmigung gibt § 108 Abs. 2 Sätze 2 und 3 KVG der Aufsichtsbehörde bestimmte Kriterien an die Hand, wobei auf die individuellen Verhältnisse der Gemeinde abzustellen ist. Die Genehmigung soll unter dem Gesichtspunkt einer geordneten Haushaltswirtschaft erteilt oder versagt werden (§ 108 Abs. 2 Satz 2 KVG). Unter „geordneter Haushaltswirtschaft“ ist insbesondere die Beachtung der Haushaltsgrundsätze (z. B. Haushaltsausgleich, Wirtschaftlichkeit und Sparsamkeit), Inanspruchnahme des Eigenkapitals und natürlich die Wahrung der Bestimmungen über die Fremdfinanzierung des kommunalen Haushalts (vgl. Kap. 16) zu verstehen.

In diesem Zusammenhang ist in § 108 Abs. 2 KVG auch bestimmt, dass die Genehmigung unter Bedingungen und Auflagen erteilt werden kann. Dies bedeutet, dass die Aufsichtsbehörde z. B. die festgesetzte Kreditermächtigung verringern kann, Höchstgrenzen bei den Konditionen (Zins- und Tilgungsverpflichtungen usw.) und flankierende Maßnahmen (z. B. Verbesserung der Einnahmesituation, Kostendeckung bei den Gebührenhaushalten) verlangen kann. Die Aufsichtsbehörde würde aber ihre Kompetenzen überschreiten, wenn sie die Streichung bestimmter Maßnahmen (z. B. von Investitionsmaßnahmen) fordern bzw. die Höhe der Realsteuersätze vorschreiben würde.

Aus der Bestimmung des § 108 Abs. 2 Satz 3 KVG – *„Die Genehmigung ist in der Regel zu versagen, wenn die Kreditverpflichtungen mit der dauernden Leistungsfähigkeit der Kommune nicht in Einklang stehen“* – ist herzuleiten, dass die Aufsichtsbehörde ihr besonderes Augenmerk auf die Frage zu richten hat, ob die sich aus der Kreditaufnahme ergebenden Verpflichtungen auf Dauer noch erwirtschaftet werden können. Die Beantwortung dieser Frage ist nicht durch die eventuelle Festlegung bestimmter Prozentrelationen zu den sog. „allgemeinen Deckungsmitteln“, zur Gesamteinnahme oder durch die Festlegung bestimmter Höchstsätze der Pro-Kopf-Verschuldung[9] möglich.

Maßgeblich für die Beurteilung der dauernden Leistungsfähigkeit ist zum einen die dynamische Entwicklung der Gemeinde, die absehbare Entwicklung des Ergebnisses in der mittelfristigen Planung. Dies ist aus dem Ergebnisplan zu entnehmen.

9 Wie bereits erwähnt, ist die sog. „Pro-Kopf-Verschuldung“ zwar in der Presse oder bei Parlamentariern ein beliebtes Argument, eine weitere Kreditaufnahme zu befürworten oder abzulehnen. Tatsächlich ist sie aber nicht geeignet, die gestellte Frage zu beantworten.

Dabei ist insbesondere auf die Entwicklung des ordentlichen Ergebnisses (§ 2 Abs. 1 Nr. 1 und 2 KomHVO) abzustellen. Zum anderen ist für die Beurteilung der Sicherung der dauernden Leistungsfähigkeit auch die Entwicklung des Ergebnisses der Finanzrechnung von Interesse. Die Finanzrechnung weist mit den verschiedenen Salden die Fähigkeit der Kommune aus, ihre Aufgabenerledigung aus eigener Kraft zu finanzieren (siehe weitere Ausführungen in Kap. 16.2.2.5).

18.4.3 Genehmigung des Gesamtbetrags der Verpflichtungsermächtigungen

Nach § 107 Abs. 4 KVG bedarf der Gesamtbetrag der Verpflichtungsermächtigungen im Rahmen der Haushaltssatzung insoweit der Genehmigung der Aufsichtsbehörde, als in den Jahren, zu deren Lasten sie veranschlagt sind, insgesamt Kreditaufnahmen vorgesehen sind.

Die bedingte Genehmigungspflicht der Kreditaufnahmen erhält ihren Sinn durch die Tatsache, dass durch die Verpflichtungsermächtigungen in den Jahren nach dem Haushaltsjahr Ausgabeverpflichtungen entstehen. Zur Finanzierung dieser Ausgaben sind möglicherweise Kreditaufnahmen erforderlich. Auskunft über die Kreditfinanzierung in den späteren Jahren gibt die mittelfristige Ergebnis- und Finanzplanung (§ 106 KVG, § 3 i. V. m. § 8 KomHVO). Bei Verpflichtungsermächtigungen, die über die mittelfristige Ergebnis- und Finanzplanung hinausgehen, sollte die voraussichtliche Deckung dieser Ausgaben gesondert dargestellt werden. Der Gesamtbetrag der Kredite in den späteren Jahren bedarf aber nach § 108 Abs. 2 KVG im Rahmen der Haushaltssatzung dieser Jahre der Gesamtbetragsgenehmigung durch die Aufsichtsbehörde. Die Inanspruchnahme der Verpflichtungsermächtigungen präjudiziert daher die erforderliche Kreditgenehmigung, denn eine eventuelle Versagung würde die Gemeinde dann in Finanzierungsschwierigkeiten bringen.

Somit muss die Aufsichtsbehörde in die Lage versetzt werden, vor Eingehen der Verpflichtungsermächtigungen – also im Rahmen der Haushaltssatzung – zu prüfen, ob die sich hieraus ergebenden Zahlungsverpflichtungen aus der Sicht der eventuellen späteren Kreditfinanzierung erfüllt werden können. Die Aufsichtsbehörde hat also bei der Genehmigung der Verpflichtungsermächtigungen die gleichen Überlegungen anzustellen wie bei der Genehmigung der Kreditermächtigung, hier allerdings bezogen auf den gesamten Finanzplanungszeitraum. Die erteilte Genehmigung des Gesamtbetrags der Verpflichtungsermächtigungen hat jedoch auch zur Folge, dass die Aufsichtsbehörde die Genehmigung des Gesamtbetrags der Kredite im Rahmen der Haushaltssatzung der späteren Jahre, soweit ihr rein rechnerisch Belastungen aus bereits in Vorjahren genehmigten Verpflichtungsermächtigungen gegenüberstehen, praktisch nicht versagen kann. Hiermit soll allerdings nicht gesagt werden, dass die Genehmigung des Gesamtbetrags der Kredite ganz überflüssig würde.

Bei der Ermittlung des genehmigungspflichtigen Teils der Verpflichtungsermächtigung sind die Verpflichtungsermächtigungen aus Vorjahren nicht mit einzubeziehen. Diese sind ja bereits genehmigt.

18.4.4 Genehmigung des Höchstbetrags der Liquiditätskredite

Der Höchstbetrag der Liquiditätskredite ist gemäß § 110 Abs. 2 KVG dann genehmigungspflichtig, wenn er ein Fünftel der Einzahlungen aus laufender Verwaltungstätigkeit im Finanzplan übersteigt. Diese Genehmigung wird auch im Rahmen der Haushaltssatzung erteilt. Eine Einzelgenehmigung der Liquiditätskredite ist nicht erforderlich.

Die Genehmigungspflicht wurde mit Rechtskraft des Kommunalverfassungsgesetzes zum 1.7.2014 wieder eingeführt. Im Vergleich mit anderen Bundesländern ist das Niveau der Liquiditätskredite in Sachsen-Anhalt sehr hoch. Die Genehmigungspflicht soll verhindern, dass der der Liquiditätssicherung dienende Liquiditätskredit von den Kommunen zweckwidrig als Ersatz für normale, nicht genehmigungsfähige Kredite aufgenommen werden kann (LT-Drs. 6/2247 vom 4.7.2013).

18.5 Übungen

Sachverhalt Nr. 1:
Die Gemeinde G hat am 9.1.2025 ihre Haushaltssatzung für 2025 veröffentlicht. Der Grundstückseigentümer E hält die Anhebung der Steuern für rechtswidrig. Gegen diese Festsetzung will E vor dem Verwaltungsgericht gerichtlich vorgehen.

Aufgabe:
Beurteilen Sie die Möglichkeiten einer gerichtlichen Überprüfung.

Lösung:
Nach § 40 Abs. 1 VwGO ist der Verwaltungsrechtsweg in allen öffentlich-rechtlichen Streitigkeiten nicht verfassungsrechtlicher Art gegeben. E wendet sich gegen die Haushaltssatzung. Die Rechtmäßigkeit dieser Satzung richtet sich nach § 100 i. V. m. § 102 KVG und damit nach öffentlichem Recht. Somit ist der Verwaltungsrechtsweg gegeben.

Die weiteren Zulässigkeitsvoraussetzungen ergeben sich nach der Klageart. Die Anfechtungs- oder Verpflichtungsklage nach § 42 VwGO scheiden aus, da sich E nicht durch einen Verwaltungsakt, sondern durch die Haushaltssatzung als materielles Gesetz beschwert fühlt. Die Erhebung einer Feststellungsklage nach § 43 VwGO ist auch nicht möglich, da E nicht unmittelbar durch die Haushaltssatzung berührt wird.

Nach § 47 Abs. 1 Nr. 2 VwGO entscheidet das Oberverwaltungsgericht im Rahmen seiner Gerichtsbarkeit auf Antrag über die Gültigkeit von anderen im Rang unter dem Landesgesetz stehenden Rechtsvorschriften (also auch Satzungen), sofern das Landesrecht dieses bestimmt (abstraktes Normenkontrollverfahren). Nach § 10 des Gesetzes zur Ausführung der Verwaltungsgerichtsordnung entscheidet das Oberverwaltungsgericht nach Maßgabe des § 47 VwGO auf Antrag über die Gültigkeit von Satzungen der Gemeinden, so dass E die Haushaltssatzung durch ein abstraktes Normenkontrollverfahren überprüfen lassen kann.

Zudem hat E noch die Möglichkeit, im Rahmen eines Streitverfahrens gegen einen aufgrund dieser Haushaltssatzung erlassenen Verwaltungsakt (z. B. Grundsteuerbescheid) die Satzung überprüfen zu lassen. Das zuständige Gericht muss nämlich in diesem Verfahren (z. B. eine Anfechtungsklage gegen den Grundsteuerbescheid) prüfen, ob die Haushaltssatzung ganz oder teilweise gegen übergeordnetes Recht verstößt oder aus anderen Gründen rechtswidrig ist. In dieser sog. „konkreten Normenkontrolle“ ist die formelle und materielle Rechtswirksamkeit zu überprüfen.

Sachverhalt Nr. 2:
Die kreisfreie Stadt D will die Haushaltssatzung für das Haushaltsjahr 2025, die am 7.11.2024 beschlossen wurde, nicht der Aufsichtsbehörde vorlegen, da sie der Meinung ist, dass genehmigungspflichtige Teile nicht in der Satzung enthalten sind.

Aufgabe:
Nehmen Sie zum vorstehenden Sachverhalt Stellung.

Lösung:
Nach § 102 Abs. 1 KVG ist die vom Gemeinderat beschlossene Haushaltssatzung der Aufsichtsbehörde vorzulegen. Die Vorlage sollte spätestens einen Monat vor Beginn des Haushaltsjahres erfolgen. Unabhängig von der Frage einer eventuellen Genehmigungspflicht der Satzung ist die Haushaltssatzung in diesem Falle dem Landesverwaltungsamt vorzulegen. Die Haushaltssatzung unterliegt nämlich unabhängig von den genehmigungspflichtigen Teilen der allgemeinen Rechtsaufsicht i. S. v. § 143 Abs. 2 KVG. Die Aufsichtsbehörde muss also schon deshalb die Haushaltssatzung vorliegen haben.

Sachverhalt Nr. 3:
Die kreisfreie Stadt D macht am Tage nach der Beschlussfassung über die Haushaltssatzung bekannt, dass die Haushaltssatzung nebst Anlagen an sieben Tagen öffentlich ausliegt. Die Satzung enthält u. a. auch die Festsetzung einer Kreditermächtigung.

Aufgabe:
Nehmen Sie hierzu aus haushaltsrechtlicher Perspektive Stellung.

Lösung:
Die Vorschriften über den Erlass der Haushaltssatzung (§ 102 KVG) lassen grundsätzlich die sofortige Bekanntmachung der Haushaltssatzung zu. § 102 Abs. 2 KVG bestimmt aber, dass eine Bekanntmachung der Haushaltssatzung, sofern sie genehmigungspflichtige Teile enthält, erst dann erfolgen darf, wenn die Genehmigung erteilt ist.

Die Genehmigung der Satzung durch die Aufsichtsbehörde ist eine der Gültigkeitsvoraussetzungen zum Erlass der Satzung. Nach dem Sachverhalt wird in der Satzung u. a. die Kreditermächtigung festgesetzt. Gemäß § 108 Abs. 2 KVG bedarf die Festsetzung des Gesamtbetrags der Kredite im Rahmen der Haushaltssatzung der

Genehmigung der Aufsichtsbehörde. Somit hätte die Satzung erst nach Vorlage der erforderlichen Genehmigung bekannt gemacht werden dürfen.

Laut Sachverhalt wird auch nicht die Haushaltssatzung bekanntgemacht, sondern nur ein Hinweis gegeben, dass die Satzung nebst Anlagen ausliegt. Die Haushaltssatzung ist wie jede andere Satzung öffentlich bekanntzumachen (§ 102 Abs. 2 KVG). Die Bekanntmachung hat in der in Anlage 1 der Muster zum NKHR (Muster zu § 100 i. V. m. § 102 Abs. 2 KVG) verbindlich vorgeschriebenen Form zu erfolgen. Nach § 102 Abs. 2 KVG ist „nur" der Haushaltsplan an sieben Tagen öffentlich auszulegen.

Bezüglich der sieben Tage (laut Sachverhalt) wäre noch anzumerken, dass an sieben Tagen Gelegenheit zur Einsichtnahme bestehen muss. Somit sind hier die dienstfreien Zeiten der Verwaltung zu berücksichtigen.

19. Die Ausführung des Haushalts

19.1 Erhebung von Einzahlungen

19.1.1 Rechtzeitige Einziehung der Einzahlungen

Die Haushaltswirtschaft ist gemäß § 98 Abs. 2 KVG wirtschaftlich und sparsam zu führen. Ein Aspekt dieses Grundsatzes ist es, die Einzahlungen rechtzeitig einzuziehen. Die Gemeinde muss darauf bedacht sein, dass die Einzahlungen bei Fälligkeit auch auf den Konten der Gemeinde eingehen. Dies dient der Liquidität (§ 98 Abs. 4 KVG) und bringt auf der einen Seite Zinsgewinne durch Guthaben auf den Girokonten bzw. durch angelegte Festgelder. Auf der anderen Seite werden die Zinsaufwendungen für Liquiditätskredite vermieden bzw. verringert. Siehe dazu auch § 11 Abs. 1 KomKBVO, der eine entsprechende Liquiditätsplanung fordert.

Die Aufgabe der Einziehung der Finanzmittel erledigt primär die Finanzbuchhaltung, wobei konkret der Bereich der Zahlungsabwicklung angesprochen ist. Hier muss ein leistungsfähiges Mahn- und Vollstreckungsverfahren angesiedelt werden (§ 1 Abs. 1 Satz 2 GemKVO), welches notfalls die Einzahlungen per Zwang zu bewirken hat. Die Voraussetzungen dazu müssen aber vorangehende Buchungen in der Geschäftsbuchführung (im Wesentlichen in der Debitorenbuchhaltung) sein, denn ohne diese Buchungen verfügt der Bereich der Zahlbarmachung nicht über die notwendigen Fälligkeitsinformationen. Jedoch haben dazu vorab die mittelbewirtschaftenden Fachbereiche die notwendigen Voraussetzungen zum Einzug der Einzahlungen zu treffen. Ohne Veranlagungsbescheide im Steuer-, Gebühren- und Beitragsbereich, ohne Abrufung von Zuweisungsmitteln, ohne Vertragsabschlüsse bei Verkäufen oder Mieten, ohne Erhebung von Bußgeldern bei Ordnungswidrigkeiten, ohne Vereinbarungen über Kreditlinien usw. kann auch die leistungsfähigste Finanzbuchhaltung die Einzahlungen nicht realisieren. Insofern liegen die Grundlagen der Einzahlungseinziehung bereits in den Fachbereichen und der Kämmerei. Siehe dazu auch die Ablaufschemata in Kap. 4.2.

19.1.2 Kleinbeträge

Im privaten Rechtsverkehr ist es üblich, auf die Einziehung von geringfügigen Beträgen zu verzichten, vor allem dann, wenn die Kosten der Einziehung größer sind als die Forderung selbst. Diese Überlegungen gibt es auch auf Gemeindeebene, wo das Prinzip der Wirtschaftlichkeit gemäß § 98 Abs. 2 KVG konkret anzuwenden ist. Beim Verzicht auf den Einzug von Forderungen bedeutet dies, dass die Fachbereiche erst gar keinen Buchungsbeleg fertigen, sondern in den Akten (Büroverfügung) den Verzicht begründen. In diesen Fällen wird keine Forderung gebucht. Die Finanzbuchhaltung erhält von solchen Entscheidungen keine Kenntnis.

Für den Fall, dass eine Forderung gebucht ist und die Finanzbuchhaltung die Unwirtschaftlichkeit des Einzugs feststellt, muss eine förmliche Niederschlagung des Anspruchs erfolgen. Dieses wird in Kap. 19.4.4 behandelt.

Im kommunalen Haushaltsrecht sieht § 31 KomHVO die Möglichkeit vor, auf die Einziehung von Beträgen unter 10 € zu verzichten, es sei denn, dass die Einziehung aus grundsätzlichen Erwägungen geboten ist. Mit juristischen Personen des öffentlichen Rechts kann im Falle der Gegenseitigkeit etwas anderes vereinbart werden. Da aber die Forderungen der Gemeinde unterschiedlicher Rechtsnatur sind (öffentlich-rechtlich und privatrechtlich in den verschiedenen Unterarten), ist zunächst zu untersuchen, auf welche Einnahmearten § 31 KomHVO Anwendung findet.

Im Hinblick auf die Rechtsgrundlagen ergibt sich dabei folgender Überblick:

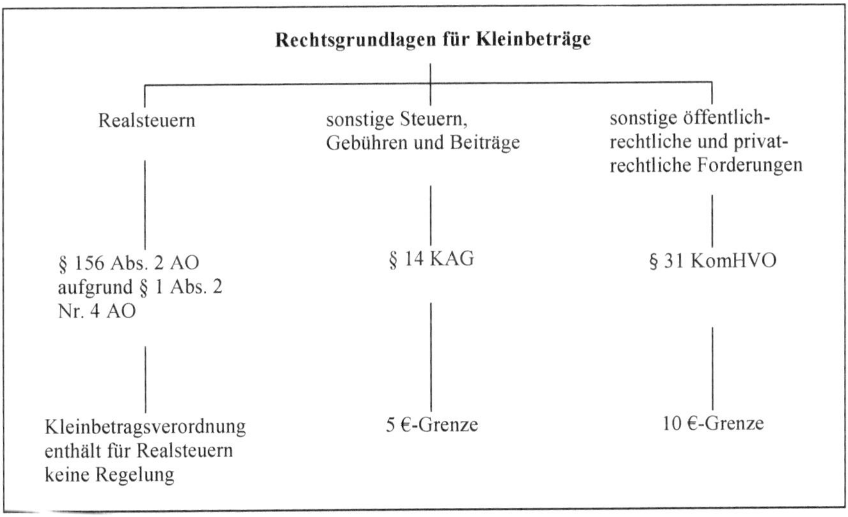

Gemäß § 1 Abs. 2 Nr. 4 AO sind die Bestimmungen des § 156 AO auch für die Grund- und Gewerbesteuern der Gemeinde (Realsteuern) anwendbar. Als Bundesrecht geht diese Bestimmung sowohl dem Kommunalabgabengesetz als auch dem kommunalen Haushaltsrecht vor. § 156 Abs. 1 Nr. 1 AO gibt dem Bundesfinanzminister die Ermächtigung, eine konkrete Eurogrenze für Kleinbeträge festzusetzen, allerdings höchstens bis zu 10 €. Die Bestimmungen des § 1 der Kleinbetragsverordnung vom 19.12.2000 (BGBl. I S. 1790) sehen zwar für eine Reihe von Steuerarten Kleinbetragsregelungen vor, nicht aber für die Grund- und Gewerbesteuer.[1] Insofern besteht für die Realsteuern keine Kleinbetragsregelung.

1 Die Festsetzung eines Kleinbetrages von 2 € in § 2 der Kleinbetragsverordnung bezieht sich nur auf den Gewerbesteuer*mess*betrag, den das Finanzamt festsetzt, nicht auf die Gewerbesteuer selbst.

Allerdings sieht § 156 Abs. 2 AO vor, dass auf die Festsetzung verzichtet werden kann, wenn die Kosten der Einziehung in keinem Verhältnis zum fordernden Betrag stehen. Eine konkrete Euro-Grenze besteht damit nicht, sodass eine reine Wirtschaftlichkeitsabwägung durchzuführen ist.

Das Kommunalabgabengesetz ist die Rechtsgrundlage für alle gemeindlichen Abgaben, soweit spezielle bundes- oder landesrechtliche Regelungen dieses nicht einschränken (§ 1 Abs. 1 KAG). Für die Kleinbeträge der Realsteuern ist – wie oben dargestellt – die Abgabenordnung Rechtsgrundlage, sodass § 14 KAG für die verbleibenden Gemeindesteuern sowie für Gebühren und Beiträge anwendbar ist. Kleinbeträge liegen gemäß § 14 KAG für diese Ertrags- und Einzahlungsarten bei Beträgen unter 10 € vor.

§ 31 KomHVO (als Rechtsverordnung auch gegenüber dem Kommunalabgabengesetz als formelles Recht nachrangig) kann somit nur noch die sonstigen öffentlich-rechtlichen Forderungen wie z. B. aus öffentlich-rechtlichen Verträgen und im Wesentlichen die privatrechtlichen Einnahmen umfassen. Die Grenze für Kleinbeträge liegt hier ebenfalls bei 10 €.

Bei den §§ 14 KAG und 31 KomHVO handelt es sich um „Kann-Vorschriften". Es liegt also im pflichtgemäßen Ermessen der Gemeinde, ob auf die Einziehung verzichtet wird. Allerdings verengt sich der Ermessensspielraum bei einmal erfolgten positiven Entscheidungen durch den Gleichbehandlungsgrundsatz. Sofern die Einziehung von Kleinbeträgen aus grundsätzlichen Erwägungen geboten ist (z. B. bei Buß- oder Verwarnungsgeldern sowie bei Verwaltungsgebühren und Eintrittsentgelten, aber auch bei Säumniszuschlägen und Vollstreckungskosten – ein Verzicht würde hier dem Sinn der Einzahlung widersprechen), sind die Gemeinden verpflichtet, auch Kleinbeträge einzuziehen.

Zwischen den juristischen Personen des öffentlichen Rechts können gemäß § 31 KomHVO im Falle der Gegenseitigkeit abweichende Regelungen vereinbart werden. Dies ist aber nicht im Rahmen der Abgabenordnung und des Kommunalabgabengesetzes möglich, weil dort die Ermächtigungsgrundlagen fehlen. Lediglich § 31 KomHVO lässt dies zu, somit ist es also nur für den Bereich der sonstigen öffentlich-rechtlichen Forderungen sowie privatrechtlichen Ansprüche möglich. Allerdings sind solche Absprachen bisher nicht bekannt und auch weitgehend überflüssig, weil der Zahlungsverkehr in diesem Bereich nicht sehr umfangreich ist bzw. sich nicht in geringfügigen Größenordnungen abspielt.

Die 10-€-Grenze orientiert sich an den Kosten der Einziehung von Finanzmitteln. Erst ab einer bestimmten Größenordnung ist die Festsetzung und Einziehung von Beträgen wirtschaftlich sinnvoll. Insofern empfiehlt es sich, auch bei privatrechtlichen Forderungen die Grenze des § 31 KomHVO als Maßstab zu verwenden.

19.1.3 Rundungen

In früheren Zeiten des überwiegenden Bargeldverkehrs gab es bei den Einzahlungen oft Engpässe, vor allem, wenn Pfennige – heute: Cent – als Wechselgeld benötigt wurden. Es bestand somit ein Bedarf, die Forderungen der Gemeinden abrunden zu können (Rundung nach unten zugunsten des Schuldners). Heute, im Zeitalter des bargeldlosen Verkehrs, erübrigt sich eigentlich eine solche Möglichkeit, weil es für die Beteiligten rechtlich und praktisch ohne Bedeutung ist, ob die Überweisung einer Forderung nun z. B. mit 141,28 € oder 141,20 € erfolgt. Auch bei der DV-Bearbeitung ist dies ohne Belang.

Kommunalverfassung und Kommunalhaushaltsverordnung haben deshalb darauf verzichtet, Abrundungsmöglichkeiten bei Forderungen vorzusehen. Allerdings sind sowohl in der Abgabenordnung als auch im Kommunalabgabengesetz Vorschriften über Rundungen enthalten, was aus den oben geschilderten Gründen jedoch unverständlich ist.

Der nachstehende Überblick reicht wegen der geringen praktischen Bedeutung für die Gesamtdarstellung aus:

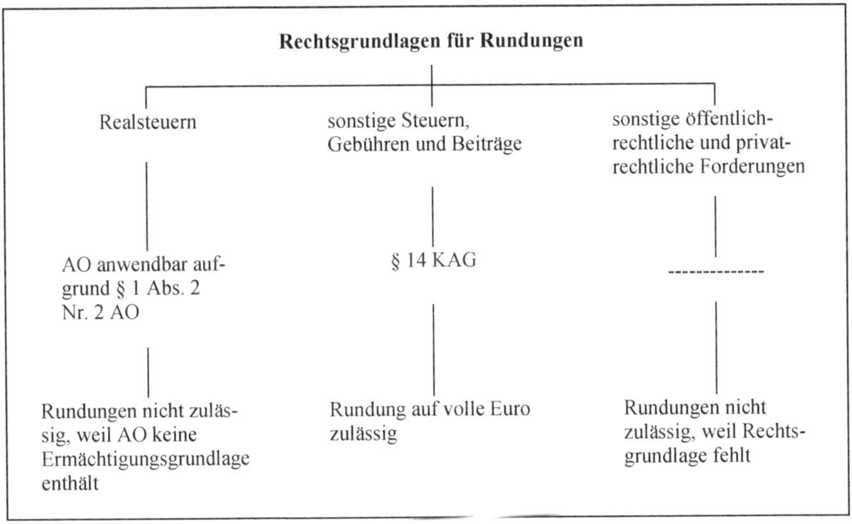

19.1.4 Übung

Sachverhalt Nr. 1:
Die zuständigen Ämter der Gemeinde G möchten auf die Erhebung der nachstehenden Forderungen aus Kostengründen (Einziehungskosten sind größer als die Forderungsbeträge) verzichten:

a) Kanalbenutzungsgebühr 4,38 €
b) Gewerbesteuer 9,24 €
c) Mietrestforderung 3,93 €
d) Restforderung aus Erschließungsbeitrag 4,31 €

Aufgaben:

1. Ist der jeweilige Verzicht auf die Erhebung zulässig?
2. Können die im Sachverhalt genannten Forderungen auch auf volle Euro abgerundet werden?

Lösung:

Bei den Forderungen des Sachverhalts handelt es sich um unterschiedliche Forderungsarten, sodass jeder Geschäftsvorfall für sich zu betrachten ist. Entscheidend für die Lösung ist das Auffinden der entsprechenden Rechtsgrundlage. Dabei besteht dieselbe Normengruppe sowohl für die Erhebung von Kleinbeträgen als auch für die Problematik der Rundungen. Aus diesem Grunde ist es angebracht, die Aufgaben 1.1 und 1.2 im Zusammenhang zu lösen.

a) *Kanalbenutzungsgebühr*
   Es handelt sich um eine öffentlich-rechtliche Gebühr i. S. d. § 5 KAG, somit um eine Abgabe gemäß § 1 Abs. 1 KAG. Bundes- und landesrechtliche Spezialvorschriften bestehen für diesen Bereich nicht, sodass das Kommunalabgabengesetz anzuwenden ist. Als formelles und spezielles Landesgesetz geht es den haushaltsrechtlichen Vorschriften vor. Gemäß § 14 Abs. 1 KAG kann auf Forderungen unter 10 € verzichtet werden, sodass die Gemeinde die Kanalbenutzungsgebühr von 4,38 € nicht erheben muss. Eine Abrundung der Forderung könnte gemäß § 14 Abs. 2 KAG auf volle Euro und damit auf 4,00 € erfolgen.
b) *Gewerbesteuer*
   Gemäß § 1 Abs. 2 Nr. 4 AO sind die Bestimmungen der Abgabenordnung über die Durchführung der Besteuerung auch auf die Realsteuern, zu denen die Gewerbesteuer gemäß § 3 Abs. 2 AO zählt, anzuwenden. § 156 AO beinhaltet dann auch konkrete Regelungen über Kleinbeträge und Rundungsmöglichkeiten. Die nach § 156 Abs. 1 Nr. 1 AO erlassene Kleinbetragsverordnung vom 10.12.1980 in der zurzeit geltenden Fassung enthält für eine Reihe von Steuern Ermächtigungen zum Erhebungsverzicht bei Kleinbeträgen. Die Gewerbesteuer ist allerdings in diesem Katalog nicht enthalten, sodass ein genereller Verzicht auf den Kleinbetrag nicht möglich ist. Allerdings kann nach § 156 Abs. 2 AO auf die Festsetzung der Steuern verzichtet werden, wenn die Kosten der Einziehung in keinem Verhältnis zur Steuerforderung stehen, was laut Sachverhalt vorliegt. In Bezug auf eine Abrundung enthält § 156 Abs. 1 Nr. 2 AO wiederum die Ermächtigung zum Erlass einer Rechtsverordnung durch den Bundesminister für Finanzen. § 8 Abs. 1 der Kleinbetragsverordnung vom 10.12.1980 in der zurzeit geltenden Fassung sieht ausdrücklich vor, dass bis auf die Grundsteuer sämtliche Steuerforderungen auf volle Euro abzurunden sind. Insofern ist die Gemeinde, wenn sie nicht auf die Erhebung verzichten will, verpflichtet, die Gewerbesteuerforderung auf 9,00 € abzurunden und festzusetzen.
c) *Mietrestforderung*
   Es handelt sich um eine privatrechtliche Forderung, sodass weder die Abgabenordnung noch das Kommunalabgabengesetz anwendbar sind. Beide gelten nur bei öffentlich-rechtlichen Forderungen. Es verbleibt somit die Regelung des § 31

KomHVO. Danach kann auf Forderungen unter 10 € verzichtet werden, sodass die hier bestehende Mietrestforderung in Höhe von 3,93 € nicht festgesetzt und erhoben werden muss. Falls die Gemeinde aus grundsätzlichen Erwägungen dennoch die Mietrestforderung einziehen will, ist eine Abrundung jedoch unzulässig, weil keine gesetzliche Ermächtigung für Forderungen des Privatrechts vorliegt. Die Festsetzung würde dann 3,93 € betragen.

d) *Restforderung aus Erschließungsbeitrag*
Gemäß § 1 Abs. 1 KAG zählen auch die Beiträge zu den Abgaben. Soweit bundes- und landesrechtliche Gesetze nichts anderes regeln, ist das Kommunalabgabengesetz anwendbar. Die Abgabenordnung kommt nicht in Betracht, weil sie nur Regelungen über Steuern enthält. Erschließungsbeiträge werden aber aufgrund der §§ 127 ff. BauGB erhoben, sodass zunächst die Vorschriften dieses Gesetzes zu prüfen sind. Lediglich § 135 Abs. 5 BauGB enthält eine Regelung über die Nichtfestsetzung von Erschließungsbeiträgen, allerdings nur in den Fällen des Vorliegens öffentlichen Interesses und unbilliger Härten. Hier geht es um das wirtschaftliche Interesse der Gemeinde, sodass die Regelung des Baugesetzbuches nicht zutrifft. Auch Regelungen über die Rundung von Erschließungsbeiträgen enthält das Baugesetzbuch nicht. Somit ist gemäß § 1 Abs. 1 KAG das Kommunalabgabengesetz anwendbar. Wie bei der Lösung zu a) dargestellt, kann gemäß § 14 KAG sowohl auf die Festsetzung von Beträgen bis 10 € verzichtet werden als auch eine Abrundung auf volle Euro erfolgen. Der Erschließungsbeitrag von 4,31 € braucht somit nicht festgesetzt und eingezogen zu werden. Im Falle einer Festsetzung aus grundsätzlichen Erwägungen darf die Forderung auf 4,00 € abgerundet werden.

19.2 Zuweisung von Haushaltsmitteln und Verpflichtungsermächtigungen sowie deren Bewirtschaftung und Überwachung

19.2.1 Zuweisung von Haushaltsmitteln und Verpflichtungsermächtigungen

Rechtsgrundlage für die spezielle gemeindliche Finanzwirtschaft ist die Haushaltssatzung. Der Haushaltsplan als Bestandteil des § 1 der Haushaltssatzung regelt die Mittelverteilung durch die sachliche Zuordnung der Gesamterträge/Gesamteinzahlungen und Gesamtaufwendungen/Gesamtauszahlungen zu den einzelnen Positionen in den Teilergebnis- und Teilfinanzplänen, wobei im Teilfinanzplan lediglich der Investitionsbereich auszuweisen ist. Das Gleiche gilt für die Verpflichtungsermächtigungen, die durch § 3 der Haushaltssatzung festgesetzt werden und in den Teilfinanzplänen konkreten Maßnahmen bzw. Finanzmittelpositionen zugeordnet sind. Da die Haushaltssatzung gemäß § 100 Abs. 1 KVG mit Beginn des Haushaltsjahres in Kraft tritt und für das gesamte Haushaltsjahr gilt, erfolgt die Zuweisung der Haushaltsmittel und Verpflichtungsermächtigungen – für jedes Haushaltsjahr neu – aufgrund des Haushaltsplans. Die dort vorhandenen Planansätze stellen die Ermächtigung für die Fachbereiche dar, Aufwendungen zu begründen, Auszahlungen zu leisten bzw. Verpflichtungen mit Auszahlungen in späteren Rechnungsperioden einzugehen. Gleichzeitig beauftragen sie die zuständigen Fachbereiche, die entweder durch den Haushaltsplan selbst oder durch besondere Dienstanweisung bestimmt sind, die veranschlagten Erträge und Einzahlungen zu erwirtschaften. Eine förmliche Zuweisung durch den Bürgermeister, Finanzdezernenten oder die Kämmerei (Fachbereich Finanzen) erfolgt demnach nicht.

Allerdings kann der Rat der Gemeinde oder auch der Bürgermeister die Mittelbewirtschaftung beschränken. So werden z. B. in der Praxis bestimmte Planpositionen oder Teile davon gesperrt. Sie werden erst mit Zeitablauf (z. B. jeweils ein Zwölftel der Ansätze zu Beginn eines jeden Monats) oder aufgrund besonderer Entscheidungen freigegeben. Solche „Sperren" können aus der Sicht der Gesamtfinanzverwaltung erforderlich sein, um eine möglichst gleichmäßige Mittelverteilung über das gesamte Jahr zu erreichen, um die Liquiditätssituation zu verbessern bzw. oder den Haushaltsausgleich von vorneherein zentral beeinflussen zu können. Solche Regelungen stellen keine haushaltswirtschaftlichen Sperren i. S. d. § 27 KomHVO dar, weil diese nur bei konkreten Gefährdungen des Haushaltsausgleichs während der Haushaltsausführung auszusprechen sind und dafür ein besonderes Verfahren erforderlich ist (für Näheres hierzu siehe Kap. 19.3.1). Man bezeichnet solche Beschränkungen vielmehr als „Mittelbewirtschaftungspläne". Für den Fall, dass solche Sperrvermerke oder sonstige Bewirtschaftungsbestimmungen bereits bei der Aufstellung des Haushaltsplans vorgesehen sind, ist dies im Haushaltsplan oder der Haushaltssatzung auszuweisen.

Im gleichen Zusammenhang wird oft die Zuweisung von Planstellen angesprochen. Zwar ist gemäß § 1 Abs. 1 Nr. 4 KomHVO der Stellenplan Bestandteil des Haushaltsplans der Gemeinde und enthält nach § 5 KomHVO nähere Regelungen über die Ausgestaltung des Stellenplans, der dann auch die Planstellen der Verwaltung ausweist. Jedoch sind die Probleme der Stellenbewirtschaftung primär Fragen der Betriebswirtschaftslehre – insbesondere der Verwaltungsorganisation – und des Dienstrechts, sodass dieses Buch den Themenkreis der Planstellenzuweisung bewusst ausspart.

19.2.2 Bewirtschaftung der Haushaltsmittel und Verpflichtungsermächtigungen

19.2.2.1 Grundsätze für den Gesamthaushalt

Die durch den Haushaltsplan erfolgte Zuweisung der Haushaltsmittel bewirkt keine Ermächtigung, ohne Rücksicht auf andere haushaltsrechtliche Erwägungen über die Mittel zu verfügen. Insofern ist darauf zu achten, dass die im Haushaltsplan enthaltenen Ermächtigungen so umgesetzt werden, dass die ausgewiesenen Ziele eingehalten und voraussichtlich erreicht werden können.

Dazu gehört unter anderem auch, dass dafür Sorge zu tragen ist, dass die Planermächtigungen für das gesamte Haushaltsjahr ausreichen. Daher bestimmt der § 25 Abs. 2 KomHVO, dass die Haushaltsansätze so zu bewirtschaften sind, dass sie für die im Haushaltsjahr anfallenden Aufwendungen und Auszahlungen ausreichen. Die Haushaltsmittel dürfen erst dann in Anspruch genommen werden, wenn die Aufgabenerfüllung es erfordert. Der Begriff „Inanspruchnahme von Haushaltsmitteln“ umfasst dabei bereits die Auftragsvergaben und sonstige Bindungen, weil hierdurch spätere Aufwendungen und Auszahlungen begründet werden. „Bewirtschaftung von Haushaltsplanmitteln“ bedeutet somit konkret die Verfügung über die Planansätze, sei es durch vertragliche oder sonstige Bindungen (z. B. durch Bewilligungsbescheide für Zuweisungen in Form eines Verwaltungsakts) oder durch direkte Aufwendungen und Auszahlungen.

Da die Inanspruchnahme der Haushaltsermächtigungen auf die Aufgabenerfüllung der Gemeinde abstellt, wird der Grundsatz der Sparsamkeit und Wirtschaftlichkeit gemäß § 98 Abs. 2 KVG angesprochen, denn solange eine Auszahlung nicht geleistet ist, können für die nicht eingesetzten Finanzierungsmittel Zinsgewinne erzielt bzw. bei Liquiditätsengpässen Zinsen für Kredite erspart werden. Dieser Grundsatz bedarf einer konkreten Auslegung. Es kann nämlich im Einzelfall aus sachlichen oder haushaltsrechtlichen Gründen notwendig sein, eine Auszahlung früher zu leisten als nach der Aufgabenerfüllung notwendig wäre. Um Beispiele dafür handelt es sich, wenn etwa eine bestimmte Ware nur zu einem feststehenden Termin im Handel zu erhalten ist (Vorratslagerung) oder wenn Preisnachlässe termingebunden gewährt werden. In diesen Fällen steht der Termin der Warenverwendung hinter dem der Warenbeschaffung zurück. In der Regel ist allerdings der letztmögliche Beschaffungs- bzw. Zahlungstermin als wirtschaftlichste Lösung auszunutzen, so z. B. bei der Zahlung von Schuldendienstleistungen, Personalauszahlungen oder bei Mieten.

Der Grundsatz der Mittelbewirtschaftung bedeutet aber auch, dass nur das Notwendigste aufzuwenden bzw. auszuzahlen ist. Dagegen wird in der Praxis vor allem am Jahresende verstoßen. Sobald die mittelbewirtschaftenden Stellen bemerken, dass noch Haushaltsmittel zur Verfügung stehen, versuchen sie regelmäßig, die Haushaltsermächtigungen noch auszuschöpfen, selbst wenn kein konkreter Bedarf besteht. Im Umgangssprachgebrauch wird dies als „Dezemberfieber“ der Verwaltung bezeichnet. Dieses verstößt eindeutig gegen den Grundsatz der Sparsamkeit und Wirtschaftlichkeit und damit gegen § 98 Abs. 2 KVG sowie auch gegen § 25 Abs. 2 KomHVO. Allerdings muss den Kämmereien (Fachbereiche Finanzen) eine gewisse „Mitschuld“ an diesen Handhabungen gegeben werden, weil in der Praxis oft festzustellen ist, dass in einem Haushaltsjahr nicht ausgeschöpfte Ermächtigungen nicht nur entfallen, sondern im nächsten Jahr durch die Kämmerei (Fachbereich Finanzen) gekürzt werden, weil ständig wiederkehrende Einsparungen unterstellt werden. Hier wäre es sicherlich besser, im Einzelfall mit der mittelbewirtschaftenden Stelle die Ursache der an sich doch erfreulichen Einsparung festzustellen und auf diesen Erkenntnissen die Planansätze der nächsten Haushaltsjahre aufzubauen. Andernfalls werden mittelbewirtschaftenden Stellen für ihre Einsparungen sogar noch bestraft. Die Bewirtschaftung von Haushaltsmitteln in Form von Budgets soll diese Problemstellung vermeiden. Näheres dazu findet sich in Kap. 14.2.2.

Für die Verpflichtungsermächtigungen gelten die Bewirtschaftungsgrundsätze gemäß § 25 Abs. 5 KomHVO entsprechend.

19.2.2.2 Besondere Grundsätze für Investitionen

Über die Ansätze für Auszahlungen des Finanzplans[2] enthält § 25 Abs. 3 KomHVO zusätzliche Bewirtschaftungsgrundsätze. Während bei der Inanspruchnahme der sonstigen Ermächtigungen die Finanzierung der Aufwendungen und/oder der Auszahlungen nach § 25 Abs. 2 KomHVO ausreichen muss, dürfen Auszahlungsermächtigungen für Investitionen erst in Anspruch genommen werden, wenn die rechtzeitige Bereitstellung der Deckungsmittel gesichert werden kann. Die Finanzierung anderer, bereits begonnener Maßnahmen darf nicht gefährdet werden. Bei den Deckungsmitteln ist zwischen den speziellen Einzahlungen für die Maßnahme und den allgemeinen Deckungsmitteln zu unterscheiden. Die Sicherung der speziellen Einzahlungen, die im Teilfinanzplan im entsprechenden Investitionsbereich ausgewiesen sind (z. B. zweckgebundene Zuweisungen und mit der Maßnahme zusammenhängende Verkaufserlöse bzw. Beiträge), kann in der Regel von den zuständigen Fachämtern (Fachbereiche) beurteilt werden. Über die allgemeinen Deckungsmittel wie z. B. allgemeine Zuweisungen, Steuern, Gebühren, Kredite sowie nicht maßnahmegebundene Verkaufserlöse und damit über die Gesamtfinanzsituation kann nur die Kämmerei (Fachbereich Finanzen) Kenntnisse besitzen. Die mittelbewirtschaftende Stelle kann somit gar nicht vollständig selbst darüber entscheiden, ob die Deckungsmittel im Einzelfall gesichert sind. In der Praxis bestehen deshalb regelmäßig Dienstanweisungen, nach denen der Beginn einer Investitionsmaßnahme, also bereits die Auftragsvergabe von der Zustimmung des Finanzdezernenten bzw. der Kämmerei (Fachbereich Finanzen) abhängig ist, es sei denn, dass vorab die Finanzverwaltung in Bezug auf die allgemeinen Deckungsmittel Freigaben erteilt hat.

Der Begriff „rechtzeitige Bereitstellung" i. S. d. § 25 Abs. 3 Satz 1 KomHVO ist jedoch weit auszulegen. Einmal bedeutet dies die Sicherstellung der Deckungsmittel bis zum Ende des Haushaltsjahres. Die vorherige Deckung ist ja vor allem bei Zuweisungen kaum möglich, weil die Zahlungen nach dem jeweiligen Baufortschritt, also nachträglich geleistet werden. Zum anderen brauchen die Deckungsmittel nicht unbedingt rechtlich abgesichert zu sein. Die Gemeinde muss lediglich damit rechnen können, dass die erforderlichen Mittel im Laufe des Haushaltsjahres verfügbar sind. So genügen z. B. bei Zuweisungen und Krediten Zusicherungen der bewilligenden Institutionen (Landesbehörden, Banken).

Eine besondere Voraussetzung für die Inanspruchnahme von Auszahlungsermächtigungen für Investitionen, die unterhalb einer vom Gemeinderat festgesetzten Wertgrenze liegen, enthält § 11 Abs. 2 KomHVO. Da für diese Maßnahmen keine Wirtschaftlichkeitsvergleiche, Bauplanerstellungen usw. im Sinne von § 11 Abs. 1 KomHVO vor der Veranschlagung im Finanzplan erforderlich sind, muss jetzt im Rahmen der Haushaltsausführung mindestens eine Wirtschaftlichkeitsbetrachtung angestellt werden, bevor ein Auftrag erteilt werden darf. Diese Vorschrift dient dem Nachweis der Wirtschaftlichkeit bei der Inanspruchnahme der Haushaltsermächtigungen.

2 Hier kann der Verordnungsgeber nur die Investitionsermächtigungen gemeint haben, da ansonsten die Rechtsvorschrift des § 25 Abs. 2 KomHVO keinen Sinn macht.

19.2.3 Überwachung der Haushaltsermächtigungen

Die Inanspruchnahme von Aufwendungs-, Auszahlungs- und Verpflichtungsermächtigungen ist nur mithilfe einer laufenden Überwachung möglich. § 25 Abs. 4 und 5 KomHVO sieht dann auch für die Ermächtigungen des Haushaltsplans (Aufwendungs-, Auszahlungs- und Verpflichtungsermächtigungen) die Pflicht der Mittelüberwachung vor. Die Inanspruchnahme von Aufwendungs- und Auszahlungsermächtigungen kann in den doppischen Buchungsverbund eingegliedert werden, indem ein Abgleich der Aufwendung bzw. Auszahlung mit den noch verfügbaren Planermächtigungen stattfindet. Das bedeutet aber auch, dass bereits die Inanspruchnahme der Ermächtigungen durch vertragliche Bindungen (Auftragsvergabe, Bestellungen usw.) zu erfassen ist. Da die Verpflichtungsermächtigungen nicht im doppischen Buchungsverbund enthalten sind, müssen hierzu besondere Überwachungssysteme installiert werden. Dabei wird es in der Praxis unterschiedliche DV-Verfahren geben, die jedoch immer die Vorgaben des § 25 Abs. 4 und 5 KomHVO zu realisieren haben. Die Buchführung erfolgt in der Finanzbuchhaltung, sodass auch hier die Überwachung der Planermächtigungen anzusiedeln ist. Dabei kann die Gemeinde selbst entscheiden, ob sie diese „Arbeitsvorgänge" zentral oder dezentral abwickeln will. Allerdings ist dafür Sorge zu tragen, dass die mittelbewirtschaftenden Stellen tagesaktuell über den Stand und die Abwicklung ihrer Planermächtigungen informiert sind.

Das eigentliche Überwachungsverfahren sollte von jedem Mitarbeiter der Gemeindeverwaltung mit finanziellen Bezügen beherrscht werden, denn nur mit dieser Kenntnis können Informationen über den Stand der Planermächtigungen gewonnen werden. Ein Beispiel für die konkrete Haushaltsüberwachung auf der Ebene einer einzelnen Aufwandermächtigung enthält der Sachverhalt Nr. 4 in diesem Kapitel. Die Lösung des Falls beinhaltet dann auch ausführliche Erläuterungen der Bearbeitungsvorgänge.

Ergänzend zu diesem praktischen Fall sei darauf verwiesen, dass die am Jahresende noch nicht in Aufwendungen oder Zahlungen umgewandelten Vormerkungen in die Überwachung des nächsten Haushaltsjahres übertragen werden müssen, soweit nicht entsprechende Verbindlichkeiten oder Rückstellungen im Rahmen des Jahresabschlusses zu buchen sind. Dies wird dann in der Regel auch mit einer Ermächtigungsübertragung nach § 19 KomHVO verbunden sein.

Für durchlaufende Zahlungen und fremde Finanzmittel nach § 14 KomHVO sehen die Regelungen keine förmlichen Überwachungspflichten vor. Dies ist auch nachzuvollziehen, weil es für diese Bereiche keine Planermächtigungen gibt (Abwicklung außerhalb des Haushaltsplans). Allerdings werden auch hier die zuständigen Fachbereiche oder die Finanzbuchhaltung, falls die Zahlungen über die Gemeinde abgewickelt werden, geeignete Nachweise führen.

19.2.4 Übungen

Sachverhalt Nr. 2:
Zum 1.12.2024 soll die neue Grundschule in der Gemeinde G in Betrieb genommen werden. Die Firma F bietet an, die notwendige Erstausstattung an Kreide, Schwämme usw. in der letzten Novemberwoche zu einem Gesamtpreis von 8.000 € zu liefern. Gleichzeitig teilt sie mit, dass bei Abnahme bis zum 30.9.2024 noch ein 10 % niedrigerer Verkaufspreis angeboten werden könne. Die Sachbearbeiterin im Schulverwaltungsamt der Gemeinde G bedauert gegenüber der Firma F, dieses preisgünstige Angebot aufgrund der Vorschrift des § 25 Abs. 2 KomHVO nicht annehmen zu dürfen.

Aufgabe:
Beurteilen Sie die Entscheidung der Sachbearbeiterin.

Lösung:
Konkrete Regelungen über die Bewirtschaftung von Haushaltsmitteln enthält § 25 Abs. 2 KomHVO. Danach darf erst dann, wenn der Aufgabenzweck es erfordert, über Haushaltsermächtigungen verfügt werden. Da die neue Grundschule erst zum 1.12.2024 in Betrieb genommen werden soll, braucht auch erst zu diesem Zeitpunkt die notwendige Erstausstattung an Kreide, Schwämmen u. Ä. vorhanden zu sein. Eine Lieferung im November des Jahres würde dafür durchaus reichen. Da der Sachverhalt Besonderheiten wie z. B. längere Lieferfristen nicht enthält, dürfte die Bestellung etwa Anfang November 2024 erforderlich werden.

Demgegenüber steht das Angebot der Lieferfirma, bei einer Lieferung bis zum 30.9.2024 einen 10 %igen Preisnachlass zu gewähren. Die Gemeinde würde somit bei der vorzeitigen Abnahme 800 € sparen, was nach dem Grundsatz der Sparsamkeit und Wirtschaftlichkeit gemäß § 98 Abs. 2 KVG zu beachten ist, zumal der Sachverhalt keine Anhaltspunkte über eventuelle Lagerschwierigkeiten bei vorzeitiger Lieferung enthält.

Es fragt sich somit, in welchem Verhältnis die konkrete Regelung des § 25 Abs. 2 KomHVO zum Grundsatz der Sparsamkeit und Wirtschaftlichkeit steht. Gesetzessystematisch ist festzustellen, dass das KVG als formelles Gesetz der KomHVO als rein materielles Recht vorgeht. Somit wäre der Grundsatz der Sparsamkeit und Wirtschaftlichkeit nach § 98 Abs. 2 KVG vorzuziehen. § 25 Abs. 2 KomHVO schließt dies entgegen der Ansicht der Sachbearbeiterin auch nicht aus, denn die dort angesprochene „Aufgabenerfüllung" bedeutet ja auch immer eine sparsame und wirtschaftliche Aufgabenerfüllung, denn jedes Handeln der Gemeinde unterliegt diesen Erwägungen. Insofern bedingt eine wirtschaftlich sinnvolle Aufgabenerfüllung die Beschaffung der Ausrüstungsgegenstände bis zum 30.9.2024, um den niedrigeren Kaufpreis zu erhalten. Eine 10 %ige Einsparung kann ja auch nicht durch Zinsgewinne auf dem Girokonto ausgeglichen werden.

Mit ihrer Entscheidung verstößt die Sachbearbeiterin sowohl unmittelbar gegen § 25 Abs. 2 KomHVO als auch gegen § 98 Abs. 2 KVG durch Nichtbeachtung des Grundsatzes der Sparsamkeit und Wirtschaftlichkeit.

Sachverhalt Nr. 3:
Im Teilfinanzplanplan der Gemeinde G ist in 2025 u. a. in der Einzelübersicht der Investitionsmaßnahmen Folgendes aufgeführt (vereinfachte Darstellung):

Übersicht Investitionsmaßnahmen	**Ansatz 2025**	**VE 2025**	**Planung 2026**	**Planung 2027**	**Planung 2028**
Maßnahmen oberhalb der Wertgrenze					
Einzahlung: Bundeszuweisung Schule Nord	1.000.000		0	0	0
Einzahlung: Landeszuweisung Schule Nord	500.000		0	0	0
Auszahlung: Baumaßnahme Schule Nord	4.000.000	0	0	0	0
Saldo Investitionsmaßnahme Schule Nord	–2.500.000	0	0	0	0

Der Sachstand im Februar 2025 lautet:

Im Zuweisungsbescheid des Bundes ist die Auszahlung der 1.000.000 € für den 12.12.2025 zugesichert, falls bis dahin der Rohbau planmäßig erstellt ist. Die Bewilligungsbehörde des Landes hat noch keinen formellen Bewilligungsbescheid ausgestellt, jedoch bereits schriftlich zugesagt, mindestens 500.000 € in 2025 auszuzahlen.

Der ausgeglichene Haushalt der Gemeinde G enthält als allgemeine Deckungsmittel lediglich die Veräußerung von Finanzanlagen und Kreditaufnahmen.[3] Die Finanzanlagen werden veräußert und spätestens am 31.12.2025 kassenwirksam zur Verfügung stehen. Über den Kredit besteht ein Vertrag mit einer Auszahlungszusicherung für 2025.

Aufgabe:
Begutachten Sie, ob bereits im Februar 2025 der Bauauftrag für die Schule Nord vergeben werden kann.

Lösung:
Im Teilfinanzplan der Gemeinde G für 2025 sind für die Baumaßnahme Nord als Auszahlungsermächtigungen 4.000.000 € veranschlagt. Aus dem Sachverhalt ist eine Verfügungsbeschränkung für diese Auszahlungsermächtigung nicht ersichtlich. Gemäß § 25 Abs. 3 KomHVO dürfen jedoch Investitionsermächtigungen erst in Anspruch genommen werden, wenn die rechtzeitige Bereitstellung der Deckungsmittel gesichert ist. Aus diesem Grunde ist die Finanzierung der Maßnahme näher zu untersuchen.

- *Zuweisung des Bundes*
  Der Zuweisungsbescheid (Verwaltungsakt im Sinne der Zweistufentheorie im allgemeinen Verwaltungsrecht) sichert die Auszahlung zum 12.12.2025 zu. Die Haushaltswirtschaft wird vom Prinzip der Jährlichkeit beherrscht, sodass der Begriff „rechtzeitig" im § 25 Abs. 3 KomHVO auf den Zahlungseingang im Laufe des

3 Für Übungszwecke vereinfacht.

Haushaltsjahres abstellt, was hier gegeben ist. Die Zuweisungsleistung – und damit der Deckungsanteil von 1.000.000 € – ist gesichert. Die Rohbauerstellung als weitere Bedingung für die Zuweisungszahlung liegt im Bereich der Gemeinde und soll ja gerade durch die Auftragsvergabe im Februar 2025 sichergestellt werden.

- *Zuweisung des Landes*
  Es liegt zwar noch kein formeller Bewilligungsbescheid vor, aber die Zusage für einen später zu erlassenden Verwaltungsakt besteht. Dabei ist ausdrücklich versichert worden, dass mindestens 500.000 € in 2025 zur Auszahlung gelangen. Die Zusicherung einer Stelle der öffentlichen Hand erfüllt die Anforderungen der Deckungssicherung i. S. d. § 25 Abs. 3 KomHVO durchaus, denn eine rechtliche Verpflichtung wird nicht verlangt. Es erübrigt sich demnach auch die Prüfung, ob bereits die Zusage der Landesbewilligungsbehörde ein verbindlicher Verwaltungsakt ist.
- *Veräußerung der Finanzanlagen*
  Neben den speziellen Deckungsmitteln sind die allgemeinen Deckungsmittelmittel zu prüfen. Da die genauen Anteile dieser Deckungsmittel für die Schule Nord wegen der Gesamtdeckung nach § 16 KomHVO nicht präzisiert werden können, müssen alle allgemeinen Finanzierungsmittel in Erwägung gezogen werden. Wie bei der Bundeszuweisung dargestellt, reicht die Verfügbarkeit der Mittel bis 31.12.2025 aus, was hier mit dem spätesten Termin des 31.12.2025 gegeben ist.
- *Kreditaufnahme*
  Bei der Auszahlungszusicherung in 2025 für den Kredit handelt es sich um eine vertragliche Regelung, sodass diese Deckungsmittel sowohl rechtlich als auch tatsächlich gesichert sind.

Die Bereitstellung der Deckungsmittel i. S. d. § 25 Abs. 3 KomHVO ist somit gesichert, sodass der Auftrag erteilt werden kann.

Sachverhalt Nr. 4:
Bei der Gemeinde G sind für die Unterhaltung des Bauhofgebäudes Aufwendungsermächtigungen in Höhe von 104.000 € im Haushalt 2025 bereitgestellt. Außerdem steht bei dieser Planposition noch eine nach § 20 Abs. 1 KomHVO übertragene Aufwendungsermächtigung aus dem Jahr 2024 in Höhe von 16.000 € zur Verfügung. In 2025 fallen folgende Geschäftsvorfälle an:

(Nr. 1 und 2 sind für die Ermächtigungsvortragungen vorgesehen.)

3.	3.1.	Auftrag Fa. Walter Neudeckung des Daches	68.000 €
4.	3.1.	Rechnung der Fa. Meier Fensterreparatur (ohne schriftlichen Auftrag)	200 €
5.	13.1.	Auftrag Fa. Riese Erneuerung der Türen	10.000 €

6.	21.1.	Erster Abschlag Fa. Walter	20.000 €
7.	28.1.	Auftrag Fa. Weinreich Anstreicherarbeiten	800 €
8.	28.1.	Zweiter Abschlag Fa. Walter	20.000 €
9.	7.2.	Erster Abschlag Fa. Riese	6.000 €
10.	10.2.	Gesamtrechnung Fa. Weinreich	900 €
11.	11.2.	Schlussrechnung Fa. Walter	70.200 €
12.	17.2.	Deckungsfähigkeit innerhalb des Budgets	+2.000 €
13.	17.2.	Auftrag Fa. Haak Erneuerung des Fußbodens	40.000 €
14.	25.2.	Schlussrechnung Fa. Riese	9.300 €
15.	10.3.	Berechtigte Nachforderung der Fa. Walter	600 €
16.	10.3.	Gesamtrechnung Fa. Haak	39.900 €

Aufgabe:

Erfassen Sie die Geschäftsvorfälle nach einem System, das den Anforderungen des § 25 Abs. 4 KomHVO entspricht, und erläutern Sie die Bearbeitungsvorgänge ausführlich. Unterstellen Sie dabei, dass für diese konkrete Aufwendungsposition eine Überwachung durchgeführt wird. Die Buchungen auf dem entsprechenden Auszahlungskonto sind nicht darzustellen.

Lösung:[4]

Die im Sachverhalt enthaltenen Aufwendungen werden auf den entsprechenden Konten im Rahmen der Finanzbuchhaltung gebucht. Das System ist so zu erweitern, dass auch die Aufträge (vertragliche Verpflichtungen) erfasst werden können, weil bereits durch die Auftragsvergaben die Planermächtigungen in Anspruch genommen werden. Die konkrete Darstellung in der Praxis erfolgt unterschiedlich nach den einzelnen DV-Verfahren. In der Lösung wird deshalb ein Verfahren gewählt, aus dem die einzelnen Buchungen und Inanspruchnahmen erkennbar sind. Das Überwachungsblatt ist im Folgenden dargestellt:

4 Die Lösung berücksichtigt entsprechend der Aufgabenstellung die Überwachung bei der konkreten Aufwandposition, die nach dem Produktbereichs- und Kontenrahmen festgelegt wurde. Dabei wurden die Produktnummer und Unterkontierungen willkürlich gewählt. In der Praxis sind natürlich auch andere Überwachungsverfahren im Rahmen des Controllings zulässig und sinnvoll (z. B. Überwachung von Planvorgaben in den Teilplänen durch Vorgabe anteiliger Jahresteilermächtigungen).

Budgetüberwachung für Aufwendungen

Ermächtigungen aus Vorjahren:	16.000 €	**Üpl.- und apl. Bewilligungen:**	€	**Haushaltsjahr:**
Ermächtigungsansatz lfd. Jahr:	104.000 €	**Deckung nach § 17 Abs. 2 KomHVO:**	€	2025
Änderungen durch Nachträge:	0 €	**abzüglich Sperren:**	€	**Buchungsstelle:**
Änderungen nach Budgetregeln:	2.000 €	**Ermächtigung insgesamt:**	122.000 €	1113 5211

Lfd. Nr.	Datum	Hin-weis Nr.	Text	Aufwendungs-ermächtigung €	Vormerkungen (Aufträge) €	ausgelöste Aufwendungen €	Aufrechnung Vormerkungen €	Aufrechnung Aufwendungen €	verfügbar €
1	2	3	4	5	6	7	8	9	10
1	01.01.	–	Haushaltsermächtigung	104.000	–	–	–	–	104.000
2	01.01.	–	Ermächtigung a.V.	16.000	–	–	–	–	120.000
3	03.01.	–	Fa. Walter	–	68.000	–	68.000	–	52.000
4	03.01.	–	Fa. Meier	–	–	200	68.000	200	51.800
5	13.01.	–	Fa. Riese	–	10.000	–	78.000	200	41.800
6	21.01.	3	Fa. Walter	–	– 20.000	20.000	58.000	20.200	41.800
7	28.01.	–	Fa. Weinreich	–	800	–	58.800	20.200	41.000
8	28.01.	3	Fa. Walter	–	– 20.000	20.000	38.800	40.200	41.000
9	07.02.	5	Fa. Riese	–	– 6.000	6.000	32.800	46.200	41.000
10	10.02.	7	Fa. Weinreich	–	– 800	900	32.000	47.100	40.900
11	11.02.	3	Fa. Walter	–	– 28.000	30.200	4.000	77.300	38.700
12	17.02.	–	Budgetbereitstellung	2.000	–	–	4.000	77.300	40.700
13	17.02.	–	Fa. Haak	–	40.000	–	44.000	77.300	700
14	25.02.	5	Fa. Riese	–	– 4.000	3.300	40.000	80.600	1.400
15	10.03.	–	Fa. Walter	–	–	600	40.000	81.200	800
16	10.03.	13	Fa. Haak	–	– 40.000	39.900	–	121.100	900

Erläuterungen:

- *Ermächtigungsvortragungen (Lfd. Nrn. 1 und 2)*
  Bevor die eigentlichen Bewegungen gebucht werden, sind zunächst die Aufwendungsermächtigungen vorzutragen. Geht man davon aus, dass die Haushaltssatzung für das Haushaltsjahr 2025 bereits am Jahresanfang rechtskräftig ist, kann als Datum der 1.1.2025 eingesetzt werden. In der Spalte „Lfd. Nr." wird jede Buchung einzeln durchnummeriert.
  Die Aufwendungsermächtigung besteht laut Sachverhalt zunächst aus der Ermächtigung des Haushaltsplans in Höhe von 104.000 €, die in Spalte 5 einzusetzen ist. In Spalte 4 empfiehlt es sich, den Hinweis auf die Art der Aufwendungsermächtigung zu geben. Die aus 2024 übertragene Aufwendungsermächtigung in Höhe von 16.000 € erhöht die Planposition gemäß § 19 KomHVO entsprechend, sodass nach erfolgter Vortragung eine Gesamtaufwendungsermächtigung von 120.000 € besteht (siehe Spalte 10).
- *Geschäftsvorfall 3*
  Die Neudeckung des Daches wird nach Abschluss der Arbeiten Aufwendungen von ca. 68.000 € verursachen. Bereits bei der Auftragserteilung an die Fa. Walter muss dieser Betrag eingeplant, d. h. beim verfügbaren Betrag abgesetzt werden, weil dieser Teil der Aufwendungsermächtigung nun nicht mehr für andere Zwecke einsetzbar ist. Die 68.000 € sind darum in Spalte 6 zu erfassen, die für Aufträge vorgesehen ist. In Spalte 8 erscheint der Betrag ein zweites Mal, weil hier die Zahlen der Spalte 6 aufgerechnet werden. Der vorgenannte Betrag ist dann vom verfügbaren Betrag in Spalte 10 abzuziehen, sodass jetzt nur noch 52.000 € verfügbar sind.
- *Geschäftsvorfall 4*
  Für die Aufwendungen von 200 € an die Fa. Meier war kein Auftrag vorgemerkt. Der Betrag ist somit unmittelbar in Spalte 7 zu übernehmen und erscheint dann entsprechend als Aufrechnungsbetrag in Spalte 9. Er vermindert den verfügbaren Betrag auf 51.800 €. In der Aufrechnungsspalte 8 für Aufträge muss wieder der Betrag von 68.000 € erscheinen, weil hier stets der neueste Stand ausgewiesen wird.
- *Geschäftsvorfall 5*
  Der Auftrag der Fa. Riese führt zu einer Erfassung in Spalte 6 und somit zu einer Erhöhung der Gesamtaufträge in Spalte 8 auf 78.000 €. In Spalte 9 müssen wiederum 200 € erscheinen, weil der Stand der Aufwendungen am 13.1.2025 200 € beträgt. Der verfügbare Betrag in Spalte 10 verringert sich um 10.000 € auf 41.800 €.
- *Geschäftsvorfall 6*
  Die Fa. Walter erhält einen Abschlag auf den Auftrag vom 3.1.2025. Da es sich um eine Aufwendung handelt, erfolgt die Buchung des Betrages zunächst in den Spalten 7 und 9. Der verfügbare Betrag (Spalte 10) ändert sich jedoch nicht, weil diese Finanzmittel bereits am 3.1.2025 durch Vormerkung des Gesamtauftrags von 68.000 € eingeplant und vom verfügbaren Betrag abgesetzt wurden. Aus dem Auftrag wird nun teilweise eine Aufwendung. Es findet somit nur eine Verschiebung von 20.000 € von den Aufträgen (Vormerkungen) zu den Aufwendungen statt. Die Aufwendungen erhöhen sich um 20.000 €, während sich die Vormerkungen um

diesen Betrag verringern. Die 20.000 € sind darum auch in Spalte 6 abzusetzen. In Spalte 8 verringert sich ebenfalls der Aufrechnungsbetrag um 20.000 € auf nunmehr 58.000 €.

Die Richtigkeit der Rechnung kann jeweils nach folgender Formel geprüft werden:
Aufwendungsermächtigung
minus Aufrechnung Aufträge
minus Aufrechnung Aufwendungen
= verfügbare Ermächtigung am Buchungstag

Gegenrechnung am 21.1.2025:

	120.000 €
	–58.000 €
	–20.200 €
noch verfügbar:	41.800 €

Da hier eine Aufwendung zu einem bereits vorgemerkten Betrag gebucht wurde, ist auf die Buchung des Ursprungsbetrags hinzuweisen, damit jederzeit festzustellen ist, wie viel noch für den Auftrag vorgemerkt ist. In Spalte 3 ist darum die Nummer des Auftrags anzugeben, also die Nr. 3.

- *Geschäftsvorfall 7*
  Siehe dazu die Erläuterungen zu den Geschäftsvorfällen 3 und 5.
- *Geschäftsvorfälle 8 und 9*
  Siehe dazu die Erläuterungen zum Geschäftsvorfall 6.
- *Geschäftsvorfall 10*
  Es wird zunächst auf den Geschäftsvorfall 6 verwiesen. Neu hieran ist jedoch, dass erstmals eine Gesamtrechnung vorliegt. Die Aufwendung in Höhe von 900 € wird in Spalte 7 gebucht und in Spalte 9 addiert. Vorgemerkt waren für den Auftrag 800 €, sodass eine Mehrbelastung von 100 € vorliegt. In der Spalte 6 wird der bei Nr. 7 erfasste Betrag wieder abgesetzt. Zwischen den Spalten 6 und 7 besteht nun ein Unterschied von 100 €, der die Gemeinde entgegen der Planung aufwendungsmäßig mehr belastet und darum beim verfügbaren Betrag in Abzug zu bringen ist, sodass nur noch 40.900 € zur Verfügung stehen.

  Die Kontrollrechnung beweist wiederum die Richtigkeit:

	120.000 €
	–32.000 €
	–47.100 €
noch verfügbar:	40.900 €

- *Geschäftsvorfall 11*
  Von der Schlussrechnung der Fa. Walter in Höhe von 70.200 € müssen die bisherigen Aufwendungen = 2 × 20.000 € abgesetzt werden, sodass nunmehr Aufwen-

dungen über 30.200 € in Spalte 7 aufzunehmen ist. Vorgemerkt sind jedoch nur noch 28.000 €, weil bei den Nrn. 6 und 8 bereits insgesamt 40.000 € vom Auftrag abgesetzt wurden. Eine nicht eingeplante zusätzliche Aufwendung von 2.200 € (Spalte 6 minus Spalte 7) verringert den verfügbaren Betrag auf 38.700 €.

- *Geschäftsvorfall 12*
  Am 17.2.2025 wird eine zusätzliche Aufwendungsermächtigung in Höhe von 2.000 € im Rahmen des Budgets bereitgestellt (echte Deckungsfähigkeit). Diese wird erforderlich, weil der verfügbare Betrag für weitere Buchungen nicht mehr ausreicht. Der Buchungsvorfall Nr. 13 zeigt bereits, dass noch ein Auftrag über 40.000 € erteilt werden soll, jedoch am 11.2.2025 nur noch 38.700 € verfügbar sind.
  Durch die zusätzliche Ermächtigungsbereitstellung bedingt erhöht sich die Aufwendungsermächtigung um 2.000 €, sodass dieser Betrag in Spalte 5 zu buchen ist. Der verfügbare Gesamtbetrag beträgt nunmehr 122.000 €. Demnach stehen nach Abzug der Aufträge und gebuchten Aufwendungen am 17.2.2025 noch 40.700 € zur Verfügung.
- *Geschäftsvorfall 13*
  Siehe dazu die Erläuterungen zu den Geschäftsvorfällen 3 und 5.
- *Geschäftsvorfall 14*
  Siehe dazu zunächst die Erläuterung zum Geschäftsvorfall 11. Die noch als Aufwendungen zu erfassende Summe von 3.300 € liegt um 700 € unter dem geschätzten Betrag, sodass der verfügbare Betrag in Spalte 10 eine Verbesserung auf 1.400 € erfährt.

  Die Kontrollrechnung beweist die Richtigkeit dieser Aussage:

	122.000 €
	–40.000 €
	–80.600 €
noch verfügbar:	1.400 €

- *Geschäftsvorfall 15*
  Es handelt sich um eine Aufwendung, die nicht mehr vorgemerkt ist, weil der Ursprungsauftrag an die Firma Walter bereits endgültig bei Nr. 11 ausgebucht wurde. In Spalte 3 erfolgt somit kein Hinweis mehr auf die Ursprungsbuchung. Ansonsten kann auf die Erläuterungen zu Geschäftsvorfall 4 verwiesen werden.
- *Geschäftsvorfall 16*
  Siehe dazu die Erläuterungen zu Geschäftsvorfall 14.

Am 10.3.2025 stehen somit noch 900 € zur Verfügung.

19.3 Haushaltswirtschaftliche Sperre und Berichtspflichten gegenüber dem Rat

19.3.1 Haushaltswirtschaftliche Sperre

Bereits in Kap. 14.3 wurde festgestellt, dass die im Haushaltsplan enthaltenen Ermächtigungen (Planansätze) nicht uneingeschränkt zur Verfügung stehen. Neben praktischen Einschränkungsmöglichkeiten, z. B. in Form von Bewirtschaftungsplänen, enthält § 25 KomHVO weitere beschränkende Bewirtschaftungsgrundsätze. Eine besondere Form der Verfügungsbeschränkung beinhaltet § 27 KomHVO, nämlich die haushaltswirtschaftliche Sperre.

Nach dieser Vorschrift kann der Bürgermeister die Inanspruchnahme der im Haushaltsplan enthaltenen Ansätze für Auszahlungs- und Verpflichtungsermächtigungen von seiner Einwilligung abhängig machen, sofern die Entwicklung der Einzahlungen oder der Auszahlungen dieses erfordert. Mit der „Entwicklung der Einzahlungen oder der Auszahlungen“ können nur negative Tendenzen angesprochen sein. Falls sich die Haushalts- und Liquiditätsentwicklung gegenüber der Planung verbessert, erübrigt sich zwangsläufig die Notwendigkeit einer haushaltswirtschaftlichen Sperre.

Die Möglichkeit, Einfluss auf das Ausschöpfen der Aufwendungs- und Auszahlungsermächtigungen im Haushaltsjahr bzw. bei Verpflichtungsermächtigungen auf die Entwicklung der mittelfristigen Planung zu nehmen, ist im Spannungsfeld zwischen Haushaltsplanung und Haushaltsausführung begründet. Der Haushaltsplan eines Jahres wird bereits im Vorjahr erstellt, sodass Vorausberechnungen und Schätzungen etwa einen Zeitraum von eineinhalb Jahren umfassen und deshalb in vielen Bereichen sehr schwierig sind. Dazu kommt, dass konjunkturelle Veränderungen auf die gemeindlichen Haushaltspläne sehr kurzfristig einwirken. Im laufenden Jahr können zwar die Haushaltspläne durch Nachtragspläne so geändert werden, dass Problemfelder beseitigt werden können. Jedoch bedingt das Instrument der Nachtragsplanung ein schwerfälliges und zeitraubendes Verfahren aufgrund der Formvorschriften des § 103 Abs. 1 Satz 2 i. V. m. § 102 KVG.

Es ist deshalb eine Möglichkeit geschaffen, um im Bedarfsfall kurzfristig und wirkungsvoll einer Gefährdung der gemeindlichen Haushaltswirtschaft gegensteuern zu können. Dieses Instrument muss zum einen der politischen Seite zustehen. Schließlich kann dieses Recht schon daraus abgeleitet werden, dass der Rat Haushaltssatzung und Haushaltsplan beschlossen hat. Insofern kann er auch regelnd in die Haushaltsausführung eingreifen. Daher sollte der Gesetzgeber dies auch in der Kommunalverfassung normieren.

Das Instrument muss zum anderen aber auch die (eigentliche) Verwaltung der Gemeinde besitzen, weil der Rat nicht unmittelbar über die notwendigen Finanzinformationen verfügt und auch die Herbeiführung eines Ratsbeschlusses einen gewissen Zeitaufwand erfordert. Dem Bürgermeister wird deshalb gemäß § 27 KomHVO das Recht zum Erlass einer haushaltswirtschaftlichen Sperre zugesprochen. Somit hat der Bürgermeister die Möglichkeit, die Ausführung von Ratsbeschlüssen zu verhindern, weil der Haushaltsplan ja im Rahmen der Haushaltssatzung vom Rat erlassen wurde. Er befindet sich demnach in einer sehr starken Position. Die Allzuständigkeit des Rates wird jedoch dadurch wieder hergestellt, dass dieser die haushaltswirtschaftliche Sperre aufheben kann. Dies entspricht auch dem allgemeinen Rückholrecht des Rates gemäß § 45 Abs. 1 KVG. Der Rat ist deshalb gemäß § 26 Abs. 2 KomHVO unverzüglich zu unterrichten, wenn sich abzeichnet, dass sich das Planergebnis des Ergebnisplans oder des Finanzplans wesentlich verschlechtert oder sich die Gesamtauszahlungen einer Maßnahme des Finanzplans nicht nur geringfügig erhöhen werden.

Der Erlass einer haushaltswirtschaftlichen Sperre liegt im pflichtgemäßen Ermessen des Bürgermeisters. Der Ermessensspielraum wird jedoch dann „auf null" reduziert, wenn der Haushaltsausgleich bzw. die Liquiditätssicherung nur durch eine haushaltswirtschaftliche Sperre erreicht werden kann. Form und Umfang der Sperre sind nicht vorgegeben. In der Praxis erfolgen regelmäßig prozentuale Kürzungen von Planpositionen für den Gesamthaushalt, wobei einzelne Ermächtigungspositionen oder Gruppen von Ermächtigungspositionen ausgenommen werden können. Daneben gibt es natürlich die Möglichkeit, gezielt Planpositionen ganz oder anteilig zu sperren, vor allem bei freiwilligen Aufgaben und nicht begonnenen Investitionsmaßnahmen. Im Einzelfall ist die Entscheidung nach ihrem Wirkungsgrad und den tatsächlichen Möglichkeiten zu treffen.

Der Bürgermeister kann die von ihm verhängte haushaltswirtschaftliche Sperre natürlich auch selbst wieder aufheben. Dies ergibt sich zwangsläufig aus der Ermächtigung, die Sperre auszusprechen. Die Aufhebung einer Sperre, die der Rat angeordnet hat, bedarf jedoch eines förmlichen Ratsbeschlusses.

19.3.2 Berichtspflichten gegenüber dem Rat

Wie bereits oben dargestellt, bestimmt der Rat durch den Haushaltsplan die finanzpolitischen Richtlinien für die Verwaltung. Wenn also im Laufe eines Haushaltsjahres gewichtige Verschiebungen des Finanzrahmens eintreten, muss der Rat darüber informiert sein. Unabhängig davon ist der Rat nach § 26 Abs. 1 KomHVO mehrmals jährlich über den Stand des Haushaltsvollzugs (Erreichung der Finanz- und Leistungsziele) zu unterrichten. Über die Veränderung durch über- und außerplanmäßige Aufwendungen bzw. Auszahlungen ist er gemäß § 105 Abs. 1 Satz 2 KVG insofern unterrichtet, als er bei erheblichen Mehraufwendungen und Mehrauszahlungen selbst zu entscheiden hat und die vom Bürgermeister genehmigten Mehrbeträge ihm zur Kenntnisnahme vorgelegt werden. Über sonstige wichtige Veränderungen ist der Rat unverzüglich, also ohne schuldhafte Verzögerung, gemäß § 26 Abs. 2 KomHVO in den folgenden Fällen zu unterrichten:

Berichtspflichten
gemäß § 26 KomHVO

- Stand des Haushaltsvollzugs – Erreichung der Finanz- und Leistungsziele – (Abs. 1)
- wesentliche Verschlechterung des Ergebnis- oder Finanzplanes (Abs. 2 Nr. 1)
- erhebliche Erhöhung der Auszahlungen einer einzelnen Investitionsmaßnahme (Abs. 2 Nr. 2)

Die Berichtspflicht nach dem Erlass einer haushaltswirtschaftlichen Sperre durch den Bürgermeister ergibt sich zwangsläufig aus dem Recht des Rates, eine solche Sperre wieder aufheben zu können. Dieses ist praktisch ja nur möglich, wenn der Rat Kenntnis vom Erlass der haushaltswirtschaftlichen Sperre erhält.

Auch wenn keine Sperre nach § 27 KomHVO ausgesprochen wurde, ist der Rat über eine wesentliche Verschlechterung des Planergebnisses des Ergebnisplanes oder des Finanzplanes zu unterrichten. Diese Situation kann z. B. im letzten Quartal des Haushaltsjahres eintreten, wenn eine haushaltswirtschaftliche Sperre aus praktischen Gründen nicht mehr ausgesprochen werden kann, weil über die Ansätze weitgehend verfügt ist, oder wenn im Haushalt der Gemeinde überhaupt nur Aufwendungen und Auszahlungen enthalten sind, die unbedingt geleistet werden müssen.

Die Selbstverwaltung einer Gemeinde zeigt sich nicht zuletzt an der Investitionstätigkeit. Hier trifft der Rat im Rahmen des Haushaltsplanes noch auf echte Auswahlkriterien und kann politisch entscheiden. Die Entscheidung zeigt sich letztlich in der Veranschlagung der einzelnen Investitionsmaßnahmen in den Teilfinanzplänen. Werden die veranschlagten Auszahlungsermächtigungen bei einzelnen Investitionsvorhaben (§ 4 Abs. 4 KomHVO) nicht nur geringfügig überschritten, ist der Rat darüber unverzüglich zu informieren. Der Begriff „geringfügig" ist von jeder Gemeinde auszulegen. In der Praxis werden konkrete Regelungen entweder in die Haushaltssatzung aufgenommen bzw. im Rahmen eines einfachen Ratsbeschlusses festgelegt. Denkbar ist auch eine Festsetzung in der Hauptsatzung. Als Beispiel wäre folgende Regelung denkbar:

Als nicht nur geringfügig i. S. d. § 26 Abs. 2 Nr. 2 KomHVO gelten Auszahlungserhöhungen um mehr als 10 %, mindestens aber um 20.000 € bei einer Einzelinvestitionsmaßnahme. Auszahlungserhöhungen von über 50.000 € sind in jedem Fall als nicht geringfügig anzusehen.

Die Gemeindehaushaltsverordnung lässt die Frage offen, wer nun den Rat zu unterrichten hat. Hier greifen die Regelungen des allgemeinen Kommunalrechts, sodass gemäß § 65 Abs. 2 KVG diese Aufgabe dem Bürgermeister obliegt.

19.4 Stundung, Niederschlagung und Erlass[5]

19.4.1 Generelle Begriffsabgrenzungen

Bevor die Materie im Einzelnen dargestellt wird, sind zum Grundverständnis die einzelnen Begriffe zumindest grob zu definieren und von einander abzugrenzen.

Stundung:	Gewährung eines Zahlungsaufschubes oder Leistungsaufschubes
Niederschlagung:	befristete oder unbefristete Zurückstellung der Weiterverfolgung eines fälligen Anspruchs ohne Verzicht auf den Anspruch selbst
Erlass:	Verzicht auf einen Anspruch

19.4.2 Rechtsgrundlagen

Bei der Bewirtschaftung von Forderungen kommt es auf die Art der Forderung an, um die zutreffende Rechtsgrundlage zu finden. Dieses wurde bereits beim Problem der Kleinbeträge und Rundungen deutlich (siehe Ziffern 19.1.2 und 19.1.3), sodass an dieser Stelle nicht noch einmal die Begründungen für die unterschiedlichen Rechtsgrundlagen zu wiederholen sind. Es reicht deshalb der nachstehende Überblick, wobei die in einigen Gesetzen enthaltenen Spezialregelungen (z. B. §§ 32 und 33 GrStG, § 42 SGB I für soziale Leistungen) der Behandlung der Spezialliteratur vorbehalten bleiben.

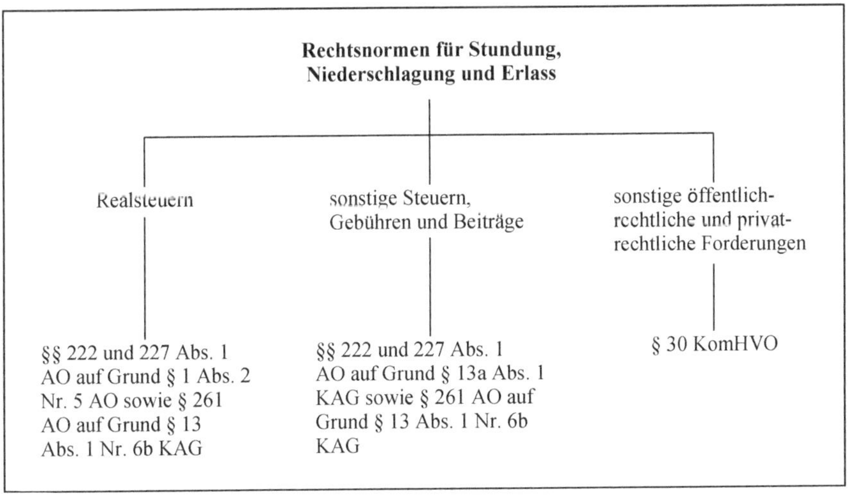

5 Die Besonderheit der Aussetzung der Vollstreckung wird als Exkurs bei Ziffer 19.4.3.4 behandelt.

Für Übungen im Auffinden der zuständigen Rechtsnorm bieten sich sinngemäß die Fälle des Sachverhalts Nr. 2 bei 19.1.4 an, bei denen ähnliche Probleme für Kleinbeträge und Rundungen bestehen.

19.4.3 Stundung

19.4.3.1 Voraussetzungen

Die Vorschriften über die Stundung in den §§ 222 AO und 30 Abs. 1 KomHVO stimmen textlich weitgehend überein. § 222 AO enthält lediglich noch folgenden zusätzlichen Text: *„Die Stundung soll in der Regel auf Antrag und gegen Sicherheitsleistung erfolgen"*. Dazu kommt noch § 234 AO mit der Regelung der Verzinsungspflicht gestundeter Beträge, während diese Bestimmung unmittelbar in den § 30 Abs. 1 KomHVO eingearbeitet ist. Wegen der weitgehenden Gleichheit der Vorschriften kann die Materie gemeinsam für alle Anspruchsarten behandelt werden, zumal auch bei Stundungen nach § 30 Abs. 1 KomHVO von den Gemeinden im Bedarfsfall Sicherheiten verlangt werden.

Wie bereits bei der generellen Definition angesprochen, bedeutet eine Stundung die Gewährung eines Zahlungs- oder Leistungsaufschubs, somit die Hinausschiebung eines Fälligkeitstermins. Ob nun der Fälligkeitstermin für die Gesamtforderung verschoben oder ob Ratenzahlung gewährt wird, richtet sich nach der Notwendigkeit des Einzelfalls. In der Praxis werden überwiegend Ratenzahlungen gewährt, weil die Schuldner die Zahlungen wegen ihrer Höhe nicht auf einmal leisten können. Denkbar wäre aber auch ein Gesamtaufschub, z. B. wenn ein Schuldner erst zu einem bestimmten Termin über die notwendigen Zahlungsmittel verfügt.

Die Stundung wird regelmäßig vom Zahlungspflichtigen beantragt, weil dieser ein Interesse am Zahlungsaufschub hat. Die Stundungsbewilligung erfolgt überwiegend in der Form des Verwaltungsakts als Stundungsbescheid, auch wenn nach den Vorschriften des § 30 Abs. 1 KomHVO bei privatrechtlichen Forderungen entschieden wird.

Eine Stundung ist nur zulässig, wenn die Einziehung von Ansprüchen eine erhebliche Härte für den Schuldner bedeuten würde und der Anspruch durch die Stundung nicht gefährdet erscheint. Die „erhebliche Härte für den Schuldner" ist im konkreten Einzelfall zu beurteilen. Sie kann z. B. dann vorliegen, wenn aufgrund ungünstiger wirtschaftlicher Verhältnisse der Schuldner sich vorübergehend in ernsthaften Zahlungsschwierigkeiten befindet oder eine fristgerechte Einziehung der Forderung diese bewirken würden. Das ist sicherlich z. B. immer dann gegeben, wenn die Existenz eines Unternehmens dadurch gefährdet würde. Zahlungsunwillige sowie notorische Nichtzahler erfüllen die Voraussetzungen dagegen nicht.

Wie bereits erwähnt, darf als weitere Voraussetzung der Anspruch nicht gefährdet erscheinen. Es dürfen also keine Anzeichen dafür vorhanden sein, dass z. B. der Schuldner durch die Stundung freiwerdende Mittel oder Vermögensgegenstände anderweitig einsetzt. Auch darf der Schuldner die Stundung nicht dazu benutzen, sich durch Wohnsitzwechsel oder wegen des Fehlens eines festen Wohnsitzes seinen Verpflichtungen und damit dem Zugriff der Gemeinde zu entziehen. Eine Entscheidung kann nur im pflichtgemäßen Ermessen in jedem Einzelfall getroffen werden.

Regelmäßig hat der Schuldner eine entsprechende Sicherheitsleistung zu erbringen, so z. B. durch Bürgschaften, Abtretungen, Sicherheitsübereignungen oder gar durch Hypotheken und Grundschulden. Dadurch wird das Stundungsrisiko für die Gemeinde verringert.

19.4.3.2 Verzinsung der gestundeten Forderungen

Sowohl § 234 AO als auch § 30 Abs. 1 Satz 2 KomHVO sehen vor, dass die gestundeten Beträge zu verzinsen sind. Damit soll die Gemeinde vor allem für den Zinsverlust, verursacht durch die erst später erfolgenden Einzahlungen, entschädigt werden. Die Verzinsung hat aber auch die Bedeutung, dass der Schuldner sich genau zu überlegen hat, ob er eine Stundung beantragt, weil diese mit zusätzlichen Kosten verbunden ist. Die Stundung soll damit keine kostengünstige Alternative zu einem Kapitalmarktkredit sein.

§ 238 AO sieht eine Verzinsung von 0,5 % für jeden vollen Monat vor, wobei bei der Berechnung jede Forderung auf volle 50 € abzurunden ist. Dagegen spricht § 30 Abs. 1 Satz 2 KomHVO nur von einer angemessenen Verzinsung, ohne konkrete Prozentsätze zu nennen. In der Praxis lehnen sich die Gemeinden aber auch in den Fällen des § 30 Abs. 1 Satz 2 KomHVO vielfach an die konkrete Regelung des § 238 AO an, so dass für alle Zahlungsaufschübe dieselbe Zinshöhe verlangt wird, zumal auch § 5 Steuersäumnisgesetz für verspätete Steuerzahlungen einen Säumniszuschlag von 0,5 % je Monat vorsieht. Es gibt allerdings auch Gemeinden, die in den Fällen des § 30 Abs. 1 Satz 2 KomHVO die Zinsen an den jeweiligen Basiszinssatz des Bürgerlichen Gesetzbuches[6] koppeln, so z. B. jahresbezogen mit 5 % über dem jeweiligen Basiszinssatz.

Auf die Verzinsung kann ausnahmsweise verzichtet werden, wenn die Erhebung der Zinsen eine unbillige Härte bedeuten würde, so dass in diesen Fällen auf die wirtschaftliche Situation des Schuldners abgestellt wird.

19.4.3.3 Bewilligungsverfahren

Über die Stundungsbewilligung sollte in der Regel nur der Fachbereich entscheiden, der den Anspruch festgesetzt hat. Nur er verfügt über den Sachbezug. Da der Finanzbuchhaltung jedoch die Einziehung der Forderung obliegt und diese vielleicht sogar schon Maßnahmen der Beitreibung eingeleitet hat, kann die Entscheidung nur in Absprache mit der Finanzbuchhaltung erfolgen. Allerdings kann aus rechtlicher Sicht

6 Die Deutsche Bundesbank ist gemäß § 247 Abs. 2 BGB verpflichtet, den jeweils aktuellen Stand des Basiszinssatzes des Bürgerlichen Gesetzbuches zu veröffentlichen. Er dient u. a. als Grundlage für die Berechnung von Verzugszinsen. Der von der Deutschen Bundesbank festgestellte Basiszinssatz beträgt ab dem 1.1.2024 3,62 % (www.bundesbank.de).

keine Beanstandung erfolgen, wenn Stundungen zentral von der Finanzbuchhaltung (Bereich Geschäftsbuchführung) bearbeitet werden, die die Stundungsentscheidungen dann aber nur im Benehmen mit dem zuständigen Fachbereich treffen kann.

Die Stundungsentscheidung wird dem Antragsteller schriftlich mitgeteilt. Eine Ausfertigung dieser Stundungsmitteilung stellt dann den entsprechenden Buchungsbeleg dar, der der Finanzbuchhaltung unverzüglich zugeleitet wird, falls sie nicht selbst die Stundung ausspricht. Durch diese Mitteilung wird die Ursprungsbuchung für die jetzt gestundete Forderung in Bezug auf die darin enthaltenen Zahlungstermine geändert.

Auch wenn die Stundung sich über das Ende des Haushaltsjahres erstreckt, bleiben Forderungs- und Ertragbuchungen hinsichtlich der Beträge bestehen. Es ändert sich nur der Zahlungstermin. Sofern die Stundung zinslos oder erheblich unter einer marktüblichen Verzinsung bzw. unter der Verzinsung nach § 238 AO gewährt wird, verringert sich der Wert der Forderung, sodass im Rahmen des Jahresabschlusses bei diesen gestundeten Forderungen bilanziell eine Abzinsung des Forderungswertes zu erfolgen hat. Den Prozentsatz für die Abzinsung legt die Gemeinde fest. Dabei bietet es sich an, die Zinssätze zu verwenden, die ansonsten bei der Festsetzung von Stundungszinsen Anwendung finden. Der Abzinsungsbetrag stellt Aufwand in Form einer Wertberichtigung dar (Konto 5473). Eine Abzinsung ist bei geringfügigen Forderungen entbehrlich (Grundsatz der Relevanz).

Die einzelnen Zuständigkeiten zwischen Rat und Verwaltung sowie innerhalb der Verwaltung sollten in einer Dienstanweisung geregelt werden, wobei zumindest die Zuständigkeitsregelung zwischen Rat und Verwaltung eines Ratsbeschlusses bedarf. Die Zuständigkeitsregelungen werden regelmäßig nach der Höhe der Einzelforderungen festgesetzt, z. B. bis 5.000 € der Amtsleiter (Fachbereichsleiter), über 5.000 € bis 20.000 € der Dezernent, über 20.000 € bis 50.000 € der Bürgermeister und über 50.000 € der Finanzausschuss. Zuweilen werden Stundungsbescheide vor ihrer Versendung durch das Rechnungsprüfungsamt vorgeprüft.

Die Dienstanweisung sollte aber nicht nur die Zuständigkeiten abgrenzen, sondern das gesamte Verfahren regeln, um eine Vereinheitlichung innerhalb der Verwaltung herbeizuführen. Ein Beispiel für eine solche Dienstanweisung ist in Kap. 19.4.6 abgedruckt.

19.4.3.4 Exkurs: Aussetzung der Vollziehung

Die Aussetzung der Vollziehung ist in den haushaltsrechtlichen Vorschriften nicht geregelt. Es handelt sich nämlich um eine Maßnahme im Rahmen des Vollstreckungsrechts, insbesondere bei öffentlich-rechtlichen Forderungen. Gemäß § 80 Abs. 2 Nr. 1 VwGO hat die Einlegung eines Widerspruchs gegen einen Abgabebescheid (Steuer-, Gebühren- oder Beitragsbescheid) keine aufschiebende Wirkung. Das bedeutet, dass der Abgabepflichtige trotz Einlegung des Rechtsbehelfs die ihm aufgegebene Zahlung termingerecht leisten muss. Wenn vor allem ernsthafte Zweifel an der Rechtmäßigkeit des als Verwaltungsakt erlassenen Bescheides bestehen, kann die Gemeinde auf Antrag des Zahlungspflichtigen die Vollziehung solange aussetzen, bis über den

Widerspruch entschieden ist (§ 80 Abs. 4 VwGO). Das gleiche Recht steht den Gerichten nach § 80 Abs. 5 VwGO innerhalb eines Klageverfahrens zu.

Wirtschaftlich gesehen kommt demnach die Aussetzung der Vollziehung in ihrer Wirkung einer Stundung gleich. Insofern sind entsprechende Zinsen für die geschuldete Forderung festzusetzen, wenn der eingelegte Rechtsbehelf erfolglos ist (siehe dazu auch § 237 AO).

Buchungstechnisch ist der bei Aussetzung der Forderung nichts zu veranlassen, weil die Forderung weiter bestehen bleibt. Die Aussetzungsentscheidung ist lediglich in den Datenbestand aufnehmen, damit während der Aussetzungszeit weitere Vollstreckungsmaßnahmen unterbleiben.

19.4.4 Niederschlagung

19.4.4.1 Voraussetzungen für eine Niederschlagung (Einzelwertberichtigung)

Bei den Steuern, Gebühren und Beiträgen sind aufgrund der Verweisungsregelung des § 13 a Abs. 1 KAG die Vorschriften des § 261 AO anzuwenden. Sonstige Niederschlagungen von Forderungen der Gemeinde und damit im Wesentlichen privatrechtliche Forderungen sind nach § 30 Abs. 2 KomHVO zu entscheiden. Beide Vorschriften stimmen jedoch inhaltlich überein, sodass sich eine einheitliche Besprechung anbietet.

Bei einer Niederschlagung handelt es sich um die Rückstellung der Weiterverfolgung eines fälligen Anspruchs ohne Verzicht auf den Anspruch selbst. Die Niederschlagung ist somit nicht mit der Problematik der Kleinbeträge (siehe Kap. 19.1.3) oder eines Erlasses (siehe Kap. 19.4.5) zu verwechseln, weil in diesen Fällen auf die Festsetzung oder Einziehung der Forderung endgültig verzichtet wird.

Ansprüche dürfen nur niedergeschlagen werden, wenn feststeht, dass die Einziehung keinen Erfolg haben wird oder die Kosten der Einziehung außer Verhältnis zur Höhe des Anspruchs stehen. Die Schaffung dieser Voraussetzungen ist nach Zweckmäßigkeits- und Wirtschaftlichkeitsgesichtspunkten erfolgt. Die Gemeinde soll bei der Einziehung des Anspruchs nicht zu aussichtslosen oder unverhältnismäßig kostspieligen Schritten veranlasst werden.

Die genannten Voraussetzungen richten sich nach objektiven, auf den Erfolg der Einziehung bezogenen Kriterien, d. h. wenn die Beitreibung fruchtlos verlaufen ist und auch in absehbarer Zeit keinen Erfolg haben wird oder wenn die Beitreibung nicht möglich ist, weil der Schuldner nicht erreicht werden kann (unbekannter Aufenthaltsort, Firma wurde aufgelöst). Bei der Niederschlagung bleibt die subjektive Lage des Schuldners (erhebliche Härte) außer Betracht. Insofern erfolgt die Niederschlagung im konkreten Einzelfall (Einzelwertberichtigung).

Um einen Anspruch niederzuschlagen, muss das Vorliegen einer der beiden genannten Voraussetzungen feststehen; die bloße Möglichkeit genügt nicht. Besonders die Erfolglosigkeit der Beitreibung muss durch Tatsachen begründet werden und darf nicht auf Vermutungen fußen.

In Abgrenzung zur Stundung ist noch darauf zu verweisen, dass der Fälligkeitstermin für die Forderung bei einer Niederschlagung bestehen bleibt und nicht wie bei einer Stundung verschoben wird. Die weitere Rechtsverfolgung wird somit nicht aufgehoben, sondern lediglich aufgeschoben.

19.4.4.2 Arten der Niederschlagung (Einzelwertberichtigung)

Zu unterscheiden ist zwischen einer befristeten und einer unbefristeten Niederschlagung.

Bei der **befristeten Niederschlagung** kann von einer Weiterverfolgung des Anspruchs vorläufig abgesehen werden, wenn die Beitreibung **vorübergehend** keinen Erfolg haben würde und die Voraussetzungen für eine Stundung nach § 30 Abs. 1 KomHVO bzw. § 222 AO nicht vorliegen. Eine Kontrolle über die Fälle der befristeten Niederschlagungen ist wegen der Vorläufigkeit der Maßnahmen notwendig. Insofern bietet es sich bei befristeten Niederschlagungen an, die Ansprüche in Niederschlagungslisten nachzuhalten und dort weiterzuverfolgen. Diese Listen werden in der Regel elektronisch geführt. Anhand der Niederschlagungslisten ist die Zahlungsbereitschaft bzw. Zahlungsfähigkeit des Schuldners in angemessenen Zeitabständen zu überprüfen. Dies sollte zumindest einmal im Haushaltsjahr erfolgen. Gegebenenfalls ist die Verjährung rechtzeitig zu unterbrechen. Insofern erfüllen die Niederschlagungslisten die Funktion einer „Wiedervorlage", wie sie ansonsten im übrigen Geschäftsablauf Anwendung findet.

Eine **unbefristete Niederschlagung** kommt nur in Frage, wenn die Einziehung wegen der wirtschaftlichen Verhältnisse des Schuldners (z. B. mehrmalige erfolglose Vollstreckungsversuche mit nicht zu erwartender Besserungsaussicht) oder aus anderen Gründen (z. B. Tod, Auflösung der Firma) **dauernd** ohne Erfolg bleiben wird. Die unbefristete Niederschlagung ist außerdem zulässig, wenn die Kosten der Beitreibung im Verhältnis zur Höhe des Anspruchs zu hoch sind. Zu den Kosten der Beitreibung zählt auch der anteilige sonstige Verwaltungsaufwand. Bei einer unbefristeten Niederschlagung wird von einer weiteren Verfolgung des Anspruchs abgesehen, sodass sich hier die Führung von Niederschlagungslisten erübrigt.

Sowohl bei der befristeten als auch bei der unbefristeten Niederschlagung ist die Beitreibung der Forderungen erneut zu versuchen, wenn sich Anhaltspunkte dafür ergeben, dass sie Erfolg haben könnte. Da aber bei den unbefristeten Niederschlagungen keine Niederschlagungslisten geführt werden, dürfte eine erneute Verfolgung dieser Ansprüche in der Praxis allerdings wohl in der Regel ausscheiden.

19.4.4.3 Praktisches Verfahren bei einer Niederschlagung (Einzelwertberichtigung)

Da die Niederschlagung schließlich aus der Sicht der Gemeinde erfolgt, geht ihr kein Antrag des Schuldners voraus. Bei dieser verwaltungsinternen Maßnahme ergeht deshalb auch kein Niederschlagungsbescheid. Das zuständige Fachamt, welches die Forderung veranlasst hat, sollte über die Niederschlagung entscheiden. Dies muss natürlich in Zusammenarbeit mit der Finanzbuchhaltung geschehen, weil diese über die Informationen der Einziehungsproblematik verfügt. Denkbar ist es auch hier, die Finanzbuchhaltung mit der Entscheidungszuständigkeit zu betrauen, die dann jedoch die Niederschlagung nur im Benehmen mit dem zuständigen Fachbereich aussprechen kann.

Buchungstechnisch wird der niedergeschlagene Betrag weiterhin als Ertrag des Haushaltsjahres ausgewiesen, dem er als Ressourcenzuwachs zugeordnet wurde. Die Forderung wird in der Debitorenbuchhaltung ausgebucht und erzeugt eine korrespondierende Aufwendungsbuchung in Form einer Einzelwertberichtigung beim Konto 5473.

Wie bei der Stundung sollte das Verfahren in einer Dienstanweisung geregelt werden, die auch die Entscheidungsbefugnisse genau festsetzt. Ein solches Beispiel ist in Kap. 19.4.6 abgedruckt.

19.4.4.4 Pauschalwertberichtigung

In den vorangehenden Abschnitten wurde beschrieben, wann und unter welchen Voraussetzungen wie eine einzelne Forderung niederzuschlagen ist. Insofern wurde dafür der Begriff „Einzelwertberichtigung“ verwendet.

In der kommunalen Praxis werden jedoch auch pauschale Wertberichtungen durchgeführt. Die Notwendigkeit ergibt sich daraus, einen Jahresabschluss zu erstellen, der ein den tatsächlichen Verhältnissen entsprechendes Bild der Lage am Ende eines Haushaltsjahres entspricht. Probleme bestehen dadurch, dass der Ertrag erfolgswirksam den Jahresabschluss positiv beeinflusst. Der tatsächliche Zahlungseingang bleibt somit unberücksichtigt. Kann eine größere Zahl von Erträgen erfahrungsgemäß nicht realisiert und können Einzelwertberichtigungen in Form von Niederschlagungen aus rechtlichen Gründen noch nicht ausgesprochen werden, würden die Erträge das Jahresergebnis zu positiv darstellen. Die notwendigen Wertberichtigungen würden dann erst spätere Perioden ungerechtfertigt belasten, wenn die Niederschlagungen ausgesprochen werden können.

Das widerspricht der Periodengerechtigkeit im doppischen Buchungssystem. Vor allem bei der Gewerbesteuer weiß die Gemeinde aus Erfahrung, dass ein gewisser Prozentsatz der festgesetzten Forderungen nicht eingezogen werden kann, ohne schon konkret zu wissen, bei welchem Debitor dies der Fall sein wird. Darum wird der aufgrund dieser Erfahrung zu ermittelnde voraussichtliche Einzahlungsausfall pauschal auf der Grundlage von Erfahrungswerten geschätzt und mit einer Pauschalwertberichtigung bereinigt. Damit wird das Jahresergebnis realitätsnäher dargestellt. In den nachfolgenden Haushaltsjahren erfolgt dann eine Verrechnung mit den tatsächlichen Einzelwertberichtungen (konkrete Niederschlagungen).

Die Pauschalwertberichtigung wird als Aufwand bei der Konto 5473 nachgewiesen. Dabei ist zu empfehlen, ein eigenes Unterkonto zu bilden, um eine Trennung von der

Einzelwertberichtigung zu erreichen. Eine weitergehende Darstellung der Abwicklung bleibt den Darstellungen zum Jahresabschluss in Kap. 22 vorbehalten.

19.4.5 Erlass

19.4.5.1 Voraussetzungen

Der Erlass einer Forderung bedeutet den endgültigen Verzicht auf den Anspruch. Rechtsgrundlagen können die § 227 AO und § 30 Abs. 3 KomHVO sein, je nachdem, um welche Forderungsart es sich handelt (siehe Kap. 19.4.2). § 30 Abs. 3 KomHVO stellt als Voraussetzung für einen Erlass darauf ab, dass die Einziehung der Forderung eine besondere Härte für den Schuldner bedeuten muss. § 227 AO geht dagegen weiter, indem er den Erlass zulässt, wenn die Einziehung einer Forderung unbillig wäre.

Darunter fallen zunächst einmal die persönlichen Billigkeitsgründe des Schuldners, wie sie in § 30 Abs. 3 KomHVO umschrieben sind. Zum Beispiel wäre der Erlass eines Anspruchs zulässig, wenn eine Steuereinziehung die Fortführung eines Gewerbebetriebs erheblich gefährden oder die Lebensexistenz eines Einzelnen derart beeinträchtigt würden, sodass er Sozialhilfe beantragen müsste. Vorrangig sind jedoch immer Stundung und Niederschlagung zu prüfen, weil ein einmal ausgesprochener Erlass einer Forderung dauerhaft ist. Daraus ergibt sich, dass ein Erlass nur im äußersten Ausnahmefall ausgesprochen werden kann.

Neben den persönlichen Billigkeitsgründen sind nach der Abgabenordnung auch sachliche Billigkeitsgründe möglich. Sie müssen objektiv gegeben sein, also unabhängig von der wirtschaftlichen Situation des Schuldners vorliegen. Dies ist dann gegeben, wenn eine Besteuerung im Einzelfall der Gesetzesabsicht zuwiderlaufen würde, weil der Gesetzgeber diesen besonderen Fall nicht bedacht hat. Das ist natürlich äußerst selten. An dem nachstehend konstruierten Beispiel soll es erläutert werden.

Beispiel:
A erbt von seinem Vater einige Kunstgegenstände, die sich als Leihgabe in einem staatlichen Museum befinden. A will die Leihgabe weiter auf Dauer dem Museum belassen. Da er juristisch der Erbe ist, würde für diese Kunstgegenstände Erbschaftsteuer anfallen. Aus sachlichen Gründen wäre aber eine Besteuerung durch den Staat, der ja die Leihgabe nutzt, nicht gerechtfertigt, sodass ein Steuererlass ausgesprochen werden kann.

19.4.5.2 Praktisches Verfahren

Dem Erlass hat ein Antrag des Schuldners vorauszugehen, über den der zuständige Fachbereich entscheidet. Zwar erfolgt die Entscheidung regelmäßig in Form eines

Verwaltungsakts, jedoch bei privatrechtlichen Forderungen gemäß § 397 BGB durch einen privatrechtlichen Vertrag und nicht durch eine einseitige Willenserklärung. Die Forderung wird nunmehr ausgebucht. Die korrespondierende Aufwandbuchung erfolgt als Einzelwertberichtigung beim Konto 5473.

19.4.6 Beispiel einer Dienstanweisung

Die nachstehend abgedruckte Dienstanweisung ist an die Reglungen in der kommunalen Praxis angelehnt:

Geschäftsanweisung über Stundungen, Niederschlagungen und Erlasse von privatrechtlichen und öffentlich-rechtlichen Ansprüchen der Gemeinde G sowie über die Aussetzung der Vollziehung und die einstweilige Einstellung von Vollstreckungsmaßnahmen bei der Anforderung von öffentlich-rechtlichen Abgaben und Kosten

Geschäftsanweisung

Auf Grund des Ratsbeschlusses vom .... und § 65 Abs. 1 KVG LSA ergeht folgende Geschäftsanweisung über Stundungen, Niederschlagungen und Erlasse von Ansprüchen der Gemeinde G. Sie gilt nach § 30 KomHVO für alle privatrechtlichen Ansprüche und für solche öffentlich-rechtliche, auf Gesetz, Verordnung oder Satzung beruhende Ansprüche, die keine Abgabenansprüche sind. Für Abgabeansprüche ist sie im Rahmen der Vorschriften der AO und des KAG anzuwenden.

1. Stundungen

1.1 Begriff

Die Fälligkeit eines Anspruches wird für eine bestimmte Zeit hinausgeschoben.

1.2 Voraussetzungen

Die gegenwärtige Einziehung eines Anspruches ist mit einer erheblichen Härte für den Schuldner verbunden. Seine Zahlungsfähigkeit ist eingeschränkt durch das Zusammentreffen mehrerer Leistungen, geschäftlicher Schwierigkeiten, Krankheit und anderer persönliche Notstände.

Der Schuldner, der Stundung beantragt, muss zahlungswillig sein. Wer seine mangelnde Leistungsfähigkeit selbst verschuldet hat, ist nicht stundungswürdig. Die Verwirklichung des Anspruchs darf durch die Stundung nicht gefährdet werden. Der Schuldner muss in der Lage sein, zu den späteren Fälligkeitsterminen die volle Leistung zu erbringen.

1.3 Verfahren

Bevor eine Stundung ausgesprochen wird, ist bei der Finanzbuchhaltung nachzufragen, welche Rückstände bestehen, welche Zahlungsmoral der Schuldner

hat und ob bereits Beitreibungsmaßnahmen eingeleitet worden sind. Sind bereits Beitreibungsmaßnahmen eingeleitet, ist zu entscheiden, ob die Finanzbuchhaltung Vollstreckungsschutz nach den gesetzlichen Vorschriften oder das Fachamt Stundung gewähren soll.
Die Stundungsdauer richtet sich nach dem Einzelfall. Sie soll möglichst kurz bemessen sein.
Eine Sicherheitsleistung ist zu fordern, wenn zweifelhaft ist, ob der Schuldner am Fälligkeitstag seiner Zahlungspflicht auch nachkommen wird. Wegen der Art und Form der Sicherheitsleistung wird auf §§ 241 ff. AO verwiesen.
Stundungszinsen sind grundsätzlich zu erheben, sofern dies nicht durch Gesetz ausgeschlossen ist. Stundungszinsen, die im Einzelfall für die Laufzeit der Stundung den Betrag von 10,00 € unterschreiten, sind nicht anzufordern.
Stundungen sind schriftlich unter Vorbehalt des jederzeitigen Widerrufs auszusprechen.

1.4 Zuständigkeit
Die Fachämter – für das Steueramt gilt Absatz 3 – können im Einzelfall bis zu 10.000 € stunden. Die Stundungsverfügung ist bei den Fachämtern vom Amtsleiter, seinem Vertreter oder dem Dienstleiter zu unterzeichnen. In besonderen Fällen kann der Bürgermeister auf Antrag weitere Delegationen vornehmen. Für Stundungen über 10.000 € haben die Fachämter begründete Anträge, die vom Amtsleiter, seinem Vertreter oder dem Dienststellenleiter zu unterzeichnen sind, der Kämmerei nach Vordruck in doppelter Ausfertigung vorzulegen. Der Amtsleiter der Kämmerei oder sein Vertreter entscheidet sodann über Stundungen bis zu 40.000 €. Darüber hinaus entscheidet der Bürgermeister.
Das Steueramt kann in Einzelfällen bis 40.000 € stunden. Beim Steueramt unterzeichnen die Abteilungsleiter oder ihre Vertreter Stundungsverfügungen bis 500 € und der Amtsleiter oder sein Vertreter bis 40.000 €. Bei Beträgen über 40.000 € legt das Steueramt begründete Stundungsanträge dem Finanzdezernenten vor, der hierüber entscheidet.

2. Niederschlagungen

2.1 Begriff
Die Weiterverfolgung eines fälligen Anspruchs wird ohne Verzicht auf den Anspruch selbst befristet oder unbefristet zurückgestellt.

2.2 Voraussetzungen
Ein Anspruch ist befristet niederzuschlagen, wenn die Einziehung vorübergehend keinen Erfolg haben wird. Ein Anspruch ist unbefristet niederzuschlagen, wenn die Einziehung dauernd keinen Erfolg haben wird oder bei Beträgen bis zu 50 € fruchtlos verlaufen ist.

2.3 Verfahren
Bevor über die Niederschlagung entschieden werden kann, sind Nachweise über die Erfolglosigkeit der Beitreibung zu erbringen (z. B. Niederschrift der Finanzbuchhaltung, Unpfändbarkeitsprotokolle des Gerichtsvollziehers).

Die Niederschlagung ist eine verwaltungsinterne Maßnahme, die dem Schuldner nur bekannt gegeben wird, wenn er dies beantragt hat. Nach erfolgter befristeter Niederschlagung sind die wirtschaftlichen Verhältnisse des Schuldners noch fünf Jahre durch mindestens eine Ermittlung im Jahr zu überwachen.
Die Einziehung unbefristet niedergeschlagener Ansprüche ist erneut zu versuchen, wenn sich Anhaltspunkte dafür ergeben, dass sie Erfolg haben könnte und der Anspruch nicht verjährt ist.
Über die Niederschlagungen ist von den Fachämtern eine Liste nach Vordruck zu führen, die jährlich bis zum 31. März für das abgelaufene Haushaltsjahr der Kämmerei vorzulegen ist. Die über die unbefristet niedergeschlagenen Ansprüche geführten Akten sind von den Fachämtern bis zur Verjährung des Anspruchs weiterzuführen.

2.4 Zuständigkeit

Die Fachämter – für das Steueramt gelten bei Beträgen bis 40.000 € und für die Finanzbuchhaltung bei Säumniszuschlägen und sonstigen Nebenleistungen bis 2.000 € die Sonderregelungen in Absatz 2 und 3 – reichen die begründeten Anträge, die vom Amtsleiter, seinem Vertreter oder dem Dienstleiter zu unterzeichnen sind, der Kämmerei nach Vordruck in doppelter Ausfertigung ein.
Es entscheiden bei Beträgen

a) bis 2.000 €	der zuständige Sachgruppenleiter der Kämmerei,
b) bis 40.000 €	der Amtsleiter der Kämmerei oder sein Vertreter,
c) über 40.000 €	der Bürgermeister oder bei Abwesenheit von länger als drei Tagen sein Vertreter.

Über die Niederschlagung von Säumniszuschlägen und sonstigen Nebenleitungen entscheidet bei Beträgen bis zu 2.000 € der Verantwortliche für die Finanzbuchhaltung oder sein Vertreter. Die befristet und unbefristet niedergeschlagenen Beträge sind listenmäßig nachzuweisen und jährlich bis zum 31. März für das abgelaufene Haushaltsjahr der Kämmerei bekannt zu geben. Bei Beträgen über 2.000 € verbleibt es bei der Regelung des Absatzes 1.
Über Niederschlagungen beim Steueramt entscheidet bis 40.000 € der Amtsleiter oder sein Vertreter. Bei Beträgen über 40.000 € verbleibt es bei der Regelung des Absatzes 1. Die befristet und unbefristet niedergeschlagenen Beträge sind listenmäßig nachzuweisen und jährlich bis zum 31. März für das abgelaufene Haushaltsjahr der Kämmerei bekanntzugeben. In besonderen Fällen kann der Bürgermeister auf Antrag weitere Delegationen vornehmen.
Sind Stundungszinsen berechnet worden, so sind diese dem Hauptanspruch, für den die Niederschlagung beantragt wird, hinzuzurechnen.
Vor einer befristeten Niederschlagung ist bei Beträgen über 4.000 € und vor einer unbefristeten Niederschlagung bei Beträgen über 2.000 € von der Kämmerei bzw. dem Steueramt eine Stellungnahme durch das Rechnungsprüfungsamt einzuholen.

3. Erlasse

3.1 Begriff

Auf den Anspruch wird endgültig verzichtet. Der Verzicht auf die Geltendmachung eines entstandenen Anspruchs kommt einem Erlass gleich.

3.2 Voraussetzungen

Ansprüche sind in folgenden Fällen zu erlassen:

Die Einziehung des Anspruchs ist unbillig. Dabei kann die Härte in der Sache liegen und durch Anwendung des Gesetzes, der Satzung oder des Vertrages im Einzelfall verursacht werden. Der Erlass aus persönlichen Gründen setzt eine lange oder dauernde wirtschaftliche Notlage voraus. Dabei darf der Notstand nicht selbst verschuldet worden sein.

3.3 Verfahren

Bei Erlassen ist ausführlich darzustellen, dass die sachlichen oder persönlichen Voraussetzungen gegeben sind.

Die gegenwärtige Leistungsunfähigkeit des Schuldners rechtfertigt allein nicht den Erlass, sondern erst der Nachweis der dauernden Zahlungsunfähigkeit.

Dem Schuldner, der einen Erlass beantragt hat, ist ein schriftlicher Bescheid zu erteilen.

Über die Erlasse ist von den Fachämtern eine Liste nach Vordruck zu führen, die jährlich bis zum 31. März für das abgelaufene Haushaltsjahr der Kämmerei vorzulegen ist.

3.4 Zuständigkeit

Die Fachämter – für das Steueramt gelten bei Beträgen bis 10.000 € und für die Finanzbuchhaltung bei Säumniszuschlägen und sonstigen Nebenleistungen bis 2.000 € die Sonderregelungen in Absatz 2 und 3 – reichen die begründeten Anträge, die vom Amtsleiter, seinem Vertreter oder dem Dienstleiter zu unterzeichnen sind, der Kämmerei nach Vordruck in doppelter Ausfertigung ein.

Es entscheiden bei Beträgen

a) bis 2.000 € der zuständige Sachgruppenleiter der Kämmerei,
b) bis 10.000 € der Amtsleiter der Kämmerei oder sein Vertreter,
c) bis 40.000 € der Bürgermeister oder bei Abwesenheit von länger als drei Tagen sein Vertreter,
d) über 40.000 € der Rat.

Über die Gewährung oder Ablehnung des Erlasses von Säumniszuschlägen und sonstigen Nebenleistungen entscheidet bei Beträgen bis zu 2.000 € der Verantwortliche für die Finanzbuchhaltung oder sein Vertreter. Die erlassenen Beträge sind listenmäßig nachzuweisen und jährlich bis zum 31. März für das abgelaufene Haushaltsjahr der Kämmerei bekannt zu geben. Bei Beträgen über 2.000 € verbleibt es bei der Regelung des Absatzes 1.

Über die Gewährung oder Ablehnung des Erlasses beim Steueramt entscheidet bis 10.000 € der Amtsleiter oder sein Vertreter. Die erlassenen Beträge sind listenmäßig nachzuweisen und jährlich bis zum 31. März für das abgelaufene Haushaltsjahr der Kämmerei bekanntzugeben. Bei Beträgen über 10.000 € verbleibt es bei den Regelungen des Absatzes 1.

In besonderen Fällen kann der Bürgermeister auf Antrag weitere Delegationen vornehmen.
Sind Stundungszinsen berechnet worden, so sind diese dem Hauptanspruch, für den der Erlass beantragt wird, hinzuzurechnen.
Bei Beträgen über 2.000 € ist vor Gewährung des Erlasses von der Kämmerei bzw. dem Steueramt eine Stellungnahme durch das Rechnungsprüfungsamt einzuholen.

4. Aussetzung der Vollziehung

4.1 Begriff
Die Aussetzung der Vollziehung kommt in ihrer Wirkung der Stundung gleich.

4.2 Voraussetzung
Nach Einlegung des Widerspruchs kann die Vollziehung nach Maßgabe des § 80 Abs. 4 VwGO ganz oder teilweise ausgesetzt werden, wenn ernstliche Zweifel an der Rechtmäßigkeit des angefochtenen Verwaltungsakts vorliegen. Das ist der Fall, wenn die summarische Prüfung ergibt, dass der Erfolg des Rechtsmittels im Hauptverfahren mindestens ebenso wahrscheinlich ist wie der Misserfolg.
Das Fachamt hat der Finanzbuchhaltung innerhalb einer Woche mitzuteilen, ob die Aussetzung der Vollziehung gewährt wird oder die Beitreibung eingeleitet werden kann.

4.3 Verfahren
Über die Aussetzung der Vollziehung entscheiden bis zur Klageerhebung das Fachamt und danach das Rechtsamt. Dem Antragsteller ist hierüber ein schriftlicher Bescheid zu erteilen.

4.4 Verzinsung
Soweit Rechtsbehelfe im Vorverfahren und Rechtsmittel im Hauptverfahren gegen den angefochtenen Verwaltungsakt erfolglos bleiben, ist der geschuldete Betrag hinsichtlich dessen die Vollziehung des angefochtenen Verwaltungsakts ausgesetzt wurde, nach den gesetzlichen Vorschriften zu verzinsen.

5. Einstweilige Einstellung von Vollstreckungsmaßnahmen

5.1 Begriff
Im Gegensatz zu Stundung und Aussetzung der Vollziehung berührt die einstweilige Einstellung von Vollstreckungsmaßnahmen die Fälligkeit des Anspruchs nicht.

5.2 Voraussetzungen
Solange die Gemeinde oder ein Gericht über einen Antrag auf Aussetzung der Vollziehung nicht entschieden hat, sollen Vollstreckungsmaßnahmen unterbleiben. Dies gilt nicht, wenn der Antrag völlig aussichtslos ist, offensichtlich nur ein Hinausschieben der Vollstreckung bezweckt oder wenn Gefahr im Verzug ist.

5.3 Verfahren
Wird der Antrag auf Aussetzung der Vollziehung bei der Gemeinde gestellt, so entscheidet das zuständige Fachamt über die einstweilige Einstellung von Vollstreckungsmaßnahmen; im gerichtlichen Verfahren trifft diese Entscheidung das Rechtsamt. Die Entscheidung über die einstweilige Einstellung von Vollstreckungsmaßnahmen ist der Finanzbuchhaltung unverzüglich mitzuteilen.

5.4 Erhebung von Säumniszuschlägen
Die einstweilige Einstellung von Vollstreckungsmaßnahmen ist eine verwaltungsinterne Maßnahme; sie lässt die Fälligkeit des Anspruchs unberührt. Das hat zur Folge, dass durch Nichtzahlung Säumniszuschläge verwirkt werden, die aber nur bei erfolglosem Aussetzungsverfahren zu erheben sind.

Unterschrift Bürgermeister

19.4.7 Übungen

Sachverhalt Nr. 5:
Die Gemeinde G beabsichtigt, aufgrund der folgenden Sachverhalte Stundungen auszusprechen:

a) Der Gastwirt W bittet, die fällige Gewerbesteuer drei Monate später zahlen zu dürfen, weil er zu diesem Zeitpunkt eine Einkommensteuererstattung erwartet. Ansonsten müsste er erhebliche Zinsverluste für vorzeitig in Anspruch genommene Spargelder hinnehmen.
b) Der Schreinermeister S bittet um die Stundung einer Gewerbesteuerforderung bis zur in drei Monaten fälligen Einkommensteuererstattung des Finanzamtes. Er weist darauf hin, dass sein Kreditkontingent vollständig ausgeschöpft sei und auch dringende Lohnforderungen gegen ihn anstehen. Verwertbares Sach- und Finanzvermögen steht nicht zur Verfügung. Gewinne werde sein Betrieb erst wieder in einem halben Jahr abwerfen.
c) Der Gewerbetreibende G bittet um die Stundung seiner Gewerbesteuerzahlung. Er begründet den Antrag damit, dass er noch erhebliche Handwerkerrechnungen zu begleichen habe. Vom Finanzamt kommt die Auskunft, dass sich ein Insolvenzverfahren anbahnt.

Aufgabe:
Prüfen Sie die rechtliche Zulässigkeit der vorgenannten Stundungen.

Lösung:
Bei der in allen Teilsachverhalten angesprochenen Gewerbesteuer handelt es sich um eine Realsteuer, sodass gemäß § 1 Abs. 2 Nr. 5 AO über die Stundung nach den Vorschriften des § 222 AO zu entscheiden ist. Voraussetzung für eine Stundung ist,

dass die Einziehung der Gewerbesteuer zum Fälligkeitstermin eine erhebliche Härte für den Schuldner darstellen würde und der Anspruch durch die Stundung nicht gefährdet erscheint. In Bezug auf die Voraussetzungen sind die Teilfälle wie folgt zu beurteilen:

a) Die vom Gastwirt geltend gemachte Härte liegt darin, dass er die zur Gewerbesteuerzahlung notwendigen Mittel unter Zinsverlust vom Sparbuch abheben muss. Das Argument des Zinsverlustes ist jedoch nicht zu beachten, weil bei jeder Zahlung ein Zinsverlust für den Zahlenden eintritt, indem eine mögliche Geldanlage mit der Zahlung entfällt. Dazu kommt, dass die zu erzielenden Zinsgewinne auf dem Sparbuch sicherlich geringer sind als die gemäß § 234 AO festzusetzenden Stundungszinsen, sodass die sofortige Zahlung dem Gastwirt sogar wirtschaftliche Vorteile bringen würde. Es liegt somit keine Härte für den Gastwirt vor, da er zurzeit durchaus zahlungsfähig ist. Auch das Argument der sich abzeichnenden Einkommensteuererstattung greift nicht, weil alle Steuern unabhängig voneinander zu sehen sind. Die Stundung ist nach alledem unzulässig.
b) Der Schreinermeister S verfügt zurzeit über keine Mittel zur Begleichung der Forderung, zumal auch eine Finanzierung über den Kreditmarkt nicht möglich ist. Die Zahlung kann somit zu dem Fälligkeitstermin objektiv nicht erfolgen. Insofern verfügt S erst wieder mit der Einkommensteuererstattung über entsprechende Zahlungsmittel, sodass bis zu diesem Zeitpunkt gestundet werden kann. Aus dem Sachverhalt sind Gefährdungen der Zahlung nicht ersichtlich, sodass das Vorliegen dieser Voraussetzung zu unterstellen ist. Zudem kann durch eine Abtretung der Einkommensteuererstattung des Finanzamtes an die Gemeinde die gestundete Gewerbesteuerzahlung gesichert werden.
c) Wie im Fall b) verfügt der Gewerbetreibende zurzeit über keine ausreichenden Mittel, sodass die Einziehung der Gewerbesteuer bei Fälligkeit eine besondere Härte für ihn darstellen würde. Allerdings wäre der Anspruch bei einer Stundung gefährdet, weil damit zu rechnen ist, dass G später zahlungsunfähig sein wird, zumal sich ein Insolvenzverfahren anbahnt. Wegen der Gefährdung des Zahlungseingangs ist die Stundung gemäß § 222 AO unzulässig. Die Gemeinde muss versuchen, die Forderung schnellstens zu verwirklichen.

Sachverhalt Nr. 6:
Die Gemeinde G stundet zulässigerweise eine zum 24.10.2024 fällige Forderung von 4.530 €. Dabei handelt es sich um einen Anspruch aus Abfallbeseitigungsgebühren. Es werden Monatsraten von je 900 € festgesetzt, erstmals fällig zum 24.1.2025.

Aufgabe:
Ermitteln Sie die festzusetzenden Stundungszinsen.

Lösung:
Es handelt sich um ein öffentlich-rechtliches Entgelt (Benutzungsgebühr), somit um eine Abgabe nach § 1 Abs. 1 KAG. Gemäß § 13 Abs. 1 Nr. 5 Buchst. b KAG ist für die Berechnung der Stundungszinsen § 234 AO anzuwenden. Danach sind Zinsen zu

erheben, zumal der Sachverhalt keinen Anhaltspunkt für einen Zinsverzicht enthält. Gemäß § 238 Abs. 1 AO betragen die Zinsen für jeden vollen Monat 0,5 %. Die Forderung ist dabei auf volle 50 €, also auf 4.500 € abzurunden.

In der Praxis gibt es zwei Berechnungsverfahren, die nachstehend Anwendung finden.

a) *Konventionelles Berechnungsverfahren*

Zahlungs-termine	Betrag €	Stundungs-dauer	Restbetrag €	gerundeter Betrag €	Zinsen €
–	–	24.10.– 24.1.	4.530,00	4.500,00	67,50
24.1.25	900,00	25. 1.– 24.2.	3.630,00	3.600,00	18,00
24.2.25	900,00	25. 2.– 24.3.	2.730,00	2.700,00	13,50
24.3.25	900,00	25. 3.– 24.4.	1.830,00	1.800,00	9,00
24.4.25	900,00	25. 4.– 24.5.	930,00	900,00	4,50
24.5.25	900,00	25. 5.– 24.6.	30,00	–	–
24.6.25	30,00	–	–	–	–
				Stundungszinsen	**112,50**

b) *Vereinfachtes Berechnungsverfahren*

Ausgangsbasis sind die Raten, wobei zu überlegen ist, wie lange eine einzelne Rate zu verzinsen ist, bis sie gezahlt wird. Auf dieser Grundlage ergibt sich nachstehende Berechnung:

Rate vom 24.5.2025 = 7 Monate
Rate vom 24.4.2025 = 6 Monate
Rate vom 24.3.2025 = 5 Monate
Rate vom 24.2.2025 = 4 Monate
Rate vom 24.1.2025 = 3 Monate

25 Monate × 0,5 % × 900,00 €
= **112,50 €**

Sachverhalt Nr. 7:

Der ledige Schulhausmeister H ist Ende September 2025 verstorben. Angehörige und finanzielle Mittel einschließlich Vermögen sind nicht vorhanden. Nach dem Tod des Hausmeisters wird festgestellt, dass lediglich die Miete für Januar 2025 in Höhe von 300 € überwiesen wurde.

Aufgaben:

a) Prüfen Sie, was bezüglich der geschuldeten Miete für die Zeit vom 1.2. bis 30.9.2025 zu veranlassen ist.
b) Wie ändert sich die Lösung, wenn der Hausmeister unbekannt verzogen wäre?

Lösung:

a) Es handelt sich bei der ausstehenden Miete um eine privatrechtliche Forderung, sodass § 30 KomHVO heranzuziehen ist. Es fragt sich, ob in diesem Fall eine Niederschlagung der Mietforderung zulässig ist. Voraussetzung dazu ist gemäß § 30 Abs. 2 KomHVO, dass die Einziehung des Anspruchs keine Aussicht auf Erfolg hat. Dies ist gegeben, weil der Zahlungspflichtige verstorben ist und Angehörige, auf die im Rahmen des Erbrechts evtl. zurückgegriffen werden könnte, nicht vorhanden sind. Finanzielle Mittel einschließlich Vermögen sind laut Sachverhalt nicht vorhanden. Eine Einziehung ist somit praktisch nicht realisierbar. Da sie auch zum späteren Zeitpunkt nicht möglich sein wird, erfolgt deshalb eine unbefristete Niederschlagung. Eine Eintragung in die Niederschlagungsliste erübrigt sich bei einer unbefristeten Niederschlagung.
   Es ist zu unterstellen, dass die Jahresmiete von 3.600 € als Forderung gebucht wurde. Da die Wohnung ab Oktober 2025 nicht mehr bewohnt wird, sind die Mieten für die Monate Oktober bis Dezember 2025 in Höhe von 3 × 300 € = 900 € wieder als Forderung auszubuchen und der Mietertrag ist zu berichtigen (Soll-Buchung auf dem Mietertragskonto). Die niedergeschlagenen Beträge für die Monate Februar bis September 2025 von 8 × 300 € = 2.400 € sind als Einzelwertberichtigung als Aufwendungen beim Konto 5473 einzustellen. Es ist allerdings der Finanzbuchhaltung ein Vorwurf zu machen, weil diese nicht in der Lage war, die Mieten für die Monate Februar bis September 2025 einzuziehen. Dies wäre sicherlich ohne größeren Verwaltungsaufwand über eine Aufrechnung mit dem Hausmeistergehalt möglich gewesen.

b) Auch in diesem Fall erfolgt eine Niederschlagung, weil die Forderung nicht realisiert werden kann. Dies geschieht wegen einer möglichen späteren Verwirklichung jedoch in Form einer befristeten Niederschlagung, sodass die bestehende Forderung von 2.400 € in die entsprechende Niederschlagungsliste aufzunehmen ist. Von Zeit zu Zeit haben das zuständige Fachamt oder die Finanzbuchhaltung zu prüfen, ob der Aufenthaltsort des ehemaligen Hausmeisters bekannt ist, um dann gegebenenfalls erneute Beitreibungsaktivitäten zu veranlassen. Es empfiehlt sich zudem, einen Vermerk in die Einwohnermeldedatei aufnehmen zu lassen, damit von dort unverzüglich Informationen über den neuen Wohnort dem zuständigen Fachamt bzw. der Finanzbuchhaltung übergeben werden können.

19.5 Auftragsvergaben

19.5.1 Verfahren und Voraussetzungen

Beim Themenkreis der Auftragsvergaben handelt es sich um Geschäftsabwicklungen im Rahmen des bürgerlichen Rechts. Ein Vertrag kommt durch ein Angebot und die Annahme des Angebots zustande. Die Annahme eines Angebots wird in der Verwaltung regelmäßig als „Auftragsvergabe“ bezeichnet.

Gemäß § 98 Abs. 2 KVG muss die Gemeinde das wirtschaftlichste Angebot ermitteln und annehmen, wobei natürlich primär die sachlichen und technischen Anforderungen erfüllt sein müssen. Dazu ist es zunächst erforderlich, über eine gewisse Zahl von Angeboten zu verfügen. Dies wird dadurch erreicht, dass jeder in Frage kommende Lieferant die Möglichkeit der Angebotsabgabe erhält. Die allgemeine Zugänglichkeit wird durch eine öffentliche Ausschreibung über die zu erbringende Lieferung oder Leistung erreicht.

Da für die Kommunen für die Vergabe von Aufträgen ausschließlich das Vergabegesetz des Landes gilt, hat einer Auftragsvergabe grundsätzlich eine öffentliche Ausschreibung voranzugehen. Dadurch findet am Markt ein Leistungswettbewerb der entsprechenden Unternehmen mit dem Ergebnis des günstigsten Angebots für die Gemeinde statt. Außerdem werden Nachfragemonopole verhindert, zumal in vielen Bereichen die öffentliche Hand Alleinabnehmer ist; man denke dabei nur an den Kauf von Panzern durch die Bundeswehr. Dies kommt dem Wettbewerb am Markt aus der Sicht der Unternehmen zugute. Bei den Ausschreibungen darf allerdings das Problem der Unternehmensabsprachen („Frühstückskartelle") und der möglichen Korruption nicht übersehen werden.

Das Verfahren der öffentlichen Ausschreibung bis hin zur Auftragsvergabe ist im Überblick darzustellen. Die beabsichtigte Leistung (Bau einer Straße, Errichtung einer Schule, Kauf von Schreibtischen) wird öffentlich angeboten. Dies geschieht unter grober Beschreibung des Leistungsumfangs in Anzeigen der Tagespresse oder in Fachzeitschriften. Für Bauleistungen gibt es einen einheitlichen Bundesanzeiger. Nachstehend ist ein Beispiel für eine solche Anzeige abgedruckt:

Öffentliche Ausschreibung der Gemeinde G

1. Zimmerarbeiten. Erweiterung der Weiltorschule, 17 m³ Nadelholz liefern, 1.000 lfdm Bauholz verzimmern, 4,7 m³ Brettschichtholz liefern, 60 lfdm Brettschichtholz verzimmern, 425 m² Rauspundschalung verlegen.
Eröffnungstermin: 4.3.2025, Gebühr 14,00 €.

2. Klempnerarbeiten. Erweiterung Weiltorschule, 410 m² Dachflächen mit Titanzinkblechen in Doppelstehfalzdeckung, 54 lfdm Dachrinnen.
Eröffnungstermin: 4.3.2025, Gebühr 22,00 €.

3. Markierungsarbeiten. B 246, 2.000 Schmalstrich 12 cm, 300 m Randlinien 25 cm, 150 m Haltebalken 5 cm, 300 St. Fußwegkästchen 12/50, 85 St. Pfeile, 20 m² Demarkierung.
Eröffnungstermin: 31.1.2025, Gebühr 10,00 €.

Angebotsabgabe ab sofort in 99999 G, Rathausplatz 3, Zimmer 22, Postversand oder Direktabholung nur gegen Verrechnungsscheck mit Angabe der Buchungsstelle 27192644 bzw. Barzahlung.

G, den 3.1.2025

Der Bürgermeister
Unterschrift

Auf Anfrage der Unternehmen werden gegen Verwaltungsgebühr bzw. Ersatz der Kosten die Einzelunterlagen über den Umfang und die Ausführung der gewünschten Leistung bzw. Lieferung diesen zugesandt. Bis zu einem bestimmten Termin müssen die Angebote der Unternehmen bei der Gemeinde eingehen. An diesem Termin erfolgt die sog. „Submission", die Öffnung der bis dahin verschlossenen Angebote. Bei Baumaßnahmen erfolgt die Submission öffentlich, wovon vor allem Vertreter der anbietenden Baufirmen Gebrauch machen.

Die Submissionsunterlagen erhält dann der zuständige Sachbearbeiter zur rechnerischen, technischen und wirtschaftlichen Prüfung. Verhandlungen über die Preise der Angebote sind nicht zulässig; lediglich klärende Nachfragen sind erlaubt. Erscheinen der Gemeinde die Preise zu hoch, kann sie lediglich die gesamte Submission aufheben und muss dann neu ausschreiben.

Die Auftragsvergabe erfolgt jetzt nicht unbedingt nach dem billigsten Angebot, sondern nach den Grundsätzen der Sparsamkeit und Wirtschaftlichkeit. Dabei sind zumindest folgende Aspekte zu berücksichtigen:

- erforderliche Sachkenntnis des Bieters einschließlich dessen Leistungsfähigkeit,
- Zuverlässigkeit des Bieters,
- technische und wirtschaftliche Mittel des Bieters,
- Angebotspreis.

Durch den Zuschlag, der schriftlich zu erfolgen hat, kommt der Vertrag zwischen der Gemeinde und dem günstigsten Bieter zustande.

Nicht in jedem Fall ist es sinnvoll, eine öffentliche Ausschreibung durchzuführen, sodass als weitere Möglichkeiten die beschränkte Ausschreibung und die freihändige Vergabe gegeben sind. Die Notwendigkeit ergibt sich aus der Natur des Geschäftes oder durch besondere Umstände, jeweils im Einzelfall. Bei einer beschränkten Ausschreibung fordert die Gemeinde spezielle Unternehmen schriftlich zur Angebotsabgabe auf. Bei der freihändigen Vergabe wird der Auftrag ohne vorherige Ausschreibung unmittelbar an ein Unternehmen vergeben. Wie bereits angedeutet, müssen für den Verzicht auf eine öffentliche Ausschreibung besondere Gründe vorliegen; die wichtigsten sind nachstehend im Überblick enthalten:

- wenn die Leistung nur von einem beschränkten Kreis von Unternehmen ordnungsgemäß erbracht werden kann, z. B. wegen besonderer technischer Einrichtungen oder fachkundiger Arbeitskräfte;
- wenn die öffentliche Ausschreibung einen Aufwand verursachen würde, der zum erreichbaren Vorteil oder im Hinblick auf den Wert der Leistung unvertretbar wäre;
- wenn eine öffentliche Ausschreibung kein annehmbares Ergebnis gebracht hat;
- wenn die öffentliche Ausschreibung aus anderen Gründen unzweckmäßig ist, z. B. wegen Geheimhaltung oder Dringlichkeit, auch aus konjunkturpolitischen Gründen (schnelle Vergabe).

Voraussetzungen für eine freihändige Vergabe können sein:

- wenn für die Leistung nur ein bestimmter Unternehmer in Frage kommt, z. B. Inhaber eines patentierten Verfahrens;

- wenn die Leistung nach Art und Umfang nicht von vornherein eindeutig festgelegt werden kann (z. B. schwierige Ermittlung von Fehlerquellen bei Reparaturen);
- wenn eine kleinere Leistung sich von einer bereits vergebenen größeren Leistung nicht ohne Nachteile trennen lässt;
- wenn wegen besonderer Dringlichkeit der Leistung keine beschränkte Ausschreibung möglich ist;
- wenn bereits durchgeführte öffentliche oder beschränkte Ausschreibungen ohne Erfolg waren und eine erneute Ausschreibung kein annehmbares Ergebnis erwarten lässt;
- wenn eine beschränkte Ausschreibung einen Aufwand verursachen würde, der zum erreichbaren Vorteil oder im Hinblick auf den Wert der Leistung unvertretbar wäre.

Die Gemeinde hat bei der Vergabe von Aufträgen und dem Abschluss von Verträgen die Vergabegrundsätze des Landes sowie die dazu ergangenen Vergabegrundsätze des Landes in der jeweiligen im Ministerialblatt für das Land Sachsen-Anhalt veröffentlichten geltenden Fassung anzuwenden. Der Deutsche Verdingungsausschuss e. V. mit Sitz in Köln, an dem private und öffentliche Stellen beteiligt sind, hat umfangreiche Regelungen für das gesamte Verfahren entwickelt. Für die Bauleistungen besteht eine „Verdingungsordnung für Bauleistungen (VOB)“; für die sonstigen Leistungen wurde die „Verdingungsordnung für Leistungen (VOL)“ geschaffen. Zudem besteht die Verdingungsordnung für freiberufliche Leistungen (VOF), die z. B. für Architektenleistungen anzuwenden ist. Durch Runderlass des Ministeriums für Wirtschaft und Arbeit vom 22.11.2006 (MBl. LSA Nr. 38/2007) wurden die VOB, VOL und VOF für verbindlich erklärt. Auf die Besonderheit des EU-Rechts (u. a. mit Wertgrenzen, ab wann eine Europa weite Ausschreibung erfolgen muss) soll an dieser Stelle wegen des Überblickcharakters der Darstellung nicht eingegangen werden. Dies bleibt der Fachliteratur zum Vergaberecht vorbehalten.

Auf Ortsebene haben die Gemeinden regelmäßig ergänzende Vorschriften zu VOL und VOB in Form von Vergabeordnungen erlassen. Darin sind u. a. die Entscheidungs- und Prüfungsbefugnisse sowie die konkreten Auslegungen (betragsbezogen) für die beschränkte Ausschreibung bzw. freihändige Vergabe enthalten.

Die Vergabeordnungen einschließlich der örtlichen Ergänzungen stellen Richtlinien für das Verhalten der Gemeinden bei Vertragsabschlüssen dar. Sie sind deshalb keine vertragsbegründende Willensentscheidung für Angebot und Annahme. Dies wird durch einen förmlichen Auftrag der Gemeinde erreicht (Auftragsschreiben), wobei die Gemeinden im Rahmen des Auftrags regelmäßig die Bestimmungen der VOB bzw. VOL oder VOF zum Vertragsinhalt machen.

Eine gemeindliche Vergabeordnung könnte zum Beispiel folgenden Inhalt haben:

Vergabeordnung der Gemeinde G

1. Geltungsbereich
   Die Vergabeordnung gilt für alle Ämter und angegliederten Einrichtungen mit Ausnahme der Stadtwerke. Die Vergabeordnung regelt die Deckung des gemeindlichen Bedarfs an Lieferungen und Leistungen einschließlich Bauleistungen, ausgenommen Architekten- und Ingenieurleistungen.
2. Verbindliche Vergabevorschriften
   Verbindliche Vergabevorschriften sind die Verdingungsordnung für Leistungen (VOL) und die Verdingungsordnung für Bauleistungen (VOB).
3. Rechtscharakter
   Durch diese Vergabeordnung entsteht kein Vertragsrecht; sie gilt innerdienstlich.
4. Bedarfs- und Vergabestelle
   An der Bedarfsdeckung sind Bedarfsstellen und Vergabestellen beteiligt. Bedarfsstellen sind die Ämter, die Lieferungen oder Leistungen zur Erfüllung ihrer Aufgaben benötigen. Vergabestellen sind die Ämter, die die Planansätze bewirtschaften. Die Zuständigkeiten und Aufgaben sind durch Geschäftsanweisungen zu regeln.
5. Vergabeentscheidungen und Verpflichtungserklärungen
   Die Befugnis über Vergabeentscheidungen und zur Unterzeichnung von Verpflichtungserklärungen regeln Hauptsatzung und Unterschriftsordnung.
6. Vergabearten
   Für die Wahl der Vergabeart gelten grundsätzlich die Teile A und B der VOL und VOB.
   Aufträge bis zu einem Wert von 1.500 € dürfen ohne Ausschreibung vergeben werden (freihändige Vergabe). Aufträge bis zu einem Wert von 50.000 € dürfen nach beschränkter Ausschreibung ohne öffentlichen Teilnahmewettbewerb vergeben werden.
   Erfolgt eine beschränkte Ausschreibung, so sind bei Aufträgen bis zu einem Wert von 25.000 € mindestens fünf Firmen, bei Aufträgen über 25.000 € mindestens acht Firmen, unter denen sich mindestens drei auswärtige Firmen befinden müssen, zur Angebotsabgabe aufzufordern.
   Aufträge dürfen nicht in mehrere kleinere Aufträge geteilt werden, um die Wertgrenze zu unterschreiten. Zur Ermittlung der Wertgrenze ist der Kalkulationsbetrag maßgebend.
8. Vergabegrundsätze
   Nach öffentlicher Ausschreibung ist dem Angebot der Zuschlag zu erteilen, das unter Wahrung der gemeindlichen Interessen und unter Beachtung aller technischen und wirtschaftlichen Gesichtspunkte als das annehmbarste erscheint. Nach beschränkter Ausschreibung ist in der Regel das niedrigste Angebot zu berücksichtigen. Auswärtige Bieter sind im Auswahlverfahren den ortsansässigen Bietern gleichgestellt.

Alle Lieferungen und Leistungen sind nach Möglichkeit unter dem Gesichtspunkt einer weitgehenden Typenbeschränkung zu vergeben. Norm- und Gütebestimmungen sind zu beachten.
Der Markt ist laufend zu beobachten. Der Zeitpunkt der Vergabe soll nach Möglichkeit der Markt- und Konjunkturlage angepasst werden. Zur Deckung des laufenden Bedarfs sind in der Regel Rahmenverträge für einen wirtschaftlich vertretbaren Zeitraum abzuschließen, die einen Abruf der Leistung nach Bedarf ermöglichen. In den Aufforderungen zur Abgabe eines Angebotes ist darauf hinzuweisen, dass Unbedenklichkeitsbescheinigungen gefordert werden können.

9. Schriftform der Vergaben
Mündliche und fernmündliche Vergaben dürfen nur in begründeten Ausnahmefällen erteilt werden. Die schriftliche Bestätigung ist sofort nachzuholen.
10. Mitwirkung des Rechnungsprüfungsamtes und der Kämmerei
Vergaben ab 2.000 € sind dem Rechnungsprüfungsamt zur Vorprüfung vorzulegen. Vorlagen an die Ratsgremien über Vergaben sind dem Rechnungsprüfungsamt und der Kämmerei vorzulegen. Vergaben ab 300 € sind von der Finanzbuchhaltung vorzumerken.
11. Sicherheitsleistung
Bei Vergaben im VOB-Bereich ab 25.000 € ist vom Auftragnehmer eine Sicherheitsleistung in Höhe von 3 v. H. der Abrechnungssumme für die Dauer der Gewährleistung zu erbringen.

Eine weitergehende ausführliche Behandlung der Auftragsvergabe ist der Spezialliteratur vorbehalten. Aus haushaltsrechtlicher Sicht reicht der vorstehende Überblick, der durch die nachfolgenden Übungen ergänzt wird.

19.5.2 Übungen

Sachverhalt Nr. 8:
Bei der Gemeinde G stehen folgende Beschaffungen bzw. Bauleistungen an:

a) Es sollen Spezialschreibstifte im Wert von insgesamt 40 € einmalig beschafft werden.
b) Lieferung einer Straßenkehrmaschine im Wert von rd. 100.000 €.
c) Auftrag an eine Baufirma, die gerade das Schulzentrum errichtet, eine bisher nicht ausgeschriebene Zwischenwand dort einzubauen (Auftragsvolumen 10.000 €).
d) Auf eine öffentliche Ausschreibung hat sich nur ein Bieter gemeldet.
e) Nach einem Unwetter ist das Rathausdach neu einzudecken.

Aufgabe:
Prüfen Sie, ob in den vorstehenden Fällen öffentlich bzw. beschränkt auszuschreiben oder eine freihändige Vergabe zulässig ist.

Lösung:

a) Es handelt sich um eine einmalige Beschaffung mit sehr geringem Auftragsvolumen. Bereits bei einer beschränkten Ausschreibung würden die dafür entstehenden Kosten (Arbeit des Sachbearbeiters, Schreibarbeit, Material, Porto und Durchführung einer Submission) sicherlich weit höher als das Beschaffungsvolumen von 40 € sein. Aus Gründen der Sparsamkeit und Wirtschaftlichkeit (§ 98 Abs. 2 KVG) ist eine freihändige Vergabe deshalb angebracht.

b) Die Auftragssumme von 100.000 € ist unzweifelhaft als erheblich anzusehen. Allerdings wird mit der Beschaffung einer Straßenkehrmaschine eine spezielle Leistung verlangt, die nur von wenigen Firmen erbracht werden kann. Es ist kostengünstiger, die möglichen Lieferfirmen unmittelbar um die Abgabe eines Angebots zu bitten (beschränkte Ausschreibung) als öffentlich auszuschreiben. Außerdem geht die Gemeinde bei einer beschränkten Ausschreibung sicher, dass alle infrage kommenden Unternehmen die Nachfrageinformation erhalten.

c) Eine Baufirma errichtet zurzeit ein Schulzentrum, was sicherlich ein Kostenvolumen von mehreren Mio. Euro bedeutet. Diese Investition wurde natürlich öffentlich ausgeschrieben, sodass das bauausführende Unternehmen das günstigste Angebot vorweisen konnte. Insofern bestehen auch keine Bedenken, den zusätzlichen Einbau einer Zwischenwand freihändig an dieses Unternehmen zu vergeben, zumal es doch zum Gesamtauftrag in einem untergeordneten Verhältnis steht. Dazu kommt die Überlegung, dass es wahrscheinlich technisch gar nicht möglich ist, eine andere Firma mitten in den Bauarbeiten die Zwischenwand einziehen zu lassen, weil dies in einem Arbeitsgang in Zusammenhang mit den übrigen Rohbauarbeiten abzuwickeln ist. Aus alledem ergibt sich die Zulässigkeit einer freihändigen Vergabe an die bauausführende Firma.

d) Wenn sich bei einer öffentlichen Ausschreibung nur ein Bieter meldet, ist es wenig sinnvoll, die öffentliche Ausschreibung zu wiederholen. Es ist anzunehmen, dass wiederum derselbe Kreis von Unternehmen die Anzeige zur Kenntnis nimmt und die Angebotssituation sich nicht ändert. Es bietet sich deshalb vielmehr eine beschränkte Ausschreibung an, in der bestimmte Unternehmen zum Angebot aufgefordert werden. In der Regel werden die angeschriebenen Unternehmen ein Angebot abgeben, denn bei Nichtabgabe laufen sie in Gefahr, bei zukünftigen beschränkten Ausschreibungen nicht mehr zur Angebotsabgabe aufgefordert zu werden.

e) Zur Erfüllung der öffentlichen Aufgaben ist ein betriebsbereites Verwaltungsgebäude unbedingt notwendig. Wenn nun das Rathausdach neu einzudecken ist, sind die Unwetterschäden doch erheblich, sodass sich durch Umwelteinflüsse negative Auswirkungen auf die Diensträume ergeben. Dies könnte zur Nichtbenutzung der Räumlichkeiten führen. Eine umgehende Dachreparatur ist somit angebracht. Öffentliche und beschränkte Ausschreibungen erfordern einen mehrwöchigen Arbeitsaufwand. Wegen der besonderen Dringlichkeit kann deshalb unabhängig vom Auftragsvolumen eine freihändige Vergabe erfolgen.

19.6 Bewegliche Haushaltsführung

19.6.1 Einführung

Bei der Ausführung des Haushaltsplans kommt es in der Praxis immer wieder vor, dass einzelne Planansätze vorzeitig erschöpft bzw. für bestimmte Positionen keine Ermächtigungen im Haushaltsplan enthalten sind. Dies lässt sich weder bei den Aufwendungsermächtigungen im Ergebnishaushalt noch bei den Auszahlungsermächtigungen im Finanzhaushalt vermeiden. Aufwendungs- bzw. Auszahlungserhöhungen sowie unvorhergesehene Finanzvorfälle treten selbst bei einer äußerst gewissenhaften Planung aufgrund der doch recht langen Planungsvorlaufzeit und einer zwölfmonatigen Bindungsperiode regelmäßig auf. Insofern werden haushaltsrechtliche Regelungen benötigt, um diesen Erfordernissen Rechnung zu tragen und Abweichungen vom gemäß § 101 Abs. 3 Satz 1 KVG verbindlichen Haushaltsplan zuzulassen. Solche Regelungen und die sich daraus ergebenden haushaltswirtschaftlichen Möglichkeiten werden unter dem Schlagwort **„bewegliche Haushaltsführung“** zusammengefasst. Zugelassen sind dabei folgende Verfahren:

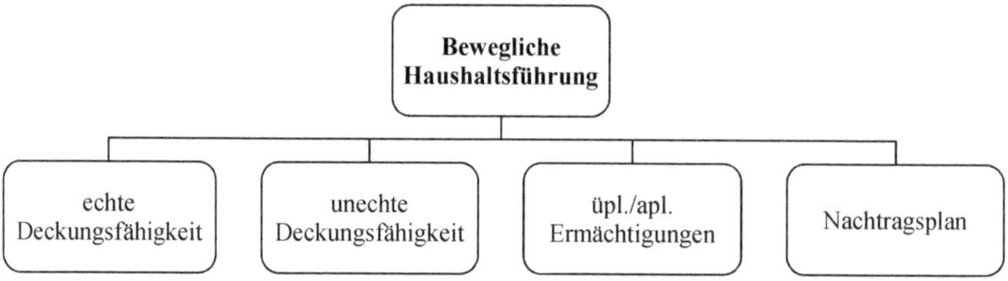

Die ersten beiden Möglichkeiten sind bereits bei den Haushaltsgrundsätzen besprochen, weil sie nur aufgrund im Haushaltplan enthaltener Bewirtschaftungsvermerke angewendet werden können. Insofern wird hierzu grundlegend auf Kap. 14.3.1 und 14.3.2 verwiesen. Der Nachtragsplan bietet die Möglichkeit, alle ursprünglichen Plandaten fortzuschreiben, und dient somit auch der Beweglichkeit, auch wenn er nur in einem umfangreichen Verfahren nach § 103 Abs. 1 KVG i. V. m. § 102 KVG zu realisieren ist. Einzelheiten dazu sind in Kap. 21 enthalten. Insofern beschäftigt sich das jetzige Unterkapitel primär mit den über- und außerplanmäßigen Ermächtigungen, wobei jedoch auch das Zusammenwirken der einzelnen Verfahren zu besprechen sein wird.

19.6.2 Begriff der über- und außerplanmäßigen Aufwendungen und Auszahlungen

Rechtsgrundlage für die Bereitstellung von Mehraufwendungen und Mehrauszahlungen ist § 103 KVG, wobei dieser die Begriffe „überplanmäßig“ und „außerplanmäßig“ einführt. Da diese Begrifflichkeiten auch durchaus unterschiedliche Rechtsfolgen auslösen können, bedarf es an dieser Stelle einer entsprechenden Definition.

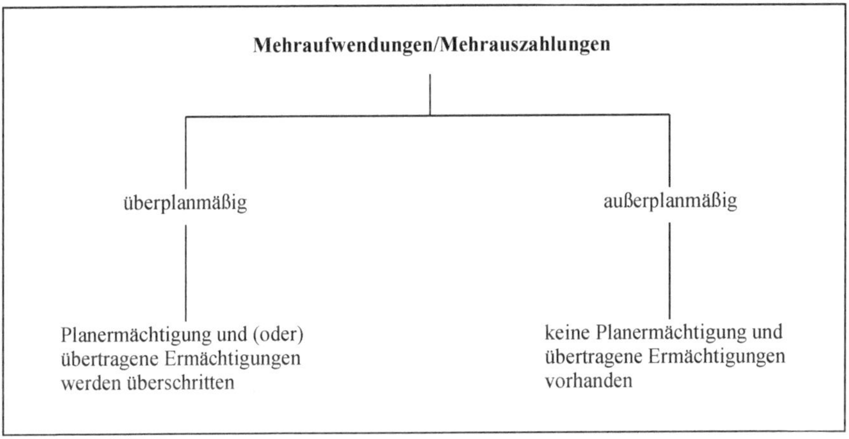

Sowohl der Begriff „überplanmäßig“ als auch der Begriff „außerplanmäßig“ haben den „Plan“, also den Haushaltsplan, als Wortbestandteil. Sie drücken damit gewisse Abweichungen von den Ansätzen des Haushaltsplans (Planermächtigungen) aus. Überplanmäßige Aufwendungen sind demnach Aufwendungen, die den Aufwendungsansatz im Haushaltsplan überschreiten. Dies bezieht sich somit auf die Teilergebnispläne, in denen die Aufwendungsermächtigungen enthalten sind. Entscheidet sich eine Gemeinde für die Mindestgliederung nach Produktbereichen, steht eine über- bzw. außerplanmäßige Aufwendung immer im Bezug zu den dort ausgewiesenen Aufwendungspositionen. Dies wird anhand des nachstehenden Beispiels deutlich, wobei der Teilergebnisplan nur auszugsweise dargestellt ist:

Teilergebnisplan Produktgruppe 211 Grundschulen	**Ansatz 2024**	**Planung 2025**	**Planung 2026**	**Planung 2027**
Personalaufwendungen	1.200.000	1.220.000	1.230.000	1.250.000
Aufwendungen für Sach- und Dienstleistungen	2.000.000	2.000.000	2.000.000	2.000.000
Bilanzielle Abschreibungen	100.000	100.000	110.000	110.000
Summe der ordentlichen Aufwendungen	**3.300.000**	**3.320.000**	**3.340.000**	**3.360.000**
Außerordentlicher Ertrag	50.000	0	50.000	0
Außerordentliche Aufwendungen	0	0	0	0
Außerordentliches Ergebnis	**50.000**	**0**	**50.000**	**0**

Werden z. B. innerhalb der Position „Aufwendungen für Sach- und Dienstleistungen“ 50.000 € nicht eingeplante Aufwendungen für den Verbrauch von Energie benötigt und gleichzeitig im Schulbereich entsprechende Mittel bei den Aufwendungen für die Gebäudeunterhaltung eingespart, entstehen noch keine überplanmäßigen Aufwendungen, weil die Position „Aufwendungsermächtigung für Sach- und Dienstleistungen“ nicht überschritten wird. Insofern haben evtl. unterhalb der Haushaltsplanung festgelegte Höchstgrenzen bei einzelnen Aufwendungsarten keine Außenwirkung, sondern stellen nur einen internen Bewirtschaftungsplan dar. Erst wenn den 50.000 € zusätzlichen Aufwendungen keine Einsparungen bei den anderen Aufwendungen für Sach- und Dienstleistungen im Produktbereich „Schulträgeraufgaben“ gegenüberstehen, liegt eine überplanmäßige Aufwendung vor.

Dies gilt auch, wenn die genannten Geschäftsvorfälle verschiedenen Schultypen zuzuordnen sind (z. B. Energieverbrauch Realschulen und Einsparung bei Gebäudeunterhaltung Grundschulen). Beides wird vom selben Planansatz der Produktgruppe 211 „Grundschulen“ erfasst. Dies ändert sich erst dann, wenn die Gemeinde sich entschließt, Teilergebnispläne für Produktgruppen (z. B. Produktgruppe Grundschule oder Produktgruppe Realschule) oder gar für einzelne Produkte aufzustellen. Die Begrifflichkeit der Mehraufwendungen beziehen sich dann jeweils auf die einzelnen Aufwendungspositionen der Produktgruppen bzw. der Produkte.

Sind bei den Aufwendungen für Sach- und Dienstleistungen keine konkreten Mittel für Gebäudeunterhaltung in 2024 eingeplant und muss nun die Heizung mit Aufwendungen von 50.000 € repariert werden, entstehen keine außerplanmäßigen Aufwendungen, weil im Teilergebnisplan ja die Position „Aufwendungen für Sach- und Dienstleistungen“ mit einem Planansatz von 2.000.000 € enthalten ist. Bei den 50.000 € handelt es sich sogar um planmäßige Aufwendungen, wenn dieser nicht eingeplanten Reparatur entsprechende Einsparungen z. B. bei den Energieaufwendungen gegenüberstehen, weil diese ebenfalls zur Position „Aufwendungen für Sach- und Dienstleistungen“ gehören. Erst wenn die Reparaturaufwendungen den für die Aufwendungen für Sach- und Dienstleistungen veranschlagten Gesamtbetrag von 2.000.000 € übersteigen, entsteht eine überplanmäßige Aufwendung.

Ist dagegen eine Gebäudereparatur mit Aufwendungsvolumen von 1.000.000 € aufgrund eines Orkanschadens erforderlich, handelt es sich um außerplanmäßige Aufwendungen. Dies ist darin begründet, dass es sich um außerordentliche Aufwendungen handelt, für die im Teilergebnisplan 2024 kein Planansatz vorhanden ist. Dabei wird unterstellt, dass auch aus dem Vorjahr keine außerordentlichen Aufwendungsermächtigungen übertragen wurden.

Für den Teilfinanzplan gelten die Ausführungen entsprechend, wobei dann lediglich auf Auszahlungspositionen abzustellen ist. Diese kann am nachstehenden Beispiel erläutert werden:

Teilfinanzplan 211 Grundschulen Investitionstätigkeit	**Ansatz 2024**	**VE 2024**	**Planung 2025**	**Planung 2026**	**Planung 2027**
Einzahlungen					
Zuwendungen für Investitionsmaßnahmen	200.000		300.000	0	0
Veräußerung von Grundstücken, Gebäuden und Infrastrukturvermögen	10.000		40.000	0	0
sonstige Investitionseinzahlungen	0		0	100.000	0
Summe der investiven Einzahlungen	**210.000**		**340.000**	**100.000**	**0**
Auszahlungen					
Erwerb von Grundstücken, Gebäuden und Infrastrukturvermögen	200.000	100.000	100.000	0	0
Erwerb von beweglichem Anlagevermögen	0	50.000	200.000	80.000	10.000
Baumaßnahmen	780.000	800.000	600.000	300.000	0
sonstige Investitionsauszahlungen	0	0	0	0	0
Summe der investiven Auszahlungen	**980.000**	**950.000**	**900.000**	**380.000**	**10.000**
Saldo Investitionstätigkeit Produktgruppe Grundschulen	**–870.000**		**–560.000**	**–280.000**	**–10.000**

Übersicht Investitionsmaßnahmen	**Ansatz 2024**	**VE 2024**	**Planung 2025**	**Planung 2026**	**Planung 2027**
Maßnahmen oberhalb der Wertgrenze					
Einzahlung: Landeszuweisung Schule Nord	50.000		50.000	0	0
Auszahlung: für Grunderwerb Schule Nord	100.000	0	0	0	0
Auszahlung: Baumaßnahme Schule Nord	400.000	300.000	300.000	0	0
Saldo Investitionsmaßnahme Schule Nord	–450.000		–250.000	0	0
Einzahlung: Landeszuweisung Schule Süd	150.000		250.000	0	0
Auszahlung: für Grunderwerb Schule Süd	100.000	100.000	100.000	0	0
Auszahlung: Baumaßnahme Schule Süd	380.000	500.000	300.000	300.000	0
Auszahlung: bewegl. Vermögen Schule Süd	0	50.000	190.000	70.000	0
Saldo Investitionsmaßnahme Schule Süd	–330.000		–340.000	–370.000	0
Saldo	**–780.000**		**–590.000**	**–370.000**	**0**
Maßnahmen unterhalb der Wertgrenzen					
Summe der investiven Einzahlungen	0	0	0	100.000	0
Summe der investiven Auszahlungen	0	10.000	10.000	10.000	10.000
Saldo	**0**	**–10.000**	**–10.000**	**90.000**	**–10.000**

Dabei ist festzustellen, dass die Übersicht der (Einzel-)Investitionsmaßnahmen Teil des Haushaltsplans ist und demnach verbindliche Planansätze enthält. Steigen z. B. die Auszahlungen für die Baumaßnahme „Schule Nord" in 2024 von 400.000 € auf 420.000 €, entsteht bereits eine überplanmäßige Auszahlung in Höhe von 20.000 €. Falls die Gemeinde eine flexible Haushaltsführung mit Vermeidung von überplanmäßigen Auszahlungen bei den einzelnen Investitionsmaßnahmen erreichen will, sollte sie die Planansätze der Einzelmaßnahmen in ein gemeinsames Budget nach § 18

Abs. 1 KomHVO einstellen, sodass dann die gegenseitige Deckungsfähigkeit herbeigeführt wird.[7]

19.6.3 Verhältnis zur Nachtragssatzung und zu anderen Bereitstellungsmöglichkeiten für Mehraufwendungen und Mehrauszahlungen

Über- und außerplanmäßige Mehraufwendungen und Mehrauszahlungen stellen Abweichungen von der betraglichen Bindung des Haushaltsplans dar. Diese zusätzlichen Mittelbedarfe kommen in der Praxis immer wieder vor, weil bei Aufstellung des Haushaltsplans eine Reihe von Ansätzen nur geschätzt werden kann. Auch bei weitgehend vorausberechenbaren Ansätzen entstehen Mehraufwendungen und Mehrauszahlungen, weil immerhin der Haushaltsplan bereits etwa Mitte des Vorjahres aufgestellt wird und bei einem Zeitraum von 18 Monaten auch bei diesen Ansätzen unvorhergesehene Veränderungen eintreten können. Diesen Tatsachen hat auch die Gemeindeordnung Rechnung getragen, indem sie ein formelles Verfahren zur Bereitstellung von über- und außerplanmäßigen Aufwendungen bzw. Auszahlungen vorsieht, welches weiter unten noch ausführlich darzustellen ist.

In Kap. 21 wird dargestellt, dass bestimmte Mehraufwendungen bzw. Mehrauszahlungen nicht nach dem oben angedeuteten Verfahren, sondern nur durch Nachtragssatzung bereitgestellt werden können. In Kap. 14.3.1 und 14.3.2 wurden als unechte und echte Deckungsfähigkeiten zwei einfache Bereitstellungsverfahren aufgrund von Haushaltsvermerken bzw. als Auswirkung der Budgetierung vorgestellt. Aus dieser Vielzahl von Deckungsmöglichkeiten für Mehraufwendungen und Mehrauszahlungen ergibt sich die Notwendigkeit, eine gewisse Reihenfolge zu schaffen, um die Prüfung zur Bereitstellung der zusätzlichen Bereitstellung der Ermächtigungen durchführen zu können.

Die Frage nach der Reihenfolge des Einsatzes der Bereitstellungsverfahren wird nach dem Verwaltungsaufwand und dem Sinn der Vorschriften entschieden. Es ist natürlich wirtschaftlicher, ein Verfahren ohne großen Verwaltungsaufwand zu wählen als evtl. sogar den Rat der Gemeinde einzuschalten, damit dieser die Mittel bewilligt. Für die Prüfung der Frage „Wie können die Mehraufwendungen bzw. Mehrauszahlungen bei der Planposition bereitgestellt werden?“ bietet sich deshalb die nachstehend aufgeführte und begründete Reihenfolge der Bereitstellungsarten an. Dabei ist die Reihenfolge der Arbeitsphasen a) und b) nicht zwingend. Beide Verfahren können gleichermaßen vom Budget- oder Haushaltsverantwortlichen ohne Einschaltung der Kämmerei angewendet werden, sodass je nach den Deckungsmöglichkeiten der Verfahrenseinsatz gewählt wird. Insofern kann die echte Deckungsfähigkeit (b) auch vor der unechten Deckungsfähigkeit (a) in Anspruch genommen werden.

7 Auf die eventuelle Notwendigkeit eines vorrangigen Pflichtnachtrags gemäß § 103 Abs. 2 KVG wird bei allen Beispielen nicht eingegangen.

a) **Mittelbereitstellung auf Grund eines Verstärkungsvermerks gemäß § 17 Abs. 2 KomHVO (unechte Deckungsfähigkeit)**
Durch Haushaltsvermerk kann bestimmt werden, dass Mehrerträge Aufwendungsermächtigungen bzw. Mehreinzahlungen Auszahlungsermächtigungen erhöhen. Ein formelles Bereitstellungsverfahren und damit ein besonderer Verwaltungsaufwand sind in diesen Fällen nicht erforderlich, sodass diese Art der Bereitstellung von zusätzlichen Ermächtigungen gleichrangig mit der echten Deckungsfähigkeit zu prüfen ist. Voraussetzungen für die Anwendung sind der bereits genannte Vermerk im Haushaltsplan und den Plansatz übersteigende Erträge bzw. Einzahlungen.

b) **Echte Deckungsfähigkeit aufgrund § 18 Abs. 1 bis 3 KomHVO**
Einsparungen bei deckungspflichtigen Aufwendungspositionen können für Mehraufwendungen bei deckungsberechtigten Aufwendungspositionen verwendet werden. Voraussetzung dafür ist, dass sich die in Frage kommenden Planposition in einem gemeinsamen Budget befinden und kein die Deckungsfähigkeit ausschließender Vermerk vorhanden ist oder die Aufwendungen für gegenseitig oder einseitig deckungsfähig erklärt worden sind. Dieses Verfahren ist gleichrangig mit der unechten Deckungsfähigkeit anwendbar. Die Bearbeitung bleibt aber immer bis zur Entscheidungsfindung beim Fachamt/Fachbereich, sodass die echte Deckungsfähigkeit – wie gleich näher festzustellen ist – weniger aufwändig als die nachstehenden Verfahren ist. Das gleiche Verfahren ist bei der Deckungsfähigkeit von Auszahlungen anzuwenden.

c) **Bewilligung von überplanmäßigen Aufwendungen bzw. Auszahlungen (§ 105 KVG) bzw. Pflichtnachtragssatzung (§ 103 Abs. 2 KVG)**
An der Überschrift wird erstmals deutlich, dass außerplanmäßige Aufwendungen bzw. Auszahlungen nicht in diesem Schema abgehandelt werden können. Solche zusätzlichen Ermächtigungen können nämlich nicht in den Verfahren zu a) und b) bereitgestellt werden. Sie erfordern eine ausschließliche Bearbeitung nach § 105 oder § 103 Abs. 2 KVG, weil die vorgenannten Verfahren immer eine Haushaltsposition mit entsprechenden Haushaltsvermerken bzw. eine Budgetierung ohne einschränkenden Haushaltsvermerk voraussetzen.
Sind keine Haushaltsvermerke für unechte oder echte Deckungsfähigkeiten angebracht oder können diese nicht ausgenutzt werden, verbleibt nur die Bereitstellung als überplanmäßige Aufwendung bzw. Auszahlung. Dazu – und das wird noch ausführlich zu erläutern sein – hat das mittelbewirtschaftende Fachamt (der Fachbereich) in der Regel einen Bewilligungsantrag an die Kämmerei zu richten. Die Entscheidung über die Bewilligung trifft entweder der Bürgermeister oder der Rat der Gemeinde. Nach § 103 Abs. 2 KVG kann bei bestimmten Aufwendungen bzw. Auszahlungen sogar vorrangig die Pflicht zur Nachtragssatzung bestehen. Gegenüber der echten und unechten Deckungsfähigkeit tritt somit der Bearbeitungsvorgang erstmals aus dem Bereich des Fachamtes (Fachbereich) heraus und kompliziert sich, sodass dieses Verfahren nachrangig zu prüfen ist.

d) Freiwillige Nachtragssatzung (§ 103 Abs. 1 KVG)
Die aufwändigste Bereitstellungsmöglichkeit für Mehraufwendungen bzw. Mehrauszahlungen ist der freiwillige Nachtragshaushaltsplan, weil hierfür gemäß § 103 Abs. 1 Satz 2 KVG das gesamte formelle Verfahren des § 102 KVG durchzuführen ist. Deshalb wird in der Praxis zur Bereitstellung einer einzelnen Mehraufwendung bzw. Mehrauszahlung wohl kaum eine solche Nachtragssatzung mit Nachtragsplan erlassen werden. Wenn die Gemeinde jedoch aus anderen Gründen zeitgleich einen Nachtragsplan vorbereitet, kann eine einzelne Mehraufwendung bzw. Mehrauszahlung natürlich eingebaut werden, was dann wiederum effizienter als das Verfahren zu c) wäre.

19.6.4 Bewilligung von über- und außerplanmäßigen Aufwendungen und Auszahlungen

19.6.4.1 Ermittlung der Höhe der benötigten zusätzlichen Ermächtigung

Der Ausgangspunkt für das Bewilligungsverfahren einer Mehraufwendung bzw. Mehrauszahlung nach § 105 KVG ist die Feststellung der Höhe des über- bzw. außerplanmäßigen Bedarfs. Grundlage ist zunächst der Aufwendungs- bzw. Auszahlungsbedarf bis zum Ende des Haushaltsjahres. Weiß die Verwaltung z. B. im August des Haushaltsjahres bereits, dass die Haushaltsmittel erschöpft sind und noch eine Handwerkerrechnung über 20.000 € vorliegt sowie eine weitere Rechnung über 10.000 € im Dezember zu begleichen sein wird, so ist der zusätzliche Aufwendungsbedarf auf 30.000 € festzusetzen. Der augenblickliche Bedarf ist nicht maßgebend. Dies ergibt sich allein schon aus dem Prinzip der Jährlichkeit (Haushaltswirtschaft für ein Jahr), welches dem gesamten Haushaltsrecht zugrunde liegt.

§ 105 Abs. 3 KVG bestätigt für die über- und außerplanmäßigen Aufwendungen und Auszahlungen diesen Grundsatz aus spezieller Sicht, weil danach sogar Maßnahmen, die später über- oder außerplanmäßige Aufwendungen bzw. Auszahlungen verursachen könnten, einer Bewilligung nach § 105 KVG bedürfen. Das zuweilen in der Praxis geübte Verfahren, in Teilbeträgen Mehraufwendungen bzw. Mehrauszahlungen bereitzustellen, obwohl zumindest in etwa der Gesamtbedarf feststeht, ist somit unzulässig.

Bei außerplanmäßigen Finanzvorfällen entspricht der Bereitstellungsbedarf zwangsläufig dem Volumen des Finanzvorfalls. Bei einer überplanmäßigen Aufwendung oder Auszahlung berechnet sich der Bereitstellungsbedarf aufgrund des nachstehenden Berechnungsschemas für Aufwendungen, wobei natürlich auf die einzelne Haushaltsposition abzustellen ist. Die konkreten Werte sind anhand der Haushaltsüberwachung zu ermitteln (siehe dazu Kap. 19.2.3).

Übertragene Ermächtigungen aus Vorjahren
+ Planposition
+/– Veränderung aus Nachtragsplänen
+ Ermächtigung nach § 17 Abs. 2 KomHVO
+/– Ermächtigung nach § 18 Abs. 1, 3 KomHVO*)

(Summe der vorstehenden Positionen = Gesamtaufwendungsermächtigung)

– bisher gebuchte Aufwendungen
– Vormerkungen (Aufträge)
– noch bestehender nicht vorgemerkter Aufwendungsbedarf

*) echte Deckungsfähigkeit

= Ergebnis

Positiver Betrag oder null	negativer Betrag
= Aufwendungsermächtigung reicht aus, überplanmäßiger Bedarf besteht nicht	= Aufwendungsermächtigung reicht nicht, ausgewiesener Betrag ist die Summe der überplanmäßigen Aufwendungen

Dieses Berechnungsschema kann im gleichen Maße für den Auszahlungsbereich eingesetzt werden.

19.6.4.2 Voraussetzungen für die Bewilligung

Die Bewilligung von über- und außerplanmäßigen Aufwendungen oder Auszahlungen ist gemäß § 105 Abs. 1 Satz 1 KVG nur zulässig, wenn die Aufwendungen oder Auszahlungen unabweisbar sind und die Deckung gewährleistet ist. Diese unmittelbaren Voraussetzungen sind aber nur dann zu prüfen, wenn nicht eine vorrangige Pflicht zur Nachtragssatzung gemäß § 105 Abs. 1 Satz 4 i. V. m. § 103 Abs. 2 KVG besteht oder eine überplanmäßige Bewilligung wegen der Art der Haushaltsposition (siehe § 12 KomHVO) ausscheidet. Aus diesem Grunde erfolgt eine Bewilligungsprüfung jeweils im Ablauf der nachstehend noch einmal aufgezeigten Stufen, die in der Reihenfolge „von links nach rechts“ zu behandeln sind.

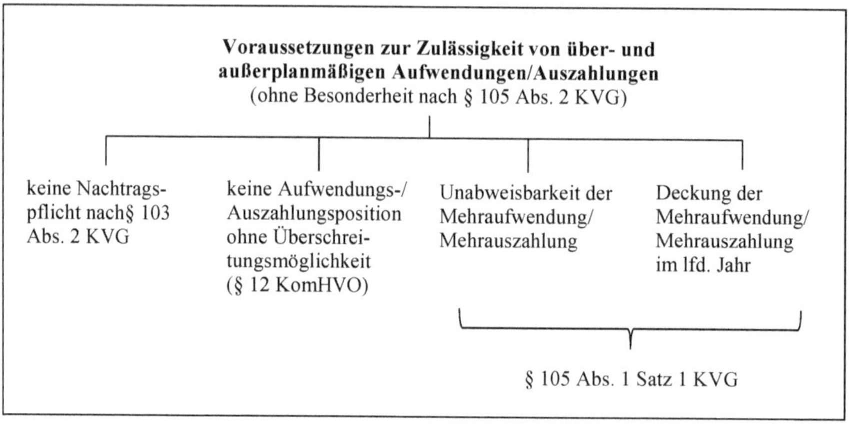

Zu beachten ist, dass sämtliche Voraussetzungen vorliegen müssen. Die einzelnen Stufen bedürfen einer eingehenden Erläuterung.

a) Pflichtnachtragssatzung

Eine Pflichtnachtragssatzung ist bei bisher nicht veranschlagten oder zusätzlichen Aufwendungen oder Auszahlungen in den Fällen des § 103 Abs. 2 Nr. 2 und 3 KVG erforderlich (siehe auch Verweis in § 105 Abs. 1 Satz 4 KVG). Liegen die Tatbestandsmerkmale dieser Bestimmungen vor, kann das Verfahren nach § 105 KVG nicht angewandt werden. Insofern ist § 103 Abs. 2 KVG gegenüber § 105 KVG vorrangig anzuwenden. Zur Erläuterung der Pflichtnachtragssatzung siehe Kap. 21.

b) Nicht überschreitbare Haushaltspositionen

Bei Verfügungsmitteln sind überplanmäßige Aufwendungen bzw. Auszahlungen gemäß § 12 KomHVO unzulässig. Der Gesetzgeber will die zweckfreien Verfügungsmittel in ihrer Höhe möglichst geringhalten, um die Einzelveranschlagung zu betonen. Deshalb darf die einmal geschaffene Haushaltsermächtigung (Planposition) nicht überschritten werden. Außerdem sind die „persönlichen Mittel" des Bürgermeisters besonders zu überwachen und können deshalb nicht im einfachen Verfahren nach § 105 KVG bereitgestellt werden, wo in Einzelfällen nicht einmal der Gemeinderat einzuschalten ist, sondern die Verwaltung durch den Bürgermeister entscheiden kann.

c) Unabweisbarkeit der Mehraufwendung oder Mehrauszahlung

Erst wenn die bei a) und b) zu prüfenden Tatbestände nicht vorliegen, wird der Weg zum eigentlichen Bewilligungsverfahren der über- und außerplanmäßigen Bereitstellung frei. Dabei ist zunächst die Unabweisbarkeit zu prüfen.

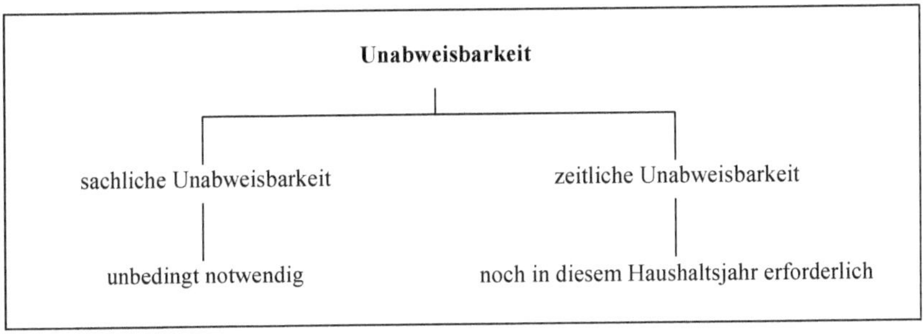

Eine Aufwendung oder Auszahlung ist unabweisbar, wenn sie sich aus der Aufgabenerfüllung der Gemeinde zwingend ergibt, ein dringendes sachliches Bedürfnis zur Erfüllung der Aufgabe besteht und eine Verschiebung der Aufwendungen bzw. Auszahlungen auf einen Zeitpunkt, zu dem Haushaltsmittel hierfür zur Verfügung stehen, nicht möglich ist oder wirtschaftlich unzweckmäßig wäre. Diese Definition ist im Wortlaut so eindeutig, dass sie ohne größeren Kommentar verwendet werden kann. Sie wird außerdem in der praktischen Anwendung bei den Übungen zu diesem Kapitel im Einzelnen umgesetzt.

Lediglich der Begriff „wirtschaftlich" ist näher zu betrachten, weil er auch gesamtwirtschaftliche Aspekte beinhalten kann, denn die Gemeinde hat gemäß § 98 Abs. 1 Satz 2 KVG auf das gesamtwirtschaftliche Gleichgewicht Rücksicht zu nehmen. So wäre z. B. eine Mehraufwendung oder Mehrauszahlung auch dann unabweisbar, wenn eine Kanalbaumaßnahme aus konjunkturellen Gründen zeitlich vorgezogen würde, obwohl nach dem Zustand des Kanalnetzes diese Investition erst im kommenden Jahr erforderlich wäre. Bei der angespannten Finanzlage der Gemeinden und der Vorrangigkeit der zeitlich anstehenden Maßnahmen wird ein solches Verhalten sicherlich die Ausnahme sein, es sei denn, dass der Staat sich an den Aufwendungen bzw. Auszahlungen durch Zuwendungen beteiligt.

Zur weiteren praktischen Auslegung des Begriffs „Unabweisbarkeit" sei es erlaubt, zu bemerken, dass in der Praxis diese Bewilligungsvoraussetzung zum Teil sehr weit ausgelegt wird. Dies gilt vor allem im Bereich der freiwilligen Aufgaben, wo die Unabweisbarkeit als Folge der politischen Vorgaben (Ratsbeschlüsse u. ä.) entsteht. Entscheidungen ohne Alternativen gibt es dagegen vor allem bei gesetzlichen oder vertraglichen Bindungen (z. B. Personalaufwendungen, Leistung der Sozialhilfe, Begleichung von Energiekosten).

d) Deckung der Mehraufwendungen bzw. Mehrauszahlungen im laufenden Jahr

Die über- bzw. außerplanmäßige Mehraufwendung oder Mehrauszahlung darf nur geleistet werden, wenn der Haushalt diese zusätzlichen Aufwendungen bzw. Auszahlungen tragen kann. An einer anderen Stelle im Haushalt müssen somit Deckungsmittel vorhanden sein, die für den über- und außerplanmäßigen Bedarf einsetzbar sind. Dies kann sich wegen des Grundsatzes der Jährlichkeit nur auf das laufende Haushaltsjahr beziehen und nicht darüber hinausgehen. Da die Deckung im selben Haushaltsjahr gewährleistet sein muss, kann auf der anderen Seite z. B.

eine Mehraufwendung oder Mehrauszahlung im März des Jahres durch eine zu erwartende Deckung gegen Ende des Haushaltsjahres finanziert werden. Die Bereitstellung entsprechender Deckungsmittel muss unabhängig von der Höhe der Mehraufwendungen oder Mehrauszahlung erfolgen.
Es bestehen unterschiedliche Rechtsauffassungen, ob Mehraufwendungen oder Mehrauszahlungen bei einem insgesamt unausgeglichenen Haushalt zulässig sind. Soweit dies verneint wird, stellt man auf die nicht bestehende Möglichkeit ab, eine Deckung aus dem Haushalt wegen der Unterdeckung insgesamt zu erzielen. Nach Auffassung des Verfassers besteht die Möglichkeit der Deckung jedoch sehr wohl auch bei unausgeglichenen Haushaltsplänen, sofern eine konkrete Einsparung oder ein Mehrertrag bzw. eine Mehreinzahlung bei anderen Planpositionen gegeben ist. Die Gemeinde muss sich ja innerhalb ihres – wenn auch unausgeglichenen – Haushaltsplans bewegen können. Dies gilt selbst bei Gemeinden mit Haushaltskonsolidierungskonzepten. Schließlich ist das gemäß § 100 Abs. 6 KVG bei einem unausgeglichenen Haushalt zu erstellende Haushaltskonsolidierungskonzept der Aufsichtsbehörde mit der Haushaltssatzung vorzulegen, sodass damit praktisch der unausgeglichene Haushalt als Finanzrahmen zu bewerten ist.
Die Deckungsmöglichkeiten stellen sich im Überblick wie folgt dar:

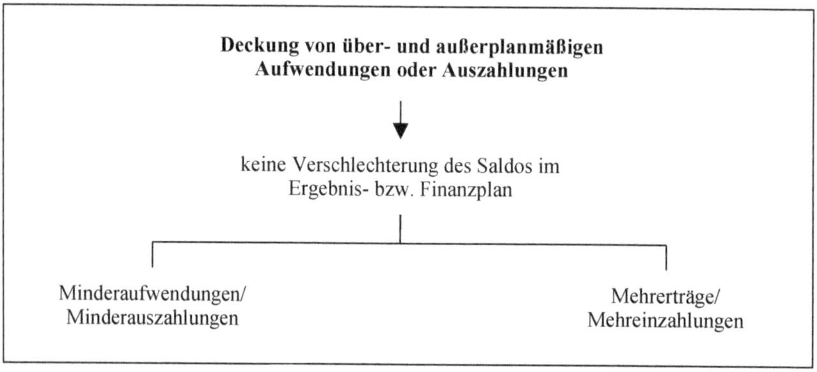

Die Regelung stellt auf den Grundsatz des Haushaltsausgleichs ab (§ 98 Abs. 3 KVG). Zusätzliche Ermächtigungen dürfen somit nicht die Salden der Ergebnis- oder Finanzrechnung ändern. Dies kann durch die nachstehend erläuterten Maßnahmen erreicht werden, wobei immer zu beachten ist, dass in der Regel eine zusätzliche Ermächtigung von Aufwendungen zusätzliche Auszahlungsermächtigungen bedingen, weil diese in den meisten Fällen eine nachgehende Zahlung zur Folge haben.[8]
Die erste Deckungsmöglichkeit stellen die **Minderaufwendungen** im Ergebnishaushalt bzw. **Minderauszahlungen** im Finanzhaushalt bei anderen Planpositionen dar.

8 Dies ist allerdings bei einzelnen Aufwendungen wie z. B. Abschreibungen, Aufwendungen mit Gegenbuchung zu Rückstellungen oder Aufwendungen mit Zahlung in späteren Jahren nicht der Fall.

Diese Einsparungen können für Mehraufwendungen bzw. Mehrauszahlungen an anderer Stelle verwendet werden. Dies gilt unabhängig von der Zuordnung zu den Teilergebnisplänen gemäß § 16 KomHVO (Grundsatz der Gesamtdeckung). Auch wenn die Gemeinde Budgets gebildet hat, können Einsparungen aus anderen Budgets aus haushaltsrechtlicher Sicht herangezogen werden. Allerdings ist dies in der Praxis nicht budgetkonform. Aus Gründen der Budgetierungsakzeptanz sollte zunächst einmal die Deckung im eigenen Budget gesucht werden; nur im Ausnahmefall ist budgetübergreifend zu finanzieren, wenn ein gesamtgemeindliches Interesse übergewichtig ist.
Einsparungen bei Aufwendungen oder Auszahlungen, denen zweckgebundene Erträge oder Einzahlungen gegenüberstehen, können dagegen nur dann in Anspruch genommen werden, wenn die zweckgebundenen Erträge oder Einzahlungen auch sachgerecht abgewickelt werden können und nicht im Verfahren nach § 19 KomHVO über die Aufwand- oder Auszahlungsseite ins nächste Jahr zu übertragen sind.
Werden aus dem Vorjahr übertragene Ermächtigungen (sog. „Haushaltsreste") ganz oder teilweise für ihren eigentlichen Zweck nicht mehr benötigt, können diese als Aufwand- oder Auszahlungseinsparungen eingesetzt werden. Auch diese stehen in der Gesamtdeckung nach § 16 KomHVO. Dies ist auch darin begründet, dass aufgrund der im Vorjahr nicht ausgeschöpften Aufwendungs- oder Auszahlungsermächtigungen eine Verbesserung der Salden im Vorjahr herbeigeführt wurde (Verbesserung des Haushaltsausgleichs), die zwar jetzt zu einer Verschlechterung der Salden im neuen Jahr führt. Bezieht man jedoch beide Jahre ein, erfolgt ein entsprechender Saldenausgleich.
Die Einsparungen müssen auf das Jahresende ausgerichtet sein. Das bedeutet, dass die Beträge nicht nur zur Zeit des über- bzw. außerplanmäßigen Bedarfs „frei" sind, sondern auch bis zum Jahresende nicht benötigt werden. Dazu zählt auch, dass sie nicht im kommenden Haushaltsjahr benötigt werden und somit keine Ermächtigungsübertragung erfolgen soll.
Die Inanspruchnahmen sind von der Finanzbuchhaltung nachzuhalten und entsprechend im Rahmen der Haushaltsüberwachung zu berücksichtigen, damit eine weitere Verwendung ausgeschlossen wird.
Die zweite Deckungsmöglichkeit stellen **Mehrerträge** im Ergebnishaushalt bzw. **Mehreinzahlungen** im Finanzhaushalt dar. Im Rahmen der Gesamtdeckung können solche Erträge bzw. Einzahlungen, die bisher nicht eingeplant sind, zusätzlich für nicht vorgesehene Mehraufwendungen bzw. Mehrauszahlungen verwendet werden. Zweckgebundene Mehrerträge bzw. Mehreinzahlungen, die für entsprechende Mehraufwendungen bzw. Mehrauszahlungen zu verwenden sind, können zwangsläufig nicht im Rahmen der Gesamtdeckung nach § 16 KomHVO eingesetzt werden.
Das kamerale Haushaltsrecht sah als zusätzliche Möglichkeit zur Deckung über- und außerplanmäßiger Ausgaben die Inanspruchnahme einer **Deckungsreserve** vor. Da die Gemeinden bereits bei Aufstellung der Haushaltspläne aus Erfahrung wissen, dass im Laufe des Jahres nicht veranschlagte Mehrbeträge anfallen werden,

aber die Haushaltspositionen dafür noch nicht im Voraus bekannt sind, könnte für solche Fälle vorsorglich ein Betrag als Deckungsreserve in den Haushalt eingestellt werden. Diese Deckungsreserve wäre ein zweckfreier Planansatz im Ergebnisplan bzw. Finanzplan und könnte demnach für alle Mehrbelastungen herangezogen werden. Insofern wäre eine solche Veranschlagung auch im Neuen Kommunalen Haushalts- und Rechnungswesen beim Produktbereich 61, Produktgruppe 612 möglich, getrennt nach Ergebnis- und Finanzplan.

Weder das KVG noch die KomHVO sehen jedoch dieses Instrument flexibler Mittelbewirtschaftung formell vor. Die Frage, ob die Gemeinden dieses in der Kameralistik bewährte Planungsinstrument weiterhin einsetzen können, muss verneint werden. Eine solche Position wäre systemfremd, weil sie keinen Ressourcenverbrauch und auch keine konkrete Auszahlung dokumentiert. Es hätte somit einer ausdrücklichen Zulassung der Deckungsreserven in Form einer gesetzlichen Fiktion bedurft, indem Deckungsreserven zu Aufwand- bzw. Auszahlungsplanposition erklärt würden. Dies wäre auch vertretbar, denn die buchungstechnische Zuordnung erfolgt im Rahmen der Haushaltsausführung bei der sachlich zuständigen Aufwendungs- bzw. Auszahlungsposition. Die Deckungsreserve wird lediglich ausgleichend zur Deckung herangezogen, die Salden des Ergebnis- bzw. Finanzhaushaltes wären nicht tangiert.[9]

Die Deckungsmöglichkeiten stehen rechtlich gleichrangig nebeneinander. Aus Gründen der Sparsamkeit (§ 98 Abs. 2 KVG) sollten jedoch zunächst Aufwendungs- bzw. Auszahlungseinsparungen herangezogen werden.

Die Vorschrift über die unabdingbare Deckungspflicht in § 105 Abs. 1 Satz 1 KVG stößt in Literatur[10] und Praxis seit Jahren auf heftige Kritik. Ist nämlich eine Mehraufwendung oder Mehrauszahlung unabweisbar, muss die Gemeinde sie leisten, auch wenn eine Deckung nicht vorhanden ist. Müssen z. B. Beamtengehälter oder Sozialhilfeleistungen überplanmäßig aufgewendet und bezahlt werden, ohne dass die Gemeinde die Mehrbeträge decken kann, darf die Zahlung nicht mit Hinweis auf § 105 Abs. 1 Satz 1 KVG verweigert werden. Vorrangige Rechtsnormen verlangen die Auszahlung dieser Beträge, unabhängig von ihrer haushaltsmäßigen Deckung (siehe dazu auch § 101 Abs. 3 Satz 2 KVG, der ausdrücklich auf die Unverbindlichkeit des Haushaltsplans im Außenverhältnis verweist). Insofern kann die „Muss-Vorschrift" des § 105 Abs. 1 Satz 1 KVG nicht immer umgesetzt werden. Die Normierung nimmt also bewusst in Kauf, dass die Gemeinden keine andere Wahl haben, im Einzelfall gegen das Gesetz zu verstoßen. Regelungsgerecht kann somit nur eine Soll-Vorschrift sein.[11]

---

9 Ergänzend zur Unzulässigkeit des Ausweises von Deckungsreserven sei darauf verwiesen, dass als einziger zweckfreier Ansatz nach § 12 KomHVO die Verfügungsmittel zugelassen werden.

10 Siehe dazu *Bernhardt/Erkes/Klümper/Schünemann/Schwingeler/Theisen*, Reform des kommunalen Haushaltsrechts, Gelsenkirchen 1991, Erl. zu § 82 GO. Eine kritische Gesamtwürdigung aller Regelungen des § 83 GO enthält *Bernhardt*, Halten die Regelungen des NKF in Nordrhein-Westfalen den Anforderungen eines modernen kommunalen Finanzmanagements Stand?, der gemeindehaushalt 2005 S. 97 ff.

11 Insofern sollte der Gesetzgeber die Deckungsregelung in § 105 Abs. 1 Satz 1 KVG in eine Soll-Vorschrift umwandeln.

19.6.4.3 Entscheidungsgremien

Wie in Kap. 19.6.4.2 festgestellt, muss die Zulässigkeit über- und außerplanmäßiger Aufwendungen bzw. Auszahlungen beurteilt werden. Dies kann natürlich nur innerhalb der Gemeindeverwaltung geschehen und stellt – rechtlich gesehen – eine Entscheidung dar. In der Praxis wird von „Bewilligung“ bzw. „Zustimmung“ zur Leistung der Mehraufwendungen bzw. Mehrauszahlungen“ gesprochen. Dass diese Begriffe nicht immer den rechtlichen Anforderungen entsprechen, wird damit deutlich.

Die im nachstehenden Überblick aufgelisteten Bewilligungsentscheidungen sind ausnahmslos **vor** Leistung der über- bzw. außerplanmäßigen Aufwendungen oder Auszahlungen bzw. **vor** den diese Aufwendungen bzw. Auszahlungen verursachenden Verpflichtungen (§ 105 Abs. 3 KVG) zu treffen, also z. B. vor der Auftragsvergabe bzw. dem Vertragsabschluss.

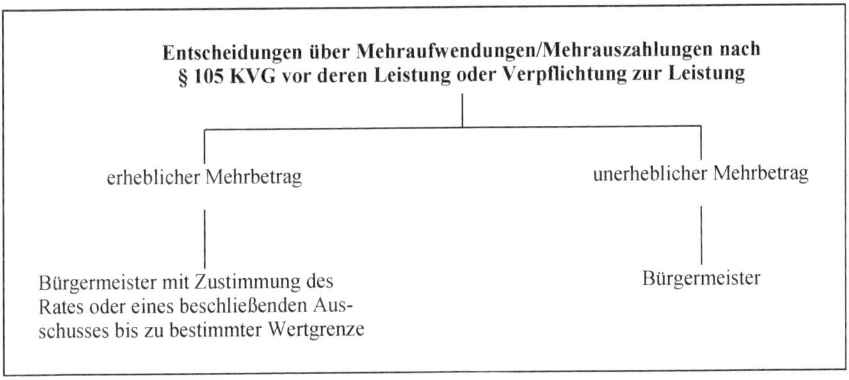

Die Verwaltung der Gemeinde wird durch den Rat wahrgenommen (§ 45 Abs. 1 KVG). Daneben haben verschiedene Ausschüsse und der Bürgermeister Entscheidungsbefugnisse, entweder kraft Gesetzes oder per Übertragung durch den Rat. Es stellt sich nun die Frage, welches Organ der Gemeinde für die Bewilligung der Mehraufwendungen bzw. Mehrauszahlungen zuständig ist.

§ 105 Abs. 1 KVG unterscheidet zwischen erheblichen Beträgen, bei denen der Rat oder unter einer in der Hauptsatzung der Gemeinde zu bestimmenden Wertgrenze der Erheblichkeit ein beschließender Ausschuss zuzustimmen hat, und unerheblichen über- und außerplanmäßigen Aufwendungen und Auszahlungen, über die der Bürgermeister allein zu entscheiden hat. Die Fälle der unerheblichen über- und außerplanmäßigen Aufwendungen und Auszahlungen, die der Rat nicht selbst zu entscheiden hat, sollten ihm ausnahmslos zur Kenntnisnahme vorgelegt werden.

Die Vorschrift des § 105 Abs. 1 KVG konkretisiert das Zustimmungsrecht in der Form, dass es nur für erhebliche Mehraufwendungen bzw. Mehrauszahlungen gilt. In dringenden Fällen ist die Zustimmung des Rates im Verfahren der Dringlichkeits- bzw. Eilentscheidung nach § 65 Abs. 4 KVG herbeizuführen. Der Rat besitzt die Möglichkeit, bei Mehraufwendungen bzw. Mehrauszahlungen anderweitige Zuständigkeiten unter Festsetzung einer bestimmten Wertgrenze zu schaffen. So wird die Bewilligungskompetenz für Mehrbeträge unterhalb einer festgelegten Wertgrenze auf einen beschließenden Ausschuss delegiert.

Der unbestimmte Rechtsbegriff „erheblich" ist von der Gemeinde auszufüllen und richtet sich vor allen nach der Größe der Gemeinde und deren Haushaltsvolumen. Nach dem Sinn des Begriffs im Rahmen des § 105 Abs. 1 KVG muss er deutlich unter den Festsetzungen des Begriffs „erheblich" im Rahmen des § 103 Abs. 1 Nr. 2 KVG liegen. Die konkrete Abgrenzung ist in der Hauptsatzung bzw. in §§ 6 ff. der Haushaltssatzung vorzunehmen. In der Praxis haben sich dabei Festbeträge bewährt, in einigen Fällen auch in Kombination mit Prozentsätzen bezogen auf Planansätze. Alleinige Prozentsätze sind unzweckmäßig, weil die als Basiszahlen zu berücksichtigenden Planansätze recht unterschiedlich und bei außerplanmäßigen Beträgen Planermächtigungen überhaupt nicht vorhanden sind. Eine solche Regelung könnte etwa wie folgt lauten:

Beispiel:
„Erhebliche über- und außerplanmäßige Aufwendungen und Auszahlungen i. S. d. § 105 Abs. 1 KVG, die der Zustimmung des Rates bedürfen, liegen bei Beträgen von mehr als 50.000 € vor. Über über- und außerplanmäßige Aufwendungen und Auszahlungen von mehr als 20.000 € entscheidet der Finanzausschuss."

19.6.4.4 Praktisches Beantragungs- und Bewilligungsverfahren

Der überplanmäßige bzw. außerplanmäßige Betrag wird vom mittelbewirtschaftenden Fachamt/Fachbereich festgestellt. Sobald der Bedarf ermittelt ist, also bereits vor der Auftragsvergabe auch für Folgekosten der Maßnahme im selben Haushaltsjahr (§ 105 Abs. 3 KVG), muss eine über- bzw. außerplanmäßige Bewilligung beantragt werden. Dies geschieht in der Regel mittels Antragsvordruck an die Kämmerei (Fachbereich Finanzen) als sachbearbeitende Stelle. Dort werden die Voraussetzungen überprüft und die Entscheidung des Bürgermeisters eingeholt bzw. der erforderliche Rats- oder Ausschussbeschluss herbeigeführt. Die Entscheidung wird dem antragstellenden Fachamt/Fachbereich, der Finanzbuchhaltung und evtl. dem Rechnungsprüfungsamt mitgeteilt. Erst dann kann der benötigte Betrag in Anspruch genommen bzw. in vertragliche Bindung gegeben werden. Das Verfahren führt – wie bereits mehrfach angedeutet – zur Möglichkeit einer Überschreitung der Aufwendungs- oder Auszahlungsplanermächtigung mit entsprechender Mittelfreigabe in der Haushaltsüberwachung in Höhe der bewilligten über- bzw. außerplanmäßigen Aufwendung bzw. Auszahlung. Eine Veränderung des im Haushalt ausgewiesenen Planansatzes erfolgt nicht.

Die nicht vom Rat bewilligten unerheblichen über- und außerplanmäßigen Aufwendungen und Auszahlungen sollten diesem Gremium zur Kenntnis gebracht werden, damit der Rat über die gesamte Abwicklung des von ihm beschlossenen Haushaltsplans unterrichtet ist. Es empfiehlt sich, die Mehraufwendungen und Mehrauszahlungen mindestens vierteljährlich dem Rat zur Kenntnis zu bringen. Dies geschieht regelmäßig in Form einer Liste, in der auch die Bedarfs- und Bewilligungsgründe dargestellt werden. In vielen Gemeinden erfolgen diese Informationen monatlich oder aber in jeder Ratssitzung im Rahmen eines feststehenden Tagesordnungspunktes. Es empfiehlt sich auch, die Informationen in das standardisierte Berichtswesen zu integrieren.

Das Verfahren einschließlich Beispiele für Anträge, Bewilligungsverfügungen und Entscheidungsgründe ist ausführlich in den Übungen zu diesem Kapitel dargestellt.

19.6.5 Deckung von überplanmäßigen Auszahlungen im folgenden Haushaltsjahr (Haushaltsvorgriff)

Im vorangehenden Abschnitt wurde festgestellt, dass die Bewilligung von über- und außerplanmäßigen Auszahlungen nur dann zulässig ist, wenn beide Voraussetzungen des § 105 Abs. 1 Satz 1 KVG (Unabweisbarkeit **und** Deckung der Mehrauszahlung) vorliegen. Im Investitionsbereich gibt es dazu in Bezug auf die Deckung zwar keine Ausnahme, jedoch eine Besonderheit gemäß § 105 Abs. 2 KVG. Unter bestimmten Voraussetzungen ist nämlich eine Deckung nicht im selben Haushaltsjahr, sondern auch im folgenden Jahr zulässig. Auf die Deckung im laufenden Jahr wird in diesen Fällen gänzlich verzichtet. Dies stellt auch die einzige Abweichung von den zwingenden Voraussetzungen des § 105 Abs. 1 Satz 1 KVG dar.

Die Voraussetzungen des § 105 Abs. 2 KVG sind, bevor sie im Einzelnen näher besprochen werden, zusammengefasst darzustellen:

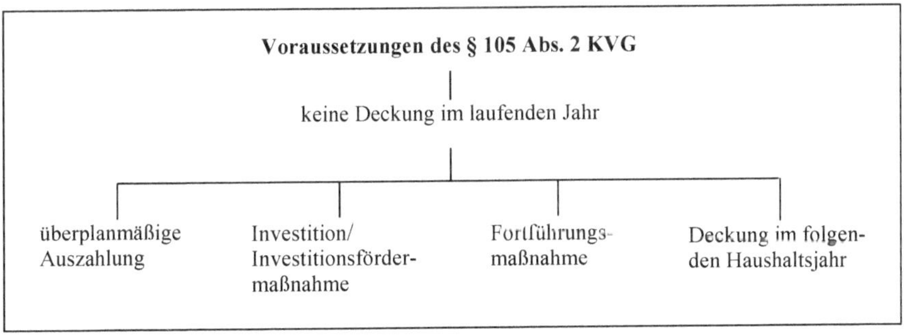

Aus der Vielzahl und der Strenge der Voraussetzungen wird ersichtlich, dass die Möglichkeit, die Deckung von Mehrauszahlungen ins nächste Haushaltsjahr zu verschieben, nur die Ausnahme sein kann. Sie dient praktisch dazu, die Gemeinde auch in angespannten Finanzsituationen nicht zur Einstellung begonnener Investitionen – vor allem im Bausektor – zu zwingen, wenn im kommenden Jahr die Mittel ohnehin zur Verfügung stehen. Da ausschließlich auf die Mittel der nächsten Periode abgestellt wird, bezeichnet man dieses Verfahren auch als „Haushaltsvorgriff".

Der Sinn des § 105 Abs. 2 KVG wird besonders bei den nachstehenden Erläuterungen der Bewilligungsvoraussetzungen deutlich.

a) Keine Deckung im laufenden Jahr

§ 105 Abs. 2 KVG kann bezüglich der Deckung nur als Ausnahme zu § 105 Abs. 1 Satz 1 KVG gewertet werden. Allein aus dem Grundsatz der Jährlichkeit des Haushaltsplanes ist ersichtlich, dass zunächst eine Deckung im laufenden Jahr herbeigeführt werden soll. Die Nachrangigkeit des Haushaltsvorgriffs gegenüber einer Deckung im laufenden Haushaltsjahr ergibt sich aber auch aus der Formulierung in § 105 Abs. 2 KVG: *„**auch dann** zulässig"*. Insofern ist bei der praktischen Anwendung vor einer Deckung im kommenden Jahr immer erst der Versuch einer Deckung im laufenden Haushaltsjahr zu unternehmen.

b) Überplanmäßige Auszahlung

Es muss sich um eine **über**planmäßige Auszahlung handeln (zum Begriff siehe Kap. 19.6.1). Außerplanmäßige Auszahlungen sind somit von diesem Verfahren ausgeschlossen. Diese Beschränkung auf überplanmäßige Auszahlungen ist jedoch unverständlich. Warum soll es einer Gemeinde verwehrt sein, auf die Finanzierung im nächsten Haushaltsjahr vorzugreifen, wenn es sich um eine außerplanmäßige Auszahlung handelt? Schließlich darf die Gemeinde diesen Haushaltsvorgriff nur durchführen, wenn Unabweisbarkeit besteht. Diese kann durchaus auch bei außerplanmäßigen Auszahlungen vorliegen.

Beispiel:

Plant z. B. die Gemeinde den Kauf eines neuen Fahrzeugs mit Kaufpreis von 100.000 € im Januar 2025 (Planermächtigung ist für 2025 vorgesehen) und räumen alle Anbieter im Rahmen des Ausschreibungsverfahrens, welches aufgrund einer Verpflichtungsermächtigung im Haushaltsjahr 2024 durchgeführt wurde, einen 20 %igen Rabatt bei Abnahme des Fahrzeuges bis zum 31.12.2024 ein, würde die Beschaffung aus wirtschaftlichen Gründen noch im Jahr 2024 unabweisbar sein. Hätte die Gemeinde noch Deckungsmittel in 2024, wäre eine außerplanmäßige Auszahlung zulässig. Wäre jedoch im Haushaltsjahr 2024 keine Deckung vorhanden, könnte ein Haushaltsvorgriff nach § 105 Abs. 2 KVG nicht erfolgen, da dieser nur überplanmäßige Mittelbereitstellungen zulässt. Es bestünde haushaltsrechtlich nur noch die Möglichkeit einer Mittelbereitstellung durch eine Nachtragssatzung, was im Dezember jedoch allein aus zeitlichen Gründen ausscheidet. Die Gemeinde würde in diesem Beispiel aufgrund von haushaltsrechtlichen Vorschriften einen finanziellen Verlust von 20.000 € erleiden.

An diesem Beispiel wird deutlich, dass in Bezug auf das Tatbestandsmerkmal „überplanmäßige Auszahlung" eine wenig durchdachte Gesetzeslösung angeboten wird.[12]

c) Investition oder Investitionsfördermaßnahme

Die Mehrauszahlung muss entweder bei einer Investition oder bei einer Investitionsfördermaßnahme anfallen. Investitionen sind Auszahlungen zur Veränderung des Anlagevermögens. Dazu zählen alle Auszahlungsarten, die gemäß § 4 Abs. 4

12 Der Gesetzgeber sollte eine entsprechende Änderung vornehmen.

KomHVO den Teilfinanzplänen zugeordnet werden und buchungstechnisch Auswirkungen auf das Anlagevermögen der Gemeinden haben (z. B. Erwerb von Grundstücken, Baumaßnahmen, Erwerb von beweglichem Vermögen).
Auch bei den Investitionsfördermaßnahmen ist der Haushaltsvorgriff möglich, wobei es unerheblich ist, dass diese Positionen als Transferaufwendungen im Ergebnisplan bzw. als Transferauszahlungen im Finanzplan ausgewiesen werden. Es bleibt sogar zu überlegen, ob nicht sogar weitere Aufwendungen und Auszahlungen in den Haushaltsvorgriff einzubauen sind. Dies würde die Flexibilität der kommunalen Finanzwirtschaft stärken, welche aufgrund des Jahresabschlussstichtages (31. Dezember) mit seiner willkürlichen Terminierung konfrontiert wird.

Beispiel:
In Abwandlung des obigen Beispiels wäre es wirtschaftlich unverständlich, wenn das Vorziehen einer Gebäudesanierungsmaßnahme (z. B. für das Haushaltsjahr 2025 eingeplant, jedoch aufgrund weiterer witterungsbedingter Gebäudeschäden nunmehr unabweisbar im Dezember 2024 durchzuführen), an fehlenden Deckungsmitteln in 2024 scheitert, obwohl die Mittel in 2025 bereitstehen. Ein Haushaltsvorgriff kann nicht erfolgen, weil dieser gemäß § 105 Abs. 2 KVG lediglich für Investitionen und Investitionsfördermaßnahmen zulässig ist, die Gebäudesanierung jedoch konsumtiver Natur ist.

Auch hier ist festzustellen, dass die Vorschrift wenig durchdacht ist, wobei wiederum auf die Anmerkung in der vorangehenden Fußnote verwiesen wird.

d) **Fortsetzungsmaßnahme**
Die Investition bzw. Investitionsfördermaßnahme muss im kommenden Jahr fortgesetzt werden. Fortsetzungsmaßnahmen fallen in der Praxis regelmäßig bei Baumaßnahmen an. Vor allem größere Projekte ziehen sich über das Ende des Haushaltsjahres hinweg, vielfach sogar über mehrere Jahre. Die Veranschlagung und Deckung der Auszahlungen (kassenwirksame Beträge) ist im Rahmen des Bauzeitenplans oft sehr schwierig. Der Baufortschritt hängt von vielen Faktoren ab, die vor allem beim Wetter schwer zu kalkulieren sind. Erfolgt z. B. der Baufortschritt langsamer als geplant, sind am Jahresende noch Mittel des Planansatzes verfügbar. Diese werden dann erst im kommenden Haushaltsjahr benötigt. Gemäß § 19 Abs. 2 KomHVO bleiben sie durch eine Ermächtigungsübertragung (Bildung eines Haushaltsrestes) auch der Haushaltswirtschaft des nächsten Jahres erhalten.
Geschieht die Abwicklung der Baumaßnahme zügiger als geplant, sind im Haushaltsjahr zur Begleichung der jetzt zusätzlich anfallenden Rechnungen überplanmäßige Auszahlungen erforderlich, die jedoch im Rahmen der Planung erst für das kommende Jahr vorgesehen sind. Damit solche (ja insgesamt finanzierten) Investitionen wegen fehlender Deckung im einzelnen Haushaltsjahr nicht gestoppt werden müssen, was auch wirtschaftliche Nachteile für die Gemeinde bedeuten würde (Forderungen des Unternehmens bei Baustillstand, erneute Rüstkosten für die Baufortsetzung im kommenden Jahr usw.), hat der Gesetzgeber mit § 105 Abs. 2 KVG den Vorgriff auf Deckungsmittel des kommenden Jahres geschaffen. Der

Haushaltsvorgriff ist praktisch das Gegenstück zur Ermächtigungsübertragung (Bildung von Haushaltsresten) nach § 19 KomHVO.

Aus der Darstellung dieser Voraussetzung wird die Intention des Gesetzgebers für die Schaffung des § 105 Abs. 2 KVG sehr deutlich, die in den besonderen Fällen der Investitionsfortsetzungen den Grundsatz der Jährlichkeit zugunsten einer flexiblen Haushaltsführung zurücktreten lässt.

Allerdings muss auch bei diesem Tatbestandsmerkmal Kritik angemeldet werden. Die Beschränkungen auf „Fortsetzungsmaßnahmen“ beengt das kommunale Finanzmanagement in einem nicht vertretbaren Umfang. Wie am Beispiel des Fahrzeugkaufs (siehe oben, Buchst. b) deutlich wird, würde der wirtschaftlich unabweisbare Kauf des Fahrzeugs auch am Tatbestandmerkmal „Fortsetzungsmaßnahme“ scheitern, weil der Kauf in 2024 abgeschlossen und nicht fortgesetzt wird. Insofern ist zwar festzustellen, dass in der kommunalen Praxis sehr oft Fortsetzungsmaßnahmen vorliegen, jedoch der Ausschluss für abzuschließende Maßnahmen nicht nachvollziehbar und wirklichkeitsfremd ist.

Selbst bei Baumaßnahmen, bei denen ja vor allem die Regelung des § 105 Abs. 2 KVG greifen soll, wird die Unsinnigkeit dieses Tatbestandsmerkmals deutlich. Wird eine Baumaßnahme nämlich zügiger als erwartet abgewickelt und im Januar des nächsten Jahres (statt z. B. im März) fertiggestellt, liegt eine Fortsetzungsmaßnahme vor und ein Haushaltsvorgriff wäre zulässig. Kann dagegen die Maßnahme noch zügiger abgewickelt werden, sodass sie im Dezember des laufenden Jahres beendet werden kann, würde keine Fortsetzungsmaßnahme bestehen. Hier wäre ein Haushaltsvorgriff nicht zulässig, obwohl es wirtschaftlich geboten wäre, die Maßnahme zügig fertig zu stellen.[13]

e) **Deckung im folgenden Haushaltsjahr**

Wie bereits in der Eingangsphase dargestellt, entfällt zwar die Deckung im laufenden Haushaltsjahr, sie wird jedoch durch eine Deckung im kommenden Jahr ersetzt, sodass der Grundsatz „Mehrauszahlungen dürfen nur bei einer vorhandenen Deckung geleistet werden“ erhalten bleibt.

Der in § 105 Abs. 2 KVG verwandte Begriff „Deckung“ ist mit dem in Absatz 1 derselben Vorschrift aufgeführten Wort „Deckung“ identisch. Da Investitionen dem Finanzhaushalt zuzuordnen sind, verbleiben als mögliche Deckungen Mehreinzahlungen und Minderauszahlungen dieses Teilhaushalts (siehe die grundsätzliche Darstellung der Deckungsmöglichkeiten in Kap. 19.6.3). Der typische Fall der Deckung im Rahmen des § 105 Abs. 2 KVG ist die Einsparung bei derselben Planposition im kommenden Haushaltsjahr (siehe auch das Beispiel beim vorangehenden Gliederungspunkt). Es findet dann ein „konkreter Haushaltsvorgriff“ statt, weil die Investitionsauszahlungen sich insgesamt nicht erhöhen, sondern sich nur im Zeitablauf der Maßnahme verschieben. Die vorgesehenen Jahresbeträge sind der mittelfristigen Planung zu entnehmen.

---

13 Der Gesetzgeber sollte auch hier eine entsprechende Änderung vornehmen.

Beispiel sei eine Baumaßnahme für die Grundschulen, die wegen der günstigen Witterungsbedingungen schneller als geplant abgewickelt werden kann:

Haushaltsjahr	Ansatz laut Haushaltsplan €	tatsächliche Auszahlungs-abwicklung €
2024	4.000.000	4.200.000
2025	3.000.000	2.800.000
2026	1.000.000	1.000.000
Insgesamt	**8.000.000**	**8.000.000**

Der Gesamtbedarf bleibt erhalten; es verschieben sich lediglich die Teilbeträge, sodass innerhalb der Maßnahme die Deckung erfolgen kann (Einsparungen in 2025 decken Mehrauszahlungen in 2024).

Die Deckung braucht aber nicht zwingend aus der vorgesehenen Gesamtauszahlung der Maßnahme zu erfolgen. Dies ist vor allem immer dann auch nicht möglich, wenn die Mehrauszahlungen nicht auf eine Zeitverschiebung, sondern auf Kostenerhöhungen zurückzuführen sind. Das Gesamtauszahlungsvolumen der Maßnahme wird somit überschritten. Bezogen auf das vorstehende Beispiel würde im Haushaltsjahr 2025 der Betrag nicht eingespart werden können, sondern die Gesamtkosten erhöhten sich durch die Mehrauszahlung in 2024 auf 8.200.000 €. Innerhalb der Maßnahme können diese Mehrauszahlungen nun nicht mehr aufgefangen werden, sodass der Gesamthaushalt des kommenden Jahres die Deckung übernehmen muss.

Dies ist im Rahmen der mittelfristigen Planung einschließlich der im Zeitpunkt des Auftretens des überplanmäßigen Bedarfs vorliegenden Fortschreibungserkenntnisse zu beurteilen. So sind z. B. schon Mehreinzahlungen oder Minderauszahlungen gegenüber der dem Haushaltsplan enthaltenen mittelfristigen Planung erkennbar. Es können alle Finanzierungsmittel des Gesamtfinanzhaushaltes herangezogen werden. Notfalls muss die Gemeinde, um die Deckung der überplanmäßigen Auszahlung sicherzustellen, Investitionsmaßnahmen des nächsten Jahres finanziell kürzen oder gar streichen bzw. sonstige – vor allem freiwillige – Auszahlungen so sperren, dass die Deckung durch konkrete Änderung des Finanzplanes herbeigeführt wird. Dabei können grundsätzlich auch zusätzliche Kreditaufnahmen im kommenden Jahr als Deckungsmittel im Finanzhaushalt in Anspruch genommen werden. Es sollte dann aber in jedem Fall ein Ratsbeschluss herbeigeführt werden, da hier ein Vorgriff auf die Haushaltssatzung des nächsten Jahres stattfindet. Problematisch ist dieser Kreditvorgriff lediglich bei Haushaltsgenehmigungs- und Haushaltssicherungsgemeinden, da hier aufsichtsbehördliche Rechte tangiert werden.

Wichtig ist noch einmal der deutliche Hinweis, dass die Deckung der Mehrauszahlung nach § 105 Abs. 2 KVG ausschließlich im **folgenden** Haushaltsjahr und nicht in anderen Jahren der Finanzplanung zu erfolgen hat.

Das praktische Bewilligungsverfahren stimmt mit dem nach § 105 Abs. 1 KVG nicht überein, da alle überplanmäßigen Auszahlungen nach § 105 Abs. 2 KVG der Zustimmung des Rates bedürfen. Die Deckung ist vom Fachamt (Fachbereich) besonders sorgfältig zu begründen und von der Kämmerei (Fachbereich Finanzen) unter Einbeziehung der Finanzbuchhaltung entsprechend zu überprüfen sowie nachzuhalten. Festzustellen ist jedoch, dass bei dieser Art der Deckung im laufenden Jahr eine Verschlechterung des Finanzsaldos eintreten wird, die jedoch im nächsten Jahr durch die dann erfolgende Deckung der Zahlung wieder beseitigt wird.

19.6.6 Exkurs: Praxisgerechtes Gesamtprüfungsverfahren für die Bereitstellung von Mehraufwendungen und Mehrauszahlungen

Wie bereits bei den vorangegangenen Unterpunkten des Kapitels deutlich geworden ist, können Mehraufwendungen bzw. Mehrauszahlungen nach verschiedenen Verfahren bereitgestellt werden. Diese Verfahren sind jeweils für sich ausführlich vorgestellt und diskutiert worden. Für die Praxis und auch für die Klausurfertigung im Ausbildungsbereich soll an dieser Stelle eine schematische Gesamtdarstellung eines lückenlosen Subsumtions- bzw. Prüfungsschemas angeboten werden, mit dem alle Aspekte der Frage „Wie können Mehraufwendungen bzw. Mehrauszahlungen bereitgestellt werden?“ abschließend zu prüfen sind.[14]

Verfahren zur Bereitstellung von Mehraufwendungen/Mehrauszahlungen

1. **Vorliegen eines Bedarfs**
2. **Ermittlung der sachlich zuständigen Haushaltsposition**
3. **Ermittlung des Mehrbedarfs**
   Planposition
   \+ Ermächtigungsübertragungen aus Vorjahren (Haushaltsreste)
   +/– Veränderungen aus Nachtragsplänen
   +/– bisherige Veränderungen der Aufwendungs- bzw. Auszahlungsermächtigungen
   – bisherige Inanspruchnahme durch Aufwendungen bzw. Auszahlungen
   – Vormerkungen (Aufträge)
   – noch bestehender nicht vorgemerkter Bedarf
   = **Betrag der benötigten Mehraufwendungen bzw. Mehrauszahlungen (falls negativ)**
4. **Bereitstellung nach § 17 Abs. 2 KomHVO (unechte Deckungsfähigkeit)**[15]
   a) Besteht ein zulässiger Haushaltsvermerk?
   b) Ist der Haushaltsvermerk uneingeschränkt (keine Einschränkung der unechten Deckungsfähigkeit)?

14 Ausführliche Fallbehandlungen mit Musterlösungen sind enthalten bei *Mutschler/Schlösser*, Praktische Fälle aus dem Externen Rechnungswesen und Kommunalen Finanzmanagement NRW, 6. Aufl., Witten 2019, S. 159 ff.

15 Die Arbeitsphasen 4 und 5 sind gleichrangig anwendbar und demnach austauschbar (siehe dazu Kap. 19.6.3).

c) Sind Mehrerträge bzw. Mehreinzahlungen vorhanden (notfalls Berechnung durchführen)?
d) Rechtsfolge bei Vorliegen aller Voraussetzungen: In Höhe der Mehrerträge bzw. Mehreinzahlungen kann der Planansatz für Aufwendungen bzw. Auszahlungen überschritten werden.

5. **Bereitstellung nach § 18 Abs. 1 bis 3 KomHVO (echte Deckungsfähigkeit)**
   a) Befinden sich die deckungsberechtigten und deckungspflichtigen Positionen innerhalb eines gemeinsamen Budgets oder ist die Deckungsfähigkeit durch Haushaltsvermerk erklärt worden?
   b) Ist die Deckungsfähigkeit im Budget nicht durch einen Haushaltsvermerk eingeschränkt?
   c) Tritt eine Einsparung bis zum Jahresende bei der deckungspflichtigen Planposition ein?
   d) Rechtsfolge bei Vorliegen aller Voraussetzungen: In Höhe der Einsparung bei der deckungspflichtigen Planposition kann eine Mehraufwendung bzw. Mehrauszahlung bei der deckungsberechtigten Haushaltsposition erfolgen.
6. **Überprüfung der Notwendigkeit einer Pflichtnachtragssatzung nach § 105 Abs. 2 KVG**
   Scheidet eine Pflichtnachtragssatzung aus?
7. **Bewilligung einer über- bzw. außerplanmäßigen Aufwendung bzw. Auszahlung nach § 105 KVG**
   a) Ist die Mehraufwendung bzw. Mehrauszahlung unabweisbar (sachlich und zeitlich)?
   b) Kann die Mehraufwendung bzw. Mehrauszahlung im laufenden Haushaltsjahr gedeckt werden?
   c) Bei Mehrauszahlungen: Falls b) verneint wurde: Ist eine Deckung der Mehrauszahlung gemäß § 105 Abs. 2 KVG zulässig?
   d) Wer entscheidet in welchem Verfahren (evtl. Dringlichkeits-/Eilentscheidung für die Zustimmung von Ratsgremien) über die Bewilligung?
   e) Rechtsfolge bei Vorliegen der Voraussetzungen: Die überplanmäßige Aufwendung bzw. Auszahlung darf geleistet werden.
8. **Freiwillige Nachtragssatzung mit Nachtragsplan nach § 105 Abs. 1 KVG**

19.6.7 Über- und außerplanmäßige Verpflichtungsermächtigungen

Gemäß § 107 Abs. 1 i. V. m. Abs. 5 KVG sind auch über- und außerplanmäßige Verpflichtungsermächtigungen[16] zugelassen. Dies ist notwendig, weil auch gegenüber der Haushaltsplanung im Laufe eines Haushaltsjahres zusätzliche Verpflichtungen mit Zahlungen in den nächsten Jahren notwendig sein können.

16 Zum Begriff und zur Abwicklung der Verpflichtungsermächtigungen siehe Kap. 15.

Beispiel:
Im Haushaltsplan 2024 der Gemeinde G ist für die Beschaffung eines neuen Dienstfahrzeugs eine Verpflichtungsermächtigung in Höhe von 60.000 € veranschlagt. Die Bestellung soll in 2024, die Lieferung und die Zahlung sollen in 2025 erfolgen. Die durchgeführte beschränkte Ausschreibung hat ergeben, dass der wirtschaftlich rentabelste Bieter bei 61.000 € liegt. Zur Abwicklung der Bestellung wird somit eine überplanmäßige Verpflichtungsermächtigung in Höhe von 1.000 € notwendig.

Bei der Bewilligung der zusätzlichen Ermächtigung lehnt sich der Gesetzgeber an die Regelungen für über- und außerplanmäßige Aufwendungen bzw. Auszahlungen des § 105 KVG an. Über- und außerplanmäßige Verpflichtungsermächtigungen gemäß § 107 Abs. 5 KVG sind demnach zulässig, wenn sie unvorhergesehen und unabweisbar sind und die „Deckung" im laufenden Jahr gewährleistet ist.

Die Verpflichtungsermächtigung ist unvorhergesehen, wenn der Bedarf so spät erkennbar geworden ist, dass die Ermächtigung im Haushaltsplan des Jahres nicht mehr ausgebracht werden konnte (analog Nr. 8 VV zu § 37 LHO). Bei der Unabweisbarkeit ist wiederum auf die sachliche und zeitliche Notwendigkeit abzustellen. Die „Deckung" wird dadurch gewährleistet, dass der in § 3 der Haushaltssatzung festgesetzte Gesamtbetrag der Verpflichtungsermächtigungen nicht überschritten wird. Das bedeutet, dass bei anderen Verpflichtungsermächtigungen „Einsparungen" erzielt werden müssen. Die „Deckungsverpflichtung" gilt unabhängig von der Höhe der über- oder außerplanmäßigen Verpflichtungsermächtigung. Auch geringfügige zusätzliche Verpflichtungsermächtigungen sind konkret durch „Einsparungen" bei anderen Verpflichtungsermächtigungen zu „decken". Außerdem ist festzustellen, dass über- und außerplanmäßige Verpflichtungsermächtigungen unabhängig von ihrer Höhe im Rahmen von § 107 KVG bereitgestellt werden können. Eine Pflicht zum Erlass einer Nachtragssatzung besteht auch bei erheblichen Beträgen nicht.[17]

Die Deckungsregelung in § 107 Abs. 5 KVG stellt eine wenig durchdachte Lösung dar. Wenn man das obige Beispiel mit dem Mehrbedarf von 1.000 € betrachtet, dann ist die überplanmäßige Verpflichtungsermächtigung nur zulässig, wenn Einsparungen bei anderen Verpflichtungsermächtigungen zu erzielen sind. Kann dies nicht erreicht werden, müsste die Gemeinde eine Nachtragssatzung erlassen, um die 1.000 € bereitzustellen. Dieser Weg ist nicht praktikabel. Ansonsten werden die Gemeinden – wie bisher auch schon üblich – die zusätzlichen Verpflichtungen mithilfe von „unzulässi-

17 Diese Regelung ist nicht nachvollziehbar, weil § 103 Abs. 2 Nr. 3 KVG für bisher nicht veranschlagte (außerplanmäßige) Auszahlungen für Investitionen im selben Jahr eine Nachtragssatzungspflicht vorsieht. Dagegen können Verträge für Investitionen mit Auszahlungen in späteren Jahren durch die Bereitstellung von außerplanmäßigen Verpflichtungsermächtigungen selbst in Millionenhöhe abgeschlossen werden, ohne dass eine Nachtragssatzung erforderlich ist. Neue Investitionsmaßnahmen könnten in diesen Fällen ohne Haushaltsplanfortschreibung erfolgen, auch wenn sie erhebliche Verschiebungen in den Jahren der Zahlungsverpflichtungen zur Folge hätten.

gen Buchungstricks" bewirtschaften oder aber erhöhte Ansätze bei Verpflichtungsermächtigungen in den Haushalt einstellen.

Die Deckungsregelung widerspricht somit einem verantwortungsbewussten modernen Finanzmanagement. Sachlich gerechtfertigt wäre es, bei der Deckung auf das Haushaltsjahr abzustellen, in dem die aus der Verpflichtung entstehende Auszahlung anfällt.[18]

Entscheidend für die Bewilligung einer zusätzlichen Vertragsermächtigung darf nicht sein, dass bei anderen Vertragsermächtigungen eingespart wird. Entscheidend darf allein die Finanzierbarkeit der späteren Investitionszahlung sein.

Beispiel:
Man stelle sich nur einmal vor, dass eine Gemeinde zunächst geplant hat, zu Beginn des Haushaltsjahres 2025 Schulmöbel mit Auszahlungen von 10.000 € zu beschaffen und den Auftrag dafür aufgrund der Ermächtigung im Teilfinanzplan 2025 vergeben wollte. Der Anbieter teilt nunmehr im Dezember mit, dass bei einer Bestellung bis 31.12.2024 noch ein 30 %iger Rabatt eingeräumt werden könne. Die Lieferung mit Rechnungsstellung wird weiterhin in 2025 erfolgen. Wenn nämlich jetzt alle anderen Verpflichtungsermächtigungen des Jahres 2024 ausgeschöpft sind, dürfte die Gemeinde den Auftrag nicht erteilen (eine Nachtragssatzung dafür zu erlassen ist zeitlich nicht möglich und sachlich nicht vertretbar).[19]

19.6.8 Übungen

Sachverhalt Nr. 9:
Die Gemeinde G will im Dezember des Haushaltsjahres folgende überplanmäßige Aufwendungen bewirken bzw. Auszahlungen leisten:
a) für die Reparatur des Rathausdaches nach einem Unwetter,
b) für die Ersatzbeschaffung eines Schreibtisches (laufende jährliche Erneuerung von Teilen des Mobiliars),
c) für die Beschaffung von Treibstoff für das erste Quartal des nächsten Haushaltsjahres (wird vorgezogen, weil für Januar des nächsten Jahres erhebliche Preiserhöhungen angekündigt sind).

Aufgabe:
Beurteilen Sie, ob die Leistung der Mehraufwendungen bzw. Mehrauszahlungen i. S. d. § 105 Abs. 1 Satz 1 KVG unabweisbar ist.

---

18 Der Gesetzgeber ist aufgerufen, in diesem Sinne eine Fortschreibung der Bestimmungen vorzunehmen.

19 Die von Praxis und Wissenschaft beanstandete Regelung des § 107 Abs. 5 KVG kameral wurde kritiklos übernommen.

Lösung:

a) Das Rathausdach der Gemeinde G wurde bei einem Unwetter beschädigt. Die Aufwendungen und die darauffolgenden Auszahlungen für die Reparatur sind unabweisbar, weil die Beseitigung der Schäden zur Weiterführung der öffentlichen Aufgaben unaufschiebbar ist. Die Erfüllung öffentlicher Aufgaben erfordert nun einmal Verwaltungsarbeit, die in den Diensträumen des Rathauses zu erledigen ist. Bei einem beschädigten Dach besteht die konkrete Gefahr, dass die Räumlichkeiten aufgrund der Witterungseinflüsse zumindest im Obergeschoss nicht mehr nutzbar sind.
Außerdem verlangt der Grundsatz der Wirtschaftlichkeit gemäß § 98 Abs. 2 KVG die sofortige Beseitigung der Schäden. Ein beschädigtes Dach führt durch die Witterungsbedingungen zu weiteren Gebäudeschäden, die wiederum zusätzliche Instandsetzungsaufwendungen und -auszahlungen verursachen, was der Sparsamkeit und Wirtschaftlichkeit offensichtlich widerspricht. Ein sofortiges Handeln ist unbedingt erforderlich.
Ein letzter Gesichtspunkt für die Unabweisbarkeit der Mehraufwendungen und Mehrauszahlungen ergibt sich aus der Fürsorgepflicht des Dienstherrn gegenüber den Bediensteten, verankert im Landesbeamtengesetz bzw. im Tarifvertragsrecht. Zur Fürsorgepflicht gehört nun einmal auch die Bereitstellung arbeits- und menschengerechter Räumlichkeiten. Folgen der Dachbeschädigung könnten gesundheitliche Schäden der Bediensteten bedeuten, weil die Witterungseinflüsse nicht mehr von den Diensträumen abgehalten werden könnten. Insofern gibt es eine – wenn auch nur indirekte – gesetzliche Pflicht zur Beseitigung der Dachbeschädigung aus beamten- bzw. tarifrechtlichen Erwägungen.

b) In der Praxis ist es bei vielen Gemeinden üblich, das bestehende Mobiliar entsprechend dem Abschreibungsfortschritt nach und nach zu erneuern. Dafür werden jährlich bestimmte Beträge in die Haushaltspläne eingestellt. Im Sachverhalt ist dieses Verfahren offensichtlich angesprochen.
Zwar ist die Bereitstellung geeigneten Mobiliars zur Erfüllung der gemeindlichen Aufgaben unbedingt erforderlich, jedoch ist der anstehende Kauf des Schreibtisches im Dezember des Haushaltsjahres durchaus auf das kommende Haushaltsjahr verschiebbar, in dem wiederum ein Betrag für die Neubeschaffung von Mobiliar bereitstehen wird. Die Unbedenklichkeit des Verschiebens ergibt sich auch daraus, dass für den Arbeitsplatz ja ein Schreibtisch bereits vorhanden ist. Dieser Schreibtisch ist auch voll nutzbar, sonst hätte die Verwaltung nicht erst im Dezember des Haushaltsjahres, sondern bereits früher im Haushaltsjahr die Ersatzbeschaffung ins Auge gefasst. Der Sachverhalt enthält auch keine sonstigen Anhaltspunkte für eine noch unbedingt im Dezember vorzunehmende Beschaffung (z. B. Beschädigung des Schreibtisches). Der Kauf des neuen Schreibtisches kann somit zeitlich verschoben werden, sodass die Mehrauszahlung nicht unabweisbar i. S. d. § 105 Abs. 1 KVG ist.

c) Die Gemeinde will die Treibstoffe des Fuhrparks für das erste Quartal des nächsten Jahres bereits zum Ende dieses Haushaltsjahres bestellen und bezahlen, sodass zwar keine überplanmäßigen Aufwendungen (kein Ressourcenverbrauch in die-

sem Jahr) jedoch eine überplanmäßige Auszahlung entsteht. Einziger Grund dafür ist, dass im Januar des nächsten Jahres eine Preissteigerung zu erwarten ist. Somit verfügt das Tanklager noch über genügend Treibstoffreserven für das laufende Jahr, sodass die Beschaffung an sich erst im kommenden Haushaltsjahr notwendig wäre.
Allerdings wäre die Verschiebung in das kommende Jahr unwirtschaftlich, weil sich im neuen Haushaltsjahr die Beschaffung verteuern würde. Das Prinzip der Wirtschaftlichkeit bedeutet, dass ein vorgegebenes Ziel (Kauf des Treibstoffes) mit dem geringsten Mitteleinsatz erreicht werden soll. Gemäß § 98 Abs. 2 KVG sind aber Wirtschaftlichkeit und Sparsamkeit oberste Grundsätze der gemeindlichen Haushaltsführung. Die Unabweisbarkeit einer Mehrauszahlung nach § 105 Abs. 1 Satz 1 KVG stellt deshalb nicht nur auf die Möglichkeit der zeitlichen Verschiebung ab, sondern umfasst auch den Tatbestand der Wirtschaftlichkeit. Die Mehrauszahlung für die zeitlich vorgezogene Treibstoffbeschaffung ist somit unabweisbar, weil sie aus den wirtschaftlich gerechtfertigten Gründen der Kostenersparnis unaufschiebbar ist.

Sachverhalt Nr. 10:
Die Ausführung des Haushaltes 2025 der Gemeinde G stellt sich Mitte November 2025 im Teilfinanzplan der Produktgruppe 211 „Grundschulen“ auszugsweise wie folgt dar, wobei dieser Bereich budgetiert ist:

Teilfinanzplan 211 Grundschulen Übersicht Investitionsmaßnahmen	**Ansatz 2024**	**Stand der Zahlungen 14.11.2024**	**Stand der Vormerkungen 14.11.2024**
Einzahlungen			
Einzahlung: Landeszuwendung Schule Nord	200.000	250.000	
Einzahlung: Verkauf Grundstück Schule Süd	10.000	100.000	
Einzahlung: Rückzahlung Investitionszuschüsse	0	20.000	
Summe der investiven Einzahlungen	**210.000**	**370.000**	
Auszahlungen			
Auszahlung: Grunderwerb Schule Nord	500.000	480.000	0
Auszahlung: Baukosten Schule Nord	1.800.000	1.600.000	150.000
Auszahlung: Einrichtungskosten Schule Nord	200.000	120.000	70.000
Summe der investiven Auszahlungen/Vorm.	**2.500.000**	**2.200.000**	**220.000**

Haushaltsplanvermerke:

a) Mehreinzahlungen aus Zuwendungen für Investitionsmaßnahmen der Produktgruppe 211 berechtigen zu Mehrauszahlungen desselben Produktbereichs.
b) Ausschließlich Minderauszahlungen beim Erwerb von Grundstücken und Gebäuden erhöhen die Planermächtigungen der anderen Investitionsauszahlungen der Produktgruppe entsprechend.

Folgende Auszahlungsentwicklungen zeichnen sich ab:

- Eine bisher nicht vorgesehene vermögenswirksame Mobiliarbeschaffung für die Schule Nord (bisher nicht vorgemerkt) mit Auszahlungen in Höhe von 15.000 € soll noch in 2024 erfolgen.
- Bei der Baumaßnahme Schule Nord entsteht aufgrund nicht absehbarer Bodensicherungsarbeiten ein unabweisbarer Mehrauszahlungsbedarf in 2024 in Höhe von 200.000 €.
- Bei allen anderen Positionen in der Produktgruppe 211 erfolgen keine Veränderungen mehr. Der sonstige Finanzplan der Gemeinde G wird planmäßig abgewickelt.

Aufgaben:

a) Prüfen Sie, ob und in welcher Form die Mehrauszahlungen bei den Einrichtungskosten und der Baumaßnahme bereitgestellt werden können. Die Zulässigkeit der Haushaltsvermerke bzw. der Budgetierung ist zu unterstellen.

b) Fertigen Sie außerdem für eine evtl. erforderliche überplanmäßige Bewilligung der Mehrauszahlungen gemäß § 105 Abs. 1 KVG den notwendigen Bewilligungsantrag und die Bewilligungsverfügung.

Bearbeitungshinweise:

- Erheblichkeit nach § 103 Abs. 2 Nr. 2 KVG: 2.000.000 €
- Erheblichkeit nach § 105 Abs. 1 Satz 2 KVG: 250.000 €

Lösungen:

Zu a)

Mehrauszahlung bei den Einrichtungskosten

Laut Sachverhalt soll noch in 2024 für 15.000 € Mobiliar für die Schule Nord (Produktgruppe 211) beschafft werden. Bei einem Planansatz von 200.000 € sind bereits 120.000 € im Haushaltsjahr ausgezahlt, sodass noch 80.000 € zur Verfügung stehen. Zu berücksichtigen sind jedoch noch laut Sachverhalt 70.000 € Vormerkungen, da es sich um Aufträge handelt, die noch in 2024 entsprechende Auszahlungen bewirken. Insofern stehen lediglich noch 10.000 € an Auszahlungsermächtigung zur Verfügung, sodass eine zusätzliche Auszahlungsermächtigung in Höhe von 5.000 € benötigt wird.

Es fragt sich zunächst, ob diese zusätzliche Ermächtigung im Wege der unechten Deckungsfähigkeit nach § 17 Abs. 2 KomHVO zur Verfügung gestellt werden kann. Voraussetzung dazu ist ein uneingeschränkter Haushaltsvermerk zugunsten der Auszahlungsposition für die Einrichtungskosten mit einer dazugehörenden Mehreineinzahlung. Im Sachverhalt ist ein entsprechender Haushaltsvermerk bei den Einzahlungen für Zuwendungen enthalten, wobei auch eine Mehreinzahlung von 50.000 € zu verzeichnen ist. Aufgrund des bestehenden Haushaltsvermerks könnte dann der Planansatz beim Erwerb des beweglichen Anlagevermögens bis zu 50.000 € überschritten werden. Benötigt werden jedoch nur 5.000 €. Insofern stehen für die benötigte Mehrauszahlung entsprechende Deckungsmittel bereit.

Da nach § 18 Abs. 3 i. V. m. Abs. 4 KomHVO diese Mehrauszahlungen nicht als überplanmäßige Auszahlungen gelten, erübrigt sich die Überprüfung der Unabweisbarkeit.

Mehrauszahlung bei der Baumaßnahme

Laut Sachverhalt sollen noch in 2024 für 200.000 € Baukosten für die Schule Nord in der Produktgruppe 211 geleistet werden. Bei einem Planansatz von 1.800.000 € sind bereits 1.600.000 € im Haushaltsjahr ausgezahlt, sodass noch 200.000 € zur Verfügung stehen. Zu berücksichtigen sind jedoch noch laut Sachverhalt 150.000 € Vormerkungen, da es sich um Aufträge handelt, die noch in 2024 entsprechende Auszahlungen bewirken. Insofern stehen lediglich noch 50.000 € an Auszahlungsermächtigung zur Verfügung, sodass eine zusätzliche Auszahlungsermächtigung in Höhe von 150.000 € benötigt wird.

Es fragt sich zunächst, ob diese zusätzliche Ermächtigung im Wege der unechten Deckungsfähigkeit nach § 17 Abs. 2 KomHVO zur Verfügung gestellt werden kann. Voraussetzung dazu ist ein uneingeschränkter Haushaltsvermerk zugunsten der Auszahlungsposition für die Baumaßnahme mit einer dazugehörenden Mehreineinzahlung. Im Sachverhalt ist ein entsprechender Haushaltsvermerk bei den Einzahlungen für Zuwendungen enthalten, wobei auch eine Mehreinzahlung von 50.000 € zu verzeichnen ist. Allerdings sind davon (siehe oben) bereits 5.000 € für Mehrauszahlungen zum Erwerb des beweglichen Anlagevermögens verwendet. Insofern kann aufgrund des bestehenden Haushaltsvermerks der Plansatz für die Baumaßnahmen im Rahmen der unechten Deckungsfähigkeit nur mit 45.000 € überschritten werden. Da nach § 17 Abs. 3 i. V. m. Abs. 4 KomHVO diese Mehrauszahlungen nicht als überplanmäßige Auszahlungen gelten, erübrigt sich die Überprüfung der Unabweisbarkeit.

Benötigt werden jedoch 150.000 €, sodass noch eine Bereitstellung der restlichen 105.000 € erforderlich ist. Es ist nun zu prüfen, ob dieser Bedarf im Rahmen der Deckungsfähigkeit gemäß § 18 Abs. 3 i. V. m. Abs. 1 KomHVO bereitgestellt werden kann. Voraussetzung dazu ist, dass sich sowohl die deckungspflichtige als auch der deckungsberechtigte Planposition in einem gemeinsamen Budget befinden. Außerdem darf kein einschränkender Haushaltsvermerk vorhanden sein. Laut Sachverhalt befinden sich alle Positionen der Produktgruppe 211 in einem gemeinsamen Budget. Der im Sachverhalt enthaltene einschränkende Vermerk tangiert die Problemstellung jedoch nicht, weil gerade die Einsparung beim Grunderwerb in Höhe von 20.000 € für die Baumaßnahme verwendet werden soll und der Vermerk dies ausdrücklich zulässt. Insofern reduziert sich die noch benötigte Auszahlungsermächtigung von 105.000 € auf 85.000 €. Auch bei dieser Mittelbereitstellung erübrigt sich die Prüfung der Unabweisbarkeit.

Da weitere Haushaltsvermerke nicht bestehen, bleibt nur die Prüfung, ob die restliche Auszahlungsermächtigung überplanmäßig bewilligt werden kann. Dazu ist es zunächst erforderlich, die Notwendigkeit einer Pflichtnachtragssatzung nach § 103 Abs. 2 KVG auszuschließen (siehe auch Verweisung in § 105 Abs. 1 Satz 4 KVG). Dabei sind folgende drei Fälle zu überprüfen:

- Gemäß § 103 Abs. 2 Nr. 1 KVG wäre eine Pflichtnachtragssatzung notwendig, wenn ein erheblicher Fehlbetrag entsteht. Ein solcher Fehlbetrag entsteht überhaupt nicht, weil die Gesamtsummen der Mehreinzahlungen und Minderauszahlungen des Produktbereichs deutlich über den noch benötigten 85.000 € liegen (siehe Aufstellung im Sachverhalt).
- Eine erhebliche Mehrauszahlung nach § 103 Abs. 2 Nr. 2 KVG liegt ebenfalls nicht vor, weil die im Sachverhalt genannte Erheblichkeitsgrenze von 2.000.000 € deutlich unterschritten wird.
- § 103 Abs. 2 Nr. 3 KVG stellt auf eine bisher nicht veranschlagte Baumaßnahme ab. Es handelt sich hier jedoch um Kostensteigerungen bei einer bereits begonnenen Maßnahme, sodass auch nach dieser Teilrechtsnorm eine Nachtragssatzung nicht zu erlassen ist.

Insofern besteht keine Pflicht zum Erlass einer Nachtragssatzung, sodass der Weg zur überplanmäßigen Mittelbereitstellung nach § 105 Abs. 1 KVG offen ist. Die Voraussetzung der Unabweisbarkeit ist laut Sachverhalt gegeben. Zur Deckung stehen Mehreinzahlungen bei der Veräußerung eines Grundstücks aus dem Bereich der Schule Süd in Höhe von 90.000 € zur Verfügung. Insofern ist die überplanmäßige Auszahlung gedeckt.

Somit ist der gesamte Auszahlungsbedarf von 150.000 € bereitgestellt.

Zu b)

Da die überplanmäßige Auszahlung in Höhe von 85.000 € unterhalb der im Sachverhalt genannten Wertgrenze nach § 105 Abs. 2 KVG liegt, hat der Bürgermeister die Mehrauszahlung zu bewilligen. Der Antrag auf Bewilligung der überplanmäßigen Auszahlung ist nachstehend abgedruckt. Dabei wurde das Beispiel eines Musters gewählt, weil in der Praxis zur Beantragung von Mehraufwendungen und Mehrauszahlungen nach § 105 KVG regelmäßig Vordrucke eingesetzt werden. Ein solcher Antrag ist selbstverständlich auch formlos möglich. Ebenfalls dargestellt ist die Bewilligungsverfügung.

<table>
<tr><td colspan="3">Fachbereich xxxx Datum: 14.11.2024

An den
Fachbereich Finanzen

Antrag auf Bewilligung einer über/außerplanmäßigen Auszahlung</td></tr>
<tr><td>die Auszahlung ist
☒ üpl. ☐ apl.</td><td>Produktgruppe
211</td><td>Haushaltsjahr
2024</td></tr>
<tr><td>Betrag:
85.000 €</td><td colspan="2">Bezeichnung der Haushaltsposition:
Auszahlung: Baukosten Schule Nord</td></tr>
<tr><td colspan="3">Berechnung der Gesamtauszahlung
Planansatz und Übertragungen aus Vorjahren
aus Vorjahren 2.000.000 €
bisherige und geplante Planüberschreitungen
(unechte und echte Deckungsfähigkeiten) + 65.000 €
neu beantragte Haushaltsüberschreitung + 85.000 €
voraussichtliche Gesamtauszahlung 2.150.000 €</td></tr>
<tr><td colspan="3">Begründung der Mehrauszahlung:
Die Kosten der Baumaßnahme erhöhen sich wegen unvorgesehener zusätzlicher Auszahlungen für die Bodensicherungsarbeiten. Siehe dazu im Einzelnen die beigefügte Kostenermittlung. [nicht abgedruckt]</td></tr>
<tr><td colspan="3">Nachweis der Deckung:
Mehreinzahlungen in Höhe von 90.000 € aus der Veräußerung eines Grundstückes bei der Schule Süd der Produktgruppe 211.</td></tr>
<tr><td colspan="3">Im Auftrag

Unterschrift</td></tr>
</table>

Bewilligungsverfügung des Fachbereichs Finanzen (Kämmerei)

Fachbereich Finanzen G, den 21.11.2024

Betr.: Überplanmäßige Auszahlung in Höhe von 85.000 € für Baukosten bei der Schule Nord im Produktgruppe 211
Bezug: Antrag des Fachbereichs vom 14.11.2024

1. Die vorgenannte überplanmäßige Auszahlung ist aus den im Antrag vom 14.11.2024 genannten Gründen unabweisbar. Die Deckung erfolgt aus entsprechenden Mehreinzahlungen aus der Veräußerung von Grundvermögen bei der Schule Süd in der Produktgruppe 211.
2. Die überplanmäßige Auszahlung wird somit gemäß § 105 Abs. 1 KVG bewilligt. Da sie unerheblich ist, bedarf es keiner Zustimmung des Gemeinderates.
3. Mitteilung an die Finanzbuchhaltung zur Buchung.
4. Mitteilung an das antragstellende Fachamt und an das Rechnungsprüfungsamt.
5. Dem Gemeinderat zur Kenntnis (Vorlage in der nächsten Ratssitzung).
6. Z. d. A.

Bürgermeister

Sachverhalt Nr. 11:
Die Auszahlungen für den Neubau eines Freibades sind wie folgt im Teilfinanzplan der Produktgruppe 421 „Förderung des Sports“ als einzige Investitionsmaßnahme veranschlagt bzw. in der mittelfristigen Planung der Gemeinde G enthalten:
2024 3.000.000 €
2025 2.000.000 €

Die Witterungsbedingungen begünstigen den Baufortschritt, sodass in 2024 bereits 3,5 Mio. € verbaut werden müssen. Mitte November 2024 stellt deshalb das Hochbauamt den Antrag auf Bewilligung einer überplanmäßigen Auszahlung in Höhe von 500.000 €. Aufgrund der angespannten Haushaltslage besteht jedoch in 2024 keine Deckungsmöglichkeit.

Aufgabe:
Prüfen Sie die Zulässigkeit der überplanmäßigen Auszahlung. Unterstellen Sie dabei, dass ein Pflichtnachtrag nicht erforderlich ist.

Lösung:
Die Bereitstellungsverfahren der echten und unechten Deckungsfähigkeit sind nicht zu prüfen, weil der Sachverhalt keine Hinweise auf dazu notwendige Haushalts-

vermerke bzw. die Budgetierung beinhaltet. Ein Pflichtnachtrag scheidet laut Aufgabenstellung aus.

Die überplanmäßige Auszahlung von 500.000 € (laut Sachverhalt wird dieser Betrag benötigt) wäre gemäß § 105 Abs. 1 KVG zulässig, wenn sie unabweisbar ist und die Deckung im laufenden Jahr gewährleistet werden kann. Die Unabweisbarkeit liegt vor, weil es wirtschaftlich und bautechnisch nicht vertretbar wäre, die Baumaßnahme wegen der zurzeit fehlenden Auszahlungsmittel für mehr als einen Monat stillzulegen. Die notwendige Deckung im laufenden Haushaltsjahr ist dagegen laut Sachverhalt nicht möglich.

Es fragt sich aber, ob die erforderliche Deckung im laufenden Haushaltsjahr durch eine Deckung im kommenden Haushaltsjahr 2025 gemäß § 105 Abs. 2 KVG ersetzt werden kann, weil laut Sachverhalt im nächsten Haushaltsjahr Mittel für die Fortsetzung der Maßnahme vorgesehen sind. Die Voraussetzungen des § 105 Abs. 2 KVG, die sämtlich vorliegen müssen, sind wie folgt zu prüfen:

- *Keine Deckung im laufenden Jahr*
  § 105 Abs. 2 KVG ist als Ausnahmevorschrift nur anwendbar, wenn im laufenden Jahr keine Deckung vorhanden ist. Dieses ist laut Sachverhalt gegeben.
- *Überplanmäßige Auszahlung*
  Der Mehrbedarf von 500.000 € übersteigt den Planansatz 2024 von 3.000.000 €. Dabei handelt es sich bei den Mehrauszahlungen, die die Ermächtigungen im Haushaltsplan übersteigen, um überplanmäßige Auszahlungen.
- *Investition oder Investitionsfördermaßnahme*
  Investitionen sind Auszahlungen für die Veränderung des Anlagevermögens. Die Mehrauszahlung wird laut Sachverhalt für den Bau eines Freibades benötigt. Damit wird das Grundstücksvermögen der Gemeinde G erhöht (Aufbauten sind Grundstücksbestandteile laut § 94 BGB). Grundvermögen zählt zum Anlagevermögen der Gemeinde, sodass die Auszahlungen für den Bau des Freibades der Veränderung des Anlagevermögens (Erhöhung bzw. Vermehrung) dienen und somit Investitionen darstellen.
- *Fortführungsmaßnahme*
  Die Investition muss im folgenden Jahr fortgeführt werden. In der mittelfristigen Planung für das kommende Jahr 2025 sind für den Bau des Freibades weitere 2.000.000 € vorgesehen. Daraus ist ersichtlich, dass die Baumaßnahme nicht in 2022 beendet werden kann, sondern im nächsten Haushaltsjahr fortzusetzen ist.
- *Deckung im kommenden Jahr möglich*
  Die in 2024 nicht vorhandene Deckung muss aber im Haushaltsjahr 2025 möglich sein. Laut Sachverhalt sind für den Freibadbau in 2025 weitere 2.000.000 € vorgesehen. Wird die Baumaßnahme in 2024 nun zügiger als geplant abgewickelt und sind deshalb Haushaltsmittel, die erst für 2025 vorgesehen waren, bereits in 2024 einzusetzen, werden diese zwangsläufig in 2025 nicht benötigt. Es tritt somit in 2025 praktisch eine Ersparnis von 500.000 € für den Bau des Freibades ein. Minderauszahlungen zählen zu den Deckungsmitteln für Mehrauszahlungen, sodass die überplanmäßige Auszahlung von 500.000 € in 2024 aus der Einsparung bei der für 2025 vorgesehenen Auszahlungsposition für das Freibad gedeckt werden kann.

Hinweise, dass die Mehrauszahlungen durch Kostensteigerungen verursacht wurden, enthält der Sachverhalt nicht.

Damit sind sämtliche Voraussetzungen des § 105 Abs. 2 KVG gegeben, sodass die an sich in 2024 erforderliche Deckung durch Deckungsmittel des Haushaltsjahres 2025 ersetzt wird. Die überplanmäßige Auszahlung für den Bau des Freibades in Höhe von 500.000 € ist somit gemäß § 105 Abs. 1 und 2 KVG zulässig.

Sachverhalt Nr. 12:
Bei den Aufwendungen für Sach- und Dienstleistungen der Produktgruppe 111 (Verwaltungssteuerung und -service) ist eine erhebliche unabweisbare überplanmäßige Aufwendung am 5. Dezember des Jahres zu leisten, was erst am 3. Dezember festgestellt wird. Eine Einberufung des Gemeinderates ist in diesem Jahr aus terminlichen Gründen nicht mehr möglich. Es tagt lediglich noch der Finanzausschuss am 4. Dezember.

Aufgabe:
Prüfen Sie, wer in welchem Verfahren über die Bewilligung der überplanmäßigen Aufwendungen zu entscheiden hat.

Lösung:
Gemäß § 105 Abs. 1 Satz 2 KVG bedarf die Bewilligung einer erheblichen Mehraufwendung der Zustimmung des Rates. Eine solche erhebliche überplanmäßige Aufwendung liegt laut Sachverhalt vor, sodass keine alleinige Entscheidungsbefugnis des Bürgermeisters – auch keine vorläufige – gegeben ist. Für die Fälle, in denen die Herbeiführung eines Ratsbeschlusses nicht möglich ist, hat die Gemeindeordnung Ersatzentscheidungen vorgesehen. Diese werden allgemein als „Eil-“ bzw. „Dringlichkeitsentscheidungen“ bezeichnet.

Der Finanzausschuss, der vor dem Zahlungstermin noch tagt, hat jedoch in diesem Fall kein Entscheidungsrecht, da dieser Bereich der Haushaltsausführung gemäß § 105 Abs. 1 Satz 2 KVG in die Zuständigkeit des Rates fällt (eine Wertgrenze für einen beschließenden Ausschuss ist im Sachverhalt nicht vorgegeben) und die Gemeindeordnung dem Finanzausschuss das Recht der Eil- bzw. Dringlichkeitsentscheidung vorenthält.

Gemäß § 65 Abs. 4 Satz 1 KVG besteht in dringenden Angelegenheiten aber die Möglichkeit der Ersatzentscheidung durch den Bürgermeister. Die Zustimmung zur Bewilligung der überplanmäßigen Aufwendung wird somit im Wege der Eilentscheidung gemäß § 65 Abs. 4 Satz 1 KVG vom Bürgermeister erteilt.

Sachverhalt Nr. 13:
Bei den Auszahlungen für Baumaßnahmen im Teilfinanzplan der Produktgruppe 126 (Brandschutz) sind in 2024 ein Planansatz für Auszahlungen von 100.000 € und eine Verpflichtungsermächtigung von 200.000 € für einen Anbau an der Feuerwache Mitte veranschlagt. Im September 2024 will das Hochbauamt nach durchgeführter

beschränkter Ausschreibung den Gesamtauftrag für den geplanten Anbau (Maßnahme ist unvorhergesehen und unabweisbar) in Höhe von 310.000 € vergeben. Nach dem Bauzeitenplan wird damit gerechnet, dass die Bauauszahlungen mit 100.000 € in 2024 und 210.000 € in 2025 anfallen werden. Die im Teilfinanzplan der Produktgruppe 547 (ÖPNV) veranschlagten Verpflichtungsermächtigungen von 400.000 € werden nicht in Anspruch genommen.

Aufgabe:
Beurteilen Sie die Zulässigkeit der Auftragsvergabe.

Lösung:
Die Auftragsvergabe wäre zulässig, wenn der Haushaltsplan 2024 entsprechende Ermächtigungen enthalten würde. Der Auszahlungsansatz 2024 ermächtigt zum Vertragsabschluss mit Auszahlungen in 2024 in Höhe von 100.000 €. Insofern kann der Auftragsanteil für 2024 von 100.000 € vergeben werden. Für die vertragliche Bindung von 210.000 € zu Lasten des Haushaltsjahres 2025 werden gemäß § 107 Abs. 1 KVG Verpflichtungsermächtigungen in dieser Höhe benötigt. Vorhanden ist jedoch nur eine Verpflichtungsermächtigung von 200.000 €.

Es ist nun zu prüfen, ob die noch benötigten Verpflichtungsermächtigungen von 10.000 € überplanmäßig bereitgestellt werden können. Zulässig sind überplanmäßige Verpflichtungsermächtigungen gemäß § 107 Abs. 5 KVG, wenn sie unvorhergesehen und unabweisbar sind und der innerhalb der Haushaltssatzung festgesetzte Gesamtbetrag der Verpflichtungsermächtigungen nicht überschritten wird. Gemäß Sachverhalt handelt es sich um eine unvorhergesehene und unabweisbare Maßnahme. Da im Teilfinanzplan der Produktgruppe 547 Verpflichtungsermächtigungen in Höhe von 400.000 € nicht benötigt werden, kann die im Teilfinanzplan der Produktgruppe 126 zusätzlich benötigte Summe durch diese Einsparung aufgefangen werden. Die Gesamtsumme der Verpflichtungsermächtigungen laut § 3 der Haushaltssatzung der Gemeinde G wird demnach nicht überschritten.

Die Bewilligung der überplanmäßigen Verpflichtungsermächtigung ist demnach zulässig, sodass die Auftragsvergabe erfolgen kann.

20. Vermögenswirtschaft und Anlagenbuchhaltung

20.1 Struktur des kommunalen Vermögens

Im Rahmen der Vermögenswirtschaft stellt sich die grundsätzliche Frage einer gemeindlichen Verpflichtung zum Vermögenserhalt. Das Ziel, das bestehende Gemeindevermögen zu erhalten, ist weder in dem KVG noch in der KomHVO angesprochen. Demgegenüber steht als oberster Grundsatz der Haushaltswirtschaft gemäß § 98 Abs. 1 KVG die stetige Aufgabenerfüllung. Dementsprechend stellt das Vermögen nur ein Umsetzungsinstrument der stetigen Aufgabenerfüllung dar. Eine generelle Pflicht zum Erhalt des gemeindlichen Vermögens besteht nicht. Aufwand aus Abschreibungen könnte also auch durch Aufwand aus Miete oder Pacht ersetzt werden. Vielmehr liegt im kommunalen Haushaltsrecht der Schwerpunkt im Bereich der Vermögensfinanzierung, bei der grundsätzlich das Ziel der Erhalt des Eigenkapitals ist. Das Eigenkapital stellt wiederum vereinfacht eine Saldogröße zwischen Vermögenswerten und Schulden sowie Sonderposten dar.

§ 34 Abs. 1 KomHVO schreibt vor, dass in der Vermögensrechnung (Bilanz) das Anlage- und das Umlaufvermögen, das Eigenkapital, die Verbindlichkeiten, die Rückstellungen und die Sonderposten sowie die Rechnungsabgrenzungsposten vollständig auszuweisen sind. Hinsichtlich des Vermögens knüpft Nr. 4.1 BewertRL an den kaufmännischen Vermögensbegriff an, wonach ein Vermögensgegenstand grundsätzlich in die Bilanz aufzunehmen ist, wenn die Gemeinde das wirtschaftliche Eigentum daran innehat und dieser selbstständig verwertbar ist.

Weiterhin wird im § 34 Abs. 2 KomHVO in Anlehnung zum kaufmännischen Rechnungswesen eine grundlegende Vermögensstrukturierung vorgenommen, wonach im Anlagevermögen nur die Gegenstände auszuweisen sind, die dazu bestimmt sind, dauernd der Tätigkeit, also Aufgabenerfüllung der Gemeinde zu dienen. Im Umkehrschluss ist das Vermögen, das nicht dauernd zur Aufgabenerfüllung bestimmt ist, im Umlaufvermögen auszuweisen.

Für die gemeindliche Vermögenswirtschaft ist insbesondere von Bedeutung, in welcher Form die Planung, Bewirtschaftung und der Abschluss der Vermögensfortschreibung bei den unterschiedlichen Vermögensformen zu erfolgen hat und wo das gemeindliche Vermögen zu bilanzieren ist. Die Vermögenswirtschaft strukturiert sich anhand dieser Kriterien wie folgt:

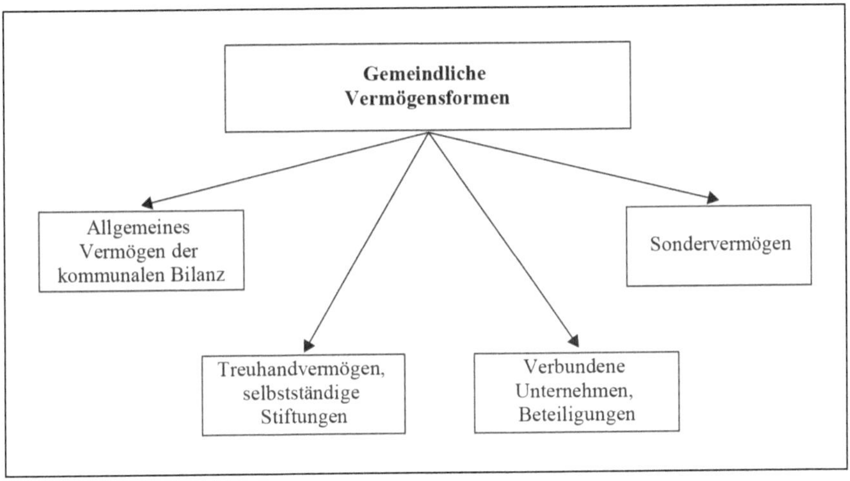

Gemäß der §§ 100 und 101 KVG erfolgt die Investitionsplanung und -bewirtschaftung sowie deren Berücksichtigung im Jahresabschluss innerhalb der Rechnungskomponenten Finanzrechnung (Investitionsplanung und Abwicklung der investiven Maßnahmen) und Ergebnisrechnung (z. B. Berücksichtigung des Vermögensverzehrs, Aktivierung von Eigenleistungen, vgl. §§ 1 bis 4 KomHVO). Zur Bilanzierung ist für das gemeindliche Vermögen nach § 113 Abs. 1 KVG sowie mit inhaltlich gleichem Text nach § 32 Abs. 1 KomHVO ein Vermögensverzeichnis[1] zu erstellen, wobei der Wert der einzelnen im wirtschaftlichen Eigentum stehenden Vermögensgegenstände anzugeben ist (Inventar). Dies bedeutet, dass im Rahmen des Grundsatzes der Vollständigkeit grundsätzlich sämtliches Vermögen der Gemeinde zu erfassen und zu bewerten ist, es sei denn, dass dieser Grundsatz durch speziellere Regelungen eingeschränkt wird.

Aufgrund der allgemeinen Systematik des doppischen Rechnungswesens ist nach § 32 Abs. 1 KomHVO das erstellte Inventar die Grundlage für die Bilanzerstellung. Die Bilanz ist nach § 118 Abs. 2 Nr. 3 KVG pflichtiger Bestandteil des Jahresabschlusses. Die einzelnen Bestandskonten der Bilanz sind aufgrund der allgemeinen Systematik des doppischen Rechnungswesens Grundlage der Vermögensbewirtschaftung.[2]

Das allgemeine Vermögen der kommunalen Bilanz ist im spezielleren Kap. 10 dargestellt und wird an dieser Stelle daher nicht weiter betrachtet.

1 Dieses Vermögensverzeichnis wird in der Praxis durch eine Anlagenbuchhaltung erstellt, in der sämtliche Vermögensgegenstände einzeln erfasst und bewertet werden.

2 Eine Einzelerfassung und -bewertung innerhalb der Bilanz auf einzelnen Konten stellt sich in der buchhalterischen Praxis schwierig dar. In der Regel liegt die Aufgabe der laufenden unterjährigen Abbildung der Ergebnisse und Maßnahmen der Vermögensbewirtschaftung bei einer Anlagenbuchhaltung.

20.2 Sondervermögen, Treuhandvermögen und rechtlich selbstständige örtliche Stiftungen

20.2.1 Inhaltliche Abgrenzung

Abweichend vom allgemeinen Vermögen bestehen für die besonderen Vermögensformen „Sondervermögen“, „Treuhandvermögen“ und rechtlich selbstständige örtliche Stiftungen der Kommunen eigenständige Vorschriften in den §§ 121 bis 127 KVG. Diese eigenständigen Vorschriften begründen sich im Charakter dieser Vermögensformen. Dieser wird beim Sondervermögen dadurch bestimmt, dass es sich um Mittel und Gegenstände handelt, die zur Erfüllung bestimmter Zwecke vom Haushalt der Gemeinde abgesondert oder von einem Dritten an die Gemeinde für einen bestimmten Zweck übereignet worden oder durch sonstige Rechtsakte unter Zweckbindung auf die Gemeinde übergegangen sind. Aus dieser Definition ist klar ersichtlich, dass das Sondervermögen vom allgemeinen Vermögen des kommunalen Haushaltes zu trennen und besonders zu behandeln ist.

Beim Treuhandvermögen und den rechtlich selbstständigen örtlichen Stiftungen kommt hinzu, dass diese nach besonderem Recht eigenständige Vermögensmassen darstellen, deren Planung, Bewirtschaftung und Rechnungslegung eine in sich abgeschlossene Darstellung erfordern.

Damit ergibt sich für die besonderen Vermögensformen „Sondervermögen“, „Treuhandvermögen“ und rechtlich selbstständige örtliche Stiftungen je nach Art entweder eine grundsätzliche Trennung *innerhalb* der gemeindlichen Haushaltspläne oder *von* den gemeindlichen Haushaltsplänen.

Abzugrenzen sind die besonderen Vermögensformen „Sondervermögen“, „Treuhandvermögen“ und rechtlich selbstständige örtliche Stiftungen von den rechtlich selbständigen verbundenen Unternehmen und Beteiligungen, die nicht den Bestimmungen der Haushaltswirtschaft unterliegen. In Kap. 20.6 erfolgt eine eigene Darstellung zu diesen Vermögensformen.

20.2.2 Kommunalgliedervermögen

Nach § 121 Abs. 1 Nr. 1 KVG gehört das Kommunalgliedervermögen zum Sondervermögen. Das Kommunalgliedervermögen unterliegt gemäß § 121 Abs. 2 KVG den Vorschriften über die Haushaltswirtschaft. Allerdings ist die Bewirtschaftung dieses Sondervermögens im Haushaltsplan der Gemeinde gesondert nachzuweisen. Rechtlich gesehen steht das Kommunalgliedervermögen nach § 124 Abs. 1 KVG nicht der Gemeinde, sondern sonstigen Berechtigten zu, ohne allerdings Privatvermögen zu sein. Diese besondere rechtliche Konstruktion ergibt sich aus alten Vorschriften oder Gewohnheiten. Das Vermögensrecht steht nicht allen Einwohnern, sondern nur bestimmten Gruppen zu. Diese Art Sondervermögen ist aus der geschichtlichen Entwicklung zu betrachten und kommt heute nur noch selten vor. Beispiel dafür können auf

Grundeigentum lastende Nutzungsberechtigungen wie Wald- und Weidegerechtsamkeiten sein, die aufgrund alter Ortsstatuten oder sonstigen Vereinbarungen noch bestehen. Durch diese Regelung ist die Kommune zur Verwaltung des Kommunalgliedervermögens gezwungen.

Kommunalgliedervermögen darf gemäß § 124 Abs. 2 Satz 1 KVG nicht in das Privatvermögen der Nutzungsberechtigen übergehen. Vielmehr bestimmt § 124 Abs. 2 Satz 2 KVG, dass Kommunalgliedervermögen in freies Kommunalvermögen umgewandelt werden kann, wenn die Umwandlung aus Gründen des Gemeinwohls geboten erscheint. Die bisher Berechtigten sind hierbei zu entschädigen. Von dieser Möglichkeit sollten die Gemeinden verstärkt Gebrauch machen, zumal die Bewirtschaftungsform des Kommunalgliedervermögens in der heutigen Zeit wohl kaum noch zu rechtfertigen ist. Deshalb erklärt § 124 Abs. 3 KVG ausdrücklich den umgekehrten Fall der Umwandlung von Kommunalvermögen in Kommunalgliedervermögen für unzulässig.

20.2.3 Vermögen der rechtlich unselbstständigen örtlichen Stiftungen

§ 125 KVG definiert die inhaltlichen Komponenten der örtlichen Stiftungen. Diese gelten sowohl für die rechtlich unselbstständigen als auch für die rechtlich selbstständigen Stiftungen. Hiernach gründen sich örtliche Stiftungen auf Privatrecht. Nach dem Willen des Stifters werden diese

- von der Gemeinde verwaltet und
- dienen überwiegend örtlichen Zwecken.

Für die örtlichen Stiftungen ist außerdem das Gesetz über die Bildung und Tätigkeit von Stiftungen in Sachsen-Anhalt (Stiftungsgesetz) vom 20.1.2011 (GVBl. LSA S. 14) zu beachten, welches das Stiftungsverfahren näher beschreibt. In diesem Zusammenhang ist auch die Regelung des § 121 Abs. 2 KVG näher zu betrachten. Diese legt fest, dass die örtlichen Stiftungen den Vorschriften über die Haushaltswirtschaft unterliegen.

Die Regelungen des KVG gehen generell davon aus, dass es sich um Stiftungen Dritter handelt, die von der Gemeinde verwaltet werden. Will die Gemeinde aus ihren Mitteln oder ihrem Vermögen selbst Stiftungen einrichten oder sich an Stiftungen beteiligen, darf dies gemäß § 126 Abs. 1 i. V. m. § 127 Abs. 1 KVG nur im Rahmen der Aufgabenerfüllung der Gemeinde erfolgen und auch nur dann, wenn der mit der Stiftung verfolgte Zweck nicht auf andere Weise erreicht werden kann. Insofern kann die Aufgabenerledigung in Form einer Stiftung nur eine Ausnahme sein.

Das Vermögen der rechtlich unselbstständigen örtlichen Stiftungen (§ 121 Abs. 1 Nr. 2 KVG) ist gemäß § 121 Abs. 2 KVG im gemeindlichen Haushaltsplan gesondert als eigener Teilplan nachzuweisen, wobei die Vorschriften über die Haushaltswirtschaft Anwendung finden.

Ergeben sich im Rahmen der Bewirtschaftung der rechtlich unselbstständigen örtlichen Stiftung durch die Gemeinde grundlegende Änderungserfordernisse wie die

Umwandlung des Stiftungszwecks und Zusammenlegungs- oder Aufhebungserfordernisse, liegt gemäß § 126 Abs. 1 KVG dieses Gestaltungsrecht bei der Gemeinde.

20.2.4 Eigenbetriebe

Für die rechtlich unselbständigen, aber organisatorisch selbstständigen Eigenbetriebe sind nach § 121 Abs. 3 KVG besondere Haushaltspläne aufzustellen und Sonderrechnungen zu führen. Die Eigenbetriebe dürfen anstelle des Haushaltsplans einen Wirtschaftsplan aufstellen und die Wirtschaftsführung und das Rechnungswesen entsprechend den Vorschriften des Eigenbetriebsgesetzes gestalten. Auch bei Aufstellung der Wirtschaftspläne sind die Vorschriften über die Haushaltswirtschaft nach dem KVG zu beachten. Demnach sind auch folgende Rechtsvorschriften anzuwenden:

- Sicherung der stetigen Aufgabenerfüllung (§ 98 Abs. 1 KVG),
- Einbindung in die Erfordernisse des gesamtwirtschaftlichen Gleichgewichts (§ 98 Abs. 1 KVG),
- Wirtschaftlichkeit und Sparsamkeit (§ 98 Abs. 2 KVG),
- Ausgleich des Erfolgsplanes in Plan und Rechnung – Gesamtbetrag der Erträge mindestens so hoch wie der Gesamtbetrag der Aufwendungen (§ 98 Abs. 3 KVG),
- Sicherstellung der Liquidität einschließlich der Finanzierung (§ 98 Abs. 4 KVG),
- Verbot der Überschuldung – Überschuldung = Aufbrauchen des Eigenkapitals (§ 98 Abs. 5 KVG),
- Grundsätze der Finanzmittelbeschaffung (§ 99 KVG),
- Vorlage bei der Kommunalaufsichtsbehörde (§ 102 Abs. 1 KVG),
- Vorläufige Haushaltsführung (§ 104 KVG),
- Eingehen von Verpflichtungen zur Leistung von Auszahlungen (§ 107 KVG),
- Kreditaufnahmen (§ 108 KVG),
- Bestellung von Sicherheiten und Übernahme von Gewährleistung für Dritte (§ 109 KVG),
- Sicherstellung der Liquidität (§ 110 KVG),
- Erwerb und Verwaltung von Vermögen (§ 112 KVG),
- Veräußerung von Vermögen (§ 115 KVG).

Ein Beispiel für Eigenbetriebe sind die kommunalen Stadtwerke. In der Praxis werden Stadtwerke jedoch vielfach nicht mehr als Eigenbetrieb, sondern in einer privatrechtlichen Gesellschaftsform (z. B. GmbH) geführt.

20.2.5 Rechtlich unselbstständige Versorgungs- und Versicherungseinrichtungen

Rechtlich unselbstständige Versicherungs- und Versorgungseinrichtungen im Eigentum der Gemeinde sind gemäß § 121 Abs. 1 Nr. 4 KVG als Sondervermögen zu behandeln. Beispiele für solche rechtlich unselbstständigen Versorgungs- und Versicherungseinrichtungen sind Zusatzversorgungskassen, Eigenunfallversicherungen oder Viehseuchenkassen.

Nach § 121 Abs. 4 KVG sind für diese Art Sondervermögen besondere Haushaltspläne aufzustellen und Sonderrechnungen zu führen. Dabei sind die Vorschriften über die Haushaltswirtschaft mit der Maßgabe entsprechend anzuwenden, dass an die Stelle der Haushaltssatzung der Beschluss über den Haushaltsplan tritt und von der ortsüblichen Bekanntgabe und Auslegung nach § 120 Abs. 2 KVG abgesehen werden kann.

20.2.6 Treuhandvermögen und rechtlich selbstständige örtliche Stiftungen

Beim Treuhandvermögen sowie bei rechtlich selbstständigen örtlichen Stiftungen hat die Gemeinde eine Vermögensmasse nach besonderem Recht treuhänderisch zu verwalten. „Treuhänderisch“ bedeutet, dass die Gemeinde die verwaltete Vermögensmasse eigenständig ausweisen muss, in der Verwaltung bzw. Verfügung des Vermögens eingeschränkt ist, diese nach außen insbesondere dokumentieren muss und darum nur „Treuhänder“, nicht etwa uneingeschränkter wirtschaftlicher Eigentümer der Vermögensmasse ist.

Dementsprechend hat die Gemeinde nach § 122 Abs. 1 Satz 1 KVG besondere Haushaltspläne aufzustellen und Sonderrechnungen zu führen. § 122 Abs. 1 Satz 2 KVG verweist auf den § 121 Abs. 4 Satz 2 KVG, wodurch die Vorschriften über die Haushaltswirtschaft entsprechend gelten. Allerdings tritt an die Stelle der Haushaltssatzung der Beschluss über den Haushaltsplan; des Weiteren kann von der ortsüblichen öffentlichen Bekanntmachung und Auslegung nach § 120 Abs. 2 KVG abgesehen werden. Als Ausnahme hiervon kann nach § 122 Abs. 3 KVG unbedeutendes Treuhandvermögen auch im Haushaltsplan der Gemeinde gesondert nachgewiesen werden.

Die Erscheinungsformen der Treuhandschaft sind vielfältig. Ein denkbares Beispiel ist der Erwerb eines Grundstücks durch einen Entwicklungsträger als Treuhänder einer Gemeinde. Ein Beispiel für selbstständige rechtliche Stiftungen sind Familienstiftungen.

20.2.7 Zusammenfassung

Zusammenfassend ist festzustellen, dass für Sondervermögen, Treuhandvermögen und rechtlich selbstständige Stiftungen grundsätzlich die Vorschriften über die Haushaltswirtschaft gelten. Hieran anknüpfend bestehen für die unterschiedlichen Vermögensformen spezielle Regelungen hinsichtlich deren Abbildung. Einen zusammenfassenden Überblick zu den einzelnen Formen des Sondervermögens sowie des Treuhandvermögens und der rechtlich selbstständigen örtlichen Stiftungen einschließlich der speziellen Regelungen zur Abbildung im gemeindlichen Rechnungswesen gibt nachfolgendes Schaubild:

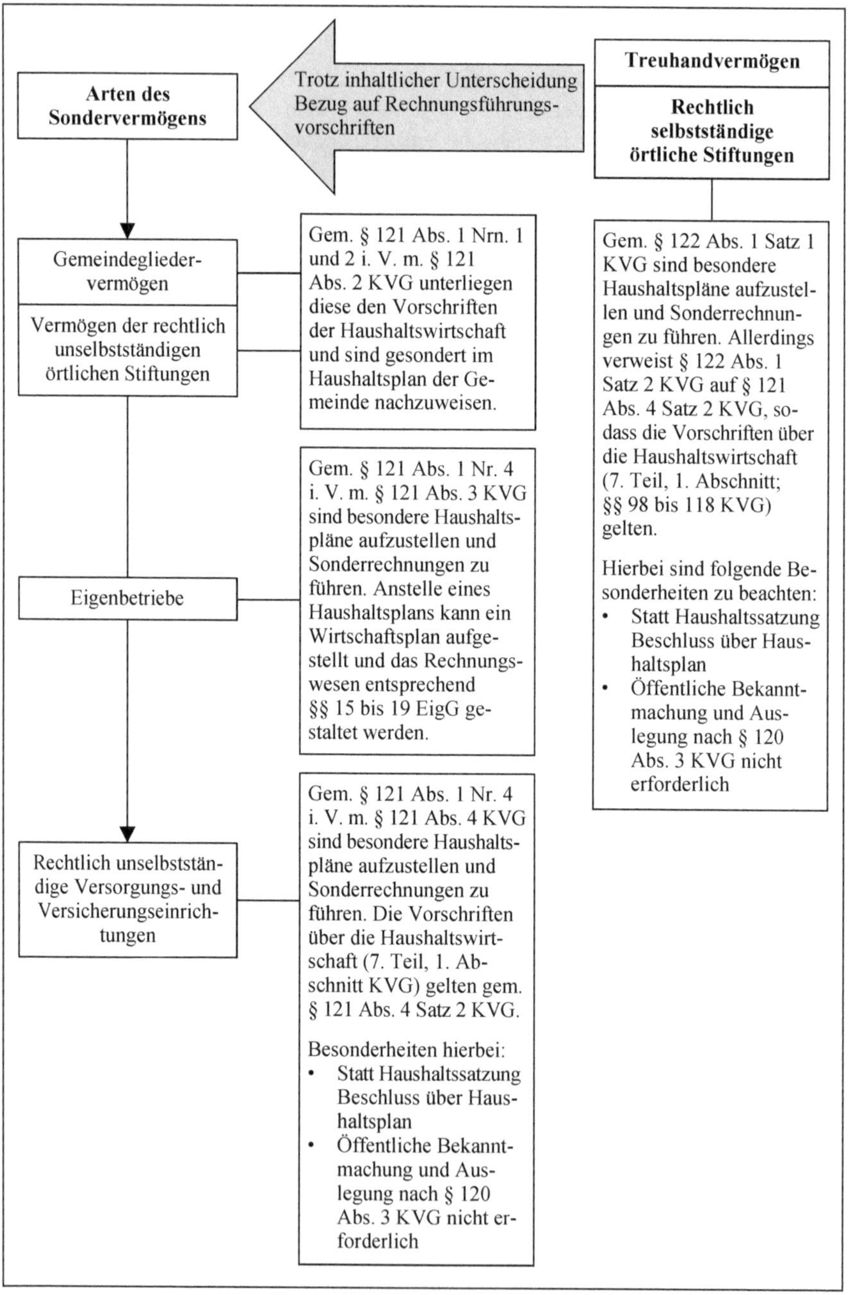
Arten des Sondervermögens
Trotz inhaltlicher Unterscheidung Bezug auf Rechnungsführungsvorschriften
Treuhandvermögen
Rechtlich selbstständige örtliche Stiftungen
Gemeindegliedervermögen
Vermögen der rechtlich unselbstständigen örtlichen Stiftungen
Gem. § 121 Abs. 1 Nrn. 1 und 2 i. V. m. § 121 Abs. 2 KVG unterliegen diese den Vorschriften der Haushaltswirtschaft und sind gesondert im Haushaltsplan der Gemeinde nachzuweisen.
Gem. § 122 Abs. 1 Satz 1 KVG sind besondere Haushaltspläne aufzustellen und Sonderrechnungen zu führen. Allerdings verweist § 122 Abs. 1 Satz 2 KVG auf § 121 Abs. 4 Satz 2 KVG, sodass die Vorschriften über die Haushaltswirtschaft (7. Teil, 1. Abschnitt; §§ 98 bis 118 KVG) gelten.
Hierbei sind folgende Besonderheiten zu beachten:
• Statt Haushaltssatzung Beschluss über Haushaltsplan
• Öffentliche Bekanntmachung und Auslegung nach § 120 Abs. 3 KVG nicht erforderlich
Eigenbetriebe
Gem. § 121 Abs. 1 Nr. 4 i. V. m. § 121 Abs. 3 KVG sind besondere Haushaltspläne aufzustellen und Sonderrechnungen zu führen. Anstelle eines Haushaltsplans kann ein Wirtschaftsplan aufgestellt und das Rechnungswesen entsprechend §§ 15 bis 19 EigG gestaltet werden.
Rechtlich unselbstständige Versorgungs- und Versicherungseinrichtungen
Gem. § 121 Abs. 1 Nr. 4 i. V. m. § 121 Abs. 4 KVG sind besondere Haushaltspläne aufzustellen und Sonderrechnungen zu führen. Die Vorschriften über die Haushaltswirtschaft (7. Teil, 1. Abschnitt KVG) gelten gem. § 121 Abs. 4 Satz 2 KVG.
Besonderheiten hierbei:
• Statt Haushaltssatzung Beschluss über Haushaltsplan
• Öffentliche Bekanntmachung und Auslegung nach § 120 Abs. 3 KVG nicht erforderlich

20.3 Erwerb und Veräußerung von Vermögen

20.3.1 Abbildung im Rechnungswesen

Die Abbildung von Vorgängen der Vermögenswirtschaft beschränkt sich nicht auf die Finanzrechnung, sondern berührt alle drei Komponenten des kommunalen Rechnungswesens. Dies wird besonders deutlich im Rahmen der Vermögensveräußerung. Eine Veräußerung zum Buchwert des Vermögensgegenstandes stellt die Ausnahme dar. Vielmehr wird es Erträge (bei einem Verkaufpreis über Buchwert) oder Aufwendungen (bei Veräußerung unter Buchwert) bei der Veräußerung von Vermögen geben. Die Erträge bzw. Aufwendungen fließen in die Ergebnisrechnung und bestimmen somit über den Haushaltsausgleich.

20.3.2 Erwerb von Vermögen

Gemäß § 112 Abs. 1 KVG soll die Gemeinde Vermögensgegenstände nur erwerben, soweit dies zur Erfüllung ihrer Aufgaben in absehbarer Zeit erforderlich ist. Durch diese Regelung wird die Vorrangigkeit des Grundsatzes der Aufgabenerfüllung konkret betont, der gemäß § 98 Abs. 1 KVG das gesamte Haushaltsrecht durchzieht.

Die typischen Vermögenserwerbe sind der unmittelbaren bzw. sofortigen Aufgabenerfüllung zuzuordnen. So kauft die Gemeinde z. B. ein Feuerwehrfahrzeug zur Sicherstellung des Brandschutzes oder erwirbt Aktien, um die Elektrizitätsversorgung für das Gemeindegebiet mitzugestalten. Im Rahmen der zeitlichen Komponente müssen Vermögenserwerb und Aufgabenerfüllung jedoch nicht immer übereinstimmen. So ist es durchaus zulässig, bereits jetzt ein Grundstück zu erwerben, um darauf in etwa zehn Jahren eine Schule zu errichten. Insofern tritt der Grundsatz der Wirtschaftlichkeit, Effizienz und Sparsamkeit nach § 98 Abs. 2 KVG hinzu, der solche gezielten Vorratskäufe rechtfertigt.

Aber auch der Vermögenserwerb für einen derzeit nicht absehbaren Verwendungszweck kann durchaus nach § 112 Abs. 1 KVG vertretbar sein. Dazu gehören u. a. Grundstückskäufe ohne direkte Aufgabenzuordnung, z. B. die Bodenbevorratung für spätere Bauten oder gar zur Verwendung als Tauschgrundstück, um andere Grundstücksflächen später leichter erwerben zu können. Auch diese Vermögenserwerbe dienen der Aufgabenerfüllung der Gemeinde, so dass hieran die Breite des Begriffs recht deutlich wird. Kriterium für die Verwendung ist die Absehbarkeit des Vermögenseinsatzes im Rahmen der Erfüllung gemeindlicher Aufgaben.

Hinzu kommt, dass öffentliche Aufgaben außerhalb der Pflichtaufgaben von den Gemeinden selbst bestimmt werden, so dass die Erwerbsgründe recht unterschiedlich sind und somit die Erwerbsarten nicht normiert werden können. Hat sich eine Gemeinde z. B. zur Aufnahme des Betriebs eines Museums entschlossen, gehört der Erwerb von kostspieligen Gemälden zu den gemeindlichen Aufgaben. Bei einer Gemeinde ohne diese Aufgabenart wäre die Anschaffung solcher Gemälde gemäß § 112 Abs. 1 KVG nicht vertretbar, erst recht nicht zur Ausschmückung von Diensträumen.

Wenn auch der § 112 Abs. 1 KVG eine „Soll-Vorschrift“ darstellt, findet hier doch eine kaum zu überbietende Verdichtung zu einer „Muss-Regelung“ statt, weil ein Vermögenserwerb außerhalb der Aufgabenerfüllung der Gemeinde zwar als begründeter Ausnahmefall möglich wäre, jedoch am Grundsatz der Wirtschaftlichkeit und Sparsamkeit scheitert. Eine weite Auslegung der Normierung des § 112 Abs. 1 KVG bietet sich deshalb nur insoweit an, als die Aufgabenerfüllung selbst einen dehnbaren Begriff darstellt.

Im Rahmen der Festlegung von Wertgrenzen für Investitionsvolumen durch den Rat soll gemäß § 11 Abs. 1 KomHVO im Vorfeld einer diese Grenze übersteigenden Investition ein Wirtschaftlichkeitsvergleich unter den in Betracht kommenden Möglichkeiten stattfinden. Zumindest hat ein Vergleich der Investitionsalternativen anhand der Anschaffungs- oder Herstellungskosten unter Einbeziehung der Folgekosten zu erfolgen. Für den Bereich der Baumaßnahmen müssen gemäß § 11 Abs. 1 KomHVO zunächst Baupläne, Kostenberechnungen und Erläuterungen vorliegen, aus denen die Art der Ausführung, die Kosten der Maßnahme, des Grunderwerbs und der Einrichtung sowie der Folgekosten ersichtlich sind. Außerdem ist ein Bauzeitplan beizufügen. Des Weiteren müssen die Unterlagen auch die voraussichtlichen Jahresauszahlungen unter Angabe der Kostenbeteiligung Dritter und die für die Dauer der Nutzung entstehenden jährlichen Haushaltsbelastungen ausweisen.

Von dieser Verpflichtung sind Ausnahmen bei Vorhaben von geringer finanzieller Bedeutung und bei dringenden Instandsetzungen zulässig. Die Notwendigkeit dieser Ausnahme ist zu begründen. Wenn eine Investition die vom Rat festgelegte Wertgrenze unterschreitet, muss hierfür gemäß § 11 Abs. 2 KomHVO mindestens eine Wirtschaftlichkeitsbetrachtung vorliegen.

Die Entscheidung über den Erwerb von Vermögensgegenständen hat gemäß § 45 Abs. 2 Nr. 7 KVG der Rat der Gemeinde zu fällen, sofern eine vom Rat allgemein festgesetzte Grenze überschritten wird. Die Entscheidungen unter der Wertgrenze unterliegen der Zuständigkeit des Bürgermeisters. Allerdings besteht hierbei die Möglichkeit, solche laufenden Geschäfte ganz oder teilweise Ausschüssen zu übertragen. Von dieser Möglichkeit wird in der Praxis regelmäßig insofern Gebrauch gemacht, als die Wertgrenze für die Entscheidungen des Rates sehr hoch angesetzt wird, so dass Entscheidungsspielräume sowohl für Ausschüsse als auch für den Bürgermeister verbleiben. Hauptausschuss und Fachausschüsse kommen so zu Entscheidungskompetenzen.

20.3.3 Veräußerung von Vermögen

Die Veräußerung von Vermögen stellt auf die Rechtsübertragung von Gegenständen (Übereignung oder Abtretung) ab, sodass die Art des Verfügungsgeschäftes (Kauf, Schenkung oder Tausch), aber auch der Bilanzierungsgrundsatz des wirtschaftlichen Eigentums unerheblich ist. Maßgeblich ist, dass die Gemeinde mit der Veräußerung das rechtliche Eigentum am Vermögensgegenstand verliert. Die Vermögenssubstanz der Gemeinde wird abgebaut, sodass § 115 Abs. 1 KVG die Veräußerung nur zulässt, wenn der Vermögensgegenstand in absehbarer Zeit nicht benötigt wird. Wenn die Gemeinde nicht mit einer äußerst hohen Gewissheit ausschließen kann, dass der Vermögensgegenstand nicht noch einmal zur Aufgabenerfüllung benötigt wird, darf sie ihn nicht veräußern. Wenn z. B. eine Gemeinde beabsichtigt, evtl. in zehn Jahren auf einem Grundstück eine Schule zu errichten, darf sie das Grundstück nicht verkaufen. Dies entspricht wiederum der bereits beim Vermögenserwerb festgestellten absoluten Vorrangigkeit der Aufgabenerfüllung.

Andererseits ergibt sich aus § 115 Abs. 1 KVG für die Gemeinde keine Veräußerungsverpflichtung, wenn der Vermögensgegenstand nicht mehr benötigt wird. Die Gemeinde kann die einmal erworbenen Vermögensgegenstände auch ohne konkreten Aufgabenbezug vorhalten. Eine Veräußerungspflicht kann sich allerdings durch den Grundsatz der Wirtschaftlichkeit (§ 98 Abs. 2 KVG) ergeben. So darf beispielsweise ein nicht benötigtes Gebäude nicht mehr im Vermögensbestand gehalten werden, wenn die Unterhaltungs- und Betriebskosten für das Gebäude die Erträge übersteigen.

Vermögensgegenstände dürfen gemäß § 115 Abs. 1 Satz 2 KVG in der Regel nur zu ihrem vollen Wert veräußert werden. Dabei handelt es sich um den jeweiligen Zeitwert und nicht um frühere Anschaffungsbeträge. Der Begriff des Zeitwerts umfasst auch durchaus außergewöhnliche Wertsteigerungen wie z. B. Planungsgewinne, welche die Gemeinde wie jeder andere nutzen darf. Der mögliche Verkaufserlös ergibt sich somit immer am Markt aus dem Verhältnis zwischen Angebot und Nachfrage. Beim Immobilienvermögen kann der Zeitwert durch die öffentlich-rechtlichen Gutachterausschüsse der Landkreise und kreisfreien Städte festgestellt werden.

Eine ausgezeichnete Definition des Begriffs „voller Wert“ enthält Ziff. 1 VV zu § 62 LHO:

> *„Der volle Wert[3] [...] wird durch den Preis bestimmt, der im gewöhnlichen Gebrauch nach der Beschaffenheit des Gegenstandes bei einer Veräußerung zu erzielen wäre; dabei sind alle Umstände, die den Preis beeinflussen, nicht jedoch ungewöhnliche oder persönliche Verhältnisse, zu berücksichtigen. Ist der Marktpreis feststellbar, bedarf es keiner besonderen Wertermittlung.“*

Allerdings wird die Veräußerung zum vollen Wert durch § 115 Abs. 1 Satz 2 KVG nur zur Regel erhoben. Damit trägt das Gesetz der Tatsache Rechnung, dass der Markt nicht immer einen Verkaufserlös des Gegenstandes zum Zeitwert zulässt. So ergibt sich beispielsweise für die Gemeinde beim Verkauf eines gebrauchten Abfallbeseitigungsfahrzeugs als erzielbarer Ertrag nur der halbe Restbuchwert, weil am Markt nur eine geringe Bereitschaft zur Abnahme dieser Fahrzeugart besteht und im Rahmen der Marktmechanismen die wenigen Nachfrager den Preis senken können.

Andererseits kann die Wahrnehmung einer öffentlichen Aufgabe bewusst die Veräußerung eines Vermögensgegenstandes unterhalb des Zeitwerts erfordern, dies evtl. sogar durch eine unentgeltliche Vermögensübertragung.

3 Es besteht eine öffentliche Anbietungspflicht, um den vollen Wert zu ermitteln.

Beispiel:
Innerhalb der Grenzen eines Bebauungsplans für Ein- und Zweifamilienhäuser besitzt die Stadt S mehrere entsprechend bebaubare Grundstücke. Aufgrund der bereits vorhandenen Bebauung wird die Errichtung eines Kindergartens erforderlich. Die örtliche Kirchengemeinde ist bereit, den Kindergarten zu betreiben. Hierzu will sie das Grundstück für den Kindergarten von der Stadt S erwerben. Nach der Bodenrichtwertkarte beträgt innerhalb der Grenzen des Bebauungsplanes der Verkehrswert der Grundstücke je qm 400 €. Die Kirchengemeinde ist nur bereit, den üblichen Preis für Gemeinbedarfsflächen zu 100 € je qm zahlen. Die Stadt S veräußert das Grundstück zu einem Preis von 100 € je qm, obwohl sie auch an einen privaten Dritten 400 € je qm als Baugrundstück hätte erzielen können.

Anhand dieses Beispiels wird die Begründung für Veräußerungen unter Zeitwert deutlich. Durch ihre Handlungsweise fördert die Stadt S eine Aufgabe, die sie sonst selbst hätte wahrnehmen müssen, so dass sie sich jetzt die Folgekosten der Beibehaltung bzw. Schaffung der Einrichtungen erspart und somit wirtschaftlich entschieden hat.

Eine unentgeltliche Vermögensübertragung einer Gemeinde an Dritte ist im sozialen Bereich denkbar, die jeweils in der konkreten Aufgabenerfüllung begründet sind.

Beispiel:
Ein karitativer Verband übernimmt für die Gemeinde G zu Beginn eines Haushaltsjahres den Behindertenfahrdienst. Zu dessen Wahrnehmung wird dem karitativen Verband von der Gemeinde G ein spezielles Fahrzeug im Wert von 30.000 € geschenkt. Damit bei frühzeitiger Aufgabe des Behindertenfahrdienstes die Schenkung nicht unwirtschaftlich wird, ist vertraglich eine unentgeltliche Rückübertragung des Fahrzeugs an die Gemeinde G vereinbart worden. Durch ihre Schenkung fördert die Gemeinde G eine Aufgabe, die sie sonst selbst wahrgenommen hätte, so dass sie sich Personal- und Sachkosten erspart und somit wirtschaftlich entschieden hat.

Für die Wirtschaftlichkeit, aber auch für die buchhalterische Abbildung des Sachverhaltes „Schenkung" ist die rechtliche Ausgestaltung von besonderer Bedeutung.

Erfolgt die Schenkung ohne jegliche rechtlichen Bedingungen oder Auflagen gegenüber dem Dritten, so stellt eine Schenkung wie im obigen Beispiel einen einmaligen Transferaufwand (Zuwendungsaufwand) in Höhe von 30.000 € im Haushaltsjahr dar.

Erfolgt die Schenkung dagegen anhand des obigen Beispiels unter der Bedingung, dass das Fahrzeug bei Aufgabe des Behindertenfahrdienstes an die Gemeinde zurückzuübertragen ist, erfolgt eine Trennung des Aufwandes entsprechend dem Periodisierungsprinzip des kaufmännischen Rechnungswesens auf mehrere Haushaltsjahre. Dies geschieht in Form einer aktivischen Rechnungsabgrenzung. Bei dieser wird der Aufwand von 30.000 € orientiert an der voraussichtlichen Nutzungsdauer des Fahrzeugs auf mehrere Haushaltsjahre abgegrenzt. Bei einer angenommenen Nutzungsdauer von beispielsweise sechs Jahren bedeutet dies, dass sich die Anschaffungskosten des geschenkten Fahrzeugs in Höhe von 30.000 € auf das laufende Jahr und die fünf folgenden Haushaltsjahre jeweils als Aufwand in Höhe von 5.000 € verteilen.

Für die Überlassung der Nutzung eines Gegenstandes – das Eigentum an ihm verbleibt bei der Gemeinde – gelten gemäß § 115 Abs. 2 KVG die vorstehend beschriebenen Grundsätze sinngemäß. Hieraus folgt, dass die Überlassung von Vermögensgegenständen regelmäßig gegen ein marktübliches Entgelt zu erfolgen hat. Dies geschieht durch Miet- oder Pachtverträge. Nachlässe bzw. unentgeltliche Überlassungen (Leihe/kostenlose Grundstücksnutzung) sind wiederum aus den bei der Veräußerung von Vermögensgegenständen näher beschriebenen Gründen zulässig.

Die Veräußerung eines Vermögensgegenstandes ist für die Gemeinde regelmäßig mit dem Risiko verbunden, dass sich nach einem gewissen Zeitablauf herausstellt, dass der veräußerte Gegenstand doch noch benötigt wird. Dies ist vor allem bei Grundstücken zu beachten, weil Grundvermögen nicht beliebig vermehrbar und deshalb nicht ohne Weiteres am Markt ersetzbar ist.

Bei Gemeindevermögen mit besonderem Wert für die Allgemeinheit wie z. B. bei Kunstgegenständen oder geschichtlichen Dokumenten muss die Gemeinde neben ihrer eigentlichen Aufgabenerfüllung weitergehende Belange für die Gesamtgesellschaft berücksichtigen.

Eine Genehmigungspflicht durch die Aufsichtsbehörde bei Vermögensveräußerungen sieht die Gemeindeordnung nicht vor. Ebenfalls ist keine Anzeige der Rechtsgeschäfte vorgesehen. Es besteht lediglich die allgemeine Rechtsaufsicht. Diese greift jedoch erst im Rahmen von nachgehenden Prüfungen, sodass sie in der Regel bei Veräußerungen von kommunalem Vermögen nicht beteiligt ist. Zu diesem Zeitpunkt kann in privatrechtliche Rechtsgeschäfte nicht mehr eingegriffen werden.

Ein besonderes Problem stellen die sog. „Sale-and-lease-back-Geschäfte" dar. Hierbei wird kommunales Vermögen an einen Investor veräußert und dann von diesem zurückgeleast. Die Wahrnehmung der öffentlichen Aufgabe wird durch das „Rückleasing" des Objektes gesichert. Der Vorteil liegt in einem Liquiditätszufluss aus Veräußerung, der andernfalls durch eine Kreditaufnahme erfolgen müsste.

Solche Finanzierungsgeschäfte sind grundsätzlich unter dem Grundsatz der Wirtschaftlichkeit zu betrachten. § 115 Abs. 1 KVG steht diesen Geschäften nicht entgegen, weil die öffentliche Aufgabe sachgerecht auch mit einem geleasten Vermögensgegenstand erledigt werden kann. Wenn nämlich ein Vermögensgegenstand wirtschaftlich günstig geleast werden kann, wird das Eigentum an dem sich im Gebrauch befindlichen Gegenstand nicht mehr benötigt. Es muss allerdings sichergestellt sein, dass die Gemeinde ein Rückkaufrecht für den Vermögensgegenstand erhält.

Des Weiteren ist stets den Grundsätzen ordnungsmäßiger Buchführung Rechnung zu tragen. Der Ressourcenverbrauch in Form von Rückstellungen (§ 111 Abs. 2 KVG) ist periodengerecht abzubilden. Sofern beispielsweise aufgrund vertraglicher Regelungen die Leasingverpflichtungen nicht vollständig durch die laufenden Leasingaufwendungen gedeckt werden, ist die einmalige Zahlungsverpflichtung zum Ende der Laufzeit des Leasingvertrages mittels einer Rückstellungsbildung aufwandsmäßig auf die Haushaltsjahre der Laufzeit des Leasingvertrages zu verteilen.

Nicht durch § 115 Abs. 1 KVG tangiert und damit rechtlich zweifelsfrei zulässig, ist das sog. „Cross-Border-Leasing". Aufgrund der vor allem bis Anfang 2005 in den USA gegebenen steuerlichen Möglichkeiten wurden Vermögensteile (z. B. Kanalsysteme und Kläranlagen, Gebäudekomplexe) langfristig an amerikanische Investoren vermietet und sofort zur gemeindlichen Nutzung zurückgeleast. An dem steuerlichen Vorteil, den der amerikanische Investor erlangte, wurde die Gemeinde beteiligt. Da dieser kommunale Anteil am Steuervorteil sofort nach Inkrafttreten des Leasingvertrages abgezinst in einer Summe der Gemeinde ausgezahlt wurde, erhielt die Gemeinde einen erheblichen Liquiditätszufluss, der ertragsmäßig periodengerecht im Rahmen der Buchführungsgrundsätze über die Vertragslaufzeit abzugrenzen war. Die Gemeinde blieb nach deutschem Recht weiterhin Eigentümerin des Vermögens, sodass keine Veräußerung im Sinne von § 115 Abs. 1 KVG vorlag.

Allerdings muss auf die Risiken dieser Geschäfte hingewiesen werden, zumal diese Geschäfte das ausländische Recht berücksichtigten – u. a. bilanziert auch der ausländische Leasinggeber das Vermögen des Leasinggeschäfts – und langfristige Bindungen für die Gemeinde bedeuten. Als kreditähnliches Geschäft unterliegen sie nach § 108 Abs. 5 KVG der Anzeigepflicht gegenüber der Aufsichtsbehörde.[4]

20.3.4 Übungen

Sachverhalt Nr. 1:
Die Gemeinde G will folgende Vermögenserwerbe durchführen:

a) Kauf verschiedener Wohngrundstücke, um später diese Grundstücke bei konkreten Objekten als Tauschgrundstücke anbieten zu können.
b) Kauf verschiedener unbebauter Grundstücke, um vorübergehend freie Liquidität „gut" anzulegen.
c) Kauf eines alten Fabrikgebäudes, weil in etwa zehn Jahren auf diesem Gelände eine Eissporthalle durch die Gemeinde errichtet werden soll.
d) Kauf eines alten Fabrikgebäudes, um lediglich im Rahmen der Wirtschaftsförderung das bisherige Eigentümerunternehmen von den erheblichen Unterhaltungskosten für diese Gebäude zu entlasten.

Aufgabe:
Prüfen Sie die Zulässigkeit der beabsichtigten Vermögenserwerbe.

Lösung:
Gemäß § 112 Abs. 1 KVG soll ein Vermögenserwerb nur erfolgen, wenn dies zur Erfüllung gemeindlicher Aufgaben erforderlich ist oder wird. Unter diesem Aspekt sind die einzelnen Fälle des Sachverhalts zu beurteilen.

4 Zu Einzelheiten siehe dazu *Bühner/Schelgen*, Der Betrieb 2001 S. 315 ff.

a) Die zu erwerbenden Wohngrundstücke dienen zwar nicht unmittelbar der direkten Aufgabenerfüllung, weil sie nicht konkret einer Aufgabe der Gemeinde zugeordnet werden können. Dies wäre z. B. gegeben, wenn die Grundstücke für den Bau einer Schule oder die Errichtung einer Kindertagesstätte eingesetzt würden. Die Gemeinde benötigt die Grundstücke aber im Laufe der Zeit mittelbar zur Erfüllung ihrer Aufgaben. Wegen der Knappheit von Baugrundstücken können heute in vielen Fällen Kaufverträge nur noch abgeschlossen werden, wenn gleichzeitig Ersatzgrundstücke angeboten werden. Insofern dient die Beschaffung der Wohngrundstücke letztlich der zukünftigen Aufgabenerledigung, sodass der Erwerb zulässig ist.
b) Die öffentlichen Aufgaben einer Gemeinde werden in der Schaffung und im Betrieb öffentlicher Einrichtungen konkretisiert. Insofern sind die im Sachverhalt angesprochenen Grundstückskäufe nicht zur Aufgabenerfüllung erforderlich. Eine Ausnahme zur Soll-Vorschrift des § 112 Abs. 1 KVG ist nicht erkennbar. Bei einer Geldanlage in Grundstücken bestehen hinsichtlich der Voraussetzungen des § 112 Abs. 2 Satz 2 KVG einer ausreichenden Sicherheit und eines angemessenen Ertrags erhebliche Bedenken. Des Weiteren ist fraglich, ob eine „Rückumwandlung" in Liquidität stets zeitnah erfolgen kann.
c) Die Gemeinde will in etwa zehn Jahren als öffentliche Einrichtung eine Eissporthalle schaffen. Insofern handelt es sich um die Erledigung einer öffentlichen Aufgabe im Sinne des § 112 Abs. 1 KVG, auch wenn diese freiwillig ist. Das Grundstück wird zur Erreichung dieser Aufgabe benötigt, wobei der zeitliche Aspekt unerheblich ist. Eine spezielle Vorratswirtschaft, der dieser Grundstückskauf dient, ist durch § 112 Abs. 1 KVG zugelassen.
d) Der Kauf des Fabrikgrundstücks erfolgt im Rahmen der Wirtschaftsförderung. Um ein privates Unternehmen von unrentablen Kosten zu entlasten, erwirbt die Gemeinde das Gebäude. Wirtschaftsförderung ist zwar zweifellos eine gemeindliche Aufgabe, jedoch muss bei der Erledigung auch der Aspekt der Wirtschaftlichkeit beachtet werden. Die Wirtschaftsförderung für diesen speziellen Betrieb hätte auch in anderer Form, z. B. durch Zuschüsse oder Darlehen, erreicht werden können, die nicht so hohe Folgekosten der Grundstücksunterhaltung nach sich ziehen würden. Das Unternehmen selbst müsste versuchen, das Grundstück am Markt zu veräußern. Der Grunderwerb ist somit nicht unbedingt zur gemeindlichen Aufgabenerfüllung erforderlich, so dass er gemäß § 112 Abs. 1 KVG unzulässig ist.

Sachverhalt Nr. 2:

Die Gemeinde G, 70.000 Einwohner, will einem Wohlfahrtsverband das Nutzungsrecht an einem Grundstück (Verkehrswert: 300.000 €) kostenlos einräumen, damit der soziale Träger darauf ein Altenheim errichten kann.

Aufgaben:

a) Prüfen Sie die Zulässigkeit der kostenlosen Überlassung des Grundstückes.
b) Wie ändert sich die Lösung zu a), wenn das Grundstück zu einem Preis von 30.000 € an den Wohlfahrtsverband veräußert würde?

Lösung:

a) Für Bedenken, dass das Grundstück für die Aufgabenerfüllung der Gemeinde noch benötigt wird, bietet der Sachverhalt keine Anhaltspunkte. § 115 Abs. 2 i. V. m. Abs. 1 Satz 1 KVG ist hinsichtlich dieses Aspektes nicht näher zu prüfen.
Die kostenlose Verpachtung des Grundstücks stellt eine unentgeltliche Überlassung eines Vermögensgegenstandes im Sinne des § 115 Abs. 2 KVG dar, so dass § 115 Abs. 1 Satz 2 KVG sinngemäß anzuwenden ist. Danach ist in der Regel eine unentgeltliche Überlassung ausgeschlossen. Allerdings erfüllt die Gemeinde hier einen öffentlichen Zweck, nämlich die Unterstützung der Bereitstellung von sozialen Einrichtungen für die Bevölkerung. Durch die Schaffung des Altenheimes durch einen freien Träger wird die Gemeinde außerdem von der Aufgabe entbunden, selbst ein Altenheim zu bauen und zu betreiben. Insofern hat sie sich durch die kostenlose Verpachtung auch wirtschaftlich verhalten. Die unentgeltliche Überlassung ist somit auf Grund einer sachlich fundierten Entscheidung erfolgt, so dass sie als Ausnahme zu § 115 Abs. 2 i. V. m. Abs. 1 KVG als zulässig anzusehen ist.
Eine Genehmigungs- oder Anzeigepflicht für dieses Rechtsgeschäft besteht nach § 115 KVG nicht.

b) Grundsätzlich ist der Verkauf unter Verkehrswert nach § 115 Abs. 1 Satz 2 KVG analog zur kostenlosen Überlassung zu beurteilen. Er ist jedoch im Hinblick auf die Wirtschaftlichkeit einer Vermögensübertragung differenzierter zu betrachten. Bei der kostenlosen Überlassung verbleibt das Eigentum bei der Gemeinde G, so dass ein Risiko hinsichtlich der Wirtschaftlichkeit (z. B. bei frühzeitiger Aufgabe des Altenheimbetriebs) grundsätzlich nicht besteht. Bei einem Verkauf geht das Eigentum jedoch auf den Erwerber über. Bei frühzeitiger Aufgabe des Altenheimbetriebs durch den Wohlfahrtsverband wäre die Wirtschaftlichkeit bei 30.000 € Veräußerungsbetrag anstatt 300.000 € Verkehrswert sicherlich nicht mehr gegeben, wenn seitens der Gemeinde G keinerlei diesbezügliche Auflagen oder Bedingungen (grundbuchrechtliche Sicherung, Vertragsstrafe usw.) im Kaufvertrag festgelegt wurden. Dementsprechend ist bei ausreichender Sicherung der Wirtschaftlichkeit nach § 115 Abs. 1 KVG auch ein Verkauf weit unter dem Verkehrswert des Grundstücks zulässig.
Eine aufsichtsbehördliche Genehmigung oder Anzeige dieses Rechtsgeschäfts ist nicht notwendig.

Sachverhalt Nr. 3:

Die Gemeinde G will einige historisch wertvolle Ritterrüstungen an den Gastwirt W zum Zeitwert verkaufen, die dieser in den Räumen seines Hotels aufstellen will. Als der örtliche Heimatverein gegen diesen Verkauf öffentlich protestiert, kommen der zuständigen Sachbearbeiterin Bedenken.

Aufgabe:

Beurteilen Sie, inwieweit die Bedenken der Sachbearbeiterin gerechtfertigt sind.

Lösung:
Gemäß § 115 Abs. 1 KVG darf die Gemeinde Vermögensgegenstände veräußern, soweit diese für die Aufgabenerfüllung der Gemeinde nicht mehr benötigt werden. Aus dem Sachverhalt ist nicht ersichtlich, ob die Ritterrüstungen für einen konkreten Aufgabenbereich benötigt werden (z. B. für ein Museum). Da die Vorhaltung solcher Gegenstände sicher nicht zu den Pflichtaufgaben einer Gemeinde gehört, kann unterstellt werden, dass die Gegenstände nicht für die Aufgabenerfüllung der Gemeinde G benötigt werden. Ohnehin ist festzustellen, dass im Bereich der freiwilligen Gemeindeaufgaben jede Gemeinde selbst entscheiden kann, ob sie eine Aufgabe weiterführt oder sie aufgibt. Dadurch werden Vermögensgegenstände aus diesem Bereich im Ermessen der Gemeinde frei. Da der Verkauf auch zum vollen Wert (Verkehrswert) erfolgt, bestehen nach § 115 Abs. 1 KVG keine rechtlichen Bedenken.

Allerdings ist zu überlegen, ob die Gemeinde wegen des geschichtlichen Werts des Vermögensgegenstandes gut beraten ist, diesen zu veräußern. Es bietet sich an, den Erwerber zu verpflichten, diesen Gegenstand entsprechend seines geschichtlichen Werts zu behandeln und evtl. weiterhin der Öffentlichkeit zugänglich zu machen.

Eine aufsichtsbehördliche Genehmigung oder Anzeige dieses Rechtsgeschäfts ist nicht notwendig.

20.4 Bewirtschaftung von Vermögen

20.4.1 Grundsätze der Vermögensbewirtschaftung

Die Vermögensgegenstände sind pfleglich und wirtschaftlich zu verwalten und ordnungsgemäß nachzuweisen. Diese in § 112 Abs. 2 KVG enthaltenen Grundsätze greifen auf die allgemeine Vorschrift der Wirtschaftlichkeit in § 98 Abs. 2 KVG zurück, wonach die Gemeinden ihr Vermögen so zu verwalten haben, dass die Gemeindefinanzen gesund bleiben.

Aus der Vermögensbewirtschaftung dürfen somit nur die unabdingbar notwendigen Folgekosten entstehen, wie z. B. die Reparatur von Fahrzeugen oder der Anstrich von Gebäuden. Zu vermeiden sind dagegen außergewöhnliche Instandsetzungen, die dann anfallen, wenn die notwendige begleitende Betreuung der Vermögensgegenstände im Haushaltsjahr unterbleibt. Diese Sachverhalte führen nach § 111 Abs. 2 KVG i. V. m. § 35 Abs. 1 KomHVO dazu, dass grundsätzlich im betreffenden Haushaltsjahr der unterlassenen Instandhaltung eine Rückstellung zu bilden ist. Danach wird aufwandsmäßig das Haushaltsjahr belastet, in dem die Instandhaltung unterlassen wurde. Ist es z. B. aufgrund der schlechten haushaltswirtschaftlichen bzw. finanzwirtschaftlichen Lage nicht wahrscheinlich, dass diese Instandhaltung nachgeholt wird, hat die Gemeinde aufgrund der unterlassenen Instandhaltung eine Wertminderung am Vermögensgegenstand zu prüfen, die zu einer außerplanmäßigen Abschreibung und somit gleichfalls zu einer aufwandsmäßigen Belastung des Haushaltsjahres der unterlassenen Instandhaltung führt.

In Kap. 10 zu Ansatz, Ausweis und Bewertung der einzelnen Posten der kommunalen Bilanz wurde bereits das bilanzielle Anlage- und Umlaufvermögen eingehend dargestellt. Besonderheit beim Anlagevermögen ist, dass die Vermögensbewirtschaftung i. d. R. mittels einer Anlagenbuchhaltung erfolgt. Der diesbezügliche Jahresabschluss basiert somit auf dem Abschluss des Nebenbuches „Anlagenbuchhaltung".

20.4.2 Anlagenbuchhaltung

Die Anlagenbuchhaltung ist neben der Kreditoren- und Debitorenbuchhaltung eine der klassischen Nebenbuchhaltungen im doppischen Rechnungswesen. Es ist in den vorgeschlagenen Regelungstexten nicht vorgesehen, Nebenbuchhaltungen als verbindliche Komponenten des Rechnungswesens zu bestimmen. Grundsätzlich könnte somit die Vermögensbewirtschaftung mittels der Bestandskonten der Bilanz erfolgen. Aufgrund der Vielzahl an Vermögensgegenständen des Anlagevermögens bei den Gemeinden ist i. d. R. eine Anlagenbuchhaltung erforderlich, um den Grundsatz des § 118 Abs. 1 KVG i. V. m. § 34 KomHVO – die Vermögenslage vollständig, richtig, zeitgerecht und geordnet zu erfassen und zu dokumentieren – gerecht zu werden. Aufgrund der Vielzahl an Funktionen unterstützt die Anlagenbuchhaltung zudem eine transparente und an den dargestellten Wirtschaftlichkeitsgrundsätzen des § 98 Abs. 2 KVG orientierte Vermögensbewirtschaftung. Mittels der Anlagenbuchhaltung werden Bestand und insbesondere Bewegungen des Anlagevermögens art-, mengen- und wertmäßig erfasst. Gegenüber der Bilanz werden in der Anlagenbuchhaltung für eine weitergehende Strukturierung des Anlagevermögens Anlagenklassenbereiche festgelegt. Innerhalb der Anlagenklassenbereiche werden gleichartige Vermögensgegenstände in Anlageklassen zusammengefasst. Grundsätzlich ist jede Gemeinde in der Strukturierung ihrer Anlagenbuchhaltung einschließlich der Anlagekonten frei.

Die Anlagenklassenbereiche können sich grundlegend an gemeinsamen Merkmalen ausrichten, die beispielsweise wie folgt gegliedert sein können:

- Bilanzierungshilfen,[5]
- Finanzanlagen,
- immaterielles Vermögen,
- Grund und Boden,
- Gebäude und Aufbauten,
- bewegliches Vermögen.

Innerhalb dieser Strukturierung ist insbesondere bei größeren Städten noch eine tiefergehende Strukturierung innerhalb des einzelnen Merkmals möglich (z. B. beim beweglichen Vermögen nach Kunstgegenständen, technischen Anlagen und Maschinen, Fuhrpark und Betriebs- und Geschäftsausstattungen). In diesem Zusammenhang sei noch einmal auf die Definition des Begriffs „Anlagevermögen" hingewiesen, da diese

5 Bilanzierungshilfen stellen kein Anlagevermögen dar, können aber hilfsweise in der Anlagenbuchhaltung erfasst werden, um eine maschinelle Abschreibung sicherzustellen.

maßgeblich für den Umfang des in der Anlagenbuchhaltung erfassten Vermögens ist. Zum Anlagevermögen gehören nach § 34 Abs. 2 KomHVO alle Gegenstände, die dazu bestimmt sind, dauerhaft von der Kommune genutzt zu werden. Das Anlagevermögen setzt sich zusammen aus

- immateriellem Vermögen,
- Sachanlagevermögen,
- Finanzanlagevermögen.

Die Aufgaben bzw. Funktionen der Anlagenbuchhaltung sind sehr umfangreich. Hierzu eine Zusammenstellung der wichtigsten Aufgaben:

- Entlastung der Bilanz in Form einer Nebenbuchhaltung,
- Erfassung der Anschaffungs- und Herstellungskosten je Vermögensgegenstand,
- Aufzeichnung der Bestände, Zu- und Abgänge sowie der Umbuchungen,
- Abbildung der Abschreibungen, Zuschreibungen und Restwerte für die einzelnen Anlagegüter,
- Vermögensnachweis,
- Unterstützung bei der Inventur,
- Aufstellung der Anlagenübersicht,
- Unterstützung bei der Planung des kommunalen Haushalts,
- Ermittlung der Werte für Feuer- und Maschinenversicherung.

Hierbei stellen neben der Funktion des Vermögensnachweises die art-, mengen- und wertmäßigen Bewegungen und Veränderungen des Anlagevermögens die wichtigste Aufgabe dar. Insbesondere liefert die Anlagenbuchhaltung die Abschreibungen des abnutzbaren Anlagevermögens für den Ergebnishaushalt, die entsprechend dem § 40 Abs. 1 KomHVO zum einen den bilanziellen Wert[6] der Vermögensgegenstände reduziert und zum anderen diesen Vermögensverzehr als Aufwand abbildet. Daher erfordern die planmäßigen Abschreibungen in der Anlagenbuchhaltung unbedingt die Trennung zwischen abnutzbaren und nicht abnutzbaren Sachanlagen.

> ***Beispiel:***
> *Bei einem bebauten Schulgrundstück sind der Grund und Boden als nicht abnutzbarer Vermögensgegenstand vom Schulgebäude als abnutzbarem Vermögensgegenstand zu trennen. Nach Fertigstellung des Schulgebäudes wird in der Anlagenbuchhaltung im Rahmen des Grundsatzes der Stetigkeit ein Abschreibungsplan für das Gebäude hinterlegt, aus dem sich die Abschreibungen ermitteln.*

Die Aufgaben der Abschreibung[7] sind die

- die Darstellung der Wertminderung durch Abnutzung,

---

6 Aufgrund der Nebenbuchhaltungsfunktion ist der bilanzielle Wert stets identisch mit dem in der Anlagenbuchhaltung geführten Wert.

7 Die Abschreibungsermittlung wird in anderen Rechnungsverfahren (Gebührenrecht, Steuerrecht) anders geregelt als im kommunalen Haushaltsrecht.

- die Verteilung der Anschaffungs- und Herstellungskosten von Investitionen als Aufwand über die Nutzungsdauer und
- die Angabe eines ungefähren Zeitpunkts für die Ersatzinvestitionen.

Die Abschreibungsdeterminanten des abnutzbaren Anlagevermögens ergeben sich aus
- dem bilanziellen Vermögenswert (Anschaffungs- oder Herstellungskosten oder Restbuchwert),
- der Abschreibungsmethode und
- der Abschreibungsdauer (voraussichtliche Nutzungsdauer).

Nach § 40 Abs. 1 Satz 2 KomHVO ist die Standardmethode die lineare Abschreibung, wobei nach § 40 Abs. 1 Satz 3 KomHVO auch die Leistungsabschreibung als Sonderform zulässig ist, wenn diese dem tatsächlichen Ressourcenverbrauch besser entspricht. Demnach können folgende Methoden zur Anwendung kommen, deren Ermittlungsmethode anschließend auch beschrieben wird.

Lineare Abschreibung

Bei der linearen Abschreibung werden die Anschaffungs- oder Herstellungskosten durch voraussichtliche Nutzungsdauer des Vermögensgegenstandes dividiert.

> ***Beispiel:***
>
> *Eine beschaffte Maschine hat eine Nutzungsdauer von voraussichtlich 5 Jahren. Die Anschaffungskosten betragen 10.000 €. Der jährliche Abschreibungsbetrag ergibt sich nach der linearen Abschreibungsmethode aus*
>
> ***10.000 € : 5 Jahre = 2000 €/jährlich***

Leistungsabschreibung

Die Anschaffungs- oder Herstellungskosten werden durch die erzielbaren Leistungseinheiten dividiert. Dieser Wert wird mit der tatsächlichen Abgabe an Leistungseinheiten multipliziert.

> ***Beispiel:***
>
> *Eine zu 10.000 € angeschaffte Maschine hat nach Herstellerangabe im Rahmen ihrer Nutzungsdauer eine Gesamtleistungsabgabe von 2.000 Maschinenstunden. Je tatsächlicher Abgabe von einer Maschinenstunde sind 5 € abzuschreiben.*
>
> *Im ersten Nutzungsjahr wurden 500 Maschinenstunden, im zweiten Nutzungsjahr 900 Maschinenstunden und im dritten Nutzungsjahr 600 Maschinenstunden tatsächlich abgegeben.*
>
> *Die Abschreibungen der drei Haushaltsjahre lauten somit:*
>
> | | |
> |---|---|
> | *1. Jahr* | *2.500 € (500 Stunden × 5 €/Stunde)* |
> | *2. Jahr* | *4.500 € (900 Stunden × 5 €/Stunde)* |
> | *3. Jahr* | *3.000 € (600 Stunden × 5 €/Stunde)* |

Der Restbuchwert liegt somit am Ende des dritten Abschreibungsjahres bei 0 €.

Die Abschreibung des Anlagevermögens erfolgt gemäß § 40 Abs. 1 KomHVO im Jahr der Anschaffung oder Herstellung unter Berücksichtigung von vollen Monaten zwischen dem Zeitpunkt der Anschaffung oder Herstellung und dem Jahresende. Analog kann im Jahr der Veräußerung für die Abschreibungen nur der Zeitraum in vollen Monaten berücksichtigt werden, der zwischen dem Anfang des Jahres und dem Veräußerungszeitpunkt liegt.

Für die Festlegung der Nutzungsdauer bei der Erstellung des Abschreibungsplanes ist die Anlage 1 der Bewertungsrichtlinie LSA innerhalb des dort vorgegeben Rahmens maßgeblich. Hierdurch soll die Stetigkeit für zukünftige Festlegungen von Abschreibungsdauern bei den Gemeinden gewährleistet werden. Die Standardisierung von Nutzungsdauern für Vermögensgegenstände wurde zudem vorgenommen, um ein interkommunal-angemessenes Maß an Einheitlichkeit und Vergleichbarkeit der kommunalen Bilanz zu erreichen.

20.4.3 Geschäftsvorfälle in einer Anlagenbuchhaltung

Nachfolgend erfolgt eine Darstellung der häufigsten in der Vermögensbewirtschaftung vorkommenden Geschäftsvorfälle in einer Anlagenbuchhaltung.

a) Zugänge von Anlagevermögen

Zugänge von Anlagevermögen sind stets zeitnah in der Anlagenbuchhaltung zu buchen bzw. zu aktivieren. Neben dem Grundsatz der ordnungsmäßigen Buchführung dient dies insbesondere bei verzögerter Inrechnungstellung zur periodengerechten Abbildung des Ressourcenverbrauchs aus Abschreibungen. Fallen Vermögenszugang (z. B. im Haushaltsjahr 2024) und Rechnungszugang (z. B. im Haushaltsjahr 2025) periodenmäßig auseinander, so ist im Haushaltsjahr 2024 als Gegenposition für die Aktivierungsbuchung eine sonstige Verbindlichkeit zu buchen.

Im Rahmen der Aktivierung sind für den Vermögensgegenstand die relevanten Daten zur Führung in der Anlagenbuchhaltung zu erfassen. Aufgrund der Nebenbuchfunktion muss die Verknüpfung zum Hauptbuch festgelegt werden. Neben den Festlegungen für den Abschreibungsplan des Vermögensgegenstandes sind auch die Produktbereiche für die Teilergebnisrechnungen festzulegen, in die der Abschreibungsaufwand zu buchen ist.

b) Abgänge

Vermögensabgänge sind wie die Vermögenszugänge zeitnah zu buchen. Ansonsten würde Aufwand aus Abschreibungen entstehen, welcher der Vermögensnutzung nicht entsprechen würde. Somit hat mit Übergabe des Vermögensgegenstandes an den Erwerber oder mit Verschrottung eines unbrauchbar gewordenen Vermögensgegenstandes die Ausbuchung zu erfolgen. Im Rahmen der Ausbuchung aus der Anlagenbuchhaltung hat stets ein Abgleich zwischen bestehendem Buchwert (auch Restbuchwert) und dem

Verkaufserlös zu erfolgen. „Fixgröße" für den hieraus resultierenden Buchungssatz ist hierbei stets der (auszubuchende) Buchwert. Übersteigt der Verkauferlös den Buchwert, ergibt sich ein Ertrag aus Vermögensabgang. Unterschreitet der Verkaufserlös den Buchwert oder steht gar kein Verkaufserlös einem Buchwert gegenüber, ergibt sich ein Aufwand aus Vermögensabgang.

c) Änderung der Vermögenszuordnung
Ist ein Vermögensgegenstand durch einen Wechsel des Einsatzbereichs einem anderen Produktbereich zu zuordnen (z. B. ein Radlader wechselt vom Produktbereich „Sicherheit und Ordnung" in den Produktbereich „Natur- und Landschaftspflege"), muss diese Änderung bei der Zuordnung des Vermögensgegenstandes in der Anlagenbuchhaltung nachvollzogen werden.

d) Anzahlungen
Geleistete Anzahlungen der Gemeinde für einen Vermögensgegenstand sind zunächst auf einem besonderen Konto zu buchen. Mit Zugang des Vermögensgegenstandes und Aktivierung in der Anlagenbuchhaltung erfolgt eine Umbuchung der Anzahlung auf das Anlagekonto des Vermögensgegenstandes. Das Anlagekonto wird in der Vermögensart entsprechenden Anlagenklasse geführt.

e) Investitionszuwendungen
Die Förderung einzelner Investitionsmaßnahmen der Gemeinde durch Investitionszuwendungen Dritter sollte in der Anlagenbuchhaltung gleichfalls berücksichtigt werden. Die Investitionszuwendung (Sonderposten) wird mit Aktivierung des Vermögensgegenstandes diesem zugeordnet. Die Determinanten der Abschreibungsplanung werden für die ertragswirksame Auflösung der Investitionszuwendung übernommen. Bei den meisten Softwareanbietern von Anlagenbuchhaltungsprogrammen ist die Übernahme der Determinanten aus dem Abschreibungsplan bereits technisch vorgesehen.

f) Außerplanmäßige Abschreibungen und Zuschreibungen
Wird der Vermögenswert durch außergewöhnliche Sachverhalte außerhalb der planmäßigen Abschreibungen gemindert, hat gem. § 40 Abs. 3 Satz 1 KomHVO eine außerplanmäßige Abschreibung beim Vermögensgegenstand zu erfolgen, sofern hierdurch die Bedingung einer voraussichtlich dauerhaften Wertminderung erfüllt ist. Eine Ausnahme hiervon bilden die Vermögensgegenstände des Umlaufvermögens, bei denen gem. § 40 Abs. 4 Satz 1 KomHVO Abschreibungen vorzunehmen sind, um diese mit einem niedrigeren Wert anzusetzen, der sich aus einem Börsen- oder Marktpreis am Abschlussstichtag ergibt. Wenn ein solcher Preis nicht festzustellen ist und die Anschaffungs- oder Herstellungskosten den Wert übersteigen, der den Vermögensgegenständen beizulegen ist, so ist auf diesen Wert abzuschreiben.

Entfallen gem. § 40 Abs. 3 Satz 2 KomHVO die Gründe für die außerplanmäßige Abschreibung, so hat eine Wertzuschreibung bis zu den fortgeschriebenen Anschaffungs- und Herstellungskosten des Vermögensgegenstandes aufgrund eines Wertaufholungsgebots zu erfolgen. Ausdrücklich in den Vorschriften erläutert ist hierbei die

Berücksichtigung der Abschreibungen, die zwischen außerplanmäßiger Abschreibung und dem Zuschreibungszeitpunkt angefallen sind.

Beispiel:
Aufgrund unterlassener Instandhaltung sind einige bauliche Mängel entstanden, die zu einer Wertminderung führen. Eine Nachholung dieser unterlassenen Instandhaltung zur Beseitigung der Mängel ist nicht wahrscheinlich (somit keine Rückstellungsbildung). Die Gemeinde hat im Umfang der Wertminderung des Vermögenswertes eine außerplanmäßige Abschreibung vorzunehmen. Ergibt sich in der Zukunft, dass die Ursache für die außerplanmäßige Abschreibung entfällt, hat eine Zuschreibung bis zum fortgeschriebenen Anschaffungs- oder Herstellungswert zu erfolgen.

Veränderungen der ursprünglich angenommenen Nutzungsdauer von Vermögensgegenständen, außerplanmäßige Abschreibungen sowie Zuschreibungen sind nach § 47 KomHVO im Anhang zu erläutern. Es wird abzuwarten sein, in welchem Umfang die Gemeinden die Sachverhalte von unterlassener Instandhaltung in welcher Darstellungsform abbilden werden. Entweder geschieht dies mittels außerplanmäßiger Abschreibung (bei mangelnder Wahrscheinlichkeit der Nachholung) oder mittels Rückstellung (bei wahrscheinlicher Nachholung). In beiden Fällen wird richtigerweise die Periode mit dem Aufwand aus der Vermögenswertminderung belastet werden, in der dieser entstanden ist.

§ 40 Abs. 1 Satz 5 KomHVO regelt die Verlängerung der wirtschaftlichen Nutzungsdauer durch Instandsetzungsmaßnahmen sowie deren Verkürzung infolge einer dauerhaften Wertminderung. Die Restnutzungsdauer ist hiernach neu zu bestimmen und stellt folglich die Veränderung einer Determinante des Abschreibungsplans dar. Basis hierfür ist stets der Restbuchwert, der über die neu ermittelte Nutzungsdauer zu verteilen ist.

20.4.4 Übungen

Sachverhalt und Aufgabenstellung Nr. 4:
Die Auslieferung und Nutzung eines bestellten Gerätes erfolgt am 29.11.2024; die Rechnung wird voraussichtlich erst im nächsten Jahr erstellt werden. Wird die Anlagenbuchhaltung von diesem Sachverhalt berührt – und ggf. wie?

Lösung:
Das Gerät wird mit dem voraussichtlichen Preis in der Anlagenbuchhaltung gebucht; Abschreibungen werden gemäß § 40 Abs. 1 Satz 6 KomHVO orientiert am Nutzungsbeginn für zwei volle Monate ermittelt und gebucht. Die Gegenbuchungsposition stellt eine sonstige Verbindlichkeit in gleicher Höhe dar. Für die Bezahlung der Rechnung im Folgejahr ist die im alten Jahr gebuchte sonstige Verbindlichkeit die Gegenbuchungsposition.

Sachverhalt und Aufgabenstellung Nr. 5:
In der Anlagenbuchhaltung wird ein Dienstfahrzeug noch mit einem Buchwert von 2.000 € geführt. Im Rahmen der Erneuerung des Fahrzeugparks wird dieser an einen interessierten Mitarbeiter zu 2.500 € veräußert. Gegen Zahlung des Kaufpreises übernimmt dieser das Fahrzeug. Welche Auswirkungen hat dieser Sachverhalt auf die Anlagenbuchhaltung und andere Rechnungskomponenten?

Lösung:
Das Fahrzeug ist aus der Anlagenbuchhaltung auszubuchen (Aktivtausch: Liquide Mittel gegen Anlagevermögen); zusätzlich ist ein Ertrag aus Vermögensveräußerung in Höhe von 500 € zu buchen.

Sachverhalt und Aufgabenstellung Nr. 6:
Ein weiteres Dienstfahrzeug wird am 21.10.2024 veräußert und übergeben. Mit dem Mitarbeiter wurde vereinbart, dass er den Kaufpreis jeweils zu Hälfte am 1.11. und 1.12.2024 bezahlt. Was ist wann in der Anlagenbuchhaltung zu veranlassen?

Lösung:
In der Anlagenbuchhaltung ist bereits am 21.10.2024 der Abgang des Dienstfahrzeugs in Höhe des Restbuchwertes zu buchen.

Sachverhalt und Aufgabenstellung Nr. 7:
Ein bisher im Feuerwehrbereich eingesetztes Gerät wird künftig im Garten- und Landschaftsbau eingesetzt. Was ist aus welchem Grund in der Anlagenbuchhaltung zu veranlassen?

Lösung:
In der Anlagenbuchhaltung ist die Zuordnung des Vermögensgegenstandes zum Produktbereich zu ändern. Dies ist erforderlich, damit der Ressourcenverbrauch aus Abschreibungen im Aufwand des Produktbereiches abgebildet wird, in dem der Vermögensgegenstand eingesetzt wird.

Sachverhalt und Aufgabenstellung Nr. 8:
Die Stadt hat eine Anzahlung für die Sonderausstattung eines noch zu liefernden Feuerwehrfahrzeugs geleistet. Wie ist diese Anzahlung bis zur Inbetriebnahme des Fahrzeugs in der Anlagenbuchhaltung zu buchen? Wie wird die restliche Zahlungsverpflichtung buchhalterisch behandelt?

Lösung:
Die geleistete Anzahlung ist auf einem Anzahlungskonto zu buchen. Mit Inbetriebnahme des Fahrzeugs (Lieferung) ist die Anzahlung auf ein dem Bilanzposten „Fahrzeuge“ zugehöriges Konto umzubuchen. Die restliche Zahlungsverpflichtung wird im Rahmen der Aktivierung des Vermögensgegenstandes als Verbindlichkeit gebucht.

Sachverhalt und Aufgabenstellung Nr. 9:
Für den Bau einer Kindertagesstätte mit einem Herstellungswert von 3 Mio. € erhält die Gemeinde eine Investitionszuwendung vom Land in Höhe von 1 Mio. €. Welche Buchungen sind in der Anlagenbuchhaltung nach Fertigstellung für die Kindertagesstätte und die Zuwendung vorzunehmen?

Lösung:
Die Kindertagesstätte ist nach der Fertigstellung auf ein Konto des Bilanzpostens „Kinder- und Jugendeinrichtungen" einzustellen; der zugehörige Sonderposten ist zu passivieren. Daher erfolgt eine Umbuchung von Anlagen im Bau auf den Posten der Kinder- und Jugendeinrichtungen. Die Investitionszuwendung wird passiviert, wobei es unterschiedliche Gegenbuchungspositionen je nach Sachlage geben kann. Sollte die Gemeinde bereits die Zahlung der Investitionszuwendung erhalten, erfolgt eine Umbuchung von Verbindlichkeiten an Sonderposten. Hat die Gemeinde die Zahlung der Investitionszuwendung noch nicht erhalten haben, stellt eine Forderung die Gegenbuchungsposition dar. Des Weiteren erfolgt auf der Grundlage der Abschreibungsplanung die Abschreibungsbuchung und die Ertragsbuchung aus der Auflösung von Sonderposten.

Sachverhalt Nr. 10:
Es ist nicht wahrscheinlich, dass die Gemeinde unterlassene Instandhaltungen an einem Verwaltungsgebäude nachholen wird. Daraufhin wird von der Hochbauverwaltung eine Wertminderung von 200.000 € festgestellt. Wider Erwarten vergibt das Land ein Jahr später Fördermittel für die Instandsetzung von Bürogebäuden. Daraufhin entschließt sich die Gemeinde, die Instandhaltung doch nachzuholen.

Aufgabe:
Was hat in der Anlagenbuchhaltung von der Feststellung der Wertminderung bis zur Nachholung der Instandhaltung zu geschehen?

Lösung:
Aufgrund der festgestellten Wertminderung, die voraussichtlich dauerhaft ist, hat die Gemeinde eine außerplanmäßige Abschreibung in Höhe von 200.000 € vorzunehmen. Aufgrund der Nachholung der Instandhaltung ein Jahr später entfällt der Grund für die außerplanmäßige Abschreibung, so dass eine Zuschreibung zu erfolgen hat. Die Höhe der Zuschreibung umfasst nicht vollständig die 200.000 €, sondern es sind die Abschreibungen zwischen den Zeitpunkten der außerplanmäßigen Abschreibung und der Zuschreibung zu berücksichtigen.

20.5 Kapitalanlagen und Liquiditätsmanagement

Bei Geldanlagen ist gemäß § 112 Abs. 2 Satz 2 KVG auf ausreichende Sicherheit und einen angemessenen Ertrag zu achten. Hierbei ist bei der Sicherstellung der eigenen

Liquidität selbstverständlich im Rahmen der Wirtschaftlichkeit darauf zu achten, dass die angelegten liquiden Mittel für eigene Zwecke wieder rechtzeitig verfügbar sind.

Demnach sind drei Kriterien bei Geldanlagen zu beachten:

a) Sichere Anlegung

Die Sicherheit bei der Auswahl der Geldanlagen ist in § 112 Abs. 2 Satz 2 KVG zu Recht an die erste Stelle gesetzt, weil diese Komponente vorrangig zu beachten ist. Die Geldanlagen der Gemeinden werden nicht vorgenommen, um damit Gewinne zu erzielen, sondern um mit diesen Mitteln zu einem späteren Zeitpunkt öffentliche Aufgaben zu erfüllen bzw. die Liquidität hierfür zu sichern. Um die Aufgabenerfüllung nicht zu gefährden, müssen die Geldanlagen so vorgenommen werden, dass Risiken hinsichtlich der Rückzahlung der angelegten liquiden Mittel ausgeschlossen sind.

Aus diesem Gesichtspunkt wird die Anlegung von liquiden Mitteln beispielsweise in Aktien oder Fremdwährungen regelmäßig nicht in Frage kommen. Bei Aktien und Fremdwährungsanlagen wird das Fehlen einer gesicherten Anlage daran deutlich, dass diese erheblichen Kursrisiken ausgesetzt sind.

Dagegen erfüllen die Bedingung der Sicherheit auf jeden Fall Festgelder, festverzinsliche Wertpapiere sowie Spareinlagen, da diese Anlagen bis zu einem von der Gemeinde abzufragenden Höchstbetrag über einen Sicherungsfonds abgesichert sind.

b) Ertragbringende Anlegung

Die Gemeinde muss ihre freie Liquidität ertragbringend anlegen. Diese Voraussetzung knüpft an den allgemeinen Grundsatz der Wirtschaftlichkeit gemäß § 98 Abs. 2 KVG an, denn durch die freie Liquidität können Zinserträge erzielt werden. Insofern verbietet sich eine reine Verwahrung in Form von Geld, z. B. im Tresor der Gemeinde.

Unter dem Aspekt der Wirtschaftlichkeit muss die Gemeinde die Anlageform so wählen, dass sie größtmöglichen Ertrag abwirft, wobei dies allerdings hinter den Aspekt der Sicherheit zurücktritt. Dabei muss die Zahlungsfähigkeit nach § 11 Abs. 1 KomKBVO durch eine fundierte Liquiditätsplanung sichergestellt werden, da ansonsten Zinsaufwendungen für aufzunehmende Liquidität entstehen würde. Wie kurzfristig überschüssige Liquidität anzulegen ist, richtet sich nach der jeweiligen Liquiditätssituation jeder einzelnen Gemeinde.

Im kurzfristigen Anlagebereich kommt eine Anlegung auf Girokonten wegen der niedrigen oder gar fehlenden Verzinsung in der Regel nicht in Betracht. Hier bietet sich ein beim gleichen Geldinstitut geführtes Tagesgeldkonto an, mit dem tagesbezogen Geldanlagen vorgenommen werden können. Der Vorteil liegt darin, dass bei außerplanmäßigem Liquiditätsbedarf auch tagesbezogen angelegte Beträge zur Stärkung des Girokontos zurückgebucht werden können.

Regelmäßig können Anlagen z. B. als Tages- und Festgelder erfolgen, wobei die unterschiedlichsten Bindungsfristen vereinbart werden können. Dabei ist allerdings zu bedenken, dass vor Ablauf der Bindungsfristen keine vorzeitige Verfügbarkeit über die Finanzmittel möglich ist.

Die Anlageform „Sparbuch" hat zwar den Vorteil der vorzeitigen Kündigung unter Anrechnung von Vorschusszinsen, stellt jedoch zurzeit wegen der äußerst niedrigen Verzinsung keine attraktive Geldanlage dar.

Wird überschüssige Liquidität nach der Liquiditätsplanung der Gemeinde erst in einigen Jahren benötigt, so können sie zur Steigerung der Zinserträge selbstverständlich über das Haushaltsjahr hinaus angelegt werden. Diesbezügliche Anlageformen sind Sparverträge, Sparbriefe oder Obligationen. Auch die Anlageform der Bausparverträge wird von den Gemeinden genutzt.[8] Zwar treten bei Bausparverträgen die Zinsgewinne etwas in den Hintergrund, jedoch schafft sich damit die Gemeinde die Möglichkeit, später zinsgünstige Kredite von den Bausparkassen zu erhalten. Die Wirtschaftlichkeit wird dann durch die Einsparung bei den späteren Kreditzinsen gewahrt. Die Zulässigkeit solcher Kompensationsgeschäfte ist deshalb allgemein anerkannt.

c) Rechtzeitige Verfügbarkeit

§ 11 Abs. 1 KomKBVO legt fest, dass die Zahlungsfähigkeit der Gemeinde durch eine angemessene Liquiditätsplanung sicherzustellen ist. Diese bildet die grundlegende Rahmenbedingung für Kapitalanlagen, so dass sie bei der Zielsetzung eines möglichst hohen Kapitalertrages stets zu berücksichtigen ist. Insofern steht also die rechtzeitige Verfügbarkeit der überschüssigen Liquidität an exponierter Stelle der Voraussetzungsskala, denn es kann nur eine Anlageform gewählt werden, welche die Verfügbarkeit zum Zeitpunkt des Finanzierungsbedarfs garantiert.

Für das Liquiditätsmanagement einer Gemeinde bedarf es eines organisierten Informationssystems, anhand dessen vorgesehene Auszahlungs- und Einzahlungstermine ermittelt werden können. Die notwendigen Informationen der Auszahlungsseite können durch die Gemeinde in der Regel sehr genau ermittelt werden. Allerdings ist der zeitliche Rahmen zwischen Bekanntwerden und Auszahlung – beispielsweise für in Rechnung gestellte Leistungen – relativ eng.

Die Informationen der Einzahlungsseite können in der Regel nur anhand von Fälligkeitsterminen ermittelt werden. Hierbei stehen viele Fälligkeitstermine in Bereich

8 Der Abschluss von Bausparverträgen unterliegt nach § 108 Abs. 6 KVG der Genehmigungspflicht als kreditähnliches Geschäft.

der Steuern fest. So kann der Liquiditätszufluss der Gemeindeanteile an Gemeinschaftssteuern (z. B. Einkommenssteuer oder Umsatzsteuer) oder der Schlüsselzuweisungen in der Regel exakt bestimmt werden. Im Grundsteuer- und Gewerbesteuerbereich besteht zwar ein Fälligkeitstermin, der zur Bestimmung des Liquiditätszuflusses als Orientierungsgröße herangezogen werden kann; den Tag des Liquiditätszuflusses bestimmen jedoch letztendlich die Steuerschuldner, soweit diese der Gemeinde keine Einzugsermächtigung erteilt haben.

Beispiel 1:
Die Gemeinde G hat für Gewerbesteuer einen Liquiditätszufluss von 3 Mio. € für den 15. des Fälligkeitsmonats disponiert. Die Gewerbesteuerzahlung eines Unternehmens in Höhe von 500.000 € wird jedoch bereits am 10. des Fälligkeitsmonats auf dem Girokonto der Gemeinde wertgestellt.

Beispiel 2:
Zum gleichen Fälligkeitstermin der Gewerbesteuer nutzt ein anderes Unternehmen die ihm bekannte „Schonfrist" von fünf Tagen, so dass der Liquiditätszufluss auf dem Girokonto der Gemeinde erst am 20. des Fälligkeitsmonats gutgeschrieben wird.

Diese beiden Beispiele zeigen, wie schwierig es teilweise ist, den Liquiditätszufluss aus Einzahlungen taggenau zu ermitteln. Letztendlich ist es in diesen Fällen nur möglich, anhand von Erfahrungswerten zu disponieren und ggf. zusätzlich einen Vorsichtspuffer für die Liquiditätsdisposition zu berücksichtigen. Des Weiteren ist es erforderlich, die Liquiditätszuflüsse zu analysieren und die Liquiditätsplanung täglich zu modifizieren. Erkennt die disponierende Gemeinde z. B. nicht, dass – wie in Beispiel 1 – bereits 500.000 € der vorgesehen drei Mio. € am 10. des Fälligkeitsmonats zugeflossen sind, entsteht zwangsläufig an einem oder mehreren der folgenden Tage der Liquiditätsdisposition ein zu geringer Liquiditätszufluss.

20.6 Wirtschaftliche Betätigung der Gemeinden

20.6.1 Allgemeines

Die wirtschaftliche Betätigung der Gemeinden stellt eine besondere Art der Aufgabenerfüllung dar. Sie kann unmittelbar aus § 4 KVG abgeleitet werden, wonach die Gemeinden innerhalb ihrer Leistungsfähigkeit die erforderlichen öffentlichen Einrichtungen zur wirtschaftlichen, sozialen und kulturellen Betreuung der Bevölkerung schaffen. Dabei kann die unternehmerische Tätigkeit zur Erfüllung einer Aufgabenart der Gemeinde erforderlich sein, allerdings handelt es sich nicht um eine regelmäßige Form der Aufgabenerfüllung.

Bereits aus dieser Regelung wird deutlich, dass die wirtschaftliche Betätigung der Gemeinde primär Inhalt des allgemeinen Kommunalrechts[9] ist. Zur Abrundung der Gesamtthematik „Vermögenswirtschaft“ soll dieses Thema mit angesprochen werden; im Vordergrund stehen dabei die unterschiedlichen Verbindungen zum Haushaltrecht und Anforderungen im Rahmen der Abbildung im Haushaltsrecht.

20.6.2 Formen der wirtschaftlichen Betätigung

Eine wirtschaftliche Betätigung der Gemeinde liegt bei Einrichtungen oder Anlagen vor, die auch von Privatunternehmen mit der Absicht der Gewinnerzielung betrieben werden können (unternehmerische Tätigkeit einer Gemeinde). Die Gemeinden können ihre Tätigkeiten in drei Rechtsformen wahrnehmen.

a) Eigenbetriebe

Bei der ersten Rechtsform der wirtschaftlichen Unternehmen handelt es sich um die nach § 121 Abs. 1 Nr. 3 KVG als Sondervermögen der Gemeinden definierten Eigenbetriebe, die als organisatorisch verselbstständigte Einrichtungen ohne eigene Rechtspersönlichkeit geführt werden. Für diese Eigenbetriebe sind nach § 121 Abs. 3 KVG besondere Haushaltspläne aufzustellen und Sonderrechnungen zu führen. Die Betriebe dürfen anstelle des Haushaltsplans einen Wirtschaftsplan aufstellen und die Wirtschaftsführung und das Rechnungswesen entsprechend den Vorschriften des Eigenbetriebsgesetzes gestalten. Allerdings sind bei Aufstellung der Wirtschaftspläne ebenfalls die Vorschriften über die Haushaltswirtschaft nach dem KVG zu beachten.[10] Aufgrund der praktischen Abkoppelung von der allgemeinen Verwaltung der Gemeinde, die zu einer gewissen Selbstständigkeit des Eigenbetriebs führt, sind die Zuständigkeiten des Rates und des Bürgermeisters beschränkt.

Diese organisatorische Loslösung ist für Eigenbetriebe sinnvoll, weil diese vollkommen andere Aufgaben als die übrige Verwaltung erfüllen müssen, sodass dort eigenständige Maßstäbe und Entscheidungskriterien gelten. Obwohl rechtlich zur Gemeinde gehörend, bilden die Eigenbetriebe praktisch ausgegliederte Unternehmen der Gemeinde mit einer gewissen wirtschaftlichen Selbstständigkeit. Folgerichtig sehen die §§ 5 ff. EigBG für die Betriebsleitung auch eine weitgehende Entscheidungsbefugnis vor, die erheblich über die Befugnisse der Amtsleiter der übrigen Verwaltung hinausgeht.

b) Anstalten des öffentlichen Rechts

Als zweite Rechtsform ist auf Grund des § 128 KVG i. V. m. dem Anstaltsgesetz die wirtschaftliche Betätigung in Form einer rechtsfähigen Anstalt des öffentlichen Rechts zugelassen. Diese Rechtsform ermöglicht der Gemeinde eine wirtschaftliche Betäti-

9 Siehe dazu *Grimberg* in Grimberg/Gundlach/Jochheim/Miller/Schneider, Kommunalverfassungsgesetz des Landes Sachsen-Anhalt, Kommentar, Wiesbaden 2023, §§ 128 ff.; *Hofmann/Bätge/Wiesner*, Kommunalrecht in Nordrhein-Westfalen, 20. Aufl., Wiesbaden 2023, S. 686 ff.

10 Siehe Kap. 20.2.4.

gung in Form einer juristischen Person des öffentlichen Rechts. Die Gemeinden haben mit dieser neugeschaffenen Rechtsform der wirtschaftlichen Betätigung die Möglichkeit, die Vorteile der Wirtschaftsform des Eigentriebs mit der einer Eigengesellschaft zu kombinieren. Wie beim Eigenbetrieb, der Teil der juristischen Person Gemeinde ist (siehe oben), können die öffentlich-rechtlichen Möglichkeiten wie Satzungsrecht, Anschluss- und Benutzungszwang, öffentlich-rechtliche Festsetzung von Entgelten sowie öffentlich-rechtliche Zwangsvollstreckung unmittelbar und direkt genutzt werden, was bei einer Eigengesellschaft (z. B. GmbH) nicht bzw. nur mittelbar über die Gemeinde möglich wäre. Andererseits wird der Vorteil der rechtlichen Selbstständigkeit einer Eigengesellschaft genutzt, sodass die wirtschaftliche Tätigkeit außerhalb der Regelungen des Kommunalverfassungsgesetzes und des Eigenbetriebsgesetzes möglich ist.[11]

c) Organisationsformen des Privatrechts

Zum Dritten kann die Gemeinde sich nach § 129 KVG bei ihrer unternehmerischen Tätigkeit den Formen des Privatrechts bedienen. Dies geschieht regelmäßig als Gesellschaft mit beschränkter Haftung oder als Aktiengesellschaft. Nach § 46 KomHVO differenziert die kommunale Bilanz zwischen Anteilen an verbundenen Unternehmen und Beteiligungen.[12] Sofern die Gemeinde alleiniger Eigentümer eines Unternehmens ist (Eigengesellschaft), ist dies unter dem Bilanzposten „Anteile an verbundenen Unternehmen“ auszuweisen.

Nach § 129 Abs. 1 Nr. 1 KVG ist jedoch die Rechtsform des Privatrechts subsidiär zu wählen. Vorrangig sind die anderen Wirtschaftsformen wie Eigenbetrieb, Anstalt des öffentlichen Rechts heranzuziehen. Aufgrund des GmbH- bzw. Aktiengesetzes werden diese Einrichtungen nach kaufmännischen Gesichtspunkten geführt und abgerechnet, so dass lediglich die Erträge und Aufwendungen der Unternehmen die Ergebnisrechnung sowie Kapitalausstattungen die Finanzrechnung der gemeindlichen Haushaltspläne berühren.

Die Wahl der Unternehmensform liegt weitgehend im Ermessen der Gemeinde, allerdings erfolgt diese wegen der Haftungsbeschränkung gemäß § 129 Abs. 1 Nr. 4 KVG nur in der Form von Kapitalgesellschaften (z. B. GmbH). Bei der Wahl der Gesellschaftsform finden auch steuerliche Aspekte Berücksichtigung.

20.6.3 Voraussetzungen einer wirtschaftlichen Betätigung

Wie bereits geschildert, muss sich die wirtschaftliche Tätigkeit der Gemeinde unmittelbar aus der Aufgabenerfüllung ergeben. Dazu kommt, dass der Privatwirtschaft im Rahmen der bestehenden Wirtschaftsordnung in der Bundesrepublik Deutschland der Vorzug zu geben ist. Insofern ist die Konkurrenz zur Privatwirtschaft zu beachten.

---

11 *Grimberg*, Gesetz über die kommunalen Anstalten des öffentlichen Rechts in Sachsen-Anhalt, apf LSA 2001 S. 73.

12 Die Differenzierung ist in Kap. 10.3.2.4.1 und 10.3.2.4.2 dargestellt.

Aus diesem Grunde ist die wirtschaftliche Betätigung der Gemeinden gemäß § 128 Abs. 1 KVG an einige Voraussetzungen geknüpft.

Danach darf die Gemeinde sich wirtschaftlich nur betätigen, wenn

- ein öffentlicher Zweck die Betätigung rechtfertigt,
- die wirtschaftliche Betätigung nach Art und Umfang in einem angemessenen Verhältnis zur Leistungsfähigkeit der Gemeinde und zum voraussichtlichen Bedarf steht (dies dient der Sicherheit der Gemeinde und soll eine Gefährdung der Finanzwirtschaft durch mögliche Betriebsverluste vermeiden) und
- der öffentliche Zweck nicht besser und wirtschaftlicher durch einen Anderen erfüllt wird oder erfüllt werden kann.

§ 128 Abs. 2 KVG gibt vor, dass Betätigungen der Gemeinde in den Bereichen Energie- und Wasserversorgung, Abfallentsorgung und Abwasserbeseitigung, Wohnungswirtschaft und öffentlicher Verkehr einem öffentlichen Zweck dienen und unter der Voraussetzung des § 128 Abs. 1 Satz 1 Nr. 2 KVG zulässig sind.

Die Gemeindeordnung enthält in § 128 Abs. 5 KVG Regelungen zur wirtschaftlichen Betätigung der Gemeinden im Ausland. Hier liegen allerdings gesteigerte Anforderungen für die Zulässigkeit vor. Bei ausländischer Tätigkeit ist zudem eine aufsichtsbehördliche Genehmigung zwingend erforderlich.

Wenn die Gemeinde beabsichtigt, ein Unternehmen zu errichten, zu übernehmen oder wesentlich zu erweitern oder die Rechtsform innerhalb des Privatrechts zu ändern, so hat sie nach § 135 Abs. 1 KVG eine Analyse zu erstellen über die Vor- und Nachteile der öffentlichen und der privatrechtlichen Organisationsformen im konkreten Einzelfall. Dabei sind die organisatorischen, personalwirtschaftlichen, mitbestimmungsrechtlichen sowie die wirtschaftlichen, finanziellen, haftungsrechtlichen und steuerlichen Unterschiede und die Auswirkungen auf den kommunalen Haushalt und die Entgeltgestaltung gegenüberzustellen. Die Analyse ist dem Rat zur Vorbereitung der Entscheidung, der Aufsichtsbehörde jedoch unverzüglich – spätestens sechs Wochen vor der Entscheidung – vorzulegen.

Bankunternehmen darf die Gemeinde gemäß § 128 Abs. 6 KVG weder betreiben noch sich an ihnen beteiligen, wobei allerdings der Erwerb von Genossenschaftsanteilen bei einer Volksbank oder Spar- und Darlehenskasse als Voraussetzung zur Abwicklung einer Geschäftsverbindung nicht ausgeschlossen ist. Für das Sparkassenwesen gelten die besonderen Vorschriften des Sparkassengesetzes.[13]

Traditionelle Fälle der wirtschaftlichen Unternehmen der Gemeinde sind im Bereich der Strom-, Gas-, Wasser- und Fernwärmeversorgung sowie beim öffentlichen Personennahverkehr zu finden. Zuweilen werden auch Steinbrüche, Kiesgruben und Ziegeleien als wirtschaftliche Unternehmen von den Gemeinden geführt. Allerdings erfolgt diese Art von Aufgabenwahrnehmung regelmäßig aufgrund alter Rechte und Pflichten, zumal diese Tätigkeit wohl kaum mit § 128 Abs. 1 KVG zu vereinbaren

13 Sparkassengesetz LSA vom 4.3.2016 (GVBl. LSA S. 114) in der derzeit geltenden Fassung.

ist. Die konkrete Anwendung und Auslegung der Bestimmungen zu § 128 KVG ist aus der Lösung des Sachverhalts Nr. 11 in Kap. 20.6.5 zu entnehmen.

20.6.4 Sonstige Regelungen über wirtschaftliche Betätigungen

Das gemeindliche Wirtschaftsrecht ist in den §§ 128 bis 135 KVG noch in weitgehenden Einzelheiten normiert, die wegen des hier darzustellenden Überblicks nicht näher zu erläutern sind. Es sei lediglich nochmals auf die Vorlage- und Anzeigepflicht gemäß § 135 KVG hingewiesen. Die Gemeinden müssen ihre Entscheidung über die wirtschaftliche Betätigung mindestens sechs Wochen vor Vollzug der Entscheidung (z. B. sechs Wochen vor dem tatsächlichen Abschluss eines Kaufvertrages zum Erwerb von Aktien) mitteilen. Im Rahmen der Rechtsaufsicht kann die Aufsichtsbehörde somit vorbeugend zum Schutz der Gemeinde tätig werden. Allerdings prüft sie auch die Einhaltung der gesetzlichen Vorschriften, sodass die freie Wirtschaft vor unzulässiger Konkurrenz durch die Gemeinden geschützt wird. Eine spezielle Genehmigungspflicht sieht die Kommunalverfassung (außer bei Auslandstätigkeiten gemäß § 128 Abs. 5 KVG dagegen nicht vor, sodass das ein Einschreiten der Aufsichtsbehörde sich allein auf die allgemeinen Aufsichtsvorschriften der §§ 144 KVG stützen kann.

20.6.5 Übungen

Sachverhalt Nr. 11:
Die Gemeinde G will sich wie folgt wirtschaftlich betätigen:

a) Die Abfallbeseitigung soll zukünftig in eigener Regie erfolgen. Die Abfallbeseitigung wurde bisher vom Unternehmen U im Auftrag der Gemeinde wahrgenommen. U weist unzweifelhaft nach, dass er die Leistung zum selben Preis erbringen kann wie der Gemeinde Selbstkosten entstehen.
b) Es ist eine wesentliche Erweiterung des bestehenden gemeindlichen Wasserwerkes vorgesehen, damit die Wasseraufbereitung kostengünstiger durchgeführt werden kann. Die Erweiterung des Wasserwerks steht im angemessenen Verhältnis zur Leistungsfähigkeit der Gemeinde.
c) Es ist die Errichtung einer Brauerei vorgesehen, um ein bisher am Markt nicht vorhandenes Spezialbier zu erzeugen, das typisch für den einheimischen Raum werden soll. Die Gemeinde verspricht sich dadurch eine Belebung des Fremdenverkehrs. Die Errichtung der Brauerei steht im angemessenen Verhältnis zur Leistungsfähigkeit der Gemeinde.

Aufgabe:
Prüfen Sie, ob die beabsichtigten Maßnahmen zulässig sind.

Lösung:

a) Wirtschaftliche Unternehmen der Gemeinde sind Einrichtungen, die auch ein Privatunternehmen mit der Absicht der Gewinnerzielung betreiben kann. Im Rahmen dieser Definition kann auch die Abfallbeseitigung als ein wirtschaftliches Unternehmen der Gemeinde angesehen werden. Die beabsichtigte Übernahme der Abfallbeseitigung in eigener Regie ist somit grundsätzlich nur unter den Voraussetzungen des § 128 KVG möglich.
Voraussetzung gemäß § 128 Abs. 1 Satz 1 Nr. 1 KVG ist es zunächst, dass ein öffentlicher Zweck das Unternehmen erfordert. Dies ist bei der Abfallbeseitigung sicherlich gegeben, weil diese nach dem Kreislaufwirtschafts- und Abfallgesetz zu den Pflichtaufgaben der Gemeinde gehört. Zudem bestätigt § 128 Abs. 2 Satz 2 KVG, dass Betätigungen im Bereich der Abfallbeseitigung einem öffentlichen Zweck dienen und unter der Voraussetzung des § 128 Abs. 1 Satz 1 Nr. 2 KVG zulässig sind. Da zur finanziellen Leistungsfähigkeit der Gemeinde G im Sachverhalt keine Aussagen getroffen wurden, ist davon auszugehen, dass die Voraussetzung des § 128 Abs. 1 Satz 1 Nr. 2 KVG gegeben ist. Weitere Voraussetzung gemäß § 128 Abs. 2 Satz 2 i. V. m. Abs. 1 Satz 1 Nr. 3 KVG ist es, dass ein privatwirtschaftliches Unternehmen die Tätigkeit nicht besser oder wirtschaftlicher erfüllen kann. Hier liegt als Vergleich nur das Angebot des Unternehmens U vor, das danach genauso wirtschaftlich arbeitet wie die Gemeinde selbst. Bei einer öffentlichen oder beschränkten Ausschreibung wäre im Rahmen des Wettbewerbs sicherlich noch ein kostengünstigeres und damit wirtschaftlicheres Angebot zu erreichen, sodass sich daraus eine Unzulässigkeit der wirtschaftlichen Betätigung der Gemeinde ergeben könnte.
Die Gemeinde G entscheidet somit allein unter dem Gesichtspunkt der Wirtschaftlichkeit, ob sie die Abfallbeseitigung in eigener Regie wahrnehmen will. Ein Ermessensfehler ist aus dem Sachverhalt nicht ersichtlich, weil das Unternehmen U auch nicht wirtschaftlicher als die Gemeinde arbeitet. Insofern bestehen keine rechtlichen Bedenken zur Übernahme der Abfallbeseitigung durch die Gemeinde G.

b) Das Wasserwerk der Gemeinde G soll laut Sachverhalt wesentlich erweitert werden. Eine solche Tätigkeit ist nach allgemeinem Verständnis unzweifelhaft eine wirtschaftliche Betätigung der Gemeinde. Demnach ist die Erweiterung unter Beachtung der Voraussetzungen gemäß § 128 Abs. 1 KVG zu begutachten. Die Vorschrift enthält eine Reihe einschränkender Tatbestandsmerkmale für die Tätigkeit. Zunächst einmal muss ein öffentlicher Zweck die Betätigung erfordern. Die Versorgung mit Wasser stellt eine lebensnotwendige Grundversorgung der Bevölkerung dar und trägt somit auch zur Aufrechterhaltung der öffentlichen Sicherheit und Ordnung bei. Insofern ist unzweifelhaft ein öffentlicher Zweck gegeben. Dies bestätigt der Gesetzgeber selbst auch durch die wörtliche Nennung dieser Tätigkeit in § 128 Abs. 2 Satz 1 KVG.
Die Erweiterung steht zudem laut Sachverhalt nicht im Widerspruch zur Leistungsfähigkeit der Gemeinde, sodass die Voraussetzung nach § 128 Abs. 1 Satz 1 Nr. 2 KVG ebenfalls vorliegt. Da im Sachverhalt keine Aussagen darüber getroffen sind, ob i. S. d. § 128 Abs. 1 Satz 1 Nr. 3 KVG ein anderes Unternehmen die Auf-

gabe besser und wirtschaftlicher erledigen könnte, ist die Erweiterung des Wasserwerks zulässig.

c) Brauereien sind typische wirtschaftliche Unternehmen, sodass die Gemeinde G diese Tätigkeit nur unter den Voraussetzungen des § 128 Abs. 1 KVG durchführen kann. Grundvoraussetzung für diese Tätigkeit ist die Erfüllung eines öffentlichen Zwecks nach § 128 Abs. 1 Satz 1 Nr. 1 KVG. Laut Sachverhalt soll letztlich Fremdenverkehrsförderung betrieben werden. Nur kann objektiv nicht unterstellt werden, dass gerade die Schaffung eines Spezialbieres einen Beitrag zur Erledigung dieser Aufgabe leistet. Ebenfalls ist die Dringlichkeit nicht gegeben. Somit ist festzustellen, dass die Errichtung der Brauerei durch die Gemeinde G gegen § 128 Abs. 1 KVG verstoßen würde und somit rechtswidrig wäre.

21. Nachtragshaushaltssatzung und Nachtragshaushaltsplan

21.1 Notwendigkeit der Nachtragshaushaltssatzung

Die Gemeinden erlassen regelmäßig Haushaltssatzungen mit Haushaltsplänen für die Dauer eines Haushaltsjahres. Die Zeitspanne von einem Jahr ist in der heutigen schnelllebigen Zeit auch in finanzieller Hinsicht nicht genügend überschaubar, zumal die Aufstellung eines Haushaltsplanes bereits Mitte des Vorjahres in Bearbeitung geht. Deshalb kommen die Gemeinden nicht immer ohne eine Fortschreibung ihres Haushaltsplans innerhalb des Haushaltsjahres aus.

Da der Haushaltsplan Bestandteil der Haushaltssatzung ist, bedingt eine Planfortschreibung die Änderung der Haushaltssatzung. Eine Änderung der Haushaltssatzung ohne gleichzeitige Haushaltsplanänderung ist zwar theoretisch möglich (z. B. Erhöhung der Steuersätze in § 5 der Haushaltssatzung zur Erreichung des ursprünglich geplanten Haushaltsansatzes bei den Realsteuern), jedoch in der Praxis kaum anzutreffen. Eine Satzung kann nur durch eine erneute Satzung geändert werden, die im Bereich der Finanzwirtschaft den besonderen Namen „Nachtragshaushaltssatzung“ trägt (siehe § 103 Abs. 1 KVG). Durch die Nachtragshaushaltssatzung einschließlich Nachtragshaushaltsplan werden Haushaltssatzung und Haushaltsplan ergänzt, berichtigt oder geändert. Neben dieser im Ermessen der Gemeinde stehenden Nachtragsmöglichkeit hat die Gemeinde in verschiedenen Situationen aufgrund gesetzlicher Regelungen zwingend eine Nachtragshaushaltssatzung zu erlassen. Diese besonderen Regelungen bedürfen einer gezielten Betrachtung. Für die Nachtragshaushaltssatzung gelten die Vorschriften der Haushaltssatzung entsprechend (§ 103 Abs. 1 Satz 2 KVG).

21.2 Pflicht zum Erlass einer Nachtragshaushaltssatzung

21.2.1 Überblick

Die wichtigsten Gründe und Verpflichtungen zum Erlass einer Nachtragshaushaltssatzung enthält zwar § 103 Abs. 2 KVG, jedoch gibt es darüber hinaus noch weitere Pflichten. Zunächst empfiehlt sich deshalb der nachstehende Überblick.[1]

1 Siehe dazu *Grimberg* in Grimberg/Gundlach/Jochheim/Miller/Schneider, Kommunalverfassungsgesetz des Landes Sachsen-Anhalt, Kommentar, Wiesbaden 2023, § 103.

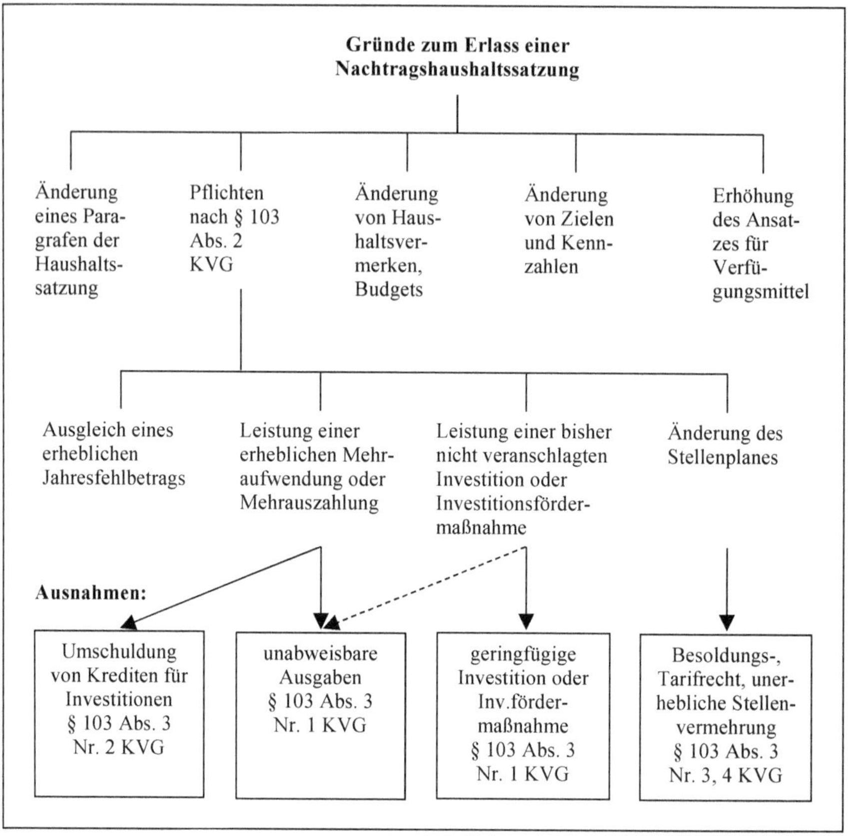

Die einzelnen zunächst schlagwortartig aufgeführten Pflichten bedürfen einer eingehenden Erläuterung.

21.2.2 Änderung eines Paragrafen der Haushaltssatzung

Wenn die Gemeinde freiwillig Festsetzungen von Bestimmungen ihrer Haushaltssatzung ändern will, bedarf es aus der Natur der Sache heraus des Erlasses einer Nachtragshaushaltssatzung. Dies kann insbesondere dann der Fall sein, wenn durch Änderungen im Laufe des Haushaltsjahres der Ursprungsplan insgesamt nicht mehr den Vorstellungen der Gemeinde entspricht. Angesprochen sind dabei zunächst die §§ 2 bis 5 der Haushaltssatzung, nämlich die Änderung des Gesamtbetrags der Kreditermächtigung für Investitionen (§ 2 der Haushaltssatzung), die Erhöhung des Gesamtbetrags der Verpflichtungsermächtigungen (§ 3 der Haushaltssatzung), die Erhöhung des Höchstbetrags der Ermächtigung für Liquiditätskredite (§ 4 der Haushaltssatzung) und die Änderung der Hebesätze für die Realsteuern (§ 5 der Haushaltssatzung). Stellt die

Gemeinde einen Nachtragshaushaltsplan auf, sind zudem die Endsummen in § 1 der Haushaltssatzung durch Nachtragshaushaltssatzung neu festzusetzen.

Auch der § 1 der Haushaltssatzung bedarf bei einer Fortschreibung des Haushaltsplans, die ja im Ermessen der Gemeinde liegt, zwangsläufig einer Änderung. Dies gilt auch dann, wenn trotz Änderung von Haushaltspositionen die Gesamtbeträge des Haushalts erhalten bleiben. Rechtlich gesehen handelt es sich dabei nämlich um eine Neufestsetzung, weil die Addition der Ansätze der Haushaltspositionen, die zur Gesamtsumme führt, sich inhaltlich geändert hat. Die Änderung des Haushaltsplans bedingt also ausnahmslos den Erlass einer Nachtragshaushaltssatzung. Nicht darunter fallen jedoch die Bewilligung von über- und außerplanmäßigen Aufwendungen und Auszahlungen i. S. v. § 105 KVG, die Bewilligung von über- und außerplanmäßigen Verpflichtungsermächtigungen gemäß § 107 Abs. 5 KVG sowie die Ausnutzung von Verstärkungsvermerken nach § 17 Abs. 2 KomHVO (unechte Deckungsfähigkeit) sowie Budgetierungen und Deckungsvermerken i. S. v. § 18 Abs. 1 bis 3 KomHVO (echte Deckungsfähigkeit).

Wie aus der Darstellung in Kap. 19.6.7 ersichtlich, sind über- und außerplanmäßige Verpflichtungsermächtigungen nur zulässig, wenn in gleicher Höhe Einsparungen bei anderen Verpflichtungsermächtigungen vorhanden sind (§ 107 Abs. 5 KVG). Demnach darf die Gemeinde den in § 3 der Haushaltssatzung festgesetzten Gesamtbetrag der Verpflichtungsermächtigungen nicht überschreiten. Den Gesamtbetrag überschreitende zusätzliche Verpflichtungsermächtigungen können somit nur über eine Nachtragshaushaltssatzung bereitgestellt werden. Im Rahmen eines Nachtragsverfahrens können sämtliche Ansätze fortgeschrieben werden. Das Nachtragsverfahren ist selbst bei solchen geringfügigen Verpflichtungsermächtigungen notwendig und zwar auch dann, wenn diese unabweisbar sind.[2]

Die Hebesätze der Realsteuern in § 5 der Haushaltssatzung können ebenfalls durch Nachtragshaushaltssatzung geändert werden. Bei einer Erhöhung muss jedoch gemäß § 25 Abs. 3 GrStG bzw. § 16 Abs. 3 GewStG der Ratsbeschluss bis zum 30. Juni des laufenden Haushaltsjahres erfolgen (für Näheres siehe Kap. 21.4).

21.2.3 Pflichten nach § 103 Abs. 2 KVG

Ausgleich eines erheblichen Jahresfehlbetrags (Nr. 1)

Ein Fehlbetrag zeichnet sich ab, wenn im Laufe des Jahres trotz Ausnutzung jeder Sparmöglichkeit ersichtlich ist, dass die Gesamterträge hinter den Gesamtaufwendungen zurückbleiben. Wenn also trotz Ausnutzung zusätzlicher Erträge und aller Sparmöglichkeiten auf der Aufwandseite der Jahresfehlbetrag verbleibt, dieser erheblich ist und die Deckung nur durch Änderung der Haushaltssatzung erreicht werden kann, muss unverzüglich eine Nachtragshaushaltssatzung erlassen werden. Wann ein Jah-

2 Es handelt sich somit um eine wenig durchdachte Lösung. Über- und außerplanmäßige Verpflichtungsermächtigungen sollten unabhängig vom Gesamtvolumen in § 3 der Haushaltssatzung zulässig sein, wenn ihre Deckung in den Jahren gewährleistet ist, in denen die Auszahlungen anstehen. Siehe dazu im Einzelnen Kap. 19.6.7.

resfehlbetrag erheblich ist, richtet sich nach der Größe der Gemeinde bzw. nach deren Haushaltsvolumen, sodass die Gemeindeordnung dazu keine konkrete Aussage treffen kann. Den Gemeinden wird empfohlen, eine örtliche Regelung durch Haupt-, Haushaltssatzung oder einfachen Ratsbeschluss herbeizuführen. In der Praxis haben sich prozentuale Festsetzungen (etwa 2 bis 5 %) in Bezug auf die Gesamthaushaltsvolumen des Ergebnisplanes durchgesetzt. Daneben gibt es vereinzelt auch Festbeträge.[3]

Die Feststellung eines erheblichen Jahresfehlbetrages reicht aber für die Nachtragspflicht nicht aus, sondern der Fehlbetrag muss durch die Änderung der Ursprungssatzung beseitigt werden können. Diese weitere Voraussetzung ist sinnvoll, denn was sollte eine Pflichtnachtragshaushaltssatzung, wenn der Haushaltsausgleich dadurch nicht herbeigeführt werden kann? Eine reine Information des Rates über die Gefährdung des Haushaltsausgleichs geschieht ohnehin gemäß § 26 Abs. 2 KomHVO. Da die Aufwandseite keine Ausgleichsmöglichkeiten mehr bietet (alle Sparmöglichkeiten sind ausgenutzt), muss der Ausgleich im Fall des § 103 Abs. 2 Nr. 1 KVG über Mehrerträge erzielt werden.

Konkret kann dieses nur durch die Erhöhung der Hebesätze in § 5 der Haushaltssatzung für die Realsteuern erfolgen, welche Mehrerträge im Steuerbereich bewirken würde. Diese Änderung muss jedoch bis zum 30. Juni des laufenden Jahres durch den Rat beschlossen sein (für Näheres siehe Kap. 21.4).

Die Änderung anderer Paragrafen der Haushaltssatzung fällt aus, weil dadurch keine weiteren Erträge beschafft werden können. §§ 2 bis 4 der Haushaltssatzung kommen bereits aus der Natur der Bestimmungen heraus (keine Ertragsbegründungen) nicht in Betracht. Eine Neufestsetzung des § 1 der Haushaltssatzung bewirkt unmittelbar keine neue Finanzmittelbeschaffung, sondern ist die Folge einer Planänderung, die aufgrund der Ausführungen in Kap. 21.2.2 eine Nachtragspflicht verursacht.

Ein erheblicher Fehlbetrag kann nicht bei einer überplanmäßigen Mittelbereitstellung nach § 105 Abs. 2 KVG (Verfahren des Haushaltsvorgriffes, siehe dazu Kap. 19.6.5) entstehen. Hier handelt es sich um die Bereitstellung von Auszahlungsermächtigungen im Finanzhaushalt, die sich nicht unmittelbar auf den Fehlbetrag des Ergebnishaushalts auswirken.

Generell ist wegen der doch sehr hohen Wertgrenzen für die Erheblichkeit des Fehlbetrags und der im Laufe des Jahres kaum durchführbaren Realsteuerhebesatzerhöhung festzustellen, dass dieser Fall des Pflichtnachtrags in der Praxis kaum anzutreffen ist.

Insofern ist abschließend festzustellen, dass die Vorschrift des § 103 Abs. 2 Nr. 1 KVG überflüssig ist. Wenn nämlich der erhebliche Jahresfehlbetrag nur durch eine Erhöhung der Realsteuerhebesätze beseitigt werden kann, muss ohnehin § 5 der Haushaltssatzung geändert werden. Dies verlangt bereits § 103 Abs. 1 KVG. Dieses trifft

3 Dieser Praxisbezug gründet sich auf Erfahrungen im kameralen Haushaltsrecht für die Volumen der Verwaltungs- und Vermögenshaushalte der Kommunen.

auch nicht auf den Fall zu, dass der erhebliche Fehlbetrag aufgrund einer Steuersatzerhöhung durch eine eigenständige Hebesatzsatzung bewirkt wird.[4]

Leistung einer erheblichen Mehraufwendung bzw. Mehrauszahlung (Nr. 2)

Die betragliche Bindung des Haushaltsplans ist zwar als Grundsatz vorhanden; jedoch gibt es vor allem gemäß § 105 KVG die Möglichkeit, Aufwendungs- und Auszahlungsansätze zu überschreiten. Diese Überschreitungen führen dazu, dass die in Frage kommenden Haushaltspositionen nicht mehr der tatsächlichen Entwicklung der Haushaltswirtschaft entsprechen. Dies ist bei geringfügigen Veränderungen für den Gesamthaushalt unproblematisch, da durch Einsparungen bei anderen Haushaltspositionen oder vorhandenen Mehrerträgen bzw. Mehreinzahlungen ein gewisser Ausgleich geschaffen wird. **Erhebliche** Abweichungen von Haushaltspositionen wirken sich dagegen auf die Struktur des Gesamthaushalts aus. Deshalb ist für erhebliche nicht veranschlagte oder zusätzliche Aufwendungen und Auszahlungen eine Pflichtnachtragshaushaltssatzung vorgesehen. Dazu kommt die Erwägung, dass solche Änderungen wegen ihrer Bedeutung nicht mehr im einfachen Verfahren nach § 105 KVG, sondern im umfangreichen Verfahren des Satzungsrechts abzuwickeln sind.

Die Begriffe „nicht veranschlagt" und „zusätzlich" stehen für die haushaltsrechtlich klareren Bezeichnungen „außerplanmäßig" und „überplanmäßig", wie sie auch in § 105 KVG verwendet werden. Erhebliche Mehraufwendungen und Mehrauszahlungen nach §§ 17 Abs. 2 und 18 Abs. 1 bis 3 KomHVO (echte und unechte Deckungsfähigkeit) bedingen dagegen keine Pflicht zum Erlass einer Nachtragshaushaltssatzung. Gemäß der Fiktion in § 17 Abs. 3 i. V. m. Abs. 4 KomHVO gelten Mehraufwendungen und Mehrauszahlungen im Rahmen der unechten Deckungsfähigkeit nicht als überplanmäßig, während bei den Mehraufwendungen und Mehrauszahlungen nach § 18 Abs. 1 und Abs. 2 KomHVO bei der Anwendung der Deckungsfähigkeit zwar Mehraufwendungen bzw. Mehrauszahlungen begrifflich entstehen, aber vom Sinn her nicht als solche zu behandeln sind.[5] Es sind somit allein Mehraufwendungen und Mehrauszahlungen i. S. d. § 105 KVG angesprochen, bei denen im Rahmen der „Erheblichkeit" die Vorrangigkeit des Nachtrags zu beachten ist.

Wann eine Mehraufwendung bzw. Mehrauszahlung erheblich ist, muss jede Gemeinde im Rahmen ihres pflichtgemäßen Ermessens selbst bestimmen. In der Praxis haben sich dafür Prozentsätze bewährt, zum Teil gekoppelt mit Festbeträgen. Dabei ist darauf zu achten, dass gemäß § 103 Abs. 2 Nr. 2 KVG die Erheblichkeit der Mehraufwendung bzw. Mehrauszahlung der einzelnen Haushaltsposition und damit auch der Prozentsatz sich auf das Verhältnis zu den Gesamtaufwendungen bzw. Gesamtauszahlungen des Haushalts und nicht auf den bisherigen Ansatz der Haushaltsposition beziehen.

4 Es entsteht der Eindruck, dass die derzeit geltende Vorschrift des § 103 Abs. 2 Nr. 1 KVG einfach übernommen wurde, ohne zu erkennen, dass aufgrund der Umstellung des Haushaltsausgleichs auf Erträge und Aufwendungen die sonstigen Finanzierungen aufgrund von Bestimmungen der Haushaltssatzung nicht mehr ausgleichsrelevant für den Ergebnisplan sind (z. B. Erhöhung der Kreditsumme).

5 Zur weiteren Begründung siehe die ausführliche Darstellung in Kap. 14.3.2.

Ausgenommen von dieser Nachtragspflicht sind zunächst nach § 103 Abs. 3 Nr. 1 KVG als für die Praxis bedeutendere Fälle geringfügige Investitionen und geringfügige Investitionsfördermaßnahmen sowie unabweisbare Aufwendungen und Auszahlungen. Die geringfügigen Investitionen und Investitionsfördermaßnahmen führen aufgrund des unmittelbaren Tatbestandsmerkmales in § 103 Abs. 2 Nr. 2 KVG ohnehin nicht zu einem Pflichtnachtrag. Insofern ist festzustellen, dass die in § 103 Abs. 3 Nr. 1 KVG genannte Ausnahme nur auf § 103 Abs. 2 Nr. 3 KVG Anwendung finden kann.[6]

Für **unabweisbare** Aufwendungen und Auszahlungen ist unabhängig von ihrer Größenordnung in keinem Fall eine Nachtragshaushaltssatzung erforderlich. Dies ist darin begründet, dass solche Maßnahmen sachlich und zeitlich unaufschiebbar sind (z. B. Mehraufwendungen und Mehrauszahlungen für die Beseitigung von Unwetterschäden an Gebäuden). Hier wäre es aus wirtschaftlichen Gründen (Vermeidung weiterer Schäden) unvertretbar, die benötigten Instandsetzungsmittel erst in einem zeitraubenden Nachtragsverfahren bereitzustellen. Unabhängig von der Höhe des Betrages kann somit eine Mehraufwendung und Mehrauszahlung nach § 105 Abs. 1 KVG bewilligt werden (siehe Kap. 19.6).

Die letzte Ausnahme von der Nachtragspflicht betrifft die Umschuldungen von Krediten. Soll ein Kredit durch die Neuaufnahme eines anderen Kredites abgelöst werden (z. B. aufgrund günstigerer Konditionen), so kann es sich je nach Volumen der Umschuldung um erhebliche Mehrauszahlungen handeln, die grundsätzlich ja eine Nachtragspflicht bewirken würden. Dies entspricht jedoch nicht dem Sinn der Nachtragspflicht, weil die Umschuldungen keine neuen Haushaltsbelastungen zur Folge haben. Insofern korrespondiert diese Regelung mit § 100 Abs. 2 Nr. 2 KVG, wonach in dem Kreditbetrag nach § 2 der Haushaltssatzung lediglich Kredite aufzunehmen sind, die der Investitionsfinanzierung dienen. Auch aus diesem Grund werden die nicht in der Haushaltssatzung normierten Umschuldungen auch nicht über eine Nachtragshaushaltssatzung abgewickelt.[7]

Leistung von Ausgaben für bisher nicht veranschlagte Investitionen oder Investitionsfördermaßnahmen (Nr. 3)

Die gemeindliche Selbstverwaltung ist in finanzieller Hinsicht ausgeprägt durch die Entscheidung über die Verwendung freier Finanzmittel. Da die Gemeinde die Einrichtungen für ihre Bevölkerung schaffen soll, gilt eine wichtige Entscheidung der Selbstverwaltung dem Bereich der Investitionen (Auszahlungen zur Veränderung des Anlagevermögens). Da Einrichtungen Dritter gemeindeeigene Einrichtungen ersetzen können und die Gemeinde deshalb diese fördert, sind die Investitionsfördermaßnahmen ebenfalls angesprochen. Der Rat bestimmt die Selbstverwaltung der Gemeinde und damit auch die Investitions- und Investitionsförderungstätigkeit. Er bestimmt sie über Haushaltssatzung und Haushaltsplan. Werden neue Maßnahmen durchgeführt, kann dies zwangsläufig nur über eine Änderung des Haushaltsplans und der Haushaltssatzung erfolgen. Man kann aber auch einfach feststellen, dass die Wichtigkeit

6 Der Gesetzgeber sollte die Rechtsvorschrift entsprechend ändern.

7 Dies gilt auch nicht für die Liquiditätskredite, weil hierfür in der Haushaltssatzung ein Höchstbetrag ausgewiesen ist, der bei einer Umschuldung zwangsläufig nicht überschritten wird.

der Investitionen eine solche umfassende Behandlung erfordert. Diese Finanzierungen sollen sich voll im Haushaltsplan der Gemeinde widerspiegeln.

Es muss sich dabei um **bisher** nicht veranschlagte Investitionen handeln, die also erstmals Auszahlungen verursachen. Mehrauszahlungen für Fortsetzungsmaßnahmen bedingen somit keine Nachtragshaushaltssatzung. Es kann sich demnach auch nur um außerplanmäßige Auszahlungen handeln. Im Bereich der Bauinvestitionen kann die Veranschlagung von Planungskosten noch keine „bereits veranschlagten Investitionsauszahlung" bedingen, weil gemäß § 11 Abs. 1 KomHVO vor Veranschlagung einer Bauinvestition die notwendigen Baupläne erst vorliegen müssen.

Bisher nicht veranschlagte Investitionsfördermaßnahmen können ebenfalls nur über einen Nachtrag eingestellt werden. Hierbei handelt es sich um Transferleistungen an Dritte, die in der Regel freiwilliger Natur sind. Eine solche besondere Zahlung soll nur im umfangreichen Verfahren der Nachtragsplanung (formelle Bedingungen nach § 103 Abs. 1 Satz 2 i. V. m. § 102 KVG) und nicht mit einem einfachen Ratsbeschluss bereitgestellt werden.

Ausgenommen sind die geringfügigen Investitionen und Investitionsfördermaßnahmen sowie unabweisbare Ausgaben. Die Begründung für die Ausnahme bei den unabweisbaren Ausgaben wurde bereits oben gegeben. Für geringfügige Investitionen und Investitionsfördermaßnahmen kann es nicht sein, dass für **unerhebliche** neue Investitionen und Investitionsfördermaßnahmen eine Nachtragshaushaltssatzung notwendig ist. Bei solchen im Verhältnis zum Gesamthaushalt nicht erheblichen Veränderungen steht der Aufwand eines umfangreichen Nachtragsverfahrens im keinen Verhältnis zu den zu leistenden Beträgen. Die Geringfügigkeit ist in das Ermessen der Gemeinde gestellt. Dabei haben sich in der Praxis Festbeträge von etwa 10.000 bis 100.000 € je nach Größenordnung der Gemeinde durchgesetzt. Bei der Festsetzung der Grenze darf nicht auf den Gesamthaushalt, sondern nur auf die Höhe der Einzelmaßnahme abgestellt werden.

Änderung des Stellenplans (Nr. 4)

Die Verpflichtung der Gemeinde zum Erlass einer Nachtragssatzung besteht zudem nach § 103 Abs. 2 Nr. 4 KVG, wenn Beschäftigte eingestellt, angestellt, befördert oder in eine höhere Entgeltgruppe eingestuft werden sollen und der Stellenplan die entsprechenden Stellen nicht enthält. Ausgenommen von dieser Nachtragspflicht sind nach § 103 Abs. 3 Nr. 3 und 4 KVG

- Abweichungen vom Stellenplan und die Leistung höherer Personalausgaben, die sich unmittelbar aus einer Änderung des Besoldungs- oder Tarifrechts ergeben,
- eine Vermehrung oder Hebung von Stellen für Beamte im Rahmen der Besoldungsgruppen A 4 bis A 10, für Arbeitnehmer, wenn sie im Verhältnis zur Gesamtzahl der Stellen für diese Bediensteten unerheblich ist.

Praktische Anwendung der unbestimmten Rechtsbegriffe des § 103 KVG

§ 103 KVG ist mit unbestimmten Rechtsbegriffen gespickt, die mit Zahlen auszufüllen sind. Wie schon mehrfach betont, liegt die konkrete Festsetzung im Ermessen der Gemeinde. Die Gemeinde kann also nicht willkürlich handeln und unterliegt in ihren

Festsetzungen der Kommunalaufsicht im Rahmen der Rechtskontrolle. Es empfiehlt sich, genaue Regelungen in der Hauptsatzung oder in der Haushaltssatzung zu treffen. Auch Festlegungen durch einfache Ratsbeschlüsse sind zulässig. Nachstehend ist ein Beispiel für eine solche Regelung abgedruckt:

Beispiel:

1. *Als „erheblich“ i. S. d. § 103 Abs. 2 Nr. 1 KVG gilt ein Jahresfehlbetrag, der 3 v. H. der Gesamtaufwendungen des Ergebnisplans des laufenden Haushaltsjahres übersteigt.*
2. *Als „erheblich“ sind Mehraufwendungen i. S. d. § 103 Abs. 2 Nr. 2 KVG dann anzusehen, wenn sie im Einzelfall 1 v. H. der Gesamtaufwendungen des Ergebnisplans des laufenden Haushaltsjahres übersteigen. Das gleiche gilt für Mehrauszahlungen in Bezug auf die Gesamtauszahlungen des Finanzplans.*
3. *Als „geringfügig“ i. S. d. § 103 Abs. 3 Nr. 1 KVG gelten Auszahlungen für bisher nicht veranschlagte Investitionen, deren voraussichtliche Gesamtauszahlungen nicht mehr als 50.000 € betragen.*

21.2.4 Änderung von Haushaltsvermerken und Budgets

Haushaltsvermerke sind einschränkende oder erweiternde Bestimmungen zu Ergebnis- und Finanzpositionen des Haushaltsplans. So werden die Bestimmung über die Auswirkungen von Mehrerträgen und Mindererträgen auf Aufwandermächtigungen bzw. Mehreinzahlungen und Mindereinzahlungen auf Auszahlungsermächtigungen (unechte Deckungsfähigkeit nach § 17 Abs. 2 KomHVO) und die echte Deckungsfähigkeit i. S. v. § 18 Abs. 2 KomHVO aufgrund von Vermerken außerhalb der Budgetierung im Haushaltsplan wirksam. Soll nun ein solcher Vermerk geändert oder neu angebracht werden, bedarf es einer Fortschreibung des Haushaltsplans. Da der Haushaltsplan durch die Festsetzung der Gesamtbeträge in § 1 der Haushaltssatzung Bestandteil der Haushaltssatzung ist (siehe Ausführungen in Kap. 18.2.2.1), stellt die Vermerkänderung eine Änderung des § 1 der Haushaltssatzung dar. Wie bereits in Kap. 21.2.2 festgestellt, bedarf es dazu einer Nachtragshaushaltssatzung. Die von den Gemeinden zuweilen geübte Handhabung des einfachen Ratsbeschlusses zur Herbeiführung einer Vermerkänderung reicht dazu nicht aus. In der Praxis ist natürlich zu überlegen, ob eine gewünschte Vermerkänderung den Aufwand einer Nachtragshaushaltssatzung rechtfertigt.

Das Gleiche gilt natürlich, wenn die Gemeinde während des Haushaltsjahres die Budgetierung ändern will. Falls die Budgetierungen in einem Paragrafen der Haushaltssatzung bestimmt sind, ergibt sich offensichtlich eine Nachtragshaushaltssatzungspflicht. Auch wenn die Budgetierung nicht in der Haushaltssatzung, sondern lediglich im Haushaltsplan vermerkt ist, kann eine Änderung der Budgetierung nur durch Nachtragsatzung erfolgen, weil der Haushaltsplan über die Festsetzung in § 1 der Haushaltssatzung ja Bestandteil der Haushaltssatzung ist.

21.2.5 Änderung von Zielen und Kennzahlen

Auf Grund der Regelung des § 9 Abs. 3 KomHVO i. V. m. § 4 Abs. 2 KomHVO sollen die Ziele sowie Kennzahlen zur Messung der Zielerreichung in den produktorientierten Teilergebnisplänen enthalten sein. Damit sind diese Informationen bzw. Daten Teil des Haushaltsplans. Sollen nun die Ziele, Leistungen und Kennzahlen im laufenden Jahr geändert werden, bedarf dies einer förmlichen Haushaltsplanänderung. Da der Haushaltsplan durch die Festsetzung der Gesamtbeträge in § 1 der Haushaltssatzung Bestandteil der Haushaltssatzung ist, diese aber gemäß § 103 Abs. 1 KVG nur durch eine Nachtragshaushaltssatzung geändert werden kann, führt die Änderung von Zielen und Kennzahlen zu einer Nachtragshaushaltssatzung.

Es stellt sich dem Verfasser allerdings die Frage, ob diese Rechtsfolge bei der Formulierung der Normierungen wissentlich beabsichtigt war. Insofern sollte der Gesetzgeber bedenken, ob nicht eine Ausnahmevorschrift zu diesem Tatbestand sinnvoll ist. Davon unbenommen ist die sinnvolle Regelung des § 7 Abs. 1 KomHVO, wonach Ziele und Kennzahlen in einem Nachtragshaushaltsplan dann fortzuschreiben sind, wenn in diesem Nachtragshaushaltsplan ohnehin die dazu gehörenden Haushaltspositionen geändert werden.

21.2.6 Erhöhung des Ansatzes für Verfügungsmittel

Gemäß § 12 Satz 2 KomHVO dürfen die Ansätze für Verfügungsmittel (zum Begriff siehe Kap. 9.3.6.2) nicht überschritten werden. Aufwendungen bzw. Auszahlungen über den Ansatz hinaus sind somit unzulässig. Benötigt die Gemeinde bei dieser Haushaltsposition zusätzliche Haushaltsmittel, verbleibt ihr nur die Änderung des Haushaltsplans mit Erhöhung des entsprechenden Ansatzes. In einem Nachtragshaushaltsplan kann die Gemeinde natürlich alle Ansätze ändern, also auch die der Verfügungsmittel. Ein Nachtragshaushaltsplan bedingt aber wegen der bereits mehrfach beschriebenen Verbindung zu § 1 der Haushaltssatzung eine Nachtragshaushaltssatzung.

Auch hier seien die in Kap. 21.2.4 geäußerten Bedenken zur Effizienz der Nachtragshaushaltssatzung angebracht, sodass dieser Fall kaum in der Praxis Anwendung findet.

21.3 Inhalt des Nachtragshaushaltsplans

Wenn sich aus den in Kap. 21.2 dargestellten Gründen eine Pflicht zum Erlass einer Nachtragshaushaltssatzung mit Nachtragshaushaltsplan ergibt oder die Gemeinde freiwillig einen Nachtragshaushaltsplan aufstellt, ist es sinnvoll, den Nachtragshaushaltsplan so auszugestalten, dass der Ursprungsplan in allen Bereichen auf den neuesten Stand der Haushaltswirtschaft gebracht wird. Damit wird der Haushalt umfassend fortgeschrieben und bleibt verbindlicher Rahmen für die Haushaltsausführung.

Es wäre allerdings viel zu aufwändig, jede auch noch so kleine Änderung in den Nachtragshaushaltsplan aufzunehmen. Deshalb muss der Nachtragshaushaltsplan gemäß § 7 Abs. 1 KomHVO auch nur die Änderungen der Ansätze von Erträgen und Aufwendungen sowie der Einzahlungen und Auszahlungen enthalten, die im Zeitpunkt seiner Aufstellung übersehbar sind und eine von der Gemeinde zu bestimmende Erheblichkeitsgrenze übersteigen. Damit wird erreicht, dass der Nachtragshaushaltsplan keine unerheblichen Veränderungen aufweist. Die Erheblichkeitsgrenze ist von der Gemeinde zu bestimmen, allerdings unabhängig von den Begriffen des § 103 KVG. Allgemein wird ein wesentlich geringerer Betrag als im Fall des § 103 Abs. 3 Nr. 1 KVG gewählt. In der Praxis schwanken die Beträge je nach Größenordnung der Gemeinden zwischen 1.000 und 50.000 €, wobei allerdings seitens des Verfassers Bedenken bestehen, ob nicht auch bei Milliardenetats ein Betrag von 50.000 € zu hoch angesetzt ist. Insgesamt ist aber festzustellen, dass der für den Haushaltsplan geltende Grundsatz der Vollständigkeit (§ 101 Abs. 1 KVG) beim Nachtragshaushaltsplan durchbrochen wird.

In den Nachtragshaushaltsplan ebenfalls aufzunehmen sind die im Zusammenhang mit den Änderungen von Erträgen und Aufwendungen sowie Einzahlungen und Auszahlungen stehenden Änderungen von Zielen und Kennzahlen zur Zielerreichung.

Trotz Überschreiten der festgesetzten Erheblichkeitsgrenze nicht aufgenommen werden müssen gemäß § 7 Abs. 1 Satz 2 KomHVO die bereits geleisteten und angeordneten über- und außerplanmäßigen Aufwendungen und Auszahlungen. Der Nachtragshaushaltsplan soll also nicht die Funktion haben, über bereits verfügte Finanzpositionen Auskunft zu geben. Insofern gibt der Nachtragshaushaltsplan nur eingeschränkt die laufende Entwicklung des Haushaltsjahres wieder. Dies ist vertretbar, weil entweder der Rat selbst die über- oder außerplanmäßigen Bewilligungen entschieden hat oder über die Bereitstellung der unerheblichen Mittelbereitstellungen informiert wurde. Außerdem hätte eine Erhöhung der Haushaltsposition nur eine rein deklaratorische Bedeutung, da über die Mittel bereits verfügt wurde. In der Praxis ist eine Reihe von Gemeinden aus Überlegungen der Haushaltsklarheit aber dazu übergegangen, freiwillig auch die über der Erheblichkeitsgrenze liegenden und bereits in Anspruch genommenen über- und außerplanmäßigen Ermächtigungen in den Nachtragshaushalt zu übernehmen.

Eine Pflicht zur Aufnahme bereits über- und außerplanmäßig entstandener Aufwendungen sowie über- und außerplanmäßig geleisteter Auszahlungen in den Nachtragshaushaltsplan besteht gemäß § 7 Abs. 2 KomHVO allerdings dann, wenn Mehrerträge bzw. Mehreinzahlungen oder Kürzungen von Aufwendungen oder Auszahlungen veranschlagt werden, die zur Deckung dieser über- und außerplanmäßigen Beträge verwendet wurden. Diese Regelung erreicht, dass die Mehrerträge bzw. Mehreinzahlungen oder Minderaufwendungen bzw. Minderauszahlungen als Haushaltsverbesserungen nicht ein zweites Mal als Deckungsmittel herangezogen werden. Das nachstehende Beispiel verdeutlicht dies:

Beispiel:
Die kreisfreie Stadt S wird im Haushaltsjahr über 2.000.000 € Mehrerträge bei den Zuwendungen und allgemeinen Umlagen im Produktbereich 61 erzielen. Zwischenzeitlich wurden überplanmäßige Bewilligungen für Transferaufwendungen beim Produktbereich 31 (Sozialhilfe und soziale Leistungen) in Höhe von 400.000 € aus diesen Mehrerträgen gedeckt. Da die Sozialleistungen bereits aufwendungsmäßig entstanden sind, brauchen sie grundsätzlich gemäß § 7 Abs. 1 Satz 2 KomHVO nicht mehr in den Nachtrag aufgenommen zu werden. Die Mehrerträge von 2.000.000 € dagegen gehören in den Nachtragshaushaltsplan, weil sie in der Stadt S geltende Wertgrenze übersteigen. Sie sind aber nur noch zu einem Betrag von 1.600.000 € frei verfügbar. Würde man also die damit gedeckten überplanmäßigen Aufwendungen nicht in den Nachtragshaushalt aufnehmen, würde unberechtigterweise der gesamte Betrag im Rahmen der Gesamtdeckung freie Finanzierungsmittel darstellen. Es muss somit wie folgt veranschlagt werden:

Mehrerträge Zuwendungen und allgemeine Umlagen	*+2.000.000 €*
üpl. Transferaufwendungen	*– 400.000 €*
frei verfügbare zusätzliche Deckungsmittel	*1.600.000 €*

Eine Erleichterung des Verfahrens liegt darin, dass Beträge unterhalb der Erheblichkeitsgrenze nicht in den Nachtragshaushaltsplan aufzunehmen sind. Sie werden ohnehin durch ebenfalls nicht veranschlagte geringfügige Mehrerträge bzw. Mehreinzahlungen und Einsparungen bei Aufwendungen oder Auszahlungen in der Regel ausgeglichen, sodass der Gesamthaushalt unbeeinflusst bleibt.

Als Entscheidungshilfe für das praktische Vorgehen bietet sich das nachfolgende Raster an, wobei dieses sich exemplarisch auf den Ergebnisplan bezieht. Es ist für Einzahlungen und Auszahlungen gleichermaßen anzuwenden:

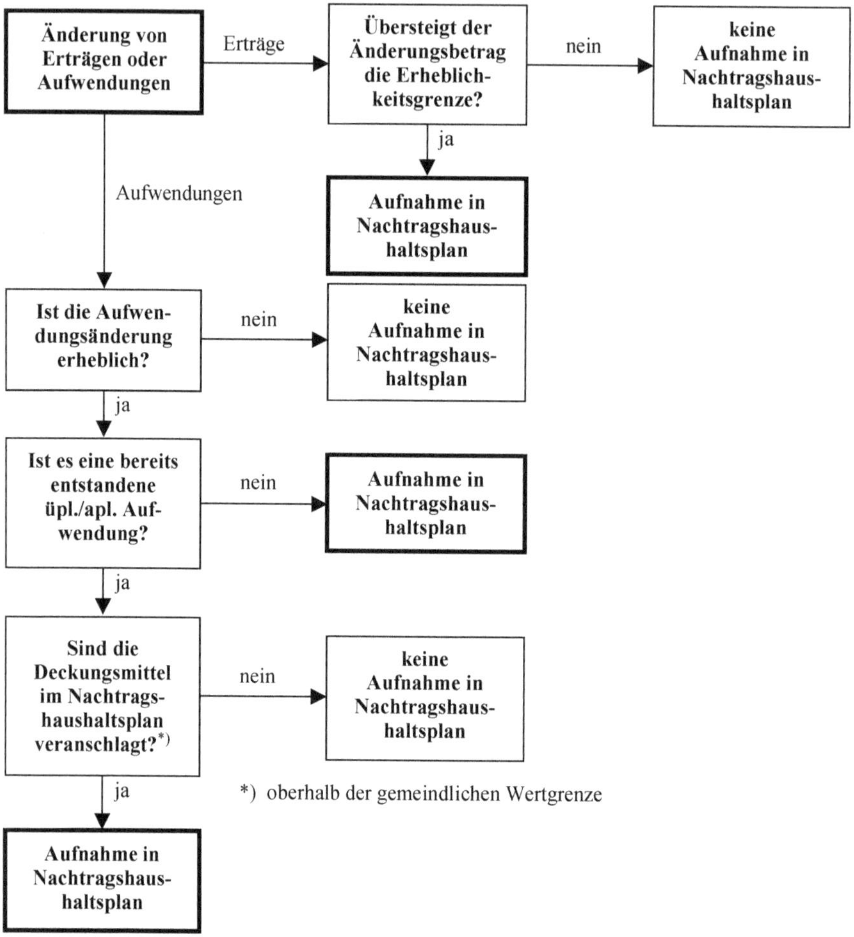

Werden neue Verpflichtungsermächtigungen im Nachtragshaushaltsplan veranschlagt, sind gemäß § 7 Abs. 3 KomHVO deren Auswirkungen auf die mittelfristige Finanzplanung anzugeben. In diesen Fällen ist dem Nachtragshaushaltsplan auch eine geänderte Übersicht der Verpflichtungsermächtigungen (§ 1 Abs. 2 Nr. 2 KomHVO) beizufügen. Unverständlich ist allerdings, dass § 7 Abs. 3 KomHVO diese Pflicht nur auf neue Verpflichtungsermächtigungen beschränkt. Dies müsste auch für Änderungen bestehender Verpflichtungsermächtigungen und bei Verschiebungen der Kassenwirksamkeit späterer Auszahlungen bei unveränderter Höhe des Verpflichtungsermächtigungsansatzes gelten.[8]

Es bestehen keine amtlichen Muster für die Ausgestaltung des Nachtragshaushaltsplans. Dem Sinn einer Nachtragshaushaltsplanung entsprechend kann aber auf

8 Der Gesetzgeber ist aufgefordert, eine entsprechende Ergänzung anzubringen.

die unverbindlichen Muster für die Haushaltsplanung (Anlagen 3 bis 8 der Muster zum NKHR) zurückgegriffen werden. Dabei hat eine entsprechende Ergänzung um die Veränderungswerte wie folgt zu erfolgen:

- neuer Ansatz des Haushaltsjahres,
- bisheriger Ansatz des Haushaltsjahres,
- Veränderungsbetrag.

Dieselbe Einteilung gilt für die Verpflichtungsermächtigungen im Teilfinanzplan.

21.4 Zustandekommen der Nachtragshaushaltssatzung

Besteht gemäß § 103 Abs. 2 KVG die Pflicht zum Erlass einer Nachtragshaushaltssatzung, so ist diese unverzüglich zu erlassen. Die Verwaltung der Gemeinde muss also ohne schuldhaftes Verzögern nach Bekanntwerden des begründenden Tatbestands mit den Vorbereitungen beginnen und schnellstens einen Ratsbeschluss herbeiführen.

Eine Nachtragshaushaltssatzung muss nach § 103 Abs. 1 Satz 1 KVG spätestens bis zum Ablauf des Haushaltsjahres – gemäß § 100 Abs. 1 KVG ist das Haushaltsjahr mit dem Kalenderjahr identisch – abgeschlossen sein. Da das Verfahren zum Erlass der Nachtragshaushaltssatzung nach § 103 Abs. 1 Satz 2 i. V. m. § 102 KVG bis zum 31. Dezember des Haushaltsjahres abgeschlossen sein muss, ist für die zeitliche Komponente somit ausschließlich der Ratsbeschluss bis zum 30. November des entsprechenden Jahres entscheidend, damit die evtl. erforderlichen aufsichtsbehördlichen Genehmigungen und die Veröffentlichung der Nachtragshaushaltssatzung noch im laufenden Haushaltsjahr liegen.

Beim Thema „Erlass der Haushaltssatzung" wurde oben als weitere zeitliche Begrenzung erläutert, dass eine Erhöhung der Realsteuerhebesätze in § 5 der Haushaltssatzung gemäß § 25 Abs. 3 GrStG und § 16 Abs. 3 GewStG bis zum 30. Juni für das laufende Jahr beschlossen sein muss. Dies entspricht dem Gedanken einer gewissen Voraussehbarkeit bei Steuererhöhungen (Vertrauensschutz). Da § 25 Abs. 2 GrStG und § 16 Abs. 2 GewStG die Realsteuern als Jahressteuern (Hebesatz ist mindestens für ein Kalenderjahr festzusetzen) beschreibt, können im Laufe des Haushaltsjahres durch eine Nachtragshaushaltssatzung die Hebesätze der Haushaltssatzung nur rückwirkend zum Beginn des Haushaltsjahres erhöht werden. Deshalb kommt es bei der Nachtragshaushaltssatzung zur selben zeitlichen Begrenzung wie bei der Haushaltssatzung, wenn die Steuersätze in § 5 der Haushaltssatzung erhöht werden sollen. Eine solche Nachtragshaushaltssatzung muss vom Rat bis zum 30. Juni eines Jahres beschlossen sein. Insofern wird durch die Steuergesetze (Bundesrecht bricht Landesrecht) der durch § 103 Abs. 1 Satz 1 KVG vorgegebene Beschlusszeitpunkt für die Nachtragshaushaltssatzung eingeschränkt.

Da die Nachtragshaushaltssatzung eine Änderung der Haushaltssatzung darstellt, gelten die Vorschriften zum Erlass der Haushaltssatzung entsprechend. Insofern sind auch die Vorschriften des § 100 KVG auf die Nachtragshaushaltssatzung im vollen Umfang anzuwenden (siehe dazu Kap. 18.3).

Eine Nachtragshaushaltssatzung unterliegt auch denselben Genehmigungspflichten wie die Haushaltssatzung. Umstritten ist allerdings, ob diejenigen Paragrafen einer Nachtragshaushaltssatzung einer Genehmigung bedürfen, die gegenüber der Ursprungshaushaltssatzung keine Änderung aufweisen. Da der Haushaltsplan und damit die Satzung bei einer Nachtragshaushaltssatzung überdacht und neu konstruiert werden, würden die unveränderten Bestimmungen in der Nachtragshaushaltssatzung Neufestsetzungen mit zufällig demselben Inhalt darstellen, die einer erneuten Genehmigung der Aufsichtsbehörde bedürften.

Diese Rechtsauffassung wird von den Gemeinden und den kommunalen Spitzenverbänden zu Recht nicht geteilt, weil unveränderte Bestimmungen damit praktisch doppelt zu genehmigen sind. Für eine mehrfache Genehmigung bietet die Gemeindeordnung keine Anhaltspunkte. Außerdem ist eine solche Genehmigung in der Regel praktisch gar nicht durchführbar, da z. B. Kredite bereits aufgenommen oder die Verpflichtungsermächtigungen ausgeschöpft sind, so dass dann eine Genehmigung gar nicht mehr verweigert werden kann. Charakter einer Genehmigungspflicht ist es aber nun einmal, dass der zu Genehmigende auch zum Ergebnis einer Ablehnung kommen kann. Sonst ist es nur eine Kenntnisnahme. Es bleibt abzuwarten, ob die Rechtsprechung eine klare Entscheidung bringen wird.

Bei den Landkreisen muss gemäß § 20 Abs. 3 FAG die Erhöhung der Kreisumlage (§ 5 der Nachtragshaushaltssatzung) unmittelbar nach der Beschlussfassung des Kreistags der Aufsichtsbehörde zur Genehmigung vorgelegt werden. Die Aufsichtsbehörde hat ihre Entscheidung innerhalb eines Monats nach Vorlage dem Landkreis bekanntzugeben. Falls die Frist nicht eingehalten wird, gilt der Beschluss des Landkreises als genehmigt.

Die Frage, ob eine Nachtragshaushaltssatzung durch Eil- bzw. Dringlichkeitsentscheidung nach § 65 Abs. 4 KVG erlassen werden kann, ist umstritten. Sie wird vor allem deshalb verneint, weil das in § 102 KVG vorgesehene formelle Verfahren bei einer Eilentscheidung nicht möglich ist. Die Befürworter einer Eilentscheidung stützen sich allein auf den Wortlaut des § 65 Abs. 4 KVG, wonach alle dringenden Angelegenheiten des Rates bei Vorliegen der Voraussetzungen im Wege der Eilentscheidung beschlossen werden können. Dieser Meinung ist nach Auffassung des Verfassers wegen der genannten Formvorschriften nicht zu folgen, sodass wie bei der Haushaltssatzung auch bei der Nachtragshaushaltssatzung eine Eilentscheidung zu verneinen ist. Dabei wird nicht verkannt, dass es durchaus auch im Nachtragsverfahren zur Dringlichkeit kommen kann, z. B. bei einer unverzüglich durchzuführenden Erhöhung der Kreditermächtigung.

21.5 Übungen

Sachverhalt Nr. 1:

Bei der Gemeinde G (Gesamtsumme der Aufwendungen im Ergebnisplan: 70.000.000 € und der Auszahlungen im Finanzplan: 80.000.000 €) fallen im Laufe des Haushaltsjahres folgende Sachverhalte an:

a) Durch ein Unwetter wird das Rathaus der Gemeinde G stark beschädigt. Die nicht veranschlagten Instandsetzungsaufwendungen (vor allem Dach- und Fenstererneuerung) werden auf 800.000 € geschätzt. Im zuständigen Produktbereich 11 werden die veranschlagten Aufwendungen für Sach- und Dienstleistungen ansonsten planmäßig abgewickelt.
b) Es soll eine Kindertagesstätte gebaut werden. Im Teilfinanzplan ist trotz der im Vorjahresplan enthaltenen Anfinanzierungsrate von 100.000 € der benötigte Betrag von 600.000 € für die Baufortsetzung irrtümlich nicht veranschlagt.
c) Durch das bereits bei a) beschriebene Unwetter ist auch eine Werkhalle einer Firma im Gemeindegebiet unbenutzbar geworden. Die Firma will eine neue Werkhalle errichten, an deren Baukosten sich die Gemeinde mit Zuwendungen in Höhe von 40.000 € beteiligen will. Mittel sind dafür im zuständigen Produktbereich nicht vorgesehen.
d) Auf dem Gelände des Gymnasiums sollen Fertiggaragen aufgestellt werden, deren damit verbundene Auszahlungen in Höhe von 80.000 € nicht veranschlagt sind.
e) Es zeichnet sich Mitte Juli ab, dass trotz Ausnutzung jeder Sparmöglichkeit und zusätzlicher Ertragsbeschaffung der Haushalt der Gemeinde G wohl mit einem Jahresfehlbetrag von 4.000.000 € abschließen wird.

In der Hauptsatzung der Gemeinde G sind die Wertgrenzen nach § 103 KVG wie folgt festgesetzt:

1. Als „erheblich" i. S. d. § 103 Abs. 2 Nr. 1 KVG gilt ein Jahresfehlbetrag, der 2 v. H. der Gesamtsumme der Aufwendungen des laufenden Haushaltsjahres im Ergebnisplan übersteigt.
2. Als „erheblich" sind Mehraufwendungen i. S. d. § 103 Abs. 2 Nr. 2 KVG dann anzusehen, wenn sie im Einzelfall 1 v. H. die Gesamtsumme der Aufwendungen des laufenden Haushaltsjahres im Ergebnisplan übersteigen. Das Gleiche gilt für Mehrauszahlungen im Finanzplan.
3. Als „geringfügig" i. S. d. § 103 Abs. 3 Nr. 1 KVG gelten Auszahlungen für bisher nicht veranschlagte Investitionen oder Investitionsfördermaßnahmen, deren voraussichtliche Gesamtauszahlungen nicht mehr als 50.000 € betragen.

Aufgabe:
Prüfen Sie, ob die im Sachverhalt enthaltenen Tatbestände eine Pflicht zur Nachtragshaushaltssatzung begründen.

Lösung:
a) Eine Pflicht zur Nachtragshaushaltssatzung könnte sich zunächst aus § 103 Abs. 2 Nr. 2 KVG ergeben, weil die Aufwendungen für die Instandsetzung des Rathauses die beim Produktbereich 01 veranschlagten Aufwendungen für Sach- und Dienstleistungen übersteigen (die veranschlagten Haushaltsmittel werden planmäßig benötigt.). Voraussetzung dazu ist, dass die Mehraufwendungen von 800.000 € als „erheblich" im Verhältnis zur Gesamtsumme der Aufwendungen zu werten ist. Aufgrund der Hauptsatzung der Gemeinde G sind Mehraufwendungen i. S. d. Vor-

schrift dann erheblich, wenn sie 1 v. H. der Gesamtsumme der Aufwendungen im Ergebnisplan übersteigen. Die Gesamtsumme der Aufwendungen im Ergebnisplan der Gemeinde G beträgt 70.000.000 €, sodass die Grenze bei 700.000 € liegt. Die Mehraufwendungen für die in der Rathausreparatur bedingten Sach- und Dienstleistungen übersteigen diesen Betrag um 100.000 €. Sie stellen somit erhebliche Mehraufwendungen i. S. d. § 103 Abs. 2 Nr. 2 KVG dar und können nur durch eine Nachtragshaushaltssatzung bereitgestellt werden.

Es fragt sich aber, ob § 103 Abs. 3 Nr. 1 KVG diesen Fall nicht als Ausnahme behandelt. In der Tat sind u. a. unabweisbare Aufwendungen und Auszahlungen von der Nachtragspflicht befreit. Laut Sachverhalt handelt es sich um die Beseitigung von Unwetterschäden. Das Aufwandvolumen von 800.000 € belegt, dass erhebliche Schäden vorliegen. Die Funktionsfähigkeit des Rathauses ist für die praktische Verwaltungsarbeit unerlässlich. Würden die Reparaturarbeiten nicht sofort in Angriff genommen, besteht die Gefahr, dass sich die Schäden vergrößern. Insofern sind die zusätzlichen Instandsetzungsaufwendungen für die Reparatur sachlich und zeitlich unaufschiebbar und demnach unabweisbar.

Obwohl es sich um ein erhebliche Mehraufwendungen i. S. d. § 103 Abs. 2 Nr. 2 KVG handelt, ist gemäß § 103 Abs. 3 Nr. 1 KVG eine Nachtragshaushaltssatzung nicht erforderlich. Da auch zum § 103 Abs. 2 Nr. 3 KVG die Ausnahme des Absatz 3 zutrifft, erübrigt es sich, diese Vorschrift näher zu prüfen.

§ 103 Abs. 2 Nr. 1 KVG ist nicht zu prüfen, weil das Tatbestandsmerkmal eines Fehlbetrags nicht gegeben ist. Ohnehin wäre hier auch die Erheblichkeitsgrenze laut Sachverhalt unterschritten.

b) Es ist wiederum zu prüfen, ob sich eine Verpflichtung zur Nachtragshaushaltssatzung aus § 103 Abs. 2 Nr. 2 KVG ergibt. In der Lösung zu a) wurde bereits festgestellt, dass die Wertgrenze durch Hauptsatzung festgesetzt ist. In diesem Fall allerdings ist auf den Finanzplan abzustellen, weil es sich um eine Auszahlung handelt. Insofern beträgt die Grenze 1 % von 80.000.000 €, demnach 800.000 €. Der für den Neubau der Kindertagesstätte benötigte Jahresbetrag von 600.000 € liegt somit unterhalb dieser Grenze, sodass nach dieser Norm keine Pflichtnachtragshaushaltssatzung zu erlassen ist.

Es fragt sich nun, ob eine Nachtragshaushaltssatzung gemäß § 103 Abs. 2 Nr. 3 KVG erforderlich ist. Bei dem Neubau handelt es sich um eine Investition, weil kommunales Anlagevermögen (Gebäude als Grundstücksteil gemäß § 94 BGB) durch den Neubau erhöht wird. Allerdings sieht diese Vorschrift eine Nachtragspflicht nur bei bisher nicht veranschlagten Investitionen und Investitionsfördermaßnahmen vor, also erstmals zu veranschlagenden Investitionsauszahlungen. Laut Sachverhalt handelt es sich jedoch um eine Fortführungsmaßnahme, weil im Vorjahreshaushalt bereits Mittel für die Herstellung des Kindertagesstättengebäudes veranschlagt waren. Insofern ergibt sich auch aus § 103 Abs. 2 Nr. 3 KVG keine Pflicht zur Nachtragshaushaltssatzung.

Zu § 103 Abs. 2 Nr. 1 KVG gelten die Ausführungen zu a).

c) Die Gemeinde will einen Zuschuss in Höhe von 100.000 € zur Investition eines Dritten leisten, sodass es sich insofern um Transferaufwendungen in Form einer Investitionsförderung handelt. Wegen der Wertgrenze von 700.000 € (siehe Lösung zu a) ist die Prüfung des § 103 Abs. 2 Nr. 2 KVG abwegig. § 103 Abs. 2 Nr. 1 KVG ist nicht zu prüfen, weil das Tatbestandsmerkmal eines Fehlbetrags nicht gegeben ist. Ohnehin wäre hier auch die Erheblichgrenze laut Sachverhalt unterschritten. Es liegt jedoch der Fall des § 103 Abs. 2 Nr. 3 KVG vor, wonach u. a. bisher nicht veranschlagte Investitionsförderungen durch eine Nachtragshaushaltssatzung zu finanzieren sind. Laut Sachverhalt (Unwetter war nicht voraussehbar) sind Mittel für diese Investitionsförderung nicht im Haushaltsplan enthalten, sodass die Nachtragspflicht nach dieser Vorschrift zu bejahen ist.
Gemäß § 103 Abs. 3 Nr. 1 KVG sind allerdings u. a. geringfügige Investitionsfördermaßnahmen von der Nachtragspflicht ausgenommen. Laut Sachverhalt liegen geringfügige Ausgaben bis zu einem Betrag von 50.000 € vor. Insofern ist aufgrund dieser Ausnahmeregelung eine Pflichtnachtragshaushaltssatzung nicht erforderlich.

d) Die Aufstellung der Fertiggaragen ist zu den Investitionen zu zählen, da es sich um eine Neuerrichtung von Gebäuden handelt und die Art der Bauausführung nicht entscheidend ist (Erweiterung des kommunalen Grundstücksvermögens). Laut Sachverhalt sind die dafür benötigten Mittel von 80.000 € bisher nicht veranschlagt, sodass die Voraussetzungen zum Erlass einer Nachtragshaushaltssatzung gemäß § 103 Abs. 2 Nr. 3 KVG gegeben sind (für Näheres zur Auslegung siehe Lösung zu b).
Es fragt sich allerdings, ob die Ausnahme nach § 103 Abs. 3 Nr. 1 KVG anzuwenden ist. Wie bereits festgestellt, liegt eine Investition vor. Diese ist auch nicht geringfügig, weil die Gemeinde G die Wertgrenze der Geringfügigkeit laut Sachverhalt auf 50.000 € festgesetzt hat. Insofern liegt eine Ausnahme nach § 103 Abs. 3 Nr. 1 KVG nicht vor, sodass der Erlass einer Nachtragshaushaltssatzung erforderlich ist.

e) Eine Nachtragshaushaltssatzung wäre gemäß § 103 Abs. 2 Nr. 1 KVG erforderlich, wenn der Jahresfehlbetrag erheblich wäre und er nur durch den Erlass einer Nachtragshaushaltssatzung gedeckt werden kann. Eine andere Deckung (Einsparungen bei Aufwendungen oder Mehrerträge) ist laut Sachverhalt ausgeschlossen.
Aufgrund der Hauptsatzung der Gemeinde G gilt ein Jahresfehlbetrag als erheblich, wenn er 2 v. H. des der Gesamtsumme der Aufwendungen im Ergebnisplan in Höhe von 70.000.000 € = 1.400.000 € übersteigt, was bei dem vorliegenden Fehlbetrag von 4.000.000 € der Fall ist.
Dieser Jahresfehlbetrag muss jedoch – wie oben dargestellt – durch den Erlass der Nachtragshaushaltssatzung beseitigt werden können. Dies kann wegen des zusätzlichen Ertragsbedarfs nur durch eine Erhöhung der Realsteuerhebesätze und den dadurch bedingten Mehrerträgen erfolgen. Gemäß § 25 Abs. 3 GrStG und § 16 Abs. 3 GewStG muss eine Nachtragshaushaltssatzung, in der die Steuersätze (§ 5 der Haushaltssatzung) angehoben werden, vom Rat bis zum 30. Juni des Jahres beschlossen werden. Im vorliegenden Fall wird der Jahresfehlbetrag erst im Juli

des Jahres festgestellt, sodass die Erhöhung der Hebesätze zu diesem Zeitpunkt nicht mehr zulässig ist. Eine Erhöhung zu einem späteren Zeitpunkt des Jahres scheidet gemäß § 25 Abs. 2 GrStG und § 16 Abs. 2 GewStG aus, weil die Realsteuern Jahressteuern und somit immer nur für ein ganzes Kalenderjahr festzusetzen sind. Der Haushaltsausgleich kann somit durch eine die Haushaltssatzung ändernde Nachtragshaushaltssatzung nicht herbeigeführt werden, sodass trotz des erheblichen Fehlbetrages die Gemeinde nicht zum Erlass einer Nachtragshaushaltssatzung nach § 103 Abs. 2 Nr. 1 KVG verpflichtet ist.

Sachverhalt Nr. 2:
Die Gemeinde G stellt im September 2025 den 1. Nachtragshaushaltsplan für dieses Haushaltsjahr auf. Unter anderem ergibt sich in der Produktgruppe 421 „Förderung des Sports“ folgendes:

a) Erhöhung der Baukosten für das Schwimmbad
Der Bau des Schwimmbades ist im Haushalt 2025 mit Bauauszahlungen von 4.000.000 € eingeplant, die je zur Hälfte für 2025 und 2026 vorgesehen sind. Nunmehr erhöhen sich die Auszahlungen für das Jahr 2025 um 300.000 € wegen bisher nicht eingeplanter zusätzlicher Bodensicherungsarbeiten. Die Einrichtungsauszahlungen in Höhe von 500.000 € waren bisher im vollen Umfang für 2026 vorgesehen. Nunmehr sollen bereits im Haushaltjahr 2025 Einrichtungen im Wert von 50.000 € gekauft werden. Die Verträge für die Baumaßnahme und die Einrichtungen werden bzw. wurden wie geplant insgesamt in 2025 abgeschlossen.

Bisher war eine Landeszuweisung in Höhe von 10 % der kassenwirksamen Auszahlungen für den Bau und die Einrichtung veranschlagt. Nunmehr hat das Land angekündigt, die Zuweisungsquote auf 20 % der jeweiligen kassenwirksamen Auszahlungen zu erhöhen.

b) Neubau eines bisher nicht veranschlagten Stadions
Die Grundstückssituation für das geplante Stadion stellt sich recht günstig dar. Es kann im Wesentlichen auf ein Grundstück des Grünflächenbereichs im Wert von 200.000 € zurückgegriffen werden, welches bisher bei den Parkanlagen im Produktbereich 55 geführt wird. Lediglich ein ca. 1.000 m² großes Grundstück muss zum Kaufpreis von 50.000 € erworben werden. Mit dem Abschluss des Kaufvertrages ist für September 2025 zu rechnen; die Zahlung erfolgt je zur Hälfte in 2025 und 2026. Der Verkäufer wird sich mit dem Baubeginn in 2025 bereit erklären. Dazu hat die Gemeinde G die Notar- und Grundbuchkosten von rund 5.000 € in 2025 zu tragen. Die auf dem Grundstück befindlichen Bäume werden gefällt, wobei noch in 2025 mit einem Verkaufserlös für das Holz in Höhe von 1.000 € gerechnet werden kann.

Die Baukosten belaufen sich auf insgesamt 20.000.000 €. Nach dem Bauzeitplan werden in 2025 lediglich noch 1.000.000 € verbaut werden können. Der Restbetrag wird je zur Hälfte in 2026 und 2027 anfallen. Eine Spezialfirma soll den Gesamtauftrag vor Baubeginn in 2025 erhalten.

Die für die Pflege der Rasenfläche im Stadion benötigte Spezialmaschine wird eine Auszahlung in Höhe von 100.000 € verursachen. Wegen der langen Lieferzeit soll sie bereits in 2025 bestellt werden, die Auslieferung und Rechnungsstellung sind für 2027 vorgesehen. Neben den Anschaffungskosten hat die Gemeinde G auch die Transportkosten für die Maschine in Höhe von 1.000 € dem Hersteller nach Lieferung zu erstatten.

Das Land wird sich an den Bau- und Grunderwerbskosten mit 10 % entsprechend der Auszahlungsveranschlagung beteiligen. Der örtliche Bundesligaverein wird der Gemeinde G einen zweckgebundenen zinslosen Kredit von 200.000 € in 2025 auszahlen. Dieser ist erstmals in 2026 zu tilgen.

Aufgabe:
Erstellen Sie einen Auszug aus dem Teilfinanznachtragsplan 2025 für die Produktgruppe 421 „Förderung des Sports". Unterstellen Sie dabei, dass alle Änderungsbeträge die in der Gemeinde G geltende Wertgrenze nach § 7 Abs. 1 KomHVO übersteigen. Auf die Darstellung der Jahre der mittelfristigen Planung ist zu verzichten. Die Verpflichtungsermächtigungen sind in ihrer endgültigen Summe darzustellen (kein Veränderungsnachweis).

Lösung:

Produktbereich 421 Förderung des Sports Teilfinanzplan Investitionstätigkeit	**neuer Ansatz 2025**	**alter Ansatz 2025**	**Veränderung 2025**	**neue VE 2025**
Einzahlungen				
Zuwendungen für Investitionsmaßnahmen	573.000	200.000	373.000	
Veräußerung von Grundstücken, Gebäuden, Infrastrukturvermögen	1.000	0	1.000	
Summe der investiven Einzahlungen	**574.000**	**200.000**	**374.000**	
Auszahlungen				
Erwerb von Grundstücken, Gebäuden, Infrastrukturvermögen	30.000	0	30.000	25.000
Baumaßnahmen	3.300.000	2.000.000	1.300.000	21.000.000
Erwerb von beweglichem Anlagevermögen	50.000	0	50.000	551.000
Summe der investiven Ausgaben	**3.380.000**	**2.000.000**	**1.380.000**	**21.576.000**
Saldo Investitionstätigkeit	**–2.806.000**	**–1.800.000**	**–1.006.000**	

Übersicht Investitionsmaßnahmen	**neuer Ansatz 2025**	**alter Ansatz 2025**	**Verände-rung 2025**	**neue VE 2025**
Maßnahmen oberhalb der Wertgrenze				
Einzahlung: Landeszuweisung Stadion	103.000	0	103.000	
Einzahlung: Veräußerung von Sach-anlagen Stadion	1.000	0	1.000	
Auszahlung: Grunderwerb Stadion	30.000	0	30.000	25.000
Auszahlung: Baumaßnahme Stadion	1.000.000	0	1.000.000	19.000.000
Auszahlung: bewegliches Vermögen Stadion	0	0	0	101.000
Saldo Investitionsmaßnahme Stadion	–926.000		–926.000	19.126.000
Einzahlung: Landeszuweisung Schwimmbad	470.000	200.000	270.000	
Auszahlung: Baumaßnahme Schwimmbad	2.300.000	2.000.000	300.000	2.000.000
Auszahlung: bewegliches Vermögen Schwimmbad	50.000	0	50.000	450.000
Saldo Investitionsmaßnahme Schwimmbad	–1.880.000	–1.800.000	–80.000	2.450.000
Saldo	**–2.806.000**	**–1.880.000**	**–1.006.000**	**21.576.000**

Hinweise: Die zweckgebundene Krediteinzahlung des örtlichen Bundesligavereins ist dem Produktbereich 61 zuzuordnen und deshalb nach der Aufgabenstellung hier nicht nachzuweisen.

Es wäre auch zulässig, die Einzahlung aus dem Holzverkauf in Höhe von 1.000 € beim Produktbereich 55 „Natur und Landschaftspflege“ (Öffentliches Grün) nachzuweisen.

22. Der Jahresabschluss

22.1 Gestaltung des Jahresabschlusses

Der kommunale Jahresabschluss stellt vergleichbar mit dem kaufmännischen Abschluss das Ziel der Rechenschaft in den Vordergrund. Nach § 118 Abs. 1 Satz 1 KVG ist daher im Jahresabschluss das Ergebnis der Haushaltswirtschaft des Haushaltsjahres nachzuweisen. Als Aufstellungsgrundsatz legt § 118 Abs. 1 KVG fest, dass der Jahresabschluss nach den Grundsätzen ordnungsmäßiger Buchführung aufzustellen ist und klar und übersichtlich sein muss. Der Abschluss muss ein den tatsächlichen Verhältnissen entsprechendes Bild der Lage der Gemeinde vermitteln. Hierbei hat die Gemeinde die in den Rechtsvorschriften der §§ 41 ff. KomHVO enthaltenen Maßgaben zu berücksichtigen. Das den tatsächlichen Verhältnissen entsprechende Bild soll darüber informieren, wie „reich" oder „arm" die Kommune ist und wie sich ihre Ertragskraft gestaltet. In der Praxis dürfte dieser Regelungsteil kaum relevant sein, da die anderen haushaltsrechtlichen Vorschriften – insbesondere die Grundsätze ordnungsmäßiger Buchführung – kaum eine Abweichung zulassen.

Für den Jahresabschluss von besonderer Bedeutung sind die im Rahmen der Rechenschaftspflicht geltenden Grundsätze der Recht- und Ordnungsmäßigkeit der Haushaltswirtschaft. Im Vorfeld des Jahresabschlusses sollte daher bereits im Rahmen der Bewirtschaftung – zwecks Vermeidung zusätzlicher zeitraubender Prüfarbeiten während des Jahresabschlusses – bei den einzelnen Rechnungskomponenten periodisch (z. B. monatlich) der Buchungsstoff geprüft werden. Hierzu gehört auch ein Abgleich der Nebenbuchhaltungen mit dem Hauptbuch. Unklare Buchungen sollten bis zum Jahresabschluss geklärt und fehlerhafte Buchungen berichtigt werden.

Der Jahresabschluss besteht nach § 118 Abs. 2 KVG aus dem Abschluss der drei Rechnungskomponenten

- Ergebnisrechnung,
- Finanzrechnung,
- Vermögensrechnung (Bilanz) und
- Anhang.

Nach § 118 Abs. 3 KVG ist der Jahresabschluss durch einen Rechenschaftsbericht (§ 48 KomHVO), der als Anlage beizufügen ist, zu erläutern. Des Weiteren sind nach § 118 Abs. 4 KVG weitere Anlagen des Jahresabschlusses zu treffen. Hierbei handelt es sich um Übersichten über das Anlagevermögen, die Forderungen und die Verbindlichkeiten (§ 49 KomHVO), eine Übersicht über die in das folgende Jahr zu übertragenden Aufwendungen und Auszahlungen sowie eine Übersicht über Verpflichtungsermächtigungen gemäß § 107 Abs. 3 KVG. Nach § 45 Abs. 1 KomHVO sind außerdem für die produktorientierten Teilpläne

- Teilergebnisrechnungen und
- Teilfinanzrechnungen aufzustellen.

Das nachstehende Schaubild soll den Zusammenhang der auf unterschiedliche Regelungen verteilten Elemente des Jahresabschlusses verdeutlichen:

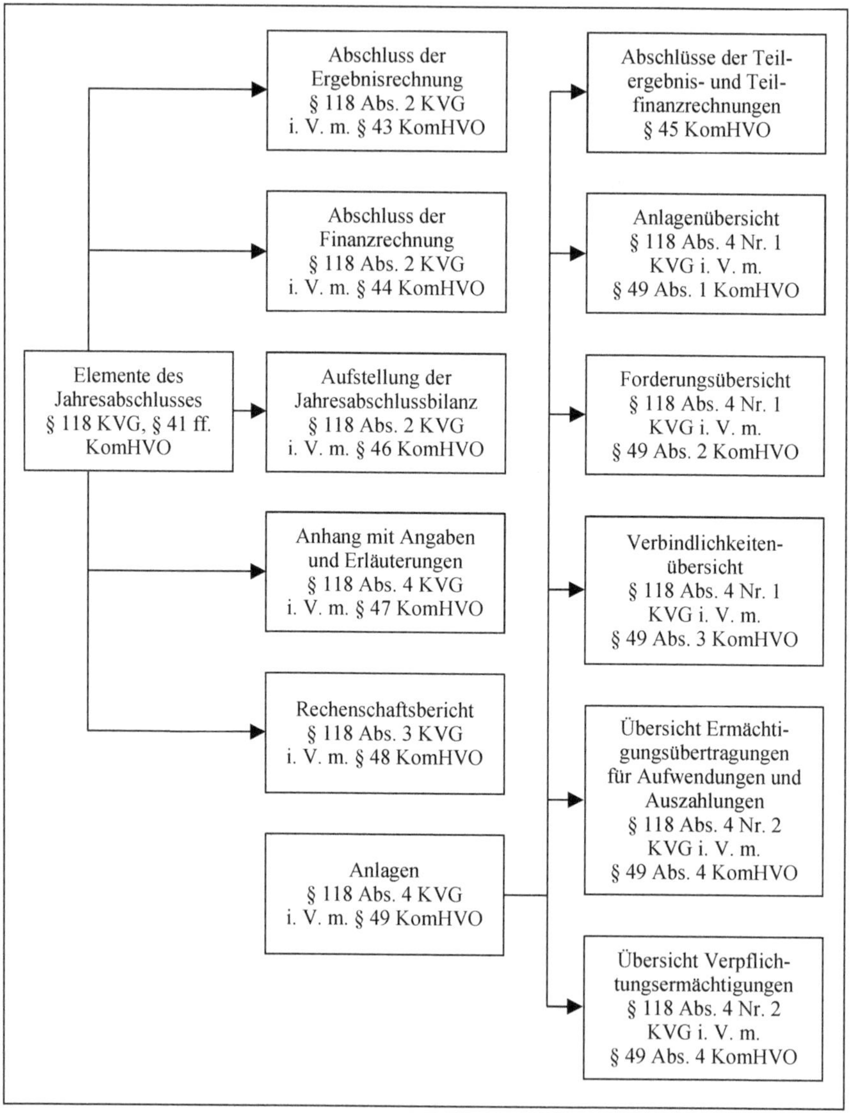

22.2 Die einzelnen Elemente des Jahresabschlusses

22.2.1 Ergebnisrechnung

In der Ergebnisrechnung sind nach § 43 Abs. 1 Satz 1 KomHVO die dem Haushaltsjahr zuzurechnenden Erträge und Aufwendungen nachzuweisen. Demnach sind sämtliche Vorschriften hinsichtlich der erfolgsmäßigen Abgrenzung des Haushaltsjahres zu beachten. Die Abgrenzung der dem Haushaltsjahr zuzurechnenden Aufwendungen und Erträge findet jedoch in den einzelnen produktorientierten Teilergebnisrechnungen statt, da dort die produktorientierte Zuordnung der Aufwendungen und Erträge erfolgt. Die Ergebnisrechnung stellt dagegen eine zusammenfassende Aufstellung aller Aufwendungen und Erträge aus den einzelnen produktorientierten Teilergebnisrechnungen einer Kommune dar. Im Rahmen der ordnungsmäßigen Aufstellung der Ergebnisrechnung ist es somit Grundvoraussetzung, dass die Abschlussbuchungen für die dem Haushaltsjahr zuzurechnenden Erträge und Aufwendungen in den produktorientierten Teilrechnungen vorgenommen werden.

Dies sind die Buchungen, die im Verlauf des Haushaltsjahres noch nicht vorgenommen wurden (bzw. werden konnten), zur

- transitorischen Rechnungsabgrenzung[1],
- antizipativen Rechnungsabgrenzung[2]
- zu Wertberichtigungen und
- zu Rückstellungsbildungen bzw. -auflösungen[3].

Die Unterscheidung der transitorischen und antizipativen Rechnungsabgrenzung wird anhand des nachfolgenden Schaubildes deutlich:

Geschäftsvorfall ergibt im			
abzuschließenden Haushaltsjahr	Folgehaushaltsjahr oder später	Form der Rechnungsabgrenzung	Bilanzielle Darstellung
Aufwand	Ausgabe	Antizipative Rechnungsabgrenzung	Sonstige Verbindlichkeit
Ertrag	Einnahme		Sonstige Forderung
Ausgabe	Aufwand	Transitorische Rechnungsabgrenzung	Aktive Rechnungsabgrenzung
Einnahme	Ertrag		Passive Rechnungsabgrenzung

1 Einnahmen bzw. Ausgaben des abzuschließenden Haushaltsjahres, die erst einen bestimmten Zeitpunkt nach dem Bilanzstichtag als Erträge oder Aufwendungen zuzurechnen sind. Für deren Ausweis bestehen im Jahresabschluss zwei eigene Bilanzpositionen.

2 Aufwendungen und Erträge des abzuschließenden Haushaltsjahres, die erst nach dem Bilanzstichtag zu Ausgaben bzw. Einnahmen führen. Analog zum kaufmännischen Rechnungswesen sind diese Posten unter den Bilanzpositionen „Sonstige Verbindlichkeiten“ bzw. „Sonstige Forderungen“ zu bilanzieren.

3 Der Themenbereich Rückstellungen ist in Kap. 10.3.7 ausführlich beschrieben, sodass hierzu auf weitergehende Ausführungen in diesem Kapitel verzichtet wird.

Transitorische Rechnungsabgrenzung

Die transitorische Rechnungsabgrenzung wird in § 42 KomHVO geregelt. Sie gliedert sich aus Sicht der Ergebnisrechnung in Aufwand und Ertrag und aus bilanzieller Sicht in aktive und passive Rechnungsabgrenzungsposten.

Nach § 42 Abs. 1 KomHVO sind Auszahlungen im laufenden Haushaltsjahr, die erst einen Aufwand nach dem Abschlussstichtag darstellen, unter dem aktiven Rechnungsabgrenzungsposten anzusetzen.

Nach § 42 Abs. 2 KomHVO sind Einzahlungen im laufenden Haushaltsjahr, die erst einen Ertrag nach dem Abschlussstichtag darstellen, unter dem passiven Rechnungsabgrenzungsposten anzusetzen.

Für Disagio besteht nach § 42 Abs. 3 KomHVO analog den handelsrechtlichen Bestimmungen ein Wahlrecht hinsichtlich der transitorischen Rechnungsabgrenzung.[4] Wird dieser Betrag nicht in der Bilanz gesondert als aktiver Rechnungsabgrenzungsposten ausgewiesen, so ist er gemäß § 47 KomHVO im Anhang zur Verdeutlichung dieser Wahlrechtsausübung und der Bilanzierungs- bzw. Bewertungsmethode anzugeben und zu erläutern.

Antizipative Rechnungsabgrenzung

Die antizipative Rechnungsabgrenzung ist in den allgemeinen Bewertungsanforderungen des § 37 Abs. 1 KomHVO enthalten. Nach § 37 Abs. 1 Nr. 3 KomHVO sind im Haushaltsjahr entstandene Aufwendungen und erzielte Erträge unabhängig von den Zeitpunkten der entsprechenden Zahlungen im Jahresabschluss zu berücksichtigen. Sofern beispielsweise die Kommune Mietnutzungen wahrgenommen hat, die Aufwand des laufenden Haushaltsjahres darstellen, aber die Zahlung erst im folgenden Haushaltsjahr zu erfolgen hat, muss dieser aufwandverursachende Sachverhalt im Rahmen der antizipativen Rechnungsabgrenzung abgebildet werden. Die Gegenbuchung zum Aufwand erfolgt als sonstige Verbindlichkeit in der Höhe, die dem laufenden Haushaltsjahr zuzurechnen ist.

> ***Beispiel:***
> *Die Gemeinde hat am 31.3.2025 eine Mietzahlung für die Monate 1.10.2024 bis 31.3.2025 von 30.000 € zu leisten. Für die ergebnisgerechte Abbildung des Aufwands muss im Haushaltsjahr 2024 eine Aufwandsbuchung i. H. v. 15.000 € (anteilige Ermittlung für das Haushaltsjahr 2024, drei von sechs Monaten = 50 %) an „Sonstige Verbindlichkeiten" erfolgen.*

Bei Erträgen ist analog zu verfahren. Sofern beispielsweise eine Kommune nunmehr Mietnutzungen gewährt, die Ertrag des laufenden Haushaltsjahres darstellen, aber der Zahlungszufluss erst im folgenden Haushaltsjahr stattfinden wird, muss der Ertrag des laufenden Haushaltsjahres im Rahmen der antizipativen Rechnungsabgrenzung

4 „Disagio" ist der Unterschiedsbetrag, der durch einen höheren Rückzahlungsbetrag einer Verbindlichkeit gegenüber dem Auszahlungsbetrag entsteht. Siehe hierzu auch Kap. 16.2.4.3.

abgebildet werden. Die Gegenbuchung zum Ertrag erfolgt als sonstige Forderung in der Höhe, die dem laufenden Haushaltsjahr zuzurechnen ist.

Wertberichtigungen

Im Rahmen der periodengerechten Zuordnung von Aufwendungen ist es für den Forderungsbereich erforderlich, die Werthaltigkeit von Forderungen zu überprüfen und gegebenenfalls Wertberichtigungen durchzuführen. Eine spezielle Regelung besteht hierzu nicht. Die Prüfung der Werthaltigkeit von Forderungen lässt sich aus der „Globalregelung" des § 43 Abs. 1 KomHVO – alle dem Haushaltsjahr zuzurechenden Aufwendungen sind in der jeweiligen Ergebnisrechnung nachzuweisen – herleiten. Des Weiteren regelt § 118 Abs. 1 Satz 2 KVG, dass die Grundsätze ordnungsmäßiger Buchführung für Kommunen zu beachten sind. Das kaufmännische Rechnungswesen sieht für die Wertberichtigungen zwei Verfahren vor. Diese sind

- die Einzelwertberichtigung und
- die Pauschalwertberichtigung.

Die Rechtsvorschriften des KVG und der KomHVO stellen nicht das Verhältnis dieser kaufmännischen Wertberichtigungsformen zu den öffentlich-rechtlichen Wertberichtigungsformen des § 30 Abs. 2 und 3 KomHVO „Niederschlagung" und „Erlass" dar. Für den öffentlich-rechtlichen Forderungsbereich sind die Niederschlagung und der Erlass die maßgeblichen Wertberichtigungsformen einer Einzelwertberichtigung. Der Niederschlagung bzw. dem Erlass geht ein strukturiertes Verfahren der Prüfung der Werthaltigkeit einer Forderung voraus. Es erfolgt ein öffentlich-rechtliches Mahnverfahren, und die Gemeinde nimmt auch in eigener Zuständigkeit Vollstreckungsversuche vor. Auf der Grundlage der Ergebnisse der Einzelprüfung erfolgt die Entscheidung, ob eine einzelne Forderung niedergeschlagen bzw. erlassen wird oder nicht. Grundsätzlich erfolgt dieses strukturierte Verfahren der Einzelprüfung auch für privatrechtliche Forderungen, wobei jedoch ein privatrechtliches Mahnverfahren vorgeschaltet ist.

Die kaufmännische Vorgehensweise untergliedert zwei Sachverhaltsvarianten. Diese sind

- zweifelhafte Forderungen und
- uneinbringliche Forderungen.

Die inhaltlichen Voraussetzungen einer uneinbringlichen Forderung decken sich grundsätzlich mit denen einer Niederschlagung, die beispielsweise als Voraussetzung an eine erfolglose Beitreibung durch Pfändungsversuche knüpft. Uneinbringliche Forderungen sind vollständig abzuschreiben. Die Abschreibung erfolgt direkt gegenüber dem Forderungskonto.

Anders ist dies bei zweifelhaften Forderungen. Eine Forderung ist zweifelhaft, wenn der Zahlungseingang bei bestehendem Zahlungsverzug als ungewiss erachtet wird (z. B. Schuldner hat ein Vergleichs- oder Insolvenzverfahren beantragt). Weder KVG noch KomHVO verlangen konkret die Umbuchung von zweifelhaft gewordenen Forderungen auf spezielle Konten, noch sind solche speziellen Konten im kommunalen Kontierungsplan[5] vorgesehen. Im Rahmen der Grundsätze ordnungsmäßiger Buchführung ist eine diesbezügliche Umbuchung erforderlich. Hierdurch wird auch die Haushaltswahrheit und -klarheit erhöht. Zweifelhafte Forderungen sind mit ihrem wahrscheinlichen Wert anzusetzen, so dass hieran orientiert eine Teil- oder Vollabschreibung erfolgt. Die Abschreibungshöhe ergibt sich aus dem Unterschiedsbetrag zwischen dem Nennwert der Forderung und ihrem wahrscheinlichen Wert. Die Wertberichtigung kann in Form einer Forderungsabschreibung in direkter oder indirekter Form erfolgen. Die direkte Forderungsabschreibung erfolgt auf der Aktivseite der Bilanz bei jeder einzelnen Forderung. Die indirekte Abschreibung erfolgt durch Bildung eines Passivkontos, wodurch der Forderungsnennbetrag auf der Aktivseite unverändert bleibt. Damit die Bilanz aufgrund des nicht zugelassenen Bilanzausweises weiterhin aufgeht, muss das Wertberichtigungskonto über das Forderungskonto abgeschlossen werden. Somit erscheint in der Jahresabschlussbilanz als Forderungsbestand ein um die Wertberichtigungen geminderter Wert (= Betrag der werthaltigen Forderungen).

Neben der Einzelwertberichtigung ist jedoch auch eine Pauschalwertberichtigung, aber auch ein verbundenes Verfahren von Einzelwert- und Pauschalwertberichtigung zulässig.

Für eine Vielzahl wirtschaftlich gleichartiger Forderung besteht anstelle der Einzelwertberichtigung die Möglichkeit, eine Pauschalwertberichtigung vorzunehmen. Die Wertberichtigung erfolgt anhand eines gemeindeindividuellen prozentualen Erfahrungssatzes von Ausfällen bei wirtschaftlich gleichartigen Forderungen, durch den der Gesamtbestand an Forderungen wertberichtigt wird. Die Herleitung des prozentualen Erfahrungssatzes muss den Grundsätzen ordnungsmäßiger Buchführung entsprechen, so dass die Quote an pauschalierten Forderungsausfällen sorgfältig beurteilt werden muss. Im Rahmen der Pauschalwertberichtigung erfolgt eine indirekte Abschreibung der Forderungen gegen das Konto Pauschalwertberichtigungen zu Forderungen. Damit die Bilanz aufgrund des nicht zugelassenen Bilanzausweises der „Pauschalwertberichtigungen zu Forderungen" weiterhin aufgeht, muss analog zur indirekten Abschreibung bei Einzelwertberichtigungen das Pauschalwertberichtigungskonto über das Forderungskonto abgeschlossen werden. Somit erscheint in der Jahresabschlussbilanz als Forderungsbestand ein um die pauschalierten Wertberichtigungen geminderter Wert (= Betrag der pauschaliert ermittelten werthaltigen Forderungen).

Gliederungsstruktur

Für die Ergebnisrechnung ist nach § 43 Abs. 1 Sätze 2 und 3 KomHVO die Gliederungsstruktur des Ergebnisplans in Staffelform nach § 2 KomHVO maßgeblich. Den in der Ergebnisrechnung nachzuweisenden Ist-Ergebnissen sind nach § 43 Abs. 3 KomHVO die Ergebnisse der Rechnung des Vorjahres und die fortgeschriebenen Planansätze (z. B. Fortschreibung durch Nachtrag) des Haushaltsjahres voranzustellen und ein Plan-/Ist-Vergleich anzufügen.

5 www.statistik.sachsen-anhalt.de\Themen\Kommunales\Kommunaler Haushalt/Doppik.

Durch das Bruttoprinzip (siehe Kap. 9.3.5) sind die Aufwendungen grundsätzlich nicht mit Erträgen zu verrechnen. Eine Ausnahme hierzu stellt § 13 Abs. 1 KomHVO dar, wonach Abgaben, abgabenähnliche Erträge und allgemeine Zuweisungen, welche die Gemeinde zurückzuzahlen hat, bei den Erträgen abzusetzen sind.

22.2.2 Teilergebnisrechnungen

In den produktorientierten Teilergebnisrechnungen sind anhand der Gliederungsstruktur des § 2 i. V. m. § 4 Abs. 3 KomHVO nach § 45 Abs. 1 KomHVO die

- dem Haushaltsjahr und
- den jeweiligen Teilergebnisrechnungen

zuzurechnenden Erträge und Aufwendungen nachzuweisen. Wie bei der Ergebnisrechnung festgestellt, sind demnach in den Teilergebnisrechnungen sämtliche Vorschriften hinsichtlich der erfolgsmäßigen Abgrenzung des Haushaltsjahres zu beachten und dort die entsprechenden „vorbereitenden" Abschlussbuchungen vorzunehmen.

Den in den Teilergebnisrechnungen nachzuweisenden Ist-Ergebnissen sind analog zur Ergebnisrechnung nach § 45 Abs. 1 i. V. m. § 43 Abs. 3 KomHVO die Ergebnisse der Rechnung des Vorjahres und die fortgeschriebenen Planansätze des Haushaltsjahres voranzustellen und ein Plan-/Ist-Vergleich anzufügen.

Des Weiteren sind die Teilergebnisrechnungen nach § 45 Abs. 2 KomHVO jeweils um die Ist-Zahlen der in den Teilergebnisplänen ausgewiesenen Leistungsmengen und Kennzahlen zu ergänzen.

22.2.3 Finanzrechnung

In der Finanzrechnung sind nach § 44 Satz 1 KomHVO die im Haushaltsjahr eingegangenen Einzahlungen und geleisteten Auszahlungen getrennt nachzuweisen.

Für die Finanzrechnung ist nach § 44 Sätze 2 und 3 KomHVO die Gliederungsstruktur des Finanzplans in Staffelform nach § 3 KomHVO maßgeblich. Den in der Finanzrechnung nachzuweisenden Ist-Zahlungen sind nach § 44 Satz 4 i. V. m. § 43 Abs. 3 KomHVO die Zahlungen der Rechnung des Vorjahres und die fortgeschriebenen Planansätze des Haushaltsjahres voranzustellen und ein Plan-/Ist-Vergleich anzufügen.

Des Weiteren gilt analog zur Ergebnisrechnung das Bruttoprinzip, sodass nach § 44 Satz 2 KomHVO Auszahlungen grundsätzlich nicht mit Einzahlungen verrechnet werden dürfen.

22.2.4 Teilfinanzrechnungen

Die Teilfinanzrechnungen haben hauptsächlich die Funktion einer Investitionsrechnung, wodurch eine Übersicht über durchgeführte Investitionsmaßnahmen gegeben wird. Diesbezüglich sind neben der Summe der Einzahlungen, der Summe der Auszahlungen und der sich hieraus ergebende Saldo entsprechend der in § 4 Abs. 4 KomHVO vorgesehenen Gliederungsstruktur die produktorientierten Teilfinanzrechnungen nach § 45 Abs. 1 KomHVO die

- dem Haushaltsjahr und
- den jeweiligen Teilfinanzrechnungen

zuzurechnenden investiven Einzahlungen und Auszahlungen nachzuweisen.

Den in den Teilfinanzrechnungen nachzuweisenden Ist-Zahlungen sind analog zur Ergebnisrechnung nach § 45 Abs. 1 Satz 2 i. V. m. § 43 Abs. 3 KomHVO die Zahlungen der Rechnung des Vorjahres und die fortgeschriebenen Planansätze des Haushaltsjahres voranzustellen und ein Plan-/Ist-Vergleich anzufügen.

22.2.5 Vermögensrechnung (Bilanz)[6]

Im Rahmen des Jahresabschlusses bildet die Bilanz (Anlage 17 der Muster zum NKHR) das zentrale Element der drei Rechnungskomponenten. Sämtliche anderen Rechnungskomponenten sind vor der Bilanz abzuschließen.

Für den Jahresabschluss sind weitere Aufgaben durchzuführen und teilweise auch frühzeitig vorzubereiten. Beispielsweise ist für den Abschluss der Anlagenbuchhaltung bzw. der Bilanz gemäß § 112 KVG und § 32 KomHVO eine Inventur erforderlich oder für die Bildung von Rückstellungen, bzw. der Fortschreibung der Rückstellungswerte gemäß § 35 KomHVO, sind die erforderlichen Daten und Werte zu ermitteln. Dies ist insbesondere die Entscheidung über die Bildung von Rückstellungen für unterlassene Instandhaltung oder die Prüfung einer außerplanmäßigen Abschreibung.

Sofern eine Kommune Nebenbuchhaltungen wie Anlagenbuchhaltung, Kreditoren- und Debitorenbuchhaltung nutzt, muss der Jahresabschluss mit dem Abschluss dieser Rechnungskomponenten beginnen. Nach deren Abschluss sind die Ergebnisrechnung und die Finanzrechnung abzuschließen.

Das in der Ergebnisrechnung ermittelte Rechnungsergebnis der Kommune wird im Rahmen der Abschlussbuchungen in den Bilanzposten Jahresüberschuss/Jahresfehlbetrag gebucht. Hierdurch erfolgt bei einem positiven Ergebnis eine Eigenkapitalerhöhung, bei einem negativen Ergebnis eine Minderung des Eigenkapitals.

Der in der Finanzrechnung ermittelte Zahlungsbestand stellt den Bestand an liquiden Mitteln in der Bilanz dar. Hierbei sind zum Bilanzstichtag den drei Rechnungskomponenten nicht zugeordnete Einzahlungen (durch fehlende Buchung eines Ertrags, eines durchlaufenden Postens usw.) in der Bilanz als „Sonstige Verbindlichkeiten" auszuweisen. Im Rahmen der Grundsätze der Bilanzwahrheit bzw. Bilanzklarheit sollten die Kommunen bemüht sein, unklare Einzahlungen bis zum Bilanzstichtag zuzuordnen, um den Bilanzausweis der sonstigen Verbindlichkeiten möglichst gering zu halten.

---

6 Die Darstellungen zur Bilanz beschränken sich in diesem Kapitel auf das Verfahren des Jahresabschlusses. Kap. 10 beschäftigt sich ausführlich mit den Bilanzinhalten.

22.2.6 Anhang

Die Funktion des Anhangs besteht darin, die im Rahmen des Jahresabschlusses in den drei Rechnungskomponenten dargestellten Informationen durch Erläuterungen zu ergänzen und hierdurch zusätzliche, haushaltswirtschaftlich wichtige Informationen im Rahmen der Rechenschaft mitzuteilen. Der Jahresabschluss ist gemäß § 118 Abs. 3 KVG durch einen Rechenschaftsbericht, der als Anlage beigefügt wird, zu erläutern. Im Anhang sind nach § 47 KomHVO zu den Posten der Bilanz und den Positionen der Ergebnisrechnung die verwendeten Bilanzierungs- und Bewertungsmethoden anzugeben und zu erläutern. Diese Erläuterungen müssen so gestaltet sein, dass ein sachverständiger Dritter die Wertansätze beurteilen kann. Des Weiteren sind angewandte Vereinfachungsregelungen sowie Schätzungen zu beschreiben. Die in der Verbindlichkeitenübersicht[7] ausgewiesenen Haftungsverhältnisse sowie alle Sachverhalte, aus denen sich künftig finanziellen Verpflichtungen ergeben können, sind gleichfalls zu erläutern.

Ein abgeschlossener Katalog von Erläuterungen ist in § 47 KomHVO festgehalten, der konkret die Darstellung und Erläuterung folgender Inhalte regelt:

- Abweichungen von den bisher angewandten Bilanzierungs- und Bewertungsmethoden,
- Angaben über die Einbeziehung von Zinsen für Fremdkapital in die Herstellungskosten,
- Einzelfallbegründung bei Abweichung von der linearen Abschreibungsmethode,
- Veränderungen der ursprünglich angenommenen Nutzungsdauer von Vermögensgegenständen,
- Sachverhalte, aus denen sich finanzielle Verpflichtungen ergeben können,
- Verpflichtungen aus kreditähnlichen Geschäften,
- Haftungsverhältnisse, die nicht in der Bilanz auszuweisen sind,
- Liquiditätsreserven und deren Gegenüberstellung zu den Liquiditätskrediten,
- durchschnittliche Zahl der während des Haushaltsjahres Arbeiternehmer und Beamten.

Außerdem sind weitere wichtige Angaben aufgrund des § 41 KomHVO anzugeben und zu erläutern. Diese sind:

- Abweichungen von der Form der Darstellung, insbesondere der Gliederung der aufeinanderfolgenden Ergebnisrechnungen, Finanzrechungen und Bilanzen wegen besonderer Umstände (§ 41 Abs. 1 KomHVO),
- erhebliche Unterschiede bei den Beträgen in der Ergebnisrechnung, der Finanzrechnung und der Bilanz zum Vergleich des vorhergehenden Haushaltsjahres (§ 41 Abs. 2 KomHVO),
- Erläuterung des Bilanzausweises, wenn eine Mitzugehörigkeit des Bilanzpostens zu anderen Posten besteht (z. B. Vermögensgegenstände oder Verbindlichkeiten fallen unter mehrere Posten der Bilanz, § 41 Abs. 3 KomHVO),

7 Siehe Kap. 22.2.9.

- weitere Untergliederungen von Positionen der Ergebnisrechnung, der Finanzrechnung und der Bilanz (§ 41 Abs. 4 KomHVO).

Die vom Ministerium des Innern erlassene Bewertungsrichtlinie konkretisiert in Nr. 3.3. für die von den Gemeinden zu erstellenden Eröffnungsbilanzen, welche Angaben und Erläuterungen im Anhang gesondert aufzuführen sind.

22.2.7 Anlagenübersicht

Nach § 118 Abs. 4 Nr. 1 KVG ist dem Anhang eine Anlagenübersicht[8] beizufügen. In der Übersicht ist die Entwicklung der Posten des Anlagevermögens darzustellen. Es sind der Stand des Anlagevermögens zu Beginn und zum Ende des Haushaltsjahres sowie die Zuschreibungen und Abschreibungen auszuweisen (§ 49 Abs. 1 KomHVO). Die Übersicht ist anhand der Gliederung des Anlagevermögens der Bilanz des § 46 Abs. 3 Nr. 1 KomHVO aufzustellen.

Für die darzustellenden Posten sind jeweils
- die Anschaffungs- oder Herstellungskosten,
- ihre Veränderungen, in Form von
  - Zugängen,
  - Abgängen,
  - Umbuchungen sowie
  - Zuschreibungen,
- die kumulierten Abschreibungen,
- die Buchwerte am Bilanzstichtag (31. Dezember des abzuschließenden Haushaltsjahres),
- die Buchwerte am vorherigen Bilanzstichtag (31. Dezember des Vorjahres) und
- die Abschreibungen im Haushaltsjahr

anzugeben.

Erstmalig entsteht die Basis für eine Anlagenübersicht im Rahmen der Eröffnungsbilanzierung. Diese bildet die Grundlage für die Fortschreibung des Anlagevermögens bei den Folgebilanzierungen. Aufgrund der gemäß § 46 KomHVO und des verbindlichen Musters 17 der Muster zum NKHR geregelten Struktur ergibt sich die Darstellung der Anlagenübersicht (Anlage 18 der Muster zum NKHR).

22.2.8 Forderungsübersicht

Nach § 118 Abs. 4 Nr. 1 KVG ist dem Anhang eine Forderungsübersicht[9] beizufügen.

8 Anlage 18 der Muster zum NKHR.
9 Anlage 19 der Muster zum NKHR.

Die Forderungsübersicht weist nach § 49 Abs. 2 KomHVO die Forderungen der Gemeinde nach. Zu den einzelnen Posten des Forderungsspiegels ist jeweils der Gesamtbetrag am Bilanzstichtag unter Angabe der Restlaufzeit, gegliedert in Betragsangaben für Forderungen mit Restlaufzeiten bis zu einem Jahr, von einem Jahr bis zu fünf Jahren und von mehr als fünf Jahren sowie der Gesamtbetrag am vorherigen Bilanzstichtag anzugeben.

Er ist mindestens analog zu den Bilanzposten entsprechend § 46 Abs. 3 Nr. 2 Buchst. b und c KomHVO und des verbindlichen Musters 17 der Muster zum NKHR zu gliedern. Hierbei handelt es sich nur um den Bereich des Umlaufvermögens, das aus seiner Grundfunktion i. d. R. im kurzfristigen Restlaufzeitbereich von bis zu einem Jahr liegen dürfte. Für eine sinnvolle Forderungsrasterung nach Restlaufzeiten ist es erforderlich, den Ausleihungsbereich des Anlagevermögens mit in den Forderungsspiegel einzubeziehen.

22.2.9 Verbindlichkeitenübersicht

Nach § 118 Abs. 4 Nr. 1 KVG ist dem Anhang eine Verbindlichkeitenübersicht[10] beizufügen. Die Verbindlichkeitenübersicht nach § 49 Abs. 3 KomHVO richtet sich nach der Bilanzgliederung gemäß § 46 Abs. 4 Nr. 4 KomHVO und des verbindlichen Musters 17 der Muster zum NKHR. Gegenüber der Bilanzgliederung der Verbindlichkeiten sieht das Muster eine tiefergehende Differenzierung für die Verbindlichkeiten aus Kreditaufnahmen für Investitionen und Investitionsfördermaßnahmen nach speziellen Arten der Verbindlichkeiten vor.

Für die einzelnen Arten der Verbindlichkeiten, hat bezogen auf den Bilanzstichtag, neben der Angabe des Gesamtbetrags

- des laufenden Jahres,
- des Vorjahres und
- des Vorvorjahres

nach Anlage 20 der Muster zum NKHR eine Rasterung nach Restlaufzeiten für das laufende Jahr zu erfolgen. Diese Rasterung der Restlaufzeiten gliedert sich in Betragsangaben für Verbindlichkeiten mit Restlaufzeiten

- bis zu einem Jahr,
- von einem Jahr bis zu fünf Jahren und
- von mehr als fünf Jahren.

Des Weiteren sind nach § 47 Nr. 8 KomHVO i. V. m. dem verbindlichen Muster daran anschließend nachrichtlich Haftungsverhältnisse aus der Bestellung von Sicherheiten auszuweisen. Der Ausweis hat auch dann zu erfolgen, wenn eine vollwertige Rückgriffsforderung gegenüber einem Dritten besteht. Hier werden insbesondere die Bürgschaften der Kommune für verbundene Unternehmen und Dritte darzustellen sein.

10 Anlage 20 der Muster zum NKHR.

Zudem sind in der Verbindlichkeitenübersicht die Schulden des Sondervermögens der Gemeinde mit Sonderrechnung gemäß § 108 Abs. 1 und 5 KVG nachrichtlich anzugeben. Hierzu gehören die Kredite und Vorgänge, die Kreditaufnahmen wirtschaftlich gleichkommen.

22.2.10 Rechenschaftsbericht

Der Jahresabschluss ist gemäß § 118 Abs. 3 KVG durch einen Rechenschaftsbericht zu erläutern. Durch den Rechenschaftsbericht ist nach § 48 Abs. 1 KomHVO das durch den Jahresabschluss zu vermittelnde Bild der Lage der Gemeinde zu erläutern. Dazu ist in einem Überblick über die wichtigen Ergebnisse des Jahresabschlusses und über die Haushaltswirtschaft im abgelaufenen Jahr Rechenschaft abzugeben. Hierzu sind im Rechenschaftsbericht die wichtigen Ergebnisse des Jahresabschlusses und erhebliche Abweichungen der Jahresergebnisse von den Haushaltsansätzen zu erläutern und eine Bewertung der Abschlussrechnungen vorzunehmen.

Mit Blick auf die künftige Entwicklung hat die Gemeinde nach § 48 Abs. 2 KomHVO über Vorgänge von besonderer Bedeutung, die nach Schluss des Haushaltsjahres eingetreten sind, zu berichten. Auch ist auf die voraussichtliche Entwicklung der Gemeinde und die Risiken der künftigen Entwicklung im Hinblick auf die dauernde Leistungsfähigkeit der Gemeinde einzugehen.

22.3 Aufstellung, Prüfung und Entlastung beim Jahresabschluss[11]

a) Aufstellung

Durch den Jahresabschluss werden die Ergebnisse der Haushaltswirtschaft eines Haushaltsjahres nachgewiesen. Der Rat kann gem. § 45 Abs. 3 Nr. 4 KVG seine Zuständigkeit für die Feststellung des Jahresabschlusses und die Entlastung des Bürgermeisters nicht übertragen.

Der Jahresabschluss wird gemäß § 120 Abs. 1 KVG innerhalb der ersten vier Monate und der Gesamtabschluss innerhalb von 18 Monaten nach Ablauf des Haushaltsjahres aufgestellt, wobei der Gesamtabschluss nach der Rechtsvorschrift des § 119 Abs. 6 KVG erstmals für das Haushaltsjahr 2023 zu erstellen ist. Der Bürgermeister stellt jeweils die Vollständigkeit und Richtigkeit der Abschlüsse fest und legt sie unverzüglich mit dem jeweiligen Prüfungsbericht des Rechnungsprüfungsamtes und seiner Stellungnahme zu diesem Bericht dem Rat vor.

11 Hinsichtlich der Aufgaben der Rechnungsprüfung (§ 141 KVG), des Inhalts der Prüfung (§ 142 KVG), der Leitung der Rechnungsprüfung (§ 140 KVG) und des Gesamtabschlusses (§§ 119, 120 KVG) bestehen sehr detaillierte und ausführliche Gesetzestexte, so dass auf eine Darstellung in diesem Kapitel verzichtet wird.

b) Prüfung

Die Aufgabe der Prüfung des Jahresabschlusses und des Gesamtabschlusses obliegt gemäß § 140 Abs. 1 KVG dem Rechnungsprüfungsamt. Vor der Feststellung des Jahresabschlusses durch den Rat sind die Abschlüsse nach § 141 Abs. 2 KVG dahingehend zu prüfen, ob sie ein den tatsächlichen Verhältnissen entsprechendes Bild der Ertrags-, Finanz- und Vermögenslage der Gemeinde unter Beachtung der Grundsätze ordnungsmäßiger Buchführung ergeben. Die haushaltsrechtlichen Vorschriften, insbesondere die Grundsätze ordnungsmäßiger Buchführung, lassen kaum eine Abweichung hiervon zu, so dass sich i. d. R. die Prüfung nur die Einhaltung der haushaltsrechtlichen Vorschriften und der Grundsätze ordnungsmäßiger Buchführung beschränken wird. Des Weiteren umfasst die Prüfung des Jahresabschlusses auch die Einhaltung von Satzungsrecht und sonstigen ortsrechtlichen Bestimmungen, welche die rechtlichen Vorschriften ergänzen. Ferner ist die Buchführung, die Inventur und das Inventar und die Übersicht über örtlich festgelegte Nutzungsdauern der Vermögensgegenstände in seine Prüfung einzubeziehen und das Ergebnis der Prüfung in einem Prüfungsbericht zusammenzufassen.

Der Rechenschaftsbericht ist darauf zu prüfen, ob er mit dem Jahresabschluss in Einklang steht und ob seine sonstigen Angaben nicht eine falsche Vorstellung von der Lage der Gemeinde erwecken. Das Rechnungsprüfungsamt hat über Art und Umfang der Prüfung sowie über das Ergebnis der Prüfung einen Prüfungsbericht zu erstellen. Der Prüfungsbericht muss einen Bestätigungsvermerk enthalten. Hierzu regelt § 141 Abs. 3 KVG folgende Abstufungen:

a) Uneingeschränkter Bestätigungsvermerk,
b) Eingeschränkter Bestätigungsvermerk,
c) Versagung des Bestätigungsvermerks.

Zu a):

In einem uneingeschränkten Bestätigungsvermerk ist nach § 141 Abs. 3 KVG zu erklären, dass die durchgeführte Prüfung zu keinen Beanstandungen geführt hat, der Jahresabschluss aufgrund der bei der Prüfung gewonnenen Erkenntnisse den gesetzlichen Vorschriften, Satzungen und sonstigen ortsrechtlichen Bestimmungen entspricht und unter Beachtung der Grundsätze ordnungsmäßiger Buchführung ein den tatsächlichen Verhältnissen entsprechendes Bild der Lage der Gemeinde vermittelt. Dieser Bestätigungsvermerk kann um Hinweise ergänzt werden, die ihn nicht einschränken.

Werden Beanstandungen ausgesprochen, ist die Erklärung einzuschränken oder zu versagen.

Zu b):

Ein eingeschränkter Bestätigungsvermerk darf nur erteilt werden, wenn der geprüfte Jahresabschluss unter Beachtung der vom Prüfer vorgenommenen, in ihrer Tragweite erkennbaren Einschränkung ein den tatsächlichen Verhältnissen im Wesentlichen entsprechendes Bild der Lage der Gemeinde vermittelt.

Zu c):
Bei der Versagung des Bestätigungsvermerks sind die Versagung aufgrund von Beanstandungen und die Versagung aufgrund der Unmöglichkeit der Vornahme einer Beurteilung zu unterscheiden. Sind die Beanstandungen so erheblich, dass kein den tatsächlichen Verhältnissen entsprechendes Bild der Lage der Gemeinde mehr vermittelt wird, ist der Bestätigungsvermerk zu versagen. Bei der Versagung des Bestätigungsvermerks aufgrund der Unmöglichkeit der Vornahme einer Beurteilung ist der Vermerk dann zu versagen, wenn der Prüfer nach Ausschöpfung aller angemessenen Möglichkeiten zur Klärung des Sachverhalts nicht in der Lage ist, eine Beurteilung abzugeben.

Die Versagung ist in einem Vermerk (z. B. Prüfungsvermerk), der nicht als „Bestätigungsvermerk" bezeichnet werden darf aufzunehmen. Die Versagung sowie eine Einschränkung sind zu begründen.

§ 138 KVG regelt die Einrichtung einer Rechnungsprüfung. Nach § 138 Abs. 1 KVG haben Landkreise und Gemeinden ein Rechnungsprüfungsamt als besonderes Amt einzurichten, sofern sie sich nicht eines anderen kommunalen Rechnungsprüfungsamts bedienen. Die übrigen Gemeinden und Verbandsgemeinden können ein Rechnungsprüfungsamt einrichten, wenn die Kosten in angemessenem Verhältnis zum Umfang der Verwaltung stehen.

In Gemeinden, in denen ein Rechnungsprüfungsamt nicht eingerichtet ist und die sich nicht eines anderen kommunalen Rechnungsprüfungsamtes bedienen, obliegt die Rechnungsprüfung im Rahmen des § 140 Abs. 1 KVG dem Rechnungsprüfungsamt des Landkreises auf Kosten der Gemeinde (nach § 138 Abs. 2 KVG).

Neben der örtlichen Prüfung besteht zusätzlich eine überörtliche Prüfung. Diese stellt sich als Teil der allgemeinen Aufsicht des Landes über die Gemeinden dar. Die überörtliche Prüfung der kreisangehörigen Gemeinden und der Verbandsgemeinden obliegt nach § 137 Abs. 1 KVG dem Rechnungsprüfungsamt des Landkreises als Gemeindeprüfungsamt. Sofern es sich um Kommunen mit mehr als 25.000 Einwohnern handelt, liegt die überörtliche Prüfung beim Landesrechnungshof.

Die überörtliche Prüfung erstreckt sich gemäß § 137 Abs. 4 KVG darauf, ob die Haushalts- und Wirtschaftsführung der Gemeinden den Gesetzen und den zur Erfüllung von Aufgaben ergangenen Weisungen entspricht, die zweckgebundenen Zuwendungen bestimmungsgemäß verwendet wurden und das Kassenwesen der Gemeinden zuverlässig eingerichtet ist. Die überörtliche Prüfung stellt zudem fest, ob die Gemeinde wirtschaftlich und zweckmäßig verwaltet wird. Dies kann auch auf vergleichender Grundlage geschehen. Bei der Prüfung sind vorhandene Ergebnisse der örtlichen Rechnungsprüfung zu berücksichtigen.

c) Entlastung

Der durch das Rechnungsprüfungsamt geprüfte Jahresabschluss wird gem. § 120 Abs. 1 KVG durch den Rat mittels Beschlusses festgestellt. Hierzu ist eine verbindliche Frist festgelegt, wobei das Fristende der 31. Dezember des auf das Haushaltsjahr folgenden Jahres ist. Über den Gesamtabschluss ist der Beschluss durch den Rat bis spätestens zum 31. Dezember des zweiten auf das Haushaltsjahr folgenden Jahres zu fassen. Zugleich beschließt der Rat über die Verwendung des Jahresüberschusses oder die Behandlung des Jahresfehlbetrags. Die Ratsmitglieder entscheiden über die Entlastung des Bürgermeisters. Verweigern sie die Entlastung oder sprechen sie diese mit Einschränkungen aus, so haben sie dafür die Gründe anzugeben. Wird die Feststellung des Jahresabschlusses vom Rat verweigert, so sind die Gründe dafür gegenüber dem Bürgermeister anzugeben.

Nach dem Beschluss des Rates über den Jahresabschluss, den Gesamtabschluss und die Entlastung sind diese gemäß § 120 Abs. 2 KVG der Aufsichtsbehörde unverzüglich mitzuteilen.[12] Der Jahresabschluss ist öffentlich bekanntzumachen und anschließend mit dem Rechenschaftsbericht und dem Gesamtabschluss an sieben Tagen öffentlich auszulegen.

22.4 Übertragung von Ermächtigungen

Das Prinzip der Jährlichkeit bzw. der zeitlichen Beschränkung einer Ermächtigung für das Haushaltsjahr besteht weiterhin, da sich die Gemeinden mittels Haushaltssatzung und Haushaltplan i. d. R. für ein Haushaltsjahr binden. Als Ausnahme dieses Grundsatzes können Ermächtigungen der Teilfinanzpläne für investive Maßnahmen (mit Wertgröße Auszahlungen) und Ermächtigungen der Teilergebnispläne für konsumtive Maßnahmen (mit Wertgröße Aufwendungen) gemäß § 19 Abs. 1 KomHVO grundsätzlich für übertragbar erklärt werden. Die Bildung von Ermächtigungsübertragungen sollte als Voraussetzung jedoch die Förderung einer wirtschaftlichen Aufgabenerledigung zugrunde legen.

Speziell für die Auszahlungsermächtigungen für Investitionen ist geregelt, dass diese nach den Regelungen des § 19 Abs. 2 KomHVO bis zur Fälligkeit der letzten Zahlung für ihren Zweck verfügbar bleiben. Sofern es sich jedoch um Baumaßnahmen und Beschaffungen handelt, begrenzt sich diese inhaltliche Befristung auf längstens zwei Jahre nach Abschluss des Haushaltsjahres, in dem der Gegenstand oder der Bau in seinen wesentlichen Teilen in Benutzung genommen werden kann. Sie erhöhen somit die entsprechenden Planungspositionen in den Teilfinanzplänen der folgenden Haushaltsjahre.

Zweckgebundene Erträge und Einzahlungen, die nicht im Haushaltsjahr verwendet werden, können nach § 21 Abs. 1 KomKBVO in den Büchern für das Haushaltsjahr abgesetzt und in das folgende Jahr übertragen werden, soweit kein Rechnungsabgrenzungsposten nach § 42 KomHVO auszuweisen ist. Im Rahmen einer wirtschaftlichen Haushaltsführung können auch Übertragungen von Kreditermächtigungen vorgenommen werden.

Um dem Rat das Volumen der Übertragung von Ermächtigungen darzustellen, ist diesem gemäß § 118 Abs. 4 Nr. 2 KVG als Anlage eine Übersicht über die in das

12 Diese kann den Jahresabschluss lediglich im Rahmen der allgemeinen Rechtsaufsicht nach § 144 KVG beurteilen.

folgende Jahr zu übertragenden Ermächtigungen von Aufwendungen und Auszahlungen vorzulegen.

Übertragene Ermächtigungen werden nicht dem Haushaltsjahr des Jahresabschlusses, sondern im Rahmen einer Planfortschreibung dem Haushaltsjahr der Inanspruchnahme dieser Ermächtigung zugerechnet. Bei der Übertragung von Ermächtigungen für Aufwendungen wird somit das Ergebnis des Haushaltsjahres belastet, in dem der Ressourcenverbrauch erfolgt. Bei der Übertragung von Ermächtigungen für Auszahlungen werden die Auszahlungen dem Haushaltsjahr zugerechnet, in dem der Liquiditätsabfluss stattfindet.

Stichwortverzeichnis

A

Abgabe 1, 146, 192, 342, 351
Abgabeähnliches Entgelt 192
Abgrenzung 180
– zur Privatwirtschaft 5
Abrundung 511
Abschreibung 24, 347, 353, 363
– auf Fertigungsanlagen 230
– außerplanmäßige 606
– Leistungsabschreibung 604
– lineare 604
Abtretung 594
– der Forderung bei Krediten 458
Abwasserbeseitigungsanlage 266
Ackerland 263
Aktiengesellschaft 614
Aktiva 28
Aktive Rechnungsabgrenzung 333
Aktivierte Eigenleistung 166, 354
Aktiv-Passiv-Mehrung 32
Aktiv-Passiv-Minderung 33
Aktivtausch 31
Aktualität der Buchführung 210
Allgemeine Finanzwirtschaft 115
– Sonderprodukt 90
– Sonderproduktbereich 115
Allgemeine Haushaltsgrundsätze 136
Allgemeine Umlage 116
Allgemeine Zuweisung 192
Allgemeines Verwaltungsrecht 3
Änderung
– der Haushaltssatzung 620
– von Haushaltsvermerken 626
– von Kennzahlen 627
– von Zielen 627
Angebot 545
Anhang zum Jahresabschluss 647
Anlage im Bau 269, 270, 330
Anlagen zum Haushaltsplan 127
Anlagenbuchhaltung 62, 586, 602, 646
– Geschäftsvorfälle 605
Anlagenübersicht 313, 648
Anlagevermögen 252, 255, 624
– immaterielles 256
Anleihe 305, 437, 439, 444
Anpassung an die Marktlage 6
Anschaffungskosten 223
– nachträgliche 224
Anschaffungsnaher Aufwand 226
Anschaffungsnebenkosten 223, 224
Anschaffungspreis 223
Anschaffungspreisminderung 224, 226
Anspruch Dritter 81
Anstalt des öffentlichen Rechts 75, 131, 173, 613
Anteil an verbundenen Unternehmen 272
Antizipative Rechnungsabgrenzung 641, 642
Anzahlung 269, 330, 606
Aufbau der kommunalen Bilanz 28
Aufbewahrung der Eröffnungsbilanz 338
Aufgaben der öffentlichen Finanzwirtschaft 6
Aufgabenbereich 88
Aufgabenerfüllung 136
Auflage 502
Aufrechnung 194
Aufsichtsbehörde 21, 86, 471, 500, 501
Aufstellung
– des Haushaltsplans 60
– des Jahresabschlusses 650
Auftrag 515
Auftragsangelegenheit 20
Auftragsvergabe 545
Auftragsverwaltung 171
Aufwand
– anschaffungsnaher 226
Aufwandbuchung 36
Aufwendung 35, 79
– außerordentliche 367
– in der vorläufigen Haushaltsführung 155
– ordentliche 363
Ausfallbürgschaft 476
Ausführung des Haushaltes 161, 508
Ausführung des Haushaltsplans 60
Ausgabe 23
Ausleihung 274, 331
Ausnahmen zur Einheit 172
Ausschreibung 546
Außenverhältnis 81
Außenwirkung 489
Außenwirtschaftliches Gleichgewicht 138
Außerordentliche Aufwendung 367
Außerordentliche Tilgung 457
Außerordentlicher Ertrag 97, 356
Außerplanmäßige Abschreibung 606
Außerplanmäßige Aufwendung 553, 628
Außerplanmäßige Auszahlung 553, 628
Außerplanmäßige Verpflichtungsermächtigung 573, 621
Aussetzung der Vollziehung 532
Auszahlung 9, 79
– aus Finanzierungstätigkeit 395
– aus Investitionstätigkeit 393
– von Krediten 457

B

Balanced Scorecard 121
Bankunternehmen 615
Basisindex 318
Bauinvestition 625
Baukostenindex 318
Bausparvertrag 444, 471, 611
Bauten auf fremden Grund und Boden 266, 328
Beachtung des gesamtwirtschaftlichen Gleichgewichts 138
Beamtengehalt 182
Bebautes Grundstück 321
Bedarfsdeckung 6
Bedarfsdeckungsprinzip 1, 147, 149
Bedeutung des Haushaltsplanes 76
Bedingung 502
Befristete Niederschlagung 534
Beitrag 1, 180, 182, 192, 285, 288, 334
Bekanntmachung der Haushaltssatzung 500
Benutzungsgebühr 291, 351
Bereitstellung 516
Berichtspflichten gegenüber dem Rat 527
Beschäftigungsstand 138
Beschluss der Eröffnungsbilanz 338
Beschlussfassung durch den Rat 499
Beschränkte Ausschreibung 547
Besondere Grundsätze für Investitionen 516
Bestandsbuchung 29
Bestandsveränderung 214, 354
Beteiligung 273, 330
– der Öffentlichkeit 161
Betragliche Bindung 623
Betrieb gewerblicher Art 193
Betriebsausstattung 269, 329
Betriebsgebäude 264
Betriebsstoff 277
Betriebstypischkeit 26
Betriebsvorrichtung 329
Betriebswirtschaft 19
Betriebswirtschaftliche Funktion 8
Bewegliche Haushaltsführung 552
Bewegliches Vermögen 267, 328
Bewertung 223
– Gebührenrecht 235
– Kosten- und Leistungsrechnung 235
– Steuerrecht 234
– vorsichtige 246
Bewertungsmaßstab 314
Bewertungsstetigkeit 248
Bewertungsvereinfachung 216
Bewertungszweck 233
Bewilligung von über- und außerplanmäßigen Aufwendungen und Auszahlungen 558
Bewirtschaftung
– der Haushaltsmittel 514
– von Vermögen 601
Bewirtschaftungsformen 402
Bewirtschaftungsgrundsätze 402, 501
Bewirtschaftungsregeln 408
Bilanz 22, 27, 95, 214, 485, 639, 646
– Bewertung 223
– Eröffnungsbilanz 312
– Gliederung 249
Bilanzidentität 246
Bilanzielle Abschreibung 363
Bilanzielle Überschuldung 484
Bilanzierungsgrundsätze 246
Bilanzkonto 278
Bilanzsicherheit 67
Bilanzstichtag 220
Bilanzveränderung 29
Bilanzverkürzung 33
Bilanzverlängerung 32
Bindung des Haushaltsplans
– im Außenverhältnis 81
– im Innenverhältnis 81
Bindungsermächtigung 427
Brücke 265
Bruttoprinzip 191
– Ausnahmen 192
Buchführung 2, 22
– Abgrenzung zu anderen Rechnungssystemen 22
– Aktualität 210
– Dokumentation 206
– Gliederung 63
– Grundsätze 205
– Kameralistik 23
– kaufmännische 24
– Kosten- und Leistungsrechnung 26
– Öffentlichkeit 210
– Ordnungsmäßigkeit 212
– Rechenschaft 207
– Rechtmäßigkeit 212
– Relevanz 211
– Richtigkeit 209
– Stetigkeit 211
– Verständlichkeit 209
– Vollständigkeit 209
– Willkürfreiheit 209
Buchinventur 219
Buchungsverbund 378
Budget 131, 405
– Deckungsfähigkeit im 412
– organisationsbezogenes 406
– Produktbereich 406
Budgetierung 497
Budgetüberwachung 522
Bundesanzeiger 546
Bürger 85
Bürgermeister 66

Bürgschaft 161, 442, 475
Bürgschaftserklärung 477

C

Cash-Flow 100, 101, 181
Controlling 26, 68, 210
Cross-Border-Leasing 255, 598

D

Darlehen 437, 441
Dauer der Kreditermächtigung 462
DDR 14
Debitorenbuchhaltung 62
Deckung der Mehraufwendung bzw. Mehrauszahlung 561
Deckung von überplanmäßigen Ausgaben im folgenden Haushaltsjahr 567, 570
Deckungsfähigkeit
– Anwendung 414
– bei Verpflichtungsermächtigungen 414
– echte 411, 557
– unechte 408, 557
Deckungsmittel 145, 516
– Beschaffung 149
– Rangfolge 147
– vorläufige Haushaltsführung 153
Deckungsreserve 563
Derivative Ermittlung der Finanzrechnung 378
Dienstanweisung Stundung, Niederschlagung und Erlass 537
Dienstleistung 5, 359
Dokumentation 206
Doppelte Buchführung 22
Doppik 22
Drei-Komponten-System 22
Dringlichkeitsentscheidung 469, 489, 490, 632
Durchlaufende Finanzmittel 170

E

Echte Deckungsfähigkeit 411, 556, 557, 573
Effektivzinssatz 456
Egoistisches Ziel 6
Eheähnliches Verhältnis 68
Eigenbetrieb 173, 590, 613
Eigengesellschaft 173
Eigenkapital 28, 282, 333
Eigenleistung 166, 354
Eigenmittel 6
Eilentscheidung 489, 632
Einbringung in den Rat 499
Einführung 1
Einheit 164, 172
– Ausnahmen 172
Einigungsvertrag 15
Einkommensteuer 116
Einnahme 23
Einnahmebeschaffung 1, 3
Einnahmewirtschaft 1
Einrichtung mit Sonderrechnung 590
Einsparung 563
Einzahlung 9, 80
– aus Finanzierungstätigkeit 390
– aus Investitionstätigkeit 389
– Einziehung 508
Einzelbewertung 246
Einzelgenehmigung 139
– bei Krediten 455
Einzelkosten 229
Einzelveranschlagung 199
– Ausnahmen 202
Einzelwertberichtigung 533, 535, 643
Einziehung von Forderungen 533
Elemente des Haushaltsplans 95
Elemente des Jahresabschlusses 641
Entgelt
– abgabeähnlich 192
– spezielles 148
Entlastung 60
– beim Jahresabschluss 653
– Bürgermeister 162
Entscheidungsgremien bei über- und außerplanmäßigen Aufwendungen bzw. Auszahlungen 565
Entwässerungsanlage 266
Entwicklung in Sachsen-Anhalt 14
Entwurf der Haushaltssatzung 498
Erfolgsrechnung 35
Ergebnis der Sondervermögen 195
Ergebnisplan 96, 492
– Ausgleich 483
– periodengerechte Zuordnung 177
Ergebnisrechnung 22, 39, 95, 340, 639, 641
– Ausgleich 483
– Konten 342
Ergebnisvortrag 284
Erhaltungsaufwand 236, 240
Erhebliche Mehraufwendung 623
Erhebliche Mehrauszahlung 623
Erheblichkeitsgrenze bei der Nachtragshaushaltsplanung 628
Erhebung von Abgaben 146
Erhebung von Einzahlungen 508
Erholungsfläche 319
Erinnerungswert 329
Erlass 179, 529, 536
– praktisches Verfahren 536
– Voraussetzungen 536

Ermächtigungsübertragung 653
- Auswirkungen auf den Jahresabschluss 421
- bei Investitionen 419
- bei Krediten 420
- bei Liquiditätskrediten 420
- bei Verpflichtungsermächtigungen 420
- kraft Vermerk 418

Ermittlung des Mehrbedarfs 572
Eröffnungsbilanz 29, 223, 312
- Aktivposten 317
- Aufbewahrung 338
- bebautes Grundstück 321
- bewegliches Vermögen 328
- Bewertungsmaßstäbe 314
- Eigenkapital 333
- Ertragswertverfahren 323
- Fehlbetrag 333
- Feststellung 338
- Finanzanlagevermögen 330
- grundstücksgleiches Recht 324
- Infrastrukturvermögen 324
- Passivaseite 333
- Prüfung 337
- Rahmenvorschriften 312
- Rückstellung 334
- Sonderposten 334
- Umlaufvermögen 332
- unbebautes Grundstück 319
- Vereinfachungsverfahren 314
- Vergleichswertverfahren 323
- Verrbindlichkeit 336

Ersatzentscheidung 490
Ertrag 35, 80
- außerordentlicher 356
- ordentlicher 353

Ertragsbuchung 37
Ertragswertverfahren 323
Erweitere Kameralistik 24
Erweiterung eines Vermögensgegenstandes 237
Erwerb von Vermögen 593

F

Fachausschuss 498, 499
Fahrzeug 269, 329
Fehlbetrag 284, 333, 484, 621
Fertigungseinzelkosten 229, 230
Fertigungsgemeinkosten 229, 230
Festgeld 437, 508
Feststellung der Eröffnungsbilanz 338
Festwert 216
Finanzanlage 271
Finanzanlagevermögen 330
Finanzaufwendung 363
Finanzausschuss 499
Finanzbuchhaltung 61, 67, 68
Finanzdezernent 66
Finanzertrag 354
Finanzhoheit 4
Finanzierung von kommunalen Produkten 145
Finanzierungsleasing 255
Finanzierungstätigkeit 390, 395
Finanzmanagement 2, 60
Finanzmittel 100
Finanzplan 99, 492, 504
- periodengerechte Zuordnung 181

Finanzplanung 571
Finanzpolitische Funktion 7
Finanzrechnung 95, 340, 376, 639, 645
- derivative Ermittlung 378
- Integration 377
- Mitbebuchung 378
- originäre Bebuchung 386

Finanzstatistik 86, 396
Folgekosten bei Krediten 459
Forderung 279, 332, 643
Forderungsabschreibung 644
Forderungsbereinigung 535
Forderungsübersicht 313, 648
Formale Vorschriften bei der Kreditaufnahme 455
Forst 263, 319
Fortentwicklung des kommunalen Haushaltsrechts 15
Fortsetzungsmaßnahme 569
Fraktion 130
Freihändige Vergabe 547
Freiwillige Nachtragssatzung 573
Freiwilliger Inhalt der Haushaltssatzung 496
Fremde Mittel 171
Fremdfinanzierung 434
Fremdkapital 434, 442
Friedhofsgebühr 180
Fristigkeit 29
Frühstückskartell 546
Funktion des Haushaltsplans 77

G

Gebäude 262
Gebühr 1, 148, 192, 351
Gebührenausgleich 291
Gebührenkalkulation 110, 111, 133, 169, 292
Gebührenrecht 235
Gefährdung des Haushaltsausgleichs 622
Geldanlage 609
Geleistete Anzahlung 330
Gemeindewirtschaftliche Belange bei Krediten 452
Gemeinkosten 229

Genehmigung von Nachtragshaushaltssatzungen 632
Genehmigungspflicht 489
– bei kreditähnlichen Geschäften 471
Genossenschaftsanteil 615
Geringfügige Investition 202
Geringfügiger Betrag 508
Geringwertiges Wirtschaftsgut 267
Gesamtabschluss 162
Gesamtbetragsgenehmigung der Kreditaufnahme 454
Gesamtdeckung 402, 413
Gesamtgenehmigung von Krediten 503
Gesamthaushalt 514
Gesamtkaufpreis 227
Gesamtprüfungsverfahren für die Bereitstellung von Mehraufwendungen und Mehrauszahlungen 572
Gesamtwirtschaft 1
Gesamtwirtschaftliche Belange bei Krediten 453
Gesamtwirtschaftliches Gleichgewicht 1, 6, 138
Geschäftsausstattung 269, 329
Geschäftsbuchführung 61
Geschichtlicher Überblick 11
Gesellschaft 131
Gesetzgebungskompetenz 10
Gewährvertrag 442, 475
Gewerbesteuer 5, 116, 345, 495
Gewinn 26
Gewinn- und Verlustrechnung 35
Gewinnmaximierung 6
Gliederung
– der Buchführung 63
Gliederung des Haushalts 85, 91
GmbH 614
GoB-K 205
Grenzen der Deckungsmittelbeschaffung 149
Grund und Boden 260, 327
Grundgesetz 489
Grundsätze
– der Einnahmebeschaffung 146
– im neuen kommunalen Haushaltsrecht 135
– ordnungsmäßiger Buchführung 205
Grundsteuer 5, 116, 344, 495
Grundstück 260
– bebautes 262
– uinbebautes 261
Grundstücksbewertung 319
Grundstücksgleiches Recht 261, 324
Grünfläche 263, 319
Gruppenbewertung 218
Gutachterausschuss 595
Guthaben 280

H

Haftungsverhältnis 442, 474
Hauptausschuss 498, 499
Hauptsatzung 489, 566
Haushalt
– Ausführung 161, 508
– Gliederung 84, 91
– Gliederungsvorschriften 89
Haushaltsausgleich 145, 208, 481, 501, 622
– im engeren Sinne 482
– jahresübergreifender 485
– unausgeglichen 486
Haushaltsautonomie 10
Haushaltsermächtigung
– Übertragbarkeit 415
– Überwachung 517
Haushaltsführung
– bewegliche 552
Haushaltsgliederung 501
Haushaltsgrundsätze 136
Haushaltsgrundsätzegesetz 143
Haushaltsjahresübergreifender Ausgleich 485
Haushaltsklarheit 187, 191
Haushaltskonsolidierungskonzept 132
Haushaltskreislauf 60
Haushaltslose Zeit 152
Haushaltsplan 60, 72, 88, 491
– Abgrenzung zu anderen Plänen 73
– Anlagen 127
– Aufstellung 60
– Ausführung 60
– Bedeutung 76
– Bindung 81
– Einheit 172
– Elemente 95
– Funktionen 77
– Gliederung 85
– Wirkungen 79
Haushaltsplanänderung 619
Haushaltsrecht 9
– Fortentwicklung 15
– Grundsätze 135
– im Vergleich 18
Haushaltsrest 417, 563
Haushaltssatzung 73, 76, 489, 619
– als besondere Satzung 489
– Änderung 620
– Bekanntmachung 500
– Beschlussfassung 499
– Bindung 81
– Entwurf 499
– freiwillige Inhalte 496
– Genehmigung 501
– Inhalt 491
– Kreditermächtigung 448, 493

- Liquiditätskredit 494
- öffentliche Bekanntmachung 161
- Pflichtinhalt 491
- Realsteuern 495
- Verpflichtungsermächtigungen 494
- Vorverfahren 498
- Zustandekommen 497

Haushaltsüberwachung 517
Haushaltsvermerk 497, 626
Haushaltsvorgriff 567, 570
Haushaltswahrheit 189
Haushaltswirtschaft 1, 2, 9, 60
- Personal 66
- Stationen 9

Haushaltswirtschaftliche Sperre 526, 528
Hebesatz 621, 631
Hebesatzrecht 149
Hebesatzsatzung 495
Herstellungskosten 228, 229, 236, 240
Höchstbetrag der Kredite 493

I

Immaterielles Anlagevermögen 256
Immaterielles Vermögen
- Eröffnungsbilanz 318

Indikator 120
Indizierung 317
Infrastrukturvermögen 265, 324
Inhalt
- der Haushaltssatzung 491
- der kommunalen Bilanz 28
- des Nachtragshaushaltsplans 627

Inkrafttreten 489
Innenverhältnis 81
Inneres Darlehen 441
Instandhaltungsrückstellung 300
Integration der Finanzrechnung 377
Intergenerative Gerechtigkeit 7, 207
Interne Leistungsbeziehung 355, 367
Interne Leistungsverrechnung 109, 165
Inventar 27, 214
Inventur 27, 214
- vorverlegte 220

Inventurverfahren 218
Investition 113, 426, 492, 528, 568, 624
- Bewirtschaftung 516
- geringfügige 202

Investitionsförderungsmaßnahme 306, 568, 624
Investitionshilfe 287
Investitionskredit 306, 438, 493
Investitionstätigkeit 389, 393
Investitionszuwendung 606
Inzahlungnahme 194

J

Jahresabschluss 76, 131, 485, 639
- Anhang 647
- Aufstellung 650
- Auswirkung von Übertragungen 421
- der Sondervermögen 130
- der Unternehmen 131
- Elemente 641
- Entlastung 652
- Ermächtigungsübertragungen 653
- Gestaltung 639
- Gliederungsstruktur 644
- öffentliche Bekanntmachung 162
- Prüfung 651
- Rechnungsabgrenzung 641
- Wertberichtigung 643

Jahresfehlbetrag 284, 484, 621
Jahresüberschuss 284, 484
Juristische Person des öffentlichen Rechts 3

K

Kalkulatorische Kosten 111, 168, 169
Kameralistik 23
Kämmerer 66
Kapital 28
Kapitalanlage 609
Kapitalerhaltung 207
Kapitalgesellschaft 131
Kartell 546
Kasse 280
Kassengeschäfte 62
Kassenpersonal 67
Kassenverwalter 67
Kassenwirksamkeit 181
Kaufmännische Buchführung 22, 24
Kennzahl 120, 188, 492, 627, 645
Kiesgrube 615
Kindertageseinrichtung 264
Kleinbetrag 508, 533
Kleinbetragsverordnung 509
Kommunalabgabengesetz 510
Kommunalaufsicht 21
Kommunale Bilanz 27
Kommunales Finanzmanagement 60
Kommunales Haushaltsrecht 9
- Personal 66

Kommunalgliedervermögen 588
Kommunalobligation 444
Konzernabschluss 92, 195
Konzession 257
Kosten 528
Kosten- und Leistungsrechnung 26, 133, 235
Kostenerhöhung 528

Kostenerstattung 352
Kostenrechnende Einrichtung 168
Krankenversicherung 173
Kredit 147, 149, 154, 306, 391, 436, 443, 504
- Auszahlung 457
- Dauer der Ermächtigung 462
- dauernde Lesitungsfähigkeit 450
- Einzelgenehmigung 455
- Ermächtigung in der Haushaltssatzung 448
- Folgekosten 459
- Forderungsabtretung 458
- Formvorschriften 455
- für Investitonen 438
- Geber 446
- gemeindewirtschaftliche Belange 452
- Genehmigung 503
- Gesamtbetragsgenehmigung 454
- gesamtwirtschaftliche Belange 453
- Kündigung 458
- Laufzeit 445, 457
- rechtliche Ausgestaltung 444
- Sicherheit 458
- Subsidiaritätsprinzip 448
- Tilgung 445, 457
- Überschuldung 450
- Umschuldung 461
- Veranschlagung 459
- Voraussetzungen für die Aufnahme 447
- Wirtschaftlichkeit 454
- Zinssatz 456
- zur Liquiditätssicherung 420, 440
- zur Sicherung der Zahlungsfähigkeit 494
- Zuständigkeit 454

Kreditähnliche Verbindlichkeit 441
Kreditähnliches Geschäft 307, 471
- Genehmigung 471

Kreditaufnahme 501
Kreditbeschaffungskosten 180, 195
Kreditermächtigung 420
- in der Haushaltssatzung 493

Kreditorenbuchhaltung 62
Kulturdenkmal 268, 328
Kündigung von Krediten 458
Kunstgegenstand 259, 328
Kunstwerk 268

L

Landesverfassung 489
Landesverwaltungsamt 21, 500
Landkreis 21, 500
Laufzeit der Kredite 445, 457
Leasing 254, 307, 471, 598
Leibrente 307, 471
Leihe 597
Leistung 308
Leistungsabschreibung 604
Leistungsbeziehung 355, 367
Leistungsentgelt 351, 352
Leistungsfähigkeit bei Krediten 450
Leistungsfähigkeit der Abgabepflichtigen 150
Leistungsmenge 645
Leistungsverrechnung 165
Lieferung 308
Lineare Abschreibung 604
Liquide Mittel 280, 333
Liquidität 61, 136
Liquiditätskredit 306, 440
- Genehmigung 505
- Haushaltssatzung 494

Liquiditätsmanagement 609
Liquiditätssicherung 137, 391, 420
Lizenz 257

M

Marktlage 6
Maschine 269, 329
Materialeinzelkosten 229
Materialgemeinkosten 229
Maximalprinzip 6, 142
Mehraufwendung 553, 556, 623
Mehrauszahlung 553, 556, 623
Mehrbedarf 572
Mehreinzahlung 562, 628
Mehrertrag 562, 628
Minderaufwendung 562, 628
Minderauszahlung 562, 628
Minimalprinzip 6, 142
Ministerium für Inneres und Sport 21
Mitbuchung der Finanzrechnung 378
Mitgliedsbeitrag 133
Mittelbereitstellung 628
Mittelbewirtschaftungsplan 514
Mittelfristige Planung 74, 136, 145
Mittelherkunft 28
Mittelverwendung 28

N

Nachsorge von Deponien 300
Nachträgliche Anschaffungskosten 224
Nachträgliche Herstellungskosten oder -minderungen 230
Nachtragshaushaltsplan 619
- Inhalt 627

Nachtragshaushaltssatzung 619
- Änderung der Haushaltssatzung 620
- Änderung von Haushaltsvermerken 626

- Änderung von Zielen und Kennzahlen 627
- Ausgleich Fehlbetrag 621
- erhebliche Mehraufwendung bzw. Mehrauszahlung 623
- Erhöhung der Verfügungsmittel 627
- nicht veranschlagte Investition bzw. Investitionsförderung 624
- Pflicht zum Erlass 619
- Stellenplan 625
- Zustandekommen 631

Nachtragssatzung 556, 573
- freiwillige 558
- Pflicht 557, 560

Nebenbuchhaltung 62, 63, 603
Nicht durch Eigenkapital gedeckter Fehlbetrag 333
Nicht überschreitbare Haushaltspositionen 560
Nicht veranschlagte Investition 624
Niederschlagung 179, 529, 533, 643
- befristete 534
- praktisches Verfahren 534
- unbefristete 534

Nominalzinssatz 456
Normalherstellungskosten 322

O

Obligation 611
Öffentliche Aufgaben 1
Öffentliche Ausschreibung 546
Öffentliche Bekanntmachung 161
Öffentliche Finanzwirtschaft 1, 6
- Aufgaben 6
- innere Abgrenzung 1
- Träger 3
- Ziele 6

Öffentliche Hand 2
Öffentliche Verwaltung 5
Öffentlichkeit 160, 500
- Buchführung 210

Öffentlich-rechtliche Betriebsführung 2
Öffentlich-rechtliches Leistungsentgelt 351
Öko-Konto 292
Ökonomisches Prinzip 142
Operate-Leasing 255
Ordentliche Aufwendung 97, 363
Ordentliche Tilgung 457
Ordentlicher Ertrag 97, 353
Ordnungsmäßigkeit der Buchführung 212
Organisationsbezogenes Budget 406
Originäre Bebuchung der Finanzrechnung 386
Ortsrecht 81, 492
Outputorientierung 95

P

Passiva 28
Passive Rechnungsabgrenzung 337
Passivtausch 32
Pauschalwertberichtigung 535, 643
Pensionsrückstellung 298
Periodengerechte Zuordnung 177
Periodisierungsprinzip 248
Personal 66
- Rechnungsprüfung 68

Personalaufwendung 357
Personengesellschaft 131
Pflicht zum Erlass einer Nachtragshaushaltssatzung 619
Pflichtinhalt der Haushaltssatzung 491
Pflichtnachtragssatzung 557, 560, 573
Pflichtsatzung 489, 490
Planänderung 622
Planbilanz 133
Planermächtigung 553
Planstelle 514
Planung 74
- des Haushaltsplans 60

Platz 325
Politische Funktion 7
Preisnachlass 193
Preisniveau 138
Privatrechtliche Betriebsführung 2
Privatrechtliche Einnahme 2
Privatrechtliches Leistungsentgelt 352
Privatwirtschaft 5, 6
Produkt 89, 93, 145, 188
Produktbereich 84, 89, 93, 107
Produktbereichsbudget 406
Produktgruppe 89, 93, 107
Produktklasse 89
Pro-Kopf-Verschuldung 451
Prüfung 60
- der Eröffnungsbilanz 337
- des Jahresabschlusses 651

Prüfungswesen 1, 2

R

Rabatt 193
Rangfolge der Deckungsmittel 147
Rat 565
Ratsbeschluss 498
Realsteuer 74, 149, 154, 502, 509, 621
Realsteuergarantie 5
Realsteuerhebesatz 495, 631
Rechenschaft 207
Rechenschaftsbericht 650

Rechnungsabgrenzung
- antizipative 642
- transitorische 642

Rechnungsabgrenzungsposten
- aktiver 280
- passiver 308

Rechnungslegung 60
Rechnungsprüfungspersonal 68
Rechnungssystem 22
Rechnungswesen 92
Rechtmäßigkeit der Buchführung 212
Reform des Haushaltsrechts 10
Reichshaushaltsordnung 13
Reinvermögen 28
Rekultivierung von Deponien 300
Relevanz der Buchführung 211
Ressource 1
Ressourcenverbrauch 24, 111, 178
Restkaufgeld 471
Richtigkeit 189
- Buchführung 209

Rücklage 129, 282, 484, 486
Rückstellung 295, 334, 415, 434, 641
- Auflösung 297
- für Beseitigung von Altlasten 300
- für Instandhaltung 300
- für Pensionen 298
- für Rekultivierung von Deponien 300
- Inanspruchnahme 296

Rückzahlung 192
Rundung 510

S

Sachanlagevermögen 257
- bewegliches 267
- unbewegliches 257

Sachleistung 359
Sachwertverfahren 322
Saldierungsverbot 215, 249
Sale-and-lease-back 255, 471, 597
Sanierung von Altlasten 300
Satzungsrecht 489
Schatzbrief 444
Scheck 280
Schenkung 256, 596
Schienenstrecke 265
Schlussbilanz 646
Schlussbuchung 38
Schlüsselzuweisung 346
Schulden 26, 435
Schuldendienst 457
Schuldendiensthilfe 362, 471
Schuldscheindarlehen 444
Schuldübernahme 307, 471
Schuldurkunde 455
Schuldverschreibung 444
Selbständige Verwertbarkeit 254
Selbstschuldnerische Bürgschaft 476
Selbstverwaltung 136
Selbstverwaltungsgarantie 4
Sicherheit bei Krediten 458
Sicherheitsleistung 474
Sicherstellung der Zahlungsfähigkeit 487
Sicherung
- der Aufgabenerfüllung 136
- der Liquidität 137

Skontierung 193
Software 92, 257
Sonderhaushaltsplan 173
Sonderkosten der Fertigung 229
Sonderposten 285, 334, 347, 348, 606
- Beiträge 288
- Gebührenausgleich 291
- pauschalierte Zuwendungen 287
- Zuwendungen 285

Sonderprodukt Allgemeine Finanzwirtschaft 90, 115
Sonderrechnung 441, 590
Sonderrücklage 282, 484
Sondervermögen 130, 165, 195, 273, 441, 588
- Ergebnis 195

Soziale Einrichtung 264
Sparkasse 615
Sparsamkeit 79, 141, 508, 515, 547
Sparvertrag 611
Sperre 514, 526, 528
Spezielles Entgelt 148
Staatliche Überwachung 20
Staatshaushaltsordnung der DDR 14
Staatsquote 8
Stabilitätsgesetz 11, 18, 79, 138
Stand der Rücklagen 129
Stand der Verbindlichkeiten 129
Standardsoftware 92
Starre Bindung an den Plan 6
Stationen der Haushaltswirtschaft 9, 60
Statistik 133
Steinbruch 615
Stellenplan 95, 121, 625
Stellplatz 292
Stetige Aufgabenerfüllung 136
Stetigkeit der Buchführung 211
Steuer 1, 26, 116, 147, 148, 178, 192, 342
Steuerrecht 234
Steuersatz 619
Steuersatz bei Realsteuern 495
Steuerung des kommunalen Wirtschaftsablaufs 2
Steuerungsinstrument 121
Steuerungsrelevanz 187
Stichprobeninventur 219

Stiftung 131, 173, 588, 589, 591
Straße 266, 325
Stundung 179, 529, 530
– Bewilligungsverfahren 531
– Zinsen 531
Submission 547
Subsidiaritätsprinzip bei Krediten 448

T

Tausch 228
Technische Anlage 269, 329
Teilergebnisplan 107, 109
Teilergebnisrechnung 639, 645
Teilfinanzplan 107, 111
Teilfinanzrechnung 639, 645
Teilplan 107
Tilgung von Krediten 445, 457
Träger der öffentlichen Finanzwirtschaft 3
Transferaufwendung 35, 178, 361
Transferertrag 178, 351
Transitorische Rechnungsabgrenzung 641, 642
Treuhandvermögen 588, 591
Tunnel 265

U

Übereignung 594
Überplanmäßige Aufwendung 553, 628
Überplanmäßige Auszahlung 553, 628
Überplanmäßige Verpflichtungsermächtigung 573, 621
Überschuldung 450, 484, 487, 501
– Verbot 138
Überschuss 284, 484
Übersicht
– Budgets 131
– Rücklagen 129
– Verbindlichkeiten 129
– Verpflichtungsermächtigungen 129
– Zuwendungen an Fraktionen 130
Übertragbarkeit von Haushaltsermächtigungen 415
Übertragung
– von Ermächtigungen 653
– von Kreditermächtigungen 420
Überwachung
– der Haushaltsermächtigungen 517
– staatliche 20
Umlage 345, 352
Umlaufvermögen 256, 276, 277, 332
Umschuldung 155, 461
Unabweisbarkeit 567, 624
– des Mehraufwandes bzw. der Mehrauszahlung 560
Unausgeglichener Haushalt 486
Unbefristete Niederschlagung 534
Unbewegliches Sachanlagevermögen 257
Unechte Deckungsfähigkeit 408, 556, 557, 572
Uneinbringliche Forderung 643
Unternehmen 272

V

Veranschlagung
– der Kredite 459
– der Verpflichtungsermächtigungen 428
Veranschlagungsgrundsätze 163
Verantwortlicher für die Finanzbuchhaltung 67
Veräußerung von Vermögen 594
Verband 133
Verbindlichkeit 28, 129, 214, 304, 336, 415, 434, 435
– aus Lieferungen und Leistungen 308
– Dritter 81
– kreditähnliche 441
Verbindlichkeitenübersicht 306, 313, 649
Verbot der Überschuldung 138
Verdingungsordnung 548
Verein 131, 133
Vereinfachungsverfahren 314
Verfassungsrecht 10
Verfassungsrechtliche Grundlagen 10
Verfügungsmittel 203, 560
– Erhöhung 627
Vergabe 547
Vergabegrundsätze 548
Vergabeordnung 549
Vergleichswertverfahren 323
Vergnügungssteuer 344
Verkehrslenkungsanlage 266
Verlust 26
Vermerkänderung 626
Vermögen 26, 62
– Abgänge 605
– Bewirtschaftung 601
– Erwerb 593
– Formen 587
– Struktur 586
– Veräußerung 594
– Zugänge 605
– Zuschreibung 606
Vermögensgegenstand 252
– Erweiterung 237
– geringwertiger 267
– Wertverbesserung 237
Vermögensrechnung 485, 639, 646
Vermögenswert 214
Vermögenswirtschaft 586
Verpflichtung zur Erhebung von Abgaben 146

Verpflichtungsermächtigung 80, 129, 155, 157, 413, 414, 420, 425, 501, 620
- Begriff 425
- Bewirtschaftung 514
- Genehmigung 504
- Haushaltssatzung 493
- über- und außerplanmäßige 573
- Veranschlagung 428
- Verfahren 425
- zeitliche Beschränkung 427
- Zuweisung 513

Verrechnung 356
Versicherung 590
Versicherungseinrichtung 173
Versorgungsaufwendung 358
Versorgungsauszahlung 392
Versorgungseinrichtung 173, 590
Verständlichkeit 187
- der Buchführung 209

Verstärkungsvermerk 557
Verwaltung 87
- Aufbau 88

Verwaltungsgebühr 351
Verwaltungsrecht 3
Verzinsung gestundeter Forderungen 531
Vieraugen-Prinzip 215
VOB 548
VOF 548
VOL 548
Volkseinkommen 1
Volkswirtschaft 1, 18
Voller Wert 595
Vollständigkeit 164, 165, 249
- Ausnahmen 169
- der Buchführung 209

Vollziehung 532
Voraussetzungen der Kreditaufnahme 447
Vorbericht 127, 187
Vorherigkeit 152
Vorlage der Haushaltssatzung an die Aufsichtsbehörde 500
Vorläufige Haushaltsführung 152
- Aufwendungen 155
- Deckungsmittelbeschaffung 153
- Verpflichtungsermächtigungen 157

Vorrat 277, 332
Vorsichtige Bewertung 246
Vorverfahren bei Haushaltssatzung 498

W

Wald 263, 319
Weg 266, 319
Wertberichtigung 641, 643
Werteverzehr 24, 178
Wertezuwachs 24
Wertindiz 313
Wertpapier 272, 275, 331
Wertverbesserung 237
Willkürfreiheit 187, 189
- der Buchführung 209

Wirkung des Haushaltsplanes 79
Wirtschaftliche Betätigung 1, 2, 612
Wirtschaftliches Eigentum 252
Wirtschaftlichkeit 79, 141, 215, 508, 515, 547, 610
- bei Krediten 454

Wirtschaftsplan 75
- der Sondervermögen 130
- der Unternehmen 131

Wirtschaftspolitische Funktion 7
Wirtschaftswachstum 138
Wohngebäude 264

Z

Zahlungsabwicklung 61
Zahlungsfähigkeit 487
Zeitliche Beschränkung der Verpflichtungsermächtigungen 427
Zeitwert 316
Ziegelei 615
Ziel 117, 189, 627
Ziele der öffentlichen Finanzwirtschaft 6
Zielereichung 492
Zinsen 97, 363
Zinssatz 456
Zurückzahlung 192
Zusatzversorgungskasse 173
Zuschreibung 606
Zustandekommen der Haushaltssatzung 497
Zustandekommen der Nachtragshaushaltssatzung 631
Zuständigkeit bei Kreditaufnahmen 454
Zuweisung 346
- allgemeine 192
- von Haushaltsmitteln 513

Zuwendung 180, 285, 287, 288, 334, 345, 606
Zuwendung an Fraktionen 130
Zwangseinnahme 6, 146
Zweckbindung 403
Zweckverband 131
Zweifelhafte Forderung 643

Einmahl

Zivilrecht

Lehrbuch zum Zivilrecht für die öffentliche Verwaltung

Kompakt und leicht verständlich behandelt dieses Werk die Themen des Zivilrechts an der Hochschule für Polizei und öffentliche Verwaltung Nordrhein-Westfalen. Den Erläuterungen der einschlägigen zivilrechtlichen Bestimmungen (u. a. Zustandekommen und Inhalt von Verträgen, Unwirksamkeit und Pflichtverletzungen, Rechtsverhältnisse an beweglichen Sachen und Grundstücken u. v. m.) sind zahlreiche Praxisbeispiele zur Seite gestellt.

Lehrbuch, 7. Auflage 2023, 268 Seiten, Softcover, ISBN 978-3-8293-1861-7, 25 €

Sprenger-Menzel | Hartmann

Grundlagen und Grundbegriffe der Volkswirtschaftslehre

Das Buch widmet sich anhand einer Vielzahl von Schaubildern, Übersichten und Grafiken der anschaulichen Darstellung der wichtigsten Inhalte der VWL für Studienanfänger:innen.
Anwendungs- und Wiederholungsfragen sowie wirtschaftspraktische Aufgaben in systematischer Reihenfolge erörtern u. a. folgende Themen: Grundbegriffe und grundsätzliche Zusammenhänge, Mikro- und Makroökonomik, Konjunktur, Arbeitsmärkte, Geld- und Währungswesen, Volkswirtschaftliche Gesamtrechnung, Wirtschaftspolitik Deutschlands und Europas sowie Weltwirtschaftspolitik.

Lehrbuch, 8. Auflage 2023, 238 Seiten, Softcover, ISBN 978-3-8293-1830-3, 26 €